U0922353

中国个人金融年鉴

CHINA PERSONAL FINANCE ALMANAC

（2010）

主　编：杨家才　肖远企

西苑出版社

图书在版编目(CIP)数据

中国个人金融年鉴.2010/杨家才,肖远企主编.—北京:西苑出版社,2011.3

ISBN 978-7-80210-924-7

Ⅰ.①中… Ⅱ.①杨… ②肖… Ⅲ.①金融-中国-2010-年鉴 Ⅳ.①F832-54

中国版本图书馆CIP数据核字(2011)第033911号

中国个人金融年鉴2010

主　　编	杨家才　肖远企
出版发行	西苑出版社
通讯地址	北京市海淀区阜石路15号　邮政编码:100143
	电　话 010-88635032　传　真:010-88229240
网　　址	www.xycbs.com　E-mail:chinafinn@126.com
印　　刷	北京振兴源印务有限公司
经　　销	全国新华书店
开　　本	889mm×1194mm 1/16
字　　数	1100千字
印　　张	42
版　　次	2011年3月第1版
印　　次	2011年3月第1次印刷
书　　号	ISBN 978-7-80210-924-7
定　　价	498.00元

《中国个人金融年鉴》编辑委员会

《中国个人金融年鉴》编辑部

《中国个人金融年鉴·交通银行个人金融》编辑委员会

《中国个人金融年鉴·华夏银行个人金融》编辑委员会

编辑说明

2010版《中国个人金融年鉴》是集权威性、信息性和形象性为一体个人金融的最大资讯文库。通过全国金融机构个人金融文献资料和珍贵图片，全景展示了中国个人金融改革的历史成就和发展前景。《中国个人金融年鉴》是由中国银行业监督管理委员会、全国主要商业银行等单位联合编撰。

2010版《中国个人金融年鉴》共计110万字。全书分设12个版块：

1. 图片资料——用摄影图片反映金融银行系统主要领导同志及个人金融部门负责人视察个人金融的重要活动；用摄影图片反映展示个人金融机构的形象及个人金融的新产品。

2. 专文特刊——专文刊载中国银行业监督管理委员会领导的重要讲话和权威文稿。

3. 金融文献——特别刊载中国银监会银行监管部领导和全国主要商业银行总行领导同志的重要讲话、工作报告和研究文稿。

4. 金融论坛——刊载各主要商业银行个人金融部门负责同志及各省市区金融机构主要领导的讲话报告和研究文稿等。

5. 大事简记——以大事记的形式记录全国主要的商业银行个人金融工作中发生的重大事件。

6. 金融创新——记录主要商业银行个人金融市场的创新发展和介绍个人金融的新产品。

7. 投资理财——展示个人金融投资理财、房地产金融、汽车金融及其产品。

8. 法律法规——收录中国人民银行、相关部委、国家外汇管理局、中国银行业监督管理委员会、主要商业银行等单位发布的有关个人金融工作的法律法规。

9. 金融监管——介绍中国银行业监督管理委员会对金融银行业务的监督管理工作概况。

10. 金融先锋——展示主要商业银行、省市区分行个人金融的工作成就，展示“前沿”典型个人金融机构的风采。

11. 统计资料——主要以图表形式集中反映全国个人金融行业的主要经济金融指标和统计数据。

12. 附录——介绍了个人金融行业的技术比赛活动、学术活动、优质服务活动；收集了个人金融行业涌现出的先进集体和先进个人名单。

2010版《中国个人金融年鉴》中相关文稿、统计数据分别来源于中国银行业监督管理委员会、主要商业银行。文稿顺序以各单位总会（行）提供的排列为准。特此说明。

中国银行业监督管理委员会蒋定之副主席

中国银行业监督管理委员会银行监管一部杨家才主任

2010 年 10 月 25 日，李晓鹏副行长与李卫平总监出席“中国工商银行–嫣然天使基金灵通卡”首发暨“中国工商银行–嫣然天使基金月捐”项目启动新闻发布会

中国工商银行投资理财知识普及万里行新闻发布会

中国工商银行芯片卡升级新闻发布会

中国农业银行城市零售业务经营转型工作会议

中国农业银行好时贷品牌发布

中国银行周载群副行长出席两岸三地银行业财富管理论坛并发表主题演讲

中国银行携手中国(教育部)留学服务中心共建优质出国留学服务平台

中国银行与“速汇金”合作开展个人国际汇款业务

2009年10月12日，中国建设银行总行在北京召开“为祖国祝福 为建行添彩”百名网点代表经验交流会

郭树清董事长亲切接见参加“为祖国祝福 为建行添彩”百名网点代表经验交流会的代表

中国建设银行陈佐夫副行长到95533客户服务武汉中心调研

交通银行钱文挥副行长出席交通银行零售业务工作会议

交通银行叶迪奇副行长出席交通银行沃德财富论坛

交通银行个金部王卫东总经理主持沃德财富博览会

甘肃省分行举办沃德财富之旅客户投资报告会

交通银行湖北省分行参加武汉金融博览会

华夏银行樊大志行长出席“圆梦国球 爱满华夏”华夏银行杯“直通莫斯科”中国乒乓球男队选拔赛公益活动

华夏银行李翔副行长出席华夏银行与北京首开集团银企战略合作协议签署暨华夏速通卡首发仪式

华夏银行个人业务部樊燕明总经理在华夏商旅卡发行仪式上致辞

中国个人金融年鉴

(2010)

目　　录

第六编 投资理财

第七编 法律法规

第八编 金融监管

第九编 金融先锋

第十编 统计资料

附 录

第一编

专文特刊

中国银行业监督管理委员会会领导关于金融经济的文献

构建银行业健康发展制度基石的研究

——中国银行业监督管理委员会副主席 蒋定之

从最近一个时期来看，所有关注世界经济金融形势的人士都注意到了这样一个事实：在全球空前一致扩张性宏观经济政策的刺激下，无论是从金融体系还是从实体经济来看，世界经济均已初显稳定迹象，目前可能已经度过“最坏的时期”，并由此进入充满变数和不确定性的“后危机”时代。在这个时期，危机的阴霾正在缓慢散去，全球经济显示出复苏的曙光；但是，由于金融机构将经历漫长而痛苦的去杠杆化过程，全球经济复苏的过程也将是漫长而缓慢的，各种力量的相互作用将使世界经济金融格局发生一系列重大变革。

经历国际金融危机洗礼后的中国银行业如何通过自身的改革和完善，构建起有利于自身可持续发展的基石，从而在“后危机时代”实现中国银行业的稳健发展，这是一个不得不令我们重点思考的问题。

第一，要推进建立坚强有力的宏观审慎监管机制

本次国际金融危机的一个重要教训就是，个体理性不一定带来集体理性，单家金融机构的稳健运行不一定能带来宏观金融体系的稳定。举一个最简单的例子，在经济繁荣时期，大多数企业财务及资信状况都较好，从单个金融机构的角度看问题，此时扩大信贷规模显然是理性的和审慎的；但如果所有金融机构都扩大信贷规模，则信贷总量的快速扩张在所难免，资产泡沫就会急剧集聚，乃至引发通货膨胀。因此，以防范系统性风险为目标、以整个金融体系为监管对象的宏观审慎监管机制乃是一个健全稳定的金融体系的重要基石。

为实现银行业可持续发展，亟须从以下方面进一步强化宏观审慎监管：一是要建立起有效的系统性风险防范机制。将防范系统性风险置于银行监管目标的核心位置；实施资本和拨备的动态监管，以缓解经济周期不同阶段转换给银行经营带来的冲击；建立简单、透明的杠杆率要求，以此补充资本充足率监管要求的不足；要求金融机构建立与长期收益和风险挂钩的薪酬激励机制。二是要建立起宏观政策之间的有效协调机制。宏观审慎监管的政策工具，不仅包括传统的银行监管政策，而且还包括货币政策、财政政策、汇率政策等宏观经济政策。只有这些政策之间实现有效协调，形成一个良好的政策组合，才能为银行业可持续发展提供一个有利的宏观经济环境。三是建立起有效的宏观信息共享机制与预警机制。不同的金融监管机构之间以至不同的宏观经济管理部门之间都应该加强合作，尤其是要加强境内外金融监管信息和宏观经济信息的交流，构筑充分有效的信息交流平台。

中国银监会非常重视宏观审慎监管体系的建设和运用，确立了“管法人、管风险、管内控、提高透明度”的监管理念，制定了“准确分类—提足拨备—做实利润—资本充足”的立体式、持续性信用风险监管路线图，定期向商业银行提示系统性风险，禁止信贷资金违规流入股市，防止金融风险的跨市场传递，鼓励商业银行对资本及不良贷款拨备实施动态、反周期的管理制度。在已取得成果的基础上，要继续加大宏观审慎监管力度，进一步夯实宏观审慎监管的制度基础，促进整个银行体系的可持续发展。

第二，要加快建立起全面覆盖的金融监管体制

本轮国际金融危机表明，对投资银行、对冲基金、私人股权基金等所谓“影子银行”体系以及 CDO（债务担保证券）、CDS（信用违约掉期）等复杂的结构性金融衍生产品监管乏力，会引发金融市场中的过度投机行为，最终危及整个金融体系的稳定。近年来，随着国内金融市场对外开放步伐的不断加快，商业银行尤其是大型银行正在日益加快综合经营步伐，通过兼并、控股以及新设机构等途径，向保险、证券等业务领域拓展。在这种新的市场形势下，商业银行与投资银行、保险公司、私募基金等各类金融机构之间的业务关联度不断加深，金融体系内部的风险传染性不断增强，致使即便是银行体系之外金融机构的过度投机行为，也同样会严重危害银行业金融机构的可持续发展。

为促进银行业的可持续发展，我国应加快建立“全面覆盖”的金融监管体系：一是尽快建立起覆盖所有金融机构、金融产品的金融监管体系，将私募基金、对冲基金、信用评级机构等纳入监管范畴；二是共享不同金融监管机构之间的信息，重视机制建设与保障，尽力消除金融市场上的监管真空和监管盲点；三是加强对金融关联企业的并表监管，重点监控金融集团的跨业、跨境风险；四是在遵循“全面覆盖”原则的基础上，鉴于具有“系统重要性”的大银行业金融机构往往具有资产规模大、业务复杂、与其他金融机构关联性强、与宏观金融稳定相关度高的特点，因而要对这些机构投入较多的监管资源，尤其是对具有系统重要性的机构实施更为审慎的监管措施，建立较为严格的监管标准和风险底线标准。

第三，努力建立理性稳健的金融创新机制

我以为，金融创新主要涉及六个方面的问题，即：金融创新的内在动力问题、金融创新的价值取向问题、金融创新的风险预测问题、金融创新的能力建设问题和金融创

新的文化建设问题，以及金融创新的制度保障问题。要特别强调的是，创新必须是理性的，即在坚持“成本可算、风险可控、信息充分披露”前提下的创新。本轮国际金融危机已经深刻表明，忽视风险控制、将衍生链条环节无限延长和隐匿风险的金融创新，必将造成资产泡沫和过度投机。具体来说，所谓创新中的“理性”，主要是指创新要注重四个“约束”：一是注重经济约束。创新必须注重服务于实体经济的金融需求，脱离实体经济的创新必然造成资产泡沫过度膨胀，引发金融风险。二是注重风险约束。商业银行必须将创新风险管理纳入全面风险管理体系，按照“了解你的客户”的原则，切实加强对新业务和新产品的风险的管控，客观评估客户的投资风险承受能力，审慎开展金融创新。三是注重成本约束。商业银行应深入分析创新产品的市场需求及客户状况，辩证衡量金融创新的收益、风险和成本，改善成本核算机制，全面提高金融创新的实际效益。四是注重监管约束。一切创新活动都必须置于有效的监管之内，通过有效监管，防范市场主体通过创新转移风险、隐匿风险、放大风险。

第四，打造建立全面专业的风险管理体系

后危机时代，我们面临更加严格的国际金融监管环境，为实现可持续发展，商业银行应致力于打造出全面专业的风险管理体系。一是要积极做好实施巴塞尔新资本协议的准备工作。大型银行要在加大信息系统开发力度的基础上，加快建设能够准确衡量客户违约率、违约损失率、预期损失率等重要风险要素的内部评级体系，为信贷产品设计、贷款定价、资本分配提供有效的技术支持；抓紧建立起符合巴塞尔新资本协议实施框架要求的数据标准和数据处理平台，不断提升数据质量，确保数据的及时性、准确性和全面性；尽快建立起与新资本协议相适应的全面风险管理体系，使风险管理制度能覆盖银行集团的每一个机构、每一项产品和每一类风险。二是要适应银行经营综合化、国际化程度不断提高的现实，切实加强并表管理。要明确董事会在商业银行并表管理中发挥核心作用以及对银行机构整体风险负最终责任，防止金融风险在集团内部传递以及在银行体系内部的传染。要着力监控银行集团的跨业、跨境资金流动和业务关联、资本投入等易于引起风险传递的重点业务。三是切实提高风险计量水平，培育良好的风险管理文化。要积极借鉴国际银行业风险管理的良好做法，通过引入先进的风险管理工具，将风险管理从定性向定量的方式转变，切实提高风险计量及监测水平，同时逐步培育符合本行特点的风险管理文化，使强化风险管理的理念深入人心，风险文化真正成为促进商业银行发展的原动力。

第五，重视建立简明稳健的商业银行经营模式

美国有一句谚语说“不要经常去换衣服”。这是什么意思呢？就是我们不要盲目地追求流行，不要盲目地追求时髦。一味地追流行、赶时髦，正是美国金融危机的一个原因。最简单的、最基本的往往就是最管用的。毫无疑问，经过本轮国际金融危机的洗礼，传统的银行经营模式将再度被重视，以高财务杠杆率为特征的“影子银行”将继续萎缩，银行机构的资产负债期限结构将日益简明，金融服务将更加透明、简化。这是后危机时代银行业经营即将出现的一个鲜明特点。

后危机时代，我国银行业要实现可持续发展，必须进一步贯彻简约经营、稳健经营的经营理念。一是要做到产品的简约化，尽量避免开发结构过于复杂、衍生链条过长的结构性金融产品，使金融产品做到简单易懂，能为广大金融消费者了解，从源头上控制金融风险。二是要做到机构的简约化，商业银行组织机构的发展规划要充分考虑成本、风险及经营效益，不能一味迷信“大而不倒”的神话，为追求规模而盲目扩张机构。三是做到经营模式的简约化，商业银行的经营模式必须与其风险管控能力相适应，任何时候都要注重保持经营流程和管理手段的简洁有效，始终确保风险的可控。

第六，进一步建立科学合理的薪酬激励机制

金融机构尤其是投资银行过高的薪酬制度安排，容易导致经理人的短期风险偏好和过度投机行为，不利于公司价值的长期增长和宏观金融稳定。而与长期风险承担相适应的薪酬激励机制，则是银行业实现可持续发展的重要基石。国际金融稳定理事会最新出台的关于金融机构薪酬监管的九条原则，体现了对这一问题的关切。我国必须重视深化和完善薪酬机制改革：一是要完善公司治理架构，确保董事会在薪酬管理中发挥核心作用，具有系统性影响的重要商业银行董事会内部必须设立薪酬委员会。二是建立以风险调整后资本收益率为核心的高管绩效考核体系，进而实行风险调整后的薪酬制度，确保薪酬设定充分考虑银行所承担的各类风险。三是不但要重视当期风险在薪酬决定中的重要作用，更要注重体现薪酬设定与未来风险的一致性。由于很多风险在当期并不能显现，因而对商业银行高级管理层及对风险有重要影响的员工应该实施薪酬的延期支付。若在剩余期限内银行出现重大风险损失，延期支付中的未支付部分可以适度扣减。四是重视与薪酬管理有关的信息披露，商业银行应充分引入市场约束机制，每年全面及时、客观地披露本行的薪酬管理信息，并将年度薪酬报告作为年度报告的重要组成部分。

第七，研发建立灵活动态的资本补充机制

缺乏坚实的资本金来源，是造成本轮国际金融危机中一些投资银行以及商业银行倒闭的重要原因。我国银行业的可持续发展，必须致力于不断改进资本管理制度，夯实资本基础，稳步提高资本对风险的抵御能力。要切实改变当前以高资本消耗为特征的传统业务模式，尽可能地节省资本占用，缓解资本压力，保持资本充足水平在当前状态下的稳定。注重提高资本构成的质量，综合利用提高自身盈利能力、增加利润留存比例、减少分红、股票市场定期增发或配股等方式优先补充核心资本，真正提高资本有效抵御非预期损失的能力。切实建立动态的资本补充和监管机制，防止亲经济周期效应。在严格执行资本充足率底线的基础上，监管机构可根据经济周期的不同阶段要求商业银行建立动态的资本管理办法。在经济繁荣时期，商业银

行应持有较高的资本充足率，以应对经济下行时期可能出现的非预期损失，缓冲经济衰退给银行经营带来的冲击；在经济下行或衰退时期，商业银行的资本充足率可适当降低，增加贷款投放，从而刺激经济尽早走出低谷。

第八，建立起完备充分的金融消费者保护制度

当前，现代金融产品的日益复杂性已经使得市场主体难以正确理解一些新金融产品的特征及其风险，加之信息披露不充分，致使很多金融消费者频繁落入欺诈陷阱，最终遭致重大损失。由于单个金融消费者对金融风险的认识和预测能力有限，往往在金融交易谈判中处于弱势地位，利益受损的情况屡屡出现。金融消费者的利益得不到保护，将极大地降低商业银行的金融服务质量，给商业银行带来巨大的声誉风险，最终影响其客户基础和盈利能力。因而，建立完备充分的金融消费者保护制度，对于维护金融体系的有效运行来说显得尤为必要。危机后美国金融监管体制改革中一项有力措施就是新设立消费者金融保护局，该机构以保护金融消费者利益为宗旨，专门对信用卡、抵押贷款、个人储蓄等与消费者密切相关的金融产品与服务进行监管。中国银监会自成立之日起就将保护金融消费者权益作为四大监管目标之一。要进一步对与消费者密切相关的金融产品与服务实行严格监管，督促商业银行就金融产品的结构、潜在风险、免责条款等要素进行全面的信息披露，同时建立起对恶意损害金融消费者权益的银行业机构和人员的责任追究机制，以促进我国银行业的可持续发展。

第九，推动建立畅通有效的国际金融监管合作机制

当前，金融活动的国际化与金融监管的属地化之间的矛盾日益凸现，现行的国际金融监管合作机制无法有效解决金融创新和金融全球化带来的监管真空和监管盲点问题，对国际金融危机的处置也缺乏必要的灵活性和效率。本轮国际金融危机表明，亟须进一步健全全球金融监管协调与合作机制，努力建立起全球统一的金融监管标准、有效的跨国银行监管信息共享平台以及快速高效的跨国银行危机处置机制，推动国际金融监管体制向着更加公开透明、务实高效的方向发展。本轮危机爆发以来，各国间的国际金融监管合作力度空前加强，G20 峰会以及巴塞尔银行监管委员会、金融稳定理事会等国际金融组织，也围绕加强国际金融监管合作、引导各国合力抗击危机的中心目标，开展了一系列卓有成效的工作。

近年来，我国银行业对外开放程度不断提高，截至 2008 年底，银行业金融机构已经引入 45 家境外机构投资者，共引进资本 327.8 亿美元，同时中资银行业金融机构海外布局稳步发展，境外资产达 3700 亿美元，在全部资产总额中占比达 26%。跨境风险已经成为我国银行业金融机构面临的重要风险，能否建立起一种畅通有效的国际金融监管合作机制，尤其是跨国银行监管的信息共享和危机处置机制，已经成为影响我国银行业实现可持续发展的重要因素。从 2003 年成立伊始，中国银监会就按照巴塞尔银行监管委员会确定的跨境银行监管原则，积极主动与境外银行监管机构建立正式的监管合作机制，目前已与美国、英国、加拿大、德国等 33 个国家和地区的金融监管当局签署了监管合作谅解备忘录（MOU）或监管合作协议，建立起了包括双边、区域以及多边等若干层次在内的全方位国际金融监管合作机制。2009 年 11 月 12 日，我国首次主持召开了中国工商银行监管（国际）联席会议，来自 10 多个国家和地区的监管当局交流了对大型银行的监管经验，探讨了推进跨境监管协作等相关问题。我国银行业监管当局要更好地履行成员国职责，在金融稳定理事会、巴塞尔银行监管委员会等国际金融组织中发挥出更大的作用，同时继续加大与其他各国的金融监管合作力度，以有效提升中国银行业的可持续发展能力。

后危机时代已经悄然来临。面对各国正在掀起的金融监管体制改革热潮以及全球金融业正在发生的制度变革，我国银行业必须以十分强烈的紧迫感，从监管制度、公司治理、风险管理等各个方面进行制度上的创新和完善。危机产生变革，变革推动发展。只要我们清醒认识面临形势，高度重视，努力应对，就一定能变“危”为“机”，在变革中构建出有利于我国银行业可持续发展的制度基石，不断提升我国银行业在国际市场中的地位！

（原载《中国金融》2009 年第 24 期）

金融创新及其监管

国际金融危机的爆发，引发了人们对金融创新问题的思考和讨论。一个基本的认识是，创新是金融业发展的重要动力。如果因为“创新”是这次国际金融危机的重要诱因，就怀疑、否定甚至害怕、抵制创新，那就无异于因噎废食；反过来，如果无视历史的经验教训，置创新必须遵循的基本规律和原则于不顾，把创新的目的全部放在追逐利润、规避监管上，不能有效地规避和控制风险，这样的金融“创新”必将成为脱缰的野马，最终导致金融泡沫、危机和灾难。由此可见，端正金融创新的指导思想至关重要。就我国而言，完善社会主义市场经济体制，促进经济社会科学发展，需要大力推动金融创新；大力推动金融创新，必须深入贯彻落实科学发展观，认真吸取国际金融危机的教训，采取更加科学、合理、审慎的态度、理念和模式。为此，需要认真研究和思考几个问题。

一、金融创新的内在动力

任何一项金融创新，归根结底都是由市场主体来实现的。百舸争流、千帆竞发的实践探索背后，必定是生机勃勃、充满活力的市场主体。没有市场主体，创新就搞不起来，既出不了成果，也持续不下去。随着改革的不断深化和市场化水平的不断提高，我国银行业的市场主体地位逐步确立，创新活动渐趋活跃。

但实事求是地看，我国还是一个金融创新能力不足的国家，特别是由于我国银行业是从传统的计划经济体制脱胎而来的，行政色彩还比较浓厚，市场化程度还不是很高。这一现实带来的问题是：首先，创新的主动性不够强。创新更多依赖行政推动，是“要我创新”而不是“我要创新”。其次，面向市场和客户的意识不够强。讲“我有什么”多、讲“你要什么”少，讲“因我而变”多、讲“因你而变”少。面对多样化的金融需求，提供的产品和服务却没有多样化。这也是当前中小企业、“三农”等领域金融服务跟不上发展需要的一个重要原因。第三，风险承受力不够强。“宁愿不创新、少创新，也不能有风险、担风险”的观念还比较普遍，在应该和可以进行创新的时候不敢迈出步子。这些情况表明，促进金融创新的开展，首先需要作为市场主体的银行增强创新的内在动力。真正的市场主体一定会把自己的“根”扎在社会、市场和客户的需求上，并且努力使这种增长和变化着的需求不断得到满足。这样的动力越足，金融创新的活力就越强。

二、金融创新的价值取向

从根本上看，金融创新的逻辑起点在于不断满足市场真实有效的需求。脱离实体经济的金融创新背离了正确的价值取向，必然演变成金融市场内部的价格投机，进而催生大量泡沫。这种失去支撑的“空中楼阁”以及单纯逐利的“横冲直撞”，对市场的破坏不可估量。从实际来看，这方面的问题是比较突出的：既有为创新而创新的问题，即不问实体经济是否需要，闭门造车，标新立异；也有盲目创新的问题，即一哄而起，一味跟风，集中在少数领域恶性竞争，创新成果单一；还有创新不足的问题，即对一些金融服务不充分的领域如中小企业、“三农”等，着力不够，突破不多。因此，推动金融创新，必须坚持正确的价值取向，始终面向实体经济，做好市场需求调查和客户需求分析，量体裁衣，量身定做，使金融创新产品和服务更加契合实体经济发展的需要。概括起来说，金融作为第三产业，一定要明确自身的市场定位和分工，切实履行服务实体经济的社会职能，使一切创新活动都建立在实体经济发展的根基之上。

三、金融创新的风险约束

创新是对已有思想、理念、体制、制度和做法的突破，这个过程蕴含着诸多不确定因素和风险。因此，一切创新活动都必须置于有效的风险约束之内，既鼓励突破，又防范风险。在金融创新的约束风险方面，创新和监管可以说是一种博弈。这种博弈的动因，一是市场主体更多的是关心创新可能带来的自身发展，监管部门更多的则是关注创新可能存在的风险；二是市场主体更多的是关心创新可能形成的某种竞争优势，监管部门更多的则是关心创新可能改变的市场秩序；三是市场主体更多的是关心创新可能产生的财务收益，监管部门更多的则是关心创新可能带来的社会影响与价值；四是市场主体更多的是关心创新可能给单家机构带来的好处，监管部门更多的则是关心创新可能给整个体系造成的影响。应当说，创新和监管的博弈不可避免，但这种博弈不是以胜负为结局，而是以一种平衡状态为目标。这种博弈对金融监管提出了新的挑战和更高要求。金融监管部门应加强对银行创新理念的引导，提高对创新风险的识别、计量、预警和防控能力，努力使监管活动紧跟创新实践、紧贴创新实践。国际金融危机的教训警示我们，任何脱离监管约束的创新，都有可能造成风险失控。应通过科学有效的日常监管，把金融创新作为金融发展原动力的效应发挥到最大，把金融创新诱发和放大风险的可能控制在最小。

四、金融创新的能力建设

近年来，随着我国银行业对外开放步伐不断加快，我们从国际先进银行那里学到了不少东西。随之而来的一个问题是，我们的金融创新中引进的成分还比较多，原创的成分还比较少；移植和克隆式的“拿来主义”还比较突出，消化吸收再创新的环节还比较薄弱。我们的老祖宗早就揭示了“淮南为橘、淮北为枳”的道理。不从国情出发的盲目引进，不经再创新的简单复制，无异于“牛腿安在马肚子下”，水土不服是必然的结果。现在，一些银行模仿国外的做法，创建“私人银行”，但由于没有在产品设计、市场营销、客户开发等方面进行结合实际的改造，最终把装修豪华的“私人银行”搞成了类似证券公司的“大客户室”，“私人银行”的功能并没有真正实现。引进的真谛是要“神似”，在于学习成功的经验而不在于复制具体的产品和服务。掌握了诀窍，学到了真经，创新实践才可能生机勃勃。因此，要特别重视对世情、国情、民情、行情的分析研究，从实际出发，对引进的创新成果进行深度改造。任何简化和省略消化吸收环节的引进，都是没有希望和出路的。同时要特别重视自主创新能力建设，不断提高“原创型”金融创新的比例，走合理引进和自主创新相结合的金融创新之路。

五、金融创新的文化建设

创新文化孕育创新精神，创新精神催生创新实践，创新实践收获创新成果。从这个角度说，创新文化更带有根本性，有什么样的创新文化，就会开出什么样的创新之花，结出什么样的创新之果。当前我国银行业一个比较突出的问题是，对创新的“硬件”建设比较重视，而对创新的“软件”建设重视不够。一方面，下大力气设立金融创新部门，配备专业技术人才，购置先进技术装备；而另一方面，思想、理念、体制、机制等方面的工作则没有及时跟上去。创新文化建设是一项很难立竿见影的长期工作，但又是一项带有根本性的关键工作。因此，要把创新文化建设摆在更加突出的位置，全面加以推进。应研究制定创新规划，真正把创新作为从根本上提升银行竞争力的重大战略；贯彻以人为本理念，切实做好创新人才的教育、培养、使用和储备工作；建立健全科学合理的激励机制，激发员工创新的积极性和主动性；努力营造“鼓励创新、允许失误、宽容失败”的良好氛围，为创新活动提供宽松环境。

六、金融创新的制度保障

我国银行业金融创新活动不够持续和有效的一个重要原因，是还没有建立起一整套健全、稳定的制度体系，金融创新还处于零散、偶发和断断续续的状态。可以说，银行金融创新的能力在本质上就是制度建设的能力。检验和衡量金融创新能力的强与弱，很大程度上是看银行有没有一套先进管用的制度体系，以及通过这种制度体系调动、集中和配置各种资源，促进创新实践开展的能力。银行内部必须从公司治理、业务流程、激励约束、内控制度、队伍建设等方面进行改革，努力使金融创新成为“条线清晰、流程严谨、权责明确、系统完备”的制度体系保障下的可持续行为。监管部门必须加强对金融创新活动的研究，认识创新规律，把握创新趋势，引导和规范创新秩序，制定对重大金融创新业务和产品的动态管理标准，建立关于金融创新的风险监管、交易咨询、共享推广的长效机制。同时，要通过金融、法律、财税、文化等多部门、多方位的通力合作，努力形成更广意义上的鼓励、支持和规范金融创新的合力，共同为银行业金融创新提供条件。只有这样，才能有效推进我国的金融创新，更好地满足多样化的金融需求，为经济社会发展提供更加有效、更高水平的金融支持和保障。

（原载《人民日报》2009年11月6日）

第二编

金融文献

一、中国银监会银监一部领导关于金融经济的文献

浅析商业银行风险指标动态监管机制

中国银监会银行监管一部主任 杨家才

由次贷风险引发的全球性金融危机告诉我们，传统的静态监管方法已难以有效控制现代银行的金融风险，从而催生了对风险指标的动态监管研究。所谓商业银行风险指标动态监管，是指为缓解银行体系的亲周期性，银行监管部门将商业银行的一些主要风险监控指标由以前的静态监管转变为动态监管的做法。具体来说，“动态”的涵义主要表现在三个方面：一是“因时而异”，即从时间维度看，同一家银行在经济周期的不同阶段的监管目标值各不相同。二是“因行而异”，即从机构维度看，五家银行在同一时点上的监管目标值各不相同。三是“因贷而异”，即从客户维度看，同一家银行在同一时期对不同客户的贷款适用不同的监管目标值。动态监管制度的目的是，通过实施个性化、差异化的监管，充分体现风险监管的灵活性和可调性，进一步提高商业银行监管的有效性和针对性。

一、克服银行体系的亲周期性是今年以来国际银行业纷纷强调动态监管的主要动因

亲周期性（procyclicality），也称顺周期性，实际上是指银行体系与实体经济之间存在一种动态的相互作用机制，该机制的运行会导致商业银行在经济上行时期集中积聚风险，助推资产泡沫，在经济下行时期集中释放信贷风险，引发信贷紧缩，从而扩大宏观经济在经济周期不同阶段的波动幅度，并最终加剧金融体系的系统性风险。可以说，借贷双方的信息不对称是导致银行体系亲周期性的内生性原因。由于借贷双方信息不对称，在经济衰退时期，即使是那些没有风险、能够获利的项目也难以获得融资，这无疑会造成信贷的进一步紧缩；而在经济繁荣时期，银行会普遍降低贷审标准和抵押品标准，使原本风险较大的项目也能从银行获取贷款，从而助推信贷扩张和经济泡沫。

除信息不对称外，还有三个因素进一步加剧了银行体系的亲周期性：一是在现有的资本约束制度和资本监管制度下，由于商业银行在经济繁荣时期资本充足率较高且筹资资本能力较强，在经济衰退时期资本充足率较低且筹资资本过于高昂，因而其实际资本充足率水平实际上是与经济周期同向变化的。二是新巴塞尔新资本协议允许商业银行使用内部评级法对复杂产品进行定价和评估风险，从而使得资本计量结果具有更高的风险敏感度，增强了银行体系的亲周期性。三是新的国际会计准则具有“随行就市”的特点，即实行公允价值计量方式。这种计量方式在经济上行期会夸大金融机构的资产价值，加大经济运行中的泡沫；在经济下行时期会使金融机构出现大量未实现且未涉及现金流量的“账面损失”，扭曲投资者的预期，加剧市场恐慌。

长期以来，传统的巴塞尔资本协议及《有效银行监管核心原则》对于各国加强银行监管起到了良好的指引作用，但是，本轮国际金融危机充分表明，由于缺乏对经济周期不同阶段变换的足够考量，这些监管制度基本是静态的，因而在缓解银行体系的亲周期性方面显得较为乏力。正是基于这个思路，当前，金融稳定理事会、巴塞尔银行监管委员会和各国金融监管当局正在紧锣密鼓地构建以资本、拨备的动态监管为内容的逆周期银行监管机制，以缓解银行体系亲周期性的负面影响，促使银行体系在经济上行时期积聚的风险能够在经济下行期得到平稳、有效的释放，不至于造成宏观经济的大起大落和危及金融体系的稳健发展。国际清算银行在其2009年年报中即提出，应针对经济危机预测，模拟建立银行逆周期资本制度。2009年4月，金融稳定理事会提出，应将不良贷款拨备的动态提取作为会计制度的重要变革和宏观审慎监管的有力工具。2009年7月，巴塞尔银行监管委员会在资本监管框架修改的会议上提出，应通过要求银行建立与宏观经济指标相联系、随时间变化而变化的超额资本要求，提高压力时期可提取的缓冲资本储备，降低最低资本要求的过度周期波动，并鼓励银行使用前瞻性的方法计提准备金。

二、我国商业银行动态风险监管的主要实践

近年来，从防范银行业系统性风险的角度出发，我国银行监管部门一直致力于建设对商业银行的逆周期监管机制，加强对商业银行的动态监管。正如中央银行拥有存款准备金率、再贴现、公开市场业务三大货币政策工具一样，我国银行监管部门在近六年来的探索中，不断健全完善资本充足率、不良贷款拨备覆盖率、不良贷款率三大监管工具，已经初步形成以“三率”的动态监管为核心的逆周期银行监管体系。实践表明，这种动态监管体系，对于我国银行业克服亲周期性、增强风险抵御能力以及促进宏观金融稳定发挥了极其重要的作用。

1. 资本充足率的动态监管机制。为缓解银行体系的亲周期性，我国银行业资本监管一直朝着动态的方向改进。一是要求商业银行在经济上行周期累积较多的资本，以应对经济下行周期吸收损失的需要，避免银行在经济上行期间信贷过度增长；在经济衰退时期，允许商业银行减少资本金持有量，增加贷款投放，避免在经济下行时期信贷过度紧缩。虽然资本的动态监管会在经济上行期增加商业银

行的资本需求，但是，事实上，与危机造成的损失相比，银行持有更多的资本比持有少量资本要付出的代价小得多。二是督促商业银行确保资本构成质量，切实增强在经济下行时期的风险抵御能力。要求商业银行在补充资本时，优先考虑采用减少分红、股东增资和定向募集等方式筹集核心资本，强调股东持续注资的责任和内部积累能力。对于各银行之间互持的次级债，要求在扣除后仅将净额计入资本。三是制定因行而异的资本监管制度。鉴于资产规模、结构不同的商业银行，对于宏观金融体系的重要性、风险抵御能力以及亲周期性的程度都各不相同，银行监管部门对商业银行和中小型银行分别制定因行而异的资本监管方案。

2. 不良贷款拨备覆盖率的动态监管机制。拨备动态监管的目的是引导银行做到“以丰补歉”，即在经济繁荣时期多计提贷款损失拨备，以提高未来偿债能力和风险抵御能力；在经济衰退时期少计提贷款损失拨备，以增加银行利润和维持资本充足率水平，同时将更多资金用于放贷，以刺激经济复苏。事实上，这种监管机制鼓励商业银行建立起前瞻性的贷款拨备计提制度，即以在整个贷款周期内因经济衰退可能出现的贷款违约率为基础计提不良贷款拨备，而不是以现阶段贷款违约率为基础计提拨备，从而使得银行在经济繁荣时期计提的超额拨备，可以用来弥补经济衰退时的贷款损失。当然，在实施拨备的动态监管的过程中，我国银行监管部门要求商业银行积极按照新的呆账核销办法，根据“账销、案存、权在”的要求，加大不良资产的核销力度，严格防止贷款分类不准和“高拨备、高不良”并存而带来的无效拨备。

3. 不良贷款率的动态监管机制。不良贷款率的动态监管，主要是针对不同银行、经济周期的不同阶段、不同地区、不同行业设置差别化的不良贷款率监管容忍度，引导商业银行控制信贷盲目扩张、优化信贷结构，缓解亲周期性。这种监管机制旨在引导商业银行按照整个经济周期内的平均不良贷款率控制贷款质量，以平滑经济周期不同阶段转换对银行资产质量的冲击，既避免在经济上升期出现监管的过度宽容，助推资产泡沫，也防止在经济下行期实现过于严格的不良贷款监管，助长原本就已经严重的信贷紧缩。

目前，我国银行业不良贷款率的动态监管机制主要体现在以下三个方面：一是在经济繁荣阶段，银行监管部门对不良贷款率保持较低的监管容忍度，以防范繁荣经济表象下潜藏的信用风险；在经济萧条阶段，对商业银行不良贷款率保持较高的监管容忍度，以促使银行扩大信贷投放，刺激经济早日走出低谷。二是对于符合国家产业政策的行业，银行监管部门适当放松对相关贷款不良率的容忍度，比如“三农”贷款、小企业贷款就可以将其不良容忍度放宽至银行不良贷款率平均水平的一倍以上，甚至更多。而对产能过剩、潜在产能过剩和重复建设行业，要求相关贷款质量必须保持在平均不良率水平以下，以切实促进信贷及产业结构的调整优化。三是注重对不良贷款迁徙率的监管。银行监管部门从来不静止地看待不良贷款，而是动态、可持续地关注商业银行不良贷款结构的变化。对于虽然不良贷款总量未变，但损失类、可疑类贷款占比增加的商业银行，银行监管部门给予重点关注，加大监管力度。

三、商业银行动态监管的主要风险指标体系

为坚持、完善和深化我国银行业动态监管机制，进一步增强商业银行动态监管理念的可操作性，提高银行业动态监管的有效性，亟须在现有“三率”动态监管机制的基础上，紧紧围绕资本动态监管、拨备动态监管、不良动态监管三个核心机制，兼顾并表监管、集中度风险监管、流动性风险监管和案件风险监管，尝试建立起符合我国商业银行特色的主要风险指标体系。笔者建议，在中国银行业中宜建立起一种“腕骨（CARPALS）非现场风险监管指标体系”，其中，C 指 Capital adequacy，代表资本充足性；A 指 Asset quality，代表资产质量；R 指 Risk concentration，代表风险集中度；P 指 Provisioning coverage，代表拨备覆盖情况；A 指 Affiliated institutions，代表附属机构；L 指 liquidity，代表流动性；S 指 Swindle prevention & control，代表案件防控。这个指标体系涵盖资本充足率、不良贷款率、拨备覆盖率、大额风险集中度、流动性比率、案件风险率、附属机构监管比率等七个领域，共有十三项具体指标。具体情况如下：

（一）资本充足率

1. 资本充足率

$$C_r = C_{min} + C_p \pm \mu$$

其中 C_r 为资本充足率监管目标值；C_{min} 为最低资本要求，即8%；C_p 为根据巴塞尔委员会要求确定的资本缓冲要求，包括新协议第二支柱资本要求、对系统重要性银行资本附加要求、逆周期资本要求，由监管当局根据实际情况评估确定；μ 为监管调整值，根据经验数据，μ 值在［-0.3%，0.3%］区间内。

2. 杠杆率

$$LR_r = \frac{CoreC}{A} \pm \mu$$

其中 LR_r 为杠杆率监管目标值；$CoreC$ 为核心资本总额；A 为经调整后的表内外资产总额，包括全部表内资产、表外非衍生品100%的风险转换和表外衍生品的审慎折算；μ 为监管调整值，μ 值在［-0.5%，0.5%］区间内。

（二）贷款质量

1. 不良贷款率

$$NPL_{tr} = \frac{1}{3}\sum_{i=1}^{3} NPL_{t-i} - L'_t \pm \mu$$

其中，NPL_{tr} 为 t 期不良贷款率监管目标值；$1/3\sum_{i=1}^{3} NPL_{t-i}$ 为前三年平均不良贷款率；L'_t 为当年新增贷款对不良率下降的贡献度；μ 为监管调整值，根据经验数据，μ 值原则上在［-0.5%，0.5%］区间内。

2. 不良贷款偏离度

$$L_d = NPL_r - NPL_b$$

其中，L_d 为不良贷款偏离度监管目标值；NPL_r 为实际不良贷款率；NPL_b 为账面不良贷款率。

（三）大额风险集中度

1. 单一客户集中度

$$SL_{tr} = \frac{1}{3}\sum_{i=1}^{3} SL_{t-i} \pm \mu$$

其中，SL_{tr} 为单一客户集中度监管目标值；$\frac{1}{3}\sum_{i=1}^{3} SL_{t-i}$ 为过去三年单一客户风险集中度的平均值；μ 为监管调整值，原则上在［-2%，2%］的区间范围。

2. 单一集团集中度

$$SC_{tr} = \frac{1}{3}\sum_{i=1}^{3} SC_{t-i} \pm \mu$$

SC_{tr} 为单一集团风险集中度监管目标值；$\frac{1}{3}\sum_{i=1}^{3} SC_{t-i}$ 为过去三年单一集团风险集中度的平均值；μ 为监管调整值，原则上在［-3%，3%］的区间范围。

（四）拨备状况

1. 不良贷款拨备覆盖率

$$P_{tr} = P_{min} + [\Delta L_{t-1} - (GDP_{t-1} - CPI_{t-1}) - 5\%] \pm \mu$$

其中，P_{tr} 为 t 期拨备覆盖率的监管目标值；P_{min} 为拨备覆盖率最低要求值为 130%；ΔL_{t-1} 为 $t-1$ 期贷款增长率；GDP_{t-1} 为 $t-1$ 期 *GDP* 增长率；CPI_{t-1} 为 $t-1$ 期 *CPI* 增长率；μ 为监管调整值，根据经验数据，μ 大致在［-5%，5%］区间内。

（五）附属机构

1. 附属机构资本回报率

$$AROE_r = \frac{R_a}{E_a} \times 100\% \pm \mu$$

其中，$AROE_r$ 为附属机构资本回报率监管目标值；R_a 为附属机构当年税后利润；E_a 为附属机构当年平均所有者权益；μ 为监管调整值，原则上处于［-2%，2%］的区间内。

2. 母行负债依存度

$$FDR_r = \frac{TI - CI}{TL} \times 100\% \pm \mu$$

其中，FDR_r 为母行负债依存度监管目标值；*TI* 为母行对附属机构的全部资金投入，包括资本金投入及拆借等授信方式的资金投入；*CI* 为母行资本金投入；*TL* 为附属机构负债总额；μ 为监管调整值，原则上处于［-5%，5%］区间内。

（六）流动性

1. 流动性覆盖率

$$LCR_r = \frac{HQLA}{NCO} \times 100\% \pm \mu$$

其中，LCR_r 为流动性覆盖率监管目标值；*HQLA* 为高流动性资产储备，包括现金、超额存款准备金、央行票据、国债等；*NCO* 为未来 30 日的资金净流出量，即资金流出项目总额减去资金流入项目总额后的净额；μ 为监管调整值，原则上处于［-10%，10%］的区间范围。

2. 净稳定融资比率

$$NSFR_r = \frac{ASF}{RSF} \times 100\% \pm \mu$$

其中，$NSFR_r$ 为净稳定融资比率监管目标值；*ASF* 为可供使用的稳定资金；*RSF* 为业务所需的稳定资金；μ 为监管调整值，根据银行业整体流动性情况确定，处于［-20%，20%］的区间范围。

3. 存贷比

$$LTD_{tr} = \frac{1}{3}\sum_{i=1}^{3} LTD_{t-i} \pm \mu$$

其中，LTD_{tr} 为存贷比监管目标值；$\frac{1}{3}\sum_{i=1}^{3} LTD_{t-i}$ 为前三年存贷比平均值；μ 为监管调整值，原则上处于［-2%，2%］区间内。

（七）案件风险

1. 案件风险率

$$S_{tr} = \frac{1}{3}\sum_{i=1}^{3} \left(\frac{S}{A}\right)_{t-i} \pm \mu$$

其中，S_{tr} 为案件风险率监管目标值；$\frac{1}{3}\sum_{i=1}^{3} \left(\frac{S}{A}\right)_{t-i}$ 为前三年案件风险率平均值；μ 为监管调整值，原则上处于［-2（百万分之），2（百万分之）］区间内。

四、我国商业银行动态风险监管指标体系的实施

通过实施对上述七大类十三项风险监管指标的动态监管，我国银行监管部门可以不断深化对商业银行的动态风险监管，提升商业银行特别是具有系统重要性的大型商业银行的经营效率，促进宏观金融稳定。在实施中，银行监管部门应注意以下方面：

1. 在反复测算的基础上科学确定目标值。银行监管部门应认真收集近 5～8 年来商业银行的经营数据，在综合考虑各行资本充足状况、资产规模、贷款增幅、盈利能力、风险抵御能力等因素的基础上，科学设定各项风险指标的监管目标值。在目标值的设置上应严格按照“因行而异”的原则，即认真分析单家商业银行的经营情况及风险抵御能力，采取“一行一策”的方式，分别计算出适用不同银行的风险指标监管目标值。

2. 适时进行监管目标值的动态调整。动态监管的精髓在于“因时而异”，因而银行监管部门应做好动态监管指标的后评价工作，密切关注商业银行在动态监管指标实施后的监管政策效应。如果经济周期的阶段出现转换，监管部门应根据 GDP 增速与信贷增速的比率等宏观经济指标迅速调整有关风险指标的监管目标值，以确保风险指标监管目标值能快速适应经济周期的变化。原则上，主要风险监管指标在频度上实行“一年一调、季度考核”的方式，即监管目标值每年调整一次，监管部门按季度对商业银行执行监管目标值的情况进行考核。

3. 做好监管部门与商业银行之间的沟通协调。畅通的信息沟通机制是动态监管体系得以良好运行的基石，因而监管部门必须与商业银行之间建立起一种畅通的信息沟通机制。一是监管部门每年年初应以监管意见书的形式将调整后的动态风险监管指标下发各行，并要求各行董事会、高管层将银行监管部门的动态监管要求分解落实到当年的经营计划和业绩考核体系之中；二是监管部门应通过监管谈话、建立商业银行动态风险指标定期报送制度等手段动

态、实时地了解商业银行执行动态监管指标体系的状况，将对动态风险指标的监测分析作为日常非现场监管工作的重要内容。

4. 加大动态监管指标的执行力度。对于实际指标值明显偏离监管目标值和超越监管容忍度的银行，银行监管部门应启动相应的监管惩罚措施。一是窗口指导。监管部门可以通过约请高级管理人员谈话、开展风险提示等手段，督促该行尽快整改，使风险指标值回归监管目标区域。二是暂缓准入。在商业银行的监管指标回归监管容忍度区域之前，适度暂缓审批机构设立、新业务申请等市场准入事项。三是缩减薪酬。银行监管部门可依据金融稳定理事会（FSB）的要求，通过研究制定《商业银行薪酬监管指引》，将动态监管指标执行状况与银行可变薪酬规模及薪酬的延期支付挂钩。对于主要风险指标值明显偏离监管目标值的银行，对其高管人员和重要风险岗位人员降低可变薪酬规模，对其延期支付的薪酬部分实施扣减；对于特别严重的，实施薪酬追回制度。四是现场检查。对于主要风险指标值不正常的银行，监管部门可以针对违规风险指标进行现场检查立项，以现场检查促进整改落实。五是履职评价。银行监管部门应将动态风险指标执行情况作为银行高管履职评价体系的重要内容，使动态风险指标真正为各家商业银行的高管人员所重视，进而提高风险指标的权威性和执行力。

二、中国银监会银监二部领导关于金融经济的文献

城市商业银行的地位　面临挑战和监管政策要求

中国银监会银行监管二部主任　肖远企

近年来，城商行全面贯彻落实科学发展观各项要求，在经营管理上取得了显著的进步。一是2009年，在全球性金融危机向纵深发展的宏观经济背景下，全国城市商业银行仍然保持了稳健发展的良好势头，资产质量和资本充足状况持续向好，各项经营和监管指标明显改善，业务发展能力有所增强，盈利能力显著提高。二是思想、理念上初步具有了资本、拨备、公司治理和风险管控等基本的理念和理论。三是通过艰苦努力，风险处置工作取得显著成效。四是已经成为小企业融资的主力军，在为居民社区和小企业融资的创新和服务方面都取得了有目共睹的成果。但是，要清醒地看到城商行在经营管理中还存在的一些薄弱环节，深化改革、改善管理、防范风险的任务仍然十分艰巨。因此，城商行应深入贯彻党的十七届五中全会精神，按照科学发展观要求，正确处理发展中面临的问题，以有效应对复杂局面，确保银行经营稳健、风险可控、发展可持续，争取各项工作再上新台阶。

第一、全国城商行整体情况

资产规模稳步增长。截至2009年末，全国145家城商行资产总额5.68万亿元，较年初增长34.09%，资产份额在全国银行业金融机构中占比7.14%。城商行资产扩张速度较全国整体速度快8.19个百分点。

资产质量持续向好。截至2009年末，145家城商行合计不良贷款余额为376.9亿元，较年初减少108.8亿元。城商行不良贷款余额在全国银行业金融机构中占比2.68%。城商行全年不良贷款减量占全国银行业金融机构不良贷款减量的7.41%。全国城商行整体不良贷款率为1.3%，较年初降低1.03个百分点，比同期全国银行业金融机构整体不良贷款率低2.04个百分点。

资本充足，风险抵补能力不断增强。截至2009年末，城商行平均资本充足率为12.96%，较年初提高1.67个百分点，比全国银行业金融机构整体资本充足率高2.06个百分点。截至2009年末，我国城商行整体拨备覆盖率为182.28%，较年初提高68.43个百分点。我国城商行整体拨备覆盖率比全国银行业金融机构整体水平高出27.28个百分点。

盈利能力持续增长。截至2009年末，全国城商行当年实现税后利润496.5亿元，较去年增长21.72%。城商行税后利润总额在全国银行业金融机构中占比7.43%；利润增长速度较全行业整体水平快7.14个百分点。

第二、当前城商行面临的主要挑战

一、公司治理方面

（一）战略规划不够清晰

一是发展战略和市场定位不够清晰。二是即使有战略也是采取了跟随其他大银行，没有结合自己的比较优势来制订差异化发展战略；三是虽然有了战略却没有有效执行。

（二）股权结构有待优化

中小银行的股东非常重要，特别是控股股东的资质非常重要。从公司治理的角度，城商行股权结构在以下几个方面有待改善：一是股东的地域来源应包括本地、本省、外省的股份，甚至境外的股份，这样比较平衡；二是大股东与中小股东的平衡。没有牵头股东或者一股独大，都不利于银行的发展；三是从股东的成分看，包括国有、民营和外资的成分比较理想；四是从行业看，也欢迎金融股东和非金融股东的参股。这四个方面至少有一个方面达到平衡，就有利于改善公司治理。

（三）独立性建设需要加强

独立性表现在三个方面：首先，城商行自身独立性不足。一是受制于地方政府；二是大股东对银行的干预；三是独立董事本身独立性不足。其次，独立董事提名机制不健全。一方面，有些行没有按照公司治理的要求，由提名委员会来提名。另一方面，有些行在实际执行当中，提名委员会的组成和运作也不够规范。另外，独立董事资质问题也存在。再次，监事会在监督董事会方面的独立性不够。原因是制度设计上的缺陷，以及实际工作中职责边界不清晰。最后，激励约束机制还需要进一步完善。主要表现在：一是城商行整体尚不具备有竞争力的薪酬水平。除个别银行外，绝大部分不具备竞争力；二是在与风险暴露周期挂钩时，有的银行采取薪酬当期发放当期结算或者很短时间就结算，没有与相关风险暴露的期限严格挂钩；三是银行的长期利益和员工的利益没有紧密结合，主要表现在薪酬结构的设计方面还存在问题，由当期现金激励为主，没有与风险挂钩，与银行的长期价值紧密挂钩，包括股权和期权等。四是薪酬的组成政策尚不明朗。一般支持银行对员工实行股权、期权或者其他方面战略的激励机制，要求银行的利益跟员工的利益长期紧密挂钩。

二、风险管控方面

这是目前商业银行面临的主要挑战。根据城商行的特点，对其面临的风险做了一个有针对性的分析，城商行主要面临流动性风险、信用风险、操作风险、市场风险和同质同类机构的系统风险等五大风险。根据这些风险对城商行的影响程度，目前面临最直接的风险就是流动性风险。

（一）流动性风险

中小商业银行在压力测试、应急预案，资产负债管理方面还有很大的提高空间。从本轮金融危机的教训可以看出中小银行流动性的问题，比如英国的北岩银行就是因为流动性问题被迫退出市场的。所以要把防范流动性风险作为中小商业银行的重点来抓。

（二）信用风险

信用风险是影响银行发展的最基础风险。次贷危机归根到底是信用问题，信用风险在城商行主要表现在：一是整体不良贷款率水平可能上升，二是随着贷款的不断增长，有些新增贷款很可能随着时间的推移变成不良贷款。三是个人消费贷款的违约情况需要引起关注。四是在信用风险里，对城商行来说最需要关注的是集中度风险，包括区域集中度和产业集中度的问题。

（三）操作风险

操作风险对银行的利润影响不大，但是对银行的声誉影响比较大。因为案件不管大小，各方都比较关注，特别是媒体高度关注，对银行内部士气也有很大负面影响，所以，必须高度重视案件防控的问题。

（四）市场风险

城商行应该特别关注市场风险，原因在于：一是利率和汇率不确定性在增大，可能上升也可能下降。二是资产价格的波动会加大，特别是房地产、股票价格的波动性都很大。三是部分城商行已经跨区域发展，业务结构和产品的复杂程度在增加。

（五）同质、同类机构的系统风险

整体上，城商行在业务结构，营运模式方面比较趋同。直接后果是如果流动性趋紧，所有银行都趋紧，都会面临流动性需求。整个银行业风险不容易分散，而城商行抗风险能力更弱一些。如果产生这种同质同类机构的系统风险，会对整个金融业系统构成很大的威胁。

三、在“软”实力建设方面

“软”实力方面的挑战主要表现在企业文化、品牌建设、创新能力和基础设施建设方面。当前城商行整体上还缺乏核心文化，缺乏具有全国影响力的品牌，在创新方面也是如此，IT 系统建设方面也存在问题。今后可以加强这方面工作的研究探讨。

四、现阶段城商行面临的其他压力

城商行面临的其他压力突出表现在：一是是规模增长的压力。二是资本补充的压力。城商行资本补充渠道较少，上市资源有限，不确定性大。另外，鼓励城商行补充核心资本，不鼓励发次级债来补充资本。三是利润回报的压力增大。主要是来自于控股股东的压力，董事会给管理层下达指标的压力。

第三、当前对城商行的监管要求

首先，是对城商行的总体监管要求：

总体要求一：科学研判国内外的金融形势并据此调整经营策略，增强工作安排的前瞻性，提高应对能力，避免大起大落。

总体要求二：加快转变发展方式，明确市场定位，制订科学的发展战略，全面提高核心竞争力，走差异化和特色化的可持续发展之路。在这个问题上，讲几个要点：

一是城商行目前的发展方式不可持续，必须加快转变。对于这个问题，银监会领导曾提出六个方面的“不可持续”：一是超速增长的信贷业务扩张方式是不可持续的。二是过度依赖规模和利差的盈利模式是不可持续的。三是热衷于“找大客户”的营销模式也是不可持续的。四是过度依赖外援的资本补充机制也是不可持续的。五是过度强调短期利益的激励机制是不可持续的。六是重速度轻管理的经营管理模式是不可持续的。由此可见，城商行应加快发展方式的转变，否则就不可能实现长期、稳健、可持续地发展。

二是我国城商行未来可有四个层次的发展方向。一是发展为全国性甚至由一定国际影响力的银行。但是，这种银行会很少，不排除由少数可以发展成这样的银行。二是发展为区域性的银行。如在某个经济区域内具有服务网络和影响力，特别是定价权方面有较强影响力的银行。三是专心做社区的小银行，业务范围集中在比较小的范围内。发挥地缘优势，在本地、本市“深耕”市场，在本地有很强影响力。四是发展为提供某类专业化特色产品的银行。如专门提供小企业融资、农村小额信贷、清算结算、贸易融资等专业化、精细化服务的银行。后三类将是我国城商行发展的主流。

三是城商行制定发展战略和市场定位要考虑四方面因素。一是遵循银行业特别是城商行发展的客观规律，不能违背银行经营的基本规律。二是充分吸取此次国际金融危机的经验教训。在制订战略的时候也要考虑。三是要符合城商行在整个银行业格局中所处的地位。四是按照自己的比较优势来考虑自己的市场定位，制订发展战略。

四是差异化、特色化应至少应体现在以下方面。一是在客户选择上，应有差异化和特色化。要根据自身市场定位，选择相匹配的客户，将发展重点确定为微小企业或个人消费。二是在产品特色上，应根据服务客户的需求提供由针对性的特色化产品。三是在地理区域、经营范围上应体现差异化，要符合其市场定位。四是在管理控制上，要建立自身特色和企业文化，提高竞争力。

总体要求三：当前需重点处理和平衡好的四个关系。

当前，城商行需重点处理和平衡好的四个关系。一要正确处理好发展速度与风险管控间的关系。二要处理好短期回报与银行稳健发展、长期价值的关系。三要处理好不同阶段面临的主要风险，以及这些风险对各自影响程度的关系。大的风险对每一家银行的影响程度，影响的直接性和间接性是不一样的。当前对城商行最直接的风险就是流动性和集中度风险。四要处理好银行自身发展和执行国家宏观政策和履行社会责任的关系。

“雄关漫道真如铁，而今迈步从头越。”十年耕耘，十年奋发。在取得丰硕成绩的同时，城商行发展也站在了崭新的历史起点上，面临新的机遇和挑战。城商行唯有积极响应中央号召，坚持科学发展观，加快发展方式的转变，坚定不移地走差异化和特色化发展道路，才能战胜前进路上的困难与挑战，推动城商行发展事业取得更大的进步！

后危机时代我国中小银行的发展方向

中国银监会银行监管二部主任 肖远企

2009年面对复杂、严峻的经济金融形势，中小银行紧密围绕“保增长、扩内需、调结构、惠民生”的要求，改进金融服务，调整信贷结构，强化风险管理，为促进国民经济企稳复苏和结构优化作出了突出贡献，自身发展也在诸多领域取得了历史性突破。

中小银行支持经济发展作出的突出贡献

促进了地区协调、东西统筹发展。2009年经济落后地区与发达地区间的资源分配失衡情况明显改善，中小银行对西部地区的贷款支持力度明显加大。以重庆市为例，截至2009年11月末，股份制商业银行贷款余额1780.21亿元，比年初净增474.51亿元，增幅36.34%，城市商业银行贷款余额473.87亿元，比年初净增148.91亿元，增幅45.82%，增幅均超过历史同期水平。

支持了外向度较高、受金融危机冲击最严重的东部沿海地区。国际金融危机对我国出口影响较大，刺激经济复苏必须加大对外向度较高地区的金融支持，以帮助出口企业技术升级。在此过程中，中小银行也发挥了突出作用。以浙江省为例，截至2009年11月末，股份制商业银行贷款余额9928.88亿元，比年初净增2396.45亿元，城市商业银行贷款余额3161.43亿元，比年初净增977.5亿元，增量超过历史同期水平。

积极扶持中小企业发展，成为小企业服务主力军。中小企业为我国创造了50%的国家税收和75%的城镇就业岗位，支持中小企业发展是我国经济结构调整和经济增长方式转变的必由之路。2009年中小银行已成为小企业服务主力军。截至2009年末，中小银行对小企业贷款余额15203亿元，占银行业金融机构对小企业贷款余额的28.1%。此外，中小银行还积极针对小企业、微小企业特点，积极创新产品服务，诸多个性化、精细化的产品服务已形成广受市场认可的品牌。有相当一批银行80%以上的贷款发放给了小企业和微小企业。

有力保障了“三农”产业稳定发展。我国是农业大国，支持“三农”产业直接关系着社会主义新农村建设和城乡一体化战略的实施。2009年中小银行加大了对“三农”产业的扶持力度，涉农贷款增幅居于全国金融机构前列。截至2009年9月末，股份制商业银行涉农贷款（不含票据融资），较年初增长52.13%；城市商业银行涉农贷款（不含票据融资），较年初增长59.58%。

消费信贷增长有力地支持了国内消费需求的增长。为启动消费、扩大内需，刺激国民经济复苏，2009年中小银行积极发展消费信贷。仅以股份制商业银行为例，2009年个人消费贷款余额首次突破万亿元，截至2009年末，已达13667亿元，较年初增长49%，而同期股份制商业银行个人消费信贷不良率0.63%，仍处于历史较低水平。

重点支持与就业和民生领域密切相关的行业。改善民生是全面建设小康社会的题中之义，是构建社会主义和谐社会的关键。2009年与就业和民生工程密切相关的行业得到了中小银行的重点支持。如截至2009年末股份制商业银行向卫生、社会保障和社会福利业投放贷款的余额较年初增长70.49%。

中小银行自身改革发展取得的历史性突破

持续增长，市场地位空间提高。截至2009年末，12家股份制商业银行和144家城市商业银行合计资产总额已达174981亿元，市场份额已占全国银行业的22.21%。在许多城市，中小银行市场份额已超过其他类型金融机构，对经济的支持作用逐渐增强。

经营稳健，各项监管指标处于历史最好水平。银监会成立以来，随着监管有效性不断提高，中小银行监管指标逐年改善，2009年更是处于历史最好水平。一是资产质量显著提高。截至2009年末，股份制商业银行不良贷款率降至0.95%，城市商业银行不良贷款率降至1.30%。二是风险防控和抵御能力显著提升。截至2009年末，股份制商业银行资本充足率为10.27%，城市商业银行资本充足率为12.96%；截至2009年末，股份制商业银行贷款拨备覆盖率为202.00%，城市商业银行为182.28%。三是盈利能力持续增长。截至2009年末，股份制商业银行资本利润率为18.40%，资产利润率为0.90%；城市商业银行资本利润率15.87%，资产利润率1.01%，均为历史较高水平。

制度确立，公司治理建设正迈上新台阶。近年来银监会加大了督导中小银行完善公司治理的工作力度，2009年又采取了培训新任董事、列席董事会会议、举办独立董事和外籍董事圆桌会议等监管措施，引导中小银行公司治理迈上新台阶。目前中小银行公司治理架构基本建立，风险战略、风险政策、风险偏好和容忍度趋于明晰，持续的资本补充计划、拨备提取计划更加科学，高管薪酬政策逐步规范，董事、监事、高管的专业性、独立性进一步提高，科学管理和可持续发展意识显著增强。

加强风控，风险防范和监管引领的良性互动不断增强。一是中小银行的内部控制和经营管理水平不断提升。2009年绝大多数中小银行克服了“争规模、垒大户”的思想，贷款集中度明显降低，保持了效益、质量、规模、速度之间的平衡关系。中小银行积极探索集约化经营方式，提高经营效率，如江苏银行对原五家开办外汇业务的分行实行外汇资本金统一管理，既提高了资金运作效率，也控制了汇率风险。

二是中小银行与监管当局的良性互动不断增强。2009年通过举办全国股份制商业银行年会、全国城市商业银行论坛和片区监管座谈会，中小银行与监管部门的良性互动不断增强。总体上，中小银行能在监管引领下，正确处理保增长与防风险的关系，并按照审慎监管要求，以主要监管指标达标为重点，制定整改计划、落实责任，有效降低了相关风险。

三是地方政府等配合监管部门，支持中小银行发展的力度加大。在监管部门的积极推动和政策支持下，地方政府等相关方面加大了对中小银行的支持力度，2009 年中小银行整体风险处置工作成效显著，如长安银行于 2009 年 7 月重组挂牌，龙江银行于 12 月重组挂牌。大部分 2008 年监管评级在四级和五级的城市商业银行通过处置风险，整体面貌有了较大改观。城信社整顿与改革工作也取得显著进展，全国 37 家城信社中已有 24 家完成处置工作。

突出特色，金融服务水平和质量显著提高。2009 年中小银行围绕突出服务中小企业、服务城镇居民、服务地方经济的专业特色，不断加强金融创新和品牌建设，诸多为中小企业和居民开发的特色产品服务已成为全国或区域内的知名品牌。如光大银行“阳光全能票据”、北京银行“小巨人”、上海银行“成长金规划”、宁波银行“金色池塘”、南京银行“金梅花理财”、威海市商业银行“缴费一卡通”等，都在中小企业或城镇居民当中树立了良好的口碑。

可以说，2009 年中小银行化挑战为机遇，既有力支持了经济总体回升向好，又实现了自身稳健、可持续发展。

我国中小银行未来发展方向

近 30 年国际银行业跌宕起伏的发展历程反复证明：一个稳健而富有竞争力的银行业格局对整个国家经济健康状况是极为关键的，一个完善的银行业体系不单纯意味着银行类型齐备，更重要的是要求银行业格局在规模、服务领域及产品业务外延上应具备相当完整的层次结构。优化银行业格局，科学布局银行业（尤其是中小银行）层次结构，对于提高一国银行业整体竞争力和稳定性、规避“同质化”引发的系统性风险、满足多元化金融服务需求有着举足轻重的作用，因此必须站在国际国内银行业格局的战略高度来思考中小银行的发展问题。

国际银行业格局变革的启示。国际金融危机中，欧美中小银行表现不俗。2009 年 3 月 ICBA（美国独立社区银行家协会）公布报告显示，危机中中小银行市场份额有所扩大，57% 的中小银行新客户增长速度加快，40% 的中小银行贷款发放量高于往年。大部分中小银行有能力度过此次危机，即便少数中小银行倒闭，也未触发类似大银行倒闭所引发的系统性风险和市场恐慌。因此，有必要对其成功发展经验进行研究和借鉴。

纵观欧美中小银行发展历程，近 30 年竞争明显加剧，如 20 世纪 80 年代初美国有 1.4 万多家商业银行，如今只剩下近 8000 家；德国银行机构也从近 1.3 万家锐减到 3000 家左右。市场竞争迫使欧美中小银行选择了差异化的市场定位和发展方向，并通过优胜劣汰，使各种发展方向下最具竞争力的个体得以生存，这一过程被称为“分层提纯”。

正是在这种激烈的市场竞争中，欧美中小银行经过持续多年的“分层提纯”，最终形成了层次分明、富有活力的中小银行体系。整体银行业格局中，除由大银行组成的跨国金融集团和全国性银行外，中小银行内部又细分为几个层次。各层次银行都有自身的运作空间，相互竞争、相互补充。欧美多层次的中小银行体系很有借鉴价值。多层次中小银行体系的优势主要有二：一是各层次银行既有平行也有交叉，市场缝隙极小，在全方位满足不同层次金融服务需求、最大限度开发利用本土市场的同时，使外国银行很难介入，极大地提高了本国银行业的整体竞争力。二是中小银行体系层次的细分以及每一层面银行机构所采取的差异化经营策略、市场定位、运营规则有效地规避了银行业“同质化”引发的系统性风险，极大地提高了本国银行业的稳定性和抗风险能力。基于以上优势，发展多层次、富有活力的中小银行体系已成为世界各国银行业格局变革中不可逆转的方向。

我国中小银行的发展方向。必须认识到，在取得巨大成绩的同时，我国中小银行已站上一个崭新的起点，随着改革的不断深入，我国中小银行发展面临新的挑战和问题，其中最突出的是市场定位和发展方向还不够准确和清晰。具体表现在：一是中小银行的市场与国有大银行还较趋同。部分中小银行目前仍采用对国有大银行“跟随”战略，市场、产品、服务、模式与国有大银行“雷同”，定价能力弱。二是中小银行间层次化、差异化还不明显。部分中小银行对自身在整个银行业格局中的位置认识还不清晰。

借鉴国际银行业格局变革的启示，结合我国中小银行面临的挑战，建立层次分明、富有活力的中小银行发展体系，引导中小银行走差异化、特色化的发展道路已刻不容缓。具体来讲，我国中小银行可有四个层次的发展方向：

一是发展为全国性甚至有一定国际影响力的银行。但是，这种银行会较少，不排除有少数可以发展成这样的银行。二是发展为区域性的银行。如在某个经济区域内具有服务网络和影响力，特别是定价权方面有较强影响力的银行。三是专心做社区的小银行，业务范围集中在比较小的范围内。发挥地源优势，在本市、本地“深耕”市场，在本地有很强影响力。四是发展为提供某类专业特色产品的银行。如专门提供小企业融资、农村小额信贷、清算结算、贸易融资等专业化、精细化服务的银行。后三类将是我国中小银行发展方向的主流。

中小银行在发展中应明确的几个要点

明确市场定位，制定科学发展战略，走差异化、特色化发展道路。不同层面的中小银行的客户基础不同，其市场定位、战略选择、产品与服务类型也是有差异的，因此，中小银行应认清自身在中小银行发展体系中所处层次，明确市场定位，制定科学的发展战略。好银行的战略不是追求规模、速度，而是追求客户满意度、服务附加值和风险抵扣后的资本回报率。对于中小银行而言，明智的选择是走差异化、特色化的发展道路，与其他层级的银行错位竞争。产品和服务要立足于细分市场和充分认识自身资源优势，形成服务特色，通过向核心客户、核心市场提供高度专业化、精细化服务，在核心主业培育独特竞争优势，提高核心竞争力。

确立整体服务方向：服务地方经济、服务中小企业、服务城市居民。中小银行作为一个整体，其服务方向应紧扣“服务地方经济、服务中小企业、服务城市居民”。这是与中小银行的资金实力、竞争优势和风险管控能力等客观条件相匹配的。强调中小银行发展体系层次，与这一整体服务方向并不矛盾。不同层次的市场定位和发展方向，都应是对这一整体定位和服务方向的进一步层次化、差异化细分。中小银行应成为中小企业的主要服务银行，通过向城镇居民、县域经济、社区发展、农村金融提供特色化服务，造福地方、造福社会，实现经济效益和社会效益的双赢。

正确看待中小银行发展体系层级，不要好高骛远。中小银行在发展体系中处于不同层级，只代表中小银行根据各自不同的竞争优势和所处地区社会经济发展状况选择了不同的发展方向。无论是哪个方向，只要是从实际出发、实事求是作出的选择，都是科学的发展方向。并不是说，层级越高、规模越大，银行就一定能办得越好。国际国内金融理论和实践的发展都已证明：规模不是银行盈利的充分条件，银行效益的决定性因素是其核心竞争力。中小银行如果违背实事求是的原则，好高骛远、盲目贪大求全，不但不能提高核心竞争力，反而会丧失原有的竞争优势。我们鼓励中小银行坚持科学发展、强化自我约束、合理布局、有序竞争。

重视完善公司治理，加强公司治理的科学性和有效性。本次危机充分暴露了西方银行业公司治理存在的欠缺。前车之覆，后车可鉴。公司治理国际上没有绝对成熟的模式，但有一条铁律：但凡公司治理好的银行，抗风险能力强，客户满意度高，监管者打分高。良好的公司治理关键在于制衡有效、民主决策、程序清晰、激励科学、善待客户、服务社会六个方面。中小银行尤其是董事会、董事长，要着重抓好这六个关键要素。2010 年初的董事会，要着重解决好五个问题：制订科学、清晰的战略发展规划与经营发展目标；制定明晰、严格的风险战略、风险政策、风险偏好和容忍度；制定持续的资本补充计划和拨备提取计划；制定或完善高管薪酬政策与标准；研究加强董事会建设的有关问题。

主动适应新的监管要求，强化和改进管理，夯实基础，提高风险抵御能力。后危机时代，国内外银行业面临的监管环境更趋严格。为维护金融稳定与安全，监管部门采取了更为严谨的监管措施。例如，加强宏观审慎监管和微观审慎监管的有机配合、改革资本监管制度、实施动态资本和动态拨备、强化薪酬激励机制监管等。为适应新的监管要求，中小银行应主动采取提高风险计量水平，强化系统性风险监测，建立全面专业的风险管理体系，对资本及不良贷款拨备实施动态、反周期的管理，建立以风险调整后资本收益率为核心的绩效考核体系，实施科学合理的薪酬激励等措施，并进一步梳理和改造业务流程，完善组织架构，提高制度执行力、建立科学合理的人力资源政策，加大 IT? 信息系统建设，以夯实基础，提高风险抵御能力。

固守“简单”，坚持传统好的做法。经过本轮国际金融危机的洗礼，简明稳健的传统商业银行经营模式再度被重视。银行发展需要创新，但不能超越风险管控能力过度创新。中小银行必须尊重自身风险管控能力，专注目标市场、专注核心主业。强调固守“简单”，就是说要坚持做传统的商业银行业务，如存款、贷款、贸易融资、结算等业务，尽量避免开发过于复杂的结构性金融产品；强调坚持好的做法，就是说要坚持传统商业银行好的风险管理手段，如存贷比管理、流动性比例管理、头寸管理、先存后贷原则等，注重保持经营流程和管理手段简洁有效，始终确保风险可控。

后危机时代，我们面临更加复杂严峻的环境，世界经济仍充满变数，各国银行业正发生深刻的变革。但只要保持清醒认识，我国中小银行一定能迎难而上，化危为机，在变革中图发展，实现稳健的可持续发展。

三、中国农业银行总行领导关于金融经济的文献

强力推进形象建设　打造国内一流零售银行

——杨琨副行长在零售业务转型暨形象建设标准启动会议上的讲话

一、统一思想，转变观念，充分认识形象建设标准推进工作的重要作用和意义

此次在全行范围内启动和推行形象建设标准，是树立农业银行良好公众形象的一项重点工程，同时也是推动零售业务转型、全面提升服务质量的一项关键举措。全行要全面、深刻的认识此项工作的重要作用和意义。

（一）强力推进形象建设标准是我行树立新形象，塑造新文化的重要途径

企业形象是企业文化的重要组成部分，是企业文化的“外化形式”，是“可视、可感觉的文化”。在当今激烈的同业竞争中，商业银行的产品日趋同质化，客户对银行服务的选择更加依赖于对企业文化与形象的认同，因此，商业银行必须打造体现自身文化的、客户认同的企业形象，才能够在日益升温的市场竞争中获得成功。这一点对处于发展关键时期的农业银行来说尤为迫切。今年年初，农业银行股份公司正式挂牌成立，自此我行迈入了一个崭新的历史发展时期。新时期孕育着新机遇，也要求农业银行以新的形象迎接新的挑战。此次形象建设标准的启动和推进工作即是要通过规范新标识（LOGO）的应用，统一营业网点形象、办公应用视觉系统和员工着装，一方面向社会传递新农行的经营理念、市场定位和未来发展远景，树立崭新的企业形象，另一方面通过其执行过程，自上而下的在全行范围内贯彻一级法人意识、加强执行力、培育以客户为中心的经营理念，发挥凝聚人心、引领发展、彰显文化的重要作用，为农业银行股改发展提供强大的精神动力和文化支撑。

（二）强力推进形象建设标准是全面提升我行服务水平和质量，体现以客户为中心经营理念的重要举措标准化是优质服务的基础，而统一的营业环境是标准化服务的前提

此次启动形象建设工作的意义不仅在于统一网点装修和员工着装，更重要的是要为今后全面提升服务质量，向客户提供标准化的优质服务奠定硬件基础。麦当劳、肯德基这些国际快餐业能够一下子占据中国市场，得到广大消费者的认可，很大程度上就是因为他们有一套高度标准化的形象建设标准、内部装修规范和客户服务流程，在全国各地都能够做到整齐划一。对消费者而言，这不仅是一种服务感受，更是一种内部管理质量和运营效率的品质保证，使客户享用的放心、开心、称心。这是值得我们认真学习的。银行在产业结构分工中属于典型的服务业，对于一个拥有2.4万个营业机构的大型商业银行来说，还有什么比服务品质和服务效率更需要我们倍加珍视、倾注全力的。我们看到，国内的民航、铁路等部门早就将标准化服务作为经营管理的第一要素，同业的各家银行也都在紧锣密鼓地加快营销服务体系的规范化建设。这次会议发布的三个标准，围绕以客户为中心的经营理念，在广泛调研和充分论证的基础上，对网点的形象建设、店堂装修、内部功能布局及人员着装标准进行了全面、详尽、系统的梳理和规定，目的就是要严格规范我行的营销服务渠道和队伍，全面提升我行的服务质量和服务效率，使广大客户通过我们的营业网点感受、认知和认同我行的企业文化和经营理念，使我行成为让广大客户充分信任、尊重和满意的现代化商业银行。

（三）强力推进形象建设标准是加快零售业务转型，打造国内一流零售银行的首要工作

新一届行党委高度重视我行零售业务的发展，于去年成立了“城市业务经营转型领导小组”，着手推进零售业务转型工作，年初又通过了《中国农业银行城市行零售业务战略转型实施方案》，明确提出了“建设国内一流零售银行”的战略目标，零售业务转型已经成为股改后我行业务经营和发展的战略核心。

大家都知道，零售业务是“渠道为王”、“服务制胜”，营业网点是商业银行最关键的分销渠道和服务平台，虽然零售业务转型不仅仅是网点转型，但是零售业务转型的所有结果都体现在网点上，网点转型是零售业务转型的一个最重要组成部分。三个标准的强力推行，对落实网点转型的功能分区和流程优化要求、增强我行产品综合营销与客户分层服务能力具有基础性意义。要打造国内一流零售银行，必须树立一流的网点形象。强力推广网点形象建设标准是推进农业银行零售业务转型的首要工作，必须先行一步。

二、全面启动“绿色行动”，树立农业银行崭新品牌形象

网点形象建设关系着股份公司成立后农业银行企业文化的深刻转变和品牌形象的全面提升，是今后一段时期内农业银行转型发展的重要工程。为此，行党委和董事会高度重视，决心在全行范围尽快推行新的形象建设标准，全面启动网点建设“绿色行动”，为打造现代化的国内一流零售银行奠定坚实的基础。下一阶段，我行网点形象建设的主要目标任务为：在1年内完成一级LOGO的办公系统应用推广，2年内完成县及县以上机构和所有城市网点的门牌标识更换及全行一线柜员的行服更换，3年内完成全

部乡镇网点的门牌标识更换，5 年至 10 年内完成全行所有城市和县域网点的标准化建设，使我行网点的视觉形象得到全面改善，品牌形象得以有效提升。

在推进网点形象建设过程中，要牢牢把握好以下几条原则：

一是严格标准、强制执行。这次下发的三个标准是在反复征求各分行及总行相关部门意见、反复讨论修改的基础上出台的，是全行集体智慧的结晶，一经发布实施，全行上下必须严格遵照执行，确保全行营业网点视觉形象的统一规范，确保执行中不走样、不变形，确保三个标准一推到底。

二是统筹资源、分步实施。要建立网点建设投资的总分行联动机制，加大专项费用匹配力度，制定详细的建设规划和投资计划，按照“先管理机构、后营业网点，先城市、后县域”的次序分步推进网点形象建设工作。

三是加强监督，保证质量。要对三个标准的执行情况进行全过程的检查、督导和评价考核，将考核结果作为网点建设资源配置的主要依据，对执行不力的分行要严肃追究责任，确保网点形象建设的质量和效果。

四是软硬结合、促进转型。要将网点的硬件建设与软件转型结合起来，通过网点形象建设工作促进网点功能提升，有效实现功能分区、业务分流、服务分层和产品分销，达到品牌形象、操作流程、服务体验“三个一致”。

围绕上述目标和原则，要重点落实以下工作措施：

（一）严格执行网点形象建设标准，稳步推进网点标准化建设和门牌标识更换工作

一是各行必须严格按照《网点形象建设标准》规定的新 LOGO 应用规范、功能分区原则、装饰用材、标准色调和施工工艺，组织实施“模块化设计、工厂化加工、标准化建设”，并实行二级分行以上的“交钥匙”工程。

二是要严格规范门牌标识的应用标准。支行以上机构的办公楼楼顶或门口只允许使用标准的农业银行一级 LOGO 组合的亚克力发光字，并且只能使用一种规格；全行所有网点只允许使用“ABC + LOGO + 中国农业银行”模式的白绿套色门牌，其中县城以上网点统一使用亚克力灯箱，乡镇网点统一使用铝塑板粘贴亚克力字的门牌，并且全国统一为大、中、小三种规格。同时，要严格按照会后正式下发的《中国农业银行门牌标识制作工艺标准》进行制作安装。

三是要有计划、有步骤地统一做好全行机构网点的门牌更换工作。各行要制定辖内机构网点的门牌标识更换计划并纳入当年的网点建设投资计划，由总行统筹安排门牌更换投资，列入分行年度网点建设投资立项计划，授权分行运用并监督执行。对于列入今明两年城市网点改造计划和今后三年内乡镇网点改造计划的网点门牌更换，要与网点装修改造结合起来一并进行，避免重复投资。各一级分行要统一组织招标 1 - 2 家（大的省分行可以招 3 - 5 家）规模大、资质优、售后服务好、具有银行门牌制作安装经验的门牌制作厂商，以确保门牌标识制作和安装的质量和效果。

（二）严格执行办公应用标准，做好一级 LOGO 的办公系统应用推广

办公系统中新标识的规范应用是我行形象建设的重要组成部分，会后总行将配合《办公应用视觉识别系统标准》下发相关推广实施细则，明确完成时限和后评价办法。各行应在相关文件下发后按照规定时限尽快完成新 LOGO 在办公系统中的应用与推广工作。在实施推广过程中要严格按照总行标准执行，如需在手册标准要求以外应用 LOGO 标识，要逐级上报至总行个人金融部网点办公室统一答复。

（三）严格执行行服设计标准，做好全行网点员工的行服更换

为保证服装加工制作的质量和效果，总行将统一一线柜员服装样式、颜色及制作工艺，各一级分行要严格按照总行规定的样式及制作工艺自行组织招标和制作，不得随意对服装的设计款式、颜色进行改动。要在 2010 年底前完成所有网点员工的换装工作，使农行零售业务队伍的形象和精神风貌能够焕然一新。

（四）集中资源、加大投入，最大限度发挥网点建设投资效能

从 2009 年开始，为加快网点建设步伐，总行将在网点建设管理方面推出一系列举措，各行要按照总行的统一安排做好网点建设投资管理，使有限的资源发挥出最大效能。一是从今年起，不论是总行审批的、还是分行审批的网点建设项目都要按照总行新出台的《网点管理办法》，认真把关，严格筛选，区分清轻重缓急，统筹安排网点建设投资。二是要建立总、分行网点建设投资联动机制。各行要确保总行下达用于网点建设的固定资产投资和战略转型费用专款专用，同时也要利用本行的战略费用及零星固定资产指标匹配部分专项费用，加大网点建设投入。三是在网点建设过程中要严控房产购置投资。高度警惕基层热衷于买房子、铺摊子、不算经济账的苗头，严格控制网点房产购置，在保证完成网点形象建设目标的前提下，可以从优化布局的角度，考虑购建一批区位优势好、发展潜力大的城市网点，力求在有限的资源投入内尽快提升网点形象。

（五）“硬转”与“软转”齐头并进，使网点转型由“形似”达到“神似”

网点建设与转型的最终目标是要实现网点功能的提升，实现网点功能由原来的交易核算主导型向营销服务主导型转变。要实现这一目标，既要发挥网点布局优化、功能分区、统一形象、设备设施投放等硬件建设措施的作用，同时要与网点分类分级管理、业务流程优化、客户分层服务、岗位和劳动组合优化、网点文化建设等软件转型措施结合起来同步推进。要改变以往“重硬转、轻软转”的做法，在网点的软件转型上多下工夫，作深入研究，引入外部智力支持，借鉴同业先进经验，探索总结出一套适合农行实际情况的网点转型模式，使我行的网点转型能够厚积薄发，追上同业先进水平。今年我行将组织开展“文明标准服务年”活动，各行要将形象建设标准的推广实施与网点服务规范化活动有机结合起来，特别是要高度重视内训师的培养和使用管理，借助高素质的内训师队伍导入文明标准服务；要加大服务质量检查监督力度，建立服务通报制度，充分发挥规范化服务样板网点的示范作用，确保我行零售业务服务质量能有一个根本性的提升。

（六）建立网点建设与转型工作的监督、评价与考核机制

在推进过程中，总行将配套建立网点建设与转型的评价考核机制：一是要建立与网点形象建设达标率和网点转型成效相挂钩的网点建设资源分配机制。总行要将各行年度网点形象建设考核达标率、网点分类分级评价及网点转型评价结果作为下年度网点建设资源配置的主要依据，对考核结果优秀的分行适当予以投资倾斜并提高授权标准，反之则适当减少投资并降低授权标准。二是要组织开展网点建设与转型“双优”项目评比工作。根据网点建设项目验收及后评价结果，各一级分行每年可参照评选条件推荐1～2个网点参与“双优”项目评比，总行将从中评出20个项目，并予以表彰奖励。三是要开展网点建设与转型的专项检查与督导。总行将对分行网点建设与转型工作开展专项检查与督导，对于不严格执行总行制度和标准，导致新建网点视觉形象不达标的，总行将发现一家砸掉一家，不仅不再追加该类网点的建设投资，还将严肃追究分行相关人员的责任。

三、当前需要重点抓好的几项工作

（一）要抓紧落实网点形象建设标准推进工作的组织保障

各行回去后要及时召开党委会，对网点形象标准推进工作进行具体的组织部署，明确部门分工、实施步骤和考核要求。由于这项工作涉及部门较多，各行网点转型工作领导小组要充分发挥作用，个人业务部门要积极牵头做好各项组织协调工作，确保各项工作有序推进。同时，各一、二级分行要按照总行相关通知要求尽快成立网点管理专职机构，配齐配强专职工作人员并将职能划转到位，不能因为人员不足影响工作进度和工作质量，由于人员配备不力而影响推广进度的要由各行党委负直接责任。

（二）要尽快自上而下建立零售板块，归口一个行长分管

近期，总行将下发关于零售业务组织架构调整的有关意见，要求各级行自上而下建立零售板块，实行零售板块归口一个行领导分管。将零售板块归口一个副行长分管，有利于零售业务管理职能的整合和营销资源的统一调配，进一步提高零售业务的整体营销能力、客户关系管理能力、风险控制能力和发展创新能力。各级行要高度重视、抓紧行动，2月底之前，零售板块的建立和归口分管工作必须到位。总行将于近期安排部分行分管零售板块的行长在香港和日本进行集中学习培训和考察工作，并在3月组织召开全行零售业务转型工作会议，各位分管副行长要做好零售业务转型发展的排头兵，切实把零售队伍带好，把转型工作组织落实好，以零售业务转型为突破口，在转型中提升发展层次，在发展中加快转型步伐，在新的起点上实现全行零售业务的持续协调快速发展。

（三）要进一步抓好金钥匙春天行动，确保零售业务一季度“开门红”

今年年初以来，通过与华谊兄弟影视集团的联动合作，各行精心组织“大行德广 伴您成长 金钥匙春天行动”，获得了突出的社会效应和市场回报，截至1月末，全行储蓄存款净增了2634亿元，各项零售产品销售也取得了较好的业绩。但是，大家决不能有所放松，今年全行的各项零售业务计划指标都有所调增，而同业市场拼抢异常激烈，建设银行1月储蓄存款增量已经赶超我行，各项工作任务和竞争形势都十分严峻。春节过后，随着国家各项刺激经济回暖的政策陆续出台，居民的各类资金和金融活动日趋活跃，各行要充分抓住有利时机，一鼓作气，再接再厉，借助我行股份公司成立的市场机遇，加强各项综合营销活动的组织实施，通过多种媒体和渠道，加大产品和品牌的宣传推广力度，使“春天行动”精彩纷呈、亮点频发，在为客户创造价值增值的同时彰显我行的企业文化和崭新气象，有力提升我行的社会形象。

（四）大力推广“好时贷”个贷品牌，促进个贷业务快速发展

刚刚举办了“个贷品牌发布 自助循环贷款启动仪式”，推出了“好时贷”个贷品牌，设计了一整套的宣传用品，请各行充分运用这些宣传用品，按照总行制定的使用规范投放广告，塑造全行统一的个贷业务品牌形象，不得擅自更改广告设计模版。在进行广告宣传的同时，还要开展各种形式的营销活动，推动个贷业务的快速健康发展。

（五）要切实做好农银汇理平衡双利混合型基金的销售工作

农银汇理基金管理公司将在3月2日至4月2日开始募集旗下的第三只基金——农银汇理平衡双利混合型基金，此次募集目标保底规模60个亿。各行要充分认识此次发售的重要性，和前几次农银汇理的基金销售一样，认真做好销售安排和组织落实，确保能够按期完成销售任务。

近年来各家行在中间业务上的竞争日趋激烈，农行要在此项业务上争得更多份额，需要与品牌基金公司建立紧密的业务合作，向投资人提供优质理财产品，树立农行的中间业务品牌。农银汇理基金在2008年市场非常不利的条件下取得了不错的成绩，该公司旗下首只基金在同期大盘跌幅为21%的情况下取得了10%以上的正收益，截至2月6日，净值超过1.10元，证明其在证券投资管理上有较高的专业水准，拥有值得信赖的投研团队。各行要结合目前有所趋暖的市场环境，通过农银汇理平衡双利基金的成功发售提高对中高端客户的营销拓展力度，为圆满完成全年的基金发行任务打下坚实的基础。

四、交通银行总行领导关于金融经济的文献

着力管理提升　发展有特色的个人财富管理业务

交通银行副行长　钱文挥

2010年是全面推进“两化一行”发展战略的关键之年，下面，我就如何通过改革创新，突出“财富管理银行”特色，在发展中创出品牌着重讲几方面的意见：

一、大力推进私人银行业务跨越式发展

如何有效开展私人银行服务，国内同业中还没有稳定成熟的模式，基本处于同一起跑线上。如何把私人银行业务与我们的工作实际以及与客户分层管理有机结合起来，这个课题对我们来说仍然处于探索阶段。全行要紧紧围绕财富管理特色，充分发挥我行在国际化、综合化改革实践中的先发优势，举全行之力，把私人银行服务打造成交通银行财富管理的重要特色，在市场上取得领先优势。这项工作不仅是我行财富管理特色的体现，更重要的是要把握住私人银行在中国起步阶段的有利时机，取得我行在该项新兴业务上的领先优势。

第一，加快私人银行体制创新。私人银行不同于传统的零售业务，专业性强、涉及人员相对集中，因此在私人银行业务领域进行体制机制的改革创新具备较为有利的条件。私人银行业务要取得战略性、突破性进展，必须要在体制机制上进行创新。并且，私人银行领域率先进行的改革探索又有助于对整个零售财富管理业务在组织架构、薪酬体制及考核等方面进行调整优化。基本思路是率先在私人银行业务中试点“矩阵式”管理模式，并配套相应的考核激励措施。在推进“矩阵式”管理的过程中，要注意充分保护基层行、基层一线的员工的积极性。“矩阵式”管理的目的是为了更好地发挥协同效应，而不是存量资源的重新分配。

第二，强化私人银行服务特色。充分发挥国际化和IT系统全球集中的优势，尽快推出面向私人银行客户的“跨境综合财富管理服务”，使之成为我行在高端客户财富管理领域的主要特色。用更宽的视野，创新的思维，不断丰富品牌内涵，提高品牌的价值。比如，着重针对私人银行客户扩大境内外专享产品和增值服务种类，并适时将对私人银行客户提供的个人服务扩大到对其家庭的服务等。要发挥综合化经营优势，配备充足的资源，加快私人银行专属产品开发，加强私人银行与子公司联动产品的创新，形成源源不断的高端产品储备资源。要鼓励具备条件的分行因地制宜开发符合当地特色的服务项目，成熟的可以纳入到全行增值服务体系之中。

第三，加快私人银行队伍建设。要抓紧专业人员的招聘和培养，对有私人银行服务经验的沃德客户经理及时进行全面的培训，尽快建立起一支高水平的专业队伍。要大胆探索符合高端专业人才的管理模式和考核激励机制，建立起以私人银行客户数量、资产、收入为核心指标的考核体系，充分调动私人银行顾问和沃德客户经理拓展和维护客户的积极性。

二、加快零售电子银行业务发展步伐

财富管理，渠道为王。高效、便捷的多元化渠道体系，是银行财富管理的重要支柱。以物理网点为主的渠道体系，投入大、成本高，内控风险也相对较大，难以形成有效的竞争优势。而电子银行已成为未来银行的发展方向，在可以预期的将来，银行的渠道体系将主要表现为以电子银行为主、物理网点为辅的发展格局。全行零售条线一定要坚持这样一个判断，保持发展的前瞻性，从发展模式、机制创新等方面着手，加速推进零售业务的电子银行化，形成以物理网点为支点、电子银行为延伸的渠道支撑体系，迅速拓宽零售业务覆盖的空间和时间。

第一，着力提高电子银行服务的客户覆盖率。近年来，我行电子银行服务取得很大进展，在业内和市场上形成了良好的口碑，“金融快线”市场影响日益增强，新一代手机银行功能处于行业领先地位。这些为零售业务发展提供了较好的分销渠道支撑。比如，网上理财产品销售、网银自助贷款、信用卡自助还款等功能陆续开通，作用正在积极发挥。但是，网点客户排队现象并没有得到明显的改善，多数柜台资源仍然处于高负荷状态，而且相当一部分业务本来可以不在柜台办理，分支行扩张网点的冲动仍然比较强烈。其主要原因在于电子银行服务的客户覆盖率不高，导致部分业务签约、产品销售、客户相关信息修改等很难分流到电子渠道。一方面，要在体制机制上有所突破，电子银行是渠道，电子银行的销售任务要靠个金基层一线去完成，要很好地把渠道和产品两者结合，为客户提供一个整合的金融服务，提高客户满意度。另一方面，电子银行利用率、覆盖率越低，柜面的压力越大，服务提升的难度也越大，所以全行的协作联动方面要进一步加强。

第二，推动电子银行服务升级。前中后台紧密协作和系统支撑，始终是提升零售业务电子银行服务升级的核心保障。零售条线要关注市场、关注同业，立足条线，着眼全局，发挥主动性，推动以客户体验驱动流程优化、以业务发展推动IT体系建设，真正体现“以客户为中心”的前中后台一体化协同效应。加强部门间横向协作，协调流程办尽快启动电子银行操作流程优化，使客户通过网上银行、手机银行办理业务更加便捷。重点加快推进网银功能优化、手机银行服务升级，使更多的零售类产品可以通过电子渠

道销售。要加强产品创新的针对性，研发更多适合在电子渠道销售的理财产品、个贷产品、信用卡产品，包括子公司的产品。对不同的客户、不同的渠道，制定差异化的价格策略和促销措施，增强电子渠道对客户的吸引力。

三、大力推进销售能力提升

财富管理的核心是客户关系维护，而财富管理的一个重要手段就是销售，我们要通过提升销售能力来加强和改善对客户的财富管理能力。

第一，继续发挥现有客户资源，加强交叉销售。交叉销售是销售能力的主要表现。一个客户，接受交行多少类产品和服务，是我们交叉销售水平的最直接体现。今年，零售条线要把提高交叉销售水平作为销售管理的重点工作。一是重点推进沃德财富服务与零售信贷、信用卡金卡、白金卡的交叉销售，提高沃德财富服务在信用卡高消费客户、高额房贷客户和中小企业主中的渗透率。二是完善并大力推广客户识别模型、财富管理平台、“银保通”平台、客户积分系统以及个贷、小企业、信用卡业务方面的各类销售工具和平台功能，不断提高销售效率。三是通过定向促销等手段，用足客户信息资源，提高基金、保险、理财产品、消费贷款、按揭贷款、信用卡、三方存管、个人网银、手机银行等重点产品以及世博门票、贵金属及特许品等新业务，在沃德财富客户、交银理财客户中的渗透率。

第二，着力整合全行个人客户信息，推进精准营销项目。对银行来说，精准营销就是通过客户信息征信整合和分析研究，在合适的时机，运用合适的方式，通过合适的渠道，将合适的金融产品提供给合适客户的科学化、系统化流程。实施“精准营销”项目，是提升发展效率的重要手段，是彰显个人财富管理特色、改善客户体验的拳头项目。全行要高度重视项目的开发和推广，先试点后推广，分期分批，力争在今明两年内全面铺开。要做好零售板块内部的客户信息整合，打通个金、零贷、电银和信用卡客户间的信息通道并应用于精准营销。在做好精准营销的同时，还要制定风险防范措施。要建立专门工作机制，综合运用个金、零售信贷、信用卡、客服中心的各类系统工具和平台，搜集整理各类客户信息资料，形成内部分析、补充、修正和查询等功能，实现信息资源共享，支持产品开发、交叉销售、风险管控和改善客户体验。

第三，加强销售管理。细节决定成败，过程决定效果，这是管理科学化的内在要求。一是要加强日常销售工作的组织管理。销售计划的编制、指标的下达要做到科学合理，突出重点和战略目标，符合各行市场环境、客户基础、资源条件和成长空间，尽量避免顾此失彼、轻重失衡；分行对于销售指标的分解落实和业绩考核也要具体有效，过程可控。二是要加强对客户销售过程的合规管理，要做到销售时机得当、销售渠道适当、产品解释清晰、风险揭示充分，要在客户充分理解产品特性的基础上实施销售。三是要加强销售风险管理。要建立销售规范，统一销售话术，培训销售技巧，着力在基础管理、操作环节、过程监控、售后环节、新业务风险防范等方面加大力度。四是要建立产品售后回访制度，改善客户体验。五是要加强对按揭形势分析，提高宏观预判，完善中介机构管理办法；结合内部评级项目成果开展压力测试，提高房贷压力测试水平，建立个贷催收的电子化流程，提升催收的及时性、有效性；继续强化风险核查、中介等岗位建设，完善客户经理退出机制和高经任职条件，增强履职尽责约束。

树立正确的零售业务管理理念　提升零售业务发展效率

交通银行副行长　叶迪奇

提升零售业务管理效益，持续推动零售业务战略转型，需要运用与时俱进和科学的零售业务管理理念。不能用昨天的管理办法和思路去面对明天的业务和客户。作为一家以财富管理为特色的银行的零售业务分管行长，我借此机会提几点想法：

第一、确立正确的业务推进理念

财富管理特色不是口号，也不是一个品牌，而是在业务发展上的一个策略，用一个简单的方法使得公众、客户和员工都能清晰地了解交通银行的业务特色。这需要有统一、清晰的发展战略，并以坚定不移的信念去执行。所以，要特别强调战略的重要性。财富管理策略是一个长远的战略。因为这是真正“以客户为中心”，来发挥交行自身优势的策略。

第二，落实以客户为中心的行动

零售条线要努力提高管理水平和管理效率。零售业务的科学管理，就是必须把工作重点集中在客户上，财富管理特色就是要使他们把交行作为自己的首选银行，并由交行来满足其百分百的金融需求。

第三，提升创新的管理行为

要落实以客户为中心，就要把握好客户的需求。按照客户的需要去管理和创新，让客户得到更符合其需求的服务，形成新的竞争优势。同时，必须加强理财业务的管理创新，优化AUM结构。以财富管理为特色的零售业务转型，就是要从传统的以储蓄存款为目标逐步转向以AUM的规模和质量为目标的转型，以传统的存贷差为主的盈利模式逐步转向以提高中间业务收入占比的多元化盈利模式的转型。

第四，要高度重视发挥网点的功能

管理得当，网点就是资源，管理不好，网点就是成本。网点管理的提升绝非易事，要认清楚以下五点：一是网点不是越多越好，必须要看它的效益；二是要把网点由操作型转向销售服务型网点，向中高端客户群服务倾斜；三是目前很多网点大厅里面向客户进行交叉销售的员工太少，坐在柜台里进行交易操作的员工却太多；四是很多地方中高端目标客户集中区域的网点太小，员工太少，必须思考新方法来规划和管理好网点网络；五是要利用分行网络指导和鼓励客户使用非人工的电子渠道进行常规交易，把由此类交易渠道常态化使用所节省出来的场地和人手资源，用在实现销售和建立中高端客户关系上。

第五，努力以优质服务带动销售提升

要始终牢记，在以客户为中心的策略中，没有服务的销售（即没有做好客户需求的事前研究），客户就不可能再次光顾。另一方面，好的客户服务会一直为银行带来销售机会。

立志成为一家以客户为中心的银行，就要求将销售方式建立在按客户需求进行销售的基础上，找准客户的需求，推荐合适的银行产品和服务以满足他的需求，这是优质客户服务的重要一环，也是“服务带动销售”的实际原理。

第 三 编

金融论坛

社会保险

一、全国个人金融论坛

（一）中国工商银行总行个人金融论坛

个人资产管理若干问题解析

中国工商银行个人金融业务总监 李卫平

在居民财富持续增长与高通货膨胀并存的时期，如何实现个人的财富保值增值，跑赢通胀，是每个家庭都十分重视的问题，但也是一个大家缺乏系统性知识的问题。下面我主要从三个方面初步解析一下进行个人资产管理的基本思路和方法。

一、个人资产管理的基本理念

（一）个人资产管理体系的主要概念

所谓个人资产，一般来说，定义为个人依据法律所拥有的，可以用货币计价的动产和不动产的组合。换句话来说，它是人们赖以生存的最基本要素和必备的条件。从不同的维度，个人资产有多种分类。从形态上从形态上可以分为动产和不动产，不动产主要是房屋，动产就是我们一般的流动资产。从投资组合来看，动产和不动产分类意义很大。福利分房的时代已经过去了，我们现在想拥有房屋都需要自己去购买。从整个资产占有的角度看，它可以是我们家庭资产占有，也可以是我们家庭成员个人的资产占有，特别是一个已经成年步入社会的人，总是以一个家庭的概念占有财富，进行个人理财和资产管理。此外，个人资产还可以从金融资产和实物资产两大类来进行分类。

（二）资产时间价值及平衡匹配

所有个人资产必须有时间价值，同时它必须做到一个平衡匹配。通常，人们说拥有多少住房，或者三年前在那买房，现在涨价到多少。实际上，你是拥有的一个财富的概念，或者用货币计价，拥有价值。只有所有资产变现后，你才能作为自己拥有的财富。实物形态资产的计价，它必须在我们整个生命周期中去进行一个平衡匹配。

一个人的生命周期大抵分为三个阶段，第一个阶段是未成年阶段。在这个阶段，资产是小于负债，更多的是通过父母给予的抚养费、教育费等来培养成人，分享父母的财富，占有父母的资产，一般不会去考虑理财；第二个阶段是青壮年阶段，在这个阶段比较趋于资产负债的平衡，进入社会，然后有了自己的小家庭，从整个资产负债配置上来讲，开始有积累，开始需要做一些理财规划；第三个阶段是中老年阶段，我们一般来说45岁以上，或者再细分的话40－60岁，然后60岁退休以后。大体上来说，一般这个阶段都有了一些资产的积累，但是也承担了更多的家庭责任和义务。

（三）银行个人资产管理的工具及误区

银行个人资产管理方面，主要利用一些社会的平均数据来建立一些管理模型，根据客户的需求和风险偏好以及生命周期，对客户做财富规划的咨询，为客户提供风险评价、财务管理，实现家庭的财务规划和目标，这就是我们银行做的资产管理的一些基本内容。在资产管理上要打破两个误区，一个是年龄小的收入低的，感觉到无财可理。第二个误区，大家感觉工作压力大，时间紧，我们本职岗位做好，要付出很多精力，也没有时间和精力去理财。实际上，这是两个误区。

二、个人资产管理的一般方法论

（一）基本原则

个人资产管理的基本原则，主要有三点：

1. 量力而行，尽力而为。实际上，我们在量力而行做得比较好，尽力而为显得不够。这是我们资产管理中最大的一个缺陷，跟误区基本差不多的，认为我们没什么财可理。举一个例子，对你现金流管理就可以看出你对理财的意识怎么样，你对资产管理的意识怎么样。在家里对现金的配置，及通过银行的信用卡，去解决日常生活中对消费必需品的采购，实际上占用银行无息的贷款，来为你做现金理财，可以降低你的现金流，通过信用卡购物，完全可以解决现金流的最低配置；同时把现金存银行，存活期存款和通过银行的理财产品来管理现金流产生的收益也是几何级数的差异。所以举这个小例子，是希望大家能管理自己的财富，你不理财，财不理你。一年两年看不出，十年八年就是巨大的财富。只有从现在开始做起来，不做永远没有财富。那么量力而行有余，尽力而为不足，所以怎么做好量力而行和尽力而为的结合，是理财或者投资的一个基本原则。实际上，我们都能够有量力而行的能力，必须要有尽力而为的冲动。在中国某种程度上，我们倡导某种程度的适度超前消费。无论是国家机关也好，无论是银行也好，对于党中央、国务院的宏观经济政策，我们都是一个执行部门或者说是一个传导部门，倡导消费，扩大内需，需要我们共同的努力。作为一个公务员，也作为一个公民，我们在从存款人变成投资人，变成消费者的问题上，也要带头，适度的做一些超前消费，我们有这个能力，也有这个智慧。

2. 保值增值，平衡风险。资产管理的过程中，为什么要讲保值增值？在CPI上涨的过程中，如果我们的存款实际利率，低于通胀指数，实际是负利率，即存款利息收入不能够弥补通胀带来的货币贬值。从这个角度看，我们投资管理的第一个方面是要做好保值增值，就是我现在资产和负债的差距，收入平衡掉日常支出的现金结余要怎么样去做好保值，然后在此基础上，去做一些增值。在做好保值增值的同时，要注意好平衡风险。平衡风险最好的办法就是组合投资的管理，就是购买不同的产品。

3. 依法合规，建立信用。进行人资产管理和理财，无论是银行还是银行服务对象包括广大的客户，首先前提是依法合规。对于个人来讲，最重要的是通过资产管理，运用银行产品来建立个人信用，这是非常重要的事情。目前，我们很多人不用银行的产品，不用银行的工具，有钱的人不用，没有钱的人也在慎用。在我们中国有一个最大的误区，就是个人征信体系的建设，还没有迫使大家一定要跟银行发生往来关系。实际上，个人从开立银行账户开始，实际上就和银行有了很多交往，你的这个交往就是在建立和银行的信用关系，信用是从交往而来的。第二，信用一定要有记录，将来才能为你所用。所以在做投资理财，包括用银行的贷款，包括用银行的信用卡消费，都是跟银行在建立一个信用往来关系。这个信用往来关系，将来对个人终身，包括对个人整个家庭的规划以及下一代，都是有深刻重要意义的事情。

（二）基本方法

个人资产管理的基本方法主要有三个层面：

1. 家庭规划。家庭和企业一样，也是社会的细胞。每个家庭都有资产和负债，要自觉地去编制家庭的财务规划，或者说家庭的收支计划表。实际上，一个家庭要做好资产管理，做一套还财务规划不够，要做两套。一套是中长期的，一套是短期的，一年之内的，持续做三年下来，那时候效果就是不一样的。这是第一个层面的。对每个家庭来讲，编制一个比较科学的家庭收支计划表都是非常有意义的事情，这个方面银行也可以做一些顾问和咨询。

2. 资产配置。在做好财务计划表的前提基础上，家庭的资产要做一个基本配置。基本配置要包括两个方面，一是固定资产，二是流动资产。我们所谓的固定资产，即是指一个家庭里面必须要有居住的房屋。购买房屋就是做了家庭资产配置上，一个很重要的配置，固定资产配置。购买房屋后还要装修、购买汽车和高端的耐用消费品等等，这些都属于固定资产范畴。进行固定资产投资可以利用银行那些产品呢？按揭贷款，消费信贷，都可以提供。理财并不是在你有钱后，银行简单的替你去增值，实际上是对整个的个人资产的管理，通过现在的资产管理规划，使你在预期的生命周期当中，或者在一定时间，能拥有多少财富，这才是比较完整的一个个人资产管理。所以从这个角度看，必须要做好一定阶段的资产管理。流动资产中，主要有两类东西，一类就是我们所谓的金融资产，或者讲，易变现的金融资产，主要是一些理财产品，第二个就是现金。

3. 产品组合。一般来说，在做好规划的前提下，来进行产品的组合。一是产品分类。从期限来分，分为长中短；从风险的角度看，有高中低。比如，追求高收益，那你就要承受高风险。股票市场炒的好的是高收益，从发行到涨了100倍的股票，中国也能找到几只，但是并不是每个人都能找到这样的股票，不是每个人都能获得这样的收益，也不可能每时每刻都去追逐这种高收益高风险的产品，包括我们马上推出的期权都是这样的高风险产品。第二，中等风险的产品，比如一些货币型基金，企业债券，地方政府债的企业债，这些在资产配置中，从风险角度讲，我们还是可以接受的。低风险的就是我们的国债和银行的一些理财产品，包括我们的存款。此外，从购买渠道来看，通常个人购买理财产品都是通过银行实现的。实际上，很多产品是银行代理销售。比如，销售基金，是基金公司的产品；通过银行账户炒股，第三方存管，那是证券公司的；股票是企业发行的，通过证券交易所上市的，是通过银行的交易平台来交易的，银行仅仅是销售的一个渠道。因此，金融资产上讲，有三大类，第一就是银行，银行自己发行的理财产品；第二就是保险，现在保险公司也自己发行很多保险产品；第三是证券类，包括基金、股票、债券。这是从产品的组合讲，有这三大类产品。从组合方法讲，第一就是要最低的流动性，以前我们还提供一定比例的流动性，一个家庭流动性控制得越低越好。现金在家里是不增值的。第二是合理的期限性，期限一定要合理，就是有的时候要做一些长期的产品，有的时候只能做一些短期的产品，风险高的做一些短期的。第三就是平衡的风险性。风险一定要平衡，所谓的风险平衡，就是要做一些不同产品之间的对冲，就是有股票型的、债券型的、银行理财产品、有保险的，适当的做一些这些产品之间的组合。所以从组合的方法上，可以从这三性的角度，做一些配置。

三、个人资产管理的基本技巧

个人资产管理，是需要一定技术的。在这个领域，有专门的技术派，围绕技术面和市场去设计出一个产品出来。但是，个人资产管理的基本技巧主要可以概括为三个方面：

（一）把握大势

把握大势，要关注三个方面的东西。第一个关注经济周期，这是我们每时每刻都在遇到的事情。但是最重要的是要关注好经济周期的拐点。因为如果只是偶尔关注理财，偶尔想起来关注经济周期，很容易拐点从你身边擦肩而过。一般来说，在进入拐点的这段时间都是机会比较多的时间。不论是由牛市变熊市，还是由熊市变牛市，都蕴含着很多机会。所以关注经济周期不是靠一天两天，每个人应日积月累的通过做一些产品去关注，不做产品的关注，跟你的经济利益不直接挂钩是做不起来的，必须要自己去做。第二个是关注经济政策，经济政策对宏观经济的走势会产生较大的影响，这个是我们预测经济周期及未来经济发展方向的重要手段。第三个要关注物价水平。资本市场、理财产品等等我们管理资产的工具和手段，跟这物价水平有很大关系，所谓的保值增值也是跟价格有关系的，所以一定要去关注价格水平的走势。

（二）明确定势

明确定势要把握住三条：一个是你的目的是什么。就是自己想做理财或者想做投资的管理，多长时间段，什么样的生命周期里，什么样的家庭组合下，要做什么事情，要解决什么问题，这样你才有个明确的目标。否则的话，你只会跟着别人走，听别人的忽悠今天买股票，明天买房子，后天买黄金。第二个要做好投资理财周期，就是用大概多长时间做目前阶段的理财，因为一切都是相对时间而言的。第三个定势中要记住一条，所有的理财投资，如果是为了保值增值的话，要记住，一定是变现以后或者你拥有的现实资产、变现资产才会成为你的财富。有很多账面的盈利，虚盈虚亏，股票今天涨明天跌都是无所谓的事情，关键这个三个把握好，定势做好，你会做好最基本的一些东西。

（三）做好小事

理财说大就大说小就小，应该从自己的事先做起来。基本原则和方法比较抽象，如果大家要想有具体的体验，你必须要自己先做起来。第一个，要有这些必须要有交易的介质和工具。要到银行开户，办一张银行卡，办一个网上银行做交易的工具。将来无论存款、买理财产品、第三方存管用信用卡消费、用银行卡还款，你都必须要有交易工具。这就是从小事做起。如果还像以前，用定期存折存个一本通存在银行，那这个事情是做不起来的。一个最少的配置要有一张银行卡借记卡，要有一张信用卡可以透支，要有一个银行的U盾，网上银行的客户认证书，有了这三样东西，再去证券公司开一个股票交易账户，办一个第三方存管账户，那么基本上现在的理财产品都能做起来。因此，第一个是要有交易工具的问题。第二个要保持一个良好的社会交易记录。这也是小事情，具体来讲就是我们在做交易和银行等机构往来的过程中，一定要按照规定来做。

（二）中国农业银行总行个人金融论坛

李庆萍总监在“2009福布斯·富国中国优选理财师”对话会上的发言

各位同行，各位嘉宾，以及在场的各位朋友，大家下午好！

非常高兴能够在这里和大家做一个交流。按照主办方确定的主题，我就“迎接中产阶级时代的到来”谈一下自己的认识和看法。

一、如何理解“中产阶级时代”

经常听到大家谈论中产阶级，但究竟中产阶级应该具备哪些条件呢？最早关注到中产阶级出现的人是马克思。马克思依据对生产资料的占有关系提出：中产阶级的基本构成包括小工业家、小商人、小食利者、富农、小自由农、医生、律师、牧师、学者和为数不多的管理者。

一般“中产”应该是一个稳定的、富裕的概念。有的社会学家认为，中国内地中产阶级年收入一般应达到1万至5万美元。因此，具有“稳定的收入来源、稳定的消费能力和有一定幅度的上升预期或者下降风险”是中产阶级的显著特征。在我国“中产阶层”可从“小康”的角度理解，“小康”就等于“中产”。然而，事实上“中产阶级”更像是一个文化概念，而不是社会等级的分层标准。“白领”是当代高收入又标榜高品位与高格调的一个群体，就近似于西方的“中产阶级”。

综合以上分析，我认为经济上比较殷实、思想文化素质较高的群体，可以定位为大陆的“中产阶级”。并且，随着我国社会经济的持续、快速发展，不久的将来，“中产阶级”这一群体必将成为我国全面小康社会的主流。因此，中国内地的中产阶层应该包括以下几类人员：一是能将科技成果转化为产业的科研人员；二是金融、保险、证券、通讯等行业及大型企业集团的中高层管理人员；三是中介机构的专业人员，如律师、会计师、评估师等；四是外资企业的中高层人员；五是具有中、高级职称的教师、工程师及各类市场稀缺的中高级专业技术人才；六是传媒、演艺、文化、体育界等的明星；七是私营企业主；八是股市和房市中捞金的一些成功炒家。

2007年，得益于中国GDP的增长和股票市场的优异表现，中国富裕阶层较上年增加了20.3%。截至2007年底，中国的富裕阶层数量为亚太地区的22.3%，其财富占亚太地区的40.1%。虽然经过2008年金融风暴的冲击，财富明显缩水，中国的富裕阶层数量减少了11.8%，但仍然超越了英国，跃居全球第四位。据美林《2009年亚太区财富报告》预计，由于经济已初显复苏迹象，中国内地未来有望成为富人增长最快的地区。同时，中国内地伴随着富裕阶层的迅速增加，也正逐渐形成一个庞大的中产阶级，估计目前这一群体已达3.5亿人。诚然，中产阶级已成为未来中国内地社会稳定的最主要的力量，且表明中国内地地区的“中产阶级”时代即将到来。

我认为，所谓的“中产阶级时代”，应该是中产阶层成为社会主流、占据主导地位的时代，其明显的特征应该是社会阶层将由“金字塔型”向“纺锤型”过度，使中产阶层达到人口占比的40%以上。随着全球经济危机的触底反弹，中国内地实体经济已出现恢复性增长，GDP保持8%以上的增长速度应该继续维持一个时期。同时，伴随着中国经济转型，即由“第一、二产业”向“第三产业”，由“中国制造”向“中国创造”，由“中国特色”向“国际惯例”，由“二元结构”向“城乡一体化”转变，将需要一大批专业技术人才和管理人才，自主创业者也将不断增加，这也将带动一大批人增收致富，创造出更多的高素质、高收入、高消费的“中产阶级”。从农行现有的个人客户结构来看，拥有20万以上金融资产的客户数量近两年迅速增长，这也预示着一个富裕时代的到来。因此，我们有理由相信，在未来2~3年内中国内地将进入一个相对富裕的“中产阶级时代”，进入“中产阶级时代”的中国将更加富裕、稳定、和谐。

二、银行如何迎接“中产阶级时代”的到来

“中产阶级时代”的到来，必将给银行带来一系列的影响：一是将有大量的普通客户提升为中高端客户，丰富银行的优质客户资源，为银行零售业务发展开辟了广阔市场；二是中产阶层客户的金融服务需求将更加多元化、个性化，理财需求将更加旺盛，必将极大地推动银行产品与服务创新；三是居民的消费能力不断增强，汽车、住房、旅游等大宗消费需求升级，自主创业的群体将持续扩大，个人资产业务将成为银行业务发展的新的效益增长点；四是围绕中产阶层的金融服务将大力推陈出新，银行间的竞争将进一步加剧，金融服务的专业化水平将日趋提高。作为刚刚完成股改的中国农业银行，已经确立了建设“国内一流零售银行”的愿景目标。因此，我们必须认真分析“中产阶级时代”到来对我们的深刻影响，把握住发展零售银行业务的难得机遇。

一是要创新经营模式与盈利模式，加快推进零售业务转型。一方面，依据中产阶层金融服务需求的变化，符合利率市场化的发展趋势，全面创新传统的银行经营模式与赢利模式，按照银行业与保险业、证券业、信托业一体化，本外币一体化，个人负债业务与个人资产业务、个人中间业务一体化经营的原则，为客户提供综合性、专业化、全

方位的金融服务；另一方面，要切实将“以客户为中心、以市场为导向”的经营理念落实到业务经营的各环节，强力推行“以客为尊、激情创新、团队合作、合规经营、追求卓越”的网点服务精神，提升主动营销与文明服务水平，按照“服务分层、客户分流、功能分区、产品分销、流程再造”的基本要求，强力推进零售业务转型，以促进零售业务持续、快速发展。

二是要加强队伍建设，为中产阶级提供专业化理财服务准备人才。中产阶级时代的到来，也预示着银行理财时代的到来。因此，培养一批专业的理财师队伍，做好人才准备尤为重要。近几年来，我行十分重视专业理财人员的培养，截至目前，全行拥有专业理财师近7000人，占全国持证人数的14%。今后一段时期，我行将从建立严格的理财师准入、考核、奖惩及淘汰制度，建立完善理财师的考核评价体系入手，打通理财师的专业发展通道，持续培养和提升理财师的执业能力与水平，培养一批道德水平高、专业精良、经验丰富、极具责任感和创新精神的专业理财师、财富管理专家和私人银行家，为“中产阶级”时代的到来提供核心人才支持。

三是要加快产品与服务创新，增强中产阶层的金融服务体验。在经历了这场波及全球的金融危机冲击之后，中产阶级和富裕群体对市场的风险有了更直观的认识和更深刻的思考。据一项市场调查显示，目前已有近一半中低风险投资者表示会更趋于保守，纷纷转投风险低、流动性高的投资。近八成的中产阶层出于分散风险的考虑，表示会进一步将投资组合调整得更加多元化，不过有近20%的人主要靠专业投资建议进行理财。因此，迎接中产阶级时代的到来，必须针对中产阶层客户的金融和投资需求，根据客户的家庭周期、生命周期和风险承受能力，并结合其职业特点与投资经验，进一步细分中产阶层客户群体，前瞻性地创新产品与服务，以帮助客户分散风险、通过专业理财规划获取适当回报，或为其提供必要的融资支持，以实现中产阶层的财富增值，增强金融服务体验。

四是要优化整合服务渠道和资源，打造金钥匙理财的服务品牌。一方面要加快金钥匙理财中心、财富管理中心和私人银行建设，为中产以上阶层客户提供专属的综合服务平台，打造农业银行的金钥匙服务品牌；另一方面要全面整合服务渠道，建立贵宾客户专属的95599客服中心和网银专区，实现在线业务咨询、预约等服务，大力优化人力资源配置，为中高端客户提供“一对一”或“多对一”的个人客户经理与理财顾问服务，优化业务流程和服务流程，提升客户服务体验和满意度，有效提高客户关系营销与管理水平。

五是要通过提供品质卓越的标准化、体验式服务，吸引更多的中产阶层客户。从今年起，我行就重点在提升基础服务上下工夫，全面开展了“网点文明标准服务年”活动，明年我们要在继续深化文明标准服务的基础上，打造农业银行独具特色的“心悦诚服　5S服务”品牌，即“标准（Standard）、快速（Speed）、专业（Skill）、展示（Show）和体验（Sample）”，树立崭新的服务品牌和形象。同时，我们还将为中高端客户推出一系列非金融增值服务，全方位的服务客户，用品质服务创造价值，用卓越服务迎接“中产阶级时代”的到来。

谢谢大家！

（三）中国银行总行个人金融论坛

利用现代计量方法提升银行零售业务风险管理水平

中国银行个人金融总部风险总监　刘旭光

零售信贷业务相对与公司业务具有大家熟知的笔数多、风险分散、单笔金额小、标准化作业等适合批量化管理的特征，因此，基于大数定理的计量方法在我行商业银行零售业务的发展和风险管理中将有广阔的应用空间。此次金融危机的爆发导致了一系列商业银行的倒闭，使在风险管理中正确运用计量方法的重要性日益凸显，也引起我们对计量方法如何进一步完善的思考和探索。

一、信用风险管理的发展及现状

风险管理的发展过程大致可分为三个阶段。第一阶段，在上个世纪80年代以前，以专家经验和主观分析来评估信用风险；第二阶段，80年代以后随着信息技术的进步，以概率模型为代表的计量方法在信用风险管理中的逐步得到应用；第三个阶段，2004年《巴塞尔新资本协议》正式发布，将市场风险的VAR思想引入到信用风险计量中，标志着以信用风险为核心，涵盖市场风险、操作风险的全面风险管理方式的确立。

1. 基于定性分析的信用风险管理

在商业银行零售业务风险管理领域，传统的以专家判断为主的定性分析方法主要有5C（后发展为7C）、5W、5P等方法（如下表）。当然这些方法在公司业务中同样适用。

方法	指标体系	适用范围
5C（7C）	借款人品德（Character）、经营能力（Capacity）、资本（Capital）、资产抵押（Collateral）、经济环境（Condition or Circumstance）；现金流（Cash flow）、可持续性（Continuity）。	公司、个人
5W	借款人（Who）、借款用途（Why）、还款期限（When）、担保物（What）、如何还款（How）。	公司、个人
5P	个人因素（Personal Factor）、资金用途因素（Purpose Factor）、还款财源因素（Payment Factor）、债权保障因素（Protection Factor）、前景因素（Perspective Factor）。	公司、个人

除了上表中列出的常用方法外，还有公司信贷领域采用的4F、CAMPARI、LAPP和针对金融机构的CAMELS等方法。其中：

4F为组织要素（Organization Factor）、经济要素（Economic Factor）、财务要素（Financial Factor）、管理要素（Management Factor）；

CAMPARI为品德（即偿债记录）（Character）、借款人偿债能力（Ability）、企业从借款投资中获得的利润（Margin）、借款的目的（Purpose）、借款金额（Amount）、偿还方式（Repayment）、贷款抵押（Insurance）；

LAPP为流动性（Liquidity）、活动性（Activity）、盈利性（Profitability）和潜力（Potentialities）；CAMELS为资本充足性（Capital Adequacy）、资产质量（Asset Quality）、管理水平（Management）、盈利状况（Earnings）、流动性（Liquidity）。

定性分析相关指标是银行信贷审批考虑的主要因素，表格中的定性分析方法在目前的商业银行零售信贷审批中仍然大量采用，而且也将和定量分析一起继续发挥作用。可是随着经济环境和金融环境的发展变化，这些定性的风险分析方法效率较低，不同人员的决策结果无法保持一致性，在模糊地带无法更加精确的判断风险，相对于银行业的快速发展已显得有些滞后。于是随着征信系统的完善，基于计量方法的信用评分模型就开始逐渐在零售风险管理中受到重视。

2. 基于评分模型信用风险管理

商业银行零售业务数量巨大、单一客户业务量较小，风险相对分散的特点决定了基于大数定律的统计技术在风险管理中可以发挥重要作用。随着社会经济的发展，居民的生活水平逐渐提高，国内商业银行零售业务在过去几年也得到了迅速发展，并逐渐从粗放式的竞争转向精耕细作的方式转变。市场的精细化实质上是风险管理的精细化，如何选择风险较低的客户，规避风险较高的客户；如何选择性的对风险较低的客户进行交叉销售和提升销售；如何对风险不同的客户开展不同的催收策略；如何对风险较低和利润贡献度大的客户提高信用额度等精细化的管理方式的实现都需要采用风险计量的方法对客户按照风险等级进行准确有效的分层，并制定针对性的营销、审批、调额和催收策略。

现代计量方法的推广应用，将改变现有银行零售业务的竞争格局。目前各家商业银行已逐渐确立了从风险控制向经营风险转变，从利润导向型银行向风险收益匹配型管理方式转变的先进理念。银行中高层管理人员也逐渐意识到风险管理可以创造价值的理念，并且看到了计量技术在商业银行各个层面，特别是银行零售业务中的应用将在未来几年逐渐改变现有银行体系的竞争格局的趋势。

评分模型利用数理统计技术和数据挖掘方法，通过对客户的人口特征、交易信息、信用记录等信息进行综合分析、挖掘和提炼，找出蕴含在复杂数据中的客户消费模式和信贷表现规律，从而开发出具有预测能力的预测模型。评分模型以概率或者分数的形式表示客户未来违约的可能性，流失倾向可能性，市场营销和交叉销售时客户相应的可能性，客户在申请或交易时欺诈的可能性等。不同的评分模型可以使银行在市场营销、信贷审批、交叉销售、客户挽留、客户催收等各个环节对不同风险类别的客户实施不同策略。

评分模型按照其预测目的，可以分为风险评分模型、收益评分模型、市场响应评分模型、流失倾向评分模型和欺诈评分模型。风险评分模型预测客户未来发生逾期的概率，应用在审批、催收、额度等环节；市场响应评分模型预测客户接受营销产品的概率，应用在市场营销初期、交叉销售和提升销售等环节；流失倾向评分模型预测客户在未来一段时间流失的可能性，应用在客户挽留和提升销售环节；欺诈评分模型预测客户发生欺诈的概率，应用在申请欺诈检测和交易欺诈检测环节。

通过申请信用评分在审批系统的应用，可实现在风险可控条件下的快速审批和对信用记录极差客户的建议拒绝。由于有了IT系统的支持，该决策可以在5分钟以内完成，极大的提高了审批效率、节省了运营成本和人力成本，降低了客户等待时间，提高了客户满意度，这也是中国银行零售业务发展的核心竞争力之一。

同时，信用评分模型的投产使用确保了审批政策的一致性和客观性，避免审批人员的主观判断带来的不一致性，从而能够准确的传导总行的风险偏好，贯彻风险政策，从系统上保证了总行的各项政策能够得到很好的执行。在市场竞争加剧或信贷收紧，需要选择性的拓展业务时，则可以利用评分模型来选择风险较低的客户针对性的开展业务，实现风险与收益的合理平衡，优化信贷资源的有效配置。

信用评分不仅仅是几个具有预测能力的模型和IT系统，而是统计模型、风险政策和系统流程的有机整合。信用评分模型体系通过其高度的标准化和客观性特征统一了全行的审批标准、催收规则和挽留方式等业务策略，准确传导了总行风险偏好，提高了客户满意度，其背后是零售风险管理理念的突破，是零售业务领域的一场革命。现阶段我国商业银行正处于从跑马圈地向精耕细作过渡的关键时期，此时研究欧美国际先进银行在零售业务风险管理领域的成熟经验，特别是建立以数据挖掘为基础的评分模型，并以评分模型为中心，推进零售信用风险体系的IT、数据、流程建设，对我国内零售银行业的发展具有十分重要的战略意义和现实价值。

3. 基于《巴塞尔新资本协议》的信用风险管理

申请、行为、催收评分模型主要预测客户在未来逾期拖欠的可能性或者客户违约的可能性，对于客户违约后发生的损失考虑不足。

基于巴塞尔新资本协议的零售信用风险计量，不但要估计客户的违约概率，而且需要估计违约损失率和违约风险暴露。这样以来就可以甄别出违约概率较低，但是违约损失率很高的高风险客户，从而以更加全面的评估客户的风险状况。一般情况下，一个客户的违约损失，需要20个以上的好客户去弥补。对客户风险状况的精确计量将能够通过提高资产质量方式，降低损失，增加收益。

巴塞尔协议实施的“使用测试（Use Test）”原则，不仅要求商业银行通过计量方法计算PD、LGD和EAD三个风险参数，而且要求商业银行将这些风险参数应用到风险政策、信贷审批、限额管理、早期催收、风险监控、偏好设定、风险定价、损失准备计提、经济资本配置、绩效衡量和考核等各个环节中。风险参数的应用将极大的推进商业银行的风险计量技术和风险管理精细化水平。

风险计量是风险管理精细化的基础，我国商业银行零售业务风险管理技术相对落后有各方面的原因。信用环境不完善、数据整合程度低在一定程度上阻碍了风险计量方法的应用，更深层次的原因是利率的管制使得商业银行可以坐吃存贷差，使得商业银行缺乏进行精细化经营管理的根本动力。《新资本协议》的实施，通过监管机构的强制监管要求，将推动风险计量方法的研发和应用，从而可以更加全面、准确地对风险进行评估、预测和管理。

同时，巴塞尔新资本协议通过最低资本要求、监督检查和市场约束三个支柱互相补充，将全面改进风险管理的组织架构和管理流程，提高监管资本的风险敏感度和灵活性，提升大型商业银行的国际竞争力和市场形象，进而推动我行银行业的长远可持续发展。

二、计量方法在风险管理应用的注意事项

此次金融危机中欧美先进银行的倒闭使风险计量相关的方法受到重新审视。实际情况是风险计量方法在传统信贷业务中应用的比较成熟，也非常成功。但是在衍生产品MBS、ABS、CDO、CDO^2等领域却没有得到很好的应用，这些衍生产品的评级没有随着标的资产质量的变化而做透明和及时的更新与调整，市场在盯市会计制度、取消赎回权机制等作用下放大了对这些产品的风险厌恶程度并引发流动性风险，这也是由次贷危机引发的金融危机爆发的原因之一。

结合此次金融危机的教训和我国商业银行推进计量方法实施过程中的问题，发现有以下几个方面值得注意。

1. 正确认识风险计量模型及其适用范围。

基于历史数据开发的计量模型，是对大多数银行客户过去消费行为的总结。虽然在大多数情况下，可以进行自动决策，或者帮助工作人员进行决策，可以大大提高效率，统一标准，并降低人力成本。但是，计量模型无法对特殊客户进行预测，也无法在像在金融危机类似的特殊时期正常工作。银行需要更加全面的认识计量的模型，既要认识到计量方法带来的变革，又要清楚其适用范围。处理好定量分析与定性分析的关系，理解计量模型使用的边界条件，将定量和定性分析相结合，才能正确有效的发挥计量方法的功效。同时，在模型的使用过程中需要根据市场环境不断对模型进行监控和校准防止模型出现偏差，降低模型风险。

2. 关注风险计量方法适应我国经营环境的需要。

虽然银行高级管理层和风险管理的具体工作人员意识

到计量方法的重要性，但是我国尚未经历过类似欧美的金融危机、市场利率的管制、没有完整的经济衰退和房地产市场下跌的完整周期检验等客观情况，使得计量方法的作用尚未充分显现，使得经营风险的理念仍然不够深入人心。随着竞争日益加剧，商业银行在风险计量方面基础性工作的推进程度，将对零售业务将来的地位起到至关重要的决定作用，这一点银行风险工作人员要有更加清醒、更加深刻的认识。另一方面，在银行各个岗位上工作的工作人员都要将风险控制的观念转变为经营风险的理念，树立并推行全行、全员风险管理文化的建立。

3. 完善数据整合和信息收集管理机制。

现代计量方法是建立在对大量数据进行分析的技术上的，数据的集成程度和数据质量将是计量方法能够发挥作用的基础性保障。没有全行层面的高质量的数据集市，计量方法只能是无米之炊、无源之水。商业银行需要在做好数据质量管理的前提下，实现存款、贷款、中间业务、征信信息等数据的整合，并建立全行层面的数据仓库，为风险计量和风险管理的精细化打好基础。

4. 避免将模型神秘化，包括函数关系的神秘化和模型作用的夸大化。

由于不同工作人员的专业背景不同，其对计量方法和结果的理解也处于不同层次。在模型开发完成之后，需要将模型的作用和使用方法清晰的告知具体的使用人员。模型的影响因素也可有选择性的对具体的审批（催收、交叉销售、客户挽留等）人员进行介绍。因为，通过数据挖掘分析得到的影响因素可以帮助工作人员优化日常的工作决策，让具体工作人员了解，为什么要将某个客户确定为VIP客户，为什么要对某个客户进行高级别的催收手段，为什么要对某个客户进行白金卡营销等业务策略的背后原因。这样可极大的提高业务人员参与的积极性，更好的保障风险政策的传导与执行。

5. 探索信用风险与市场风险、流动性风险相联系的监控与资本管理机制。

随着银行业竞争的加剧，金融创新的发展，商业银行面临的风险呈现多样化、复杂化、全球化的趋势。大和银行、巴林银行等一系列银行危机都表明损失不再由单一的风险造成，而是由信用风险、市场风险、流动性风险等多种风险因素交织而形成的系统性风险造成的。

在新形势下，商业银行不但需要将计量方法研究信用风险中，而且需要将计量方法应用到信用风险、市场风险和流动性风险的关联性研究上，分析其相互转化、相互影响的边界条件，预测其相互作用可能产生的后果，并根据分析结果提前做好预防措施，以降低市场风险向信用风险转化的概率，减少资产和负债在流动性上的不匹配而出现流动性风险的可能性。同时，监管机构也需要从全面风险管理的角度设立相应的监控指标体系和资本约束机制，促进整个银行体系的公平竞争和稳定发展。

三、展望

在国际环境日趋复杂，银行业竞争加剧、监管逐步强化的形势下，商业银行必须尽快完善风险管理，其重点是构建以计量方法为核心的信用风险管理体系。银监会发布的《商业银行内部评级体系监管指引》（以下简称《指引》）为各商业银行构建风险管理体系，起到了很好的指导作用。商业银行应按照《指引》要求，从IT、数据、计量、政策、流程、应用等各方面加快零售风险管理体系建设，全面提升风险管理水平，实现通过风险管理提高客户对银行利润贡献度的目标，从而在未来的竞争中保持市场领先地位。

中国银行将持续推进现代计量方法在零售风险管理领域中的应用，把金融、统计、数据管理、IT系统这些结合起来，通过实验设计、市场测试、客户行为跟踪、数据挖掘等方法来精确定位各种业务的风险管理策略，使业务发展和风险管理齐头并进，打造具有国际一流的水平盈利能力和风险管理水平的零售银行业务，为“建设国际一流商业银行”的战略目标而不懈努力。

（刘旭光、李红星《中国金融电脑》2010 第6期）

（四）交通银行总行个人金融论坛

把握机遇　加快推进 个人财富管理业务发展

交通银行个人金融业务部总经理　王卫东

近年来，随着中国经济的快速增长和结构调整，创造财产性收入的政策导向和收入分配制度改革的深化，我国居民财富迅速增加。资本市场、住房市场、保险市场、外汇市场、黄金市场等日趋繁荣，居民投资理财、财富保障等金融需求不断升级。据统计，2009 年，我国高净值人群（可投资资产超过 1000 万元人民币）达到 32 万人，持有的可投资资产规模超过 9 万亿元，3 年来的复合增长率达到 21%。与此同时，中高收入人群也在快速增长。可以说，近年来中国社会的创富效率达到了极致，仅以股票一级市场为例，随着 2009 年新股 IPO 的重新开闸，中小板、创业板市场每天都在批量“创造”着数量众多的亿万富豪、千万富翁和百万富翁。创富浪潮的席卷，使得社会财富迅速扩张，“创富者”金融需求不断升级，再加上内地富裕人士更倾向于选用中资银行为其管理财富的行为偏好，“后危机时代”的中国内地，个人财富管理服务市场空间更加广阔，个人财富管理市场渐入佳境。

交通银行作为国内较早开展财富管理业务的金融机构，始终致力于深耕个人财富管理“沃土”，持续建设国内一流的综合化财富管理服务平台，以沃德财富品牌为代表，向客户提供财富创造、财富运用、财富保障、财富增值和财富传承等财富管理全流程服务，积极为客户和社会创造最大价值，彰显交通银行尊重财富、与客户共同成长的社会责任。

四年前，作为当时高端个人财富管理的领跑者之一，借助与汇丰银行合作的品牌优势，交通银行于 2006 年 5 月 28 日正式推出了针对高端个人客户的财富管理品牌——“沃德财富”，由此开启国内银行业高端个人财富管理的新纪元。四年来，我们在同业中率先建立起以“私人银行”、“沃德财富”、“交银理财”、“快捷理财”等客户服务品牌为代表的较为完备的个人财富管理客户分层服务体系。四年来，各客户品牌内涵和服务功能持续升级，个人财富管理中心（即沃德网点）累计建成 400 多家，财富管理客户行内占比突破 20%，综合化的个人财富管理服务平台已涉及银行、基金、保险、信托、租赁等多个领域，交通银行个人财富管理品牌影响力快速提升。

步入 2010 年，个人财富管理市场面临诸多挑战。国内外经济形势扑朔复杂，经济二次探底的言论不绝于耳，资本市场震荡加剧，国际市场汇率波动剧烈，投资理财短期化趋势明显。个人财富增值率、银行财富管理业务收益率等均面临较大不确定性。国内宏观政策和产业政策“定点定向”的调控特征渐趋明显。这些都要求个人财富管理业务必须加强预判，因势而动，捕捉发展机遇。

财富管理是交通银行新时期“两化一行”发展战略的落脚点。交通银行个人财富管理的核心内涵为：采取全新的服务模式，形成最佳冲击力的形象与品牌，通过打造专业化组织与精英团队，构建开放式产品平台，为客户提供专享优质服务。这一核心内涵所指向的目标是：为高端客户提供高品质服务，为大众客户提供优质便捷服务，同时，促进客户资产的保值增值，并保持交通银行个人财富管理品牌形象在业内的领先地位。

为实现这一目标，交通银行推进个人财富管理业务发展的策略包括三个方面：一是发挥交通银行在国际化、综合化经营方面的先发优势，坚持客户分层服务策略，强化 5P 服务体系，全面增强产品、渠道、队伍、推广、价格等资源整合联动能力。二是坚持以管理的个人客户资产（AUM）统领客户资产配置策略，科学衡量客户等级，正确评价客户价值。并在考核激励体系方面形成以 AUM 为核心指标的个人财富管理考核管理体系。三是坚持集团内协同发展和与第三方合作联盟联动发展策略。突出个人财富管理业务与集团内基金、保险、信托等业务互相支持支撑的特色，同时发挥上海“双中心”建设带来的政策和资源优势，建立起覆盖面广、合作较深、积极创新的第三方战略合作联盟，形成交行特色。

当前，中国经济金融结构正在发生深刻变化，经济发展方式加快转变，企业经营环境更趋复杂，银行信贷业务增长将逐渐回归常态。银行业高资本占用、高信贷投放、高风险承担的增长方式将不可持续，由传统信贷业务为主向大力拓展财富管理业务转变成为我国银行业经营模式转变的必由之路。

交通银行大力推进个人财富管理业务，将重点围绕以下路径展开，一是加快推进“网点 + 电子银行 + 客户经理”三位一体的全新经营模式。积极推进渠道建设和多渠道整合，建立完善的物理网点与虚拟化的电子银行共同发展的渠道体系。二是加强改革创新，打造专业化的个人财富管理组织体系。稳步推进个人财富管理组织结构变革，建立“强大前台、高效中台、集约后台”的个人财富管理体制，提升专业化的经营管理能力。三是持续创新开放式的个人财富管理产品平台。四是推进精准营销项目，实现由粗放型销售向精准化销售转变、单一型销售向综合型销售转变，全面提高销售效率。五是创新服务手段，改善客户体验。践行“总行为基层服务、二线为一线服务、交行为客户服务”理念，建立创新的交行服务项目及服务责任文化，将优质服务理念融入全行员工自觉行为之中，持续提升服务质量。六是多途径充实、多手段打造专业化的个人财富管理精英团队。七是建立个人财富管理业务风控体系。突出强调“风险防范人人有责”的管理文化。强化风险－收益平衡理念，以良好的机制，促进银行、客户与客户经理的三方利益平衡统一。八是加强个人财富管理战略的宣传推广，形成冲击力。

（五）华夏银行总行个人金融论坛

商业银行零售业务的高准营销模式研究

华夏银行个人业务部总经理 樊燕明

当前，国内市场上零售银行业务产品同质程度与模仿效率极高。如何在激烈的红海中找到一片蓝色进而推动商业银行零售业务发展，值得认真研究。笔者认为，抓住重点客户资源，不断做大高端客户与高端市场并进行准确营销应是一种较好的选择。

一、商业银行零售业务高准营销模式提出的背景

（一）商业银行零售业务客户的“二八”现象

有调查显示，中国20%左右的高收入群体掌握着60%～70%的银行存款、70%左右的政府债券、70%左右的股票资产记忆很大一部分的外汇存款，也就是说20%的高端客户创造了银行80%的利润。中国中产阶级的增长速度远高于中国的GDP增幅。因此，国内商业银行要想实现零售业务的较快发展，必须在客户结构上下工夫，充分认识高端客户在储蓄、个贷、理财、中间业务上的重要性以及高端客户的营销拉动效应。

（二）商业银行零售业务高端市场的前景广阔

美林和凯捷发布的《2009亚太财富报告》指出，至2008年底，尽管财富和总人数均下降，中国内地的富裕人士（拥有一百万美元净资产的人士，其中不包括主要住宅与消耗品）人数依然超过英国，多达47.7万人，较2008年增加31%。从财富平均拥有量来看，中国百万富翁人均掌握资产达510万美元，高于340万美元的亚太地区平均值。

招行和全球知名咨询公司贝恩公司联合发布的财富报告显示，中国高净值人群规模正在逐年扩大。2008年，中国内地个人持有可投资资产超过1000万人民币的高净值人群约30万人，个人持有可投资资产达1亿元人民币以上的超高净值人群也接近1万人。2008年中国千万富翁共持有8.8万亿人民币的可投资资产，这相当于中国2008年全年国内生产总值30万亿元的29%。其中，超高净值人群的个人财富总量达到1.4万亿人民币，在高净值人群内部财富占比达到16%。

可见，中国经济的持续高速发展使社会富裕人数剧增，国内商业银行的高端客户市场潜力及其业务需求潜力巨大。

（三）当前的市场形势为高准营销的实施带来了机遇

近年来，国内商业银行零售业务市场竞争日益激烈。外资银行凭借其在品牌、人员、产品等方面的优势，不断蚕食国内高端客户市场。如果国内银行不能在高端客户服务上迅速与国际靠拢，最终将导致利润继续流失和高端客户市场份额的持续降低。

2008年以来的国际金融市场的剧烈震荡导致QDII理财产品亏损严重，国内一些高端客户开始逐步接受国内商业银行专业团队为其打理个人财富，这为国内商业银行拓展高端客户带来了机遇。对国内商业银行而言，如何实现由传统的零售银行业务向高端客户、高端零售业务市场的跨越，是亟待解决的重大课题。

（四）国内商业银行具备实施高准营销的条件

虽然与外资银行相比，国内商业银行在高准营销的品牌、人员、产品等方面具有劣势，但国内商业银行在本土实施高准营销并非全无优势。一是国内商业银行拥有在本土市场上长期培育的大量优质客户关系；二是国内商业银行在对本土市场的熟悉程度和对本土客户文化的理解上具有绝对优势；三是国内商业银行合理的机构布局与网点资源，使得其获得高端客户的成本会相对较低；四是金融产品并非是银行赢得客户的唯一决定因素，而且随着国内金融创新步伐的加快，内资银行将逐渐拥有更多的实施高准营销服务条件。

二、商业银行零售业务高准营销模式的内涵

高准营销模式是指瞄准高端个人客户、高端零售业务市场，关注客户长期利益和终身金融需求，致力于为客户提供一揽子金融服务解决方案的专业化、便捷化、增值化金融营销模式。它要求商业银行不断满足客户的个性化需求，在成本效益比最优的情况下，实现客户资产与银行利益的同步增长。

高准营销模式的客户定位是高端个人客户和高端零售业务市场；它的主切入点是客户长期利益和终身价值；它的实现手段是为客户提供一揽子个性化金融服务方案，它的客户体验是专业化、便捷化、增值化的金融服务；它的实施条件是成本效益比最优。

三、商业银行零售业务高准营销模式的实施策略

（一）高准的市场定位

通过系统、深入的分析研究，准确地找到目标市场和目标客户是商业银行市场营销的基础工作。

高准营销要求商业银行营销人员瞄准高端客户和高端市场，通过详细分析客户与市场的金融需求与风险偏好，为其准确定制一揽子综合金融服务解决方案，不断满足高端客户的个性化需求。高准营销强调有效地了解并传递目标市场信息，精准地进行营销目标定位，是精准营销理论与4C理论消费者导向原则在商业银行零售业务上的充分应

用。

（二）个性化的客户沟通

“高准”地找到目标客户以后，商业银行需要与客户进行有效的双向互动沟通，以了解客户及市场的金融需求，并通过营销宣传让客户了解、喜爱银行的产品，并形成真正的购买行为。

高准营销致力于通过准确的客户需求分析、准确的客户风险定位、准确的客户沟通、准确的产品设计与整合，为高端客户与高端市场提供准确的、专业的一揽子金融服务解决方案。要做到这一点，商业银行必须实行一对一的个性化客户沟通，同时还要为客户提供更多的产品选择和产品定制，增进了客户享受服务的便利性。

（三）关注客户的日常维护

营销理论大多关注如何吸引新客户，强调创造交易，但对客户的关系创造与维护重视不够，

从营销实践来看，获取一名新客户的成本要远远大于维持一名老客户的成本。高准营销强调企业对与客户之间的“关系”的管理，关心客户“关系”存在的生命周期，关注客户长期利益与终身价值，强调客户的关系创造与维护，有利于形成有效的客户需求预期，进而更充分地挖掘客户的潜在价值，也有利于银行营销成本规模效应的发挥，是客户终身价值理论在商业银行营销领域的应用。

（四）充分考虑成本效益比

成本效益原则认为，只有当行动所带来的额外效益大于额外成本时，才应该实施某项行动。成本效益原则是所有经济学概念的源头，理应成为商业银行零售业务人员必备的营销管理意识。

从商业银行角度讲，争夺高端客户是实现集约化经营，用相对少的成本获取较高收益的重要途径。但与以往成本效益配比理念有所不同，高准营销并不单纯强调商业银行的成本效益比最优。它既考虑了商业银行宣传成本的节约与可控、银行自身收益与成本的配比，还考虑了在充分降低客户交易成本的前提下，实现客户价值增长。弥补了过去许多营销理论只将客户作为利润来源，而不注重实现客户资产与银行利益同步增长的缺陷，汲取了让客价值理论的有益思想。

（五）为客户提供优质的服务

服务是维系银行与客户关系的纽带，银行的一切收益都来自于客户对银行服务的消费。因此，重视客户服务是商业银行必修的一门大课。

优质服务对客户的再次购买和交叉销售将会产生直接影响，也是实现高准营销的必然要求。同时，高准营销更加注重服务价值的创造，注重客户服务渠道的整合，注重不断强化客户需求分析与管理和客户需求的服务功能转型，注重通过可体验的、便捷化、个性化、增值化的服务获得市场竞争优势。

（六）先进的客户关系管理系统

从国外先进商业银行的发展经验来看，商业银行发展到一定程度以后，个人金融服务就会上升为主要的业务领域。由于个人客户的需求内容较为复杂，需求形式的范围也较广，要实施高准营销，高效的客户关系管理是不可或缺的重要支撑，因为这不仅关系到商业银行能否找到高端市场以及高端客户，还关系到银行营销人员能否“高准”、经济地找到目标客户。但此时先进、高效的、具备六维度（客户、定价、渠道、风险、产品、核算）分析功能的信息技术系统就不可或缺了。

四、商业银行零售业务高准营销模式的优势分析

（一）针对性的营销有利于提高银行资源使用效率

高准营销模式的一个重要特征就是瞄准高端个人客户、高端零售业务市场，营销的针对性强。这不仅可以节省商业银行的宣传推广费用，还可以使其集中资金、集中精力进行业务拓展，提高银行的资源使用效率，进而获取更高的投入回报和市场份额。

（二）个性化的服务有利于挖掘客户潜在价值

高准营销真正贯彻了以市场为导向、以客户为中心的原则，个性化、一对一的金融服务不仅能够比较准确地了解和掌握客户当前的金融需求，还致力于服务客户的长期利益，有利于客户潜在价值的充分挖掘。

而且，一揽子个性化金融服务方案是高准营销的重要特征，它不仅可以提高客户体验服务的便捷性，提升客户对个性化、专业化金融服务需求的满意度；还有利于增强银行产品的适应性，实现商业银行零售业务间的交叉销售与整体营销。另外，但客户接受了商业银行的一揽子个性化金融服务方案后，其服务转换成本就会大大提高，有利于银行客户规模的稳定增长。

（三）交易费用的降低有利于客户与银行实现双赢

高准营销模式利于提高银行营销宣传与品牌推广的针对性，进而降低银行的营销成本。同时，一对一的个性化沟通与服务模式，可以极大地降低客户的交易费用，提升客户的服务体验，最终实现客户与银行的双赢。

电子银行营销模式创新

——华夏银行电子银行部总经理刘琇臣在2009年电子银行业务及风险管理论坛暨最佳电子银行颁奖盛典上的讲话

尊敬的主办方，女士们，先生们：

大家下午好！

很高兴有这个机会与大家沟通交流有关电子银行营销的话题。营销是一项永无止境的追求，需要人们不断的探

索、创新。电子银行业务作为现代信息技术在金融领域的直接应用，是商业银行提供给客户的全新的产品和服务手段，从一开始就面临如何营销的问题。我们华夏银行在这些年发展电子银行业务的过程中，也在不停的思考、探索电子银行营销新模式、新方法。下面，我把自己从事营销工作的一些实际体会和个人思考，与大家做个分享，不一定成熟、全面，欢迎大家指正。

一、电子银行业务颠覆了传统营销模式

随着互联网的普及和信息安全技术的快速发展，基于网络信息技术的电子银行业务以传统银行业务不可比拟的优势，愈来愈成为金融业最具竞争力的营销工具，成为商业银行创新金融产品、增强核心竞争力的动力和源泉。同时，发展电子银行业务也是我国商业银行应对加入 WTO 和金融全球化挑战的必然选择。

目前，国内已经有超过 40 家银行推出了各具特色的电子银行业务，大家纷纷将该业务作为分流柜面业务、提高服务水准、竞争优质客户的重要手段。越来越多的企业选择电子银行进行日常资金结算业务，普通百姓也开始大量使用电子银行进行生活中的缴费、理财、购物、娱乐、旅游等。从各大银行近两年电子银行系统升级的常态化、电子银行产品发布的频繁性上可以看出，电子银行的重要性已成共识。

电子银行主要具有以下特点：

（一）突破时空限制

电子银行可以突破地域和时间的限制，将“以客户为中心”融入银行经营的全过程，在低成本条件下实现高质量的个性化金融服务。

客户通过网络、手机和电话等电子终端接入银行服务系统，无需亲临银行网点，并且可以在任何时间和任何地点访问银行业务系统和账务系统，进行金融交易和查询，完成与银行的信息交互。

这一点为经济全球化和商务活动的无限延展提供了极大的支持。

（二）运营成本低

传统银行的销售渠道是分行及其广泛分布的营业网点，电子银行的主要销售渠道是计算机网络系统，以及基于计算机网络系统的代理商制度。这种直接的营销方式与传统商业银行有着本质上的区别，可以帮助银行节约大量的运营成本。银行可以将节约的成本用于开发新的产品和开展各种促销活动。

从客户角度看，电子银行帮助客户节约了往返银行的交通费用和时间成本，使银行的服务终端由以网点为核心的柜面延伸到以客户为核心的企业或家庭。同时，消费者也能充分享受电子银行成本低廉的好处。客户通过电子银行办理业务也不必再填写传统的纸质凭证，不仅为社会节省了大量纸张、印刷等成本，也减少了对环境的污染。

（三）服务的强适应性

传统银行服务的差异集中反映在实力、资金和服务质量等方面，而电子银行服务的差异主要体现在营销观念和营销方法的创新，以及为客户提供的各种理财咨询技能上，具有鲜明的需求导向。电子银行的整体实力，将主要体现在前台业务受理和后台数据处理的集成化能力上。

（四）良好的交互性

客户和银行系统可以实现实时交互，及时获得交易结果。此外，银行可以在网上银行中发布各种产品和服务信息，也可以通过网络和电话银行及时解答客户疑问，帮助客户更好的使用电子银行服务。

（五）创新速度快

由于计算机技术和网络技术发展非常迅速，与之相关的电子银行创新速度也要比传统银行业务快得多。

电子银行以上特点决定了其营销模式与传统业务存在很大差异，主要表现在以下方面：

（一）更加注重客户体验

由于电子银行是客户自助式的服务方式，客户亲自操作银行业务，在完成交易过程中基本没有与银行人员直接的交流，所以客户需要掌握更多的操作技能。事实上，多数客户都缺乏这方面的经验，这就需要银行在营销电子银行业务时通过各种方式增加客户的体验，让客户迅速掌握电子银行的操作。

（二）更加注重网络营销

电子银行业务的拓展，很大程度上取决于客户对银行的社会形象、服务水准、知名度和综合实力的认可。随着数字化时代的到来，网络的普及，网民的增加，互联网已不是少数人使用的“专利”，人们获取信息的渠道很大程度上来自互联网。

电子银行利用对外开放的网络平台，可以吸引大量的网络读者和访问者。尤其是知识层次较高的潜在顾客群，将成为电子银行争夺的焦点。目前国内外很多银行已纷纷看好这一阶层，并在互联网上抢滩设点。他们已经意识到网络营销不仅影响银行的现期利益，还决定着银行未来的发展。

银行用网络营销至少具有以下几个优点：可以彻底改变过去被动等客上门的传统服务行为，主动地适应市场、面对客户；利用网络的交互信息传播方式，可以及时采集市场和客户信息，并快速作出反应，从而实现银行与客户双向互动；互联网络可以克服传统市场营销的时间和空间上的限制，为客户提供更多方便快捷的服务。可以说，随着网络化的全面健康发展，网络营销将成为电子银行发展的必然选择，因特网也将成为银行服务和营销的关键战场。

（三）更加注重客户服务

电子银行的发展不仅方便了客户通过电子渠道自助办理传统银行业务，还为客户提供了许多传统渠道无法实现的金融服务。同时，电子银行也极大提高了银行客户服务的能力，在网上银行，客户看到的都是友好的界面，体验的是便捷、安全的交易，在电话银行，客户听到的都是甜美的声音，体会的是周到的服务。

客户在使用电子银行过程中随时会遇到问题，所以对客户的售后服务尤其重要，银行必须提供实时交互的服务渠道和手段，与客户随时保持联系和沟通。

二、当前电子银行营销遇到的难点

（一）电子银行普遍面临着日益严重的技术与服务同质化

令人兴奋的一连串数字，并不能掩盖电子银行普遍存在的一些“硬伤”，其中最明显的就是同质化。基于信息与技术渠道的日渐畅通，银行业IT技术的可复制性越来越强，电子银行的解决方案和相关功能模块及其构架日渐大同小异，创新的电子银行产品与服务不断涌现，在所谓硬指标的较量上，各家商业银行目前在技术层面上已很难拉开差距。

无论按照市场规律还是技术生命周期理论，那种若干年前仅靠技术创新而一马当先的经典案例已很难再重演了。如何构筑电子银行的竞争优势，成为广大商业银行的难题。因此，唯有从软实力上获得突破，对银行原有的资源进行整合应用，并使之能够在网络终端上集成化，才能够重新在竞争中获得先机。简而言之，电子银行的竞争已经进入拼内功的时代了。

（二）电子银行“以产品为导向”的战略特征依然明显，客户导向的理念并未得到有效贯彻

纵观各商业银行的电子银行竞争战略，产品和服务功能性的强调始终作为整个商业战略核心和广告宣传的重点。在电子银行服务平台上或者具体的网上银行产品中，产品和服务的功能性宣传演示总是居于最突出位置，从而形成电子银行战略的导向。

我们知道，4P理论将产品作为营销战略核心的一个弊端，在于企业出售的仍是他们能生产的产品和能提供的服务，而不一定是消费者愿意购买的产品和服务。基于产品服务的市场调查只是表明这类产品是市场需要的，而并没有表明消费者购买这种产品和服务的意愿。

基于具体电子银行产品和服务的竞争战略，固然能够取得成效，但这是基于市场的不成熟和某些特定产品或服务暂时的稀缺性而存在的。随着市场越来越成熟，产品和服务必定面临从稀缺到饱和再到过剩的局面，在此情况下，基于具体电子银行产品和服务的竞争战略，将面临严峻的挑战。因此，电子银行应当从现在开始就未雨绸缪，将客户导向的理念作为新的战略中心。

（三）电子银行存在明显的互动性不足缺陷

电子银行最引以自傲的优势就是“足不出户、轻松上网”以及“24小时无间断服务”等技术突破成果，然而，互动性是银行服务营销的根本，程式化的界面考虑得再周到，与面对面人工服务仍存在本质区别。

随着电子银行客户群体规模的不断扩张，基层行普遍存在电子银行技术服务人员配备不足的问题，往往造成客户遇到或提出的一些问题无法及时解决，造成客户对电子银行缺乏安全感和信任感，弱化了客户的购买欲望，同时也使基层行营销电子银行产品的积极性受到打击。

如何在技术化与人性化之间取得动态平衡，是电子银行目前面临的一个关键性问题。

三、电子银行新兴营销模式

根据上述电子银行的特点和其营销模式与传统业务存在的差异，随之出现了一系列电子银行业务新兴营销模式：

（一）网络营销——电子银行发展的必然选择

传统的银行营销只是一维的，在特定的时点只能与顾客进行一对一的营销活动。由于网络传播的多维性特点，使得同一时刻，银行可以同时对多个客户进行宣传和营销管理，大大降低了银行营销成本，提高了工作效率。

网络多媒体传播有文字、图片和音像，可以更加逼真地反映要介绍的对象。借助大量的多媒体辅助手段进行金融产品的营销活动，这是任何其他传媒所无可比拟的，更使许多专业营销人员望尘莫及。

网络营销的方式有很多，如银行网上银行服务平台本身就是一个网站，可以承载大量信息，也可以与客户进行实时互动；通过网络广告和搜索引擎可向更广泛的人群推广电子银行产品和服务；网络游戏也不失为一个电子银行业务营销推广的创新模式，在虚拟世界逐步培养客户的使用习惯，等等。

（二）电话营销

电话营销的定义就是通过使用电话、传真等通信技术，来实现有计划、有组织、并且高效率地扩大顾客群、提高顾客满意度、维护顾客等市场行为的手法。成功的电话营销应该使电话双方都能体会到电话营销的价值。

电话银行是电子银行的重要组成部分，使用电话银行可以主动向目标客户群推荐理财产品等银行产品，如客户对推荐产品感兴趣，更可当时就通过电话银行购买。电话营销与传统营销模式相比较，具有客户经理加柜台的功能，将营销与销售完美地结合在一起。

（三）体验营销

体验营销是通过让目标客户观摩、试用等方式亲身体验企业提供的产品或服务，让顾客实际感知产品或服务的品质或性能，从而促使顾客认知、喜好并购买的一种营销方式。

不同于传统金融服务，网上银行通过网络将银行产品和服务直观的呈现在客户面前，是一种客户自助式的服务方式，客户亲身参与银行业务操作，直接体验银行业务处理的过程，所以产品设计是否符合客户使用习惯以及客户在操作中的感受将直接决定客户满意度。体验营销正是让客户快速掌握产品操作的捷径，同时也可以在体验营销过程中收集客户的使用感受，作为产品优化和升级的依据。

（四）定向营销

定向营销较之传统目标市场营销而言，已由注重产品差别化转向注重顾客差别化。找准客户的详细资料对定向营销来说相当关键，企业通过收集和积累消费者大量的信息，经过处理后预测消费者有多大可能去购买某种产品，以及利用这些信息给产品以精确定位，有针对性地制作营销信息，引导消费者去购买产品。定向营销在西方发达国家已相当普及，在维系顾客、提高销售额中扮演着越来越重要的作用。

电子银行拥有完整的客户数据库，是实施定向营销重要的数据基础，可以根据客户的基本信息和交易信息进行数据挖掘，分析客户的交易习惯，有针对性的向客户营销电子银行新的产品和功能，实施精准营销。

（五）联合营销

电子银行产品既是金融创新的产物，又是银行各项业务的衍生工具。应充分发挥商业银行内部各部门优势，结合各部门业务，实行联合营销，形成整体营销力量，提高营销效果。

（六）多渠道整合营销

渠道对企业来说一方面是资源，但另一方面又存在不确定性，因为如果经营管理不善的话渠道就没稳定性，难以存活，在渠道的整合过程中，共赢是关键。现在国内商业银行都纷纷推出了网上银行、电话银行、手机银行等多种多样的营销渠道，如何使得这些渠道整合起来共同发挥效能，应该说也是各家银行面临的一个难题。

因而我认为，电子银行下一步的竞争战略，应定位于强化和创新渠道整合能力，构筑一个高度集成的产品与服务的创新平台，以推动银行整合营销的发展。

以质量和效益为核心　全面推动信用卡营销工作

——华夏银行信用卡中心首席行政官杨宏在2010年信用卡营销专题会上的讲话

各位行长、各位总经理：

今天我讲两方面的内容，一是总结2009年分行渠道信用卡营销情况，二是部署2010年的工作。

一、2009年信用卡业务各项指标完成情况

2009年全渠道全面完成年度发卡任务，信用卡新增发卡总量27万张，超额7%。其中分行渠道新增发卡任务完成率112%；实现中间业务收入6 172万元，超额12%；坏账率1.45%，远低于同业3.5%的平均水平。全行累计发卡量达92.6万张，年度总交易额达72亿元。取得上述成绩是全行上下共同努力拼搏的结果，在此我代表信用卡中心向大家致以衷心感谢！

二、2009年部分分行工作简要评述

2009年各分行均面临着较大的经营指标压力，但大部分分行能够克服困难，认真按照总行要求落实各项任务，快速推进信用卡业务发展。其中以太原、昆明、青岛、石家庄、南京、重庆、杭州、济南、乌鲁木齐等分行为代表，充分发挥主观能动性，克服严峻的市场环境影响，积极贯彻落实总行相关要求，将各项工作真正落在实处，为完成全行信用卡业务指标做出了突出贡献，上述分行的主要特点是：

太原分行年初即加大计划考核、投入资源，不间断地开展各种专项促销活动，确保“月月有活动，季季有促销”。

昆明分行以优质服务、全面营销为抓手，充分调动整合行内外营销力量，推进工作。

青岛分行根据总行关于三个营销突破口的工作要求，从三季度起调整策略，各支行全面走向市场，发卡量增长迅速。

石家庄分行贯彻“早抓、早行动”的方针，年初迅速启动营销工作，尤其在VIP客户的营销工作中更是取得了开门红，在全行起到表率作用。

南京分行对于信用卡业务通过加大考核力度，对各营销单位、客户经理及全行员工分层次制定阶段性营销任务，真正实现了全员营销。

重庆分行积极开拓市场，以联名卡为主线，走特色发展之路，实现了信用卡业务的数量、质量、效益和品牌的协调发展。

杭州分行充分调动分行各部门营销工作积极性，深入开展对公联动营销，将支行作为营销工作的主要力量，充分发挥分行整体营销优势。

济南分行采用网点营销、直销相结合的多层次信用卡营销模式，充分利用直销团队营销机动灵活的特点，弥补支行、网点营销工作存在局限性的不足，全面推进业务发展，2009年该行进件量、发卡量均列全行第一。

乌鲁木齐分行克服特殊政治事件影响，全力开展营销工作，弥补前期缺口，顺利完成年度任务。

2009年分行获得总行信用卡业务奖项的情况如下：

获得“2009年华夏信用卡最佳营销分行”奖项的有：太原、昆明、青岛、石家庄、南京、重庆、杭州分行。

获得“2009年华夏信用卡最佳效益分行”奖项的有：青岛、昆明、太原、重庆、广州、宁波、南宁分行。

获得“2009年华夏信用卡最佳发卡质量分行”奖项的有：绍兴、南宁、石家庄、温州、昆明、宁波、南京分行。

另外对于贡献突出的济南和乌鲁木齐分行，分别授予“2009年华夏信用卡营销工作组织突出贡献奖”。

在这里对于上述分行提出表扬，会后信用卡中心将为上述分行颁发奖金、奖杯、证书。

三、2010年分行营销工作要求

2010年我们要以转变发展方式和“多、快、好、省”地开展业务为指导思想，紧紧围绕华夏信用卡“有质量的发展，有效益的增长”的经营策略，在控制风险的前提下，紧抓“高端客户”、“资产业务”、“品牌促销”三条工作主线，打造“对公营销”、“交叉销售”、“精准营销”三个营销平台，强化信用卡业务全过程管理这一项基础工作，实现我行信用卡业务高质量发展。围绕着“三三一”工作要求，今年我们要重点抓好以下工作：

（一）落实三条工作主线

1. 充分利用绿色审批通道，大力发展高端客户

2010年，总行将发卡量指标调整为净增信用卡VIP客户指标的目的在于，大力发展以钛金卡客户为目标的高端客户，全年计划实现累计净增信用卡VIP客户10.5万户，其中新增高端客户数量不低于目标任务的65%。高端客户范围包括：华夏钛金信用卡、钛金丽人信用卡、汉莎联名

信用卡持卡人。

为推动分行开展营销工作，信用卡中心已设立三条绿色审批通道，对各分行营销的符合人民银行及银监会规定的准入及进件要求，且人行征信无不良记录的目标客户，将予以优先核卡。

三条绿色审批通道针对的目标客户分别是：一是与我行有合作关系的对公企业中高级管理人员；二是我行贵宾客户；三是我行各类个人业务贷款授信超过10万元以上的客户。

汉莎－MMI华夏信用卡是我行与欧洲领先的德国汉莎航空公司合作推出的高端联名卡产品，各分行要充分利用该产品做好高端客户营销。针对汉莎现有会员，各分行要主动营销，并做好预约客户的登门收件、客户关怀等工作；除汉莎会员外，汉莎卡目标客户范围还包括：分行当地欧系企业中高级管理人员，欧盟国家驻当地各类派出机构、办事处正式员工，分行当地有经常性出国需求的大中型企业中高级管理人员，分行当地有出国需求且个人资产超过500万的私营企业主。

2. 全面推进资产业务

2010年我们将全面推进以易达金为代表的资产业务。易达金业务是对我行个人业务尤其是个人信贷产品的一个有益补充，该产品免收利息，所有收入以手续费计算，并全部计入分行中间业务收入，在今年全行利润任务压力较大的背景下，该业务将成为有效拉动分行中间业务收入快速增长的杠杆。

针对本产品的营销，一是各分行要在5月底前完成对所辖全体行员的营销发卡；二是针对非行员客户，信用卡中心也将通过绿色审批通道方式推进业务，对于在推荐范围内的客户，符合人民银行及银监会规定的准入及进件要求，且人行征信无不良记录的，信用卡中心将优先审批。

分行推荐的易达金客户范围包括：与我行有合作关系的对公往来企业的中高级管理人员；我行贵宾客户；在我行办理私营企业主贷款6个月以上，授信在100万元以上且无不良还款记录的客户。为提高审核率，分行可按精确营销要求报送相关资料，信用卡中心将据此进行预审核与预批准，同时信用卡中心也将根据分行业务开展情况派人员实地支持业务拓展。

3. 大力强化品牌宣传，积极开展用卡促销

（1）以“德国品质、华夏奉献”为主题，强化品牌宣传

与德国汉莎公司合作的汉莎卡是我行与德国知名企业合作的一次成功尝试，2010年总行信用卡中心将继续加强与德系企业的合作推广力度。各分行要以“德国品质、华夏奉献”为主题，通过华夏信用卡优势产品带动品牌宣传，加大对信用卡业务的品牌宣传推广工作。目前信用卡中心已经推出以钛金卡、钛金丽人卡及汉莎卡为代表的中高端产品系列，2010年信用卡中心将针对上述产品开展全行范围的品牌宣传推广，并制作标准宣传材料提供各分行，各分行要结合本地渠道资源，通过媒体、杂志、户外、机场广告牌等形式进行品牌宣传，分总行互动，全面提升华夏信用卡品牌形象。同时，各分行要积极与当地全国性知名汽车连锁经销商洽谈，开展分期购车、产品推广等业务合作；有条件的分行还可积极与全国性航空公司接洽，探求在航空领域联名信用卡的业务合作机会。有关信用卡产品的介绍资料，我们将在会后提供给各分行。

（2）加大促销力度，开展形式多样的用卡促销活动

2010年信用卡中心将继续加大资源投入力度，不定期围绕产品特点，即“安全、理财、送健康”，在全国范围开展大型促销活动，各分行须配合做好相关宣传沟通工作。各分行要尽快结合当地特色制定出贯穿全年的促销活动方案，开展用卡抽奖、现场换礼、激活送礼等形式多样的促销活动，要学习借鉴太原分行先进经验，做到“月月有活动、季季有促销”。同时，各分行要积极开拓当地有代表性的信用卡特惠商户，通过POS交易提高华夏信用卡中间业务收入。

（二）打造三个营销平台

2009年信用卡中心在分行渠道试点推行了对公联动营销、本行客户交叉营销、精准营销工作并取得一定成效。但由于对审批存在顾虑，部分分行出现营销推广畏难，组织推动不力的情况。为解决上述问题，2010年信用卡中心已对应推出三条绿色审批通道，各分行要充分利用该政策，以三个平台为抓手，全面推动营销工作开展。

1. 打造对公联动平台

对公客户是我行宝贵资源，个人客户批发作也是个人业务发展的趋势，各分行须认真总结2009年对公联动营销工作经验，梳理本行公司客户资源，大力开展对公联动交叉营销工作。各分行应重点营销与我行有业务往来的对公企业中高级行政管理人员。对于其他企业，各分行须主动营销经营业绩良好、管理正规、收入较高的单位的中高级管理人员。对于上述客户群体应尽量采取团办方式营销，以提高进件和审批效率。

2. 打造交叉营销平台

进一步加强针对本行客户的交叉营销是2010年的重点工作，尤其是在当地已经建立信用卡直销队伍的分行，更要大力开展行内自有客户的交叉营销工作。尽快制定本行存量优质个贷客户（授信额度在10万以上）转化方案，充分利用绿色审批通道，大力引导符合条件的我行现有和新增客户，持有和使用我行信用卡。各分行应对所有符合条件的个人客户开展营销工作。

3. 打造精准营销平台

2009年部分分行开展主动精准营销已经取得一定成绩，为进一步推广这种有效方式，信用卡中心将继续支持分行对现有个人客户进行预筛选及预核准，各分行要严格按照有关要求将客户信息提交信用卡中心。信用卡中心预筛选及预核准的名单返回分行后，分行应于第一时间组织客户经理开展后续营销工作，切实提高营销准确性和后期核准率。

（三）加强信用卡营销工作的全过程管理

1. 建立强有力的组织推动体系

一是进一步健全信用卡组织推动管理体系。成立由分管行领导任组长，个人业务部负责人任组员的信用卡营销工作领导小组。领导小组切实履职，对各级营销单位和一

线营销人员提供有效的支持保障，解决营销推广过程中存在的问题和困难。同时，各分行须从编制及组织上保证信用卡业务联系人及风险联系人制度落实，并确保信用卡营销队伍的相对稳定性，提高信用卡业务的执行与落实力度。为支持分行开展营销工作，总行信用卡中心将继续执行分行对口联系人制度。各联系人将负责协助分行落实各项措施，及时掌握各分行营销工作开展情况，共同推进营销工作顺利开展。

二是贯彻信用卡营销例会制度。分行应定期召开信用卡营销工作会议，回顾总结前期营销计划完成情况、分析营销工作开展过程中存在的问题、点评优秀机构及个人、总结与交流先进经验、部署下一阶段工作。

三是继续深化客户满意度调查工作。2009 年信用卡中心在分行渠道启动了客户满意度调查工作，通过该工作请分行对总行信用卡中心各部门工作进行评价与督促。2010 年信用卡中心将继续深化这一工作，通过分行每季度对信用卡中心各业务部门的评分，促进信用卡中心各条线服务工作的改进。分行在实际工作中如遇到推诿、责难等情况，可直接与我们联系，以确保及时解决问题。

2. 注重营销行为规范管理，强化风险防范意识。

2009 年人民银行及银监会针对信用卡业务下发了多个通知与要求，总行信用卡中心均已组织各分行统一学习落实。2010 年各分行要继续严格执行监管机构的全部要求和规范，同时须重点关注以下三条营销“高压线”：

（1）切实落实亲见亲签要求，从营销前端强化对客户真实性判断，对于首次办卡的客户必须严格执行营销人员亲自核实客户、亲见客户签名的要求。

（2）强调营销行为规范性，及时解决客户投诉，避免出现影响我行声誉及涉及诉讼或媒体的严重客户投诉。

（3）防范欺诈风险，通过落实执行各项制度要求，实现华夏信用卡业务营销推广的零案件目标。

3. 抓好指标计划下达、激励、考核及后评价工作。

请各分行认真贯彻“早抓、早行动”的工作方针，尽快制定出台有针对性的、可操作的整体营销方案，将信用卡指标按月落实到各级营销机构、落实到每一个营销人员，并配套出台考核激励政策，充分调动营销人员的工作积极性。总行信用卡中心将根据各分行对支行确定的指标，按季度进行全系统内的信用卡业务支行营销情况大排名，奖励先进，鞭策落后。各分行要强化对各项计划指标的定期考核及后评价等基础性管理工作，要定期检查信用卡营销计划落实情况，强调对业务营销的后评价工作，真正落实营销工作的全过程管理要求。

各位同事，2010 年信用卡业务各项任务指标已经下达，大家要鼓足干劲，早抓早行动，将各项任务细化布置到位，全面启动营销工作。

（六）金融学术权威论坛

建立与大国金融相适应的高等金融教育

对外经贸大学教授 邱兆祥

金融是现代经济的核心。在现代市场经济条件下，以融资为己任的金融业在整个社会经济发展中扮演者至关重要的角色。发展经济离不开金融的助推和支持。在经济全球化和金融全球化以前所未有的广度和深度发展的当今世界，各国的战略已发生了很大的变化，大国已从争夺自然资源转向争相开发金融资源领域，包括国际货币的发行权、货币资本的配置权、金融衍生品的开发权和资产、资源的定价权在内的全球金融控制权已成为大国博弈的战略制高点，各国都力争能在国际金融新格局中抢占更有利的地位。例如，美国早已行动。美国著名的国家政治理论家塞缪尔·亨廷顿在《文明的冲突与世界秩序的重建》一书中，明确的把“控制国际银行系统”、“控制硬通货”和“掌握国际资本市场”这三项，列为控制世界的14个战略要点的第一、第二和第五项。又如，日本在1998年时也已把金融列为安全保障七大要点的首位。在21世纪的今天，金融已成为世界大国竞争最重要的领域。随着我国实体经济长达30多年的快速发展，经济规模迅速扩大，经济地位不断提高，如今我国已经成为全球性的经济大国。大国经济必须要有大而强的金融作后盾。我国需要构建与经济崛起相适应的具有强大聚集功能和资源配置效率的现代金融体系。

我国实体经济的快速发展和全球金融格局的深刻变革，客观上形成了促使我国金融崛起并迈向金融大国的历史机遇。近年来，我国金融的实力扩张迅速，国际地位空前提升。银行业是我国金融的主体，银行业的市值国际排名已达到了前所未有的水平。从国际公认最权威的英国《The Banker》杂志公布的世界大银行排名看，2008年我国共有52家银行跻身全球前1000家银行之列，其中，工、中、建、农四大国有银行分别位居第8、11、12、24位。而6年前，中国内地银行在世界前25名中还不见踪迹。从外汇储备规模看，2009年底国家外汇储备余额为23992亿美元，雄踞世界第一位。从以上几个数量型指标来看，毋庸置疑，我国已进入了金融大国的行列。但是，从诸如创新水平、监管能力、机构的公司治理、国际化程度和市场体系的发育程度以及人才资源等质量型指标来看，与发达国家相比，我国的金融发展还处在一个较低的水平。特别是我国金融从业人员的知识技能水平，同发达国家相比仍有较大的差距，缺乏具有战略眼光、熟悉国际金融业务并具有防范金融风险能力的高层次金融人才。

现代金融，业务技术性强，风险大，加之现代金融业务创新层出不穷，这种情况决定了它是一种知识密集型的行业，因而需要拥有一大批高智能、高创造力、高层次的专业人才。这是能否充分发挥其职能作用的最重要的前提条件。我国高层次金融人才匮乏，致使金融企业整体素质不高和创新能力不强，这既与金融大国的地位不相匹配，也不能适应我国金融业务快速发展和国际竞争的需要。要做强我国的银行、保险、证券等金融行业，能迅速应对国际竞争和国际金融市场风险，需要从多个方面努力，首当其冲的是人才。高层次人才缺乏是制约我国金融业做强的主要瓶颈。因此，要加快培养和造就一大批高层次的金融专业人才。

学校是知识的生产地、集散地和输出地，高层次金融人才的培养主要靠高等金融院校。我国高等金融教育具有起步晚、起点低的特点。改革开放后，特别是近十多年来，我国高等金融教育呈现出前所未有的快速发展的势头。在“金融热”的驱动下，除众多财经院校一般都设有金融专业外，一些理工、农业、师范甚至外语等院校也不顾条件，追逐热点，纷纷增设金融专业。金融热使得各高校的金融专业如雨后春笋般冒出来。据不完全统计，至1999年时全国高校金融类专业的设点已超过600个。众多高校金融类专业的开办，尽管在一定的程度上促进了金融教育和金融学科的发展，但我国高校金融类专业数量多，却普遍存在着师资力量不够强、教学内容、课程体系和教学方法不够新，教学改革滞后等问题。从总体上看，我国高校金融类专业的教学质量和学术水平不够高。

目前，我国金融人才市场已出现了较为严重的供需脱节的矛盾：一方面高校金融专业毕业生供给过剩，就业难；另一方面，许多金融企业却又找不到适用的高层人才，影响到业务的拓展。据《羊城晚报》所作的2003年高校毕业生供销调查，金融专业毕业生最为过剩。（《羊城晚报》2002年12月24日）金融专业“产品”买方市场的出现，意味着社会对金融专业人才培养规格与质量提出了更高的要求。事实证明，当今我国金融业最为短缺的已不再是一般的从业人员，而主要是以下几种高层次的金融专业人才：（1）以金融企业家为主要代表的领军人物和经营管理人才；（2）精通研究分析、产品开发、风险控制、熟悉和掌握国际金融操作规则的高端应用型人才；（3）在金融学一个或几个相关领域具有比较扎实的专业理论功底 和复合知识结构的研究型人才。

市场既是企业也同时是高校发展的指挥棒。创造适应市场需求的有效供给，是高校金融专业生存和发展之根本。我国作为正在崛起的经济大国和金融大国应该认真思考金融教育的未来发展方向。我国在建设金融强国的进程中，必须把金融教育置于更加基础、更加重要的先行地位。金融教育在今天的中国比任何时候都更重要。如何顺应我国金融业的发展和建立金融强国的需要，提升我国高等金融教育的水平，尽快培养出大批高层次的金融专业人才，已是摆在我国广大金融教育工作者面前的一项重要而又紧迫的任务。那么，怎样才能振兴我国的高等金融教育，建立与金融大国相适应的高等金融教育呢？笔者拟就此问题谈点个人的浅见。

一、从数量扩张到注重学科建设转变

鉴于我国开设金融专业的高校数量已不少，但大多数学术层次和教学水平不够高，培养高层次人才能力薄弱的状况，我国的高等金融教育必须从粗放型、外延式的数量扩张转变到注重学科建设的内涵式发展上来。金融专业的数量需要稳定，重点需要突出，质量需要提高，切实把学科建设放在最重要的位置。学科建设是承载高校教学、科研等项工作的基础和载体。是体现高校办学水平、办学特色和社会声望的主要标志。高校科研能力的增强和教学水平的提高，主要取决于学科的发展水平。因此，要办好高等金融教育，就必须充分重视学科建设的龙头地位，花大力气抓好学科建设。笔者认为，从我国高校金融类专业目前的状况看，要重视和抓好以下几项工作。

（一）稳定专业数量，优化教育资源配置

目前高校金融专业尽管已是数量偏多，但有的高等院校甚至还在争取办金融专业。这只是过热的一种表现，并不能代表该学科的发展方向。金融教育分散办学，不仅难以形成一定的优势和合力，而且还会造成明显的教育投入的分散与不足。教育主管部门应当稳定金融专业的数量，适当控制招生规模，特别是要限制那些没有条件的高校再开设金融专业。对于已开设的金融专业要进行严格评估，质量太差的要限期整顿或撤并，适当淘汰一些没有竞争实力的高校金融专业。通过调整全国各高校金融专业的设置，有助于优化教育资源的配置，提高办学效益和人才培养的质量。

（二）突出重点，塑造品牌

要提高高等金融教育的质量，很重要的一点，就是要突出重点。没有重点就没有政策，政府教育主管部门应根据师资力量、教学水平和学术声誉，择优挑选若干所高校的金融专业作为重点扶持的对象，集中有限的财力加大投资力度，使之在教学质量和科研水平方面更加突出，成为社会公众认可的“国家队”或品牌。在金融类高等院校的学科建设中，塑造几个品牌，并重视充分发挥品牌的先导、示范和辐射效应，有助于带动中国高等金融教育整体水平的提高。

（三）扬长避短，办出特色

要抓好金融学科建设，必须注重专业特色。注重特色是学科建设的应有之义，也是魅力之所在。每所高校都应当有自己的追求目标，体现出与别的大学的差异性。纵观中外高校名牌专业，无不是各具特色，没有特色就不可能成为品牌。这就如同一个企业没有品牌产品，就不可能成为知名企业一样。现代金融学是一个集合概念，它是由许多分支学科组合而成的。其分支学科众多，除传统的货币银行学、保险学、证券投资学、农村金融学等之外，还有金融工程学、行为金融学等。这些学科都是从某一个侧面入手对某方面的金融问题进行研究的。设有金融专业的高等院校，应根据国内外金融学理论发展的情况、自身学科发展的历史和现状，特别是教师队伍的结构，扬己所长，发挥自身的优势，选择建设具有自身特色的具体分支金融学科。即使金融类专业具有较强实力的高校，也不可能使其每门分支金融学科都居于国内一流的地位，但必须有一个或几个分支金融学科跻身全国高校同类金融学科的前列。不论中外，凡具有较强实力而能有较高社会声誉的高等院校，从其学科结构上看，大都是通过突出一个或几个优势专业，以其独特的竞争优势而屹立于世。一所高校，如果有一个或几个真正的高水平的分支金融学科或独具特色的金融学科，这所高校就会在国内金融界乃至国际学术界产生影响，就能在金融教育界立足，并带动整个学校的金融类学科和其他相关学科的发展。

二、转变金融教育理念，改革课程体系设置

培养高素质人才，是高等教育的根本主旨。因此，能否培养出符合社会需求的合格人才，理应成为评价高等教育对社会贡献大小最重要的指标。“金融教育”也不例外，我国的高等教育必须顺应社会对金融人才需求的变化，转变金融教育的理念，以便为社会培养出更符合需求的合格人才。

（一）要从重视传授理论知识向传授金融理论和实务知识并重转变

金融学是一门实用性很强的专业，理论知识固然重要，但应突出实用特征，重视应用性人才的培养。金融教育要重在务实，金融教育能否突出务实，能否培养出大批善于资金运作并具有风险防范能力的实用型人才，是衡量金融教育成功与否的一个重要尺度。

（二）要从培养单一的专门型人才向培养适应能力更强的复合型人才转变

现代科学与技术出现的不断交叉和融合的趋势，使得各职业之间的界限日趋模糊。现代科学与技术的这种发展趋势，对高等院校人才的培养模式与知识结构提出了新的要求，高等院校所培养的人才不仅需要具备本专业的知识，而且还必须具备其他相关专业更为宽广的知识与技能。目前高等教育已呈现出从专才教育向复合型“通才”教育变化的趋势，金融是一门涵盖内容十分广泛的学科，更应当重视具有多学科最新综合知识的“通才教育”。

（三）要从只注重为国内金融业培养人才向重视培养外向型人才转变

在经济全球化的浪潮下，高等金融教育不仅要面向本国金融业，也应当面向国际金融市场。高等金融院校要努力培养出更多掌握国际金融运作规则和具备博弈能力，能够代表国家在国际金融舞台上发挥作用的金融人才。

培养目标的定位和人才培养模式的改革，最终需要落实到课程的设置和教学内容的调整上。应用型、复合型和国际化的金融人才的培养目标，要求改革和更新金融教育课程体系以及教学方法。

1. 课程设置微观化

经过多年持续不断的教学改革，我国高等金融专业课程体系已有很大程度的改进，但还有必要进一步优化。与国外著名大学相比，我国目前的金融专业与金融市场相关的微观金融和务实性类课程偏少，宏观金融类课程偏多。我国高等金融专业在课程体系调整中，要在适当压缩宏观金融理论课程的同时，增设一些能反映金融微观运行需要并有助于培养专业技能和实践能力的课程，这样可以使金融教育更接近于现实和服务于社会，提高金融专业人才的适应性和就业能力。

2. 教学内容综合化

针对我国金融教育领域里专业设置比较单一及知识结构单一的现状，要培养出“金融通才”，就必须在课程设置的部署中，特别重视金融学与数学、统计、法学、网络技术等相关学科的交叉、融合，尽可能多开发一些其他相关学科的课程，力求使金融专业的教学内容趋向于综合化。重视多学科综合知识的“通才教育”，能使从业人员在学生时代就已从狭隘的专业中走出来，开阔视野，拓宽知识面，增强适应能力和应变能力。

3. 教材选用国际化

我国金融教育，应立足长远，面向国际，课程体系设置、教学内容、教学手段和教学模式等诸方面都应瞄准国际先进，逐步与国际接轨。金融教育要面向国际化有不少事情要做，其中很重要的一项，就是要积极引进国外近年来出版的关于金融业经营管理和业务操作方面的教材与资料，重视跟踪当今国际金融理论与实务的最新发展动态。在教材的选用上要尽量采用能反映现代金融理论最新研究成果的原版教材，力求教学内容具有国际先进水平。这不仅能使学生在采用原版的双语教学中提高专业外语水平，而且还有助于培养掌握现代金融最新知识的高层次金融人才。

4. 教学方法多样化

教学方法是教学活动的重要环节。在金融课程的教学过程中，应大力推广启发式、专题讨论式教学以及案例教学和模拟实验教学。对于操作性强的金融学课程，要特别重视案例教学和模拟实验教学。通过案例教学和模拟实验教学，能使金融教学更贴近实际，有助于增强学生对书本知识的感性认识，训练和提高学生的独立思考能力和分析判断能力及对金融实务的动手操作能力。

三、抓好师资队伍建设，确保人才培养质量

改革开放以来，经过多年持续不断的努力，我国高校金融专业已培养和造就了一支具有一定水平和实力的教师队伍。我国高校金融专业师资队伍，无论从规模、层次、数量还是质量等方面近年来都有了长足的进步。但是，从总体上看，这支队伍还远远不能适应金融学科建设发展的需要。我国高校金融专业师资队伍仍存在不少问题，比较突出的有以下两点：一是学术层次不够高，为学术界公认的高层次专家所占比例较低。特别是能站在高端位置，引领学科发展方向的拔尖人才奇缺，能跻身国际学术前沿并享有国际声誉的金融学教授更是凤毛麟角。二是由于受传统高等金融教育模式的影响，许多专业课教师都缺乏在金融机构一线工作或培训的经历，往往是教期货投资理论的不懂得做期货，教国际金融方面理论的不会外汇交易操作。

教师是教学的主体，高素质的教师队伍是保证教学质量和培养高层次人才的关键。教育大计，教师为本。我国的高等教育要跟上世界一流水平，就必须要建设世界一流的师资队伍。

加快培养和造就一支与金融教育发展相适应的高层次教师队伍，乃是我国金融教育界的一项带有根本性和战略性的大事。针对我国高校金融专业教师队伍存在的突出问题，笔者认为应着重抓好以下几点：

（一）高起点，大力度地从海外引进杰出人才

任何一门学科的师资队伍建设，最关键的因素是要有学术带头人。我国金融教育的发展，需要高起点大力度地从海外引进一批具有真才实学的优秀人才。许多身在海外的优秀人才在国外高校受过严格系统的训练，有的甚至还有在国外著名金融机构担任职务的经历，他们具有扎实的现代金融理论知识并比较熟悉现代资金运作规则。他们作为学术骨干加盟进来，有助于加速我国金融教育发展的进程，在较短的时间内迅速提升我国金融教育师资队伍的学术层次和整体实力。

（二）重视培养在国内受过教育和训练的教师

由于在今后相当长的一段时间内，大多数高校金融学科的师资主体仍将是在国内高校受过教育和训练的教师。因此，我国高校金融专业师资队伍建设应当实行“引进与培养相结合，重在培养”的方针，舍得花大力气培养在国内受过教育和训练的教师，特别是青年教师。为了营造使现有教师队伍中的优秀人才能脱颖而出的良好环境，笔者认为可以采取以下有效措施：（1）通过举办各类针对性强的高级研修班，利用发达国家的师资队伍和教材举办系统的专题讲座，选派有潜力的专业教师到国外著名学府或金融机构学习和深造，以提高现有教师的理论水平和业务能力。（2）完善师资队伍的考核评价机制，强化竞争意识和进取精神，公平竞争，择优聘用，努力创造能激励人人不甘落后，勤奋向上增长才干的良好环境。（3）积极创造条件，争取使尽可能多的功底扎实的青年教师有机会出现在国内外金融界的学术论坛上，进行交流和研讨。通过参加学术和教学方面的交流，取长补短，提高学术水平和教学水平。

（三）加强学校与金融机构之间的联系和往来

高等金融院校应努力密切与银行、保险公司、证券公司等金融机构之间的关系，争取让专业教师能有较多的机会与金融机构的有关人员合作从事项目研究，同时邀请有关金融机构的专家到学校担任教职。采取“走出去和请进来”的策略，通过与金融机构有关人员的频繁接触和紧密联系，提高专业教师对现代金融实务知识的了解和熟悉程度，并使教师的知识结构及教学和研究能力紧跟金融发展的客观实际，与金融业的发展同步前进。

四、逐步实现从模仿和跟随向自觉发展转变

在计划经济时代，我国的金融教育主要是照搬前苏联的教育模式。改革开放后，我国的高等金融院校在课程设

置、教材、案例等诸方面，越来越多的模仿美国等西方国家的金融教育。笔者认为，对国际一流高等院校金融专业的教学内容、课程设置以及教学方式的学习和借鉴是十分必要的。这不仅有利于与国际金融教育界的沟通、对话和交流，而且还有助于加快中国金融教育的发展步伐。我国金融教育存在着与其他许多学科教育相同或相似的一个突出问题是，学习和借鉴多，自主创新少。我国的金融教育不能老是停留在“拿来主义”的阶段，不能老是主要依靠从国外“拿来”需要的现代金融理论知识和教学经验。我国的金融教育工作者也应该通过勤奋努力迅速提高自身的学术素养和教学水平，争取推出一些能被国内外特别是国外金融教育界认可的有分量的教学经验和研究成果。我国金融教育发展到今天，已经应当逐步实现从模仿和跟随向自觉发展的转变。这不仅关乎着我国金融教育的兴衰成败，而且还直接影响到我国金融业的未来发展及在全球金融格局中的地位和实力。

面对未来经济战争的主战场已悄悄转移到金融领域的现实，我国需要一批世界顶级的金融家，谋划我国未来经济发展和金融安全。应当站在关乎国家安全的战略高度来看待培养高层次金融人才的紧迫性和重要性。我国的高等金融教育的发展任重道远。当中国的金融教育能够做出原创性的重大贡献，从中国高等金融院校的校园里能走出大批系统掌握现代金融最新知识，熟悉国际金融业务，具有金融风险决策能力并能在国际金融市场上搏风击浪的高级金融人才时，我国金融市场必将成为全球金融市场中最富活力的重要部分，我国金融业的竞争力也将处于国际领先的水平，建立金融强国的梦想则完全有可能成为现实。

强国必须强教。建设金融强国的重大使命，为我国金融教育的发展提供了难得的历史契机，中国的金融教育工作者负载沉重的使命，我国的个人金融教育工作者应当不负时代的重托，以科学发展观统领金融教育的改革和发展，为振兴我国金融教育和促进我国金融业的发展做出自己应有的贡献。

二、地方个人金融论坛

（一）中国工商银行省市区分行个人金融论坛

理财金账户客户消费行为及发展策略研究

中国工商银行安徽分行 常真旺

“理财金账户”是中国工商银行为在我行个人金融资产20万元以上贵宾客户提供的一项个性化、全方位、贵宾式的新型金融理财产品，以无纸化、电子化为特征，以科技领先、高效便捷、安全可靠的电子系统为保障，集后台智能的综合账户系统、个人客户营销系统和客户关系管理系统等多项先进技术于一体，依靠我行雄厚的资金实力，丰富的金融产品，便利的网络资源，专业的客户经理队伍，使客户管理金融资产、从事金融活动变得更加轻松自如，并得到前所未有的贵宾礼遇，提升自信、自然、自由的人生境界。拥有理财金账户，客户可专享银行管家服务，实现对各类账户的集中智能管理，同时可在兼顾资金流动性的基础上提高收益，省时省心，畅享财富创造的自由。

一、理财金账户的发展历程

自1996年银行存款利率下调以来，开放式基金的推出、投资型保险产品的出现和B股市场对境内居民开放等金融创新促进了国内个人理财业务的发展。而在银保、银证合作中，商业银行不仅代理了更多的金融产品，丰富了自己的理财内容，更拥有了懂得证券和保险专业知识的大批员工。国内大多数银行都认识到了个人理财市场巨大的发展潜力，纷纷推出了各自的个人理财服务品牌。

工商银行在2002年开发并打造“理财金账户”业务品牌，并在2003年在全国全面推出。既是应对激烈竞争局面的需要，也是推动个人金融业务的观念转变和战略调整，打造个人金融业务核心竞争力的需要。安徽分行的理财金账户品牌发展将近7年，以每年平均2万户的增长速度快速发展，到目前理财金账户客户已超过14万户。从安徽行理财金账户的发展历程看，大体可分为三个阶段：

各家银行个人理财产品

	品牌名称	开户起点	推出时间
中信实业银行	理财业务	10万元	1996年
中国建设银行	网上个人理财服务		2000年1月
中国农业银行	金达理财中心	30万元	2001年
中国银行	外汇宝 一本通		2002年初
招商银行	金葵花理财	50万元	2002年10月
中国工商银行	理财金账户	20万元	2002年

第一阶段（2003～2004年）：跑马圈地。理财金账户品牌推出伊始，虽然有明确的开户门槛，即客户在我行存贷款超过20万元，其中存款不低于10万元。但由于前台业务处理系统对客户存贷款数据统计功能的限制，加之对新推出品牌的市场占有的需求，因此主观上放松了理财金账户的开户门槛要求。从结果看，客户的发展数虽然很快，但真正的目标客户比率并不高，甚至可以说目前沉淀下来的零余额户和小额户大都是此阶段发展的。

第二阶段（2005～2006年）：震荡整理。这阶段针对理财金账户人均资产较低、达标客户（金融资产在20万元以上）占比较低、人均金融资产5万元以下客户较多、理财金账户客户发展率（金融资产超过20万元的理财金账户客户数量/金融资产超过20万元的全行客户数量）较低等问题，提出了严格执行开户标准、妥善清理不符合标准的客户、加大客户关系维护力度等措施，理财金账户客户质量初步得到改善，品牌形象逐渐提升。

第三阶段（2007～2009年）：稳健发展。这阶段我们一方面加强渠道建设，打造财富中心和贵宾理财中心等品牌网点，一方面加强个人客户经理队伍建设，培养了一大批具有金融理财师资质的专业理财团队，逐步实现了为理财金账户客户提供优先、优惠和特色服务。同时，利用个人客户管理系统的数据挖掘技术，筛选出目标客户，实施精准营销，理财金账户品牌在稳健发展的同时，客户质量、目标客户覆盖率等指标得到进一步提升。

二、理财金账户品牌的发展要求

作为个人理财服务品牌的理财金账户，其竞争更多的是优质客户的争夺，各家商业银行的“攻”与“守”策略都表现出对未来新的市场格局满怀信心。射登（Sherden）把市场营销中流传甚广的 80/20 规则改为 80/20/30，其含义是顶部 20% 的客户创造了企业 80% 的利润，底部 30% 的客户不但没有盈利，还会给企业带来损失。由此可以看出理财金账户目标客户——高端客户的重要性，是企业真正的“上帝”。因而，究竟如何对待高端客户，提高其忠诚度，促进企业发展呢？这不是个简单的问题，需要全面、系统、长期地努力，这个问题也正是各家金融机构亟待解决的问题。

品牌是生产经营者向购买者长期提供的一组特定的属性、利益和价值。一个好的品牌传达了质量的保证，是对消费者的一种承诺，是一种信誉担保。品牌更是产品或企业核心价值的体现。随着理财业务的发展和人们生活水平的提高，客户金融需求趋于多样化、个性化、差异化，价格战的影响力日益减弱，金融产品消费者对品牌的渴求和偏好日趋明显，对银行理财产品的品牌也表现出了前所未有的渴望和追逐。因而，理财产品品牌的重要性和价值日益为商业银行所认识，尤其在全业务竞争时代，各家商业银行产品同质化程度越来越高，为了更好地满足客户需求，首先要明确客户群体的行为特征与需求，打造真正能为优质客户提供个性化、全方位、贵宾式的新型金融理财产品。而我行的理财金账户品牌定位于高端客户，是金融行业较为成功的品牌，因而我行需要进一步发挥其品牌优势，进一步加强理财金账户品牌的建设，通过对高端客户的把握，有效利用客户彼此间的联动效应，有效提高理财金账户品牌在高端客户群的覆盖率，以理财金账户品牌为介质，交叉营销各类银行产品，尤其是针对高端客户的理财产品，在为客户带来较高收益的同时，也促进了我行经营业绩的提高，使银行和客户取得双赢。

三、理财金账户客户消费行为特征分析

我们分两个方面对理财金账户客户行为特征进行分析，以充分了解客户金融需求，明确优质客户售后服务和关系维护的方向。一方面组织个人客户经理在对达标理财金账户客户进行回访的基础上，进行了《“理财金账户”客户金融服务需求调查》，通过对调查结果进行统计分析和利用回访所获取的信息，进一步完善优质客户档案，为今后的关系维护奠定了基础；另一方面依托 CS2002 个人目标客户子系统、动态监测系统个人客户结构数据和总行返传的 PCRM 系统的个人客户基础数据，对存量达标理财金账户客户的现状、客户的金融产品消费行为等方面进行了深入分析，发掘现存主要问题，研究理财金账户发展策略。

（一）理财金账户客户金融需求问卷调查结果分析

调查共对 8000 名达标理财金账户客户发放问卷，对 7508 份合格问卷进行分析。

1. 优先、优惠是广大理财金账户客户对我行金融服务的基本要求。当被问及“您最希望工行为您提供的金融服务是什么”，有 5438 人选择了“优先办理业务”，占被调查人数的 72%；有 5027 人选择了“减免各种费用”，占被调查人数的 67%。这说明为“理财金账户”客户开通“绿色通道”，提供优先、快捷、高效的服务，仍然是优质客户服务中的首要问题。对“减免各种费用”的要求，说明了产品合理定价的重要性。另外，有 44% 的客户希望享受“特约商户贵宾待遇”，30% 的客户希望工行为其“配备专属客户经理”，27% 的客户希望获得“金融资讯服务”，19% 的客户希望我行客户经理为其“度身定制理财方案”。

问题内容	答案选项	选择人数	选择占比
您最希望工行为您提供的金融服务是	优先办理业务	5438 人	72%
	减免各种费用	5027 人	67%
	特约商户贵宾待遇	3306 人	44%
	配备专属客户经理	2224 人	30%
	金融资讯服务	2017 人	27%
	度身定制理财方案	1409 人	19%

2. 大部分理财金账户客户对房产、股市、车市、商铺等资讯比较感兴趣，希望通过各种途径从银行获得金融资讯。44% 的客户对房产方面的资讯感兴趣，34% 的客户股市方面分析资讯感兴趣，28% 的客户对车市资讯感兴趣，27% 的客户对商铺资讯感兴趣，40% 的客户表示对我行的新业务信息感兴趣，希望通过手机短信或电话获取金融资讯的客户均在 30% 以上；希望客户经理上门服务或在网点提供咨询的客户也分别占到了 28%。

问题内容	答案选项	选择人数	选择占比
您比较感兴趣的金融资讯是	房产	3337 人	44%
	新业务	2997 人	40%
	股市	2530 人	34%
	车市	2072 人	28%
	商铺	2058 人	27%
	债市	1258 人	17%
	汇市	823 人	11%
	邮市	486 人	6%
	期货	379 人	5%
	收藏	310 人	4%
	钱币	289 人	4%
	黄金	285 人	4%
您希望工行为您提供金融资讯的途径是	手机短信	2622 人	35%
	电话	2246 人	30%
	客户经理上门服务	2137 人	28%
	网点咨询	2065 人	28%
	邮寄资料	1755 人	23%
	电子邮件	1583 人	21%

3. 理财金账户客户对我行基金、国债等投资类产品比较关注，对网上银行、电话银行等自助服务感兴趣。在“感兴趣的产品”一栏，36% 的客户选择了基金，比选择“国债”的客户高出 4 个百分点，说明理财金账户客户的投资需求是旺盛的，而基金作为一个新的投资渠道正在被越来越多的客户所关注。对网上银行、电话银行等自助式

服务渠道感兴趣的客户比例分别为28%和16%，这也充分说明了优质客户对自助服务的认同和需求。

问题内容	答案选项	选择人数	选择占比
您目前感兴趣的产品有	基金	2696 人	36%
	国债	2413 人	32%
	信用卡	2303 人	31%
	个人消费贷款	2227 人	30%
	汇款直通车	2184 人	29%
	网上银行	2065 人	28%
	保险	1249 人	17%
	电话银行	1198 人	16%
	银证通	1061 人	14%
	其他	1018 人	14%
	外汇买卖	958 人	13%

4. 客户对我行服务的意见和建议

（1）产品功能方面。多开发专享投资理财产品；建议优化理财金账户的透支功能；建议开通信用额度放款，贷款利率下浮，简化办理贷款的手续；完善理财金卡的相关功能，如：积分功能，作为主账户时的网上银行的销户、银证转账、异地汇款的优惠等。

（2）产品价格方面。如果开始收年费，可用积分抵年费；降低账户管理费，比照小额账户管理费的收取办法，按季收取。建议汇款可选择由对方（收款方）付手续费等。

（3）产品服务方面。希望银行能定期或不定期寄送理财资料，及时获得多方面的理财资讯；希望客户经理能定期联系，多了解客户的需求，度身定制个人理财方案；希望银行在服务态度、业务素质、服务效率方面有大的改进；开通专门的绿色通道或专属服务区域，优先办理各项业务，设置贵宾室，实行差别服务，保障客户的隐私权；配备高素质的个人客户经理进行专职理财，真正享受到专家理财的优越性；定期举办新产品推介或通过邮寄等方式介绍新产品；扩大特约商户的面，给予享受更多优惠，体现理财金账户的含金量；成立优质客户俱乐部，创造客户经理与客户、客户与客户相互交流、沟通的机会。

（二）理财金账户客户系统统计数据分析

调研采取抽样调查的方法，共采集3000户达标理财金账户客户样本，约占存量达标理财金账户客户的10%，对其从性别、年龄、金融消费偏好等方面进行数据分析。从分析结果来看，理财金账户客户以女性居多，35～54岁的中年客户是持卡主力军；女性客户在基金、保险、理财产品、黄金、第三方存管等风险和收益偏高于其他金融产品中的占比高于男性客户，在存款、债券等收益相对稳定、风险偏小的金融产品中的占比低于男性。从不同年龄阶段达标理财金账户客户的资产分布情况看，22～24岁探索期的达标理财金账户客户金融产品消费偏好为保险、本外币理财产品、黄金、第三方存管等其他金融消费品；25～34岁立业期的达标理财金账户客户的金融消费偏好则以存款类产品为主；35岁以上达标理财金账户客户金融消费偏好基本相同，其中60岁以后客户偏好收益较稳定的金融产品，资产配置中存款、国债和债券类金融消费品占比最高；35～44岁稳定期、45～54岁维持期和55～60岁高原期的达标理财金账户客户风险承受能力较强，偏向多元化的投资组合，持有基金和保险、本外币理财产品、黄金、第三方存管等金融消费品的占比较高。

（三）理财金账户客户消费行为特点分析

通过内外两个方面调查研究表明，理财金账户客户的消费行为有以下特点：

（1）对高端产品的偏好加强。随着高端客户可支配收入水平的提高，这些消费人群正表现出对有一定风险但收益相对较高金融理财产品和科技含量较高的金融工具的浓厚兴趣。

（2）对个性化服务的需求越来越高。高端客户希望自己被意识到，并得到特殊对待，他们追求那些能够促成自己个性化形象、显示自己与众不同的产品或服务。

（3）有着独特的理财需求和投资习惯。首先，他们对资讯的需求高，希望理财经理更多的提供资讯和参考，自己来判断决策，注重亲身参与到理财过程之中；其次，中国人财不外露的传统观念使得他们注重服务过程的私密性，行为处事低调内敛。此外，在选择哪家银行做理财这个问题上，朋友的口碑推荐是其最重要的考虑因素之一。

（4）主动参与欲望越来越强。高端客户在打理个人资产时，不再满足于被动地接受银行的宣传和营销，而是希望主动参与。在理性需求上，理财金账户客户看重资产的安全增值；在感性需求上，属于社会金字塔上端的人群，他们是渴望驾驭财富的一群人，财力决定了其价值观。他们以独特智慧结合外来资讯，主动创造自己的财富，这类有决断力的客户，需要的是不一样的投资理财和增值服务。因而银行客户经理需与高端客户加强沟通，使其通过创造性金融投资理财来体现独特的个性和自身价值，获得更大的成就感、满足感。

高端客户除了消费特征之外，很多重量级客户还具有两个明显的特征：

（1）企业关键人物：有些高端客户是企业、公司创始人或者高层管理者，他们在所在企业或所在行业中都具有很大的影响。如果这类客户群对金融产品的需求得到充分满足，那么工商银行就可以在这类客户群中建立一个非常好的品牌，然后由他们去影响企业甚至整个行业使用工商银行的品牌产品。

（2）家庭主要决策人员：有些高端的客户在家庭中也占据了非常重要的地位，对家庭产品的应用起到非常重要的决策作用。同样，如果这类客户群对银行产品的需求得到充分满足，他们将会影响整个家庭产品应用情况。

虽然这样的高端客户人数不多，但是影响力却很大，所以他们有助于工商银行的品牌建设。反过来，如果不能实现预期目标，也可能丧失这个市场，同时工商银行的品牌受到损害。因而，将个人业务与公司业务、机构业务和家庭市场业务进行有效捆绑，不仅能提升理财金账户客户的感知，还能稳住集团客户和发展家庭市场业务。可以说，对理财金账户客户的保有和拓展既是稳住个人市场份额，也对集团市场和家庭市场的拓展具有非常重要的作用。

四、影响理财金账户品牌发展的因素

面对激烈的市场竞争，市场细分已经成为企业的必修课，采用市场细分法则是提高竞争力、扩大市场份额最行之有效的措施和手段。而银行进行市场细分，实行差别化的服务，吸引更多的高端客户和优良客户也是今后竞争的重点。我行为了反击外资银行和其他商业银行对高端客户和优良客户的争夺，推出了“理财金账户”这个全新的个人理财品牌，取得了很好的市场效果。但是，对高端优良客户的吸引力还有待提高，还有一些问题亟待解决。

（一）营业环境差别小

目前，我行进一步加大了对网点改造的力度，每年对一大批营业网点进行装潢改造。但由于历史的原因，大部分网点由于面积和地理位置的原因，暂不具备改造为高端网点的条件，因此财富中心和贵宾理财中心等高端网点的改造比例较小。从总体上说，具备为高端客户提供专属服务区域的高端网点建设步伐还较缓慢。另一方面，部分已建成的高端网点，由于基层领导重视不够、人力资源配置不到位等原因，贵宾专属服务区存在“虚位待人”的现象，高端客户办理金融业务还得在普通客户服务区办理。从结果上看，高端客户没有得到更优质的营业环境，而普通客户的服务环境却相对提高了。这种无差别的营业环境，对高端客户的吸引力大打折扣，对低端客户的经营成本进一步提高。

（二）服务内容差别小

目前，我们在服务上，不管是一般营业区域还是专属服务区，采用的都是基本一致的服务系统和服务标准，为理财金账户客户推出的专项服务项目还很少。过去统一的服务标准和服务内容已经不能适应新形势下吸引高端客户的需要。同时，我们在营销理念上也要有本质的转变。例如理财金账户从推出开始，直到现在都在宣传金卡的优惠措施：异地存款免费，办理存款证明、挂失均免费。而普通客户的收费标准异地存款最高收费也就是50元，其他两项业务的收费分别为20元和10元，这样的优惠措施对金卡客户来讲能有多大吸引力？另外，对于普通客户，新网点开张，办业务送小礼品的活动就足以吸引很多人排队等待。而对于高端客户甚至是中端优良客户，这种优惠都是没有吸引力的而且也是不必要的。吸引高端客户的方式只能是更完善优质的服务，而绝不是一点“小恩小惠”。

（三）缺乏针对高端培训的员工

相同的制度，相同的业务培训，却面对不同层次的客户，这是当前我们的员工面临的问题。市场细分，客户的差别待遇，最主要的还是要体现到员工身上。现在，我们仅对客户经理进行“理财金账户”的专门培训，其他的员工却没有相应的培训机制。这样，我们的服务很难从过去的方式、方法中转型，从而应对“理财金账户”的服务需要。

（四）个人客户经理数量不足

目前，我行存量理财金账户的目标客户，也就是个人金融资产达到20万元的客户有近10万户，按每个客户经理维护200户计算，仅理财经理就需要500人，但实际上我行近千人的个人客户经理队伍真正从事理财业务的只有不足250人。

五、理财金账户营销策略分析

营销学上讲，品牌的本质是卖者对交付给买者的产品特征和服务一贯性的承诺。依照这一定义，银行品牌的内涵不仅包括这家银行的名称、标志，也包含了银行提供服务的内容、特色和质量。严格地说，服务价格、技术层次、业务种类、市场推广能力、在消费者心目中的形象等都是构成银行品牌的要素，品牌其实是企业综合实力的体现。

实施品牌战略绝非一朝一夕之功，它是一项复杂而浩大的系统工程。因此，在实施理财金账户品牌战略时应注意：

（一）认真进行客户细分，不断加强客户关系管理。客户细分是品牌战略中的一个基础性步骤。英国品牌定位和形象设计方面的专家吉尔默女士说，品牌竞争是一场不同的战役，捍卫品牌首先要确定的不是竞争对手，而是想要“俘虏”的消费者。对高端客户等重要市场的分析更是关键，我们要根据高端客户的消费行为特点及偏好，通过实施品牌战略，建立符合其价值取向的企业形象。

因而，要提升理财金账户品牌价值首先要根据理财金账户客户职业、年龄、收入、个性特征、消费习惯、需求特点等方面的指标对当前的高端客户进行聚类分析，具体划分出理财金账户用户的类型，如成功人士（大多位于企业的管理层，中高层领导）、商务精英（在企业中担任重要职务，工作能力强，学历较高）、女性（一般在家庭中具有资产的操控权）等。根据这些不同用户群关注的业务需求，针对性地开发业务组合，以满足这些不同的客户需求。同时，在客户细分的基础上，建立一套完善的高端客户管理系统，充分利用技术平台开展市场细分，进一步明确个人业务的市场定位，明确高价值客户的分布范围和特征，从而制定明确的市场战略，为合理配置人财物资源，针对性地对个人高端客户进行维护、营销和拓展奠定基础。

（二）推行客户经理制，为理财金账户客户提供人性化服务。由于高端客户的重要性，需要加强个人客户经理队伍建设，尤其是具备金融理财师资质的理财经理队伍的建设，推行客户经理制。同时，建立起理财经理与高端客户的一一对应关系，这样有助于客户经理全面、准确地抓住客户需求，为提供独特的人性化服务奠定基础。

高端客户与普通客户在对银行的利润贡献上有巨大的差距，因而应使高端客户享受到更多有吸引力的人性化服务（如优先、优惠和专属服务），这亦符合高端客户的消费需要。同时，服务过程也是整个品牌传播的关键环节，必须把它塑造为信息传递通畅、与客户积极互动、各环节高效协作、具有明显效益的过程。

在提供个性化服务的过程中，一要谋求差异化，二是严格控制服务质量。差异化会使高端客户在得到更多的消费体验后坚定自己的选择，提高忠诚度。严格控制服务质量是指在服务过程中一定要体现高质量，从服务场所的环境、服务人员的素质、待客方式到服务氛围的营造等等，都需要我们不断地精益求精，尤其在服务人员的素质等软件面。

当前我行在实施客户经理制中还要着重解决以下三个问题：一是明确职责。客户经理为优质客户提供综合化、一站式服务，是了解客户需求，为客户提供经营管理、理财和金融咨询等服务的专门人才。客户经理代表着银行的品牌和形象，是客户的金融和财务顾问，客户通过客户经理来了解并接受银行的产品和服务。这里尤其要引起注意的是：绝不能将客户经理简单地等同于某个专业的外勤人员。有的行简单地将客户经理定位于抓存款，从而造成行内行外对客户经理制的抵触情绪。对客户经理职能的误解，削弱了客户经理的职能，也阻碍了客户经理制作用的发挥。二是提高素质。客户经理必须熟悉银行主要业务，并且要了解银行产品的市场需求、功能及营销技巧，必须有较好的心理素质，较强的协调和合作能力，较高的知识水平和较丰富的工作经验。要达到以上要求，必须加强客户经理的培训。重点是加强金融知识、银行业务、营销知识、营销技巧、理财知识和敬业精神的学习和教育，使其能够为客户提供综合性、高质量、高效率和全方位的金融服务。三是加强激励。客户经理等级制是根据客户经理的知识水平、实践经验、工作能力和工作业绩等标准将客户经理划分为不同等级，对不同等级的客户经理授予不同的权限，分配给不同的客户和任务，并根据等级高低实行不同的薪酬系数。实行客户经理等级制有利于加强客户经理管理，激发客户经理工作的积极性。在等级制的实施过程中，等级划分标准的制订必须遵照两个原则，一是崇尚知识，一是尊重经验，两者不可偏废；同时还要跟实际工作业绩挂钩，实行滚动等级制。

（三）加大理财业务拓展力度，增强理财金账户品牌发展的生命力。个人理财业务对于优化客户结构，竞争优质客户和提高个人金融业务盈利能力具有重大的促进作用，同时也是理财金账户品牌发展的生命力所在。寻求个人理财业务新突破的重点是如何通过向客户提供多元化、差异性、双赢性的个人理财综合服务，提高综合效益。一是提出理财服务的口号—“让我们帮助您的财富不断增值”。因为任何投资者都想通过投资，让财富不断增加，但目前由于金融政策的限制，我们只能做到“帮助”型理财，所以，提出这样的口号，是让高端客户有信心走进我行接受理财服务。二是多设计理财套餐。即以特定客户群体为对象，以产品的关联性为切入，通过有机配制，综合地介绍给客户，让客户各取所需，如：少年成长理财套餐、青年幸福置家套餐、安享晚年欢乐套餐等。三是突破现有的理财服务模式。即探索引入其他渠道代客进行理财，新修订的《商业银行法》，原第四十三条修改为“商业银行在中华人民共和国境内不得从事信托投资和证券经营业务，不得向非自用不动产投资或者向非银行金融机构和企业投资，但国家另有规定的除外。”这将为我行个人理财增值服务的拓展留下空间。我行应抓紧与有实力的证券、保险、基金、信托、投资等公司合作，推出个人投资连结储蓄存款理财计划，或委托投资理财业务（我行只充当代理角色）等，让理财业务更具有市场竞争力。

（四）加强客户关系维护，提高理财金账户客户满意度。客户关系维护是提高理财金客户满意度和忠诚度的重要手段，也是吸引新的优质高端客户的制胜法宝，只有加强客户关系维护，才能保证理财金账户业务的持续发展。银行与客户之间应建立一种牢固的联系，这种联系除了来自业务方面还有情感的因素，使客户和银行密切相关，包括对客户详细资料的了解，建立客户资料库，如客户的品性、个性爱好、作风、重要日期记录等。应定期与理财金账户客户交流、建立便利的金融服务、利用客户档案投其所好，通过情感维系这种方式使客户组织化。可以成立客户俱乐部为客户提供各种特制服务，推出新的金融产品、优先营销和优惠手续费等，通过客户俱乐部的系列活动，加强客户和银行的联系，培养客户对银行的忠诚。可以通过客户的情报反馈系统，了解客户的需求，宣传银行的产品和服务。要实行个性化的营销策略，根据客户价值大小不同的情况，给每个大客户设计营销方案，按他们的特殊要求提供相应的金融产品。个性化营销有利于建立银行和客户间的长期关系。因为金融产品或服务的提供是一对一的。每个客户都有不同的情况，区域的不同、营销策略的差别以及营销条件的差别，根据他们具体情况设计的金融产品和服务不仅更具针对性，还会使客户感受到是被高度重视的，成为银行营销渠道的重要因素。

（五）跟踪理财金账户客户满意度调查，提升客户忠诚度。客户满意，意味着银行赖以生存与发展的产品或服务被认同接受，“满意”量的积累意味着顾客对该银行产品及服务在一定程度上的忠诚。因此，我们应经常性地开展顾客尤其是理财金账户客户满意度调查，建立适合自身的客户满意度测量指标体系，及时发现自身产品和服务的不足并予以克服弥补，通过提升客户忠诚度来减少市场拓展成本，提高获利稳定持久性。

理财金客户发展策略分析探讨

中国工商银行北京分行 顾建纲

随着国际金融危机对实体经济影响的逐步减轻，各国经济指标缓慢复苏，全球金融焦点再次聚焦各国商业银行。银行选择标准也不再简单以方便、规模大小、利率高低为判断标准，而是开始参考银行资本充足率、股东回报率以及未来业务发展服务模式等更加深层、核心领域情况。面对如此激烈的国际、国内金融同业竞争，如何始终走在竞争对手前列，是各家银行关注的焦点。理财金账户品牌推广战略正是工商银行通过将银行内部资源进行有效整合，对涉及客户在银行接受服务的各个领域进行全面集成管理，逐步提升客户满意度、忠诚度和贡献度，并最大限度满足客户需求和提升银行整体经营效益。

一、理财金账户发展情况概述

在发达国家和地区的商业银行中，零售银行业务的比重通常达到了50%以上，零售业务已经成为商业银行利润的主要增长点。据国家统计局调查，预计到2010年，中国将有25%的城市家庭步入中产阶层，这些将是零售业务的主要客户。并且在宏观经济发生变化时，业务的收益与经济波动关联度较低，收益比较稳定。基于以上研究，工行在2002年底正式推出“理财金账户”，全面贯彻“以客户为中心，以市场为导向，以科技为依托”的指导思想，通过产品创新、科技创新和渠道整合，为优质客户提供高标准的理财服务。

（一）理财金客户持有产品变化趋势。经过部分网点客户经理实地调研发现，大部分网点理财金客户整体呈中老年化，大多数是有家庭，有固定收入的群体。这些理财金客户大致可分为三种：积累一生型、生意经营型和青年新贵型。以宣武区网点为例，该地区网点客户大致分为三类：积累一生型，大约占理财金客户数的一半左右；生意经营型，大约占近六分之一；青年新贵型，占六分之一多。由于不同网点地理位置和客户结构的不同，理财金客户的特征也有所差异。如：北京南城周边的客户群多为老年客户，整体对固定收益类产品忠诚度较高，由于年龄关系，对新生事物接受较慢，故偏重国债、定期、票据型人民币理财等无风险产品；北京西城周边客户结构特点同南城客户具有明显区别，西城客户普遍素质较高、资本市场信息较为灵通，故对我行基金、定投和部分人民币理财产品较为感兴趣；北京北面客户属于新生贵族的典型地区，客户群素质较高，且新鲜事物尝试欲望和风险承受能力都较强，故偏好于基金、人民币理财、保险等现代社会流行产品，但由于客户信息渠道广泛，客户逐利欲望明显，因此对我行产品的忠诚度并不高；北京东城附近客户则以私营业主和拆迁户为主，对我行固定类产品较为关注，同时能够接受新鲜事物，对基金、保险等新型产品能够与市场主体发展趋势随波逐流。

（二）金融产品消费特征变化趋势。上半年，从银行内部看，存贷款实际利差的缩小，推动银行做大贷款规模，以量补价；流动性充裕，加大了银行的资金压力；特别是，商业银行普遍将取消信贷规模控制看作是难得的发展机遇，追求高成长、高回报。从银行外部看，4万亿元政府投资项目启动，带来了庞大的信贷需求；房地产等行业回暖，也刺激了非政府项目贷款的增长。正是内外两种因素“双碰头”，才擦出了熊熊的信贷之火。另外，上半年的6个月中，沪深市场主要指数，如上证综指、深证成指连续上涨，月线形成“6连阳”格局。而另一些表现更强的指数，如深证综指、中小板指数，从去年11月以来更是已连续“8连阳”。截至6月30日，上证综指的收盘点位为2959.36点，与去年底的1820.21点相比，半年内上涨了62.53%；深证成指收盘11566.61点，半年涨幅78.35%；中小板指数收盘4363.72点，半年涨幅52.37%。随着股指的不断上涨，投资者心头的寒意也渐渐被暖意所替代。股票开户数的不断增加，反映出市场的参与热情。据统计，2月以来，A股新开账户月月都在100万户以上。进入6月以来，新开账户数更是加速上升，6月22日到26日，一周的开户数就超过45万户。股市的持续上涨，与外围环境的变化密切相关。今年以来，国内经济出现企稳回升的势头，市场流动性充裕，社会信心明显增强。此外，全球股市近几个月来也大都出现强劲反弹。这些因素都为股市走强提供了有力支撑。对房市、股市的青睐和关注引导客户调整银行存款结构，相当一部分理财金客户的银行产品，尤其是偏注短期产品或流动性高的产品，收益情况和风险情况成为其资产配置的主导因素。

二、存在不足

（一）服务能力尚需进一步加强。一是服务人员专业素质有待提高。随着银行优质客户资源数量的不断积累和壮大，专业人员服务能力是否到位的问题日益凸显，客户经理的素质要求除业务技能需要外，还要具备现代管理理念。以客户价值提升为目标的银行管理体系建立与完善要求一批高素质的人才，而以目前各行的实际情况看，具备

CFP、AFP 理财师资质的人员还相对较少，还有相当数量的客户经理不能很好的调整客户存款、股票、债券、基金、保险和不动产等各种金融产品来为客户设计合理税务规划、保障客户财务独立和金融安全。因此，要通过对价值客户提供“一对一服务”来提升其对银行满意度和忠诚度，就必须拥有一批具有专业素质和优质服务经验的客户经理。二是标准化理财金客户维护流程推广的不足。虽然我行已经走过核心竞争力项目试点阶段，并全面推广基于核心竞争力项目升级完善的个人客户服务精细化管理项目，但由于实施时间较短，大部分网点管理人员对项目理念、内涵理解尚不透彻，网点执行人员对项目流程执行情况仅停留在遵规守纪上，而上级行督导、检测手段尚不丰富，因此，网点项目规范在实际客户服务环节的标准化推广还存在时间问题，客户服务体验还不能达到总行预期效果，整体客户服务水平提高还需要一个过程。三是服务增值内容与客户引导的缺欠。相较于其他商业性金融机构，我行对高端客户的服务手段较为单一、服务内涵亟待扩展。随着同业竞争压力的日趋激烈，各家商业银行不断推出新的服务举措，通过丰富增值服务手段来增加高端客户的资金沉淀量，从而保持产品同业竞争优势。而我行目前尚处在为高端客户提供专属增值服务，树立行业服务品牌的初始阶段，还没形成较为完备的内容体系，且没有丰富的条目对客户进行充分、具有吸引力的宣传。因此，与同业起步较早提供增值服务或后期发展较快的竞争对手相比，我们还存在较大提升空间。

（二）服务渠道互动能力需进一步加强。一是渠道间运作独立与全局统筹共享环节的缺乏。随着世界经济一体化进程的推进，国内银行拥有了越来越多的客户服务渠道和日益丰富的创新产品种类，其主要分为：网点经营、电话银行、网上银行、个人业务、个贷业务、国际业务、公司业务几大类，但各个渠道、产品之间却是独立运作、独立管理及独立考核，彼此间很少交叉运行，工作主线还停留在以产品划分客户的基础上，这与“以客户为中心”新型银行价值服务体系有着较大的差别，严重阻碍了客户服务体验的提升，降低了银行整体服务效率，同时影响了高价值客户对我行的综合贡献能力的挖掘和提升。二是传统渠道设计理念同新型客户感受服务体验的冲突。我行现有业务流程是为适应既有的组织结构和满足管理的需要设置的，在这样的组织中，还存留着“以产品为核心”的运作痕迹，而这要从客户需求角度看，是将完整的业务流程打散隔离开来。另外，传统银行的业务流程僵化、单一，没有根据不同客户的价值高低、不同业务的风险高低设计不同的业务流程，其次是根据业务金额的大小划分管理权限，往往造成越是优质客户或大客户其审批环节越多，业务流程越复杂。

（三）产品设计能力有待增强。一是产品设计品种单一和结构同质度高的困境。目前，我行产品大都通过信托公司、国家一级债券市场票据或通过合作机构进行低风险、固定收益类产品，产品种类、组合方式、产品标的极其有限，收益率基本相近，缺乏差异化产品的拓展能力。二是产品设计个性化不足与互补性不足的尴尬。我行虽已推出了不同的个人理财产品，但各行的产品明显存在同质化的特点。从推出的理财产品结构来看，主要是存贷款类的服务、信用卡类服务、基金和保险类服务，而较少涉及到股票、债券、期货、黄金、外汇等金融工具的搭配理财方案服务的个性化设计。这种将原有的银行存、贷款产品及中间业务进行重新组合，仅在服务上作一些提升，在观念和内容上没有实质性突破的产品显然不能够适合客户的深层次需求，未能像国外商业银行那样取得品牌竞争优势。三是产品设计客户满意度与盈利能力的不足。当前，我行在设计产品时，往往忽略必要的市场调查和投资回报分析过程，并未从客户需求出发，仅是简单凭借以往经验判断，或是产品风险角度推测，其结果是客户满足度和产品盈利水平在同业范围内不具有绝对竞争力和吸引力。四是产品设计针对性不明确且客户差别服务力度不强的问题。当产品设计缺乏必要的市场需求调研时，必然引起产品“差异化”不足的问题。而零售业务最显著的特点是直接面对最终消费者，其产生源于银行对个人客户的服务，其发展也必须随着客户服务的需求变化而不断创新。因此，我行要大力发展零售银行业务，必须关注客户需求，满足客户的不同需求，最终赢得客户对银行的忠诚和信赖。

三、推进理财金品牌发展策略研究

（一）增强“以市场为导向”和“以客户为中心”的零售银行经营管理理念。零售银行产品整合服务的一个重要特点是提供的商品自身几乎没有多大差别，因此同业竞争主要是服务水平上的竞争。零售银行的竞争使得商业银行的服务理念从“以产品为中心”逐步转向“以客户为中心”。银行的经营观念日趋成熟，为了适应和满足客户和市场需要，从以网点规模为主的竞争转向以细分市场、明确目标客户群和提高服务质量为主的发展战略。针对客户的不同收入水平、年龄层次、需求偏好，提供量身定做的个性服务，充分挖掘银行金融产品和服务的最大潜力。零售银行业务由大众化、趋同化及粗放化转向营销观念懂得个人化、客户群体的细分化及业务服务的个性化。此外，树立银行服务的品牌意识也是重要的方向。金融创新、差别化的服务措施等竞争手法很快就会被同行模仿，而树立具有高度信赖性和良好服务信誉的银行品牌，则可以收到稳定客户群体的良好效果。

（二）细分客户精准营销。对于高价值客户应预先采取留住客户行动，将资源集中于最有价值客户而不仅仅是那些目前购买量最大或服务最繁忙的客户，持续关心具有未来潜在业务和影响价值的客户，避免仅对交易量大的客户进行维护。另一方面，不要忽略那些较为容易成为销售对象且所费资源有限的中等价值客户，而对于低价值客户则没有必要采用高成本的直销或促销方式进行吸引或挽留。进行恰当的销售和市场活动决策可以从 3 方面入手：一是决定吸引高价值客户的最好方式。如发放产品宣传单与空间广告相结合，或销售信函与空间广告相结合。二是研究产生最长期购买者的让利方式，如费用折扣与全价购买相结合。三是确定影响长期收益率的产品。如分析哪类客户定制哪些特定产品类型或种类，且这些客户生命周期价值明显高于平均水平，那么银行就应在未来重点发展该类产品以吸引这类客户。

（三）渠道整合。目前，各行的产品渠道设计都是“以产品为中心”，即销售渠道都是以业务线或产品线为轴心而构建的。其缺陷在于：销售渠道间由于信息不同步，客户资源无法共享，资源重用率低，业务流程自动性低。而在“以客户为中心”的模式下，就要构建令客户满意且服务体验一致的销售渠道。具体来说，银行通过建立统一的用户接口，实现对远程网点、自助终端、网上银行、电话银行等多个端点的系统集成。借助数据存取与业务网络处理，实现存款、贷款、银行卡、票据、证券等产品基于统一的平台进行构建，最后通过创建信息及数据中心，将客户资源与信息在渠道之间实现共享。在实际运作过程中，应注意两点：一是在调研市场及细分客户的基础上，加大电子银行、网上银行、客户服务中心等渠道的营销力度，尽量将普通客户引导到运营成本较低的非网点渠道上来，而将经营资源向中高端客户群体倾斜配置；二是渠道整体系统应具有迅速响应市场需求的能力，将工作重点放在交易量大的渠道上。

（四）品牌重塑与推广。一是产品设计。紧密围绕“以客户需求为核心”的客户价值理念，在了解客户需求的基础上，做好产品创新和品牌建设，即要充分了解客户理财目标、尊重客户个人意愿，树立为客户创造价值的经营理念。通过对不同层级客户特征的研究和分析，对其进行分类与界定，针对不同客户需求，进行金融产品的体系设计、产品开发、营销方式与金融服务的创新等。产品设计方向应主要致力于产品的高科技含量，进行整合性、前瞻性产品的研发。按照客户需求设计、研发金融产品，加强核心产品与辅助产品的分类管理，重点发展关系性大、综合服务功能强和附加值高的代理、理财及信息咨询等业务，提高产品的综合创利能力。与此同时，根据市场的规律做业务的细分，把客户的层次作为横坐标，确定银行的目标客户，根据不同的目标客户选择并设计不同的产品。总之，产品设计应关注两点：第一，为不同层次、不同价值、不同需求的客户提供量身定制的产品或者服务。第二，根据客户价值提升规律，在客户人生阶段的不同时期采取不同价值提升手段引导客户成长。二是渠道管理。渠道是服务场所，是营销场所，是客户关系维护、发掘客户资源、实现银行收益的重要所在，渠道的管理要体现以客户价值为核心，就要通过渠道建设和改造，从同质无差别服务转向不同终身价值的客户提供差异化服务。根据有关部门调查，客户对银行服务渠道的选择日益向快捷、安全、便利等方面发展，不受营业时间、营业地点的限制，能提供24小时银行服务的自助银行、网上银行、电话银行、手机银行等日益受到客户青睐。现阶段，传统网点仍将是零售业务的主要服务渠道，但对银行来说，网点属于成本相对较高的渠道，因此商业银行要在客户终生价值的观念指导下，加快零售渠道改造，提高网点效率，具体说分为两点：降低网点营业成本。即可以通过改造服务场所、建立服务规范和标准、简化服务流程、提供自助服务来提高服务效率，为广大的一般客户提供服务。如：网点增设多样化自助服务设备、增加人员引导分流。提高营业收益。对进入物理网点服务的客户进行现场识别、交叉营销。对使用自助服务渠道——网上银行客户提供预约服务，推出新型产品，激发客户兴趣，提升服务效率。三是整合营销传播。现代营销开发要求开发优良产品，制定有吸引力的价格，并使它易于接受。商业银行零售业务整合营销传播就是银行在所有的零售业务品牌传播活动和营销手段运作时，综合协调使用各种形式的传播方式，针对不同媒介，以统一的目标和统一的传播形象，传递一致的产品信息，进行“一对一”，甚至是“多对一”的传播，从而实现与客户的双向沟通，并形成一个整体的、综合的印象和情感认同。因此，零售产品需要通过媒体广告向大众客户进行介绍和传播，从而提升品牌的知名度；也可以通过参与公益事业，借助公益活动进行宣传与推广，加强品牌建设力度。在一些品牌发展比较成熟的地区，如果基本的业务创新和服务流程已经稳定，并且取得了相当数量的客户群后，就应该将宣传的目标放在客户的忠诚度维系和客户价值的提升之上，如对高潜在价值客户，就要注重宣传本行产品的特点和优势，即使是相似的产品本行也可以通过产品的组合包装提供更多优惠或便利来吸引他们离开其他银行而成为本行客户。在寻找发展目标客户时，我们可以采取不一样的促销策略。对潜在高价值客户可先进行产品配发、试用，且免收基本服务费的方法来吸引大量客户加入体验，通过一段时间的培养，在不久的未来这些潜在客户成长为本行固定高价值客户的概率会大大高于平均水平。在客户维系和发展阶段，对于高价值客户，还需要通过客户经理与客户的直接沟通来维系和发展客户关系，通过客户经理的直接营销以及与客户的互动营销实现客户价值的提升。而大规模、集中式、轮番进行的市场推广活动、媒体见面新闻发布会、大型产品展示活动等，都是强化形象、树立品牌、引起关注、取得沟通的良好手段。在高价值客户流失挽留阶段，还得依靠客户经理及时发现客户流失倾向，分析流失原因，通过采取一些挽留措施，如一些优惠政策、促销手段来重新吸引客户的注意，从而能够挽留住客户。

（五）提升客户服务体验。一是完善产品线设计。对现有服务品种进行进一步改进和完善功能，使其适应市场竞争的需要。如以银行为载体，对已有的零售业务品种、功能进行整合、完善，借助多功能银行卡推动个人消费、外汇、证券、保险、基金、债券、代理收付、消费信贷等各种零售业务的发展。二是多元化客户服务体验。如果要多元化客户服务体验，就要不断推陈出新，开发新的金融产品，以赢得客户的信赖和长期的支持。在研究竞争对手及国际先进银行的零售业务产品类型的基础上，结合本行实际，积极开发有市场潜力的金融产品，以满足客户多元化需求。在开发产品的同时要做好售后服务以及产品的升级换代工作，包括对金融产品的不断更替、包装、重组，使其保持旺盛的生命力。除此之外，银行品牌设计和定位也同等重要，只有努力推出能代表本行特色的“精品业务”，树立安全、稳定、优质的名牌形象，才能增强银行的吸引力和亲和力。

（六）建立客户生命周期理论服务模式。股份制商业银行作为一个市场化的自负盈亏经济实体应具有更长远、更全面的战略眼光，将客户关系作为一项资产来经营，从关注客户生命周期各个阶段的特征和变化入手，紧抓客户当前业务需求，通过理财规划了解客户未来生命期望，分阶段引导、培养、满足客户需求，进而同客户建立长期、稳固、互赢的合作关系，从全局注意营销战略和策略对客户关系、客户资产价值的长远影响。由于激烈的市场竞争导致客户维系难度加大，因此客户管理活动要贯穿客户第一次进入银行业务范围到他（她）完成最后一次与银行的业务活动，并结束与银行所有的业务往来为止，包括客户识别、获取、保留、提升价值、流失的各个阶段的整个时期。一旦零售客户成为商业银行的服务对象，对商业银行而言无论其自身是否意识到，都可以视作开始了一个客户生命周期的过程。生命周期可以分为五个阶段，分别是客户获取阶段、客户提升阶段、客户成熟阶段、客户衰退阶段和客户流失阶段。

在客户获取阶段，由于客户和银行之间的服务关系初步建立，对银行而言，应尽量获取客户全方位资料，包括客户职业、学历、信用、年龄、资历、偏好。服务需求和业务量基础，此时银行需要投入一定的成本。

在客户提升阶段，随着银行服务力度逐步加强，不断运用产品组合刺激客户需求，客户对银行服务的要求开始进入一个增长的阶段，表现在业务量的较快增长，使用产品和服务的次数增加，以及对银行提出更多的服务需求等。

在客户成熟阶段，客户已经习惯于银行的产品和服务，客户业务量和产品需求逐步达到稳定的状态，银行的收益和支出达到一个持续稳定的水平，这意味着客户对银行的价值达到了一个相对稳定的峰值。对一个高效的银行客户生命周期管理体系而言，应快速推动客户达到这个阶段，并运用差异化服务等手段，培养其忠诚度，尽可能保持和延长这个阶段的时间周期，同时也要关注客户流失的风险。

在客户衰退阶段，客户的业务量状况开始逐步下降，其原因可能是多方面的，可能来自于竞争对手的竞争行为、客户财务状况的自然萎缩等。一般的对策是通过建立高危客户客户预警机制和高危客户挽留举措，及时发现客户业务行为状态的变化努力延长客户生命周期。

在客户流失阶段，客户的业务量处于一个比较低下或休眠状态表明客户已经基本流失。不考虑客户财务状况的自然萎缩这一客观因素，银行在这个阶段应更多反省自身产品和服务中的不足之处，考虑如何赢回客户的手段和策略，吸引高价值客户回流，重新开始新一轮的客户生命周期。

总之，商业银行应尽快建立客户生命周期管理模式，通过一个确定增值的机会，制定有针对性的产品和服务，逐步推动各服务渠道、各业务流程的全方位管理，使执行人员在客户生命周期不同的阶段有不同的管理目标和侧重点，其中关键是对客户关系所处阶段的判断和客户价值的准确评估，只有把握客户的需求和所处的生命周期阶段，准确认识客户的价值，才能针对性的使用产品和服务，实现客户价值最大化的管理目标。

抢抓机遇　加快转型
巩固大连地区“第一零售银行”市场地位

——姜晓芳同志在大连分行2010年零售业务工作会议上的讲话

一、2009年个人金融业务和银行卡业务经营工作取得实效

2009年，在分行党委正确领导下，在全行零售业务战线全体员工努力下，紧紧围绕“以客户为中心”的经营思想，上溯源头，抓目标市场；下固根基，抓客户产品渗透率；加强联动，整合零售业务、公私联动营销平台；创新机制，提高管理体系激励约束作用，全行零售业务整体竞争力显著提高。

（一）个人金融业务核心指标稳居同业第一，银行卡业务核心指标屡创新高，“第一零售银行”地位得以巩固

储蓄存款、理财产品销售、个人中间业务收入全部重夺或继续保持四行第一。

截至12月末，我行人民币储蓄存款余额470.81亿元，较年初增长71.72亿元，保持了余额、增量四大行同业第一。本外币理财类产品累计销量突破383.86亿大关，其中：本外币银行理财产品销售335.11亿元、代理基金销售35.99亿元、代理保险销售3.48亿元，均为同业第一。

全行实现零售中间业务收入18287万元，个人中间业务收入总量及各单项均保持同业第一。在总行统计的四行占比排名中，大连行高居全口径排名第七名。

银行卡业务核心指标再创新高。

信用卡业务取得历史性突破。发卡规模一举超过55万张，客户数突破32万户，消费额突破33亿元，各项核心指标平均增速超过65%，是全行、直属分行平均发展速度的1.4倍，在系统内连续赶超两家分行，在总行专业考核中连续提升4个名次，与青岛行的差距显著缩小，在直属分行中的地位有所增强。尤其在总行“跨越五千万，喜迎二十年”发卡营销竞赛中提前37天率先完成全年任务，得到总行特别嘉奖，展现了大连分行锐意进取的精神风貌，鼓舞了士气，赢得了荣誉。发卡量、消费额继续领跑同业，市场份额稳中有升，市场地位得到巩固，品牌影响力日益扩大，竞争实力显著增强。

信用卡不良透支占比2.2%，资产质量保持合理水平。实现总收入5500万元，信用卡对全行的利润贡献度稳步提高。

客户规模快速增长，稳定性显著提高。

截至12月末，我行个人优质客户增长3.98万户，同比增长26.83%，资产占比为83.32%，较年初提高3.32个百分点；新增达标理财金账户8225户，新增财富客户1631户，新增第三方存管客户18355户。

优质客户产品渗透率不断提高，储蓄存款、本外币理财产品、基金、代发工资渗透率均高于总行水平。

（二）抓板块、找源头，积极探索储蓄存款新的发展模式

2009年，针对我行储蓄存款同业压力大，竞争基础稳定性差的局面，在全行牢固树立“抓存款就是抓客户，抓存款就是要扩大客户规模，只有抓资金源头市场才能扩大客户群；抓存款就是抓客户在我行的稳定性，只有抓个人金融核心产品的渗透率和覆盖率才能锁定存量客户”的经营意识，在具体实施上从提高储蓄存款持续竞争力出发，陆续提出抢抓“四大板块”和“七大源头”市场，真正落实通过重点市场拓展带动客户和存款增长的发展模式。

源头板块市场之代发工资。代发工资是我行最早提出的源头市场，通过对存量法人客户资源和目标客户的全面梳理，名单制的管理方式，针对财政系统、高校系统客户制定专项营销方案，市场拓展取得了多项突破。全年新增代发工资单位997户，较2008年同比增加740户，增幅达288%，并成为总行2009年10家超额完成全年代发工资单位营销任务的分行之一。公司、机构、结算部高度重视，加强部门联动营销力度，大力推动本条线代发工资业务的发展，其中全行机构户代发工资单位迅速增加，累计新增297户，完成全年任务计划的123.75%，表现优异。各支行积极贯彻市行的营销工作安排，其中中山支行、沙河口支行、普兰店支行、星海支行超额完成全年新增单位任务目标，为全行完成全年计划做出重要贡献。

源头板块市场之第三方存管市场。第三方存管市场是对于储蓄存款、理财产品、借记卡发展都具有显著性带动作用的基础性市场，为了改变我行三方存管落后建行的局面，分行从市场调研入手，通过“灵通快线”吸引、重点券商进驻网点等方式，实现了三方存管业务当年新增超过建行3589户的重要突破。

源头板块市场之高校市场。在板块市场提出之前，高校市场多年来一直被他行垄断，2009年，通过公司业务部牵头、上下协同营销，在高校市场板块实现了重大进展：共计投放了16台ATM，其中星海支行在东北财经大学、海事大学、水产学院投放了10台、沙河口支行在辽宁师范大学新校区投放了2台、甘井子支行在大连职业技术学院投放了2台，旅顺支行在大连航运技术学院投放了2台；同时，沙河口支行在辽宁师范大学发放灵通卡1000余张；星海支行在理工大学、东北财经大学新建成2家离行式自助银行。

源头板块市场之留学市场。年初专业会议上，分行就提出要通过留学市场拓展带动个人外汇业务实现有效发展的思路。按照这一部署，分行分别从人员培训、业务流程简化，网点功能完善几个方面进行了具体落实。此外，从外拓新市场角度出发，通过联合出国留学中介、知名国际教育咨询机构为高端客户提供留学资讯，一站式满足留学金融服务需求，也大大提高了工行个人外汇业务的市场知名度。中山支行还通过成立专门的外汇业务团队，实现个人结售汇980万美元，取得了较好的业绩。分行全年共实现个人结售汇10833万美元，较2008年增长了35.41%。个人外汇业务收入在总行旺季营销排名中始终名列前茅。

源头板块市场之新产品市场。2009年我行相继推出多项在地区具有竞争优势的新产品和新项目。其中，个金部发起，与大连好旺角房屋经纪有限公司（西岗支行承办）、大通证券股份有限公司（中山、青泥、甘井子、星海、瓦房店支行承办）合作发行了2款区域联名卡，在项目启动2个月内累计发卡3000余张；实现利添利联名卡和中油灵通卡的突破性增长，累计发卡1.4万张。

迅速启动并成功推广了电话POS业务。截至年末，全行共计投放POS机具24台，其中，西岗支行借助兴业装饰材料市场税务所力量，成功营销了10余家商户成为我行首批电话POS特约商户。实现发卡47张、基金定投21户，产品销售600余万元，结算交易额818万元；签约42户特惠商户。

源头板块市场之存量法人。在我行现有已代发的存量法人客户资源中，个人客户资源还有很大的挖掘潜力，而这部分客户已经使用了我行的代发工资、借记卡、储蓄存款等产品，但对于基金、保险、理财产品、黄金等业务却使用较少。为此，分行针对存量法人市场进行了支行绑定和项目跟踪，并制作了统一的营销宣讲模版，分支行联动，共同开展了多场营销活动，参与客户200余人次，有效带动了相关业务的发展。市行联合青泥支行深入百年人寿、联合沙河口支行深入北车集团、联合甘井子支行深入中石油石化分公司、联合二七支行深入大连市委共同开展理财沙龙活动，客户反响良好。

源头板块市场之高档社区。高档社区是优质客户聚集的主要场所，也是网点开展外拓营销、拓展新客户资源的主阵地，分行不仅提出了高档社区的目标市场，还根据所属区域指定了具体支行，由支行组织网点开展具体营销工作。这一市场在旺季营销第一阶段取得了阶段性成果，共有14个支行进入了21个高档社区围绕旺季营销指标开展了营销工作，也为我行抢抓旺季资金和完成全年任务提供了有力支持。

（三）单一服务渠道方式已经发生根本改变，以物理网点＋电子银行＋自助设备＋客户经理的立体式多层次服务渠道体系日臻完善

在物理网点建设方面，零售部门积极配合网点办、财会部，全面开展了网点布局调整和升级改造，累计建成财富管理中心3家，贵宾理财中心35家，横向联动的中高端客户服务体系已初具规模。

特别是以创新的思路构建全行财富客户服务体系，实现了全行财富客户签约服务的覆盖，采用“前台财富客户经理+中台专家”的团队服务模式；发行了多期“工银财富”专属产品；对签约客户进行了外拨回访；开展了多期财富客户专场活动，累计覆盖率达到121%，客户关系管理工作不断强化。财富客户增幅近54%，任务完成率112%；财富客户资产规模达106.5亿，以0.2%的数量占比创造了17%的金融资产贡献度。在总行财富管理业务综合排名中位居第11位。

加快了物理渠道与电子渠道的相互融合，加大电子银行建设和自助机具投放力度，分流柜面业务效果持续增强。全年新增投放ATM设备123台，累计357台，超过建行，仅次于农行。累计建成自助银行32家，其中附行式自助银行29家，新建3家离行式自助银行。电子银行分流率突破50%。

注重加强了专业员工队伍和专家型个人客户经理队伍建设，在人力部门的支持下，组建了财富专家团队和27人的财富客户经理队伍，建立了超过258人的个人客户经理队伍，其中获得AFP和CFP的员工分别达87人和18人。

（四）创新管理模式和管理机制，全面调动各层级发展零售业务的积极性

2009年，与我行零售业务大发展相得益彰的是我行在零售业务管理模式和机制体制方面的重要转型，多项制度和激励政策的出台，有效调动了全行上下推动零售业务发展的积极性，也为零售业务今后的健康可持续发展打下了良好的基础。

1. 分行的全产品计价机制，有效推动了零售业务的发展，并直接调动了一线网点和员工的积极性。

2. 财富业务管理体系创新。2009年我行以总行启动财富签约百分百计划为契机，经过多次调研、座谈和学习，结合分行实际，大胆创新了财富管理机制：一是创新服务渠道管理机制，采取设立准财富中心、财富签约代理网点的方式实现对全行财富客户签约服务的覆盖，进而形成全行财富业务齐头并进、共同发展财富管理业务的局面；二是创新服务团队管理机制，专门设立了财富客户经理队伍，对财富客户进行维护、管理及财富签约服务，进而实现准财富中心内部财富客户维护的相对集中及各分支行辖内网点间财富客户维护的相对集中。并分别对财富签约网点和财富客户经理实行了“双重管理、双重考核”。

3. 新渠道模式创新。2009年，通过系统内分行的学习，分行探索性的引入了“自助+理财”这一新的渠道模式，这为我行撤并低效网点、尝试性进入网点空白区域、特别是进入县区渠道布局空白区域提供了重要手段。在从无到有的过程中，分行各部门积极配合，积极与监管部门沟通，克服了各种不利因素，终于取得了突破。首家“自助+理财”网点在东北财经大学正式运营，也为我行今后拓展渠道提供了宝贵的经验和基础。

4. 在培训管理、营销技能提升、考核管理等方面，不断创建“双重管理、双重考核”的客户经理管理模式和机制。

5. 银保业务管理模式创新。2009年，分行重新修订了《保险公司合作评价管理办法》，突出了对网均产能等核心指标的考核，更加注重业绩评价结果的运用，将各保险公司的综合贡献度与对其的资源分配挂钩，动态考核的方式大大调动了保险公司的积极性。

6. 在推动银行卡业务发展和规范业务管理，提高风险管控水平和业务规范化方面不断创新。2009年8月，成功开发投产信用卡网点整合营销系统；10月，成功投产信用卡审核作业系统；11月，投产集中制卡管理系统。这些项目，得到总行、分行各级领导的支持，银行卡中心、人力资源部、信息科技部、管理信息部、运行管理部、财务会计部、内控合规部等多个部门和全辖所有营业网点密切配合，取得良好效果。

（五）整合零售业务营销平台，创新营销形式，持续开展多项主题营销活动

2009年，分行开展了贯穿全年的业务营销活动，呈现出以下几个特点：

一是注重整合，部门联合开展营销宣传和业务竞赛活动。

二是注重对内启动，对网点进行现场营销工作指导。

三是注重研究、组织和策划工作，花费大量精力，并得到分行的大力支持，开展了一系列既受客户欢迎、具有同业竞争力，又节约成本的营销活动。如举办了财富客户专场观赏大型舞台剧《胡桃夹子》活动和“百城万家刷牡丹—节节有礼”主题促销活动等。

（六）实施整体资源推进战略，依靠整体联动做大银行卡业务规模

一年来，银行卡中心联合公司、机构、科技等部门，密切协作，成功营销了牡丹税银卡、公务卡、校园卡、芯片卡等联名卡产品，使我行信用卡发展进入快车道。在收单市场拓展上，银行卡中心与友好支行联动效果明显，将香洲花园酒店、新世界酒店收单业务纳入囊中，还拓展了蓝堡会所等星级酒店和高档餐饮客户。

（七）零售业务类操作风险管控力度与能力不断增强

立足于投资者教育，开展了以“直面3·15关注金融消费”为主题的大型投资者教育活动，充分体现了工商银行以保护投资者利益为己任的大行风范。立足于员工教育，召开了“全行零售业务操作风险教育视频会议”，不仅是近几年分行首次举办的一次大规模的风险教育视频会，也是覆盖面最广、参加人员最多的一次会议，参会人员约1500人次，使全行对零售业务操作风险的重视程度大大提升。严格执行总行和监管部门对客户经理合规销售进行风险管理的要求。同时，加大了个金业务类操作风险“飞行”检查频次。通过制度约束、监督检查和对营销人员“养成”教育，使我行个人金融业务类操作风险管控能力不断增强，保持了零发案率，为“第一零售银行”打造提供了健康的经营管理环境和基本保障。信用卡不良透支占比从峰值时期的3.4%降至年底的2.2%，信用卡资产质量进一步提高。邀请总行银行卡中心领导到大连分行指导风险管理工作，多途径、多渠道解决风险管理中存在的疑难问题；加大员工考核力度，激发员工工作主动性；积极配合公安机关开展打击信用卡违法犯罪，通过司法催收回款金额达130余万元，催收成效显著。

（八）内外兼修，零售业务在总行考核排名和外部评比中屡获殊荣

2009年，我行在总行的专业考核排名均有不同幅度提高，个人金融业务首次进入A类行，银行卡专业系统内连续赶超2家分行。另外，在2009年，我行还荣获大连市消费者协会颁发的“2008年度支持消费者权益保护事业十佳单位”、“2008年度银行业消费者满意度调查优胜单位”、总行颁发的“工行－平安2008年度银保竞赛目标达成奖”、荣获大连日报及大连银行业协会、大连证券期货业协会、大连保险行业协会、大连信用担保协会联合颁发的“2008～2009年度最佳理财（融资）服务机构”、“最具影响力银行”、“最佳财富管理品牌”、灵通快线荣获“年度最受欢迎投资理财产品”等荣誉，并凭借“消费者金融维权系列活动”在中国第三届理财总评榜中获得“2009～2010年度最佳金融营销创新奖”这项全国性大奖，成为大连地区获得荣誉的两家金融机构之一，不仅提升了自身的品牌形象，同时也为大连地区获得全国性奖项赢得了荣誉。

二、2009年零售业务发展中存在的问题和2010年面临的市场形势

（一）目前我行零售业务发展中存在的突出问题

一是储蓄存款传统优势近年来受到严峻挑战，不进则退。

以储蓄业务为例，去年我们储蓄存款虽然存量还是第一，但占比却逐年下降，下降趋势在近两年有所缓解，但还未得到根本扭转，已经接近30%的底线。

近年储蓄存款余额四行占比趋势线

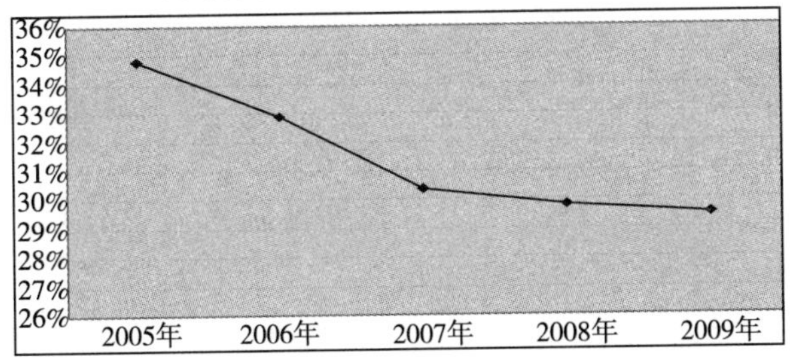

而时至今日，仍有一些分支机构对储蓄存款的重要性认识不足，没有充分认识储蓄存款在零售业务转型发展中的基础性地位，以及当前储蓄市场上的严峻竞争形势，特别是一些经济相对发达、客户资源较为丰富的地区，储蓄存款工作尚没有得到应有的重视，导致在当地同业竞争中处于被动守势地位，金州支行近两年增量占比回升稳定在28%，与当地第一差距稍有缩小，并且与第3的优势逐渐增加；瓦房店支行近两年增量同业排名第3位，与当地农行、中行始终存在巨大差距。开发区分行增量在当地占比始终徘徊在第3、4名，虽然增幅高于地区平均水平，但与同业始终存在一定差距。庄河支行近两年增量与同业差距也在拉大。

此外，部分支行未能根据区域经济走势，迅速调整网点布局的负面影响也日益突出。2009年，仅以大连湾、辛寨子、华南广场这些我行的空白区域为例，就被建行拉开了7亿的存款差距。

二是个人中间业务收入系统内排名靠后，对全行贡献度呈现下降态势。与系统内分行的平均发展水平相比，我行在总量、计划完成、同比增长、同比增幅等方面排名靠后。通过对收入结构的分析，可以发现，我行个人中间业务存在高收入贡献度产品销量占比过低：保险占比0.9%、基金9.4%；传统优势业务增速缓慢：个人结算增幅6.5%，总行18.6%；稳定收入来源的业务品种占比不高：灵通卡占比18.84%，总行19.21%等方面。

三是客户总量不够大，仍以零散客户发展模式为主，特别是作为客户载体的借记卡渗透率偏低。2009年是我行中高端客户增量最多的一年，但从增幅看，我行仍略低于全行平均水平，客户规模对零售业务发展的保障作用亟待提升。在灵通卡渗透率方面，我行低于总行平均水平10个百分点，仅为47%，信用卡客户渗透率也仅为12.5%。在围绕新市场批量拓展新客户方面，我行还没有取得有成效的进展，针对总行确定的“三小一大＋自由职业者”的新客户群体，还有很大的外拓空间。

四是主动营销能力和应变能力不强。按照总行强化零售业务营销职能的要求，分行在经营上不断强化市场调研、分析指导、营销后台支持的功能，不仅提出了七大源头板块的发展思路，推出了抢抓新市场的多项新产品，还按照名单制对各分支行进行了项目捆绑，但在板块市场的拓展过程中，仍有部分支行执行力不强，没有可依托的外拓力量，导致营销拓展效果不理想。

五是网点效率低下、营销服务功能差、单点竞争能力弱。网点负责人、个人客户经理、柜员“三位一体”的全员营销模式与氛围尚未形成，总行精细化管理项目没有得到有效推进，单纯依靠客户经理的营销模式未形成网点合力，与建行相比，我行网均存款增量和基金保险产出均存在较大差距（分别低837万元和34万元）。另一方面，“三卡、两银、一率”的产品渗透率大部分仍低于或仅略高于总行平均水平。（灵通卡低10个百分点、信用卡低3.1个百分点、理财金账户卡低1.1个百分点、电子银行低2.5个百分点、离柜率高1.2个百分点）

六是自助渠道服务能力低下，业务分流效果不明显。2009年，受大规模投放的影响，我行ATM台日均交易量为210笔，大幅低于总行300笔的平均水平；电子银行平均交易替代率为27.27%，其中，基金销售占比是47.4%，总行为51.4%；个人电子银行结算业务占比是22.36%，从结算收入占比来看较总行相差近10个百分点；网银代发工资占比较总行低10个百分点。

七是信用卡业务经营中短板问题突出。个人中高端客户信用卡产品渗透率仅为12.5%，低于全行15.6%平均水平，这也意味着目前我行近24万个人中高端客户没有我行信用卡；通过对公客户累计发卡约10万张，占发卡总量的18%，远低于全行35%的平均水平；未启用卡和睡眠卡等低效卡比重仍然偏高；收单业务市场占比极低，仅为7%；

透支规模远低于全行115%的平均发展速度；普及版占比超过70%，信用卡的“信用”品质有待提高。渗透率不高、覆盖率不高的问题不解决，将直接导致客户的流失。

（二）2010年面临的市场机遇和同业挑战

2010年是“十一五”规划的最后一年，是应对国际金融危机的关键之年，外部经济环境不稳定的因素仍然较多，零售业务发展仍然面临着机遇与挑战并存的局面。

从总体上看，城市发展特别是涉及国家战略规划的城市功能提升必然为零售业务的发展带来一个大的空间和机遇。大连市政府确定了实施全域城市化，拉动新时期发展增长点的建设思路，将会为零售业务发展带来大量拆迁资金和储蓄存款业务发展的机遇。沙河口支行、青泥支行、西岗支行、中山支行要重点关注西安路、胜利路动迁改造项目；庄河支行要重点跟进庄河黑岛开发以及南部新城区改造项目；普兰店、瓦房店、开发区、大窑湾、金州支行要重点跟进花园口工业园区改造、开发区董家沟地区开发项目、大窑湾汽车4S店集群构建等项目；星海支行要重点跟进大连理工、海事、东财项目资金投放以及高新园区地区产业集群投资项目。

此外，大连市通过增加就业人口、提高居民收入水平、逐步扩充城市人口规模等方式带动增长也将给零售业务发展带来大量的新客户资源。2009年数据显示，大连城镇居民人均可支配收入为19070元，增长了9%；农民人均收入11190元，增长30%。从总行确定的三小一大的新客户来看，其中，大连地区公务员人数为3.4万人，中小企业有10万余户，现有高校在校大学生规模约为20万人，每年还有约5.5万新生入学，显然存在着很大的发展空间。

与此同时，随着我国多层次资本市场体系的不断完善，以及居民金融消费需求的日益多元化，我行第三方合作机构如保险公司、证券公司内存在的丰富的个人客户资源，也为我行个人中间业务、银行卡业务的发展带来更多的商业机会。

从区域发展机遇看，全市“四大基地”、“三大中心、一个聚集区”的建设过程中，重点产业集群绝大多数集中在“北三市、南三区”，给县区行未来零售业务发展、客户由“散户”向“集群化客户”转变提供了千载难逢的机遇。如花园口新材料产业集群；开发区、保税区汽车产业集群；开发区光电子产业集群；大连湾临海重大装备产业集群；长兴岛船舶及配套产业集群；瓦房店轴承产业集群；旅顺轨道交通装备及配套产业集群；庄河轻型机械产业集群；庄河海洋资源开发产业集群、开发区、松木岛化工产业集群、普兰店服装产业集群、金州纺织产业集群、三十里堡船舶配套零部件加工产业集群等。

在“三大中心”的建设过程中，我市将积极引进总部经济，如区域金融中心的建设，也同时给涉及人民路区域和星海湾区域的多家市内支行提供了很好的机遇。

而从政府优化城市空间布局，实现由城市“单中心”向“多中心”发展模式的战略转型来看，对于包括甘井子支行在内的几家支行也需要提早布局渠道建设规划，抢占新兴城市中心区位优势的机遇已经刻不容缓。

与市场机遇并存的是大连市金融机构的激烈竞争，目前全市金融机构已达45家，仅2009年就有5家银行进入大连市场，必将给我行的业务发展带来冲击。

三、2010年的工作目标、思路、战略和举措

工作目标：

1. 核心指标

储蓄存款：新增储蓄存款76亿，其中一季度新增50亿。

收入类：实现个人中间业务收入2.2亿；信用卡总收入达到6900万元。

客户规模：新增中高端客户5万户；财富客户达到6500户，银行卡客户数达到46万户（净增13万户），个人中高端客户渗透率达到25%。

2. 源头类产品

牡丹灵通卡：50万张。

信用卡：发卡量达到70万张（净增15万张），消费额突破40亿元。

代发工资：新增900户。

基金定投：新增4万户，中高端客户渗透率达到20%。

第三方存管：新增4万户。

3. 银行卡资产类指标

透支规模达到3亿元（净增1.4亿元），不良透支占比控制在2%以内。

发展思路：

深入推进“强个金”战略；围绕“五新”的工作目标，在巩固传统业务优势的基础上，实施零售业务“集团化”、“批量化”发展策略，实现客户规模最大化；推动网点向营销服务型转变，打造全员营销模式；加快电子银行交易主渠道的转型，提高柜面业务分流量和业务替代率，特别是基金、保险、个人结算等核心业务的网银交易占比。

落实总行姜建清董事长提出的坚持“四个并举”，即个人卡与商务卡并举、资产负债与中间业务并举、市场扩张与售后服务并举、重点项目推进与网点渠道推进并举，围绕市场拓展、客户服务、风险管理三项重点工作，做大“发卡、收单、透支（资产）”三个市场，继续扩大同业领先优势，朝着“地区第一大卡发卡银行和第一信用卡品牌”的战略目标迈进。

发展战略：

在实施2010年工作发展思路的过程中，必须以重点业务为基础、以外拓项目为拉动、以网点转型为支撑、以考核机制为动力。

以重点业务为基础：即以储蓄存款、中间业务和客户为基础，坚决巩固我行在传统业务中的市场优势。

首先，储蓄存款工作已经成为总行、分行当期十分重视的一项工作，形势比较严峻。董事长在个金部的报告中作出了重要批示，分行党委、鞠行长也将储蓄存款列入分行的核心工作，大家一定要端正经营思想，要下决心、拿措施，把储蓄存款工作抓上去，为保余额占比第一、保增量第一尽责尽力，要全力以赴。从资源配置、到市场拓展，到考核激励作出具体安排。全行要积极探索储蓄存款新的

发展模式，强化结算业务对储蓄存款的吸纳作用，要抓住新市场拓展新客户的有利时机，抢抓增存新渠道、资金新来源，大力吸收以活期存款为主的低成本储蓄存款。

2010年，全行储蓄存款发展的整体规划是：新增储蓄存款76亿元；保持余额占比30%；增量占比32%；增幅17.2%。其中，通过拓展新市场增加储蓄存款20亿元、通过到期资金转化增加6亿元、通过网点揽存增加50亿元。

项目	2006年	2007年	2008年	2009年	2010年（预计）
余额（亿元）	334	310	399	471	547
四行占比	32.9%	30.4%	29.8%	29.5%	30.0%
占比变化	-1.9%	-2.5%	-0.6%	-0.3%	0.5%
增量（亿元）	15	-24	89	72	76
四行占比	15.0%	-344.6%	28.0%	27.9%	28.0%
占比变化	-8.1%	-359.6%	372.6%	0.0%	0.1%

客户是储蓄存款的基础，近几年我行与建行的存款差距可以从两项代表客户的指标中明显看出，一是借记卡发卡数量。目前，我行借记卡数量为163.7万张，低于建行48万张。二是受市场因素影响，资本市场和各类商品市场活跃，客户储蓄存款活期化的趋势日益明显。与同业相比，我行的活期占比为27.85%，而建行则为31.37%。较低的活期占比说明我行抓新增客户的能力较弱。客户规模的差距反应了我行储蓄存款的差距，也成为制约我行业务持续发展的瓶颈。

其次，储蓄存款优势的巩固也为中间业务特别是理财和代理销售提供了发展的基础。2010年，我行要继续实施以结算、理财和代理销售三大核心产品带动中间业务收入增长的战略，依托重点公司、重点产品、重点区域，继续保持在三大产品第一渠道的市场地位。特别是在结算业务的发展上，要重视结算业务的基础作用，扭转结算量同业占比下降的局面，以发卡带动结算账户开立和结算量的提升，并大力投放单一功能自助终端、电话POS，与发卡结合，提高结算量。

以外拓项目为拉动：改变以往产品为主的发展模式，立足现有客户资源、立足市场，采取重点项目带动的模式，将产品、客户和承办支行进行项目捆绑，将公私资源进行捆绑，通过名单制管理、项目监测和考核评价，带动零售业务批量化发展。

以网点转型为支撑：推动网点由交易型向营销型转变，通过拓展网上银行、电话银行等电子化、低成本的营销平台，有效降低服务成本，减轻柜面压力，更好的稳定和挖掘存量客户资源，并为外拓市场和客户提供有力支撑。

以考核机制为动力：构建零售业务考核评价新机制，从真实评价区域同业竞争力的角度出发，调整评价指标和评价计分方式，鼓励分支行立足市场、立足同业，争先进位。

围绕2010年工作思路和发展战略，我具体讲八个方面的意见：

（一）围绕新型市场，依托新团队，开展分层营销，实现客户规模的迅速拓展

在个人金融业务由“大个金”向“强个金”转化的进程中，必须深入贯彻落实总行的新市场策略，抓好重点突破，实现业务和产品覆盖全部地区，做到全产品、全方位、全市场营销，以实现核心指标的快速可持续发展。

一是在新市场的拓展方式上，采取分行-支行-网点三级分层营销，重大项目分行牵头营销的形式。分行将把总行确定的六个新型市场，结合大连地区实际情况，按照市场规模、目标客户数量等标准，划分为三个等级，其中，一类市场由分行发起，支行承办；二类市场由支行发起，分行提供后台支持；三类市场则由网点负责外拓。通过新市场的开拓，以及营销由低层次向高层次的转变，实现目标客户集团化、批量化发展。在新市场营销中，要实施名单制、项目负责人制，分行也将在配套的考核激励机制方面予以倾斜。第一阶段分行首先确定了31个一类市场的营销目标。第二阶段分行还将继续组织开展围绕六类新市场的调研，陆续下发营销名单。

二是在新市场的拓展手段上，必须依托三大营销力量，特别是专业化营销团队的作用，来实现快速突破。

各行除了现有的客户经理营销队伍，要按照鞠行长讲话的要求迅速组建面向新市场的专业化综合式营销服务团队。人员构成上要涵盖“对公客户经理+个人客户经理+（个金、电子银行、银行卡）产品经理”。在团队考核上，要突出与新型市场挂钩密切的重点产品指标，如灵通卡、自助机具、电话POS、代理业务、外汇业务等。团队应全面负责十大源头市场的拓展工作，并承担相匹配的任务指标。各行要把外拓团队列入支行抓储蓄存款的重要工作。市行将在近期下发具体的管理办法，并由个人金融业务部牵头，与相关对公部门联合对公私联动营销团队进行指导，并负责对部分大客户的直营工作。同时针对各项新项目拓展情况适当设立项目拓展专项奖励制度。

（二）发挥源头类新产品的带动作用，实现中间业务收入的多头并举

所谓源头类产品，是指我行具有一定竞争优势且至少能够带动超过两项以上其他核心指标增长的产品，并具有客户载体的性质和沉淀资金的功能。从09年中间业务的总体发展情况和结构分析中不难看出，我行中间业务收入增长乏力的主要问题就在于源头类产品的带动作用没有得到发挥，各分支行还没有充分认识到源头类产品所具有的特殊产品优势以及由其作为主打产品，切入营销对于周边产品的联动效果。

1. 以牡丹灵通卡（联名卡）批量发卡带动客户规模和收入规模的双提升。牡丹灵通卡作为零售各项业务的主要账户介质，不仅可以为我行带来新的客户资源，还可以捆绑电子银行、个人理财、代理业务等多项产品。而且我行灵通卡在结算、投资、消费、品牌知名度等方面所具有的产品优势，也成为增加基础客户、挖掘优质客户的重要手段。今年，全行必须通过以下重点项目批量发卡的形式，实现灵通卡发卡规模的快速增加。具体项目包括：

新型市场分层营销目标（一类）

市场类别	目标市场	承办支行	分类标准	
公务员市场	相关委、办、局（旅游局）	市行直营		
各类商会、协会	重点商会（温州商会、黑龙江商会等）	市行直营		
			代发人数（人）	月代发额度（万元）
存量法人客户	大连远洋运输公司	中山	3622	1425
	百年人寿保险股份有限公司	青泥	138	101
	大连机车车辆有限公司	沙河口	14958	2915
	中国石油天然气股份有限公司大连石化分公司	甘井子	3600	2100
	大连船舶重工集团	西岗	8534	1807
商品交易市场			年交易额（亿元）	
	熟食品批发市场	沙河口	18	
	荣盛家具及水产品批发市场	青泥	10.4	
	兴业装饰材料批发市场	西岗	9.6	
	长兴电子城	沙河口	8.4	
	好旺角	西岗	7.2	
高档社区			社区人数（人）	知名度
	幸福 e 山庄	中山	3000	有一定影响力
	万达华府	西岗	1500	有一定影响力
	新希望花园	沙河口	3500	有一定影响力
	新华绿洲	甘井子	5000	有一定影响力
	宏基书香园	星海	2000	有一定影响力
高校市场			教工人数/在校学生（人）	是否 211 工程
	大连理工大学	星海	3580/34920	是
	大连海事大学		2000/20000	是
	东北财经大学		2930/21000	
	辽宁师范大学	沙河口	1912/2000	
	辽宁对外经贸学院	旅顺	学生 10000 余人	
留学市场			纳税情况	知名度
	大连启德教育发展有限公司	中山		有一定影响力
	北京金吉利留学中介	中山		有一定影响力
	大连外院留学服务中心	中山		有一定影响力
	大连环兴教育发展有限公司	中山		有一定影响力
	大连国合锦程出国咨询服务有限公司	西岗		有一定影响力
	大连鑫泉科教咨询有限公司	沙河口		有一定影响力
第三方存管市场	大通证券	中山、青泥、沙河口	2009 年在我行新增户数（户）	
	国信证券	沙河口、星海		
	中银国际	中山、二七、营业部		
	长城证券	沙河口		
	平安证券	西岗		

分行发起、分支行配合的重点项目：

（1）“浪漫之都”旅游联名卡。2010 年我行将全力筹备“浪漫之都”旅游休闲卡面市及推广工作，预计实现发卡 2 万张。目前市行正会同市旅游局一并争取大连老虎滩海洋公园、大连圣亚海洋世界、大连发现王国等三家我市重点景区景点的支持，尽快达成合作协议，并通过对这三家单位现有的 POS 机具、轧机等设备进行技术改造，实现购票、门禁一步到位。各行要集中资源，积极配合市行做好项目的宣传营销，提升牡丹灵通卡的市场竞争力，进一步扩大牡丹灵通卡的社会知名度和影响力。

（2）亚运灵通卡。各行要充分利用我行“独家发行亚运联名卡、首推借记卡套卡（可收藏）、启动和高潮阶段减免年费和开卡费”的优势，大力推广工银亚运灵通卡，积极营销行内员工，力争突破 20 万张的发卡目标。

（3）辽宁对外经贸学院联名卡。该联名卡项目由市行公司业务部和个人金融业务部联合发起，旅顺支行承办。旅顺支行要配合市行做好项目的测试验证，力争在三季度实现发卡 1 万张的目标，进一步加深我行与高校的合作。

（4）百年人寿、大通证券联名卡。百年人寿、大通证券是总部设在大连的唯一的法人寿险公司和券商。联名卡的发行，一方面可进一步扩大灵通卡的市场份额，另一方面可辐射更多的优质客户群体。该项目由市行机构业务部和个人金融业务部联合发起，中山、青泥、西岗、沙河口、甘井子、星海、二七和瓦房店支行为主要承办行，其余支行行积极配合，共同推动联名卡项目，力争实现发卡 2 万张。

支行发起、分行跟踪的重点项目：

（1）青泥支行要集中资源，重点做好与大连商场联名卡项目。

（2）西岗支行要发挥优势，加强与医科大学附属一院的合作，力争实现大连地区医院行业首款联名卡项目的发卡，提升灵通卡品牌知名度，同时简化医院就诊流程，提高就诊效率，加快资金的流转，有效规避现金运送及假钞的风险。

（3）沙河口支行要继续加大与辽宁师范大学、海王星辰、奇运生药业的合作，以投放 ATM 为契机，取得联名卡项目的突破。

（4）开发区分行要倾斜各种资源，实现与大连民族大学联名卡项目的突破，提升区域影响力。

（5）星海支行要在前期提供上门收款、投放 ATM 的基础上，合作发行校园联名卡，进一步扩大与大连海事大学的合作。

2. 以提升代发工资人数和金额为核心，继续扩大代发工资业务规模，带动储蓄存款和借记卡业务的批量发展。

目前，全行对于代发工资业务的重要性已经形成共识。2010 年，全行要从以下几方面入手，做大代发工资业务规模，分行也将对各行的项目拓展情况进行监测，并纳入考核评价中：

（1）针对存量对公客户资源：目前，在 61 户公司业务重点客户中，仅有 18 户客户在我行办理代发工资业务，覆盖率不足 30%。其中未在我行办理代发工资业务的客户主要集中在沙河口、开发区、二七及星海等支行，下一步需要重点跟进。2010 年分行确定了增加 70 户公司信贷客户的目标，也为代发工资业务提供了更多的发展空间。其中，市行直营客户由市行对口管理部门及所属支行共同负责营销，其余由支行做好营销工作。此外，各行还要密切跟进无贷户、机构户的拓展，公私联动，争取代发工资业务和对公客户扩户工作的双提升。

（2）针对市内高等院校：一是按照市行确认的各高校客户的营销主办行名单，主要涉及星海支行（理工大学、海事大学、东财、水产学院）、旅顺支行（医科大学、外国语学院、交通大学软件学院、信息工程学院）、开发区分行（大连大学、民族学院）、瓦房店支行（水产职业技术学院）、沙河口支行（辽师、交通大学本部）、甘井子支行（工业大学），要充分发挥所在辖区的优势，尽快取得突破。二是对目前已基本被建行、中行所垄断的重点高校客户，要区分不同客户情况，采取针对性的营销措施。公司业务部要联手各主办分支行共同开展营销，要充分了解各高校与他行合作的具体情况，有针对性地制定拓展实施方案，为其提供一揽子金融服务，通过逐步渗透的策略，最大限度争取合作的可能。三是要积极跟进已和我行合作发放一卡通项目的东财、交大及辽师等高校，推进代发工资业务实现突破。

（3）针对财政系统：目前大连市本级及各区级财政已实行代发或统发工资的预算单位累计约 1566 家，累计人数约 88559 人。截至 2009 年末，我行代理财政统发工资单位 648 家，涉及统发人数 46569 人，覆盖了大连市财政局及包括中山、甘井子、旅顺、金州、普兰店、高新园区等六个区级财政预算单位。

2010 年，要争取在空白区域有所突破的同时，扩大现有代发优势。一是加大对目前我行在财政统发领域还完全处于空白的西岗、沙河口、瓦房店、庄河及开发区等五个区级财政市场的营销，上述市场由各所属支行负责，力求突破。另外对即将纳入到统发范围的大连市事业单位代发工资业务，由市行机构业务部牵头营销。

二是对其余各区中没有通过我行代理的统发业务的营销，包括旅顺、金州及高新园区部分由他行代理的统发业务，应扩大我行该项业务的规模，提高市场份额。

三是各分支行要加强对暂没有纳入到统发范畴的单一财政代发单位的营销，采取各个击破的方式，扩大我行财政代发业务的合作群体。市行个人金融业务部、机构业务部、电子银行部等各有关部门要积极配合支行并提供专项支持。

3. 发挥独有业务优势，以基金定投扩大客户基础。

目前，我行基智定投和基金定投签单两项业务的优势还未充分发挥，这两项业务不仅为客户提供了定投的个性化选择，还为我行批量发展企事业单位、社区、客户推介会等集团客户，提供了产品保障。全行要充分利用我行的业务优势，快速扩大基金定投客户群，带动基金存续期销售和代发工资业务竞争力。重点拓展的目标客户市场包括：

（1）高校客户

目前已在我行办理代发工资的高校有大连交通大学信

息工程学院（旅顺支行）、海军大连舰艇学院（青泥洼桥支行）、大连职业技术学院（甘井子支行）、大连水产学院职业技术学院（瓦房店支行）、辽宁中医学院大连分院（开发区分行），以上院校基金定投开户渗透率要达到员工人数的40%以上，由代发工资业务代理行负责营销。

待拓展代发工资业务的院校，由营销主办行负责，在拓展过程中首先要对教职员工进行基金定投签单业务营销，开户渗透率要达到该校教职员工的20%以上，待我行获得代发工资代理行资格后，基金定投开户渗透率要逐步达到40%以上。

（2）部队客户

对已在我行办理代发工资业务且代发人数超过百人的重点部队客户，基金定投开户渗透要达到30%以上。重点包括中山支行（9家）、青泥支行（3家）、甘井子支行（2家）、旅顺支行（2家）、金州支行（5家）、普兰店支行（2家）、开发区分行（2家）、星海支行（2家）和市行营业部（1家）。

（3）金融机构

由于金融机构人员收入相对较高，且对投资风险有一定的了解和具有一定的抗风险能力，所以基金定投开户渗透率要达到50%以上。重点是中山支行（人民银行、太平保险）、青泥支行（安邦财险、百年人寿）、西岗支行（国信证券）、沙河口支行（阳光财险）、旅顺支行（机关事业保险）、市行营业部（太平人寿）。

（4）财政客户

各分支行要将小公务员作为营销目标，重点营销辖区内财政统发工资的单位，如区财政局、区公检法安、区税务局、区工商局、各中小学等，基金定投开户渗透率至少要达到营销单位全部人员的20%。西岗支行要重点做好市政府相关部门的营销工作。

（5）重点企事业单位。

各分支行要重点营销石油石化、造船、重工机械、机车和医院等企事业单位，基金定投开户渗透率至少要达到营销单位全部人员的20%。

4. 以提高核心产品客户渗透率为手段，促进中间业务的可持续增长。

随着客户对零售业务品种的多样化和综合化要求日益提高，已由传统的存贷结需求转变为全方位的投资理财服务需求，就要求我行全面提升差异化、个性化、综合化金融服务能力，协调发展各项零售业务。

针对源头类业务：要提高基金定投和第三方存管的渗透率。2010年我行的基金定投存量户数要新增4万户，中高端客户渗透率要达到20%；第三方存管客户达到6.8万户，中高端客户渗透率要达到21%。

针对卡业务：要充分利用信用卡产品可同时服务于个人客户和公司、机构客户的本质属性，树立大市场观念，坚持两条腿走路，同时提高信用卡产品在对公、对私两类客户中的渗透率，夯实客户基础。

（1）深挖对公客户资源，加大公务卡、联名卡、商务卡和收单业务营销力度

在信用卡业务方面，重点对代发工资客户、新增贷款客户、新开结算户批量营销个人信用卡；在收单业务方面，重点对从事商业、餐饮娱乐、宾馆酒店、房地产，以及长途客运、货运运输（海陆空）、批发、大卖场等领域的对公客户进行营销，将其发展成为我行特约、特惠商户，扩大收单商户圈和特约特惠网络；对酒店集团、大型涉外商场等高端商户市场，要采取高层营销等方式，充分利用我行本外币收单一体化和Fidelio酒店MIS系统等技术优势，将其发展成为我行外卡收单商户，提高外卡收单市场份额。银行卡专业要加强与公司、机构、结算与现金管理、小企业等部门的协调联动，通过工商、税务、规划等渠道，及时了解和掌握新商户的开业信息。

（2）切实加强银行卡、个人金融、电子银行、个人信贷专业的整体联动和协调配合，上述专业间一定要相互输送客户资源，相互开放。提高信用卡在个人中高端客户的渗透率至25%，其中财富客户的产品渗透率要达到70%。财富管理与牡丹白金卡业务要开展交叉销售，实现两个部门高端客户服务资源的充分共享，2010年全行财富客户白金卡新增发卡量要实现1040张。要加强信用卡分期付款和个人消费信贷业务之间的交叉销售，重点支行是西岗支行和友好支行。

针对电子银行业务：个人网上银行中高端客户渗透率要达到35%。客户经理分管中高端客户网银渗透率要提高10个百分点，达到44%。

（三）在实施网点、客户经理垂直化管理的基础上，积极探索拓展新渠道转型

1. 实施网点的垂直化管理。针对目前我行网点单体竞争力弱的问题，分行将采取在全面营销的基础上，实施重点突破的战略，进一步提高我行零售业务在重点网点、重点产品、重点客户上的竞争力，通过重点突破带动全面发展。综合网点业态（贵宾理财中心以上）、零售业务贡献度（支行占比较高）、网点业务基础（客户经理配备到位）几个维度，分行确定了涵盖财富中心、贵宾理财中心、支行营业部、部分大型网点在内的35家核心网点名单，并将对这部分网点的零售业务采取分行、支行双重管理、双重考核的垂直化管理模式。一方面要按照网点贡献度和费用进行挂钩；另一方面将网点的等级调整和网点负责人的薪酬等级与评价结果挂钩，有升有降，有奖有罚。各支行零售业务的分管行长也要重点关注这部分网点的业务发展情况。

2010年，垂直化管理的重点网点要在储蓄存款、理财产品销售等重点产品上实现突破，储蓄存款、产品销售的平均单体产出要从目前的网均1.2倍提高到1.5倍；对全行零售业务的贡献度要从42%提高到45%以上；“三卡、两银、一率”的水平要高于全行平均水平。

2. 实施个人客户经理的垂直化管理。

2010年，分行要从考核管理、培训管理、信息传导、聘用管理四个方面实施客户经理的垂直化管理，强化考核约束机制，重点突出个人客户经理考核的约束性、当期性和时效性，并着力通过考核结果直接与个人客户经理岗位晋升挂钩、根据个人客户经理各项核心产品营销业绩计算综合积分以及突出个人客户经理贡献度等多项措施，提升

个人客户经理的综合素质，将其真正推向市场、推向客户，在竞争中得到锻炼和提高。要在网点层面营造全员营销的氛围，互动配合，带动各项业务营销业绩进一步提升。同时，要爱护、关心个人客户经理队伍的发展，为个人客户经理创造更多的展示风采的机会，树立我行个人客户经理的市场品牌；分行也将通过严格规范管理、多样化岗位培训等一系列措施，打造一支业务能力强、综合素质高、内控风险意识强的个人客户经理队伍。

3. 继续加快推进自助渠道建设，年内实现自助渠道“同业第一”。

2010年全行计划投放自动柜员机240台，甘井子支行、星海支行两家市区行和开发区分行、金州支行、瓦房店支行、普兰店支行等郊县行负责投放其中70%左右的自动柜员机。

在具体投放区域上：西岗支行、甘井子支行、沙河口支行要加大在双兴批发市场、甘井子陶瓷批发市场、西安路长兴批发市场等批发市场的自助机具的投放。此外，要注重提升网点自助服务水平，对于有条件的网点要划出单独的自助服务区或建立附行式自助银行。

2010年全行计划建立29家“自助+理财”网点，西岗支行、沙河口支行、星海支行要加快在双兴批发市场、万达华府区域、长兴批发市场、辽师校外以及海事大学等地区兴建“自助+理财”网点。

与此同时，还要进一步提高全行ATM交易量水平，2010年全行本代他取款的台日均交易量要达到35笔的水平，超过建行。自助银行台日均交易量要从目前的221笔提高到300笔，增幅达到37%。

4. 加快推动打造工行新渠道的两个转型工作。

一是要推动网点从以客户经理单打独斗营销向全员营销、协同营销模式的转型。不仅要实施不同岗位之间的协同营销，还要实施公私业务之间的协同营销。

二是要推动全行从以柜面为主渠道向以电子银行为交易主渠道的转型，大幅提高电子银行业务替代率。全行电子银行业务量占全行业务量比例提高6个百分点，达到58%，全行交易替代率平均增长8%，网上基金销售占比目标要达到70%；各行转账结算替代率要提高10个百分点，低于30%的要提高到30%，高于30%的行要再新增5个百分点。

（四）搭建以财富中心和准财富中心为主体的新载体，打造大连分行高端客户拓展新平台

2010年，全行财富管理业务的发展，要围绕“创新”和“大平台”的两条主线，实现财富业务的“大发展”，其中，“创新”包括服务理念、服务模式、管理机制、业务流程整合、客户拓展方式等多个方面，旨在以创新达到客户规模和贡献度的同步快速发展；

新载体、“大平台”的核心是要搭建联系银行和高端客户之间的联系沟通平台，并将其作为公私联动、利用客户拓展客户资源的新渠道和新手段，强调全行资源整合，通过依托分行以财富中心和准财富中心为载体的“大平台”，即产品平台、专家服务平台、品牌宣传平台、第三方机构整合平台，集中优势力量，服务高端客户，从而做大做强财富管理业务。人民路支行、开发区分行要发挥对具有较大影响力的社会群体的区域覆盖面，打造市内和开发区个人高端客户和对公客户高管人员的体验中心，其中，人民路支行重点定位在人民路金融商务区和高端客户聚集行业和会所的客户拓展，并作为全行体验中心，年内要争取完成对全行约5500户潜在财富客户的电话邀请和体验服务工作；开发区分行重点定位在本区域及县区高端客户群体的覆盖，包括开发区政府、企业高管的邀请体验工作。两家支行年末的财富客户要分别实现150户和440户的目标。

财富管理中心（人民路支行、沙河口支行、市行营业部）、准财富中心（特别是中山支行营业部、开发区分行营业部、青泥支行营业部、星海支行营业部、金州支行营业部、普兰店支行营业部）要以财富顾问服务为契机，深化服务内涵，向其推广财富顾问服务，对于未签约客户，要根据批量签约进度，告知客户签约服务内容，并邀请其体验财富顾问服务。

由私人银行客户入手，实施由财富专家团队+第三方专家+财富客户经理的双重维护模式，尝试为部分高端财富客户提供个性化财富管理服务。

（五）构建以竞争力评价为核心的新机制，以考核转型促业务转型

1. 为实现重点业务及核心指标业务同业领先的目标，引导各分支行做大规模，做强基础，转变经营模式和增长方式，加快“大个金”向“强个金”战略转型，分行对原个人金融业务考核体系进行了大幅调整。调整后的办法淡化了计划完成情况在考核体系中的主导地位，重点突出核心产品当期贡献，强调做大规模及同业排名；将核心指标和辅助指标相结合，引导全面发展；自身发展与市场水平相结合，将被考核行发展与总行及同业增幅比较计算得分，确保行业领先；业务规模与调整结构相结合，全面提高盈利能力。

2. 在考核评价中，将项目评价作为考核的重要内容，赋予10%的权重，重点考核各分支行对重点项目、新型市场的拓展情况。

3. 突出储蓄存款的重要地位。2010年各行储蓄存款增幅不得低于17.2%；同时要完成76亿和余额占比30%的储蓄存款任务目标，市行将对各分支行储蓄存款任务工作完成情况进行重点督导。

如支行储蓄存款增幅既达不到17.2%也达不到76亿的序时任务目标，则说明该行的经营发展思路、经营转型成效和未来生存发展空间不能适应市场的节奏，市行将采取问责制，对差距大、问题多的支行进行储蓄存款工作定性评价，并通过派驻工作组、组织专业团队进行“会诊”的方式，帮助支行及时分析总结储蓄存款工作的发展思路。

（六）以“全域城市化”为契机，加快县区行零售业务发展

今年大连市政府提出了“全域城市化”的发展战略，这也给县区行的零售业务发展带来了新的契机，但一段时间以来，县区行的零售业务竞争力却逐步下降，特别是表现在储蓄存款的发展上尤为明显，已经成为我行与农行之间差距的主要缺口行（51%）。因此，短期内，县区支行更要加大对新型市场的拓展、加快自助设备的投放速度、扩大“自助+理财”的试点范围，以最大限度的减少渠道数量不足对县区行零售业务发展的制约。较长时间上，县区行要利用两年左右的时间，加快完成对渠道的布局调整和优化。具体而言，要达到以下两方面的目标：

一是核心指标规模实现争先进位。储蓄存款增幅不低于当地平均增幅；去年底增量占比第一的旅顺、普兰店支行要继续保持第一的位置，并在原有占比基础上再提高2个百分点，拉大与第二的差距；占比第二、第三的金州、开发区、瓦房店行要继续进位，在争取第一的基础上，占比再提高2个百分点；占比第四的庄河支行，必须扭转下滑趋势，提高位次；各类理财产品销量要稳固保持同业第一的位置。

二是渠道建设抢占区域市场发展先机。牢牢抓住大连市“全域城市化”的发展机遇，特别是在沿黄渤两海、沈大丹大两线发展“四大组团”规划的重要节点县市区，要提前谋划物理渠道布局调整，在网点总量不减的前提下，加大向发展前景广阔的区域增建网点：金州支行、开发区分行、大窑湾分行、普兰店支行、瓦房店支行、庄河支行要积极在三十里堡、双D港、汽车4S集群、普兰店皮杨工业区、瓦房店龙山物流广场、庄河黑岛循环经济区等新兴经济区域建立“自助+理财”网点；对尚有前途的撤并网点原址可以“自助+理财”网点补位。

加大自助机具对渠道服务空白点的弥补：开发区分行、金州支行、大窑湾支行、普兰店支行、瓦房店支行和庄河支行负责做好城乡结合部地区自助渠道的建设工作，抢占开发区双D港、普兰店皮杨工业区、瓦房店龙山物流广场等新兴经济区域。

开辟新渠道，作为我行延伸服务网络的重要手段和争揽他行优质客户储备资源的重要源头类产品，县区行要加紧与农信社的接触，加快“银银通”的市场洽谈，分行也将加紧组织系统内分行的学习和论证工作，运行管理部、人力资源部、信息科技部、财务会计部等相关部门要密切配合。

（七）2010年银行卡的重点工作

1. 做好个人高端客户的白金卡交叉销售工作。个金部、财富中心配合。

2. 把握好两个政策机遇，扩大客户群。

一是把握总行延续中油卡1%加油优惠的政策性机遇和“吨油”促销计划，扩大客户基础，各行要完成相应的任务目标。

二是把握“车辆购置税”征缴管理的政策机遇。国家税务总局、财政部、人民银行联合下发了《关于车辆购置税征缴管理有关问题的通知》，要求自2010年4月1日起，征收车辆购置税将主要采取POS机刷卡的方式，取代现金缴款方式。银行卡中心已经独家承揽到此项业务，各行要按照卡中心的部署，密切跟踪国税局工作动向，做好相关工作。重点支行是西岗、旅顺、金州、开发区、普兰店、瓦房店、庄河支行，本周银行卡中心将组织七家支行开展培训工作。

3. 确保拓展1~2家大型商场或车行合作开展分期付款业务，抢抓市场先机，扩大客户群体。

4. 在大型零售百货商场推广应用芯片卡小额快速支付业务，扩大客户群。

5. 利用好覆盖白金卡、金卡、普卡完整产品线的主动调额业务带来的机遇，扩大客户群。

6. 大连分行要抓住作为五家行试点信用卡网上申请业务的机遇，扩大发卡量和客户基础。

7. 各网点要充分利用信用卡目标客户快速营销系统，扩大网点发卡量和客户渗透率。

8. 探索卡片邮寄方式，改善发卡流程，节约人力物力，提高运行效率。

（八）提高风险管控水平，全面防范营销类操作风险

根据总行今年提出的打造“新市场、新客户、新产品、新渠道、新团队”的“五新”战略，对我们个人金融业务类操作风险管控提出了新的要求。做好操作风险管理是确保“五新”战略顺利实施的基础和保障。今年的首要任务就是要围绕“五新”战略，继续加强个人客户经理风险防范与合规销售管理。一是不断健全和完善规章制度。按照“五新”要求对现有制度进行梳理，并在“五新”推进过程中确保制度先行，从制度上杜绝各类风险隐患，进一步提高依法合规经营意识；二是以“投资理财知识普及万里行”大型公益活动为契机，继续加强投资者教育，使投资者和银行实现“双赢”。三是继续加强对个人客户经理的日常监督与管理。提高各层级“飞行”检查频次，有效规范个人客户经理的营销行为，促进客户经理及营销人员依法合规经营的“养成”教育，以有效防范和控制各种风险，为我行个人金融业务健康发展、全年经营无案件提供有力保障。四是要坚决杜绝虚假销售和虚增业务量的情况，严肃纪律。五是要完善与如保险、基金、信托等第三方机构的合作制度，把握政策界限，规范合作方式，严格收支管理，严禁私设“小金库”。六是落实全流程的风险管控工作。加强信用卡受理环节管理，确保受理人员落实亲访亲签等相关制度规定，切实履行客户身份识别义务，做到“谁受理、谁负责”，前移风险管理端口。继续深化审核作业系统的推广应用，提高风险管理水平，更为有效地缓解支行工作压力。继续发挥异常交易监控的事中控制作用，加强催收工作的精细化管理，紧抓呆账核销工作不放松，保护我行资产安全。严格落实商户准入制，明确准入标准。加强对商户的培训、走访和风险监测，在有效防范风险的前提下促进业务健康有序发展。七是开展经常性的风险排查，及时发现和消灭风险隐患，防患于未然。要高度重视今年上半年银监局开展的贷记卡业务专项检查工作，做好沟通配合，避免出现被处罚的情形，确保业务健康发展。积极参与和配合人民银行、公安部等部门开展的打击银行卡犯罪专项行动，并以此为契机，探索银警合作催收方式，推动催收工作稳健、健康发展。要健全客户信息保密工作监督检查机制，加强发卡、收单等业务中的信息安全维护工作，进一步落实客户信息保密的规定，切实防范客户信息泄露风险发生。八是制定突发事件预案，建立健全应对信用卡客户投诉等风险事件的应急预案，对已经出现或可能出现的负面新闻舆论做到快速应对，将突发事件可能造成的损失及不良影响控制在最低程度内。

积极应对挑战　提高竞争能力
努力实现“第一零售银行”的发展目标

——蔡治建同志在2009年福建省分行零售业务工作会议上的讲话

一、2008年我分行零售业务的发展成就

2008年我分行零售业务以科学发展观为指导，贯彻落实总行零售业务发展精神，努力打造“第一零售银行”，大力推进零售业务转型，增强客户服务能力、整合营销能力、风险管理能力和可持续的盈利增长能力，努力提高目标客户、储蓄存款、个人贷款、个人中间业务以及银行卡、电子银行业务主要指标的市场占比，把我分行建设成全省客户结构最好、品牌知名度最高、核心业务规模最大、创利能力最强、最受尊重的零售银行，同时实施旺季督导，对同业市场占比落后、市场竞争力不强的网点进行帮扶，实现了各项零售业务持续协调快速发展。

（一）经营贡献持续提升

今年前11个月，全分行个人金融业务实现利润（拨备后，下同）13.85亿元，比2007年全年利润还多12.2%，占全分行总利润的32.15%，成为全分行增长最快的利润来源之一。电子银行渠道按照总行测算口径（柜面每笔业务3.06元，电子银行每笔业务0.49元），我分行电子银行实现1.19亿笔交易，共节约经营成本3亿元，相当于328个营业网点业务处理能力（按每个网点10人，每人日均业务笔数150笔计算）。

（二）客户结构持续改善

2008年我分行新增了254名专职营销经理，通过举办第三届个人客户经理营销技能比赛、组织个人客户经理资格考试、举办金融理财师培训班不断提高个人客户经理素质。同时大力开展“工行海西情——汇聚财富 规划人生”个人理财沙龙活动，全年开展沙龙活动超过600场，以投资报告会、产品说明会提升中高端客户忠诚度、满意度，从而带动中高端客户快速增长。截至11月末，我分行个人金融资产5万元以上优质客户数已达36.44万户，较上年末新增5.55万户，完成总行下达全年新增任务的106.71%。达标理财金账户数为22784户，较去年增加10345户，完成总行下达全年新增任务的121.71%。

（三）储蓄业务与理财业务实现协调快速发展，市场竞争力明显提高

储蓄存款业务出现质的飞越，增长额实现了历史以来最好成绩。截至12月末，全分行人民币储蓄存款较年初增加166.28亿元，创历史新高，同比多增192.93亿元，累计增量在全行排名较上年上升15位，完成总行下达全年增长计划的461.88%，完成任务情况在全行排名第5名，余额同业占比较年初上升0.79个百分点。

截至11月末，基金销售同业排名第一，银行类理财产品销售收入继续保持同业领先，保险销售指标同业排名也有较大进步。2008年累计销售个人理财类产品380.27亿元，完成总行下达任务的127.61%，净增额达28.81亿元；销售银行类理财产品239.29亿元，同比增长1182.36%；2008年代理保险销售规模13.09亿元，同比增长202.3%，保险销售同业排名第2名，比上年底上升2位。代销基金127.99亿元，同业排名从上年的第3名跃为第1名，新增基金客户17141个，新增基金定投账户78954户。

（四）个人中间业务系统排名大幅提升

我分行全年实现个人中间业务收入36088.04万元（包含年初总行抵减的1168万元基金收入）。截至11月末，我分行个人中间业务收入增幅、任务完成率在全行的排名大幅上升，个人中间业务收入总额在全行排名较上年上升了3位，任务完成率在全行排名上升至第4名，上升了20位。

（五）个人信贷业务持续增长，贷款质量和经营效益稳步提升

2008年末，我分行个人贷款余额为216.10亿元，新增25亿元，其中个人消费贷款比年初新增11.36亿元，完成总行年度计划（2亿元）的568%。当年新增个人贷款户0.98万户，增长率为7.8%。实现利息收入16.42亿元，比上年多收入5.79亿元，同比增长54.42%。贷款不良率0.61%，保持在较低水平。

（六）牡丹灵通卡和ATM离柜业务保持快速发展

2008年全分行按照统一客户视图，采取定向营销，组合营销等方式，重点锁定高收入职场、大型企业、大学校园等领域目标客户，在全省范围组织开展了牡丹灵通卡促销活动，灵通卡发卡量保持稳定增长。2008年全分行累计新增发行牡丹灵通卡119.57万张，增幅为7.74%。牡丹灵通卡累计消费额达67.22亿元，增幅为7.18%。累计实现灵通卡业务收入7528.01万元，完成牡丹灵通卡收入全年计划的119.49%，较去年同期增加3248.35万元，增幅为75.9%。

（七）ATM交易迅猛增长，受理能力持续增强

截至12月末，ATM累计交易额达359.62亿元，比上年增加了135.07亿元，增幅为60.15%；累计业务总笔数为6190.07万笔，比上年增加1066.92万笔；单机日均交易量为251笔，比上年增加了5笔；全辖ATM开机率96.61%，比年初上升3.38%。

（八）加速渠道建设，服务效率明显提升

一是落实物理渠道建设的组织领导机制，加快网点规划、选址和推进装修改造，2008 年装修改造贵宾理财中心 60 家，一般理财网点 110 家，目前全分行拥有贵宾理财中心达 91 家，一般理财网点达 180 家，财富中心 1 家，近两年来按照总行核心竞争力项目的要求装修改造网点的数量占总网点数的 65%，为优质客户提供更加良好的业务办理空间，提高了优质客户满意度，提高了社会赞誉度；二是积极推广非现金低柜，进一步加强非现金低柜建设，明确低柜职能，使其真正起到分流客户的作用，提高了服务效率；三是加强电子渠道建设。新增 ATM100 台，存取款一体机 120 台，单功能自助终端 143 台，多功能自助终端 215 台，有效分流了柜面业务，通过大堂经理、客户经理、柜员的引导，提高自助设备的使用效率，大力推广电子银行业务，发展电子银行客户，从而减轻柜面压力，提高服务效率，提升了服务水平。

（九）电子银行业务实现跨越式发展

2008 年，我分行深入实施“跑马圈地”发展战略，围绕重点市场、重点产品，全力扩大客户规模，以客户规模带动电子银行业务质量和效益的持续增长，电子银行各项业务指标均提前超额完成全年任务。截至 12 月末，我分行共实现电子银行业务收入 5236. 8 万元，超额完成全年计划，比上年增长 89. 81%，在全分行中间业务收入中的占比达到 4. 72%，比上年提高 0. 87 个百分点。新增企业网银客户 1. 99 万户，超过了前几年发展的客户总数；新增企业网银证书客户 7031 户，是 2007 年同期的 3. 07 倍；新增个人网银客户 66. 96 万户，是 2007 年同期的 1. 58 倍。个人网银覆盖率达到 15. 83%，比年初提高 6. 68 个百分点，其中个人网银在中高端客户中的覆盖率达到 25. 18%，比年初提高 5. 65 个百分点，企业网银证书客户在我分行法人客户中的占比达到 19. 13%，比上年年初提高 7. 12 个百分点。客户规模快速扩张，带动交易量急剧上升，至 12 月末，网上银行交易额达到 1. 26 万亿，电话银行交易额达到 1040 亿元，均创历史新高。电子银行渠道分流作用日益显著，电子银行业务离柜率达到 42. 1%，比年初提高 11. 4 个百分点。前三季度，我分行电子银行业务在总行的排名从 2007 年末的第 17 位跃居第 5 位。在同业市场上，我分行个人和企业网银新增客户、存量客户重新夺回了市场第一。

（十）银行卡业务大幅增长，经营业绩名列全行前茅

截至 12 月末，全分行牡丹信用卡发卡量 135 万张，较年初净增量 66 万张，完成全年任务的 204. 79%；累计实现直接消费额 137. 97 亿元，全系统排名第六位，较上年增加 93. 26 亿元，增幅 208. 61%；期末逾期超过 180 天的不良透支占比 1. 65%，低于全系统平均数 0. 67 个百分点；累计实现信用卡业务总收入 2. 52 亿元、同比增幅 79. 88%；实现中间业务收入 1. 57 亿元，同比增幅 133. 93%；当年新增透支 12. 25 亿元，信用卡透支余额为 18. 38 亿元，为全系统第一，实现透支利息收入 7439 万元，同比增幅 66. 94%；累计实现分期付款交易额 11. 12 亿元，也为全系统第一；中高端客户渗透率为 12. 87%，较年初上升了 2. 53 个百分点。截至 11 月末，新增特约商户 3395 户，完成序时任务的 160. 58%。我分行第三季度在总行信用卡业务经营绩效评比中获得第 3 名，近日又获得总行授予的信用卡业务“发展突出奖”。

（十一）增强风险防控意识，实现全年无案件、无事故

2008 年我分行加强柜面操作、个人客户经理操作、个人客户经理营销系统使用等风险的排查，通过检查与风险教育的共同进行，切实提高员工风险意识，自觉自愿做好风险防范工作，增强了零售业务案件防范效率和效果，实现全年平安。

以上成绩是在省分行党委正确领导下，全分行零售业务员工辛勤努力、奉献进取的结果，这里我代表省分行党委向大家，并通过你们向零售业务的全体员工表示亲切慰问和衷心感谢！

二、当前及今后一个时期零售业务面临的形势和任务

未来一个时期全分行零售业务发展面临严峻挑战。国际金融危机还在蔓延，全球经济衰退趋势明显，国内经济下行风险加大，特别是房地产和汽车市场低迷、消费热点降温，股票市场波动性增大、投资者信心严重不足，对零售业务的市场拓展和风险防控带来双重考验。而金融同业纷纷把零售业务作为战略发展方向和重点，加大资源投入，加快发展速度，使我分行巩固零售业务市场优势地位的压力和难度进一步加大。

同时我们也要认识到，在今年及今后一个时期中国经济仍将保持平稳较快发展的大背景下，零售业务发展也面临着重大机遇。随着国家改善民生、扩大消费政策的实施，城乡居民收入水平将不断提高，居民消费意愿和消费能力将不断增强，为零售业务的发展创造了更多的金融需求和更大的市场空间；国家完善多层次资本市场体系，以及居民投资理财意识的增强，为个人理财业务发展带来了新的商机；金融脱媒化和利率市场化的演进，对银行加快经营转型提出了更加紧迫的要求，为零售业务发展提供了巨大的推动力量。

三、多策并举，确保零售业务 2009 年工作目标的实现

2009 年，全分行要重点做好以下几项工作：

（一）继续推进“专业化经营、系统化管理”改革，完善大个金经营体制

一要以推进“双重管理、双线考核”为工作重点，建立针对“财富管理中心——贵宾理财中心——理财网点——金融便利店”的四类网点统计体系、指标评价体系和考核体系，定期公布四类网点绩效评价排名结果，为各行部配置资源，改善网点经营，提升网点竞争能力提供科学依据。二要在总行完成“两化”绩效评价系统全部参数设定后，我分行将做好相关培训和系统应用工作，特别是完善对支行网点和客户经理的考核，并适时将考核结果与其他月度、季度考核相衔接，促进网点和客户经理积极性的提升。三要深化各行部零售业务专职副行长负责制，落实

专职副行长业绩与零售业务部门绩效相挂钩的捆绑考核办法，激励其更好地履行职责。

（二）加强基层网点零售业务核心竞争力

1. 充分发挥已装修好的网点优势，推动网点服务功能升级。近两年我分行装修改造的网点近300家，这些网点的建设倾注着我分行大量的人力和财力，各行部要尽快发挥其作用，使投入的成本尽快产生效益，实现客户分层、功能分区、业务分流。贵宾理财中心要成为办理高收益业务的场所，将其作为竞争中高端客户的重要手段，经常为中高端客户举办理财沙龙，增进与客户的沟通，让客户体验银行的服务，提升网点对中高端客户的服务能力。

2. 创建以网点为中心的半径服务区，提升网点服务功能和服务水平。各营业网点要以自身为中心，根据自身人力、功能等条件，确定半径服务区，服务区内的每间店铺、每一座写字楼、每一家企事业单位等，以及周边的公务员、企业高管、写字楼金领、商铺老板及各小区居民全部都应成为网点的服务对象，通过定向营销、理财沙龙、亲友推荐等形式发展潜在中高端客户，并将其他行业的白金卡或钻石卡客户纳入我分行贵宾服务体系，逐步发展成为我分行的中高端客户。同时要利用电子银行服务功能，将办理业务的渠道延伸到全国，乃至全球。

3. 实施重点支行行长零售业务专题汇报制度。省分行已制定了《重点支行行长零售业务专题汇报制度》，各行部要通过该制度的建立，推动重点支行在零售业务发展过程中的中坚力量作用，促进重点支行零售业务由存量优势向增量优势提升，进一步落实重点支行打造“第一零售银行”的“一把手”工程，提高重点支行行长对零售业务的分析研究水平和措施应对能力。

（三）实施个人客户服务精细化管理，全面提升服务水平

实施个人客户服务精细化管理，逐步实现“服务项目和内容规范化、服务质量评价数量化、服务考核和绩效挂钩透明化、服务改善运行机制长效化”的服务机制，不断增强我分行整体服务水平。

1. 服务项目和内容规范化。在全面执行核心竞争力项目的基础上，制定各类营业网点在服务分区、环境管理、人员配备、机具管理、人员和业务流程、宣传营销等各个层面的具体细化的运营标准规范。

2. 服务质量评价数量化。将网点运营标准和各个岗位服务规范进行量化形成表格等工具，作为检查评价营业网点和一线服务人员的标准。

3. 服务考核和绩效挂钩透明化。建立全分行客户服务质量考核体系。依据平衡记分卡的原理，从财务、顾客满意度、市场占有率、目标客户新增情况、员工满意度等几个维度开展对各分行的服务精细化考核，努力做到客户服务考评客观有效。

4. 服务改善运行机制长效化。针对检查中发现的问题，结合市场与客户需求变化，及时对服务规范和检查工具进行修改完善，使得服务规范和检查工具更有利于促进服务质量的提升，从而形成服务改善运行机制的持续长效化。

（四）加强零售业务协同营销机制的建设，形成业务发展的整体合力

一要加强公私协同营销，各行部零售业务部门要与公司、机构、结算和现金业务等部门密切协作，充分利用我分行法人客户资源，实施“走出去”的营销策略，主动向目标客户营销我分行零售业务，增进银企合作关系。二要做好零售业务部门间的协同营销，个金、电子银行、银行卡等部门要统一制定个人业务年度发展规划，统一下达任务指标，统一考核；统一个人目标客户定位，确保各部门主要营销资源均用于目标客户的市场开拓；建立网点分层服务体系、客户经理服务体系以及网上银行、电话银行分层服务体系的协调发展机制，提升多渠道服务品质和营销能力。三要加强零售业务产品协同营销，制定多产品交叉销售方案和套餐式金融服务方案，在为客户办理单项业务时挖掘其他产品的交叉销售机会。四要加强境内外协同营销，以海外华人、驻外员工较多企事业单位为目标客户，在境外机构推广我分行服务品牌，并在境内外互通贵宾理财服务，促进我分行境内外零售业务和国际业务互动发展。

（五）加强对省分行营业部的业务指导，实施针对性的区域发展策略

省分行将加强对省分行营业部的直接业务指导，促其加快发展，尽快扭转市场竞争的不利态势。2009年，省分行营业部零售主要业务的市场占比必须有所提升，特别是处于第三、第四位的业务要做出规划和安排，在上半年摆脱落后状态，实现跃升，已处领先地位的业务要继续扩大领先优势。

（六）加强渠道建设，提高服务水准和市场影响力

1. 加快构建财富管理签约客户专属服务渠道。高标准推动财富中心规划建设，规范财富中心的业务管理运营，2009年计划新投入运营财富中心3家，至年末累计投入运营的要达到4家，进一步发挥财富中心作为财富客户市场开发与关系管理“旗舰店”作用。

2. 以贵宾理财中心建设带动理财金账户服务升级。按照未来三年网点渠道发展规划安排，2009年全分行计划再建30家贵宾理财中心，累计达到121家，逐步构建较为完善、具有较强可持续发展能力的网点渠道服务体系。一是在做好30家贵宾理财中心新建工作的基础上，加强对已建成并投入运营的91家贵宾理财中心业绩评价和竞争力分析。二是结合服务精细化管理思路，制定贵宾理财中心日常运营及管理细则，规范日常服务和管理工作。

3. 提高自助设备的服务效率，优化自助设备的网络布局，强化自助设备离柜分流效能。一是结合营业网点新建或改建规划，结合当地银行卡规模、柜面压力、同业竞争、业务管理能力、设备更新等因素，合理确定自动柜员机和自助终端的需求数量，提前做好新增自动柜员机和自助服务设备的选址工作。二是积极拓展行外渠道，在新城区、商业区、中高档社区、工厂区等自助服务需求量大和使用率高的地点配置离行式自助设备，从源头上分流客户。三是加强自助设备的运行监测和月度考核，单机运行效率进一步提升。

（七）高度重视储蓄存款的基础地位，实现稳定发展

只有储蓄业务持续稳定发展才能为零售业务的转型发展、为全分行的持续创新提供有力保障。因此，推进经营转型不是要不要增加存款的问题，而是以什么样的方式和怎样的成本发展存款问题。针对当前市场实际，全分行必须在思想上正确认识存款业务在转型发展中的基础地位，在工作方法上创新思路，强化措施。要重视业务背后客户这个根本因素，通过改进服务来稳定客户，通过强化营销和为客户创造价值来竞争、吸引客户，通过代发工资等手段从源头上抓住优质客户，带动存款增长。要把握好新的市场环境下资金流转规律，增强各类个人产品与储蓄存款之间的协同互动效应。特别是要抓住增加居民收入、扩大消费的政策机遇，有针对性地研究制定营销措施，加大吸存揽储力度。要探索主动负债发展模式，调整存款的期限结构，降低付息成本，进一步增强盈利能力。2009 年，全分行要实现储蓄存款增量同业第一。

（八）大力推动个人贷款营销，实现个人贷款跨越式发展

2009 年，个贷业务发展总的工作要求是，全面贯彻国家在新的经济形势下扩大内需，促进增长的经济方针和宏观调控政策，坚持打造“第一按揭银行”业务发展目标不动摇，切实落实联动管理措施，确保按揭资源不流失，大力拓展二手房市场和纯按揭个人住房贷款业务，尤其是省分行营业部和泉州分行要借助省会城市和沿海经济发达地区的优势，加大二手房按揭贷款发展力度；积极推进个人综合消费贷款、个人质押贷款业务发展，稳健做好个人经营贷款的市场拓展工作；福州、泉州市区和各二级分行所在地、全国重点经济县城所在支行要加强营销力度，完善营销组织体系，加强前中后台的协调，提高客户服务品质，全面提升营销竞争能力，加大个人贷款营销费用和营销奖励的投入，快速提升个人贷款市场占比；继续以个贷业务为抓手，深入挖掘个人信贷客户业务潜在需求，捆绑营销个人金融业务产品，提升客户综合贡献度，加快高端客户的发展；加强营销渠道建设，省分行营业部和泉州分行要分别建立一家个人贷款中心，专司扁平化支行个贷业务处理，其他分行也要积极筹备建立个人贷款中心，实现“多渠道、大范围营销——集中式、专业化处理”的新型业务布局；继续加大营销宣传和产品组合包装，加强个贷营销队伍建设，实现贷款规模增长的同时，资产质量的持续优良、资产效益的持续提高和资产结构的持续改善，推进个人住房贷款、个人消费贷款、个人经营贷款和个人委托性贷款业务的协调快速发展。

（九）不断突破发展瓶颈，努力实现个人中间业务的新跨越

一要实现代发工资业务的较大突破。2009 年全分行要把代发工资业务作为个人金融业务“增存款、揽客户”的一项重中之重的业务给予高度重视和大力推广，各行部要“自加压力”，高标准、严要求，力争通过大量发展代发工资业务迅速提高我分行客户数量，改善我分行个人客户结构，促进我分行储蓄存款增长。要着力营销以中高端和潜力客户为主的优质单位，努力实现一、二类代发工资单位占新发展单位的75%以上。新增代发工资职工中高端客户占比不低于25%。要大力拓展网银代发工资客户，新营销的代发工资单位中网银代发工资客户占比应不低于80%。要注重客户资源的挖掘，努力通过交叉销售提高代发工资业务的综合收益。

二要稳步推进个人理财业务的发展。要高度重视“稳得利”银行理财产品销售工作，大力开展银行理财产品销售，加快银行理财产品销售步伐。要通过个人理财业务的大力发展来实现优质客户的增加，并确保今年本外币理财产品销售额在总行排名进入全行前十名。在加强“稳得利”等固定收益类型产品营销的同时，还要以“灵通快线”系列低成本产品为基础，大力拓展现金管理型产品，使其成为我分行个人理财业务的基础收入产品。

三要持续加快发展代理保险业务。要努力提高网点保险代销产能，重点打造一批会营销能产出的保险销售骨干网点。要积极加强同保险公司的沟通协调，树立平等合作的理念，着力解决双方合作中的问题，争取保险公司向我分行配置相应的资源，提高我分行在同业竞争中的地位。要提高对客户的需求识别和风险分析能力，根据客户实际进行针对性营销，坚决避免违规销售、误导及不当销售的行为。

四要坚定做好基金代销业务，争取同业市场占比第一。要通过业务培训促进各级管理人员和营销人员正确认识市场规律，提升我分行基金代销竞争力。要加强重点基金公司、优秀基金公司和绩优基金产品的营销力度，实现代理基金强强合作，努力提升我分行代理基金业务的市场占比。要跟随市场节奏，及时积极调整阶段性重点营销推荐基金品种，阶段性开展全分行性的基金营销竞赛活动。要落实好基金销售激励方案，激发一线员工营销基金的积极性；要有效利用我分行渠道优势和优秀基金管理公司的产品优势，拓展中高端客户群体；要坚持发行与持续营销并举，继续抓好基金定投、利添利账户理财等业务的营销工作。

五是继续加大银证、银期等金融产品的市场拓展力度。要重视和加强第三方存管、银期转账业务的营销，通过多种个人金融产品的交叉销售，牢固锁定客户，提高客户忠诚度；要加大资源投入，加强与券商的业务合作和营销联动，做好新客户营销和他行客户挖转工作，从源头上发展第三方存管和银期转账增量客户，提高业务同业占比水平。

六是要积极推介个人结算业务，抓住结算需求较大的良好机遇，提前开展集中营销活动。要继续坚持“本外币一体化”的发展思路，通过组织出国金融服务营销活动，争揽有个人外汇业务需求的中高端客户，带动因私购汇、资信证明、旅行支票、外汇汇款等业务的发展。

（十）抓住机遇，全面拓展财富管理业务，促进财富客户和私人银行业务的协调发展

1. 建立全省第一家财富中心，为全分行进一步推广财富客户管理奠定基础。建立省分行理财专家团队，以财富中心为依托，全力抓好财富客户的市场拓展，以签约服务推广为主线，将新客户拓展工作规范化。

2. 以财富规划、资产管理为核心，加快财富客户专属产品与服务体系。建立财富中心与总、省分行财富管理专业团队之间的产品定制直通车。集合行内外各部门、各机构的专业优势，逐步建成财富管理签约客户专属产品线。总行、省分行以及各行部联动，加大资源整合力度，构建财富管理签约客户的增值服务平台。

3. 以财富管理签约客户的扩展，促进私人银行业务发展。通过不断强化零售银行的高端客户服务能力，提升私人银行客户零售服务的内涵价值。以财富管理签约客户的培育，为私人银行客户提供发展源泉，从而为私人银行业务发展提供支持，提升我行对高端客户的整体服务水平。

（十一）加强金融理财师队伍建设，持续提高个人客户经理专业素质

1. 进一步加强金融理财师培训和再教育体系。在做好金融理财师培训工作的同时，加大继续再教育力度，通过定期举办论坛、视频培训、远程培训、实盘模拟比赛等多种形式，突出工作实务能力的训练、加快金融理财师自身业务知识的更新和结构优化。

2. 全面强化金融理财师团队管理。启动工商银行金融理财师形象宣传系统，标准化金融理财师服务元素，构建理财精英文化，提高金融理财师团队归属感，提升我分行金融理财师专业形象。

3. 稳步推进个人客户经理资格认证工作。通过提高个人客户经理资格认证考试，将个人客户经理资格认证工作常规化、制度化，以满足全分行加强个人客户经理队伍建设与管理的迫切需求，确保个人客户经理岗位基本素质。

（十二）全面提升营销和服务能力，进一步增强电子银行的核心竞争能力

1. 健全组织机构，加强队伍建设。2009 年，要进一步健全电子银行业务机构。业务离柜率超过 50% 的二级分行，都要建立独立的电子银行业务部门。未设立独立机构的，要强化电子银行中心设置，要配备专职的经理和副经理（其中 1 名应熟悉对公业务），并至少配备 2 名电子银行专职产品经理。同时要重视支行电子银行队伍建设，每个支行要配备电子银行专兼职人员，承担支行电子银行营销组织和售后服务工作。

2. 保持业务发展速度，巩固市场领先地位。今年省分行不再下达电子银行力争任务，但各行部不能唯任务论发展，更不能满足现状。2008 年，我分行虽然重新夺回了个人网银、企业网银同业占比市场第一的位置，但领先优势并不明显，需要不断功固和加强。11 月末，我分行个人网银存量客户数仅比建行多不足 8 万户。此外，建行手机银行（WAP）推出早，已经拥有客户 20.5 万户，占有市场领先优势。为此，我分行要保持现有的发展速度，继续推动客户规模扩张，提高网银的渗透率，特别是向中高端客户的渗透，要将所有中高端客户发展成网银注册客户。要加大手机银行（WAP）的营销力度，力争在 2 年内客户数赶超建行。

3. 完善营销手段，强化产品应用推广，继续扩大客户基础，着力提升业务质量。要继续横纵结合捆绑下达营销任务，电子银行营销任务继续横向分解给个金、公司、机构、结算等部门，并由上述部门捆绑下达电子银行营销任务，直至落实到客户经理，促进联合营销、捆绑营销策略的落实；要继续推行“发卡挂网”、“1 + X”捆绑营销模式，发挥综合营销、整体营销优势，扩大电子银行客户规模；要继续在企业客户开户、建立信贷关系以及贷款审批环节等关键业务流程推行电子银行捆绑开户，促进网银向存量客户和新增客户的快速渗透。此外，各行部要加大电子银行宣传资源投入，要在落实省分行专项营销工作部署的基础上，结合当地实际情况，开展形式多样的营销推广活动，扩大我分行电子银行业务在当地的影响力和客户的认知度，促进客户数的增长。2009 年，要在提高客户使用质量上下工夫，加大产品推广力度，提高电子银行客户动户率和交易额，真正将电子银行建设成交易型业务的主渠道，全分行业务离柜率要达到 48%，力争达到 50%，半数以上二级分行业务离柜率超过 50%。

4. 完善考核激励机制，促进业务又好又快发展。2009 年，省分行继续将电子银行业务考核结果与二级分行行长经营绩效挂钩，保持 2008 年挂钩分值，适当调整挂钩项目，增加手机银行（WAP）客户数、电子银行交易额及电子银行收入等指标项目；要继续实行对电子银行业务的“计件工资”奖励办法，在保持 2008 年奖励项目和奖励标准的基础上，适当扩大奖励范围，并可按照今年的发展目标，优化奖励结构。

5. 建立服务支持体系，全面提升服务水平。要落实分级管理的服务支持体系，将对企业网银客户的主动回访、唤醒、客户业务需求的收集等基本售后维护工作纳入对公客户经理的日常工作职责；支行电子银行专兼职产品经理负责解决客户经理无法解决的专业问题，同时科技人员为前台客户经理提供必要的技术支持；各行部电子银行部门产品经理负责对辖内支行售后服务工作进行分组支持。为业务规模和质量的提高提供服务保障。要加快泉州电子营销中心建设，组织好外拨营销人员的业务培训和营销技能培训，尽快在泉州地区开展电话外拨业务，了解客户使用我行电子银行情况，在线解答客户使用问题，开展产品跟进营销。

（十三）继续转变经营理念，实现银行卡业务由“数量规模”向“量质并举”转变

1. 进一步转变经营观念。将“举全行之力推动信用卡业务大发展”的经营思想需要进一步落实，目前全分行信用卡业务尚未形成一个较完整、强有力的业务营销体系和服务体系，受传统经营思想影响，信用卡工作仍然还要依靠行政手段进行推动，支行网点对发展信用卡业务缺乏主动性和系统安排，要改变业务顺其自然发展状况，要充分发挥支行资源和优势，充分调动众多员工的积极性。

2. 进一步迅速扩大业务规模，保持业务规模的领先地位。发卡市场方面，进一步落实“宽进、低额、多用、升级”方针，扩大持卡人目标市场。建立多元化的发卡销售渠道和立体化的卡片销售媒介，对内加强与行内公司、机构、个金和结算等业务部门的合作，将我分行现有客户转化为信用卡客户；对外则进一步拓宽合作伙伴发卡渠道，进一步加大项目营销和集团发卡的工作力度。在消费和收单市场方面，要加大促销力度，创新促销形式，提高持卡人消费热情，继续推动消费额快速增长。大力推广我分行信用卡分期付款业务，拓展分期付款合作领域，提高分期付款业务质量，做大分期付款业务。同时加强特约商户网络建设，特别是加快内卡商户向内外卡合一商户的转化工作。

3. 进行结构优化，促进业务质量与业务规模的同步发展。省分行将在考核奖励体制上变化权重和标准，推行结构调整，改善运行质态。各行部要注重提高我分行中高端客户的信用卡渗透率，要注重提高信用卡客户中的中高端客户占比，定期开展对现有客户的筛选升级，要不断提高公务卡、交通卡、联名卡、白金卡等优质卡种的占比。围绕“强势竞争高端市场、大幅进入中端市场、关注培植低端市场”的策略，调整收单市场结构，努力扩大高回佣、低风险收单商户的比例，使高、中、低端收单商户布局日趋合理，为收单收入结构的优化奠定基础，增强收单市场盈利能力。

4. 采取有效促进措施，不断改善信用卡的运行质态。今年的考核指标增加了业务结构、运行质态和效益指标等指标。各行部要将提高新发卡启用率、月均动卡率，提高卡均用卡频率、卡均交易额、卡均消费额、卡均收入，不断降低客户流失率等作为工作重心，通过有效的员工、网点激励机制、切实提高我分行信用卡优质客户渗透率；调整奖励权重、提高优质客户的结构比例。要把不良率和坏账率控制在省行下达的波动区间内。要注重改变信用卡的收入结构，明晰各发卡业务和收单业务的收支盈利核算，不断提高中间业务收入占比。

5. 继续保持对市场营销促进的激励措施。一是对营销新发有效信用卡的工资费用奖励标准，维持去年水平不变。二是对信用卡消费额给予配套促销费用。三是对新发展的联网特约商户根据月消费交易额或年回佣贡献，给予一定的费用奖励。四是对新发展的特惠商户，给予一定的费用奖励。重点行部具有优质客户集中、居民购买力旺盛、信用环境良好、金融资源丰富等特点，是信用卡的重点发展区域，也是商业银行竞争最为激烈的地区。省分行将提高全行尤其是重点地区信用卡的业务质量，促进资源配置的效用最大化，各行部要根据市场发展的实际情况，制定有针对性的当地市场发展策略，优化资源配置，推动信用卡业务从粗放型增长向集约型增长发展方式的转变。

6. 树立全程、全员和全行服务理念，完善客户服务体系。信用卡业务从申领到销户，环节繁多，任何一个流程的不畅必然影响到客服的效率和效果。客户服务是所有部门、所有员工共同的事情，要充分利用我分行网点资源，大力推进信用卡产品进点、服务进区、功能进柜的“三进工程”。针对集团客户、高端客户、普通客户构建分级分层的服务体系，要形成定量分析和定性评价相结合的客户服务评价体系，实现“服务管理精细化、普通服务标准化、高端服务个性化”。

7. 开展各种形式的促销活动，进一步促进用卡消费。各行部要投入一定的物力、财力，积极开展开卡有礼、刷卡有奖等活动，提高新发卡和存量卡的消费动卡率，提高我分行信用卡收益。依托我分行信用卡客户资源对商户增加销售的吸引力，加强商户合作，签约建立特惠商户网络，提供为持卡人增值服务，实现持卡人、商户、银行各方共赢，提升竞争力。

8. 继续在全省开展牡丹灵通卡促销活动，做大做强牡丹灵通卡业务。牡丹灵通卡业务主要围绕“快速扩大发卡规模、全面促进刷卡消费、大力推广联名卡、积极推动升级换卡、不断提高收入和占比”五项核心工作展开，强化市场营销，积极争夺发卡和刷卡消费市场份额，持续增强市场竞争力。

（十四）全面提升风险管理和内控水平

1. 要合规销售，降低客户投诉风险，作为今年零售业务风险控制的重要内容。随着市场的调整，针对银行理财产品和代理基金、保险的投诉事件也呈现多发趋势。这类现象的背后，既有投资者的必要风险意识不足的问题，也有销售人员与客户沟通不够的问题。必须切实做好对客户风险承受能力的评估，将风险提示做得更加细致透彻，确保客户了解了风险并愿意承担风险，避免潜在纠纷。

2. 要继续严密内控管理，细化监督内容，避免个别营销人员的非规范操作。同时抓好反洗钱和安全防范工作，促进各项业务健康发展。

3. 密切关注个人贷款潜在风险。总体上，我分行个人住房贷款质量较为稳定、客户结构较好、担保较为充足、抵御房价下跌的能力较强，贷款风险可控。各行部要始终坚持市场开拓与风险防范并重的原则，将风险防控工作落到实处。在目前开发企业资金链普遍紧张的情况下，要严格合作机构准入管理，强化对合作机构的动态检测，随时掌握合作机构的业务情况及财务、人员变动等情况，严控合作机构风险，防范项目烂尾带来的按揭贷款风险。尤其要高度重视操作风险，要严格执行双人调查和见客谈话制度，进一步强化假贷款的防范力度，从源头上杜绝“假按揭”和“假车贷”。

4. 加强电子银行风险管理，认真开展电子银行制度培训，规范制度传导，狠抓制度贯彻落实，特别是扁平化后新支行的制度落实，确保业务健康发展。

5. 提高银行卡业务风险防控能力。结合“三卡整合”项目，抓紧推进信用政策和审核作业从审收入到审信用的转变，适时调整授信政策，实现集中化的总授信额度管理。加强风险监控系统体系建设，做好异常交易监控前移工作，扩大交易监测范围，研究开发收单风险监控系统，构建全分行收单风险监控。各行部要在资产规模快速增长的同时，高度重视信用卡资产质量管理，严格控制新增不良透支；要加速风险资产的催收转化，拓宽不良透支的清收处置渠道。2009 年由于经济形势的原因，信用卡违约风险将有可能较大提高，各行部要有针对性、区别对待地开展风险工作，加强高风险地区、高风险行业、高风险人群的风险管理工作。做好分期付款业务的风险防范工作，保证业务的健康、稳健发展。

加快推进个人金融业务二次转型发展
着力打造广西第一零售银行

中国工商银行广西区分行　李德斌

自本世纪初以来，个金战线的各级管理者承载着光荣的历史责任，肩负着实现个金业务从计划经济的储蓄时代向市场经济的个人金融时代转型的发展重任。结合广西分行的经营实际，广西分行个人金融业务必须对个金业务原有发展目标及其实现方式进行转型再造，“进位创效”最终实现打造广西第一零售银行，成为全行主要利润中心的战略发展目标。

一、当前个人金融业务转型发展任务

随着改革开放的深入推进和经济快速发展，我国人均GDP达到3300美元，已经进入中等发达国家收入水平。当前已经成为一个财富快速增长的时代、一个理财的时代，个人客户的财富服务需求日趋强烈，个人金融业务的发展已经具备巨大的潜力。与此同时，信息技术日新月异的发展，在对信息技术密集的银行业带来极大冲击的同时，给银行经营转型提供了源源不断的推动力。面对全新的金融服务需求和信息化发展趋势，银行必须顺势而为、乘势而上，通过加快转型，打造与之相适应的渠道、产品、客户经理队伍以及经营指导能力、解决瓶颈问题能力、精细化管理能力，才能赢得竞争优势，抢得发展先机。因此，个金业务发展的动力在转型，个金业务要在转型中发展，在发展中转型。个金业务发展得好不好，在于转型到不到位；个金业务的发展目标能不能得到实现，在于转型是不是彻底。

按时间划分，个金业务转型可以分为两个阶段：本世纪初至今是第一阶段，各家商业银行都围绕渠道细分和重构，产品兼业代理和理财化设计，客户经理组建和提升系统维护及总部指导力来展开的，各家银行比的主要是速度。目前各家商业银行即将完成第一轮的经营转型，正在进入第二阶段，即通过解决自身的发展瓶颈和夯实目标客户基础进而树立自己的特色品牌，各家银行比的主要是解决方案。现在是第一阶段转型即将完成、第二次转型已经开始的“双轨道”运行时期。不同阶段的转型有不同的内容和要素，落实各个阶段转型的内容和要素，是我们适应市场、适应客户、适应竞争必须完成的、不可逾越的、不以自己的主观意愿所决定的工作要求。目前全行对转型已经有了统一的认识，关键是落实各项内容和要素。要通过对市场的准确把握、对客户的准确把握和对自身不足的准确把握，制定转型工作时间表，提出瓶颈问题解决方案，加强精细化管理，补齐短板要素，全面推进各项转型工作，不断提升个金业务的市场竞争能力。

二、个金业务转型发展必须解决好的三大核心问题

当前我行个人金融业务存在的问题，按不同角度可以总结归纳出难以计数的问题，但追根溯源都是服务效率、产品覆盖率、组织力这三个问题派生出来的。它们是互为关联，互为表里的根源问题，我们必须要通过精细化的作业进行改善提高。

（一）抓服务效率，确保核心客户核心业务

单个客户的业务受理时间提高，一靠效率二靠设备。速度决定一切，假如其他商业银行平均受理一笔业务需要10分钟，而工行却要20分钟，相同一笔业务的受理时间是他行一倍，这就意味广西分行422个网点实际上不如建行的336个和中行的239个网点，更不用说农行的851个网点；再加上工行受理低效客户和低效业务的比例高于同业，优质客户流失就成为工行致命的软肋。

广西分行受理的业务量每年高速增长，如果自助设备投入不到位，肯定就压柜排队；如果机具设备功能不齐备，肯定影响分流效果，同样压柜排队。怎样把单位客户处理同样一笔业务的效率提高，这是我们从事个金工作同志要下工夫解决的问题。区分行营业部做了一个有益的探索和尝试，通过把核心客户核心业务的授权简化，通过调整劳动组合增设VIP窗口，通过优化排队机软件建立核心业务快速识别，有效化解了网点的排队压力。提高核心客户核心业务的受理速度，注意各部门各专业间的协同合作，避免各自为政把专业间的合作变为一种没有意义的零和博弈，这是解决服务效率问题的核心。

（二）抓产品覆盖率，确保个金业务盈利能力

在单个客户金融资产配置中，工商银行产品所占的比重以及客户拥有工商银行产品的种类、数量和使用频率问题，就是客户产品覆盖率问题。根据典型调查数据，单个客户的产品覆盖率，交行和招行平均有4个产品，工行平均有2个产品，在同业中比较低。客户产品覆盖率的高低，很大程度上反映了一个行的客户竞争能力，决定了一个行个金业务的综合盈利能力。

提高单个客户产品覆盖率，一靠产品定价合理，二靠我们营销水平的高低。客户选择某家银行开户或办理业务，除了方便快捷等因素外，还有一个更重要的原因是客户也

在各家银行间做博弈，在所有银行产品之间做最优配置，做最佳组合。即使我行客户经理的营销技能再好，如果工商银行的产品定价不合理，对价格敏感的客户仍会选择到其他银行；如果工商银行在电子渠道、自助渠道、柜台渠道收费定价不合理，客户就会逆向分流挤占柜台。解决单个客户在工商银行的产品覆盖率问题，定价定成败，营销定成绩。如果产品定价好、营销得力，同样一个客户，他对工商银行多种产品捆绑的覆盖率高一些，多一项产品的效益就不得了。广西分行有800多万个客户，核心客户有200多万个，一个客户多一样有效产品，200万的产品规模将产生巨大的经营效益。

（三）培养组织力，推动个人中间业务快速发展

在资源配置基本相同、政策支持基本一致、市场环境基本相仿的条件下，各行业务发展水平仍出现了参差不齐，甚至结果截然相反的情况，问题就在组织力的不同。如果个金工作只靠区分行、二级分行管理部门的几个人去拉，一级拉一级是拉不动的。带队伍和中国铁路的动车组是一个道理，把每个车厢都装上动力，都变为火车头，就能突破原来单个火车头的动力极限。人永远是第一位的，如果他愿干事，办法就比困难多；不愿干事就会制造困难，并制造问题。

个金管理部门组织力的培养，要结合专业特点、业务特点。具体来说，就是在当前资源配置不足的情况下，要根据不同时期，确定不同的工作重点和发展目标，组织调动一切现有的人、财、物等资源，集中力量办大事，确保重点工作、重点业务、重点目标任务的顺利完成。比如项目发卡工作和代发工资业务，个金部门要主动牵头，组建各相关部门业务骨干组成的营销攻坚小组，每一时期每一阶段确定一个重点目标客户或项目，集中人员精力研究开发适合客户需要的一揽子产品服务等整体金融服务方案，联合各部门及支行网点积极开展点对点、面对面营销，“集中力量打歼灭战，首战必捷”，确保单个客户单个案例的营销成功率。最终通过单个营销成功案例的示范作用，打通理顺业务受理渠道流程，树立营销信心，建立良好口碑，以点带面推动项目发卡和代发工资业务向广度和深度发展，进而带动个人中间业务整体快速发展。

三、积极探索适合广西分行个金业务发展道路

当前广西分行个金业务转型发展中遇到的最突出问题就是有效客户不足，灵通卡等基础性业务落后主要竞争对手，个贷等资源性业务对个金业务的拉动支撑不够。“纲举目张”，灵通卡、个人贷款、渠道转型就是个金业务中的‘纲’，抓对‘纲’、做好‘纲’，客户、产品、收入、存款等其他的‘目’就能顺畅地发展，就有了拓展的基础和源头。突出灵通卡、个人贷款、渠道建设三大支撑点，做大灵通卡业务，做强个人贷款业务，做宽渠道，并以此拉动其他个金业务的发展。

（一）集群营销做大灵通卡规模，拉动个金业务全面发展

1. 充分认识灵通卡综合带动的基础性地位

金融消费时代特点决定了拓展灵通卡的战略性。

把拓展灵通卡业务作为一项战略性工作，不是我们的主观意志，而是由我们所处的时代特点决定的。现代金融消费时代的一个显著特征是货币电子化，其依赖的基本介质是银行卡，决定了银行卡是普及最广泛、客户使用频率最高的银行产品，在客户中最容易形成口碑，这意味着银行卡规模基本反映了一家银行的客户规模。哪家银行把这块市场经营早、耕耘好，谁就成为这个时代的领跑者。招商银行给予了我们很好的启示，“一卡通”成为了招行社会品牌形象最亮丽的名片。银行卡特别是借记卡的另一个特点是，其客户在各家银行之间可以交叉持有、互为客户，这使得灵通卡成为我行渗透乃至转换他行客户很好的切入点和突破口。把灵通卡品牌树立起来，品牌产生的良好效应连带给灵通卡承载的各项产品，对个金业务产生综合带动作用，这在当前时代下对于工商银行打造第一零售银行具有基础性的战略意义。

灵通卡盈利模式决定了拓展灵通卡的驱动力。

灵通卡的盈利模式体现了“长尾”效益，“长尾”理论用一个简单的计算公式表示：最小单个客户创利×最大客户群=稳定长效的规模效益。灵通卡属于总行一次性投入的产品平台，使用群体越多，其边际成本越低，产生效益越高；同时灵通卡适合批量做，客户进入门槛低、产品适用性广，易产生规模效应，而且灵通卡受市场周期、宏观政策、资本市场等影响较小，持续盈利能力强。这种聚沙成塔、广种薄收、持续稳定的盈利模式，决定了灵通卡成为我行个人中间业务收入的“第一级”。

落后的同业竞争状况决定了拓展灵通卡的紧迫性。

与同业比较，从发卡量看，截至2009年11月底，我行灵通卡总规模为629万张，比农行少1100万张，比建行少68万张。从收入结构来看，2009年我行个人中间业务收入同业占比第二，与农行差2亿元，差距就在个人结算和借记卡两项业务。工商银行要成为第一零售银行，首先应该拥有最多的客户群和最多的优质客户，作为基础介质的借记卡客户也应该是最多的。我行灵通卡业务发展的短板，已难以持续支撑个人金融业务的快速发展，大幅扩容灵通卡规模已刻不容缓。

2. 明确集群营销努力实现灵通卡跨越式发展

明确灵通卡经营思路的转变。

拓展灵通卡业务需要三个方面的转变：一是发卡方式的转变，即从“银行+个人客户+零星发卡”向“银行+合作单位+集群营销”转变，从开放式向相对封闭的群体销售，从客户随机持有转为专项用途持有，以增加有效卡数量。二是经营管理职能的转变，即整个个人金融业务由以管理为主向以营销为主转变，眼睛由‘向下看’转为‘向外看’，从被动销售向主动营销转变。三是公私关系观念的转变，即从公私联动向以私促公、私公双向推动的转变。过去银行与单位的主要关联桥梁是贷款，随着金融脱媒、信贷政策局限，这个桥梁越来越窄、越来越脆弱，“银行+单位+公私型合作项目”将使这个桥梁筑牢，项目发卡是个趋势。

明确灵通卡拓展路径。

（1）在细分市场的基础上，做好“四类发卡”。一是

要全力开拓联名卡、城市一卡通等项目发卡市场，二是要大力发展各种代发项目批量发卡市场，以及与适合批量发卡的源头客户和关联管理方合作向集群客户批量发卡；三是要积极推进政策发卡市场，适度放宽限制条件竞争高等院校学生卡和部队卡市场，以及毕业复员带来的换卡市场；四是要优化业务流程提高柜台发卡效率，精心耕耘零星发卡市场。

（2）提高卡均综合效益。要立足灵通卡介质，整合柜面开户捆绑业务流程，在开户源头做足综合效益的挖潜工作，做到开卡即收“三费”（工本费、年费、工行信使开通费）。要改善用卡环境、激发用卡行为，充分挖掘灵通卡派生的结算收入、消费回佣收入、投资理财收入等其他中间业务效益。如：做好售后服务；推行灵通卡客户常年积分回馈活动；充分利用结算套餐等优惠政策打造我行灵通卡结算交易成本价格洼地，通过灵通卡打通个人结算的通道，重拾我行结算业务的传统优势。

（二）打造精品做强个贷优势，拉动个金业务整体发展

1. 充分认识个贷业务综合带动的源头性作用

如果说灵通卡是“土壤”，个人贷款就是个金业务的“牛鼻子”，起到“牵一发而动全身”的源头带动作用。个人贷款客户是市场经济中最活跃的客户群体，也是使用银行产品最活跃的客户群体，是对银行个金业务贡献最高的客户群体。个贷的盈利模式就是在尽力扩大个贷客户群体的基础上挖掘个贷客户的综合贡献度。打造精品业务，再利用自身精品业务带动整体业务发展，是当前我行在银行同业中主要的竞争策略。目前，我行在执行这一竞争策略上存在“一优一劣”的现象。“一优”是指我行在打造个人贷款精品业务上卓有成效。去年以来我行紧紧抓住国家出台的一系列扩大内需、刺激消费政策措施的有利时机，充分利用总行陆续推出的新政策，大力拓展个人贷款业务，在逆境中寻求发展，进一步巩固广西“第一个人信贷银行”的地位。

“一劣”是我行的个人贷款拉动效应还不够充分，明显表现在三个方面：一是中高端客户在个人贷款客户中的占比严重偏低。截至去年9月份，个贷总客户数23.15万户，而金融资产在5万元以上的中高端客户只有16632户，占比仅为7.18%，低于中高端客户占总客户7.92%的水平，提升空间巨大；二是“存贷通”业务渗透率不高。2009年全年“存贷通”发展5233户，与住房贷款客户（9月末）17.97万户相比，渗透率只有2.91%；三是个人贷款服务收入偏低。2009年个贷实现中间业务收入2156万，仅占全部个人中间业务6.35%。这说明个贷业务对个金业务综合带动的空间还很大，要充分利用好个人贷款这一精品业务的优势，提升个人贷款综合效应。

个贷拉动个金业务的作用发挥不充分，有其深层次的原因：一是资源配置特别是人力资源配置不充分。2009年个贷业务超常规发展，致使个贷客户经理超负荷运转，很少或无暇顾及捆绑营销个金其他产品，使捆绑营销工作或多或少流于形式。今后要特别关注资源配置，对个贷业务要实行双“1+1”捆绑营销流程，即对个贷中心实行“个贷中心+附近网点”的“1+1”捆绑，对个贷客户经理实行“个贷客户经理+理财客户经理”的“1+1”捆绑，分工协作，各司其职，将捆绑营销落到实处，切实发挥个贷对个金业务的全面拉动作用；二是由于个贷政策的限制造成“制度客户”排挤优质客户。由于部分个贷政策、制度和流程的限制，造成个贷的部分产品没有真正以客户为中心，出现符合制度要求的客户并非为我们希望的优质客户，形成“制度客户”排挤优质客户的现象。

2. 明确目标提升个贷优势业务拉动力

造精品业务，继续做大做强个人贷款。

国家明确继续实施促进消费的各项政策，这为个人信贷市场提供了更大的发展空间。同时，总行也将不断充实个贷产品体系，这为我们进一步开拓和竞争个人消费信贷市场提供了有力保障。因此，加大个贷市场拓展力度，培育新兴个贷客户群体是广西分行的当务之急。一是要调整个贷产品结构，遏制个人经营贷款余额连续下滑的局面，尽早实现恢复性增长。据统计，2009年个贷的平均收益率为4.87%，其中，个人住房贷款为4.52%，个人消费贷款为6.83%，个人经营贷款为6.95%，可见个人经营贷款的收益率最高。要认真分析本地区经济发展状况，对本区域个体私营经济发展情况认真研究排查，重点拓展商品交易市场和专业批发市场，了解企业现金流、货款回笼等生产经营情况，优先选择符合国家产业政策、市场竞争力强、财务状况好的个体私营企业重点营销拓展，大力发展个人经营贷款。二是做好商品交易市场的营销拓展。对重点商品交易市场要实行名单制营销管理，根据“一市一案”原则制定有针对性的营销方案，逐个展开深入营销，确保每个市场都落实到责任支行和责任团队，每个二级分行至少要针对一家辖内的商品交易市场和专业批发市场进行深度营销。三是要继续加强与有关经销商和中介机构的合作，大力拓展个人贷款市场，重点发展个人房屋抵押贷款、个人综合消费贷款和个人汽车贷款，积极拓展购车、婚庆、家装、家电、留学、旅游等大额消费市场，努力做大做强个人消费贷款和个人经营贷款市场规模，继续巩固广西“第一个人信贷银行”的地位。

发挥个人贷款业务拉动作用，全面促进个金业务的发展。

个贷业务不仅是利息收入的重要来源，还带来了更多的交叉销售机会，将个人贷款的市场领先优势转换为带动个人金融业务全面发展的动力优势，是我行根据自身情况确定的竞争战略，也是我行根据个人贷款拉动效应不够充分提出的。为此，必须明确三个发展目标：一是个人贷款中高端客户占个人贷款总客户数比重要提高到15%；二是个人贷款“存贷通”客户占全部个人住房贷款客户比重要达到15%以上；三是个人贷款服务费收入要突破1亿元。

提高渗透，深度挖掘个贷客户的关联资源。

要针对不同个贷客户群体确定匹配相应的个人金融产品，将个人金融其他业务，比如灵通卡、基金、三方存管、灵通快线、电子银行等业务延伸到个人贷款客户领域，逐步提升个贷客户的贡献度。要充分利用好现有对中高端客户的维护途径和手段，加强对个人贷款存量客户的挖掘和维护，要利用“存贷通”、“灵通快线”等理财产品优势，吸引客户将存款归集我行，转化成为我行的中高端客户。

（三）成功转型做宽营销渠道，拉动个金业务快速发展

1. 充分认识渠道转型综合拉动的硬实力作用

在渠道建设转型发展中，我们发现渠道，特别是自助渠道，已日益显现出从客户交易通道向银行盈利平台转变的特征和发展趋势。据我行测算，2009 年我行 ATM 台均实现直接收入超过 5 万元，ATM 创造的直接收入逐年稳步提升；同时 ATM 业务节约的渠道成本达 1.89 亿元，台均综合效益达 27.35 万元。2009 年广西分行 ATM 实现的收入占个金中间业务收入的 10.78%，占个人结算收入的 37.21%。ATM 等自助渠道不但有效降低了我行客户的交易成本，还给我行带来了可观的收益，成为拉动个人中间业务收入的利润源泉。

自助渠道已成为与网点同等重要的营销主渠道。2009 年我行 ATM 单机日台均交易量 391 笔，日台均交易额 27.47 万元，日台均存款 85 笔，日台均本代它取款 19 笔，灵通卡本行离柜业务占比已达到 49.11%。根据人力资源部数据，按柜面小额存取转业务每笔平均 3 分钟用时计算，每个柜台每天饱和业务为 160 笔。1～10 月我行自动柜员机有效交易业务量相当于 808 个柜台，197 个营业网点，1360 个柜员的饱和业务量。

渠道是维护客户的重要支撑环境。业务与渠道的关系如同车与路的关系，灵通卡等业务如果离开渠道的充分支持，都难以持续高速发展。即使我们把灵通卡发卡规模做上去了，如果因渠道投放不足、布局不好、分流不够，使灵通卡客户缺乏良好的卡交易环境，将促使产生很多的他代本交易，最终客户仍会因使用不方便、交易成本过高放弃选择我行的灵通卡。因此，重视渠道转型，特别是把自助渠道布局好、分流好，才能更好地拉动个金业务的发展。

2. 明确定位全力推进渠道转型实施步伐

加大自助渠道的投入建设步伐。

自助渠道的建设要以金融资源分布为导向、以客户需求为中心，在繁华商业区、大中型居民社区设立离行式自助银行，对撤并的营业网点必须在原址或原址周围设立离行式自助银行，对高等院校、高尚小区存在物理网点服务空白点的目标市场要积极启动实施自助银亭服务项目；对代理业务合作单位要充分发挥我行整体资源和营销优势，积极推进自助缴费项目，构建方便快捷、功能齐全、形象统一、布局合理的自助银行服务网络，巩固和强化我行在电子渠道服务领域的同业领先地位。

加强 ATM 等自助机具设备的运营管理，切实提高运行效率。

一是加强 ATM 的加钞管理。必须要保证 ATM 的库存现金量，确保 ATM 的正常对外运行，彻底解决当前我行 ATM 库存现金配给严重不足，缺钞现象十分严重的情况。二是加强 ATM 的安全管理。公安部门通报当前不法分子利用 ATM 作案现象愈发严重，要高度重视 ATM 安全管理，加强 ATM 的夜间巡逻力度，防止不法分子对 ATM 的破坏，为客户使用 ATM 办理业务创造良好的环境。三是充分发挥 ATM 的业务分流功能。要利用各种渠道、场合，采取多种方式向社会宣传 ATM 的各种业务功能，促使广大客户增加对 ATM 的了解，增强接受度，从而主动通过 ATM 办理有关业务，同时要充分发挥大堂经理在网点的宣传引导作用，全面提高自助设备对柜面业务的分流作用。四是要加强对自助渠道的考核，要将自助渠道产生的利润收入按照合理的方式和办法尽量核算返还到营业网点，充分调动每个营业网点营销和维护自助渠道的积极性和主动性。

（四）“三驾马车”拉动储蓄存款稳步增长

代发工资业务上游是对公客户和对公存款，下游是个人客户和储蓄存款，是一项非常重要的源头性批量业务。要把代发工资业务作为自营业务来做，围绕对公、个人两个营销渠道和理财、兼业代理两个特性，加强指导支持，发挥信贷资源的撬动作用，开拓发展思路，落实专人和名单制管理，强化激励考核，确保我行一、二类代发工资业务占到应有的市场份额。要积极竞争优质代发工资户，紧盯政府机关、军队、垄断性行业、高科技行业等重点目标市场，扩大一二类优质代发单位覆盖面。要创新代发工资市场的营销模式，更加重视通过运用新产品和提供增值服务来竞争代发工资客户，加强“灵通快线”、“存贷通”、第三方存管等储蓄关联性产品“二次代发”营销，实现客户资金的封闭运转。此外，还要密切关注一次性代发业务，及时跟踪和把握辖区内固定资产投资大项目、公司机构大客户以及当地政府财政的资金流动向，锁定批量储蓄存款源头，充分利用信贷资源优势，确保我行应有市场份额，努力抢占更大储蓄存款市场占比。同时，要积极实施个人中高端客户倍增计划，通过强化联动直销，大力拓展优质客户；强化业务渗透，挖掘优质客户源头；提升服务能力，做好优质客户维护，力争个人中高端客户数量年增幅保持 35%以上，争取到 2011 年末我行个人中高端客户规模翻一番发展到 80 万户，个人中高端客户占比显著提升。

（五）“三驾马车”拉动中间业务突破性增长

1. 坚持自营业务优先发展思路

2009 年我行个人中间业务收入比重排前 5 位的项目分别是个人理财、个人结算、灵通卡、个人基金、代理个人保险，收入占比达 79.4%，前三项自营业务收入规模达 2.1 亿元，收入占比达 57%；增幅排前 5 位的项目分别是个人理财、代理个人国债及证券、灵通卡、个人外汇及其他、个人委托贷款，其中个人理财、灵通卡同比增幅分别达 80.9%和 35.33%。由此可见，自营性个人中间业务虽然单笔单户业务量不大，但客户群体大，普及度高，营销成本低；几乎没有经营性风险，不存在营销误导致使客户损失，后续客户维护成本低；业务处理标准化、格式化，一次性投入形成业务稳定平台，业务规模上量后边际成本低，产品生命周期长，形成批量业务后成本更低。在 2009 年的全球经济衰退中，自营性个人中间业务表现出显著的规模经济特征和低资本消耗或不消耗资本、抗经济周期波动能力强的优势，是我们实现可持续盈利增长的必然选择。

2. 深耕细作提升自营业务收入占比

对以个人结算为代表的传统自营个人中间业务，产品的同质性决定了提高收入水平只能做大业务规模。要充分利用我行自身网点、网络的优势和品牌，通过大力发展灵通卡业务、扩大基础客户群规模推动个人结算业务的发展；更重要的是要着重推广和营销以网上银行、电话银行、自助设备为代表的虚拟银行结算交易方式，摆脱物理网点服务资源有限的发展瓶颈，无限拓展个人结算业务的发展空间。对以工行信使业务为代表的新兴自营个人中间业务，各行要充分发挥信使业务的增值服务优势，加强与理财类、贷款类等其他优质产品的打包捆绑销售，多措并举努力扩大和抢占市场份额，力争每发一张灵通卡、每发展一个客户都开通信使业务，使其成为我行个人中间业务的另一个增长亮点。对代收代付类代理业务，各行要在深入分析研究的基础上，通过梳理、分类，对集中代理业务采取限时限点限柜办理，优化代理业务在网银、自助渠道的处理流程，加强与代理机构的沟通合作等一系列措施，探索出一条低效业务“退出柜台走向自助、退出网点走向网银、退出工行走向社会”的有效途径。

3. 继续坚定做好个人理财业务

国内外商业银行经营的理论和实践证明：中间业务是商业银行的三大支柱业务之一，而个人理财业务作为中间业务的重要组成部分，以其批量大、风险低、业务范围广、经营收益稳定等优势，在商业银行业务发展中占据重要位置。各行要把握个人客户从自然人向集群方向转移、客户需求从单一化向多元化转移、产品趋利化程度越来越高的市场变化发展趋势，加强对证券市场和基金产品的研究，借助优秀基金管理公司的专业营销资源，充分利用2009年底股市相对低位的基本判断，积极果断的指导客户适应市场变化进行基金理财投资，大力营销基金定投业务，重新持续做强代理基金业务，夯实个人中间业务增长基础。各行要突出结构重点，注重资产配置，力争投资理财业务规模和收入‘双领先’地位，增加投资理财类中间业务的收入贡献。要积极响应资本市场变化的积极因素，紧跟产品供给节奏，抢占基金、保险、银行理财产品销售量我行应有的同业份额。要注重高净值客户和中高端潜力客户的业务渗透，发挥投资理财业务维护和竞争优质客户的产品优势。

充分发挥贵宾理财中心核心作用　持续扩大个金业务同业领先优势

中国工商银行海南省分行　许益明

近年来，省行党委高度重视网点建设工作，科学规范网点建设管理，明确相关部门职责和机构职能，持续优化规划审批流程，有效配置装修改造资源，详细制定项目建设序时计划，网点建设管理工作逐步规范化、制度化。今年，在继续加强贵宾理财中心项目建设管理的同时，开始着力于贵宾理财中心的业绩管理工作，一手抓装修改造继续优化网点布局，一手抓精细化管理提升经营绩效和竞争力，取得了明显成效。

一、核心价值凸现

2007年省行党委抓住专项经费装修改造的好时机，三年内启动了35家贵宾理财中心建设项目，装修总投入3876万元，网均投入111万元，目前，全行已有21家贵宾理财中心投入运营，5家已验收待开业，9家正在装修施工，预计明年初将全部投入使用。与2005年相比，目前我行的分支行机构由25个精简到18个，营业网点由129个减少到105个，低效网点基本消除。网点竞争力的提升，有力推动了全行个人业务的发展。截至10月末，我行储蓄存款存量250亿元、增量33亿元，已经连续17个月保持同业总量和增量双第一；代理基金销售7.9亿元，同业占比50%，代理保险销售2.1亿元，同业占比55%，代理国债销售3.3亿元，同业占比38%，银行类理财产品销售137亿元，同业占比86%，均处于同业首位。

（一）营业利润贡献突出，成为盈利快速增长的主要动力

表3－1　　贵宾理财中心9月末盈利情况比较（亿元;%；万元）

	2009年9月末			2008年9月末			网均同比增长
	营业利润	占全行比重	平均值	营业利润	占全行比重	平均值	
21家贵宾理财中心	4.07	43.69	1939	3.717	42.76	1770	9.55
其他网点	5.25	56.31	633	4.9773	57.24	600	5.5
全辖网点	9.32	100	897	8.6943	100	834	7.56

2009年9月末，全辖104个网点营业利润（未摊销成本，下同）合计9.32亿元，而21家贵宾理财该中心类网点（含三亚财富中心）营业利润合计约4.07亿元，约占全行营业利润总额的43.69%，利润贡献突出，成为全行创造利润的中坚力量。从盈利增长水平看，对比2008年同期，21家贵宾理财中心同比增幅达15.27%，高于全行与一般理财网点的同比增幅，显示了较强的利润增长潜力。从网点类型看，21家贵宾理财中心平均利润1939万元，是其他网点平均利润的3倍。

（二）储蓄存款增长迅猛，成为储蓄业务发展的核心力量

储蓄存款是我行的个人金融业务的基础，是我行大力发展个人金融业务的资源库。截至10月末，21家贵宾理财中心在实施装修改造后储蓄存款新增11.78亿元，较去年同期大幅增长，其中三亚解放支行和秀英海港支行增幅较高，分别为45.82%和30.87%，省行营业部、新华支行营业部等网点的同比增幅也都在17%以上（全行增幅15%）；21家贵宾理财中心网均新增储蓄存款5611万元，是一般理财网点网均值的两倍多，与所属行的一般网点相比，这21家贵宾理财中心处于领先位置，远远高出所属行平均水平。

表3－2　**贵宾理财中心10月末储蓄存款情况表（万元）**

	网点占比	存量	存量全行占比	增量	增量全行占比	储蓄存款＋四项理财产品全行占比
21家贵宾理财中心	20%	741800	29.73%	117828	36.21%	45%
其他网点	80%	1753739	70.27%	207552	63.79%	55%
全辖网点	100%	2495539	100%	325380	100%	100%

（三）理财产品销售喜人，成为我行领先同业的有力保证

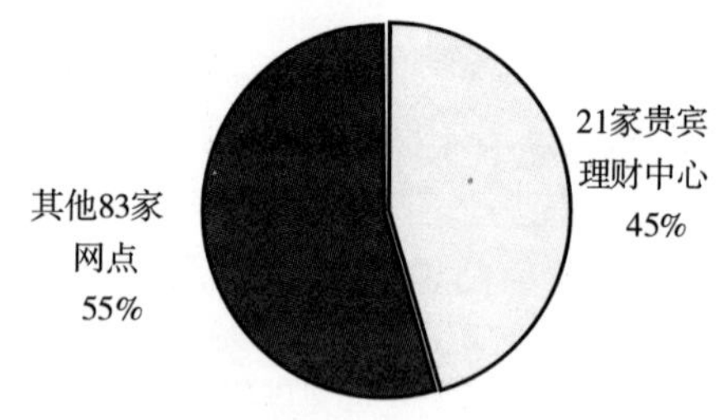

图3－1　**21家贵宾理财中心“1＋4”实现额占全行的比重**

截至10月末，21家贵宾理财中心的理财产品销售能力明显优于一般网点，代理基金销售额5.61亿元，全行占比71%，网均销售额是一般网点平均销售额的10倍；代理保险销售额6515万元，全行占比32%，网均销售额是一般网点平均销售额的186%；代理人民币理财产品销售额2.77亿元，全行占比56%，平均增幅为51%，高出其他网点平均增幅6个百分点；代理国债销售额8445万元，全行占比33%，网均销售额是其他网点平均销售额的195%；代理销售实物黄金5.46万克，全行占比56.66%，网均销售量是其他网点平均销售量的5倍。

（四）客户结构加快优化，成为拓展优质客户的重要通道

迅速优化的客户结构是贵宾理财中心业绩的又一大特点。截至9月末，21家贵宾理财中心累计新增理财金客户3822人，新增中高端客户4900人，分别占全行新增数的34%和32%。其中理财金客户平均新增182人，为全行其他网点平均新增（89人）人数的205%；中高端客户平均新增234人，为全行其他网点平均新增（125人）人数的187%。

表3－3　**2009年9月末新增优质客户占比情况（户;%）**

	网点占比	新增达标理财金客户		新增中高端客户	
		新增数	占支行比重	新增数	占支行比重
21家贵宾理财中心	20%	3822	34%	4900	32%
其他网点	80%	7419	66%	10413	68%
全辖网点	100%	11241	100%	15313	100%

（五）分流引导成效显著，成为分流柜面业务的良好示范

为了分流引导贵宾理财中心的柜面压力，释放人力资源，提高中高端客户服务水平，降低业务运营成本，我行一是要求各家贵宾理财中心加大了客户办理我行银行卡、网上银行和电话银行的力度，重点开展牡丹灵通卡·e时代与个人网上银行“金融@家”、电话银行95588的捆绑销售，鼓励客户持灵通卡使用ATM、网上银行、电话银行、手机银行办理自助业务，充分发挥我行银行卡多渠道应用的功能优势，进一步提高灵通卡离柜交易占比，二是科学分区，加强自助服务区内ATM的合理布放，营造良好的用卡环境，形成银行卡与ATM相互促进、良性互动的局面。1至10月末，21家贵宾理财中心的平均离柜交易占比达58.13%，高于系统平均水平5个百分点。

表 3－4　　2009 年 10 月末离柜业务占比情况（单位：万笔）

	柜面业务笔数	非柜面业务笔数	业务笔数合计	离柜率
21 家贵宾理财中心	2531	3514	6045	58.13%
其他网点	7110	7363	14473	50.88%
全辖网点	9641	10877	20518	53.01%

（六）客户经理初步配备，成为全行队伍建设的坚实基础

自 2008 年开始，我行逐步落实网点营销人员的配备及培训，推进贵宾理财中心对个人客户营销管理系统的应用，进一步规范贵宾理财中心客户经理绩效考核，着重加强了贵宾理财中心的客户经理队伍建设。截至 2009 年 10 月末，全行个人客户经理总人数为 190 人，其中，大堂经理 92 人、理财经理 23 人、个金业务营销经理 35 人、个贷营销经理 40 人。全行个人客户经理中，分布在一线营业网点和分支行内设机构的比例分别为 73% 和 27%。目前，通过多次培训与考试，我行具备客户经理资质的人员已达 430 人，为壮大个人客户经理队伍提供了充足的人力资源。

（七）品牌建设初显成效，成为我行竞争实力的集中体现

经实践，贵宾理财中心凭借其差异化的服务空间、个性化的服务标准取得了客户对工行品牌的认知，我行的品牌定位是“您身边的银行，可信赖的银行”，目的是突出我行网络广泛、实力雄厚的优势及承诺为客户提供可信赖产品与服务的愿望。通过“户外标识改造工程”与“门楣亮化工程”的实施，贵宾理财中心不仅统一了网点外观、名称、标识，并且在大众媒体广告宣传、网点内部分区和布局的一致性等方面都有了很大改观，使我行形象获得了较大提升，标志着我行品牌建设进入了一个新的阶段。

综上，贵宾理财中心建设是扩大利润产出、促进产品销售、提升客户服务水平和竞争力，完善品牌建设、构建我行全新服务形象，增强可持续发展能力的一项重要举措，贵宾理财中心正成为我行业务发展的重要平台。

二、当前的主要问题

虽然我行贵宾理财中心的建设及运营取得了显著成效，多项业务处于同业领先地位，但同业其他商业银行近期在渠道方面的投入力度不比我行小，建设速度不比我行慢，经营绩效不比我行差，在一些重要业务板块甚至已有领先之势。而我行贵宾理财中心因多种原因还存在某些不足，制约了发展。

（一）网点人员配备不足，队伍建设有待加强

目前我行贵宾理财中心均配备了客户经理，但由于网点人员较为紧张，配备数量不足是普遍存在的问题，导致：一是专职不专，部分网点的客户经理名为专职实为兼职，真正从事客户维护的时间无法保证；二是维护不力，部分客户经理维护的中高端客户数量大大超过总行标准，客户关系维护名义有，实际无。

（二）分层管理尚未实施，经营效益有待提高

分支行对贵宾理财中心与一般网点在指标下达、业务指导上一视同仁，未能区分贵宾理财中心与一般理财网点在业务拓展方面的差异，未能有针对性地下达发展指标，导致贵宾理财中心经营重点不突出，眉毛胡子一把抓，未能发挥贵宾理财中心的优势、实现效益最大化。

（三）网点发展不够均衡，考核管理有待完善

通过对 21 家贵宾理财中心的个人产品销售情况分析（详见附表 14），各家贵宾理财中心发展不够均衡，部分网点储蓄存款大幅增长、理财产品销售业绩理想、客户结构优化效果明显，在业务上得到全面发展。部分网点则出现“偏科”情况，要么储蓄存款长个不停、但保险业务销售为零，要么实物黄金大有行情，而理财产品无人问津，甚至有个别网点多项业务增长有限，在全行贵宾理财中心中长期排名靠后。分支行在管理考核上对贵宾理财中心缺乏有针对性的考核办法，对贵宾理财中心的业务指导也存在不到位或不及时的情况。

（四）品牌效应不具优势，服务质量有待提升

经了解，同业中许多商业银行服务品牌的口碑效应强于我行。我行在客户的服务细节、业务的品牌打造上不具优势，尤其在财富管理业务的品牌建设不如光大银行和交通银行，发展速度不如中行和建行。中行的“中银财富”、交行的“沃德财富”、光大的“阳光财富”均在客户群体中产生了较好的影响。

三、未来的发展目标

经过全行的共同努力，2010 年初我行将有 34 家贵宾理财中心投入运营使用，提前两年完成了总行目标（2011 年

表 3－5　　未来三年网均储蓄存款发展规划表（单位：亿元）

	2009 年 10 月末	2010 年	2011 年	2012 年
全行网均储蓄存款	2.43	2.88	3.37	3.85
贵宾理财中心网均储蓄存款	3.58	4.30	5.16	6.19
	2009 年 10 月末	2010 年	2011 年	2012 年
海口地区网均储蓄存款	2.63	3.16	3.79	4.55
三亚地区网均储蓄存款	3.11	3.73	4.48	5.37

末建成30家）。但同业竞争日趋激烈，我们要做前瞻性思考，制定贵宾理财中心的发展目标，采取有效措施，加快打造我行不可撼动的同业领先地位。2010年贵宾理财中心的发展目标如下：

（一）网点质量发展目标

1. 网均储蓄存款。2009年10月末全行网均储蓄存款2.43亿元，同业排名第一，贵宾理财中心网均储蓄存款为3.58亿元。未来三年全行网均储蓄存款要达到3.57亿元，保持同业第一，贵宾理财中心网均储蓄存款要达到6.19亿元，海口地区网均储蓄存款要达到4.55亿元，确保同业排名第二，力争同业第一。

2. 网均利润。2009年9月末全行网均利润为896万元，贵宾理财中心网均利润为1939万元。未来三年全行网均利润要达到1550万元左右，贵宾理财中心网均利润要达到3350万元左右。

表3－6　　未来三年网均利润发展规划表（单位：万元）

	2009年10月末	2010年	2011年	2012年
全行网均利润	896	1075	1290	1550
贵宾理财中心网均利润	1939	2326	2791	3350

3. 人均储蓄存款。2009年10月末全行人均储蓄存款为1022万元，同业位居第一，贵宾理财中心人均储蓄存款为2163万元。未来三年全行人均储蓄存款将达到1550万元左右，贵宾理财中心人均储蓄存款将达到3650万元左右。

表3－7　　未来三年人均储蓄存款发展规划表（单位：万元）

	2009年10月末	2010年	2011年	2012年
全行人均储蓄存款	1022	1219	1383	1550
贵宾理财中心人均储蓄存款	2163	2812	3233	3650

（二）中间业务发展目标

2009年10月末全行中间业务收入为2.42亿元，网均收入为233万元，同业排名稳居第一，贵宾理财中心网均收入为514万元。未来三年全行中间业务收入要达到4.89亿元，网均收入要达到466万元，贵宾理财中心网均收入要达到1028万元左右。

表3－8　　未来三年中间业务收入发展规划表（单位：万元）

	2009年9月末	2010年	2011年	2012年
全行网均中间业务收入	233	294	370	466
贵宾理财中心网均中间业务收入	514	648	810	1028

（三）客户结构优化目标

1. 私人银行客户的年均增幅保持25%以上：未来三年达到180名，2010年达到110名。

2. 个人中高端客户未来三年达到31万户，占比达到12%；2010年中高端客户达到17.5万名，占比10%。

3. 理财金账户客户未来三年达到8.5万户，2010年达到5.8万户，增幅超过50%。

表3－9　　未来三年客户结构发展规划表（单位：户）

	2009年末预计	2010年	2011年	2012年
私人银行客户数	70	110	150	180
个人中高端客户数	12.13万	17.5万	24万	31万
理财金账户数	3.8万	5.8万	7万	8.5万

（四）客户经理发展目标

1. 全行客户经理

截至2009年10月末，全行个人客户经理总人数为194人，计划到2010年末客户经理占全行从业人员的比例不低于10%，总数超过276人。

2. 各分行客户经理

各行要根据区域内客户资源情况、客户数量、客户结构及客户发展潜力，加大客户经理配备力度。一、二、三类行的客户经理配备人数要分别争取达到总人数的13%、11%、4%左右。

表 3－10 未来三年客户经理发展规划表（单位：户）

	2009 年 10 月末	2010 年	2011 年	2012 年
全行客户经理人数	194	277	306	336
贵宾理财中心客户经理人数	49	96	123	168

（五）离柜业务分流目标

截至 2009 年 10 月末，全行离柜交易业务分流比例为 53.8%，到 2010 年末，全行离柜交易业务分流比例要力争达到 58%。

表 3－11 2010 年全行离柜交易业务分流比例规划表

	ATM（含金卡）	POS（含金卡）	自助终端	电话银行	网上银行	手机银行	其他业务	合计
2009 年 10 月全行各项业务离柜率占比	12.38%	3.79%	3.29%	3.96%	28.61%	0.06%	3.85%	53.80%
2010 年末全行各项业务离柜率占比	12.88%	3.94%	3.42%	4.12%	29.75%	0.07%	4%	58%
2010 年末贵宾理财中心各项业务离柜率占比	13.18%	3.94%	3.55%	4.12%	30.75%	0.07%	4%	59.43%

四、具体的发展措施

贵宾理财中心建设是全行渠道建设的核心，其建设和运营对全行各项业务的发展起着积极而重要的作用，我们要从资源投入、人员素质、业绩考核、服务管理等四个方面入手，全面打造“四高”精品网点，使贵宾理财中心成为全行客户维护的核心，成为全行业务发展的核心，成为全行利润贡献的核心。

（一）资源高投入，完善贵宾理财中心战略体系

1. 建设改造投入高于一般网点

目前各行均下辖 1～2 个贵宾理财中心，为了配合各分支行以贵宾理财中心为核心构建完整的战略单元体系，充分发挥贵宾理财中心以点带面的最大效能，根据总行的统一部署，省行明年仍将继续对贵宾理财中心的装修改造加大投入。

一是合理规划精品网点。未来三年计划装修改造贵宾理财中心 10～12 家，2010 年总量完成 6～8 家贵宾理财中心改造，2011、2012 年进行小规模调整。2010 年贵宾理财中心建设的一项重要内容就是要在海口、三亚两大城市打造一批高标准、高规格、高质量的精品网点，提升中心城市的整体形象和市场竞争能力。其中海口地区拟建成 4～5 家精品网点，主要考虑在繁华区域及高端公、私客户集中的区域，选择具备改造基础且发展潜力较大的网点进行升级改造；三亚拟建成 1～2 家，主要考虑在高档社区及繁华地段选址增建或迁建。

二是有序进入新兴区域。未来三年，全行将由经济欠发达地区、老城区资源枯竭的“空心地带”等区域，向城市新区、新兴市场、潜力地区、发达区域或核心区位迁建、增设 11 家左右的营业网点。2010 年计划完成 7～8 家网点的新建或迁建，主要集中在海口、三亚地区。

2. 网点绩效等级高于一般网点

各行在考评所辖网点的绩效时，应结合辖区内的实际情况预先调整网点等级，贵宾理财中心的网点等级要高于一般理财网点与金融便利店。这是因为：其一，贵宾理财中心的创利能力、揽储能力、产品销售能力、品牌宣传能力较强，创造的直接或间接价值要远远高于其他网点，本着创造效益与收入匹配的原则，贵宾理财中心的网点等级应高于一般网点；其二，实施优质客户集中维护之后，贵宾理财中心承担着维护所属行全部优质客户的责任，既维护与拓展本网点中高端客户，还要维护其他网点的优质客户，网点的业务量大幅增加。

贵宾理财中心的绩效等级设置要遵循两个原则：一是设立起评等级要与一般网点有所区分。我行网点的等级为 7～10 级，贵宾理财中心的起评点要高于一般网点，其最低等级可定为 8～9 级，一般网点的最低等级则为 7 级。

二是绩效等级要动态管理。2010 年初，省行将出台相关规定，对现有的贵宾理财中心进行网点功能定位再认定，以后将每年进行一次认定。评估的内容包含营业利润、各项存款存量与增量、中间业务收入、中高端客户增长等指标，对综合评价结果差的贵宾理财中心要相应下调其绩效等级。

（二）人员高素质，加强贵宾理财中心队伍建设

我行贵宾理财中心的硬件建设已经达到了同业一流水平，当前一项重要任务是如何提高贵宾理财中心的软实力，而高素质的客户经理队伍是提升软实力的核心与基础。

1. 要确保人员配备高质高量。一是个人客户经理的数量要配足。2010 年，各行要首先做好贵宾理财中心个人客户经理的配备工作。客户经理的配备原则是与所属行 20 万元以上优质客户数量相匹配，考虑到客户维护效果与留足发展空间，要求分支行按照每名个人客户经理维护客户不超过 300 个的标准将人员配备到位；二是个人客户经理的“品质”要保证。近几年，省行高投入地培养了一批金融理财师和财资管理师，为了使这部分高素质的“师资力量”最大效能地创造价值，各行要将其优先配备到贵宾理财中心工作。今后，各行在报送参加上述资质培训的人员时，一要做到优中选优，二要确保其在取得资格后，优先配备到网点客户经理岗位任职。原则上，经省行出资培训获得上述资格的理财师和财资师在获得资格的三年内必须在网点客户经理岗位任职，以做到人尽其才，才尽其用。

2. 要借助后台提高服务水准。一是省行将于 2010 年完善理财专家组制度，在海口财富中心建成后成立专职财富管理团队，履行理财专家组的职责。理财专家组通过向一线客户经理提供后台支持，有效提高全行优质客户服务质量；二是理财专家组要每日向贵宾理财中心客户经理发布最新行业资讯及同业产品动态，每月与贵宾理财中心客户经理召开一次联席会议，每季与贵宾理财中心的客户经理联合举办 1 ~2 次客户活动。上述工作要成为理财专家组的日常工作，并且要列入其绩效合约进行考核，以此帮助贵宾理财中心的客户经理更高质量、更有成效地维护与发展优质客户。

3. 要多措并举充实客户经理队伍。在全行业务流程梳理和全行劳动力组合分析评估的基础上，净增 60 名人员，并利用业务流程优化、改革监督体系、建设集约化区域业务处理中心、实施远程监控授权等契机，将释放的中后台人员，经转岗培训后调整充实客户经理队伍。要借助内部人才市场引导人员按需合理流动，优化全行人力资源配置。

（三）业绩高标杆，发挥贵宾理财中心核心作用

1. 考核指标高于一般网点

贵宾理财中心作为工行的资源投入重心、客户维护中心、利润创造中心，要形成与一般网点差异化、级差式的考核机制，以此推动其创造更高业绩。各行要对贵宾理财中心与一般网点区别下达任务指标，明年贵宾理财中心的储蓄存款增量、中间业务收入要达到一般网点的 2. 5 倍，基金、保险、人民币理财产品等的销售额要达到一般网点的 4 倍以上，中高端客户结构占比要达到一般网点的 2 倍。

为了更好的提升各个层次的网点与客户经理的绩效水平，可以采用绩效合约的方式完善高指标考核体系。绩效合约的签订自上而下，由省行编制绩效合约文本，各分支行制定网点和客户经理的年度绩效目标计划后，核定网点等级和个人客户经理岗位等级，并分别与各网点、客户经理签订绩效合约。在绩效合约中，贵宾理财中心与一般网点考核的指标要有差异，要倾向于考核中高端客户增量、产品渗透率等发展类指标。各行对贵宾理财中心按季进行绩效考核，考评结果在分支行范围内公布，并于年末对贵宾理财中心进行综合考评，排名末位的进行降格或绩效降级处理，并报省行审批。

另外，明年省行将尽快投产“产品计价系统”，解决网点与客户经理产品销售的“双向考核”问题。

2. 实现业绩高于一般网点

省行对贵宾理财中心在人力、物力、财力的投入上均有所倾斜，因此贵宾理财中心的营业贡献必须要高于一般网点。为科学评价贵宾理财中心的经营贡献，省行将结合贵宾理财中心绩效合约的完成情况建立科学、合理的考核评价机制。一是将贵宾理财中心业绩纳入个人金融业务考核体系中，考核内容包括贵宾理财中心储蓄存款增量、中高端客户增量等重要指标与所属行一般网点的比例，高于或低于省行设定值的将相应加或减其所属行的专业考核得分。另外还将引入客户服务登记、营销执行、理财沙龙举办等管理制度执行情况的内容，在不同区域内树立标杆网点，提升考核评价工作的有效性；二是省行将继续按月进行贵宾理财中心业绩通报，重点对储蓄存款新增、银行卡发卡量、中高端客户增长、重点产品销售量等进行横向比较评价。明年还要将贵宾理财中心的盈利水平、业绩产出、服务能力、内控和客户满意度等指标纳入业绩通报进行横向比较评价；三是要对贵宾理财中心进行全年业绩横向评价，综合以上两种考评结果及其绩效合约完成情况进行全年业绩总体评价，对排名倒数 1 ~2 名，且各项存款、中高端客户增长等重要指标的发展能力低于所属行一般网点的贵宾理财中心进行降格或降低绩效等级的处罚。

（四）服务高标准，激发贵宾理财中心竞争活力

2010 年是工行的服务价值年，我们要充分发挥以贵宾理财中心的核心作用，以优质的服务使客户感受到比竞争对手更高的服务品质，以超越对手的服务水平赢得持续竞争发展优势，打造出客户心目中的良好口碑，彰显大行风范。

1. 构建贵宾理财中心分层服务体系

为了解决当前贵宾理财中心服务优质客户的功能得不到有效发挥，同时一般网点对优质客户维护不到位的矛盾，省行于今年 10 月启动了优质客户集中维护项目，各分支行已根据省行要求，制定了本行优质客户集中维护实施方案，从目前来看，该项工作进展缓慢，大部分行还没有切实执行。为此，明年省行将重点督促各分支行切实实施优质客户集中维护，将金融资产 20 万元以上的个人中高端客户集中到贵宾理财中心进行维护。贵宾理财中心客户经理要承担起对客户的关系维护、需求挖掘和业务产品营销责任，优质客户产生的存款增量及交易成果同时计入客户开户网点和贵宾理财中心客户经理的营销业绩。

一是存量优质客户集中维护要一步到位。明年 1 月份各行要利用 PBMS 系统梳理完成客户经理与客户的管户对应关系，统一向客户发送短信告知专属客户经理联系方式，引导客户到贵宾理财中心办理各项业务。同时还可采取在贵宾理财中心组织中小型客户活动、产品推介会的方式，让客户亲身体验贵宾理财中心的服务与环境，吸引客户到贵宾理财中心办理金融业务。

二是新增优质客户集中维护要双向引导。一方面，一般网点与贵宾理财中心普通区的大堂经理可利用“优质客户识别系统”（明年投产），及时识别出中高端客户并推荐到贵宾理财中心集中维护；另一方面，贵宾理财中心的客户经理可利用 PBMS 系统筛选出新增优质客户，客户经理要及时主动地与客户取得联系，引导到贵宾理财中心进行集中维护。

三是个人客户经理由所属行直接管理考核。贵宾中心的客户经理采取派驻制，由所属行委派到贵宾理财中心工作，统一维护全行贵宾客户。各行要加强个人客户经理绩效考核力度，通过与其签订绩效合约进行考核。对客户经理的绩效实行全口径产品计价，计价方案各分支行可在省行规定内自行设定或调整，对客户经理的绩效可实行“上不封顶”。在对客户经理进行产品计价时，应根据客户来源不同有所区分，一类是客户经理直接发展的客户，另一类是其他网点推荐客户的户，第一类客户产生的业绩可全部计价计入管户客户经理的绩效，第二类客户产生的业绩可按一定比例计价计入管户客户经理的绩效（最低不低于80%）。对连续两个季度绩效考评综合得分较低或多项核心业务指标未完成序时进度的，省行直接给予客户经理黄牌警告；年末绩效考评综合得分很低或多个业务指标未完成保本目标的，省行将要求各行相应调整其岗位工资等级和档次。

2. 加大产品创新力度，打造全方位“大服务平台”

产品创新是推进改革和提高整体竞争力的重要力量，贵宾理财中心作为优质客户集中维护的网点，最贴近市场，最了解优质客户需求。因此，贵宾理财中心在产品创新方面应加大力度，在满足客户需求的同时，提高自身服务质量。

一是合理组合现有产品，发挥产品的整体作用。要加强对市场需求、同业金融产品及自身金融产品状况的研究力度，要根据客户群体的不同需要，“量体裁衣”定制产品套餐，将低收益的存款转化为高收益的理财产品，并进行市场跟踪，及时反馈客户及系统内部的意见与建议，使产品得到进一步的改善，提高客户满意度与忠诚度。

二是要细分客户，提供差别化服务。因人而异，根据不同的对象而提供不同的产品和服务。可针对每个人生命周期不同阶段的不同需求，设计、开发出以年龄为标准的特色金融产品，以满足客户的特殊需要，从而达到双赢的目的。

表3－12　　人生5个阶段可提供的产品和服务表

	特点	产品组合与服务
第1阶段（18~25岁）	这一阶段的消费群体刚刚成年，踏入社会不久，生活内容以教育、创业、个人生活娱乐消费为主，需要一定的开销；思想比较活跃，敢于接受新鲜事物，具有超前消费的意识。	可考虑向这种类型的客户推荐零存整取储蓄、整存整取储蓄组合；助学贷款、消费贷款等贷款组合；电话银行、网上银行、手机银行等新型金融产品组合；借记卡、贷记卡等现代化支付工具。
第2阶段（26~35岁）	这一阶段的消费群体，有一定的积蓄，收入水平较好，投资上也获得了一定的利润，并进入大规模的消费阶段，要买房、结婚、购置家具等。	可考虑重点提供住房贷款、装修贷款、耐用消费品贷款、旅游贷款等贷款组合；水电、工资、电话等费用转账服务等中间业务的综合服务；代理保险、代理基金、黄金投资及其衍生产品等投资工具。
第3阶段（36~50岁）	这一阶段的客户群体事业有成，需要一定的投资计划，面临着孩子成长、教育问题，需要相当投人，自身开始考虑退休问题，需要适当的养老计划。	可考虑提供教育储蓄、教育贷款、养老储蓄等储蓄产品组合；债券、股票、保险、基金等包括在内的投资理财计划；医疗保健、家政服务、旅游服务等在内的家居银行产品服务。
第4阶段（51~65岁）	这一阶段的各户群体已经临近人生事业的尾声，需要考虑退休生活的安排。	可以创新开发提供一些储蓄计划、理财服务。
第5阶段（65岁以上）	这一阶段的客户群体已经退休，子女已经成家立业，整个人生已经进入安度晚年的时期。	可适当开发个人财务咨询服务、财产综合管理账户等金融产品。

提升市场竞争能力　积极推进跨越发展 为实现第一零售银行目标而努力奋斗

——赵增学同志在河北省分行个人金融、银行卡、电子银行业务工作会议上的讲话

一、个人金融、银行卡、电子银行业务发展成效显著

过去的一年，全行上下认真贯彻省行党委的各项决策部署，围绕打造第一零售银行战略目标，从提高市场竞争力入手，开拓创新，奋力拼搏，各项业务突飞猛进，主要指标实现历史性突破，在系统内和同业均占据领先位置，竞争优势初步确立，为全行业务发展做出了积极贡献。

一是储蓄存款增长创下新纪录。全年人民币储蓄存款增加404.35亿元，同比多增350.94亿元，增长额为上年同期的7.57倍，创历史同期最好水平。增量系统排名第5位，同业第2位，实现了年初确定的超建行预定目标。

二是个人金融业务利润增长实现新突破。到11月末，个人金融业务实现利润18.03亿元，同比多增8.46亿元，增幅88.4%。全年实现个人中间业务收入6.59亿元，占全行中间业务收入的39.8%。

三是“1+4”个人金融净资产发展创下新佳绩。全年个人金融业务净资产销售2452.26亿元，同比多增2005.14亿元，同业首位，11月末系统排名第3位。其中，销售基金512.46亿元，销售额居系统和同业首位，分别较同期上升4个位次和1个位次；销售个人保险75.74亿元，是去年同期的2.92倍，系统排名第4位，上升2个位次，同业首位。其中代理寿险系统第3位，上升3个位次，同业首位；代理个人财险系统第3位，上升2个位次。邢台、廊坊、承德保险总量同业市场占比首位。销售人民币理财产品1443.79亿，系统第2位，仅次于北京分行，超过了上海、广东、江苏、浙江等大行，同比上升4个位次，同业首位。

四是银行卡业务市场领先优势进一步扩大。截至12月30日，信用卡发卡量195万张，系统排名第8位，市场占比60%，居首位，当年新发卡105万张，较上年多发32万张；消费额突破120亿元，系统排名第8位，同业占比63%，居首位，市场领先优势进一步扩大。信用卡业务总收入和中间业务收入连闯两个“亿元”大关，分别达到2.16亿元和1.03亿元，增幅61%和85%，创历史新高。信用卡透支规模达到4.19亿元，增幅75%。信用卡业务受总行通报表扬，荣获总行2008年度经营发展突出奖。灵通卡业务快速发展，新增发卡212.27万张，同比多增6.73万张；实现消费额245.98亿元，同比增加74.14亿元，业务发展综合排名系统第5位。

五是电子银行业务发展跃上新台阶。全年企网新增客户3.7万户，其中证书客户增加2.29万户；个网新增客户77万户，其中新增U盾客户18.27万户，在省内同业率先突破200万户大关；个人电话银行新增客户68万户。个人网上银行客户和企网客户同业占比分别达到54%和74%，网上银行交易金额2.69万亿，同业占比达到50%，进一步巩固了我行电子银行在金融同业的领先地位。到11月末，网上报税（B2B）交易金额、交易笔数系统排名第1；质押贷款、理财产品交易额系统排名第1；基金业务交易额排名第3；个人汇款交易额系统第4，较上年上升11位次。离柜业务占比为38%，较上年末上升8个百分点，系统排名提升8个位次，渠道分流作用进一步提高。

六是个人中高端客户发展开创新局面。到11月末，个人中高端客户突破100万户，增加16.4万户，系统第6位。新增理财金账户客户9.59万户，是前五年客户增长的总和，同比多增8.2万户，居系统第3位，增幅116%。

七是渠道建设取得新进展。全年增配个人客户经理444名，新建77家贵宾理财中心，安装ATM机265台，自动柜员机系统内综合排名同比上升11个位次。

此外，在总行举办的个人客户经理营销技能比赛中，以总分第四名的成绩获得优胜团体奖，创下我行有史以来最好比赛成绩。在总行第七届个人金融业务“双佳”评选中，保定分行梁卫江、唐山分行刘鹏被评为“最佳个人金融员工”，营业部桥西财富中心被评为“最佳个人金融网点”。去年，我们还在全行评选了储蓄存款、代理保险等7名营销状元，将在全省行长会议上进行重点表彰。

2008年，我行个人金融业务各项指标全部进入系统前10名，提前实现了省行党委确定的“同业最强、系统十强”和个人金融业务在河北率先突破的发展目标。

总结2008年工作，之所以能够取得如此突出的成绩，主要得益于以下四个方面：

（一）得益于一把手的高度重视。省行党委审时度势，确定了打造“第一零售银行”的发展战略，各级行一把手高度重视，亲自部署和参与组织，有力地提升了竞争发展能力。加大经营资源投入力度，直接对代理基金、代理保险等重点业务实行奖励，将个人优质客户增长作为指令性工作。加快贵宾理财中心、标准化理财网点和个人客户经理队伍等基础性建设工作，突出银行卡和电子银行业务争先进位，通过会议、督导、调研等多种方式，强化“得个金者得天下”的思想意识。去年，省行先后召开有行级领

导参加的个人金融业务会议达10次之多，其中仅沈行长亲自参加的就有5次。经过不懈努力，全行上下形成了重视个人金融、抢抓零售银行业务的浓厚氛围。

（二）得益于精细化管理的逐步深入。进一步加强个人金融业务精细化管理，推行零售银行业务专职副行长制度，选择部分支行进行零售银行业务改革试点。加强重点业务的监测分析和调研督导，对理财金账户落后分行下达工作督导函，对业务落后支行下达工作建议书，对产品营销突出的分行、个人及时通报表彰。组织开展一级支行行长金融网点同业调研，开发投产个人中高端客户识别和统计分析系统，市场营销的针对性、有效性不断增强。银行卡业务完善考核激励机制，开展业务攻坚战，扎实推进“三进”工作，市场发展空间不断拓展，服务水平持续提升。电子银行陆续推出了集中式银期转账、实物黄金等多种新产品，投放了80台信息亭设备、430台自助终端、615台网银自助机，完成了8个地市电费业务接口改造，系统功能日益完善，业务分流能力不断增强。

（三）得益于对重点产品的重点营销。各行准确把握资本市场变动趋势，及时调整发展重心，把代理个人保险放在突出位置来抓，积极开展营销竞赛和专题营销活动，代理保险销售实现历史性突破。调整代理基金主攻方向，以债券型和货币型基金为重点，开展专题营销活动63次，代理基金销售额稳居系统和同业首位。大力开展灵通快线等人民币理财产品和牡丹灵通卡等渠道类产品营销，组织牡丹卡定向发卡和联名卡发卡营销活动，客户品牌认同度和市场覆盖率显著提升。加大公务卡营销力度，成为省内第一家发行省级财政预算单位公务卡的银行。网上缴税项目成功推广，不仅促进了电子银行业务发展，而且带动了对公结算账户和对公存款增长。开展“迎奥运、个网交易积分送U盾”营销活动，取得显著效果，U盾客户增加15.66万户，系统排名第七，上升了8个位次。积极抓好旺季储蓄存款营销，储蓄存款实现高速增长，创历史新记录。自12月11日起，利用年底前21天时间，开展个人金融业务营销冲刺活动，人民币储蓄存款、代理保险业务当月增量同业首位。储蓄存款增加额等于前10年储蓄存款的年度平均增长额。

（四）得益于基础性工作的扎实推进。以奥运金融服务和个人金融业务技能比赛为契机，开展技术练兵，全面提高营业网点金融服务水平。加大渠道建设力度，强化监测督导，多层次网点体系初步建立。信用卡业务加强售后服务，通过短信、信函、电话等方式向持卡人进行节日问候，银行与客户联系日益紧密。电子银行创新服务模式，提升服务质量，客户服务中心转型发展初见成效，截至10月末，95588接入客户来电1135万通，同比增长37%；人工接听客户来电60.7万通，同比增长44%，电子银行中心正在逐步转变成全行客户维护中心和营销中心。举办6期个人客户经理培训班和26次基金、保险、人民币理财产品业务培训，164名个人客户经理通过总行资格认证考试，9808名员工取得个人理财业务从业资格，员工素质明显提升。

当前，我行个人金融业务已进入重要发展关口。下一步如何走，需要我们进行深入思考。从2000年开始，总行加快个人金融业务转型步伐，新的思路不断推出，总结起来，可以概括为“客户分层、网点分类、功能分区、业务分流、考核分人”五个方面。

客户分层是根据客户在我行金融资产状况，分为潜力客户、中端客户、财富客户和私人银行客户。潜力客户是指金融资产5000元至5万元的客户；中端客户是指金融资产5万至100万元的客户；财富客户是指金融资产100万至800万元的客户；金融资产800万元以上的客户称为私人银行客户。不同的客户对我行贡献度不同，要求我们分层进行维护。二级分管行长要协助客户经理维护私人银行客户；个人金融业务部经理要协助客户经理维护除私人银行客户外的金融资产排名前50名的高端客户；支行行长要协助客户经理维护金融资产前50名的优质客户；个人客户经理要直接维护优质客户，且中高端客户数量不超过500人；专门维护财富客户的客户经理维护客户数量不超过200人。

网点分类是指将网点分为财富中心、贵宾理财中心、理财网点和金融便利店四类。每类网点服务对象各有侧重。财富中心主要服务于财富客户；贵宾理财中心主要服务于金融资产20万元至100万元的中高端客户；理财网点主要服务于金融资产5万元至20万元的客户；金融便利店主要服务于金融资产5万元以下的潜力客户。金融便利店以存取款等业务为主，要求快收快付。理财网点侧重简单的理财业务。贵宾理财中心和财富中心侧重较为复杂的资产规划等业务。会后，各行要尽快明确本行网点的发展定位，确定发展类型，制定发展规划。

功能分区是指根据网点类别，确定内部功能分区。内部分区主要为自助区、现金区、非现金区、理财区、业务咨询区、电子银行服务区、贵宾（财富）客户专属服务区等区域。各分区办理业务种类不同，服务客户不同。

业务分流是指将交易类业务从柜面向自助设备分流，减轻柜面压力。要将小额存取款业务分流到ATM、存取款一体机等设备；转账、查询等业务分流到电子银行、电话银行、自助终端等渠道。到年末，业务分流率要达到50%以上。

考核分人是指根据员工岗位职责和营销业绩，实行收入与业绩挂钩考核。今后，各行在下达任务时，要直接将任务下达到客户经理身上，建立以营销业绩为主的考核体系，确定产品计价，明确绩效收入预期，调动人员积极性。

二、认清形势，明确目标，着力推进各项业务跨越发展

今年是我行三年打造区域强行的最后一年，也是实施“实现、赶超、跨越”三年发展规划的第一年，各项业务将进入快速和跨越发展阶段。大个金作为全行业务发展的战略重点，必须抢先一步，力争实现发展新跨越。从总体形势看，受金融危机影响，预计今年中国经济增长速度会有所放缓，但仍将保持较快发展态势，尤其是随着国家扩内需、促增长政策的实施，国民收入格局将进一步调整，特别是中低收入群体的收入保持一个平稳上升的水平，居

民的消费意愿和消费能力会不断增强，必将为零售银行业务发展创造新的条件、开辟新的市场、带来巨大的机会。从银行内部看，国家刺激经济增长政策的陆续出台，银行信贷需求将不断增加，资金需求压力增大，为储蓄存款等重点业务增长提供了内在动力。面对迅速扩大的客户群体和广阔的发展空间，个人金融、银行卡、电子银行部门要进一步统一思想、转变观念、坚定信心，把握机遇，加快发展，努力开创我行零售银行业务发展的崭新局面。

在看到取得成绩和具有良好优势的同时，也要看到，当前经济金融形势对零售银行业务的挑战是很大的，直观来讲，随着失业人数不断增加形成居民收入减少，消费需求也会减少，这种全球性的市场萎缩和居民消费水平的降低将对零售业务发展造成重大影响。对此，我们要认真研究，冷静对待，并进一步完善措施，未雨绸缪，趋利避害。从我们自身来讲，与省行党委要求相比，与打造省内第一零售银行的战略目标相比，零售银行业务发展还存在着一些问题和不足：

一是对零售银行业务发展仍存在模糊认识。个别行对零售银行业务重要性认识不足，在业务发展上缺乏有效定位；有的支行一把手对业务底数不清，方向不明，亲自参与营销、调研工作较少，投入的精力不足，资源倾斜不到位。二是部分业务市场竞争力有待进一步提升。尽管去年各项业务快速增长，但人民币储蓄存款、牡丹灵通卡等部分业务与同业相比还存在一定差距。三是精细化管理还存在欠缺。在激发网点和员工参与市场竞争、提高竞争力方面研究不够，在工作做深做细做实、提高执行力方面不到位，缺乏对一线、对网点考核的深入思考，员工积极性激发不足。四是中高端客户渗透率有待提高。到11月末，信用卡中高端客户渗透率仅9.8%，低于系统平均水平3.4个百分点；电子银行中高端客户渗透率仅19.3%，系统排名第29位。五是业务发展质量仍需进一步改善。信用卡新发卡启用率仅38.6%，落后系统平均水平9.4个百分点；月均动卡率26.8%，与系统平均水平相差2.4个百分点；电子银行个网动户率36.9%，系统排名第27位；企网动户率60.3%，系统排名第18位。六是离柜业务占比还存在差距。电子银行交易类业务占比偏低，离柜业务占比为38%，低于系统平均水平4.5个百分点。这些问题必须引起我们的高度重视，积极采取更加有效措施，努力在下一步的工作中认真加以解决。

2009年，我行个人金融、信用卡、电子银行业务的发展目标是：

个人金融业务：人民币储蓄存款增加450亿元，力争550亿元，同业增量占比首位；代理保险销售额100亿元（寿险60亿元、财险40亿元），力争150亿元，同业首位；代理基金、理财产品销售同业首位；新增代发工资单位8000户，力争1万户；牡丹灵通卡新增发卡500万张，力争600万张，同业增量占比首位；实现个人中间业务收入8亿元，力争10亿元；个人中高端客户增加20万户，力争25万户；财富客户增长6000户，力争7000户；理财金账户客户增加10万户，力争12万户；新建财富中心10家、贵宾理财中心70家、标准化理财网点100家；专职个人客户经理达到全行人数的12%或新增500名。

信用卡业务：发卡量达到300万张，同业占比首位；实现消费交易额180亿元，同业首位；透支额达到10亿元；客户数达到140万户。

电子银行业务：个人网银客户新增120万户，其中证书客户新增15万户；企网客户新增2万户，其中证书客户新增1.5万户；电话银行个人客户新增60万户；手机银行客户新增26万户；电子银行交易额达到3万亿元；电子银行业务笔数占比达到51%。

三、开拓进取，扎实工作，积极推动个人金融、银行卡、电子银行业务创新发展

（一）努力推动个人金融业务发展新跨越。进一步深化“得个金者得天下”的经营理念，调整经营思路，完善体制机制，强化工作举措，加强精细化管理，全面推动个人金融业务加快发展，努力实现更大跨越。

1. 强化基本渠道建设。物理网点是直接服务客户的窗口，是业务营销的基本渠道。要根据城市发展规划，按照“迁建并”相结合的原则，加快网点向城市新区、新建富人区和优质客户集中区流动。加大标准化理财网点的建设力度，做好网点分类定位和分区改造工作，压缩金融便利店数量，到年末，贵宾理财中心和标准化理财网点数量要达到网点总量的70%以上。要继续做好贵宾理财中心建设工作，原则上，凡符合改造条件的城区支行营业室都要建成贵宾理财中心；对于资源充足、发展后劲大，营业面积不足300平米的网点，要努力创造条件扩建为贵宾理财中心。一季度省行将对去年贵宾理财中心进行验收，并逐一对城区支行营业室进行考察，确定各行建设名单。4月底前，各行要完成方案设计、预算和招标工作，确保6月份进入装修改造阶段。8月底前要确保完成改造任务。9月份，省行将组织检查验收。要加强已建成贵宾理财中心的管理，各行在下达营销任务时，财富中心和贵宾理财中心要高于网均水平。

2. 抓好交易主渠道建设。交易主渠道是指ATM、POS、自助终端、网上银行等自助渠道。要加大ATM配备力度，力争到年末，每个营业网点至少配备一台ATM；积极推广商用POS，年内POS增加6000台；全面推广“电话通”业务，努力将柜面业务分流、引导到交易主渠道办理，确保业务分流率要达到50%以上。大堂经理要发挥业务分流作用，逐步将2万元以下的现金取款及查询、转账等业务引导至自助设备办理，网点单台ATM业务分流率达到30%。配有大堂经理的网点，ATM业务量指标要与大堂经理绩效考核挂钩；未配备大堂经理的网点，ATM业务量指标与业务负责人绩效考核挂钩；非网点的ATM，要指定专人管理，并将业务量指标与绩效考核挂钩。要对单台日均交易量100笔以下的低效ATM进行清理，新增ATM分配要同各行低效机具数量挂钩。

3. 突出抓好营销主渠道建设。个人客户经理是金融产品的主要营销渠道。要继续强化客户经理配备，按照财富中心个人客户经理不少于8人，贵宾理财中心不少于6人，标准化理财网点不少于2人做好个人客户经理配备工作。

在大堂经理配备上，每个网点至少配备1名，贵宾理财中心、财富中心至少2名。凡未成立优质客户服务专家团队的二级分行，4月底前，要成立优质客户服务专家团队。省行人力资源、个人金融部门要积极探索个人客户经理考核问题，尽快提出指导意见。各行要制定具体考核办法，按月下达客户经理考核指标，直接管理、直接考核，其中任务量要占全行新增任务的70%以上，同时增加电子银行、信用卡渗透率和启用率考核指标。

4. 积极拓展农村零售业务市场。要在继续提升城区支行市场竞争力的同时，把县域支行作为个金业务发展的重点突破方向。县域支行要深入研究本地资源状况和发展趋势，重新确定市场定位，重新规划网点布局、人力资源配置和费用配套投入。要采取积极措施，将营销触角延伸至农村，向县城以外的市场要资源。

5. 加快重点业务提速发展。储蓄存款增长目标是努力夺取同业首位，并确保年内储蓄存款余额突破2000亿元大关。要实行储蓄存款工作责任制，年末，人民币储蓄存款同业增量占比不是前两位的，省行将对分行行长进行管理问责；同时，各行分管行长和个金经理也要对重点支行储蓄存款增长和市场占比负责。要继续把代理个人保险业务作为理财业务重点，确保同业首位。全行所有网点必须代理个人保险业务，省行将按月监测，按网均销售额排名通报，网均销售额后三名的分行要在次月三日内书面向省行说明原因和整改措施。销售额为零的网点，省行将对所属分行进行点名批评。同时，将按月通报表扬销售额前三名的分行和销售额超过300万的客户经理。要扎实做好代发工资业务，力争新增客户突破1万户。对新增一、二、三类客户，分别按照每户4元、1.65元和0.5元的标准进行奖励。牡丹灵通卡新增发卡要力争同业首位，存量突破1000万张。要把营销重点放在批量发卡及联名卡上，对辖区单位逐一摸底，确定重点营销对象。对多行竞争的批量发卡对象，可适当减免首年年费和工本费。要做好柜面开卡和代发工资以卡代折营销工作，将活期存折开户纳入监控，适当限制活折开户比例。

为调动各行工作积极性，省行设立了“行长存款奖励基金”，对于年末储蓄存款同业占比首位的二级分行，省行将按储蓄存款增额的10/万予以奖励，同业占比第二位的分行按8/万予以奖励，用于营销储蓄存款的客户经理及相关人员。同时，设立保险专项奖励基金，按销售收入的15%奖励保险营销人员，费用由省行按月拨付，各行必须在次月的15日内兑现完毕。基金奖励按股票型基金销售额不低于19/万予以奖励，对于持有期在一个月以上的非股票型基金按不低于8/万予以奖励，奖励资金由各二级分行支付。对灵通卡营销进行奖励，具体可视年费减免、网银开通情况分别给予1至5元的奖励，奖励资金由各二级分行支付。

一季度是个人金融业务的营销旺季，也是赶超同业、确立全年竞争优势的关键时期，省行决定在全行开展专项营销竞赛活动。一会儿，沈行长将作重要部署，各行要全面抓好落实。

（二）着力推动信用卡业务系统进位。继续坚持“全行办卡”方针，充分调动全员营销信用卡的积极性，不断扩大信用卡业务规模，实现系统进位。

1. 提高个人中高端客户渗透率。将信用卡个人中高端客户渗透率和发卡任务下达到网点和客户经理，并加大考核力度，上半年渗透率提高到15%，年末提高到20%。加大项目推动力度，加大交通卡、年金卡、公务卡、公积金卡等项目营销，依托项目实现发卡量和消费额的同步增长。加强联名卡项目营销，实现区域联名卡发卡量大幅增加。面向企事业单位进行商务卡营销，积极开展团体客户办卡。

2. 大力拓展商户市场。深入开展分期付款业务营销，积极拓展收单市场。大力发展专业市场商户，抢占省内知名专业批发市场的收单业务。深入开展信用卡业务营销宣传活动，突出主题，彰显特色，广泛开展刷卡促销，促进消费交易量增长。要加强有奖消费、启用有礼等营销宣传，激活睡眠卡和低交易量卡。

3. 深入开展“三进”工作。进一步深化“产品进点、服务进区、功能进柜”，依托信用卡经营管理支持系统，加强对支行网点的信用卡业务考核，切实将支行网点打造成信用卡营销和服务的阵地。要提高营销人员的售后服务意识，按照“谁营销、谁维护”的原则，着力提高卡片启用率及动卡率。大力调整卡片结构，提高金卡和白金卡的数量和占比，做好数量超过80万张的普及版信用卡的“多用、升级”工作，将规模优势转化为效益优势。

（三）全力扩大电子银行业务同业领先优势。充分利用我行产品优势，抢抓客户，抢占市场，确保网上银行客户总量实现系统位次前移，个人网上银行客户规模系统提升2个位次。

1. 加强网点营销能力建设。坚持联合营销、交叉销售和捆绑销售策略，确保新增结算户、新增个人客户网银捆绑率要达到80%以上，提高网均、人均效率。做好“以公促私”，利用网上代发工资、网上工资单等优势产品，争取代发一个单位，增长一批个人网银客户。及时跟进各类网上报名、网上缴费项目，在开通特约网站、在线缴费等业务的同时，促进个人业务规模增长。要进一步完善个人网上银行营销机制，激发基层行积极性，发挥网点营销主阵地作用。

2. 提高业务发展质量。要在巩固已有市场优势的基础上，利用中高端客户识别系统，锁定存量客户，有针对性地开展营销活动，重点推广贵宾版网银和二代U盾，增强对客户的吸引力，年末中高端客户渗透率要提高6个百分点，达到25%。加强对企网普及版客户的二次营销，适时开展普及版转化的专项营销活动，对在柜面结算频繁的普及版客户，加强证书版营销，提高证书版企网客户的占比。加强精细化管理，对所有新增企网证书版客户必须坚持上门安装，并当场指导客户使用，做到开一户动一户，提高动户率和使用率。开展长期睡眠户唤醒工作，对长期不动户进行回访，年末个网动户率要提升5个百分点，达到43%，企网动户率要达到70%。

3. 深入推广重点产品应用。跟进征税模式变革，继续推广B2B缴税项目，未开通的地市要尽快开通B2B缴税方式，已开通的地区要迅速扩大B2B缴税的客户规模，提高客户忠诚度。要将“校园行”活动引向深入，加强我行在高校中的宣传和渗透，积极抢占高校市场份额。继续跟进农发行项目，完成信贷资金账户监管体系搭建，争取实现更大突破。对收费站、缴费站和银企互联客户进行全面梳理，促进客户数量和业务量的大幅增长。

（四）积极推进大个金业务精细化管理。积极落实大个金经营管理机制，深入推进精细化管理，切实解决好大个金业务经营战略、业务流程、业务发展和组合营销等重大问题。

1. 推行业务流量管理。即关注业务产品的到期管理，把业务存量转化为业务流量，减少客户和业务流失，提高客户忠诚度。如对客户销售理财产品，在产品到期前，要提前与客户进行联系，并积极筹划新的产品，确保客户和业务稳定在我行。各行对个人客户经理考核时，要增加业务流量占比指标。

2. 推行支行行长坐堂制和营业网点晨会制。从今年起，在全行推行支行行长“坐堂制”。支行营业室或网点设立“行长工作席”，由一级支行行级领导或二级支行行长值班。一级支行行级领导每周要有一个工作日在营业室或网点“坐堂”，二级支行行长除外出营销和参加会议外，均要在本网点“坐堂”。继续推行营业网点晨会制，二级分行要制定营业网点晨会制度，统一晨会形式、内容，营业网点要每日召开工作晨会，并设立专门档案，对晨会内容进行记录。

3. 加强中高端客户维护体系建设。要对重点中高端客户实行名单制管理，尽快建立客户服务质量考核体系，加强中高端客户关系维护工作。继续按每营销一户达标理财金账户客户奖励25元的标准对营销人员进行奖励，费用由二级分行解决。集中开展财富管理业务营销宣传，以产品推介会或高端客户营销招待会等形式，向高端客户营销推介财富管理业务。开展以“健康保健、体育健身、投资理财、休闲旅游”四大版块为主题的增值服务活动，为客户提供更多的附加值服务。各行要按照不低于上年度个人金融业务利润千分之二的比例拔出专项营销服务费用，用于个人客户维护工作。

4. 加强服务投诉管理。对于客户投诉，营业网点要及时处理，能够当时解决的，要当时解决；不能当时解决的，要积极与有关部门或上级行联系，并在3日内最长7日内予以解决。要认真梳理投诉类型，分析投诉产生原因，凡因我行制度造成的，要及时向上级行反映；凡因客户原因造成的，要做好解释工作。一个月内连续被投诉3次以上的支行，要对支行进行通报批评，并扣减支行行长一定的经营绩效。

5. 开展评先活动。根据个人金融业务营销情况，年末省行将评选出3个二级分行、10个一级支行和10个营业网点，评选出“代理保险、储蓄存款、代理基金、牡丹灵通卡、人民币理财产品、代发工资、个人优质客户、信用卡、电子银行”9个营销状元，组织“最佳金融理财师”评选活动，由省行集中进行表彰奖励。

6. 强化规范管理。建立专职个人金融业务操作风险管理队伍，个人金融业务部要配备专职人员，负责业务风险管理、系统测试、投产、培训、检查和流程实施工作。要切实加强个人理财类产品售后维护和风险防控工作，完善客户投诉处理机制，严防出现同一问题的重复投诉、群体投诉、媒体曝光等对我行声誉和社会形象造成恶劣影响的重大事件。要建立操作风险检查和工作报告制度，每季至少组织一次个人客户经理、反洗钱、代发工资等易发案部位检查，省行将不定期进行抽查。要做好操作风险管理、业务操作规程、业务操作指南的培训工作，每半年开展一次培训和考核工作，提高员工风险防范意识。

转变观念上台阶　调整结构促发展
快速实现个人金融业务由“大个金”向“强个金”的转变

——郭瑞海同志在河南省分行2010年个人金融业务旺季营销工作会议上的讲话

11月11日，总行召开了个人金融工作会议，张福荣副行长和个金部李卫平总经理在会议上做了重要讲话并提出了三个“明确”的要求：一是明确个人金融业务要实现由“大个金”向“强个金”转变；二是明确个人金融业务的考核将全部以市场占比为基础，从市场占比上看各行的竞争能力；三是明确个人金融业务的考核重点看个人金融业务的整体贡献度和对全行经营的贡献。

这次会议主要任务是，传达贯彻总行会议精神，安排部署旺季营销工作，并对明年全行个人金融业务发展进行部署。下面我讲八个方面的意见。

一、近三年的艰辛努力为推进“强个金”奠定了良好基础

（一）从市场占比上看，2006年我行个金多项经营指标在四大商业银行银行中排名在第三位，甚至第四位。而到了今年10月份，我行多项经营指标处于第一位，如个人贷款、代理基金、代理保险。储蓄存款业务虽然是市场第二，但与第一位仅有2个亿的差距。从以上指标可以看出，我们在市场地位上的进步是巨大的。在个金资产总量方面，2007年我行营销个人金融资产273亿元，2008年686亿元，今年前10个月营销1047亿，这是市场规模的放量增长。

（二）从系统位次上看，2007年我行系统综合排名第22位，比2006年提升了5个位次；2008年我行系统综合排名第8位，比2007年提升了14个位次；2009年前三个季度我行系统综合排名是第7位，这是系统位次上的提升。

（三）从客户数量上看，截至2009年10月末，我行共发展私人银行客户354户，财富客户1.25万户，理财金账

户客户22.9万户，5万元以上的客户89.5万户。我行这些中高端客户中，40%～60%是近三年来发展起来的。

（四）从渠道上看，通过近3年的不懈努力，我行升级改造的物理渠道网点达380个，截至10月底完成升级改造的网点共300个，其中财富管理中心5个，贵宾理财中心130个。自助设备的发展也异常迅速，目前我行共投产ATM共1317台，其中53%是近三年新增的。拥有POS机9682台，其中8044台是近三年增加的。拥有自助终端1284台，其中841台是近三年新增的。拥有网上银行自助机902台。

（五）从队伍建设上看，截至今年9月末，我行个人客户经理队伍达到2660人。其中，大堂经理799人，理财经理548人，营销经理620人，个贷营销经理693人。其中拥有AFP资格认证的475人，拥有CFP资格认证的85人。

（六）从市场、位次、客户、渠道、队伍五个方面看，我们的个人金融业务都发生着巨大的变化，这既凝结着全行个金队伍的心血，也反映了全行职工对个人金融业务的支持，同时也增强了我们继续发展个人金融业务的信心和决心。省行希望再通过2～3年的不懈努力，能够在河南市场上夺得霸主的位置，在中部地区取得领军行的位置，在系统内部牢牢巩固第一梯队的位置。

二、澄清经营发展理念，为实现“强个金”扫清障碍

在肯定成绩的同时，更要清醒地认识我们工作中存在的问题，从经营理念上进行深入剖析，统一全行思想认识。从目前情况看，主要纠正以下几种思想倾向：

（一）重视产品的市场份额，忽视产品的收益结构。我们现在出现的情况是产品取得了市场占比的首位，但收益还没有达到理想的要求，即增量不增收的问题比较突出。

个人贷款方面：今年我行新增个人贷款在四大银行中是市场第一，但创造高收益的非住房贷款市场占比并不理想。如中国银行的非住房贷款是我行的近两倍，而我行高收益的个贷产品并不是市场第一位。又如系统内的浙江分行共营销1400亿的个人贷款，非住房贷款就占了41%，而我行的个人贷款中住房按揭贷款占到90%，高于全国平均水平10个百分点。我们产品的市场占比虽然是第一位，但收益的结构和产品的结构并不是第一位。

基金方面：前10个月我行销售基金是第一位，比建行多66亿，但我们的收益比建行少了7523万元。这里面虽然有我行的托管费收入在总行，但扣除托管费收入后，我们仍然比建行少5000万元，原因主要是货币基金做支撑，股票型基金销售额少。

代理保险方面：我们的销售额28亿，高于建行近2亿，但我行银保业务收入比建行少882万元。问题也在于我们的产品结构不合理，收益高的期缴保险只占了7.9%，而建设银行占了16.4%。

信用卡方面：信用卡市场占据绝对的控制地位，占比45%，建设银行只占16.6%。但从消费额看，建行是27%，我行是29%，我们发卡量超过建行29个百分点，但消费额只超过建行2个百分点。收益最高的是透支，截至9月底全省透支是32亿，建行占36%，我们只占8%。所以，我们在做产品市场占比第一的同时，必须做好结构调整，使我们的收入在市场占比也达到第一，这才是核心。

（二）重视客户数量，忽视客户质量。截至11月10日，新发展个人客户数150万户，但有效客户数只有99万户，超过三分之一新增客户是没有效果的。再看代发工资，一类代发工资只占18%，三、四类占42%。第三方存管基本上是中高端客户，今年前10个月，建行增加了12.1万户，我行只增加了8.8万户。

（三）重视客户的发展，忽视客户的维护。这里有一个典型的数据，9月份一个月增加了私人银行客户71户，但是10月份下降了69户，可以看出我们的客户维护能力不够。就财富客户来看，9月底增加了3455户，10月底较9月底又下降了309户。

（四）重视零散客户，忽视集群客户。从个人客户的发展来看，突出的特点是：个人客户集群化、需求多样化、产品趋利化。如郑州的各类批发市场有200多个，每个批发市场都是一个客户集群，每一个地市这样的市场都不少，但是我们在发展散户上比较重视，做集群客户和大项目上，我们重视不够。

（五）重视时点数字，忽视日均数字。9月末新增储蓄存款293亿元，三天后变为240多亿元。到目前，我们仍在240亿元附近徘徊。9月末我们比建行多20多个亿元，到现在建行比我们多6亿元，因为建行是考核日均的。

从以上五个方面看，我们规模做上去了，但效益没有上去。但并不是否定做规模不对，做大规模依然是前提，要把更多的精力用在做效益上，以结构调整增强持续盈利能力。

三、河南经济的快速发展为实现“强个金”创造了良好的环境

经济决定金融。从我们国家宏观经济背景看，改革开放三十多年一直持续高速健康发展，即便是金融危机冲击，今年GDP“保八”也没有问题。这里有几个数字值得我们深思：一是从国家统计局公布10月的数字看，消费对我国经济的拉动第一次超过50%，达到52%；二是在金融危机影响的情况下，前10个月汽车消费增长了45%，商品房消费增长了79%，这预示着我们国家从整体上消费拉动进入了新的阶段。消费拉动对我们做好个人金融工作提供了非常好的环境和条件。另外我们河南是经济大省、人口大省，经济增长水平一直是高于全国平均水平，也为我们做强个金提供了良好的基础。从全国范围看，我们的发展还有很大的提升空间。如安徽前九个月GDP是7020亿、商品销售总额2400亿，河南分别是14562亿、4700亿，但安徽分行新增个人贷款是423亿，比我行高149亿；广西前九个月GDP是5100亿，相当于我省的三分之一，但广西分行个人贷款比我行高90亿。

四、强力营销重点产品，为实现“强个金”提供业务支撑

（一）坚定不移地发展储蓄业务，突出发展短期存款。在储蓄存款中，为我们创造收益最高的是短期存款，特别是活期存款，提高活期储蓄占比应该作为旺季工作的重中之重。总行对我行活期存款的净息差是2.14%，7月8日调整到2.19%，上调了0.05个百分点，即增加1个亿的活期储蓄存款一年可以带来收益219万；7天存款息差从1.33%提高到1.38%；三个月存款息差由1.09%提高到1.24%；三年期以上的是负数。今年做得较好的是储蓄存款，活期占比在增长，定期占比在缩小，下一步要继续调整存款结构，在确保市场占比第一的情况下，将工作重点放在短期这个产品上，放在引导客户上。无存不稳，不贷不富，不中（中间业务）不肥（利润），存款要是下降，我们所有的业务就会出现不稳的状态。

（二）继续做大做强个贷业务，突出发展非住房贷款。个人按揭与非按揭的收益比较：营业贡献度非住房类贷款是1.7%，住房贷款是0.59%，即非住房贷款收益率是住房贷款收益率的2.88倍，如果算净利润和EVA，非住房类贷款会更高。但并不是说不做个人住房贷款，也是调整结构的问题，重点做好非住房贷款。一是组织架构上要研究、调整；二是前、中、后台必须联动考核。目前，前台的营销和后台的审批管理不匹配，效率跟不上，只考核前台是不够的；三是如何将小企业、银行卡、个贷、私人银行等部门联合起来，把产品“打通”，同时要完善非住房贷款的制度措施。

（三）研究创造高收益的个人中间业务品种。如银保的期缴，手续费是6%～12%，趸缴是2.5%～3.2%，这是我们保险规模大但收益比建行低的原因。基金重点做股票型和债券型基金，股票型是1.5%，债券型是1%，货币型是0.001%。再一个创造高中间业务收入的是个人结算业务，今年我们的个人结算业务仅比去年同期提高13%，这个比例是比较低的，主要有两个原因：一是有些行没有对个人结算业务进行定价；二是有些窗口没有开个人结算业务。个人结算业务创造一分就是一分的EVA，没有经济资本占用。还有代收代付业务，今年我们代收代付业务的收入较去年下降60%，主要原因是我们将其作为其他贷款业务的代价，希望各行在免收这部分收入时要分析、考虑，计算我们的得失。同时，重点发展一二类代发工资和第三方存管、个人外汇业务等，可以考虑三类市场：一是各类专业批发市场；二是各类消费品市场；三是新兴消费品市场。小老板、小白领、小公务员、大学生、家庭主妇和外籍人员等。尤其是在国家控制、垄断的单位和机构，如：电信、烟草、邮政、电力、铁路，还包括银行、公务员和集团客户等，将是我们重点营销的目标客户。

五、实实在在改善服务，为实现“强个金”打牢客户基础

这几年，个别行每到月底季末搞指标冲刺，月末季初下降，说明我们的客户基础不够牢，主要是维护不够，造成一边发展、一边流失，尤其是高端客户流失严重。鉴于上述情况，我想针对服务方面提出以下要求：

（一）客户方面。私人银行客户签约年底前必须完成，抓紧对客户所处行业、需求进行分析，利用总行强大的后台技术支持，为其提供差异化服务。通过稳定这些客户，带动一些私人银行客户进来。财富客户年底之前要全部实现名单制管理。各二级分行要明确每个财富客户归属哪个网点、哪个客户经理，年底前上报省行。原则上谁营销的客户，由谁来维护。同时，省行要定期对客户经理进行管理、考核、通报，对优秀的客户经理进行表彰。

（二）渠道方面。如果说个人业务发生很大变化，网点升级改造功不可没。从今年的情况看，进展速度不是很理想，明年的任务还很艰巨。要继续加大物理渠道建设，同时对自助银行也要科学合理布局，通过自助渠道分流一部分低端客户。

（三）流程方面。今年要对所有重点产品的流程环节进行梳理，在梳理的基础上尽量使流程缩短、效率提高、手续简便。可以借鉴兄弟行、同业的经验，进行对比，找出差距，尽快修订。

（四）产品方面。要发挥全体人员的主观能动性和创作性，在个金产品创新方面下工夫，争取尽快发行适合河南客户需要的区域性理财产品。与公司业务部和机构部联手，加强与证券公司、信托公司等机构的合作，把牡丹灵通卡、信用卡、个人经营贷款、个人消费贷款和中小企业贷款等业务进行“打通”，创造新的个人金融产品。

（五）内部机制方面。从今年年末开始，省行将定期召开不同层次的客户座谈会，真正走到客户中间，了解客户需求，征求客户对我行个人金融产品的意见和建议。二级分行也要走出去、请进来，同时，将这种机制作为一项制度认真落实并纳入到个金专业全年的考核之中。

六、加强个金队伍建设，为实现“强个金”打造优秀团队

能否做大、做强个人业务，做到市场第一位，人是第一位的，必须坚持以人为本。目前个金营销团队主要存在以下问题：培训师队伍建设滞后，由于目前个人金融产品创新和NOVA系统升级加快，对前台柜员的培训工作没有跟上，同时，管理人员工作作风亟待转变。下一步，要加大产品培训师队伍的组建，至少每个分行达到两人以上。同时，加大对AFP和CFP专业理财师的培训力度，提高全体个金人员和营销团队的整体素质。省行个人金融业务部和二级分行的工作人员，要切实转变工作作风，带头深入基层，帮助一线有关解决实际困难。同时树立“营销第一”的理念，将个人金融业务部从管理营销部门转变为营销管理部门。部门管理人员要少指挥、少安排，带头做好营销工作。

七、完善考核激励机制，为实现“强个金”引路指航

（一）省行要抓紧时间制定全产品计价考核体系，为二级分行提供统一的标准和依据。做好对二级分行的计价考核指导工作，突出以效益为目标，确保二级分行计价标准的科学性和可操作性。

（二）完善考核办法。旺季营销期间将重点考核四项

指标：存款、贷款、中间业务收入和新增客户情况。考核必须体现三个原则，即：市场占比第一原则、效益为本原则和结构调整原则。通过绩效考核来引导员工，为员工指明指明今后经营的方向。

（三）完善评价机制。总行正在开发对二级分行行长的评价系统，明年起将对二级分行行长任职期间个人业务经营业绩情况进行评价，并在全国排名通报。省行将对主管行长进行评价通报。

八、严密防范风险，为“强个金”创造安全运营条件

省行党委一直强调：一手抓发展，一手抓管理，两个都不能放松。通过近三年个人金融和对公业务快速健康发展，也充分体现了这一思想。为了确保各类风险的发生，为“强个金”创造安全运营条件，在这里我强调以下五点：

（一）严禁员工与企业财务人员内外勾结，通过电子银行渠道办理“公款私存”业务。

（二）严禁通过电子银行渠道，随意办理个人定单质押贷款，虚增存款、虚增贷款。

（三）严格执行《中国工商银行个人金融业务二十二“严禁”》和《中国工商银行个人金融业务网点负责人十个“严禁”》。

（四）严禁支行行长、网点负责人克扣一线柜员的绩效工资。

（五）加强个人贷款、自助设备等风险管理，防范假按揭和自助设备风险事件的发生。

强化市场营销　扩大同业优势
积极推进“大个金”向“强个金”的跨越

——杨秀芬同志在黑龙江分行2010年个人金融业务工作会议上的讲话

一、2009全行个人金融业务实现了跨越式发展

2009年，全行个金专业在省行党委的正确领导下，坚持“第一零售银行”战略目标不动摇，强化考核激励机制，积极推进渠道、队伍建设，大力开展“牵手工行、成就梦想”市场营销活动，努力竞争优质客户，个人金融业务实现了跨越式发展，资产、负债、中间业务均实现了同业领先。全年新增储蓄存款167.5亿元，居同业第一位和东三省首位，完成总行计划的159.6%，同业占比在总行居第6位。新增个人贷款38.3亿元，居同业第一位，同比增长793.5%，完成总行计划的9.6倍，个贷余额达到128.5亿元，创历史最好水平。实现个人中间业务收入4.5亿元，居同业第一位和东三省首位，同业占比在总行居第10位，占全行中间业务收入的54.6%，居各专业首位。在全行的共同努力下，我行个人金融业务在总行专业考核排名取得了历史性进步，由2008年末第23位跃升至2009年末第11位，上升了12个位次，分别领先吉林、辽宁2个位次和17个位次。

回顾2009年工作，有以下几方面的经验和体会值得我们在今后的工作中继续坚持并发扬光大。

（一）坚持第一零售银行发展战略是个人金融业务生存发展的关键。自2004年总行确立“第一零售银行”战略以来，特别是2007年省行召开打造第一零售银行佳木斯现场会议后，全行上下积极转变观念，坚持以客户和市场需求为导向，以提升个人金融业务核心竞争力为主线，加快结构调整和经营转型，着力打造客户分类服务体系，不断深化体制机制改革，努力构建“大个金”经营格局。五年来的发展实践充分说明，凡是能坚定不移实施第一零售银行战略的分行，市场竞争力越强，各项业务协调快速发展，个人金融业务对全行的贡献和拉动作用越大。因此，必须牢固树立第一零售银行战略目标不动摇。

（二）开展协同营销是提高同业竞争力的关键。2009年，全行充分调动行内行外资源，实施“部门协同、内外协同、产品协同”的协同营销策略，取得了良好的营销效果。一是加强部门协同营销，个金、银行卡、电子银行等个人业务部门与公司、机构、结算等对公业务部门，成立联合营销小组，针对优质单位开展对公对私产品的联合营销，特别加大了代发工资业务营销力度，全年新增代发工资单位2 056户，完成总行计划的106.2%，在总行综合排名第12位，分别领先吉林、辽宁2个位次和15个位次。代发工资业务的稳固发展，夯实了储蓄存款经营基础，2009年全年连续4个季度储蓄存款稳居同业第一。二是加强内外协同营销，充分利用基金、保险、证券公司等合作伙伴的营销资源、客户资源和信息资源，拓展优质客户市场。全年共营销各类个人理财产品433亿元，居同业第一位和东三省首位，是第二位建行的2.2倍，是辽宁、吉林之和，同比增长64.7%，完成总行计划的240.3%。发展第三方存管客户5.9万户，完成总行计划的150.7%。三是加强产品协同营销，制定多产品交叉销售方案和套餐式金

融服务方案，开展“体验工行产品，服务优质客户”组合营销活动，形成了个人金融资产、负债和中间业务全面、协调发展的格局，基金定投、灵通快线、幸福贷款、牡丹灵通卡等产品已形成具有较强市场影响力的品牌。组织开展了“我爱我家”幸福贷款市场营销活动，坚持以个人住房贷款为重点，以个人综合消费贷款、个人质押贷款为特色的营销方针，全年投放个人贷款 75 亿元，同比增长 150%。组织开展了“牡丹灵通卡，我用我灵通”市场营销活动，全年新增牡丹灵通卡 154 万张，实现借记卡消费额 180 亿元，新增发卡量及消费额均居同业首位。同时，加快了联名灵通卡推广工作，目前已推广十个联名灵通卡项目，累计发行联名灵通卡 162 万张，发卡量在总行排名第 2 位。

（三）落实激励机制是打造专业执行力的关键。2009 年，全行继续实行“九个第一”的同业考核机制；扩大“直通式”网点考核范围，将全省所有个金网点全部纳入直通式考核；分级兑现个人客户经理职级待遇；实行行长坐班制和网点晨会制；继续实行“定价到产品、奖励到个人”的激励机制和“自报预拨”制度，全年个金专业共下拨奖励费用 6 525 万元，有效激发了各级机构和广大员工的营销积极性，执行力和战斗力显著增强，总省行部署的重点营销工作成效突出。在总行开展的个人金融业务百日营销竞赛活动中，我行综合排名居全国第 4 位，分别领先吉林、辽宁 22 个位次和 27 个位次。在总行开展的工银瑞信基金持续营销活动中，我行总销售额及任务完成率均在总行排名前十位，居东三省首位。

（四）优化资源配置是提升客户服务水平的关键。渠道和队伍建设水平决定了优质客户服务水平和竞争能力。2009 年，全行继续开展网点布局调整和升级改造，目前已投入运营 3 家财富管理中心和 114 家贵宾理财中心。ATM 机投产总量达到 698 台，建设 24 小时自助银行 241 个，分流柜面业务效果持续增强。全行已配备专职个人客户经理 1 131 名，其中 340 人获得国家金融理财师（AFP）资格，57 人获得国际金融理财师（CFP）资格，546 人获得总行个人客户经理认证资格。启动了“财富管理百分百”计划和理财金客户“挖潜计划”，理财金账户覆盖率较年初提高了 3. 43 个百分点。实施了个人客户服务精细化管理项目，开展了“向服务要效益优质服务年”活动，网点服务效率和服务质量明显提高，客户投诉率较年初下降了 76%。全年新增个人优质客户 9. 3 万户，同比多增 1. 4 万户，其中新增私人银行客户 110 户，新增财富客户 0. 3 万户，新增理财金客户 4. 2 万户。

（五）完善风险管理是保障业务可持续发展的关键。全行在抓好营销工作的同时，始终将风险防范工作放在重要位置，建立了个人金融业务操作风险例会制度和风险提示制度，开展了“个人金融业务安全年”活动，对全行个人金融业务进行了覆盖全网点、覆盖全业务的“双覆盖”大检查，将理财协议纳入空白重要凭证管理，在理财协议和定期存单上向客户进行风险提示，对历年特别是近几年金融系统发生的涉及个人业务的经济案件进行了全面分析，找出风险隐患，采取措施加强防范。加强了反洗钱业务管理，全年共报送大额交易 58 万笔、可疑交易 14 万笔。通过落实这些有效的风险防范措施，为全行个人金融业务安全、稳健、可持续发展提供了有力保障。

二、深刻认识当前面临的经营形势，努力解决好业务发展中存在的突出问题

2010 年是全行推进“大个金”向“强个金”跨越的起步年，个人金融业务将面临更加激烈的同业竞争态势和复杂多变的经济金融形势。以储蓄存款为例，截至 2 月末，我行仅新增储蓄存款 61. 6 亿元，同比少增 38. 9 亿元，落后建行 20. 8 亿元。在理财产品销售上，前两个月我行新发行基金营销额仅为 4 297 万元，建行为 8 132 万元，我行的传统优势正在受到严峻挑战，不进则退。

能否实现个人金融业务的又好又快发展，持续推进第一零售银行战略的实施，关键还取决于我们能否解决好自身经营中存在的突出矛盾和问题。主要表现在：一是激励机制落实不到位。部分行没有严格执行省行的经营奖励政策对一线营销人员兑现奖励，严重影响了营销人员的积极性，导致业务发展相对滞后。二是整体联动不到位。个金与其他个人业务相关部门以及对公业务相关部门协同组合营销程度不高，特别是在基础源头的代发工资业务营销上，优质代发单位多被建行挖走，这也是导致我行储蓄存款工作处于被动局面的主要原因。三是创新意识不到位。只围绕传统业务开拓市场，导致市场占有率下降，新客户难发展，老客户在流失。今年 1 月份全行新增个人中高端客户仅有 3 千多户，是同期的十分之一。四是服务品质不到位。个人金融业务面对客户多、影响面广、业务复杂多样，对服务品质提出了更高要求，而我行在渠道建设、流程优化、产品创新、资产管理等方面还存在许多值得改进的地方。

因此，在当前复杂的经济金融形势下，我们既要看到各种有利条件，坚定个人金融业务发展的信心，更要增强忧患意识，提高对发展个人金融业务的重视程度和资源投入，特别要加强对基础性、源头性业务的竞争，加大对优质客户特别是高端客户的竞争，努力确立和扩大同业领先优势，巩固第一零售银行地位。

三、2010 年经营目标及重点工作

今年的主要经营目标是：

1. 客户类指标：新增个人优质客户 11 万户，其中新增私人银行客户 200 户，新增财富客户 1 万户，新增理财金客户 5 万户，新增牡丹灵通卡 240 万张。

2. 储蓄加理财指标：新增人民币储蓄存款 160 亿元，实现同业占比第一，新增外币储蓄存款 500 万美元；发行各类个人理财产品 540 亿元。

3. 资产类指标：新增个人贷款 72 亿元，余额达到 200 亿元，实现同业占比第一。

4. 收入类指标：实现个人中间业务收入 56 851 万元，同业占比第一。

5. 协同营销类指标：银行卡个人中高端客户渗透率达到 30%；电子银行个人中高端客户渗透率达到 33%；品牌金销售量 270 公斤，品牌银销售量 300 公斤。

6. 安全类指标：确保全年无经济案件和重大差错事故。

为实现上述目标，今年要重点打好八个战役，推进“大个金”向“强个金”的战略转型：

（一）打好储蓄存款的攻坚战

目前，储蓄存款形势非常严峻，在我行考核时点数而建行不考核时点数的情况下，截至2月末，我行比建行少增储蓄存款21亿元，市场占比低于建行10个百分点，只有齐齐哈尔、佳木斯两家分行同业第一，较同期减少了3家。究其根源在于我行的客户总量和客户结构出现了问题，客户数量特别是优质客户数量增长缓慢，高端客户流失严重，在增量客户中有相当数量是为冲击时点而即增的，稳定性较差。同时，储蓄存款的波动性增长对信贷业务和中间业务发展，乃至全行经营工作都会带来不利影响。因此，全行要继续坚持对储蓄存款业务重要性的统一认识，不断开拓工作思路，多措并举扭转目前的不利局势。一是要突出源头，狠抓代发工资业务营销。对客户而言，代发工资在哪家银行，基本上客户的存款、理财、结算、三方存管、缴费等业务都会留存到这家银行，因此代发工资业务可以说是所有零售业务的源头，各行务必要对代发工资业务营销投入最大的力量，做到行长挂帅、部门联动、主动出击、深入挖潜，锁定财政代发工资户、中省直单位、军队武警、垄断集团客户、优质大中小企业及民营企业、上市公司等，大力开展高层营销。实行名单制营销管理，落实维护责任人，对流失的客户要逐级追究相关领导及责任人责任。进一步提高网银代发比例，转移业务风险，新增代发工资业务网银代发比例要达到90%以上，存量代发工资业务要达到70%以上。省行重申：凡基本账户在我行的单位，代发工资业务营销覆盖率要达到100%，今年省行将加大对此项工作的考核力度。二是要突出联动，做好捆绑组合营销。通过营销理财产品稳定客户，扩大资金规模；通过拓展结算业务市场，增加存款来源；通过发展第三方存管业务，回流炒股资金；通过开展“1+6”产品组合营销，提高客户依存度和稳定性。三是要突出重点，加强高端客户营销。重点营销高官、高管、老板、炒房/炒股/炒金/炒汇客户、出国留学中介及留学客户、垄断行业/热门行业从业人员、官二代/富二代/农二代以及月光族等高消费群体，特别要挖转他行优质客户。四是要突出结构，做好本外币储蓄一体化营销。加强外币储蓄存款业务的发展是我行储蓄存款业务多元化发展的需要，也是维护高端客户的需要，各行要充分利用外币理财产品、外币汇兑等业务做好外币存款大户的竞争，今年省行将把外币储蓄存款纳入专业考核内容。

（二）打好新市场、新客户的争夺战

各行要快速进入新市场，大力做好小商品/建材/服装批发等各类商品交易市场，美容/美体俱乐部、高档洗浴中心、汽车4S店等新型消费品市场，物流、中介、互联网、旅游等现代服务业市场，资本、劳动力、技术/信息、房地产等新型要素市场，因医疗改革和新农村建设等各类改革与政策调整催生的新市场，海外市场等六类重点新型市场的营销拓展工作。每个支行至少营销一个新市场，全行要实质性拓展30个大型商品交易市场，开展300场次面向各类专业市场及机关、企事业单位的职场营销，营销30所大专院校，依托公司、机构、结算业务部门，营销300个大中型骨干企业。要通过集群营销的方式对这几类新市场展开营销。

要以迅速扩大客户规模为重点，实现客户总量的快速提升。客户发展要实现由散户为主向集团式与散户并重转变，结合新市场的开拓迅速扩大客户规模。要大力营销小老板、小白领、小公务员、大学生、自由职业者等五类新客户群体，锁定营销个体工商业主、私营企业主、房地产开发商、煤老板、油老板、粮食经纪人、教师、医生、金融从业人员、新闻媒体从业人员、中省直单位员工等优质客户。要做好存量客户的挖潜工作，积极挖转存量客户的他行资产，同时积极挖转他行新客户或吸引客户将他行资产转移到我行。今年总行下达的财富客户增量计划同比翻翻，私人银行客户计划增幅也达到90%，任务非常艰巨，各行要重点营销财富客户和私人银行客户，实现最佳的投入产出效率。

要围绕新市场和新客户，建立新载体和新平台，如针对自由职业者中的明星客户，建立明星俱乐部；针对小老板中的精英，建立老板精英汇；针对小白领、小公务员，建立白领之家，使这些固定形式和特定渠道，成为拓展新市场、凝聚新客户的有效方式，将新客户凝聚在工商银行周围。新载体要做到三个固定：一是要有固定的客户群体；二是要有固定的场所，可指定专门的财富管理中心或贵宾理财中心对客户提供金融服务；三是要有固定的时间和固定的客户经理为客户做特定服务。今年省行要求各行至少要组建一个高端客户俱乐部，为客户提供沟通、交流、休闲、品鉴、咨询、服务的沙龙场所，提升服务品质和内涵，增强客户的凝聚力和忠诚度。

（三）打好个人贷款的规模战

一是抢抓按揭资源，加大住房贷款营销力度。一要分析研究本地市场资源情况，指定专人有的放矢精确营销。二要对优质开发企业及项目建立持续营销机制，继续实施项目经理派驻制，组成服务团队实施现场服务。三要争取房产交易中心的支持，积极争揽二手房交易资金监管业务。

二是发挥品牌优势，大力发展消费贷款业务。一要针对“经营商户、年轻白领职员和公务员”等客户群体房屋装修、家居消费的市场需求，大力营销个人综合消费贷款和个人房屋抵押贷款。二要针对我行优质代发工资单位稳步拓展代发工资账户质押个人消费贷款。三要分析本地个人信用消费贷款和小额贷款客户的特点，借助总行即将推出的个人信用消费贷款实时处理系统，实现信用卡+信贷产品的捆绑营销，提升我行消费信贷产品的整体竞争力。

三是拓展市场领域，积极营销个人经营贷款。省行营业部、齐齐哈尔、牡丹江、佳木斯、大庆、大兴安岭分行要发挥个人经营贷款的产品优势，选派专人深入到“大宗批发市场、小商品集贸市场、商品粮交易市场”等商品交易场所，积极营销个人经营贷款业务，力争一季度投放超1亿元，年内规模超5亿元。

四是突出地域特色，及早开办大型农机具贷款。要依托我省“大农业、大粮仓”的地域优势，主动营销各农场，在春耕备耕前将贷款投放出去，早投放、早见效，力争年投放量超4亿元。同时，要结合新农村建设，抓住农场“撤连队、建场部”的城市化改造、大量开发集资房和商品房的有利时机，实现大型农机具贷款与个人住房按揭贷款的有效联动。

五是把握政策机遇，积极做好个人小额贷款试点工作。个人小额贷款是总行针对资信较好但不能提供有效抵质押的客户推出的新品种，具有门槛低、金额高、适应人群广、审批时间短的优势，我行是总行选定的第一家试点行，试点成功与否关系到总行开发此项新产品的成败。各行要高度重视试点工作，尤其是省行确定的5家试点行，要迅速行动，深入商品批发市场、集贸市场等商品集散地开拓市场，遴选信誉好、实力强、行业优势明显的业户进行定向营销，3月底前要力争发放小额贷款5千万元，在此期间，要不断总结经验，完善制度和流程，为总行下一步全面推广积累经验。

六是依托服务功能，提升个贷产品附加值和贡献度。一要尝试开展个人融资顾问、代办抵押评估、内部押品评估等业务，增加中间业务收入，对不能产生收益的房产抵押评估机构要提高准入门槛，直至终止业务合作。二要采取利率市场化手段，对个人经营、个人消费、房屋抵押等贷款品种，尝试开展贷款展缩期、房产抵押登记查询、代办抵押登记手续、个人融资顾问等增值服务业务，提高个贷产品收益。三要深化与公积金管理中心的业务合作，全面抓好我行按揭资源中个人公积金贷款的封闭管理，拓展非息收入来源。

（四）打好增加收入的持久战

各行要清醒认识到增加收入是个金业务经营的永恒主题，要将增收作为一项长期性的战略任务来抓。要大力推进交易规模大、收益水平高、收益周期长的产品营销工作，发挥我行传统优势业务的作用，关注综合收益率高的产品。同时要不断挖掘中间业务收入新的增长点，转变发展方式，突破盈利增长平台期，实现可持续发展。从目前我行收入结构看，保险、基金、结算、灵通卡、理财仍是收入的五大支柱业务，各行要认真分析研究本行的优势业务，加大营销力度，省行也将分阶段对重点业务品种开展专项营销活动。

一是继续加强与保险公司的业务合作，努力做大保险代销规模。目前代理保险仍是当期收益最高的业务品种，2009年全行代理销售保险22亿元，实现收入9千多万元，平均收益率超过4%，做大代理保险业务对增加中间业务收入至关重要。

二是做好新发行基金认购工作。2009年我行新发行基金认购额仅为建行的67%，今年2月份更是下降到了53%，前2个月发行了16只新基金，有2家分行认购额不足10万元，仅有6家分行认购额超过百万元，其中省行营业部就占到了全省认购额的71%。省行要求今后在新基金发行上，各行首先必须杜绝0销售现象，其次要赶超同业。

三是做好非货币基金营销工作。2009年我行非货币基金销售额仅占全部基金销售额的24%，导致基金整体销量虽领先建行51亿元，但收入仅领先建行626万元，如果再去掉属于2008年收入的部分，我行基金收入实际落后于建行。今年前2个月，我行非货币基金营销额占比下降到了16%，建行则超过56%。因此，各行要大力加强非货币基金销售，增加业务收入，非货币基金销量占比要达到35%以上。

四是大力营销“灵通快线”系列理财产品，培养客户使用灵通快线进行短期理财的习惯，与储蓄存款形成良性互补，进一步提高“灵通快线”品牌的市场影响力。

五是继续开展“牡丹灵通卡，我用我灵通”营销活动，加快联名灵通卡业务发展，快速扩张灵通卡发卡量、交易额和市场占有率，快速扩大客户规模。充分利用中油灵通卡加油优惠政策延续到今年年底的有利契机，加大对有车一族的定向营销。通过海通灵通卡与海通证券公司合作开展联合营销活动，扩大三方存管客户群体。加快金山支农卡推广工作，拓展农户市场。积极推进区域性联名灵通卡项目，已批准的联名卡项目要及时启动发卡，并积极调研发展新的联名灵通卡项目。推出“套餐式”个人金融产品，开展“两卡一U盾”捆绑营销，实现个人金融产品的有效组合，扩大竞争优势。

六是积极推进小商品市场电话POS业务。总行将于4月份推出电话POS版本，各行要在近期对辖内商品交易市场、批发市场进行摸底调研和先期营销，通过电话POS和汇款套餐推动结算业务快速发展。

七是开展个人外汇业务市场营销活动。各行要尽快组建一支专业的外汇业务营销团队，加强业务培训，扩大营销宣传，找准目标客户，提高营销效率，进一步拓展我行个人外汇业务市场，扩大我行个人外汇业务的市场占比及影响力。

八是大力营销贵金属产品，丰富客户投资产品线，满足客户多元化金融需求，提升个人金融业务的综合竞争力，提高银行收益。重点锁定具有实物黄金储存、收藏、馈赠和投资需求的个人客户，开展“品牌金”、“品牌银”营销。

九是积极与投行、公司、机构、结算等部门联合，研究开发区域理财产品，增加中间业务收入。

（五）打好优质服务的启动战

一是创新客户服务工作。推广“标准化、流程化、差异化”的三化管理模式，即“标准化的服务体系、流程化的业务处理模式、差异化的服务方式”。实施“前/后台结合、一/二线结合、上/下级结合、深/浅层结合”的四结合服务模式，树立“中后台为前台、前台为客户、二线为一线”的服务理念，加强上下级信息反馈，形成良性互动，在抓好服务环境、服务行为、服务态度等浅层次服务基础上，重点做好产品创新、售后服务等深层次服务工作，提高服务品质。建立“承诺践诺、考核奖罚、监督检查、典型标杆、培训认证”的五项服务管理机制，各分行主管行长要与各支行行长、支行行长要与网点负责人签订服务工作责任状；将服务管理纳入专业考核，对违反服务规定的员工进行违规积分，情节严重的给予相应处罚，并采取上追两级的原则，追究所属网点负责人、支行行长的管理责任。建立全方位、常态化的网点服务检查机制。开展客户满意度问卷调查，找准问题症结，提升服务水平；树立网点服务标杆、员工服务标兵，开展“服务品质提升年”活动，在全行范围内开展服务竞赛；加大培训力度，对内推行限时服务制，提高工作效率。今年省行将组织全员业务知识考试，开展业务技能竞赛活动，采取抽签方式产生选手，各行要加强日常培训和管理，进一步提高员工业务素质和工作效率。

二是全面推进“服务价值年”活动。个人金融业务要在“服务价值年”活动中发挥窗口表率作用，切实通过改进服务，树立良好市场形象，增强价值创造能力。活动要与实施客户服务精细化管理项目、推进渠道及队伍建设等工作结合起来，将建设服务体系、建立服务标准和完善投诉机制作为工作重点，提升服务品质。逐步健全客户分类服务体系，提高差异化服务水平，对私人银行客户主要提供以资产管理为核心、以顾问咨询为重点的专享服务；对高端客户主要提供以“工银财富”为统一品牌的财富管理服务；对中端客户主要提供以“理财金账户”为统一品牌的个性化贵宾服务。持续优化业务流程，通过增开弹性窗口、行长坐班和大堂经理引导等多种措施，提高客户服务效率。

三是深入推动投资理财知识普及万里行活动。各行要结合今年工作重点，尽早筹划和开展普及活动。要将此项活动作为一项长期工作来抓，积极转变营销观念，树立“行商”理念，精心组织活动形式，广泛拓展活动范围，加强内外互动，做到普及活动与六类新市场拓展相结合，与新客户发展相结合，与品牌知名度、美誉度提升相结合。加强内外部宣传，营造活动氛围。发挥我行全球第一市值银行影响力，做到宣传上有声势，客户中有收获，社会上有影响。

（六）打好渠道建设的阵地战

要进一步推进渠道建设，提升各渠道的交叉销售与协同服务能力，构建功能强大的营销服务网络。今年要在继续做好财富管理中心和贵宾理财中心网点建设工作的同时，重点抓好一批客流量和业务量大的理财网点、金融便利店，尤其是县域机构和老城区网点的装修改造、布局优化，基本完成低效网点的优化调整工作。加快离柜式、离行式自助服务渠道建设，特别是要紧跟商品交易市场等新市场开发项目，大量投放简单自助终端设备，延伸服务和营销范围，更好地分流柜面业务，今年离柜业务率要达到50%以上。加强营销团队建设，配齐配强个人客户经理队伍，确保全行建成一支1 500人的营销团队，并有针对性地做好培训、相关营销资格认证、考核和激励工作，提高营销队伍整体素质，充分调动营销人员拓展市场的积极性。

（七）打好营销机制的激励战

一是优化考核资源配置。今年，“九个第一”的同业考核指标将调整细化为“十个第一”，突出可量化、可对比指标，强化对业务发展的引导作用。“直通式”网点考核增加了获奖网点的数量，由45家增加到60家，充分调动网点营销积极性。专业考核取消计划完成率指标，简化考核项目，突出营销额及市场份额，引导分行不围任务转，只围市场转。

二是加大经营费用资源配置。关系到源头性业务的资源配置，如代发工资、第三方存管、住房公积金归集等，要做到义无反顾，决策果断，决不能重蹈以前先期投入不足、后期丢失市场的覆辙。

三是严格执行经营奖励政策。今年继续实行“自报预拨”制度，各行要按时足额把奖励兑现到一线营销人员，杜绝各级机构截留挪用和减少奖励项目、降低奖励标准、缩小奖励对象的情况。今年一季度的个金产品营销奖励执行2009年标准，各行要把省行政策传达落实到人，激发员工营销积极性，迅速掀起各项产品的营销热潮。

（八）打好风险防范的保卫战

要不断强化个金专业风险防范意识，树立“健康”发展观，继续开展“个人金融业务安全年”活动，坚持业务发展与风险控制并重的原则，从加强个人客户经理管理、营销管理、业务管理、反洗钱管理、自助设备管理等多方面强化安全管理，确保个人金融业务又好又快健康发展。一是防范操作风险。要切实防范理财业务风险，做好客户评估、投资者教育和信息披露工作，加强营销人员培训和资格认证工作。二是防范信用风险。要严格执行个贷业务各类规章制度，加强贷前调查，严格贷时审查，坚持与借款人“面谈、面签”制度，防范假车贷、假按揭、假首付。三是防范声誉风险。要加大ATM等自助银行的人防技防力度，加强客户安全用卡、用网教育工作，提高银行卡反欺诈能力，防范不法分子针对自助渠道、电子渠道实施的侵害事件。要加强培训，提高从业人员素质，避免由于业务不熟练导致客户投诉。要加强信息反馈，基层网点在遇到敏感问题时，要及时向上级行报告，避免事态的升级扩大。对上级行在监控过程中发现的问题，责任行要及时做好落地处理，做好客户关系维护工作，把声誉风险控制在最低限度。

明道欣同志在湖北省分行“大个金”业务工作会议上的讲话

一、认清形势，进一步明确“大个金”的战略地位

今年来，面对复杂多变的外部环境，全行紧紧围绕打造“湖北第一零售银行”的战略目标，坚持“以客户为中心，以市场为导向”的经营理念，以“专业化经营、系统化管理”改革为抓手，以“增点进位”为主线，推动管理体制和经营机制的创新，加快网点转型和服务能力提升，不断优化业务结构、客户结构，实现了资产、负债、中间业务、新兴业务的健康快速发展。

（一）“大个金”业务持续快速发展，为全行效益提升作出了重要贡献

1. 个人金融业务经营转型初见成效

一是个人金融业务贡献日益提升。上半年，全行个人金融业务（狭义口径）营业贡献93520万元，占全行营业贡献度的31.7%，是全行贡献度最大的专业之一；前7个月，实现个人金融中间业务收入28549万元，占全行中间业务收入的39%，是全行中间业务收入的第一来源。

二是个人金融业务全面快速发展。截至7月末，全行储蓄存款余额1309.1亿元，较年初增加198.9亿元，增长17.92%，储蓄存款增量、增幅分别在全行系统排名第9位和第4位，分别比同期提升2个和5个位次。个人贷款余额203.6亿元，较年初增加42.3亿元，增长26.2%，个人贷款增量、增幅分别在全行系统排名第14位和第6位，增幅比同期提升4个位次。实现个人中间业务收入28549万元，同比增收1665万元，增长6%，收入绝对额和增幅分别在全行系统排名第11位和第7位，分别比同期提升2个和14个位次。牡丹灵通卡发卡量达到695.6万张，新增106.4万张，增长18.1%；牡丹灵通卡消费额117.9亿元，是同期的1.6倍。累计销售基金53.3亿元，代理保险12亿元，理财产品销售37.9亿元。

三是个人客户结构不断改善。截至7月末，金融资产5万元以上的中高端客户新增12万户，新增理财金账户客户4.84万户。第三方存管上线客户55.8万户，今年新增3.4万户。基金客户达到42.4万户，较年初新增0.8万户。中高端客户的金融资产规模达到1169.2亿元，占我行全部个人客户总资产的72.47%。财富客户数量及其金融资产较年初实现“双增长”，财富客户数量增长38.4%，金融资产增长36.2%。

四是多渠道多功能服务能力快速提升。全行共建成财富管理中心1家，贵宾理财中心66家，实现分区服务的理财网点340家，改造金融便利店218家；建立离行式自助银行33家，ATM数量已达到1079台。

2. 信用卡业务跨越发展，“湖北第一信用卡发卡银行”地位进一步得到巩固

一是信用卡发卡规模迅猛扩张。截至6月末，全行信用卡发卡量达到225.8万张，较年初增长12%，在全国排名第8位，同业排名第1位。

二是直接消费额快速增长。上半年，信用卡消费额达到54.9亿元，较同期增长119.3%，在全国排名第13位、同业排名第2位。

三是透支资产规模稳健快速发展。上半年，全行信用卡资产规模达到7.2亿元，较年初增长39%，全国排名第13位。信用卡不良透支占比1.61%，控制在总行规定范围以内。

四是经营效益大幅提升。截至6月末，全行实现信用卡业务收入3854万元，同口径增长36.2%，在全国排名第21位。其中中间业务收入3273万元，同口径增长60%，在全国排名第20位。

五是专业考核排名大幅上升。上半年信用卡专业考核，在总行排名第10位，首次进入全国前十位。

3. 坚持规模收入两手抓，电子银行龙头地位稳固

一是客户规模增势强劲。上半年，全行电子银行客户总规模突破470万户，净增个人网上银行客户36.8万户，存量客户突破200万户，同业占比达到51.32%；净增企业网上银行客户9145户，客户总量达到5.3万户，同业占比为53.45%；净增手机银行（WAP）客户16.9万户，存量客户达21.7万户。在四大行中，继续保持个人网银客户总数、企业网银客户总数和电子银行收入50%以上的市场份额。

二是客户质量进一步优化，电子银行交易额稳步攀升。上半年，全行新增通用缴费、收费站、在线缴费企业客户30户。新增贵宾版网银5万户、企业财务室953户、银企对账3044户、银企互联2户、电子商务1户。电子银行交易额达到10825亿元，同比增长67.5%；网上银行交易额达到8874亿元，同比增长72.9%。

三是电子银行综合贡献度持续提高。上半年，全行实现电子银行“影子价格”中间业务收入7462万元，较同期增加3275万元，增幅达到78.2%，同业占比高达68.7%。电子银行业务笔数达到2.12亿笔，比同期增加6075万笔，业务占比保持在50%以上。

（二）正视现实，增强加快“大个金”业务跨越发展的紧迫感

近年来，全行“大个金”业务在总体保持较快发展的同时，也存在一些突出的问题，面临着更加复杂多变的经

营形势。与各类客户特别是目标客户日益增长的金融需求相比，与打造第一零售银行的战略标准相比，与竞争对手快速发展的严峻态势相比，我行个人金融业务发展还存在较大的差距。

一是思想认识不到位。近年来，各级行领导对抓“大个金”业务的发展基本形成共识，倾注了更多的精力、倾注了重点资源，为个金业务的发展创造了较好的条件。但也有部分行仍然对“大个金”业务的重要性认识不足，或者在业务发展过程中存在摇摆性，没有把第一零售银行战略作为全行推进转型、提升核心竞争力的重要内容之一以贯彻执行；对资产业务优先发展的理解存在片面性，重法人轻个人、重批发轻零售、重即期业绩轻长远发展的现象比较突出，少数行不顾当地实际，盲目追求大项目，在一定程度上忽视了业务的协调发展，在具体工作中对“大个金”业务研究不深，资源投入不到位，人员配备不到位，考核不到位，缺乏有利于业务持续发展的长效机制。尤其是在一些经济相对发达、金融资源丰富的地区，“大个金”业务的发展尚没有得到应有的重视，导致在当地同业竞争中处于不利的市场位置。

二是市场份额持续下滑。近年来，全行“大个金”主要业务指标同业占比下降。我行储蓄存款余额2006年被农行超过后，2007年又被建行赶超，目前处于同业第3，近4年半时间，全行储蓄存款余额下降了3.6个百分点，而建行同期上升3.4个百分点，4年半比建行少增230亿元，比农行少增210亿元；个人贷款市场份额也落到第2位，4年半时间，个人贷款余额占比下降5个百分点，而同期建行上升3个百分点，农行上升4.5个百分点；个人中间业务收入基本处于同业第3的位置，代理基金、代理保险等主要产品销售也分别落后于农行、建行。信用卡存量虽然领先于同业，但消费额落后于招行、资产规模落后于招行、建行和交行，市场占比有所下降。个人网上银行客户增速减缓，8个行的同业占比已跌至同业第二、甚至第三的水平。截至7月末，全行有8个行的储蓄存款余额排名第2，5个行排第3；个人贷款有6个行排名第2，2个行排名第3，还有1个行排名第4，只有4个行个贷余额占比排在第1。全行储蓄存款增量有7个行排在第2位，5个行排在第3位，只有恩施行排名第1；个人贷款增量有9个行排在第2位，1个行排在第3位，2个行排在第4位，只有孝感行同业排名第1。市场份额下滑的问题也同样存在于电子银行业务上，特别是个人网上银行客户增量优势减少，占比从去年末的45.8%跌至上半年的31.7%，有9个行个人网上银行客户增量的同业占比已跌至同业第二或第三。

三是机制体制不够健全。“大个金”业务分散营销，缺乏统一规划和有效联动，存在不分客户、不分渠道、不分产品的低层次销售，没有形成分层次客户服务体系，中高端客户难以得到应有的服务，不仅影响了营销效果，降低了客户满意度，而且削弱了内部管理和运营效率。到7月末，全行拥有个人客户近1320万户，其中中高端客户有77.4万多户，但持有牡丹信用卡的只有7.7万户，客户渗透率仅为10%。考核机制不健全，不能对各级各类营销人员进行直观的考核，“大锅饭”的现象仍然存在。部分行对省分行配置的费用并没有落实到“大个金”业务的发展上，资源配置不充分和考核兑现不到位、不及时的问题比较突出，没有体现省分行对“大个金”业务的激励。

四是专职客户经理配备不到位。目前全行配备的专职个人客户经理1321人，其中大堂经理433人，理财经理208人，营销经理（含个贷营销经理）680人。平均一个网点大堂经理不足0.7人，缺口近200人；按照总行要求，贵宾理财中心至少要配备2名理财经理，一般理财网点至少要配备1名理财经理，根据我行网点结构，至少应配备448名理财经理，缺口240名；营销经理目前主要是个贷客户经理，缺员也十分严重，如去年省分行在内部招聘了100名营销经理，并进行了集中培训，但真正落实到个金营销岗位的只有72人。

全行上下一定要认真研究和把握“大个金”业务发展特征，既要看到“大个金”业务多年来艰苦努力所打下的良好基础、战略转型的成效和近年来快速成长的经营局面等优势，坚定信心，鼓舞士气；又要正视我们竞争力下滑的现实，正视既有的市场地位被同业超越所面临的严峻形势，增强提高“大个金”业务核心竞争力的紧迫感，加快“大个金”业务跨越发展，努力打造湖北“第一储蓄银行”、“第一个贷银行”、“第一信用卡银行”、“第一电子银行”。

（三）提高认识，进一步明晰“大个金”业务的战略地位

大力发展“大个金”业务是我行推进经营转型的战略方向，是提升核心竞争力的必然要求，事关我行的科学发展、可持续发展。全行要从战略高度重视打造第一零售银行发展战略，充分认识“大个金”业务的极端重要性。

一是“大个金”业务是经营的基础。“大个金”业务在我行经营格局中占有重要地位，是全行核心竞争力的重要组成部分。“大个金”涵盖了商业银行三大核心业务，既是我行传统的优势和核心价值，也是我行未来持续发展的方向。目前我行储蓄存款占全部存款的59.2%，个人贷款占全部贷款的15.3%，“大个金”业务收入占全部中间业务收入的近55%；我们利用遍布全省城乡的多层次的物理网点、信用卡、灵通卡以及市场份额最大的电子银行网络，为超过1000万户的个人客户提供包括存款、个贷、基金、保险、银行卡、电子银行等各种金融服务，个人金融、银行卡、电子银行多项指标居市场领先地位。同时，目前我行1.7万人中大多从事个金及与个金业务相关的工作。因此，无论从什么角度来强调个金业务发展的基础性地位都不为过，全行必须广泛宣传、大力倡导发展“大个金”业务，彻底解决全行广大干部员工的认识问题。

二是“大个金”业务是发展的源泉。姜建清董事长指出“未来国内各个地区，特别是经济发达区域的公司信贷资源将逐步减少，零售金融稳定增长，可能出现以零售业务为主的金融发展格局。”个金业务具有客户数量多、资本消耗低、风险分散等优势和高成长性、稳定性的特点，是一种“常青树”业务，可以在不同经济周期中持续增长。国际上市大型商业银行无一例外地把个人金融业务作为战略重点，其零售银行的利润贡献率达到50%以上，即使是在金融危机中其个人业务也保持了利润的持续增长。同时，个金业务由于资本占用小、拨备后利润高，且可以源源不断地创造利润，已成为我行完成利润指标的重要支撑。上半年，“大个金”业务营业贡献占到了全行营业贡献的29.5%，是全行贡献度最大的业务之一。随着国民经济持续稳定快速增长，居民收入增加，金融意识增强，对商业银行的新金融产品、金融服务提出了新要求，是我行“大个金”业务创新发展的动力源泉；住房、医疗和养老保险制度的全面实施，以及扩大内需化解金融危机措施的推出，为我行“大个金”业务发展带来了广阔的空间。

三是“大个金”业务是竞争的焦点。近年来，银行业竞争的主体结构已经发生根本性的变化。原来主要由几大商业银行与中小股份制商业银行构成的二维主体竞争已经演变为三维主体的竞争。在新的竞争格局中，几乎所有的银行都制定了大力发展个人金融业务的战略目标和策略措施，把个人金融业务作为稳定收入、降低经营风险的战略性业务主线，加大资源倾斜配置力度，个人金融业务新一轮瓜分市场份额的时机已经来到。近年来，农行、建行相继发力，争夺个金业务的市场领先地位，其他银行包括股份制银行和城市商业银行尽管基础规模较小，但发展迅速，并在不同的业务领域争夺市场份额，已经日益成为不可忽视的力量。个人金融业务市场竞争态势日益严峻。

四是“大个金”业务是转型的重点。利率市场化是我国金融改革的重要方向，利差收窄是今后一个时期我国银行业面临的一个长期趋势。商业银行三大资本约束强调资本回报率。作为上市银行，我行面临持续提升盈利能力、为投资者带来较高回报的压力，客观要求改变规模扩张型的发展模式，大力发展经济资本占用成本较低、经济增加值较高的业务。“大个金”业务中，储蓄存款、信用卡等业务不占用经济资本，个人贷款经济增加值高于其他贷款品种，尤其是代理基金、保险、理财产品业务可带来丰厚的回报。因此，全行必须将“大个金”业务作为转型发展的战略重点，通过为优质客户提供更加丰富的产品和高效的服务，进一步改善客户结构，实现市场开拓、综合效益和风险控制的协调可持续发展，推动全行业务结构和收益结构的进一步优化转型。

二、标本兼治，认真落实加快“大个金”业务跨越发展的措施

跨越发展是“大个金”业务发展的主题。要实现“大个金”业务的跨越发展，如果继续按部就班、继续沿用一些陈旧的思路和方法是不可能实现的。全行上下必须将思想统一到“四个第一”上，进一步完善机制，强化措施，狠抓落实。

（一）进一步完善“大个金”业务发展的领导机制。各级领导必须站在对工商银行事业、对全行员工负责的高度，高度重视“大个金”业务的发展。一是“一把手”要亲自抓。“大个金”的基础性地位、与市场的关联度、经营贡献以及资源配置的程度要求必须由“一把手”亲自抓。各行“一把手”要亲自抓“大个金”业务的谋划布局，规划“大个金”业务发展的目标和措施；亲自组织市场调研，切实研究解决制约“大个金”业务发展的机制体制、人员组合、资源配置等重大问题；亲自组织推动市场营销，调动各种资源，协调部门联动，发挥整体优势，提升市场竞争力；亲自抓好“大个金”内控案防，切实防范各类风险。二是分管行长要专职抓。各行分管行长要有强烈的事业心和使命感，勇于承担分管责任，倾注主要精力深入分析“大个金”业务发展现状、竞争态势、发展机遇，制定切实可行的措施，推动营销工作开展；要认真履职，坚持抓重点、抓难点的工作方法，力保目标实现；要始终保持良好的工作状态，知难而进，增强排除各种困难的责任感；要树立雷厉风行、说了就办、办就办好的工作作风，抓好省分行及本行党委工作部署的落实。三是部门联动抓。公司业务、机构业务、结算与现金管理等营销部门，要负责抓好群体客户源头资源，收集对公客户中涵盖的个人客户信息及需求，向“大个金”业务部门提供协同营销的目标及便利；“大个金”业务部门要主动响应对公客户管理部门提供的信息和客户需求，对客户进行具体的分层分级，提供个性化营销方案和一揽子解决意见，进行组合捆绑营销，落实售后服务；授信审批、信贷管理、运行管理、信息科技、财务会计、人力资源等中后台管理部门，要根据协同营销的特点及开展情况，提供及时、配套、必要、有效的业务支撑。四是“大个金”部门合力抓。“大个金”业务部门要认真履行职责，抓好工作调研，谋划好业务发展；加强通报分析，抓好业绩考核；坚持典型引路，抓好典型推广，推动业务发展。五是全员共同抓。员工是“大个金”业务发展的主体，要通过机制增强员工的主人翁责任意识，发挥全员的主动性和创造性，共同参与“大个金”业务跨越发展的事业中来。

（二）建立和健全全员营销的工作机制。一是要对所有个人金融业务产品实行计价管理，明码标价及时兑现奖励；加强对考核激励措施落实情况的监督，确保奖励落实到网点和个人，切实调动员工营销积极性。要尽快开发个人金融产品营销积分系统，将全行每一位员工营销的存款、基金、保险、理财产品、信用卡、网银U盾、电子银行口令卡、电话银行、手机银行等各类金融产品，按照销售积分进行计价奖励，形成“全员营销个金产品”的经营氛围，实现“大个金产品计划下达到人，营销计量到人、业绩考核到人、绩效兑现到人”。二是要健全协同营销激励约束机制，进一步理顺整合营销机制，明确相关部门在协同营销中的分工和利益分配，实现营销拓展分工协作和相互补位。三是建立分类分层考核机制。要制定各类管理办法和考核方案，加强对各行分管行长、支行行长（网点主任）、各类客户经理、柜员的考核，按照“1+N”模式设定考核指标体系，以个人中高端客户数量、贡献度“双提升”为导向，强化对中高端客户拓展、存量客户维护、个人金融产品持续营销，增强个人金融业务核心竞争力和价值创造能力。个金部要尽快将各类考核办法进行完善，本月内报行长办公会议审定。各行也要制订对各类客户经理、支行行长（网点主任）考核细则，并抓紧实施。

（三）突出渠道建设作用，增强营业网点营销能力和竞争能力。一是要强化物理网点建设。截至7月末，全行

网均储蓄存款21081万元，网均增存3203万元，分别比建行少1757万元和704万元，反映了我行营业网点营销能力不足的问题。要下大力气推进营业网点从交易核算型向营销服务主导型的转变，将网点打造成业务竞争的主阵地、营销服务的主平台。要根据城市发展规划，按照“迁建并”相结合的原则，加快网点向城市新区、新建优质客户集中区域流动。着力打造财富管理中心高端品牌形象，加快贵宾理财中心建设，每一个二级分行在中心城区至少建1－2家贵宾理财中心，服务高端人群。年内要在营业部建成2家、三峡建成1家财富管理中心，全行完成20家贵宾理财中心建设计划。要按照“网点分类、服务分层、功能分区、业务分流”的原则，进一步加大标准化理财网点的建设力度，在重点区域适当增加网点数量，下半年要调迁20个新网点。二是完善网点考核体系，全面推行网点“3＋7”考核，促进我行核心产品的销售，重点对储蓄存款增量、个贷增量、中高端客户净增数以及标准信用卡、网上银行和手机银行、灵通卡、基金、保险、第三方存管账户净增数、个人结售汇等综合营销进行考核。考核要落实到网点、通报到网点、业绩考核到网点及个人。三是要选配好支行行长（网点主任）。要把优秀人才选配到网点主任岗位上来，着重培育其市场营销与拓展能力、辨别与风险控制能力、协调与沟通能力、凝聚与亲和能力，组织网点营销团队积极有效地开展营销，引导其从“要求大家怎么干”向“带领大家怎么干”转变。同时，要建立淘汰机制，对排名靠后、经营绩效不好、同业排名落后的，要实行诫勉谈话、待职和淘汰。在增加网点营销能力的同时，要加大ATM配备力度，下半年争取布局20个离行式自助银行服务区，50台离行式ATM；积极推广商用POS，全面推广“电话通”业务，将柜面业务分流、引导到交易主渠道办理，确保业务分流率要达到50%，网点单台ATM业务分流率达到30%。各行要确保完成今年全省新增130家网点电子银行服务区的计划，落实325台网银自助服务机安装计划，确保每个网点至少1台。营业部要尽快设立ATM中心，各行要加强ATM的管理。

（四）加强客户经理队伍建设，提高个人客户经理队伍整体素质。一是要将客户经理配齐到位。要严格按照财富中心个人客户经理不少于8人，贵宾理财中心不少于6人，标准化理财网点不少于2人的要求，做好个人客户经理配备工作。要将获得金融理财师和国际金融理财师资格的人员优先配到财富管理中心和贵宾理财中心，充分发挥金融理财师的作用。要通过深化运营体制、报表集中体制改革、实行弹性工作制、规范柜员劳动时间、压缩二线人员等途径释放人员，充实客户经理队伍，9月底前要将贵宾理财中心的客户经理配齐到位、培训到位、考核到位，10月份前个人客户经理要达到员工总数的16%，总量达到2800人，明年6月份前达到20%，总量达到3500人。要加快落实二级分行层面银行卡、电子银行客户经理配备，建立以专职客户经理为骨干、以个人客户经理为主体的银行卡、电子银行营销队伍。各行要将个人客户经理来源和合理调配人力资源问题进行专题进行研究，先解决数量问题。二是要提高客户经理素质。要进一步明确客户经理岗位任职资格标准，建立基于岗位价值和业绩贡献的绩效考核指标，完善全行个人客户经理职务序列管理、培训、认证、考核及激励机制。加强分层培训，省分行重点要对各行个金部门负责人、支行行长（网点主任）、贵宾理财中心客户经理的培训，各行负责其他客户经理的培训工作。

（五）着力抓好中高端客户的拓展与维护。客户是最重要的资源，全行要按照客户视图，着力抓好中高端客户的拓展和维护。一是要着力开拓中高端目标客户市场。要把公务员、教师、医生、军官、科研人员、IT行业从业人员、新闻工作者、大中型企事业单位中层以上管理人员、私企业主、房地产商及建工企业承包商、金融、通讯、电力、铁路、交通、烟草等行业的从业人员以及其他中高端客户作为目标客户，进一步完善销售策略，持续推介系列理财金账户和工银财富专属理财产品，扩大理财产品销售在中高端客户的覆盖面，以此吸引和稳定中高端客户。加强对中高端客户资金变动和迁徙变化的分析，对客户向下迁徙和资金异动大的，要做好分析和监测，积极采取应对措施，确保存量客户的稳定。二是开展“三个提升”竞赛活动，要在全行组织开展“提升中高端客户数量占比、提升中高端客户金融资产占比、提升品牌渗透率”为主要内容的“三个提升”的竞赛活动，要明确活动目标，加强考核管理，推动理财金账户挖掘计划、财富百分百签约计划和财富精英竞赛活动开展。加强关联产品组合，推出“理财金账户（牡丹灵通卡）＋幸福贷款＋信用卡＋个人网银U盾＋手机银行”的个人高端产品套餐，通过对中高端客户的理财规划，配套销售基金、保险、国债和银行理财产品，确保竞赛活动卓有成效。三是要切实抓好客户经理与中高端客户的营销服务对应工作，要将中高端客户的维护落实到客户经理，提升中高端客户维护对应率，下半年力争实现个人资产50万元以上的客户“一对一”维护达到全覆盖，20万元以上的客户“一对一”维护覆盖率达到60%。

（六）实施针对性的区域发展策略。目前，营业部、三峡、襄樊和荆州储蓄存款余额占全行储蓄存款余额的66.2%，新增占56.7%；个人贷款余额占全行个人贷款余额的68.4%，新增占60.3%，在全行举足轻重。四个大行是全行“大个金”业务的主战场，要切实承担起历史责任。要加强对“一主两副”及荆州等城市行的业务指导，促其加快发展。四个行个人金融主要业务在年内必须实现同业占比、系统排名的“双提升”，率先实现跨越发展。其他行要适应区域经济特点，实施个人金融业务重点发展战略，并在软硬件建设、自助设备和中高端客户服务等方面狠下工夫，争夺市场领先地位，快速提升网均效益。要将经济发达地区县级城市行打造为个人金融业务新的区域增长点，加大个金资源投入，争取在较短的时间内实现我行县级区域市场地位的提升。

（七）加强风险防控，确保“大个金”业务稳健运行。要全面梳理“大个金”业务风险特点，切实抓好员工行为排查，堵塞员工道德风险，确保全行“大个金”业务安全运营。要着重加强信用风险、理财业务销售风险与合规性风险的防范，强化对客户的风险提示；严格依据客户的风险等级、理财投资经验及产品适合度为其进行理财服务，对未经过风险评估客户的交易行为实施系统控制；建立完善投诉及应急处理机制，重视并妥善处理客户投诉。加强个贷业务风险防范力度，认真落实双人调查、见客谈话、完善抵押担保手续等制度，严格执行操作流程规范，加强合作机构管理，切实防范“假按揭”、套取银行贷款等风险，并加强对贷款资金用途真实性的调查，严禁个人贷款流入股市或用于股权性投资等明令禁止的领域。要落实四部委和银监会文件要求，加强信用卡业务风险管理。落实申请人本人签名制度，严格执行首办“亲访亲签”要求，把好发卡准入关，从源头控制风险。加强对信用卡套现及违规用卡的监控，对可疑账户及时采取止付、降额、提前催收等有效措施防范用卡风险。将商户的可疑交易纳入常规、重点监控范围，对发现提供套现便利、纵容或默许持卡人套现的商户，取消其合作资格。要重点做好客户注册环节和U盾的发放管理，建立U盾的双人发放制度，落实网银注册和U盾发放各项管理制度，确保“本人办、交本人、面对面、不间隔”；严禁他人（包括本行员工）代领U盾和口令卡，严禁批量开户；加大对短信认证、二代U盾等双渠道安全工具的推广力度，提高安全工具使用的客户占比。认真落实反洗钱的各项制度规定。进一步加强自助设备风险防范，维护客户用卡安全。

（八）加强“大个金”业务队伍建设。各行要加强“大个金”业务部门队伍建设，充实个金部人员。要认真执行总行关于加强电子银行组织机构和人员队伍建设的要求，继续推进各行的电子银行组织机构建设，对业务占比达到50%的行要设立机构。各行要认真落实总、省行要求，配备至少6人的电子银行专职人员队伍，明确工作职责和岗位职级，做好人员聘任和考核管理。

三、立足当前，着眼长远，推动个人金融业务跨越发展

按照全行分（支）行行长会议精神，下半年个人金融业务的主要目标是：

1. 储蓄存款。下半年确保新增储蓄存款100亿元，力争120亿元，奋斗150亿元；

2. 个人贷款。下半年确保新增个人贷款30亿元，力争40亿元；

3. 个人中间业务收入。全年确保63856万元，力争6.5亿元，奋斗7亿元；

4. 信用卡。净增发卡25万张（其中标准卡10万张），10月15日前净增18万张；实现消费交易额60亿元；净增透支资产2.5亿元；实现中间业务收入3800万元；发展自有特约商户1700家，特惠商户220家；不良资产占比控制在2%以内。

5. 电子银行。净增个人网上银行客户45万户，全年达到80万户；净增手机银行（WAP）客户34万户，全年达到50万户；净增贵宾版个人网银客户4.6万户，全年达到10万户；电子银行个人网银中高端客户渗透率超过35%；电子银行业务占比再提高4个百分点，达到54%。

围绕上述目标，全行要重点抓好以下工作。

（一）突出重点，持续推进个人金融业务“增点进位”

1. 落实目标，落实责任。各行要认真分析同业竞争形势，按照跨越发展的要求，以省分行确定的确保目标为基础，自我加压，定目标、定进度、定责任，统筹资源，确保目标实现。进一步健全行级领导包行责任制度，各行行领导每月至少一次深入支行、重点网点，帮助制定针对性措施，解决营销中存在的问题，并对所包支行重点工作和营销任务负责。要将任务层层分解到支行、网点，落实客户经理绩效合约，使营销队伍人人背任务担责任。要通过营销业绩排名等方式，传导客户经理营销压力；将绩效合约完成情况与考核、岗位定级及预警退出挂钩，实现人员动态配置和合理流动。

2. 推动储蓄存款较快增长。在一季度季末冲高后，我行储蓄存款增长乏力，7月末比一季度末储蓄存款下降23.7亿元，而同期农行增加45.3亿元、建行增加33.8亿元、中行增加8亿元。与一季度末相比，全行只有十堰、襄樊、咸宁、随州4个行储蓄存款增长。8月份以来，全行储蓄存款仍在下降，形势十分严峻。各行行长要做到每天关注储蓄存款进度，每周分析储蓄存款变化原因，每旬查找与同业的差距，每月对储蓄存款进行督促通报。要多找主观少找客观，抢抓机遇，集中资源，继续抓好储蓄存款这项基础业务，力争重新夺回增量同业领先地位。

一是要大力营销代发工资业务，抓住储蓄存款源头。各行要对本行企业客户按照机构客户、无贷客户、有贷客户分门别类，实行“名单制管理”，锁定代发工资业务的重点发展目标，制订具体的营销措施，确定专人负责，一户一策，提高营销效率。要将对公存款余额百万元以上纳入“重点客户名单”，制定切实可行的代发工资项目公关计划，按月排出目标客户，组织营销团队主动出击，逐一拓展，提升优质代发工资单位市场占有率，实现代发工资客户数量及代发工资人数的“双提高”。尤其是要突出做好第二次代发工资即绩效考核部分代发工资的业务竞争，个人金融业务部门要主动配合公司业务、机构业务部门做好第二次代发的竞争。要加强关联产品的市场推广，确保新增代发工资客户全部通过网银代发，力争新增代发工资客户全部通过灵通卡发放，全面推介银行卡、基金、保险、电子银行等产品，以产品和服务巩固代发业务基础。落实责任追究，对现有一、二类代发工资单位，以及效益较好的其他类型的代发工资单位，实行客户流失责任追究制，凡因维护工作不到位致使客户流失的，对相关责任人进行处罚。

二是积极拓展第三方存管业务市场，以产品营销带动储蓄增长。要紧盯近期资本市场变化，加大第三方存管的营销推广力度，特别是资金规模大的优质客户，要结合客户的风险偏好，及时推介我行理财产品，吸引客户间隙性资金回流储蓄存款账户，确保客户资金在我行体系内归集，通过我行综合服务优势竞争他行客户。下半年，全行第三方存管业务要确保新开户5万户，力争8万户。

三是瞄准基础设施项目建设，以项目营销带动储蓄增长。今年各地重大建设项目比较多，对这些重点建设项目个金业务要及时跟进。要制定全方位的金融服务方案，全

力推介我行的各类个金产品，增加个金产品的覆盖率。各行在项目贷款营销过程中要将城市改造的征地、拆迁补偿款归集作为营销条件，在满足客户贷款需求的同时，确保补偿款我行占有较大的份额及时各类个金产品的营销。

四是提升县域支行市场竞争力。目前，县支行储蓄存款占全行储蓄存款余额的29.2%，增加额占26.8%。但在县域中竞争力不足的问题突出，现有的64个县级支行中，有25个行储蓄存款余额同业占比不到20%，占39%；有18个行增加额占比不到20%，占28%。总行制定了《关于推进县支行变革工作的意见》，目的是通过建立工作机制、差异配置资源等措施增强县支行发展活力。全行要把加快县支行"大个金"业务发展作为一项重点工作，加大资源投入，切实提高县支行的市场竞争力。县支行要结合当地实际，把主要精力放到个人金融业务发展上，组建营销小分队，制定针对性营销计划，对城乡结合部和经济发达、储源丰厚的乡镇开展拉网式营销，快速提升我行县域市场影响力和储蓄存款市场份额，为全行储蓄存款业务跨越发展提供强有力支撑。

3. 加快个人贷款的发展。全行要切实认清个人贷款业务的基础地位，认清个人贷款业务的低风险特性，认清发展个人贷款业务对稳定我行个人优质客户的重要意义，坚持打造"第一个贷银行"的目标不动摇，认真落实官行长对个贷工作提出的要求，力争到明年个人贷款占全行贷款的比例达到18%，利用两年时间实现个人贷款翻一番，个贷规模达到400亿元。

一是大力抓好一手房个人贷款发展。要全面构建个贷营销体系，将个人贷款营销下沉到营业网点，实行80%的网点营销个人贷款，充分发挥网点、网点主任的营销功能，特别是个人经营性贷款、纯按揭贷款、直客式贷款，要依靠全行网点共同营销。要强化住房开发贷款对个人住房贷款封闭管理，对于我行开发贷款产生的一手房按揭资源，要实行严格的封闭管理，我行发放开发贷款的项目按揭资源占比不得低于80%，确保按揭资源的充分利用，严防资源流失，争取项目按揭资源最大化。要密切关注楼盘信息，在8月底前完成楼盘的大调查，主动走访区域周边楼盘，扩大业务辐射面。加大营销力度，积极拓展新的纯按揭项目以及房地产开发项目，带动按揭业务的发展，加快一手房业务发展速度。

二是有重点地发展好二手房贷款。要加强与二手房中介机构的合作，进一步扩大我行个人二手房贷款市场占比，做大做强二手房业务。二手房贷款要认真落实好选城市、选客户、选楼盘的"三选"工作，特别是在武汉市场，个金部要提出二手户"三选"的诊断安排。积极做好个人房屋抵押贷款业务的市场营销工作，把这一新的个人贷款业务品种做大做强。

三是加快各类个人贷款的协调发展。最近总行密集出台了《个人住房公积金贷款管理办法》、《个人自用车贷款管理办法》、《个人贷款循环使用管理办法》等一系列管理办法，并将我行个人经营贷款授权额度由100万元调升到500万元。各行要抓住机遇，切实加大直贷式和置换类贷款业务的营销力度，培育新的市场增长点，有效扩大同业占比，缩小与同业之间的市场差距。主动营销针对大型交易类批发市场个人商户的个人经营贷款业务，提升个人经营贷款的市场竞争力，稳步扩大业务规模。要在注重风险防范的前提下，加快个人自用车及商用车贷款业务的发展。要全面加强对公积金管理中心的营销力度，在有条件的按揭合作项目中补充公积金贷款业务合作条款，促进我行自营贷款和委托贷款的协调发展。

4. 加大重点产品的销售力度，推动经营结构转型。

一是继续做好重点基金的代理发行和持续营销工作。要紧盯市场、把握时机，把代理基金业务作为个人中间业务的重点抓好抓实。加大对工银瑞信基金及托管基金的销售力度，持续做好代理基金销售工作，确保完成全年基金销售额及手续费收入任务。进一步优化基金产品销售结构，提高股票、混合等偏股型基金的销售占比，努力增加业务收入。继续做好基金定投业务营销工作，并将基金定投作为基金业务中一项长期重点工作来抓。要通过加大营销宣导力度，鼓励客户真正将基金定投业务"小积累、大财富"的投资理念付诸于实际行动，提高客户忠诚度。下半年要确保基金销售60亿元，力争70亿元，奋斗80亿元。

二是加快代理个人保险业务的发展。要突出重点合作公司，精心选择优势产品，通过开展阶段性营销活动，保持我行代理保险业务稳健发展。要积极推动新华人寿、人保寿险等9家重点寿险公司产品的营销，扩大太平保险"财智家和"、阳光财险"关爱1+家"和"尊贵1+家"及其他总行上线银保通系统的保障型产品的销售。要稳步提高期缴型、保障型产品的销售占比，提升期缴代理手续费率，形成可持续发展的业务结构；根据客户需求和资金流向，选择合适的保险产品，有针对性地对目标客户开展营销。通过与保险公司开展营销推广活动，充分利用培训资源，抓紧做好销售人员培训工作。严格收入管理，将代理保险手续费收入纳入账内管理。下半年确保代理保险销售15亿元，力争18亿元，奋斗20亿元。

三是实现信贷资产与理财业务的对接。省分行就信贷资产理财信托产品营销召开了专题会议进行研究部署，官行长提出了明确要求。全行当前要重点抓好该产品的营销工作，放开所有网点销售该产品，并对辖内贵宾理财中心、一般理财网点和一般网点制定最低销售额分类指导意见，每日对全辖销售情况拉通排名通报，责任到人，抓住该产品还原为储蓄存款考核的机会，扩大销售，确保8月份信贷资产理财信托产品销售60亿元，其中营业部必须确保完成46.6亿元。要以"灵通快线"系列产品为媒介，大力推进持续营销和交叉营销，继续将期次发行理财产品与"灵通快线"超短期理财协议捆绑营销，利用协议的签订将客户资金留存我行；将"灵通快线"与代发工资、第三方存管、银期转账等业务组合营销，利用其兼具安全性、流动性和收益性的鲜明特点吸引新客户。加大"灵通快线"滚动型产品的营销力度，通过组合投资于不同时段起息的产品，提升客户投资收益。要强化对理财产品销售和目标客户渗透率的考核，推动个人理财业务与储蓄存款、灵通卡、高端客户发展等业务的协同营销和良性互动。下半年全行理财产品要确保销售60亿元，力争80亿元。

四是努力扩大牡丹灵通卡发卡规模。要将灵通卡营销前移，在各大中院校开学之际，有针对性地开展“牡丹灵通卡·e时代”进校园的“进驻式”营销活动。要积极与社保、公积金等部门联系沟通，做好医保客户群体、低保客户群体、公积金客户群体的批量发卡签约工作，扩大灵通卡的发卡工作。要以联名卡为切入点，开展牡丹灵通卡促销活动，迅速做大灵通卡规模。要大力拓展芯片联名卡市场，重点面向有影响的公共交通、劳动保障、卫生、旅游等行业和领域开展营销，推出特色鲜明、有市场影响、效益好的芯片联名卡，迅速占领市场。要加大网点营销宣传力度，以灵通卡、个人网上银行等安全、方便、快捷等特点，捆绑营销牡丹灵通卡。重点做好牡丹携程灵通卡和牡丹利添利灵通卡市场营销。

（二）加快信用卡业务发展和转型步伐

1. 继续坚持规模扩张战略，确保发卡领先优势。

一是继续加大项目发卡营销力度。要坚持以项目营销推动全行信用卡业务发展，积极寻找与当地重点行业合作的突破口，联合行内机构、公司等批发业务部门，努力争取营销区域性优质项目，如各行可重点在交通卡项目上进行营销突破。继续加大公积金项目、社保项目营销力度，扩大发卡覆盖范围。做好军队公务卡在部队系统的推广，持续扩大财政公务卡发卡规模，做好中石油、农发行等优质项目的维护升级，加快高速公路、电信、交通等贮备项目的营销开发。对大学生市场不能简单地一退了之，要在落实监管要求的前提下，稳健推进学生卡市场。

二是整体联动，提高中高端客户渗透率。要尽快做好目标客户的数据筛选和转化工作。在7月份大个金汇报会上，官行长对全行中高端客户渗透提出了明确的发展目标，各行要通过EDW、PCRM等系统进行目标客户筛选，特别是要做好对理财金客户、个人住房贷款客户、个人综合消费贷款客户、个人汽车贷款客户等我行优质客户的筛选，将营销任务分解到支行、网点和客户经理。要做好前台快速营销系统的推广应用。7月份总行投产了前台快速营销系统，创新了前台网点营销模式，优化了办卡流程，实现了目标客户的快速甄别和营销，为柜面人员提供了强大的营销支持，各行要加大培训力度，提高系统推广应用水平，同时要结合省分行网点直通发卡方案，加大审核作业系统应用，为目标客户快速配发信用卡。

三是细分客户市场，采取针对性措施，加快存量结构调整。按卡种分类梳理出白金卡、金卡、标准卡、普及版信用卡的结构。针对不同卡种、不同客户群体，制定分类营销措施，逐步调整卡片结构。对有固定收入来源的普及普卡客户，在按要求补充齐全基本资料的前提下，严密操作手续，将信用额度调整至标准卡标准。对未启用的卡片进行全面清理，指定专人，逐户上门进行宣传营销，确保卡片启用率不低于80%。对于个人零星客户，要通过短信、电话等方式进行启用提醒，确保卡片启用率不低于60%。要在细分客户市场的基础上，针对不同客户群体，制定差异化促销方案，开展分类营销活动。对综合贡献度大的高端客户群体，要做好调研分析，开展一些品味高雅、吸引力大的促销活动，对潜在贡献较高、用卡意愿较强的客户群体，要根据当期消费热点，推出实用性较强的促销活动，刺激持卡人用卡。

2. 以分期付款营销为抓手，促进资产规模增长。

一是认真研究市场和客户需求，将分期付款业务与合适的客户、合适的商品关联起来，吸引客户办理分期付款业务的兴趣。充分发挥我行分期付款价格优势，认真研究当地市场消费热点，重点关注汽车、购房、装修、家具、教育、医疗、家电、健身美容、个人投资等领域，根据客户还款能力、生命周期消费特点等要素设计符合不同客户群体的分期付款套餐，帮助客户合理理财、规划生活，主动引导客户消费，对多次办理分期付款业务的客户给予分期奖励，引导客户多分期，形成消费偏好，使分期付款业务能够快速持续做大。加强与授信审批部门和信贷管理部门的沟通协调，研究探讨以信用卡为介质发放中小企业贷款的问题，促进分期付款业务快速发展。

二是进一步加大分期付款业务培训力度，促使全行从业人员全面了解产品的特点、宣传的口径、操作的流程、管理的方法以及与他行同类产品相比的优劣势。要做到每个客户经理和大堂经理都能单独营销分期付款业务，每个业务柜员都能独立快速办理分期付款业务，营造全行营销分期付款业务的氛围。要从增加中间业务收入、争揽优质客户的角度，宣传营销分期付款业务业务，并可采取体验式消费的方式主动引导客户办理分期付款业务。

三是继续加大分期付款业务宣传力度，扩大社会影响力。要将分期付款业务作为“三进”工作的重要内容来抓，做到所有城区网点必须有分期付款宣传折页和宣传海报，有电子显示屏的网点一定有分期付款的宣传信息，做好阵地宣传工作。充分利用短信平台向客户进行分期付款业务宣传，特别是利用考核还原系统对近期办理了大额消费的客户进行分期付款业务宣传，引导客户办理分期付款。充分发挥商家、电台、车身、报纸、户外大屏等宣传渠道全力营销分期付款业务，让更多客户了解、选择我行分期付款业务。

3. 加大商户开发力度，促进消费交易增长。

一是尽快扩大有效商户的数量，建立自有特约商户市场。充分发挥行内客户资源优势和人员网点优势，调动支行积极性进行商户的开发，采取包片负责制，列出适合开发为信用卡特约特惠商户的名单，明确支行、网点、责任人进行限期开发。充分发挥银商、捷文等第三方服务机构的专业优势，做好商户的培训、布机等服务工作。同时，各行还可采取合作的形式，直接购买第三方特惠商户资源，尽快扩大我行特惠商户数量，提高客户满意度。

二是认真做好特约商户的维护与发展工作。与科技部门联手，全面监测我行信用卡在特约商户的使用情况，加强对特约商户的营销和管理工作，尽快提高商户动户率与POS使用率。尽快摸清自有商户结构，分析商户费率设置情况，对达不到盈亏平衡点的商户及时进行清理整顿，限期未达标的商户要主动退出，确保存量商户至少90%以上达到盈亏平衡点，提高商户对我行信用卡业务的贡献度。

三是加大批发类商户的营销力度，拓展商户应用领域。积极开发建材、燃油、烟酒等有真正交易背景的批发类商户，拓宽信用卡用卡范围，尽快抢占收单市场。继续开展保险见费出单项目的营销，进一步拓展信用卡收单领域。要保持批发类交易在交易总额中的占比，确保全年实现100亿消费交易额目标。

（三）加快电子银行业务的发展，确保同业领先地位

1. 加大个人客户电子银行业务市场营销力度。

一是狠抓个人网上银行新增客户发展，确保全年个人网上银行客户增量同业占比第一。各行要积极采取加强柜面捆绑营销、落实与电信联合营销活动，启动与移动和联通的合作，开展上门开户服务、实施项目和产品推广带动、开展重点行业营销、落实产品计价等多种措施，大力扩张个人网银客户规模。上半年个网增量退居同业占比第二、三的9个行下半年必须赶超对手，扭转局面，确保实现全年增量第一。

二是开展手机银行（WAP）专项营销活动，确保完成总省行的调增任务。手机银行业务发展的快慢关系到未来我行电子银行基本客户群的建立，对全行电子银行客户的拓展、对全行个人客户的拓展都有重要影响。手机作为客户最为常用的通信工具，正在发展成为可以同电脑并驾齐驱的网络接入终端。截至2009年6月末，我国的手机用户已经接近7亿户，其中使用手机上网的网民达到1.55亿，半年内就增长了32.1%，手机网民规模呈现迅速增长的势头。目前手机银行市场正如同几年前的网上银行市场一样，处在一个客户群快速扩大的过程。如果不能抢占手先机，随着手机逐步成为客户获取金融服务的重要渠道，我们将失去利用手机银行扩大电子银行客户群、进而带动全行客户发展的最佳机会。到年末全行手机银行客户要达到58万户，为以后发展打下基础。各级行领导要从思想上、工作安排上、资源投入上和营销机制上解决手机银行拓展问题，组织协调做好具体的部署、工作推动。省分行将在今年电子银行年度考核中新增手机银行奖励分，并且设置“手机银行（WAP）市场营销奖”，对全年手机银行（WAP）新增客户数量和完成任务排名在前的分行进行表彰。各行狠抓各项措施的落实，确保实现今年下半年的手机银行（WAP）的发展目标，超额完成全年的任务。

三是以中高端客户为中心，积极开展中高端客户渗透营销。要力争完成（贵宾版）网银较年初净增90%和网银中高端客户渗透率35%的目标，其中资产100万以上客户渗透率要达到90%，50万－100万客户渗透率要达到70%。要结合总行近期推出针对贵宾网银客户的汇款打折优惠活动，加强宣传和推广，大力发展（贵宾版）网银客户，吸引更多中高端个人客户开通并使用网上银行。

2. 加大创新应用力度，做好重点项目的实施和推广。

一是全面启动和实施与农发行的收购资金非现金结算推广合作项目，成立领导小组，组织好项目的实施。电子银行部门要做好项目的牵头工作，主动上门加强与农发行的协调配合，做好服务，尽快将项目大规模推广，取得成效。二是做好“强强联合，网聚财富”大型集团企业客户的营销活动，重点推广银企互联和网上大企业跨行资金管理。加快三峡财务公司、长江航运集团、武钢财务公司、中建三局、孝感九州通药业公司和中国葛洲坝集团股份有限公司水泥分公司等银企互联的开发、测试和上线投产，下半年至少完成6户银企互联客户的推广工作，重要客户可报省行加入总行银企互联重点客户名单，省分行将安排专家团队予以重点支持。对大企业跨行资金管理系统这个新产品，各行的要积极寻找目标企业，进行跨行资金管理系统试点，省分行将全力支持。三是积极开展“点e成金，网聚财富”中小企业客户营销活动，对中小企业要加快在线财务软件等创新功能的应用，中小企业网上银行在线财务软件（用友、金蝶）的营销。各行要将营销企业名单上报省分行，至少完成3户的营销任务。四是启动与地税局的合作，开发和推广企业通过工行网上银行缴纳地税，进一步提高我行在税务市场的份额。五是启动与农村信用社的合作，开发和推广银银通产品。实现我行卡与农信社卡的捆绑，使我行的卡可以在农信社网点使用，使农信社的客户可以购买我行的理财产品、黄金等，拓展我行农村金融市场服务，有效扩大我行在农村市场的份额。六是要加强电子商务、电子客票、网银代发工资、网银银企对账、通用缴费和工行信使的市场营销和开拓，以此带动客户规模和交易量的扩大。电子商务特约网站，各行要完成全年新增20户的目标任务，其中营业部6户、三峡、襄樊2户、其他各行1户。

3. 继续做好网点电子银行服务区建设。各行要认真完成2009年新增的电子银行服务区的建设，规范原有的电子银行服务区，提高网银自助服务机和95588直通电话的开机率和使用率，充分发挥其宣传、演示、培训、营销和分流的作用，将电子银行服务区建成网点电子银行营销、分流业务的重要阵地。要按时完成网银自助服务机的安装，确保每个网点至少1台。各行要进一步发挥电子银行对柜面业务的分流作用，大力宣传电子银行渠道较柜面的价格优惠，认真将电子渠道业务量和产品销售还原到网点及员工，努力提高电子银行业务笔数占比，力争完成全年的业务占比任务。

4. 强化电子银行服务支持，提升网上银行动户率，优化客户质量和结构。要抓住电子服务支持岗人员这支队伍，细化岗位职责和考核办法，解决其做什么、怎么做的问题，要对电子银行服务支持岗人员下达工作任务并进行考核，逐步开展重点客户的电子银行服务支持工作，尤其要做好对中高端客户的电子银行服务支持工作。要开展企业网上银行不动户和个人网上银行口令卡和U盾不动户的唤醒工作，有效提升网上银行动户率。

追求卓越　创新发展
全面推进个人金融业务向“强个金”的战略转型
——毕晓宏同志在吉林省2009年度个人金融专业年度工作会议上的讲话

2009年全行个人金融业务在金融危机的大背景下实现了新跨越，但面对2010年异常复杂的经济形势，异常激烈的同业竞争，如何继续保持个人金融业务的良好发展态势，需要引起全行的深刻思考。

一、认清形势，把握吉林省转变经济发展方式中的新机遇

透析2009年中央经济工作会议，转变经济发展方式将是2010年经济工作的重要任务，积极的财政政策和适度宽松的货币政策的实质内涵已经发生了变化。一是调结构将成为今年宏观调控的主线。二是包含资产价格在内的更为广泛的物价变动将被纳入宏观经济视野。三是经济体制改革和改善民生将是我国经济发展的长期任务所在。为此，全行上下要根据宏观经济政策导向，结合个人金融业务发展规律特点，认真研究今年辖内个人金融业务发展着力点

一是长吉图开发开放先导区纳入国家战略带来新亮点。长吉图是吉林省长春市、吉林市部分区域和延边朝鲜族自治州的简称，区域面积和人口均占吉林省的1/3，经济总量占1/2强。长吉图开发开放先导区作为国家重点开发开放地区，国务院已经明确提出，要使长吉图发展成为我国沿边开发开放的重要区域、我国面向东北亚开放的重要门户和东北亚经济技术合作的重要平台，培育成东北地区新的重要增长极，建设成为我国沿边开发开放的先行区和示范区。为此，全行必须要牢牢把握这一重要历史发展机遇，省行也将着力加大营业部、吉林、延边分行的支持和发展力度，在资源配置、业务指导、营销推动等方面给予重点倾斜。以上三家分行也要超前谋划，主动布局，牢牢把握这一战略契机，不断提升对全省个人金融业务的贡献度。其他各行也要积极把握本区域内经济社会发展的重点和热点，打造本行个人金融业务的发展亮点。

二是扩大居民消费需求带来新生机。改善民生，扩大内需被放到了经济工作的突出位置。“三农”及城镇低收入人群补贴额度得到了提高，医保、社保覆盖范围有所扩展。并且伴随着宏观经济的企稳回升，企业效益的不断好转，居民消费需求的激发必将带动银行零售业务的发展。各行要牢牢把握基础设施、房地产、新能源、低碳经济、中小企业、自主创新和社会保障等国家支持产业和领域中的个人金融业务发展机遇，力争在经济复苏和结构调整中不断发展壮大自己。

三是推进社会主义新农村建设带来新市场。吉林省作为全国的农业大省、重要的商品粮基地，在发展粮食生产、畜牧业、农副产品加工业等方面，具有无可比拟的优势。当前我省县域经济GDP占比已达到51.4%。各行要因地制宜，积极挖掘县域潜力，找准农村市场与我行业务发展的结合点，创造性开展农村个人金融工作。

四是城镇化贡献度增加带来新思考。以长春为例，长春城区以每年至少增加30平方公里的速度扩展，人口每年以十几万以上的速度增加。外地居民在长购房比例从2006年的9%，增加到2009年的16%。城市化率的提高，城镇居民可支配纯收入的增长和人口聚集效应形成了人们消费观念、消费方式、消费结构的变化，为国有商业银行发展新的业务品种、创新金融产品提供了巨大的发展空间和良好的消费市场。

五是主要竞争对手的全局性谋划带来新挑战。建行从2009年三季度开始出台了服务民生的系列方案，将对公、对私两块业务紧密结合起来，一旦成功实施，将产生巨大潜在和长期性收益。农行全面启动个金转型，积极推进超越发展战略，潜在威胁不容忽视。

二、持之以恒，把握个人金融业务发展中的三条原则

为掌握市场竞争主动权，推动2010年全行个人金融业务又好又快发展，全行必须要着重把握三条原则：

一是必须要坚持零售业务品牌发展原则。品牌的真谛就是如何在消费者心中留下烙印。银行零售业务品牌在一定程度上代表了银行的整体品牌形象。为此，全行必须要苦练内功，以工银财富、理财金账户、牡丹灵通卡三大品牌为核心，高标准、高质量的推动零售业务发展，打造同业零售业务引领者的品牌形象。对外则要配合监管部门营造良好和谐的个人金融业务外部发展环境，积极参与各种社会公益活动，结合我行“投资理财知识普及万里行”活动，通过在线、讲坛、广告等多种形式，塑造我行客户金融理财首选者的零售业务品牌形象。

二是必须要坚持零售业务精细化发展原则。“天下大事，必做于细”，在当前银行零售业务竞争日趋白热化的今天，银行零售业务竞争将越来越取决于细节，小的地方看得到、做得精、做得细，就会延续生命力、提升竞争力。全行必须要将精细化管理的理念落实到个人金融业务经营的各个环节，以精细化管理项目的推广为契机，全面提升

全行精细化管理水平。认真领悟“细节影响品质、细节体现品味，细节显示差异，细节决定成败”的深刻内涵。

三是必须要坚持零售业务大服务原则。大服务就是要树立现代金融服务理念，进一步落实以客户为中心的经营思想，突破渠道归属限制、突破专业条线限制，不断提升渠道的整合应用能力，不仅能够提供适应客户多元化需求的金融产品，而且还能够以适应客户消费习惯的服务方式提供这些产品。使客户以“喜欢不喜欢”的感觉消费和“满意不满意”的情感消费得到双重满足。

三、创新发展，全面推进个人金融业务向“强个金”的战略转型

2010年是我国十一五收官之年，也是我国从容应对全球金融危机，有效遏制经济增长下滑态势，率先实现经济形势总体回升之后，进一步提升经济发展水平和国际影响力的关键一年。危机过后，必然是市场的重新洗牌和布局，银行零售业务也概莫例外，如何把握危机过后大变革、大调整、大发展的历史机遇，加快个人金融业务由“大”向“强”的战略转型，是我行个人金融业务2010年的重要内容。

2010年个人金融业务指导思想：牢牢树立科学发展理念，紧紧盯住同业占比目标，加快创新发展步伐，强化营销资源整合，全力巩固传统市场优势，不断扩大新兴市场份额，推进向“强个金”的战略转型，努力构建现代零售银行体系。

战略目标：牢牢把握我省长吉图开发开放先导区纳入国家战略契机，内强素质，外树形象，着力打造同业零售业务引领者，行内贡献度佼佼者，客户金融理财首选者的零售业务品牌形象。

为此，2010年全行上下要全面启动一个战略，着力完善七个体系：

（一）强势开局，全面启动“强个金”战略。强个金是总行根据银行零售业务发展规律，结合全行零售业务发展现状及同业市场竞争情况提出的新战略，是“大个金”的与时俱进，是我行零售业务从“大”变“强”，从量变到质变的进程。“强个金”不是要将某个部门变成强势部门，而是要加强相关部门间的协同发展，形成个金合力，共同将个人金融业务做大做强。强个金的内涵一是规模最大、包括客户规模、渠道规模、交易规模等。二是竞争力最强。包括产品创新能力、市场反应速度和服务体系完善程度。三是品牌最优。包括品牌的认知度、满意度和美誉度。

今年落实“强个金”战略的第一步，就是要坚决打好四个战役，确保实现一季度个人金融业务开门红。一要坚决打好储蓄存款的攻坚战。一季度全行要实现新增储蓄存款73亿元，并确保实现同业占比第一目标。另外，各行要提前策划好我行储蓄存款突破1000亿元的大型宣传活动。二要坚决打好中间业务收入持久战。一季度全行要实现中间业务收入12100万元。三要坚决打好新市场、新客户的争夺战。各行要以借记卡为主介质，以理财类产品为重点，全面开启新市场、新客户的争夺战。一季度确保实现理财类产品销售110亿元，新增借记卡48万张。四要坚决打好全行“服务价值年”的启动战。各行要结合“投资理财知识普及万里行”活动，结合服务精细化管理项目的实施与推广，结合网点的分类管理与功能改造，将服务价值年活动抓好、抓实、抓出成效。

（二）突出重点，着力构建细分清晰的“强个金”个人目标客户体系。客户是商业银行的经营基础，是商业银行经营的起点与终点。特别是零售业务规模经济的特点决定，没有相当规模的客户群体，也就没有个金业务发展的土壤。各行要切实将客户营销维护工作纳入个人金融业务议事日程，认真遵循四个结合，重点关注五类客户。四个结合，就是要将存量客户维护与增量客户拓展相结合。要将做大客户规模与做优客户结构相结合。要将售前营销与售后服务相结合。要将客户静态贡献评价与动态贡献评价相结合。我们不仅要关注客户的时点资产规模，更要关注客户在我行金融产品的交易频度、产品渗透率和客户综合贡献度。如何对客户进行正确评价，关乎客户维护的效率，也将是我行需要重点加以细致解决的问题。为此，全行要加快研究和推进科学、合理的客户评价及分类标准，并逐步建立星级客户制。

重点关注五类客户，就是在新客户拓展方面，全行要重点关注五类新客户群体，既小老板、小白领、小公务员、大学生、境内外经常往来的人员。小老板主要为发展潜力较大的部分私营老板，包括远东、黑水路、华正等批发市场，欧亚集团、长百集团、桂林路商圈和重庆路等大型商圈，参茸等东北特产的产地和批发地等的商户；小公务员主要为纳入国家行政编制、由国家财政负担工资福利的工作人员。包括全省各级人大、政协、检察机关、民主党派从事公务的人员、司法机关工作人员、共产党的各级领导；小白领主要为在企事业单位从事脑力劳动的员工。包括教师、医生、律师、注册会计师、大型企业职工等；大学生主要为以吉林大学、东北师大、长春大学为重点的全省29所重点大学的在校学生。以上是省行今年圈定的重点目标客户群，各行要以此为基础进一步细致梳理辖内目标客户群，并要于一季度完成辖内目标客户群名单的梳理及分类营销方案的制定等前期准备工作。二季度各行则要按照名单制营销要求逐一落实，结合全行“投资理财知识万里行”活动，在全行开展至少做足“百场万人”营销活动，确保实现2010年我行对以上客户群体的全渗透。

（三）加速转型，着力构建公、私联动的“强个金”集群化营销体系。银行零售业务的集群化发展的特点，要求个人金融业务必须要加快营销转型步伐，推进个金业务由零售向零售、批发并重的营销模式转型。一要注重加强横向联动。各行个金部门要加强同公司、机构等部门的协作，充分利用我行的法人客户资源，积极把握我省明年铁路、公路、电力、城建、房地产等重点项目，电信、石油，一汽集团等重点企业，锁定各种专业市场（如小商品交易市场）、消费品市场、新型服务业市场（如旅游、婚庆消费服务市场）、资本市场、境外市场等新市场，大力开展集群化营销模式。全行也要积极探索和研究区域性理财产品的开发，深化横向联动的内涵。二要注重强化纵向互动。

各行加快推进个金业务营销主体由依托一线营销人员为主向依靠支行行长、个金部科处长及二级分行行长为主参与的集群化高端营销转变。三要积极搭建零售业务大平台，既要实时搭台唱戏，也要不时借台唱戏。搭台唱戏就是要制定涵盖个金、个贷、电子银行、银行卡等所有零售部门的产品交叉销售方案和套餐式金融服务方案，实现由单一专业产品营销向全行综合产品营销转变。借台唱戏就是要充分利用与我行有战略合作关系的基金、保险、证券公司资源，以实现产品互补、营销互动。

（四）加大力度，着力打造卓越的“强个金”渠道体系。俗话说“零售业务，渠道为王”。全行网点按照财富中心、贵宾理财中心、理财网点、金融便利店分类管理模式已全面铺开，并初见成效。2010 年省行将进一步加大渠道建设和网点分类管理力度，全行计划新建贵宾理财中心 30 家，投放自动取款机 200 台。各行要加快推进个人金融业务渠道体系建设，推进网点服务功能转型，一要推进物理渠道由业务处理型向营销服务型转变，特别是要突出打造核心网点的品牌效应。二要保证网点布局跟上城市化的步伐，按照“中心 + 卫星”的模式合理调整网点布局，确保我行网点网际间服务功能互补，服务半径不留死角。三要确保现有网点服务效能的充分挖掘。各行在深入推进网点分类管理的过程中，要加强资源配置对网点的倾斜，确保每一个网点的服务效能能够充分的释放，做到打造一家成熟一家。四要不断提升渠道整合应用能力。对内要加强自助银行、网上银行与物理网点的良性互动，发挥不同渠道的服务内涵与服务定位。要加大 ATM 等自助机具的发展力度，积极推动 ATM 机等自助机具进写字楼、进社区，电话 POS 进小商品市场等工作。对外要则要拓宽渠道概念，主动拓展第三方合作渠道，逐步推进与其他金融机构的合作，通过“银银通”的模式，将我行的渠道延伸到物理网点等难以触及的地方。

（五）全面推进，着力打造协调发展的“强个金”产品体系。一是基础业务要做实。全行上下要进一步明确储蓄存款的基础性地位，进一步落实李安山行长关于存款立行、存款兴行、存款强行的重要指示精神，并将这一观念落实到储蓄存款的日常经营工作中，确保实现全年储蓄存款增量同业占比第一的目标。抓存款的首要任务就是要开源，各行要切实将结算业务、代发工资、三方存管作为存款开源的重要支撑，积极竞争新客户，拓展新储源。特别是时值岁末年初之际，各行要认真研究客户资金流转规律，把握企业单位各种奖励、补贴、分红等集中大额资金进行重点营销。另外，随着城区发展和城市扩容改造，各行要对拆迁款、补偿款等进行重点跟踪营销。其次就是稳存，今年我行稳存的压力，大大大于往年，要保持住去年的存款成果，对于全行来讲也是一个挑战。新形势下，稳存不仅仅要稳定客户存款，而同时要积极引导客户多元化投资，促进客户金融资产的多元化配置，通过主动负债能力的提升，实现储蓄存款与理财类产品的良性互动，确保客户资金在我行的封闭循环。最后，就是要兼顾市场和效益两个目标，在做大储蓄存款规模的同时，注重储蓄存款结构的调整，大力发展低成本存款；二是热点业务要做强。全行要持续扩大基金、保险、理财产品的同业领先优势。当前各家银行的理财类产品同质性很强，要持续保持领先优势，就要求我们要不断加强对市场和产品的研究，提高对市场的研判能力，为客户提供真正有价值的指导建议。并要充分发挥 PBMS 系统优势，以系统支撑营销，进一步增强我行零售业务营销的针对性、科学性及效率性。一季度全行要实现基金销售 42 亿元，保险销售 5 亿元，理财产品销售 60 亿元；三是传统业务要做精。个人结算业务是全行零售业务的重要支撑，全行必须要把个人结算业务摆放在一个相当重要的位置大力做好。通过宣传我行系统、网络、渠道、费率等方面优势和特点，进一步提升我行个人结算业务的交易量和市场份额，并带动因私购汇、资信证明、旅行支票、外汇汇款等业务的发展。各行要深入挖掘结算业务的深刻内涵，突出个人结算业务“源头性”业务的新定位，在秉承“扫楼、扫街、扫商圈”的传统营销方式下，强化由支行或分行层面的统筹营销，推动结算业务从分散的游击战向以集群化营销的攻坚战转变。并要于 2010 年全面夺回结算业务同业占比第一位次，重塑我行个人结算业务大行形象；四是潜力业务要做大。借记卡作为我行各项个人金融业务的主介质，其重要意义不言而喻。2010 年，省行将以借记卡为依托，加强牡丹灵通卡同相关潜力业务的整合营销。省行已经出台了全省牡丹灵通卡“N + 组合，精彩 N 次方”营销活动方案，拟通过牡丹灵通卡与个人信贷、工银信使、基金定投、代发工资的整合营销，实现各项业务的联动发展。

（六）精益求精，着力打造同业领先的“强个金”营销人才体系。一流的员工，创造一流的客户。全行要在客户经理队伍总量合理、有序增加的基础上，进一步加强客户经理队伍建设。在客户经理的管理上，要强化专业性及职业道德，逐步建立和完善客户经理的分级管理，建立能进能出，能上能下的动态客户经理管理模式。能进能出就是要广纳全行营销型人才不断充实客户经理队伍。能上能下就是要根据客户经理的分级管理要求，实现动态的客户经理级别管理。要将获得金融理财师 AFP 和国际金融理财师 CFP 资格的人员优先配到财富管理中心和贵宾理财中心，充分发挥金融理财师的作用。新进大学毕业生也要重点配备到客户经理队伍中去；在客户经理的考核上，要建立完善客户经理考核体系，进一步明确客户经理岗位任职资格标准，建立基于岗位价值和业绩贡献的绩效考核指标及薪酬激励制度，完善全行个人客户经理职务序列管理、培训、认证、考核及激励机制；在客户经理的营销模式上，要突出打造客户经理团队，省行明年将结合服务精细化管理项目的推广，分层级打造营销团队。省行将着力打造省行财富管理团队、二级分行营销支持团队，支行及网点营销团队，并积极推动我行营销团队由智力支持型向能力贡献型转变；在客户经理的素质提升上，省行将进一步加大客户经理的培训力度，继续组织 AFP、CFP、中国寿险管理师、总行客户经理资格认证等培训工作，同时也将进一步突出包括顾问式销售技巧、谈判博弈、大客户战略营销、奢侈品与红酒品鉴等专业性较强内容的培训。

（七）科学引导，着力完善富有活力的“强个金”考核体系。机制引导发展，今年针对营业部及二级分行的绩效考核，省行将根据核心指标和辅助指标相结合，自身发展与市场水平相结合，存量指标与增量指标相结合，业务规模与调整结构相结合的原则，对个人金融业务考核办法进行重新调整。考核内容涵盖定量考核与定性评价两部分。考核结果将计入分行行长经营绩效考核总分。省行将会依据各行绩效考核结果，并综合考虑业务规模与发展进步等情况，在季末或年末评定综合贡献奖、专项发展奖、竞争能力奖、业务创新奖和服务价值奖等奖项，进一步鼓励先进。省行也将会根据绩效考核结果，进一步强化问责制，并探索实施针对二级分行行长的个人金融业务发展评估方法，作为人力资源部干部任用的考核依据。

在个性化考核上，省行今年再次调整了个性化考核标准，针对营销难度大，贡献度高的产品进一步提高了个性化奖励标准。在专项考核上，省行全年将拿出1000万元，用于个人储蓄存款的专项奖励。

另外，省行也在积极推进网点的扁平化考核工作，并将逐步建立和完善涵盖全行所有网点的分类考核体系。

（八）持之以恒，着力完善安全高效的“强个金”风险防控体系。全行要高度重视个人金融业务风险防范工作，明确风险管理责任，坚持一把手负总责的操作风险管理要求，将日常操作风险管理落到实处。特别要加强ATM等自助设备管理，重点做好离行式自助设备的日常巡查，防止不法分子实施针对自助设备的违法犯罪活动，为客户提供安全、便捷的金融服务。各行同时要将理财类产品合规销售，降低客户投诉风险，纳入个人金融业务的风险防范体系，并加以重视。对于理财类产品销售中存在误导、诱导的现象要坚决制止，严惩不贷。

宋建华同志在江苏省分行个人金融、消费信贷、银行卡业务工作会议上的讲话

一、2009年个金业务发展跃上新平台

2009年，面对复杂多变的经营形势和更加激烈的同业竞争，全行上下坚持以科学发展观为指导，坚定信心，抢抓主动，勇争一流，扎实工作，个金业务发展跃上新平台。

（一）业务经营成效显著。一是全口径个人金融资产快速增长。全口径个人金融资产销售额达到1470亿元，同比增加290.2亿元，增幅23.1%。储蓄存款新增462.7亿元，四行占比22.6%，同比提高1.26个百分点。销售各类理财产品1007.5亿元，同比增加303亿元，增幅42%，其中，基金344.4亿元，本外币理财产品592.7亿元，保险48.3亿元，国债22.2亿元。二是个人信贷业务加快发展。个人贷款余额突破1100亿元，达到1159亿元，新增339.8亿元，其中个人住房贷款新增269亿元。个人贷款实现利息收入46.69亿元。三是个人中间业务升级发展。实现个人中间业务收入15.5亿元，同比增加3.5亿元，增幅29.2%，四行占比由上年的第三提升到第一。个人理财、灵通卡、代理基金、代理保险、个人结算等五项重点业务全面发展，分别实现收入2.7亿元、2.6亿元、2.3亿元、1.9亿元和1.6亿元。四是信用卡业务跨越式发展。信用卡发卡量突破300万张，达到307万张，新增86万张，增幅39%，跃居为省内第一发卡银行；消费额312亿元，增幅93%，四行占比31.6%，由上年的第二提升到第一；透支余额42.4亿元，增幅359%，四行排名由上年的第三提升到第一；实现中间业务收入2.96亿元，增幅86%，四行占比由上年的第三提升到第二。分期付款业务交易额35亿元，实现手续费收入1.8亿元。

（二）可持续发展能力得到增强。一是客户拓展积极主动。中高端客户新增22.2万户，总量达到152.4万户，其中，理财金账户客户新增11.9万户，总量达到33.2万户。中高端客户金融资产占比79.8%，比年初提高4.2个百分点。信用卡客户总量达到240万户，新增61万户。二是渠道建设稳步推进。财富管理中心总量达到17家；贵宾理财中心新建80家，总量达到282家；离行式自助银行新建50家，总量达到138家。贵宾理财中心以上业态网点占全部网点的28.9%，对全行储蓄存款增量、个人理财产品销售、基金销售的贡献度分别为42%、56.3%、68%。三是服务水平得到提升。加强个金产品整合，完善基础产品、理财产品、增值服务三大产品线，推进客户分层服务。“个人按揭+存贷通”，“第三方存管+灵通快线”、健康医疗、机场贵宾室等服务，赢得了客户的广泛好评。主动开展信用卡调额和升级，积极推进信用卡VIP客户服务中心建设。四是信用卡业务经营质态持续向好。在总量快速扩张的同时，单个客户信用卡持卡量保持在1.28张的较好水平。消费额的增长继续快于发卡量的增长，卡均消费额首次突破一万元。五是队伍建设取得新成效。积极充实营销队伍，全行个人客户经理总数达到1912人，比年初增加513人。加大培训力度，强化从业资格认证管理，专业队伍素质得到提升。积极培养高素质人才，全行拥有金融理财师964名，其中CFP175名，AFP789名。全年共有54人获得总行个金业务先进个人表彰。

（三）风险管理扎实有效。通过严格用途管理、开展

专项检查、加强监测通报、抓好清收处置等多项措施，积极防范和化解个人贷款风险，年末个人贷款不良率仅为0.38%，比年初下降0.12个百分点，保持了精品品质。加强理财业务管理，抓好客户风险评估、产品风险提示、规范营销宣传等重点环节，保障了理财业务的健康发展。高度重视防范信用卡套现和欺诈风险。抓好信用卡不良透支催收，年末信用卡不良透支率0.81%，较年初下降1.11个百分点。

二、认清经营形势，明确工作目标

2010年是省分行深入推进2009~2011年发展规划的关键之年。复杂多变的经济金融形势和更加激烈的同业竞争态势，给全行个金业务发展既带来难得机遇，也带来严峻挑战。

从总体上看，随着国家促进经济平稳较快发展的一揽子政策措施的落实，我国经济回升向好的基础逐步稳固，市场信心明显增强，经济发展环境好于去年，为我行各项业务包括个金业务发展提供了良好基础和有利条件。特别是中央经济工作会议明确提出，要努力扩大内需，进一步增强消费对经济增长的拉动力；加快推进城镇化，统筹城乡区域的协调发展；着力改善民生，把公共资源配置更多地向民生领域倾斜，这些政策都将助推个金业务的可持续增长。同时，我国多层次资本市场体系的不断完善，居民金融消费需求的更加多元化，以及银行卡消费占社会商品零售总额的比重已经达到35%，并在继续上升，使得我行个金业务面临更大的发展空间。去年底省分行个人金融业务工作会议提出，要把个金业务作为全行推进转型升级、实现可持续发展的重要内容，为个金业务发展营造了更好的内部环境。

同时我们要看到，未来一个时期个金业务发展也面临严峻挑战。中央明确今年在继续实施积极的财政政策和适度宽松的货币政策，保持宏观政策的连续性和稳定性的同时，将根据新形势新情况着力提高政策的针对性和灵活性。年初以来，中央银行上调了人民币存款准备金率1个百分点，并加大了窗口指导力度，抑制信贷过快增长，对个人信贷业务的发展产生较大影响。国家开始规范整顿房地产市场秩序，抑制投资投机性购房，对我们执行宏观调控政策、防范好个人按揭贷款风险提出了更高要求。省内各家金融同业纷纷把个金业务作为经营转型和战略发展的重点，加大资源投入，提升发展速度，无论是在储蓄、个贷、银行卡等传统领域，还是在综合理财、财富管理、私人银行等新兴市场，我们都面临激烈的同业竞争，保持市场领先地位的难度不断加大。

结合外部经营形势和自身发展要求，2010年个人金融、消费信贷、银行卡业务主要经营目标安排如下：

业务经营　人民币储蓄存款新增500亿元，四行占比确保超建行；外币储蓄存款新增5000万美元。个人贷款新增250亿元，其中非按揭类贷款占比达到40%。实现个人中间业务收入15亿元。信用卡消费额达到450亿元，保持同业第一，实现中间业务收入4.5亿元，力争同业第一。

客户拓展　个人中高端客户新增35万户，资产占比达到80%。个人贷款客户新增6万户。灵通卡发卡量新增700万张。信用卡发卡量新增103万张，总量保持同业第一，客户新增80万户。

渠道建设　新建财富管理中心2家、贵宾理财中心40家、离行式自助银行30家、“自助+理财”网点30家、个贷中心20家。新投放自助设备2500台。

风险控制　个人贷款不良率控制在0.5%以内。信用卡不良透支率控制在2%以内。杜绝案件和重大经营事故的发生。

三、奋力拓展优质市场，不断提升竞争能力和综合贡献

（一）提升储蓄业务市场份额。今年储蓄业务的根本任务是提高市场占比，储蓄增量四行占比要确保超建行，排第一的市分行力争新增2~3家，居末位的市分行和重点县支行要确保进位。这里，我强调四点。

第一，要切实提高对储蓄业务重要性的认识。储蓄业务不仅是个金业务的基础，在总行新的资金管理体制下，也是重要的盈利来源。今年1月10日起总行在全行范围内实行了全额资金集中管理，各行每吸收一笔存款资金都要集中到总行，每发放一笔贷款都要由总行配置资金。在这种资金管理体制下，如果我们吸收存款支付的利率低于总行对应的内部资金转移价格，我们就能赚取存款资金的利差。按照总行新的内部资金转移价格和我行年初的存贷款余额进行测算，今年我行存量的存贷款可以实现利差收入186亿元，其中，存款利差收入80亿元，占比43%；储蓄利差收入30亿元，占比16.1%。在新形势下，存款业务也可以成为“利润中心”。特别是今年信贷规模受到严格控制，发展存款业务包括储蓄业务去支撑利润增长显得更为重要。各行要算好储蓄业务的“贡献账”，形成抓储蓄就是抓客户、就是抓利润的共识，采取切实措施，推动储蓄业务加快发展。

第二，要把新客户拓展作为提升储蓄业务竞争力的首要工作。抓市场就是抓客户。这两年我们在储蓄市场竞争上强调一手抓网点揽储，一手抓批量争存，与此相对应，形成了零散客户和集群性客户并重的客户发展模式。今年全行在继续抓好网点阵地营销的同时，要切实加大走出去营销的力度，通过竞争突破一批集群性市场，有效拉动储蓄市场占比的提升和个人客户总量的增长。全年要实现灵通卡新发卡700万张，中高端客户新增35万户。重点抓好以下五大市场：一是代发工资市场。按照“谁的客户谁营销”的原则，把有贷户、无贷户、机构户的代发工资营销责任落实到相关客户管理部门，个人金融业务部门要发挥好牵头作用。紧盯政府机关、事业单位、大专院校、垄断性行业等重点目标市场，积极拓展一二类优质代发单位。高度重视财政统发工资新一轮集中招标和养老金代发市场，各行要第一时间获取信息、接触客户、拟订方案、积极竞争，并及时上报省分行。以个人代发工资保障贷款的推出为契机，发挥我行产品、渠道、科技等综合优势，提升对目标客户的竞争和维护能力。全年代发工资单位要新增1.3万户，代发工资金额要增长20%以上，对公客户渗透

率要提高到10%。二是第三方存管市场。积极推介预约开户服务，加快第三方存管POS直通车的投放，实现第三方存管一站式开户。进一步深化与华泰、海通等大型券商的合作，开展联合营销活动，积极竞争新开户投资者。加强第三方存管与灵通快线、舒心理财等产品的组合运用，提高对客户资金的封闭管理能力。年内要新增第三方存管客户10万户，夺回第三方存管市场第一的地位。三是大型专业市场。抓好功能完善、投放进度和后续维护，全年要新投放银商通10万台，增加储蓄存款50亿元。积极运用"银商通+个人经营贷款+灵通快线+电子银行"的产品组合，有效满足客户的结算、融资、理财等多元化金融需求，竞争发展一批结算资金量大、综合贡献度高的优质经营户。发现和培育一批拓展专业市场的典型，把好的经验和做法在全行推广。四是政策性批量市场。在积极竞争城市拆迁补偿款、企业改制安置费等传统市场的同时，要通过发挥综合优势、实施项目化管理、加强联动营销等措施，努力在社保资金、企业年金、市民卡、交通卡、公务用卡等新兴市场取得领先地位。五是外币储蓄市场。在贵宾理财中心试点开设个人外汇服务中心，提供一站式外汇服务，打造一批个人外汇业务示范网点。要营造氛围、细化方案、抓好落实，确保外币储蓄专项营销活动取得实效。

第三，要加大资源投入，为储蓄业务发展提供有效保障。要按照储蓄业务发展的需要，结合同业竞争的情况，进一步加大人、财、物的投入。在人员上，要适应集群性市场拓展的需要，按照每个支行配备2~3名外勤营销人员的要求，年内全行要建立起一支300人的个金专业外勤营销队伍。在费用上，要在继续支持推进网点装修改造的同时，重视加大广告宣传和高端客户维护的投入，同时对网点日常的营销宣传和客户维护给予一定的弹性。在机具上，要进一步加大ATM的投放力度，既要保证在行式ATM配备充足，又要积极向业务资源丰富区域投放离行式ATM，今年要新投放ATM500台，力争我行ATM总量四行占比提高1个百分点。

第四，要加强考核督导，强化储蓄业务经营责任的落实。省分行今年将出台新的市行行长经营绩效考核办法，其中对负债业务包括储蓄业务的考核权重将加大，同时严格问责管理，未完成储蓄增量争先进位目标、特别是四行占比第四的分行，将对分管行长进行问责。各行要深刻领会，结合实际完善储蓄业务考核办法，进一步增强市行相关部门、支行、网点和相关管理人员储蓄业务经营的压力和动力。要调整对理财经理的考核办法，把中高端客户数量及金融资产增长和揽储指标作为考核理财经理的重要内容。要突出加强对重点县支行的考核，对储蓄竞争长期徘徊不前、四行占比靠后、今年仍无明显改观的，要扣减经营绩效。省分行将按季召开储蓄市场竞争督导会，储蓄增量四行占比第四的分行，要求一把手行长参加。

（二）优化个人信贷业务发展方式。年初以来监管部门对信贷均衡投放提出了严格要求，信贷规模已成为制约信贷业务发展的重要因素。为进一步推进全行信贷结构调整，今年省分行在规模分配上继续向个人贷款倾斜，个人贷款规模占比要达到40%。各行要切实用好个人贷款规模，在严守规模的前提下，把提高效益贡献作为今年个贷工作的主线。一是积极调整品种结构。密切关注房地产市场政策调整和发展态势，稳健发展个人住房贷款，重点满足我行开发贷款支持楼盘、优质个人客户、自住性购房的按揭需求。大力拓展大型商品交易市场和专业批发市场的优质经营户，全年要新增个人经营贷款75亿元。积极营销个人留学贷款、房屋抵押贷款，抓好个人循环信用消费贷款平台和网贷通的推广，创新发展个人委托贷款，把更多的融资新品打造成为竞争客户、赢得市场的有力武器。今年个贷增量中，非按揭类占比要达到40%，从而推进个人贷款调整结构、提高收益。二是努力提升定价水平。当前信贷资金供求关系变化明显，全行要以此为契机，完善定价策略，加强利率管理，积极提升个人贷款的收益水平。将个人贷款定价标准细分到每一个品种，实行利率下浮下限和占比双线控制，对于满足贷款准入条件的客户，按照"使用产品越多、利率优惠越大"的原则，合理确定利率浮动水平。省市行相关部门要加强个人贷款利率浮动情况的监测和通报，并引导客户经理提高议价的意识和能力。三是推进个贷和其他个金业务的互动发展。近年来，个贷业务已经从发展优质客户、加强产品渗透、增加中间业务收入等方面，体现了对其他个金业务的有力拉动作用。要进一步推进个贷和其他个金业务的互动发展，当前要重点从完善机制入手，加强个贷客户经理和个人理财经理之间的客户推荐，既要把优质个贷客户发展成为建档维护的中高端客户，也要从理财客户中发掘更多的个贷业务资源。加大对个贷客户的交叉销售力度，年末个贷捆绑率要超过4个/笔。

（三）推进个人中间业务升级发展。中间业务收入是衡量个金业务贡献度的重要指标，必须放在与储蓄占比同等重要的位置切实抓好，今年个人中间业务收入要继续保持四行占比第一。一是突出抓好个人理财业务。要把营销适应客户需求的理财产品作为竞争中高端客户的主要手段。抓好首发基金销售，加强存续期基金营销，优选"明星基金"进行重点推介。积极发展基金定投业务，全年要新增基金定投客户100万户。银行理财产品要在做好优质客户专属产品发售的同时，加大信托+理财等新产品的开发和销售力度。深化与重点保险公司的合作，加强分红型、期缴型保险产品的营销，巩固和扩大代理保险市场份额。大力发展贵金属业务，认真做好国债销售工作。二是加快发展灵通卡业务。灵通卡业务近几年发展很快，去年已经成为第二大个人中间业务收入项目，并且具有很大的、可持续的增长潜力，要继续提升发展速度。抓好网点日常发卡，突出加强批量发卡和项目发卡，注重扩大有效卡量。大力开展灵通卡消费促销活动，促进灵通卡消费规模和业务收入的提升。三是积极发展个人结算业务。大力宣传推介"汇款套餐"，积极推进柜面通业务合作，加强旅行支票、外汇汇款等个人外汇业务的营销，重视运用优势产品和价格杠杆吸引和竞争客户。四是积极培育新的收入增长点。加强工银信使的客户推介，抓好灵通卡开卡的源头营销，尽快推出"彩信对账"服务，全年要新增工银信使客户500万个。要善于发挥个金客户多、账户多、交易笔数多的优势，加强产品渗透，开发收费项目，促进中间业务收入快速增长。五是注重优化业务结构。在各项个人中间业务全面发展的同时，要着力提升周期类、交易类业务的贡献度，平衡好理财业务和储蓄业务发展的关系，降低对资产业务拉动的依赖性。

（四）巩固信用卡业务市场领先地位。信用卡业务要坚持做大规模、做强品牌的经营定位，加大优质市场拓展力度，今年发卡量、消费额、透支余额要保持同业第一，中间业务收入要力争第一。要进一步增强创新意识，更加注重以新的思维、新的产品、新的举措去占据市场竞争的制高点。一是大力拓展发卡市场。加大项目发卡力度，突出抓好交通卡、市民卡、公司卡、公务卡等重点项目的营销推广。加强省市分行的上下联动和分层推广，省分行要强化对中石油、中石化、铁路等系统客户的项目推广和储备，市分行要加强对区域性优质项目的发掘和营销。发掘行内客户资源，对在我行代发工资、办理第三方存管和有贷款的个人客户，要在细分客户的基础上，积极配发普及版、标准版、高端版等不同级别的信用卡。总行将在现有客户中筛选出一批白金卡目标客户，开展主动邀请升级，并下发客户清单，各行要做好跟踪营销和业务办理。加强与私人银行部南京分部的合作，力争私人银行签约客户白金卡渗透率达到100%。全年要新增白金卡10000张。推广目标客户快速营销项目，提高营销工作的针对性和有效性，年内中高端客户信用卡渗透率要达到25%。发挥芯片卡功能优势，借鉴交通卡项目经验，探索将芯片卡应用到铁路售票、高速公路收费、会员管理、商业联名、社保等新领域。二是积极竞争消费和收单市场。省分行将在全行组织开展以“百城万家刷牡丹—月月有礼”为主题的促销活动，各行要结合实际，细化活动方案，精心组织实施。要在抓好日常促销的同时，加大重要节日促销力度，促进消费额快速增长。完善消费积分管理，提高消费积分兑换活动的吸引力和参与度。扩大特惠商户网络，全年要新增特惠商户1000家。大力营销中石油、中石化、移动、电信等系统客户，努力提高我行收单业务占比。积极拓展旅游收单市场，对风景区门票销售、纪念品消费、餐饮住宿等开展链式营销，特别是当地旅游资源丰富的营业部、苏州、无锡等分行要取得更大突破。以大型商贸企业和连锁企业为重点，发掘MIS系统需求，发展一批在当地知名度高、影响力大的核心商户。抓住世博会的机遇，加强外卡收单商户的拓展，做大外卡收单业务量。推进POS服务外包，尝试与银商等外部机构合作，扩大我行收单业务覆盖面。三是精品化发展分期付款业务。通过典型引路和全面推广，去年分期付款业务呈现爆发性增长，实现手续费收入1.8亿元，占信用卡中间业务收入的61%，不仅成为信用卡业务提升收入贡献的重要引擎，也成为全行中间业务收入的新增长点。今年要在继续做大规模的同时，更加注重规范发展，确保分期付款业务的精品品质。江苏汽车消费市场巨大，要集中精力做好购车分期付款，严格业务经办支行、客户、汽车经销商和合作机构的准入管理，实现规模做大、质量做优、品牌做响。有条件的市分行可以探索开办婚庆、家装、旅游等大额消费的分期付款，但在业务开办前，必须制定操作流程和管理办法，并报省分行审批。

四、深化重点领域的创新发展，增强业务经营的内在驱动力

（一）深入推进渠道建设。一是试点专业化零售支行建设。在镇江分行进行专业化支行试点，支行定位于拓展个人金融、小企业贷款等具有零售性质的业务。在溧阳支行进行专业化网点试点，除支行本部、大型乡镇网点作为综合网点外，其他网点专营零售业务。通过实施专业化经营模式，提高个金业务的营销效能。二是推进“中心＋卫星”、“自助＋理财”网点建设。卫星网点配备4－6台自助机具和3－4名非现金柜员，主要负责自助存取款、产品销售、识别中高端客户并推荐到中心网点。腾出的人力资源充实到大型网点，增强大型网点的竞争力。全年要新增30家“自助＋理财”网点，上半年每个市分行要至少建成1家。三是抓好物理网点的升级改造。今年是总行网点建设大规模投入的最后一年，各行要抓住机遇，加快推进贵宾理财中心以上网点的装修改造。要重视加强一般理财网点和金融便利店的改造升级，特别是金融便利店目前占比过高，要加快升级一批。对完成改造的网点，个人金融、网点管理、财务会计等相关部门要加强运营管理和业绩考核。四是推进柜面通业务合作。柜面通业务有利于延伸我行在乡镇市场的服务能力。前期，省分行已经与省农信社正式签署了柜面通合作协议，有关系统开发等工作正在积极推进。省分行个人金融、信息科技等部门要密切配合，加快进度。五是抓好个人贷款中心建设。把个人贷款中心建设纳入网点建设总体规划，结合贵宾理财中心建设统筹安排，加快构建以个人贷款中心为主体、理财中心为依托、一般网点为补充的个人贷款营销体系。年内要新建个人贷款中心20家，18家重点县支行和个贷经营50家重点支行都要建立个人贷款中心。

（二）积极改善服务品质。今年是总行确定的“服务价值年”，省分行党委提出了“力争用2～3年时间，建成江苏金融市场客户满意度最高和首选银行”的目标。前期，市县行行长会议和服务价值年活动动员大会都对服务工作提出了具体的要求，各级行要深刻领会，认真落实。这里，我再强调几点。一是要加紧解决网点排队问题。加快建立现金业务快速通道，通过柜口的专业化来提高业务办理效率。加强个金业务流程的梳理，在有效控制风险的前提下，减少冗余环节。完善网点业务分区，探索增加个金低柜办理业务的种类，提升个金低柜的经营效能。大堂经理要进一步发挥引导客户的作用，促进柜面业务的分流。二是要深化分层服务。对私人银行客户，客户所在行要在做好现有服务的同时，积极向私人银行部南京分部推荐，借助于私人银行平台向客户提供更高层次的专业化服务。对财富客户，提供“顾问式”长期性服务，通过为客户量身定制“理财规划”，帮助客户实现不同人生阶段的理财目标，实现我行各类金融产品的销售。对理财金账户客户，提供“标准化服务方案”，突出“六专服务”、预约式服务、网银贵宾客户待遇、汇款套餐会员制服务等特色优势，提升客户满意度。根据贡献度评定客户星级，给予高星级

客户更优惠的定价和更多的产品选择，产品套餐设计逐步由银行打包推介向客户自选组合转变。三是要丰富增值服务。继续推进机场贵宾室、健康医疗等增值服务，不断丰富新的服务内容，提高客户的美誉度。四是要突出抓好世博会服务。5月1日~10月31日上海将召开世博会，200个国家和国际组织参展，7000万人次到上海及周边地区参观。世博会给银行业带来巨大商机的同时，也考验着银行的服务能力和水平。总行对世博会服务工作提出了专门要求，人民银行南京分行专门出台了《江苏省世博支付环境建设工作指导意见》，各行要认真落实有关要求，加强组织领导，加大资源配置，规范投诉管理，高水平高标准做好世博会服务工作。

（三）大力开展综合营销。综合营销是省分行资源整合工程的重要内容之一，也是今年的重点工作之一。在去年整合营销活动的基础上，今年全行将继续开展综合营销活动，目前省分行正在制定活动方案。在此，我强调三点。第一，要切实打破“部门”、“产品”的框框，加强客户资源共享和价值挖掘，真正围绕客户需求抓营销、抓服务。进一步加强“私私联动”、“公私联动”，在营销中既要各司其职，又要相互配合、支持，形成合力。第二，要按照C+4+X的要求，在营销中突出重点、找准抓手。首先要对个人目标客户营销灵通卡、信用卡、网上银行、工银信使等四个基础产品，再根据客户需求，营销第三方存管、灵通快线、个人贷款等其他产品。对于尚未使用基础产品的存量客户，要想方设法提高渗透率。第三，要加强考核管理，促进综合营销工作落到实处。今年要重点考核目标客户代发工资、信用卡、电子银行、理财业务、第三方存管等重点产品的渗透率，并对相关客户管理部门进行考核，以此来推动综合营销活动取得实效。

（四）切实加强队伍建设。队伍建设的核心是要充实营销力量，要眼睛向内，从人员结构的优化、业务流程的改造、营销潜能的发掘、综合素质的提升等方面入手，加快建立一支满足经营发展需要、适应经营发展要求的营销队伍。在此，我强调一下团队建设的问题。一是建立集群性客户营销团队。今年个金业务要大力拓展的客户市场中，有相当一部分是集群性客户，这个客户群体的营销，必须依靠团队。要成立由对公、对私、个贷客户经理组成的团队，负责集群性客户的调研分析、上门营销和维护管理，向客户提供存款、贷款、结算等全产品的金融服务，从单一营销向综合服务转变，推进集群性客户的有效突破。二是建立理财专家团队。要以财富中心为基础，组建理财专家团队，负责向一线客户经理提供及时的金融信息资讯、专业的个人理财方案、中高端客户营销策略等支持，提高营销的专业性和有效性。三是建立后台支持团队。要建立由公司、机构、个贷、电子银行、银行卡、运行管理等部门共同参加的后台支持团队，负责提供产品创新、流程创新、综合营销方案等支持，提高综合竞争力。四是打造内训师团队。内训师团队负责对各级人员分层开展培训，通过针对性、专业化的培训，促进人员素质的快速提升。

加快渠道建设　提升个人金融业务市场竞争力

中国工商银行内蒙古分行　崔　亮

近年来，随着内蒙古自治区经济社会快速发展，金融生态环境不断改善，个人金融业务步入快速发展期。针对个人金融业务市场竞争中呈现出的产品同质化、客户趋利化和资源排他化的新特点、新趋势，我行进一步解放思想、转变观念，以科学发展观为指导，围绕打造地区第一零售银行的战略目标，坚持多措并举，加大资源投入，强化资源管理和配置，不断提升个人金融业务市场竞争力。

一、近年来加强渠道建设，提升竞争力采取的主要措施

（一）理顺组织架构，夯实经营基础

近年来，我行按照总行“两化”改革的要求，积极推进全行个人金融业务“专业化经营、系统化管理”改革。针对各二级分行个人金融业务部附属中心不规范、不统一，银行卡业务和电子银行业务经营管理机构设置不统一，有的设为二级分行本部科室，有的设为专业支行，有的设为支行内部科室，存在着管理不顺畅、客户信息分割、多头营销、管理链条长、中间环节多等制约个人金融业务发展的问题。为增强个人金融业务的整合营销能力、客户关系管理能力、风险控制能力和发展创利能力，年初分行在充分调研的基础上决定在二级分行全面推行“两化”改革，规范了附属中心的设置，在二级分行设立银行卡中心和电子银行中心，中心主任同时任个人金融业务部副经理，并在全区推行了个人金融业务专职副行长制度，进一步从内部组织架构上理顺和完善了“大个金”经营管理机制，为实现打造第一零售银行的战略目标构建了较为切合实际、发挥合力作用的内部运营渠道。

（二）关注市场动态，突出渠道建设

渠道是商业银行竞争客户的主战场，是发展业务的主阵地，是核心竞争力重要组成部分。近年来，我行密切关

注市场动态，围绕着不断满足和引领客户的需求，着眼现实，谋划未来，加大物理网点建设力度，强化渠道分流业务功能，加强个人客户经理队伍建设，着力提升个人金融业务核心竞争力。

1. 加大营业网点升级改造和优化布局力度。2008 年初，针对当时我行部分营业网点面积小、装修陈旧，多数营业网点仍密集分布在老城区，未能及时跟上城市经济发展功能区域不断扩大进行布局等问题，分行决定投入专项资金加快营业网点升级改造和调整布局，利用两到三年的时间，使全行营业网点面貌要有较大改观，服务能力和服务水平有较大提升。经过近两年的努力，截至 10 月末，在总行的支持下，全行累计投入专项资金 5.2 亿元，建成并投入运营财富管理中心 1 家、贵宾理财中心 44 家，已装修改造综合理财网点 107 家、金融便利店 32 家，建成 24 小时自助银行 63 个（其中：离行式 4 个，附行式 59 个）；目前在建财富管理中心 2 家，贵宾理财中心 18 家，正在装修改造的综合理财网点 26 家、金融便利店 3 家，近两年营业网点装修改造率达到 54%，使网点按照业态模式在不同的区域有了较为合理的布局。同时在完善个人信贷业务审批流程的基础上，全区建立了 8 家个人信贷业务营销中心，为进一步推动个人信贷业务奠定了基础。

2. 加大机具设备更新和投放力度，提高机具使用效率。针对我行 ATM 布放数量少，离柜业务占比较低，营业网点柜面排队现象严重的问题，分行加大了机具设备投入力度。近两年来，共购进自动柜员机 408 台、多媒体自助终端 310 台、POS 机 5398 台。10 月末全行已安装投入运营 ATM451 台、多媒体自助终端 490 台、POS 机 5870 台；较 2007 年末分别增长了 112%、172%、83%。10 月末投入使用的电子银行示范服务区 150 家，比 2007 年年末增长了 117%。与此同时加强机具设管管理，提高使用效率。上半年与 ATM 机具供应商、服务商联合对全区机具进行了问题排查和诊断，在支行营业网点配备了科技专管员，加强对其培训与管理，通过内外联合，全行机具设备使用效率明显提高。在此基础上，经过调查研究，对电力公司、移动公司、燃气公司等客户营销推介，在网上银行、电话银行、多媒体自助终端等电子交易渠道开通了代缴电费、移动电话费、燃气费等本地特色业务，改变了以往柜面现金单一代收方式，增设了渠道，分流了柜面压力，便利了客户。截至 11 月末，全行离柜业务占比达到 31.2%，比年初提高 7.2 个百分点，网银交易额突破 10880 亿元，比上年同期增长 44.8%。

3. 加强客户经理队伍建设，充实数量、提高质量。客户经理是客户与商业银行沟通的桥梁和纽带，是商业银行的形象大使，其个人综合素养和服务水平是商业银行核心竞争能力的重要组成部分。两年来，我行一方面通过加大自助设备投入分流柜面业务和推行报表集中改革、运行监督体系改革等措施，解放出大量人员通过竞聘等方式充实到客户经理队伍；另一方面对人员紧缺的重点发展区域二级分行，组织开展从人员相对富余的二级分行实施人员跨区域交流，两年共交流了 196 名员工，充实了客户经理队伍。特别是鄂尔多斯分行今年通过劳务公司派遣方式增配了 106 名大堂经理。截至 10 月末，全行共有客户经理（包括个贷）1119 名，其中大堂经理、客户经理、理财经理分别达到 475 名、207 名、437 名，达到了 2007 年末的 2.3 倍。在充实数量的同时，一方面通过行内现场培训、视频培训等多种形式加大客户经理和营业网点负责人培训力度；另一方面创新培训形式，与太平保险公司、新华保险公司等合作机构联合组织了个人客户经理特训营活动，通过特训营培训，使客户经理和营业网点负责人思想观念、服务理念、沟通技巧等有了较大提高。目前，全行具备 AFP、CFP 资质的客户经理分别达到 36 人、19 人，分别较上年末增加了 37 人和 13 人。

4. 整合营销活动，突出项目营销。年初，针对以往分行个人金融、银行卡、电子银行等专业部门单独开展营销活动，既不利于基层行贯彻执行，也不能形成整体的协同效应的状况，分行统一整合下发了“大个金”业务营销活动方案，指导二级分行统一开展个人金融、银行卡、电子银行营销活动，在运用我行丰富的个人金融产品满足客户多样化需求的同时，努力扩大产品销售。加大业务与产品创新力度，加强与重点客户合作，以项目营销带动产品销售。按照“合作共赢”的原则，加强与客户沟通联系，两年来成功营销并合作推广了牡丹华研、牡丹包铝、牡丹艾思、牡丹住房公积金、牡丹万达、牡丹医疗保险等 8 个区域性联名卡项目，进一步丰富了产品线，提升了产品竞争力。经多次与农发行沟通与联系，去年在农发行系统营销推广了牡丹金山卡和公务用卡项目，今年又合作推广了粮油收购资金非现金结算业务，进一步扩充了营销渠道，增强了产品推介能力，扩大了客户群体。10 月末，全区农发行及信贷企业累计开立我行结算账户 595 户，注册企业网银证书账户 274 户，发行牡丹金山卡 2000 多张，通过非现金网银结算平台资金结算量达到 7.07 亿元。

（三）加大对外宣力度，塑造良好品牌形象

近年来，重点加大了网点阵地宣传营销力度，同时结合报纸、电视、广播、户外广告等媒体宣传方式加大了我行业务和产品宣传力度，进一步提高了客户对我行产品的认知度。2008 年开始在全行新配备了营业网点多媒体视频发布系统，两年来共新增网点液晶宣传屏 240 台，10 月末系统网点覆盖率达到 93.18%。投产的信息发布系统滚动播放我行产品业务信息、广告片、宣传动画等内容，每天信息播放时间达到 8 小时以上。为加快多媒体视频发布系统的应用推广，提高营业网点营销宣传质量，指导分行加强系统的管理，确定专人负责系统的业务信息发布和日常运行管理工作，规范网点发布信息的内容和格式，全辖营业网点宣传的信息含量和传播效率明显提高，网点形象进一步提升。同时，利用各种媒体强化了我行产品业务的宣传力度。在城市主干道利用灯箱广告对我行理财金账户、牡丹信用卡、牡丹灵通卡等产品进行了广告宣传；在内蒙古日报、北方新报等主要报刊不定期刊登我行各类理财产品的宣传稿件；在内蒙古电视台《天天理财》栏目，组织客户经理进行专题理财知识讲解、传播理财观念。基本上构建起了我行品牌宣传、服务营销的形式多样的网络渠道，有效地提升了我行品牌影响力。

（四）完善渠道建设与服务提升的考核激励机制，努力提升渠道服务效率和质量

近年来，围绕打造地区“第一零售银行”的发展战略目标，全行上下不断完善考核激励机制，加大考核力度，充分调动基层行员工的积极性，充分发挥渠道服务优势，特别是通过渠道建设与考核激励机制挂钩，收到了较好成效。一是为进一步提升贵宾理财中心精细化管理水平，不断推进以价值为导向的个人金融业务经营模式和增长方式，持续提升贵宾理财中心市场竞争能力和价值创造能力，年初制定并实施了《贵宾理财中心个人金融业务精细化考评实施细则》。对贵宾理财中心个人金融业务实行精细化考评，建立了贵宾理财中心经营业绩跟踪制度，对建成前后的盈利水平、客户结构优化、综合销售能力进行纵向比较，对辖内贵宾理财中心的经营情况进行横向比较，定期排名分析，查找存在问题及原因，并不断完善管理和运营。二是对 ATM、多媒体自助终端、网银行自助服务机等自助设备运行情况每周进行通报。通过考核通报督促二级分行提高设备运行率，提升服务能力。三是强化离柜业务比率考核与激励，引导各二级分行尽可能通过电子渠道分流柜面业务，努力提升离柜业务占比。

经过近两年的努力，我行渠道建设取得了阶段性成效，营业网点面貌发生较大变化，装修改造后的网点按照“业务分流、服务分区、客户分层”的要求，服务效率和服务质量有较大提升，电子银行渠道服务分流能力明显增强，离柜业务占比不断提高。渠道建设正在有效地转化为服务优势和竞争优势，个人金融业务竞争力不断增强。截至 11 月末，全行储蓄存款增加 97.46 亿元，增长 15.56%；个人贷款净增 34 亿元，同比增长 80%，余额突破 100 亿元；实现个人中间业务收入 2.3 亿元，同比增长 6%；信用卡新增发卡 14.4 万张，总量达到 54.5 万张。实现消费额 40.7 亿元，同比增长 110%，信用卡发卡量和消费额均保持同业领先；全行实现电子银行交易额 10880.01 亿元，同比增长 44.8%；新增网上银行企业客户 4359 户，同比增长 93.6%；新增网上银行个人客户 28.79 万户，同比增长 27%；电子银行业务笔数占比 31.2%，同比提高了 7.2 个百分点。全行个人客户达到了 426.81 万户，其中金融资产 5 万元以上中高端客户 38.07 万户，占比 8.92%，比年初提高了 0.29 个百分点。

二、当前渠道建设中存在的问题

尽管我行近两年投入大量人力、物力、财力加快了渠道建设，也取得了一定的成效，但与同业主要竞争对手相比，与全国先进兄弟行相比，仍存在一些问题，影响全行个人金融业务市场竞争能力的提升，突出表现在以下几个方面。

一是营业网点布局仍不合理。部分二级分行在营业网点布局上与当地城市发展规划衔接不紧密，在城市新开发的大型中高档住宅社区、繁华商业地段等优质客户较多、市场潜力巨大的地区没有及时跟进，前瞻能力亟待增强。

二是升级改造后的网点营销服务功能没有充分发挥。近年来，我行加快营业网点装修改造，建设了一批包括财富管理中心、贵宾理财中心、综合理财网点在内的精品网点，营业网点设立了现金区、非现金区、自助服务区、电子银行服务区、高端客户服务区等，硬件配备和办公环境有了较大改善，但由于部分营业网点负责人的经营理念转变迟缓以及员工特别是中年员工素质技能的培训跟进不及时，不能有效整合利用现有资源最大限度地发挥其营销与服务客户的功能，导致营业网点由交易核算型向营销服务型转型缓慢，渠道分流作用还未能充分发挥。

三是机具设备使用效率不均衡。近两年全行加大机具设备投入，加快自助服务服务渠道建设，业务分流总体情况较好，但是仍有部分二级分行机具设备运率较低，未能达到总分行的要求。同时机具设备的使用效率也很不均衡，部分二级分行 多媒体自助终端、电子银行示范服务区机具使用较 ATM 机还有较大差距。

三、下一步提升个人金融业务竞争力的思路

为了进一步加强渠道建设，建立全方位、分层次的服务体系，使之有效转化为服务优势和竞争优势，促进“大个金”向“强个金”转变，最终实现全行个人金融业务又好又快发展，我们需将渠道建设依然放在重要议事日程，做到与时俱进，可持续发展。

一是在扩规模上抓重点，提升服务能力。紧盯区域经济社会发展，密切关注自治区经济社会快速发展，居民财富不断增加为我行加快推动个人金融业务发展带来的历史机遇，同时要紧盯市场同业竞争对手在扩大渠道规模，提升渠道服务能力采取的竞争策略。在统筹兼顾全行渠道建设的基础上，突出抓好金融资源丰富、优质客户聚集的重点区域、重点城市和部分经济发展较快的旗县区的营业网点布局工作，特别是城市发展规划中的新兴高档社区、经济技术开发区以及国家和自治区投资建设的重大项目所在地，要通过渠道建设提升服务能力，积极竞争和服务优质客户。要继续加大多媒体自助终端、POS 机、MIS 系统等机具设备投入，通过机具设备的规模扩张不断提高渠道分流服务能力。要进一步优化人力资源配置，充实客户经理队伍数量，加强客户经理队伍建设，不断提升中高端客户的服务能力。

二是在占市场上做文章，提升市场竞争力。要继续对营业环境差、业务人员少、网点办公面积小、业务规模小、装修陈旧的营业网点，通过迁址、装修、改造等方式，尽快改变营业网点面貌，提升服务能力。要加快离行式 24 小时自助银行建设步伐，积极抢占高档社区、高校、集中商业区、交通枢纽、重要经济中心区等人员密集区域的有利位置，力争建成一批离行式自助银行，提升服务的辐射力和影响力，加大 POS 机、MIS 系统、电话 POS 在重点商户的配备，提高市场覆盖率。大力发展电子银行客户和手机银行客户。通过强化捆绑营销和交叉销售，扩大产品对目标客户的覆盖率，不断提高中高端客户的服务和竞争能力。

三是在求质量上下工夫，提升增效能力。加强客户服务与管理，努力提升产品对目标客户的渗透率，特别是要提高信用卡、理财金账户、U 盾等相关产品对中高端客户

的渗透率，进而不断提升客户对我行的忠诚度和贡献度。加大宣传促销力度，提高客户的动户率和对我行产品的使用率。一方面是要继续加大报纸、电视、广播、户外广告等宣传力度，另一方面是通过多媒体终端、视频发布系统、电话、短信、电子邮件等途径，经常提醒客户在消费、投资理财、融资、办理日常结算代理等相关业务时使用我行产品，通过提高产品使用率和动户率，不断提高个人金融业务的创收能力，为全行经营结构型调整和增长方式转变做出积极贡献。

提高思想认识　坚定发展信心
巩固大个金战略成果　实现强个金质的跨越

——黄岗同志在宁夏区分行个人金融业务会议上的讲话

一、2009 年全行个人金融业务取得的主要工作成绩

2009 年全行个人金融业务认真贯彻落实总、分行个人金融业务会议工作精神，加快业务发展步伐，创利能力明显增强，客户结构持续优化，服务能力有效提升，为全行年度经营目标的实现做出了突出贡献。

（一）人民币储蓄存款保持稳定增长，存款赢利水平提高。2009 年全行人民币储蓄存款余额达到 136.97 亿元，全年增长 22.45 亿元，其中活期存款余额 72.8 亿元，较上年增长 19.8 亿元，增量占比 88.2%；日均存款余额 130 亿元，增长 15.5 亿元。从地区增长情况看，银川地区继续保持了新增份额同业领先的优势；吴忠地区较去年同期有了明显增长。从支行增长情况看，石嘴山支行、西城支行年内新增额突破 2 亿元，分别增长 21488、20586 万元，占全行增长额的 18.74%；网点支行中，太阳街支行、中山北街支行、胜利南街支行、光华支行、南二环支行、信义支行、福星苑支行储蓄存款增长额超过五千万元，累计增长 42567 万元，占全行增长额的 19%。

（二）个人理财产品营销继续保持领先优势。2009 年全行抓住资本市场持续转暖的有利时机，加大基金业务的营销，累计销售各类基金产品 13.8 亿元；在巩固传统个人理财产品基础上，加大创新型个人理财产品的销售，累计销售个人理财产品 11.3 亿元，国债 5.2 亿元，保险 1.8 亿元，全行累计销售各类理财产品 32.2 亿元，较去年同期上升 2%，继续保持个人理财产品在金融同业的领先优势，特别是创利较高的基金产品，同业占比高达 61.5%。从各支行个人理财产品销售总体情况看，信义支行以销售 28833 万元的优异成绩名列全行第一；石油城支行、新华支行、青铜峡支行、石嘴山支行分别以销售 25395 万元、24416 万元、22159 万元、21458 万元，在全行排名靠前。

（三）个人信贷业务快速发展，资产质量持续优化。2009 年全行继续加强以个人住房贷款为主要发展品种的个人贷款业务发展策略，对外加大与现有开发商、二手房中介公司的合作，对内加强与分行相关部门的联手，在确保个人贷款业务较快发展的同时，缩短业务流程，提高贷款效率，防范贷款风险。截至 2009 年末个人贷款增长 12.84 亿元，同比多增 12.06 亿元，增量创历年最好水平，其中个人住房贷款增长继续保持强劲势头，增长 11.74 亿元，占全部个贷新增额的 91.4%。截至 2009 年末全行个人贷款余额已超 35 亿元，位居同业之首，在全行人民币各项贷款的余额占比为 12.83%，同比提高 1.87 个百分点，增幅为 57.79%。全行个人信贷业务在实现快速发展的同时，资产质量继续保持良好水平，截至 2009 年末个人不良贷款率为 0.3%，同比下降 0.4 个百分点。从各行个人贷款营销情况看，信义支行、开发区支行、临湖支行和营业部分别以年增长 1.5 亿、1.2 亿、1.1 亿和 1.1 亿元领跑全行。值得肯定的是网点支行个人贷款的增长已占据全行的主导地位，新增量占到全行的 60%，成为我行个人贷款增长的排头兵。

（四）个人中间业务收入保持稳定增长。2009 年，全行实现个人中间业务收入 9841.41 万元，较上年增长 6.4%。针对资本市场的持续震荡，经营环境的明显变化，分行及时跟进调整了个人中间业务收入分配，加大对支行个人金融业务指引，积极推动各项个人业务营销工作，灵通卡、国债、保险等业务收入较上年同期增幅均显著提升，增幅分别达到了 74.48%、61.92%、32.45%。从支行个人中间业务收入情况看，石嘴山支行以 786 万元，位居全行第一，新华支行、信义支行分别以 682 万元、604 万元位列全行二、三位。

（五）个人优质客户得到进一步优化。2009 年，全行认真落实优质客户营销策略，本着“拓增量，稳存量”的原则，以统一客户视图为基础，深入开展了优质客户挖潜工作，全行中高端客户呈现快速发展的良好势头。截至 2009 年 11 月末全行新增个人中高端客户 14283 户，增幅达到 19%；中高端客户金融资产总额达到 139.62 亿元，增幅为 28%；达标理财金客户达到 5236 户，客户发展率达到 33.31%，较年初提高 4.8 个百分点；财富签约客户 178 户，财富客户签约率 17.4%。

（六）网点建设改造步伐不断加快，服务渠道进一步完善。2009年分行进一步加大网点装修改造的步伐，全年装修改造网点数量达30个，其中离行式自助银行3家，2009年从网点装修数量、新购网点数量、扩建、迁建网点数量、面积以及投入网点装修改造资金均创历年新高。网点营业面积过小、功能受限的局面大为改观，低效网点进一步优化。一批骨干网点经过重新扩建、装修后发挥出较好的作用，在社会赢得了客户的广泛赞誉，展现了工行良好的社会风貌。全行新购置ATM 34台、自助终端23台，老化设备得到快速更新，八年以上超期运行设备占比由2007年的43%降至目前的13.8%。全行渠道资源优化配置能力进一步增强，自助设备、电子银行等电子渠道利用率持续提高，ATM单台日均业务量达到324笔、交易额达19.9亿元，业务分流成效显著。

（七）个人客户经理队伍建设和管理日趋完善，客户经理成为个人金融业务营销主力军。2009年全行进一步加大客户经理配备力度，新增22名客户经理，截至12月底，全行个人客户经理达到311名。继续加大客户经理教育培训力度，组织5批金融理财师学习培训工作，选派35名优秀客户经理参加金融理财师资格认证学习，目前全行已有60名客户经理取得AFP资格，13名客户经理取得国际金融理财师资格认证（CFP）。通过分支行两级管理、双线考核，优质客户“一对一”服务机制逐步强化，客户经理精细化管理大幅迈进，个人客户经理队伍已成为全行各项业务营销的主力军。

（八）个金服务平台初步建立，服务体系不断完善。2009年全行全面落实了个人客户服务精细化管理项目，取得了较好的工作成效。通过规范服务检查内容、落实服务考评制度、制订服务效率提升计划等措施，有效改善了服务质量，提升了服务品质，增强了核心竞争力。组织实施了财富管理百分百计划，全面落实了对资产百万元以上财富客户的全方位服务营销，财富管理服务体系日趋完善，专业化服务水准得到持续提升。启动了理财金账户“挖潜计划”，提高了理财金账户目标客户覆盖率。

（九）个人金融业务风险管理成效显著。2009年全行进一步加强个人金融业务风险管理，初步构建了以章程、办法、规程、检查、整改、培训各环节为一体的个人金融业务风险控制体系。分行个人金融业务部门认真组织开展了个人金融业务大检查，对目前全行个人金融业务经营中存在的主要问题及原因进行全面的检查、分析，并提出了整改措施。通过有效的检查和整改，全行个人金融业务员工依法合规经营观念和风险防范意识得到加强，风险管理水平有了新的提高。2009年，针对个金业务易发案部位，分行通过认真调研分析，重新制定了《个人金融业务操作风险工作意见》、《关于加强个人客户经理管理工作的意见》和《宁夏分行个人客户经理检查办法》，为强化风险管理奠定了制度基础。

二、存在的主要问题和不足

全行个人金融业务总体保持健康快速发展的同时，我们必须清醒地认识到，在复杂多变的经营形势和日趋激烈的竞争形势下，全行个人金融业务发展还面临以下的主要问题。

（一）储蓄存款未能实现增量同业占比第一的目标，区域间储蓄存款发展不平衡的问题没有得到有效缓解。竞争形势更加严峻。

2008年在全行三年规划中提出，要在未来三年内努力实现“宁夏第一零售银行”的发展目标，截至2009年末，储蓄存款余额同业占比下滑的趋势未得到根本性扭转，储蓄存款在同业四行中排名仅高于中行。从各支行储蓄存款增长及同业占比情况看，各行存款增长极不平衡，惠农、宁东、平罗、灵武、火车站等支行储蓄存款增长乏力。惠农、固原、宁东、中卫、中宁、贺兰、平罗、灵武等支行同业排名继续落后，占比不足15%，严重影响了全行整体竞争力的提升。这也反映出个别支行对市场变化分析不到位，反应不及时，措施不得力。

（二）整体功能发挥不力，公私联动、协同营销未落实到具体行动上。

代发工资业务是个人金融业务的源头，其对储蓄存款和各项金融资产业务的带动作用是不言而喻的。近几年，我们一再强调其重要性，但现在看来各行对这项工作重视程度还不够、投入精力不足，采取的措施不够，因而取得的效果微乎其微。我们把对公客户与代发工资客户对照一下，就知道我们在源头市场丧失了多少客户；将代发工资业务的发展与同业相比，就知道我们的差距到底有多大。这些差距充分说明了我们的主动营销、公私联动和协同营销还不到位，而这项工作单靠个金部门的力量是远远不够的，各支行领导必须给予高度重视。2009年尽管全行开展了代发工资营销活动，配套以较高的激励机制，但全行代发工资单位任务完成率仅为16%，严重落后于序时计划，而且在全国的发展也呈末位。同时，已在我行代发多年的代发工资单位不断被他行挖转，2009年全行有11家支行没有新增代发工资单位，全行虽然新增代发工资单位138家，但流失的代发工资单位高达240家。对此，各行一定要引起高度重视。

（三）未实现由单一产品营销向综合理财的转变，未真正形成从经营产品向经营客户的转变。

随着我国金融环境和资本市场的发展，客户投资理财的产品和渠道日趋多元化，客户是价值创造的基础。如果单纯就存款抓存款，将储蓄存款与理财业务割裂开来，其结果不仅无法形成个人金融业务协调发展的合力，在新兴业务与传统业务的整体协调发展方面，也会顾此失彼。同样对于代理业务也不能用简单、孤立的眼光来看待，而是要充分看到代理业务对其他多项业务协调发展的促进和带动作用。比如，基金、保险等个人代理类理财产品，与储蓄存款、银行类理财产品同是个人客户金融资产的重要组成部分。归根到底客户才是银行业务发展的根基。而我们在工作中恰恰忽视了对客户金融资产的综合配置，只考虑眼前利益，不计长远发展，只考虑产品销售，不注重售后维护，未能从观念和行动上真正实现从经营产品向经营客户的转变。

（四）完善的个人客户服务体系尚未真正建立。

随着服务工作的进一步深入，我行在满足优质客户多元化需求方面还存在一些不适应的地方，营销队伍人员配置，客户经理综合素质、客户关系管理能力、差别化服务、自助机具配备，网点柜面排队现象等诸多问题需要进一步改善。个人金融业务部是营销部门，我们不仅仅要把产品卖出去，更要把服务做好。否则，客户对我们的忠诚度和信任度不高，我们巨大的客户群、丰富的产品等业务基础就难以转化为利润和效益。因此，要构建立体式服务体系，不仅要加强物理网点建设，同时也要加快构建电子银行、电话银行等新型渠道，这些渠道的建设不能割裂，要采取统筹建设的思路，实现各类渠道的最佳整合，从而形成渠道合理，进一步巩固和加强我行的渠道优势。

（五）个人金融业务风险管理工作还需要进一步加强。

随着同业竞争的加剧，业务营销的快速拓展，在客户经理管理、反洗钱等风险管理工作面临着一些新情况、新问题和新的风险管理盲点。与此同时，现行个人金融业务管理体制还不健全、机制尚不够完善，还没有形成一套较完整的管理体系。在加快业务发展的过程中，必须加强各项风险管理工作，增强内控案防工作的主动性。

三、理清工作思路，明确发展目标，找准市场定位，加大工作力度，全面完成2010年个人金融业务各项工作目标

2010年全行个人金融业务总的发展思路是：以规模为先导，做大客户群体；以市场为导向，强化市场营销；以效益为目标，提高创利能力；以客户为根本，提升服务品质；以渠道为基础，强化分销能力；以媒体为手段，提升品牌形象。全面推进我行个人金融业务体制、机制、渠道、产品创新，进一步加快个人金融业务发展，实现由“大个金”向“强个金”的跨越。全面提高个人金融业务的市场竞争力和持续发展能力。

2010年全行发展个人金融业务总的工作目标是：全行个人金融业务在继续巩固个人中间业务同业占比第一，以及中高端客户快速发展的基础上，确保实现全年人民币储蓄存款、个人贷款、灵通卡新增同业占比第一的发展目标。

总结这几年个人金融业务取得的成绩，分析存在的不足，特别是与金融同业的差距，围绕2010年个人金融业务发展思路和目标，需要大家进一步认清形势，理清思路。2009年中央针对金融危机出台了一揽子经济刺激方案。从实施效果看，宏观经济企稳回升，经济基础逐步巩固，宏观环境变化为银行个人金融业务发展创造良好的氛围。从外部环境看，一是国内宏观经济政策的延续，加之国内消费的持续增长，居民消费热情较高。2009年宁夏社会消费品零售额预计达到340亿元，同比增长19%，高于全国4个百分点，处于相对较快的增长地区。二是同业环境变化，即“客户向集群化转变”、“需求的多元化”和“产品的趋利化”，需要我们认真研究客户、市场，通过推进产品创新，满足客户需求，实现产品面和业务面的联动。三是城镇化人口逐步增加，这为个人金融业务的发展提供了广阔的市场空间。从上述分析看，2010年个人金融业务将面临非常有利的环境。我认为发展个人金融业务，需要有超强意识，要有大市场、大环境意识，要在发展中准确把握外部的形势变化，掌握经营主动权，我们只有未雨绸缪，从容应对，才能实现个人金融业务的健康快速发展。

（一）继续巩固“大个金”战略成果。一是做大平台。包括客户平台、产品平台、服务平台等。一方面，个金部是做大平台的主力军，要将我行所有涉及个人业务的产品都做到“大个金”这个统一平台。另一方面，要选择现有客户、推荐客户，还要不断发展新客户。要充分发挥我行在当地金融市场强大的销售能力，在坚持把合适的产品销售给合适的客户的前提下，继续强力营销。二是做宽渠道。个金渠道现有物理网点和电子银行两大渠道。要做好物理网点和电子渠道的建设，合理规划物理网点。要研究新兴的商品交易市场等新市场、新业务板块和新的合作伙伴等渠道拓展，及早在这些新市场布局渠道。各行要发挥主观能动性去拓展第三方合作渠道，要通过电话POS进小商品市场、自助机具进社区、尝试与当地商业银行或县城内我行没有设立机构的其他金融机构合作等方式，通过“银银通”将我们的渠道延伸到物理网点等难以触及的地方，今年分行计划建设离行式自助银行20家（不含至少10台的离行式单机布放），这是一项刚性任务，年内必须完成，各行要按照分行的统一部署，不等不靠，早选点、早装修、早见效。三是做强基础。首先，从个人金融业务发展规律看，存款是其他业务的基础，因此必须强化。其次，必须巩固贷款基础。个人贷款是个金业务中赢利能力最强的业务之一，同时也能为储蓄和中间业务提供有力的支持。服务体系是重要的基础，我们的客户和产品的销售都要通过良好的服务体系来维护。

（二）深刻领会“强个金”内涵，实现“强个金”质的跨越。“强个金”就要做到：一是规模最大。包括客户规模、渠道规模、交易规模等，零售银行靠规模取胜，没有规模就不能强大，要做大客户数，做大客户交易量，这是个金业务强大的基础。二是竞争力最强。竞争力最强通过三个标准可以衡量：“产品创新能力”、“市场反应速度”和“服务体系完善”。三是品牌最优。个金业务最终要发展到依靠品牌来发展。品牌依靠规模、竞争力来确立，要加强品牌建设。品牌的树立靠三度：认知度，工商银行在客户中的认知度，依靠规模、网点、渠道、市场占比来实现；满意度，客户是否获得满意的服务，是否能得到满意的产品，依靠服务，从流程、效率、产品和售后服务来实现；美誉度，在客户认知度和满意度得到良好的口碑后，银行自然获得美誉度，银行要有适当的包装，外部对客户的宣传和渠道，通过什么媒体、方式等，也是创建品牌。为提升我行社会形象，扩大我行在投资理财领域的影响力，总行今年在全行范围内开展“投资理财知识普及万里行”营销活动，各行要以此为契机，加强活动组织领导，精心筹划主题营销活动，要按照分行的统一部署，制定切实可行的营销目标。要精选业务骨干组建专业素质高、沟通能力强的专家团队，深入商品市场、企业、机关、大学等目标客户群体，现场宣讲和展览我行众多的理财产品，向客户普及金融理财知识，讲解科学的理财方法，介绍相应的理财产品、渠道和工具，提示投资理财风险。各行还要深

入开展媒体合作与传播，要组织我们的专家去媒体上讲理财，扩大我行的影响力。

（三）实现“强个金”的主要途径。

1. 转变观念，创新经营。

在业务经营中，要拓展思路，解放思想，树立“五新”的理念：

——新市场：当前及未来一段时期各行要特别关注以下五类市场：一是各种产品交易市场，主要有小商品城以及专业性市场，如建材市场、钢铁市场等。二是新型消费品市场，主要有文化、教育、旅游、宗教以及婚庆消费服务市场等；三是现代服务业市场，主要有各类中介公司、房地产公司、会计师事务所、律师事务所、物联网以及电子商务等市场。四是新型要素市场，主要是资本市场、证券公司、房地产、生产资料等。五是各类改革以及政策调整催生的新市场，如社会保障、医疗改革、土地经营及拆迁、新农村建设等。各行要围绕上述新市场的开拓，结合“投资理财知识普及万里行”营销活动，实现营销由低层次向高层次的转变，我希望在座的各位都要带头走到市场中去。

——新客户：在新客户方面，重点要关注五类客户群体：小老板，这类客户要在各类商品交易市场上寻找，今年各行的业务重点就是要拓展小老板群体；小白领，这类客户是年龄30岁左右，大学毕业，有很强的消费信贷需求的群体，可以通过与证券公司、基金公司、保险公司等合作，集群式发展这类客户；小公务员，这类客户最大的特点是收入稳定；大学生，是我行未来最具潜力的客户群；自由职业者，这类客户的特点是有钱，不受时间限制，大部分应该是私人银行的客户群体。各行要围绕新客户，实现散户式为主向集群式客户并重的转变。

——新产品：总行今年将推出一些极具竞争力的产品，我们要区分不同区域的客户需求，不同层次的客户需求，提供差别化产品和服务。要根据客户不同的分层，贡献度的大小，有区分的提供服务。个贷业务明年要继续做大规模，要注意新的贷款需求，个金部要积极协调信贷管理部、授信审批部等部门，共同配合，加快工作节奏，提高业务办理效率，同时将总行已批准，我行尚没有开办的个贷产品，尽快开展起来。要通过新产品实施以下五个转变：单一产品向融合性产品转变，如两卡一U盾；一次性产品向长期性服务转变，如理财收益型向服务顾问型转变，一次进入，长期受用；专业性产品向服务链产品转变，如为商品交易市场的所有者、经营者、消费者提供公司贷款、个人经营贷款、消费贷款、结算理财、财务顾问等；纯金融功能向兼顾金融功能与社会服务功能产品转变，如芯片卡可融合金融服务与社会服务于一体，金融交易频度与交易量转作个人信用记录等；标准化产品向兼顾标准化与个性化转变，如对各种高端客户以及交易量大的客户提供各种增值服务等。

——新渠道：我行物理网点主要解决客户分层服务的问题，根据网点不同，合理进行资源配置。要加强财富中心、贵客理财中心以及网点支行具有AFP/CFP等资质的专业型人才培训，提高对客户的服务能力和维护能力，要抓紧落实理财专家团队建设，培训专家型人才为高端客户提供专业化服务。要以行内渠道为主向行内外渠道统筹转变，实施五个共同推进：售前营销渠道与售后服务渠道共同推进；物理渠道与电子渠道共同推进；大堂式自助终端与离行式自助终端共同推进；高、中、低端网点建设共同推进；本行渠道与第三方服务渠道共同推进。要大力拓展合作机构渠道，对经济强镇等我行网点无法触及的地区，要研究“银银通”来实现渠道的延伸。今年分行在继续大力发展渠道建设的同时，加大离行式自助银行建设和单功能自助终端推广力度，分行计划今年新增ATM机70台，自助终端250台，主要用于学校、高档住宅区及各类商品市场。请各行按照分行下达的任务，抓紧落实机具投放地点。

——新团队：要使我行的个金团队由智力支持型团队向能力贡献型团队转化。观念转变包含三层涵义：一是营销层次转变。要由依靠客户经理层面的营销向支行管理层、分行管理层参与的集团、公司客户等高端客户营销转变。今年分行将建立中高端客户分层营销机制，各行要对本行的中高端客户认真疏理，对号入座，对全行的私人银行客户，分行将与支行共同维护。二是客户层面观念转变。客户面要由散户为主向集团化和散户并重转变，要寻找机构、公司、小商品市场等，进行主动营销。三是产品层面转变。要由单一产品向综合产品转变，通过产品机制上的联动，提高客户忠诚度。要真正从流程上、产品的设计上向以客户为中心转变。四是渠道层面转变。要由内部型为主，向内、外统筹型转变。不能狭隘的理解产品渠道，要与合作伙伴携手拓展渠道。各行要围绕上述四个转变的要求，尽快组建新的组合式经营团队，并实现团队由被动销售型向主动营销型转变；由单一营销型向综合服务型转变；由智力支持型向能力贡献型转变。

2. 突出重点，明确方向。

2010年个金工作要突出五个重点：

——突出客户重点。要注重客户拓展和维护力度，强化客户规模对个金业务的支撑基础，做大客户总量。总行今年将重新定义中高端客户，实施星级客户制。等总行办法下来后，分行将根据我行客户结构情况确定星级客户标准。

——突出同业重点。要强化市场同业占比，各行都要把争取同业第一作为奋斗的目标，明确市场导向，做大各项个人金融业务市场占比，特别是储蓄存款、个人贷款业务市场占比。要强化储蓄存款的基础性作用，要拓宽增存思路，充分挖掘存款增长潜力、要进一步解放思想、转变观念，积极探索储蓄存款、个人贷款、个人中间业务协调发展的新模式。

——突出收入重点。要强化基金、个人理财等高回报业务的发展，强势带动全行个人中间业务收入的快速增长，提高盈利能力，确保个人中间业务收入同业占比第一。要强化个人结算等业务收入的基础性作用，加大拓展代发工资、第三方存管等业务，为结算业务提供新的支持。

——突出服务重点。要强化服务，有效提升服务品质。要认真扎实的推进“投资理财知识普及万里行”营销活动，通过“走进专业市场、走进企业、走进机关、走进高校”的“走出去”营销策略积极主动地开拓新市场、发展新客户。要在个人金融业务领域全面推进服务价值年活动，将活动与客户服务精细化管理项目实施、网点建设、自助设备的配备、渠道分流等工作有机的结合起来，通过不断的改善客户体验来将服务价值年活动抓好抓实。

——突出机制重点。要强化考核机制，一是完善考核机制。要把市场和客户作为工作重点。因此，今年对支行的考核办法将进行调整。考核指标包括“存、贷款、中间业务和客户发展规模”四大类指标。存款考核上，更加注重“网均贡献”和“同业占比”；贷款考核上，基本与存款考核同一思路，同时要适当的考核贷款的收益率；中间业务考核上，实现从考核前端向考核后端转移。二是分行将继续推行“个人金融业务经营业绩问责制”，根据“有职就有责、任职要负责、失职要问责”的原则，对各行行长、主管行长由于履职不到位，造成个人金融业务业绩落后、效益低下、市场竞争力持续弱化的，继续实行责任追究制。对一个季度业绩落后的，实行诫勉谈话，连续二个季度仍工作没有起色的，实行黄牌警告，并把此作为干部年度考评的重要依据。要强化营销机制，一是要打造团队，改善服务。在团队的建设上，要坚持人员总量合理，有序增加的原则。改善服务上，要着力构建立体式服务体系。立体式服务体系就是要在渠道上，优化物理网点渠道，加快构建电子服务渠道，建设一支合格的客户经理队伍；要形成一套服务标准；二是要强化协同营销，做到“公私联动、私私联动、上下联动、内外联动”。在联动方式上，要从行政推动，向产品耦合转变，推动部门联动。三是要建立健全投诉类型处理机制，及时化解和处理好客户的诉求。

明确工作重点　勇于开拓市场
努力实现个人金融业务四行占比第一目标

——时辉同志在青岛分行2009年个人金融业务专业会议上的讲话

一、2008年我分行多项个人金融业务指标创历史最好

2008年以来，在全行各级个金专业员工的努力下，我分行认真贯彻落实总行个人金融业务工作会议精神，树立打造中国第一零售银行的奋斗目标，在全年工作中，全行个金员工怀着满腔热情，大战首季，争市场，比贡献，以争存揽储促各项业务发展，组织开展各种专项营销活动，采取有效措施维护和发展个人优质客户，个人金融业务的大部分指标均超额完成预定目标，储蓄存款、个人理财产品、保险、理财金账户、中高端客户等指标均创历史最好水平。

（一）抓旺季抢市场，力促储蓄存款和理财产品快速发展

在2008年首季开门红劳动竞赛活动中，我分行认真贯彻落实总行个人金融业务工作会议精神，通过全员抓储蓄存款、抓旺季营销、抓个人理财业务、抓中高端客户，开展专项营销竞赛和客户关系维护活动，实现了储蓄存款和理财产品快速、协调发展，为全年储蓄存款增长目标的完成夯实了基础。

（二）个人贷款业务多措并举，增强业务拓展力度

1. 强化工作责任，加强个人信贷业务营销的组织领导。

一是坚持个人信贷营销指标的“一把手责任制”，借助分行的“告诫谈话”制度，提高完成营销指标的严肃性；二是加大对营销指标和营销活动的督导，统筹安排各项资源，积极协调相关部门有的放矢的开展督导工作，实施“重点支行、重点项目”的发展策略，做到部署在前、督导在前，发现问题及时跟进，不断提高业务营销的有效性和成功率。三是建立本部门的营销管理人员重点联系行制度，把个人绩效与岗位责任紧密联系起来，进一步增强分行与支行对外营销的合力。

2. 加强开发贷款与按揭贷款的联动。

积极推进房地产开发贷款与住房按揭贷款的联动制度的有效落实。一是出台了《开发贷款与按揭贷款联动考核办法》，给支行下达联动考核指标，并纳入支行绩效考核内容；二是积极推广部分支行在开发贷款按揭贷款封闭管理方面的经验，明确支行公司与个金部门的职责分工，有效防范按揭资源的流失；三是加强与房地产管理部门的关系，通过有关渠道掌握我分行开发贷款项目的抵押登记情况，对资源流失的支行实行问责制。四是加强对开发贷款项目的跟进，及时掌握工程进度，从源头上保证开发贷款的封闭管理。

3. 积极推进纯按揭住房贷款的发展。

针对今年以来在我行开发贷款支持项目开盘数量少、已开盘项目销售缓慢的情况下，积极组织各支行积极营销纯按揭业务。今年我行纯按揭业务占到整个按揭贷款总量的70%以上，如即墨支行营销的义乌城、硕丰苑项目，按揭量均在亿元以上，对拉动个人贷款业务的增长起到重要的作用。

4. 加强二手房贷款和消费贷款的营销。

今年我行进一步巩固和加强中介机构业务合作，我行二手房贷款发放量在2.1亿元，占到住房贷款发放总量的10%以上，对按揭贷款起到了有效的补充作用。在消费和经营贷款业务的发展方面，今年我行不断调整理顺产品价格及相关政策，并通过培训提高经办人员的业务素质和操作技能，进一步增强了此类产品的市场竞争力。

5. 发挥个人贷款营销主管部门的作用，深入支行调研并及时反馈信息，修订完善信贷政策，协调分行相关部门及时解决业务发展中的问题。

（三）采取综合销售策略，稳夺个人理财产品同业第一

1. 加强基金发行、销售督导，促进基金业务稳定发展

先后组织开展基金定投营销活动、“同舟共济 共创未来”基金营销活动、“重点债券基金营销活动”，分行组织开展“货币型基金冲刺营销”活动，先后与工银瑞信、招商基金、鹏华基金、富国基金、诺安基金、汇添富基金等多家基金公司组织开展多场客户讲座活动及投资者教育活动，为基金发行和销售奠定客户基础。

2. 做好客户预约，抢占销售时间，银行理财产品实现快速增长。2008年初推出了“工喜发财”理财产品营销宣传活动，通过回馈客户等方式，一方面促进了理财产品销量的增长，另一方面吸引和留住了我行优质客户，为后续个人金融业务的发展奠定了基础。每一期理财产品均提前做好客户预约工作，在产品发行前一天及时与目标客户预约，介绍产品特点，做好客户推介工作，并积极引导客户利用网上银行或及早购买相关产品，提高了营销效率，提升了客户满意度。

3. 为促进我行代理保险业务的发展，扭转我行代理寿险业务的被动局面，去年分行联合12家寿险公司自2008年5月1日~12月31日在全行范围内开展“赢在工行”代理寿险银保产品推广营销活动，充分调动了全行上下的营销积极性。为调动员工对产品的销售热情，分行联合与我行合作的保险公司在全行范围内开展保险销售周状元、月状元评选活动。此项活动，进一步调动了全行员工营销的积极性和主动性，形成了争先恐后的销售局面。

（四）充分调动员工积极性，全面提高我行个人中间业务收入水平

1. 全面落实中间业务收入水平较高的产品营销。紧抓个人理财产品、基金、保险、灵通卡等对中间业务收入水平贡献度较高产品和业务的营销，通过开展形式多样、内容新颖的活动，进一步促进各项业务的发展，全面带动中间业务收入水平的提高。

2. 加强个人营销客户经理队伍建设。加强了与人力资源部的沟通协作，采取了有效措施，拓宽人才选拔渠道，加快个人客户经理、大堂经理配备进度，当年增加个人客户经理70多名，并为网点配备了大堂经理助理。积极开展个人营销客户经理岗位培训，加强队伍管理，先后举办金融理财师的培训及个人客户经理认证资格培训及考试。同时加强对营销人员在营销态度和营销技能方面的培训，有效提升一线人员的营销能力，在不利的市场环境和激烈的竞争环境下促进重点产品的销售，推动个人中间业务快速发展，促进各项个人理财产品销售，增加个人中间业务收入。

3. 加大奖励力度，调动员工积极性。严格落实代理基金、代理保险、代发工资、灵通卡、个人理财产品等重点业务的激励政策，同时适度调增了部分重点产品的奖励比例，并要求各支行及时将奖励兑现到一线营销人员，最大限度地调动营销人员的营销积极性。

二、明确目标，奋勇直追，力争实现同业领先位次

2009年我分行个人金融业务的指导思想是持续推进全行“大个金”发展战略，坚定打造中国第一零售银行信心，努力深化经营管理体制改革，不断提高客户服务精细化水平，充分发挥协同营销机制，加快产品与流程的优化和创新，全面提升我行个人金融业务核心竞争力，确保各项业务同业领先优势，在更高层次上实现个人金融业务持续、健康发展。

为确保实现2009年工作目标，我们要集中精力抓好以下几项重点工作：

（一）强化储蓄存款在个人金融业务转型中的基础作用，全力提高市场占比

1. 要紧紧围绕储蓄存款新增同业占比第一的目标，重点做好一季度旺季营销活动，部署和落实个人金融业务综合营销方案，一季度新增存款要力争突破40亿。要进一步落实好揽存激励措施，把激励措施转化成增存动力，从长远发展持续增长的角度扎扎实实抓好储蓄业务，要紧紧盯住市场，抢抓市场，不能有半点松懈，领先支行要巩固和扩大优势，落后支行要采取更加有力的措施，迅速扭转储蓄存款业务发展徘徊不前的局面，确保一季度和全年同业新增占比第一的工作目标。

2. 要深入开展代发工资业务，夯实增存的基础。深入开展代发工资业务，继续实行代发工资专项奖励政策，力争全年实现新增代发工资单位650户，代发金额52亿元的目标，要加大与机构业务、公司业务等对公营销部门的密切配合，加强公私联动，形成目标责任制，加快代发优质工资户进度。要主动与目标优质代发工资客户沟通与联系，宣传我行网点多，网银代发工资系统和批量代发工资系统先进、安全、易操作的优势，力争实现网银代发工资。同时，要进一步加强银行卡、电子银行等产品和服务的交叉销售。各支行要努力完成全年任务，已经完成任务的分行，要进一步提高代发工资市场占比。

3. 抓住第三方存管客户，从源头上保证储蓄存款的稳定增长。第三方存管客户大部分都是高端优质客户，要以此为突破口，成立“小分队”，积极加强与所对接的证券公司进行协调和沟通，提高服务质量和效率，紧盯他行优质第三方存款客户，跟踪投资大客户的资金流向，挖转了一批优质第三方存管客户，从源头上保证储蓄存款的增长。

4. 发挥产品优势，以理财产品销售带动储蓄存款健康发展。要根据市场和客户需求的变化，及时调整竞争策略，一是要盯住储蓄存款增长好的客户，及时跟进产品，加强客户维护，做好储蓄存款向理财产品的转化；二是要通过理财产品配比销售来挖转潜力存款，带动储蓄存款的增长；三是要转变理财产品的销售方式，不要就销售而销售，要把理财产品销售与优质客户占比结合起来考核，把优势产品作为竞争他行优质客户的“利器”和“资源”，努力挖掘潜力客户，从而带动全行优质客户数量和个人金融资产的增长。并增强各种理财产品销售与储蓄存款之间的协同效应，以各种理财产品销售带动储蓄存款增长，积极促进理财产品与储蓄存款连接互动产品的创新和开发，积极吸收客户回流资金和间隙性资金，实现理财业务与储蓄存款

的相互带动，相互促进。

5. 要通过持续改善和优化服务，吸引和增加储蓄存款。通过个人客户服务精细化管理来提高综合服务水平，努力增加存款。通过开展协同营销，整合内部资源优势来发展储蓄存款。通过增强交叉销售能力和提供多元化增值服务竞争客户。通过增加客户的综合回报来吸引客户，增加存款。

6. 发挥渠道和队伍优势，吸收优质客户资金。要把增存计划与投入使用的财富中心和贵宾理财中心结合起来，提升对中高端客户的财富管理和综合理财的竞争能力，提高综合产能。加快客户经理配备，加强客户经理培训，提升客户关系维护能力和产品销售能力，客户经理要真正走出去拓展新市场、发展新客户，充分发挥个人客户经理的揽存作用，促进储蓄存款快速发展。

7. 加快优质代发工资进程，促进储蓄存款长效增长。一是加大代发工资业务考核力度。2009 年，分行已将代发工资业务纳入支行行长绩效考评中，各行要提高对代发工资业务的重视程度，行长要亲自督导代发工资业务的营销情况，务必在一季度结束后，确保完成一季度营销目标，力争全年实现新增代发工资单位1200 户，代发职工人数47 万人的整体营销目标；二是加大对有贷户、机构户、基本户的营销力度。分行即将下达 2009 年代发工资业务协同营销方案，各支行要加大与机构业务、公司业务等对公营销部门的密切配合，加强公私联动，形成目标责任制，加快代发优质工资户进度。对有贷户，要将其是否在我行办理代发工资业务作为新增贷款审批审查的条件之一，新增有贷户要必须在我行办理代发工资业务；对新开的基本户，必须 50% 以上捆绑营销代发工资业务；三是加强对个人金融产品的组合营销。对营销成功的代发工资企业，各支行要加强个人金融产品的组合营销，为优质代发工资单位举办个人金融业务咨询会、理财沙龙，并根据职工收入水平、风险偏好和行为特征，有选择地营销我行的牡丹灵通卡 e 时代、理财金账户、基金定投、理财产品、保险、第三方存管等个人金融产品，避免客户资金流失他行；四是开展对各支行代发工资业务的合规检查。各支行要严格按照代发工资管理办法（工银青办发［2008］919 号）规范本支行代发工资业务，分行将于本年度对各支行的代发工资业务合规情况进行全面检查。

（二）把握个人信贷市场趋势，努力提升个人贷款业务市场份额。进一步加强个人贷款营销组织工作

1. 强化责任，明确目标，加强个人贷款营销组织推动工作。一是要积极应对当前复杂的经济背景和竞争激烈的市场环境，坚持打造“第一按揭银行”目标不动摇，把提高个人贷款市场份额作为打造优秀城市分行的重要标志来对待。继续坚持支行行长作为实现个人住房信贷业务发展目标的第一责任人制度，加强营销指导和组织推动，提高执行力，坚定不移地加快推动个人住房信贷业务的发展；二是要切实加强住房开发贷款和按揭贷款的统筹管理。2009 年是我行开发贷款集中开盘销售的一年，对提高派生按揭比例、保证开发贷款的收回具有同等重要的意义。因此，确保开发贷款项目的封闭管理是实现今年住房贷款平稳较快发展的关键所在。各支行要在建立健全开发贷款与按揭贷款的经营联动机制，落实各项联动工作措施上下工夫，同时，要通过营销渠道创新、营销模式创新，为优质开发商提供更加优质便捷的服务，促进开发贷款和按揭贷款的协调发展。三是要探索创新与二手房中介机构的合作模式，增加必要营销费用的投入，提高我行与中介机构合作中的主动权。特别是要借助今年我市二手房网上交易系统的开通，多渠道、全方位的加大二手房营销力度，保持二手房贷款业务规范、平稳的发展；四是要继续依托我行的服务优势、管理优势、渠道优势，积极营销纯按揭项目资源。进一步优化纯按揭项目的准入流程，提高准入效率，继续保持纯按揭业务快速发展的势头。

2. 在营销机制上创新，不断增强对外营销的合力。一是加快个人贷款中心建设。加快个人贷款中心建设是今年总行提出的重要工作目标之一，也是我行实现营销组织架构创新、提升整体业务竞争力的重要手段。因此，各支行要高度重视个人贷款中心建设工作，要对照《中国工商银行个人贷款中指导手册（试行)》中对个人贷款中心的组建模式、岗位分工、人员组织与管理、绩效考核管理等相关要求，结合本行实际，制定切实可行的实施方案，精心组织、逐步推进，不断提高个人贷款业务专业化、规范化和精细化管理水平。

二是切实提高个人贷款业务营销和审批流程上的效率和整体合力。在个人贷款产品同质化的竞争环境中，提升市场竞争力，外靠效率，内靠机制。今年分行将注重加强个人信贷业务前、中、后台的协调配合，不断完善管理机制，在控制风险的前提下，形成“前台抓营销重管理，后台抓管理促发展”齐抓共管，各施其责，合力提高工作效率和质量的局面。同时，将建立和完善相关专业部门个人信贷业务联席会议机制，及时研究解决业务发展过程中遇到的问题，制定具体细则和操作办法，合力推进业务的开展。

3. 充分发挥网点营销的作用，形成“大范围营销，集中化处理”的新格局。目前我行网点数量 103 家，而且随着支行升格步伐的不断加快，发挥网点在个人贷款营销中的作用十分重要。今年分行将在挖掘、拓展新升格的二级支行和综合网点个人贷款营销职能方面加快步伐。一方面加强对网点人员的培训工作，使新升格网点营销人员了解和掌握个人贷款业务受理的基本知识和操作流程；另一方面要求一级支行对所管辖的综合网点下达营销任务，促其发挥在个人贷款营销中的基础作用。同时，鼓励全行员工利用自身的社会资源，积极寻找新的开发商和按揭项目，形成全员营销的良好氛围；

4. 进一步加强个人贷款营销客户经理队伍建设。一是要建立起以定量考核为主，定性考核为辅、兼顾资产质量的个人贷款客户经理考核机制。各支行要在个人贷款专业建立起必要的优胜劣汰和竞争上岗制度，原则上对 2008 年个贷营销业绩低于本支行平均水平或在全行业绩排在后 10 名的，不再续聘个人贷款营销客户经理，要真正把一批热爱和胜任个人贷款营销工作的人员选拔到个贷营销队伍当中，始终保持营销队伍的先进性。二是要以营销台账为依据的量化考核奖励机制，与个人客户经理的绩效奖金收入直接挂钩，保证分行的产品积分奖励能够足额兑现，充分调动营销人员的积极性。三是进一步做好个人贷款营销客户经理资格认证工作，原则上从事个人贷款营销工作两年以上的人员，必须取得总行上岗资格。

5. 积极推进个人消费类、经营类贷款的协调发展。一是着力推动个人汽车贷款的发展。今年分行将选择几家支行，重点推进个人汽车消费贷款业务，加强与我市主流汽车经销商、生产厂家和担保公司的合作，多渠道的从源头上获得客户资源，使我行汽车贷款在同业中取得相应的市场份额；二是积极创造良好的政策条件，鼓励支行发展个人消费和个人经营贷款业务，指导支行以客户贷款用途为依据，合理引导客户贷款需求，满足客户多层次融资需求，力争在个人经营贷款业务上取得实质性突破；三是实施差别化的信贷政策和客户服务政策，挖掘存量客户的营销潜力。今年我行将以个人优质客户为依托，结合客户资信状况、职业、职务等特征，对个人信贷客户实施分层，对层级较高的客户，在担保方式、贷款利率等信贷政策以及操作流程上给予一定的优惠，以挽留和吸引优质客户，不断提高优质客户的忠诚度和贡献度。

（三）突出重点，保证个人理财类业务全面发展

1. 加快产品创新，为客户提供丰富、个性化的理财服务。

（1）坚持以“客户为中心、以市场为导向、以效益为目标”的产品研发创新机制构建收益水平分层、风险度互补、流动性嵌套的较为完整的银行理财产品线。构建理财产品分层次服务体系，通过高品质的产品竞争优质客户；在充分考量优质客户需求的基础上，精心设计遴选契合客户需求的产品；为其提供区别于普通理财产品的专属理财产品，在追求绝对回报的基础上，通过有效的机制严控投资风险，确保资金安全；将定制式理财服务作为高端客户理财服务的切入点。大力发展兼具安全性、盈利性和高流动性的特点的现金管理型低成本产品，积极拓展关联业务，通过业务的联动效应获取新的利润增长点，切实提高个人理财业务收益水平。

（2）重点关注“灵通快线”超短期理财产品。目前虽然灵通快线总销量较大，但是支行间发展不平衡，结构还不合理，部分支行销量低，说明这部分支行未真正了解产品的优点。分行从销量末位的支行开始，每个支行进行沟通，送教上门，保证全行充分利用好灵通快线这款超短期理财产品。

（3）侧重传统理财产品。期次发行理财产品与系统内分行、与同业相比，差距较大，且能够为我行带来较大中间业务收入，因此分行个金部积极引导支行重点关注期次发行理财产品的销售，通过制定理财产品入社区方案进行产品宣传，建立健全客户预约机制等措施，全面提高这部分理财产品的销售量。

2. 加强基金营销指导力度，推行代理基金业务精细化管理方式。一是应将基金产品的营销与证券市场行情紧密结合起来。分行将通过对比非货币型基金净值的变化、收益情况，结合分行激励政策，以通报、业务培训、座谈会形式，引导各支行及客户经理正确认识市场规律，变被动为主动，根据当前市场行情向客户营销合适的基金产品，扭转代理基金业务的被动局面。二是进一步加大货币基金的营销力度。货币型基金具有安全性高、流动性高、收益相对稳定的产品优势，既能促进我分行代理基金业务有量的突破，又能带来中间业务收入，各支行要继续推动货币基金的营销力度，通过向机构户、个人大客户营销货币基金，促进全行基金销售规模，大幅拓展我行的基金客户群体，努力提升我行代理基金业务的市场占比。三是应正确认识代理基金与储蓄存款业务之间的关系。各支行应进一步认识到，基金产品的营销有利于各支行留住存款客户，避免他行挖转，而基金产品的合理赎回又可以实现基金和储蓄存款之间的互相转化，应正确认识代理基金和储蓄存款业务之间的关系，实现个人金融业务的协调发展。四是全力推动基金定投业务营销活动的大力开展。基金定投业务是基金销量稳定增长的重要来源，基金定投业务开展得好，可以为我分行基金销量的稳定增长提供保障。目前分行正在组织开展基金定投倾心回馈营销活动，各支行应结合新推出的基智定投业务，联合众基金公司针对投资偏好较为保守、有为子女教育进行储蓄需求的客户开展基金定投营销活动。五是进一步提高对基金业务的重视度，加大基金发行的督导。2009 年，总行在考核各分行代理基金业务时，加大了对各分行发行期基金任务完成率的考核力度及通报力度。各支行应加大发行期基金营销力度，确保本支行发行期基金都有销量。个金部下一步将结合发行期基金产品特点、当前市场行情等以座谈会、发文通报等形式，进一步加大对各支行发行期基金的通报力度和督导力度。

3. 进一步优化产品结构，加快代理保险业务发展步伐。坚持推行全行代理个人保险产品总行集中签约，进一步推动代理保险业务经营规范化和专业管理条线化，部分议价能力较强的分行，在确保收益的情况下可以积极尝试和探索，逐步提高议价能力。抓住保险业高速发展的机遇，加强对重点优质保险公司的高保障性、期缴型产品的销售，提高代理手续费率较高的寿险产品的销售占比，以进一步提高代理保险业务收益水平。

一是按季、按月划分任务指标。继续完善业绩通报检测机制。根据每月的销量通报，对销售业绩突出的支行或网点将驻点学习，并将学习经验进行总结，向全行通报。对销售业绩落后的支行，将进行反复的实地考察与督导。通过联合保险公司组织产品培训及组织客户沙龙的方式，协助支行将保险业务作强。二是按周监测任务指标。对连续两周达不到序时进度的支行，及时施行分行计划调控。

二是组织“激情飞跃 精彩人生”个人营销客户经理成长潜能系列培训活动。通过增强我行个人营销客户经理的团队凝聚力和岗位吸引力，调动客户经理工作积极性，转变客户经理对银保产品的认识。

三是联合保险公司定期举办以支行、网点为单位的客户沙龙活动，增强与客户之间、保险公司与客户经理之间的沟通与交流，增进客户对产品的了解。通过举办高尔夫、品酒、攀岩等主题形式多样的主题沙龙活动，调动我行和保险公司高端客户两方面资源，增强我行客户经理对保险公司客户资源的渗透力度，拓宽客户渠道。

四是继续开展寿险销售“单周销售状元”评选活动。完善表彰机制，一方面，对我行评选出的“单周销售状元”保险公司将对其进行一定培训名额的奖励。另一方面，通过召开会议、网训等形式进行表彰、宣传。

五是在拓宽新客户资源的同时，要注意对老客户的维护。通过组织已经在我行购买过保险产品的老客户答谢会，一方面，帮助客户继续树立长期投资的信心。另一方面，维护和树立我行代理保险业务良好的品牌形象。

六是每月举办一次由个人金融业务部经理参加的保险销售经验交流理会，重点邀请销售业绩优秀的支行及个人向落后的个人或支行介绍保险销售中的工作经验；根据每月的销量通报数据，每月邀请销量欠佳的保险公司销售负责人召开保险工作会议，探讨工行渠道上保险销售思路。

七是进一步防范代理保险业务风险，树立合规经营、稳健经营的业务发展风气，2009年将重新制定《中国工商银行股份有限公司青岛市分行银行保险业务管理实施细则》，并从新规范保险公司对账、报表制度。并借助总行颁布的《个人客户理财评估报告》、《个人保险产品投保提示》等工具制定代理保险业务合规操作流程。

（四）深化“两化”改革，完善网点分类考核促进竞争力提升

1. 以建立网点绩效评价标准和办法为重点，通过完善双线考核制度来促进“两化”改革的深化。推广“两化”改革绩效评价系统在网点与客户经理管理与考核中的应用，研究制定全行网点绩效评价标准，确定网点绩效评价指标，包括财务指标、业务发展、客户、风险管理等方面，按照四类网点的差异确定四类网点绩效评价综合评分中的各指标因素的权重，公布四类网点的全行平均绩效值和理想目标值，从而清晰掌握每一类网点的零售业务经营情况。初步建立“财富中心、贵宾理财中心、理财网点、金融便利店”四类网点业绩评价统一办法，按照每一个网点的绩效评价得分，综合考虑青岛市经济发展情况、居民收入等因素影响，综合得出评价得分，按类别进行全分行网点排名，实现全分行网点考核精细化。逐步完善基于“两化”绩效评价系统的网点考核，并将网点考核结果与分行季度考核、支行行长考核进行挂钩，使之成为平衡分行个金专业与支行之间条块力量的制度保障，充分调动和激发我行网点的市场竞争力。

2. 进一步扩大“专业化经营、系统化管理”改革范围。2009年末，按照“以客户为中心、实行统一营销、归口管理，实行双重管理、双线考核”的原则，研究并完成“专业化经营、系统化管理”的改革。分行在已经积累的经验基础上，持续推动“两化”改革的开展。对于新建的营业机构个金业务管理体系和机制的建设须按照“两化”改革方案进行。

（五）实施个人客户服务精细化管理，全面提升服务水平

1. 制定并施行个人客户精细化服务规范。一是在全面执行核心竞争力项目的基础上，制定各类营业网点在业务分区、环境管理、人员配备、机具管理、人员和业务流程、宣传营销等各个层面的具体细化的运营标准规范。二是根据一线服务人员岗位的不同，分别制定网点负责人、柜员、营业经理、大堂经理、理财经理以及支行分管行长的服务规范，严格规定各岗位人员服务标准、服务内容。同时，将网点运营标准和各个岗位服务规范进行量化形成表格等工具，作为检查评价营业网点和一线服务人员的标准。

2. 建立全方位、常态化的网点服务检查工作机制。采取工作日常检查、专项检查、定期交叉检查和客户满意度调查等方式，强化网点服务工作的检查监督。日常检查以营业网点或者支行为主，主要根据网点运营标准和各岗位人员的服务规范，对日常工作中的执行情况进行检查、督导和纠正。定期专项检查，由各行个金部门定期组织，对照网点的运营标准和各岗位人员的服务规范，开展专项检查，将检查结果纳入对营业网点的月度和季度考核。总行专项抽查，由总行相关部门组织分行之间精细化服务的交叉抽查，覆盖全部分行。抽查结果纳入到对各分行的服务考核。客户满意度调查，通过第三方公司开展神秘顾客监测、网点外拦截调查（重点对网点）、在线调查（重点对网银）和电话访问（重点对电话服务），以检查网点服务标准的执行力度和客户对我行服务的满意度情况，抽查结果纳入到对各分行的服务考核。

3. 建立全行客户服务质量考核体系。依据平衡记分卡的原理，从财务、顾客满意度、市场占有率、目标客户新增情况、员工满意度等几个维度开展对各分行的服务精细化考核，努力做到客户服务考评客观有效。考核分两个层次，一是对一线网点客户服务质量考核，主要由各分行根据总行制定网点运营规范和各岗位服务规范进行；二是对支行及以上客户服务管理机构工作考核。

4. 是充分利用即将成立的大客户服务中心，在分行层面组成对高端客户统一维护的团队，专门进行高端客户的日常维护工作，包括定期发送产品信息、定期走访、定期回馈客户礼品、组织户外活动、赠送生日蛋糕和答谢宴会等形式，密切与客户的联系，增进与客户的感情和交流，提高客户对我行的信任度和忠诚度。

（六）加强个人金融业务协同营销，增强整合营销能力

1. 加强公私协同营销。与公司、机构、电子银行等部门协同合作，充分利用我行丰富的法人客户资源，全面开拓代发工资业务客户，将法人客户代发工资率纳入考核范围。同时，通过定向组合营销实施“走出去”营销策略，以借记卡、信用卡、网上银行、理财类产品为核心组合，通过举办理财沙龙等形式向优质企事业单位的中高级管理人员、重点高校教职员工及学生等目标客户和潜力客户推荐我行金融服务，并通过为企事业单位的高级管理人员提供优质理财服务增进业务沟通，争取更多公司管理人员使用我行个人金融产品，促进对公业务和个人业务共同发展。

2. 个人业务部门协同营销。树立“大个金”发展战略，积极与电子银行、信用卡等部门统筹合作，统一制定全行个人业务发展年度规划，并将个人业务的相关任务指标综合考虑，捆绑营销，统一开展绩效考核，确保营销指导一致性。统一个人目标客户定位，全面实施统一客户视图，对不同类型客户实施差别服务，确保各部门、各支行主要营销资源均用于目标客户市场开拓，促进中高端客户发展。建立渠道协同服务机制，建立网点分层服务体系和“CFP——AFP——认证客户经理”的人员服务体系以及网上银行分层服务体系和电话银行分层服务体系，提升多渠道服务品质的协同性。

3. 加强个人金融业务产品协同营销。根据客户对于金融服务的关联性需求特点，针对存款、贷款、理财、结算、信用卡等个人金融业务产品制定交叉销售方案，在为客户办理单项业务时挖掘其他产品的交叉销售机会，争取客户一次同时在我行办理两项以上业务。同时，制定套餐式金融服务方案，制定涵盖各类型产品与渠道的组合式套餐，强化对各类产品目标客户渗透率的考核，实现产品销售与目标客户发展的协同，提高交叉销售率。

4. 加强内外协同营销。加强公司、机构及社区和政府方面的联动，以代发工资企业客户、高档社区居民、政府公务员及事业单位员工为主要目标客户，组织分、支行包含个人客户经理、公司客户经理、国际结算客户经理、现金管理客户经理组成的营销团队，“走出去”营销，“上门营销”，通过举办社区讲座、理财沙龙、理财交流会及送教上门等形式，为优质客户量身打造适合的个人产品，不断壮大我行客户群，培育客户忠诚度，不断扩大我行声誉。

（七）利用品牌营销推广，持续优化客户结构

1. 加大个人金融业务品牌营销推广力度。以理财金账户、工银财富、牡丹灵通卡三大品牌为核心，根据不同层次客户需求，有针对性地组织和开展系列市场营销和媒体推广活动，强化品牌形象，提高主要个人金融业务产品知名度和美誉度，提升核心产品在目标客户中的渗透率，实现中高端客户数较快增长，促进客户结构优化。

2. 全力拓展牡丹灵通卡市场，积极培育中端及潜力客户群。深入挖掘优质的客户资源，以金融资产5000元－20万元的大学生、青年白领、职业人士等中端及潜力客户作为牡丹灵通卡的目标客户群，重点做好牡丹灵通卡与代发工资、基金、保险、理财产品、结算汇款、个人信贷、网上银行、电话银行等业务的捆绑销售，积极开展发卡促销、营销竞赛、宣传推广、发卡奖励等活动，并借助联名单位资源发行高效益联名灵通卡。扎实做好灵通卡升级换卡业务，完善服务，规范操作，加快升级换卡进度，以卡种结构调整带动客户结构优化。

（八）加强渠道建设，提高服务水准和市场影响力

1. 加快构建财富管理签约客户专属服务渠道

高标准推动财富中心规划建设，规范财富中心的业务管理运营，进一步发挥财富中心作为财富客户市场开发与关系管理“旗舰店”作用。推进财富客户专属电子银行渠道建设，根据总行统筹规划贵宾版网上银行与贵宾专线对财富管理签约客户的服务功能板块，尽快实现财富管理模块上网上线，实现客户通过电子银行渠道提交签约申请，签约客户通过电子银行渠道办理财富规划、资产管理，并将电子银行渠道不适宜办理的财富管理服务需求统一落地到财富中心及时响应，避免无人负责或多头响应。

2. 以贵宾理财中心建设带动理财金账户服务升级。

按照未来三年网点渠道发展规划安排，2009年分行计划再建10家贵宾理财中心，累计达到80家，逐步构建较为完善、具有较强可持续发展能力的网点渠道服务体系。

一是在做好10家贵宾理财中心新建工作的基础上，加强对已建成并投入运营的70家贵宾理财中心业绩评价和竞争力分析；通过制定贵宾理财中心竞争力评价体系，利用网点业绩评价系统提供的数据，从业务分流、存贷款规模、产品销售、业务收入、客户结构等方面开展业绩评价，以评价体系的合理化和科学化促进贵宾理财中心服务能力的发挥。

二是结合服务精细化管理思路，制定贵宾理财中心日常运营及管理细则，规范日常服务和管理工作；定期开展贵宾理财中心品牌形象和服务满意度调查，开展经验交流和交叉验收工作，各行间取长补短，推动全行贵宾理财中心的建设。

3. 继续加强个人贷款中心建设。

要将个人贷款中心定位为“特色贵宾理财中心”纳入全行网点建设规划，结合全行贵宾理财中心建设和网点升级改造等工作统筹考虑并稳步推进；要将个人贷款中心建设作为构建全行个人信贷业务营销主渠道、提升我行个人信贷业务营销竞争能力的战略规划中的重要工作去积极推动，真正将个人贷款中心建设成为直接面对市场的个人信贷业务“营销组织指挥中心”、“品牌宣传中心”、“客户服务中心”和“业务处理中心”；要通过个人贷款中心的建设和运营积极带动网点对于个人信贷业务的营销，具备条件的分行应尽可能地将个人贷款业务的咨询和受理工作延伸至贵宾理财中心、个人理财中心和一般理财网点，形成“个人贷款中心结合网点”的较为完善的个人信贷营销服务体系，加快“多渠道、大范围营销——集中式、专业化处理”的新型业务布局的成熟。

4. 提高自助设备的服务效率，优化自助设备的网络布局，强化自助设备离柜分流效能。

一是结合营业网点新建或改建规划，结合当地银行卡规模、柜面压力、同业竞争、业务管理能力、设备更新等因素，合理确定自动柜员机和自助终端的需求数量，提前做好新增自动柜员机和自助服务设备的选址工作。二是积极拓展行外渠道，在新城区、商业区、中高档社区、工厂区等自助服务需求量大和使用率高的地点配置离行式自助设备，从源头上分流客户。三是加强自助设备的运行监测和月度考核，确保在设备数量大规模增加的基础上，单机运行效率进一步提升。要将单机日均交易量、离柜交易占比等量化指标纳入大堂经理绩效考核体系，强化大堂经理、客户经理的识别分流与引导推介职能，加大离柜渠道分流业务的力度。

（九）加强金融理财师队伍建设，持续提高个人客户经理专业素质

1. 完善金融理财师培训和教育体系。在做好金融理财师培训工作的同时，加大继续教育力度，通过定期举办论坛、视频培训、远程培训、实盘模拟比赛等多种形式，突出工作实务能力的训练、加快金融理财师自身业务知识的更新和结构优化。

2. 全面强化金融理财师团队管理。启动工商银行金融理财师形象宣传系统，标准化金融理财师服务元素，构建理财精英文化，提高金融理财师团队归属感，提升我行金融理财师专业形象。以金融理财师为主要对象，组织全行性或区域性的金融理财研讨会，提升团队凝聚力。从员工忠诚度、团队协作意识、工作态度与质量、学习能力等多个角度对金融理财师工作能力进行评价。有效利用科技系统手段，提高金融理财师管理效率。

3. 稳步推进个人客户经理资格认证工作。通过提高个人客户经理资格认证考试频率，修订培训教材，构建常规考试题库等手段，将个人客户经理资格认证工作常规化、制度化，以满足全行加强个人客户经理队伍建设与管理的迫切需求，确保个人客户经理岗位基本素质。

4. 以专业、敬业和勤业为重点，打造一支高素质的财富管理专业团队。参照境外同业标准，按照每家财富中心至少配备8名客户经理、每10名客户经理配备一名专家的标准，建设一支1600人左右、具有高度职业热诚、高超营销技能和高强协作精神的财富管理客户经理队伍，并在总分行层面组建一支共100人的专业团队，承担资产配置与投资组合模型设计、专属产品研发、资产管理计划定制等工作，直接为一线提供专业支持。

5. 加强个人信贷营销队伍建设。各行要继续完善个人信贷营销岗位设置，充实人员，使人员配备与业务量、管理幅度和所承担的管理职能相适应。为保证未来三年的个人信贷业务增长指标的完成以及大量的客户维护与管理工作的顺利开展，全行要配备并保持不少于10000人个人信贷专职营销人员。各行要配合个人贷款中心的建设工作，保证每个个人贷款中心不少于6~8人的配备。考虑到个人经营贷款业务风险控制的特殊要求，逐步组建个人经营贷款业务的专职营销和管理队伍，做好个人信贷营销人员资格认定和培训工作，推动个人信贷营销队伍专业化，逐步构建起初级、中级、高级三个层次的营销队伍。

（十）以消费支付结算业务、代发工资业务为主，稳步发展个人中间业务

1. 大力开展牡丹卡发卡及刷卡消费促销活动，促进消费额的持续增长。各行要做好信用卡和借记卡的协调发展，整合资源，加大投入，促进信用卡和借记卡发卡工作的顺利进行，提升我行牡丹卡在市场中的覆盖率。开展信用卡和借记卡共同参加的刷卡促销活动，综合运用赠礼、抽奖、限期优惠、积分奖励、商户打折等促销方式，策划多主题、多内容的刷卡消费促销活动。要做好行内外渠道的同步宣传推广，扩大活动影响范围，增强促销活动的效果。加强与银联、牡丹卡特约商户、电子商务特约商户、联名卡合作单位、代发工资单位、对公企业客户、航空公司、旅行社、媒体等单位的联合营销，充分利用外部资源推出专项刷卡消费促销活动和品牌推广活动。

要积极转变营销观念，主动寻求市场机遇，积极参与对公司、机构客户的营销，利用联名单位资源锁定个人优质客户，扩大有效发卡量，提高年费收入。同时要借助我行系统批量发卡、密码信封、批量开户联动批量收取年费等功能，充分利用我行法人客户关系，深入拓展个人客户资源，锁定各级党政机关、事业单位、科研机构、医疗机构、高等院校、国有和地方重点企业、外资企业、知名民营企业、高档社区、金融机构的目标客户，集中批量发卡，提高发卡效率，降低成本。

2. 以代发工资业务为重点，拓展代收代付业务。把代发工资业务作为夯实个人业务基础、加速落实“第一零售银行”战略目标的一项长期性、战略性的关键措施来抓好。找准代发工资业务的目标客户，加强公私联动，结合本行和当地实际情况，提高我行有贷户、机构户代发工资企业的占比。梳理现有代发工资业务，对优质代发工资客户实行优惠收费，以差别收费引导客户分流，增加我行储蓄存款源头，提高我行中高端客户占比，提升整体效益。

（十一）抓住机遇，全面拓展财富管理业务，促进私人银行业务的协调发展

1. 以签约服务推广为主线，夯实存量财富客户维护。下大力气抓好新开户，按《中国工商银行青岛市分行财富管理业务推广方案》要求，通过举办“财富卡开卡有礼”等活动，将存量财富客户全部转变成财富卡客户。同时鼓励支行通过争揽他行客户等方式，积极扩大财富卡客户数量，2009年全行财富卡客户目标为在存量客户基础上增加1000户，达到4000户。构建签约客户分工协作维护体系，将新开户工作制度化、常态化。明确签约服务分工，稳步实现维护不到位的财富客户由财富中心集中签约。营业网点将配备具备CFP、AFP资格的客户经理对签约客户提供优先、优惠的柜面零售服务，财富规划、资产管理、专属产品推介等专业化服务。

2. 加快搭建财富管理签约客户专属产品与服务体系。建立总行财富中心—分行财富管理专业团队之间的产品定制直通车，逐步实现以签约客户需求为导向研发推广产品。集合行内外各部门、各机构的专业优势，逐步建成财富管理签约客户专属产品线，积极推广财富规划基础上的投资组合管理服务，切实做好签约客户的售后服务。分支行联动，加大资源整合力度，以健康管理、贵宾礼遇、综合保障、私人助理等服务为重点构建财富管理签约客户的增值服务平台。

3. 以尊贵、安全、私密、便捷的服务体验为主线，构建财富客户差异化服务流程。梳理服务环节，确保签约客户在各个接触点上的服务体验。推广“一对一”交谈式开户与风险评估服务，了解、发掘客户的财富管理需求；优化财富中心内部分区和服务流程，财富中心要大力推行预约式、一站式服务；在风险可控前提下，引入支票委托、远程委托等创新交易方式，提升客户服务体验。

4. 以财富管理签约客户的扩展，促进行私人银行业务发展。通过不断强化高端客户服务能力，提升私人银行客户零售服务的内涵价值。以财富管理签约客户的培育，为私人银行客户提供发展源泉，从而为私人银行业务发展提供实际支持。此外，在组建财富管理专家团队过程中，注重配备业务知识全面、个人素质较高、服务能力较强的客户经理，并辅之以私人银行相关知识和业务的培训，提升我行对高端客户的整体服务水平。

（十二）全面提升风险管理和内控水平

1. 大力推进合规销售工作，提高风险管理水平。一是整章建制，建立起涵盖“业务管理办法、销售管理办法、业务操作流程、应急处理办法”在内的完善的制度体系，加强风险评估、信息披露等重点环节的流程控制。推进“短信息”和“对账单”服务，以手机短信等方式将产品的信息公告和风险揭示信息以点对点的方式及时告知投资人。

2. 密切关注个人贷款潜在风险。推动个人贷款业务更快发展的同时，清醒认识风险防范工作的重要性，始终坚持市场开拓与风险防范并重的原则，将风险防控工作落到实处。尤其要高度重视操作风险，针对个人住房贷款要加强对开发企业和开发项目的准入审查，严格执行双人调查和见客谈话制度，进一步强化假贷款的防范力度，从源头上杜绝“假按揭”贷款的发放。

3. 操作风险的自评与控制。完成与个人金融业务相关的监测模型设计与开发工作，在业务运营风险管理系统总体构架下，根据个人金融业务操作风险事件特点和风险管理工作需要，设定条件，利用系统中采集到的数据，对各级个人金融业务人员业务处理行为及各级管理机构个人金融业务操作风险管理工作组织情况，进行实时或非实时监测，发现风险管理工作中存在的薄弱环节，对高风险业务进行预警。同时，对监测结果进行定期分析与对比，开展操作风险管理工作情况评价，按照评价结果，确定需要重点管理的业务环节与岗位，有针对性地制定切实有效的控制措施。

加快业务发展　提高市场占比
着力提升个人金融业务市场竞争力

——李香玲同志在2009年青海分行个人金融业务工作会议上的讲话

一、认清形势，以积极进取的姿态迎接挑战

2008年，全行个人金融业务认真贯彻落实总行的工作部署，积极应对急剧变化的市场环境带来的挑战，通过不断调整产品、业务及客户结构，强化市场营销和客户服务，积极拓展增储渠道，努力增加个人中间业务收入，各项业务实现了较快发展，部分业务指标创历史最好水平，取得了储蓄存款强劲增长、个人中间业务稳步发展、个人贷款市场拓展能力不断增强、个人客户结构持续改善、渠道建设成效明显的新成绩。在看到成绩的同时，我们也要清醒地认识到，当前全行个人金融业务发展正面临着更加复杂多变的经营形势，核心竞争能力正经受严峻考验。表现在：个人金融业务发展面临的不确定性因素显著增加。一方面国内经济下行风险加大，特别是房地产等消费热点降温，股票市场波动性增大、投资者信心严重不足；另一方面代理基金销量较之以往明显萎缩，个人中间业务增收难度加大，对个人金融业务的市场拓展带来考验。第三，金融同业把个人金融业务作为战略发展方向和重点，加大资源投入，加快发展速度，使我行巩固个人金融业务市场优势地位的压力和难度进一步加大。

但是，我们也应看到，针对国际和国内的新情况，国家及时出台了一系列强有力的政策措施，这也将给我行个人金融业务的经营发展提供更多新的机遇。一是从我省经济环境来看，国务院制定了支持青海等省藏区经济社会发展的若干意见，加大了对我省资金投入支持力度，将会对我省经济发展产生巨大的推动作用，可以预见我省城镇居民收入水平在未来几年仍将持续提高，这为个人金融业务发展奠定了良好的客户基础。二是从居民金融消费需求来看，虽然证券市场的波动将给个人理财业务发展带来更多不确定因素，但可以肯定个人理财业务仍将是个人金融业务长期的发展方向；随着国家保持房地产市场健康稳定发展多项新政策的出台，必将给个人住房贷款业务发展带来更多的商机。三是从我行个人金融业务发展态势看，经过几年来的改革发展，个人金融业务的市场定位、市场营销、网点功能、资源配置的能力明显提升，各项业务保持了较快的增长速度，这为个人金融业务今后的加快发展奠定了良好的基础。四是全行持续的盈利能力的提高，为个金业务奠定了进一步发展的基础。

二、明确目标，推进2009年个人金融业务又好又快发展

为进一步加快个人金融业务发展，全面增强核心竞争力，2009年全行个人金融业务工作要以科学发展观为指导，贯彻落实打造区域内第一零售银行战略，大力推进个人金融业务转型，加快队伍建设，增强市场营销能力、客户服务能力、风险管理能力和可持续的盈利增长能力，努力提高目标客户、储蓄存款、个人中间业务和个人贷款业务主要指标的市场占比，在新的起点上实现个人金融业务持续协调快速发展。

（一）围绕中心目标，促进个人金融业务加快发展

全行个人金融业务要紧紧围绕打造区域内第一零售银行中心目标，全力推进各项业务的全面发展。

1. 打造当地第一零售银行，必须坚定不移地提高个人金融业务核心竞争能力。我行核心竞争力项目已经实施了四年多的时间，只有从深度和广度上进一步把项目内容落到实处，才能形成具有优于其他竞争对手的核心竞争能力，这一能力的高低，出发点是提升个人客户精细化服务水平，落脚点是提高个人金融业务市场上所占有的份额。2009年，各行在强化网点业态分类管理的同时，要继续认真推进和严格执行核心竞争力项目流程标准，依据统一客户视图要求，建立适应不同类别网点、不同层次客户需求的服务标准体系，推进基础服务规范化、个性服务差别化、服务考核标准化，提升我行维护、服务以及发展中高端客户的能力。要加大个人财富管理业务发展力度，加快财富中心建设进程，着力做好财富客户服务基础工作，要对现有存量财富客户进行梳理，列出清单，做到心中有数，加强维护，避免流失；要积极向财富客户营销财富卡和“工银财富”专属理财产品，重点向财富客户提供综合规划、资产配置和投资组合管理服务，构建出具有我行特色的财富客户服务流程；要积极将存量及新营销财富客户发展为财富管理签约客户，签约客户的专属客户经理必须配备到位，提高我行财富客户维护与发展能力。要继续发挥理财金账户、牡丹灵通卡.e时代、幸福贷款三大核心业务的品牌效应，充分挖掘中高端客户的金融服务需求，实现中高端客户发展和重点业务发展互相带动的良性循环。

2. 打造当地第一零售银行，必须坚定不移地提高市场占比。市场占比既是衡量我行打造第一零售银行工作成效的主要标志，也是检验我们竞争能力、应变能力的决定性指标。只有加快个人金融业务发展，有效提升客户服务能力，实现各项业务市场占比名列前茅，我们才能成为真正意义上的领跑者。2009年，储蓄存款增量同业占比全行要力争第一。市场占比第一的支行要继续保持并扩大领先优势，市场占比第二的支行要力争第一，市场占比第三的支行要确保提到第二。理财产品销售市场占比要确保第一。县域支行要适应区域经济特点，在软件建设、特色服务等方面狠下工夫，要将县域支行打造为个人金融业务新的区域增长点，争取在较短的时间内实现我行县级区域市场地位的提升。

（二）着力提高个人金融业务的综合贡献度

目前，我行个人金融业务网均、人均水平与全国平均水平、与同业先进行相比还有差距。各行要转变观念，使员工更多地去关注单产水平，不以任务论胜负，而是努力通过个人业绩创造集体价值。各行要充分发挥财富中心、贵宾理财中心、理财网点的辐射带动作用，提高网点的服务与营销能力，促进网均产能水平的提高。要结合各行人员总量实际情况，不断研究创新优化劳动组合，加强网点人员结构调整，促进网点劳动效率和服务水平的进一步提高。要充分利用“两化”网点业绩考核系统，建立符合实际的长效考核激励机制，激发员工的工作激情，提高网均和人均水平。

（三）实施核心业务精细管理，实现个人金融业务的持续协调发展

1. 加强储蓄存款业务精细化管理，为整体业务发展夯实基础。储蓄存款业务经过多年来的发展已形成了我行坚实的、宝贵的客户资源基础，又是全行营运资金的重要来源渠道，是发展个人理财、个人信贷、个人中间业务不可或缺的重要平台。因此，对储蓄存款基础地位和作用的认识全行不能有丝毫的偏差。各行要以储蓄存款为基础，从源头抓起，高度重视，着力开拓代发工资业务市场，努力实现一、二类代发工资单位占新发展单位的75%以上；要大力拓展网银代发工资客户，新营销的代发工资单位中网银代发工资客户占比力争不低于80%。2009年各行要紧盯同业、狠抓占比，夺回应有的储蓄存款市场份额。要持续开展产品交叉销售工作，提供差别化的产品服务，努力增加储源。要根据市场和客户需求的变化，积极吸收客户投资间隙资金和回流资金，实现储蓄存款与理财业务的联动发展。要努力调整存款的期限结构，降低付息成本，探索主动负债发展模式，进一步增强负债业务盈利能力。2009年，全行要确保做到“三个增长”，即代发工资单位增长，储蓄存款市场占比增长，理财产品销售与储蓄存款增量增长，努力实现储蓄存款增量同业占比第一的目标。

2. 加强个人中间业务精细化管理，加强产品营销，拓宽收入渠道，实现中间业务多元化增收格局。要加强个人中间业务产品的营销创新，在基金、国债、保险、本外币理财产品销售市场上保持领先优势，实现个人中间业务收入快速增长。目前，资本市场和经济环境不确定不稳定因素明显增多，市场变化快，产品周期短，这就要求我们要准确把握市场变化，提高市场应变能力和营销技能。一要继续巩固并扩大基金业务的规模优势，在继续提高基金认申购业务量的同时，着力做好基金定投、利添利账户理财等业务的营销工作。二要切实抓好银行本外币理财产品的销售工作，做好行内及客户培训宣传工作，借助我行理财产品收益较高、风险可控的特点，提高我行理财产品市场占比。三要加快代理个人保险业务发展步伐，实现所有产品通过银保通上线销售，夯实同业销量第一的地位；在理财产品及代理保险销售工作中，坚决避免违规违章销售、误导及不当销售的行为。四要继续着力做好第三方存管业务个人客户营销推广工作，以“灵通快线”系列低成本产品为基础，做好新股民营销和他行客户请转工作，不断扩大客户群体。五要以牡丹灵通卡为主要载体，继续提高个人结算业务、个人理财、基金和代收代付业务的收入水平；要组织开展统一主题的刷卡促销系列活动和季节性专题促销活动，不断提升POS交易量；要积极稳妥地推进灵通卡产品升级，完成全部灵通卡升级更换为牡丹灵通卡·e时代。要结合实际，积极探索开办牡丹灵通联名卡，拓展灵通卡发卡途径。六要积极推广汇款直通车、电子速汇、跨行通存通兑等个人结算业务产品和服务工作，巩固我行个人结算业务产品优势。要加大自助设备的推广力度，持续提高离柜渠道利用率，降低业务成本，提升自助设备增收水平。

3. 加强个人贷款业务精细化管理，扭转个人贷款业务发展被动局面。个人贷款业务作为个人金融业务的核心组成部分，四年来未取得有效突破，贷款余额持续下降，如不尽快扭转个人贷款业务发展的被动局面，我行要实现区域内第一零售银行的战略目标将大打折扣。各行要进一步增强责任意识和全局意识，在严格防控风险的前提下，实现个人贷款业务的稳健、快速和协调发展。个人贷款业务实现正增长的支行要继续巩固已有的成果，并不断提高市场营销能力；贷款负增长的支行，要深层次分析原因，制定出行之有效的工作措施，狠抓措施落实，尽快扭转被动局面。2009 年工作中，各行个金业务部门要与公司业务部门积极协调配合，共同开展联动营销，促进个人住房按揭贷款增长。要落实项目封闭管理责任，确保按揭资源不流失。要进一步扩展营销思路，大力拓展二手房和纯按揭个人住房贷款业务，重点推动个人汽车贷款业务发展，积极推进个人综合消费贷款、个人质押贷款业务发展；要以提高业务综合收益贡献为目标，注重发展各项个人委托性贷款及个贷非息业务，尤其是加快住房公积金委托贷款发展步伐。要加强个人信贷营销体系建设，深入推进个人信贷业务营销标准化工程，完善个人信贷业务“多渠道、大范围营销”的新型业务布局。要继续做好“幸福贷款”品牌营销和客户服务工作，努力提高我行个人信贷业务客户服务水平、贷款效益水平和市场竞争能力。

（四）基础工作落实到位，夯实个人金融业务发展基础

1. 网点布局建设优化落实到位。全行要根据财富中心、贵宾理财中心、理财网点业态分类管理要求，从提高各类网点营销能力、创利能力和竞争能力入手，对现有营业网点布局、规模、效益等情况认真进行分析，做好网点建设，细化本行网点建设三年规划，使我行的网点结构和布局更趋合理。各行在新建、改造网点时要选择客户资源丰富或发展潜力大的区域，加大经营资源倾斜投入力度。2009 年，全行新建 3 家贵宾理财中心，并完善已建理财中心的业务流程和管理手段，巩固我行的渠道优势。城区支行要加快个人贷款中心的推广，将个人贷款中心定位为“特色贵宾理财中心”，纳入全行网点建设规划。要通过物理分区和大堂经理作用的发挥，使普通客户最大限度地被分流，选择最适合的服务渠道，得到标准、规范、满意的服务。

2. 整体功能作用落实到位。2009 年，全行要扎实推动“区域内第一零售银行”发展战略，让客户更多地享用我行的产品和服务，在提高客户满意度的同时，提高对我行的贡献度。一是开展整合营销，建立产品经理和客户经理协作机制。要建立由各业务部门的产品经理参加的客户服务小组制度，制定营销和理财方案，实施“走出去”主动营销的策略，提高营销成功率。二是加强部门间的协调配合。个人金融业务营销离不开其他部门的支持和配合，个人金融业务部门要主动加强与相关营销部门的沟通和联系，共享整体资源，发挥整体功能。一方面，加强公私协同营销，充分利用我行法人客户资源，拓展我行个人金融业务。另一方面，做好个人业务部门间的协同营销，个金、电子银行、信用卡等部门要加强营销协作，确保各部门主要营销资源均用于目标客户市场开拓；要建立网点分层服务体系、客户经理服务体系以及网上银行、电话银行分层服务体系的渠道协同服务机制，提升多渠道服务品质。同时，要加强个人金融业务产品协同营销，在为客户办理单项业务时挖掘其他产品的交叉销售机会。三是加快自助渠道的发展。2009 年省分行将加快 ATM 等自助机具的投入力度，当年计划新增 40 台 ATM 机，各行要提前做好自助机具的选址，把基础性工作做的更加扎实有效，同时继续加强大堂经理对客户使用自助服务渠道的宣传、引导，分流和转移柜面压力，提升电子综合类渠道的分销能力。

3. 客户经理队伍建设落实到位。各级行在加大员工业务培训工作力度的基础上，要加强岗位资格认证工作。要加快个人客户经理的配备和充实，强化外勤客户经理建设，使全行个人客户经理总量达到 130 名。各行在选配客户经理时，要立足实际，拓宽客户经理选拔渠道，不唯年龄，只唯技能，同时要明确理财经理、营销经理、大堂经理的岗位职责，充分发挥各岗位人员职能作用。2009 年分行将继续加大金融理财师培训力度，各行要放宽条件，选拔优秀员工参加培训，促进金融理财师队伍规模不断壮大，并充分发挥金融理财师支持团队作用，服务好一线业务人员。

4. 服务与合规经营落实到位。各行要坚持以客户为中心和按照“方便客户、提高效率、防范风险”的原则，着眼于提升客户体验水平，将优质服务贯穿于个人金融业务工作的全过程。2009 年，全面实行个人客户精细化服务规范，在认真执行核心竞争力项目的基础上，结合总行制定的各类营业网点在业务分区、环境管理、人员配备、网点不同岗位员工服务规范的基础上，各行要强化网点服务工作的检查监督。同时各级管理者要换位思考，以客户的身份进行服务体验，不断反思和改进服务工作，全面提升客户服务精细化水平。

要坚持业务发展与风险防范并重的工作思路，做好个人金融业务风险防控工作。要严格按照有关规章制度要求，加强对规章制度的落实和监督检查，特别是加强对重点部位、重点环节操作风险的检查力度。要做好理财产品风险提示工作，持续加强理财产品合规销售工作，规避产品售后服务风险。要加快代发工资新系统推广进程，2009 年所有代发工资业务要上新系统，形成计算机控制代理业务风险硬约束。要密切关注个人贷款潜在风险，加强个人贷款贷前调查各个环节的防控工作，增强个贷人员职业道德自律意识，促进个人贷款业务健康发展。

明确工作目标　创新发展思路
稳固山西第一零售银行的行业领先优势

——于晋萍同志在2009年山西省分行个人金融业务工作会议上的讲话

一、上半年主要工作情况及存在问题

今年上半年，面对复杂多变的市场环境和日趋激烈的同业竞争，全辖紧紧围绕“打造山西第一零售银行”的战略目标，积极应对市场变化，强化协同营销，抢占优质市场，全面推动个人金融业务持续健康发展，进一步巩固了我行在省内零售业务主要市场的领军地位。主要体现在以下五个方面：

（一）经营业绩和营业贡献进一步提升

上半年，全辖个人金融业务保持持续增长态势，个人金融业务贡献水平明显提升。截至6月末，全辖个人金融业务营业贡献为6.48亿元，占全行营业贡献的18.37%。个人金融业务实现中间业务收入1.94亿元，同比增收881.56万元，占全行中间业务收入的38.9%，同业占比达42.15%，较上年同期提高6个百分点，稳居同业第一位。上半年个人金融专业考核在总行系统内排名第11位，较上年同期提升5个位次，位居B类行首位，是近几年来排名最靠前的一次。

（二）核心产品竞争力进一步增强

一是储蓄存款保持同业领先。面对今年一季度储蓄存款增长乏力的不利局面，深入分析同业发展策略，积极采取针对性竞争措施，迅速扭转被动局面，确保了我行同业领先地位。6月末，全辖储蓄存款净增121.95亿元，系统内排名第16位；同业增量占比33.11%，位居四大行之第一位，高于排名第二的建行2.11个百分点。

二是理财产品销售持续增长。积极调整产品营销策略，重点营销偏股型、高盈利基金产品和保障型、期缴型保险产品，加大一级支行分管零售业务副行长的直评力度，推动了理财产品销售额的大幅提升。截至6月末，全辖累计销售基金114亿元，同比增加83亿元，增幅达272%；累计销售个人本外币理财产品267亿元，同比增加227亿元，增幅达570%；累计销售保险16亿元，同比增加12.5亿元，增幅达35.7%；累计销售国债20亿元，同比增加2400万元，增幅达1.2% 。上半年，基金、理财产品、保险和国债累计销售额系统内均列前十位，并继续保持同业第一的领先地位。

三是个人信贷业务取得突破。在省分行召开个人信贷业务工作会议后，及时下发了《个人信贷业务营销指导意见》，出台了具有较强竞争力的个人住房贷款政策，加大了个人信贷业务在二级分行行长绩效合约中的考核权重，进一步完善和理顺个人信贷业务体制机制，促进了个人贷款的快速增长。截至6月末，全辖累计发放个人贷款11.76亿元，在核销6172万元的基础上净增3.85亿元，同比多增1.89亿元，继续保持同业第一位。上半年，批准了5个二级分行的业务准入资格，并建成6个个贷营销中心，为下一步个人信贷业务发展打下了良好基础。

四是灵通卡业务发展势头良好。积极开展“牡丹灵通卡 我用我灵通”主题营销宣传活动，深入挖掘市场潜能，积极落实营销措施，灵通卡各项业务指标稳中有升。6月末，累计新增发卡55.72万张，同比多增2.74万张；实现收入2267万元，同比多收762.38万元，增幅达50.67%；刷卡消费额达56.46亿元，同比增加1.63亿元；全辖自动柜员机累计受理各类业务2204万笔，同比增加344.1万笔，增幅为18.5%。

（三）个人客户和产品收入结构进一步改善

今年以来，各行突出抓好客户管理和维护工作，努力提高中高端客户占比，全辖个人客户结构得到进一步优化。截至6月末，全辖个人中高端客户为77.56万户，占个人总客户数的9.79%，新增6.78万户，增幅为9.57%，其中财富客户为1.33万户，新增1562户，增幅为13.28%。中高端客户资产总额为1457.37亿元，较年初增加161.22亿元，增幅为12.43%，其中财富客户资产总额较年初增加44.54亿元，增幅为14.57%。中高端客户资产总额占个人客户总资产的80.42%，较年初提升1.57个百分点。理财金账户客户数为12万户，较年初增加2.77万户，增幅达29.91%。

同时，各行针对上半年基金市场低迷的现状，积极应对市场变化的影响，主动调整产品收入结构，主抓本外币理财产品、代收代付、利息税收入、工行信使等产品收入。上半年，实现理财产品销售收入4141.72万元，同比增加1774万元，增幅达75%；代收代付业务收入817.45万元，同比多收275.36万元，增幅为50.8%；清收历年积欠利息税近300万元，入账率达119.67%；5、6月份营销工行信使3.5万户，实现收入22.27万元，相当于去年全年收入的90.9%。

（四）营销服务水平进一步提高

从网点服务、渠道建设、人员培训等方面入手，通过提升网点营销服务水平，努力解决影响服务质量的突出问题，全辖业务处理效率和客户服务能力得到了明显提升。一是继续加强客户经理队伍建设。上半年新增个人客户经理78人，全辖客户经理保有量达1302人，其中具备AFP资格的362人、具备CFP资格的57人，个人客户经理队伍无论在数量和质量上都得到明显提升；二是不断提升基层行负责人零售业务营销管理技能。上半年共举办两期基层行负责人零售业务培训班，参训人员达179人，累计已完成446名基层行负责人的培训工作，占到全辖在岗基层行负责人的70%；三是深入推进核心竞争力项目建设。上半年新增财富管理中心1家，贵宾理财中心5家，进一步完善了全辖网点分层服务体系，实现了营销服务功能的逐步升级。

（五）风险管理能力进一步强化

在大力发展业务的同时，全辖高度重视风险管理工作，

紧密结合“百日集中教育整治活动”，认真制定《2009年个人金融业务操作风险检查总体方案》，积极开展对基金、保险、个人本外币理财业务和个人住房公积金委托贷款等重要业务的多项检查，对信用卡无卡存款业务、ATM管理、灵通卡批量开户、保险客户风险评估等高风险环节进行重点防范和监控，上半年继续保持了个人金融业务无案件、无事故的良好发展局面，有力保障了全辖个人金融业务的稳健发展。

上半年，面对当前复杂的经营环境和激烈的同业竞争，我行个人金融业务发展思路明确、措施得力、成效明显，在主要业务领域进一步巩固了我行省内第一零售银行的领先优势。在充分肯定成绩的同时，我们也要清醒地认识到，当前全辖个人金融业务工作还存在的一些突出问题，主要表现在以下几个方面：一是思想认识水平有待进一步提高。目前，仍有一些二级分行和支行经营管理人员对零售业务在全辖经营中的基础地位认识不到位，重批发、轻零售业务的观念仍然存在，导致省分行一系列思路措施难以贯彻到底、落实到位。二是客户管理能力有待进一步增强。当前，在很多支行仍然存在不分产品、不分客户，“层层分任务、人人下指标”的情况，营销人员为完成任务而营销产品，不注重甚至放弃产品售后服务与客户关系维护，直接形成了全辖中高端客户产品渗透偏低的问题。上半年，我行中高端客户产品渗透率仍处于系统内较低水平，其中本外币理财产品、网银产品和第三方存管产品渗透率分别低于总行平均水平1.32个百分点、6.67个百分点和1.59个百分点。三是客户经理队伍建设有待进一步加强。随着个人金融业务的快速发展和个人客户群体的不断增长，客户经理队伍人员数量和质量不能完全适应客户的需要，相关的激励机制还不到位，服务客户的积极性和能力亟待尽快提高。四是个人信贷业务推动力度有待进一步加大。虽然我行上半年个人贷款余额与增量在全省保持领先位置，但从全国系统来看，无论在发展速度、规模方面，都还处于下游水平。6月末，我行个人贷款余额和个人贷款增量系统内排名仅为第31位和29位。对此，我们必须高度重视，采取有力措施，在下一步工作中认真加以解决和改进。

二、正确把握业务发展中的三个关系

在加快个人金融业务发展、打造第一零售银行的过程中，必须要处理好业务之间的协调发展、部门之间的整体联动以及风险防范与市场拓展的有效契合，才能确保零售业务的全面、协调和稳健发展。为此，我们要正确把握好以下三个关系：

一是正确把握储蓄存款与理财产品的协调发展关系。储蓄存款业务是零售业务的重要组成部分，是零售业务最基础、最根本的业务。而理财业务是零售业务收入的主要来源，是稳定客户、服务客户的重要手段。理财业务与储蓄存款是以相互转换为关联的。因此，各行要正确处理好储蓄存款和理财业务协调发展的关系，既要保持我行储蓄存款的同业领先优势，又要推动理财产品销售的持续快速增长。要实现存款和理财业务的有效对接，把握好理财产品的发售节奏，处理好技术性操作细节，既不能因为追求存款时点而放弃理财产品销售，也不能因为盲目追求理财产品的高收益而放弃储蓄存款市场份额。要通过理财业务稳定我行自身客户，挖转他行客户，并以此转化高成本存款，降低筹资成本，真正实现存款和理财业务的相互带动，相互促进，为零售业务加快发展创造条件。

二是正确把握部门协同营销的整体联动关系。打造第一零售银行是我行的核心发展战略，是全行的头等大事，是举全行之力才能实现的战略目标。在这一点上，我想大家已经有了共识。因此，各行必须要正确把握部门之间的整体联动关系。一是加强前、中、后台的相互配合。特别是在拓展个人信贷业务过程中，前、中、后台既要做到各司其职，又要相互协作、相互理解，建立畅通的信息沟通机制，在拓展业务和竞争项目上保持高度的一致性，加强协调配合与团队合作，形成发展合力，进一步提升市场竞争力。二是加强各专业的整体营销。在营销工作中不仅要做到“以公促私”，还要做到“以私带公”，通过个人金融、银行卡、公司、机构、结算与现金管理等各专业的联合推动，实现公私业务部门之间客户资源共享和营销资源共享，推动产品的交叉营销、综合营销和联动营销。

三是正确把握业务发展与风险防范的关系。零售业务受经济周期波动影响较小，是保持业务稳定发展的“减震器”。但这并不意味着零售业务就没有风险。风险是客观存在的，关键要正确认识和看待风险，要考虑如何去识别、管理和控制，而不能是一味地去简单规避。因此，在大力拓展零售业务市场过程中，要统筹兼顾效益和质量，正确把握风险和发展，正视发展中存在的问题，及时总结经验教训，理顺工作关系。既要避免片面追求发展速度，忽视风险防范，又要避免以牺牲客户、牺牲市场、牺牲效益为代价，片面地追求低风险。要积极适应管理体制变革和业务发展的需要，不断健全完善各项规章制度，使每个工作岗位、每个操作环节都有明晰的规章制度和操作规程约束，做到制度明晰、可操作性强，切实防止制度滞后和真空现象。

三、全力以赴做好下半年重点工作

当前，国际金融危机对我国经济发展的影响仍未消除，个人金融业务发展的不确定性因素还在逐步显现。与此同时省内同业纷纷加大零售业务竞争力度，给我行个人金融业务发展带来严峻考验。但同时我们也看到，国家一系列扩内需、保增长的政策对宏观经济的发展产生了明显的拉动作用，资本市场以及包括住房、汽车在内的消费领域已经逐渐释放出回暖的积极信号。面对挑战与机遇并存的复杂环境，为确保实现2009年全年工作目标，下半年全辖必须突出抓好四个方面的提升：

一要突出抓好个人业务贡献度的提升

下半年，我行个人金融业务工作的主要任务就是：进一步巩固同业领先优势，进一步提高系统排名，进一步提升营业贡献，确保圆满完成全年工作任务。对此，各行必须要有明确的认识，将同业市场领先，系统排名靠前、专业贡献突出作为业务发展的首要目标。领先同业的行要继续巩固领先地位，保持重点产品的市场优势，拉大与他行差距；落后同业的行要奋力赶超，以重点产品为突破口，重新夺回同业第一位置，实现打造地区第一零售银行的目标。要突出抓好中心城市行对业务发展和效益贡献的拉动作用，促进中心城市行个人业务主要指标在系统内占比逐季、逐年提高，同业占比指标在当地占有绝对份额。省分行将继续完善重点城市行分析监测制度，定期督导重点城市行工作，将经营业绩情况与各项资源分配结合起来，加大考核力度和资源倾斜力度，支持和帮促重点城市行巩固和扩大核心业务市场领先地位，切实发挥中心城市行的辐射带动作用。同时，各行还要根据区域发展不同，集中打造一批辖区特色支行，积极培育新的利润增长点。

二要突出抓好重点产品竞争力的提升

一是切实做好个人汇款、储蓄异地通等结算业务的营销宣传工作。要扩大跨行通汇网点数量，丰富业务受理渠道，加强对所辖个人汇款重点支行、网点的指导调研，开展有针对性的产品营销宣传活动，重点营销个人结算业务需求量大的商品交易市场、优质企事业单位。同时充分利用《中间业务收费标准（2009 年版）》提高理财金账户、财富管理签约客户汇款优惠幅度的有利政策，重点提升高端客户的个人结算产品覆盖率。

二是大力营销“灵通快线”无固定期限超短期个人人民币理财产品。据测算，每增加 1 万元“灵通快线”无固定期限理财产品日均余额，可带来百元以上的销售收入。各行要切实将“灵通快线”无固定期限理财产品作为个人理财产品线中的核心产品来抓，利用目前市场资金充裕、中长期理财产品推出节奏放缓的有利时机，加大营销工作力度，有效促进该产品在全部理财产品中占比的提升。

三是主动调整基金销售营销策略。目前我行基金销售结构不尽合理，对基金手续费收入影响较大。在上半年的基金销售中，87% 属于低风险的货币基金，中高风险类的非货币基金仅占 13%，比全工行系统 37.6% 的水平低 24.6 个百分点，直接导致我行基金手续费收入较低。下半年，各行要组织营销人员特别是客户经理认真研究分析当前资本市场的走势，充分把握国家宏观经济政策的导向作用，引导客户主动购买高风险、高回报的股票型基金产品，在提升客户投资收益率的同时改良我行基金销售结构，拉动基金销售手续费的可持续增长。

四是进一步加大“工行信使”营销力度。工行信使业务不仅是我行向客户传递信息的平台、维护客户关系的纽带，而且能够给我们带来相当可观的中间业务收入。如以灵通卡发卡 500 万张为基数，即使仅有 20% 的客户使用工行信使服务，按签约半年计算也能实现近 1200 万元的收入。各行要把推广“工行信使”业务作为增加收入的一个重要增长点来配置相应资源，制定营销方案，落实产品计价与各种激励措施，确保此项工作迅速、有效地推进。省分行将把“工行信使”业务纳入三季度劳动竞赛指标体系，进一步加大考核推动力度。

五是继续加强代发工资业务营销工作。代发工资是我行一项源头性、基础性的业务，是我们竞争优质客户、扩大资金来源的重要手段，也是夯实业务基础、带动相关个人业务发展的有效措施，更是整合全辖客户资源、实现公私业务联动发展的主要渠道。但目前全辖此项业务发展缓慢，上半年代发工资新增单位数、新增人数、新增代发额均不到全年任务数的四分之一，发展形势极为严峻。下半年，各行要进一步加强代发工资业务公私部门协同营销，建立有效的代发工资业务工作协调机制，积极开展分层营销和高层营销，全力竞争优质代发工资单位，将专项营销奖励落实到一线营销人员，努力把代发工资业务的发展速度提上来，把工作进度赶上去。

六是加快发展个人信贷业务。各行要按照打造“山西第一按揭银行”目标要求，加强开发贷款和个人住房贷款的联动营销，大力拓展二手房和纯按揭个人住房贷款业务；要扎实做好个人经营贷款的市场拓展工作，积极推进个人综合消费贷款、个人质押贷款业务的发展；要以提高业务综合收益贡献为目标，注重发展各项个人委托性贷款特别是住房公积金委托贷款。同时，各行要以推进个贷营销中心建设为切入点，通过深化个人贷款营销标准化项目工程来加大个人贷款营销力度。

七是积极推广个人贷款融资服务。各行要根据《中国工商银行山西省分行个人贷款融资服务收费管理规定》中的相关要求，在办理个人经营贷款和个人房屋抵押贷款业务时，向借款人主动收取个人贷款融资服务费。同时，做好宣传解释工作，避免客户形成误解，协调好个人贷款业务发展与增加中间业务收入的关系。

三要突出抓好中高端客户服务水平的提升

一是开拓中高端目标客户市场。各行要充分利用理财金账户和工银财富专属理财产品对中高端客户的吸引力，扩大理财产品销售在中高端客户的覆盖面，以此扩大和稳定中高端客户群体。要把各项产品营销和中高端客户发展指标紧密结合，相互促进和发展，特别是在代发工资和牡丹灵通卡产品拓展工作中，努力提高中高端客户市场渗透率，从源头上确保在新开发客户群中中高端客户的比例。

二是提升个人业务品牌的影响力。继续推动理财金账户挖掘计划的深入开展，加大品牌宣传推广力度，不断提升我行中高端客户品牌的竞争力。要加快贵宾理财中心建设进度，确保网点尽快投入运营，充分发挥利润主中心、营销主渠道、客户结构优化的主阵地作用。

三是实施潜力客户等级提升计划。各行要通过客户服务精细化项目工作的推广，结合数据统计分析手段，深入分析潜力客户层级的分布、构成、资产等情况，研究制定系统化客户等级提升策略，充分寻找挖掘潜力客户提升机会，推动中高端客户的增长。要重点研究贷款客户、代发工资户、三方存管户、资金结算户中的潜力客户，结合不同类型客户实施不同营销提升策略。如对代发工资户营销基金定投产品；对三方存管客户营销基金产品；对于结算户积极营销我行短期理财产品等。通过产品组合营销挖转客户他行资产，不断提升潜力客户资产等级。

四是深化精细化服务项目。要积极落实总行关于财富中心和贵宾理财中心个人客户精细化管理项目的要求，按照规定做好日常客户营销维护工作，强化“基层为主、上下联动”的个人中高端客户维护模式，在个人客户经理日常维护工作基础上，建立行长、主管行长、网点负责人和个人客户经理由高到低分层次维护体系。要细化客户维护的量化指标，通过科学量化促进客户维护工作，从而逐步建立起良好的个人客户维护工作机制，全面提高个人中高端客户服务满意度和忠诚度。

五是加大财富管理业务发展力度。下半年，各行要以财富管理服务签约为手段，深度开发高端客户资源，搭建财富中心和其他营业网点之间的横向协同机制，在抓紧落实营业网点为签约财富客户提供优先、优惠的柜面零售服务的同时，鼓励营业网点积极推荐财富客户到财富中心签约办理财富规划、资产管理等专业化财富管理服务。要充分发挥专家团队的营销支持作用，协助一线客户经理为财富客户提供财富规划和资产管理服务，支持客户经理进行财富客户关系维护。要继续深入落实服务精细化管理项目和财富管理服务流程，对现有财富客户维护情况进行了重新梳理，解决财富客户无人维护或维护不到位问题。要通过对客户挖掘、服务签约、风险评估、财务诊断、财富规划、资产配置、产品推介和售后维护等服务流程关键节点精细化标准的执行，提高财富中心的高端客户开发与关系管理能力。

六是加快数据支持系统的开发使用力度和进度。我行目前正在积极探索适合我行特点的业务经营分析和客户经理考核平台，通过采集客观准确的数据，满足对二级分行、支行、网点各类业务的精细化考核，直观反映客户经理的工作业绩，体现多劳多得的薪酬改革优势，提高客户经理的营销积极性。在满足各层级精细化管理的同时，逐步完善以业绩价值为导向的个人金融业务考核体系，推进全辖个人金融业务经营模式和增长方式的转变，以增强可持续盈利能力和市场竞争力。

七是加强个人客户经理队伍建设。积极鼓励客户经理和在岗员工报考学习AFP/CFP课程，参加总行举办的资格认证考试，不断提高金融理财师在客户经理队伍中的占比，确保财富中心、贵宾理财中心按标准配备客户经理要求，并充分发挥金融理财师的品牌效应和作用。同时，加强个人信贷客户经理上岗资格考试培训工作，年内力争使全部在岗个贷人员达到B类资格，财富中心、贵宾理财中心、理财网点理财产品销售人员要达到A类资格。要通过加强对客户经理的培训、举办各类营销技能培训及比赛，不断提高客户经理客户服务能力，满足业务发展需要。

四要突出抓好风险防范能力的提升

各行要全面加强个人金融业务各操作环节、各重要岗位、各业务流程的风险管理。一是要加强对网点产品营销行为的检查监督，特别是柜员直接向客户营销理财产品的监查，完善客户风险评估机制，向客户充分提示产品风险，减少可能引发的客户投诉；二是要积极配合保卫部门，加强对ATM的定期巡查，同时充分发挥各二级分行集中监控中心的作用，加强对非营业时间的监控，及时发现问题，采取防堵措施，防范不法犯罪分子利用自助设备盗取客户资金；三是要充分利用现有资源，采取网络视频、集中面授、以会代训等多种方式，在不同层面组织开展风险管理专题培训，提高员工案件防范意识；四是要组织人员分析本专业操作风险总体状况和各类操作风险的分布及其形成原因，制定有针对性、切实可行的管理办法，特别是重点做好新产品、新员工、新流程的培训，防止出现业务发展与培训管理不配套的问题；五是要严防“假按揭”、套取银行贷款等风险，并加强对贷款资金用途真实性的调查，严禁个人贷款流入股市或用于股权性投资等明令禁止的领域。

坚定信心　扎实工作　确保今年各项目标任务的全面完成

——惠平同志在陕西分行2009年零售银行业务工作会议上的讲话

一、深入对个人金融业务重要性和发展规律的再认识

首先，是对个人金融业务基础性地位的再认识。经过连续数年的不懈努力，截至08年末，我行个人存款达960亿元，占总存款的52.71%；个人贷款128.78亿元，占总贷款的16.02%，个人贷款利息占总贷款利息收入的17.4%；个人金融业务的中间业务收入4.02亿元，占全部中间业务收入的52.92%；个人金融业务的直接综合效益贡献度占47.36%。总之，个人金融业务在全行发展中的作用越来越大，使我们对个人金融业务的作用和规律有了更加深刻的认识。回想2005年全行启动“大个金”战略之初，总省行党委曾反复强调个人金融业务的基础性地位，经历了2005年到2008年经济高速发展到快速下滑，宏观经济波动对公司业务的影响和信贷政策调控下公司业务的快速变化，让人们对商业银行业务发展的客观规律认识更加深刻，也因此对个人业务稳定发展、受宏观经济波动影响较小、保障商业银行业务稳健发展的特点和优势认识更加清晰。尤其是实施“大个金”战略以来，个人金融业务对全行经营综合贡献度稳步提升的客观事实，不仅有力地证明了个人业务利润稳定器的作用，而且进一步坚定了全行发展个人金融业务的信心和决心。面临经济危机和宏观经济形势动荡的“大考”，认识、把握和重申这一认识，对全行加强个人金融业务有着深远的现实意义。

其次，是对“大个金”以客户为中心的核心宗旨的再认识。多年来以产品营销为主线的管理架构和业务推动模式，让我们习惯了紧盯业务指标、面向单项指标推动工作，而过去三年来资本市场的快速变化和金融创新的蓬勃发展，让我们原有的业务推动模式和业绩评价体系面临新的挑战。越来越多的新产品和新指标、越来越快的市场变化、越来越激烈的同业竞争，让我们清醒地认识到，忽视客户需求、无视市场变化、固守既定的产品发展指标，必将被市场和客户所抛弃。在三年多资本市场的大起大落中，全行对根据市场变化和客户需求调整产品结构、以客户为中心推动业务全面发展、以竞争中高端客户为核心开展同业竞争形成了广泛共识。越来越深刻地认识到将个人客户看成完整的服务对象的重要性，也进一步掌握了从储蓄业务全面延伸到个贷、个人理财、银行卡和电子银行业务的理念和方法。从这个意义上讲，以客户为中心，不仅是一句空洞的口号，也是全面营销金融产品、应对市场变化、优化资源配置和开展同业竞争的客观需要，更是全行应该继续坚持的正确方法和理念。

第三，对推动体制机制改革紧迫性的再认识。为推动个人业务经营体制转型，总行提出了“专业化经营，系统化管理”改革要求，“专业化经营”是为了以客户为中心全面推动存、贷、汇、个人理财、银行卡和电子银行业务，提升个人客户金融资产收益率和个人客户价值；系统化管理则是为了强化对网点和客户经理的指导和管理，加强营销队伍的约束和激励，提升市场竞争能力。刚才田总讲到个人业务作为全行从业人员最多、营业网点最多、客户数量最多、服务功能最强的业务板块，对全行的整体发展至关重要，我十分赞同。回顾三年来个人业务的发展经验，我行零售银行业务产品创新、人才培养、专业指导和组织推动并不落后于同业，对业务发展也发挥了重要作用，但与同业奖惩分明、责权明确的管理体制相比，其持续推动能力又显得不足，市场经济的客观规律要求我们必须正视员工激励与约束这一深层次问题。近期对同业竞争形势的调研表明，我行个人业务发展正处在持续发展和二次飞跃的关键时期，能否勇于面对并着手解决困扰全行业务发展的体制机制问题是个人业务持续发展的关键所在。

第四，对个人金融业务科学发展的再认识。股改上市对全行业务发展的“质”和“量”提出了双重要求，其核心就是更高的经营效益、更高的劳动效率和更高的经济资本附加值。三年来，全行通过客户经理队伍建设加强了中高端客户的专业服务力量，通过网点装修改造和功能分区优化了网点资源配置，通过构建网点新的服务流程提高了网点对中高端客户的识别引导能力，通过开展基于统一客户视图的整合营销提高了产品营销效率，个人业务增长方式逐步由外延式扩张转向内涵式增长，发展模式全面由规模数量型转向质量效益型。在机构、人员、客户总量不变的情况下，围绕目标客户优化人力及网点资源配置，提高网均产能、人均产能和户均贡献，正是三年来个人业务快速增长的核心经验。新的发展时期，在经营成本和员工数量的刚性约束下，优化劳动组合、调整岗位结构、简化作业流程、提升营销效率是个人业务持续发展的正确选择。

第五，对经营目标的再认识。客观地讲，我行个人业务主要指标在规模和总量上超越于同业，并初步确立了陕西第一零售银行的领先地位，与自身经营指标和历史发展水平相比也取得了较大进步，但与外部市场提供的发展空间和同业发展速度相比，总体上还不容乐观。长期以来，我们已经习惯以任务指标完成率作为评价业绩的依据，任务指标只是我们自己设定的奋斗目标，如果脱离了市场总量和同业占比，单看任务数、完成率和增长幅度，难于客观准确地评价我们经营业绩的好与坏。要想牢固确立第一零售银行的战略地位，就必须以同业总量占比、增量占比作为奋斗目标评和评价依据。为了巩固并扩大第一零售银行领先优势，实现经营业绩再上新台阶，我们必须淡化任务指标，强化同业占比考核，强调在人均网均指标上缩小与领先行的差距。

二、需要高度关注的几个问题

第一，关于储蓄存款、个人贷款、灵通卡等业务总量市场占比问题。目前我行个人业务板块主要业务指标总体处于领先水平，但有些指标在某些时点、某些分支行已经失去第一的地位。如个人储蓄存量领先而增量占比缩小，从去年下半年开始，部分二级分行储蓄存款新增市场占比退居同业第二甚至第三位；个人贷款存量规模第一的地位面临强大挑战，个贷增量与建设银行差距很大，核心市场个人贷款业务的萎缩已严重影响全行个人贷款业务的综合竞争能力；银行卡、灵通卡的总量及收入也不同程度地有后退迹象。尤其是今年以来虽同比增长较快，但存款、贷款和中间业务均不同程度落后于同业。

第二，关于网均人均经营效益问题。在深入学习实践科学发展观活动中，省行党委认真分析了我行经营在同业、系统中的优势和劣势，认为尽管我们个人金融业务总量仍居第一，但人均、网均等效率指标却远低于主要竞争对手。网均人均效益低已成了制约全行赢利水平和员工收入以及综合竞争能力提高的重要因素。主要表现在：一是网点核心目标和考核重点仍未转移到经营效益，网点的工作重点仍停留在保开门、保运营的基本层面，网点推动离柜业务降低经营成本，调整劳动组合挖掘员工劳动价值，加强产品营销和客户服务提升营销业绩的主动性不足，其结果是运营成本高而创利能力低；二是劳动组合和岗位设置造成的人力资源浪费，低效益岗位和无谓的人力占用较高，网均人数大于同业而人均业务量低于同业；三是对客户经理的约束激励不足，各级管理者对客户经理的日常管理缺乏定量考核，客户经理既没有清晰的基于业绩贡献的营销激励，也没有完不成任务转岗解聘的压力，客户经理营销能力未能的到充分激发和释放。

第三，关于网点装修改造与经营转型问题。三年来全行网点硬件改造取得显著进展，但仍有一些问题亟待解决。一是老网点多、布局不合理，形象、位置不如意问题，仍未能全面得到根本解决；二网点硬件改造的工程进度和质量问题，列入2008年计划并经省行财审会批准的拟装修改造工程，至今仍有一半以上未能竣工投产，对外、对内协调效率低，各相关部门、各级管理机构对网点硬件改造难于达成共识，配套设施不全等问题，影响了工程进度和最终效果；三是部分经过装修改造的网点未能充分发挥作用，从外观看焕然一新，而人员及岗位结构依旧、营销服务流程依旧、管理及考核模式依旧，“穿新鞋、走老路”，尤其是为中高端客户服务的贵宾理财中心竞争优势未能充分体现；四是网点分层管理体系尚未明确，没有根据客户结构对网点进行分层装修和管理，人员配置、装修标准和内部分区因此未能随之调整，各类网点功能定位、装修标准和管理模式出现了新的“趋同”倾向，尤其是对金融便利店的改造工作没有突破。

第四，关于客户关系维护与客户资源深度挖掘问题。客户是个人业务的基础，是全行最宝贵的资源，如何保护、挖掘客户资源是个人金融业务的重点工作。个人客户关系管理的主要问题可以归结为三个：首先是对中高端客户的维护不够，由于对“二八”规律认识不深刻，各级管理者对围绕重点客户配置人力、物力、营销资源的认识不足，客户经理配不到位，分区不坚决，营销费用配置不足，对中高端客户的关怀不够；二是产品覆盖率不高，很多好用、优惠、便捷的好产品在目标客户的覆盖率很低，理财金账户、贷记卡、白金卡、电子银行对中高端客户的覆盖率低，个人理财业务的渗透率不高。三是零余额客户问题，近200万、超过四分之一的个人客户与我行有业务往来而账户资金余额为零，客户关系单一而脆弱。这些问题集中表现为客户总量大、资源占用多而户均贡献低。

第五，关于客户服务水平和质量差的问题。我行网点服务质量差和排队时间长一直是客户抱怨和投诉的热点问题。我们看到，一边是普通客户在抱怨中越积越多，一边是中高端客户悄悄流失。对客户关于服务的投诉，我们不仅要高度重视，更要理性分析并采取可行措施积极解决。要看到在网点和人力的刚性约束下，随着客户数量增长，网点资源相对紧张、客户排队将是一个长期存在的问题，关键是要采取有效措施更加有效地用好现有资源，重点是要保证对我行发展至关重要的中高端客户不流失。这就要求我们在优化流程、提高作业效率的同时，深化客户分类服务，加强财富管理中心和贵宾理财中心建设，为中高端客户提供专属服务区，加强大众客户的分流引导，通过自助设备和网上银行缓解网点运营压力。

上述问题集中表现为网均、人均、客户户均效益低，网点成本控制能力、营销能力、创利能力低，精细化程度低和经营转型不彻底。

三、加快管理体制创新，推动零售银行业务再上新台阶

（一）完善对网点和客户经理的考核激励，进一步推进个人业务系统化管理。加快个人业务的管理创新与机制创新，建立推动业务发展的长效机制。一是实行零售银行业务专职副行长专项考核制度。以同业领先和市场占比为客观依据，制定营业部、二级分行和营业部各支行零售银行业务专职副行长考核办法，与岗位绩效工资挂钩，按季考核兑现；二是实行网点负责人经营业绩考核排名，定期公布各类网点业绩考核结果，根据考核结果确定网点负责人的收入以及配置一定营销费用；三是实行基于营销业绩和产品计价的员工考核办法，根据营销业绩对客户经理和一线员工进行业绩奖励。与此同时，将各岗位序列考核结果作为干部任免和岗位调整的重要依据，对不能按时完成经营目标的相关人员及时调整岗位，强化对相关人员的刚性约束。

（二）加快网点装修改造与经营转型，完善网点分类管理与考核机制，提高网均赢利能力。全行要紧紧抓住全行大规模装修改造网点的最后机遇，继续按财富管理中心、贵宾理财中心、普通理财网点和金融便利店分类要求，持续深化网点装修改造和功能分区工作。各行要根据城市发展及客户资源分布，灵活调整网点布局及功能定位，争取要早动手、早见效，各相关部门要积极做好沟通协作，提高网点装修改造的效率和效果。在加快硬件设施建设的同时，各行要更加注重人员结构、运营流程和考核激励制度的调整，确保软硬件设施同步到位。各行要按照“一站式”购齐的总体要求，以把财富管理中心和贵宾理财中心建成我行最好、功能最全的网点作为努力方向，加快完善网点个人外汇、个人贷款功能，争取尽快在全行贵宾理财中心以上网点全部开办个人外汇和个人贷款业务，加快构建以客户服务和产品营销为主线的运营流程，推动网点由交易处理中心向营销及客服中心转型。建立网点分类管理监测体系，按月监测各类网点客户结构、利润完成情况，建立网点分类业绩评价体系，全面提升网均赢利能力。

（三）加快人员岗位结构调整，充实营销力量，提高人均赢利水平。全行要加快区域处理中心、远程授权和业务流程改革，优化劳动组合，调整岗位结构，加快离柜业务分流，减少网点低效手工作业对人力资源的占用；积极吸纳运行岗位人员向个人客户经理转岗，继续充实个人客户经理队伍，年内确保全行个人客户经理总数突破2000人；全行要充分发挥300多名金融理财师的专业优势，在省行、营业部和各二级分行组建财富管理专业团队，为一线客户经理提供专业化的支持；进一步加大金融理财师的培训力度，持续提高个人客户经理队伍的业务素养与综合能力；继续完善个人客户经理的分岗位培训体系，根据客户经理岗位结构、年龄结构、知识结构制定针对性的培训计划，提升实战能力，带动员工个人与工行事业共同进步；加大对个人客户经理和理财经理个人信贷业务知识的培训力度，推动个人理财业务与个贷业务的全面融合。通过扩充营销队伍，提升个人综合能力，提升人均营销能力和赢利水平。

（四）以竞争客户为主线，推动个人业务全面发展。一是继续实行代发工资专项奖励政策，加强公私联动和协同营销，持续开展代发工资业务营销和网银代发转化工作，扩大客户基础和资金来源；二是紧紧围绕客户需求配置产品，以客户金融资产总量占比最大化为原则，综合营销储蓄存款和各类理财产品；三是通过提高对市场变化的预判能力和响应能力，发挥人才、产品、渠道和理念等综合优势，巩固理财业务优势，通过营销优势产品竞争优质客户；四是加强对现有客户资源的深度挖掘，提升信用卡、电子银行、个人理财、个人贷款业务的渗透率，通过加强捆绑

考核提高整合销售的主动性和能动性；五是结合网点改造落实客户分层服务，持续提升网点服务水平，提高客户服务感受；六是加强对中高端客户新增数和资产占比的专项通报和考核，提高全行调整客户机构的意识和能力。

（五）全面提升风险管理与内控水平，确保全行业务健康稳定发展。国内外经济的剧烈变化不可避免要对各项业务的健康发展带来影响，全行要继续深化个人业务内控管理机制，确保各项业务的可持续增长。一要继续加强个人理财业务合规销售，降低客户投诉风险，通过开展岗位培训、组织理财业务检查、加强客户经理教育、做好客户风险承受能力评估、规范产品宣传营销、加强从业人员资质认证管理等，有效防范个人理财业务操作风险；二要继续加强对个贷业务风险防范工作的认识，通过强化业务检查，严格执行业务流程，全面加强操作风险、信用风险和道德风险的防范，有效防范个贷业务风险；三要继续加强自助设备的安全防范，加强自动柜员机检查监督，规范业务操作；四要加强个人金融业务和电子银行业务反洗钱制度建设，加大全行的培训和检查力度；五要加强个人客户经理管理和教育，提高客户经理职业道德水平和识别防范风险的能力，全面提高零售银行业务操作风险管理水平。

零售银行网点渠道竞争力提升研究

中国工商银行深圳市分行　李学民

零售银行网点是打造零售银行核心竞争力的关键，是商业银行竞争的主战场，既是传统商业银行向国际先进商业银行转型的窗口，同时也是树立零售银行品牌口碑、打造优质客户吸引力的有利平台。持续提升零售银行网点渠道竞争力的关键在于科学合理的网点布局规划、针对性强的网点业务功能设计和持续改进的客户分层服务，网点渠道竞争力的高低对实现“第一零售银行”的战略目标至关重要。

一、零售银行网点是商业银行竞争的主战场

零售银行网点是零售银行打造核心竞争力的关键，是商业银行竞争的主战场，既是传统商业银行向国际先进商业银行转型的窗口，同时也是树立零售银行品牌口碑、打造优质客户吸引力的有利平台，具体表现在：

1. 零售银行网点渠道是目前国内零售银行分销渠道的主渠道。金融业是标准的服务行业，未来金融的竞争归根到底是服务的竞争，渠道则是银行服务客户的终极界面，零售银行物理网点渠道更是各种金融服务界面中最直接、互动性最强、客户感官反应最强烈的渠道类型，因此是零售银行业务发展的信息传播平台，是应对客户各种金融需求的服务提供平台，物理网点渠道作用的发挥对零售银行各项金融业务的开展起着重要的作用。

随着互联网的普及和人们对金融便利服务需求的增加，人们曾预计电子银行渠道会逐渐取代银行网点成为客户首选。但是世界发达国家的经验显示，尽管自助式服务和备用渠道增加了客户全天候、多渠道访问银行账户的便利性，客户还是偏好通过银行网点获取更加人性化、个性化、更直接的服务，电子银行渠道不可能完全取代物理网点，至少在很长一段时间内，在国内的零售银行竞争中，网点仍然是渠道竞争的关键。

2. 零售银行网点渠道是零售银行客户服务平台的重要落脚点。尽管近年来随着电话银行、网上银行以及传统客服坐席等多渠道的服务平台逐渐完善、功能日益强大，银行应对客户各种金融服务需求或金融产品需求的能力日渐提升，但实际情况往往是各种渠道汇总来的大多数客户需求的满足或服务改进的建议包括客户异议的答复等都要转移到具体的物理网点进行处理和解决，原因一是电子化渠道提供给客户的仍是标准化的服务，客户的大部分需求或咨询需要借助网点的业务处理平台或金融理财专家、客户经理来实现（后者的作用发挥日渐重要），二是便捷通达的电子渠道可以增加零售银行与新客户的接触面，扩大零售银行的品牌宣传力，吸引新客户到网点体验服务，反过来进一步增强了网点作为零售银行综合服务平台的重要性。因此无论科技如何发展、网络如何先进，当前零售银行网点渠道仍是客户服务平台的重要落脚点。

3. 零售银行网点渠道是了解客户真实需求、发现和挖掘新优质客户的重要途径。网点的重要功能之一在于为银行发现新的潜在优质客户、找准新的营销目标提供直接的平台。该平台的存在有利于网点理财销售人员对客户深层次金融需求的挖掘，进而挖掘其潜在购买力和资金实力，有利于及时、准确反馈客户信息，为下一步服务改进或产品创新提供直接指导，是拓展优质客户、进行针对性组合营销的基础。

4. 零售银行网点渠道是当今零售银行经营利润的重要来源。基于以上对分销主渠道、服务主平台、客户主拓展渠道的综合考虑，尽管当前物理网点相较 ATM、网上银行、电话银行等其他渠道而言是商业银行成本较高的分销渠道，但作为零售银行竞争销售、竞争服务、竞争客户、树立品牌、营造口碑的重要渠道，网点仍是当今零售银行经营利润的重要来源，短期内仍需高度重视，重点研究在发挥网点最大效能的同时降低运营成本的方法和途径。

因此，零售银行网点渠道是商业银行竞争的主战场，是零售银行业务发展重要性和紧迫性的集中体现，是打造“第一零售银行”的基础，本课题的研究对建立和巩固商业银行核心竞争力有着积极的建设意义。

二、零售银行网点渠道竞争力相关理论研究分析

（一）零售银行网点渠道建设思路

网点渠道规划与建设取决于零售银行的整体发展战略目标，取决于零售银行对网点的定位。渠道建设不仅仅是

物理区域上的选址，而应包括网点定位、网点业态设计、网点业务功能以及网点综合服务提供等在内的系统规划．网点渠道建设的合理性、准确性、长远性对零售银行业务的拓展、客户吸引力及服务竞争力的提升等都至关重要。

1. 网点定位需要以零售银行发展战略目标为中心。网点定位是指以目标客户定位为核心的，包括网点类型定位、网点业务功能定位及网点服务定位等在内的一系列目标定位。商业银行必须根据近、远期零售战略目标，基于网点渠道的特点和成本因素的考虑，确定网点在所有银行渠道中的定位即核心职能；明确网点未来的目标客户群；确认目标客户群对网点的服务要求和资金使用的方式；决定网点提供的产品和服务。网点定位是零售银行网点渠道竞争力的基础，也是关键环节。明确什么是网点定位，网点定位需要参考哪些重要因素，如何做好网点定位，是网点渠道规划建设的第一步。要做好零售银行的网点渠道定位即是指做好网点与目标服务客户的匹配，实现银行服务和客户需求在目标一致上的匹配。

2. 网点渠道建设需要细分目标客户需求，科学合理的设计网点业态。网点业态是指零售银行的不同终端类型，科学合理的网点业态即是指能充分适用目标客户的网点类型，是零售银行网点和客户的相互定位、相互选择，体现在将网点属性与客户属性一致上的匹配。近年来各家银行重点在个人客户分层服务上体现网点与所服务客户的一致性，如特别针对金融资产在800万或等值100万美元以上的高净值客户规划设计的私人银行以及面向不同金融资产层级客户设计的专属服务网点——财富中心、理财中心、金融便利店等，通过推行分层服务实现客户对银行的自我定位认知，有助于物理网点渠道的品牌传播和客户满意度提升。

3. 基于网点定位和业态选择，区别设计网点业务功能，体现网点差异，满足不同片区差异化客户需求或同一片区客户差异化服务需求，体现零售银行网点和客户在需求满足一致上的匹配。如在大型社区或集中度较高的居住片区开设的“社区银行”，其重点在于满足个人客户生活化金融产品或金融服务的需求，如普通存取款业务、代缴业务和与社区居民生活相匹配的金融理财服务需求等，强调在特定社区范围内提供针对特定客户群的个性化金融服务，与之相适应，网点在提供业务品种、服务人员甚至营业时间安排上都要以方便该客户群需求为中心，重点与客户建立长期性的、良好的业务关系。

（二）目前零售银行网点渠道竞争力分析

国内外大多数成熟商业银行在零售网点核心竞争力提升方面，基本都经历过传统交易型网点到销售型网点的转变过程，即将简单销售银行产品转化为以提升客户满意度为中心，以增加销售、发展客户、树立口碑为目的的零售银行重要分销渠道。不分客户群、单纯的销售型网点已经越来越不适用于当今这个对金融服务个性化要求的时代，大而一统的推销已然成为过去，精细化的网点营销服务模式越来越得到广大客户的认可，也成为零售银行核心竞争力的重要体现。

成功的网点渠道建设与运营管理需重点着力于三个方面，明确网点渠道战略、优化网点网络和改进网点运营模式，真正发挥网点渠道服务能力，提升网点核心竞争力。而目前国内大多数银行网点在渠道竞争力打造方面尚停留在初级阶段，物理网点分类上虽已初步体现了分层服务的理念，但对目标客户的需求满足还存在较大的提升空间。

一是网点物理渠道的优势没有得到充分发挥。一方面在电子银行渠道发展加速、各种远程服务技术日渐完善的竞争环境下，相比外资银行及部分中小区域性银行、民营银行等，国内大型商业银行物理网点作为结算交易传统平台的布局优势正在逐步减弱；另一方面在物理网点功能转型上，分流低价值客户，集中资源服务中高端客户的个性化、专业化服务能力和服务水平还有待进一步提升。

二是网点布局的合理调整需要坚持，分层次渠道建设需更加精细化。目前国内部分商业银行网点为全功能网点，即按照统一标准配置资源，由于不同片区客户资源不同，难免造成资源浪费，如网点基本都配有结算人员，而许多网点辐射片区公司客户资源贫乏，且网点之间距离较近，服务的客户存在交集，容易造成人力资源的浪费，可通过协同分工来解决；又如目前许多银行的大部分网点均配置理财室或贵宾室，由于理财人员有限配置不到位或是网点已经单独开辟了功能完善、区隔明显的贵宾理财区，造成网点区域闲置等状况。在资源有限的情况下，网点需要以战略目标为中心，通过划分类型，按片区客户特征配置资源，通过网点间协同布局来提高整体资源的利用率。

三是网点的业务功能定位需要进一步细分，明确不同目标客户群需要的差异化金融产品、服务、工具。应该明确服务不单单是态度，人们把目光盯在服务创新上，如何满足客户的需求成为中外银行关注的焦点。外资银行理财业务的竞争优势并不是在理财产品本身，因为理财产品可以很快复制、模仿，关键是服务质量，因此外资银行的网点不会简单成为销售理财产品的终端，而是致力于为客户提供细致的服务，并培养客户的理财理念，以客户增值与网点发展为共同的目标。中资银行只有真正了解客户的需求，准确地满足他们的需求，才能在竞争当中取得优势。

四是网点规划建设需进一步转变重硬件、轻软件的建设思路，从提升服务意识和服务水平的角度加快网点渠道核心竞争力的提升。重视网点人力资源合理、灵活配置，以网点定位的目标客户需求为中心，确定网点中重点岗位人员配置；重视客户需求满足的时效性，确保客户在网点服务终端的各种疑难杂事可以获得高效的解决；重视网点人员不仅是理财销售人员的服务意识培养和服务技能提高，客户服务不只是对口服务的客户经理的职责，与客户层级相对应的物理网点所有员工都要根据岗位职责为其分别提供合理、高效、便捷、个性化的金融结算服务、理财咨询服务，协同做好客户异议处理等具体工作。

五是网点提供的服务目前仅限于被动的满足客户对银行金融服务和金融产品的“求”，即客户表象性需求的满足，缺乏足够的主动性和能动性，创新性服务意识和服务能力亟待大幅提升。尚未充分做到积极的满足客户的“需”，即挖掘客户的潜在需求，目前还停留在有求可应的层面，未能做到为客户提前规划。只有想客户之所未想，帮客户提前规划潜在需求满足的方案，才有可能获取未来网点客户服务竞争力的先机，也是未来网点渠道竞争力在客户服务战场上的真正较量。

（三）目前国内银行客户对零售银行网点的需求分析

全球最大的管理咨询公司博思艾伦咨询公司近期完成的银行消费者研究数据显示：虽然新的渠道不断涌现，但消费者依然最喜欢在银行的网点完成交易。与此同时，新兴的大众富裕阶层越来越青睐流动性销售团队和网上银行，对营业网点的依赖性逐渐降低。而在新兴的渠道方面，消费者喜欢网上银行服务更甚于电话银行，在交易本身比较简单的情况下，这一现象尤为明显。虽然消费者非常乐意在网上选购简单信贷产品，但愿意在线购买养老金产品和投资理财产品的客户却微乎其微。上述这些研究分析揭示了当前在零售银行客户金融行为取向上的两个重要特征：一是客户对零售银行分销渠道的选择开始逐渐显现出分层分类集中的趋势，即不同层级客户对渠道的选择开始有共同的集中倾向，如越是高端的客户对网点提供的基础服务关注度越是下降，对银行的专业个性化服务的需求越是明显；二是即便网络为客户的金融需求提供了更加便利、快捷的服务渠道，但针对核心的金融理财服务，客户却对物理网点的依赖性日渐加深，更多客户愿意选择到银行网点与理财师面对面的沟通交流，征询专业的理财建议。

客户来银行网点究竟需要什么，通过上述调研数据，根据客户来网点业务办理的种类和目的，可将客户的金融服务需求按照由表及里的顺序分成表象需求、可转化需求和潜在需求三类。通过研究不同需求的满足方式可进一步挖掘针对不同目标客户群的网点渠道竞争力提升。

首先，理解和区别上述三类客户需求是研究提升网点渠道竞争力的基础。

表象需求是指客户来银行网点的初衷即初始目的，包括对银行如存取款、转账汇款等基础业务的服务需求，对银行在售金融产品的咨询，对银行可提供的各类金融工具如信用卡、网上银行等使用的咨询需求。

可转化的需求则是指依托现有系统、网络、工具等可以实现的与物理网点分离化的业务需求，包括可通过工具转化的需求如通过网上银行汇款转账、可通过交易改善转化的需求如通过远程电话语音购买理财产品、可通过流动人员转化的需求如上门业务办理服务等。可转化需求的释放可以较好的缓解目前网点渠道建设成本高、排队现象严重、客户服务粗放不精细等现状，有利于零售银行集中人、财、物等资源，做好更高业务附加值的金融服务。

潜在的核心需求是指客户对物理网点不可替代的金融服务需求或是需要通过网点识别挖掘才能发现的业务关联需求，是网点渠道规划与建设的核心，也是零售银行网点渠道竞争力的关键，潜在需求主要集中在客户对银行顾问式专业理财咨询服务和个性化的财富管理服务等方面的软性需求，以及由客户表象需求解决过程中通过网点人员的信息挖掘形成的关联需求，即客户尚未觉察的需求，这是适时促成关联营销、提高营销效率、提升网点专业品牌形象的最佳切入点。

其次，明确三类需求的特点，有助于针对性的改善现有网点布局，整合资源，降低成本，改进服务，提升核心竞争力。对表象需求进行合理筛选，归并其中可转换的需求，通过自助银行或离行设备以及流动柜台等实现业务分流；对可转化需求要持续加大用于转化需求的渠道建设、团队建设和系统建设；对潜在需求深入挖掘，配套专业理财队伍，以方便客户为中心，为其提供分层的流动服务，满足潜在需求中纯理财咨询类的服务，减少对网点资源的占用，节约运营成本，发挥客户经理市场拓展和客户服务的能力。

三、打造“第一零售银行”，提升网点渠道竞争力的思考

基于以上理论研究和国内外成熟商业银行网点建设的实际，在充分考虑客户需求的基础上提出：打造“第一零售银行”，提升网点渠道竞争力，目前关键要抓好四个方面：网点定位、布局规划、业务功能配套和营销服务。

（一）抓网点定位，明确网点渠道建设与规划的具体思路。根据零售银行渠道发展趋势，将客户经理队伍、自助渠道、物理网点进行交互匹配式的分类定位，明确提出客户经理是为客户提供高附加值服务的主要渠道；自助渠道是交易的主渠道，销售的辅渠道；物理网点是销售的主渠道，交易的辅渠道。按照客户分层服务理念，在网点定位和建设规划中应分层体现私人银行、财富管理中心、贵宾理财中心等特色网点的差异化。物理网点由于资源紧缺，运营成本高，目标客户将主要定位为个人中高端客户、小微企业、公司客户，业务拓展将主要是高附加值的理财业务、个人资产业务、公司资产业务等。在网点资源配置上细分各类基本服务功能模块，根据网点类型进行组合配置，并以此作为装修设计和财务、人力、业务资源配置的基础，逐渐实现由“大而全”、“小而全”的粗放式资源配置模式，转型为按片区资源确定网点类型，按类型配置资源。为挖掘网点的营销潜力，按照网点所在片区客户特征对网点进行分类管理，并实行差别化考核和配置资源，最终实现由“千篇一律”的交易场所转型为“随需而变”的销售服务平台。

（二）抓布局优化，为提升网点渠道竞争力打好地缘基础和环境基础。近年来，我行在网点渠道竞争力提升方面，依据城市发展和客户资源变化情况，以网点转型整体理念为指导，使零售银行网点整体适应客户资源变化，随需而变，较好的支持和满足了竞争优质客户、发展高价值业务的需要，以最优化的资源配置实现最大的网点辐射和最大市场渗透。随着近年来零售银行竞争的加剧和业务的转型，各家银行都开始关注银行零售业务的基础——网点渠道的定位和转型。为持续发挥网点规模优势，通过科学的规划布局，合理的配置资源，转化成提高网点综合竞争力的资源优势，需要进一步研究城市规划布局、客户资源变化、客户消费行为等，继续加大网点调整力度，通过网点定位、协同布局来达到网点渠道的价值最大化。

在对网络进行优化和改造方面，管理越简单越好，能够实现一体多能、网到全点的融合，才最为符合新阶段网点渠道建设的需求。一是要更加注重细分和个性化，以客户体验和营销为主；二是要根据客户需求和周边环境进行定位，使银行网点具备更高的综合性、多功能性、体验性；三是加快自助、半自助型网点发展，避免日益严重的网点

排队现象；四是以提升网点运营效率、利润、客户满意度，增加销售为目的，加快新信息技术的不断应用；五是优化网点布局，按客户所需改进网点运营模式，不断拓宽以流程银行替换业务处理银行的建设思路。

（三）抓网点转型，推动业务功能与网点定位、目标客户的配套。要实现网点的成功转型，首先要完成三件事：一是区分清楚哪些业务适合渠道和网点去推广；二是研究现有的客户，了解他们的使用习惯，实现科学分流；三是对现有的网点进行成本核算，对于一些提供查询、复核和咨询服务而收益低的网点考虑重新布局，可适当采用电话银行、网上银行等低成本渠道集中实现，从而降低网点的运营成本。其次新的网点运营方式要从目前的以交易核算型为主转变为以营销服务型为主，以“融合可靠”的网点解决之道，不仅是网络构建本身的技术实现，同时也体现在整合多种金融现代化服务渠道上，可以从客户的不同需求上有针对性地进行服务，最大限度地提高金融服务效率和客户满意度。

（四）抓营销服务，以服务制胜，打造第一零售银行高标准的服务竞争力。

一是重视基础服务、巩固网点渠道。持续加强网点服务人员配备与服务素质提升工程；配齐网点大堂服务人员，按照职责分工做好营业网点服务咨询引导与客户分流工作，优化网点服务软环境。加快推进网点布局合理调整，有条件的网点加大自助服务区域面积，加快网银体验区、咨询营销区功能完善，学习国外一流商业银行客户服务经验，努力营造网点面对面客户服务氛围，为客户提供“无遮挡”服务，进行“面对面”沟通。

二是提高运营效率、改善用户体验。研究表明：客户对服务效率的评价直接影响到客户满意度的大幅提升，而提高运营效率的前提是升级服务流程、明确业务分工和提高业务技能。升级服务流程重点要做好以客户分层服务为中心的业务分流，集中一些实效性要求不高的服务流程分拆到后台处理，根据业务需求和工作强度建立网点间人员流转机制，提升整体工作效率。只有从方便客户的角度进行科学的变革，强化员工从微笑服务到效率服务的意识转变，才能最终收到实效。

三是创新服务理念、提升服务专业性。在优质客户服务管理方面，大胆创新，尝试推进由“优质服务”到“满意服务”的提升，由“粗放式经营”到“量化达标管理”的转型。积极引入“外脑”，建立适合的优质客户满意度管理模型；聘请专业调研机构制定可识别、可衡量、可操作的具体服务规范，对优质客户服务能力、服务水平及客户满意度进行科学的质量监测，以客户需求为根本出发点及时调整运营规范、业务流程、产品设计、营业环境、人员配备。在网点理财专业人员结构调整方面持续优化，通过各类培训、考试及业绩考评等综合评估客户经理的适岗能力，充分调动和培育客户经理的市场观念和竞争意识，并将业务培训的范围逐步扩大到网点大堂经理、柜员等一线服务人员，确保客户服务和营销水平的整体提升，为客户提供金融理财服务提供人员保障和专业技能保障。发挥网点面对面优势，打造服务亲和力，重点做好网点人性化环境改善，客户分层的个性化服务提供，丰富增值服务，努力做到由提升客户服务能力向提升客户满意度的转变。

（课题组成员：李学民、应维云、胡济峰、许嵩）

覃才广同志在四川省分行“大个金”业务旺季营销推动会议上的讲话

首先，关于转变经营理念的重要性。从2005年开始，省分行先后开展了“发展观念”、“素质教育”、“履职尽责”、“企业文化”等一系列主题教育，从而统一了思想，指明了方向，使全行步入了发展的快车道。现在，我们处于一个关键的发展机遇期，四川分行要跨入总行百亿利润大行，并实现“系统中西部强行、同业中第一大行”，更需要全行上下进一步统一认识，转变经营理念。例如，在客户服务方式上提出由茶馆式，向旅馆式、再向会馆式转变。在办理业务和营销过程中，到底哪些是茶馆式营销，哪些是旅馆式营销，哪些是会馆式营销？如果对一个普通客户运用会馆式的营销，那肯定不成功，但对高端客户采取茶馆式营销，那也只会适得其反。我们要转变为会馆式的营销，实际上就是一种高层次的营销，客户把自己放入会馆之列，放入银行之列，使得客户利益与银行利益共存共享，实现双赢。为此，必须对客户实施分类、分层和差异化的维护，客户经理也按照客户层次提供对应的服务。也就是说，如果让高级客户经理去服务一般客户，就会浪费；如果让一般客户经理去服务顶级客户或高端维护，就肯定达不到要求。各级行也要很好地细化，推动这些观念的转变，落实到实践和行动中去，而不是泛泛而谈停留在口头上。同时，不仅是个金部、营销部门均需要转变理念，而且各级行、所有部门、所有专业都需要按照省分行党委提出的要求转变经营理念，认真的学习和领会经营理念转变的精神实质。

其次，关于抢抓中高端客户的重要性。政府经营城市的落脚点是经营土地；企业经营产品的落脚点是经营品牌。

作为银行经营的落脚点是经营客户，核心是经营中高端客户，但具体经营什么呢？就是存款、贷款和新兴业务，可以概括为：无存不稳。没有存款是不稳定的，所有的业务都无法推进。中小银行存款总量不高，按照巴塞尔协定，就会受制于存贷比，从而项目规模上就要受限，而我行却还有相当的空间，可以争取大项目；无贷不富。实际上现在银行收入主要还是来源于存贷利差，大体上占我们收入的70%以上，当然这个利差收入有我们存款奠定的基础。四川分行要做到55亿左右的利润，如果没有近几年1000亿贷款的大幅增长，就根本无法达不到这个利润目标；无新不活。“新”就是新业务、新产品、新渠道以及中间业务、创新业务等。在市场竞争中，唯有适时地刷新、快速地更新、及时地创新，产品才能更新换代，才可能更好地吸引和维护中高端客户。如果不能做到“人无我有、人有无新、人新我精”，就没有任何优势可言，就不可能成为行业的引领者，原有的客户维护不好，新有的客户也拓展不来，当然就更不可能带来更多的附加值，发展将会变得十分的艰难。

第三，关于以市场为导向的重要性。虽然目标任务重要，但各行不能仅看到任务，它只是整个工作结束后的比较和评价，还应该建立起以市场为导向的经营理念。各级管理者、经营者要知道市场在哪里，然后在对市场全面分析、准确定位的基础上瞄准市场，准确判断哪些是目标客户，哪些是中高端客户，哪些是营销重点。现在市场很大，问题也很多，说明潜力也巨大。怎样在取得成绩的情况下来发现我们的差距，找到存在的问题，并通过分析这些问题来挖掘潜力、占领市场、抢占市场。各行抓中高端客户要变成全行自觉的行为，应该占到多大的市场份额，应该拓展多少中高端客户，各类客户应该占到什么样的比例，要依据市场资源来确定，不能就任务而任务，就计划而计划，那样是没有任何意义的。另一方面，为客户经理分配了一定数量的客户任务的同时，还应该为他们指出中高端客户可能存在于市场中那些区域、那些行业、那些人群，具有什么样的年龄结构、消费习性、投资偏好等特征，要为客户经理拓展市场指明方向，可以提升的潜力客户有多少；对于信用卡消费3万元、5万元或者百万元以上的中高端客户有多少；个人贷款客户有多少；法人客户中的个人中高端客户又有多少；无论WAP手机、U盾还是网上交易，哪一些可能是中高端客户营销的目标客户群体，各行要组织对不同层级的市场进行逐一分析和目标定位，真正做到“以市场为导向”，然后有针对性地开展市场营销，这是从根本上解决营销谁的问题。

第四，关于谁来营销。谁来营销，队伍在哪里，应该引起各级行的高度重视。近年来，省分行加大力度抓法人客户经理和个人客户经理，也采取了很多强有力和强制性措施，甚至规定客户经理配备不足要扣人力资源费用等。为了不被扣罚，部分行依然还有虚假情况，上报人力资源部门和专业部门是不同的统计数据，实际岗位落实后又是另一个数据，出现“三不符”现象。谁来营销，就是客户经理来营销，如果客户经理配备都不能落实，那么“谁来营销”就是一个大问题，怎样与客户去对应营销和维护？所以，个别行甚至存在客户经理维护上千户中高端客户的现象，导致出现一些问题：如果将所有客户的贡献度都与该客户经理挂钩的话，那么属于自然增长的部分就完全不是客户经理的工作情况和维护情况的真实反应，客户经理之间就不公平；如果不进行挂钩考核，也无法调动客户经理的积极性，无法衡量工作业绩，也不尽合理。因此，各行要把工作做细做深，客户经理建设必须抓好，一要数量够，二要质量高。其中，客户经理质量当中最关键的是各层级对客户经理的培训。目前，全行有CFP、AFP资格认证，还有最基本的IFP资格，这就是解决客户经理素质的渠道和手段。对于产品营销，无论是基金还是保险，要具备监管部门要求的最起码的资格认证，否则就是违规营销，这也是最基本的要求。客户经理是营销客户的主力军、生力军和主战场。抓中高端客户，如果不从客户经理抓起，不抓好客户经理队伍培训是不行的。除了金融培训学校之外，各级行、各专业都要培训，让其具备最基本的综合素质，掌握最基本的金融产品，取得最起码的任职资格。因为现在客户经理要营销众多的客户，加之产品多、更新快，一些客户经理“四不懂”，产品不懂、客户不懂、结算不懂、渠道不懂，一些客户经理对产品不熟悉或者熟悉知之不多，培训可以使他们不仅掌握某专业、某个产品，而且促进了解基金、保险，个贷、信用卡、网上银行，外币业务、信托、委贷等诸多业务，这样在与客户交谈中就能捕捉客户需求，然后对应提供服务。相关管理部门应该为客户经理提供一个良好学习培训的平台、支撑的平台、保障的平台。总行已经在两化改革的时候给二级分行提出要建立客户管理中心和营销管理中心。客户管理中心负责客户经理的培训，后台支撑和营销的考核管理；营销管理中心主要是产品的支撑，但大部分二级分行均未落实这项工作，提供支撑和保障的平台做得不好。支撑平台根据客户需要提供相应产品，然后客户经理在营销的过程中遇到什么疑难问题，直接就可以向上端高级客户经理咨询，更高级的客户经理随时可以解决下端客户经理解决不了的问题，约见接待客户。在为客户经理营销客户、解决疑难、提供智力支撑上，这个支撑的平台绝不是虚设的，能够起到至关重要的作用。

第五，关于目标任务、市场份额、同业排位。我们分解目标任务也需要改进。对于某项目标任务，省分行分解给二级分行，二级分行分解给支行，支行分解给网点，网点分解到客户经理，表面上是层层分解落实，但是由于客户经理素质是参差不齐的，每个区域的市场资源、客户资源和目标市场也是有差异的，所以就必须依据客户情况、客户经理情况，依据不同的市场环境来下达和分解任务，这样才有的放矢。账户是一个目标，不管是法客还是个客，应该有多少是合适的，首先要确认。账户数中还存在一些虚假，就要考虑账户数里面有多少客户、中高端客户占比多少、市场占比多少、各行占比多少，可能百分之十几或百分之二十几，要做具体的分析。各行在经营理念的转变中就应该有客户结构的调整。全行在1225万的客户中，有349万客户是零余额客户，如果没有这么多无效、低效客户，我们的资源耗用，排班站队的情况就会大大减少，中高端客户就可能得到更多的服务，这也是值得很好去研究的。因此，转变经营理念，就是始终要贴近市场来研究、置于同业来研究。对于明年旺季营销工作，已经分别制定了确保任务、力争任务和奋斗任务，实际上下达的计划与市场相比是有一定差距的，不管是市场份额，还是在四大行的份额，我们都没有占到应有的市场占比。如果任务目标仅停留在计划上，可能最后要失去很多市场，丧失了很多发展的机会和良机。此外，市场是变化的，而市场份额和同业排名才是绝对的，最终考核是看市场占比多少，是不是同业排位第一，这才是最主要的。

通过上周转变经营理念的大讨论后，大家对转变经营理念已经有了初步的认识和转变。今天陈行长提出了要充分认识五个方面的重要性，各行要认真领会精神实质，结合实际情况和具体工作，进一步转变经营理念。从上述这些方面可以体会出省分行党委对全行个金工作，对明年乃至于今后一段时间的工作要求和工作重点。下面，我就旺季营销的有关工作再讲几点意见。

一是充分认识大个金旺季营销的意义。历史的工作经验证明，旺季营销工作主动，全年工作就主动；旺季营销工作被动，全年工作就被动。不管是个客，还是法客，一定要争取主动，早抓早主动，提早准备，丰富的资源主要集中在一季度，集中在元旦春节这段期间，各行要充分利用这个季度为全年发展奠定坚实的基础。

二是充分认识抓中高端客户的意义。抓中高端客户既是我们深层发展的需要，更是全行要实现跨越的需要，它是全行生存发展的基础，是我们利润的源泉，是四川分行要实现跨越式发展的原动力。同时，中高端客户也是同业竞争的热点、焦点、重点，如果我们不去抓中高端客户，中高端客户就可能流失，市场占有率会越来越低，我们的无效劳动就会越来越多，这是上级给我们提出的要求，需要大家去认识的。四川分行的中高端客户只占全部客户量的7.15%，但是金融资产却占到了整个资产的75.42%，也就是说7%的中高端客户拥有75%的金融资产。今年省分行为拓展中高端客户制定了一些特殊的政策，出台了一些特别的措施，就是想全力推进这项工作。因此，各行要将如何抓好中高端客户工作提上议事日程，作为整个工作特别是旺季工作的重中之重来抓。抓中高端客户工作不是一时之计，也不是一个临时的措施，更应该是一个永恒的主题，在任何时候、任何情况下，各级行要统一到抓经营就必须抓中高端客户这个中心上来。

三是充分认识实现目标任务的艰巨性。省分行从十月份开始陆续到二级分行召开片区工作推动会，但目前中高端客户数仍然徘徊不前。今年还剩下不到一个月，全行还有13.5万户中高端客户没有完成，而且今年未完成的指标将结转到明年，明年全年要实现130万户的中高端客户。从近几年的情况来看，全年也就增加十几万的客户，今年前十个月只增加了13万户，那么明年一季度就要增加13万户，目标任务是十分艰巨的。各行要研究如何做好存量客户维护，然后再去拓展新的客户，提升新的客户。如果一味强调一些客观原因是毫无意义的，考核只看结果。省分行拿出专项费用预付给各二级分行，以确保中高端客户营销拓展及时地、适时地需要，这是一个强制的措施，各行一定要很好地研究，要保证中高端营销费用的专项支出。如果各行认为拓展目标还不够，也可以适时地反应。在完成计划目标的前提下，抓中高端客户越多，省分行配置的费用就越多。所以，各行在抓中高端客户的过程中一定要再努一把力，要攻好坚。在拓展5万以上的中高端客户时，要“内紧外松”，在行内一定要加大力度，在社会上不要过多去宣传，不然工作又会变得被动和困难。为保证目标任务下达的科学性，省分行主要参照了以下一些指标：第一，存款余额；第二，市场区域中的目标客户总数；第三，同业占比；第四，参考个贷客户数、银行卡消费额、网上银行交易额、U盾客户、WAP手机等诸多指标。这些作为目标任务下达的参照依据，当然也是一个相对合理的指标，不影响工作的开展。例如，私人银行客户指标主要是按经济区位来分解，个别二级分行可能就没有任务，但不是说当地市场中有私人银行客户也不去发展。省分行根据客户资产有一定的折算系数，如果将5万或20万金融资产的客户作为基准系数，那20～100万，100～500万，500～800万等不同资产就比照折算。各级行的行长要亲自对这个目标任务进行研究，进行适当分析、分解落实、考核促进，一步一步落实，否则省分行对应配置的费用，再多的激励也是没有办法挣取的，各行要有充分的思想准备和认识。

四是加强组织领导，强化组织推动。领导，领者带领，是领头、站在前面的，后面的同志是要跟你学的。所谓导者，光一个人干不行，一个人的力量是有限的，要带领全行的员工都来抢抓中高端客户，要去指导、引导他们，要举全行之力来抓这个工作，使一季度的工作、明年的工作乃至今后的工作能有一个好的开端。第一，要加强组织推动。各行的主要负责同志要亲自研究部署工作，主管行长要亲自抓，要定期检查落实这项工作的情况。第二，要加大资源的配置。要举全行之力来抓好中高端客户的增长工作。中高端客户增长有两条途径，一方面可以围绕现有的客户来做增大，来做迁徙和升级，这部分的增长要计入业绩。另一方面，更重要、更主要地要向市场去拓展的，去挖掘新的客户。各行要很好去安排，包括我们资源的配置、目标的分解，一定要切合当地的实际。省分行将主要检查市场分析、目标定位、客户目标的分解以及考核措施办法的落实情况。同时，各行、各部门也应该仔细梳理比如网上银行、U盾客户、WAP手机、网上交易，信用卡等相关信息，包括客户的消费交易额、投资额等，让全行所有资源都能得到充分的挖掘，让客户经理掌握这些信息，有针对性、目的性去拓展客户，这样才有效益，才有效率。省分行也将制作一些模板，然后到各地区巡讲和演示，让客户经理充分认识市场，充分认识优质客户的市场在哪里，看到市场营销的前景和潜力，提高客户经理营销的信心。那么相关部门在给予客户经理指引之后，就要有相关的考核，有哪些客户经理在进行营销，营销的成功率有多少，要加大奖惩力度。第三，要有专门团队来推动工作。要有专家团队研究市场，分析市场，进行目标定位和客户分解，指导客户经理对应营销。尤其是二级分行要加大指导的力度，指引的力度，要成为一个强大的营销的后台，支撑的平台。第四，要加大培训力度。客户经理的地位和作用在抓中高端客户工作中十分重要，任务十分繁重，加之客户经理队伍素质参差不齐，如何去培训客户经理，如何去提高客户经理的素质，让他们准确的去营销客户、服务客户，维护好客户关系，这是非常重要的。如果不给他们提供养分，不提高他们的营销技能，客户的综合贡献度是很难高的。所以，培训部门、相关专业、各级行都应该做出思考，推出强有力的措施来进行培训。省分行也将做出一些安排，培训一些师资。第五，要抓考核、抓落实、抓兑现，建立严格的评价考核体系。如果我们评价体系不公平、不完善、不落实，不抓考核、不抓兑现，做与不做一个样，做多与做少一个样，做假与和做实一个样，做好与做差一个样，那么再好的办法和措施都是无用的。各二级分行一定要拿出切实可行的具体措施，确定一些目标，抓一些重点，突出一些亮点，省分行也将及时总结与推广一些好的经验与做法，让各行相互学习、相互借鉴、共同提升。

理财金账户客户消费行为及发展策略研究

中国工商银行苏州分行　谢志华

客户无疑是任何一家商业银行生存和发展最重要的生命线。在锁定财富金字塔顶尖客户群的同时，各家银行纷纷打出各自的服务品牌，加快了对中高端客户市场跑马圈地的速度。作为国内客户群体最大的一家商业银行，中国工商银行早在2002年就面对个人中高端客户市场推出了贵宾理财业务核心竞争品牌——“理财金账户”。本文从四个方面探讨了影响中高端客户消费行为的因素及目标客户消费行为特征，进而提出“理财金账户”品牌推广发展的营销策略。

第一部分　理财金账户品牌发展市场背景

一、中高端客户战场资源丰富，硝烟弥漫谁主沉浮

据麦肯锡公司调查分析，在中国家庭年收入在6 300美元以上的中高收入家庭大约有3 500万户，而其中4%即140万户家庭拥有高达10万美元以上的存款。中国个人金融资产总量达到了20万亿元人民币的规模，拥有雄厚资产的高端客户已“展露端倪”。这些富裕家庭的存款占到了中国个人存款的50%以上。对银行来说，个人中高端客户的发展潜力十分惊人，家庭可投资资金在20万元以上的富裕家庭数占总户数的20%以上，年成长率约为10%。

大力推广理财业务品牌成为各家银行拼抢优质客户的首选战略，各家内资银行摩拳擦掌、毫不懈怠，纷纷推出自己的贵宾理财品牌。一时间，中国银行“中银理财”、招商银行“金葵花理财”、光大银行“阳光理财”、建设银行“乐当家理财”等，如雨后春笋般在国内各地应景而出，一场旨在占领个人优质客户的阵地战愈演愈烈。

虽然各家银行对理财业务目标客户定位不尽相同，但尊贵、优先、专业、优惠、个性化，是各家银行都强调的贵宾服务的5P原则：以较高的进入门槛体现参加者的尊贵；以专属理财场所和配套服务体现银行服务的优先；以银行专业理财客户经理为贵宾客户度身定制个人理财规划体现专业；让贵宾客户享受到不同程度费用减免，以达到优惠目的；一对一的理财规划服务，使服务实现个性化。此外，银行为体现出贵宾理财服务的尊贵和与众不同，还纷纷推出各具特色的附加值服务，只为在个人优质客户竞争上分得一杯羹，可谓是煞费苦心。

表3－13　各银行设定的理财业务目标客户标准

银行	理财业务目标客户标准
花旗银行	花旗 CitiGold 贵宾规定必须保持每月综合账户存款余额不低于5万美元。
汇丰银行	目标客户起点定在了5万美元以上。
中国建设银行	乐当家金卡定位于金融资产当月日均余额在20万元（含）以上的客户；或一年内个人贷款月均余额达到50万元（含）以上，还款情况良好，无不良记录；或一年内龙卡消费额（不含购房、购车、转账等大额消费）累计在5万元（含）以上的客户。
中国农业银行	中国农业银行金钥匙理财将目标客户定位为日均存款余额20万元人民币以上的客户。
中国银行	中行VIP客户的核定标准有：本外币储蓄存款年日均余额折合人民币50万元人民币或以上；或拥有长城卡，个人消费刷卡年消费额超过人民币30万元人民币或等值外币的持卡人；或办理个人消费贷款额单笔达100万元人民币或以上。
交通银行	目标客户起点定在5万元人民币以上，沃德财富客户定位50万元人民币以上。
招商银行	金葵花理财目标锁定资产总额50万人民币以上的贵宾客户。
民生银行	民生钻石卡、金卡、银卡三个等级贵宾卡的标准分别为：钻石卡储蓄存款日均余额100万元以上、金卡储蓄存款日均余额50万元以上、银卡储蓄存款日均余额10万元以上。
光大银行	光大银行阳光理财紫金卡、黄金卡、白金卡目标客户定位分别为10万元、50万元、100万元。
中国工商银行	工行理财金账户客户定位于金融资产20万元以上的中高端客户。

二、工行理财金账户发展迅猛，中流砥柱遏浪飞舟

2002年12月，中国工商银行在全国高调推出追求自信、自然、自由境界的“理财金账户”品牌，将目标客户定位为金融资产在20万元以上的中高端客户群体。这一品牌的推出是工行贯彻“以客户为中心，以市场为导向，以科技为依托”的经营理念，满足客户日益增长的金融需求而做出的战略举措；是推进个人金融业务结构性调整，实施“分层次服务”策略，提高优质客户市场竞争能力的重要措施。

此后，工行依托雄厚的资金实力、丰富的金融产品、便利的网络资源和专业的客户经理队伍，不断丰富“理财金账户”品牌内涵，并于2006年4月全面启动了“理财金账户”贵宾服务升级，将原有的“三P”服务理念升华为“六专”贵宾服务体系，让客户管理金融资产、从事金融活动变得更加轻松自如，并得到前所未有的贵宾礼遇，进一步提升自信、自然、自由的人生境界，大幅提高了“理财金账户”品牌知名度和美誉度，促进了中高端客户的快速发展。

2008年11月27日，在《第一财经》举办的“2008中国金融机制榜”评选活动中，“理财金账户”荣获“2008年度最佳零售金融服务品牌”称号。作为国内最具影响力的财经媒体之一，《第一财经》将该奖项颁发给“理财金账户”，充分体现了国内主流媒体对工商银行贵宾服务的认可，“理财金账户”已经成为国内最有影响力的金融品牌之一。

截至2009年9月末，工行理财金账户客户总数已达623万，客户金融资产超过1.8万亿元，丰富的客户资源显示出工行“理财金账户”品牌在个人中高端客户市场的强大竞争力。

三、苏州经济保持着快速发展，古城新姿蕴藏潜力

苏州位于江苏省东南部，气候温和，景色秀丽，物产丰富，交通便利，自古便和杭州并称为“人间天堂”，为人们向往之境。近年来，苏州全面贯彻落实科学发展观，一直保持着健康、快速的发展势头，各项经济指标居全国前列，已成为长江三角洲经济圈重要的经济中心，苏南地区的工业中心，环太湖都市圈和苏锡常都市圈的核心都市。去年综合经济总量跃过6 000亿元大关，全市实现地区生产总值6 701亿元，按可比价计算比上年增长13%；地方一般预算收入668.9亿元，增长23.5%。同时，全市开放型经济也保持着良好的发展态势，2008年完成进出口总额2 285亿美元，其中出口1 317亿美元，分别增长8%和10.7%。全市实际利用外资81.3亿美元，增长13.5%，其中服务业实际利用外资19.8亿美元，增长107.6%。

根据《苏州统计年鉴-2009年》数据，到2008年末，苏州全市总人口629.75万人，城乡居民储蓄存款3 337.32亿元，市区居民消费价格总指数为105.30%，在岗职工平均工资36 090元，市区居民人均可支配收入23 867元，人均消费性支出为15 183元；农民人均纯收入为11 785元，消费性支出8 443元。

以经济总量计算，苏州现在是仅次于上海、北京、广州、深圳的中国内地第五大城市。今年，苏州有效化解国际金融危机的不利影响，经济仍然逆势上扬。前三季度地区生产总值预计同比增长10.5%，地方一般预算收入增长8.8%；投资消费持续走强，分别增长11.5%和17.6%。前三季度，苏州人民生活也继续改善，城市居民人均可支配收入增长10.4%，农民人均现金收入增长8.5%。在收入来源上，经营性、财产性收入增长较快。昔日的人间天堂将成为更加繁荣昌盛的人间新天堂。

根据零点公司调研结果显示，在目前个人理财消费者中近一半的家庭总资产低于50万元，近一半的被调查者月平均收入低于5 000元，两者交叉的比例达到79%，这说明目前个人理财消费者大多数并非想像中的富裕人群，实际上越是中等水平收入人士更需要精打细算的规划，资产的缩水对富人来讲影响不大，不会影响其正常生活和消费，而对中端客户来讲则恰恰相反。中端客户占个人客户总数的绝大部分，该部分客户群体的理财需求不容忽视。

四、苏州工行以创新促发展，千帆争度乘风飞扬

近年来，苏州工行审时度势，坚持贯彻“定位中端、竞争高端、培育潜力”的客户市场定位，以竞争中高端客户为根本，以推进“两化”改革为动力，以优质客户资源培育为经营重点，一方面，转变零售业务的经营模式，大刀阔斧进行网点改造升级，网点结构日益优化，品牌形象不断提升；另一方面，加大资源投入，全力打造专家型理财团队，提升个人理财业务服务品质，在实施客户分层次管理和精细化维护方面不断进行探索与尝试，个人客户发展工作进展良好。

在此基础上，我行整合高端合作渠道，为理财金账户客户构建了多样化的中高端客户增值服务体系，定期赠送一定价值的增值服务，包括汽车保养、美发美容、运动健身、家庭健康管理等，全面渗透客户的日常生活；并且根据不同层次客户的服务需求和属性特征，定期举办包括小升初择校、红酒品鉴、高尔夫比赛、啤酒节、圣诞夜、新年音乐会等精彩活动，在贵宾客户市场中创造了良好的口碑效应，为目标客户拓展工作奠定坚实的基础。

截至2009年9月，苏州分行的理财金账户客户数已经超过7万户，理财金账户达标率、优质客户发展率等指标均位于总行第六位，客户发展取得明显成效，品牌影响不断扩大。

第二部分 中高端客户消费行为分析

消费行为是指消费者为了获得、使用、处置消费物品所采取的各种行动以及先于且决定这些行动的决策过程，具有复杂性、多样性和可诱导性等特点。不同消费行为特征的客户对金融产品的需求有很大差异。中高端客户是“理财金账户”品牌拓展的目标客户，针对该部分客户群体开展调查研究，获得可靠结论，在此基础上所确定的“理财金账户”品牌发展策略将更具科学性、可行性。

一、影响中高端客户消费行为的因素分析

通常认为，购买动机导致了购买行为的发生，这种动机是引起和促使购买行为得到特定目的或目标的力量，目的是需要的结果，而需要是个体的一种状态。中高端客户在购买金融产品或服务的过程中，产品特征、销售者特征和客观环境特征都会对消费者的需要、欲望及购买习惯与行为产生影响，概括起来主要有文化因素、社会因素、个人因素、心理因素和自我认知五个方面。

1. 文化因素

文化是人类社会历史实践过程中所创造的物质财富和精神财富的总和，也是人类不断创造的共同的具有特色的生活方式和环境适应方式，如价值观、信仰、道德、习俗、哲学、语言文字、生活方式等。社会文化是构成中高端客户观念偏好、道德标准、风俗习惯的基础。比如作为经济文化重要表现形式之一的消费价值观，其反映了客户对消费行为或消费目标的是非、善恶及其重要性的判断与评价，这些判断和评价在较大程度上影响着客户的购买行为取向。

2. 社会因素

个人的社会生活离不开一定的社会群体和组织，其态度和行为既受所属群体的成员的直接影响，也受相关群体的间接作用。比如，家庭作为最基本的消费单位和投资单位，家庭基本消费价值观、家庭生活目标、家庭行为准则等对客户的购买行为都将产生直接的影响，这不仅因为家庭本身维系的血缘关系值得信赖，还因为不同家庭成员在生活习惯和经济关系上具有的高度一致性。再如，个人在社会关系中的角色扮演和地位的变化也会导致金融消费的变化，主要表现在金融投资方式、理财行为的转变等。

3. 个人因素

影响银行中高端客户金融产品消费行为的个人因素主要有生命周期因素、职业因素和生活方式因素三种。

（1）生命周期因素对个人金融产品消费的影响体现为处在不同生命周期的人有不同的需要和行为特征，最终导致其对金融产品种类需求的差异，比如有稳定收入来源且有一定闲置资金的中青年人会偏好存在一定风险的投资类产品，中年人对家庭保障方面的产品会有较明确的需求，而年长者则更关注各种储蓄、债券等稳健型产品。

（2）职业因素的影响主要体现在客户往往因职业的不同而具有不同的参与金融交易的愿望以及对金融产品和风险的认知，比如从事高风险性职业的客户可能对保险产品的需求比低风险职业者的需求高；个体私营业主普遍存在资金融通的需求等。

（3）生活方式因素对个人客户的金融产品消费行为影响较大。生活方式就是在人的活动、兴趣和意见上表现出的生活模式，间接反映了客户对金融产品的了解、态度、利益追求和偏好。比如另类新潮型客户在生活中表现活跃，一般说来他们对银行的忠诚度普遍低于其他客户水平，更加倾向于主动了解业务的信息，乐于尝试各类新型的金融产品，是银行最容易流失的客户。

4. 心理因素

客户消费心理是指作为客户的个体或组织为满足其需要而如何选择、获取、使用、对待金融产品和服务的体验和想法。影响中高端客户消费的心理包括性格、行为动机、知觉、态度及信仰等。其中，性格是一项重要的个性心理特征，不同性格的消费者有着截然不同的消费行为特征。比如，理智型消费者在消费活动中主要受理智支配，会对各有关因素进行细致的分析思考，再做出决定，以期获得最佳消费效果；外向型消费者喜欢通过面对面的信息沟通和社会交往来帮助自己做出决策，信息来源渠道丰富；顺从型消费者在消费行为上的特点表现为缺乏主见，较易受他人评论影响，通常会不加批判地接受别人的意见。

我们研究客户消费心理，更多是在研究客户的金融消费心理，研究客户的投资理财心理。不管何种性格的客户，普遍存在以下两点特征：

（1）人的理性是有限的。这是心理学对经济学的重要影响，很多时候人们在作购买决策时，并不是去计算一个物品的真正价值，而是用某种比较容易评价的线索来判断。比如很多客户买基金，原因就是看到身边有很多人都在买基金；很多客户卖基金，仅仅是因为股指在下跌或是身边的人在减持。

（2）损失的痛苦大于获得的快乐。人们在面临获得的时候，喜欢躲避风险，而在面临损失时，却又倾向于冒险。输赢取决于参照点——这是卡尼曼与特沃斯基（Tversky）“前景理论”的重要观点，也是人们往往在获得10%盈利后及时落袋为安，而在10%亏损时不愿及时止损的理论解释。

显然，人们在投资理财的过程中所表现出的人性弱点需要有专业的理财顾问从旁指引。

5. 自我认知

自我认知是指个体对自身及其自身与外部环境关系的认识、评价、态度等心理倾向。不同的人对自身的认识、评价、态度大致有两种：一是强调自身的主体地位；二是强调环境的制约作用。美国心理学家威廉·詹姆士（William James）把自我认知分为了三个基本构成状态：

（1）生理的自我。这是一种低水平、低层次的自我境界。表现为注重自己的生理属性，强调自己的物质要求，以生理和物质方面的优越与否作为评价自己的依据。

（2）社会的自我。这是一种较高水平、较高层次的自我境界。表现为强调人的社会属性，强调社会对人的制约作用，是以个人是否能与周围环境、与环境中的人和睦相处作为评价自己的依据。

（3）精神的自我。这是一种更高水平、更高层次的自我境界。表现为把精神上的追求放在第一位，受自己的精神方面的信念、理想支配，不会为个人一时的利害得失和外部环境的不利评价所动摇。

另外，还有一种就是和谐自我的境界，它兼具前三种自我的特点，是充分发掘个体生理和物质方面潜质的自我；是了解和掌握社会对人的要求和期望的自我；是精神上有寄托、有追求的自我。

对应以上不同的自我认知，对理财的需求也存在以下不同的层级：

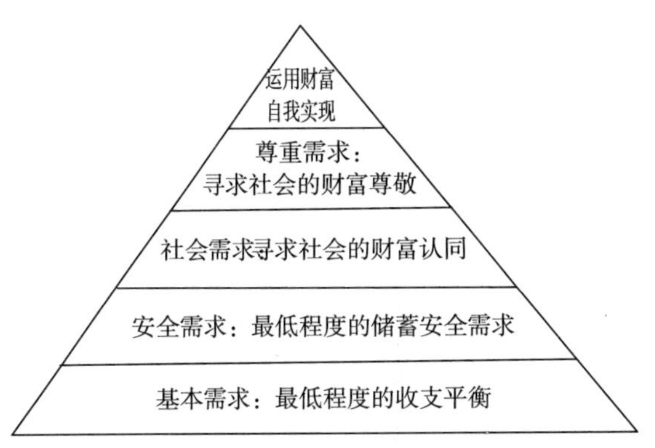

图3-2 理财的需求层级理论

上述五个因素是影响中高端客户消费行为的主要成因，商业银行可以组合不同因素作为分类维度，细分目标客户群体，在进行营销、服务和维护的过程中，实施针对性的市场营销策略，从而更好地引导和培育客户需求，为贵宾理财业务品牌营销提供良好的客户基础。

二、中高端客户的消费决策过程

市场经济条件下，商业银行要能够有效地提供市场所需要的服务，就必须首先研究金融市场中的客户，分析他们的心理与行为，总结目标客户群体的需求特征，从而掌握客户购买规律和市场需求信息。这些规律和信息是商业银行开发金融产品、改进金融服务、发展客户关系、制订营销策略、决定营销渠道与促销宣传的基本依据。

1. 中高端客户购买行为模式

金融产品的开发和营销，需要建立在一定环境下客户的金融服务需求基础之上。这种需求是由某种环境刺激产生的，而后产生购买动机，最终导致购买行为的发生。商业银行研究客户行为的目的是为了更好地开展营销活动。一方面可以掌握环境因素以及企业的营销活动给客户造成的影响；另一方面可以了解客户受到刺激后的最终反应，也就是客户做出的关于产品、品牌、购买时间和数量的购买过程。当然，客户从受到刺激到做出反应，期间还经历了一个有一定特征的购买动机形成并开始购买决策的过程。这个过程是客户自觉的心理过程，它们与客户的个体特征密切相关，银行是难以准确地把握的，因此被称为客户"心理黑箱"。

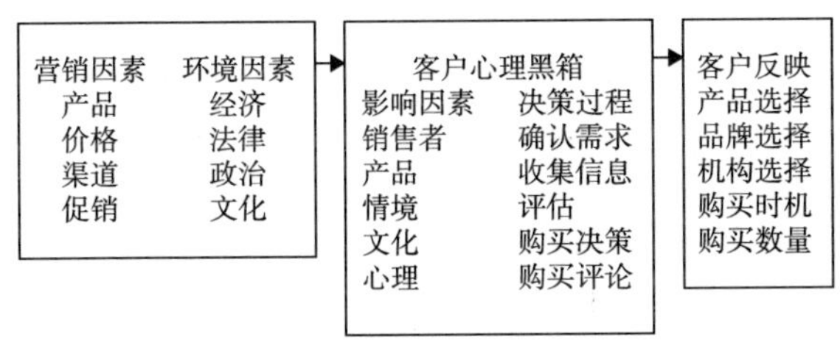

2. 客户购买金融产品的决策过程

客户的决策过程是指客户购买银行金融产品（服务）行为的具体步骤，一般可以分为以下几个阶段：

（1）确认需求

所谓确认需求，就是客户意识到理想状态和现实之间有一定的差距，从而产生了采取行动减少差距的需求。在一定的外在刺激影响下，个体心理的紧张和不平衡，形成了参与金融交易的强烈愿望。另外，需求有时暂时存在，但受外部因素的激烈刺激，潜在的需求被唤醒、被激发，从而形成欲望。通常唤起银行客户需求的因素有：财务状况和预期收入的变化、国家调整金融政策、新的金融投资方案、对未来生活的规划或产品和金融机构品牌的宣传表现等。

（2）信息收集

在需求认知后，客户通常会收集更多的信息，如果客户的驱使力很强，可供满意的金融产品又易于购买，那么他就很可能会完成购买行为。但如果需求不能立即得到满足，就会被客户储存在记忆中。这时，客户会处于一种高度警觉的状态，对能满足其需要的事物极其敏感，并着手收集有关信息。诸如：宏观经济形势、金融政策变化、银行品牌形象、网点服务质量等等。

（3）评价选择

银行客户收集的大量信息有些可能是重复、甚至是互相矛盾的，因此必须对信息进行分析、评估与选择，这是购买决策过程的决定性环节。银行客户的判断与选择过程是一个理智的分析过程，金融产品的属性、对金融产品属性的重视程度差异、品牌形象、效用函数与理想产品和评价程序等几方面，通常是客户评价选择的主要内容和基本过程。

（4）决定交易

评价选择阶段会使客户对某种金融产品具有感情上的偏好，从而形成可能参与金融交易的意图。但是最终是否参与某种金融交易，在购买意图与购买决策之间往往具有很大的不确定性，客户可能会受到很多因素的影响而放弃原来的评价和选择。例如，可能会受亲友态度影响、被竞争对手说服、受偶然因素干扰等。

（5）购后评价

购后评价是指客户购买产品后自我感觉与反思对比的过程。客户在一家商业银行购买了某种金融产品后，会根据这家银行以前的宣传与现在的服务态度、服务质量、产品种类等方面进行对比，并与他人的评价及其他商业银行的服务质量进行对比，以判断自己购买这家商业银行的产品是否值得、是否受益。如果客户感觉良好，则说明银行营销的服务是成功的；反之，则是失败的，客户不仅以后自己不会再来，甚至会作反面宣传，令周围原已准备购买的客户改变购买意图。因此，客户对交易结果是否满意的评价往往影响其今后是否继续参与有关金融交易的重要因素。

第三部分 理财金账户客户金融需求特征分析

今年9月，我行辖内14家支行以问卷调查的形式对现有"理财金账户"客户群体开展了金融需求专项调研，调研内容包括年龄、性别、收入、文化程度、家庭结构、家庭总资产以及对个人理财业务的认知情况和消费行为倾向等。累计共收集有效问卷723份，客户资产级别自20~800

万元不等，客户身份涵盖公务员、教师、私营业主、职员、自由职业、高级管理者。笔者根据此次调研结果，结合我行中高端客户实际情况，对目标客户群体特征和金融需求特征分析如下：

一、理财金账户客户群体特征

1. 从我行现有的理财金账户客户群体结构上看，理财金账户客户呈现平民化和年轻化的趋势。在我行金融资产20万元以上的“理财金账户”客户群体中，超过九成的客户资产位于20～100万元间；从我行的调研结果上看，723位受访者以年龄在45岁以下的中、年轻人为主，占总调查对象的69.29%。

2. 良好的教育背景和关注自身的素质提升也是“理财金账户”客户的基本特征。在抽样调查的对象中，具有大专以上的学历者占76.21%，具有大学本科以上学历的理财者接近三分之一；13.69%的客户在接受或准备接受各种形式的继续教育。

3. 客户大多正处于职业的上升期，在事业上具有较好的预期。在被调查者中，有50.62%的中高端客户已经处于管理的岗位，其中处于基层的管理人员位置的理财者占32.24%，中层管理职位的理财者占57.92%，高层管理人员占9.84%。723位被调查者中有44.12%的客户对自身职业前景和家庭未来收入具有信心。随着这些年轻人经验的积累，业务的熟练，可以预见他们在事业的发展上将会有所突破。客户社会地位的升高，收入的逐渐增加，他们的价值成长性也将得以显现。

二、理财金账户客户对金融产品的需求特征

1. 高档消费项目和多元化投资，逐渐形成目标客户家庭新的金融需求。

从中高收入群体的家庭消费状况来看，当年总支出不仅和收入相关，并且与一些价格较高的产品和服务明显相关，这样的产品和服务具有非必要、高价值等特点。盖洛浦咨询公司研究发现，对于中高收入群体而言，家庭年均消费支出15万元为境外旅游的消费拐点，也就是说，年均消费总支出超过15万元时，选择境外旅游的人数会迅速增加。另外，年均消费支出17万元为境外航空班机、外币卡、高尔夫球的消费拐点，年均消费支出22万元为别墅的消费拐点，年均消费支出24万元为进口轿车的消费拐点。由此可以得出这样的结论，当一个家庭一年的消费支出达到17万元时，这个家庭很可能成为境外旅游、搭乘境外航空公司班机、购买进口汽车、打高尔夫球、使用外币卡的消费者。我国中高收入群体目前大多数年支出已经达到10万元以上，不难预测，对双币卡、结售汇、旅行支票等个人出国金融方面有需求的客户数量将不断增多。

在家庭投资组合中，除储蓄、股票、保险等产品以外，中高收入群体对其他投资品种均有增加投入的趋势，其中对房地产、收藏品和子女教育基金投入的增加趋势尤为明显。受访客户中绝大多数至少拥有1套住房，住房正明显地由消费向投资转化。根据调查显示，在拥有1套和2套住房的人中，计划再次购房的比例高达36.00%，对住房信贷的需求仍会维持较高水平；在被调查者中，有12.86%的客户参与对古玩、玉器等收藏品的投资；在有子女读书的家庭中，子女教育年人均消费11 301元，其中生活费用支出4 183元，学习费用支出为3 193元，择校费用支出为3 925元；几乎是百分之百的客户表示“无论是投资，还是子女教育，都希望获得专业人士的指引”。

2. 投资理财意愿持续增强，理财需求从大众化资讯信息转向个性化服务。

根据2009年第三季度工行投资理财指数①发布结果，今年以来中高收入居民家庭的投资理财意愿显著增强，较去年四季度上升14点，已接近较强区间；总体经济发展信心、投资时机信心、生活预期信心等指数均有所上升。

随着中高收入家庭投资理财需求的不断增强，大部分客户已不再满足于仅从理财师那里获得单纯的产品建议和简单的市场资讯。根据北京零点前进策略咨询公司发布的数据显示，近三年来中高收入阶层对高端的、专业性的个性化理财服务需求较强，且呈大幅增长的趋势，而对各种资讯服务的需求则大幅度下降。我行的“理财金账户”客户调研结果也显示，在银行提供的金融服务中，客户关注度由高到低分别为：银行定期开发新的投资理财产品、一对一理财客户经理、个性化的融资服务、制定具有可行性的理财计划、推出多种理财套餐、特色主题的营销活动、定期的市场资讯。

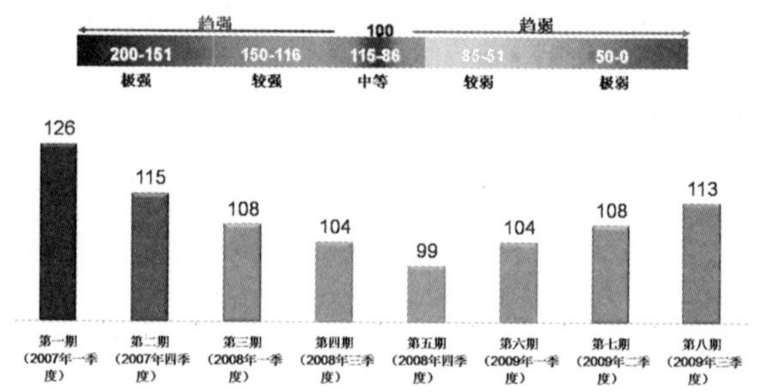

图3－3 工行投资理财指数趋势图

对市场资讯的需求迅速降低，可能与该阶层理财知识不断积累、较易获得资讯信息、理财信息泛滥等因素相关。近几年随着金融市场的火暴，投资理财专题节目及专业理财网站数量迅速增加，信息内容不断丰富，中高收入阶层获得各种理财资讯已不成问题。相反，这些所谓的专业节目和理财网站已经造成了理财信息大幅膨胀，致使客户得到了过多的资讯信息，从而无法清晰地做出判断。显然，银行仅提供各种资讯信息的低端理财服务已不能满足中高收入阶层的理财需求，针对性的理财规划、开发理财套餐和提供一对一理财客户的专业服务才能得到他们的青睐，才能满足他们目前的需求。

3. 对增值型投资工具的偏爱与其对保障型投资产品的实际投入形成反差。

① 工行投资理财指数由我行与国际知名的盖洛普咨询公司合作推出，该指数是基于城市居民对宏观环境的信心和生活预期对投资理财意愿的全面测量，调研地区包括代表不同经济发展水平的16个城市，调研对象为城市中高收入居民家庭中对投资理财有决策权的人，在一定程度上能反映当前我国城市居民投资意愿。

“理财金账户”客户调研结果显示，超过九成的客户在“投资理财服务目的”栏内选择了“实现资产的快速增值”，但从受访客户的产品结构上看，选择储蓄、国债、债券基金、信托类人民币理财产品为主要家庭投资品种的客户数量大大超出投资股票、购买偏股型基金的客户。初步分析，客户保守的投资态度与他们的资金来源密切相关。在调查的客户中，个人理财资金大部分是来源于薪金收入，近一半依靠家庭存款积蓄，对专业理财服务不甚了解，对资本市场未来走势没有把握，不愿承受风险，成为抑制中高收入群体理财活跃程度的重要因素。

特别需要说明的是，客户对理财产品的风险倾向随年龄变化不是很大，30岁以下的客户选择基本趋于一致，即选择回报率一般、风险系数较小的产品。

2009年第三季度工行投资理财指数结果显示，中高收入家庭对总体经济发展和投资时机的信心大幅提高，宏观环境信心指数上升8点，在投资理财的时间投入、资金投入和投资增量的意愿同步增强，投资理财开始往积极方向转变。

理财金账户客户未来一年最有可能投资的理财工具排名

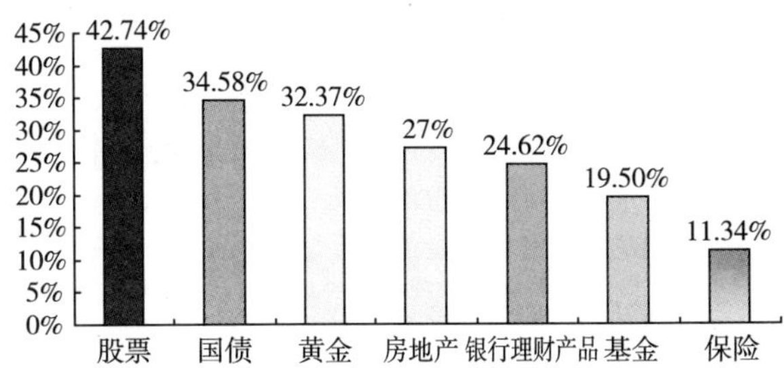

根据我行“理财金账户”客户调研结果，客户未来一年内参与国债、黄金投资的意愿较为强烈，分别为34.58%和32.37%，仅次于股票，位居第二、第三位。国债和黄金受到中高收入阶层的重视可能与金融市场震荡、通货膨胀、美元走软等因素相关。与股票、房地产和基金等理财工具相比，黄金具有收藏、抵御通货膨胀和经济风险的功能，而且近两年来金价一路攀升，国际金价从2007年年初的639.8美元/盎司到2009年11月9日创下的1 100.40美元/盎司的高点，升幅高达73.55%；中国的黄金市场同样火暴，随着国际金价的攀升，国内金价水涨船高，数次登上240元/克的台阶。目前，国际经济市场尚未完全复苏，具有套期保值功能的黄金自然成为中高收入阶层青睐的“避风港”。

4. 理财观念仍不科学，理财科学的边缘性产生对理财专家的服务需求。

调查显示，相当一部分“理财金账户”客户理财观念尚需强化，目前还没有对家庭理财进行规划的约占68.46%，其中因为没有时间或忙于事业的被访者约占未规划者中的46.67%；认为个人财产目前不多，无需打理的占33.74%；有约10.91%的被访者暂时不太考虑个人财产问题，还有8.68%的人们认为客户经理无法提供全面的理财规划。而在已制订家庭理财策划方案的客户中，仅有28.51%的客户正在银行客户经理的协助下执行方案建议；17.54%的客户认为该方案不是最为适合自己的，需与客户经理进一步探讨；另有53.95%的客户认为自己会选择其中部分产品购买，但不执行方案建议。由此可见，多数客户仍在凭个人经验或自身习惯打理家庭资产，理财方式上表现出非专业化的明显倾向。在国内由于金融业分业经营，理财产品被分割成不同领域，这无疑增加了个人理财的知识门槛，专业的理财指导和理财设计对中高端客户市场而言是一个较大的潜在需求。

5. 逐渐认可和重视银行产品的附加价值，对增值服务的需求逐步加大。

调查显示，超过四分之一的被访者将理财金账户增值服务作为选择购买的主要原因；接近五分之一的被访者将理财金账户视为自己身份地位的象征；超过15%的客户较为关注节日刷卡优惠的活动；另有相当数量的客户注重银行卡使用的便捷性和手续费用减免等。

客户选择理财金账户原因分析

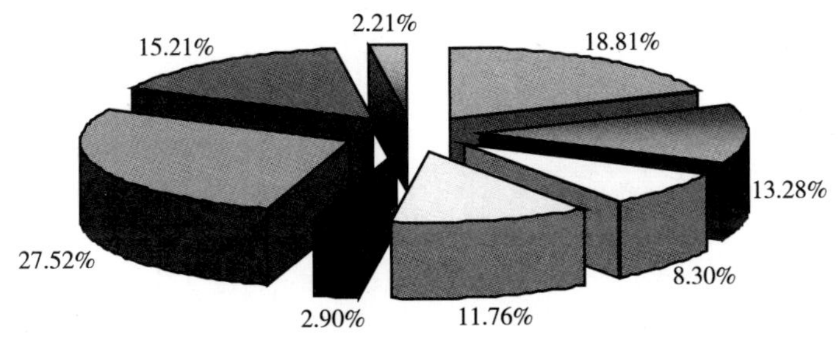

在我行银行卡所提供的附加值服务中，中高端客户最看重的两项分别是机场绿色通道、家庭健康管理服务，中选率分别约达55.46%、49.79%，另外两项较受欢迎的增值服务是美容美发、汽车服务。另有33.75%的客户希望我行能进一步丰富增值服务项目，增加贴近家庭需求的其他内容；21.02%的客户希望我行能够将各类增值服务项目进行组合。

6. 自助渠道无法完全取代网点，银行服务影响客户满意度。

超过一半的受访者表示在购买复杂理财产品时更希望通过银行网点面对面交流的方式进行，而非通过网上银行+电话等远程渠道来与客户经理沟通。如此看来，一线人员的优质服务仍是提升中高端客户良好体验的重要因素。在723位受访者中，有65.42%的人认为银行服务效率低下是引起不满的主要原因。其中，有56.45%的客户认为服务效率低下缘于银行过于复杂的业务流程和繁琐的业务规定，有15.43%的客户认为是网点人员配备不足所致。对专属客户经理的服务评价结果显示，18.53%的客户对现有服务感到满意；有58.78%的客户认为因客户数量过多导致贵宾室已无法保证交流空间的私密性；35.41%的客户认为客户经理工作繁忙无法及时接受自己咨询；24.48%的客户认为客户经理的专业素质有待进一步提升。

7. 多种因素影响金融机构的选择，维护客户忠诚度至关重要。

银行市场早已由卖方市场转为买方市场，银行产品同质化严重，客户对银行的选择自由性越来越大。一般说来，绝大多数客户不会根据银行的外观以及年报来选择银行和客户经理。基本业务关系、亲朋好友推荐和便捷的交易渠道在很大程度上决定了客户对银行的选择。根据调研结果，86.31%的受访“理财金账户”客户不会将手续费率作为选择银行的唯一因素；67.22%的客户习惯在最初开户的银行办理业务；59.20%的客户会向亲友推荐自己所满意的网点和客户经理；47.58%的客户愿意去亲友推荐的网点体验服务。在客户对银行的忠诚度方面，仅有10.79%的客户所有业务均在我行办理，46.61%的客户同时与三家以上的银行打交道，大部分被访者都表示可能会转换银行。服务态度、服务效率、服务技术的先进性、银行的网点数量、个人金融产品品种数量、个人金融产品使用方便性以及服务费用这七个方面的满意度是决定他们未来是否会转换银行的主要因素。

综上所述，将“理财金账户”客户与普通客户的金融需求区别归纳如下：

理财金账户客户与普通客户金融需求比较

高端客户	大众市场
更为复杂的金融服务需求，对资产的成长性更为关注	简单的产品
投资方向日趋多元化	相对单调
需要具有深入广泛专业知识的理财顾问	高效的交易服务
更为注重金融机构的附加值服务	通常是“单一产品客户”，也就是说从不同银行处购买不同的金融服务
需要网点提供优先的、个性化的服务	低手续费/佣金
多因素影响着中高端客户对金融机构的选择	日常交易的便捷性是选择网点的主要因素

第四部分　理财金账户品牌推广策略

客户选择“理财金账户”的根本目的就是为了通过我行的贵宾服务体系，实现财富的保值增值。除了目前已与外资银行相差无几的硬件设施，以及VIP客户独享的增值服务以外，客户更需要业务处理的高效便捷、客户经理日常维护的专业到位、个性化的产品组合设计、家庭财务的风险控制以及具有其他衍生价值的服务。我们在通晓了中高端客户群体共同需求的基础上，制定并实施针对性的品牌营销策略和个性化服务策略，是不断拓展目标客户、保留存量客户的重要途径。

一、坚持理财金账户定位营销策略，品牌旗帜强势推广

金融服务要得到社会公众的信赖和赏识，最明智的经营战略就是推行品牌营销战略。当前各行都在贵宾理财品牌的推广方面加大投入，外资银行以其突出的全球资源优势，赢得市场普遍盛赞，如汇丰银行“卓越理财”、花旗银行“Citi Gold贵宾理财”；渣打银行“优先理财”等。与此同时，国有商业银行也逐步形成各具特色的品牌文化，如交行“沃德财富”，寓意颇深，丰沃共享，厚德载富；招商银行“金葵花理财”，因势而变，因您而变等。贵宾理财业务品牌消费的市场份额、品牌的客户忠诚度和品牌的知名度已成为衡量银行综合竞争力的重要指标，从这个意义上说，强势推行“理财金账户”的品牌营销策略不仅是我行实施客户导向战略、市场营销战略和产品创新战略的载体，而且也是我行提升个人中高端客户市场综合竞争力的重要手段。

1. 明确品牌定位，累积品牌优质内涵。

精准的品牌定位是成功实施品牌战略的关键，通过使品牌建设与该项业务的市场定位、整体战略相结合，从根基上提升品牌价值。定位理论的创始人艾·里斯和杰·特劳特曾指出：定位是一种观念，定位是你对未来的潜在顾客心智所下的工夫，也就是把产品定位在你未来潜在顾客的心中。

（1）目标客户定位。“理财金账户”目标客户定位于在我行季度日均金融资产在20万元以上的客户群体，之所以这里强调季度日均资产，是依据国际惯例，客户新进入后的三个月是关系维护的黄金时期，这一阶段几乎决定了其今后的客户品质。为了集中有限资源用以维护符合资产标准的“理财金账户”客户，最大化地提升品牌美誉度，我行在对潜力优质客户开展品牌营销过程中应坚持“先发展（客户）、后发卡”的模式，严格把握开户环节，待客户金融资产达标后再行开卡；对存量不达标“理财金账户”客户应通过收取年费和管理费的方式，实施坚决、平稳的客户退出机制。

（2）品牌品质定位。“理财金账户”品牌内涵集中体现于“六专”贵宾服务体系，包括专属贵宾通道、专业账户管理、专属理财产品、专享费率优惠、专家理财服务、专属精彩生活。这既是“理财金账户”贵宾品牌的品质定位，也是我行对目标客户群体的响亮承诺。

2. 整合各种传播渠道，确立有效的品牌宣传策略。

在完成品牌定位以后，我行就应根据营销目标选择符合要求的媒体，并定期开展效果评测，及时调整产品或广告的设计，最大限度地提高受众面对“理财金账户”品牌的认知度。

（1）选择适当的媒体组合。广告媒体是银行进行产品广告宣传的物质手段，是广告信息的载体，主要有报纸和杂志、电视和广播、计算机网络、公众传媒、高层建筑顶部、道路两旁的灯箱以及机动车辆的车身广告等。这些媒体因区域、对象不同以及自身的局限性，在宣传效果上会产生很大的差异。在做具体选择时可首先根据目标受众的定位来确定媒体，比如，理财金账户品牌目标客户是家庭收入较高、追求从富到贵到生活品味的人，而电梯平面媒体覆盖高档小区和写字楼中的高学历、高职位、高收入、高消费这四高人群的特点，和我行的受众恰好相符；同时，很多客户反映在无聊的电梯等候时间看看广告是一种消遣。出于以上两点考虑，电梯平面媒体不失为一个高效的广告宣传渠道。此外，确定媒体时还应综合权衡不同媒体的利弊，例如，报纸和杂志的发行量大小和阅读者广泛程度、广告在电视和广播中的播出时段、路牌广告的地点和车辆广告流动路线的选择、高层建筑的地理位置和醒目程度、网络在不同区域的覆盖和使用情况等。

（2）充分利用我行自身媒体的宣传功能。营业网点的液晶显示屏、给 VIP 客户定期投寄的内部刊物等都是可以被开发利用的。目前我行在营业网点液晶屏幕上滚动播放的贵宾品牌广告让“理财金账户”品牌深入人心。对于内部刊物，比如《工行投资理财指数研究报告》，是目前商业银行中定期发布的唯一报告，其内容是被很多专业人士奉为重要参考，调研对象与理财金账户目标客户群体完全吻合，我行完全可以借此传达和体现主打理财品牌和业务特质。

（3）及时测定品牌广告的效果。广告的实际效果通常是通过广告效果比率、广告费用收效率两个指标进行综合体现。广告效果比率等于广告前后业务增加额与广告费用之比；广告费用收效率等于广告前后平均业务量增加额与广告费用之比。西方商业银行曾有一例产品广告很成功的案例：英国储蓄银行以 39.73 万英镑的广告支出换取了 5 000万英镑的投资，其中有 3/4 来自新的投资者。按以上公式推算，英国储蓄银行的广告效果比率为 93.75，收效率为 94.4。“理财金账户”品牌广告推广不能一味求稳，对效果视而不见；也不能一味求变，从而影响市场对品牌形象的认知。我行应定期测定广告效果，若效果比率、收效率偏低时需寻找原因，及时调整。

3. 落实品牌承诺，真正塑造品牌尊贵形象。

在强势推出品牌宣传后，我行最重要的是整合银行内部资源，强化品牌战略执行力，处理好品牌宣传口径和实际服务内容之间的关系，让待开发的目标客户群体真正了解“理财金账户”品牌的更高品质，认可“六专”贵宾服务体系所带来的尊贵服务体验；让存量“理财金账户”客户切实感受理财金账户的品牌内涵，树立客户口碑，并积极利用口碑传递效应，实现品牌知名度与美誉度的完美结合。

新西兰的一家银行曾提出“知识使我们不同”的竞争口号，这句口号给消费者传递的信息非常清晰：我比竞争对手掌握更多的信息，拥有更多的智慧和专业技能，以满足您个性化的需求。这一宣传的确使人们产生进一步了解这家银行的兴趣，但是，他们在这家银行所有的宣传手册中，都没能找到与“知识使我们不同”相匹配的内容，打电话咨询，工作人员的回答不知所云，结果是这些潜在客户感到非常沮丧，进而对该家银行的信誉产生质疑；花旗银行为了实现“花旗永远不睡觉”的承诺，建立了一套完善的基础设施，以及高效稳定的应用系统，确保每一个客户打电话到呼叫中心，任何时刻都会有真人接听，而不只是电话录音，代价虽然高昂，但花旗也因此获得巨大成功。

从上述两个效果截然不同的案例中可见品牌建设不只是单向的市场宣传，它更需要将承诺渗透落实到银行日常运营及客户服务的方方面面，包括专属产品的研发、高效便捷渠道的建设、高雅私密的服务环境、人性化的服务沟通，甚至包括营销组织结构、优质客户业务处理流程、个人客户经理绩效考核、客户关系管理技术支撑等在内的银行运营所有环节。通过各方面的共同努力和推动，打造个性鲜明、联想丰富、高价值感、高美誉度与忠诚度的贵宾品牌。

二、不断深化贵宾理财专属内涵，产品支撑品牌发展

中国目前的环境显示新的创造性投资机会均能赢得客户的关注，新的有吸引力的理财产品很快就能被抢购一空。当前银行、证券公司、基金公司、信托公司、保险公司均推行品牌化战略，各具特色的个人理财产品纷纷登场亮相。我行不仅将面临着同业间的竞争，还将面临着来自证券、基金、保险、信托行业的竞争压力，持续创新贵宾专属产品、丰富专业理财内涵已成为我行竞争客户、推广品牌的制胜战略。

1. 优化现有产品与服务定价，突出贵宾专属优势。

目前，虽然我国的金融产品价格尚未完全放开，银行在产品定价方面自主权较小，但应该看到，价格的市场化一直在进行之中，贷款利率的浮动、大额外汇存款利率的放开，都给予银行更大的自主权。专属理财产品和专享费率优惠作为“理财金账户”贵宾服务体系的重要服务内涵，产品必须具备市场竞争力，能够满足目标客户的需要，而且要区别于竞争对手的产品，设置基本的技术壁垒，防止对手低成本的模仿；费率必须在目标客户关注的重点业务方面实施差别定价策略，设置明显优惠，方能使客户建立起对“理财金账户”贵宾理财服务的信任，愿意尝试使用和放弃转换。

事实上，我行现有的“理财金账户”专属理财产品，多以信托类理财产品为主，存在着品种单一、收益率上浮不突出、客户购买资格界定模糊等问题，对目标客户群体吸引力不足；在专享费率优惠方面，我行给予“理财金账户”客户费率减免多集中于汇款、资金结算、挂失等日常交易，在高端业务收费标准与普通客户差异不明显，难以对客户满意度的提高产生较大的促进作用，如资信证明、保险箱业务、贷款服务等。

我行应尽快借鉴外资银行的成熟做法积极应对，适应市场要求，积极进行产品定价的研究，对不同的产品定价方法进行探索。在总行层面，可以根据利率管理规定，充分考虑资金成本、风险损失、目标收益等因素的基础上，合理确定针对理财金账户目标客户群体的资产、负债、中间业务产品和服务的基准利（费）率水平。同时，根据各分支机构的经营管理水平，所在地经济状况、当地同业竞争等因素，对分支机构进行定价授权。比如，在达标“理财金账户”客户管理上，可以在账户年费、存贷利率、手续费和授信额度等方面给予客户基本优惠，还可利用诸如金融产品消费返还、积分兑换手续费（交易费）、超值附赠等方式，增强产品和服务的吸引力，最终提高“理财金账户”品牌的市场竞争力。

2. 加大理财产品创新力度，不断提升产品服务能力。

目前，我行理财产品在结构上存在目标短期化、方案缺乏个性化，以及受到金融机构自身业务限制等问题，从而在产品设计上无法体现差异化和多样性。我行不遗余力地推出了名目繁多的理财产品，但事实上只不过是对货币市场产品的简单组合，把个人业务、国际业务或同业银行业务进行了分类打包，再冠以招眼易记的通俗名字，而真正创新的理财产品并无增加。除此，就主要是代销基金、券商的理财产品及保险公司的保险产品，而这些实质上标准化的产品，更导致我行与他行同质化现象严重。

面对形形色色的客户和千变万化的理财需求，如果没有全面的产品系列做支持，很难真正满足客户的需求。国外专长财富管理业务的金融机构，例如高盛集团，其财富管理的产品系列是零售银行行业中最全面的。

高盛集团财富管理产品一览

产品	产品技术支持
传统理财产品 股票 证券 外汇 商品期货 共同基金 对冲基金 风险投资 房地产投资等	全面的资产配置和投资组合策略 评估物业规划并提供信托咨询服务 与会计师和律师进行协调 成熟的现金管理技术 初次公开招股前的财富规划以及初次公开招股后的多元化策略 有限制股票销售领域的行业领导 具有交易执行和结构设计能力

创新是金融产品的活力源泉，是金融产品衍生化发展的内在动力。我行应进行积极主动的金融业务创新，及时调整个人金融业务的产品结构，在研究竞争对手及国际先进银行的个人金融业务产品类型的基础上，着眼于目标客户需求，结合本行业务发展的实际情况，积极为“理财金账户”客户开发有市场潜力的金融产品，以满足客户日益增长的多元化需求。如：私人股权投资、对冲基金投资、离岸信托、收藏品投资等。同时，在产品设计阶段时就要同步考虑售后服务以及产品升级换代工作，包括金融产品的不断更替、包装与重组，令其保持持续而旺盛的生命力。对同质化产品及时进行完善、更新，增强产品技术含量，深化服务附加值，为客户带来切实的投资理财收益，进一步凸显“理财金账户”品牌优势。

3. 推行家庭综合理财规划，满足客户不同人生阶段需求。

个人理财所要达到的目的就是在尽量规避风险的情况下，制定出切合实际的可操作性投资组合方案，以达到个人资产的保值与增值。优质的个人理财服务除了为客户实现这基本的投资目标，还应当根据客户所处人生周期、职业特征、家庭收支状况、理财目标方向等具体情况对多种产品进行结构组合，为客户设计特征鲜明的产品套餐方案，提供家庭规划服务。我行在不断丰富“理财金账户”专属产品线的基础上，可细分客户群体，针对客户与家庭子集设计相适应的套餐组合。如：为刚毕业的青年设计“昂首起步”理财策划方案；为创业期人士设计“鸿业成长”理财策划方案；为新婚夫妇量身设计“浪漫世界”理财策划方案；为家庭成长期人士量身设计“小康之家”理财策划方案；为家庭成熟期人士量身设计“丰盛人生”理财策划方案；为退休人士量身设计“金色夕阳”理财策划方案等。这种结合价格、渠道和促销手段，进行产品组合营销的策略，可以有效地丰富“理财金账户”贵宾品牌的理财功能。

实践也表明，为客户提供专业的理财顾问服务更能取信于客户，深化客户维护关系，这对于提高“理财金账户客户”忠诚度意义重大。个人客户经理在日常营销工作中应主动为理财金账户客户提供家庭理财规划服务，服务范围不仅限于投资规划方面，还应涵盖家庭管理规划、子女教育、家庭税务、房地产投资、养老规划等各个方面。在对客户家庭进行价值分析的基础上，制定多样化的产品组合，包括垂直多样化、水平多样化、无关联多样化等，满足客户在不同人生阶段的个性化需求。

三、以提升目标客户满意度为核心，服务诠释品牌精义

商业银行贵宾理财服务在本质上就是以提供优质无形的产品和服务为主要内容，以创造目标客户满意和客户忠诚为最终目标的营销活动。相比普通客户，“理财金账户”客户更注重理财的专业性和产品售后的软性服务，实施专业化、规范化、差异化的服务策略，是有效提高“理财金账户”品牌的口碑效应的重要途径之一。

1. 加强专业理财团队建设，提升品牌服务专业水准。

贵宾理财品牌的顺利推广，最大的挑战在于是否拥有领军人物和大批训练有素、通晓各类资本市场的财富管理专才。由于贵宾理财服务对象是客户家庭，理财需求涵盖投资管理、风险保障、税务筹划、养老规划、子女教育等，其主要业务表现为一对一的专属理财服务，这就决定了从事该项工作的人员必须需具备一定深度的专业素养，不仅要有完善的专业能力，还要有良好的综合素质、与人沟通的能力和可信度，绝非一般意义上的产品营销人员。花旗品牌战略能得以实施，除了出类拔萃的全球金融经验、与国际市场保持同步的资讯网络、一站式理财服务以外，还有一个最主要因素就是人的能动性。

目前，我行个人客户经理人均管理客户数量过多，工作满负荷运转，“理财金账户”客户维护很难面面俱到。

另外，客户经理专业能力有限，不能全面通晓资本市场，导致部分客户满意度下降。人才的缺乏已经成为制约我行“理财金账户”品牌进一步推广的瓶颈。我行贵宾理财品牌推广工作的当务之急和未来目标都应以多种有效方式与渠道整合贵宾理财的第一资源——人才。一是根据整体业务发展情况和业务市场拓展需求，科学调配劳动组合，挖掘人力资源空间，通过内部选拔和外部招聘等方式，及时增配个人客户经理，提高“理财金账户”客户拓展和维护能力。二是继续资源投入，根据打造复合型金融人才的要求来安排对个人客户经理的培训。除了继续推行金融理财师（AFP/CFP）资格认证制度，还应该借鉴国际金融理财师课程体系的设置，开设证券、黄金、房地产等投资工具运用和理财规划两大类课程以外。同时，适当学习市场营销学、公共关系学、心理学等知识。通过培训，使我们的个人客户经理变成既有渊博的专业知识、娴熟的投资技能、丰富的理财经验，又懂得营销技巧、通晓客户心理的通才，从而提高营销服务团队专业理财水平，更好地满足“理财金账户”客户的金融需求。

2. 建立完善的客户关系管理体系，实施差异化的服务策略。

客户关系管理的概念由美国 Gartner 集团率先提出，客户关系管理是一种服务观念、一种管理哲学。这种观念认为：①客户需要简捷的服务；②客户需要畅通便利的与银行接触的渠道；③客户需要个性化的服务，这是最重要的；④服务具有生产性。提供上述服务的关键是建立、保持并不断丰富与客户的关系，为不同客户提供分层次、个性化的专业维护。在此过程中，个人客户经理所需要关注的不仅仅是客户的资产，而是客户具体的需求和偏好。

不同类型的客户有着属于本类群体的价值取向和金融需求，客户需求具有多样性、差异性和变化性等特征。从客户关系管理的观点看，客户经理应该始终保持高度体察的敏感性，不断判断客户需求中哪些是基本需求，哪些是特殊需求。任何一家商业银行都能为客户基本需求提供无差异服务，真正有意义的工作是发现客户的特殊需求，并尽可能多地搜集与获取客户各方面的信息，对群体客户信息进行深层次、多视角的分析，主动引导和挖掘客户的需求，适时予以满足，以提升客户的依赖性和满意度。如：100 万元以上的理财金账户客户，无论是财富实力或者是社会地位都处于优越位置，通常对价格敏感度不高，客户更在意的是从服务中获得的满足感和尊贵感，对这类客户应根据其消费心理特点，着重于满足其精神需求，通过为其申办白金信用卡，提高客户信用额度，满足其优越感和成就感，尽可能地使之成为我行的忠诚客户；对 20～50 万元之间的理财金账户客户，往往对科学的投资理财方法和把握市场投资机遇更为关注，客户经理可以为其定期提供金融产品组合、基金投资、外汇投资等方面的辅导建议等，迅速、及时、全面地满足客户的金融需求；大部分中高端客户家庭都对子女教育、健康生活方式等比较关注，另类新潮流型客户往往对时尚运动、奢华品牌等有着浓厚的兴趣，资产较为丰厚的家庭有出国旅游、子女留学的潜在需求，我行可细分不同客户特征，围绕其家庭需求，以分行理财课堂为交流平台，定期举办“理财金账户”精彩生活系列活动，进一步提升客户忠诚度。

3. 持续优化业务流程，提升理财金账户客户服务体验。

超过半数的“理财金账户”客户认为我行过于复杂的业务流程和繁琐的业务规定是造成我行服务效率低下的主要原因。为缩短网点服务和目标客户需求之间的差距，我行应不断进行流程的梳理和优化，切实解决管理环节过多、流程周期过长、具体工序繁琐等问题，建议重点从以下三个方面逐步推进：

（1）落实专业部门加强内外部客户需求和市场信息的收集与整理，在了解客户需求、对同业同质产品进行比较的基础上，对现有业务流程的多余环节和重复工序进行优化、合并和删减，对流程的割裂、冲突环节修补弥合，实现流程在各个业务条线之间、不同层级之间的有效对接。尤其是对“理财金账户”客户重复投诉、多人反映的涉及业务流程、业务环节的问题进行重点攻关，在业务风险可控的前提下，为贵宾客户办理业务提供便利，从根本上维护客户满意度。

（2）加强服务标准化和规范化建设，提供贵宾尊崇体验。我行现有的贵宾理财中心在业务分区方面已经比较完善，大多设有“理财金账户”客户专属服务区域，无论客户前来办理大额现金业务或是非现金交易，工作人员均应以客户为本，以提升服务品质为目标，以安全、私密、便捷为服务主线，引入“环岛”服务模式，客户无须来回奔跑多个窗口，在贵宾室即可完成所有交易，充分体现“以客为尊、客静我动”的业务处理原则。同时，其他类型网点在为“理财金账户”客户提供服务的过程中，统一服务质量和业务操作流程，以价值服务、增值服务、响应服务为基本要求，使客户不管在何处办理业务都能体会到“理财金账户”的品牌特色。

（3）设计充分协作的组织结构，建立富有效率的工作流程。个人客户经理是作为“理财金账户”客户的金融总顾问，不仅要做好客户的拓展、管理与维护，而且要为客户提供包括财务规划、市场研判、投资专家、理财顾问、业务操作等一系列的综合金融服务，其背后必然要有强大的支持力量，可考虑采取团队服务模式。个人客户经理纵向对其直接领导负责，横向牵头与其他各专所长的若干外聘专家、产品经理、客户经理共同组成对高端客户的服务团队。从客户角度看，每个客户都只有一个专属客户经理全权为其负责，其只需与该客户经理联系就能处理所有与银行相关联的金融业务，方便快捷。涉及到具体金融产品或特定投资领域，客户也可直接与相应的产品经理/客户经理联系。对专属客户经理而言，当需要业务支持时，只需直接同服务团队成员联系，即可获取准确、可靠的业务操作指导。对产品经理和其他客户经理而言，其负责具体某种或某类产品的销售和服务，也容易精通业务，发挥专长。

四、不断完善理财金账户增值服务体系，丰富品牌附加内涵

意大利经济学家马特莱发现了经济世界中 20% 的人拥有 80% 的财富，从此一条被喻为 20/80 原则被广泛地运用在管理理论和管理实践中。麦肯锡公司的有关报告认为，在中国这个20/80原则分布更加极端，仅4%的用户就为银行带来了80%的收益。遵循“马特莱法则”，无论是国有银行，还是外资银行都建立了各具特色的财富增值服务项目，这些增值服务成为了银行推广品牌、维护客户的重要手段。

1. 我行现行增值服务体系无法满足客户的独特需求。

目前，我行为所有理财金账户客户提供高品质的家庭健康管理服务，为资产在一定级别以上的客户定期赠送一定价值的增值服务。目前，增值服务项目基本流程是由分行统一购买合作商户的充值卡，支行定期领取后，客户经理逐一赠送给客户。以100～300万元之间的理财金账户客户为例，除了日常化的健康管理，每季还可领取一项实际价值240元的服务卡。从客户反馈信息显示，中高端客户对增值服务有着强烈需求，希望服务内容更具个性化和多样性，建立属于自己的独特品位。比如，不固定时间领取、在我行规定的价值范围内对所有增值服务项目进行组合消费、自行选择个性化的商家与服务等，这就为我行对增值服务的管理水平提出了更高要求。

2. 利用理财金账户芯片卡功能，建立客户增值服务平台。

为了进一步完善增值服务体系，提升客户服务体验，针对苏州分行的实际情况，我行可通过建立个人客户营销管理系统创建中高端客户增值服务平台，实现增值服务商管理、客户电子礼券兑换和消费管理、费用清算、服务商监测、客户行为分析等功能。该平台主要功能包括：

（1）服务商管理。通过个人客户营销管理系统实现增值服务提供商的增加、删除和分类，增值服务提供商信息的维护功能；

（2）礼券额度管理。实现礼券奖励的参数管理，礼券额度由分行统一设定兑换标准；参数化控制礼券奖励活动的起始日期、截止日期和有效期；实现礼券额度的查询功能；

（3）电子礼券管理，包括制作加密电子礼券的功能，电子礼券的上传，电子礼券信息下载到客户芯片，查询和退换等；

（4）电子礼券消费，实现客户使用借记芯片卡脱机消费电子礼券功能；

（5）客户提示功能，根据客户偏好，针对性通知新增电子礼券的信息；

（6）客户服务预定功能，实现客户通过该平台预定商户消费或者享受服务的时间、内容等；

（7）常规性维护客户功能，实现各分行通过平台在特定日期（如客户生日、特定节日）对客户批量赠送“电子礼券”的功能；

（8）后台清算功能，实现电子礼券消费的后台记录和定期清算功能；

（9）业务管理功能，实现增值服务的各项报表和客户清单功能。

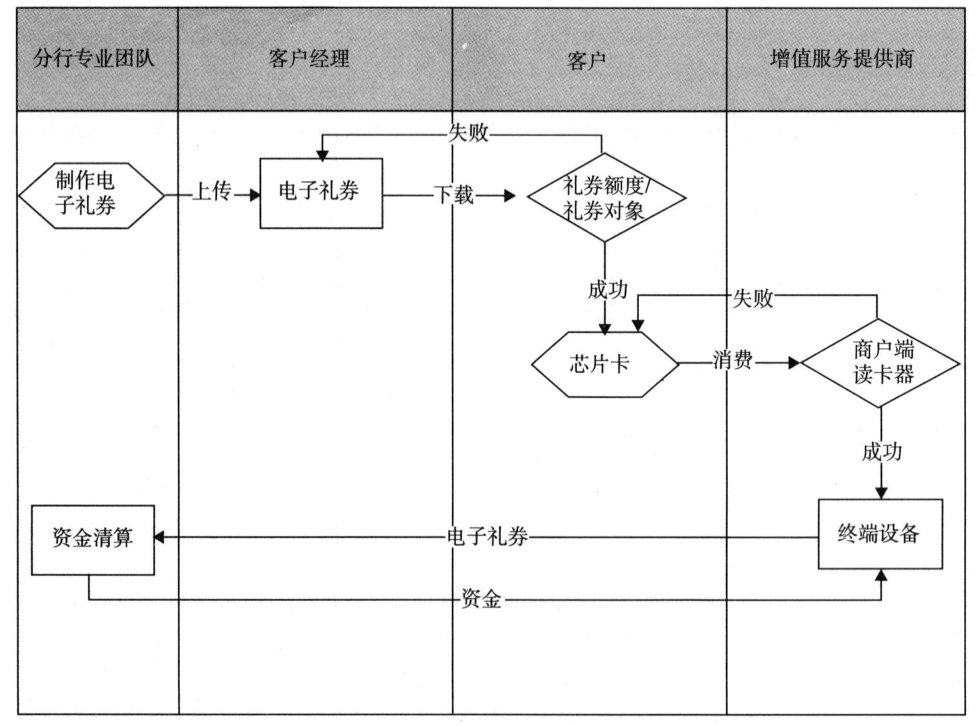

图3－4 增值服务项目流程

3. 根据客户对我行的综合贡献度，计算客户电子礼券额度。

电子礼券是指在我行理财金账户芯片卡中装载的应用程序，用以实现相关增值服务提供商的服务及消费功能。

客户在合作商户读取IC卡信息，通过扣减电子礼券金额直接抵扣商户消费金额，如餐饮消费、美容美发消费、高尔夫会员消费等。

在计算礼券额度时，更改目前增值服务回馈价值仅与客户资产级别挂钩的规定，全面考虑客户对我行的综合贡献度，包括客户资产金额、理财产品认购数量、基金和纸黄金交易量、结算类交易贡献等，按照不同业务类别所产生的贡献情况，计算得出的客户应享有的礼券金额。客户在商户消费时可在礼券额度之内随意兑换。我行可在客户生日当天给予指定业务办理双倍积分的温情回馈，也可结合不同期间的营销推广活动，进行特色积分管理，实现对增值服务的灵活运用，最大化地丰富理财金账户的品牌内涵，提升客户满意度。

"理财金账户"品牌市场营销策略并非是静态或一成不变的，只有掌握了其本质内涵，真正树立"以客户为中心"的服务理念，以"服务兴行"为发展战略、以"客户至上"为市场策略，方能在这场久战犹酣的中高端客户争夺战中立于不败之地。

认清形势 鼓足干劲
实现个人金融和银行卡业务的健康发展

——曾桂华同志在厦门分行个人金融、银行卡工作会议上的讲话

一、2009年个人金融及银行卡工作取得良好业绩

（一）核心业务取得成效

1. 中高端客户快速发展。截至2009年末，我行个人金融存量客户217万户，当年新增24万户；借记卡存量185万张，贷记卡存量49万张，借、贷记卡当年新增发卡25.7万张，借贷记卡消费额约114亿元，较上年增加45亿元；代理基金存量客户7.78万户，基金账面净值30.52亿元；代理保险存量客户5 414户，至年末代理保险现金价值1.83亿元；代理理财存量客户1.56万户，代理理财产品余额13.32亿元；个人贷款存量客户3.18万户，当年净增1 658户；个人存款存量客户189万户，当年新增16万户；新增中高端客户1.78万户，存量中高端客户11.01万户。

2. 本外币个人存款稳步增长，理财产品销售业绩良好。截至2009年末，我行个人本外币各项存款余额217亿元，当年新增37亿元；代理销售理财产品81.46亿元，其中代理销售基金15.13亿元、代理销售保险产品1.56亿元、代理销售银行类理财产品62.36亿元、代理销售国债2.41亿元。

3. 个人贷款业务快速发展。2009年末我行个人贷款余额118亿元，当年新增个人贷款27亿元。其中个人住房贷款新增24.46亿元，个人消费贷款新增5.14万元，个人经营贷款下降1.94亿元。信用卡透支余额6.3亿元，其中分期付款1.03亿，新增分期付款中间业务收入753万元，同比增长661%，新增收入占信用卡中间业务收入增量的94%。

4. 个人存贷款利差及中间业务收入对全行收入贡献度较大。按照总行资金集中配置价格计算，人民币全部存贷款利差收入约14.68亿元。其中人民币个人存贷款利差收入3.91亿元，约占人民币全部存贷利差收入的26.60%。包括个人金融、信用卡在内的个人中间业务收入约17 139万元，同比增收3 153万元，增幅22.41%，占全行中间业务收入的46.67%。包括中间业务收入、存贷利差收入在内的全部个人业务收入约占分行全部利差收入、中间业务收入的30.66%。

5. 渠道建设成效显著。2009年，分行继续加大力度，强化渠道建设，加大附行式自助设备增设和离行式设备投放力度。全年装修改造金榜、长虹、芙蓉、开元、鹭江、观音山、镇海等七家支行贵宾理财中心，及环城、银龙等两家支行的自助银行，年末七家贵宾理财中心已全部投入使用，两家支行自助银行建设接近完成。截至年末投产柜员机设备达447台，当年新投产设备110台。自助设备全年累计交易量3890万笔，总交易额278亿元。分别上年增加440万笔和82亿元。灵通卡本行ATM离柜交易业务同业占比69.83%，列一级分行营业部和直属分行第三位，自助设备分流柜面业务成效突出。

（二）与同业领先银行尚存一定差距

经全辖个人金融与银行卡专业全体同志的共同努力，2009年与以前年度相比，我们取得不来凡业绩，但与同业领先银行相比，我们还存在一定的差距。

1. 客户发展。截至2009年末，我行借、贷记卡累计发卡235万张，农行累计发卡336万张，建行308万张，我行同业排名仅第三；三方存管客户，建行20万户，我行11万户；公积金客户，建行已超过30万户，而我行仅5.86万户；代发工资人数，我行代发工资47万人，代发工资额79.22亿元（含社保21亿元），而建行代发工资人数超过60万人。

2. 存贷款规模。年末我行个人存款余额218亿元，建行个人存款余额362亿元，农行个人存款余额168亿元，我行同业占比排名第二；年末我行个人贷款余额118亿元，建行个人贷款余额198亿元，农行个人贷款余额扣除贷记卡透支3.29亿元后119亿元，我行同业占比排名第三。

3. 个人（含信用卡）中间业务收入。2009年我行实现个人（含信用卡）金融业务17 139万元，同业占比30.89%，占比排名第二，建行实现个人中间业务收入20 715万元，四行占比37.25%。

4. 渠道建设。在渠道建设方面我行与同业尚存差距，年末我行物理网点数量61个，建行物理网点数量59个，

农行物理网点数量63个，网点数量我行较建行多两个，较农行少两个；柜员机数量我行450台，建行562台，农行400台，我行同业第二；自助设备方面，年末建行158台，中信100台，我行103台，同业第二；在客户理经理配备上，我行与建行同样存在差距。为此我行尚需进行一步加大渠道建设力度，加大软硬件投入。

二、认清当前经济金融形势，增加工作的预见性和主动性

（一）外部市场机遇

中央经济工作会议确定的基调是，2010年继续实施积极的财政政策和适度宽松的货币政策，经济增长潜力将由投资拉动型向消费拉动型转变。近期商业银行放贷情况及银监会的态度，感觉贷款投放过快，各商业银行已有所控制，这些政策微小变化都将对市场产生影响。

1. 厦门预计2010年固定资产投资增长10%（上年882亿元），970亿元，进一步推动经济复苏、企业开工率提高，用工会增加，工资收入会增加，个人业务客户发展就有机会。

2. 以在刺激消费政策驱动下，消费将保持较快的增长。消费需求增长，个人消费信贷及结算业务就有机会。

3. 资本市场将在高位震荡盘升，市场交易活跃，三方存管及基金业务就有机会。市场起伏保险市场也会带来机遇。

（二）市场竞争面临的困难

1. 个人住房贷款持续增长压力。中央连续出台下政策对房地产价格增长较快的一线城市进行调控压力较大，二手房交易税费恢复、二套房贷款政策从严。个人住房贷款会受到较大影响。因此必须在继续抓好个人住房贷款的同时，积极开拓个人经营贷款和个人消费贷款及个人留学贷款等市场，以弥补个人住房贷款增量可能减少的影响。

2. 代发工资目标客户群竞争压力。分行确定的代发工资为个人业务重点发展内容。重点目标客户群为机关学校事业单位，目前这部分群体代发工资市场占比较低，且集中在主要竞争对手，因此竞争压力会比较大。

3. 信用卡业务竞争进入白热化。新发信用卡12.4万张，净增信用卡9.33万张，增长23.3%；信用卡消费额60亿元，较上年净增23.75亿元，增幅65.70%。信用卡卡均消费13537元，较上年增加2617元，增幅24%，但中间业务收入增加798万元，增长24.08%，但扣除分期付款新增手续费收入753万元外，包括发卡和其他消费产生的中间业务收入仅增加45万元，增幅5.64%。说明三个问题。⑴再次说明新产品对收入拉动作用是非常重要的。⑵提醒我行信用卡业务必须在产品创新上有所突破，否则将陷入卡量、消费额上去后，收入可能出现下降的尴尬境地。⑶同业竞争将从卡量、消费额、透支等业务进一步升级到产品创新、服务创新上。

（三）内部发展中遇到的困难

1. 客户经理队伍不能满足业务发展需要，人员素质参差不齐。截至2009年末，分行各类个人客户经理总数226人，人员总数比2008年末增加了40人，其中，大堂经理57人，有三分之一需要进行调整（年龄、业务素质、沟通），理财经理63人，非个贷营销经理19人，个贷营销经理87人。个人业务除贷款、理财业务外，还有许多业务和产品、特别集群式发展、多样化需求的客户，仅靠理财、个贷经理是远远不能解决客户需要的。如财富中心配置客户经理就没有个人贷款、个人外汇及其他对公理财或其他专业的专业人才。客户经理数量不足，人员素质参差不齐，同时考核机制不健全、营销理念和营销技巧不能适应市场发展等矛盾凸显。

2. 整体协同营销机制尚未形成。客户经理整体营销意识尚待得升，整体营销推动不力。如代发工资业务，截至10月底，全辖有贷户648家，已发展为代发工资客户的企业144家，占比为22.22%。其中一级支行有贷户509家，已发展为代发工资客户的企业127家，占比24.95%；准一级支行有贷户129家，已发展为代发工资客户17家，13.18%。全辖存款余额10万元以上无贷户4809家，已发展为代发工资客户的898家，未发展为代发工资客户的3911家。分行上门收款单位29家，办理代发工资的也仅19家，占比不到60%。整体营销意识不仅对公、法人与个人业务联动性营销不强，就是个人金融产品融合产品或整体营销也不够。如借记卡、贷记卡与U盾的营销也尚未完全实现整体营销、如促销活动。

3. 产品创新、市场反映速度难以与市场需求契合。如同一业务不同渠道收费标准不一，个人贷款产品同一类型抵物法人可做，个人不能做。循环贷功能与他行存在较大差距，最高额项下贷款分次提取分次归还，产品流程设计尚待进一步完善。

4. 客户经理层面和支行行长层面考核机制不健全。部分支行存在责任不落实、目标不分解、绩效分配吃大锅饭。

（四）同业主要竞争对手优势在某些领域仍具一定优势

1. 在服务上，建行每个网点配备至少两位大堂经理，做客户引导和网点阵地营销，聘请“神秘人”评价网点服务效率，有效提升客户满意度。

2. 网点标准化建设上，同业主要竞争对手通过持续不断地进行网点标准化建设改造，网点内外物理环境大为改善，对外形象明显提升。

3. 考核上，同业主要竞争对手客户经理和网点负责人的考核机制更加有效、及时、透明，对网点营销积极性的调动起到了非常重要的作用。

三、2010年业务发展目标及工作思路

（一）业务发展目标

客户发展：2010年新增个人客户38万户，增长18%，至年末个人客户发展到255万户。其中：新发借记卡50万张，新增个人三方存管客户2万户，新增基金定投客户7.2万户，新增个人中高端客户2万户，新增财富客户目标1000人、新增代发工资单位1000户，新增代发人数8万人；新增个人贷款客户0.5万人。

储蓄存款与理财：确保2009、2010年两年储蓄存款净增80亿元，力争净增100亿元，年末储蓄存款余额达260

亿元，力争达到 280 亿元，增量同业占比保二争一；2010 年理财产品销售 90 亿元（基金、保险、国债、银行类理财产品）。

个人贷款：确保净增 30 亿元，年末个人贷款余额达到 150 亿元，增量同业占比争二瞄一；

个人中间业务收入：确保完成 1.6 亿元；

渠道建设：升级改造 10 家贵宾理财中心。新增投放 70 台柜员机及 300 台简单功能的转账查询缴费机。

（二）工作思路

加强与对公法人整体联动，取得中后台部门的支持和保障，围绕“创新、服务、管理”经营主题，通过实施“走出去、请进来”的营销方式和业绩支撑的考评机制，拓展新市场、争夺新客户、创新新产品、开辟新渠道、建设新团队，力争客户规模、交易规模、渠道规模取得大发展，为实现总行提出的强个金战略奠定基础。

围绕总行提出的新市场、新客户、新产品、新渠道、新团队，在发展路径上体现以客户为中心的经营理念。以市场拓展，推动客户增长，以产品和渠道维系客户、以团队服务巩固客户关系。

1. 关于开拓新市场问题。分行根据厦门的各类市场（商品专业、新兴消费品、现代服务业、要素市场、政策崔生市场、海外留学市场）做了一些调查，对部分专业市场做了一些分类。并针对市场存在的业务机会进行分析，主要上下游业务、市场经营者业务、市场供货商和市场购买方业务，围绕市场潜在客户群体金融需求，包括融资、结算、理财、现金、简单功能转账、消费 POS、信用卡分期付款等业务进行分析。分行将组织客户经理对不同的市场特点、特色进行分析，设计营销方案，有目的的走进市场进行宣传和营销，达成产品销售目的。各支行要主动对支行周边或目前支行现有的客户关系网进行关系营销，调动各方有利因素，争取在一季度所有支行特别是在一、准一级支行要打开走进市场的局面。万事开头难，目前走进市场没有现成的经验，只有在不断走出去、不断总结营销经验基础上方可取得营销战果。

2. 关于新客户问题。新客户包括小老板、小白领、小公务员、大学生、自由职业者。这些客户的拓展要采取走进市场、走进机关、走进学校、走进社区的办法，特别是代发工资目标客户群，要将工商银行所有面向个人销售的金融产品进行整合，制定一揽子销售计划，并根据不同客户群进行产品组合，定向营销。每个支行每个月要组织一场针对新客户拓展的现场营销或售后服务活动。除以上新客户外，针对他行的高端客户，也要充分利用现有的信息和渠道有目标的进行开发。

拓展新客户的同时，对现有存量客户也要不断挖潜。特别做好存量贷款客户的转化和挽留工作。由于我行经营贷款产品不如人意，2009 年经营贷款下降 1.93 亿，背后是客户流失 1203 户，流失率 30%。年末客户 2746 户。新增 27 亿个人贷款，客户仅增加 1658 户。因此要特别重视存量贷款客户的转化或再融资需求。今年贷款任务分解过程中，将二手房贷款任务按住房贷款存量 94 亿元分解了 10 亿元。目的就是对存量住房贷款客户做好转化和挽留工作。其他存量贷款客户挽留工作也不能掉以轻心，目的只有一个就留住客户，让其在工商银行内部循环。

3. 关于代发工资业务营销问题。分行确定发展目标客户 1000 户，确保代发人数 8 万人，力争 10 万人，代发工资确保 90 亿元，力争 100 亿。重点目标客户群是上门收款单位、有贷户特别是小企业，无贷户特别是存款余额 10 万元以上的客户（包括行政事业单位零余额账户），分行在分解任务时明确了代发工资覆盖率。其中上门收款单位 100%；有贷户 50%，其中小企业 100%；无贷户发展 50%。产品上采取与信用贷款、两卡一 U 盾、信使等捆绑销售。营销投入上对收入较高群体、目前在主要竞争对手的客户可配合投入其他营销费用，以达到一旦营销成功，对我行市场占比的双倍提升效应。各支行要尽早落实、早安排。上半年必须要见到成效。

代发工资业务营销激励机制建设要采取有奖有罚的办法。对提供上门收款服务的单位和小企业贷款单位，原则上 3 月末要全部落实代发工资，可以宽限到 5 月末，5 月末没有完成的，不再提供上门收款业务。同时对业务所在支行未完成任务的按计价标准等额扣罚计价工资。对其他代发工资单位，对没有按时间进度完成代发工资的也要扣减计价工资，对低于时间进度要求 70% 的部分，按少完成的部分等额扣减。超过计划进度的部分，计价标准上调。

4. 关于信用卡产品和服务问题。前面分析信用卡业务竞争局面，必须在产品创新和服务上有所突破。网上申请发卡，项目发卡、存量个人客户主动授信，机关事业单位正式员工（公务卡）和中高收入行业中层以上管理人员信用卡授信与个人信用贷款同步推动，重点拓展六大市场商户分期付款业务。

5. 关于高端客户维护问题。财富管理中心对现有的中高端客户进行梳理，提升营销和维护层次，除了目前提供的维护内容外（客户消费积分、高尔夫、爱康、机场进出通道外、定期理财咨询外）。对中高端客户维护再提出要求：所有中端 B（20 万）以上客户全部挂户专职客户经理。专职客户经理负责日常客户维护（产品销售、咨询、交流、沟通或客户主动提出的其他服务要求）。其中原则上私人银行客户由分行领导和支行行长定期与客户交流、沟通；财富客户由支行行长和分管行长定期与客户进行交流。卡中心对消费额靠前的客户定期监测，交易靠前的客户由分行和卡中心领导定期沟通交流，客户经理定期联系、服务。若有必要分行或支行领导也要与不同层级客户进行沟通交流。

6. 关于渠道问题。除继续对部分支行进行标准化改造、自助设备布点外，对总行新推出的网上贷款申请和网上信用卡申请要及时开通并进行宣传，组织客户体验。在走进市场、走进社区营销中，要将简单功能的转账查询缴费机布放列入营销内容。分行已向总行申请计划投放 300 台简单功能设备。功能就是转账、查询、缴费。仅供借记卡使用。各支行在营销客户（小老板）同时，对年结算额超过 300 万元的商家推销此类设备，设备产权归工商银行，免费上门安装（包括网络）。商家不投入成本，但要求开设工商银行借记卡账户，用于回笼客户转入的货款。个金部要制定设备管理办法。

7. 关于客户经理队伍建设问题。配备适应市场发展的个人客户营销人员（个人营销经理）、建全客户经理考核机制，进一步完善客户经理考核办法，立足业务发展，可考虑开发一套客户经理考核系统。

8. 关于考核问题。淡化计划任务，突出标杆占比。对目前已处于同业领先的业务，以计划作为标杆考核；对于同业处于弱势的，以同业领先为标杆考核。针对一级、准一级、二级支行分别切块考核增量目标占比，实际增量/每类支行标杆增量，按市场占比计算得分。对保险、券商、基金公司、房地产中介、车商等法人客户。既要请进来，也要走进去，加强合作单位驻点人员的管理，对制度执行、基本业务规模要求、客户相互输送及后续跟进服务等方面继续强化管理。

齐心协力　锐意进取　全力打好新市场、新客户的争夺战

中国工商银行新疆区分行　袁　萍

一、拓展新市场、新客户，是个人金融业务持续发展的必然选择

客户是个人金融业务发展的源头，做大优质客户规模，是深入推进第一零售银行战略的关键。截至去年末，我行个人客户总量达到569.3万户，其中中高端客户42万户、百万元以上的财富客户4882户、私人银行客户72户，中高端客户资产占比为78.8%。随着社会经济的快速发展，各类新兴市场迅速兴起，中产阶层和富裕群体加速形成，客户金融需求日益丰富并趋多样化，各家商业银行对新兴市场及客户的争夺日益成为战略重点。如果按照近三年我行个人客户数年均11%的增速测算，2012年个人客户总数可达到778万户，按照总行中高端客户15%的占比要求，中高端客户则有116万户。客户群体的不断扩大，尤其是中高端客户的快速发展，必将带动我行个人金融各项业务和收入实现新的跨越。

为推动个人金融业务快速发展，我行在两年前就提出了“一个行业一层客户、一个企业一批客户”的营销思路，并依托部队、财政、代发工资单位和部分企业客户资源，在个人金融业务批量营销上进行探索实践，也取得了一定成效。但是，我行这些大型企业、机构客户等传统客户市场毕竟有限，且同业竞争渗透也相当激烈，如果我们仅仅停留在对现有市场和对现有客户群体浅层次需求的挖掘上，而不注意其深层次的需求，同时再不注意积极开拓新市场、新客户，那么个人优质客户规模就很难实现快速增长，个人金融业务也很难实现有效突破，个人金融业务的可持续发展将会受到严重制约。我们要认识到，由市场不断深化而催生的各类新兴市场，蕴含着丰富的个人金融业务需求，孕育着大批具有发展潜力的优质个人客户群体，蕴藏着许多业务收入新的增长点，它们就像尚未开采的、资源丰富的矿藏，是我们个人金融业务实现可持续发展的现实选择，如果在同业尚未关注时不抢占先机，我们在市场竞争中就会丧失主动权，为重新市场分割所花费的成本也将大幅增长。

二、认真梳理，积极寻找新市场、新客户资源

今年，总行将各类商品交易市场、新兴消费品市场、现代服务业市场、促进各类改革以及政策调整催生的源头市场，以及为跨境人员流动服务的海外市场等纳入个人金融业务重点关注的“新市场”范畴。在这些市场中，有我们近年来一直强调并已经开展营销拓展工作的、有关注了但尚未进入的、也有从未关注过的。如何找准我们自己的“新市场”、“新客户”，针对性地开展营销，需要大家做更细致的调研，对市场做进一步的梳理。

第一类是有客户基础，但金融需求潜力巨大的新市场。近年来，分行一直强调要狠抓代发工资、第三方存管等源头市场，因为它是一系列业务的基础，关系到市场根基能否扎稳的问题。从目前情况来看，我行对该类市场的拓展渗透有了一定基础，但潜力还相当大。就代发工资业务而言，我行共有代发工资单位14700户，仅占单位基本账户的42.1%、占有贷户的27.14%、占无贷户的14.6%，全疆34家上市公司中，仅有9家在我行办理代发工资业务。对市场的代发工资业务渗透工作，分行近两年一直在强调，但效果不明显。比如在去年全行开展的代发工资营销活动中，分行单独确定了138家有贷户、34家上市公司的目标客户名单，但至今仅新增了2家有贷户代发工资客户，上市公司还没有新突破。从近期对全疆律师、会计、审计事务所、财务咨询公司等员工收入较高且人员相对稳定的新型商务服务行业调查来看，仅在电信黄页上登记的就达420家，而我行商务服务行业代发工资单位只有20家，占比不到5%。在现有代发工资单位中，网银覆盖率还不足50%。就第三方存管而言，截至去年末，我行存管客户数达到25.34万人，增量跃居同业第一位，存管客户证券资金余额达到30.9亿元，但为这些客户提供有效现金管理的“灵通快线”产品，余额只有12.5亿元，仅仅占到40%。

第二类是已经关注到，但拓展效果不明显的新市场。

据统计，2008年全疆亿元以上的商品交易市场已经超过50家，市场出租摊位42000多个，成交额达到430亿元；在以煤炭、纺织、钢铁、有色金属、建材、食品等为支柱的工业体系中，规模以上的企业近2000家，其中资产规模达到5亿元以上的大企业就有39家，还有一些内地新落户的大企业和中小企业的竞争实力也很强；在全疆兵团系统中仅本部直属企业就有15个，所辖14个师的直属企业有1900多个，兵团所有副处级以上人员约有2700人，兵团本部机关公务人员就有3000人；全疆有各级各类学校6598所，有教职员工32.95万人。这些市场资源非常丰富，也是各家商业银行关注的焦点。由于种种原因，我行在对公业务上与上述很多企业没有合作关系，整体切入难度较大，但这些市场对个人金融业务的需求空间很大，从个人金融角度去渗透相对容易一些。根据近期各行对市场的摸底情况，目前有13家二级分行（含区分行营业部）将45个大、中型交易市场列为重点营销目标并进行了较详细的调查，其中有20个市场尚未布放我行POS、ATM等自助终端，有7个市场我行各类金融产品和服务基本没有介入，这些都是我们的新市场。各行要结合这次“新市场、新客户”营销拓展活动，对当地大中型市场、大中型企业、各类院校、兵团系统中我行渠道的渗透情况、个人金融产品覆盖情况进行摸底，努力寻找突破点。特别要关注这些市场中的“要客”群体，如企业、集团高管层和财务总监，大中型市场管理部负责人、各类院校和民办学校校长、兵团副处级以上干部等，了解这些客户目前是不是我行的个人客户，并采取针对性的措施，做好攻关和营销工作。

第三类是尚未引起同业充分关注，客户发展空间广阔的新市场。在这些新兴市场中，由于客户总量不多，目前可能还没有引起我们和同业的注意，其中有的行业从业人员的收入水平很高，且发展速度比较快；有的行业从业人员收入虽然不高，但其服务的客户群体大多都是高端客户。这类新市场是未来银行业竞争中的“必争之地”，抢占先机显得尤为必要。像全疆计算机服务业，从业人数不足2万人，但其收入水平在各行业中仅次于采矿业、交通运输业、金融业居第四位。法律咨询、企业管理、装潢设计、评估、审计等行业收入也很高。各大商务会所，高档商场、美容美发和健身娱乐中心等新兴服务、娱乐业的金、银卡会员，也是我行高端客户的目标客户市场。如：友好集团会员贵宾卡一年至少消费4万元，高尔夫球个人会员会费每年至少3万元，终身会籍费近40万元。随着社会经济的发展，居民收入水平不断提高，面向社会大众的服务行业也如雨后春笋般实现了快速增长。比如这两年新兴的婚庆行业，全疆比较规范的婚庆公司大概有50家，每家公司正式员工一般在5人左右，而每家婚庆公司几乎在所有的周末和节假日都承接有典礼策划，每场策划平均费用在1万元左右，最高可以达到10万元，可即便如此，婚庆策划一般都需要提前预约，婚庆市场发展空间还很大。

三、全力以赴，广泛开展“新市场、新客户”拓展营销活动

为了尽快抢占新市场，巩固和提升我行综合竞争能力和持续发展能力，分行计划于2010年3月1日~12月31日在全行开展个人金融业务“新市场、新客户”拓展营销活动。活动期间，各二级分行、支行、财富管理中心、贵宾理财中心和理财网点要积极争揽新市场、新客户，力争每月有新突破。活动分为三个阶段：

第一阶段是市场调查摸底，时间为3月1日~3月31日，主要完成三项工作。一是全面摸底。对辖区内各类新兴市场的基本情况、金融服务现状进行全面调查了解，为市场拓展工作搜集基础资料。二是明确主次。将乌鲁木齐地区和各地州中心城市和其他具有发展潜力的城市作为市场拓展的重点营销地区。在充分调研、认真梳理的基础上，结合各地实际情况，细化到具体的市场与行业，统筹兼顾地按季度制定营销进度时间表，确定每个市场的进入时间。三是实地调研。选择重点市场，组织专人进行实地调研，对目标市场客户的金融业务需求、金融服务与业务渗透情况、网点设立与自助设备投放情况等进行详细调查摸底。各行在4月10日前要将市场调研报告及个人金融业务“新市场、新客户”拓展营销活动实施方案上报分行。

第二阶段是营销拓展，时间为4月1日－11月30日。针对已确定的目标市场，成立联合营销团队，采取个人、对公联合营销的方式，进市场、进集团、进企业、进社区、进部队、进兵团，全面拓展新市场、新客户，结合市场特点和客户需求，广泛开展主题营销活动。成立后台产品支持小组，为营销工作提供智力支持。结合“投资理财知识普及万里行”活动，在新市场客户群体中广泛开展“投资理财之春耕计划”、“春蕾阳光，悦尚生活”、“与名企同行、与财富同行”、“与财智同行－小企业服务推介”等为主题的系列营销宣传活动。

第三是阶段总结验收，分别在9月份和12月份进行。组织开展经验交流活动，在认真总结经验的同时寻找差距和不足，适时调整营销策略。各行要分别于8月15日和12月15日前上报营销活动阶段性总结。分行将对活动中贡献突出的行在个人金融专业考核中给予加分，并对活动的先进集体、个人及相关管理人员给予通报表彰。

四、从多角度入手，用好开拓市场的“四张牌”

要实现新市场、新客户拓展的突破，关键在于找准客户群体的深层需求，找到进入市场的有效切入点。各行在充分调研的基础上，灵活运用各种优势资源，打好如下“四张牌”。

第一是以产品切入，打好“组合牌”。针对新市场的特点，结合客户在服务、融资、资金流转、投资规划等方面的不同需求，推出有针对性的套餐式服务。如，对代发工资市场，从方便、安全的角度出发，可以提供银行卡、工银信使、自动还款协议、个人网上银行为主的组合产品包。对第三方存管市场，从满足客户资金流动需求、提高资金综合收益率的角度出发，可以提供银行卡、灵通快线、U盾为主的组合产品包。对大型企业集团、计算机服务和商务咨询等行业，针对从业人员学历高、年龄轻、投资规划需求强等特点，可以提供信用卡、分期付款、基金定投

为主的组合产品包等。

第二是以渠道切入，打好“便捷牌”。充分发挥电子银行、自助设备、POS 机等功能先进和服务便捷的优势，打开新市场。从调查情况看，大中型交易市场多采取商铺租赁的形式，日常交易也以现金为主，对金融服务的需求更趋向于简单、便利。因此，在商品交易市场的开拓上，可以通过布放自助终端、存取款一体机、电话 POS 等，满足客户结算需求，实现市场的全面渗透。对机票代理、旅游、文化、婚庆等新兴消费品市场，可以通过强大的网络宣传优势和先进的电子结算优势，建立业务合作关系，最终实现行业服务和客户资源的共享。今年初分行与利安公司的合作，对此进行了大胆尝试，如果合作进展顺利，既可实现电子银行业务合作，又能实现代理业务互补、自助终端向社区投放等多项业务的渗透。

第三是以服务切入，打好“专家牌”。经过多年发展和培育，我行已经拥有一支竞争力较强的专业服务团队，特别是去年分行成立了“财富管理专业团队”，标志着我行团队管理和服务水平上了一个台阶。要充分发挥分行专业团队和各行理财经理的智慧和力量，结合新市场营销工作重点，结合不同市场、不同客户群体的需求，编发营销指引，制定个性化营销服务方案，为营销工作提供智力支持。同时，客户经理尤其是营销经理一定要走出去，到市场中去找客户、挖掘客户需求，作好中高端客户集中的新市场拓展工作，分行个人金融业务部、财富管理专业团队要全力配合做好工作。

第四是以合作切入，打好“互惠牌”。对目前关系较为牢固的财政、社保、部队等机构客户，与我行有合作关系的航空公司、保险公司、房产公司、高档商场、酒店和商务会所等，有效利用合作伙伴的客户和渠道资源，通过产品、服务、渠道上的渗透，进一步挖掘这些客户的“新需求”，提高个人金融产品的渗透率。

五、开展营销活动的具体要求

为保证活动的顺利开展，切实取得效果，我就营销活动的组织推动工作提几点要求：

（一）实行名单制管理。为加强新市场拓展的组织推动力度，实时跟踪营销活动成果，各级行、各营业网点对新市场必须实行名单制管理。对目标市场、目标客户群体的基本情况建立营销档案，详细登记每个市场的营销拓展进度、每个目标客户群体个人金融业务产品的渗透情况。

（二）强化“联合营销”和“高层营销”。努力构建信息通畅、上下配合、相互协作的营销网络，强化“联合营销”，各级行个人金融业务部门要加强与对公部门的联系，积极开展联合营销活动，与合作部门建立通畅的信息交流通道，在新市场的营销拓展中及时提供对公客户资源信息，与对公业务部门共同做好单位客户的个人金融需求服务与维护。分行个人金融业务部要及时了解各行市场拓展的进展情况，实时监测活动进度，按月通报、按季总结，及时将各行在新市场拓展中的成功经验向全行推广。要提升管理和营销的层次，强化“高层营销”意识，各级行领导要亲自带队组织市场拓展活动，必要时要主动与新市场或企业高层管理人员接洽，开展高层营销和维护。各级个金部门要及时了解活动进展情况，研究解决活动中出现的问题，协助开展重点市场拓展工作。

（三）积极探索灵活的激励方式。今年，分行在中间业务奖励上进行了创新，加大了集群营销、组合营销的奖励力度，分行个金部在专业考核中也将新市场拓展作为加分项目。各行在营销推动中要充分利用分行的激励政策，同时加大对个人金融业务市场拓展的项目奖励力度，调动全员营销积极性。在竞赛活动的激励方式上，各行要大胆探索创新，对一些前期已经进行攻坚但无果或营销难度较大的市场或系统性行业，按贡献度大小，分等级设置招标金额，实行分梯次招标，或通过解码、摘牌等方式，实行承诺绩效鼓励等。

着力基础　抓实进度　再创领先发展优势

中国工商银行浙江省分行　田大章

面对复杂的经营形势和激烈的竞争态势，我们要不断提高认识，加强研究分析，强化客户扩面，持续提升服务，有效促进三大板块的良性互动，确保全省个人金融业务的领先发展优势。

（一）更新观念，抓实储蓄业务增长方式转变

储蓄存款是全行持续发展的根基，是衡量竞争力的主要指标，也是盈利的重要来源。我们要进一步更新观念，抓实增长方式的“三个转变”，确保储蓄业务的持续增长和领先优势。

1. 必须从抓时点向抓时点和日均并重转变。近几年，由于资本市场总体较好，为满足客户理财的内在需求，更好地做好客户服务，我们已经逐渐形成“月末抓存款，月中抓理财”的认识，储蓄存款比较偏重抓时点，在资本市场较好的阶段中起到了一定的效果，但也随之带来储蓄存

款波动较大的情况。为更好地提升储蓄业务的稳定性，提高资金的实际使用效率，我们必须从抓时点向抓时点和日均并重转变，既要确保储蓄存款的市场份额，又要提高抓好日均的能力，突出时点，强化日均，将时点考核与日均考核相结合，深入贯彻到网点，落实到人。要求月均的底部月月能够提升，时点的峰值能不断创出新高，季末占比严防死守争夺第一，确保不断提高储蓄业务对全行的贡献。

2. 必须从抓旺季向长期抓、抓基础和抓流量转变。我们在旺季揽储上积累了长期的经验和好的做法，形成了一套比较完整并且行之有效的揽存方案，取得了很好的效果，近六年中，有三年取得了增量四行第一的业绩。我们必须从抓旺季向长期抓、抓基础和抓流量转变，逐步建立储蓄业务常抓不懈的工作机制，做实储蓄业务基础工作，确保稳定的市场竞争能力。同时，加快研究客户资金流动的特点和规律，加强资金流量的管理，不断满足服务客户的需要，并检验抓实存款的能力；要关注他行客户或他行资金转存我行的途径和方法，为客户提供资金归集的便利，也为我行提高了组织存款的能力。

3. 必须从偏重依赖资本市场向既重视资本市场客户，又要全面发展其他类型市场客户的转变。在资本市场客户上，我行存在一定的竞争优势，第三方存管客户群体四行第一，并通过“快益通”等优势产品的推广应用，控制资金能力较强。我们不仅要继续做优资本市场客户优势，还必须全面发展其他类型市场客户，重点做好具有稳定性储源、综合贡献较大的客户群体；全面抓好以专业市场、楼宇经济、新兴市场等为载体的“新市场”，抢抓以老板、白领、公务员、大学生等为代表的“新客户”，抓实工资性、经营性等刚性留存资金以及新农村、期货、分红、股权等形式的“新储源”。

（二）加快调整，实现个人贷款业务稳定增长

1. 加快个贷结构调整步伐。当前，市场调控、收益结构等都对我行个人贷款结构调整提出了更高的要求，必须做好个贷结构调整的文章，加快结构调整的步伐。在继续保持按揭贷款有效增长的同时，要确保非按揭贷款的快速增长，要积极争夺并保证第一按揭银行地位，积极抢占非按揭贷款领先地位。要加大专业市场和“楼宇经济”的营销力度，加快非住房贷款业务发展速度，突出个人经营贷款、个人循环贷款、个人积数贷款、存贷通等优势产品的渗透作用，利用全省规模倾斜的政策优势，全力竞争经营性客户，大力发展个人经营贷款业务，提高贷款综合收益水平。

2. 切实提高个贷综合收益。切实加强贷款定价，提高贷款收益水平，要大力发展存贷通、个人积数贷款业务，发挥其以贷引存、存贷互动的功能，充分发挥资产业务对负债业务、中间业务和客户扩面的带动作用。

3. 加强全面风险防控管理。要密切关注房地产市场变化，加强风险压力测试，采取必要措施，切实防范房价预期下行带来的系统性风险，确保全年风险控制在较低水平。进一步落实各级风险专管人员职责，分层分梯度实施违约贷款的风险管理和催收工作；制定贷后管理标准化实施细则，充分发挥个贷业务支持系统在风险监测、预警和管理上的优势，切实提升贷后管理水平；提高风险防范意识，加强假权证、假按揭、假首付等“虚假”贷款识别能力，不断提高风险防控能力。

（三）着力基础，抓实中间业务的全面发展

1. 持续加快基础中间业务收入增长。重点要加强个人结算收入和灵通卡收入的快速增长，要通过报纸、电视、广播和户外广告等各种形式大力宣传浙江商人卡，不断完善功能，丰富内涵，着力将浙江商人卡打造成浙商首选借记卡。开展“走进市场、走进厂区、走进高校”活动，针对经营户、外来务工人员和学生群体进行定向营销，积极推荐我行“两卡两伴侣一 U 盾”组合。要加快研究和解决自助终端外铺相关问题，增加自助汇款机和缴费机在市场、厂区、高校和社区的投放，为客户办理结算业务创造便利，吸引优质结算客户，促进结算收入及灵通卡收入的快速增长。

2. 努力实现收入结构优化。一是要优化基金销售结构引导客户做好资产配置，加强与客户的主动联系沟通，以高品质售后服务确保稳定的客户关系。积极开展劳动竞赛和业务培训，提振士气和信心，通过走出去和请进来的方式，实现团队化和批量化营销，降低销售人员心理压力，提升营销效率。二是要优化保险业务结构。联合保险公司适时开发适合我行不同类型客户的专属优惠保险产品，特别是保障型、与我行互补性强的产品。要坚持“大公司优先、销量优先、动态调整”的原则，合理分配网点资源，强化对我行员工的业务培训，实现网点代销保险产能的最大化。要推进保险营销从网点阵地营销向坐销和行销并举转变，大力营销新客户，借助保险公司的职场营销平台，交叉销售我行个金产品。要认真落实总行组织的营销活动，细化营销方案，加强工作督导，确保完成活动目标。三是要优化借记卡消费结构。重点做好面向餐饮、酒店、大型商场的刷卡促销活动，提高高佣金行业的消费比例。四是要优化银行理财产品结构。要继续提高灵通快线日均余额，重点面向新客户营销创新产品——步步为盈。要增加区域理财产品发行，区域理财产品预期收益率高，销售和到期时间可控，提高对资金的封闭运行能力，实现理财和储蓄的和谐发展。

3. 强化业务联动发展。一是要加大公私联动系统的推广应用，建立个金、公司、机构等部门的联动营销及捆绑考核机制，积极拓展与贷款业务关联的借款人财产险、意外险、保单质押贷款、贵金属质押等业务。二是要充分挖掘个人贷款规模价值，加强 1 + X 营销，有效促进灵通卡、信用卡等业务的综合发展，继续全面、足额、规范收取个人贷款承诺服务收入。

（四）强化服务，有效带动客户群的快速增长

1. 全面落实重点客户进度管理机制。一是要切实推进专业市场及“楼宇经济”经营客户扩面工程，强化与市场管理方合作，加大专业市场及上下游产业集群浙江商人联名卡的营销发卡力；同时加大专业市场自助设备投放，百强专业市场中自助终端、ATM 机、电话通市场覆盖率分别达到 90%、20%、30% 以上。二是要利用省分行公私联动系统投产的契机，抓实并加快代发工资扩面工程，针对我行有贷户、无贷户、他行客户的不同情况，要创造机遇，加大竞争，加强公私联动，开展职场营销。三是充分利用“券商端POS”产品优势，加大证券期货客户的扩面，要加快在各地券商营业部的铺设和推广，吸引更多银证客户选择我行开户，继续保持我行优势。

2. 快速推进联名卡客户扩面工程。要高度重视联名卡等客户的拓展，切实加快发卡进度。要将有潜力的项目分配到有关支行，上下联动，重点公关。同时要继续抓住总行发行安邦灵通卡和亚运卡免首年年费和工本费的契机，加大对代发工资单位和存折客户的营销，扩大有效发卡量。

3. 完善分层客户服务体系建设。要切实做好财富客户服务，加快发展财富管理业务，充分发挥各级财富专家团队优势，为其提供资产配置、咨询服务以及相关金融解决方案；要提供涵盖家庭综合保障服务、国际国内医疗救援、中国境内道路救援等增值服务，提供包括旅行与私人商务、高尔夫与奢侈品服务等私人助理服务，进一步提升财富客户的忠诚度和满意度。

4. 推进私人银行客户联动服务。私人银行业务是维护高端客户的渠道之一，维护更加专业，要积极推动私人银行业务加快发展，把私人银行业务作为拓展高端客户市场的重要抓手。

5. 加快工银商友俱乐部推广。全面推广“工银商友俱乐部”，抓好俱乐部的建设、推广和组织实施，确保达成实效。根据当地市场实际，确定发展模式和实现形式，搭建形式多样的工银商友俱乐部平台，逐步建立一支熟悉市场、懂得经营的新的团队，推进专业市场客户发展，快速提高经营客户市场份额。

（二）中国农业银行省市区分行个人金融论坛

认清新形势 抢抓新机遇 明确新目标
努力实现北京分行零售业务发展新跨越

——陈英顺同志在北京分行2009年零售业务工作会议上的讲话

一、肯定成绩，坚定信心，北京分行零售业务发展市场广阔

去年年中工作会议后，全行上下共同努力，全面推进网点转型，零售业务发展初见成效；今年年初依然呈现稳步发展势头，特别是一季度“春天行动”的开展，全行上下以个人优质客户的发展为重心，分行本部、支行、营业网点开展各种营销活动，各级领导率先垂范，在全行形成了较浓厚的营销氛围；贵宾客户招募、回馈活动的开展，价格差异化及增值服务差异化的实施，在我行理财产品严重匮乏的情况下对于发展和维护个人高价值客户起到了一定的作用。随着网点转型工作的深入推进、个人客户经理队伍的逐步到位并履职等等一系列措施的落实，全行个人客户结构得到进一步优化，各项业务稳步发展，特别是部分零售业务指标的发展在3、4两个月份呈现市场份额上升的趋势。

截至4月末，全行本外币储蓄存款比年初增长106亿元，创北京分行同期增量历史最高水平，市场份额从3月末的7.2%提升到7.3%，4月份单月增量超过了中行；代销基金9.8亿元，市场份额从1、2月份的1%提升到了4.98%，提高了3.98个百分点；个贷业务品种不断丰富，营销成果逐步显现，前4个月累计投放个人贷款3.84亿元；个人客户结构得到不断改善，全行优质客户49万人，占全部客户的4.65%，较年初提高了0.57个百分点；其中10万元（含）以上的客户26.5万人，占全部客户的2.5%，较年初提高了0.36个百分点；前4个月银行卡消费额89亿元，同比增加28亿元，增幅45.8%，其中贷记卡消费额同比增长66.8%；银行卡中间业务收入9099万元，在全行中间业务收入中的占比达到55.6%，仍是我行中间业务收入最主要的来源；全行新增间联特约商户501家，分行名单制商户发展27家，其中三星级以上酒店17家，特别是五星级酒店实现了零的突破，商户结构得到优化。电子银行注册客户数净增46.4万户，实现电子银行收入（含ATM）1515万元；电子渠道交易量占比58.57%，ATM交易总笔数1609万笔，较去年同期增长19%；支付通商户累计达到2.9万户，吸收个人客户存款6.19亿元，其中新增支付通商户8806户。2008年年中工作会议，分行新一届党委班子确定了北京分行业务发展战略，强势推进网点转型。在零售业务方面，全行上下紧紧围绕网点转型，加速推进“五大工程”的实施，实行精细化管理，网点转型不断推进。一是加快精品网点建设工程。目前已有3家网点按照新的建设标准装修完毕，其中1家网点已经正式开业，1家网点将在近期开业；全行32家网点正在改建过程中，还有41家已完成招标即将开工。预计今年全行一定能完成100家精品网点的建设目标。新型网点的建设，实现了功能分区、客户分层、业务分流、产品分销的新网点理念，特别是提升了高价值客户的服务品质。二是个人客户信息整合工程已经实施，实现了叫号机识别功能，提高了高价值客户的发现率，在为客户提供优先服务的同时也提高了柜员、大堂经理和客户经理的营销成功率。三是客户差异化服务工程逐步实施，提升了高价值客户的忠诚度。已经实现了贵宾客户价格差异化以及钻石客户无限次机场服务、法律援助服务等增值服务，并且开展了贵宾客户招募、回馈活动，在提升存量优质客户忠诚度的同时也吸引了更多的优质客户。四是队伍建设工程逐步落实。目前全行已初步建立起一支由263名大堂经理、260名个人客户经理、76名个贷客户经理以及47名内训师组成的零售业务队伍，各支行个人金融部均设立了产品经理，队伍履职能力、职业素质正在发生好转。五是业务流程再造工程已经启动并持续推进。建立了对账中心、后督中心，调整了授权制度和身份核查流程等；分行成立了个贷运作中心，将新增个贷业务全部上收，实现了个贷业务流水化作业、集约化经营，提升了市场竞争能力和风险控制能力。六是引入外部咨询公司实施基础服务提升和营销能力提升的导入。截至4月末，已经对46家网点实施了基础服务提升导入、28家网点实施了网点转型导入。转型周报的数据显示，无论原先基础强弱，转型网点在服务规范、服务意识、营销能力、队伍建设、网点管理以及团队精神等方面得到明显提升和改善，营销业绩显著提升，特别是优质客户、电子渠道分流两项指标都有较大幅度的提高，网均各项业务指标均高于分行以及城区支行的网均增长。

在分行党委的高度重视与支持下，在全行上下的共同努力下，北京分行零售业务的发展取得了可喜的成绩，这表明，只要我们齐心协力、敢于拼搏、因需而变、甘于奉献，就能够实现北京分行零售业务的跨越发展。

二、进一步明确新形势下的零售业务总体要求和发展目标，提升零售业务核心竞争力

由于零售业务利润率高、资本占用少、客户和收益基础较为稳定，受经济周期的影响要小于对公业务，因此面对经济发展出现的新形势和新问题，零售业务是抵御经济周期变动的“稳定器”，零售业务的转型和发展关系到农业银行业务的稳定发展和市场竞争力的全面提升。分行新一届党委审时度势，2008 年年中工作会议上确定了强势推进网点转型工作，从而促进零售业务全面战略转型。我行零售业务转型的指导思想是：按照科学发展观要求，全面贯彻分行三年发展规划，继续推进实施“六大工程”，以个人高价值客户为中心，以渠道为载体，以产品为手段，以队伍为主体，以项目管理的方式全力推进零售业务转型，形成以综合营销能力、发展创新能力、客户关系管理能力和风险控制能力为基础的零售业务核心竞争力，实现零售业务经营模式和增长方式的根本变革。

今年是北京分行实现“三年发展规划”的第一年，同时北京市金融市场变化的新形势要求我们必须加快发展的步伐，全行上下要将思想统一到北京分行零售业务必须实现有效发展、快速提高核心竞争能力上来；要坚定不移地按照“一个中心，两个提高”的工作方针，即以零售业务有效发展为中心，实现零售业务综合竞争能力和风险控制能力的提高；要紧密围绕“两个进入、两个提高”来开展零售业务工作；要进一步明确我行新形势下零售业务的新目标，并随着市场的变化不断调整，以跟进市场发展的步伐，要超越自我，赶超同业。我行零售业务的发展目标是：按照分行三年发展规划的总体要求，力争用三年的时间，零售业务主要指标达到同业和系统先进水平，确立首都主流银行地位。为实现零售业务三年发展目标，今年年底要扭转零售业务发展劣势，实现初步好转，缩小与同业的差距，力争主要指标进入北京同业前三；6 月底前，零售业务各项指标要达到序时进度，其中个人信贷业务必须扭转负增长。

三、统筹兼顾，加快战略转型步伐，全力打造一流零售银行

为实现零售业务经营战略转型目标，提升我行零售业务的竞争能力，必须科学把握北京地区新形势、新情况，切实坚定加快有效发展的信心和决心，下大力气，争取市场，争取客户。全行要重点做好以下几项工作：

（一）以个人优质客户为核心，大力拓展高价值客户群体

优质客户是业务持续发展的基础，因此零售业务要实现全面、持续发展，必须以个人高价值客户为发展核心，以关系维护为切入点，以高品质服务为保障，以交叉销售为手段，实现客户和银行的双赢，切实扭转目前高价值客户缺乏维护和维护手段单一的局面。分支行要继续抓好个人优质客户的营销工作，要认识到客户结构的优化是我行零售业务发展的基础，并在此基础上将个人优质客户的发展与其他产品销售有机地结合。一是切实落实名单制管理，并逐步实现分层管理与维护。各营业网点要将三星级（含）以上的客户逐户落实管户客户经理；针对所辖四星级（含）以上客户，网点主任要定期与客户沟通联系，及时掌握客户的动态与需求，与客户经理实行双重维护，提升维护层次；支行个人金融部客户经理要与网点客户经理联手对本支行所辖客户进行双重管理与维护，重点是为网点客户经理提供支持，定期组织沙龙活动等；在我行金融资产达到 800 万元以上或个人存款 500 万元以上的客户，由分行私人银行部进行管理和维护，客户的收益体现在支行。总行此次零售业务板块会正式启动了全行私人银行业务，按照总行要求，私人银行部总部设在上海，同时在十家分行成立分部。我行的筹备组已正式成立，确定了组长和副组长，实行影子考核，不与支行争利。清凉夏日拓展的 200 名私人银行客户，也要由分行的私人银行部客户经理和支行网点一起维护。二是分行要按照“顺应市场、满足客户、适销对路、整体营销”的原则，对现有的零售产品进行整合包装，并加大新产品研发力度，力争每月推出一项新产品；支行及网点负责人要密切关注客户经理的履职情况，切实落实名单客户的日常维护；对于流失客户要及时了解情况，采取应对措施。针对贵宾客户流失严重的支行，严肃追究各级行“一把手”责任；客户经理要按照《客户经理工作指引》的要求，加强所管理客户的日常维护，建立良好的关系，并运用关系营销提高我们的优质客户群体占比，切实改善客户结构；三是要抓源头性优质客户的发展，形成良性体内循环。要利用“进单位”活动加大对优质对公客户高管和代发业务的拓展，利用“进证券”活动加大第三方存管客户的营销力度，利用“进社区”活动加大优质个人客户、个贷客户的营销；同时要深入了解资本市场，加大基金，特别基金定投客户的拓展。四是要加大我行个人优质客户服务的宣传力度。分行在一季度针对个人优质客户的差异化服务进行了完善，已经实现了服务价格差异、增值服务差异，同时在各支行的共同努力下，各营业网点基本配备了个人客户经理；各行要加强从业人员的培训，要让他们熟知农业银行的贵宾服务，要走出去与同业竞争，要向同业要客户。五是客户经理要认真梳理所管理客户的业务情况，有针对性地进行基金、贷记卡、网上银行、个人贷款等业务的综合营销，达到事半功倍的效果。六是充分利用科技手段，为客户服务提供支持。分行将于 6 月底前推广 PCRM 三期系统，希望各行要高度重视，从行长做起，亲自使用系统；各行要在分行培训的基础上做好扩散培训，要让行长、主管行长、部门经理、网点主管熟悉并掌握系统的操作，及时了解所辖客户情况，加强客户经理考核；要让客户经理熟练操作系统，通过客户维护完善客户资料，提高签约率，更好地实现精准服务和营销。另外分行正在着手开发“优质客户积分回馈系统”，该系统的上线可以实现优质客户常年回馈，从而提高客户的忠诚度和产品使用率。

（二）加快精品网点建设进程，优化网点布局，为网点转型和零售业务的发展提供基础保障

零售业务要实现全面、可持续发展，就要以网点为抓手，提升零售业务主渠道的竞争能力。一是要坚持网点转型“软硬并举”的原则，一手抓网点外部形象的改善和内部布局的调整，一手抓网点服务和营销流程的优化、销售资源的整合、客户满意度提升等环节；网点的软转型与网点改建要同步进行，要根据网点的改建进度同步实施网点转型的导入。二是分支行要加强市场调研，选择重点区域增建网点，调整和优化我行网点布局，增加网点数量，使北京分行营业网点数量达到350个。分行个人金融部、基建办、电子银行部已联合起草了网点建设的三年规划，待党委会讨论后下发实施，促进支行更有效的选择新网点地址。为鼓励各行新增网点，分行已经在考核、费用配备、人员补充等方面给予了支持政策，各行要提高认识，加大网点和自助银行的建设力度。要以商务区、中高档社区为重点建设物理网点，要在繁华街区、客流量较大的地区建设自助银行。从今年下半年开始，3年之内，所有城区支行必须达到拥有15个营业网点，否则支行将降格。要力争在今年年底前城区支行新增2个营业网点。三是结合农行新标识的推广，在今年6月底之前，基建办要牵头完成所有网点外标识的更换。完成物理改造的精品网点还要更换营业现场内部所有旧农行标识，包括业务凭证也要按照新农行标识印制使用。网点内部标识改造工作由分行个人金融部、基建办、运营管理部、办公室（宣传部）牵头负责，提供改造样本规范，并监督支行落实。运营部要负责以后印刷的所有凭证都必须使用新标识，新建网点凭证必须使用新标识凭证，存量旧标识凭证可以在未改造网点使用，必须保证同一网点使用的凭证标识统一。支行和分行各部门都要高度重视标识改造工作，以后印制的所有宣传用品和办公用品要按照新标识制作。涉及大面积改造的都由分行统一采购并配置到网点，保证改造工作顺利、高效完成。

（三）切实落实队伍建设，打造高素质零售业务人才队伍

分行年初工作会议上提出“强行先强队伍”，要着力建立起一支善营销、能吃苦、会打拼的零售队伍，要充分发挥这支队伍的主观能动性，调动这支队伍的营销积极性。分行将加强对大堂经理、个人客户经理、产品经理以及内训师的培训。今后分行每月都要组织客户经理培训，提高客户经理素质；针对零售业务产品由分行以案例形式进行产品培训等。同时分行将建立沟通机制，加强大堂经理、客户经理之间的沟通，及时传播经验；通过营销状元、十佳客户经理评选等活动，激发客户经理的工作热情；从而促进个人客户经理队伍的快速成长。新的形势、新的情况对我们零售从业人员的素质要求越来越高，因此各支行要下决心调整人力资源配置，切实落实人员的配备，把优秀人员充实到四支队伍中去，满足网点转型的需要，特别是要将获得金融理财师资格的优秀人才充实到个人客户经理队伍中来。各行要按照分行相关管理办法落实四支队伍的职责，并要加强对网点的督导，落实网点大堂经理和个人客户经理的配备及履职；同时支行个人金融部要设立专人负责这支队伍的管理，定期培训，定期召开例会，及时了解和解决大家在工作中遇到的困难和疑惑；要加强精细化管理，提高队伍的执行力；各行特别要加强内训师队伍的培养、管理和使用，这是一支非常年轻、充满活力、满怀激情的队伍，在全行网点转型乃至将来业务发展中，他们都将处于举足轻重的地位，我们要充分发挥他们的作用，不仅要将他们培养成服务规范的培训师，同时要将他们培养成业务小专家、营销小能手，深入网点进行零售业务宣讲，通过他们不断培养我们零售队伍，提高队伍的营销能力。

（四）加快业务流程优化进程，实现“三解放”目标

业务流程再造是零售业务转型的关键环节，直接决定着全行零售业务转型的成功与否。因此我们必须从满足客户“便捷、高效”的基本金融服务功能入手，按照“前简后繁、上简下繁”和“高柜业务简单化、复杂业务低柜化、非即时业务后台化、零售业务大堂化、客户经理角色化”原则，实现客户服务和后台支持的高效结合。一是分行将于6月份推广个人客户开户签约整合系统，在优化业务流程的同时可以加强综合营销；二是加快推进低柜业务试点，优化网点劳动组合，理顺业务流程，提高业务处理效率，并在试点的基础上进行推广。分行计划以海淀支行营业室为试点行，推动软转硬转协调进行。三是进行柜面业务系统流程优化。分行已在大量调研的基础上将柜面系统和业务处理方面的问题梳理出来，下一步将对身份核查、组合交易、凭证梳理、客户签约、中间业务及投资业务产品联动换卡、重复留存客户身份证件复印件、对公销户等问题协同科技部门逐步解决，切实减轻柜员压力。四是加快集中后台作业处理。在现有各中心上收的基础上，继续对网点的后台作业进行统一部署，待条件成熟时逐步实现上收。分行正在着手研究对于已经完成了精品网点改造的转型网点，对于能够在自助设备实现的交易将强制分流。同时随着高低柜分设，网点的劳动组合也将相应发生变化，对网点主任的管理和柜员的业务素质都提出了新的要求，分支行要加大相关培训，培养出更多的综合柜员，以适应岗位工作的要求。分行运营管理部和人事部门要制定办法统一规范、细化网点的岗位设置，应坚持因事配人，而不能因人设岗。

（五）扎实推进文明标准服务工作，以优质高效服务赢得市场竞争

一季度“神秘人”检查已经结束，全行服务评分比去年有所下降；与同业相比差距明显，招商银行总体服务规范程度为95.6，达到优秀级水平，建设银行为90.9，处于优良级水平，而我行为85.9，处于良好级水平；转型网点服务规范程度为88.9，达到良好偏优良级水平，与同业差距在缩小。因此各级行要始终关注网点服务，要深刻领会“服务创效益”的内涵，建立全方位、常态化的网点服务检查工作机制；要加强监督与管理，培养网点人员服务习惯，巩固标准服务导入和网点转型的成果。一是各行要建立检查监督机制，每月要按照分行统一的标准对所辖网点进行全面的服务检查，发现问题及时整改，通过长效机制的建立促使网点员工服务意识的提升和服务习惯的养成；二是充分发挥内训师在网点转型中的作用，要赋予内训师一定的权力，对网点服务进行深入的、不间断的培训和督导；三是要切实落实“一会三巡检”制度，从网点自身加强服务精细化管理，避免流于形式；要树立网点是零售业务的主渠道，主平台的理念，明确网点负责人是网点服务的第一责任人，每天至少要有50%的时间在大堂内，并至少完成一次巡检；大堂经理是柜台外服务管理的第一责任人，会计主管是柜台内服务管理的第一责任人，要各司其职，恪尽职守。四是各行要高度重视客户投诉，支行行长、主管行长要每周关注分行客户服务周报，针对出现的问题要及时了解情况，并要举一反三，杜绝问题的重复发生；同时针对情节恶劣的问题，要严肃追究当事人及网点负责人的责任。对于那些由于自身管理原因造成网点客户投诉居高不下，在神秘人检查和内外部检查中总是排名靠后的网点主任要坚决调整更换乃至撤职。

（六）采取切实可行的政策措施，加大营销力度，彻底扭转个贷业务负增长的颓势

前4个月，我行个人贷款业务继续大幅下滑，在北京市同业、系统内排名均在末位，一季度经营分析会确定了到6月末个贷业务实现正增长的目标，目前仅剩下32天的时间了，全行上下摆正位置，打好扭转个贷业务负增长的攻坚战。要全行动员，齐抓共管，全面实施个贷业务综合营销。各级领导要身先士卒，带头营销个贷业务，为全行做表率。一是改革和调整阻碍个贷业务发展的条条框框。分行要结合总行《2009年个人信贷业务政策指引》，按品种认真梳理我行个人信贷业务操作流程，借鉴同业及系统内分行好的做法，及时解决制度障碍，满足市场与客户的业务需求。各支行在业务发展过程中要及时反映问题，加强沟通。二是优化业务处理流程，以效率赢得市场。首先，分行个贷中心将于6月初对增量个贷业务进行集中抵押登记、集中放款，为基层减负，计划从城区和近郊支行各抽调一名个贷业务人员共计17人充实分行到个贷中心，请各支行于本月底将推荐人员名单上报分行。在条件成熟时，分行还将把存量个贷业务也上收，真正实行个人信贷业务集中经营与管理。今后支行将可以专注于营销拓展和客户维护；其次，要提高审查审批效率，实行调查、审查、审批办结时限制度，同时针对优质客户制定审查审批流程，加快业务审批速度。三是加大营销力度。一方面分行要加强个人信贷业务营销与管理精细化，牵头细化和落实各项营销工作措施，选择北京市重点中介公司统一谈判与合作，并每月对合作情况进行后评价；针对重点楼盘名单制营销实行跟踪管理，按旬公布营销情况，对于营销效果不好的支行由分行另行指派支行进驻开展营销；建立北京地区区域房地产价格信息发布机制，每月公布一次，为支行营销提供支持。另一方面要加大联动营销，分行房地产业务部要与个人金融部加强联动，每月跟踪我行开发贷楼盘的按揭情况，查找原因，采取有效的措施，提高我行开发贷楼盘的按揭比例。支行必须要认真落实“清凉夏日”个人业务主题营销方案中提出的每个网点都要营销10笔个贷业务的工作要求。四是加强人员的配备和培训，提高从业人员素质。一方面各行要配足、配齐个贷客户经理，要将有信贷业务经验，特别是曾经从事住房按揭业务的人员充实到个贷客户经理岗位上来，并要保证其稳定性。另一方面分支行还要加强客户经理的管理与培训，提高其业务素质。分行要尽快完善下发《个人信贷业务营销指引》及《个人信贷业务尽职调查指引》，并采取分散与集中、组织与自学的方式进行培训；支行要在分行培训的基础上加强扩散培训，要让营销人员熟悉个贷产品的特点和营销对象，让调查人员熟练掌握操作流程和风险控制要点。

（七）建立效益优先、风险可控的业务增长模式，全力抢占贷记卡、商户等战略业务的市场份额

一是要提高认识，充分认识到贷记卡、收单业务是农业银行发展的战略业务，充分认识到中间业务在银行经营中的重要作用。我行贷记卡业务正处于发展的十字路口，一方面前几年“1+N”的员工制营销的缺点正逐步显现，部分支行对发展指标存在畏难情绪，另一方面北京市场同业都逐渐从跑马圈地、发展规模阶段上升到控制风险、提高效益的层次。要坚定信心，克服畏难和抵触情绪，切实发挥信用卡业务对全行零售业务转型的重要推动作用。特别是要加强推广白金卡产品，这是我行6月份的主打产品，透支额可达50万，是我行营销高端客户的有力手段。二是要细分客户群体，要面向不同的目标客户群体，结合各类贷记卡产品特点和新功能，精耕细作，量质并举，有针对性地开展差异化营销，同时要充分利用我行现有的优质对公客户资源，开发各类区域性联名卡产品，优化信用卡产品结构与客户结构，迅速扩大贷记卡发卡规模。三是要加强内部客户资源共享，打造多层次、多渠道的销售渠道。改变支行在贷记卡营销中“1+N”的单一销售模式，与对公前台各部门和零售板块各部门建立联动营销机制，用对公业务，尤其是资产业务，带动贷记卡和商户的营销工作。要充分利用我行的网点数量优势，以网点转型为契机，发挥客户经理的营销作用，交叉销售，将网点变成贷记卡营销的重要阵地。我行也将积极探索建立贷记卡直销队伍，丰富贷记卡营销渠道，实行贷记卡营销的专业化，实现分支机构营销和直销两条腿走路。四是坚决落实商户“名单制”销售，进一步推进间联收单模式，将系统性、集团性商户、三星级以上酒店为重点，力争年内在高端商户的拓展上取得较大突破，实现收单业务快速发展。挖掘大型商户，建立联名卡合作机制，实现收单和发卡业务的交叉营销。建立商户管理激励机制，稳固现有商户群体，提升商户的服务质量和管理水平。五是要建立我行的特惠商户群体，收单商户与特惠商户联动发展，提升贵宾卡、贷记卡客户服务水平。要多策并举，抢抓机遇，大胆创新，进一步拓展衣食住行诸方面的知名商家，做好我行贵宾卡的优惠工作，促进卡消费量、激活率和动户率的提高。例如，目前京郊游逐渐升温，郊区三星级酒店多为我行特惠商户，各行要利用好这一优势，做好宣传推广工作。六是配合总行实施以“新·响中国”为主题的信用卡品牌营销工作，进一步提升信用卡品牌影响力。积极参与人民银行、北京银联、北京商委等单位联合举办的“点燃刷卡热情、享受时尚生活”主题营销活动，提高持卡人刷卡消费的积极性。七是继续做好借记卡发卡工作，加快军人保障卡和惠农卡推广。目前借记卡业务收入仍然是我行中间业务收入的重要组成部分和银行卡业务收入最主要的来源，因此要保持现有的借记卡发卡速度，开展以优质对公客户为目标的借记卡代发工资业务，积极营销北京战区部队客户，落实军人保障卡的发卡工作。惠农卡是我行面向三农推出的特色产品，相关行要做好惠农卡的试点推广工作，以农业产业化龙头企业+农户，新农村发展项目+农户，以及农村合作社+农户+担保公司的合作方式发展惠农卡，达到服务三农目的。

（八）开创新思路，提升电子银行营销与服务支持能力

为实现电子银行业务跨越式发展，必须紧密围绕“4X4”的电子银行转型总体思路开展工作，“4X4”即坚持4个发展（优先发展、有效发展、创新发展、统筹发展），增强4种能力（渠道营销能力、业务创新能力、服务全行能力、创收增效能力），提高4率（客户渗透率、业务替代率、动户率、收益率），实现4个多渠道（产品多渠道销售、业务多渠道创新、客户多渠道服务、收益多渠道创造）。下一阶段的重点工作主要包括以下几个方面：

一是始终坚持有效发展电子银行业务，不断提高电子渠道的销售能力。首先，要将我行的优质客户快速、彻底地发展为电子银行用户。其次，要提高电子渠道的销售能力，必须持续扩大电子渠道有效客户群体，要按照电子渠道特点与客户需求相匹配的原则发展电子渠道客户。第三，要提高电子渠道的销售能力，就要高度重视电子渠道客户服务响应能力建设，现阶段尤其要加强网点产品经理的现场服务。二是完善电子银行综合服务平台，提高服务全行的能力。客户服务中心作为零售客户的重要服务平台，在服务能力建设方面要具有前瞻性；其次，客户服务中心在目前服务范围的基础上，还要将商户的服务、客户经理的支持服务纳入工作议程，待人员补充到位，尽快提供服务。第三，要不断提高服务优质客户的能力，一方面要保障优质客户服务团队的人员数量，另一方面要保证服务人员的素质。消息服务平台是客户服务中心之外又一重要的服务渠道，在目前已提供动账通知、贷款催收、产品营销、客户关怀的基础上，进一步开发到期提醒、安全认证等服务。同时，还要利用总行门户网站客户访问量大的特点开展产品促销、客户回馈信息的传播，为我行产品销售、客户维护提供廉价的辅助工具。三是进一步提升电子渠道分流网点业务的比率，为全行网点转型提供保障。首先要合理规划自助设备布局，加快自助设备安装进度，要做到早准备、早到位、早投产。分行正在改造的监控系统也要尽快投产，加强自助设备运营管理，确保全行自助设备正常运行率保持在97%以上。其次要加强网点大堂引导，提高网点业务分流率。要将自助设备可分流业务的分流率与大堂经理、柜员的计件工资考核挂钩，力争实现业务发展但柜面业务量少增或不增，释放更多的网点柜面人员从事产品销售和客户拓展、维护工作，为网点转型奠定人力资源基础。

（九）提高联动营销和综合营销能力，推动零售业务的快速发展

这次零售板块会，分行对公客户部门也都来参加，足以说明零售业务的发展与对公业务的发展密不可分；零售业务稳定的源头客户绝大多数来源于优质对公单位、机构类客户和房地产客户，零售业务要实现规模发展也离不开优质对公客户。因此全行上下要切实落实“五个并举”，形成合力，强化零售业务批发做的营销模式，促进零售业务的规模发展。一是推进公私交叉营销。零售板块各部门要与对公板块各部门密切协作，发掘对公客户蕴藏的丰富零售业务资源，要将优质对公客户的中高管人员发展成为我行的贵宾客户，将优质对公客户的代发业务营销到我行，抓住源头客户和资源；分行要率先垂范，对公业务部门要选择名单制中的客户与零售部门共同商议，针对客户的特点制定综合营销方案，要落实责任人，实现批发与零售相结合。同时分行要加快“薪资理财”的开发，丰富代发工资客户竞争手段。各行要将对公客户高管营销以及代发业务指标落实到公司业务部门。二是要加强综合营销，要从为客户提供全面金融服务的角度出发，将储蓄、贷款、代理、投资理财、外汇、贷记卡等业务进行整合，以银行卡为载体、以自助渠道等为主要平台，实施零售业务综合营销。分行各相关部门要尽快研究产品组合，形成组合产品营销策略和话术，为基层客户经理营销提供支持与保障。

（十）健全零售业务风险机制，加强精细化管理，促进零售业务持续稳健发展

安全性是商业银行“三性”的首要原则。全行上下要始终牢记“发展是第一要务，控险是第一责任”的原则，特别是在经济环境不断变化的情况下，更是要从打造合规文化的高度，完善零售业务风险管理机制，从上到下加强精细化管理，提高风险分析能力和控制能力。一是有效控制个人信贷风险。各级从业人员要始终把“打假”作为个贷业务发展的首要原则，要重点把握交易的真实性，必须坚持面签和谈话制度；针对个人大额贷款和生产经营贷款要实行双人调查，针对“二手房”业务，要注意防范中介公司的虚假交易，在递证、取证、抵押登记等重要环节必须由银行客户经理执行，同时要采取换人方式；要强化个人信贷业务调查环节和授信执行环节的管理，实现有效分离；要按照流程银行的要求，准确把握贷前、贷中、贷后各环节的主要风险点，构建全过程的风险管理体系。二是防范个人理财业务风险，要切实落实客户风险承受评估制度和风险告知制度，禁止向客户夸大产品收益，向风险承受能力低的客户销售理财产品。三是加强银行卡风险管理，切实防范银行卡风险事件，落实风险事件报告和快速响应机制。要加强事前、事中风险防范。加强受理、调查环节的反欺诈能力，重点核实申请人身份的真实性，对受金融危机影响较大的行业，以及收入稳定性较差、人员流动性高的行业，要采取更为审慎的授信政策。各支行要确保贷记卡调查岗人员充足、到位，严格执行调查工作规章制度，明确调查工作尽职要求，防范操作风险。明确信用卡不良清收职责。针对收单商户，要通过实地调查、利用各种征信系统核实等方式，摸清商户的基本情况和资信状况，要加大上门检查、回访的频率，加强商户交易监控，认真检查商户是否存在移机、安装盗录设施、套现等行为，避免产生资金风险。要深入开展电子银行用户、自助设备风险提示和使用安全指导工作。四是加强网点风险管理，网点负责人是网点风险防范的第一责任人，要密切关注网点员工的思想动态；要充分发挥网点会计主管的作用，加强网点操作人员的监督与管理，强化业务操作培训和风险提示。五是要稳定队伍，加强培训，提高队伍业务素质。要加强队伍的职业素质教育，防范道德风险。特别是针对个人客户经理，要通过集中教育、定期谈话、日常观察等方式，强化个人客户经理的职业道德修养，要做到了解你的客户经理。六是要防范声誉风险。今年我行全面启动网点转型各项工作，特别是在劳动组合优化、业务流程再造实施过程很可能会出现各种各样的问题，今年又正值建国60周年，各级行要注重关注员工的思想动向和行为情况，加强舆情监测，要高度关注各类事件的苗头，及时采取应对措施。

深化经营转型　统筹业务发展
推动零售板块工作再上新台阶

——毕林祥同志在天津分行零售业务工作会议上的讲话摘要

统筹兼顾，努力推动零售业务转型工作再上新台阶作为直辖市行的天津分行，总行明确要求我们一年一个样，三年大变样，实现率先发展，三年夺取同业市场份额第一。为此，今后时期我行零售业务要以“储蓄存款争第一、个人贷款争主流、理财业务提份额、个人客户争高端、网点建设循标准、渠道建设争效益、队伍建设促经营”为目标，增强责任感和紧迫感，深化转型要求，调整经营策略，进一步加快有效发展。

（一）深化经营转型，完善零售业务综合营销服务体系

要强化进度落实要求，加快推进网点硬件转型步伐。一是在《2010～2013年网点布局规划方案》的总体部署下，突出规划重点，争取政策支持，加快优化布局的落实进度，使我行网点能够基本覆盖新兴高档社区、商业商务区及经济热点区域；完成《天津分行网点分类管理办法》的修订，科学定位网点功能，强化动态分类管理，促进资源优化配置；加强自助渠道建设，科学布局自助网点，增加建设投入，特别要加快电子银行体验区建设步伐，按照前期下发的《关于做好电子银行体验区建设工作的通知》要求，确保年内所有网点都有电子银行体验区。二是强化组织实施，切实加快网点装修改造进度。要合理安排装修改造的具体时间及先后顺序，制定装修期间的业务处理方案，监督工程进度及工程款支付情况；研究制定针对项目单位的监督考核评价办法，建立有效的综合评价机制，促进项目单位提高施工管理水平，提高网点装修质量；进一步理顺工作流程，缩短中间环节，提高网点建设的工作效率，确保年初确定的各项建设目标按期完成。三是大力推进标准化建设，抓紧完结样板网点施工设计与审核环节，尽快启动具体实施工作，切实组织好全行的标准化建设。

要把握转型内涵，加快推进“软转”进程。一是围绕有效提升营销技能的具体要求，精心组织好我行综合营销活动方案的各项工作落实，切实提升网点营销实战能力；要在加快标准营销流程导入进程的同时，制定出台转型标杆验收标准，对各支行打造的转型标杆网点进行验收评定；要进一步做好网点基金销售模式的升级，借鉴文明标准服务活动做法，在网点营销流程（SOP）导入的基础上，引入“基金内训师”培训和“基金销售工作网点导入”机制，促进全行基金销售工作的快速发展；要建立网点文明标准服务管理责任制，加大服务监督力度和检查频次，组织开展“服务明星”、“创新晨会”的评选，巩固文明标准服务导入成果，建立健全文明标准服务的长效机制。二是要持续优化业务流程。在“赢在大堂”总体方略的要求下，积极配合运营管理部门做好开放式柜台的建设工作，切实促进网点业务分流，加强厅堂识别与现场营销；要切实做好对个人产品网点开户（签约）流程优化的贯彻落实，并以此为带动，着力强化多产品的组合营销，切实发挥流程优化的作用。三是确立深化转型的新路径，明确以“公私业务联动”、“业务分流”和“有效客户关系管理”为主题，启动天津分行的第三期转型。截至目前，先行先试工作已在保税分行营业部、河东六纬路支行、世贸蓝水支行三家网点展开，在经过总结提炼之后尽快向全行推广，各支行要在做好前期转型成果的巩固同时，循此路径积极运用到实际工作中。四是着力提升客户关系管理工作质量，带动全行优质客户营销维护工作上水平。分支行要继续完善客户名单制管理，加快目标客户的签约工作，建立健全立分层营销服务体系，规范分层服务营销与管理流程，开展贵宾客户营销与维护的绩效考核；要整合现有服务资源，研究建立起比较完善的高端客户服务体系和业务运营、管理机制，在这方面，要求各支行主管行长必须亲自抓，特别是对本行全部五星级以上客户，主管行长必须亲自与之建立起有效的客户关系，进而通过实施客户关系管理查找工作中的不足并及时予以弥补；要进一步加强增值服务渠道建设，因地制宜推出具有我行特色的增值服务项目，完善客户服务体系；要结合客户特点和活动预期，制定完善全年活动方案，持续组织开展好本年度的贵宾客户活动。五是打造高素质的零售业务团队。要在总结提炼内训师传导机制成功经验基础上，进一步加强内训师队伍管理，完善管理办法，推行积分管理，并与所辖网点文明标准服务和营销业绩联动考核。分行将研究落实零售内训师待遇，开展优秀内训师的评选，组织优秀内训师进行系统内交流培训，全面提升内训师的职业素质和培训授课能力。各支行也要建立一支优秀的内训师队伍，使分支行的有关精神、活动信息、产品知识迅速传导到每一个员工；要继续落实好理财师培训计划，完成培训目标，确保实现理财师网点全覆盖。同时要加大并丰富完善理财师后续教育的方法、形式，充分发挥其专业特点，努力提高实战能力；要继续举办全行网点营销示范岗位经验交流会，建立全行学习模板，切实发挥其在全行各网点营销岗位营销中的示范带动作用，带动网点营销岗位营销能力提升；要继续组织针对网点负责人、营业经理、个人客户经理、理财经理、大堂副理等相关岗位的技能提升培训，并以分层培训、体验式培训、宣讲活动相结合的方式，加强电子银行业务知识得传导，使网点管理岗充分运用管理工具，提高管理水平，业务人员岗位技能大幅提高，适应业务转型的需要。

（二）完善营销组织体系，统筹兼顾推动个人金融业务发展

要进一步完善营销保障体系。一是要研究解决当前转型需求与资源配置不足的矛盾，根据前期分行专题组织的相关调研，下一步，将根据分行人力资源的整体布局规划，结合支行需求，抓紧完善支行个人金融部、个贷中心的岗位设置及人员编制，最大程度的解决好与当前发展不相适应的设置不合理及编制不足等实际问题，同时还要根据重新修订的网点分类管理办法，进一步优化网点人员配置，提高网点营销人员占比，有效提升网点的营销效率与管理水平。支行个人金融部和公司业务部至少要安排一名专职产品经理，负责电子银行产品营销推广及自助设备运营支持，提高售后服务能力和客户保持率，电子渠道交易占比超过50%的网点，要考虑配备专门的电子银行产品经理。二是强化业务条线的考核措施。要根据总行零售业务综合考评意见，制定出台《天津分行零售业务综合考评办法》，突出贡献、进步等评价因素，按季组织零售业务综合考核，考核结果直接作为全行综合绩效考核加分、资源配置以及干部考核任用等主要依据；要对零售产品计价考核进行跟踪评价，确保计价奖励落到实处；要研究制定针对公私业务联动营销的综合考评意见，推动全行实施有效的公私业务交叉营销，建立起对公与零售部门间协同发展、综合营销的运行机制。三是强化科技支撑作用。要加快系统优化升级和推广工作，实现CFE系统的正式上线，并首先确保在理财中心、精品网点中稳步推广，使之成为帮助营销人员拓展、营销、维护、管理客户的有利工具，最终通过与PCRM系统的结合使用，进一步提升客户维护与管理的水平；要充分发挥科技手段对营销组织的支撑作用，组建网点营销流程电子化项目小组，完成应用系统的需求设计，加快开发进程，尽早实现营销组织过程管理的科学化，以及对营销业绩的准确监测；要尽快开发完成本地特色网银业务，发挥电子银行分流创收的核心作用，把批量化代收付业务、异地汇款等更多柜台可迁移业务迁移到电子渠道，着力提升产品竞争力和电子渠道的载体功能，深化对存量客户的综合服务和延伸服务；要进一步丰富自助设备功能，着手进行无折存款、对公存款的功能研发；要尽快完成新自助服务平台的全面推广，面向业务分流和创造效益增加代收项目。

要精心做好营销组织工作，推进个人金融业务均衡发展。一是持续做好各种综合营销和专项营销活动的组织，在总结“春天行动”经验基础上，结合总行“激情仲夏”活动要求，落实好我行二季度重点产品营销方案，增加基金营销和借记卡营销，突出竞赛模式，推进个金产品全面发展，同时要参照总行考评办法，在分行系统内组织开展“网点和营销人员五十强”竞赛考评。二是着力提升综合经营能力。要破除单一营销观念，树立综合营销意识，真正将“以客户需求为中心”的经营理念落到实处，以挖掘客户价值为目标，树立“以综合营销拓展客户、以综合产品抓紧客户、以丰富产品增加储蓄”的新思维，围绕业务源头做好挖掘，争取储蓄存款新突破；要加强对基金、理财产品营销中的引导，组织好对总行明确的战略合作基金公司的产品营销，确保完成年内总行下达的指令性销售计划，充分把握新推出的“安心快线”1天理财产品流动性强、收益率高于其他三大行的优势，拓宽渠道，面向公司类客户加大宣传与推介力度，积极做好产品销售；要以落实总行下发的《与优质公司类客户个人金融业务合作方案》为契机，对照总行最新设计优化的“金钥匙个人金融产品组合”，挖掘目标客户，加大零售产品套餐式组合销售的推广力度；要继续做好“薪加薪”推广计划的落实工作，切实促进挖掘客户、培育客户的营销目的。三是要加大对个人资金归集、自动转账、聪明账，以及天津分行自主创新产品天天理财、行外自动供款等新产品的推广应用力度，努力提升我行与客户的合作价值；各支行和网点也要认真履行产品创新需求分析义务，及时向分行业务部门提供创新需求，便于分行进一步加快产品创新，完善产品创新机制，提升市场响应能力。四是建立健全营销宣传渠道集中管理体系，对网点VI产品、联网发布系统以及外部媒体宣传投放予以集中管理，实现内、外宣传力度增大，步调、内容、视觉统一，组织管理规范有序，产品宣传有效覆盖，切实提升我行产品及营销活动的社会认知度，促进零售业务有效发展。

（三）深化个贷集中经营，促进个贷业务持续健康发展

要继续深化个贷集中经营，力争实现全部六大集中，将个贷业务中后台操作全部集中处理。一是抓紧推进个贷抵押登记集中。二是在档案库建设完工后，将个贷档案统一入库保管，并逐步实现档案电子化管理。三是规划在现有条件下，努力实现会计放款集中，加强风险控制，同时减轻基层行柜台压力。

要继续保持个贷业务的有效发展。在贯彻落实总行相关政策要求的基础上，积极做好房地产市场变化的策略应对，调整发展思路，积极寻求新的业务增长点，一方面要将注意力适度向个人商用房贷款转移，挖掘商业地产的价格洼地；另一方面要积极发展个人综合授信贷款、个人助业贷款，对外要将国内外知名品牌产品的一、二级代理批发商、大型专业市场合作商户以及中高端成长型客户作为优先发展的拓展目标，对内要挖掘存量优质客户需求，尤其是对现有的四、五星级客户要纳入重点营销范畴。要发挥多产品组合营销的合力优势，挖掘诸如气球贷、本息分别还等特色产品与功能，最大化的满足客户个性化需求。要加大公私业务的联动营销，积极研究优质法人客户职工团购房产需求，实现零售业务批发做。

要加强营销渠道建设，增强营销手段。一是分行住房金融与个人信贷部要加大对支行的营销支持力度，积极配合支行针对个贷业务合作集成商（包括开发商、二手房中介、汽车经销商、专业市场、对公客户等）展开联合批发营销；二是在个贷资源富集区，打造一批标识明确、市场口碑良好、市场占有率高、营销队伍健全的专业支行或专业网点，对其中达到一定规模的，可确定为“好时贷”个贷营销中心，按总行统一要求对外挂牌。

要完善考核奖励机制。积极开展个贷业务绩效考核后评价工作，重点抓好考核奖励的兑现落实，确保个贷绩效考核工资兑现到个贷从业人员或参与个贷发展的人员，充分调动个贷条线人员发展业务的积极性和主动性，积蓄业务发展动力。

（四）落实赶超战略，推动信用卡业务跨越式发展

要快速做大贷记卡规模。一是充分挖掘网点营销潜力，打好“阵地战”。各支行要切实组织所辖基层网点从ABIS系统、PCRM系统中提取个人优质客户名单，由网点负责人组织实施营销；要加强公私业务部门的联动，做好对重点客户的同步介入；要借鉴当前开展的营销流程导入工作，积极探索新形势下的贷记卡营销流程。二是充分挖掘行内优势行业、集团的客户资源，加大联名卡产品营销力度。三是积极做好白金卡发行，维护和培养高端客户。截至5月末，白金卡总量已达2315张，该类高端客户对我行贡献很大，而目前我行白金卡占贷记卡总量仅为0.6%，因此，各行必须予以重视，特别是对重点客户群体要切实做好定向营销。四是切实抓好缴费通卡代收保费项目、烟草访销项目以及公共事业收费等项目，实现以项目快速带动发卡进度的目的。五是充分把握准贷记卡在全额取现、无超限费、不收取手续费、随借随还按日计息等优势，面向具有稳定收入的工薪阶层、代收代付项目客户、重点行业从业人员、经营状况良好的国有企业正式员工以及城市个私类群体积极开展营销，做大做强准贷记卡业务。六是充分发挥分行费用奖励政策，积极营销贷记卡。各支行要充分利用分行任务指标与营销费用相结合的激励政策，积极营销贷记卡。分行将根据截止到三季度末累计新增信用卡客户数任务完成情况，对完成序时任务的支行匹配相关营销费用。

要大力推进信用卡分期付款业务。当前分期付款这一新型消费方式已越来越为客户所熟知和接受，并逐渐成为各行信用卡的主要盈利渠道。我行正处于业务的起步阶段，尚未大范围拓展分期商户，如不迅速抢占该业务市场，不仅收单业务累积的商户资源优势将逐渐丧失，而且，更为重要的是将丧失信用卡中间业务收入的主要来源。因此，各支行要利用分期付款手续费低、手续简便的优势，充分挖掘本行资源优势，多渠道拓展分期商户。同时，要针对大型卖场以及持卡人积极宣传我行贷记卡账单分期业务。

要量质并举，做大规模，继续抢占收单业务市场。各行发挥我行在天津市场的收单优势地位，继续做大商户规模，强化商户增值功能和服务，挖掘商户价值，优化商户结构，实现规模和质量的同步提升。一是要以商户名单制营销为主线，创新营销手段，加强联动营销。各支行要对分行下发的餐饮、娱乐、酒店、百货等行业部分高端客户名单以及DCC目标商户、分期付款目标商户名单进行认真分析，总结经验，确保营销效果；要将收单业务纳入支行对公客户服务方案，将收单业务销售纳入对公客户经理的工作范畴。大力宣传收单业务对全行对公业务的价值，同时做好支行信贷客户的挖掘。二是要加强产品创新，强化增值服务。各行要加强商业MIS收单系统的应用，利用MIS系统的排他性及增值功能，拓展酒店、商场、超市、医院等目标商户，抢占城市优质商户；要发挥本外币一体优势拓展国际卡收单业务，充分利用富达酒店BMP系统及动态货币转换（DCC）业务推进高端商户的拓展。三是要做好储值卡受理业务，拓展储值卡业务市场。储值卡业务作为一项较新的收单业务广受商户欢迎，对收单行而言在产生较高交易回佣的同时还会带来大量的资金沉淀。四是搭建行业覆盖面大、商户知名度较高的特惠商户网络。

（五）把握发展机遇，下力量打造强大的金融服务平台

要大力开展营销活动，特别是增强对目标客户、高端客户的渗透服务能力。一是紧紧抓住总行开展“电子银行营销年”主题宣传活动的有利时机，全面落实各项营销活动。借助“金e顺”品牌宣传路演活动，在全行范围内掀起学习电子银行业务、营销电子银行业务的高潮；持续开展内部营销竞赛和客户回馈为主的整体营销活动，充分利用电台、报纸等传媒渠道开展宣传，并针对手机银行、短信通知等重点产品进行专项促销，确保阶段活动目标和全年任务的圆满完成。二是针对目标客户开展精准营销，提高目标客户渗透率。将PCRM中的个人优质客户和重点行业企业高管发展成为电子银行客户，提升客户综合贡献度，其中三星级以上客户注册率要达到60%以上。重点行业企业的高管要实现电子渠道产品全覆盖。三是在做大客户规模的同时，注重发展有效客户，梳理存量客户，通过上门走访、现场演示、交易抽奖和电话回访等措施，解决好客户使用过程中的问题，唤醒“睡眠户”，激活“不动户”努力提高个人网银动户率，带动业务规模与效益同步提升。四是公私联动，协调配合，对企业网银、电子商务等重点目标客户制订方案进行组合营销，发挥电子商务对个人网银业务的带动作用，个人条线要与公司条线密切配合，资源共享，以项目实现个人业务的规模增长，同时要共同做好重点客户走访及日常维护工作，满足客户多样化需求。

要加快全行自助体系建设步伐，提升渠道服务能力。一是要继续加大设备投放力度，按照总行“全行点均自助设备达到2台以上，46112重点城市行点均自助设备不低于同业平均水平”的要求，各支行要在六月底前完成对本区域内同业情况的调研并制定出本行自助设备的发展规划，各行要积极协调有关部门，加快安装投产进度，同时要在六月底前完成全部OS2系统设备的更新。二是要加强自助设备的运营管理，全力确保本行自助设备的正常运营，要明确自助设备专管员及管理员的职责，保证全天候自助设备的正常运行，坚决禁止出现缺钞等责任事故，同时各支行要加大对自助设备的巡检力度，确保自助设备的正常运行。三是要充分发挥自助设备的渠道分流创收作用，各支行要增加网点分流引导人员配置，对柜面的可分流业务充分引导，柜面业务可分流率要达到90%以上，要充分发挥自助设备的分流创收作用。各行要利用正在开展的自助渠道专项营销活动契机做好相关工作。

要提高客户维护水平，加强客户服务效果。一是做好外呼业务的各项工作。配合总行《客户服务中心（天津）协同天津分行开展外呼业务具体实施方案》分别对网银不动户、贵宾客户等进行外呼，为业务发展提供后续保障；二是做好客服联动工作，建立紧急应急机制，确保在我行股改上市以及世博会的关键时期联动工作，增强敏感性，做好各类突发事件的第一时间联动反映和妥善处理，避免对我行声誉造成影响。

（六）强化风险控制，构建案件防控长效机制

要切实加强自律监管工作，防范潜在风险。按照年初确定的个人业务自律监管全年规划，按季度细化并下发监管重点，指导支行组织自查，分行进行抽查；认真落实分行风险管理委员会各项工作要求，切实做好风险时间报告和季度全面风险分析，防范潜在风险。

要切实加强个贷贷后管理工作，确保业务健康发展。分行要加大在线监测力度，开展动态在线监测，落实每日预警；要研究提升监测的技术手段，加大对贷后资金流向的批量跟踪分析，及早预警，严防私贷公用、资金流入股市等用途监管风险。要动态跟踪个人不良贷款变动情况，按季确定清收工作主题，将日常贷后催收与客户维护紧密结合；要全面实现个人贷款档案电子化管理，分批销毁超过保管期限的已清户的个人贷款档案，充分发挥系统合力开展清收，确保我行个人贷款资产质量持续提高。

要提升信用卡业务风险控制能力。认真贯彻落实四部委文件及总行有关文件要求，做好信用卡、商户的准入控制及交易监控，增强条线对信用卡风险事件的监测、预警和风险控制能力；要加大不良透支催收力度，继续压降不良透支率；要进一步加强对EPOS的风险管理，严把功能开放、客户准入、材料真实性等方面的风险关；要建设分行信用卡业务处理平台，理顺发卡流程，提高贷记卡发卡环节精细化管理水平，提高贷后风险管理能力。梳理各项制度，加大培训及自律监管力度，有效提高本业务条线从业人员的营销素质和操作水平，提升分支行风险防范能力。

要做好电子银行业务的制度完善工作。进一步加强电子渠道准入管理，提升柜员合规操作水平，加强会计主管的风险防范能力；加大电子银行业务专项检查力度，建立快速反映机制，增强支行、网点风险管理工作的主动性；建立面向分支行的风险事件督办机制，及时跟踪和处理各类风险事件，把风险管理工作贯穿到电子银行各业务条线的始终。

要加强内控合规管理，强化主动控制与有效管理。按照分行党委年初提出的确保全年无案件和重大责任事故发生的总体要求。一是要强化主动管理，切实将内控合规管理融入到日常管理工作中，分、支行、各网点要设立兼职内控合规联络员，并确保职责有效履行；二是要切实抓好各项内控措施的落实，增强网点内控基础管理能力，分、支行要强化尽职监督管理，做到“管业务、管人员、管风险”，发挥内部控制主渠道作用。

要始终保持案防高压态势，构建案件防控长效机制。分支行各级领导干部要高度重视案件防控工作，认真履行“一岗双责”要求，为业务经营和转型发展提供坚强的保障。各业务条线，要各负其责、协调配合，切实负起案防责任；各级领导干部要明确自身案防职责，抓好案件风险防范化解，要从爱护干部的角度，加强队伍管理，切实杜绝各类腐败现象；要进一步完善责任追究和惩戒制度，对违规违纪案件一律严肃处理，特别是对于非自查发现的案件，要严格执行“双线问责”，严厉查处责任人。

统一认识　坚定信心　加速转型
努力开创零售业务发展新局面

——禹修德同志在全省零售业务转型暨网点建设工作会议上的讲话

一、准确把握当前经营形势，加快实施零售业务转型步伐

（一）认清当前形势，充分认识我行发展零售业务的必要性

改革开放30年以来，我国长期实施出口导向型经济发展战略，取得了举世瞩目的成就，但此次国际金融危机的不期而至，给我国经济增长方式敲响了警钟，迫使我国把经济转型提上日程，加快构建消费型社会的步伐。研究表明，一国零售银行是否发达与该国的国民结构有重要联系。如果一个国家以出口为导向，银行必然将公司信贷视为重点；经济愈加倾向消费，零售银行就愈发达。我国经济转型和逐步走向均衡的过程为零售银行业带来巨大的发展契机。同时，在我国经济持续快速发展的带动下，居民收入稳步提高，投资理财和消费观念不断更新，居民零售金融服务的需求数量和种类均快速提升，零售银行业将迎来一个快速发展的黄金时期。

从我行整体业务经营情况来看，我行百分之八十的机构、百分之八十的人员在从事零售业务，而且随着组织架构的改革，这个数字还会有所上升；百分之八十的负债业务是零售业务，百分之八十的中间业务收入来源于零售业务，做好零售业务对我行今后业务的发展、整体竞争力的提高意义重大。所以，各行要认清形势，统一思想，充分认识零售业务的重要性，发挥自身优势，做大做强零售业务，提升我行零售业务的核心竞争力。

（二）充分肯定我行零售业务取得的成绩，坚定发展零售业务的信心

当前，各行对零售业务的战略意义认识趋于同一，纷纷以此次经济转型为契机，加大了零售业务的改革力度，网点布局优化和功能转型纷纷提速，产品促销手段日趋多样化，零售市场“红海”特征日益明显，市场竞争空前激烈。新一届省分行党委成立以来，面对当前局势，审时度势，将零售业务放到了一个前所未有的重要位置，不断加大投入，各项业务取得了令人瞩目的成绩。特别是今年以来，面对同业激烈竞争，省分行不断改进工作方式，创新激励机制，各项业务取得了长足的进步。

一是储蓄存款实现一定增长。截至6月末，储蓄存款较年初增加248亿元，系统内排名第五；存量余额2503亿元，同业排名第一。二是个贷业务触底反弹。截至6月末，全行个贷余额较年初下降4.8亿元，但6月份当月比上月净增1.6亿元，连续下滑趋势得到扭转，呈现出良好发展势头。三是银行卡业务持续发展。截至6月末，全行借记卡发卡总量达1295万张，上半年实际新发借记卡195万张（含惠农卡47.5万张），比上年同期多发49.4万张；贷记卡较年初增加9.4万张，发卡量达到46.6万张；惠农信用卡发卡量5086张。特约商户5704个，较年初增加1798个，是去年全年增量的2.1倍，其中有效商户3414个，较年初增加1285个，完成总行计划的128.5%；在线POS7318台，较年初增加2424台；商户收单业务收入实现2121.58万元，比同期增加307.8万元。在线运行ATM1520台，较年初增加215台，实现收入2704.8万元，比同期多收962万元，台均1.78万元。已投产转账电话88586台，较年初增加57657台，转账电话收入1545万元，比同期多收785万元，台均174.4元。实现银行卡手续费收入29361万元，同比多实现1213万元。四是电子银行业务发展迅速。截至6月末，全行个人网上银行注册客户55.7万户，较年初增加17.3万户，较上年同期多增8.8万户；企业网上银行注册客户1.95万户，较年初增加4271户，较上年同期多增1017户；消息服务业务注册账户51.8万户，在已开通总行版的15家分行中增量排名第1位；实现电子银行收入3676万元，较上年同期增加1391万元，网上银行收入全国排名第三。五是其他中间业务实现快速发展。上半年，全行代理保险保费收入累计实现27.72亿元，实现综合手续费收入11139万元，同比多增2055万元；基金销售59亿元，同比多增43亿元，代理发行国债3.4亿元，同比多增2600万元，代销实物黄金120公斤，同比多增40公斤；第三方存管客户总数达到12.54万户，新增开户3.99万户，较去年同期多增0.64万户，完成总行全年计划的133%，完成省分行计划的99.8%。

二、认真领会总行会议精神，明确转型工作目标

（一）总行零售业务经营转型工作会议主要精神

总行于5月15日至17日在京召开了全国农行城市零售业务经营转型工作会议。会上，项俊波董事长和杨琨副行长分别作了重要讲话，并提出以下几项具体工作要求：

第一，理顺管理体制，构建各级行零售板块营销格局。各一、二级分行要参照总行模式尽快成立零售业务转型推进工作组，负责落实总分行的部署和要求，确保辖内转型

项目协调有序推进。尽快完成各级行零售板块职能调整及人员配备。零售板块归口一个行领导分管。

第二，加快城市行网点转型，着力打造零售业务核心竞争优势。各行要以网点为抓手，提升零售业务主渠道的竞争能力。坚持网点转型“软硬并举”，强力推进“绿色行动”，全面推行城区网点分类管理，实施差异化功能定位。加快财富型网点建设步伐，在每个省设立1家金钥匙财富管理中心，在每个省会城市、大城市建立2到3家金钥匙理财中心，在小城市建立1到2家理财中心。推动实施“赢在大堂”策略，清分现场管理角色，配足配强大堂经理，加强客户识别分流。扎实推进文明标准服务工作，健全网点转型考核评价体系。要以“大储蓄”概念抢抓第三方存管、银行卡、转账电话等多渠道储源，提升综合营销效率。

第三，创新经营机制，实现个人信贷业务快速发展。大力推进个贷集中经营管理，今年先在18家分行（包括河北）推广，力争三年内实现对城市行的全面覆盖。严格落实激励考核措施，认真制定个贷业务的计价考核方案，并确保落实到营销人员和相关的业务办理人员。加大对公业务与个人业务的联动营销，做好30家大市场（包括白沟、香河）生产经营贷款的专项营销活动。

第四，实施精细化管理，推动银行卡业务再上新台阶。各行要加强系统资源整合，打造多层次、多渠道的信用卡销售渠道，切实做好与对公前台各部门以及零售板块各部门的交叉销售工作。明确市场定位与拓展重点，不断优化信用卡产品结构和客户结构。充分重视收单业务发展，继续提高贷记卡在大中城市的市场占比，在中小城市及以下区域大力推广准贷记卡产品。保证资源配置，建立有利于业务发展的激励约束机制。

第五，要落实新战略，提升电子银行营销与服务支持能力。各行要明确分销策略，增强多渠道销售能力。大力推进电子银行交易渠道建设，提升产品创新能力。加大自助设备投放，建设集网上银行、电话银行于一体的电子银行客户体验区。

第六，严格制度建设，打造高素质的零售业务人才队伍。各行要严格按照网点零售业务人员岗位序列标准，规范各岗位人员工作职责、工作目标、考核办法与晋升机制。通过压缩高柜、增机减人、优化劳动组合等措施，调整和充实零售业务队伍。广泛开展内训师培训，实行专业理财师岗位强制回归，年底前，凡取得AFP、CFP、EFP资格的认证理财师都必须回归零售业务板块，全行推行零售业务从业人员的资格考试和准入制度，实施分层培训和柜员等级管理，打通零售队伍的职业成长通道。

第七，完善配套机制，为零售业务转型提供多重保障。各行要从制度修订、交易优化和系统再造三个方面着手整合和优化现有的零售业务流程。全面加快PCRM系统的推广应用步伐。完善全行综合绩效考评办法，根据零售业务收入的贡献度，匹配综合绩效考评分值；实行网点分类考核，根据不同类型网点，设置不同的考核指标和分值；实行网点员工的分岗考核，强化各岗位营销服务职责履行；全面推行产品计价考核，采用低底薪、高挂钩方式，对符合零售业务转型方向或具有较大市场潜力、综合贡献度高的重点产品和业务加大计价奖励力度。增加对网点建设与改造等工作的费用支持，加大网点取款机、存取款一体机、自助服务终端、网银终端等设备的投放力度。

第八，健全风险机制，促进零售业务持续健康发展。完善零售业务各项风险管理制度、报告制度和自律监管制度，加强内控管理的执行力。有效控制个人信贷整体风险。切实做好理财业务客户风险压力测试及风险匹配检测，履行风险揭示与告知义务。对信用卡透支户实行名单制管理，密切关注当前宏观形势下信用卡违约、套现和恶意透支等各类风险，提前采取措施消除风险隐患。

第九，加强中高端客户关系营销与管理。各行要进一步完善分层服务体系，明确客户分层服务标准，构建多层次服务平台，针对不同目标客户群体制定差异化营销策略。同时，积极拓展服务空间，建立和完善客户增值服务体系，健全客户营销管理的责任机制，推行高端客户管理责任制，明确贵宾客户营销服务责任人，落实“客户到我为止”的理念，加强高端客户的管理和维护。

（二）我行贯彻落实总行会议精神的总体工作目标

根据总行会议精神，结合我行实际，省分行确定了我省零售业务板块发展的总体思路，即全行上下统一思想，认清形势，抢抓机遇，进一步理顺零售业务板块管理体制，紧紧围绕网点转型、渠道转型、服务转型、队伍建设等工作重心，全力推进零售业务转型，大力发展零售业务，优化客户结构、产品结构和收入结构，实现零售业务的快速发展。根据这一指导思想，省分行决定力争用3年左右时间，实现零售业务各项指标的新突破，达到或超过同业平均水平。具体发展目标为：

—网点建设取得新进展。全行所有营业网点全部改造完毕，其中城区网点、符合条件的县域网点全部实现功能分区。

—渠道转型取得新突破。全行所有营业网点全部配备自助设备；转账电话布放规模达到15万部；电子银行注册客户达到420万户，其中个人网上银行注册客户达到120万户；企业网上银行注册客户达到5万户，个人电话银行注册客户达到40万户，企业电话银行注册客户达到5万户，消息服务注册账户达到250万户。电子渠道交易占比由2008年底的37.05%增长到63%。

—服务水平不断提升。在改进网点窗口服务的同时，努力使个人高端客户服务水平有一个明显提高。

—业务结构有新调整。通过做大做强个人贷款业务，大力发展战略性业务，使业务结构明显改善。个人贷款增加100亿元；信用卡新增发卡90万张；第三方存管新增开户数10万户。

—点均产能有新提高。全省点均各项存款、点均中间业务收入年均提高20%，与同业的差距明显缩小。

三、下一步主要工作措施

（一）重塑组织架构，构建“大零售”经营体系

一是尽快完成零售业务管理职能的划转与整合。各行要按照总行统一要求，尽快成立零售业务转型推进工作组，负责落实总分行的部署和要求，确保辖内转型项目协调有序推进。要结合全省组织架构改革，规范各级行零售部门的纵向职能分工、岗位设置和人员编制，将个人金融部、电子银行部、信用卡中心等零售部门归口一个行领导分管，自上而下建立零售板块。同时，统筹优化零售板块部门职能，明确个人金融部与其他部室之间职责分工。二是抓紧实施“对公业务上收，零售业务下沉”工作。各行要尽快将全行法人业务的营销、管理职能上收，便于网点专注办理零售业务，发挥其零售业务主渠道功能。三是构建个贷集中经营架构。今年，我行将在2家市分行进行个贷集中经营试点，相关行要积极准备，密切配合，努力创建新型的经营机制，为个贷业务的快速发展提供新的体制、制度保障。

（二）加快网点改造步伐，搭建营销服务平台

营业网点是我行实现零售业务转型的基础，是我行当前最主要的分销渠道和服务平台。总行对我行网点建设给予了高度重视，前段时间，总行零售业务总监李庆萍专程来河北查看样板网点建设情况，并提出很多好的建议。各行一定要按照省分行年初工作会议要求，紧紧抓住我行作为总行网点建设试点的契机，认真落实省分行网点转型三年规划和2009年推进方案，坚持“稳定乡镇网点、调整县城网点、优化城市网点”的发展思路，稳步推进今年全行网点改造，进一步提高我行网点的辐射能力、渠道效率和综合竞争力。

一是加快样板网点建设。今年，我行样板网点建成并经总行验收合格后，总行将在全行推广复制该模式，统一全行网点的内外部视觉形象，将全行网点打造成“连锁店”式网点。所以，我行样板网点建设的好坏事关全局，省分行营业部务必要优先调配资源，倒排工期，加快工程进度，确保样板网点按期保质完工。二是认真做好网点三年规划。网点的改造要和网点规划、布局优化、撤、并、迁同时推进，要确保网点改造取得实效，保证3年以后我行网点不仅在外观形象、营业面积上与现在相比有一个大的不同，而且在布局上更加合理和有竞争力。因此，必须做好规划设计。近期省分行专门起草了《河北省分行关于加强营业网点规划的指导意见》，经此次会议讨论后予以下发。各行要按照省分行的要求，结合本行实际，拿出三年规划方案报省分行，省分行要逐个地市研究论证，力争8月份完成全省规划方案。三是认真做好2009年装修改造网点的设计工作。目前，省分行统一招标的设计公司已经进场开展工作，省分行还专门起草了《河北省分行营业网点装修设计操作流程》，将于近期下发，各行要严格按照有关要求执行，做好与设计公司的充分沟通，积极配合，确保按质按量完成任务。四是严格标准。网点改造要坚持严格标准强制执行、统筹资源分步实施、加强督导保证质量、软硬结合促进转型等四项原则，严格按照总行标准开展辖内营业网点的建设，严禁随意变更标准，不得对LOGO、各类标牌、色调及材料等擅作改动，确保做到统一色标、统一字体、统一比例、统一用材、统一施工工艺等五个“统一”。五是严格按规定实行招标。为保证施工质量，各市分行确定装修公司后要向省分行零售业务转型办公室报备，经审核同意后方能开工建设。省分行个人金融部要做好施工阶段的督导工作，确保网点改造的质量和效率，力争今年完成300个网点的装修改造任务。

（三）加快电子渠道建设，实现业务有效分流

现在很多行都反映人员不够、柜台压力大，主要就是柜面业务

分流率比较低。苏州分行柜面业务分流率达70%，深圳分行柜面业务分流率更是高达80%，我省有几家支行由于加强了自助机具的布放，柜面业务分流率也达到了70%以上，这说明我行至少有70%到80%的柜面业务具有分流条件，而我们现在的柜面业务分流率只有40%多，这说明我们还有很大的潜力可以挖掘。我们发展业务需要人，可人从哪里来？突破口就在渠道分流，所以各行要通过渠道分流，以机换人，把柜员腾出来，充实我们的大堂经理、客户经理、理财经理，提升全行的服务水平和创效能力。

一是加大ATM投放力度。实践证明，ATM对于网点的业务分流、劳动组合的优化具有极其重要的战略性意义。对于ATM的布放，各行一定要给予高度重视，要将ATM布放与网点改造结合起来，做好自助银行和零散机具的规划布局，按照先“在行式”后“离行式”的顺序，对ATM实施集群式布放。各行要积极与相关部门协调，尽快将去年闲置的ATM全部安装到位。新装修改造营业网点的自助机具配备必须严格按照网点管理办法的要求和标准实施，充分考虑当前及未来业务分流的需要，机具暂时不足的，也必须事先预留机位。同时，改进和完善维保机制，让基层行对厂家具有更大的约束力，提高厂家的维保效率和质量。二是促进网上银行业务快速发展。要抓住新一代个人网银和企业网银上线的有利时机，对个人网银采取覆盖式营销，对企业网银采取拉网式营销，区别客户实行差异化营销，进一步提高网上银行产品的覆盖面和动户率。三是继续扩大转账电话布放规模，进一步完善服务功能。下半年省分行将再购置20000台转账电话，以满足市场和客户需求。推行支行、网点和客户经理“五包”（即包市场、包街道、包门店、包专业村、包龙头企业）的营销方式，进一步加快转账电话布放。开通转账电话跨行消费功能，增强与市场同类产品的竞争能力，充分发挥转账电话吸收低成本存款、中间业务创收和柜面业务分流作用。四是配齐配强大堂经理，促进业务有效分流。前一段时间，省分行针对大堂经理专门下发了《中国农业银行河北省分行大堂经理管理办法（试行）》，对大堂经理的岗位职责、工作制度、人事管理和考核进行了明确规定。为加速推进配齐配强大堂经理，省分行又制定了《河北省分行大堂经理选聘、培训工作推进方案》，总体要求是统一条件、统一准入、统一培训，8月底前实现每个网点都有一名专职大堂经理。通过大堂经理在营业大厅对ATM、网上银行、转账电话等电子产品进行宣传、解释和现场演示，强化大堂的识别引导作用，加深客户对电子银行渠道的认识，逐步将低附加值业务分流到自助银行渠道。

（四）全面提升网点服务水平，加大对高端客户的维护力度

当前零售业务“产品为王”、“服务制胜”，比的是产

品，拼的是服务，服务水平的高低，决定了我行在同业中所处的位置。加大服务投入，提高服务水平刻不容缓。各行要迅速转变观念，加快网点“软转型”，整合营销机制，全面提高综合服务营销水平。截至6月末，我行个人存款超过10万元以上的客户有38.38万户，占客户总数2.27%，但存款数占全行储蓄存款总量的50%，对储蓄存款的增长起着决定性的作用；同时，高端客户群体还是个贷、信用卡等高端产品的主要受众，高端客户数量的多少、占比的高低对一家银行零售业务今后发展的层次、规模和利润有着举足轻重的作用，各行一定要在做好基础服务的同时，针对不同的客户实行分层服务，加大对个人高端客户的维护力度，提升个人高端客户对农业银行的综合贡献度。

一是加大营业网点文明标准服务导入力度，全面提升网点整体服务水平。今年，省分行举办了内训师训练班，建立了一支66人的文明标准服务内训师队伍，为推动全省扩散培训和文明标准服务导入工作全面展开提供了保障。各行要结合“网点文明标准服务年”活动，以文明标准服务导入为契机，在年底前实现50%城区网点的导入工作。同时，全面推广网点晨会制度，制定网点礼仪规范和服务标准，创新考核激励和沟通表扬方式，培育“以客为尊、激情创新、团队合作、合规经营、追求卓越”的网点文化，全面提高网点的基础性服务水平。二是大力推进分层服务，搭建好对贵宾客户的服务平台。这次会上，省分行制定了《中国农业银行河北省分行个人理财经理管理办法》，明确在全省选调15名取得AFP或CFP资格的优秀员工，组成专业团队，负责全省网点个人存款500万元以上客户服务的智力支持；各市分行金钥匙理财中心，在全辖抽调不少于4名取得AFP或CFP资格的人员，组成专业团队，负责辖内网点客户经理对存款余额100万元以上个人客户的服务支持；县支行个人理财经理负责辖内网点对存款余额50万元以上个人客户的服务支持。各行要积极落实，抓紧实行专业理财师岗位强制回归，已获得国际金融理财师、金融理财师、金融理财管理师证书的人员9月末必须全部调整到个人理财岗位工作，配合网点做好高端客户的维护，提高对高端客户的服务层次和专业水平。同时，认真配合省分行做好金融理财师的培训和再教育工作。有关行还要按照省分行的统一部署，加快全省财富管理中心和本地理财中心的建设，通过在网点设VIP窗口、贵宾室，市行城区建设理财中心、省会建设财富管理中心等形式，在全行形成对高端客户全覆盖并层层对应的分层服务体系。三是以网点为基础，做好高端客户的服务。各行要做好对高端客户的客户关系管理工作，实行差异化服务策略，在费用上给予基层行一定的支持，为基层行现场维护高端客户创造良好的条件。目前，个人优质客户管理系统（PCRM）已经延伸到全部营业网点，各行要充分利用该系统对高价值个人客户进行筛选、识别、细分和挖掘，建立健全个人优质客户信息档案，并针对不同的客户群体，制定分层服务和差异化服务营销策略。同时，为确保高端客户维护的效果，省分行起草制定了《个人贵宾客户管理与服务办法》，对贵宾客户的认定标准、服务标准、退出机制、管理人员工作职责管理、贵宾客户的维护管理、考核、责任追究等进行了详细规定。各行要参照《个人贵宾客户管理与服务办法》的要求，依托PCRM系统，结合自身实际，尽快建立起对高端客户维护与流失的奖惩机制，有效扩大高端客户占比，提高我行零售业务市场竞争力，改变目前低端客户占比过高的状况。

（五）以产品组合为抓手，全面推进客户结构调整和客户价值挖掘

前段时间我下去调研，听到最多的就是我行的产品少，功能单一，不具有市场竞争力，在同业竞争中处于被动地位。针对这种情况，各行要积极转变观念，采取有针对性的措施。

一是及时上报产品需求。各行要注意收集客户的不同金融需求，加强对同业产品信息的了解，提高产品信息敏感性。对于有代表性的客户需求，同业新推出的产品，要及时收集整理相关材料，上报省分行，由省分行上报总行，尽快研发出有针对性的产品，避免出现被动挨打的局面发生。二是加强产品的梳理、组合。虽然我行产品相对较少、功能单一，但现有产品还是能够支持做好业务的，比如个贷业务，与其他行相比，我们的产品也有自己的特色，但各行并没有把这些产品真正做起来。所以全行要在现有客户细分的基础上，对产品进行整合、梳理、组合打包，为基层有针对性地开展综合营销、交叉销售提供支持，最大限度的发挥现有产品的优势。三是要做好产品宣传，解决客户与银行之间信息不对称的问题。要通过全方位的宣传，让客户能够第一时间了解我行的产品和相关特点，避免由于宣传的不到位，造成产品的认知度不高，浪费优质资源。同时，要注意加强产品的风险防范宣传，防止出现信誉风险。四是要注意以资产业务特别是个贷业务为牵引，带动业务的整体发展。我多次提到，个贷业务是个人零售业务的引擎，是“粘合剂”、“药引子”，它对储蓄存款、中间业务、银行卡等业务带动作用明显。同时，个贷业务也是维护高端客户的一个重要手段，个贷业务做不好，很难维持全行零售业务长期的竞争优势。目前，我行个贷与同业存在着较大差距，但从另一个方面来讲，这些差距恰恰说明我行个贷业务发展还具有较大的潜力可以拓展。各行要充分认识到个贷业务对于调整资产结构、优化收入结构、提高综合收益的长远意义，坚定做大做强个人信贷业务的决心，将个贷业务作为今后一段时期的重点工作，拿出更多的时间和精力去研究。要从政策制度、资源配置、激励考核等方面给予倾斜，优化个贷内部流程，坚持差异化、专业化、集约化经营思路，贯彻好、落实好省分行“加快发展个贷业务意见”，以个人住房贷款、生产经营贷款、汽车贷款、个人综合授信贷款产品为抓手，加强上下级行、前后台协调联动，加大督导力度，促进个贷业务又好又快发展，并以此带动全行零售业务的整体发展。五是做好战略性产品的推广。贷记卡是改善银行卡业务客户与收入结构、培育银行卡可持续发展能力、拓宽中间业务收益渠道的重要产品，是维护客户、增加银行卡消费和商户收单收入的一个非常有竞争力的产品。准贷记卡、惠农信用卡由于其收益较高，对我行来说又是一个创利性非常强的产品。

第三方存管作为维护客户、提供一揽子金融服务的重要手段，对于确保资金从存款市场流向资本市场，再从资本市场回流存款市场，实现资金在一个银行体内循环非常关键。因此，各行必须站在战略的高度，坚定不移做大做强这些业务。要加强与我行对公产品的组合营销和交叉销售，积极推行个人优质客户名单制营销方式，组建专业的营销队伍，快速扩大发卡规模，力促贷记卡业务规模实现较快增长。积极开展贷记卡激活、刷卡赠礼活动，提升贷记卡创效水平。对于惠农信用卡，各行要用足用好省分行给予的政策。相关行要以“惠农信用卡营销推进活动”为契机，加快业务推进，力争惠农信用卡业务再上一个新台阶。六是做好商户收单业务。商户收单业务与发卡业务一起，构成银行卡两大主体业务。二者相互依存、相互促进，尤其对于我行这样的发卡大行来说，商户收单业务更是不可或缺。商户收单业务是银行卡发卡营销和服务的重要途径，是未来中间业务收入的增长点，必须要高度重视。要围绕城市和县域两个市场，持续扩大业务规模和市场份额，确立县域收单业务优势，提高业务创效能力；建立商户收单与公司、机构、房贷、个人等业务的联动营销和交叉销售机制，充分共享客户资源，挖掘客户创效潜力；积极开展业务和技术创新，满足客户多样化的应用需求，提高产品附加值；稳妥有序地开展商户收单业务外包，解决制约我行收单业务发展的人员不足问题，实现业务的持续、有效、快速发展。七是要与“三农”业务做好衔接。要紧密依托县域，将零售产品进行梳理，将县域客户进行细分，将农村专业市场、专业村作为业务推广切入点，围绕客户做业务，形成与三农业务相互支持、相得益彰、相互带动的局面。

（六）加强队伍建设，为业务转型提供保障

一是加快人员配备，明确岗位职责。各行要通过网点改造、机构改革，压缩机关人员，优化前后台人员分配，增加网点人员数量，调整和充实零售业务队伍。省分行再次重申，城区网点年内要确保人员达到8人（含）以上，至少配备1名个人客户经理和1名专职大堂经理。财富管理中心最少配备6名理财师，理财中心最少配备4名理财师。个贷经办行要按照总行1名客户经理最多管理500个个人客户的标准配齐客户经理，为个贷发展提供人力资源保证。市、县分支行要组建电子银行产品经理队伍和售后服务团队。同时，要紧紧依托人力资源部的岗位改革，对有关岗位职责予以明确，切实解决基层网点长期存在的岗位不清、职责不明的问题。二是加强培训，提高零售人员业务素质。各行要注重建立起以产品为中心，围绕产品定义、目标客户、产品卖点、销售策略的柜面定期培训制度。重点做好网点负责人、大堂经理、理财经理等人员的培训，今年8月份，省分行将对所有竞聘产生的大堂经理，聘请专业机构进行脱产集中培训；9月份，省分行再举办一期AFP培训班，以不断壮大理财师队伍。要积极借助基金公司、保险公司师资力量，做好相关业务培训，以增强培训的针对性和实效性。建立分层次的个人贷款培训体系，制定详细的培训实施方案，从个人贷款品种基本操作入手，立足应知应会，提高客户经理的业务素质和技术水平。三是稳步壮大零售业务队伍。要按照总、分行统一部署，逐步建立起柜员、大堂经理、个人客户经理、个人理财经理等级管理制度，规范零售业务队伍的选拔、认证、聘用、上岗、晋升、退出等程序。打通封闭式柜台柜员→开放式柜台柜员→个人客户经理→个人理财经理的成长通道，建设高素质的个人客户经理队伍。四是要保证队伍的稳定性。零售队伍的建立、成熟需要长时间的培养，投入较大，各行要尽量保持零售队伍的稳定性，今后，如无特殊原因，不得随意抽调零售人员岗位，以保证零售队伍的稳定和营销服务水平的持续提高。

（七）完善激励机制，为零售业务持续健康发展提供动力

各行要进一步完善激励考核机制，以绩效考核、组织导向为指引，为零售业务持续健康发展提供动力。一是加强逐级考核。今后，省分行将对各市分行零售板块主管行长实施综合考核，各业务条线对本条线部室负责人实施条线考核，并进行排名或诫勉谈话。各市分行也要比照省分行的做法，对支行、网点采取同样的考核方式，促使全行零售板块步调一致，有效推进。二是大力推进穿透式考核。向下穿透，下管两级。下半年，要尽快研究并形成具体的零售业务穿透式考核机制，原则上省分行直接监测考核到县级支行，市分行直接考核监测到网点。在保持现行激励机制框架不变的基础上，调剂出一定量的绩效工资，尽可能加大与县级支行和营业网点业绩挂钩力度。通过穿透式考核，抓两头、带中间，更好地统一全行经营思想，准确落实总、分行经营意图，上下步调一致，方向一致，确保业务经营更好更快发展。三是进一步完善计价考核。近几年，计价考核在调动个体积极性、推动业务发展方面发挥了巨大作用，但实践证明，计价考核的实施还存在一些偏差，需要各行结合实际不断进行摸索和完善。重点是研究根据业务综合收益贡献度确定计价水平的方式方法，使计价考核更科学、更合理，更能发挥引导作用。四是研究建立对网点主任和大堂经理的绩效考核办法。网点主任和大堂经理是全行零售业务拓展的关键环节，充分调动和发挥其营销职能，已成为当前零售业务工作的当务之急。各行要按照穿透式考核的总体思路和省分行相关指导意见，尽快建立对网点的绩效考核机制，考核结果与网点主任和大堂经理的绩效工资挂钩。考核指标包括储蓄存款、银行卡、代理保险、代理基金和电子银行五项业务。挂钩工资总量要占到网点主任和大堂经理工资总量（不含基本工资）的80%以上。五是全面实施对公与零售的联动考核。对公业务与零售业务的交叉营销，是推动全行零售业务快速发展的有效手段。相关部门要密切配合，对公部门要及时提供相关信息，零售部门适时跟进。按照这一工作思路，尽快着手建立联动考核机制，将银行卡、代理保险、电子银行等业务纳入对公客户业务营销范围，营销业绩与相关部门、相关人员奖励工资挂钩。需要零售部门配合营销的，要科学、合理确定对公与零售人员奖励工资挂钩比例，以最大限度调动交叉营销的积极性，促进零售业务批量开发。

（八）加强风险防范，确保业务持续稳健发展

今年以来，我行相继出现了多起客户投诉，犯罪分子破坏银行自助机具、侵害客户权益，银行卡资金被盗等事件，对我行业务的发展提出了严峻的考验。前几天，省分行专门针对外部操作风险的严峻形势，对银行卡换卡、销户业务做了新的规定，要求在全辖实施银行卡换卡、销户业务集中办理。所以各行要对近期事件高度重视，提高风险防范的敏感性，加强学习，树立合规文化，切实把我行的基础工作做好，对客户的风险提示、服务要到位，采取有效措施，减少投诉、舆情风险的发生，对基层行柜员的操作风险提示要到位，减少网点操作风险。要加强培训，提高员工化解突发事件的能力。另外，当前经济周期下行、经济环境恶化、经济预期还不明朗，各行在发展业务的同时要加强对重点业务的风险防范，实现业务又好又快的发展。一是严格控制发卡授信，进一步加强信用卡透支、商户套现监控、分析，规避经济下行期对信用卡资产带来的影响，防止出现信用风险。二是加强电子银行业务风险防控。电子银行业务作为一项快速发展的新兴业务，相对于传统业务，风险表现具有隐蔽性强、影响面广、危害性大等特点，各行要加强研究，提高认识。要做好客户风险提示，通过发放宣传资料、折页等方式，做到客户风险提示全覆盖，规范客户操作习惯，降低客户端操作风险。充分发挥“风险防范专家委员会”风险发现和预警功能，提前查找风险点，研究风险隐患，及时采取措施化解并向操作人员进行提示。三是切实加强业务管理，防范个人贷款、惠农信用卡等带有融资性的信贷类产品的风险控制，做好“打假”工作，严防经营商、开发商、中介公司等合作机构借机套贷。同时，要在支行层面把客户经理和贷款授信执行环节操作严格分开，消除客户经理产生道德风险的土壤，保证个贷业务的平稳健康发展。四是高度重视理财、保险代理业务经营风险。加强代理保险、基金产品的宣传管理，提早制定应急预案，妥善应对理财、保险产品客户投诉风险，坚持合规销售，合理风险提示，严密内控管理。

以客户建设为中心　以渠道建设为重点
全面提高零售业务核心竞争力

中国工商银行山西省分行　金喜年

一、2009 年以来零售业务工作简要回顾

（一）扎实推进零售业务板块建设。按照总行零售业务经营转型战略要求，省分行建立起以个人金融、信用卡和电子银行为基本框架的零售业务板块。个人金融条线牵头负责全行零售板块的营销和客户维护，信用卡条线和电子银行条线负责为客户提供多样化的产品支持和多渠道的服务保障。通过各部门、各级行的协调运作，初步搭建起资源共享、渠道多元、产品联合的零售业务经营平台，为加快推进零售业务战略转型、集中优势资源服务和拓展优质客户提供了组织保障。

（二）稳步推进渠道建设。针对全省农行网点建设长期滞后的实际，加大了网点改造和渠道硬件建设投放力度。在全国 2009 年网点转型工作中排名系统内第五位。完成了电话银行、手机银行和新一代网上银行等电子渠道的系统升级测试与上线推广工作。

（三）深度开展业务宣传和市场营销。先后开展了“大行德广 伴您成长 金钥匙春天行动”、“激情仲夏 争先创优”等零售业务综合营销活动，并组织了多次贷记卡、电子银行等零售业务产品专项营销活动。各级行通过电视、电台、报刊、大型 LED 广告平台、营业网点等媒介和渠道对“金钥匙”、“金穗卡”、“金 e 顺”、“好时贷”等零售品牌进行了广泛宣传，有效提升了全行零售产品的知名度和社会影响力，在总行 2010 年春天行动中获“金钥匙 · 好时贷提升奖”。

（四）全面加快新产品推广步伐。先后推出了“本利丰”、“汇利丰”个人理财产品、电子式储蓄国债、“传世之宝”自营实物黄金业务、个人住房置换式贷款、“一对多”专户理财、白金信用卡和台湾旅游卡等主题卡以及转账电话、电子账单等系列零售业务新产品，有效满足了客户多元化金融服务需求。

（五）认真做好客户管理基础工作。推出贵宾客户机场增值服务；实现个人优质客户管理系统（PCRM）对所有营业网点的全覆盖；在全行范围内启动贵宾卡发卡及系统签约工作；根据贡献度高低，开始对贵宾客户实行分类分层管理，初步提升了全行客户关系管理水平。

（六）加强零售业务营销队伍建设。组建了省、市、县三级联动银行卡营销队伍，成立了省分行内训师工作团队和全省电子银行业务宣讲团，开展了富有成效的培训指导和系统营销工作，在 200 个营业网点完成规范化服务导入，零售业务营销队伍的整体素质得到提高。

二、深入分析当前形势，明确零售业务工作思路及目标

（一）宏观经济环境为零售业务发展提供了广阔的市

场空间。2009年，我国成功抵御金融危机影响，率先实现经济企稳回升。今年以来，国民经济持续保持平稳较快发展，回升向好势头更加巩固。经济金融形势的不断向好，促进了富裕阶层规模和资产的快速增长，为零售业务快速发展提供了良好的外部环境。截至4月末，全省四大行储蓄存款总额已达4619亿元，两年多时间增长1716亿元，增幅达59%。楼市方面，国家对房地产行业进行调控的根本目的，是抑制部分城市房价过快上涨，随着我国城镇化进程的不断加快，个人住房信贷市场总体向好的趋势并不会改变。2009年，全省住房投资总额307亿元，较上年增长73%，增幅排名全国第一，万达、富力、恒大、万科等国内大型房地产企业相继进入太原，将为个人住房贷款业务提供新的市场。

（二）加快发展零售业务是农行股份制改革的必然要求。零售业务具有经济资本占用低、抵御经济周期波动能力强、利润贡献稳定等特点，是金融业界公认的低风险业务。当前，我行正在推进IPO，从其他三大行上市经验来看，零售业务的发展前景是投资者重点关心的指标之一，对上市后股价定位有着重要影响。总行决策层对零售业务发展非常重视，2009年就启动了零售业务经营转型，从组织架构、渠道建设、产品整合、队伍建设、流程再造、系统建设、考核机制和文化建设等八个方面加快经营转型步伐。我们必须按照总行部署，坚定不移地做好零售业务经营转型工作。

基于以上分析，2010年及今后一个时期，全行零售业务工作的基本思路是：按照“发展是第一要务，风控是第一责任，份额是第一标准”的总要求，以客户建设为中心，以渠道建设为重点，以队伍建设为推手，积极开展“营销服务技能提升年”活动，真正形成零售业务板块的整体合力，全面提高零售业务的基础管理水平和市场竞争力。

三、以客户建设为中心，努力提升零售业务营销服务能力

客户是银行产品和服务的最终消费者，是银行生存和发展的基石。客户群体的规模和质量，反映着银行综合管理水平的高低，决定着经营效益的好坏和发展空间的大小，是银行核心竞争力的直接体现。全行必须认真落实“以市场为导向，以客户为中心，以效益为目标”的经营理念，围绕客户实施市场化营销服务手段，在有效满足客户多元金融服务需求的过程中，实现自身经营效益的最大化。

（一）转变观念，深刻理解“以客户建设为中心”的含义。“以客户为中心”的经营理念并不陌生，但从我行零售业务发展情况看，围绕任务搞经营、以产品为中心的现象仍十分突出。长期“以产品为中心”、“以任务为中心”，必然导致客户分类不准、质量不高，银行资源有效使用率不足，营销效果事倍功半。真正树立“以客户为中心”的经营理念，关键是要做到以客户建设为中心，实现客户分类、服务分层，采取“做强高端、做大中端、做简低端”的营销策略，重点做好中高端客户群体的建设。以客户建设为主线，强化各部门的协调联动，通过营销资源的有效整合和实施综合营销，大幅降低经营成本，实现营销的事半功倍，进而真正提高客户对银行的满意度和忠诚度，在银行与客户之间建立牢固的长期合作关系。

（二）推进客户建设，实现客户关系管理。客户关系管理的核心是价值管理。价值链理论告诉我们，银行经营成功的关键是发现、重视客户的价值判断，围绕客户需求，通过更经济更有效的方法提供更有价值的产品和服务，从而赢得竞争优势。

第一，要严格实行分类管理，提高客户建设的科学性。对银行来讲，客户是一种资源，但并非所有的客户都具有同等的价值。高端客户是我行零售业务价值的主要创造者，也是我行营销、服务和维护的重点。因此，必须对客户进行精细化分类，以“为谁服务”、“谁来服务”、“怎样服务”为主干构建客户关系管理，真正把中高端客户根植住。

第二，加强对各行贵宾客户管理情况的考核。一是认真做好贵宾客户的信息收集。各行要高度重视个人客户，特别是个人中高端客户信息的收集与整理。二是各级客户经理要对中高端客户进行跟踪服务，主动征求客户的建议、意见，了解客户需求，逐步与客户建立稳定、长期的合作关系。三是二级分行分管行长和条线部门要把贵宾客户管理作为一项重要工作抓紧、做实。今年，省分行将把贵宾客户的管理情况作为一项重要指标，对二级分行零售业务分管行长和条线部门进行考核。

（三）围绕客户需求，着力提高营销能力。

第一，要明确各层次客户的服务重点和经营策略。按照“积极竞争私人银行客户，大力发展中高端客户，着力培育成长性客户”的客户发展原则，针对目标客户实施差异化营销服务策略，对客户实行分级营销。

第二，要强化营销意识与责任。一要认真组织好“激情仲夏 争先创优”、“爱在金秋 情系万家”、“聚焦2010 盛世金e顺”、“激情仲夏 燃情世博”等阶段性零售业务综合营销以及零售业务产品专项营销竞赛活动，围绕个人中高端客户，加强部门联动，提高各项零售业务产品在个人优质客户中的覆盖率。二要努力做好产品组合营销工作。在现有产品中针对不同客户需求组合设计不同的产品包，将理财产品、银行卡产品、电子银行产品进行有效组合，实行零售业务套餐式或自助式综合金融服务，提高营销的针对性和有效性。三要坚持“零售对公联动做”的经营思路，加强零售板块与对公板块在楼盘按揭贷款、代发工资、第三方存管、基金及理财产品、贷记卡、公务卡和特约商户等业务领域的联动营销，实行开发贷款合同与合作协议“双签”制，将贷款类、代理类、结算类企业客户全部注册成为电子银行客户，向大客户及集团客户的中高层管理人员推介白金信用卡，提高零售业务在对公客户群体中的渗透率。

第三，要准确把握营销的重点。一要深刻认识储蓄业务在零售业务中的重要地位，认真做好储蓄存款营销组织工作，切实加强储蓄业务与基金、理财产品的联动营销。二要努力拓宽个贷业务发展空间。坚持把个人住房贷款作为个贷业务的发展主体，大力拓展市场。积极营销个人消费贷款和个人助业贷款，认真组织开展“大而优”专业市

场营销活动。三要快速做大贷记卡规模，抢占优质个人客户市场。贷记卡作为规模产业，必须有一定的客户量才会产生规模效益。各行要重点锁定 PCRM 系统中存款 5 万元以上的客户、个贷客户，锁定各级政府公务人员、国有大中型企业和我行 AA + 级以上法人客户中的正式员工，锁定他行优质客户和贷记卡客户积极营销普通贷记卡，提高优质个人客户的贷记卡渗透率；要瞄准各级财政预算单位和优势行业科级以上干部、我行借记卡钻石卡和白金卡客户、优良对公客户中的中高层管理人员主动推介白金信用卡，全行副处以上干部要带头营销；积极向在城市从事经营活动的农户和县域及以下的个私业主、种养殖户等推介这一惠农新产品。四要做好电子商务的推广，在生产制造、酒店旅游、商贸批发、公用事业等行业取得突破。通过电子商务深度参与企业购销供应链，密切银企关系，挖掘潜在客户，稳定传统优质客户。五要大力推进信用卡分期付款业务。积极拓展家电、家装、婚庆、电脑、汽车等大额消费市场，年内各二级分行至少完成 2 户分期付款商户拓展任务。

（四）夯实基础管理，做强零售业务品牌。一要加快城市行个贷集中经营推广步伐。根据总行要求，稳步推进个贷业务集中经营推广工作。省分行营业部要在 6 月底前成立个贷中心，并完成业务上收。其他分行在 9 月底前完成个贷中心的设立和业务上收。年底前，所有个贷中心要实现规范、顺畅、高效运转。二要加强营业网点营销服务建设。以开展“网点营销技能提升年”活动为契机，加大营销技能内训师培训力度。认真做好网点文明标准服务导入，将企业文化核心理念作为网点晨会必读科目，年底前完成全省所有县域网点的导入工作。继续开展营业网点“神秘顾客”暗访工作，巩固和提高网点的文明标准服务导入成果，提高客户的满意度。三要完善贵宾客户服务体系。认真做好贵宾客户专用系统的推广应用，在面向贵宾客户推出优先、优惠、专享服务的同时，继续做好机场贵宾客户服务。四要加强对业务流程风险控制的嵌入式管理。引入 ISO9000 全面质量管理，并首先在个人金融业务条线启动引进咨询工作，突出对过程控制的质量管理、以预防为主的质量管理、不断改进的质量管理三大主线。成熟后“以点带面”，逐步在各业务条线全面推行。五要加大零售业务品牌建设和产品宣传推广力度。按照总行统一标准，做好“金钥匙”、“金穗卡”、“金 e 顺”和“好时贷”等零售业务产品宣传；各部门、各行要组织业务骨干开展“营销服务下基层”活动，为经营行提供营销支持，面向个人中高端客户做好零售业务产品的宣传推介。

四、以渠道建设为重点，构建多层次零售业务服务平台

渠道是连接客户的纽带，是展示综合能力和形象的窗口，重要性不言而喻。渠道建设的目标是实现网点功能分区、业务分流、服务分层、产品分销，不同渠道高度融合。伴随着社会经济的快速发展，零售业务的中高端客户在为银行创造价值的同时，对服务水平的期望值也与日俱增，实现客户分层次服务，业务多渠道分流已迫在眉睫。

（一）提高认识，进一步增强做好渠道建设的紧迫性。国内外成熟商业银行已实现物理网点、自助机具与电子银行三大渠道的有效融合。物理网点从单纯渠道服务型向营销拓展型转变；电子渠道由于其不受时空限制，客户自主完成，交易速度快，差错率低，交互性好，有效节约网点人力成本，防范内部道德风险等诸多优点，发挥的作用正越来越大。美国花旗银行 97% 的业务通过自助渠道和电子渠道完成，厦门分行 2009 年渠道分流率达到 73%。而我们截至今年 3 月末，电子渠道分流率仅 33%，低于全国平均水平 19 个百分点，比中部十省份平均水平低 3 个百分点。物理渠道与电子渠道未实现有效融合，网点人员结构分工不合理，网点资源被大量的低端客户、低附加值业务占据，是导致我行网点综合营销能力弱、经营效益差的一个重要原因。

改造传统高柜网点，充分利用自助渠道、电子渠道分流传统业务、低附加值业务，全面提升物理网点的综合营销、经营和服务能力，是全行渠道建设的必然发展方向。今后几年，我们将继续把渠道建设作为零售业务转型的重点工作，加大投入，着力理顺物理网点、自助机具与电子银行三大分销渠道的服务范围、服务主体，以差异化定价策略有效整合渠道资源，实现三大渠道的高度融合、优势互补，形成三大渠道并行作业的立体式、全方位销售体系，切实提升全行的渠道营运的能力和水平。

（二）全力推进渠道建设进度，切实提升渠道服务能力。第一，要加快推进网点标准化改造。一要继续实施总行“绿色行动”的网点整体改造规划，重点推进城区网点改造，年内完成省行财富中心的建设。将改造网点作为宣传农行企业文化的主要场地。二要增强责任意识，上下联动，确保施工进度。省分行网点办对网点改造负总责；财务会计部、信息技术部、安全保卫部对网点改造负直接责任；二级分行行长是所在行网点改造第一责任人；支行行长、网点负责人是网点改造现场管理第一责任人，负责监督网点改造的标准与规范，要切实加强对施工单位的管理，发现问题要及时上下联动，确保年底前至少 80% 的改造网点投入运营。三要继续做好网点标识更换工作。根据总行营业网点形象建设标准、办公应用视觉识别系统标准的要求，按照“先管理机构、后营业网点，先城市、后县域”的顺序，今年完成县及县以上机构和所有城市营业网点门牌标识的更换。四要做好网点验收与评价工作，不定期组织人员对各行的网点建设情况进行检查，规范工程建设行为，严格按照总行网点建设标准开展工程竣工验收工作。

第二，要加大自助银行的建设力度。一要加快自助设备的布放进度。各二级分行一把手要亲自抓确保我行已采购设备全部上线运营。二要提升自助设备的布放效益。要加快 24 小时自助银行服务的建设速度，保证在行式自助设备满足 24 小时服务的要求，切实提升自助设备的交易量和使用率。要加强对自助设备的巡检维护和加钞等日常管理工作，确保自助设备稳定、高效运行，提高自助设备综合效益。

第三，要加强非现金类自助设备的投放。一是要加大 POS 的布放力度。将其作为我行信用卡增收创效的重点工

作来抓，瞄准城市和县域两个市场，实施商户名单制营销，一手抓优质商户拓展，提升高端商户市场占有率，一手抓普通商户POS布放，提升我行POS机具的市场覆盖率。三要加快自助服务终端推广步伐。省分行科技部门和相关部门要尽快制定网点自助服务终端统一更新的方案并制定实施计划，最大限度发挥自助服务终端查询、补登折、代理缴费、转账以及账户管理等功能，减轻柜面压力，释放柜台资源。年底前，力争在离行式自助银行和符合布放条件的营业网点实行全覆盖。

（三）着力推动渠道建设软转型，切实提高渠道分流能力。一是做好渠道功能和使用的宣传普及，不仅要使客户知道渠道功能，更要使客户能够独立完成自助交易。首先要在行内进行普及，实现行内员工“两卡一网银”的全覆盖，各级行领导干部要带头使用电子银行和自助机具。这次会议上，省分行专门搭建了电子银行体验区，与会人员要按照要求完成交易，会后电子银行部要对体验结果进行通报。今后，凡是自助机具、电子银行能办理的业务，员工原则上要通过自助机具或电子银行办理。二是充分发挥大堂经理的引导作用，将一般现金类业务分流到自助渠道，将基本交易类、代理缴费类及其他账户管理类等业务分流到其他电子渠道办理，并将业务分流效果与其绩效工资挂钩。三是积极发挥价格杠杆的调节作用，以差异化价格策略引导客户到自助机具、电子渠道完成交易。

五、以风险管理为基础，构建零售业务稳健发展保障体系

（一）加强零售业务操作风险的监测管理。要严把客户资料真实性审查关口，个贷业务要落实“面谈、面签、居访”制度，贷记卡要落实“亲访、亲签、亲核”制度，企业网银要落实“客户回访”制度，转账电话要落实“资料可核查”制度。要做好异常交易的系统监控工作，严防出现“假按揭、假首付、假权证、假交易、违规套现”等违规行为，对“虚假按揭、冒名贷款”坚持“零容忍”原则，实行严格的责任追究。要加强收单商户的准入审核与管理，尤其要加强“审慎发展类”商户的调查、审批工作。要加强ATM风险联合防范，各二级分行的ATM监控中心要充分发挥职能作用，杜绝监而不控的现象，无论在白天或在夜间，要对自助网点的状况全天候监控，发现异常情况直接呼叫并通知管辖机构及时处理，各管辖机构要及时排除安装在ATM机上的可疑设备，切实保障用卡环境安全。要建立健全银行卡交易监控和风险分析系统，完善银行卡账户应急控制机制。

（二）加强宣传与风险提示工作。一是通过多种渠道普及银行卡、ATM以及网银等安全常识，提升客户防范风险的能力。二是通过柜面提醒、发放风险提示函、屏幕界面提示、短信通知提示等方式，强化客户防范风险的意识。三是加强风险防范合作机制。健全各级行、各部门之间的风险防范合作机制，加强与同业、银联、公安机关的合作，共同构建抵御风险的防火墙。

六、以队伍建设为推手，打造高素质的零售业务团队

全行要把培养和造就高素质零售队伍作为业务经营转型的主要切入点，按照“优化配置、规范服务、提高素质”的原则，通过压缩高柜服务、增加自助设备、优化劳动组合等措施，真正建立起大堂经理、个人客户经理和个人理财顾问等三支营销队伍，逐步将网点交易型人员转化为营销服务型人才，提高营销组织能力。

一是围绕客户服务，加强队伍建设。做好大堂经理、个人理财经理和个人客户经理的选拔配备工作，继续加强AFP、CFP、EFP等专业金融理财人员的培养力度。

二是加强业务培训，提升队伍素质。依托省分行内训师和条线专业师资力量，采用巡回宣讲、集中指导、视频培训、经验交流、实战演练等形式，重点进行零售产品功能解析、产品特点、目标对象、营销技能、客户关系维护等方面培训，并针对具体产品制订易操作的营销流程和指导手册，逐步打造一支了解政策、熟悉产品、精通业务、善于沟通、勤于拓展的零售业务团队。

三是加强思想作风建设，打造零售业务文化。零售业务文化体现着农业银行零售队伍的执业精神、敬业意识、作风素质和奋斗目标，是凝聚队伍思想、激发员工潜力、推动业务发展的重要保障。全行要从零售队伍的作风建设入手，广泛倡导“以客为尊、激情创新、团队合作、合规经营、追求卓越”的零售业务文化，提升从业操守和敬业意识，不断提高学习力、执行力和创新力。

四是加强考核奖惩，激发零售队伍积极性。要继续执行零售产品计价按月考评、按季兑现制度，对零售业务营销中涌现出的先进个人和先进单位要予以表彰。探索内训师绩效与网点文明标准服务和营销业绩挂钩联动考核办法，建立理财师业绩考核、奖惩及退出机制，充分调动和保护零售业务营销队伍的工作积极性。

加大工作力度　着力推进内蒙古农行零售业务转型

中国工商银行内蒙古区分行　董玉华

在国际银行业，零售银行已经有近百年的历史，零售银行业务利润是商业银行利润的重要组成部分，而在我国，零售银行的发展仍处于起步阶段，与国际银行业相比还有很大差距。近年来，我国居民金融服务需求的多样化对商业银行零售银行业务提出了更高的要求，而金融监管约束的硬化、资本市场的改革发展则挑战了银行传统的盈利模式，迫使商业银行从传统的批发业务向零售银行转型。在此背景下，内蒙古农行依据“对公业务上收 零售业务下

沉”的原则，稳步推进全辖零售银行业务转型，采取措施改善“软硬件”条件，努力提高市场竞争力。本论文力图提出内蒙古农行开发零售银行市场、实现战略转型的具体策略，希望对内蒙古农行起到一定的借鉴作用。

一、零售业务转型现状

去年以来，内蒙古分行认真贯彻落实总行零售业务转型工作要求，以提升零售业务综合营销能力和服务水平为重点，稳步推进全行零售业务转型工作，成效显著。一是理顺零售业务组织架构。全行自上而下成立了零售板块，各二级分行普遍实现了零售板块归口一个行领导分管。零售板块各部门充分发挥整合优势，统一制定板块发展规划，实施综合考核，加强营销资源共享，全行客户服务能力和综合营销水平明显提升，“大零售”发展格局初步建立。二是积极推进网点标准化建设。去年以来，内蒙古农行认真开展了“绿色行动”，不断加快营业网点“硬件”建设，推进了网点布局调整、功能分区等工作的开展，增加电子化设备投入，加快离行式自助银行的建设，网点服务环境大为改观；三是多策并举加强网点软件建设。内蒙古农行优化了业务流程，清分了网点人员职责分工，加大了培训力度，强化了客户投诉处理机制，在网点大堂增配了业务素质较高的大堂经理和理财经理，完成了辖内网点的标准化服务导入工作，导入后的网点员工服务礼仪更为规范，团队的工作激情和凝聚力被进一步激发，网点员工风貌有了明显改观，服务水平进一步提高；四是加快新产品上市推广进度。按照总行的统一部署，内蒙古农行先后上市推广了“聪明账”增值账户、个人自动转账、个人直客式汽车贷款、“房抵贷”、“随薪贷”、个人助业贷款等十几项新产品，进一步丰富了产品种类，更好地满足了客户需求；五是加强零售营销服务体系建设。内蒙古农行不断强化对基层行营销支持，统一建立了组合营销模板，强化了公私联动营销制度，加大了产品广告宣传力度，有效推行了产品计价考核，丰富了全行贵宾客户增值服务内涵，在呼、包、鄂三地举办了多期贵宾客户理财沙龙，成功组织了“春天行动”、“激情仲夏”、“好时贷 伴您一路同行”、“折转卡”等营销活动。从整体来看，综合营销能力不断增强，零售业务转型工作稳步推进。

二、零售银行业务转型的动因

（一）零售业务对商业银行的发展战略意义重大

零售业务涉及居民生活、消费和投资的方方面面，与证券、保险、基金等多个金融市场有非常强的交叉性和互补性，业务创新和盈利空间广阔。零售业务具有风险分散、客户稳定性强、综合带动效应大、市场前景广阔、利润贡献度增长幅度大、经济资本占用率低、抵御经济周期影响能力强的特点，积极发展零售业务是各家银行满足巴塞尔资本监管要求、跻身主流银行的必要选择。与此同时，当前受宏观经济环境变化以及融资渠道多样化、利率市场化和汇率改革的影响，各家银行许多传统业务的发展空间越来越有限，需要寻找新的利润增长点。发展零售业务有利于扩大业务经营范围、增加利润来源；有利于改善资产负债结构、客户结构和收益结构，转变增长方式；有利于完善金融服务功能，推动商业银行向综合化方向发展。所有这些都要求我们加快推进零售业务转型，积极更新观念、建立新型的经营模式，以转型促发展，在转型中不断提升综合竞争力。

（二）宏观环境为零售业务创造良好的发展机遇

随着内蒙古地区经济的快速发展，社会财富的大量积累，居民投资理财意识的不断增强，以及全区扩大内需特别是大力刺激居民消费政策的持续实施，全区各商业银行大力拓展零售业务市场的条件越来越成熟。

一是个人财富较快积累为零售业务提供广阔市场空间。从内蒙古经济形势来看，随着西部大开发进程的加深，我区经济发展持续向好，已经成为西部地区经济发展的“排头兵”。2009 年，全区完成生产总值 9725.78 亿元，按可比价格计算，同比增长 16.9%，比全国平均增速高 8.2 个百分点，增速连续八年保持全国各省区市第一位。城乡居民收入持续增加，全区城镇居民人均可支配收入达 15849 元，同比增长 9.8%，高于全国平均增速 1 个百分点。全区农牧民人均纯收入达 4938 元，同比增长 6.1%。居民收入的增长，为全行个人负债业务、资产业务、理财、保险、银行卡等个人中间业务迅速发展提供了更为广泛的客户基础和潜在商机，为我行有效开展综合营销工作奠定了坚实的基础。

二是个人金融投资理念的不断成熟为零售业务的发展带来了巨大的市场需求。随着全区住房、医疗、教育、养老等体制改革的不断深化，居民的理财需求必将进一步激发。与此同时，市民的金融服务需求层次也在发生深刻的变化，个人金融资产由过去单纯的保值型向综合的理财增值型转变，城乡居民消费习惯正逐渐由生存型、数量型消费向发展型、质量型消费转变，居民由单纯的存款者向借款者、投资者转变。迫切需要有专业的金融机构为其提供全方位、专业化、个性化的资产管理服务，以确保私人资产在安全的前提下不断增值，这也为我行拓展零售银行业务提供了广阔的市场前景。

三是宏观经济政策为零售业务发展提供了有利的市场条件。政府工作报告指出，今年工作重点是调结构、转方式。随着扩大内需特别是大力刺激居民消费政策的持续实施，与消费有关的个人消费信贷、银行卡等业务将直接受益。随着“三网”融合、物联网等新兴产业的大力培育，经济信息化水平将明显提高，与信息网络直接相关的电子银行业务也将迎来广阔的发展空间。

（三）零售银行业务市场竞争日益升级

随着零售业务转型成为行业共识，全区各家国有商业银行、股份制银行纷纷进行多种改革，力促零售业务的发展。在机制转型上，内蒙建行实施公司业务上收、零售业务下沉，将支行“瘦身”为零售业务营销管理中心，网点“瘦身”为营销中心；实行了营销流程、服务流程、操作流程、内控流程同步优化，并实现了个贷业务集中审批，会计事后监督集中和后勤保障集中。内蒙工行推进了零售业务“专业化经营，系统化管理”的经营体制改革，强化了前台的集约化营销，并推行由二级分行个人金融部与支行共同对网点个人金融业务和个人客户经理实行双重管理、双线考核机制。在网点建设上，各家银行普遍加快了营业网点布局优化和功能转型，网点建设改造、自助银行及自助设备的投放和改造力度大大加强。在产品和服务创新方面，各家银行的发展步伐明显加快，理财产品层出不穷，同时，信用卡、个贷、基金、黄金等产品设计日趋个性化，促销手段日趋多样化，零售业务市场竞争异彩纷呈。随着零售市场逐渐高度透明，各家银行的服务、产品、价格等成为个人中高端客户选择银行的主要参考，市场竞争日趋"白热化"，零售业务转型已迫在眉睫。

四、零售银行业务转型目标及具体策略

（一）转型目标

内蒙古农行要按照科学发展观要求，全面贯彻落实农业银行3510战略发展规划，以客户为中心，以渠道为载体，以产品为抓手，以队伍为主体，以项目管理的方式全速推进零售业务转型，在新的起点上实现内蒙古农行零售业务的持续协调快速发展。通过零售业务转型，力争用3年时间解决零售业务边缘化问题，5年时间达到同业平均水平，10年建成一流零售银行。

组织架构方面——建立和完善零售业务经营管理、营销组织、产品创新、作业支持、客户维护服务体系；整合优化零售业务各层级运行机制；建立科学的零售业绩评价和管理体系。

渠道转型方面——实现从"交易核算型"网点向"营销服务型"的转变，完成全部网点分区改造，完成网点的分级分类管理，将半数以上城区网点建设成精品网点；积极加大私人银行、金钥匙财富管理中心，理财中心的建设力度；同时不断提高自助机具分流率。

业务处理——不断优化业务流程，采取各项措施提高前后台工作效率，优化服务流程，缩短客户平均等待时间，提高客户满意度。

队伍建设——提高网点营销人员配置比例，培养出一支具有较强的优质标准化服务水平、较高市场营销技能的零售客户经理队伍，加快理财师队伍建设进度。

客户基础方面——不断优化客户结构，稳步提高个人优质客户数量占比及贡献度，大幅提升个人优质客户签约率。

（二）具体转型策略

1. 组织结构变革策略——构建"大零售"经营体系

（1）完成零售业务管理职能的划转与整合

首先，统筹优化零售板块部门职能，明确个人金融部作为零售业务战略规划中心、营销推广中心、队伍建设中心和绩效评价中心的核心管理职能，其他零售部门负责提供产品支持、营销和服务保障。其次，规范各级行零售部门的纵向职能分工、岗位设置和人员编制，限定职能调整和工作移交完成时限，对零售板块机构、岗位、人员落实情况进行检查督导。

（2）分层推进"对公业务上收，零售业务下沉"工作。要拟定实施方案，分层组织实施推进，尽快将全行法人业务的营销、管理和审批职能上收，城市行的城区法人业务集中到市行营业部，网点专注办理零售业务（可保留对公业务结算服务功能）。

（3）构建个贷集中经营架构。在呼包鄂个贷集中经营试点基础上，要在全辖范围内推广集中经营的组织体系和业务流程。

2. 营销策略——针对选定的目标市场实行差异化营销

商业银行零售业务营销是一种面向终端顾客的服务营销，而不是属于普通的消费品、工业品营销的范畴。而服务营销本质上是以提供优质无形的产品和服务为主要内容，以创造顾客满意和顾客忠诚为最终目标的营销。内蒙古农行在零售业务的营销转型过程中，就应针对选定的目标市场，准确地定位，综合运用各种可能的营销策略和手段，组合成一个系统化的整体策略。坚持把客户作为业务的基础和源头，以"先予后取、抢占市场"的策略，出台优惠措施，努力扩充理财中心和贵宾窗口等贵宾通道，最大程度地吸引客户；大力发展个人助业贷款、个人综合授信业务和个人理财业务，为符合条件的客户提供更多的融资服务和投资理财服务，提高客户的忠诚度。同时，细分客户市场，采取差异化营销措施，拓展和培育一批高价值客户。要充分发挥优质客户管理系统的作用，实现客户的有效拓展和维护。

3. 零售队伍建设策略——打造一支高素质的零售业务营销团队

（1）加大全面培训力度

一是全面开展内训师培训。要以总行内训师标准服务体系为基准，加大内训师培训力度，组建一支专业内训师队伍。二是抓好重点人员培训。重点抓好网点负责人、大堂经理、理财师培训，对所有网点负责人和大堂经理轮训一遍，对所有员工进行一次营销服务理念及文明标准服务意识的普及培训。三是建立分层培训机制。网点负责人、二级分行内训师、高级客户经理和个人理财顾问、AFP由一级分行组织培训；其他员工和岗位培训由二级分行组织实施；支行和网点组织开展体验式培训、拓展式培训和业务基础知识等方面的培训。

（2）稳定壮大零售业务队伍

一是规范零售业务队伍的选拔、认证、聘用、上岗、晋升、退出等程序，实行等级管理。打通封闭式柜台柜员→开放式柜台柜员→客户关系经理→理财经理的成长通道；建设高素质的个贷客户经理队伍。二是配合人事部建立零售业务岗位持证上岗制度，实行岗位资格考试和培训、准入制度。三是分步骤选拔和培养一批零售业务高级专业人才，建立专家库，归口一级分行管理，为全行零售业务发展提供智力支持。

（3）明晰岗位序列与职责

要制定下发网点负责人、大堂经理、客户关系经理、理财经理、低柜柜员等各岗位序列人员管理制度办法，明确工作职责、设置要求、工作目标、考核办法、晋升办法。二是建立星级柜员管理制度，按照初、中、高三级对前台柜员实施分级管理，分层培训。

（4）培养一支高素质的个人金融理财师队伍

目前各商业银行在开展理财业务中存在的种种问题，

和银行缺乏专业的金融理财师密切相关。内蒙古农行要尽快培养一支知识全面化、职业操守专业化的个人金融理财师队伍，以满足理财业务综合化和个性化的要求，避免风险提示不充分，信息披露不完全而误导客户的行为，达到保护投资者利益的目的。

4. 激励机制策略——构建科学合理的考核机制

绩效评价体系的建立是商业银行规范运行的基础和保证。因此，建立高效运行、客观公正的绩效评价体系就成为内蒙古农行的客观要求。

(1) 机构绩效考核转型

零售业务机构的绩效评价体系必须涵盖横向部门评价与纵向分支机构评价两个方面。横向部门评价主要指管理层对不同部门的评价，目前，主要借助于计划财务部门推广的业绩评价管理系统来实现；纵向分支机构评价则要求上级机构必须对下级机构实施评价，目前，可以通过条线部门内评价、内控合规部门的审计工作来实现。

(2) 人员绩效考核转型

人才是商业银行保持持续竞争优势的源泉。随着全区金融同业竞争的不断加剧，高新技术在各个银行的普遍应用，金融产品种类的增加和复杂程度的持续提高，极大地提高了对商业银行人才的要求。内蒙古农行不仅要通过各种方式来吸引并留住优秀人才，提升现有人才的素质，并且能够使其作用得到充分的发挥。在具体转型过程中，内蒙古农行应逐步建立适应零售业务转型工作的绩效考核评价机制，形成促进零售业务转型的有效激励机制和企业文化氛围。同时，应逐步制定适应零售业务转型活动的薪酬制度、培训计划和人力资源战略，不断吸引经验丰富的专业人才，提高其专业能力。

5. 产品建设策略——加强产品整合创新

(1) 重新梳理产品线

将零售业务产品整合为基础账户服务、投资理财服务、个人信贷服务、信用卡四大产品线。在每个产品线内，遴选核心产品，建立核心品牌，构建统一的产品营销模块、品牌推广模块和业务操作模块。实施核心产品与辅助产品的分类管理，突出抓好核心产品的开发及功能完善。

(2) 加强不同类别零售产品的整合

加快传统储蓄业务与证券、基金、保险业务的有效整合，实现基础账户与理财账户联通。发挥个贷产品的引擎和粘合作用，将贷款账户与银行卡业务（贷记卡、借记卡）、保险、理财、网上银行、电话银行、手机银行等账户连结在一起，为客户提供综合零售产品组合及优惠方案。

(3) 促进信用卡规模与效益同步增长

加快信用卡新产品、新功能的推出力度，持续优化发卡结构，丰富完善增值服务，大力拓展自有特约商户，不断提高信用卡与商户收单等战略性业务的城市市场份额，推动信用卡、收单业务的专业化、公司化、国际化运作，塑造国际一流的信用卡发卡和收单机构品牌形象。

6 业务拓展策略——突出重点推进业务发展

(1) 丰富个人贷款品种，优化个人贷款投放

内蒙古农行仍然要坚持以个人住房贷款和个人自用车贷款业务为龙头产品，以个人商用房贷款、个人消费贷款和个人助业贷款业务为补充，突出“随薪贷”、“房抵贷”产品亮点，推动全行个人资产业务的快速发展。认真筛选客户，选择实力强大、经验丰富、业绩良好的房地产开发商开发的楼盘，通过提高审批效率、简化业务流程，不断提高我行个人住房贷款市场份额；选择特定目标客户群体，通过优惠贷款期限和贷款利率，拓展我行个人自用车贷款业务发展。结合总行对个人生产经营贷款的全面转型和个人助业贷款管理办法的下达，做好城市、县域的个体工商户、合伙企业的合伙人、小企业业主的经营性贷款办理工作；针对城市居民消费升级的需求，以“房抵贷”和“随薪贷”为抓手，稳步发展综合性消费信贷业务。强化联动机制，推进个贷营销能力建设，要主动开展各类主题营销活动，实现“管营并重”。进一步强化开发贷和个贷业务联动机制，实行开发贷款合同与按揭合作协议“双签”制，对业务联动实行分层监测。

(2) 推动个人中间业务有序发展

一是实施基金精细化营销管理。加强同绩优基金公司和证券公司的合作，完成基金组合服务及资讯服务的采购和组织实施工作；制定实施基金销售分类指导政策，根据客户需求特点和风险承受能力针对性地提供代销产品；组织基金定期定额业务集中营销活动，开展债券型、货币型等低风险基金产品促销活动。二是加快黄金、储蓄国债等代理业务市场推广。拓宽黄金和储蓄国债业务销售渠道；推出记账式黄金业务，完成具备黄金存折等功能的黄金新业务立项；以“传世之宝”为主体，加快实物金营销推广进度。

7. 品牌策略——积极实施“金钥匙”品牌战略

按照打造强势品牌的要求，加强个人金融“金钥匙”品牌的系统规划、归口管理、准入把关和统一推广，加大品牌传播和广告宣传力度，组织一系列营销宣传活动。整合规范金钥匙品牌中的子品牌系列及营销用语、产品手册、宣传折页、广告形象等宣传资料，步调一致的做好市场推广和营销策划工作，在全区范围内营造出强大的宣传声势。

8. 渠道建设策略——整合销售渠道推进网点转型

(1) 以网点改造为突破口，夯实零售业务转型的硬件基础

零售业务是面向广大个人客户、面向千家万户的分散型业务，营业网点是推进全行零售业务的最前沿阵地，零售业务转型工作能否得到广大客户的认可、能否得到全社会的认知，在很大程度上取决于基层营业网点能否把转型工作落到实处。因此，针对全行营业网点硬件改造，应该重点做好以下工作：一是强力推进网点转型的“绿色行动”。按照总行统一颁布实施的视觉装修标准和区分行制定的网点装修改造计划，合理分工、加快实施。通过全区农行各个部门的大力配合，通力合作，全力推进网点的“硬转型”工作；二是在全部精品网点、财富型网点内部引进、安装网点服务管理系统，识别和分流贵宾客户与普通客户；三是加快自助机具的购置、布放和自助银行的建设工作。通过多渠道、多角度的客户分流措施，加大客户分流力度，释放物理网点工作潜能，使得我们的物理网点真正实现从销售产品到营销产品，从零售网点到理财网点

的转变。

(2) 以“赢在大堂”为支撑，着力实现网点的“软转型”

各基层行要从一点一滴做起，抓好基层网点的转型问题。目前，内蒙古农行已经开展了网点“软转型”方面有益的尝试，如：发布产品计价业绩统计表、制作张贴网点龙虎榜、制作文化墙、安排落实神秘人检查制度、落实领导分包网点制度等，下步还要在抓好落实的同时，进行合理创新，加快全行网点转型工作力度。

9. 运行效率提升策略——再造业务流程稳步提高效率

实现“凡是银行能做的不要客户做，凡是后台能做的不要前台做，凡是客户一步能完成的不分两步操作，凡是机具和系统能办理的不到柜面办理，凡是能集中的不分散办理”。一是优化柜面业务流程。个人金融部门要与相关部门一起对现有柜面业务进行分解，按业务交易量类型和风险类别分别设计业务流程，优化业务操作，整合服务流程。

二是优化个贷业务流程。以专业支行和个贷中心为核心，拓宽网银、自助、中介等个贷受理渠道。三是合理划分前后台边界，集中后台操作。前台柜员仅负责完成与客户交易的基本要素动作，其余工作由后台完成。四是改进客户服务流程。设定客户等待时间、销售量、客户满意度等关键指标，进行相应的流程改进；通过提升迎宾流程，增加对潜在销售机会的挖掘，促进交易渠道迁移并改善服务质量。

10. 风险防控策略——积极构建内控管理制度

要加强预警，提高防控能力，切实处理好风险防范和业务发展的关系，根据市场特点及自身服务能力、风险管控能力，确定业务发展目标和产品推广重点。高度关注房地产市场、资本市场等宏观政策调整给我行零售业务经营可能带来的风险隐患，提前研究和制定个人按揭、理财产品等业务的政策风险防范措施。

整体推进　持之以恒　推动零售业务有效可持续发展

——许忠前同志在2010年“金钥匙春天行动”暨零售业务板块工作会议上的讲话

一、今年零售业务板块工作简要回顾

年初以来，各级行认真贯彻落实全省农行2009年零售业务板块工作会议及全省农行2009年工作会议精神，以加快零售业务转型为根本出发点，全面推行零售产品计价考核机制，广泛开展各种营销活动，零售业务呈现良好的发展态势。

（一）零售板块业务取得较快发展

1. 储蓄存款持续稳定增长。截至11月末，全行本外币储蓄存款余额1 053.42亿元，比年初增加106.54亿元，储蓄存款占各项存款余额、增量比例分别为78.29%、56.68%。其中“双利丰”个人通知存款余额达10.76亿元，比年初增加8.13亿元，增幅排名系统内第3名。

2. 银行卡业务延续较快增长态势。截至11月末，新发贷记卡主卡10万张，同比增加285%。贷记卡透支余额7 160万元，比年初增加209%。各项贷记卡业务收入600万元，比去年增加211%。贷记卡透支质量在系统中居第2位。共发放惠农卡81万张，完成总行计划的162%。发展间联银行卡特约商户3 764户，同比增加291%，间联商户总量在省内四大行中居第一位。银行卡商户收单业务收入1 288万元，同比（剔除清理历史挂账等因素）增加24%。

3. 电子银行业务快速发展，在全行经营和客户服务中的作用日益突出。截至11月末，个人网上银行注册客户80.6万户，企业网上银行注册客户1.1万户，存量分别列全国第10名和第14名，当年增量、增幅、渗透率均进入系统内前列。新增消息服务客户年底将达23万户、网上特约商户9户。累计实现电子银行业务收入4 177万元，完成全年计划的103%，其中网上银行业务收入列同业四大行第二位。电子渠道交易占比达到38%，同比高11.8个百分点，业务分流作用明显。

4. 基金等中间业务产品销售良好。截至11月末，基金销售32.6亿元，四大行市场份额19.14%，比上年末提升14个百分点，位次排名首次由第四位上升至第三位。定期定额业务较上年末增长6 144户，增幅达592%，创开办业务以来的新高。“传世之宝”实物黄金销售21公斤，实现投资收益19万元。发行国债11期，金额6.08亿元。销售“本利丰”理财产品23亿元。

（二）网点转型工作全面启动

一是全面实施“小改造、大转型”战略，网点建设稳步推进。结合辽宁分行自身特点，针对近5年来已进行过装修改造的网点，实施“小改造、大转型”战略。在11月底前，全部完成了省行标杆网点和12家二级分行标杆网点的转型工作，为同类网点转型和新装修网点转型提供了可供复制的样本。全年获得总行批复网点建设投资3.6亿元，是我行前5年网点建设累计投入的2.5倍。已立项装修改造项目累计248个，其中140个项目已开工建设，目前已交付使用项目21个，在建项目将在2010年1月20日前交付使用。已交付使用网点全部实现了转型。自助设备投放加快，新安装布放现金类自助设备482台，上线运行430台，年末自助设备总量可达1 300台，点均1.6台。全省网点建设进度已超过全国平均水平，并且网点形象建设完全符合总行VI标准。同时，按照网点转型要求科学选址，将功能分区、服务分层、业务分流逐步落实到位，为全行零售业务加快发展奠定了坚实基础。

二是深入开展“服务年”活动，强力推进网点文明标准服务的导入工作。通过省级分行内训师现场指导并参与网点文明标准服务导入的方式，引导基层网点积极参与，顺利推进网点导入工作。通过分散导入、集中导入、辐射导入、批量导入等形式，坚持“2+5”统一模式，保证导入工作质量。在积极推进城市行城区网点导入工作的同时，还将网点导入扩展到县域的城镇网点，实现了网点文明标准服务的城乡联动，提速了网点导入进程。截至目前全省已经完成322个营业网点文明标准化服务导入工作，圆满完成了总行标准服务导入工作任务。经过导入的营业网点，员工面貌焕然一新，服务意识明显增强，“赢在大堂”网点文化深入人心，内外评价令人振奋，营销业绩显著提升。网点文明服务标准的导入和服务水平的提升是今年全行零售业务板块工作的最大亮点，受到行内外、同业、客户的一致好评。

（三）零售业务板块队伍建设、产品体系、营销模式、风险防控不断健全和完善

零售业务板块队伍建设取得一定成效，员工的营销意识明显增强，一线员工士气得到极大鼓舞，全员研究产品、营销产品蔚然成风。强化了内训师、大堂经理培训与配备，全年共培训内训师58人，配备专职大堂经理353人。先后推广了“传世之宝”实物黄金、短消息服务、储蓄国债、“本利丰”理财产品、“双利丰”一天通知存款等系列新产品，初步建立了种类齐全的零售业务产品线；优化了业务流程，个人产品网点开户（签约）流程全面上线，在全辖所有网点推广升级了个人优质客户管理系统；个人资产业务各项基础性管理工作得到明显加强，正逐渐走出低谷。成功开展了“春天行动”、“激情仲夏”及个人贷款、信用卡、电子银行、基金等专项促销活动；不断强化零售业务风险管理，有效防范了各类风险和案件发生，实现了零售业务板块无案件和重大违规问题的工作目标。

二、充分认识零售业务的战略地位，明确2010年工作目标

近年来，外部经济金融环境和城乡居民消费需求发生了深刻变化。各家商业银行适应形势变化，纷纷加快经营转型，零售业务业已成为各行战略核心和业务支柱。各级行务必转变观念，认真研判当前形势，充分认识加快零售业务发展的必要性、重要性和紧迫性。

一是零售业务面临前所未有的发展机遇。

从我省前三季度经济运行情况来看，GDP增长12.5%，财政收入增长12.7%，城镇居民人均可支配收入增长10.3%，经济指标增速高于全国和东部地区平均水平，消费需求稳中趋旺，住房、汽车、投资、教育、养老等已成为居民重要的支出项目，零售业务逐渐成为助推居民消费升级的重要力量。同时，在当前全球经济金融危机背景下，我国经济增长方式将发生重大调整，外向及内需同时并重，将更加注重消费拉动经济增长，国家先后出台了系列稳定和刺激房市、车市、股市的政策，为零售业务带来了重大发展机遇。

二是加快零售业务发展是我行实现经营转型的战略需要。从银行业的发展趋势看，伴随资本市场的不断发展完善，大批优质企业将走向资本市场直接融资，银行传统公司业务的基础将不断受到侵蚀。同时由于同业竞争的加剧，大客户贷款的议价能力不断增强，加之目前存贷利差空间持续收窄，对公业务利润增长将日渐乏力。而零售业务相比对公业务，具有经济资本占用低、利润贡献增长幅度大、效益期长、风险分散、抵御经济周期影响力强等特点，正成为国内银行业竞相角逐的战略高地。因此，我们必须顺势而为，加快转型，把零售业务作为重点发展的战略性业务来抓。

2010年全行零售业务工作的指导思想是：以科学发展观为指导，以满足客户需求为中心，以零售产品计价为驱动，以个人优质客户培育、维护和抢挖为主线，以网点转型为抓手，以建立和完善机制为保障，着力提高零售业务金融服务水平和价值创造能力，全面提升零售业务各项核心指标的市场份额，推动零售业务有效可持续发展。

2010年努力实现以下目标任务：

——客户拓展目标：个人优质客户（三星级及三星级以上客户）年增长15%以上，签约率达到50%。

——业务发展目标：

储蓄存款净增200亿元，点均存款力争达到同期全国平均水平。借记卡开卡新增客户数30万户。

基金等理财类产品销售市场份额稳步上升，力争实现中间业务收入2500万元。

个人贷款（不含县域）净增20亿元，到2010年末个贷余额达到40亿元。

贷记卡发卡总量达到45万张；贷记卡激活率达到55%以上，新增银行卡特约商户4 000户。

电子银行个人网银新增K宝客户15万户；新增企业网银客户3000户；新增消息服务客户35万户；新增手机银行3万户。

——渠道建设目标：到2010年底，全行物理网点总数控制在770个以内，其中县域网点稳定在366个；离（附）行式自助银行达到100个以上，对40%的营业网点实施装修改造，30%以上城区网点建成财富型和精品型网点，其中金钥匙财富管理中心1家，金钥匙理财中心70家；电子渠道业务量替代率达到45%以上。

——队伍建设目标：到2010年底，大堂经理、理财经理和个人客户经理全部配备到位，数量分别达到405人、210人、700人；所有具备理财功能的网点配置大堂经理，网点营销人员（包括大堂经理、客户经理、理财经理、低柜柜员等）配置比例达到25%以上。

——风险管理目标：建立审慎、规范、积极、稳健的零售业务风险管理文化，完善风险管理体系，确保实现持续稳健发展。

三、提高认识，加强领导，全面推进“春天行动”综合营销活动

“春天行动”作为全行性、标志性的零售业务综合营销活动自2006年以来已经连续开展了四年。实践证明“春天行动”扩大了个人金融资产销售量，提升了全行整体服务水平，贵宾客户满意度得到显著提高，为全年业务经营奠定了基础。2010年的“春天行动”既是对往年一季度综合营销活动的继承，又赋予新的任务，在内容和形式上有新的发展。为全面开展好2010年“春天行动”综合营销活动，省行制订了全面、详细的实施方案，明确了发展目标，各行要认真组织实施，确保完成阶段性目标。在此，强调以下几点要求：

（一）加强组织领导。各级行要成立由分行行长担任组长，由主管零售业务的副行长担任副组长，相关部门参加的“春天行动”零售业务综合营销活动领导小组。要按照省行“春天行动”综合营销方案要求，结合自身实际制定行动方案，各级行、各部门、各网点要各司其职，加强组织协调，创新营销模式，把2010年“春天行动”综合营销活动作为一项全行性、系统性、综合性的工作进行安排，确保活动层层落实到位并顺利开展。

（二）加大资源配置。一是各行要将“春天行动”综合考核结果纳入全行年度业务经营综合考评范畴，并按考核得分的10%计入年末业务经营综合考评总分；二是要安排一定的专项费用与“春天行动”营销活动挂钩分配，配置标准不低于2009年“春天行动”水平；三是要结合产品计价考核，可以适当提高“春天行动”期间零售业务产品营销计价水平；四是要积极开展各种营销先进评比活动。

（三）开展形式多样的营销宣传活动。

一是按照总行统一安排开展各项专题营销活动。分别开展“‘基’祥如意，‘金’彩有礼”营销活动、喜羊羊与灰太狼联名卡专项营销推广活动、“体验金e顺”电子银行营销活动、“款款相汇，真情以‘兑’”西联汇款业务营销活动和“幸福春天‘贷’您体验”个人贷款专项营销活动。

二是各级行开展“答谢客户，回馈客户”公关活动。各级行要利用新春佳节的有利时机按照客户分层的原则回馈营销优质客户。二级分行行长或分管行长要对个人存款千万元以上客户逐一进行走访，馈赠高档礼品，回馈客户。二级分行分管行长对个人存款500万元以上客户逐一上门拜年，赠送贺岁礼品。支行行长对个人存款100万元以上的客户逐一上门拜访并赠送礼品。各营业网点可以开展现场赠礼促销活动，拉近与客户之间的距离，强化网点营销能力。

三是各二级分行结合当地的具体情况，组织开展征文活动、新年音乐会、客户联谊会、产品推介会、情人节电影票、文艺表演、理财讲座等形式多样的活动，积极扩大2010年“春天行动”的影响范围。

四是深入开展品牌营销、联动营销、全员营销。在宣传内容上，要大力宣传“大行德广 伴您成长”品牌形象，大力宣传“金钥匙”、“金E顺”、“金穗卡”、“好时贷”系列产品。要根据本地实际，抓住元旦、春节的有利时机，以多种形式宣传农行的金融产品，在地区主流媒体进行业务宣传，做到报纸有文字、电视台有影像、广播电台有声音，让农行品牌深入人心。各行要充分整合营销资源，调动相关部门的积极性，发挥联动营销的作用。要开展全员营销活动，鼓励员工使用我行的个人金融产品，并将此运用到实际营销工作中，提高营销技巧和服务水平。同时深入发掘内部营销资源，动员和鼓励每一位员工营销，实施员工本人带动多人的营销，即1+N营销。

四、整体推进，持之以恒，推动零售业务有效可持续发展

（一）大力发展个人资产业务

今年以来，省行党委多次强调要“突出城市优质个人资产业务发展战略，努力提高市场份额，不断优化信贷结构，促进个人业务有效发展”，并出台了一系列政策措施，开展了多项专题营销活动，大力推动个人资产业务发展。但从实际效果看并不理想，个人贷款营销不力、投放不足等问题依然突出，个人信贷业务发展的被动局面没有得到明显改观。

1. 全行上下尤其是各级行领导必须统一思想，打破思维束缚，坚定信心、切实提高发展个人资产业务的紧迫感、责任感和使命感。要充分认识个贷业务经济资本占用低、利润贡献增长幅度大、效益期长、风险分散和客户资源稳定的特点，发挥全行零售业务综合发展的“粘和”作用，举全行之力，多管齐下、多策并举，把个贷业务作为重点发展的战略性业务来抓。各级行个人金融部门，要兼顾管理和营销职能，切实发挥专业部门作用，千方百计加快个贷业务健康发展。

2. 推进重点城市行个人信贷业务优先发展。省行将出台一系列政策，鼓励、支持一部分个贷资源丰富、信用环境好、管理水平高、发展意愿强的二级分行将个贷业务优先发展起来。目前，初步确定省行营业部、丹东分行为个贷业务发展的重点城市行，通过在信贷政策、业务授权、产品定价和财务资源上给予重点倾斜，尽快确立其在同业竞争中的优势地位，以点带面推动全行个贷核心竞争力快速提升。

3. 大力调整个贷产品结构，实现个贷业务批量发展。把个人住房贷款作为个人信贷业务首要增长点，继续做好总行优质客户开发楼盘和区域大型纯按揭楼盘的营销与维护，依靠拓展优质客户和高品质楼盘来增加业务规模，改善资产质量。二手楼按揭要优选交易中介公司，建立互惠互利合作关系，实现业务的集中办理和批量经营。同时，以大型专业批发市场为依托，主动营销个人生产经营贷款。继续做好个人质押贷款，有选择的开办个人汽车贷款业务。

4. 以“效率制胜”为主导，切实提升营销服务水平。个人信贷业务“真实”是灵魂、“效率”是生命。2010年省行将采取有效措施进一步提高服务效率和水平。一是按照同业主流标准，动态调整政策制度和转授权水平，保持与同业竞争的优势。二是在控制风险的前提下，进一步优化个贷业务运作流程，按照优于同业主流的标准，明确各

环节办理及流转时间，全面推行限时办结制度。三是试行重点客户信贷业务“平行作业”模式，增强信息交流，提高运作效率。四是精选辖内房地产开发商、大型专业市场和按揭楼盘作为重点客户（项目）推行名单制管理，制定标准化营销方案，为其提供综合性、专业化服务，进一步提升服务品质。

5. 高度重视，加快推动个贷业务集中经营模式转型。个人信贷业务集中经营是重构个人信贷业务经营体系和运作流程的系统工程，也是我行下一步零售业务转型工作的重中之重。实施个贷集中经营，需要个人信贷业务在组织架构、营销服务、业务流程、经营机制与管理模式等方面进行跨越式、综合性的业务转型。

一是要高度重视，加强领导。各行要按照省行推广方案的要求，成立个贷集中经营推广工作领导小组和业务小组。审核把关实施方案和配套措施，解决推广过程中的情况和问题。一把手必须亲自挂帅，协调各相关部门，落实具体保障措施，确保工作顺利推进，按时完成。

二是要全面启动，加快进程。为最大限度降低经营模式转型对业务发展的影响，尽快发挥集中经营模式的优势，省行决定在总行要求的基础上，进一步加快集中经营的推广进程。第一批4家试点分行（省行营业部、丹东、盘锦和阜新分行）2010年3月末要完成全部城区行个人信贷业务集中经营管理，并通过总行验收。第二批9家分行（鞍山、抚顺、本溪、锦州、营口、辽阳、铁岭、朝阳、葫芦岛分行）于2010年2月同时启动推广工作，到2010年4月末，全面完成城区行个人信贷业务集中经营管理。

三是要强化考核、保障实施。省行将对各行集中经营管理模式推广工作开展情况进行督导检查，监控推广进度。并把该项工作开展情况纳入各行年度考评加分范围。

6. 目前个贷集中经营需要立即落实的几项具体工作。

一是根据个贷中心集中经营开放式办公和流水作业的特点，兼顾未来业务发展需要和档案库建设的要求，尽快确定适合的营业场所，完成装修改造。

二是各行要按照省行个人板块组织机构和中心岗位人员配置方案，结合各行业务发展实际，于2010年2月末前完成个贷中心适岗人员的考试、面试、选拔和培训工作。

三是各行要将具体推广方案于明年1月10日前报省行备案。要制定各环节集中的子方案，对每一项具体环节的上收，要制定周密的上收方案，切实把握好推广工作的时效、质量和风险防控。

四是加大资源配置。集中经营涉及办公场地招租、科技系统软硬件采购等多个方面，各行应建立财务资源配套跟进机制，依照各项工作的分步进度，匹配相关费用和专项指标，确保集中经营顺利实施。

（二）进一步强化储蓄存款工作

储蓄存款是我行运营资金和信用创造的主导来源，是维护各项业务发展的重要支撑。各行要增强存款长效意识，始终把储蓄存款摆在重要战略位置常抓不懈，统筹安排，兼顾发展，围绕年度目标打牢业务经营基础。

一是强化增量市场份额考核。省行明年将同时下达年度增长计划和增量市场份额两项考核指标，重点考核储蓄存款增量市场份额。各行必须改变传统的储蓄存款考核方式，加大对增量市场份额考核力度，促进经营行积极拼抢储蓄存款增量市场份额。各行2010年年底前要彻底消灭同业增量市场份额第四位名次，从而实现全省增量市场份额位次前移。

二是转变储蓄存款营销思路。要充分利用我行丰富的零售业务产品和多层次的渠道优势，开阔储蓄营销视野，加大财政性资金、企业代收代付、第三方存管等源头性资金的营销，把储蓄存款营销与宏观形势变化紧密结合，通过服务引存、网络引存、贷款引存等多种方式，拓宽资金组织渠道，推动个人存款业务的快速增长和良性发展。

三是适当加大对储蓄存款资源配置。省行将适当调整储蓄存款资源配置，各行要结合实际，参照当地同业，合理拟订储蓄存款资源配置计划，主动提高月末储蓄存款计价标准。同时，要密切关注和研究市场和同业动态信息，及时掌握同业优势产品和营销策略，采取针对性的应对措施，争取在储蓄存款竞争中的主动权。

四是以借记卡为载体推动储蓄存款工作。借记卡已成为支撑储蓄存款持续增长的最重要产品，只有借记卡形成优势，储蓄存款的增长才有稳定的客户基础和储源，资本市场资金转化为我行储蓄存款的通道才能得以打开，各渠道资金回流到储蓄账户才能成为现实。各行要抓住已经建立起来的客户基础及品牌优势，加大借记卡营销推广工作。在营销过程中要以新增客户为营销重点，强调有效发卡，要重点宣传金穗借记卡的一卡多币种、一卡多账户、一卡多功能等综合理财功能。

（三）强力推进中间业务发展

大力拓展中间业务，既是推进我行业务经营多元化、盈利多元化的重要途径，也是我行零售银行转型的方向之一。各级行要加强对中间业务的领导，形成以传统业务优势带动中间业务的发展，以中间业务的发展壮大支持和促进传统业务的巩固与发展的新思路。

一是推进基金精细化营销管理。实施基金销售分类指导，根据客户需求特点和风险承受能力提供差异化组合产品。要将农行主托管和农银汇理基金作为营销重点，确保完成省行下达的指令性计划。要积极推广晨星基金组合服务，扩大基金销售规模，尽快缩小与同业的差距。要把定期定额业务推广作为基金销售的一项重点工作来落实，不断拓展更多的客户签约基金定投业务，有效地稳定和扩大客户群体，增强我行基金销售的可持续发展能力，进一步促进客户结构的优化和调整。

二是加快“传世之宝”等新产品、新业务的推广。2010年省行将加大实物黄金业务的推广和考核力度，加快网点的推广范围。财富中心、理财中心必须开办“传世之宝”业务，各级行要尽快完成新增网点的增值税申报工作。此外，要加快发展短期限、低风险、稳健型、固定收益类的“本利丰”理财产品，树立我行稳健型的理财形象。要加大国债、西联汇款等产品推广力度，力争每个二级分行拥有一家西联汇款旗舰店。在做好单项产品营销的同时，要以“金钥匙”理财产品组合为抓手，强势推进由单一产品营销向产品组合营销的转变。

三是做实做细中高端客户的拓展、提升与维护工作。要以贵宾客户为核心落实贵宾客户服务责任制，二级分行、支行、网点等不同层面维护哪个级别的客户、营销维护的措施等都要有明确规定。二级分行的行长、分管行长必须掌握本行钻石卡客户情况，作为兼职客户经理及时解决客户的各类疑难问题，每半年至少与客户联系一次。省行将加强对各行的动态监测，对维护不力导致贵宾客户流失的，要逐级进行问责。要大力宣传“易登机”机场贵宾服务，以此为先导继续推动金钥匙理财增值服务体系建设，各行也要通过举办联谊会等方式，加强与贵宾客户的联系和沟通。各级行要加大个人优质客户管理系统使用力度。相关从业人员要熟练掌握和使用，通过系统及时发现本行个人优质客户、中高端客户的变化情况，确定有效的服务和营销策略，对系统提出的贵宾客户要进一步落实指派和签约服务。省行将对优质客户系统使用情况组织一次专项检查。

（四）加快拓展信用卡市场

一是努力增强产品市场竞争力。通过大力发行作为合作方会员卡的贷记卡联名卡，并与合作方联合开展持卡消费积分换礼等促销活动，有力促进贷记卡的发行和使用。2010 年上半年，各二级分行至少与当地大中型商场（超市）等发行一种贷记卡联名卡，有条件的二级分行争取在明年底前发行 2 种贷记卡联名卡。同时，通过推广分期付款、国际卡收单、积分消费等业务和 MIS 收单系统，提高收单市场的竞争力。

二是扩大客户发展范围，不断优化客户结构。明年上半年，对负债、资产业务等存量个人客户（特别是优质个人客户），各营业网点要按贷记卡发行条件进行全面筛选营销。同时，明确各营业机构网点在周边地区发展特约商户的营销责任区，努力将符合条件的单位全部发展为我行的特约商户。加快副处级以上干部营销贷记卡白金卡以及从存量个人优质客户中发展贷记卡金卡和白金卡客户进度。要结合开展宣传促销活动，尽快提高贷记卡激活率和活卡率。在进一步推广发行惠农卡和惠农信用卡的同时，结合营销电话银行、增加以卡代理财政补贴、合作医疗费收付功能和改善用卡环境，提高其发行质量。要着力组织发展规模较大、能带来可观收益的优质特约商户，同时对已发展的特约商户逐一进行筛选，对超过三个月交易量为零的商户撤回 POS 机，全面及时清理低效特约商户。

三是拓宽信用卡业务产品的营销渠道。进一步组织发动全行员工积极利用亲戚、朋友、同学等社会关系营销贷记卡和发展特约商户。以负债业务等存量优质客户为重点，通过细化营销流程、营造宣传环境、搞好营销培训，全面加强营业网点贷记卡营销。对存量和新发展的资产等业务产品客户，全面推行信用卡和特约商户营销的名单制管理，深入开展信用卡、收单业务与资产等相关业务产品的综合营销。全年围绕几个主要节日，广泛深入开展阶段性重点宣传促销和日常宣传营销活动。

（五）提升电子银行营销与服务支持能力

一是加强对优质客户营销，提高客户质量。以优质客户为重点，努力营销 K 宝客户，尽快提高 K 宝占比；回访不动户，逐步清理长期不动户，切实提高动户率。把消息服务业务作为我行中间业务一个新的收入增长点，大力提高消息服务注册客户规模。WAP 版手机银行已经推广应用，总行已经将注册的客户统一转为 WAP 模式，各行要回访老客户，营销年轻客户，大力推广 WAP 手机银行业务。

二是加强自助设备的运营管理，提升服务水平，努力提高自助设备收入。加强自助设备的运营管理既是发挥投入产品效益的需要，也是促进业务分流和改善我行服务水平的需要。因此，各行务必高度重视自助设备的运营管理，充分发挥自助设备监控系统作用，及时发现资源预警信息和故障，并予以及时处理。对于长期业务量较低的自助设备，要认真分析原因，确属客户需求低、无潜力的，要重新调整布放。省行将对各行自助设备运营情况进行监测考核，按季通报运营情况。各行要重点面向批发、零售市场类客户营销转账电话，要保证营销一户，有效一户，坚决杜绝无效布放。

（六）全面推进网点转型工作

1. 统筹安排网点建设工作。一是及早安排网点建设项目。在今年完成 120 个装修改造项目基础上，争取在 10 月末前完成全部建设项目，在最短时间内弥补我行历史欠账。新装修改造的网点，全面实现转型，符合条件的网点，继续实施“小改造、大转型”方针。二是完成省行样板网点建设和财富中心建设。在确定样板网点基础上，聘请总行入围的设计公司开展样板网点的咨询和建设工作，树立网点建设样板；结合财富中心建设，配足配齐人员；同时制定和实施财富中心相关管理办法，充分发挥财富中心的龙头作用，维护好我行的高端客户。三是加强自助设备投放管理。今年投放的自助设备已发挥了作用，运转情况良好。明年计划新投放现金类自助设备 500 台，全行设备总数力争达到 2000 台，点均 2.5 台，达到全国平均水平。四是继续执行网点建设周报制度。各二级分行要按周上报各项目工作进度，省行按周通报，同时成立督导小组，督促各行按照总省行的管理办法组织实施，提高建设效率和质量。五是认真做好 2010 年网点规划工作。按照总行要求对我行网点布局进一步优化调整，力争盘活存量低效网点，进一步挖掘优势网点的潜力。

2. 加快推进网点软转型工作。一是继续推进网点文明标准服务批量导入工作。到 2010 年上半年，全省城市行网点要全部完成文明标准服务导入工作，同时提高标准服务对县域网点的覆盖率。二是建立“神秘人”检查制度。省行将成立督导检查组深入各行开展网点文明标准服务巡检，省行级内训师作为义务监督员进行日常检查，同时，聘请外部神秘人公司按季进行检查。各级行也要建立网点文明标准服务“神秘人”制度，暗访网点文明标准服务的执行情况。三是加强标杆网点的后续管理，发挥标杆网点示范作用。对各二级分行标杆网点开展回头看，总结转型工作的经验，从网点的定位到形象建设、从网点的导入到业务流程的梳理、从人员的配备到绩效的考核，研究建立一套规范化的模型，为下一步全面转型工作打下基础。四是配合总行搞好网点转型项目咨询工作。今年总行已将我行确定为全国 10 个网点转型项目试点行之一，将对 8 个样板网点进行诊断分析。各级行要做好充分准备，及时提供相关项目的基本情况，配合总省行搞好项目调研和分析，推动网点转型工作向纵深发展。五是积极开展网点建设与转型后评价工作。今年总行印发了《网点建设与转型后评价办法》，明确了评价内容和方法。明年初，省行将组织成立评价小组，在二级分行自评价基础上，开展网点建设与转型专项测评，查找建设与转型中存在的不足，提出解决方案，提高网点管理水平。

（七）建立完善零售业务激励机制

一是深化产品营销计价考核。省行制定了《2010 年产品营销计价考核办法》将于近期下发。明年的产品计价考核遵循效益优先、有效发展的理念，对计价项目设定了有效计价条件。计价考核兑现对象将调整为二级分行，增加二级分行的调控能力，分配原则、分配比例均由各行自行决定。各行要在省行办法的基础上制定实施细则，充分利用经济杠杆驱动作用引导零售业务的发展方向，不得挪用零售业务产品计价工资用于其他业务的工资分配。对于产品营销过程中的营销者和参与者，要区分不同角色定位和贡献大小，对客户经理、理财经理、柜面人员和非营销岗位人员按岗位设置具体的分成比例。特别需要强调的是，零售产品的计价分配兑现，除少数产品比如 MIS 系统、B2B、B2C、现金管理平台、商户营销等外，原则上都必须在支行和网点柜员之间进行分配。二是推进营业网点员工岗位绩效考评。省行制定下发了《营业网点员工岗位绩效考核办法》，对网点负责人、大堂经理、客户经理、理财顾问、低柜柜员、高柜柜员等岗位按相关职责进行量化考核，以激发各岗位员工尽职履责，达到提升网点竞争能力的目的。各二级分行要制定实施细则，并在 2010 年开始实施。

（八）加强零售业务队伍建设和培训

一是加强理财师队伍建设和管理。近两年省行加强了理财师培训工作，目前全行取得理财师资格的员工达 85 人，但在支行、网点零售业务岗位工作的仅 49 人。各行要抓紧清理没有从事理财业务人员的情况，尽快做好理财师归位工作。省行 2010 年计划再培训 100 名理财师，各行要加强对理财师的管理和使用。二是落实大堂经理及个人客户经理的配备。要通过流程梳理、业务分流等方式，减少柜台人员，增加大堂经理和个人客户经理，所有财富型网点、精品型网点和二级支行（含）以上网点必须配备大堂经理，所有个人存款 100 万元以上的客户必须配备个人客户经理。三是加强零售业务内训师的管理。要落实《零售业务内训师管理办法》，实施目标考核，将内训师的绩效管理与其负责的网点业绩评价相挂钩。要充分发挥内训师的作用，培养一支能打硬仗的零售客户经理队伍。四是加强各项业务和产品培训。积极开展“营销技能提升年”活动，将所有零售业务的资产、负债、中间业务产品、投资理财产品、电子银行产品及服务类产品均纳入本次活动，提高全行零售业务条线所有员工的营销技能。全面推行产品营销实地督导和现场培训，重点加大基层行一线营销人员的培训，有效提升基层队伍营销水平。

需要特别强调的是，业务发展问题说到底还是人的问题，人是最大的生产力。一是发展零售业务需要一支作风扎实的队伍。相比对公业务，零售业务具有来的慢、去的也慢的特点，是一项“苦”活、“细”活。抛开营销层面不说，更多的是客户选择我们，而不是我们选择客户。如果没有对客户的精心维护、齐备的产品和优质的服务，即使营销过来的客户也会“离开”我们。因此，零售业务的从业人员必须树立从点滴小事做起，从细微之处入手的工作作风，踏踏实实、兢兢业业开展工作。任何投机取巧或作风飘浮的行为都是业务发展的死敌。二是发展零售业务需要整体推进和持之以恒。零售业务的受众面广，从业人员多，因此，抓好零售业务工作必须有整体推进的措施和意识，任何单打独斗均没有出路。一方面表现在整体推进的面越大越好，层级越高越好，至少是二级分行层面，最佳是全行一个层面。另一方面是要有板块意识，必须是产品、服务、效率齐头并进。反过来讲，客户评价一家银行往往说的都是零售业务而且都是一个总体评价，很少是就某一项产品或某一项服务给出好的评价。

（九）加强零售业务风险防控工作

一是要严控零售业务总体风险。各行要根据市场资源特点优势及自身服务能力、风险管控能力，确定业务发展目标和产品推广重点。我行个贷业务基础还较薄弱、正处于恢复阶段，各行要能够顾大局、算大账，把有限的精力放在重点产品和主体业务上，追求整体利益最大化，并把风险控制在可承受、可预见的范围内。既要克服畏难情绪，无所作为，更要防止一哄而起，盲目而为。二是要严控操作性风险。要重点针对不同产品的风险点采取针对性的防范措施。坚持执行存款实名制，规范存款证明书等业务处理，规范借记卡发卡程序，严格贵宾卡审核审批手续。切实做好客户信息保密工作，明确各层级、各环节客户信息管理责任人，严禁通过任何形式或渠道向未经授权的人或外界透露客户信息。个人贷款操作风险防范的重中之重是确保“真实”，在具体操作中要把握好面谈、面签等核心环节的处理；切实加强对中介机构的管理和权证管理工作，确保抵押及时合法有效，防范虚假按揭重新抬头；要进一步强化业务监测与考核，落实专人实施每日风险预警，及时发现风险、预警风险和处理风险。要建立风险报告制度，对于已暴露的风险要组织专人进行专项检查，加大保全催收力度。各行要认真组织开展自律监管及各项专项检查工作，继续加大历次检查发现问题的整改力度和责任人处理力度，强化内控制度落实。

找准差距，突出重点，强化措施 努力实现春天行动各项目标

——赵克东同志在吉林省分行2010年春天行动推进会上的讲话

一、前两个月春天行动综合营销活动总体情况

自春天行动活动开展以来，省行党委高度重视，主要领导亲自掌握各项业务指标的数据和各行排名情况。从统计数据看，至二月末各项指标形成三个区块：一是已经超额完成计划部分，这些指标是转账电话的台均交易笔数和台均收入、理财产品、新增网银客户和短消息等5项指标；二是基本符合时间进度的部分，这些指标是手机银行（87.04）、储蓄存款（73.81%）、借记卡发卡（64.25%）、第三方存管（55.14%）、结算手续费收入（54.38%）、保费收入（54.26%）等6项指标；三是落后于时间进度部分，这些指标是新增有效商户（42.44%）、保险手续费收入（38.57%）、三星以上优质客户增量（27.44%）、实物黄金（19.05%）、信用卡发卡（16.56%）、基金销售（10.03%）、个贷投放（9.92%）等7项指标。这距省行党委的期望有很大差距，各行各部门要深刻剖析存在的问题，拿出切实可行的措施推动上述业务的发展，迅速扭转当前的被动局面。

二、下一阶段的主要工作措施

白山分行的经验告诉我们，只要努力，就会取得成效。各行各部门要在深入分析的基础上，找到弱势项目营销中存在的问题，领导重视，部门推动，加强督导，转变思想观念，强化综合营销，振奋精神，调动员工的积极性，集中力量将落后指标提升上去。

（一）必须统一思想，突出存款的基础地位不动摇

1月末，我行储蓄存款增量为27亿元，工行、中行为负增长，我行同业占比高达177%，排名第一位，比排名第二位的建设银行多增20.78亿元。2月末，我行储蓄存款增量为59.1亿元，虽继续排名第一位，但仅比排名第二位的建设银行多增16亿元，同业的领先优势缩小。今年建设银行下达了150亿元的储蓄存款计划，目标只有一个，就是要在存量市场上赶超我行，仅2月份该行储蓄存款就增长37亿元，增速惊人。比较前两个月的上、中、下三旬，工、中、建三行的储蓄存款增长明显出现月初降、月末陡增的现象。同业月初月末储蓄存款大幅波动，一方面说明同业突出月末时点考核的策略仍未改变，另一方面也说明同业客户关系管理与客户资源的调控能力强大。

总行前天召开的储蓄存款工作视频会上，杨琨行长代表总行党委明确了今年的全行储蓄存款工作目标，就是储蓄存款增量市场份额确保同业第一，提出了“四个破除和四个树立”的指导思想和加强储蓄存款工作的主要措施，确定了加大储蓄存款的考核力度、加强资源配置以及联动考核等新思路。江苏省分行、北京万寿路铁道支行的经验介绍也有很强的针对性和可操作性，很多转型的措施和注重细节精细化营销的做法可以直接复制。各位主管行长一定要将总行的会议精神和今天的要求向本行党委做好汇报，及时传达到基层，认真贯彻执行并确保取得实效。希望各行能够认清当前的严峻形势，增强储蓄存款工作的紧迫感与危机感，从有利于增强我行竞争力的角度，将储蓄存款摆上全行综合经营的重要战略位置，始终坚持储蓄存款基础地位不动摇。同时要密切关注同业市场动向，认真借鉴同业经验，了解客户的需求和建议，采取针对性的措施，争取竞争主动权，进一步发挥县域的稳存增存优势，确保我行春天行动储蓄存款增量第一的市场地位。

（二）加快推进网点转型，提高网点竞争能力

加快推进网点转型是今年个人金融的主要工作之一，也是提高网点竞争能力的重要举措。今年的工作会议上，汪勤行长代表党委提出了“软转优于硬转”、“一行一策、一点一策”的网点转型新思路。省行也确定了6个软转型试点网点，将在人力资源配置、业务流程整合、压缩高柜推广低柜、营销资源配置、设施配备、规范化服务导入等多方面入手开展转型工作，取得初步成功后即将在全省推广。各行也要在各自辖内选择部分网点进行转型尝试，并做好转型全面推广的准备工作。

（三）急起直追，将落后指标提升上去

第一，加大优质客户的营销和维护力度。一是各行要充分发挥大堂经理的客户识别作用与个人理财经理的智力支持作用，实行中高端客户个性化服务和差异化营销；二是要充分利用PCRM系统，在全面实行中高端客户名单制管理的基础上，强化中高端客户管理责任制，对因沟通、维护、管理不到位，造成中高端客户流失的，要给予个人客户经理和有关责任人必要的经济处罚和晋升限制。三是挖掘现有的优质客户潜力，在维护高端客户的同时，利用他们的社会关系，以点带面扩大高端客户群体。

第二，迅速提升个贷业务指标。2月末，我行个贷业务净增额7935万元，增量同业市场占比仅4.53%，远远落后与同业。从目前个贷业务开展的情况看，部分支行甚至是二级分行仍有认识上的错误，恐贷、惧贷、惜贷情况都

不同程度存在。个别行总是将责任归咎于上级行或产品落后，主观上不努力，从客观上找原因。同样的产品、同样的市场环境和贷款规程，为什么存在如此大的差距，希望大家认真反思。各行要着重解决以下问题：一是效率问题，坚持效率制胜。二是要延伸营销触角，充分利用网点资源，特别是处于商圈、二手房市场附近的网点以及开办低柜业务的网点，要着重抓好个人贷款的受理工作。三是要加快推进个贷中心建设，3月末前完成省行营业部、通化、松原分行的个贷中心建设，年底全部实现个人贷款集中经营管理。

第三，加大产品组合营销力度，提高产品覆盖率。省行在春天行动的方案中增加了产品组合的内容，对借记卡、贷记卡、第三方存管业务、网上银行业务、短消息服务以及自动转账、个人理财等业务进行了不同的产品组合营销，从各行反馈的情况来看，产品组合对推动全行个人产品营销起到了积极的促进作用。各行要举一反三，因地制宜，多设计符合当地客户特别是中高端客户需求的产品组合，同时加大对产品组合的宣传力度，引导客户以组合的方式购买我行多项产品，提高我行的产品覆盖率和客户依存度，增加客户转移成本，使之成为我行的稳定客户。省行将根据不同阶段营销的侧重点，选择发布有针对性的产品组合，带动各项个人业务的稳定发展。

第四，开展源头性营销，批发销售零售产品。借记卡方面各行要以联名卡营销为突破口，省营力争在月末前完成健康护照5万张的销售；各行要与证券公司充分接触，以证券经理为突破口，抢挖第三方存管客户；充分利用我行的网点资源，协调和选择好保险公司，提高网点的单产水平；个贷方面要从新开楼盘、二手房交易中心、4S店和大的商场市场入手，住房按揭和商铺抵押全面推进；对基金、黄金等要从高端对公客户和个人客户入手，快速提高产品销售额度。各行必须把个人金融业务作为一项系统性、综合性业务，打破产品和专业的条块与分割壁垒，把分散的单一部门作业模式集合成以个人业务部门为主体的多部门协同作业模式，通过采取关联产品整体策划、共同推广的“捆绑式”营销策略以及联合制定个人金融综合解决方案等方式，强化个人业务与对公业务的联动营销机制。

（四）充分利用省行的激励和促销政策

今年，省行加大了对春天行动的资源配置和绩效考核力度，集中2000多万元效益工资，专项用于春天行动考核。并且根据各行每月的产品营销情况逐月兑现。1、2月份省行分别兑现566万元和707万元效益工资到各行，这样的奖励力度在以往的春天行动中是从来没有过的，各级行要根据自身实际，针对落后指标，适当调整计价标准，有效引导基层转变营销重点，促进春天行动各项指标的全面完成。

弘扬先进　查找不足　多策并举　重点推进
全力做好零售业务各项工作

——孙景伟同志在黑龙江省分行2010年零售板块工作会议上的讲话

一、坚定信心，知难而上

年初以来，我行个人业务取得一定进展，但更存在着诸多不尽如人意的地方。一是储蓄存款等几项业务指标低位徘徊，无论是与同业比，还是与系统内兄弟行相比，差距较大，与自身去年同期相比，更是不可同日而语。尽管省行在第二季度开展了“激情仲夏 金彩生活”金融产品营销活动，将存款作为最重要的产品，进行重点推进，但效果不佳，尤其是4、5月份，储蓄存款连续下滑，截至5月末，我行储蓄存款增量市场份额已经降到了四大行的最后一位，形势岌岌可危，并已经严重影响了我行整体业务经营和全年工作目标的实现。二是电子银行、银行卡、基金等在一季度发展势头较好的业务品种，也出现了速度减缓的趋势，前景不容乐观。

面对严峻形势，大家应振奋精神，迎难而上。在席卷全球的金融危机面前，温家宝总理说了一句至理名言“信心比黄金更宝贵”。这句话，对于暂时处在困境中的我行，具有十分重要的指导意义。大家既要客观认识所面临的严峻形势，更要坚定战胜困难的信心。首先，经过多年的苦心经营，我行的业务状况已初步好转，经济实力有所增强，员工待遇不断增加，企业文化不断改进，业务发展的内在条件日渐成熟；其次，随着服务三农工作的不断推进和股改进程的加快，我行社会形象有所提升，市场声誉有所提高，外部环境有所改善；此外，省行党委对零售业务发展高度重视，加大了政策激励和资源倾斜力度，也为全行业务发展创造了浓厚氛围。为此，全行广大员工，尤其是各级领导干部，一定要振奋精神，知难而进，迎难而上，坚定信心，敢于亮剑，敢于胜利。

二、借鉴交流，化石为玉

此次会议的方式有所改变，由传统的领导讲话为主转变成经验介绍和专业点评为主，其目的就在于通过以案说法，以点带面，源于实践，用于实际，增强工作的针对性和实用性。刚才，几个分、支行做了典型经验发言，之所以请他们发言，是因为他们做得好，对零售业务发展认识程度高、工作有思路、有方法、措施得力，确实对全行零售业务发展有指导和借鉴意义。此外，几位部门总经理的点评也很到位，既总结了先进行的宝贵经验，指出了值得借鉴之处，更体现了从实践到理论的指导意义；与此同时，结合先进典型事例，部署当前工作的重点，更具有针对性，也更易于各级行准确理解和正确执行。

当然，此次经验介绍只能涉及零售业务的一小部分，不可能做到全面覆盖，也不可能放置四海而皆准，但肯定具有很强的借鉴意义和启示作用，希望各行要理解消化，取长补短，迎头赶上；在此基础上，各行更要结合自身实际，创新思维，创新模式，不断推进自身业务的发展。各业务部门在加大对本条线业务督导的同时，更要深入基层，贴近员工，及时发现和挖掘实际工作中先进做法和典型事例，及时总结，及时推广。同时，更希望先进行能够再接再厉，与时俱进，再创佳绩。

三、把握关键，重点推进

今年是农业银行股改上市的时点年，更是龙江农行业务发展的基点年，事关龙江农行在系统内的新位次，更事关全行员工的切身利益，各行要深刻认识，积极行动，把握关键，有效推进重点业务全面开展。

（一）围绕抓“存款”这一核心目标，确保个人金融产品营销取得成效

1. 全力提升储蓄存款增量市场份额。

要突出储蓄存款主体地位，确保完成全年任务。与往年相比，2010 年储蓄存款工作异常艰难，受全球金融危机影响，我省金融资源萎缩，加之我行内部主客观因素影响，今年储蓄存款工作任务重、面临压力大。省行党委对此高度重视，多次召开会议研究解决储蓄存款额度下滑和市场份额位次下降问题，并在绩效考核上加大了兑现标准。为此，各级行领导必须牢固树立勇争第一的目标，统一思想，坚定信心，攻坚克难，确保全面完成全年储蓄存款任务。一是各级行要落实一把手责任制，亲自研究部署组织存款工作，各级行要成立以一把手为组长的零售业务领导小组，组织、协调各部门，采取有效措施，迅速扭转存款下滑态势。二是要密切关注同业储蓄存款变化，对同业采取的营销措施和先进做法，要加强学习，学以致用、取长补短，全力拼抢市场份额。三是要落实好“激情仲夏 金彩生活”金融产品营销活动的各项措施，将分支行应当开展的活动扎扎实实开展起来，切实开展“五进”活动，进行地毯式营销，规定动作，一个都不能少。四是落实好省行激励政策，掀起揽存高潮。省行近期下发了《关于匹配专项存款产品效益工资的通知》（农银黑办发【2010】326 号），对 6 月份存款进行激励，省行先拿钱，大家后干活，就看大家怎么往回拿了。省行近期还下发了《关于调整 2010 年综合绩效考评有关内容及公布产品计价指导标准的通知》（农银黑发【2010】184 号），明确了存款产品计价的指导价格。各行要将省行新的政策精神，迅速传达到辖内所有网点和每位员工，对于省行追加的存款产品计价，各行要穿透兑现到网点和员工，分支行不得截留，有条件的分支行，还要根据自身情况适当追加，以充分调动广大员工的积极性。

要突出重点客户，做好个人优质客户的维护与营销。一是有效落实省行下发的《个人贵宾客户管理办法》，做好贵宾客户识别和筛选工作，对中高端客户实行“名单制”管理，建立健全个人中高端客户维护和营销流程，以及客户流失责任追究制度，锁定目标客户，开展有针对性的差别营销。二是开展大客户回访活动。采取上门、电话回访，举办讲座和见面会等方式，重点了解客户的需求变化以及对我行服务的意见和建议。对于存款余额超百万的客户，由支行行长进行回访；超千万的客户，由二级分行主管行长进行回访。三是开展客户挽留活动。对大额支现的客户，挽留工作要从办理支现的柜员做起，大堂经理、个人客户经理、网点主任密切配合，尽量将客户资金挽留在本网点或本系统，对确实无法挽留的客户，要建立跟踪服务机制，以真诚的服务，赢得客户的信任，力争转出存款尽快回归我行。

要固化服务形象，提升网点营销技能。一是加快网点文明标准服务导入和固化工作，采取在线监测，日常检查、专项检查、客户满意度调查和“神秘人”检查制度，固化、深度优化网点金融服务形象。二是借助“营销技能提升年”的有利时机，切实提高网点金融产品营销能力。5 月份，我行选拔了 9 名员工参加了总行零售业务营销技能培训班，目前已经回行，省行将几名员工集中到省行，正在研究制定下一步全行培训方案，年末前完成全行精品以上网点的零售业务营销技能导入工作，对于此项工作各级行要给予高度重视和充分配合，利用导入的有利时机，切实提高网点金融产品营销能力。

2. 优化借记卡产品结构，提高用卡率和品牌知名度。

一是加快 103 等“非银联标准”借记卡的清理进度。从前一阶段看，各行清理工作进展缓慢。从现在开始到 10 月 31 日，省行将按旬下发 103 卡清理情况通报，对工作不力的行要进行问责。各行要见到一张，清理一张，并确保 103 卡在清理期间不发生风险案件。二是在积极营销借记卡的同时，有效提高用卡质量。特别是近期已经批复和正在上报一批联名卡项目，下半年省行将针对这些项目加大考核力度，对已经运行的联名卡在数量、活卡率、交易量等方面进行督导检查，对效益不明显的要取消联名资格。

3. 把握市场动态，加快个人中间业务发展。

一是加大基金定投营销力度。各行要让营销人员熟知并及时传达给客户，资本市场震荡期间，是办理基金定期定投业务的最佳时机，通过制定子女教育、退休计划、安家置业三个营销主题，培养客户长期投资理财观念，做大做强定期定额业务。二是积极推进非保本型理财产品销售进度。三是推动实物黄金业务快速发展。目前，省行已批复 13 家二级分行开办个人实物黄金买卖业务，各行要加快各项前期准备工作，完善各项管理制度，确保 6 月末以前实现销售。四是增加个人外汇业务新产品，完善个人外汇业务服务功能。我行将在两年内新增西联汇款网点100个，各行要做好新产品开办前的培训宣传工作，通过媒体投放广告，以及组织各行到出国劳务人员比较集中的地区进行实地宣传等方式，积极拓宽客户资源，带动其他个人外汇业务的发展。

4. 加快渠道建设，提升网点价值创造能力。

一是加强组织领导，充实网点管理人员。各行要发挥网点管理委员会和网点管理办公室的职能作用，明确相关部门和相关人员的岗位职责，二级分行主管行长为网点建设项目管理负责人；每个网点建设项目必须由二级分行选派或指定项目负责人。网点建设项目负责人必须与二级分行签订责任承诺书，向二级分行直接负责。各行要充分发掘内部资源，通过借用、返聘等途径吸收专业人才，夯实网点管理队伍基础，提升网点管理工作的专业水平。二是强化监督管理，确保网点建设高效率与标准化。2010年第一批装修改造网点已开工建设，各行要严格管理、积极督导，确保自施工单位进场施工之日起60天内完成网点建设，对有土建项目（扩建或翻建项目）的装修工程必须自施工单位进场施工之日起150天内报竣。对2010年第二批拟装修建设网点，各行务必做好施工前期准备工作。施工过程中，要严格按照省行视觉形象建设标准建设，严禁擅自更改规划设计，擅自更换主材用材，私自调换施工项目等情况的发生。三是提升合规意识，严格控制建设立项投资额使用用途。各行要保证网点建设投资专款专用，不得挪用、虚列费用，不得擅自变更项目或追加投资，严格按预算执行，确保实现项目投资效果。对于确需对项目做出变更或追加投资的，要上报省行审查审批。网点建成后，省行要对项目实施情况进行逐家检查和验收，并由审计部门进行专项审计，确保项目实施和投资效果，提高财务资源的使用效率。各行要严格控制现场签证，对装修施工中的现场签证，必须经二级分行及项目行主管行长和现场管理人员共同签字并加盖行章后，上报省行审批，省行审批后方可作为决算送审的有效签证单。各级行必须凭有效签证单进行施工，不得先施工后补签证，否则决算时不予认可。如因擅自现场签证导致突破立项投资额的，超支部分由项目行自行解决，同时省行将严肃追究相关人员责任。

（二）加快经营模式转型，促进个贷业务持续健康发展

1. 强力推进，加快实施个贷集中经营。一是统一思想，提高认识，切实加强组织领导。实施个贷集中经营，实现经营模式转型是今年个贷的重要工作之一。从目前我行实施个贷集中经营情况看，进度参差不齐，有的行基本实现了“六大集中”，但有的行进展较慢。第一批推广行必须统一思想，从战略高度认识个贷集中经营工作，严格按照省行有关要求限期完成。第二批推广行要结合实际，抓紧制定实施方案，制定推进日程表，分步骤推进集中经营工作。二是落实责任，强化督导，确保限期完成集中经营。各行要实行“一把手”负责制，组织相关部门研究、部署、推进该项工作。6月底前第一批推广行必须成立个贷中心并完成业务上收；9月底前第二批推广行必须成立个贷中心并完成业务上收。省行将对工作不力、推广进度慢的行进行问责。

2. 调整结构，优化个人信贷业务结构。一是调整产品结构。目前，我行个人住房贷款余额占比较大，产品结构失衡。各行要在坚持做好个人住房贷款业务的基础上，适当加大非住房消费贷款和个人经营类贷款的发展速度，到年末力争个人经营类贷款与个人消费类贷款余额的比例达到4∶6。二是调整客户结构。要优选信誉高、实力强、第一还款来源充足、第二还款来源可靠的个人客户进行准入，提升客户层次。三是调整利率结构。各行要提高利率定价自主权，根据当地同业主流银行的利率定价水平，适当调整我行利率定价。要纠正针对所有客户统一实行上级行规定的最低利率定价的错误做法。

3. 加强营销，提高个人贷款市场份额。近两年来，我行个贷存量和增量市场份额不断提高，社会影响力大幅。

一是突出营销重点。一要把个人住房贷款作为个贷业务主体，不断加大拓展力度。要对优质开发商实行名单制管理，各二级分行要做好牵头营销；要高度关注二手房交易市场，及早与优质中介机构建立战略联盟。二要稳健发展综合性消费信贷业务。试点行要充分利用“房抵贷”、“随薪贷”产品，营销中高端客户，提供消费贷款信贷支持。三要加快个人助业贷款发展。省行从6月份开始进行专项营销活动，各行要确定重点专业市场名单，通过有针对性的营销，加快推进个人助业贷款业务发展。

二是完善营销机制。要加强营销机制建设，最大限度激发从业人员营销的积极性。各行要按照省行确定的穿透式计价指导标准，制定具体计价标准，对个人贷款的营销、调查、审查、审批、授信执行、会计放款、抵押登记、贷后催收等各环节进行营销计价奖励。同时，还要进行责权对称考核，对违规发放贷款和形成不良贷款的，要制定惩罚措施。

三是强化营销渠道建设。首先要推进批发式营销渠道建设。各行要逐步设立个贷营销团队，负责牵头对辖内开发商、二手房中介、汽车经销商、专业市场、对公客户等合作商进行批发营销。第二要继续完善零售渠道建设。充分利用各营业网点，广泛设立个贷接单窗口或柜台。大堂经理、理财经理和个人客户经理要做好个贷的营销宣传工作。第三要前瞻性构建电子化营销渠道。通过电话银行、网上银行、手机短信等载体，打造多元化的个贷营销渠道。

4. 防范风险，提升个人贷款资产质量。一是坚决贯彻调控政策，防范合规风险。要密切关注房地产价格走势对存量资产质量的影响，定期组织压力测试，将风险防范工作做到前面。二是严格执行制度，防范操作风险。在业务操作上，要认真落实“面谈、面签、实地走访”制度，严格执行个人贷款双人调查规定，多方了解借款人的真实情况；要落实好第一还款来源，从严控制抵押房产评估价值，适当降低抵押率，最大程度减少房价波动的负面冲击；认真贯彻落实监管部门支付管理规定，做好受托支付管理，严防信贷资金流入股市；加强贷款权证管理，及时办理抵押登记，防止抵押悬空。三是加强监测预警，防范化解风险。各行要增加对全辖个贷业务在线监测的频次，对发现的风险疑点及时进行预警。对单项个贷业务品种不良率超标的，启动“停牌”机制，收回该业务品种开办权。对虚假贷款和冒名贷款实行“零容忍”。对出现大额不良或大面积不良的行，要追究领导责任。

（三）坚持规模增长与效益提高并举的经营策略，开展好“电子银行营销年”活动

1. 继续按照省行年初规划，不折不扣做好落实和督导。目前，我行电子银行各项指标完成情况喜忧参半，不容乐观。因此，首要任务是重点围绕年初规划，不折不扣地进行落实和督导，即认真开展年初策划的系列营销活动，积极推进电子渠道服务三农工作，持续抓好自助银行渠道管理及建设，加强电子渠道风险业务的评估及排查，从而在全行范围内统一思想和行动，保证经营行为与省行步调一致，形成系统合力，推进各项任务的有效完成。

2. 针对目前存在的突出问题，明确有效的应对措施。年初以来，我行客户规模扩张较快，网上银行、手机银行、企业电话银行都已经超额完成任务，在东三省中也有多项指标排名第一，与系统内的先进行相比，差距正在不断缩小。但是，个人电话银行、消息服务、电子商务等业务指标与同业先进水平尚有差距，整体客户质量和效益水平不高，如不尽快改善，必将影响全行电子银行业务的发展。为此，必须以积极、有效的措施来应对。

一是要提高电子银行客户渗透率。各行除采取主动营销、批量营销措施外，还要积极实施捆绑营销和交叉营销，加大与相关部门配合，开展联合营销，对不同群体客户实施交叉营销，对理财产品、个贷产品、惠农卡和第三方存管实施捆绑营销。二是要提高电子银行客户动户率。各行要继续加大投入，增加网银自助服务机具的投放，提高客户使用便利。要继续提取不动户清单，锁定营销目标。产品经理和客户经理要熟练掌握电子银行产品操作，及时解答客户疑难问题，要建立“全过程服务”的意识，加强对客户使用电子银行产品的习惯、问题解答和定期回访，从而提高客户动户率和黏着度。三是要提高电子渠道业务分流率。目前，我行电子渠道分流率非常低，提高电子渠道分流率，应精心打造一流的自助银行渠道。要通过广泛组织内部员工网银体验、基金直销路演和交易有奖等活动，提高网银渠道吸引力。此外，重点发展 K 宝证书客户等差异化营销策略，大力提升优质客户占比，加大对上门个人客户分流引导，将小额存取、转账、查询、代缴费等业务全部疏导至电子渠道，以多种手段共同促进电子渠道分流率的提高。四是要提高电子银行业务收益率，摆在我们面前的困难和压力很大。一要加快消息服务和转账电话业务拓展步伐，扩大客户覆盖面，进一步挖掘创收潜力。二要尽快上线总行中小企业版和网银现金管理产品，实现年费和批量代收付手续费的自动扣收，加大年费收取力度。三要加快机具投放，争取早见效益，提高单机创收能力。四要实施差异化营销，着力发展有效益的客户。

3. 统筹谋划，深入开展营销年活动。为确保今年电子银行营销年工作的有效开展，各行要严格执行省行年初制定的营销活动，结合营销年活动要求，精心组织，提前谋划，将打造金 e 顺品牌的战略部署落到实处。

（四）充分认识银行卡的战略地位，持续推进卡业务有效发展

1. 要提高对信用卡业务重要性的认识。信用卡业务具有极大的成长性和发展潜力：目前，国外银行收益构成中，信用卡收益占其全部收益的 15% 以上；国内信用卡业务发展较快的招行，其信用卡收益占其全部收益的 40%；从市场潜力上来看，在信用卡业务发展成熟的美国，人均持有信用卡 9 张，而国内持卡水平尚不足 0.1%。由此可见，信用卡业务发展潜力巨大，必将成为我行中间业务收入的主要增长点，各级行都要提高对信用卡业务的重视程度。

2 要加快发卡，做大信用卡规模。一方面要充分发挥基层营业网点的营销作用，以我行 PCRM 系统中的星级客户为营销目标，按照名单逐户营销渗透，从而提高营销质量、节约运营成本、快速做大规模；另一方面，重点加强对核心优质客户的综合营销，加强跨部门联动营销，向以客户为中心的营销模式转变，加强信用卡与其他金融产品的组合营销和交叉营销，对公司、机构类客户的员工批量发卡，迅速增加优质客户市场份额。

3. 要量质并举，继续抢占收单市场。在继续扩大商户收单业务规模的基础上，积极实施商户名单制营销，将提升高端商户占比作为今年的重点工作加以推进。各行要密切关注本地区的市场动态，积极跟进当地建设，以 MIS 收单系统、分期付款业务等增值服务打开高端市场，积极鼓励支行加大对辖内大型商场、超市、旅游景点、星级酒店的营销力度，遇到适合的项目及时跟进，上下联动，把握机会，提前介入、提前占领。

4. 要面向客户，积极改进发卡服务。开展涵盖各岗位和环节的发卡流程梳理工作，尤其加强对支行业务受理流程的规范和指导，对规范缺失或岗位不全的及时补齐、客户满意度不高的精简优化，明确职责，严格控制受理时间，提高审批发卡效率。

5. 要采取有效措施，巩固拓展成果。针对现有持卡客户，通过刷卡促销的方式，建立长效激励机制，提升我行持卡客户的满意度、忠诚度，培养其消费意识，促进信用卡激活率、活卡率等指标快速提升；另一方面，加强对我行自有商户的维护和培养，培养商户的受卡意识，提高存量商户的活动率。

6. 要加强业务管理，强化合规经营。各行要高度重视，加强对逾期透支的催收力度，加大准入环节的审核力度，落实日常风险监控和巡查制度，确保在风险可控的情况下顺利推进各项经营业务。

四、合规操作，防范风险

个人业务由于其客户群体大、业务品种多、内部流程简单等特点，因而更具有风险节点多、管控链条短、社会关注程度高等特点，风险管理和控制工作压力巨大。尤其在近期，全国频发针对电子银行渠道和银行卡的案件，这些案件作案手段隐蔽、科技含量高，不仅严重扰乱了金融秩序，更影响到公众对银行产品的信心。为此，各级行一定要提高认识，要保持清醒的头脑，要全方位、全过程强化风险管理，不得有丝毫懈怠。一是要合规操作。实践证明，所有风险的产生，绝大部分都源于违规操作。认真履行操作程序，是防范外部风险和内部风险的有效手段，也是风险化解的必要条件。为此，广大员工要牢固树立合规意识，要让合规成为职业习惯。二是要强化风险排查。要针对当前案件特点，举一反三，深刻剖析案发的内在原因，找准内部管控的薄弱环节，加大排查力度和广度，及时消除隐患。三是要做好预案拟定和演练，确保在风险和案件发生后，及时采取有效措施，化解或降低风险，避免、减小声誉损失。

周宏亮同志在上海市分行世博金融服务与安保工作推进会上的讲话

一、前期世博金融服务工作回顾

世博会运行以来，通过全行上下的不懈努力，我行世博金融服务进展顺利、运行良好，未出现负面报道和责任事故，基本实现了“无责任事故、无媒体曝光、无群体性上访事件”的目标。

（一）高度重视，精心部署，世博金融服务平稳运行

世博会开幕以来，全行上下高度重视，认真按照《中国农业银行上海市分行世博金融文明规范服务工作方案》的部署，明确工作目标，加强组织领导。各经营行（部）都采取了一系列行之有效的措施，通过深入开展创优活动，层层落实服务细节，有序推进世博金融服务各项工作。100多天来，在全行干部员工的共同努力下，较好地完成了世博金融服务阶段性工作任务，取得了全行系统平稳运行、网点服务形象提升、支付环境安全通畅、安保维稳保障有力、客户满意度持续提升的阶段性成果。

（二）建立机制，团结协作，高效推进世博金融服务

针对世博期间可能出现的各类风险突发事件，分行全面梳理了网点服务、客户投诉、安全保卫、系统运行等各类应急处理流程，并积极做好各项应急演练的组织工作，完善应急响应保障系统，及时协调解决网点遇到的各类突发、特殊情况。各经营行（部）在分行世博金融服务委员会的统一领导下，认真研究、细化本单位的任务和方案，进一步明确领导班子的职责分工和权限，并将责任分解到人、任务落实到岗，建立世博金融服务例会制度，及时研究和协调工作推进过程中的有关问题和事项，保障了世博金融服务工作的高效、有序运行。

（三）加快进度，改善网点功能布局和服务环境

结合网点转型和世博金融服务要求，分行加大了网点标准化形象建设和改造力度，进一步优化网点布局和功能分区。至7月末，全行已完成改建和搬迁网点45个，其中列入分行整体改建和搬迁项目12个，支行零星工程和修理项目33个。进一步加快自助银行建设，7月末全行自助银行累计达到267家，新增22家。其中：附行自助银行累计达到199家，新增17家；离行式自助银行累计达到68家，新增5家。进一步完善了网点功能分区，加快渠道业务分流。各营业网点人性化服务设施进一步完善，全行已有240多家网点门前设置了无障碍通道，部分受物业条件限制的网点也积极采取弥补措施，主动为残障人士提供温馨助残电话服务；营业大厅内还专门为客户配备了便民服务箱、当天的报刊和饮用水等各类服务设施，网点标准化服务形象得到有效提升。

（四）加强管理，提升客户对网点服务的良好感知

世博开始以来，分行通过高频次的服务质量监测、通报监测结果及下发《世博窗口服务质量风险提示函》、《世博窗口服务质量整改通知书》等措施，督促各单位不断整改，提升窗口服务质量，还专门招聘了一批代理用工补充网点大堂服务人员配备，以增强网点大堂现场管理的力量。各经营行（部）克服困难，合理安排人员，在保障营业网点正常经营的基础上，为世博重点网点和人流量、业务量较大的网点增加大堂引导服务人员，加强现场管理，进一步提升了客户对我行服务的感知度、认同度，也带动了业务的进一步发展。

在前阶段的工作中，全行员工充分展现了勇于拼搏、甘于奉献的可贵精神，涌现出了许多为了世博金融服务工作不计个人得失的感人事迹，如放弃休息连续工作，冒着酷暑坚守岗位，受了委屈仍坚持标准服务等等。正是全行上下齐心协力、精心组织、悉心工作，才换来了世博金融服务的平安和稳定。在此，我代表分行党委对广大干部员工的辛勤劳动和扎实工作表示衷心的感谢和亲切的慰问！

二、下阶段工作重点

“行百里者半九十”。现在世博会会期虽然已经过半，但世博金融服务还面临着许多严峻的考验，距离最后的成功还有很长的路要走。希望大家坚持不懈、一如既往地抓好世博金融服务和安保工作，切忌有松懈思想和放松警惕的想法，确保圆满实现我行世博金融服务和安保工作目标。

（一）继续坚持明察暗访和服务考评，切勿放松警惕

从前阶段窗口服务质量监测情况看，全行窗口服务的总体情况良好，但也仍然存在一些问题。例如：自助机具故障率虽然明显降低，但仍有部分自助机具缺钞、缺纸，

导致机具虽然开通但有的功能实际并不可用；个别单位的大堂工作人员业务不够熟悉、服务引导不够得力，网点秩序需要进一步规范；个别服务人员态度较为冷漠，有的甚至还比较恶劣，根据客户服务中心上半年投诉统计，全行服务类投诉占比仍超过20%，且郊区（县）支行投诉比城区支行多，与世博金融服务“零有责投诉”的目标还有距离；个别服务人员上班时间处理私人事务；个别安保人员着装不够规范等等。这些虽然只是个别现象，但是值得我们高度重视和关注。经过前一阶段高度紧张的运行，员工有可能出现疲惫、烦躁的情绪，一旦松懈下来，个别现象就有可能蔓延成普遍性问题。因此，对于存在的这些问题，我们必须抱着防微杜渐的态度，采取有效措施切实加以整改；对于已经取得的成绩，要以精益求精的精神，不断巩固，继续高水平做好世博金融服务各项工作。

总行下半年的“神秘人”检查已正式启动，将以世博服务网点作为重点，客观评价经过多次检查、整改后的世博重点网点的服务改善与提升情况。上海银监局也将集中力量搞一次检查，办一场交流，出一项标准。具体而言，就是银监局将于近期再组织一次世博服务网点相关检查，组织开展一次世博服务经验交流会，并和银行同业公会一起根据世博服务情况提升服务标准，研究出台新的行业服务规范、标准。越是到了接近尾声的阶段，越要珍惜自己的劳动成果。进入9月份，世博会将逐步进入收官阶段，各类检查评比高峰就要来临。为了确保世博会圆满成功，我们也要积极做好相应的准备。下阶段，分行仍将继续开展督导检查和神秘人暗访，督促网点意识不松懈、服务不走样。在世博服务进入常态以后，容易产生麻痹思想，各经营行（部）要充分认识到世博金融服务工作的艰巨性，不能放松警惕，切实采取有效措施打好世博服务后半段的攻坚战。

（二）将网点文明标准服务与营销技能提升相结合，进一步提升营销能力和水平

创主流银行就要创一流服务。上海分行要成为“系统排头兵、地区主流银行”，就必须提升服务营销能力。我们要转变观念，辩证地看待服务与营销的关系。去年开始在全行范围内全面开展的网点文明标准服务的导入，使得我行网点的规范化服务水平和综合营销能力得到了明显提升，网点的服务理念、服务态度和服务方式有了明显的转变。服务水平的提升改善了客户的服务感知度，从而促进了网点营销业绩的提升。上半年取得的经营业绩与全行服务水平的提升密切相关。今年分行决定开展营销技能提升活动，是对网点文明标准服务的深化、固化和提升，各经营行（部）要高度重视，在持续固化文明标准服务各项标准的基础上，认真落实营销技能提升的各项要求，促进经营业绩的提升。只有将网点文明标准服务与营销技能相结合，才能更好地提升服务能力和水平，才能提升网点绩效从而提升员工收入，让网点员工以最佳的精神状态服务世博会，以最佳的服务展示农行形象和服务品牌。

随着农行股改上市的顺利实现，总行与基金公司的战略合作关系进一步加深，战略销售任务将不断增多，产品销售压力也将大大增加，各经营行（部）要处理好营销、服务、培训之间的关系，进一步优化和创新产品营销模式，促进和提高我行投资理财产品的持续销售能力。

（三）关心员工、关注细节，有效避免客户投诉和负面报道

要关注员工思想，关心员工身心健康，做好慰问工作，及时排忧解难，鼓励员工继续以饱满的热情和旺盛的精力做好服务工作。由于世博开幕至今网点员工的精神一直都比较紧张，加之世博持续时间较长，员工的服务压力大，身心都比较疲惫。各级领导要多深入网点关心和慰问员工，多与员工交流谈心，多鼓励和激励员工，振奋员工士气，确保员工保持良好的工作状态和精神状态。同时，要及时了解员工的思想状况，主动帮助员工解决工作与生活中的实际问题，加强员工情绪管理，将妨碍服务水平提升的现象消灭在萌芽状态。要加强晨会创新，调动员工的热情与激情。关注网点服务细节，加强网点现场管理，加强客户情绪管理，严格按照客户投诉处理预案，做好客户情绪安抚工作。遇到客户重大投诉或有记者进行负面报道时，要在做好安抚工作的同时，及时向上级行报告，与分支行办公室沟通，力求上下联动、部门联动，及时予以补救和解决问题。同时要注意发现服务典型，培养和树立先进典型，并发挥典型的示范带头作用。

（四）严格落实案件防控规定，进一步加强案件和灾害事故防控工作

当前，银行卡、自助银行、运钞押运环节案件比较突出，防范形势比较严峻。各经营行（部）要始终坚持把案件防控作为确保平安世博的头等大事来抓，认真落实总分行有关案件防范规定，加强对守库押运、营业网点、自助银行、上门服务等重要环节的安全管理，严格落实各项管理制度，加强安全检查，切实做好各类案件和火灾事故防范工作，为业务经营提供有力的安全保障。

（五）加强保安管理，进一步提高保安服务质量

上半年，全行共有17家支行发生了网点保安人员遭到客户投诉的情况，损害了农行形象。各经营行（部）要把保安管理作为世博金融服务的一项重要工作来抓，针对存在的问题进一步加强对保安人员的教育管理，建立和完善网点保安人员管理制度，明确保安工作职责，强化日常管理和监督检查。发现问题要立即纠正，对执勤不认真、服务态度差的保安人员要及时调换，不断提高保安服务质量。

（六）高度重视信访工作，及时化解各类矛盾

一是要继续抓好矛盾纠纷排查化解工作，努力把问题和矛盾解决在初始、萌芽状态。要突出对重点区域、重点敏感时段、重点群体、重点人员的排查工作。二是要进一步落实工作责任，全力推进“事要解决”。各经营行（部）要进一步推进行长信箱、行长接待日、行长谈心日、领导包案的有效实施，加大综合协调力度，多策并举推动突出和疑难信访矛盾的有效化解。三是要抓好源头工作，防范信访风险。要认真研究当前形势，加强预警工作，及时掌握带有普遍性、群体性、倾向性的不稳定因素，加强重要信息研判，强化重要信访信息反馈。四是要加强应急管理机制建设，提高突发事件应急处理能力。加强人员培训和应急工作保障，一旦发生群体性事件和非正常上访事件，能够及时快速启动。严格值班制度，遇有紧急、重大信访事项，在妥善处置的同时，要迅速向分行报告。进一步密切与地方政府部门、信访维稳部门、公安部门的联系，确保在重要紧急时刻能够取得各方最大限度的理解和支持。

（七）做好世博宣传工作，树立农行良好形象

世博会开幕以来，我行广大干部员工以高度的政治责任感、敬业的态度、昂扬的斗志和饱满的工作热情，全身心地投入到世博金融服务工作中。在这个过程中，各单位、各部门涌现了很多为树农行形象、为世博客人排忧解难的典型事迹。希望各经营行（部）在做了大量世博金融服务工作的基础上，积极参与世博信息上报工作专项竞赛，主动报道世博金融服务中的好人好事，共享世博金融服务的成功经验与做法，全面反映我行服务世博、奉献世博的精神风貌。

（八）巩固和深化工作成果，建立健全长效机制

在继续抓好世博金融工作的同时，要认真总结经验，将世博期间一些行之有效、也有条件长期坚持的做法固定下来，使之标准化、制度化、程序化。对于一些属于特殊时期、针对特殊任务采取的特殊措施，也要抓紧研究，用制度化、经常性的措施来替代，达到世博后标准不降低、工作不松劲、水平不下降的目标，形成持续改进金融服务质量、维护金融安全稳定的长效机制。例如，针对营业网点所属区域特点、客户群的基本特征和业务忙闲规律，有针对性地采取分流引导、机动调配、弹性排班等措施应对客流高峰；通过每日跟踪、分析投诉情况，提高客户投诉处置效率；为了解决一线服务人员力量不足的问题，组织管理部门员工定期到基层网点担任服务志愿者，或通过其他方式充实大堂服务力量等等。这些做法和措施，都是被实践证明可行、管用的，不但世博会期间要坚持，在世博会结束后也应当坚持，并不断健全完善，使之成为持续改进我行金融服务质量的有效手段。

郭建良同志在2009年江苏省分行个人金融业务工作会议上的讲话

一、上半年主要工作及业务指标完成情况回顾

上半年，江苏分行个人金融条线坚持以零售业务转型为方向和突破口，整合资源，加强联动，深化考核，持续开展了“春天行动”和“激情仲夏”两大综合营销活动，积极有序地推进“大个金”业务的持续有效发展，取得了较好的经营业绩。至6月末，江苏分行本外币储蓄存款余额达3956.1亿元，比年初增545.2亿元，同比多增172.4亿元。个人贷款余额为602亿元，比年初增加104.2亿元，同比多增74.4亿元，其中，个人生产经营贷款比年初增加8.3亿元，同比增25亿元，个人生产经营贷款出现恢复性反弹。代销个人中间代理产品119.3亿元，同比增22.1亿元。代销凭证式和储蓄国债21.4亿元，同比增7.4亿元；贷记卡发卡总量为101万张，比年初新增24万张。新增有效特约商户1818户，银行卡消费581亿元，同比增129亿元，其中信用卡消费额36亿元，同比增14亿元。此外，上半年围绕零售业务经营转型，在业务流程改造、客户增值服务体系建设、客户关系管理系统升级、信用卡用卡环境改善、服务“三农”试点和网点规范化服务导入等方面也做了大量的工作，取得了初步成效。

二、全面确立以客户建设为中心的经营理念，切实把握好零售业务的发展内涵和重点

（一）全面确立以客户建设为中心的经营理念。客户是商业银行的衣食父母，是上帝。随着市场的变化和商业银行经营层次的提升，筛选客户就成为经营理念和经营手段的一种必然选择。我们必须从上到下全面确立起以客户建设为中心的经营理念。银行的经营理念由以客户为中心转变到以客户建设为中心，是市场经济发展的轨迹，是社会价值的取向，是经营动态调整的需要，更是商业银行提升经营层次的内在要求。以客户建设为中心，客户是基础，建设是关键，目标是优化结构。如何加强客户建设，这就要求从银行的角度去培植和维护好客户。说到底，就是要求我们了解客户、关心客户、创造客户，一切以客户的角度对我们的银行经营活动进行评估，并对经营定位、管理制度、作业流程、服务方式和资源配置等进行适应性调整。对此，近年来我行在这方面进行了多方面的探索，也逐步在制度、流程和服务方式上作了改进。但这远远还不够，离“以客户建设为中心”的要求还有较大的距离，特别是在产品设计、流程改造，投资理财，增值服务等方面尚未有实质性破题。因此，各行要围绕这一命题，积极探索，大胆实践。

（二）切实把握好零售业务转型的内涵。经营转型是零售业务发展的方向性要求，也是商业银行发展的必由之路。近年来，各行在推动转型方面做了大量探索而富有成效的工作，也取得了一定的阶段性成果。零售业务经营转型既是一种战略定位，更是一项系统性工程，它涉及到一系列制度、体系、机制、流程、渠道、服务方式的再造和重组。通过转型，要真正建立起一个以客户建设为中心的，

集渠道、产品、工具和队伍等为一体的支撑手段和服务体系。其中最重要的，一是文化转型是根本，包括经营理念、企业精神、制度办法、品质品牌等内涵；二是结构调整是目标，包括网点结构、客户结构、业务结构、产品结构、收入结构等的调整和优化，通过结构的调整来提高经营层次和效果；三是流程再造是关键，要以客户为主轴，对业务流程再造，做到高柜业务简单化，复杂业务后台化，零售业务大堂化，客户经理角色化，贵宾业务尊贵化，总体要求是提高服务效率；四是软硬件改造是基础，要通过网点和网络的改造为转型发展创造支撑点，同时配合抓好规范化服务导入，为客户和员工创造舒适、明亮、和谐的环境；五是岗位定责是前提，要尽力打造一支由网点主任、大堂经理、个人客户经理、理财经理、低柜柜员等组成的专业化、知识化、职业化的零售营销队伍，着重对大堂经理、个人客户经理、理财经理、低柜柜员四类岗位进行设计，规范零售业务岗位序列，明晰岗位职责，保证各岗位发挥出较好的专业水平，同时要形成各岗位序列的考核评价体系，打造有品质、有文化、高素质的零售业务营销队伍。转型没有现成的路可走，因此各行要围绕上述五个方面作有益的探索。省行个人金融部要加强与总行的沟通，借鉴他行的先进做法，抓紧做好试点，有计划有目的地抓好面上网点转型的推进。

（三）积极抓好零售业务转型的重点。从省市分行层面讲，围绕转型，当前重点要抓好四项服务体系建设。一是以客户建设为中心，以品质、品牌、增值服务和差异化服务为手段和方法，逐步形成瞄准目标客户，分流滞留客户，培植高端客户的客户服务体系。二是以零售业务为主体，借助于物理网点、网上银行和自助机具等平台，逐步形成集渠道、功能、产品和资源配置为一体的全天候、多功能、多平台的渠道服务体系。三是以传统产品为依托，融入创新和控险要素，逐步形成因市场而变、客户而动，合理包装，优化配置，适合不同层面需求的产品服务体系。四是以网点主任为核心，以专业化、知识化、职业化为准入标准，逐步形成集大堂经理、客户经理、理财经理和低柜柜员为一体的零售队伍服务体系。对此，各级行要精心研究，积极谋划，突出重点，有序推进，全力抓好各项基础工作，全力助推经营转型跨出实质性步伐。

三、突出重点，强势推进，确保提前实现全年工作目标

下半年的工作任务十分艰巨，要全面完成全年工作目标，抓好三季度是关键，而狠抓当前则是重中之重。为此，各行对上半年工作中存在的问题，要认真进行梳理和剖析，查找差距，寻求对策，咬定目标，务求突破。当前，总的工作要求是，各行要紧紧围绕全年工作目标，以“激情仲夏”为契机，持续推进综合营销活动，力争在三季度提前实现主体目标任务，四季度初确保完成全年工作任务。

为确保江苏分行综合业务发展考核目标的全面完成，持续提升我行个人金融业务的竞争能力，加快推进转型成效，下一阶段江苏分行着重抓好以下六项重点工作。

（一）坚持强化“两力”不松劲，确保圆满完成“激情仲夏”各项目标。执行力和控制力是综合检验一个行或一个班子贯彻执行一级法人意识的态度和责任，以及驾驭复杂、困难局面能力的标尺。从6月份“激情仲夏”阶段性指标完成情况来看，部分行在执行力和控制力方面还是存在一定问题，自加压力的主观发展愿望不够强烈。在“激情仲夏”营销活动中，各项指标都有完成好的行和完成差的行，面对大致相同的市场和客户群体，营销的也是同样的产品，为什么计划执行情况差异如此之大，我看这不仅是市场的问题，更多的是执行力和控制力不够的问题。市场经济本身就是自由经济，谁主动，谁强势，谁就有主动权，谁就有话语权。当前市场发育逐趋成熟，同业竞争异常激烈，强化执行力，提高控制力，对确保完成任务，提升我行的竞争地位和优势，尤显重要。因此，各行一定要进一步强化“两力”意识，凝心聚力促发展，责无旁贷抓落实。一是要将“激情仲夏”营销活动与“三比三找”活动紧密联系起来，切实增强完成指标的执行力。各行要认真排查本行后两个月的指标差距，要将“激情仲夏”活动作为一个整体来通盘考虑，综合运筹，在本行进行再动员、再发动和再鼓劲，要逐个产品找差距，逐项工作找不足，逐个环节找薄弱，继续加强各项工作的针对性部署和督导，决不能因为上半年工作结束了，就有松口气的思想，各行对本行后两个月指标完成计划要全部排到支行，强化督导，抓好进度，狠抓落实，确保成效。对差距较大的指标，各行可以适当追加考核资源配置，开展各种营销活动来促进度，补差距，提位次。在此，我再强调，省行对“激情仲夏”及全年工作目标和考核办法不作调整，各行务必要立足自身努力，确保完成任务。二是要紧盯同业和市场变化，咬定增量市场份额目标不放松。前期部分行对“激情仲夏”指标的多与少，有些争论和想法，我认为这是正常的。但通过指标我们要做哪些思考值得重视，指标是度量的体现，但更是一种境界和责任，同样体现着执行力和控制力的强弱。我们不要过多地争论指标的高与低，而要透过指标去看你的市场地位，这就是境界和责任。我行个金类指标市场份额大多落后于同业，就连我们长期具有份额优势的个人储蓄存款，同业也试图赶超，并一度接近这一目标，这给我们敲响了警钟。因此，我们必须把追求目标作为一种责任，作为强化任务执行力和市场控制力的一种手段。今后，各行必须加强对同业的关注和市场的研判，不能总是自己与自己历史比，也不能在系统内与其他一级分行比，而是要与当地市场同业比，在当地同业中指标位居第一，才算我们真正具备了市场竞争能力。三是要上下联动，群策群力，形成合力。农业银行网点面广量大，我们需要上下一致的执行力，才能确保目标的实现。各行在个金业务发展方面，要加强与省分行的沟通和互动，省分行将创造条件，最大努力地为各行提供政策和智力支持，并将对“激情仲夏”指标完成进度慢的市分行上门进行解剖和分析，共同寻找解决问题的办法和路径。各市分行也要加强对辖内县支行的帮扶和督导，切实解决基层行在市场营销活动中遇到的困难、问题和矛盾，激发员工热情，创造和谐环境，形成系统合力，有效助推经营指标的圆满完成。

（二）坚持经营转型不松劲，加快推进基础改造步伐。经营转型工作仍是我们当前重中之重的工作，转型是一项系统性的工程，绝非一蹴而就，需要我们有足够的信心、耐心和毅力才行，大家务必要长期保持坚定的信心和旺盛的斗志，坚决打赢这场必须要打的攻坚战。就当前工作而言，省分行要重点做好以下几项工作：一是在省分行零售业务战略转型实施细则中已就转型提出了具体的任务和时间表，省分行个人金融部要抓好工作进度，切实起到牵头部门的作用，按进度表要求，倒计时安排各项工作。对相关部门分别落实的事项，要做好协办、催办和督促；对尚未落实的工作，要沟通协调，尽快落实到位，同时要保持与总行的沟通，掌握动态，主动对接，有序推进。省分行要将细则下发给各二级分行，有利于上下联动，掌握进程，接受监督，提高效率；二是积极推进物理网点建设改造。在网点建设改造方面，各行要按网点准入标准严格掌握，调整网点布局，注重于新迁、新购网点的建设，优先发展前景好、潜力大、客户结构优的网点。在网点类型上优先实施理财中心和精品网点建设；在项目选择上优先考虑动拆迁项目和区域规划调整新购置的网点；三是逐步推进高低柜业务分离。目前高低柜业务分离的试点方案已经形成，并获得省分行党委的同意。各行要按省行的要求，抓紧做好准备，制订试点方案，并及时反馈试点情况，便于面上的全面推行；四是推行网点分类管理试点工作。按照“公司业务上收，零售业务下沉”的总体思路，对网点的经营重心进行调整，确定分类管理，是营销体系改革和业务发展的需要。下一步，我们将按总行的要求扩大试点面，并逐步在城区二级支行全面推开。各行要积极探索有利于零售业务转型的经营机制。各市分行也要按照省行的部署和要求，优化劳动组合，制订绩效挂钩办法，选择两个有条件的支行进行试点，尽力打造好零售业务营销的主渠道；五是持续推进服务转型。为持续推进网点的规范化服务导入，省分行将成立规范化服务导入工作组，责成省分行个人金融部组织内训师帮助各二级分行营业部的规范化服务导入先做出样板来，然后将协同各二级分行向其他网点进行辐射和导入。只有星级的服务才能服务好星级的客户。各行要高度重视服务导入工作，在制度、人员和财务资源上要给予充分保障。对专职内训师必须归位到个人金融部扎口管理，专门从事服务导入的培训工作。

（三）坚持“大个金”整合不松劲，努力扩大联动营销效应。“大个金”整合营销是现代营销理念和方式在个金业务市场营销中的有效应用，也是我们提高营销效率，增强客户锁定能力，提高市场竞争水平的内在要求。各行在实际营销工作中，要有机运用联动营销、交叉营销、上下营销、组合营销、综合营销等方式方法，以有效提高营销效果。一是在组织流程上要逐步打破部门银行的框架束缚，个人金融部是个人金融产品的牵头营销部门，要主动与其他“大个金”部门沟通联动，其他部门也要主动响应，在制订营销方案时，要从精细管理的思路出发，坚持“大个金”产品整合营销的方法，针对不同客户群体，制订一揽子营销方案，联动“大个金”产品的整合营销；二是在产品营销上要把握组合营销的时机和对象。针对不同客户群体在突出重点产品营销的前提下，要了解客户现实需求，深挖客户潜在需求，适当关联其他产品的组合营销；三是在营销策略上要切实加强公私业务联动营销。各行分管行长要主动协调部门关系，特别是要做好与公司、机构等部门的业务联动，要逐户分析所辖网点公司、机构类客户行业类型及其所属员工结构，排出公、私业务联动营销单位名录，落实具体经办责任部门或营业网点，制定公、私业务联动营销预案，指定专人负责和协调，同时要组织对公客户经理和个人客户经理采取任务分解、联合营销、分工负责等有效方式，对辖内重点集团客户或高收入行业个人客户群体开展上门营销、大堂营销、办公室营销等主动营销活动，以此提高公私联动营销的效率和成效。对个人高价值客户的维护，要解决好两个问题，一是如何维护，是解决好让客户接受我行服务的问题；另一方面，是如何维护好，是解决好客户理财理念的问题，要让高价值客户由“富人”走向“贵人”，不仅金融资产比较丰富，而且要让我们的高价值客户由“有钱人”转变为享受文化、享受休闲、享受生活的有品位的人。四是在考核机制上要突出联动营销和组合营销的导向指引。各行要积极开动脑筋，创新思路，制订有效的公司联动和“大个金”产品组合营销的考核办法，明晰各部门营销激励措施，突出不同产品的计价权重，厘清公、私业务联动营销的责、权、利关系，深挖公司客户中的个人客户群体，通过责、权、利关系的明确、计价权重的调节和实践中对办法的逐步完善，来调动产品组合营销和公私联动营销的主动性和积极性。

（四）坚持改革创新不松劲，在发展中不断完善机制建设。改革创新是提高发展效率，释放更强竞争力、更大生产力的必由手段。在业务发展中我们必须增添不断改革创新的勇气、愿望和激情，以更好更快地推动业务发展。一是要努力加快产品创新。从前面的分析中，我也谈到了我行产品方面尤其是理财产品与同业的差距，这对我行客户结构调整和产品综合营销带来较大的不利影响，我们不能总是一味地去埋怨产品研发的权限在于总行，我们也要多从自己身上找找原因，我们自身积极研判市场，主动提出产品研发预案，积极争取政策的主观能动性明显不够。所以说我们更多的要从自己主观方面找原因，找症结，下一阶段江苏分行首先要从理财产品的研发上下工夫，针对市场变化、同业情况和不同客户群体的差异化需求，制订一些具有较强市场响应度和竞争性的产品研发预案，积极向总行争取政策。二是为进一步完善个贷业务经营管理体系，优化个人信贷业务运作流程，提高业务运作效率、风险管理能力和专业化水平，不断提升市场竞争能力和客户满意度，省分行根据总行的要求，制订了城市行个人信贷业务集中经营管理推广实施方案，重点对个人信贷业务流程进行优化，对各环节的岗位职能和职责进行重新界定，并进行适度集中，形成全面营销、分散受理、岗位分离、流程作业、专业运作和集中审批的运作模式，实行一次调查、一次审查、一次审批的制度流程。省分行将先行两家分行试点实施，条件成熟后再行向江苏分行推广。三是要改革创新现有的贵宾客户增值服务。在贵宾客户增值服务方面，我们必须要有所突破，不能总是固守于现有的机场通道、健康医疗等几个增值服务项目上，而是要紧跟形势，了解需求，大胆创新，革故鼎新，真正推出一些如子女海外教育、品位生活、财富咨询、休闲规划、私人管家等引领市场、体现内涵、满足需求、吸引客户、彰显个性、传播品牌的增值服务项目。此外，要加快信用卡营销体系和机制的改革，积极引入市场化运作机制，打造营销队伍，扩大营销成果。

（五）坚持风险管理不松劲，确保各项业务健康有效发展。一是必须始终牢记“发展是第一要务，控险是第一责任”的原则，特别是在当前经济周期下行、世界经济环境恶化、经济预期不明朗情况下，更要以负责的态度和谨慎的行为切实防范各类经营风险。如要强化新形势下个人房地产业务风险防范预期，积极做好外部市场和宏观政策研究，主动分析经济周期下行和调控措施对区域经济的影响，尤其对房地产市场运行的影响，谨防系统风险，同时要密切关注辖内商业用房、销售进度缓慢楼盘，以及非我行项目贷款楼盘的价格变化，强化市场风险防范。要继续加大对“三假”贷款的检查和处罚力度，不断强化关键环节的制度约束力和执行力，切实做好“三假”贷款防范工作。要认真落实银监会刘明康主席在商业银行个人理财业务监管会议上的讲话精神，切实做好客户风险压力测试及风险匹配检测，履行风险揭示与告知义务，规范信息披露方式、途径与内容，做好产品后评价与服务等相关工作。此外，要积极防范基金及理财产品营销中的不当行为，防止不必要的纠纷；二是在信用卡授信管理方面，要执行稳健的准入政策，对优质客户、一般客户和退出客户执行差异化的额度政策，在发卡受理、调查等环节，要重点核实申请人身份的真实性。下半年，人民银行将联合银监会、公安系统、工商系统对落实账户实名制和客户身份识别制度情况进行检查，对未履行责任导致匿名、假名账户开立的行，将按照反洗钱法有关规定予以处罚。各行在发卡过程中对所有申请人员身份信息，必须进入联网核查公民身份信息系统和人民银行征信系统进行查询，验证客户身份和资信信息。对新拓展的商户要认真审查，严格商户属地管理和实名制审核。加强大额、可疑套现交易的信息监测，定期对商户进行现场检查，加强移动 POS 跟踪和监控，一旦发现可疑情况，立即进行调查、认定、上报和处置。对信用卡透支户要实行名单制管理，密切关注当前宏观形势下信用卡违约、套现和恶意透支等各类风险，提前采取措施消除风险隐患；三是要梳理农户小额贷款业务流程，对机构准入、客户（项目）准入、贷前调查、贷后管理和责任追究等环节进行规范，为农户小额贷款风险管理提供制度依据。要认真核查发卡对象的真实性，发卡手续的衔接性，发卡资料的完整性，做好惠农卡发卡流程各环节的风险排查，严防惠农卡发行的操作风险。要创新服务管理模式，提高贷后管理水平，从制度、机制建设等方面严格控制农户小额贷款业务运行中的操作风险和道德风险，积极探索科技监管平台和社会协管载体建设，确保农户小额贷款“放得出、收得回、有效益”。

从战略视角出发　加快发展零售业务
为把我行打造成零售业务“主流银行”而奋斗

——顾兆铭同志在浙江省分行2009年零售业务工作会议上的讲话

一、实事求是、理性分析，清醒认识我行零售业务在同业中的位置

（一）个人存款同业居首，领先空间逐步收窄

截至8月末，我行本外币个人存款余额2580.01亿元，总量四行占比32.15%，继续保持四行首位；比年初增加357.21亿元，同比多增91.67亿元，增量四行占比29.63%，列四行第一。我行个人存款尽管仍保持总量第一，但随着同业对此项业务考核、拓展力度加大，我行已四面受敌。从今年开始，个人存款增量工行大多数月份超过我行，建行、中行也在暗中较劲，加速追赶，试图缩小与我行的差距。从下表看出，到8月末，我行总量四行占比比年初下降0.45个百分点，四行降幅最大。

（二）个人贷款发展提速

截至8月末，我行个贷余额885.16亿元，比年初增加222.46亿元。个贷四行占比21.32%，比年初上升0.72个百分点，增量占比为23.82%，连续5年市场份额下滑态势得到遏止。其中，个人住房类贷款余额443.54亿元，比年初增加92.37亿元，发展速度加快，超过年初预期；非购房类贷款余额399.29亿元，比年初增加134.05亿元，四行占比高达26.86%，居四行第二位。

（三）基金代理小有起色

前8个月，全行新发基金54只，累计销售81.60亿元，同比多增59.46亿元，市场占比23.88%，比年初上升8%，列同业第三，比年初前移一位，实现基金销售收入2179万元。

（四）借记卡业务稳步发展

截至8月末，我行借记卡（剔除549万张睡眠卡，不含100万张惠农卡）发卡1679万张，其中金卡27442张，白金卡12704张；借记卡存款余额1042亿元，比年初增加142亿元，增幅15.78%，同比增加306亿元；卡均余额6206元，同比增加2353元；借记卡各项手续费收入4.6亿元，同比增加0.53亿元。

8月末，借记卡基础手续费列四行首位的有温州、嘉兴等2家市分行。

（五）信用卡业务进步明显

我行贷记卡业务在同业中起步最晚，但这几年市场份额不断提高，发卡量继去年突破百万，今年8月末总量已达136万张，不仅总卡量、人均有效卡量在系统内保持第一，且在同业中超越了中行、接近了建行、缩小了与工行的差距；今年新增卡量、消费额、业务收益都达到同业第二，不良率控制在同业先进水平；特约商户总量、新增量、消费额均处同业领先。信用卡业务总体保持了规模、收益和质量的协调发展。

（六）电子银行后发优势逐步显现

近年来电子银行业务从无到有，从小到大，已经初具规模优势，直接效益和间接效益逐步彰显，其产品的后发优势也逐步显现，特别是手机消息服务、转账电话、家居银行等产品引领同业，网上银行和自助设备等产品进入主流银行地位，全线产品初具竞争优势，已经与同业站在同一起跑线上，具备了区域内主流银行的竞争基础。

（七）零售业务转型扎实推进

按照总行重塑组织构架，再造业务流程、强化IT系统支持、优化服务体系、配套激励机制、加强风险控制的零售业务转型要求，此项工作取得扎实进展。

网点物理改造按计划进行。全省农行在建未完工营业网点迅速根据新标准进行了全面调整。今年，全省计划新投入资金2.66亿元，改造人工营业网点189个，自助银行（含离行自助设备）46个，建设理财中心、精品网点、基础网点、自助网点等样板网点5个，并已报总行审批。截至8月末，全行非柜面业务占比80.08%，网银分流率13.57%，电子渠道交易占比59.85%。文明标准服务有序导入。截至8月末，全省共培训内训师394人，完成导入网点188家，占全部网点数的20%；导入率排名前5位的市分行分别是台州（48%）、绍兴（37.5%）、省分行营业部（25.4%）、金华（21.8%）、衢州市分行（20.6%）。

2009年6月末我行电子银行规模指标同业对比

地区	个人网银				企业网银				电话银行			手机短信通		
	农行	工行总量	工行U盾	相对比例	农行	工行总量	工行U盾	相对比例	农行	工行	相对比例	农行	工行	相对比例
杭州	45	149	29	30%	1.14	3.46	1.44	33%	57	128	42%	100	51	197%
温州	41	45	9	90%	0.8	1. 30	0.54	62%	16	55	30%	96	12	795%
嘉兴	13	38	7	35%	0.5	0.92	0.38	54%	13	33	39%	60	12	492%
湖州	5	28	5	19%	0.16	0.72	0.3	22%	10	15	68%	16	5	335%
绍兴	12	21	4	56%	0.43	0.95	0.39	45%	9	20	42%	37	7	526%
金华	18	48	9	38%	0.31	1. 16	0.49	27%	25	34	74%	64	9	734%
衢州	3	13	3	21%	0.09	0.40	0.17	23%	1	12	6%	8	5	183%
丽水	4	14	3	27%	0.08	0.38	0.16	21%	3	8	36%	16	2	668%
台州	16	44	9	37%	0.39	1.32	0.55	30%	13	32	41%	42	8	546%
丹山	3	6	1	42%	0.04	0.25	0.11	16%	1	5	18%	8	1	540%
全省	159	406	80	39%	3.94	10.89	453	36%	147	342	43%	448	112	401%

（八）个人优质客户快速递增

截至8月末，全省农行个人目标客户149.8万户，其中三星（含）以上个人优质客户14.09万户，比年初增加3.8万户；优质客户存款882.1亿元，比年初增加274.5亿元，优质客户存款占比34.19%，比年初上升6.85个百分点。

（九）客服中心服务能力全面提升

经过全行共同努力，我省95599客户服务中心进入平稳发展轨道，特别是今年上半年在同业中，首家通过了CCCS（客户联络中心运营绩效标准）五星级认证，管理水平与服务能力得以全面快速提升。一是服务能力显著提高。今年前八个月，日均处理电话11万门次，其中日均人工接听电话8475门，比去年同期增长了25%。二是业务范围有效拓展。上半年客户服务中心推出双语服务，完善了VIP服务通道，保障贵宾客户与外籍客户顺畅接入，实施分层服务。三是服务水平稳步提升。今年前八个月人工话务平均接通率为79.66%，同比提升了4.86个百分点，客户满意度达到99.61%；四是95599服务品牌深入人心。客户遇到任何问题都首先想到拨打95599，目前电话渠道受理了全行近四分之三的口头挂失，已成为客户应急处理的主通道。

二、形势紧迫、同业紧逼，争是惟一出路

当前，随着零售业务的战略意义成为行业共识，国有商业银行、外资银行、股份制银行、纷纷实行改革，力促零售业务的发展，特别是中资银行深入推进战略转型的步伐大大加快。在机制转型上，建设银行实施公司业务上收、零售业务下沉，将支行“瘦身”为零售业务营销管理中心，网点“瘦身”为营销中心；实行了营销流程、服务流程、操作流程、内控流程同步优化，并实现了个贷业务集中审批，会计事后监督集中和后勤保障集中。工商银行推进了零售业务“专业化经营，系统化管理”的经营体制改革，强化了前台的集约化营销，并推行由二级分行个人金融部与支行共同对网点个人金融业务和个人客户经理实行双重管理、双线考核机制。在网点建设上，各家银行普遍加快了营业网点布局优化和功能转型，网点建设改造、自助银行及自助设备的投放和改造力度大大加强。在产品和服务创新方面，国内零售银行业的步伐明显加快，理财产品层出不穷。同时，信用卡、个贷、基金、黄金等产品设计日趋个性化，促销手段日趋多样化，零售业务市场竞争异彩纷呈。随着网上银行等电子渠道的发展，部分新兴业务对传统网点的依赖程度日趋降低，渠道整合与创新已成为直接反映银行综合竞争力的重要指标。随着零售市场逐渐高度透明，商业银行的服务、产品、价格等成为个人中高端客户选择银行的主要参考，市场竞争日趋“白热化”。我行零售业务受到来自同业的全方位、多层面的冲击和挤压。

面对同业咄咄逼人的强势方略，我行怎么办？常规发展不行，坐等更不行。唯有以更高的姿态、更高的标准、更高的目标，急起直追，努力拼争，才能避免被挤出市场。这次会议我们要全面吹响零售业务争当主流银行、争做市场第一的号角，经过三年努力，使零售业务优势项目更加巩固，落后项目打好翻身仗，具体落实到以下“十争”上。

（一）个人存款争第一。存款是实力的象征。锁定了这项业务的同业第一，也就锁定了零售业务在同业中的“主流银行”地位，所以不仅需要保持总量第一，还要保证增量第一。年底个人存款总量占比与同业的占比差不能低于年初水平。二级分行同业排名处在第一的，巩固位置；处在第二的，力争第一；处在末位的，限时进位。

（二）个人贷款争主流。个贷业务市场份额四行同业排名倒数第一，这与我行在系统内所拥有的荣誉和地位极不相符。因此，各级行要紧盯同业，在个贷上多动脑筋，尤其是个贷业务占比偏低、总量偏小的行，更要奋发图强、迎头赶上。各行都要确定个贷占各项贷款的基本比例，用几年时间，力争达到三分之一。省分行的要求是：用三年时间，完成个贷总量同业第一的目标。今明两年目标是：个人贷款与各项贷款占比为25%，增量占比超30%。到2010年，个人贷款市场份额四行排名争二保三，全省农行个贷总量力争达到1300亿元。

（三）个人理财争突破。针对我行个人理财严重落后的现实，各行必须切实采取非常手段和措施，实现有效突破。一是在基金理财销售量上要突破；二是在理财产品、总量、种类上要突破；三是在代理手续费收入对中间业务收入的贡献度上要突破。总的奋斗目标是个人理财等（含基金、保险、国债、黄金、本外币理财产品）中间业务销售额要接近同业先进水平。其中基金业务销售市场占比确保第三，力争达到第二，人民币理财产品缩小与同业差距，力争提高10个百分点，个人理财业务收入占中间业务收入比例达到12%。

（四）个人客户争高端。做业务首先做客户。个人贵宾营销和培育应努力实现量和质的同步增长和改善。从现在起，个人客户的营销目标要瞄准高端客户，措施要针对高端客户，产品要对接高端客户，服务要围绕高端客户。到2010年，全省农行三星级及以上个人优质客户达到16万户（全行净增14.5万户）、私人银行客户达到2500户，个人优质客户存款占比保持上升。各市分行的具体目标是：

区域	三星以上个人优质客户	私人银行客户
浙江省分行	160 000	2535
省分行营业部	37 000	560
温州市分行	52 000	700
嘉兴市分行	12 500	200
湖州市分行	5 200	130
绍兴市分行	14 500	300
金华市分行	19 300	330
衢州市分行	1 850	30
丽水市分行	4 730	110
台州市分行	13 400	140
舟山市分行	1 900	35

（五）信用卡业务争领先。信用卡是规模效益型产品，信用卡客户资料完备、信用特征识别充分、与银行的粘合度高、创收能力强且稳定。目前同业竞争依然非常激烈，不进则退、时不我待，全行必须以战略的高度、长远的眼光发展信用卡业务，从争市场、做客户的理念出发，做大做强我行信用卡业务。今明两年的总体发展目标是：两年内贷记卡量实现再翻番，即两年新增100万张以上，增速同业领先，总量赶超同业第二位并缩小与第一名的差距；准贷记卡（含惠农信用卡）在新系统基础上要重新启动，今年发卡3万张，明年不少于7万张；继续提高贷记卡有效卡占比，每年提升有效卡不少于30万张；2010年，实现信用卡收益3亿元、信用卡消费量300亿元，两项指标同业中保二争一；新增特约商户8000家，新投放POS10000台，商户收单收入确保同业第二并缩小和第一位差距。风险控制能力、办卡效率、服务水平不断提高，贷记卡不良率控制在2%以内，在同业中保持先进水平。

商户收单业务方面，各行要继续保持特约商户的数量、交易笔数和交易金额在同业中的主流地位，对高扣率优质商户、目标商户实行名单制管理、重点推进，对县域市场、中小商户区域，要通过简易POS的策略扩大收单业务的规

模效应。

（六）电子银行争上游。当前电子银行同业竞争格局是农行、工行、建行三足鼎立，各有所长。工行、建行具有先发优势，且增长势头依然强劲，中行虽排名落后，但后劲很足。面对严峻的竞争形势，全行要充分认识总行对电子银行“优先发展”的战略定位，充分发挥网点优势与客户规模优势，敢于竞争、善于竞争，客户规模上坚持“跑马圈地”，努力实现抢份额、进位次。全方位争第一，尤其是电子银行产品创新上，要引领同业。力争到2010年，个人网银客户数突破300万，客户渗透率15%以上；企业网银客户数突破6万户，客户渗透率达到30%；手机银行消息服务、转账电话继续扩大规模优势；电话银行、手机银行等产品的同业份额明显提升。

（七）渠道建设争效益。电子银行不仅可以创造中间业务收入，更重要的是通过有效分流、绑定客户、挖掘金融需求所实现的间接效益。今明两年全省将继续加大资金投入，扩大渠道优势。2010年，全省电子银行渠道收入力争突破6亿元，占中间业务收入15%以上，各产品的单位收入达到同业先进水平；ATM和存取款一体机投放2000台，电话转账宝15万台；个人网银客户动户率超50%，企业网银客户动户率超过80%；电子渠道交易占比均超过70%，其中网银分流率超15%，有效推进业务深层分流。

（八）队伍建设争一流。我行零售业务队伍建设近年有改善，今明两年，零售业务队伍建设问题一定要认真解决。努力打造一支能征善战的精锐之师。到2010年，全行零售业务客户经理（大堂经理、个人客户经理、个人理财顾问）占员工队伍总人数的10%～15%，占客户经理总量比例达50%以上，其中每个网点至少要配备一名大堂经理。网点零售业务营销人员（包括网点负责人、大堂经理、个人客户经理、个人理财顾问、低柜柜员等）配置率达到40%。其中EFP、AFP、CFP金融管理师、金融理财师队伍达到650名。

（九）网点建设争品质。渠道建设是我行提升服务品位，对称服务层幅，提高服务效率的重要环节。今明两年，省分行提出的渠道建设目标：全行物理网点总数控制在928个，其中县域网点稳定在496个左右；50%以上城区网点建成财富型和精品型网点，其中私人银行1家，金钥匙理财中心100家；2009年计划建设网点330个，2010年231个，全部网点2010年底前完成第一轮装修改造，力争渠道品质全面提升；PCRM（三期）应用、CFE3.0应用面达到100%，全省70%以上网点完成文明标准服务导入；在附行式自助设备趋于饱和的情况下，要积极探索离行式自助设备的合理布局，今明两年力争新建100个离行式自助银行。

（十）业务经营争合规。合规合法、安全稳健是零售业务经营的前提，任何时候、任何情况下，都要争创安全环境。总的要求是：零售业务无违规违纪、无操作风险。一是个人贷款始终坚持有效发展理念，二是做好贷记卡不良率控制。各级行必须对不良透支客户保持持续的高压态势，对信控队伍要强化催收力量、优化催收手段、细化催收考核，确保不良率控制在预定目标。省分行正在研究组织今年最后一季度的不良资产清收工作，配合全行营销竞赛活动，抓好风险管控工作。三是强化电子银行风险控制。将电子银行自律监管纳入全行风险监管体系，配合相关部门强化监管检查力度；要针对新一代系统上线后的新情况、新问题，立即着手完善业务管理制度与办法；用系统功能提示和短信、上门服务等形式，进一步加强客户操作风险教育，有效防范电子银行界外风险。

省分行提出的零售业务“十争”目标，各行要具体落实，回去后要有细化目标，要有实际措施和行动，10月中旬以前要上报材料，详细说明落实情况。

三、战略定位、强势推进，发展零售业务“十举措”

为了完成上述零售业务战略性“十争”目标，各级行必须调整思维，解放思想，把我行现有的政策、流程、产品优势充分挖掘出来。同时，虚心借鉴同业先进做法，不抱怨、不坐等，依靠农行人的志气、队伍的士气，各级行行长的勇气，大胆探索、实现零售业务真正意义上的“二次创业”。为此，省分行推出“十举措”，作为各行参照。

举措一：加强零售业务组织领导。抓好零售业务，先要抓好三件事。一是加强组织领导，二是确立零售业务战略地位，三是革新管理体制。第一件事，省分行已成立零售业务推进委员会。赵行长亲任主任，主管行长任常务副主任，班子其他成员均为副主任。同时建立个人金融业务推进委员会例会制度，一般情况下每季度召开一次，特殊情况下可随时召开，协调解决零售业务发展过程中的问题。形成强力推进之势。第二件事，省分行党委已经明确，必须从战略高度，强势发展零售业务。各行分析研究工作，都要按照“有利于零售业务综合管理、有利于联动协调、有利于优质客户营销、有利于高端业务发展”的原则制定措施。第三件事，革新管理体制。省分行已基本完成如下调整：1. 建立零售业务板块，完成省分行零售业务板块职能调整及人员定编。并明确由一位行领导分管。2. 完成职能划转整合，个人金融部增加了网点建设管理、借记卡业务、个人外汇业务，自助银行（含自助设备）规划等职能，并内设住房金融与个人信贷二级部。信用卡中心、电子银行职责也进一步明确。3. 实行“对公业务上收，零售业务下沉”。对全行法人业务的营销、管理和审批职能上收，城市行的城区法人业务集中经营，网点专注办理零售业务（保留对公业务结算服务功能）。4. 筹建私人银行浙江分部，实施对个人高端客户的差异化营销服务和管理。此项工作已在紧锣密鼓进行中。按照总行统一部署，年内要基本完成私人银行浙江分部组织架构、人员招聘培训、场址、制度建设、系统等搭建工作，实现与总部同步开业。分部经营模式实行管营合一，主要面向全省500万存款（或800万金融净资产）以上客户做好营销维护，客户不发生转移，分部实行“影子”考核。省分行这样做了，二级分行也抓紧按照总分行的统一要求，尽快组织落实这项措施，刻不容缓地实现全行零售业务战略提升。

举措二：扎实推进零售业务转型。今年是零售业务转型之年，总分行都制定了科学严密的工作方案，许多工作已经在全行组织实施，并已取得成效。实践证明，零售业务转型是促进全行零售业务高速有效发展的内在推力，转型到位，则发展提速。我行零售业务转型除加强组织领导和理顺体制外，重点要坚持以网点为抓手，加强零售业务主渠道建设。今明两年，坚持“软硬并举”，突出抓网点建设。所谓“软举”，共有三项内容：一是持续推动“赢在大堂”策略的实施。我行将引入外部咨询公司诊断网点现状，评估改进空间，清分现场管理角色，配足配强大堂经理，加强客户识别分流，改进内部流程和营销模式，完善网点窗口、高低柜配置，促进网点向营销服务型转变。二是扎实推进文明标准服务网点导入。全面组织开展“文明标准服务年”活动，建立全方位、常态化的网点服务检查工作机制；推广网点晨会制度，实施网点礼仪规范和服务标准，创新考核激励和沟通表扬方式，研究长效机制，让“以客为尊，激情创新，团队合作，合规经营，追求卓越”的网点服务精神融会于每个员工的日常言行中。这项工作年底前完成不了的行，省分行将提出严肃批评并通报全行。三是健全网点转型考核评价体系。省分行将按照总行统一要求建立网点建设与转型的后评价机制，将各行年度网点形象建设达标率、网点分类分级评价及网点转型评价结果作为下年度网点建设资源配置的主要依据。所谓“硬举”，也有三项内容：一是强力推进“绿色行动”。严格执行营业网点形象建设标准、办公应用视觉识别系统标准和行服标准，按照“先城区、后县域”的次序推进网点标准化形象建设工作。在做好今年网点标准化建设的同时，省分行将重点抓好全省样板网点的建设，通过召开现场会方式，复制、推广网点标准化建设。二是推行城区网点分类管理。各行要根据当地实际情况，科学规划网点布局，按照财富型网点、精品型网点、基础型网点和自助型网点不同的要求和标准，实施差异化的功能定位。三是加快财富型网点建设步伐。我行除在杭州设立私人银行分部外，杭州、温州、绍兴、金华、嘉兴、台州等大中城市建立2到3家金钥匙理财中心，在小城市建立1到2家金钥匙理财中心。全行网点管理和建设统一纳入个人金融部职责，省分行营业部、温州、绍兴等行已经实施，其他未动的行年底前必须作出调整并要求“人随职责走”。

举措三：深入挖掘客户价值。客户是一种资源，资源的利用也有一个“精加工”的要求，粗放利用客户资源是一种极大的浪费。今明两年，全行一定要在挖掘客户资源上狠下工夫。一是要将对公客户法人代表通过零售产品的对接、服务的延伸，将其培育成优质个人客户或私人银行高端客户。二是加强零售产品的整合创新。梳理零售产品线，将零售业务产品整合为基础账户服务、投资理财服务、个人信贷服务、信用卡四大类产品线，且要尽快将所有适用于电子银行渠道的零售产品在电子银行渠道部署实现。积极与证券、基金、保险公司联盟合作，完善各层次收益与风险水平的理财产品线；加快传统储蓄业务与证券、基金、保险等新兴中间业务的有效整合，实现基础账户与理财账户联通；加快财富账户的开发，打造集资金转账、投资和智能理财功能于一体，为个人客户提供高效、便捷、安全的个人金融账户。三是创新营销组织方式。根据不同客户群体需求特点主动开展差异化专题营销活动。四是重点营销核心产品。以资产业务拉动负债业务，以精湛的手段营销理财产品。充分利用“金钥匙”理财资源，将投资理财（基金定投、本利丰、黄金、储蓄国债等）、财富管理、财务顾问等高价值业务以及西联汇款、个人结售汇、出国留学金融服务等个人外汇产品向高端客户渗透。

举措四：突出重点发展区域。下一步，省分行将着力推动优势区域优先发展，做大做强增长极。杭州、温州、台州、嘉兴、绍兴及金华等六家行地域优势明显，在发展零售业务上，省分行要给这些地区的二级分行压重担，当然也要给这些行相应的政策和资源倾斜。

举措五：简化个贷审批流程。按照“一次调查、一次审查、一次审批”的原则，简化个贷审批流程，取消重复审查环节。对标准化的个人房贷和车贷等业务原则上由客户经理受理调查后，直接提交审查岗审查，有权人审批。大额的个人贷款由客户经理调查后，经个贷经营机构负责人复核，直接上报审查审批中心审查审批。除大额非抵质押方式的个人经营类贷款外，个人信贷业务原则上不上贷审会或合议会审议，具体标准由各二级分行自主确定推进审批体制改革。经省分行同意，二级分行可对部分个贷业务量较大的县域支行派驻独立审批人，由独立审批人根据授权集中审批个人信贷业务。为适应同业竞争需要，在报总行批准的前提下，经省分行同意，可对个贷业务总量大、风险低、管理好的部分一级支行，适当转授部分个贷业务审批权限。但扩大授权的，二级分行必须向省分行写保证书，以控制不良贷款率。其他一级支行，除农户小额贷款和小额低信用风险业务之外的其他个人信贷业务，纳入市分行审查审批中心集中审查审批。进一步提高个人信贷业务审查审批的专业性，要在审查审批中心设立专职个贷审查团队，业务量较大的中心可以设立一个或多个专职个贷独立审批人。省分行打算在研究学习深圳、山东分行个贷集中经营模式的基础上，年内在温州、杭州等行试点成立个人贷款业务经营中心，探索个人贷款工厂化作业模式。个贷中心要作为个贷业务专营机构，直接面向市场、面向客户，加大对优质楼盘、优质客户、优质中介机构的整体营销，争取实现个人信贷业务的批量办理。加大IT系统研发力度，实现个贷业务合同自动打印和短信提醒放贷、还贷信息。

举措六：切实落实联动机制。必须从根本上解决零售业务联动营销长期有名无实问题。一是建立省市县行三级联动考核机制，实现上下贯通。核心是责任“连坐”，同甘共苦。二是建立省市县行职能部门之间的联动考核机制，实现左右融会。核心是目标一致，有机配合。依靠机制的完善和确立，彻底打破产品和专业的条块分割，实现以客户为中心，整合产品、渠道、载体、系统和营销服务团队，联合制定个人金融整合解决方案，形成紧密连接客户的服务链。

举措七：坚决强化组织推力。要学习同业的普遍做法，市场份额当地守不住，攻不下的，接受诫勉谈话。从现在开始，省分行零售板块将对个人存款、个人贷款、电子银行业务收入、银行卡业务收入、代理基金业务收入、贷记卡发卡量、个人网银注册客户数等核心产品对各二级分行进行排队，并实行按月通报，按季质询。凡是当地四行同业增量市场份额，系统内排前四位的通报表扬，排后三位的由省分行部门领导组织进行质询，一个季度后，排名后三位且市场份额没有上升的行要到省分行向分管行长说明原因；半年后在市场份额上仍没有起色的行由一把手带队到省分行向党委接受诫勉谈话，进行问责。

举措八：建立队伍考评机制。省分行科技部门已根据个人金融部的个人客户经理考核科技需求，正组织力量抓紧程序开发建设。力争年内试行，2010 年起全行正式推行以零售产品计价为依据，以价值激励为导向，全行统一的个人客户经理考核办法。“工欲善其事，必先利其器”，省分行将通过鼓励青年员工参加理财师、内训师等的资格认证考试等途径，高质量地逐步充实零售业务专业队伍。并通过看得见摸得着的激励手段，拓宽个人客户经理行政序列以外的晋升通道，使个人客户经理干有希望，奔有目标。

举措九：加快实施信用卡业务整体提升工程。信用卡客户群体的储备将带来综合效益。我行零售业务客户规模大、优质客户增长快速，发展信用卡具有较好的资源优势和网点、网络服务优势，关键要看我们如何去挖掘营销潜力、如何去整合优势资源。今明两年信用卡业务要实施“12345”系统工程，通过明确一个目标、立足两条主线、抓好三个环节、采取四大策略、落实五大战略，全面推进信用卡业务的有效发展。

首先要明确目标。全行必须将有效扩大信用卡同业市场份额、提升我行信用卡主流银行地位作为现阶段的主要工作目标。必须创造一切有利条件，深入挖掘客户资源，有效拓展城市和县域市场，抓住今后两年左右的有利时机，积极推进信用卡业务的二次创业，全面实现信用卡规模、质量、效益指标在同业市场的有效提升。

其次要立足两条业务主线。今后一段时间，我行的信用卡工作将重点围绕信用卡和商户收单两大战略业务主线进行推进。信用卡和收单业务具备良好的成长性和巨大潜力，对全行零售业务转型具有重要的推动作用，已列入全行重点发展战略。与以前相比，全行信用卡工作调整了战线、突出了重点，需要全行更加集中精力，不断提高信用卡业务的专业化和精细化经营管理水平，为全行业务发展作出重要贡献。

三要抓好三个环节。信用卡工作必须抓好事前、事中和事后三个环节。信用卡是一种大众化、规模化和集约化的金融产品，具有高风险高收益的特点，需要有专业化的营销、精细化的管理、人性化的服务来提高客户对银行的依存度和贡献度，同时要做好事前防范、事中控制、事后追索来有效控制信用卡风险。因此，信用卡业务发展中要深入抓好各环节工作，正确处理好发展和风险控制的关系，保障信用卡业务健康协调发展。

四要实施四大策略。我行信用卡业务的发展要实行专业化的经营策略、进攻型的市场营销策略、精细化的效益提升策略和严密的风险防范控制策略，有效推进信用卡业务战略转型。

五要落实五大战略。为实现信用卡业务的二次创业，全行必须紧紧围绕“明确总体战略规划、做大信用卡规模、做强商户收单业务、建立多层次营销体系、加强风险管理体系建设”等五大战略重点，实现我行信用卡业务的再提升和再跨越。

举措十：全力实施电子银行“四轮驱动”战略。为保障全行“二次创业”战略目标顺利实施，全面启动电子银行“四轮驱动”战略，为提升主流银行、构建精品银行提供驱动力和支撑力。要从“整合、提升、融合、创造”这四个战略驱动重点推进各项工作。一是以整合为抓手，全面构建电子银行“多元化”渠道体系、“客户化”产品体系、“标准化”流程体系、“一体化”营销体系、“精细化”风险防范体系。二是以提升为重点，有效增强电子银行交易能力、销售能力、服务能力、创新能力。通过提升电子银行交易能力，促进业务分流；通过提升电子银行销售能力，促进产品营销和营销模式转变；通过提升电子银行服务能力，提高客户体验和售后服务水平；通过提升电子银行创新能力，从产品创新的紧盯跟随到自主创新，全方位培育农行核心竞争优势。三是以融合为目标，积极推进电子银行业务与传统业务之间的客户融合、业务融合、服务融合。在客户拓展中，不仅使客户成为传统业务客户，也要是电子银行客户；在业务创新中，无论是传统业务，还是新兴业务，都在电子银行和柜面渠道统一部署；通过网点个性化的温馨服务和电子银行 3A 服务的有机融合，为客户提供优质、全方位的分层服务。四是以价值创造为核心，努力实现电子银行为客户创造财富，为银行创造价值。要充分发挥电子银行优势，为客户切实提高效率、节省成本，提供更方便的理财应用带动财富增值。同时也为银行创造更可观的中间业务收入，持续推动全行业务分流与经营转型，挖掘客户的长尾效益。

四、再接再厉、一鼓作气，全面完成今年各项零售业务工作目标

（一）年内目标必须完成。从前 8 个月看，零售业务板块各项经营计划执行较好，不少指标已经或超额完成全年计划，但个人存款增量、个人资产业务收入占比、代理销售投资类业务产品收入、债券手续费收入等几项指标执行进度偏慢，有些指标甚至比年初有所下降。针对对这些情况，省分行明确，省分行年初下达的计划指标必须不折不扣完成，尽量超额完成。同时要紧盯同业提升市场份额：（1）全行本外币个人存款增量必须同业第一；（2）个贷收息率比上半年有所回升，总量市场份额要进一个位次，努力从第四上升到第三，明年目标到第二；（3）基金理财。锁定 6 月底与同业差距，年底要缩小差距，四行占比要有所提高；（4）银行卡业务保第一，保持领先优势；（5）要抓好企业电话银行和企业网上银行的捆绑销售，确保完成年度任务指标；（6）要根据总行要求，做好电子银行收入科目的结转和使用，确保账务的规范性和准确性；（7）确保合规安全，做到“三无”，一无新发生不良贷款，二无重大违规违纪事件，三无案件。各行要认真盘点各项经营指标，对照省分行下达的目标任务，逐项研究，抓好落实。

（二）个人存款不能松劲。今年我行个人存款市场份

额下滑，这个信号必须引起我行高度重视，对存款工作不能有丝毫的忽略和懈怠。认真分析同业资金组织的举措，研究可行对策，特别要关注月末季末年末重要时点的数据变动情况，加大工作力度，切实扭转这一趋势。目前影响我行个人存款波动的主要因素是资金在证券账户和存款账户之间的流转，各级行要强化抓住资金流，就抓住了存款源头意识，匹配相应资源，通过狠抓第三方存管账户，确保资金及时回流我行。全行要特别关注个人存款时点数的把握，尤其是年底决不能出现“留有余地”或放任自流现象。目前情况下，年底个人存款多多益善。

（三）坚持个贷有效发展。一是省分行已印发的《浙江省分行2009年个人信贷业务政策指引》，对个贷政策作了明确或调整，《个人客户综合授信贷款管理办法》等相关制度办法的修订完善将在取得总行批准同意的前提下，尽快出台实施。二是进入四季度，国家货币政策环境可能会发生变化，各行要注重信贷结构调整，切忌对个人贷款踩“紧急刹车”，扼杀刚刚出现转机的个贷发展势头。三是各级行在瞄准同业、盯住“位次”目标的基础上，要正确强化对政策的理解和风险的把握，尤其是房贷首付、利率的执行上，要充分考虑客户的资信状况、还款能力、贡献度和风险度，同时结合同业主流银行竞争需要，合理把握。四是合理利率议价，提高个贷收息水平，确保个贷收息率比上半年有明显提升。五是对个人贷款继续实行费用、工资激励措施。为促进个人贷款业务发展，激发全行营销热情、提高市场份额，完成年底个贷进位次目标，最大限度抢占个人住房贷款市场份额，第四季度开展个人贷款营销竞赛活动：（1）对年底个人贷款四行同业市场份额居主流银行地位的市分行奖励8万元工资；（2）对年底个人住房贷款四行同业市场份额居主流地位的市分行奖励8万元工资；（3）活动期间按个人住房贷款累放额的万分之二配置专项营销费用；（4）继续开展“争创百佳”专项营销活动。总行五月份起匹配专项经营性奖励费用5000万元，每月对列入全国当月个人一手住房贷款投放额最大的200个非我行开发贷款支持的楼盘（“双百楼盘”）和个人二手住房贷款投放额最大的100家支行（“百家支行”）按发放额给予千分之二奖励费用。我行5～7月“双百楼盘”和“百家支行”贷款发放金额共25.38亿元，名列“争创百佳”拓展第一阵营的第二名，仅次于深圳分行。基于总行既定的5000万元奖励性费用即将告罄，而“争创百佳”专项营销活动将持续进行，总行要求各省分行自筹资金作为后续奖励费用。省分行再单列200万元费用，按发放额给予千分之一奖励费用，以进一步推动营销活动深入开展。各行继续实施二手房中介机构支付代理手续费返点营销政策，费率可视同业平均水平、业务量和本行实际确定，最高上限为8‰；同时，各行也可适当支付一手楼按揭贷款营销费用。可对总、分行级优质房地产企业开发的，非我行开发贷款支持的一手楼按揭贷款楼盘支付最高为1‰的营销费用。

（四）切实做好“爱在金秋、情系万家”综合营销活动。为持续“激情仲夏金彩生活”活动宣传热度，再掀营销高潮，发起我行个人金融业务年底冲刺，总行将从9月1日～11月30日开展“爱在金秋、情系万家”综合营销活动，此次营销活动以基金、“传世之宝”、银行卡、西联汇款等中间业务创收产品为重点营销对象，进行“行内行外、网上网下”四维联动营销，抓住下半年个人及法人资金动向，促进带动储蓄增长的“代发工资”源头营销；全新推出“金钥匙”产品理财组合营销，通过配套宣传将之打造成为今年乃至2010年全年的拳头营销工具，强势带动零售业务全面发展。省分行的活动方案即将下发各行，各行要按照总、分行的统一部署，制定具体实施细则，把各项营销活动落实到实处，开展得有声有色。特别在此还要强调的是，目前我行正在发行交银180ETF、景顺长城能源二只主托管基金和农银汇理策略我行自己的基金，正在辅助销售华宝兴业中证100及银华沪深300等4只辅助基金，销售任务共8.61亿元，其中农银汇理策略3.214亿元，总行要求农银汇理策略基金必须保证完成，对其他二只主托管基金力争完成，9月是我行销售基金以来，当月发行最密集，销售任务最重、困难最大的一次。因此省分行决定专门切出一块工资和费用，从9月份开始按基金手续费收入的1100元/万元配备奖励工资，按销售额（非货币）的0.7%配备营销费用，各级行要把销售奖励直接落实到具体销售人员，提高基层行营销人员积极性。

（五）积极推进网点文明标准服务导入。今年，按照总行统一部署，在全行范围开展“网点文明标准服务年”活动，这项活动旨在统一我行网点服务标准、提升网点文明标准服务水平、增强网点营销能力和客户满意度，加快零售业务转型。到8月底，全省7家二级分行开展了内训师培训及网点文明标准服务导入，嘉兴、湖州、丽水等3家市分行尚未真正开始。对此，各行要高度重视网点文明标准服务导入工作，以此次活动为契机，循序渐进地积极开展内训师培训和网点文明标准服务导入工作，按照《网点文明标准服务年活动方案》（浙农银办〔2009〕490号）要求，年底前要完成辖内所有城市行已建理财中心和精品网点及各支行本级营业中心的文明标准服务导入工作，各行要加大力度，形成氛围，确保全年活动目标的完成。同时要坚持标准，边导入、边培训、边完善，加强督导，固化导入效果，做到导入网点文明标准服务的统一性、规范性。总行将于9月－10月开展网点文明标准服务督导检查。各行要做好迎接督导检查的准备。

（六）抓紧LOGO标识、网点员工行服更换工作。按照“先城区后县域”、结合网点改造同步进行方式启动我行省、市、县级管理机关LOGO更换以及全部营业网点（含离行自助银行）的门牌更换。二级分行城区和县城网点门牌采用压克力吸塑灯箱门牌标识，乡镇网点采用铝塑板（发光字）门牌标识。严格执行总行规定的规格和应用范围做好更换工作。2009年更换二级分行城区网点、当年改造网点以及全部自助银行招牌和自助银行小灯箱。更换工作统一由省分行中标的LOGO厂家负责，各行要做好配合工作，不得自行更换。年内，省分行将启动网点员工统一着装工作。行服更换要严格按照总行规定式样、颜色和制作工艺，由省分行中标的服装厂家负责制作，各行不得随意改动；各行要制定详细的换装方案，按照先城区、后县域有步骤分步实施行服更换；省分行明确服装更换人员包括：全部高（低）柜柜员、大堂经理、客户经理、会计主管及网点负责人。力争在2010年底前完成一线员工行服换装工作。

（七）按目标开展网点建设工作。要严格执行总行营业网点形象建设标准，网点设计平面图必须报经省分行同意后才能进行施工；各市分行为网点建设项目实施行，不得转授权一级支行及以下单位进行网点建设；各市分行要尽快做好拟建设网点的设计等施工前期工作，等省分行批复后迅速进入施工阶段，确保完成今年网点建设目标。

（八）信用卡业务完成四个方面的主要工作。

1. 全行营销，确保今年信用卡各项任务的圆满完成。为扭转前期贷记卡增速趋缓、同业份额落后的不利局面，省分行已经部署了9到11月期间开展“赢在金秋”贷记卡、收单业务的全行营销竞赛的活动，以组织推动、全行营销、严控风险、严格奖惩为措施，确保在11月末完成全年贷记卡营销任务。目前各级行已经制定了贯彻落实推广方案，活动正在有序开展。在这里进一步强调，省分行非常重视这次营销竞赛活动，活动能否顺利推进，决定了今年的任务目标能否顺利完成，关系到能否为明年更好更快地发展信用卡业务打好基础。商户发展方面，由于总行鼓励间联商户发展，直联商户部分折算为考核数量，因此今年后几个月商户发展要向间联商户倾斜，力争在间联商户发展方面有所突破。各行要全面关注今年的各项任务指标进展情况，提前采取措施，保障竞赛活动的有力推进，各项任务的圆满完成。

2. 做好白金信用卡的营销推广工作。白金信用卡是我行面向高端客户发行的高额度、高价值、高品质的贷记卡产品，该卡额度最高达到50万元，特定需要可以提高到100万元额度，并具有一系列的尊贵服务。总行已经明确，首年年费可以实行减免，次年年费根据客户用卡情况决定是否优惠。根据总行要求，要充分发挥全行支行行级干部以上的销售潜力和营销榜样作用，希望各级行按照省分行的营销方案，落实好今年白金卡的营销推广工作。

3. 做好惠农信用卡的发行工作。惠农信用卡是我行继金穗惠农卡发行后又一款服务“三农”的重要产品，对推进我行服务“三农”工作具有十分重要的意义。惠农信用卡费用优惠，授信方式灵活，额度高达30万元或以上，对广大经营户具有较好的适用性。总行已经部署惠农信用卡推广发行工作并下达了我行2.8万张的任务，系统已经上线运营。从现在开始到年底，全行计划选择部分贴近专业市场的支行，作为重点推进支行，省分行给予专门指导，并且给予一定的支持和奖励。全行要从服务“三农”全局出发，讲速度、讲质量、讲政治，千方百计克服困难，确保完成发卡任务。

4. 启动流程优化改造，提高办卡效率。我行办卡速度较慢，对营销带来不利影响。分析原因，除了制卡集中在总行的因素以外，省内各环节的流程设置、处理方式是影响办卡效率的重要原因。目前，申请资料输入、调查、审查、审批等环节缺乏科学规范的设置，容易造成积压和拖延，影响办卡效率。下一步要重点对进入审批系统的各环节处理情况予以监测并发布通报；要进一步优化信控操作指引，按客户分层制定相应的信控调查方式方法；对主办行认定或系统有效识别的优质客户，要开辟信控绿色通道，简化调查方式、优先调查审批，有效缩短办卡流程和办卡时间，提高客户满意度。

（九）年内抓好六项工作保障电子银行安全有效发展。

今年全省电子银行的发展势头很好，各项指标除企业电话银行外均按计划完成，但是和主流银行要求相比，还有较大差距，各行一定要充分认识、不松懈、不气馁，坚决杜绝任务完成后放任自流的思想。在完成电子银行职能重新划分后，省分行将对划分前后的同业市场份额和全省占比进行排名，便于对各行的量化考核。年内重点要抓好以下几项工作。

1. 全面完成县级支行的电子银行营销指导工作。从下半年起，省分行已经会同市分行对辖内所有支行进行了各项数据分析，对每个支行因地制宜地制定了《电子银行发展指导意见》，并提出了针对性的发展指导意见，年内省分行将会同市分行逐一到支行上门开展营销指导工作。

2. 抓好电子商务拓展。各级行要贯彻落实《加快电子商务业务发展的意见》，根据目标客户清单，上下联动，强化营销，大力发展区域内的电子商户，要重点突破辖内电子商务的重点企业、重点学校，带动网银、电话银行等业务综合发展。电子商务是我行客户竞争中的有力武器，会带来可观的综合收益，各市分行年内都要实现电子商户零突破。

3. 强化自助设备运行管理。省分行年内将重点做好自助设备监控完善工作，力争将监控准确率提高到95%以上，并探索建设集中自助设备监控中心，实现24小时监控管理。其次做好自助设备的产品研发，根据客户要求，有针对性的开发新产品，年内力争推出跨行转账、短信通知等客户急需产品。三是做好设备的安装指导工作。

4. 营销好几个重点产品。一是大力营销企业电话银行客户，根据省分行下发企业电话银行营销抓手，加大营销力度，年内必须完成省分行下达的计划指标；二是做好手机消息服务客户的话费充值营销，利用银联即将取消无磁凭密支付的契机，大力营销充值业务，实现规模效益。三是做好网上银行汇聚通业务的全省推广，尤其要针对高端个人客户开展重点营销。

5. 逐步规范电话转账宝产品。按照国家“四部委”文件要求，对电话转账宝要做到“一户一号”，即一个商户一个编号，且所有商户必须在银联系统联网注册；“一机一密”，即不同的转账宝终端使用不同的终端主密钥。年底前要完成商户注册和交易改造，计划九月份完成活动商户资料的整理和补录；十月份完成活动商户资料在银联系统的联网注册、交易及管理系统开发；十一月完成其他商户资料整理和补录、新系统试运行；十二月份完成所有转账宝商户的联网注册、新系统正式运行。

6. 着力打造客户服务中心标准化建设。客户服务中心下半年已启动标准化建设，全面梳理各类业务流程；重新梳理联系人制度，完善上下联动机制，尤其要完善投诉处理和事件应急机制，保障信息畅通。

加快推进零售业务战略转型
为打造"省内一流零售银行"而努力奋斗
——孙妙宇同志在安徽省分行零售业务经营转型工作会议上的讲话（摘要）

一、回顾2008年以来零售业务工作，坚定加快科学发展的信心和决心

（一）零售业务竞争力持续提高。一是储蓄存款的基础地位进一步巩固。2008年末储蓄存款余额达980亿元，全年净增193.25亿元，增量市场份额同业第一。二是个人贷款在强化风险管理的基础上稳定增长。2008年末个贷余额79.92亿元，较年初增加8.29亿元，不良率持续下降。三是银行卡发卡总量、银行卡消费额、存款总量等多项指标位居同业首位。截至2008年底，借记卡发卡总量达到913万张，贷记卡发卡总量达到21万张，实现银行卡业务收入3.42亿元。四是电子银行在渠道分销、柜面替代、成本节约和业务创收等方面的综合效益进一步凸显。2008年底电子银行客户总量突破136万户，全年交易笔数超过2680万笔，交易金额达2852亿元；电子渠道交易量占全行总量的33%。五是其他个人中间业务发展迅速。代销开放式基金13.21亿元，实现基金销售收入6826万元；代销实物黄金2106盎司，代销额1309.44万元；代销凭证式国债5.44亿元。六是优质客户基础进一步扩大。2008年末，全行个人优质客户（一星级以上）已达60.25万户，较年初增加21.47万户。

（二）零售业务服务能力稳步提升。积极推进网点转型，整合了全行网点管理职能，制定了今后三年网点发展规划与目标；加快网点建设改造步伐，推进精品网点建设工程，实施了30个骨干网点建设项目；加强电子银行渠道建设，新增ATM 151台，投放转账电话2.5万台、POS机3727台；广泛开展规范化服务创建活动，强化规范化服务达标检查，启动了内训师培训工作，在全行范围内开展网点文明标准服务导入活动。积极举办各种形式的业务技能和营销服务培训，并加大金融理财师等专业人才的培训力度，已有9人取得国际金融理财师（CFP）资格，52人取得金融理财师（AFP）资格，561人取得银行业协会理财业务资格，零售条线队伍素质和专业化服务能力逐步增强。

（三）零售业务创新步伐不断加快。持续加大零售产品线梳理和创新力度，已推广了"双利丰"七天通知存款、基金定投、基金网上直销、实物黄金代销、转账电话、惠农卡、置换式个人住房贷款、"存贷双赢"房贷理财账户等创新产品，建设了首家金钥匙理财中心，在470多家营业网点推广上线个人优质客户管理系统，零售业务各类型产品、服务与客户多元化金融需求稳步接轨。同时，加强"金钥匙"、"金穗卡"、"金e顺"等品牌宣传和推广，创新和完善多种形式的营销宣传活动，零售金融品牌内涵和市场价值不断丰富和提升。

（四）零售业务风险管控能力得到加强。坚持业务发展与风险控制并重的原则，不断加强零售业务内控建设和合规管理，提升零售业务持续发展能力。认真组织开展零售业务自律监管检查工作，适时开展了以个人贷款、个人理财、银行卡业务和电子银行业务为重点的专项业务现场检查活动。强化对重点业务品种的风险防控，加强CMS系统在线监测和风险预警，针对性下发个贷风险督查通知书，提高了个贷风险动态处置效率；严把贷记卡业务准入关，加强受理、调查、审查审批等环节管理，规范业务操作流程，加大了贷记卡不良透支清收力度，贷记卡不良率控制在3%以内；完善电子银行业务风险管理机制，风险防范意识得到强化，风险防范手段和措施不断丰富，各项业务协调有序开展。

（五）零售业务联动发展水平持续提升。不断加大零售板块联动力度，连续多年成功组织"金钥匙春天行动"等大型综合营销活动，加快推进零售业务职能调整，实施了板块归口管理，在城市业务经营转型领导小组下设立了零售业务转型办公室，零售业务渠道、产品、系统和营销资源持续整合。2009年"大行德广 伴您成长 金钥匙春天行动"成效显著，截至3月底，全行储蓄存款净增108.34亿元，完成首季计划的135.43%。个人住房贷款净增2.17亿元，完成首季计划的108.65%。实现中间业务收入2.14亿元，完成首季计划的106.94%。

二、充分认识和把握当前内外部形势，增强零售业务转型的紧迫感和使命感

（一）加快零售业务转型是适应现代商业银行发展趋势的战略选择。零售业务具有服务对象分散、资本消耗低、盈利潜力大、风险相对分散且易于控制等特点，20世纪90年代中后期以来，已日益成为商业银行的核心业务领域和主要利润增长点，利润贡献度平均达到40~70%，特别是每当金融市场发生动荡或经济出现衰退和萧条时，零售业务更显其"稳定器"和"顶梁柱"的作用。因此，近年来现代银行业正在演绎着一场"回归零售业务"的浪潮，全能银行的"瘦身运动"也使得零售业务的战略地位更为突

出。同时，居民金融理财意识和方式正发生巨大变化。随着我国经济连续30年的高位运行，居民财富不断得到积累，富裕阶层业已形成并呈稳步上升势头，国家统计局预计到2010年，中国将有25%的城市家庭步入中产阶层。从我省情况来看，2008年，我省人均GDP已超过2000美元，居民消费进入快速增长期，消费观念逐渐转变、金融理财意识日益增强、金融行为方式逐步与发达地区接轨，对投资理财、消费信贷、信用卡消费、保险、教育、养老等金融服务需求日趋旺盛，零售金融业务已经成为银行业务经营中最具活力和发展潜力的一片“蓝海”。

（二）加快零售业务转型是应对市场变化和同业竞争的必然要求。一方面，本轮金融危机以来，经济环境恶化、房地产和汽车市场低迷、消费热点降温、资本市场波动较大、投资者信心不足等因素对零售业务的负面影响正日益显现。另一方面，各家银行纷纷将零售业务作为经营战略转型的核心，全面加快零售业务发展，特别是中资银行零售业务战略转型的步伐大大加快。同时，各家银行普遍加大了营业网点布局优化和功能转型力度，产品和服务创新步伐明显加快，理财产品层出不穷，信用卡、个贷、基金、黄金等产品设计日趋个性化，促销手段日趋多样化，零售业务市场竞争异彩纷呈。

（三）加快零售业务转型是实现我行可持续发展的迫切需要。当前，农业银行股份制改革正如火如荼地向纵深推进，今年1月16日，中国农业银行股份有限公司正式成立，引进战略投资者并择机上市也指日可待。在新的历史起点上加快零售业务发展，既是提高与战略投资者谈判价码的重要因素，更是我行股份制改革获得社会各界支持和认可的重要参考指标。全行上下必须正视差距、急起直追，从市场规律和自身实际出发，积极调整经营策略，加快零售业务转型，改善经营结构，切实提升核心竞争力和可持续发展能力。

三、加快战略转型步伐，全力打造省内一流零售银行

零售业务的转型和发展，关系着我行企业价值的稳定增长和市场竞争力的全面提升，是未来相当长的时期内全行改革发展的战略核心之一。同时，城市是经济金融和社会财富的主要积聚地，要有效推进零售业务转型，就必须率先改变城市零售业务发展的被动局面，将城市作为零售业务转型的主战场，并以此辐射和带动广大县域和农村地区。为此，总行近期下发了《城市行零售业务战略转型实施方案》，省分行也已将总行各项转型工作措施进行了分解细化，下一步，全行要按照总、分行统一部署，切实抓好转型方案的落实和推动。

（一）理顺管理体制，构建各级行零售板块营销格局

管理体制的革新是释放生产力的动力之源，是零售业务转型的基础工程。各行要按照“有利于零售业务综合管理、有利于联动协调、有利于优质客户营销、有利于高端业务发展”的原则，通过理顺组织架构和资源整合，切实增强系统上下的发展合力。一是建立健全零售业务转型的组织保障。省分行成立零售业务转型工作推进组，由顾正宇同志任组长，我任副组长，相关处室负责人为成员。零售业务转型工作推进组将定期组织召开工作例会，通报各转型项目进展情况，协调各部门工作进度，及时处理和解决转型中的紧急和重大问题。各二级分行要比照省分行，尽快成立零售业务转型工作推进小组，负责落实总、分行的部署和要求，制定相应的配套制度办法和实施细则，确保辖内转型项目协调有序推进。二是尽快完成零售板块职能整合及人员配备。自上而下建立零售板块，在省分行实施零售业务归口管理的基础上，各二级分行要明确一个行领导分管零售业务，切实增强零售板块工作执行力；规范零售部门的纵向职能分工、岗位设置和人员编制，理顺管理流程；确保每个支行至少配备一名专职的电子银行产品经理，负责自助设备运营、电子银行产品营销支持和售后服务。三是分层推进“对公业务上收，零售业务下沉”工作。按照总行统一部署，尽快将全行法人业务的营销、管理和审批职能上收，城市行的城区法人业务集中经营，网点专注办理零售业务（可保留对公业务结算服务功能）。各二级分行零售金融部门要加强对各支行及网点零售业务人员的管理、指导和绩效考核，将零售业务各项指标落实到网点、人员。

（二）加快网点转型，打造零售主渠道竞争优势

一是坚持网点转型“软硬并举”的方针。一手抓网点外部形象的改善，一手抓网点营销和服务流程的优化、销售资源的整合、客户满意度提升等环节，从根本上提升网点“软、硬”转型效果。二是强力推进“绿色行动”。严格执行营业网点形象建设标准、办公应用视觉识别系统标准和行服标准，按照“先管理机构、后营业网点，先城市、后县域”的次序推进网点标准化形象建设工作，营业网点形象建设标准由省分行个人金融部牵头在实施网点新建、改建设计时严格把握。同时，先期建设2～3家我行网点转型样板网点，在全省范围内组织复制和推广工作。三是推行城区网点分类管理。各行要根据本地实际情况，科学规划网点布局，按照财富型网点、精品型网点、基础型网点和自助型网点不同的要求和标准，实施差异化的功能定位。四是加快财富型网点建设步伐。在设立全省首家金钥匙财富管理中心的基础上，在省会合肥及金融资源富集地市建立2～3家金钥匙理财中心，在其他地市建立1到2家金钥匙理财中心。五是推动“赢在大堂”策略的实施。加强网点营业现场管理，清分现场管理角色，配足配强大堂经理，加强客户识别分流，改进内部流程和营销模式，完善网点窗口、高低柜配置，促进网点向营销服务型转变。六是扎实推进文明标准服务工作。全面组织开展“文明标准服务年”活动，建立全方位、常态化的网点服务检查工作机制。省分行今年将继续聘请外部公司对全辖城区网点进行暗访和服务质量测评，并把检查测评结果纳入对网点的综合考评体系；积极开展文明规范服务导入工作，推广网点晨会制度，实施网点礼仪规范和服务标准，创新考核激励和沟通表扬方式，让“以客为尊，激情创新，团队合作，合规经营，追求卓越”的网点服务精神融会于每个员工的日常言行中。七是健全网点转型考核评价体系。省分行将建立网点建设与转型的后评价机制，将各行年度网点

形象建设达标率、网点分类分级评价及网点转型评价结果作为下年度网点建设资源配置的主要依据。

（三）围绕客户价值挖掘，推动个人业务突破性发展

要积极做好新形势下储蓄存款组织工作。全行要高度重视储蓄存款业务的基础地位，坚定实施“一把手”工程，把握储蓄资金流向特点和流量规律，以“大储蓄”概念积极抢抓本外币理财产品、银行卡、转账电话、网上银行、第三方存管等多渠道储源，推动客户资金的体内循环。按照总行部署，全行正开展“激情仲夏·金彩生活”—个人金融综合营销活动，在重点突出储蓄存款营销的同时，加载第三方存管、信用卡、金钥匙“好时贷”、“基金优选”、“双利丰”、新一代网银等与储蓄高度相关的联动产品，以“一揽子”方案锁定客户，提高综合营销效率。各行要组织相关部门制订储蓄存款的营销方案，借助全行渠道、产品和综合营销优势，积极抢夺市场，推动储蓄存款从自发增长向自主增长转型。

要把握个人理财和中间业务转型重点。个人理财和中间业务对于优化客户资源、发掘客户金融资产潜力，占领高端客户市场具有重要意义。各行要将加快个人理财和中间业务的发展提上重要议事日程，下大力气扭转发展颓势。一是实现开放式基金销售的新突破。要强化任务观念，加强指导督导，落实基金产品计价政策，全力扩大销售规模。要推进基金精细化营销管理，推广晨星基金组合服务，实施基金销售分类指导，根据客户需求特点和风险承受能力提供差异化组合产品。二是加快个人理财业务发展。着力于客户资源的发掘和维护，开展形式多样的中高端客户走访、营销活动，密切银客关系。加快发展金钥匙理财顾问服务和综合理财服务，建立健全理财中心考核激励机制，对业务发展滞后和高端客户流失严重的行实行问责制。尽快确定贵宾客户身份识别标识，个人金融部、信用卡中心要密切配合，制定完善 PCRM 签约、发卡流程，实施客户经理“一对一”或“一对多”管理，推出机场贵宾服务等增值服务手段，稳步健全贵宾客户营销服务体系。三是推进中间业务产品创新。加快推广“传世之宝”黄金业务和储蓄国债（电子式）业务；电子银行业务要通过打造在线零售金融产品超市，充分利用“金钥匙”理财资源，向投资理财、财富管理、财务顾问等高价值业务延伸。

要全面加快个人信贷业务有效发展。一是探索推进个贷集中经营管理。各行要积极做好个贷集中经营的相关准备，专业人员齐全、基础管理扎实的二级分行可借鉴同业经验或总行个贷集中经营管理模式的要求，先行试点，尽快发挥个贷集中经营管理的集约化、专业化和标准化优势。二是严格落实激励考核措施。各行要依据省分行有关规定，细化个贷业务的计价考核方案，并确保落实到营销人员和相关的业务办理人员。同时，省分行将出台促进省会城市行个贷业务发展的具体措施，通过人、财、物等各项资源的重点倾斜，促进省会城市行个贷业务加速发展，争取2010 年省会城市行个贷业务增量占比达到同业平均水平。各二级分行也要认真剖析制约个贷业务发展的因素，特别是所在地城市行个贷竞争力低下的原因，改进和完善配套措施，全面加快以个人住房贷款为重点的个贷业务有效发展。三是积极推广零售业务批发做的营销模式。要大力发展个人住房贷款业务，加强住房开发贷款与个人住房贷款业务联动营销；对我行开发贷款支持的楼盘，分层构建跟踪监测体系；对非我行开发贷款支持的优质住宅楼盘，以城市为单位建立按揭楼盘动态数据库，由省分行和二级分行牵头对开发商、销售商实施主动营销、分层营销；加大主动营销力度，全面落实总行统一开展的个人住房贷款“争创百佳”等专项营销活动。要以与我行有良好合作关系的行政机关、优质企事业法人单位为重点，通过公私联动，主动锁定这些单位中的优质个人客户群体，积极拓展个人汽车贷款、一般消费贷款等消费信贷业务。要依托大型批发市场，以及经营良好的大中型专业市场、小商品交易中心，主动营销个人生产经营贷款。四是及时改进产品和服务。各行要根据本行实际，优化完善个贷产品线和营销服务方案，对高端客户，统一服务标准，平等适用各项优惠政策和创新产品，并以“金钥匙 好时贷”品牌的发布、推广为契机，广泛开展专题营销、系列产品营销和组合产品营销活动，迅速提升个贷品牌的市场知名度和美誉度。

（四）实施精细管理，推动银行卡业务再上新台阶

坚持信用卡发卡与商户收单业务并举，全力抢占贷记卡、商户收单等战略产品的市场份额，建立效益优先、风险可控的业务增长模式，切实发挥银行卡业务对全行零售业务转型的重要推动作用。一是加快推动贷记卡业务发展。要加强系统资源整合，打造多层次、多渠道的信用卡销售渠道，切实做好与对公前台各部门以及零售板块各部门的交叉销售工作，对公前台部门拓展和维护客户时要配备信用卡产品经理，并实施对借记卡、准贷记卡、网银、房贷、车贷、基金、保险等业务优质客户的定向营销。要大力提高贷记卡在大中城市的市场占比，认真做好各类特色卡、主题卡产品，白金卡等高端产品以及对公系列产品的推广，实现贷记卡发卡规模的快速增长。要切实加大高端业务的市场拓展力度，强化公务卡、联名卡和易卡营销，丰富完善增值服务，努力实现贷记卡规模与效益的同步增长。要加强后续跟踪服务，积极开展形式多样的主题消费促销活动，落实总行全国性促销活动要求，提高贷记卡激活率，增加我行消费额和收益。要加强品牌宣传，实施以“新·响中国”为主题的信用卡品牌营销工作，推动贷记卡分期付款和代收代付业务开展，提升贷记卡产品综合竞争力。二是大力推广准贷记卡产品。在中小城市及以下区域，以有稳定经营收入和频繁性、临时性资金需求的人群为目标客户，大力推广准贷记卡产品，将其打造成我行又一款盈利性的拳头产品。同时，各行要以惠农信用卡的发行为契机，快速占领县域信用卡市场，取得战略先机。7 月份，我行将全面推广发行惠农信用卡。惠农信用卡是我行继金穗惠农卡发行后又一款服务“三农”的重要产品，对于完善丰富服务“三农”金融产品和银行卡产品都具有重要的意义。各行要依托现有惠农卡的发展资源，加大资源投入和营销力度，稳步推进惠农信用卡的推广发行工作。三是大力拓展特约商户，推进收单业务快速发展。高度重视收单业务发展，以酒店餐饮业类、一般类商户为重点，以酒店MIS和商场MIS为抓手，加大高收益、高回报商户的营销力度，大力拓展间联商户，实现收单业务跨越式发展。积极探索收单业务外包，利用第三方收单专业机构的人员和专业化优势拓展城市收单市场，以突破收单业务人员不足的发展瓶颈，实现专业化经营、规模化发展，提高我行收单市场竞争力。四是加强转账电话推广应用。不断完善转账电话功能和服务，继续扩大各类专业市场和商贸城转账电话产品的市场占有率。加强转账电话交易量监控管理和效益分析，杜绝零余额和零交易额设备存在，提高利用率。五是提高自助设备运行效率。大力发展在行式自助银行服务，将一般纯交易型网点（100平米以下）改建为离行式自助银行，加大自助设备投放，2009年实现61个县级支行，县县设立自助银行服务区一个。加强自助银行服务引导，理顺自助渠道与柜面收费价格体系，将个人客户小额存取和转账、缴费等低端业务疏导至自助渠道。同时，结合省分行网点规范化建设工作要求，将自助网点纳入基层网点规范化建设范畴，实行统一管理，统一检查，统一考评。六是保证资源配置，建立有利于业务发展的激励约束机制。各行要划拨专门费用，保证MIS系统及各种收单机具购置以及收单专业化服务等的费用支出。实行渠道考核和板块考核相结合的考核评价方式，将贷记卡等战略性产品的销售任务，既分配给经营行、也分配给各前台业务部门。七是加强银行卡专业队伍建设。各行要充实银行卡专业人员配备，尤其要充实属地催收人员、收单业务人员的配备，确保每个县级支行都配备专职的银行卡产品经理，负责贷记卡的营销和催收、特约商户的拓展和维护、转账电话的营销等工作，以确保银行卡业务持续稳健发展。

（五）落实新战略，提升电子银行营销与服务支持能力

大力发展电子银行业务是农业银行应对新形势，实施经营转型的战略选择，全行上下要牢固树立电子银行服务全行、全行支持电子银行业务发展的核心理念，坚持做到“四个到位”，即“思想认识到位、队伍建设到位、考核机制到位、技术支持到位”，共同推进电子银行业务优先发展。一是广泛开展知识竞赛与培训，增强营销能力。2009年是总行确定的“电子银行宣传年”，全行要全面开展电子银行知识有奖竞赛活动，营造“人人学习电子银行”、“人人使用电子银行”、“人人营销电子银行”的氛围。省分行将在5~7月份开展“金e顺”电子银行业务知识大奖赛活动，各行要积极组织参与。同时，邀请总行专家讲师团到我行开展宣讲活动和“金e顺”体验活动，全面提高高管人员、网点负责人及业务骨干的电子银行业务知识水平，助推电子银行业务营销推广。二是实施多策略营销，增强渠道销售能力。个人网上银行要采取覆盖式营销，在网点将客户办理开户申请、查询转账、缴费理财与开办个人网上银行有机捆绑，充分利用我行个人客户信息资源，制定明确的个人网上银行客户渗透标准和配套营销方案，最大限度地促使个人客户群体通过在线渠道完成金融交易；企业网上银行要采取拉网式营销，各行要对存量企业客户进行梳理筛选，制定企业网上银行目标客户名录，加强对公司业务的营销服务支持；电话银行和手机银行要与网上银行、“惠农卡”实行捆绑式营销，扩大我行非互联网渠道电子银行客户群体和交易规模；电子商务支付业务要采取上门营销，运用针对性产品进行营销拓展，扩大市场规模，做深行业应用。三是推进交易渠道建设，增强产品创新能力。加快“新一代”网上银行上线推广，开展系统内全面培训工作，加强客户宣传，使每个网银注册客户了解系统升级的具体内容，并积极走访大客户，确保不影响正常使用。普及集网上银行、电话银行等于一体的电子银行客户体验区，各行要将设立电子银行体验区纳入网点转型规划之中，有步骤地投放网银自助设备终端和电话银行“直通车”；对已设置体验区的网点要通过大堂经理，积极加强推介和引导。四是提高渗透率、动户率和收益率，增强创收增效能力。坚持电子银行业务优先发展、有效发展、创新发展、统筹发展，建立质量并举的长效机制。要将占用网点资源较多的日常查询、缴费转账、代收代付、银企对账、支付结算等业务逐步迁移至电子银行渠道；提高对个人优质客户和对公客户的渗透能力及产品交叉销售能力；加大对电子银行各渠道睡眠户、不动户的再营销；统筹考虑服务渠道价格差异化问题，全面、完整、准确地核算和反映电子银行业务收入，提高电子银行创收能力和全行整体效益。

（六）严格制度建设，打造高素质的零售业务人才队伍

必须坚持人力资源是第一资源的战略思想，把培养和造就高素质零售队伍作为零售业务经营转型的重要举措。一是加强零售业务条线专业队伍建设。各行要结合组织架构调整工作，充实各级零售部门个人金融、银行卡、电子银行等专业经营管理人员，加强业务学习和专业培训，增强指导各项工作的实际能力，提升条线执行力。二是建立高素质的零售业务营销团队。要遵循“优化配置、规范服务、提高素质”的原则，通过压缩高柜、增机（自助设备）减人、优化劳动组合等措施，调整和充实零售业务队伍。抓紧推进大堂经理、个人客户经理和个人理财顾问三支营销队伍建设，今年，省分行将全面启动大堂经理队伍的建设、培训工作，并于下半年组织开展2009年金融理财师AFP资格认证培训活动，同时举办个人信贷业务资格认定培训，进一步提升个人信贷队伍的专业化水平，确保从事个贷调查的客户经理必须具备专业化的调查能力。三是广泛开展内训师培训。省分行目前已经培训了50名内训师，当前的任务是做好内训师拓展培训与网点文明标准服务导入工作。内训师不仅是全行服务形象大使，更是践行我行零售业务转型理念与网点服务精神的中坚力量。各级行要合理确定内训师薪酬待遇，为内训师工作创造良好的环境。在今年年底前，各二级分行和除单点支行外的所有城区支行，都必须配备一名员工，专门从事内部员工培训和辖内网点的服务质量管理工作。四是实行专业理财师岗位强制回归。年底前，各行凡取得AFP、CFP、EFP资格认证的理财师都必须回归零售业务板块，以充分发挥其专业优势，省分行将对未按期完成调岗工作的二级分行主管行长实行问责。五是健全零售队伍准入管理机制。严格落实零售业务人员的资格考试和准入制度，实施分层培训和等级管理，并按照总分行制定的网点零售业务人员岗位序列标准，理顺岗位设置和职责体系，规范各岗位人员工作职责、工作目标、考核办法与晋升机制，打通零售队伍的成长通道。各级行要严格纪律，确保按照制度要求执行，真正让我行这支零售大军心有所归、奋发有为。

（七）完善配套机制，为零售业务转型提供多重保障

一是整合和优化现有的零售业务流程。要根据总行柜面业务流程改造工作要求，全面推进柜面流程改造工作，推广个人（网点）客户开户签约流程优化项目，并对目前柜面反映较为突出的零售业务管理制度问题，按照“谁制定、谁清理、谁负责”的原则，分级以发文的形式予以更正、补充和完善。总行制度层面的事项，要积极梳理、汇总上报。要充分利用自助、电子类交易设备，改进客户服务流程，促进交易渠道迁移。二是加快转型支持系统的推广应用。要全面加快 PCRM、CFE 系统的推广应用步伐，今年上半年，各二级分行必须在辖内的财富型网点和精品型网点全面推广应用 PCRM 三期，年底前要实现全辖所有网点上线。同时已实施网点转型的，要逐步在低柜服务区和理财工作室应用 CFE 系统。三是建立价值导向的业绩评价体系。推进网点分类考核，根据不同类型网点，设置不同的考核指标和分值，突出经营重心；实行网点员工的分岗考核，强化各岗位营销服务职责履行；全面落实产品计价考核，采用低底薪、高挂钩方式，对符合零售业务转型方向或具有较大市场潜力、综合贡献度高的重点产品和业务加大计价奖励力度。四是加强零售业务转型发展的资源支持。省分行将加大对网点建设与改造等工作的资源配置，并加大网点取款机、存取款一体机、自助服务终端、网银终端等设备的投放力度。各级行要按上级行投入的一定比例，专项安排网点建设资金，切实加快网点内外形象建设和功能分区改造。

（八）健全风险机制，促进零售业务持续稳健发展

安全性是商业银行“三性”的首要原则，各级行必须始终牢记“发展是第一要务，控险是第一责任”的原则，以负责的态度和审慎的行为切实防范各类风险。一是要从打造合规文化的高度，落实零售业务各项风险管理制度，加强内控管理执行力，健全责任机制，强化对重点监控区域和重点业务品种的风险排查和整改力度，对普遍存在和屡次发生的问题要落实系统性的风险控制措施。二是有效控制个人信贷整体风险。各行要加强对个人贷款用途的监管，防止个人信贷资金流入股市、期市等资本市场。要强化个人信贷业务调查环节和授信执行环节的管理，对个人生产经营类贷款和大额消费类贷款实行双人调查，并按照独立、专业、规范的原则实行授信执行环节与调查环节的有效分离。要按照流程银行的要求，准确把握贷前、贷中、贷后各环节的主要风险点，加快构建全过程的风险管理体系。三是要认真落实商业银行个人理财业务监管会议精神，切实做好客户风险压力测试及风险匹配检测，履行风险揭示与告知义务，规范信息披露方式、途径与内容，做好产品后评价与服务等相关工作。四是建立贷记卡不良透支催收工作考核制度和不良贷款责任追究制度，对信用卡透支户实行名单制管理，密切关注当前宏观形势下信用卡违约、套现和恶意透支等各类风险，提前采取措施消除风险隐患。同时，要积极着手贷记卡的呆账核销工作，将贷记卡呆账核销作为日常性事务进行处理，符合条件的账户须及时进行核销。努力实现不良贷款和不良率的双下降。五是要做好对存量网银企业注册客户资料的真实性、完整性清查工作，消除存量客户可能存在的风险隐患。对今年起新增加的网银企业注册客户建立台账，对企业开通的网上代收代付业务，电子银行部要进行审批。严格网银业务申请资料审核，做到手续完备、注册规范。强化电子银行现场和非现场检查，规范相关操作人员行为。健全风险事件报告和快速响应机制，深入开展电子银行用户风险提示和使用安全指导工作。六是针对零售业务新系统不断上线、新产品持续推出的实际，切实做好一线柜员和个人客户经理的培训工作，谨防柜面操作风险和个人客户经理错误宣传、不当营销等各类风险。

做好零售银行业务要实现“三个”转变

中国农业银行江西省分行　王青山

当前，我行零售银行业务还是以账户为中心、以产品为主线、以任务考核为手段、以任务完成情况为业绩考核标准的产品营销模式。必须尽快将这种模式转变为以客户为中心、以产品和服务为手段、以优质客户群体壮大、以业务收入增加为业绩考核标准的客户营销模式。为此，我们要努力实现“三个”转变——由营销产品向营销客户的转变、由公关营销向服务营销转变、由传统的零售银行向理财银行转变，才能保证我行零售银行业务的持续快速发展。

一、实现由营销产品向营销客户的转变

农业银行零售银行产品十分丰富，每个产品都有不同的特性、目标客户，如果为了单纯营销产品，则很可能出现客户不认可，产品无法销售的局面，最后导致客户和银

行的利益受损。而营销客户则不同，它是以客户为中心，根据客户的需求、风险偏好及财务状况等，为客户提供最合适的产品和服务，从而赢得客户。营销客户的本质在于寻找和锁定目标客户，并与目标客户建立客户管理关系，从而达到销售产品的目的。为进一步提高我行的营销效率，我们必须尽快实现由营销产品向营销客户转变。

一是要寻找和锁定目标客户。一方面，要加大对优质客户的营销力度，积极拓展增量客户。要充分利用我行公司机构类客户资源，将目标锁定在优质信贷客户的高级管理人员，通过与对公业务部门进行联动，将其营销成为我行的个人优质客户；要将具有垄断地位、处于优势行业的企事业单位和政府机关员工列为潜在优质客户，有针对性地开展营销；要锁定个体私营经济活跃的领域，对实力雄厚的私营企业主或投资人进行重点营销，将信誉良好、具有高业务成长性的人员培植为我行的优质客户。另一方面，要通过个人优质客户管理系统（简称 PCRM 系统），认真维护系统中锁定的存量客户。

二是要建立客户关系管理。我们要充分利用 PCRM 系统提供的数据，认真分析本行个人客户的基本情况，积极做好个人优质客户的管理工作。对金卡以上贵宾客户要有专职个人客户经理进行“一对一”的管理和维护；对于钻石卡以上贵宾客户还要有个人理财顾问提供专业的理财顾问服务。要通过短信营销、亲情营销、电话营销等多种方式建立成熟稳固的客户关系。

三是要销售合适的产品。要综合考虑客户的性别、年龄、风险偏好、资产结构、收入水平、理财目标等多种因素，为客户提供涵盖个人存款、个人贷款、个人中间业务等多品种一体化的金融产品服务套餐。要认真做好产品的售后服务工作，及时准确地披露产品的信息，为客户提供恰当的产品建议，从而使客户的资产得到保值增值。

二、实现由公关营销向服务营销转变

目前，我行营销还处于公关营销阶段，主要是通过各种关系与客户建立联系，再采取一定的公关策略从实现营销客户的目的。这种营销方式具有难度大、费用高、稳定性差等特点，已不能满足我行的业务发展要求。服务营销是在客户关系管理的基础上，为客户提供包括金融服务在内的全方位的服务，从而稳定客户关系，最终实现营销目的。为进一步提高我行的营销质量，我们必须尽快实现由公关营销向服务营销转变。

一是要完善服务营销手段。要通过网点功能提升和业务流程再造，全面实施“赢在大堂”策略，实现网点功能分区、业务分流、客户分层，增强对中高端客户的维护和拓展能力；要不断拓宽营销服务渠道，充分发挥自助设备、电子银行等电子渠道的作用，提升服务水平。

二是要落实差异化服务营销策略。要按照“着力培育非贵宾客户，大力发展贵宾客户，积极竞争私人银行客户”的要求，针对目标客户群体落实不同的服务营销策略。对非贵宾客户，要完善和推广标准化、制式化的产品服务方式；对金卡贵宾客户，以理财业务为主要服务内容，实行标准化产品、差异化营销；对白金卡、钻石卡贵宾客户，以财富管理为服务重点，实行差异化产品、个性化营销、顾问式服务；对私人银行客户，通过专家团队为其提供专属财富管理和规划服务。

三是要建立贵宾客户差异化服务体系。要建立健全本行贵宾客户档案，对高端客户实施一对一的跟踪服务；要进一步落实贵宾客户的优先、优惠服务，切实保障贵宾客户享受最基本的服务；要努力提供专属个人客户经理、专业的理财顾问、专门的信息资讯、专享的贵宾客户活动等专属服务，为客户量身定制金融产品服务套餐；要构建全行统一的增值服务体系，为全行贵宾客户提供统一规范、标准一致、服务一致、体验一致的机场贵宾服务、医疗健康服务、紧急救援服务等增值服务，提升客户满意度和忠诚度，彰显客户尊贵。

三、实现由传统的零售银行向理财银行转变

传统的零售银行业务主要包括储蓄、个人贷款、信用卡、电子银行、结算及代理等，这些业务都是以账户为中心，侧重于向客户销售更多的产品。而理财银行则不同，它是以客户为中心，以个人理财业务为纽带整合产品、渠道、载体、系统和营销团队，不断提高客户和理财业务对我行的综合贡献度。为进一步提高客户对我行的贡献价值，我们必须尽快实现由传统的零售银行向理财银行转变。

一是要整合创新零售银行产品。一方面，要加快零售银行产品的整合。大力推广留学教育、家庭理财、私人银行服务、退休规划、房地产购置、汇款结汇投资等六大金钥匙个人金融产品组合，为客户提供实用的解决方案。另一方面，要加快零售银行产品的创新。要充分利用先进的技术，整合自身资源开发出个性化、针对性强的品牌产品，不断满足客户的金融需求。

二是要加快各种渠道的建设。要调整优化网点布局、加快网点装修改造，推进网点分类分级管理，提升网点这一主渠道的服务能力；要加快网上银行、电话银行、手机银行等电子渠道的建设，提高电子渠道分流率；要积极创新电话直销、专业队伍直销和数据库直销的直销渠道建设，拓宽新的营销模式；要加快与电力、电信、移动、大型市场、商场、酒店等重点对象建立商业合作联盟，进一步延伸营销渠道。

三是要加快系统的推广应用。目前 PCRM 系统基本实现了掌握客户结构、了解客户资产规模、资产结构的目标。我们要充分利用 PCRM 系统客户识别功能，把优质客户指派到专职、兼职个人客户经理管理，并有针对性地开展营销，真正实现签约、贵宾卡发放、建立客户关系、后续维护服务依次到位。

四是要加快理财队伍建设。一方面，要尽快制定金融理财师的管理办法，明确理财经理的任职资格和聘任条件，界定理财经理的工作职责和服务范围，为理财经理创造良好的工作平台和打造宽阔的职业发展空间。另一方面，要进一步加大金融理财师的培训力度，尽快实现每个精品以上网点应至少配备或挂靠一名理财师的目标，并建立理财服务团队。要不断细化贵宾理财服务，强化财富管理的功能，逐步将我行打造成现代理财型银行。

打造一流服务品牌　提升核心竞争能力

——张晓男同志在总行“网点文明标准服务年”活动督导检查视频通报会上的典型发言

卓越的银行来自于卓越的服务。在同业竞争异常激烈的今天，打造特色服务品牌，是提升核心竞争力最为有效的手段。山东分行始终重视抓好服务工作，千方百计把改进和完善金融服务作为树立形象、拓展市场、争取业务和吸引客户的重要法宝。2007 年开展了“文明优质服务月”活动，2008 年引入第三方公司，在全行启动了服务暗访，2009 年，在总行统一部署下，乘着农业银行股份公司成立和十一届全运会在山东举办的东风，在全行开展了“网点文明标准服务年”活动，通过规范服务、创新服务、深化服务，全力打造客户首选银行。

一、高度重视，积极部署，强化组织推动

加强和提升金融服务，对银行业来说是个永恒的主题。我们以开展“网点文明标准服务年”活动为契机，立足当前，着眼长远，从加强组织推动着手，努力构建文明标准服务工作的长效机制。

一是加强组织领导，构建联动管理机制。山东分行党委尤其是一把手高度重视零售业务转型工作，我行积极构建“党委统一领导、相关部门各负其责、员工广泛参与”的工作机制，突出各级领导干部的带动作用。省行班子成员多次现场办公，参加网点晨会，体验网点服务，督导标杆网点建设。泰安分行是全国第一批服务内训师的培训地，也是总行按照最新文明服务标准打造六个文明标准服务标杆网点的市分行，今年 4 月份，我们在泰安召开了“文明标准服务年”活动的现场会，组织各市分行分管行长、主管部门负责人观摩了泰安分行文明标准服务和网点转型的成果，通过交流经验、对比先进，查找不足，使文明标准服务工作更加有的放矢。会后，各行立即行动起来，成立组织，制订方案，开展工作，在开展服务扩展培训和标准服务导入时，支行行长、分管行长基本做到全程参与。总行部署的网点转型和文明标准服务工作立意新、起点高、系统性前瞻性强，切中了提升我行零售业务竞争力的要害，得到了全行上下的高度重视、响应和客户的认可，使这项活动迅速升温，员工参与热情高涨。

二是加强宣传发动，积极营造浓厚氛围。一方面，我们加强与主流媒体的联系。紧紧围绕“文明标准服务年”活动各阶段重点，制定宣传计划，组织主题宣传活动。省行与《齐鲁晚报》合作，组织开展了“山东农行优质服务巡礼系列报道”，展示各行活动成果，积极营造有利的舆论环境；另一方面，建立《服务年活动简报》，及时总结推广各行先进经验和典型做法，在内部经管网开辟文明标准服务专栏，及时发布各级行服务工作的动态新闻，形成了浓厚的宣传氛围和正面的舆论导向。

三是加强考核引导，有效激发工作活力。科学合理的考核机制，对于充分调动各级行员工的积极性，增强工作的紧迫感和压力感，推动活动开展有着十分重要的作用。今年，省行把服务作为一项考核内容，直接与绩效挂钩。考核内容以第三方暗访测评成绩为主，综合客户投诉数量和媒体服务曝光数量，体现了全面性和客观性。通过考核“指挥棒”的引导，有效激发了各级行抓服务、树形象、促发展的积极性。

二、抓培训，强队伍，统筹规划积极导入

网点文明标准服务导入是这次活动的关键环节。我们坚持以人为本，从培训师资力量着手，打造标杆、重点突破，由点及面、全面铺开。

第一步，培育一支高素质内训师队伍。我们将参加过总行培训的各分行内训师集中到省行，根据总行《文明标准服务手册》和银行业协会《零售业务服务规范》，加入产品营销内容，编写了培训教材。在此基础上，举办了两期省行内训师培训班，共培训内训师 120 名，建立起一支行为规范、责任心强、富有激情、勇于创新、具有市场竞争力和合作精神的高素质内训师团队。以这批骨干为班底，再逐分行对一线员工进行轮训，通过讲解、演示、讨论、交流、参观，使参训的个人客户经理、大堂经理和柜员进一步提高了对文明标准服务的认识，掌握了文明标准服务的技能。截至目前，全省累计举办文明标准服务培训班 300 余次，共培训各类专业人员 5000 余人，网点培训面达到 100%，员工培训面达 60% 以上。

第二步，打造一批精品标杆网点。我们从每个二级分行选取 3 ~ 4 个处于重要位置、同业竞争激烈的营业机构，由省行内训师负责将其打造成文明标准服务的标杆网点。为保质保量，将内训师分为两个小组，采取 2 天集中培训、5 天现场管理的模式，周末不间断导入。内训师白天在网点现场跟踪管理，晚上分析问题、查找不足，每天工作长达十几个小时。有的内训师连续工作 100 多天没有回家。正是在他们的忘我工作和积极努力下，山东分行网点标准服务导入工作迅速在全省铺开。由于网点之间千差万别，不能一以概之，为做到查遗补缺，在导入过程中，我们建立了内训师联系人制度，定期召开经验交流会，针对导入

过程中发现的问题，细化完善导入标准和网点服务检查标准，使导入工作更趋精细化，可操作性也更强。

第三步，以点带面、遍地开花。精品网点先行导入后，由各二级分行内训师组织，向普通网点辐射导入。目前，36%的网点已导入完毕。在全省服务导入的过程中，各市分行采取了很多行之有效的措施。比如，泰安分行在2008年开展规范化服务活动的基础上，今年又开展了“升级上水平”活动，全行重视服务，全员检查服务，抓经常、经常抓，连续四个季度全省服务暗访测评第一，社会行风评议第一名；潍坊分行以支行为单位开展了文明标准服务百日竞赛活动，推行了“三个一”制度：即行长、分管行长每天利用远程监控系统调阅网点文明标准服务录像一小时以上，每周对全部网点录像调阅一遍，每周对全部网点实地检查督导一遍。从实践情况看，服务导入后的网点，服务环境、员工面貌、服务效率等方面都有了较大提升，突出表现在员工由被动随意服务转为主动规范服务，网点由交易结算型开始向营销服务型转变。由此，不仅使农业银行的社会美誉度大幅提升，也使相关单位感受到优质服务带来的实实在在的好处。山东16个二级分行中，暗访测评前6名的分行，有5家行储蓄存款存量、增量在四家大型银行中独占鳌头。

第四步，巩固成果跟进措施。为防止出现服务行为反复和不良习惯回头，我们组织开展了导入网点“回头看”活动，采取明察暗访、座谈、现场体验的方式，对各分行进行了检查督导，就发现的问题提出了整改意见。各市分行积极探索，开拓创新，采取了一系列跟进措施。如：临沂分行利用远程监控系统检查监督网点晨会和服务；济宁分行采取责任包干到人的办法，由内训师对包点网点的暗访成绩负责；泰安分行组合利用三级联查、远程监控检查、优质服务办公室不定期抽查等多种方式进行监控督导；烟台分行和省行营业部近期均安排机关部门负责人、中层干部利用周六周日到网点坐班，督导帮助网点提升服务水平。这些措施行之有效，确保了基层营业网点工作不松劲，要求不打折，服务不退步。

三、明察纠改，暗访测评，多措并举固化服务行为

文明标准服务重在落实，更重在坚持。我们在抓好组织发动、服务培训、指导考核的同时，将检查监督作为常态化手段，确保各项服务举措能够落到实处，各项服务标准能够长期得以坚持。

一是加强“神秘人”暗访测评。首先，根据总行神秘人检查标准，结合我行实际情况，调整细化了测评标准，将大堂经理由测评占比15分提高到20分，全行营业网点实现了大堂经理的100%配备，严格考评标准，得分达不到70分即视为0分；其次，加大测评频次。坚持每季度测评一次，测评网点覆盖面50%，一级支行覆盖面100%，每半年全部网点测评一遍，全年测评网点3000个次；第三，每季度由第三方暗访公司出具测评报告，并在全行季度行长会议上通报点评；第四，抓好测评结果利用，对客户高感受度项目进行优化改善，重点解决“来去无声、微笑服务、服务效率”等方面问题。全省服务暗访成绩提高13.7分，超过优良水平。

二是对落后网点进行“一对一”明察帮促。省行每半年一次，联合二级分行主管部门、一级支行负责人和美兰德公司人员组成明察工作组，对暗访测评居后的50个网点和重点区域的50个网点进行重点帮促。工作组深入网点现场，先暗访打分，然后与分、支行管理人员、网点负责人面对面沟通，指出服务中存在的问题和扣分项目，明确纠改措施和时限。同时，在市分行召开视频会，面向全部基层网点员工进行点评，全行同步推进纠改。

三是借助社会力量改进服务工作。积极参加“行风评议”活动，保持与地方党委、政府及相关职能部门的经常联系，充分利用系统内外两种力量共同推进文明标准服务工作。邀请各级监管部门和社会各界人士，到我行网点开展服务观摩活动，展示农业银行的新举措、新形象，传递和诠释农业银行“客户至上　因需而变”的服务理念。

在总行的正确领导下，通过全行上下的共同努力，山东分行的文明优质服务建设取得了阶段性成果。2008年被评为“山东十大责任企业”，并在中国银行业首届“好分行”评选活动中荣获“社会责任奖”。2009年，在“山东60年60品牌”评选中，山东农行被授予“服务山东功勋品牌”称号；4个营业机构获得中国银行业协会评选的“千佳文明规范服务示范单位”；烟台芝罘区支行营业部被推荐参加中国银行业协会“百佳文明规范服务示范单位”评选。服务水平的提升也促进了业务的快速发展，10月末，全行各项存款较年初增加818亿元，其中储蓄存款增长350亿元，各项贷款较年初增加812亿元，其中个人贷款增长201亿元，四项指标均位居同业和系统内前列。

在总结经验的同时，我们也清醒地认识到，与兄弟行相比，我行的服务工作还存在诸多问题和较大差距。比如，各级行重视程度不一、导入推进效果递减、持续改进措施不多、标准固化工作任重道远，尚有少数网点未配备专职大堂经理等。今后，我行将进一步解放思想，转变观念，学习借鉴兄弟行的先进经验，坚持基础管理规范化、服务质量标准化、服务管理常态化，努力打造客户忠诚和偏好的服务品牌。重点做好以下工作：一是进一步加强内训师队伍建设，加快导入步伐。进一步加快先进理念、先进流程、先进措施的复制延伸，巩固文明标准服务基础；二是完善固化措施。建立和完善导入、检查、督导、帮促、绩效考评多位一体的固化体系，构建长效机制；三是从推进网点转型着手，提升服务层次，实现从基础文明标准服务，向普通客户标准化服务、贵宾客户差异化服务的升华。

优质服务是一项“永不竣工的工程”、“没有终点的跋涉”。服务永无止境，只有更好，没有最好。我们将以这次会议为动力，向先进行学习，高起点规范，高标准要求，高效能服务，从现在做起，从细节抓起，继续扎实深入开展好“网点文明标准服务年”第四阶段工作，坚持用优质的服务赢得客户信任，努力为推动零售业务转型和各项业务又好又快发展做出新的更大贡献。

对中国农业银行河南省分行零售业务转型的思考

中国农业银行河南省分行　陶伟梁

全面促进零售业务发展，加快建立现代商业银行零售业务经营管理模式，切实提高农业银行零售业务的核心竞争力和可持续发展能力，不断优化业务发展结构，零售业务转型不但是河南分行近年工作的重头戏，也是河南分行改革发展的必由之路。

一、充分认识零售业务转型的重要意义

（一）零售业务广阔发展空间和国家宏观形势的变化为河南省分行零售业务转型提出了迫切要求

一是我国经济持续稳定增长为零售业务的快速发展提供了坚实的客户基础。改革开放三十年来，我国经济高速发展，社会财富格局发生了根本性变化，居民财富不断积累。我省是人口大省、经济强省，止2008年末，全省GDP为18200亿元，位居全国第五，城镇居民人均可支配收入13200元，储蓄存款余额9569亿元，有着广泛的客户基础和潜在商机，为银行发展零售业务奠定了坚实的基础。二是个人金融需求呈现多元化、个性化、高层次的升级趋势。在居民财富快速增长的同时，居民消费和投资方式也发生了巨大变化，住房、汽车、投资、教育、养老等已成为居民重要的支出项目，对包括投资理财、综合授信、个人消费、保险及税务规划等整合性金融服务提出了更高的要求，为银行零售业务的发展开辟了新的效益增长点。三是国家宏观经济形势的变化为银行零售业务的发展提供了有力的政策支持。利率市场化的推进、人民币汇率形成机制的变化、资本市场的深化发展和金融创新相关办法的出台，为商业银行加快个人金融创新提供了制度环境，银行与基金、保险、信托等跨业合作的平台开始搭建，私人银行业务初露峥嵘。零售业务无论在深度还是广度上都得到了较大的拓展，体现出良好的成长性。随着优质法人客户的直接融资能力不断增强，利差空间正在不断缩小，河南省分行的经营风险相对加大，宏观形势的变化迫使河南省分行必须将零售业务的转型工作提到重要议事日程。

（二）零售业务增长方式的重大变化促使河南省分行必须加快零售业务转型

一是零售业务的竞争力成为一个银行综合实力的写照，零售业务的竞争力越来越依赖中后台的支持和系统上下的联动。二是个人金融体系从以产品、账务核算为中心向以客户为中心转变的趋势日益明朗。大部分银行都已推出个人综合账户，实现一站式个人财富的集中管理服务；改制后的几家大型银行都在紧锣密鼓的推进财富管理中心乃至私人银行业务。三是各行更加注重提升个人金融资产的综合销售能力，基金、理财、个人贷款等高附加值的核心业务成为同业竞争的焦点。四是网点转型和流程再造成为提升零售业务竞争力的核心工程。其他三家国有商业银行纷纷在股改后两年内启动了网点转型项目，并与战略投资者合作启动流程再造工程，网点的一般性服务正在被电子服务和自助服务所替代，精品网点正在转型为服务中高端客户的理财中心和财富管理中心。

（三）零售业务的独特优势和战略定位迫使河南省分行必须加大业务转型力度

一是零售业务具有利润贡献度增长幅度大、经济资本占用率低、抵御经济周期影响能力强、风险分散、客户稳定性强、综合带动效应大、市场前景广阔的特点，是河南省分行股改后满足巴塞尔资本监管要求、跻身国际主流银行的必要选择。二是国际一些上市银行纷纷将零售业务作为板块业务来发展和考核，国际资本市场也普遍将零售业务作为战略说明书、上市路演和年报的首要叙述业务，伴随河南省分行的股改上市，零售业务的战略地位越来越突出。三是随着资本市场快速发展，依靠传统利差收入的利润增长模式受到挑战；国家宏观调控政策逐步到位，产业结构调整与产能过剩行业的压缩，要求河南省分行优先发展零售业务，主动应对市场风险，优化资产负债结构及盈利模式。四是河南省分行拥有同业最多的网点和员工，最大的电子化网络，客户结构与城乡二元经济结构最为契合，随着县域蓝海战略的全面推进，跨区域、全方位、高中低端业务多元化、联动城乡的零售服务优势将更为凸显，只有将上述优势有效转换为零售业务的核心竞争力，河南省分行才能真正成为最广大客户群体提供优质金融服务的现代化全能型银行。

（四）金融同业对零售业务的激烈竞争态势客观上要求河南省分行必须加大转型步伐

当前，各行对零售业务领域的竞争日趋激烈。工商银行明确提出要建成“国内个人业务第一强行”，中国银行提出“大公司与大零售并重”，建设银行提出要建设“国际一流零售银行”；交行、招行、民生银行等股份制商业银行和证券公司、保险公司、信托投资公司等各类非银行金融机构，早已将业务工作重心定位在个人金融市场；国际上著名大银行进军中国金融市场，其竞争的重点就是锁定高端个人客户领域。这种体制和机制上的创新正在颠覆现有的市场结构，进一步加剧零售业务领域激烈竞争局面。

而河南省分行零售业务转型起步较晚，城市行零售业务的发展水平与其他行的差距尤为明显，伴随着股改后县域三农业务的独立核算，对城市行零售业务的发展更是提出了严峻挑战，加快零售业务转型已成为当务之急。

二、加快零售业务转型的总体思路

（一）指导思想

按照科学发展观要求，围绕将农行建设成为一流的零售银行的发展目标，全面贯彻落实总行“3510”战略发展规划，以客户为中心，以渠道为载体，以产品为抓手，以队伍为主体，以项目管理的方式全速推进零售业务转型，在新的起点上实现零售业务的持续协调快速发展。

（二）工作目标

通过零售业务转型，力争用3年时间解决城市行零售业务边缘化的问题，5年时间达到同业平均水平，10年建成省内一流零售银行。到2012年末，实现如下工作目标：

1. 转型目标：

（1）组织架构：建立和完善零售业务经营管理、营销组织、作业支持、客户维护服务体系；整合优化省分行、二级分行、支行零售业务经营管理职责和运行机制；建立科学合理的零售业绩评价和管理体系。

（2）渠道转型：3年内完成全部城区网点分区改造，将50%以上城区网点建设成精品网点；建成金钥匙理财中心75家以上，金钥匙财富管理中心6家；建成离行式自助银行300家以上，在行式自助银行300家以上；电子渠道业务量占比达到60%以上。

（3）业务处理：不断优化业务流程，柜台交易客户平均等待时间不高于同业平均水平。

（4）队伍建设：零售客户经理（含大堂经理、个人客户关系经理、理财经理）占河南省分行员工的10%；网点营销人员配置比例达到40%以上。

（5）客户基础：不断优化客户结构，个人优质客户（三星及三星级以上客户）增长30%；个人优质客户签约率达到80%；个人优质客户收益贡献比例提高到50%；个人客户满意度提升到95%。

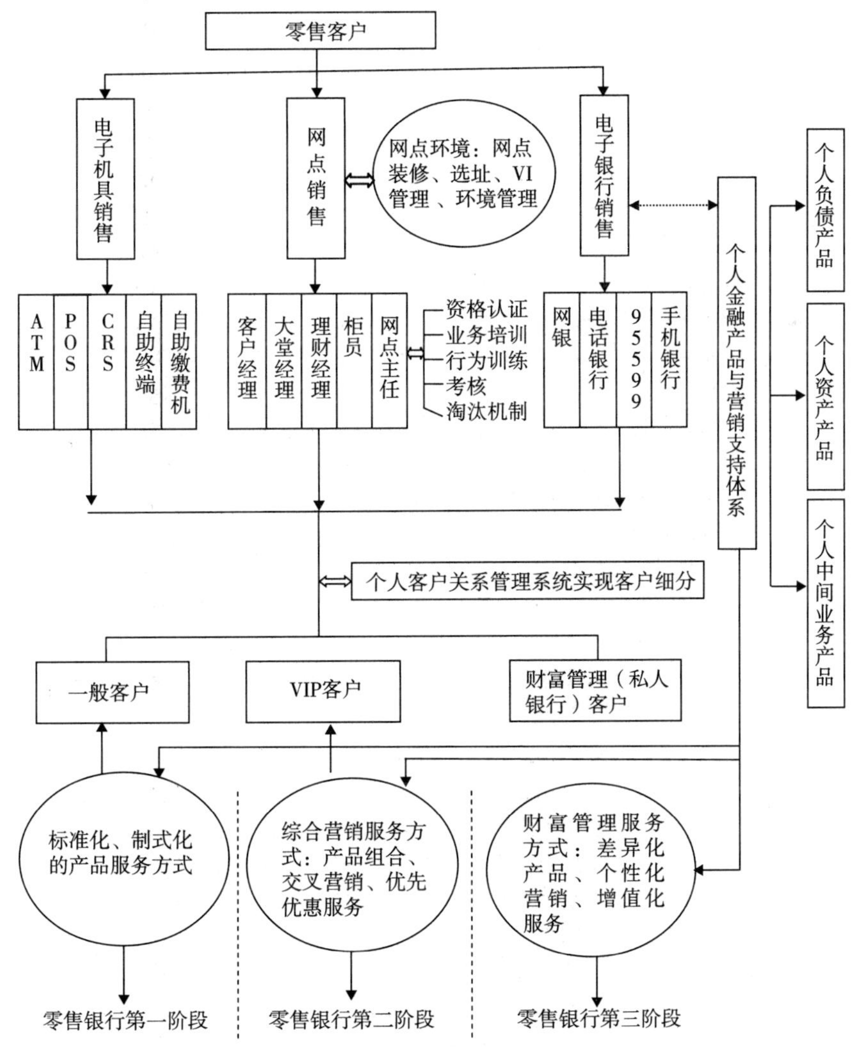

图3-5　零售业务转型的基本路径

2. 发展目标：

（1）个人金融资产。销售总额（包括储蓄存款增量、基金、保险、国债、理财产品等中间业务销售额）位居同业前列，城市地区市场占有率年均增长2%。

（2）个人贷款。个贷每年增量占河南省分行贷款增量10%以上；个人贷款市场占有率提高2个百分点；个人贷款不良率逐年下降。

（3）经营效益。零售业务收入贡献占比达到河南省分行35%以上；零售中间业务收入在省内四大行占比达到25%以上。

（三）基本路径梁

河南省分行零售业务转型的基本路径是以打通物理网点、电子机具、电子银行三大渠道为主要抓手，通过完善个人金融产品营销支持体系、统一网点环境形象，建设多层次营销队伍、优化服务品质和增值服务能力，推动零售银行经营模式的阶梯性递进，提升对客户的多元化、多渠道、多维度营销服务水平。

（四）主要内容

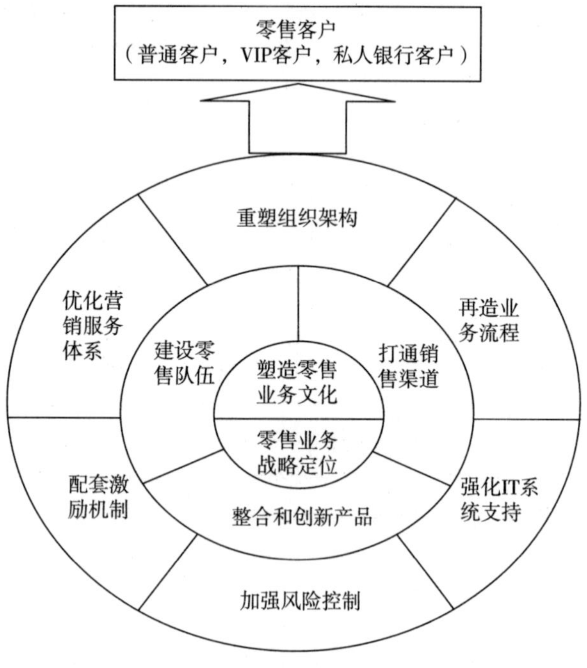

图3－6　零售业务转型框架

零售业务转型的主要内容包括零售业务战略定位、塑造零售文化、创新和整合零售产品、建设营销队伍、打通销售渠道、重塑组织架构、再造业务流程、强化IT系统支持、优化营销服务体系、配套激励机制、加强风险控制等，具体内容如下：

1. 零售业务战略定位。结合河南省分行零售业务发展现状，实施赶超发展战略，通过夯实基础、重点攻坚、全线超越三个阶段，建设省内最强零售银行。这是零售业务转型的核心目标。

2. 重塑组织架构。按照“对公业务上收、零售业务下沉”的总体思路，整合现有零售业务板块，构建一个设置合理、运转高效、指挥有力的大零售业务组织架构。这是零售业务转型能否取得成功的组织保障。

3. 再造业务流程。在风险可控的前提下，以客户为中心，复杂其中，简便其表，便利客户，再造客户服务流程和后台支持流程。这是零售业务转型的运行基础。

4. 配套激励机制。加大对单位的零售业务考核力度，改革固定资产、工资和费用等资源配置方式，全面实行个人业务营销产品计价考核，激发单位和个人推进零售业务转型的积极性。这是零售业务转型的推进器与指挥棒。

5. 建设营销队伍。打造一支由网点主任、个人客户关系经理、大堂经理、理财经理、低柜柜员等组成的专业化、职业化、知识化的营销队伍。这是零售业务转型的关键。

6. 打通销售渠道。打通物理网点、电子机具和电子银行三大渠道，着力提高电子机具和电子银行渠道的销售能力，实现渠道高度融合、优势互补，建设三大渠道并行营运的立体式、全方位销售体系。这是零售业务转型的枢纽，是将零售产品和客户有效沟通和联系起来的通道和桥梁。

7. 强化IT系统支持。有效整合和优化现有的零售业务操作和管理系统，开发成一个集操作与管理为一体、营销与核算为一体的综合服务平台。这是零售业务转型的技术保障。

8. 优化营销服务体系。构建一个部门协作、上下联动、公私联动、行际互动、服务规范、综合营销的营销服务体系。这是零售业务转型的技术基础。

9. 塑造零售文化。引导和培养零售业务队伍建立“以客为尊、激情创新、团队合作、合规经营、追求卓越”的文化，增强零售业务队伍的凝聚力、向心力、战斗力，增强零售业务队伍的学习力、控制力、执行力和创新力。这是零售业务转型的动力和源泉。

10. 创新和整合零售产品。以客户为中心，将现有零售产品进行有效整合和包装，并因市场而变，因客户所需而动。这是零售业务转型的基础。

11. 加强风险控制。通过建立健全零售业务各项管理制度，构造以事前防范为基础、事中控制为重点、事后监督与业绩考核为辅助的全过程风险管理体系。这是零售业务转型和健康发展的重要保证。

三、加快零售业务转型的主要措施

（一）转换思想，强化零售业务发展战略观念

1. 从战略高度重视零售业务的发展。全省各级行领导班子必须把零售业务工作放在主要议事日程上，要从战略高度认识零售业务对培植河南省分行品牌及核心竞争力所起的重要作用，统筹解决好制约零售业务发展的瓶颈问题。要实施“一把手”工程，重点做到思想认识到位、组织领导到位、工作措施到位、资源配置到位、考核奖励到位。要以发展的眼光、长远的眼光抓好零售业务的基础性工作，充分调动全员发展零售业务的积极性，确保总量持续、稳定增长。

2. 树立“以客户为中心”理念。要始终关注客户有价值的需求，以客户的满意度作为评价工作的标尺，围绕客户的需求和利益调动所有资源向客户提供全方位、个性化的产品与服务。要通过向客户提供良好的服务以及良好的消费体验来建立长久的客户关系，以此为河南省分行创造价值。

3. 实施差异化服务战略。要对河南省分行资源优势和市场客户需求进行全面分析，形成明确的市场定位、系统的战略管理观念和分层实施策略。要识别并区分客户价值，在此基础上实施客户分层和差异化服务策略。对大众客户，以传统的零售业务为主，提供标准化的产品和服务，尽可能引导他们使用自助服务设备办理业务。对于成长性客户和中端客户，以理财业务为主要服务内容，通过扩大和完善银行卡（贷记卡、借记卡）功能，引导他们利用个人客户经理、自助设备、柜台、电话银行、网上银行等多渠道办理业务。对高端客户，以财富管理为服务重点，以金钥匙理财中心、金钥匙财富管理中心和个人客户经理为服务渠道，根据其需求量身定制个性化的理财产品组合，同时依据其对农行贡献的大小，实行优先、优惠和增值服务，以彰显高价值客户的财富优势，提升其对农行的依存度。

4. 强化品牌发展战略。充分借助河南省分行零售业务产品的独特优势，通过电视、报刊、网络等宣传媒介加强产品宣传，提高河南省分行零售业务产品知名度，逐步培育具有河南省分行特色的品牌，走品牌发展之路。

（二）理顺管理架构，构建以客户为中心的现代零售营销服务体系

按照“有利于零售业务综合管理、有利于联动协调、有利于优质客户营销、有利于高端业务发展”的原则，通过理顺组织架构和系统资源整合，切实增强各级行之间的发展合力，用五年左右的时间，将河南省分行建设成为“管理有序、流程高效，渠道畅通，客户、股东和员工满意”的省内一流零售银行。

1. 坚持“大个金”的经营思路，强化零售业务板块的整合与联动。按照总行的统一规划，河南省分行要尽快形成覆盖个人负债业务、资产业务和中间业务的前台个人金融板块，归口一个副行长分管。个人业务部门为零售板块营销、维护客户的牵头部门，具体为战略规划中心、营销推广中心、队伍建设中心和绩效评价中心，其他零售部门要为零售客户综合营销提供产品支持和服务保障。

2. 明确职责，理顺各级行零售部门的纵向职能分工。省、市分行零售业务部门负责组织执行总行零售业务各项管理制度、实施各项管理措施。支行专注负责客户营销。

3. 实施交叉考核，促进前后台配合、前台间综合营销。考核零售板块各部门的零售业务经济增加值，各项零售产品的营销业绩交叉体现在各个部门，实施对公、零售部门联动考核，促进零售业务批量开发，实行跟单计价激励。

4. 积极引导，在城市行努力打造以零售业务为主的“特色支行”和“专业支行”。分层推进“对公业务上收，零售业务下沉”的零售业务经营模式将法人业务的营销、管理和审批职能上收，根据区域特点将支行转型为以零售业务为主的经营行。具体做法是：城市行的城区法人业务集中到市行营业部，网点专注办理零售业务（可保留对公业务结算服务功能）。要选择一批零售业务基础较好的城市行，充分利用河南省分行零售业务的产品优势，分别转型为以个人信贷业务、个人理财业务为主的“特色支行”和“专业支行”，其中郑州地区4个，其他地区1－2个，逐步培育具有河南省分行特点的品牌优势。

5. 试点建立私人银行客户服务体系。组织相关人员，配合总行积极研究和探索河南省分行私人银行服务的组织架构、目标客户、运作模式、产品体系等，为河南省分行全面推进私人银行服务奠定基础。

（三）加快机制创新，全面提高发展零售业务的积极性

按照“绩效挂钩、激励到人、多劳多得”的原则，通过建立和完善零售业务的考核激励机制，全面调动各个层面发展零售业务的积极性。

1. 加大零售业务综合考核力度。坚持以价值为导向，完善河南省分行综合绩效考评办法，根据零售业务的业绩价值贡献匹配经营绩效考评分值，分配权重要与零售板块业务的战略地位相匹配，并将个人信贷业务等战略性业务以单项形式纳入河南省分行综合考评体系。

2. 推行零售业务产品“1＋N”营销考核模式。将个人贷款、基金、国债、第三方存管、理财产品、代理保险等与个人存款指标加权组合构成零售业务发展竞争力指标，促使经营行根据市场形势的变化“顺势而为”，从而促进零售业务协调发展、均衡发展。

3. 建立并完善零售业务产品跟单计价机制。进一步完善零售业务产品计价考核机制，制定零售业务产品内部价格，实施营销费用和部分工资费用与零售业务核心产品（如个人存款、基金及其他理财产品、个人信贷业务等）营销业绩挂钩。对符合零售业务转型方向或具有较大市场潜力、综合贡献高的重点产品加大计价奖励力度，按照“营销人员为主，协销人员为辅，营销团队共享”的原则，按月奖励兑现到个人。产品营销计价奖励必须按照计价标准全额兑现，不受营销人员所在机构的综合经营考核结果影响，并定期公布结果，接受员工监督。

4. 加大个人分岗考核力度。高柜柜员的绩效工资与业务操作量和交易量挂钩为主，实行固定工资加计件工资挂钩模式；低柜柜员的绩效工资与产品销售量和创效情况挂钩为主，与业务操作量挂钩为辅，实行固定工资加绩效工资挂钩模式；个人客户关系经理的绩效工资与产品销售量和创效情况挂钩；大堂经理与客户分流率、自助设备使用率以及网点产品销售量指标挂钩；理财经理的绩效工资与贵宾客户的维护拓展、理财产品销售量和收入挂钩；网点主任与网点效益、网点等级、网点业务量、网点转型等关键指标挂钩。全面推行产品计价办法，建立员工营销业绩台账，采用低底薪、高挂钩的计价考核，采取上不封顶政策，鼓励多劳多得。

5. 强化网点零售业务考核激励。一是突出对综合营销的考核。针对部分基层网点只注重营销存款、忽视资产和中间业务发展的实际，改进考核评价政策，着重引导基层积极拓展资产和中间业务，以实现河南省分行资产、负债和中间业务的全面发展。二是实行网点分类考核。各行要坚持“因地制宜、区别对待、分类指导”的原则，改变营业网点统一的考核模式，不同类型的网点，在考核中设置不同的指标和权重，引导基层网点根据自身实际加快有效发展步伐。

（四）加强产品整合创新，提升市场竞争能力

按照“顺应市场、满足客户、适销对路、整体营销”

的原则，对现有的零售业务产品进行整合包装。

1. 重新梳理产品线。将零售业务产品整合为基础账户服务、投资理财服务、个人信贷服务、信用卡四大产品线。在每个产品线内，遴选核心产品，建立核心品牌，构建统一的产品营销模块、品牌推广模块和业务操作模块。实施核心产品与辅助产品的分类管理，突出抓好核心产品的开发和功能完善。

2. 加强不同类别零售产品的整合。加快传统储蓄业务与证券、基金、保险业务的有效整合，实现基础账户与理财账户的联通。发挥个贷产品的引擎和粘合作用，将贷款账户与银行卡业务、保险、理财、网上银行、电话银行、手机银行等账户连结在一起，为客户提供综合零售产品组合及优惠方案。

3. 加快实现个贷业务的恢复性发展

（1）明确发展策略。一是实施优先发展策略。在改进内部管理，提高营销效率的同时，对个人信贷业务适度倾斜资源配置，不断完善配套政策，优先满足用信规模，确保个贷规模计划不被侵占。二是实施赶超发展策略。重点推进城市行个人信贷业务突破式发展，扭转营销弱势，抢占市场份额。三是实施牵引发展策略。个人信贷业务发展实行“1+N”模式，即每发展一位个人信贷客户，同时开办银行卡、网上银行、电话银行，拓展存贷双赢理财账户等增值服务，推介理财组合方案等，提高个人信贷客户的综合回报率。

（2）把握营销重点。一是把个人住房信贷业务作为优先发展的业务品种，坚持“双优”原则，加大对优质开发商、优质楼盘的营销力度，提高市场竞争力。加强个人住房贷款与开发贷款的联动营销，对河南省分行开发贷款支持的住房楼盘按揭跟进工作进行持续评价。积极开展置换式贷款营销，组织个人优质客户综合授信营销推介活动。大力拓展非交易转按贷款，积极组织员工推介活动。二是积极开展个人自用车贷款，选择人均GDP水平较高、家用汽车消费潜力大的地区作为汽车贷款的重点发展地区。三是选择大型商品批发市场、商业繁华地段大力拓展个人生产经营贷款。

（3）拓宽营销渠道。一是按照总行的要求，各二级分行可选择1~2个城区（单点）支行作为个贷业务的试点行，使其成为个贷营销的主渠道，集中精力做个人信贷业务，弱化其他业务指标的分配和考核，并从人员配备、业务流程、发展费用等方面给予积极支持，引导其走个贷特色支行之路。通过重点示范，以点带面，带动个人信贷业务的广泛开展。二是加大与房地产开发商、二手房中介、汽车经销商等合作单位的合作力度，强强联手，推动城市行个人贷款业务批量化发展。三是逐步建立个贷专业营销团队，重点营销政府机关、优势行业、品牌开发商、汽车经销商、二手房中介等，加大优质客户营销力度，提升营销层次。

（4）强化保障措施。一是充实个贷人员。在总行制度框架内，按照“营销下沉，审查、审批上收”的原则，加快推进个贷业务集中审查审批，各行要配备足够的专业独立审查、审批人员，集中审查、审批个贷业务，有条件的行可实行个贷业务“一站式”办理，切实提高审查、审批的质量和业务办理效率。二是规范流程，提高运作效率。开展对个贷产品的集中梳理，统一规范各品种操作流程，制订详尽的业务办理流程图，做到每个岗位、每个部门的业务流程过程清晰可见。三是适当下放部分个人贷款审批权限。将个人综合授信贷款项下单笔用信、个人生产经营最高额循环贷款项下单笔用信等两项业务审批权限下放到支行。四是建立免责机制。将个人贷款业务按一般违章和严重违规区别开来，凡不属道德风险、未产生风险损失且能够迅速整改到位的一般违章问题，应以辅导纠正为主，不予纪律处分，在风险可控的基础上，提高个贷业务人员积极性。

4. 促进信用卡和电子银行业务规模与效益同步增长。银行卡和电子银行业务是现代商业银行的主打产品，正在和必将成为各家银行竞争的核心领域，是创利增收的主渠道。要做大借记卡，做优贷记卡、做好惠农卡、做强电子银行。

5. 加快财富账户的开发。打造集资金转账、投资和智能理财功能于一体，具备多卡统一管理和多通道金融投资功能的综合性个人金融服务账户。在此基础上，根据客户的资产状况、所处的年龄阶段等因素，组合包装出“成长人生”、“成功人生”、“非凡人生”三大类理财账户，向客户提供不同的产品组合包装及定价策略。

（五）打通三大渠道，统一零售业务服务平台

按照“网点分类、功能分区、业务分流、服务分层、产品分销”的原则推进零售业务渠道的改造和整合，形成物理网点与电子银行协同配合，客户多渠道服务、业务多渠道分流、产品多渠道销售的零售业务多元化发展格局。

1. 做好网点的形象建设。一是优化网点布局。加大城区网点的建设投入，全面实施“绿色工程”，制定城区网点统一的布局规划、网点选址模型标准、二级及以下LOGO的形象设计标准、改造建设标准、设备配置标准、店堂规范标准。二是明确网点分类和功能定位。把河南省分行城区网点划分为财富型网点（包括私人银行、金钥匙财富管理中心和理财中心）、精品型网点、基础型网点和自助型网点，其中基础型和自助型网点均为零售网点，财富型和精品型网点可进一步细分为综合网点和零售网点，构建财富管理中心、理财中心、精品网点、基础网点、自助网点组成的多层次、多功能服务网络，对不同网点实施差异化的功能定位。三是做好网点的建设管理。要高度重视，统一认识。推进网点形象建设是河南省分行树立新形象、塑造新文化的重要途径，是全面提升河南省分行服务水平和质量，体现以客户为中心经营理念的重要举措，是加快零售业务转型、打造国内一流零售银行的首要工作。要统一网点布局规划、统一网点选址模型标准、统一网点形象设计标准、统一改造建设标准、统一设备配置标准，实施“交钥匙工程”。要根据网点现有条件合理设置咨询引导区、自助服务区、非现金服务区、现金服务区、电子银行体验服务区、休息等待区、贵宾服务区、贵宾理财区，促进客户、渠道、产品的差别化整合，提升营业网点的综合营销功能。要推行分层管理体制，财富管理中心、理财中心、精品网点由省分行统一设计，其余网点由二级分行设计，报省分行报批。所有网点由二级分行统一招标、施工和验收，切实提高网点建设效率。在推进网点建设中要严格标准、强制招待；要统筹资源、分步实施；要加强监督、保证质量；要软硬结合、促进转型。四是加快财富型网点建设步伐。在省会设立1家金钥匙财富管理中心，在各二级分行所在地建立2~3家金钥匙理财中心，在小城市建立1~2家金钥匙理财中心。五是实施“赢在大堂”策略。引入外部咨询公司诊断网点现状，评估改进空间。根据河南省分行业务流程的变化，在风险可控的前提下，调整岗位设置和劳动组合，清分现场管理角色，加强客户识别分流，改进内部流程和营销模式，完善网点窗口、高低柜配置及弹性排班机制，促进网点向营销服务型转变。六是塑造网点精神。让网点成为传播企业文化的平台。实施网点星级管理制度，引入“神秘人”制度，对网点业务经营和服务质量实行动态管理和评估。推广网点晨会制度，制定网点礼仪规范和服务标准，创新考核激励和沟通表扬方式，使员工始终以饱满的热情、振奋的精神面对客户，提高网点文明标准化服务的主动性与自觉性。

2. 加大自助设备和自助银行的建设力度。一是加快城市网点自助服务区和离行式自助银行建设，加大自助机具的集群化投放力度，从2009年开始，每一个转型网点必须同步改造附行式自助银行，并在部分发达城区的热点地区、网点空白区域加大离行式ATM和CRS的投入。二是将一般纯交易型网点（100平米以下）改建为离行式自助银行。三是规范自助设备品牌和型号，实现自助设备统一品牌、统一型号。四是调整收费标准，充分体现自助服务与柜面服务的价格差异，将低附加值的业务尽量分流到自助渠道。五是完善自助设备功能，调整自助设备分布与配送，以便日常管理、维护和维修，切实提高自助设备使用效率。六是建立自助设备的后评价制度和供应商的淘汰机制。

3. 加快电子银行业务的发展步伐。一是加快电子银行客户信息系统与综合业务客户信息系统、地方特色业务平台、人工坐席客服系统、在线银行服务系统的整合，优化资源配置，尽早实现电子银行的注册网点覆盖全部营业网点，逐步实现水电费、电话费、公共事业收费等各种充值金融服务。二是加快完成手机银行、网上银行、电话银行、自助终端的功能升级和宣传推广工作，实现零售资产、负债和中间业务成熟产品的电子渠道发布、打造在线零售金融产品超市，提供基础银行产品、财富管理、自助贷款、综合授信等全方位服务。三是通过现场引导、专题推介、交叉营销、差异化营销、上门服务、奖励积分等措施，增加电子银行客户数量和交易规模，提高电子银行渗透率和电子渠道交易占比。四是充分发挥客服中心营销支持服务作用，提高主动呼出业务占比，增强网上坐席服务和主动营销能力，为客户提供集约化的人工服务和电话营销支持。

（六）优化业务操作，提升客户满意度

按照“前（台）简后（台）繁、下（级行）简上（级行）繁”和“高柜业务简单化、复杂业务后台化、零售业务大堂化、客户经理角色化”原则，实现“凡是银行能做的不要客户做，凡是后台能做的不要前台做，凡是客户一步能完成的不分两步操作，凡是机具和系统能办理的不到柜面办理，凡是能集中的不分散办理”。

1. 优化柜面业务操作。组织客户开户和签约流程的优化工作，与相关部门一起对现有柜面业务进行分解，按业务交易量类型和风险类别分别设计业务流程，优化业务操作，整合服务流程。

2. 优化个贷业务流程。以专业支行和个贷中心为核心，拓宽网银、自助、中介等个贷受理渠道；推广个贷集中管理模式；在信贷部门设立相对独立的个贷审批团队；建立个人信贷客户等级评定制度，统一准入门槛。

3. 合理划分前后台边界，集中后台操作。合理划分前台柜员接单和后台处理关系，前台柜员仅负责完成与客户交易的基本要素动作；同时积极配合有关部门的工作，实现前后台分离、前台减负、后台集中的模式。

4. 改进客户服务流程。设定客户等待时间、销售量、客户满意度等关键指标，进行相应的流程改进；通过提升迎宾流程，增加对潜在销售机会的挖掘，促进交易渠道迁移并改善服务质量。

（七）优化IT系统，搭建转型零售业务应用平台

按照“以客户经营为中心，以产品营销为重点、以方便使用为前提、以有效管控为基础”的原则，整合优化科技支持系统，打造新型的零售业务科技信息平台。

1. 加快PCRM、CFE和新一代网银的推广应用步伐。要尽快完成系统的推广应用工作，已实施网点转型的，必须在低柜服务区域和理财工作室使用CFE；个人金融、科技部门要对系统推广应用过程中存在的问题和新需求，及时予以响应和解决。

2. 加快开发适应网点转型急需的应用系统和电子机具。开发支持高低柜分设的授权（复核）系统、产品计价与业绩考评系统、网点转型后评价系统，扩大客户识别导向（航）系统、网银体验机、网点综合信息播放等系统。

3. 为私人银行业务提供IT支持系统。实现一个客户经理在一个电脑界面可以为私人银行客户办理所有业务

4. 整合完善现有柜面业务系统。依托新一代核心银行系统，对现有柜面系统进行梳理和整合，把相近、相同的涉及客户信息的系统进行归类，以减少客户信息重复录入，提高信息使用率；整合前后台交易，把业务系统的交易逐步区分为网点操作前后台和数据提取前后台，实现交易的统一性和交互界面的友好性。将网点的后台业务、非即时业务和部分即时业务逐步上收集中处理。优化个人产品网点开户（签约）程序，将客户各类开户需求归并成一张申请表，实现开户业务一并办理。

5. 建立新型的零售业务综合处理平台。新的零售业务综合管理平台就是建立个人客户基本内账户，包括个人借记、个人贷记、个人理财和个人客户综合管理四大子系统。个人借记系统，以建立个人客户基本账户为主，关联个人客户所有在农行的投资类账户和服务（渠道）类账户，根据客户的等级，设置不同的账户类别，赋予相应的优惠条件和增值措施；个人贷记系统，以处理个人贷记业务为主，将现有的分散在不同的系统中的个人授信、贷记卡、各类个人贷款功能整合在一个系统中，管理个人资产业务；个

人理财系统，以处理个人客户的各类金融性交易和管理为主，将现有的基金交易、黄金买卖、国债买卖、外汇交易、保险业务、理财产品销售、综合理财规划等整合在一起；个人客户综合管理系统，以对客户的综合分析与评价、客户维护与管理、产品计价与业绩考核、信息传递与管理等功能为主。

新平台建设在功能上实现零售板块集中、前后台处理分离；在应用范围上支持和覆盖物理网点、电子机具和电子银行三大渠道；在操作界面上，按照使用者属性定制功能，集交易、产品、客户信息于一体，实现“交易中营销、营销中交易”的目的；在信息传递上，实现“零时间、零距离、零失真”；在业务种类上，以参数化、模块化设计原理体现可扩充性和灵活性，适应零售业务的发展和市场需要。

（八）加强队伍建设，打造高素质的零售业务营销团队

按照“控制总量、优化配置、规范服务、提高素质”的原则，通过压缩高柜、增机（自助设备）减人、优化劳动组合等措施，调整和充实零售业务队伍，建设一支专业化的优秀营销团队。

1. 健全零售业务岗位序列。按照大堂经理、个人客户关系经理（包括营销经理）、理财经理（包括产品经理）三类岗位规范零售业务岗位序列，明晰岗位设置和职责体系。各岗位序列职责分明、各司其职、目标明确，保证各业务条线都能发挥出专业化水平。

2. 充实零售客户经理队伍。一是通过业务流程优化，劳动组合重组、用工机制改革等手段有效充实个人金融业务一线人员，实现金钥匙财富管理中心至少配备5名专职个人客户关系经理，每家金钥匙理财中心至少配备4名专职个人客户关系经理，每个设有金钥匙理财室的网点至少配备2名专职个人客户关系经理，每个推广PCRM系统的网点至少配备1名专职个人客户关系经理，理财中心和财富管理中心高柜不得多于低柜。同时，对营业网点营销人员实行限期到位，2009年6月底之前，所在城区网点必须做到“四到位”，即大堂经理到位（含农村网点）、开放式柜台柜员到位（已设开放式柜台网点）、个人客户关系经理到位、个人理财顾问到位（理财中心）。二是尽快将一批熟悉理财产品功能、能够为高端客户提供综合理财的高素质客户经理和已取得金融理财师资格证书的专业人才调整到理财师岗位上来，并优先调配到金钥匙财富管理中心和金钥匙理财中心，提高基础待遇，发挥他们应有的作用。三是提高外出营销型人员占比，使每个城区网点都能有客户经理专职外出营销。四是要确立“小机关、大服务”的理念，压缩中后台等机关富余人员，充实客户经理队伍。

3. 加强零售业务培训。一是选拔优秀人才培训服务礼仪、专业技能、产品知识、金融工具等，使之成为河南省分行培训师。由培训师滚动培训，培养一支能打硬仗的零售业务队伍。二是建立分层培训机制。网点负责人、二级分行内训师、高级客户经理和个人理财顾问、AFP由省分行组织培训；其他员工和岗位培训由二级分行组织实施；支行和网点也要组织开展体验式培训、拓展式培训和业务基础知识等方面的培训。三是创新培训方式，采取开展专题讨论、组织经验交流、外出跟班学习、邀请专家授课等多种方式，提高客户经理的业务技能和综合素质，努力打造一支专业化、高素质的零售业务团队，使零售客户经理永不落伍。四是按照初、中、高三级实施前台柜员分级管理，分层培训制度。初级柜员只办理存取款、国债、汇兑等基本业务，培训内容主要与所经办业务相关的应知应会的基础知识，以上岗前培训为主。中级柜员全面经办和柜面营销个人负债、个人资产及个人中间业务，培训内容主要以丰富其相关产品知识和增强营销技能为主，每年脱产培训时间不少于40学时。高级柜员主要以中高端客户为服务对象，全面熟悉柜面业务，把握客户需求，提升营销能力，相应培训内容主要以相关业务知识、客户需求分析、营销技能提升和基本理财知识为主，每年培训时间不得少于80学时。

4. 建立零售客户经理的成长通道。一是规范零售业务队伍的选拔、认证、聘用、上岗、晋升等程序，强化队伍的上岗准入管理和等级管理，打通高柜柜员→低柜柜员→客户关系经理→理财经理的成长通道。二是建立个贷客户经理持证上岗机制，打造个人信贷业务专业化营销队伍。

（九）建立零售文化，完善全过程风险管理体系

1. 完善零售业务内控管理体系。完善零售业务各项风险管理制度、报告制度和自律监管制度，再造以事前防范为基础、事中控制为重点、事后监督与业绩激励为辅助的全过程的零售业务风险管理流程，强化对风险管理的系统硬控制。同时，加强市场形势和政策分析，做好理财产品的风险提示和正确引导，做好市场风险、声誉风险和政策性风险的屏蔽工作。

2. 加强制度建设。一是不断完善零售业务的各项规章制度，从制度上规范各项业务的运作。二是强化各项制度的执行。通过强化对制度的宣讲，将制度传达到每一个约束对象、每一个业务环节、每一个操作岗位；通过强化对制度的培训，使员工做到熟悉制度、了解制度、掌握制度、执行制度。

3. 强化监督检查。一是强化机器控制。有效运用河南省分行的信贷在线监测系统、柜面操作业务远程监控系统，及时发现风险疑点和风险隐患；充分利用柜台、ATM等重点部位的电子监控系统，及时监测风险隐患；有效运用人民银行征信系统对贷款客户进行监测。二是强化岗位制约和部门自律监管。要健全零售业务各岗位之间的监督制约机制，充分发挥制衡作用；要提高零售业务各部门的自律监管能力，切实做到检查问题、发现问题、整改问题，从而达到防范风险的目的。三是加大违规操作处理力度。对检查发现问题，发生道德风险的，一经查实，依照有关规定严格追究责任，从严、从快、从重处理。

4. 加强文化建设。通过改进工作和行为规范，利用培训、会议、专题活动等渠道深入传导，组织集中创建活动，开展优秀典型评比表彰等形式，全面加强零售队伍员工人格培育、精神教育和人才培养，确立“以客为尊、激情创新、团队合作、合规经营、追求卓越”的零售业务核心文化理念。

李新平同志在湖北省分行存款分析会上的讲话

一、一季度全省农行存款工作的简要分析

一季度，全省农行认真贯彻落实全省农行2009年工作会议和零售业务工作会议精神，紧紧围绕“保三跨五”工作目标，外抓发展，内促转型，扎实开展“大行德广 伴您成长 金钥匙春天行动”，全省农行存款保持较快发展势头，主要有两大亮点：一是各项存款同比多增。二是计划执行情况较好。

二、做好下阶段存款工作的几点意见

（一）从战略高度重新认识存款工作的重要性，坚定完成存款考核调整计划的信心和决心

存款业务是一家银行综合竞争实力的集中体现，是社会公众对一家银行综合实力、品牌认可度、服务质量的重要衡量指标，存款是一个完全竞争的市场，拼的是服务、是产品、是综合实力、是员工的素质。存款业务是商业银行业务开办的基础，也是抓资产业务的基础，因此存款业务作为基础业务的地位决不能动摇，各行必须对存款工作引起高度的重视，将存款工作仍然作为“一把手”工程、“第一业务”、“基础业务”来抓。

存款计划是必须完成，主要有利因素为：一是从2008年情况看，我行各项存款净增为2009年存款的增长打下了好的基础。二是虽然经受了金融危机的冲击，但我国经济增长开始触底反弹，湖北省经济仍保持较好的增长势头，一季度全省地区生产总值增长13.4%，规模以上工业增加值增长11.8%，充分说明全省的经济增长是健康的、持续的。三是我行在存款工作上有传统的优势和经验，特别是在县域市场，我行一直是当仁不让的龙头老大。多年的存款工作经验，锻炼和培养了一支肯打仗、会打仗的员工队伍，这是我行最大的资源和最宝贵的财富。四是我行已具备存款大发展的硬件条件。我行的个人客户群体、自动柜员机、间联商户、POS交易额、借记卡总量均居同业首位。五是农行股份制改造的深入，组织架构的完善、考核激励机制的加大、队伍建设加强，都将为存款业务的发展增强了保障。

（二）培育和拓展客户群体，夯实存款业务发展基础

1. 做好对公客户基本账户的拓展和维护。一是要抓好新设公司基本账户。及时掌握了解本地新增注册验资账户信息，实现定向营销。二是要顺应集团性和系统性等客户资金集中管理的趋势，强化源头开发，从源头上锁定客户资金。三是要依靠资产业务带动，原则上农行培植的贷款客户、小企业客户、房地产开发贷款客户，其基本账户都要转入农行。四是要做好现有基本账户的维护工作，以现金管理平台、网银等资金归集能力强的产品实现资金行内循环，促进单位存款的快速增长；五是要通过大力推广公司理财等投行业务，创造单位存款增长新亮点。

2. 做强做大政府机构客户代理业务。一是继续开展财政代理支付和国库代理业务，大力营销和维护各级财政客户。进一步密切与各级财政部门的合作，大力营销和维护各级财政客户，巩固代理各级财政国库集中收付业务。二是继续拓展税费资金代收项目，大力营销和维护财政性资金来源类客户。做大国税、地税代理和省、市、县三级财政非税收入收缴归集业务。三是继续主攻财政专项资金项目，大力营销各类专项资金账户。四是继续做好各类特种存款业务，大力营销武警等部队客户经费资金账户，细化和满足客户需求，为客户度身定做服务方案。

（三）精心组织和落实各类营销活动，通过方案组织推进营销

要把上级行的理念和目标通过各种形式传达到一线，把产品传达到客户。一是要营销活动要有综合性，不能因为单项产品营销而放松其他业务的发展。二是活动要有针对性，要针对不同的客户群体制定不同的营销方案和产品。三是要有深透性，不能只是表现在形式上，要通过活动达到业务发展的目的。四是要有持续性，要常抓不懈，不能放松，不能只注重短期效应。

（四）全面推进网点转型，提升网点文明服务标准

各行要继续推进营业网点战略转型，2009年把所有城区网点转型到位。必须“硬转”到位。2009年全行零售业务工作会议提出的城区网点“五有五到位”和乡镇网点“三有两到位”，在6月底全部到位。要不等不靠，做好“软转”工作。2009年总行已确定在全行范围内开展网点文明标准服务年活动，省分行已经启动网点文明标准服务的培训和导入。各行要高度重视此项工作，选派素质高、能力强的员工负责培训和导入工作，按先城市网点、后县城网点、再乡镇网点的顺序进行，争取2009年完成城市和县城网点的导入工作，2010年上半年完成全部网点导入，下半年进行全面固化。各行要加强柜面服务的检查和处理力度，如因拒办借记卡、不代收水电费引起客户投诉，或因服务态度不好造成恶劣影响的，省分行将进行严肃查处。

奋力拼抢市场 全面综合营销
为实现2010年零售业务良好开局而努力奋斗
——曾昭才同志在湖南省分行2010年“金钥匙春天行动”综合营销动员会议上的讲话

一、回顾总结近年春天行动，以新的姿态抓好2010年旺季营销

我行春天行动综合营销活动自2006年开展以来，经过4年的不断探索和努力实践，不仅是我行最重要的营销活动之一，而且已成为农行系统的传统节目和珍贵品牌，为扩大农行影响、提高社会形象、促进业务发展发挥了重要作用。一是业务贡献突出。一季度春天行动综合营销成果在全年举足轻重，特别是储蓄业务更为明显。4年的春天行动，储蓄存款增长367亿元，占到4个年度总增量的70.35%，借记卡发卡量占比达到56%，信用卡发卡量占比达到45%，特约商户拓展户数占比达52%。二是品牌效应突显。经过上下联动精心策划，跟进市场大力宣传，围绕客户优质服务，“大行德广、伴你成长”深入人心，春天行动如雷贯耳。三是营销范畴突进。实现了业务营销由最初的储蓄存款为主的单一性向目前存、贷、卡、电子银行、中间业务、优质客户等多个项目在内的综合性营销演变。四是活动形式突破。4年以来，春天行动活动形式不仅实现了内部动员、部署和外部客户联谊、互动结合。同时，活动内容丰富多彩，分主题、分阶段、分区域、分层次、全方位的得到深入开展。

四年的春天行动为我们提供的宝贵经验是：

第一，必须遵循经济金融规律，突出重点发展。两节前后是资金供给最丰富、生产经营融资需求最旺盛、人员流动最频繁的时期，也是具有中国特色的重要节庆。我行具有城乡二元化的特征，过去的经验充分证明，春季是我行组织储蓄存款和个人贷款、银行卡、电子银行等其他零售产品营销的关键阶段，也是强化客户关系的最佳时机，没有哪个银行愿意错失这一机遇，且谁也耽误不起，我行尤其如此！

第二，必须做到未雨绸缪策划，抢先抓早安排。“凡事预则立，不预则废”。这里“预”就是计划、谋划。基于此，省分行这几年的春天行动，都是在先深入基层、市场、同业调研的基础上做出的安排，都是在头年的11月份开始就着手准备，都是在年初前正式动员和部署，为营销活动的开展谋得了先机，基本实现了预期目的，这是春天行动成功的重要原因之一，是各级行必须坚持的行动要素。

第三，必须强化活动组织领导，集中精力行动。我们坚持了春天行动“一把手”负责制，主管行长全力抓，实行了部门分工、紧密配合的协作机制。同时，把春天行动作为一季度业务工作的重心和全行的头等大事，集中精力抓活动、集中人员搞营销、集中时段做宣传、集中资源保竞赛，形成了氛围、造出了声势、取得了实效。

第四，必须时刻关注客户需求，不断创新方法。跟进客户需求，与时俱进创新活动形式、内容和方法，既是活动成功的重要保证，也是应对市场竞争的必然要求，更是适应零售业务转型，全面做强零售业务的强烈需要。省分行营业部今年春天行动扎实推进“进社区、进机关、进企业、进学校、进市场”“五进”活动，大力开展现场营销，个人存款实现历史性发展，个人贷款增量占全省农行70%以上，个人住房贷款增量占全行90%以上。常德分行在今年的春天行动中，实行以网点辐射区为范围，对周边客户展开拉网式全方位产品营销，不仅储蓄存款净增13亿元，占今年前11月增量的72%，个人生产经营贷款增加1.1亿，占今年前11月增量的70%以上，银行卡、电子银行、代理保险等业务都得到了全面的快速发展，为我们提供了典型的成功案例。

第五，必须依托全行营销资源，激励全员参与。坚持把落实激励机制作为春天行动的强力保障。省分行近几年对春天行动的资源配置逐年提高，对全行起到了引导作用。今年起，在全行全面推行员工产品计价，初步建立了以价值创造进行报酬分配，覆盖全部零售产品、全部一线员工的激励体系。尽管在操作中存在这样或那样的问题，但全行对产品计价的理念已经深入人心，计价办法快速推进，对驱动春天行动乃至全年业务营销发挥了核心作用。

总结经验教训，目的为了更好地做好今后的工作。2010年春天行动，我们将面临更艰巨的任务和挑战：首先，同业拼抢更加剧烈。相比之下，建行、工行的旺季营销目标更高、激励更大。其次，我行营销任务加大。不仅存款如此、个贷、信用卡、电子银行、投资理财、中间业务等活动任务比上年至少提高了30%以上。其三，营销内容增多。考核指标由过去的几项增加到近20项。

面对艰巨任务和严峻挑战，我们各级行既要大力发扬优良传统、自觉抛弃过去弊端，更要有英雄无畏的气概、破釜沉舟的胆略，自我加压、敢于竞争、直面挑战，在市场中占得一个国有大银行应有的位置。在活动中，各行要正确处理好"五大关系"：

一是要正确处理当前储蓄存款组织成本与效益核算的关系。这是各行必须首先要解决的问题，否则将导致储蓄业务如今年一样全面滑坡。在此，我不讲大道理，只想提三个问题让大家思考。为什么建行、工行还在拼命抓存款，难道他们比我们傻吗？当前是不是存款利率最低的时期，随着通胀的出现，还会有现在这样低成本的存款吗？如果储蓄存款优势的丢失，我们还有更好的东西向社会、向股东宣传吗？

二是要正确处理计划目标与市场份额的关系。业务营销需要计划作指引，但份额才是决定活动成败的唯一参照。各行必须彻底抛弃任务观念，把保份额作为工作目标的基本底线，特别是传统的储蓄业务，份额要确保领先。我认为，如果份额第一，任务未完成的可以视为完成任务。

三是要正确处理明年春天行动与今年业务经营指标执行的关系。今年的任务完成好坏，既决定全年的绩效，也是明年工作的信心所在。为之，各行既要精心抓好明年一季度春天行动，更要全力抓好今年后段业务经营计划的冲刺。工行、建行为之分别将旺季营销活动考核期从上年的11、12月开始，我行对各二级分行春天行动存贷计划任务分配时已考虑了任务差欠的因素，如果年底任务仍未完成，还会将差欠部分追加到相关行明年年度任务之中。

四是正确处理网点装修与业务经营的关系。我行186个网点装修项目正在实施之中，而且都是精选的第一批核心网点，很大部分处于明年一季度期内。各行一定要统筹兼顾、精心安排，绝不能顾此失彼，要把网点装修对正常营业和业务营销造成的影响降到最低。

五是要正确处理各项指标与业务重点的关系。站在全行的高度考虑，春天行动的各项指标的设置是应当的、合理的，但各行有各行的实际、网点有网点的特色，春季有春季的规律，各行要因地制宜，握紧拳头、突出重点，实现春季营销效果最大化。

二、认清当前市场形势，以新的思路指导2010年春天行动扎实有效的开展

2010年，我们将面对更加复杂的市场环境，挑战与机遇并存，压力与动力同在。总体而言，"利好"多于"利空"。

首先，宏观经济向好，市场基础更加稳固。在国际金融危机的巨大冲击面前，2009年，中国经济走出了一条快速反转的"V"型曲线，令全球各大经济体为之侧目。在今年经济增长成功实现V型反转并且保八无忧之后，明年我国GDP增长可能更快，经济结构也有望有所好转。中国社科院发布的2010年《经济蓝皮书》预测，明年中国GDP增长率将回升到9%左右，CPI涨幅在3%以内。国家信息中心发布的报告则认为，2010年我国GDP增长有望达8.5%左右，与2009年大体持平，经济增长和物价有望实现"双稳"运行态势。湖南在今年成功实施"弯道超车"战略，前三季度GDP增长13.1%，高出全国5.4个百分点，居全国前列；城镇居民人均可支配收入和农民人均现金收入分别达到11343元、3973元，分别增长8.9%和7.9%。对银行的零售业务而言，经济基础更加雄厚、发展空间大幅释放。特别是随着沿海企业开工面陆续提高，我省1200万个外出务工人员产生的务工经济将得到有效恢复，县域存款业务的资金面将进一步宽广。

其次，宏观政策相对平稳，调控措施"危中见机"。在刚刚结束的中央经济工作会议上，确定了"调结构、促消费"是明年经济工作的重点，提出要进一步扩大内需增长空间，要在保持经济平衡较快发展，继续实施适度宽松的货币政策和积极的财政政策。业内人士分析认为，从目前全球经济形势来看，货币政策的原则不会发生改变，因此无论在执行中微调的频率与力度如何，货币信贷的环境仍将是适度宽松。值得关注的是，继国务院九日"营业税优惠政策"调整、十四日"国四条"出台之后，十七日财政部等五部委再度出手打击开发商囤地。全面加强房地产市场的调控力度，政策收紧倾向明显。全国范围内房价可能走低，但湖南由于本来房价处于全国较低水平，加之随着"长株潭"一体化和两型社会建设的进程加快，省内房价下跌空间很小。还有部分业内人士分析，房地产调控主要面向大中城市，可能还会对中西部及二、三线城市带来机遇。个人房贷金融业务仍然具有很大的市场空间。

第三，自身基础加强，竞争能力有所提升。2009年，是我行零售发展基础建设力度最大的一年：186个网点装修项目实施，城市网点标准服务的导入，150个金融理财师、71个内训师的培养，各种电子设备的大量投放等等。明年，建设力度还将加大。随着人、财、物、智力、技术因素全面优化和强化，必将逐步转化为湖南农行零售业务核心竞争力。

第四，同业拼抢加剧，迎接挑战难度加大。农行春天行动紧锣密鼓，同业旺季营销如火如荼。湖南建行、工行针对岁末年初的旺季营销活动动手早、准备足、目标高、激励大。湖南建行早在今年11月就落实了旺季营销方案，召开了动员会议。该行把今年的12月份和明年的一季度纳入旺季营销考核期。提出的主要营销目标是：个人存款净增183亿元、个人住房贷款增加25亿元、信用卡发卡20万张、个人网银增加50万个。工行旺季营销活动分为两个阶段，第一阶段从今年11月份到12月份，第二阶段从明年1月1日到3月31日。主要营销目标是：个人存款净增220亿元（其中第一阶段70亿元，第二阶段150亿元）、个人贷款增加50亿元（其中第一阶段20亿元，第二阶段30亿元）。在同业近乎"疯狂"的市场"掠夺"面前，我们必须要时刻保持高度的警觉，采取更积极、更强硬的竞争措施。

根据以上分析，2010年"春天行动"综合营销活动的总体思路是：按照总行部署，"统一时间，统一主题，统一品牌，统一形象，统一宣传"，以"幸福春天，扬帆起航"为主题，以客户为中心，以活动为助力，以产品为抓手，围绕个人优质客户的金融资源挖掘和增值，集中时段、集中精力，开展大联谊、大宣传、大营销等主题活动，实现零售业务大发展。主要活动目标是：

（一）个人资产综合销售额145亿元。其中：人民币个人存款净增130亿元，增量市场份额保二争一，点均净

增1500万元以上；基金、国债、本外币理财产品销售额15亿元；

（二）个人贷款增长16亿元。

（三）“传世之宝”实物黄金销售80公斤。

（四）基金定期定额有效申购2万户。

（五）实现借记卡收入7000万元，

（六）个人优质客户（个人存款10万元以上客户）新增2万户。

（七）信用卡业务。信用卡发卡15万张；新增有效收单商户3000户；拓展特惠商户50户；银行卡收单收入1000万元，

（八）电子银行业务。网上银行新增个人用户15万户；短信通20万户；电话银行新增个人用户15万户；手机银行10万户；支付通新增布放5000台；现电子银行收入3600万元。

三、全面落实活动要求，以新的举措做出2010年春天行动显著实效

（一）要切实加强活动组织领导。省分行成立“春天行动”零售业务综合营销领导小组，由党委书记、行长陈接宪同志任组长，党委副书记、副行长李玉群同志及党委委员副行长陈奇、李德义、曾昭才（常务）、张志强、行长助理刘正鹏任副组长，成员由省分行办公室、个人金融部、信用卡中心、电子银行部、农户金融部、运营管理部、资产负债部、财务会计部、人力资源部、信息技术管理部、工会、总务部等部门负责人组成。领导小组办公室设在个人金融部，负责组织具体协调工作。其他部门各司其责，加强协作、齐抓共管形成综合营销合力，开创联动营销、团队营销、交叉营销、全员营销的局面。各二级分行要比照省分行模式成立春天活动领导小组。

（二）要扎实开展“八大营销活动”。各行必须按照省分行营销方案的部署和要求，将各项专题活动分步实施到位。一是“‘基’祥如意，‘金’彩有礼”营销活动。真正把基金业务做出规模，特别是对偏股型基金要如期完成营销目标。要把“传世之宝”实物黄金作为明年春天行动主打理财产品，做出影响、做成亮点。二是个人贷款专项营销活动。重点营销房抵贷、随薪贷等新产品和以个人住房贷款为主的产品套餐，对大型优质市场内商户重点营销个人生产经营贷款。三是“开卡有惊喜，两重礼相赠”信用卡营销活动。进一步助推全行信用卡的发行工作，特别是要高度重视白金卡和惠农信用卡的营销拓展。四是“刷卡乐翻天，消费有优惠”贷记卡刷卡促销活动。通过宣传和优惠举措，扩大卡消费额。五是电子银行营销活动。延续开展“燃情60”内部营销竞赛活动，同时，按总行统一部署，组织好主题为“体验金e顺”的全省大联动活动。各二级分行选择3个以上地段繁华、人流量较大、业务规模较大的营业网点，通过搭建电子银行体验区和咨询台，结合“用农行网银，送安全保障”优惠活动，进一步扩大电子银行客户规模。六是金钥匙春天贺年行动，切实做好客户的联谊与维护。特别各级行行长、网点主任、个人客户经理要积极行动起来，按照客户层次分门别类、各司其职把个人优质客户沟通、联系到位。七是“喜羊羊与灰太狼联名卡”专项营销推广活动，促使该联名卡的快速发行。八是理财专家巡回讲座。重点针对个人优质客户，组织理财专家进行巡讲，提升农行公众形象、促进理财产品营销。

（三）要全面落实营销激励机制。一是加大对单位业务发展资源挂钩力度。省分行在财务资源配置上给予2010“春天行动”重点倾斜，针对重点产品绩效工资挂钩将近3000万元，接近2009年的3倍。各行必须配置活动资源，助推活动开展。二是加大春天行动考核力度。省分行对春天行动不但单项考核激励，而且纳入全年综合绩效考核，计5分作为加分项，其相对应的绩效工资比一季度配置的资源更多。三是必须实行对员工产品计价。各行要全面推广网点员工绩效考评系统。全省14个二级分行必须在2010年1月全面实行产品营销计价考核，充分利用员工业务量计酬和产品营销计价办法，提高个人营销产品的积极性和主动性。省分行根据总行零售业务产品最低计价标准对系统参数进行修改，各行不得低于省分行的标准。四是开展多种形式的项目竞赛。省分行不仅对综合营销先进单位实行表彰和奖励，而且设立了储蓄存款、个人贷款、理财产品、信用卡、电子银行营销先进单位单项奖励以及个人客户经理、优秀柜员个人奖励，并第一次明确了奖金额度。其目的，就是调动各层次、各岗位人员积极投身春天行动营销活动中来，多做贡献、争先创优。

（四）要展开全方位的营销宣传。一是要做好网点阵地宣传。扎实践行“赢在大堂”战略，发挥大堂经理的指导和辅导作用，合理引导自助渠道业务分流，让营业大堂真正成为我们自己的大堂。各网点营业厅要设立产品展示柜和宣传架，投放各类业务宣传海报、宣传单页、折页、手册，发送手提纸袋等小型宣传礼品及宣传资料。省分行近日制作了各类个金融产品宣传折页，各行可积极联系样品采购。有条件的和新装修的网点必须布置产品展示墙，设置现场咨询台和业务台，现场推介新业务、新产品。二是要加大户外平面广告宣传的投放力度。省、市分行要按照对外宣传的统一标准，在当地主要繁华街道、社区、重点城镇及各交通要道上投放户外平面广告。三是省市联动积极联系当地主流媒体，通过电视、报纸等载体宣传我行品牌产品，提升我行产品的市场认知度。四是各行要充分利用我行短信平台，发送节日营销信息，进行贴心、有人情味的宣传营销。

（五）要切实做好公私联动营销。各行要加强公私联动营销，零售业务部门和对公业务部门要加大联动营销的频率和范围，公私部门要建立信息共享机制，及时通报辖内主要行业、重点企业及政府、事业单位与我行的合作情况，将企业需求与其高管、员工及其服务对象的个人金融需求有机结合，有针对性的制定合作方案、零售产品和服务规划细则等，联合零售业务相关各部门组成营销团队，营销、维护对公客户。特别是个人住房贷款业务要形成住发开发贷款和住房按揭贷款职能部门日常联系制度，确保我行支持的项目贷款按揭项目不跑不漏。

抢挖市场资源 把握发展先机
全力开创零售业务发展新局面

——江武成同志在广西区分行2009年零售业务工作会议上的讲话

一、2008年零售业务工作回顾

2008年，在区分行党委的正确领导下，全行紧紧围绕“3510”战略目标，抓发展、增效益、促转型，各项零售业务再创佳绩。一是个人业务快速发展。12月末，全行个人存款余额873.21亿元，比年初增加104.86亿元，同比多增43.71亿元，创历史最好水平；个人贷款余额147.82亿元，增长14.94亿元，在全国农行系统排名第10位。二是银行卡业务保持领先。12月末，全行银行卡发卡量、卡存款余额、卡消费量均居区内同业首位；实现银行卡业务收入3.81亿元，同比增收0.95亿元，各项卡任务完成率均居全国农行前列。三是保险业务份额扩大。12月末，全行实现代理保险总保费15.93亿元，其中寿险业务占广西同业41.61%，寿险市场份额在全国农行系统排名第1位；寿险对广西全社会寿险保费贡献度为18.86%，比上年提高6.67个百分点，按对当地寿险保费贡献度排名，我行列全国农行第1位。四是电子银行业务迅速壮大。12月末，全行个人网银注册客户达42.22万户，比年初增加25.31万户，增长149.6%，在全国农行系统排名第9位；企业网银注册客户8450户，比年初增加3693户，在全国农行系统排名第11位。五是“三农”个人业务成效显著。12月末，全年发行惠农卡58万张、卡存款余额3.93亿元，发卡量、卡存款余额在全国农行系统分别列第5位和第1位；惠农卡激活率98.96%，比全国农行平均水平高3.44个百分点；农户小额贷款授信6087户、余额14166万元，授信户数和贷款余额在全国农行系统均列第8位。六是个人理财业务形势喜人。全年累计销售基金33.52亿元，实现手续费收入5318万元，完成任务比例居全国农行系统第1名；基金开户数20.65万户，完成任务比例居全国农行系统第4位。特别是农银汇理行业成长和农银汇理恒久增利两只基金的发行取得很大突破，分别完成总行下达计划的193.49%和237.33%，分别位居全国农行的第7和第1位。七是零售转型加速推进。全年新设立个人业务部门37个，新配备大堂经理259人，专职个人客户经理244人。全行新装修完工并投入使用骨干网点31个，新设立运营理财中心11家，改造自助服务区144个，190个网点开辟了独立贵宾服务区。全年增加自助设备595台，年末在用自助设备达1776台，电子机具市场份额居广西同业首位。电子渠道年累计交易笔数达2.14亿笔，月均交易分流率达38.9%，同比提高4.8个百分点。

二、2009年零售业务形势分析、工作要求和任务目标

当前，由金融危机引发的风险不断向实体经济蔓延，至今仍未见底，经济金融复苏还需要一段时间。面对新环境下的经济金融发展形势，我们一是要保持清醒认识，二是不能退缩，更不能退出，务必要加强工作的预见性和把握政策的敏感性，认真分析我行零售业务发展面临的优劣势，积极把握国家宏观调控的有利时机，主动参与竞争，因势利导推进零售业务顺利开展。

从不利条件看，主要有以下几个方面：一是市场竞争异常激烈。在城市，各家银行都在积极主动地实施经营模式、增长方式和金融结构的战略转型，继续加大对重点市场、关键领域与核心客户的争夺力度，共同抢占极为有限的优质金融资源，我行零售业务的拓展空间和市场份额不断受到挤压。二是储蓄存款增长不容乐观。受全区工业生产减速，部分企业限产、减产甚至停产，工业利润下滑，消费热点降温，就业压力加重，农民工大量失业，居民增收困难等因素影响，储蓄增存稳存面临一定难度，对我行储蓄业务发展极为不利。三是个人贷款尤其是房地产贷款存在潜在风险。2008年以来一些城市的房价回落、销量下降，房地产开发商的资金供应紧张，银行房地产贷款风险不断加大，按揭违约率有所上升。四是中间业务发展受阻，中间业务收入增长乏力。按照国际经验，商业银行中间业务收入与资本市场趋势正相关。基于2009年资本市场的发展仍不容乐观，依靠资本市场的基金代销、托管业务和理财产品销售业务的发展仍然较为艰难。

面对前所未有的困难和挑战，我们必须充分认识今年也是蕴含重大发展机遇的一年。从全国看，中央政府扩大投资和消费需求、实施产业调整和振兴计划、加大科技创新投入和加强社会保障体系建设的一系列举措，为我国摆脱金融危机影响提供了有利条件。在中央实行积极的财政政策和适度宽松的货币政策推动下，GDP“保八”目标应能实现，银行业在这次战役中将发挥重大作用。从全区看，自治区确定今年GDP增长目标为11%，全社会固定资产投资达6000亿元，新增贷款目标2000亿元，全区全面深入开展“项目建设年”活动，一大批交通、能源、城建、民生和特色优势产业项目开工建设，产业结构优化升级，惠

民工程广泛实施，全方位刺激消费需求等一系列“扩内需、保增长，调结构、增投资”的政策出台，为我行零售业务发展提供了丰富的资源。从自身看，近年我行零售业务转型工作取得一定成效，科技支撑力度不断增强，电子化服务渠道日益拓宽，在城市和县域两个战场同步作战的能力不断提升，为我行加快科学发展零售业务提供了坚实基础。

根据上述形势分析和我行特点，今年零售业务工作的总体要求是：贯彻落实2009年全区农行工作会议精神，以学习实践科学发展观为统领，深入推进零售业务转型，提高“大个金”及公私联动营销综合效益，着力提升城市行零售业务竞争力，有效扩大县域市场份额，实现零售业务又好又快发展。

围绕上述工作总体要求，2009年全区农行零售业务发展的主要目标是：个人存款净增156亿元；个人贷款净增54亿元；新增惠农卡200万张；惠农卡授信20万户；信用卡新增发卡16.5万张；新增个人网银注册客户24万户，企业网银客户3000户，短信通注册客户36万户，转账电话商户6万户；实现电子银行业务收入9017万元；电子渠道业务交易占比达到45%；银行类及代理类个人理财产品销售30亿元；代理销售投资类业务产品收入5100万元；个人人民币结算业务收入4.42亿元；三星级及以上客户增加1000户；贵宾客户金融资产年增长率达到20%；建立全区农行第1家财富管理中心，各二级分行所在地城区新增1家理财中心。

三、2009年零售业务工作部署

（一）加快零售业务转型步伐，实现转型“三步走”目标

根据总行零售业务转型的总体要求，结合广西的实际，今年我行零售业务转型重点是抓好网点转型，具体分为三步走：第一步要提高网点交易效率；第二步要提高网点营销能力，把网点打造成为营销中心；第三步要提高网点盈利能力，把网点打造成为盈利中心。通过实施三个步骤，实现网点从结算型向营销型转变、从交易型向价值创造型转变。

1. 加快城市行网点整合。加强网点规划，重点优化城区网点布局，结合城市发展规划调整和城市中心外扩的趋势，抢占大中城市中高端客户群体相对集中的优势区域，增加优势区域的网点密度，重点改善我行网点“老城区和商业区布局过密，新兴商圈、高档居民区和商务区辐射力不足”的现状，提升网点分布与经济总量和金融资源分布的匹配度。加大100平方米以下城区网点的整合力度，逐步将城区100平米以下的纯交易型低效网点进行搬迁整合，自有网点改建为离行式自助银行。

2. 实施网点规范化建设。全面启动“绿色行动”，分期分批更换机构网点门牌标识和广告灯箱，在今年内完成县及县以上机构和所有城市网点的门牌标识更换工作，两年内完成全部网点的门牌标识更换工作。按照总行统一的网点形象建设标准，加快实施网点规范化建设，打造样板网点并在全区复制推广，制定网点装修改造计划，力争两到三年内消灭2000年以来未装修改造过的营业网点。到2009年底，财富网点（含理财中心）占比提高到2%，城市精品网点占比提高到30%；到2010年，财富网点（含理财中心）占比提高到3%，城市精品网点占比提高到40%；到2011年，财富网点（含理财中心）占比提高到5%，城市精品网点占比提高到50%。

3. 提高网点交易效率。开展流程梳理，优化柜面业务流程和授权管理；在财富网点及城市精品网点推行开放式柜台，实行现金与非现金业务、简单业务与复杂业务的分离，将对公业务尽量集中到支行营业室及对公业务量较大的网点；加快业务分流力度，大力营销折转卡、网银、手机银行、转账电话等业务，持续增加电子银行客户数量和交易规模，加大自助机具的集群化投放及自助银行的建设；根据网点功能分区、业务分类及客户分层服务的要求，优化IT系统。实现“凡是银行能做的不要客户做，凡是后台能做的不要前台做，凡是客户一步能完成的不分两步操作，凡是机具和系统能办理的不到柜面办理，凡是能集中的不分散办理”。以缩短柜员办理业务和客户等候时间，提高网点交易效率，提高客户的满意度。

4. 将网点打造成为营销中心。充实网点营销人员，根据不同网点类型实施不同的人员配备标准，提高营销人员占比。以开展“网点文明标准服务年”活动为契机，强力推进全区农行统一的网点文明标准服务，提高网点营销队伍素质。明确各类人员的工作职责，大堂经理要善于发现潜在客户并推荐给客户经理，网点主任及专职个人客户经理负责拓展与维系个人优质客户，做好产品营销，柜员要捕捉客户的购买意向，构建网点主任、个人客户经理、大堂经理及柜员“四位一体”的营销体系，把原有客户的深度挖掘与新客户拓展目标一并落实到人，发挥网点“阵地营销”有效性。此外，要提高综合营销准确度，一次推荐同一客户综合使用各类产品，通过网点柜台内外营销的有机互动及协调配合，切实提高网点的营销能力，实现网点从结算型向营销型转变。

5. 将网点打造成为盈利中心。加快财富型网点功能分区建设，增强理财服务功能；加强新产品开发，整合现有零售产品，对重点零售产品实行营销计价；大力拓展中高端客户，不断提高中高端客户占比；加快财富管理中心和金钥匙理财中心的建设，今年建成全区农行第1家财富管理中心，各二级分行所在地城区新增1家理财中心，探索并不断优化财富中心、理财中心运营模式；全部网点推广运用个人优质客户管理系统（PCRM），财富型网点试运行金钥匙理财专家支持系统（CFE），以科技手段识别客户、细分客户、维护营销客户，以高端客户带动高端业务；以价值创造力为核心，实施网点分类分级管理；发挥网点营销主渠道作用，使我行主要零售产品市场份额位居当地同业第一，逐步提高网点的盈利能力，实现网点从交易型向价值创造型转变。

6. 进一步加强零售业务队伍建设。一要经常组织培训学习。专门讲解营销知识，分析同业营销做法，并外请专家授课，安排行内营销经验丰富的个人客户经理现身说法，传授实务，提高营销效率。二要建立内训师滚动培训制度。

积极开展内训师培训，选拔优秀人才培训服务礼仪、专业技能、产品知识、金融工具等，使之成为内部培训师，建立持续培训机制，由内训师进行滚动培训，按照初、中、高三级实施前台柜员分级管理、分层培训制度。三要进一步充实个人客户经理队伍，有条件的支行应设立个人业务部，加强网点客户经理的配置，争取全行零售业务经理（含大堂经理、个人客户经理、理财经理等）占比达到全行员工的10%，网点营销人员配置比例达到40%以上。

（二）加快储蓄存款增长步伐，争取最大市场份额

1. 全面开展储蓄存款“超千亿”营销活动。至3月末，我行个人储蓄存款余额981.33亿元，距离千亿元目标有18.67亿元；距离全年156亿元任务目标有47.88亿元。为确保“超千亿”目标实现，区分行制定了储蓄存款“超千亿”营销活动方案，要求实行一把手负责制，并将“超千亿”活动考核得分计入各二级分行二季度综合考评总分中，通过全行努力，力争提前实现储蓄存款超千亿目标。

2. 提高城市网点营销能力。尽快将对公业务的营销和维护职能上收到二级分行营业部（室）集中经营，营业网点保留对公业务结算服务功能，更专注于办理零售业务，以更专业更高效服务，赢得客户，赢得储源。各级行要对网点的对公客户进行清理，该上收的尽快上收，早日实现“对公业务上收，零售业务下沉”经营方式。

3. 发挥以贷引存功能。各行在辖内要掀起个人生产经营贷款和个人住房贷款营销高潮，加快审批和发放，有效发挥个贷对储蓄的拉动作用。对“存贷双赢”和“个人住房非交易转按”这两个优势产品，各行上半年一定要在量上取得突破。区分行营业部作为首家“个人自助循环贷款”试点行，更要发挥优势，抢挖储源。

4. 营销第三方存管业务。有针对性地选择辖内较大或较新、与我行合作基础较好的证券公司为合作伙伴，充分利用券商资源，双方联合向客户促销，力求在客户数量、账户质量（户均金额）尤其是市场份额上有大突破。

（三）营销与管理并重，努力实现个人贷款又好又快发展

1. 加强业务宣导，建立和落实营销保障政策。各级行要加强对个人贷款业务发展的重要性和必要性的宣导，彻底改变城市行“轻个贷”的营销观念，坚定城市行优先发展个人贷款业务的理念，在市场有效需求复苏的形势下，抓住市场机遇，通过分解增量目标，预留专项营销经费、办贷费用，落实产品计价、绩效挂钩，强化前后台沟通、提高内部运作效率，促进个贷业务发展。

2. 多策并举，大力发展个人住房贷款业务。

一是落实个人住房贷款与住房开发贷款业务联动考核和约束机制。各级行要加强个人住房贷款与开发贷款的联动营销，各级行切实贯彻落实总行《关于加强住房开发贷款与个人住房贷款业务联动的实施意见》的相关要求，分管个人房地产贷款的行领导必须狠抓配套按揭贷款的跟进，落实责任人，改变官商作风，主动上门营销。

二是以新产品推广为突破口，择优拓展非我行贷款支持楼盘住房按揭。各级行要通过在优质房地产开发商、售楼人员、中介公司等合作方中推销介绍存贷双赢房贷理财账户业务、自助循环贷款等系列产品和功能，配套其他个人金融产品和服务，为购房者提供更多信贷按揭的优惠服务方案，促进楼盘房屋销售，与合作方建立“双赢”的银企按揭良好合作关系，让楼盘开发商、售楼人员、中介公司认同农行、让客户选择农行，提高非我行贷款支持优质楼盘和优质个人客户住房按揭比重。

三是做好百家楼盘营销和个贷进社区营销活动。城市行要继续做好百家楼盘营销，深入开展个人信贷专题营销活动，要秉承“以批发方式做零售”的理念，抓紧确定目标楼盘、目标社区、目标客户，以置换式贷款、非交易转按贷款等为切入点，做好我行金钥匙“好时贷”个人贷款营销。县域行要加强对“蓝海”市场县域优质楼盘按揭营销，重点拓展位于在县城城区相对繁华地段、手续完备、变现能力强、符合现代和未来城乡居民消费特点，适销对路、品质优良的住宅小区楼盘。

3. 大力发展个人生产经营贷款。各级行要着力推动个人生产经营贷款批发做，对当地个体和私营经营活动市场进行排查，筛选有影响和辐射能力的小商品批发市场、地区性专业市场、大型综合批发市场建立个人生产经营贷款信贷重点投放区域目录表，对市场经营排名50以内的客户要按市场建立优质个人客户信息库。同时，要根据市场的经营情况、产品的生命周期和市场发展前景、产品上下游情况、客户资金实力和信用记录等确定每个目标市场授信额度和每个客户信贷营销目标额，切实做大做强个人生产经营贷款。

4. 择优拓展个人自用车贷款。各行要下大力气开展个人自用车贷款。具有开办自用汽车贷款业务的行，要选择经济发达城市和二线城市的中高端人群，主要以白领阶层和小康之家作为营销目标，与当地市场销售领先、市场份额突出、管理信誉良好的经销商（如品牌4S店）合作，与保险公司等机构协商共同提供团购客户购车优惠、保险优惠，加快办贷流程，加大宣传力度和营销力度，形成当地汽车消费信贷市场的品牌优势，要使个人自用车贷款成为个人贷款业务新的增长点。

5. 创新营销方式，提高综合营销能力。各行要充分利用个贷业务进行了部门整合的优势，加强产品服务组合营销的运用，对房贷客户进行交叉销售，提供家庭住用一体化的贷款服务，组成“1+N”的房贷增值套餐。即办理个人住房贷款的客户要积极推介存贷双赢理财业务、个人自助循环贷款业务，自动提前还款等增值服务，增强我行产品对客户的吸引力。

（四）继续扩大发卡规模，切实提高银行卡含金量

1. 继续扩大借记卡发卡，力求更大的规模效益。一是针对600多万存折户，继续开展有广西特色的“折转卡”营销活动，直至活期存折退出市场；二是深度挖掘，继续以代收代付项目带动批量发卡；三是有选择地与大型集团性企业合作开发“联名借记卡”；四是充分运用标准借记卡和标准贷记卡这两种基本卡，为前台部门涉卡方面的需求进行功能扩展、产品创新和服务创新；五是逐步清理睡眠卡，尽可能节省管理成本。

2. 细分市场，锁定目标，分层营销，迅速扩大贷记卡市场份额。一是开展“进社区、进企业、进机关、进学校、进市场（商场）、进村镇”等六进“扫荡式”营销宣传活动，自上而下按机关、企业、学校、小区、乡村等分类完善市场目标客户信息库。二是强力推进，抢占公务卡市场。对在我行开立零余额账户的各级预算单位，要迅速集中发卡，年内要基本完成发卡工作。对未在我行开立零余额账户的各级预算单位，要强力渗透抢发我行公务卡。对国有控股的企业员工，也要大力推广我行公务卡。三是有选择地与大型集团性企业合作开发“联名贷记卡”，或与其联合，在其内部的正式职员中分等发放标准贷记卡。四是锁定中高档住宅小区，按网点分责任区，定期深入小区营销贷记卡金卡。五是选择县域个体工商户、农业种养大户或农产品经营大户，推广发放惠农信用卡。六是重振效益巨大，但已经沉寂多年的准贷记卡市场，力争发卡量和卡收益上有所突破。七是锁定代发工资单位一般员工、私营工矿企业员工、保险电信等集团性企业的营销人员等相对低端客户群，大力营销小额度、成长型的如“易”卡。八是组织流动营销小组，深入高校大力营销大学生 U 卡。同时要特别注重提高贷记卡激活率，采取激活计价、激活有礼和营销人员提示激活等多种措施引导用户激活使用，从而进一步提高我行贷记卡收益。

3. 加强维系，有效拓展，巩固和不断扩大我行银行卡特约商户群体。一是进一步开展市场排查，按等级补充完善市场目标信息库，落实营销责任机构和责任人，发力拓展市场。二是在城市要突出营销重点，对大型商场和系统性商户主要是通过上线 MIS 卡支付系统抢夺市场，力争今年上线 5 户以上；对专业市场和成行成市的街道，大力布放固定 POS；对宾馆、饭店、娱乐等重点场所布放移动 POS。三是发力抢占县域商户市场，按县城规模每年锁定小县最少 30 户、大县最少 40 户的拓展任务，将农业生产资料供应部门、经营农业生产资料的个体工商户，以及医院、门诊、药店和“新农合”涉及的相关行业机构发展成为我行的特约商户。在乡镇，跟进惠农卡发卡和商务部推动的“万村千乡市场工程”，逐步增加 POS 布放。四是加大维系力度，着力提升商户等次，提高单户贡献度和忠诚度。

（五）加快电子银行业务发展，深度挖掘电子银行业务附加值

1. 扩大客户规模，提高注册客户交易动户率。一是开展电子银行客户大规模增长行动，促进注册客户数量的跨越式增长。电子银行客户拓展不能满足于完成任务，要实现超常规发展，年度目标力争达到下达指标的 150% 以上。要主动向新开借记卡、存折、支票账户的个人和法人客户营销网上银行、电话银行和短信通，按照“六个凡是”的要求向惠农卡客户营销电子银行，使新开账户捆绑开通电子银行的比例达到 50% 以上。要加强对个人星级客户的营销，根据客户的需求全面拓展其注册开通网上银行、电话银行和短信通。要加强对贷款客户的营销，法人贷款客户在确保其按规定用途使用贷款的前提下，要全部开通和使用网上银行；新发放个人生产经营贷款、个人住房贷款的客户必须开通短信通，有条件的开通网上银行、电话银行；小额农户贷款客户必须开通电话银行，有条件的开通短信通。要将柜面代发工资业务全面转换为网上银行代发，并为代发人员批量开通短信通。二是提高电子银行注册客户动户率。要加强网点电子银行服务演示区建设，全面推行演示用机宽带接入模式，强化营业网点的应用指导作用，提高新注册客户的交易使用率；要掌握网银不动户的实际情况和具体原因，采取有针对性的措施尽快激活，提高网银有效客户总体占比。二季度各行个人网银的有效客户占比应达到总行要求的 27%，三、四季度的占比应达到并保持在 30% 以上。三是提高网上银行、电话银行的交易分流作用。要促进企业客户通过网上银行办理结算和代收代付业务，促进具备上网条件的个人客户通过网上银行办理查询、转账、理财业务，促进一般个人客户和惠农卡客户使用电话银行办理业务。要加强对注册客户的日常维护，为企业客户、个人星级客户、交易大户指定维护责任人，帮助客户解决各种使用中遇到的问题，确保客户应用顺畅。

2. 加大设备投放，提高自助设备正常运营率。一是进一步加大自助设备投放。实现营业网点现金类自助设备覆盖率 100%，以城市市区为重点，加快设立离行式自助银行，增加现金类自助设备的投放数量；加快推出壁挂式、汇款易等新型自助服务终端，适应不同业务类型和服务环境的需要，加大自助服务终端的投放，提高自助银行的服务范围和市场占有率。二是大力推广应用转账电话。要瞄准城市各类交易市场的经营商户，向县城、乡镇个体经营户、农资经销商，向惠农卡推广地区的村级商店投放转账电话，扩大转账电话投放规模。要通过电话督促、上门回访等方式，执行无效商户退出制度，提高转账电话激活率和交易量。三是切实提高自助设备的运营效率和柜面替代率。要按规定配备设备管理和维护人员，强化对自助设备的运营监测，提高自助设备钞箱配钞和故障处置效率，提高设备的正常运营率。要充分发挥自助设备业务分流作用，分季度制定电子渠道业务分流目标，全行分流率年底要达到 45% 以上，因此各行要强化业务引导，采取费率优惠、业务规定等措施，有效地将客户查询、补登折以及 2 万以下小额存取、5 万以下转账、缴费等业务疏导至自助银行办理；要强化对自助设备正常运营率和业务分流率的考核，强化对设备挂靠行的正向激励，将自助设备业务量列入柜员、大堂经理绩效工资考核指标。

3. 拓展产品功能，提高电子银行业务收益水平。要做好总行各项新业务的上线推广工作，确保我行电子银行产品版本和功能及时得到升级；不断完善和增加我行自助服务终端、转账电话以及电话银行地方特色业务功能，提高产品服务能力；要全面推进短信通业务跨越性发展，把短信通业务收入作为电子银行业务收入新的增长点进行重点培育；要大力拓展电子银行代收代付、代理缴费以及理财业务，增加电子银行业务收入渠道和收费品种，提高电子银行业务收益水平。

（六）做好打持久战的思想准备，确保保险代理目标任务的实现

1. 在寿险业务上，全力做好“抓两头促中间”的工作。要继续抓好网点资源的有效整合和利用，抓好低产网点开发，要确保同业市场份额不低于去年末水平。

2. 在产险业务上，要充分利用信贷可控资源，强化落实部门和客户经理的产险捆绑营销、联动营销职责，推进“信贷+保险”营销，做好信贷双单业务和非双单业务，重点营销中小企业财产险、借款人人意险、意外险等产品。

3. 突出意外险的营销。大力拓展意外险新领域是今年我行保险代理业务的一项重要工作，是保险代理业务转型的一项战略举措。能否有效拓展意外险市场，关系到今年手续费任务能否完成，关系到保险代理业务能否可持续发展，各级行要高度重视意外险的拓展和营销工作。要对房贷、个贷、车贷、农贷、惠农卡客户，推行“信贷+意外险”营销。

（七）全力拓展基金销售，深度挖掘客户价值

1. 加强业务创新，开展基金组合营销及咨询服务。各行必须大力发展基金组合咨询服务和制式产品服务。要根据投资者风险承受能力的不同，设计相对应的成长型、稳健型和保守型等三种投资组合。要定期对投资组合提供回顾、分析调整建议报告书，提升我行基金代销品牌形象。

2. 实行分类指导，实施差异化营销服务策略。在乡镇农村地区或者较小的营业网点，销售重点为债券型基金、货币型基金等低风险的产品；在城市发达地区则提供更为全面的基金产品类型供投资者选择；理财中心重点销售股票型基金、券商集合计划等产品。

3. 开展每月主题营销活动。区分行将精心挑选出一些业绩优良、同业排名靠前、信誉度高的基金公司，作为我行合作伙伴，每月开展以一家基金公司冠名的“基金主题营销月”活动，推荐旗下的3~5支产品以基金定投作为营销重点，每月评选出先进单位和个人进行表彰。

黄瑞三同志在海南省分行惠农卡和农户小额贷款工作会议上的讲话（摘要）

一、惠农卡和农户小额贷款工作开展总体情况与存在的问题

根据总行惠农卡和农户小额贷款视频工作会议和省行党委年初工作会议部署，各行结合自身实际，相继召开专题会议，认真贯彻落实总行、省行要求，加强组织领导，明确目标任务，结合本地实际，积极探索服务模式，取得了一定进展。截至2009年4月30日，全行惠农卡累计发卡总量196609张，激活178643张，激活率95.73%；惠农卡存款余额4709.58万元，农户小额贷款授信户数为749户，授信总额度1211万元；贷款农户为258户，贷款余额287.7万元。

二、提高认识，加大工作力度，确保圆满完成各项目标任务

（一）充分认识做好惠农卡和农户小额贷款的重要性

今年是我行股改后的第一年，省委、省政府和社会各界对我们服务“三农”举措与成效更加关注。去年下半年，总行党委就明确提出，当前我行服务“三农”的核心和重中之重，就是要以农户为重点、以惠农卡为载体、以农户小额贷款为突破口、以县域事业部为组织保障，全面推进服务“三农”工作。惠农卡和农户小额贷款作为我行服务“三农”的拳头产品，是检验我行股改后服务“三农”的标志性工程。各行特别是在座的一把手，要进一步通过思想认识，增强责任感和使命感，全力抓好惠农卡和农户小额贷款工作。一是充分认识到服务“三农”是农行永恒的主题，不能简单地视“三农”工作为服务股改需要，是权宜之计。作为一家国有大型银行，要体现国有资本的意志，服务“三农”既是中央对我行的市场定位，也是我行对社会各界的郑重承诺，不是可做可不做的问题，而是必须做、如何做、要做好的问题。二是充分认识到新时期“三农”和县域经济发展蕴藏的商机。服务“三农”是我行的一项重要发展战略，各行要从长远和战略高度来认识这一问题。三是认识到做好惠农卡和农户小额贷款工作，是开拓县域蓝海市场的必然选择。从海南的情况看在县域优质法人客户资源有限的情况下，完全可以通过发展惠农卡和农户小额贷款业务，开发优质信贷农户，提高盈利能力。我们有些行大的做不来、小的不愿做或者说不努力去做，那么，县域各行资产业务上不去，县域同业中的份额就会缩小，同业竞争无法谈起，实现蓝海战略目标将成为一句空话，其结果只能喝西北风。发展是硬道理，我想在座的都明白这个道理。

（二）切实加大工作推进力度

一是要进一步加强组织领导。年初省行工作会议和在儋州市召开惠农卡与农户小额贷款重点行推进工作会上已对惠农卡和农户小额贷款工作进行了全面部署和安排，总行的两次视频会议也就这项业务从战略高度做了部署，现在关键是要抓好落实，增强执行力。抓好这项工作的落实，关键在领导，开展惠农卡和农户小额贷款业务是一项复杂艰苦的工作，领导干部要切实转变作风，身先士卒，深入基层，靠前指挥，及时了解和掌握工作中存在的问题，研

究解决的办法和措施。各行一把手要切实负起责来，分管行长要具体抓好落实，有关部门要积极行动，明确相关部门人员责任，把惠农卡和农户小额贷款任务分解、细化，形成一级抓一级、层层抓落实的工作格局，把工作措施全面落到实处，特别是任务量大的行更要加大推进力度，实行目标责任制，确保6月底完成省行下达50%的发卡任务、30%的授信任务、15%的用信任务，重点是授信和用信任务，年底全面完成省行下达各项任务目标。

二是要创造性地开展工作。由于我省经济发展水平差别较大，自然条件、资源禀赋和金融生态环境等也各不相同。各行都有自身的实际情况和特点、有各自的困难。各行要想方设法克服困难，在工作中一定要注重创新工作方式方法，用发展的眼光看待农村金融市场的变化和农户分层演化。要因地制宜，根据本地区经济特点、信用环境和市场需求，找准推进惠农卡和农户小额贷款业务的切入点和着力点，在发卡模式、风险管控、服务手段、激励约束等方面大胆创新，探索推进惠农卡和农户小额贷款有效途径和方式，努力实现业务发展的新突破。

三是要学习借鉴先进行的有效经验和做法。今年惠农卡和农户小额贷款工作中，万宁、琼海、儋州、五指山、澄迈、东方等支行已经在营销模式、风险防控、激励约束等方面积累了一定的经验，探索出了一些新路子和新模式。各行要进一步加强交流沟通，充分学习借鉴成功实践经验，积极采取多种营销服务方式，推进惠农卡和农户小额贷款业务健康快速发展。如东方支行探索的保荐人制度，根据保荐人推荐，通过“行业协会+农户”的模式，支持农户发展菊花产业，实现了当年发放、当年收回、当年收益的小额贷款良性循环方式就值得各行学习借鉴。

四是要进一步完善考核激励。省行根据总行“三包一挂”指引，在反复征求各行行长、分管行长、客户部经理、营业网点主任四个层面的基础上，制订印发了《中国农业银行海南省分行农户小额贷款“三包一挂”实施细则（试行）》。各行要据此制定具体的考核奖励措施，做到奖罚分明，措施有力，确保惠农卡各项计划的完成。同时，加大机制引导力度，确保上级行绩效奖励工资和营运费用及时足额兑现到位，充分调动基层员工的积极性。

三、做好惠农卡和农户小额贷款需要强调的几个事项

（一）做好人、财、物的资源配置工作

应该说，由于目前乡镇网点覆盖率低、基础设施落后、人员不足等原因，各行要做好面向数量众多、居住分散的农户的金融服务工作，对我行来说是一个很大的挑战。因此，各行要加大人员调配力度，以目前的人力资源改革为契机，通过优化劳动组合，盘活人员存量，精简、压缩中后台，充实前台和“三农”业务一线人员，确保服务“三农”业务人员到位。同时各行要注重发挥资源配置的有效性。选择发卡量大、授信集中的地区，先行投放各类自助机具，改善当地用卡环境。针对客户经理走村下乡的实际情况，各行可根据具体的业务量，给予客户经理发放一定的交通补贴。

（二）加强服务渠道建设，提高农户小额贷款覆盖面

从今年前四个月惠农卡和农户小额贷款运作情况来看，随着业务的不断开展，我行服务能力不足的问题也逐步凸显。因此，各行要在现有网点、人员的基础上，积极进行服务模式和服务渠道创新。首先，要立足现有网点做好网点辐射范围内的各项金融服务，最大限度地整合现有资源，实现集约化经营。其次，依托科技手段，创新多种服务渠道。加大ATM、POS、转账电话等电子机具投入，改善用卡环境，同时要积极开发利用电话银行、手机银行等低成本的新型电子渠道，充分发挥现代金融渠道对传统机构网点的替代效应，延伸服务范围，有效提升服务能力。第三，要做好与合作单位的协议落实工作。省行已与省政府、省农业生产资料公司、海南惠民农产品出口配送有限公司等签署了合作协议，并陆续将与省农业厅、洋浦南华糖业集团签订相关业务合作协议、各行要抓紧沟通并落实，借助这些部门在乡镇的部门、网点和基地，互利合作，改善惠农卡受理环境，提高农户小额贷款覆盖面。

（三）多策并举，切实加强风险防控工作

一是要按照“服务到位、风险可控、发展持续”的要求，各行在开展惠农卡和农户小额贷款工作中，要切实加强业务操作风险管理，确保卡、贷直接到户，尤其是要认真核实领卡人身份、当面激活、现场改密、全程监督，严格执行规章制度。要加强对农户的惠农卡安全使用宣传教育，妥善保管重要卡片、密码、凭证和资料，按步骤和流程办理业务，严防冒名贷款、私贷公用等内、外部欺诈事件的发生。要适时完善和修订相配套的规章制度、管理办法和操作规程，从制度建设上加强对重要岗位、重要业务和重点环节的风险防控工作，切实做好员工行为排查，防范道德风险。对因道德风险和失职渎职导致违规办理惠农卡和农户小额贷款的，要从严从重追究有关责任人的责任。二是各行要以信用风险管理为贷款风险重点，积极探索和完善担保方式、贷后管理、检查和责任追究等方式方法，切实加强对信贷业务的风险防范，如借助地方政府、协会、龙头企业、村委会、外聘协管员等外部力量协助调查，多渠道、多方面掌握借款人信息，协助我们把好客户准入关、有效防止过渡担保、贷款用途不实等风险的发生。三是针对农户点多面广、贷后管理难度较大的实际，各行要因地制宜，通过实地检查、电话访谈、抽查惠农卡交易记录等多种方式开展贷后管理，在加强现场检查的同时，要运用电子技术实行非现场检查，用科技手段来预警和识别风险。四是在做好内部管理工作的基础上，各行要加强与当地政府合作。争取在建立农户小额贷款的风险补偿和担保机制方面取得突破，依托政府通过设立风险基金、担保公司、财政贴息等多种方式，建立农户小额贷款的风险补偿和担保机制。五是推广信用村、信用镇体系建设，通过信用村镇体系的示范效应，强化农户的信用观念，改善局部地区金融生态环境。

（四）进一步完善制度，努力提高效率水平

根据总行出台的“三农”信贷规章制度，省行也陆续出台实施了《中国农业银行海南省分行农户小额贷款管理实施细则（试行）》、《中国农业银行海南省分行“三农”

信贷业务基本规程（试行）》、《中国农业银行海南省分行“三农”客户授信管理实施细则（试行）》、《中国农业银行海南省分行“三农”信贷业务担保管理实施细则（试行）》等多项“三农”信贷实施细则和规程，各行依据这一系列管理办法和实施细则，积极做好农户小额贷款工作。

（五）加强宣传营销工作，创造良好用卡氛围

为营造惠农卡和农户小额贷款业务良好的外部环境，各行要重视做好营销宣传工作，在对外宣传工作中，一定要把握好度，量力而行，防止宣传过度或宣传不到位。从前一阶段工作情况看，一些基层网点为了吸引农户办卡，对农户宣传时着重突出惠农卡的贷款功能，而对代理支付、转账结算等功能，以及对申请农户小额贷款的前提条件、调查过程、办理程序等，宣传不够到位，对农民形成一定程度的误导。总行下半年将在中央电视台播放惠农卡和农户小额贷款广告宣传片。各行也要统一宣传口径，规范宣传行为，让广大农民正确理解惠农卡，以免产生错觉和误解，造成我行工作被动。要通过报纸、电视、网络等主流媒体，扩大社会影响，争取当地政府的支持。要向广大农户重点普及金融知识，使广大农户学会使用惠农卡，了解农户小额贷款的办贷流程和办贷条件，提高对我行金融产品的认知度和风险防范能力。

阳国新同志在四川省分行网点营销及管理培训会议上的讲话

一、加强网点营销与管理的措施

（一）要配足必备的自助机具。ATM三台以下的城市网点要先普查统计，然后做一个分析，当然也不是每一个网点都要装3台，对那些客流量较大，需要分流和业务量较多的网点，列出清单后分期分批把没有配够的抓紧配足。

（二）充分发挥大堂经理的分流作用。首先必须配强大堂经理。这个问题过去强调过很多次，今天再一次强调。绝不能把那些不能正常上班的人用来作大堂经理。前几天银监局领导跟我们交换意见，蒋处长还在说这个事情。说我们农行的部分网点把不适合的人派去做大堂经理。没有这个能力，那是起不到大堂经理作用的。大堂经理是客户分流和客户分层服务的第一步，也是一个前提，大堂经理的工作不到位，后面的系列工作都要受影响。

客户分流是有很多途径的。第一个途径就是存量客户通过PCRM系统辨别，或通过发行金卡、白金卡、钻石卡来区分VIP，这是第一次分流。第二就是大堂经理。每个客户进门之后，你可以初步判断是不是VIP。你看他们的穿着、气质，看精神状态，十有八九你都能判断出来是不是优良客户。当初步判定出优良客户后，大堂经理就应该热情接待和询问客户办理什么业务。因为大堂经理是穿着农行制服的，他（她）就会如实给你讲，他（她）讲了以后就可以辨别出是不是优良客户了。优良客户就带到VIP区域或VIP柜，对于一般客户或低端客户，大堂经理经过初步判断后不需要询问，就可直接请他（她）去低端客户区排队或者到自助机具办理业务。一般来讲，从客户的气质、穿着、年龄等，大堂经理能够将70%以上的优良客户判断出来，剩下的没有判断准确的优质客户到柜台办理业务时，柜员还可以发现。一旦柜员发现了优良客户，就应该马上把他（她）指引或引导到VIP区域或专柜去办理。这样就能把所有的优良客户都过滤出来。所以大堂经理分流客户的作用一定要做到位，不做到位后面的工作就没法做好。这就是为什么要高标准高素质配备大堂经理。大堂经理不仅要懂业务，还要善于察言观色、善于沟通、善于协调，还要有亲和力，还要有灵活性。不是每一个人进来都要问他，“同志，你办什么业务？”那也不可能。大堂经理一定要在察言观色之间十之八九就能判断出客户层次。为了提升客户服务水平，大堂经理、客户经理甚至柜员都应该努力记住每一个优良客户，要做到每个优良客户到网点或柜面办理业务时，大堂经理、客户经理或者柜员都能够叫出他（她）的姓及其职务称呼。这样才能使我们的优良客户感到亲密、感到温馨、感到自豪、感到宾至如归、感到自尊和优越。

（三）一定要设立VIP专区或VIP专柜。很多网点都有VIP专柜，但是有些网点没有把它用起来，缺乏VIP意识。很多VIP专柜还是在做一般客户。VIP专柜一定是VIP专属的必须满足VIP办理业务。优质客户进来，看到一般客户堵在那里，他就会走掉的。有一个乡镇网点，本来有2个门面。2个门面是可以拿1个来做VIP的，客户也有强烈的需求。另外一个门面用来做一般客户。可是没有这样做，还是通拉成1排。有条件都不做好，可见工作真是很不到位。

（四）下大力气把低端客户引向自助设备。不仅要配齐大堂经理，还必须增加客户经理。一般来讲，4个柜以上的可以撤除1个柜，腾出2到3个人来做客户分流。大堂经理加上3、4个客户经理来集中做客户分流，一个月不行两个月，两个月不行半年，时间长了，肯定会有效果的。很多网点排了3、4排人，为什么不引导他们到自助设备上去呢？客户不会用，没有使用自助设备的习惯。习惯是要慢慢养成的，只要养成这个习惯形成一种意识，就好办了。国外银行，老大爷老太婆都大量使用银行卡，几乎不用现金，他们也是长期以来慢慢养成的习惯。客户的习惯靠客户自己去形成是不行的，必须要靠引导，甚至强制的引导，让他慢慢的，一次不行，2 次、3 次、4 次，甚至上十次，总会形成的。现在六十多岁的人都还在学开车，而且还开的蛮好。学会用卡总比学会开车容易吧。所以一定要有这种意识，要花大力气把客户分流做好。只有分流好之后，对优质客户的维护才谈得上，就不会出现优良客户和劣质客户混在一起排队了。想跟优良客户沟通也就有机会了。

（五）维护好优质客户，对优质客户一定要实行分层次服务。当前这个工作也是没有做到位的。没有做到位的原因，客户分流是关键和前提，第一步没有把客户层次分出来，后续工作当然就做不到位。第二个原因就是我们的客户分层次维护和服务工作没有到位。一般来讲，500 万元以上的要由支行领导维护。全省 5000 万元以上的应该由省分行领导去维护。每一个行都要根据具体的客户结构，确定出分层次的标准。比如说，100～500 万元的由网点负责人和客户经理去维护；50～100 万元的由大堂经理维护，20～50 万元的由 VIP 专柜柜员和所有的高柜柜员维护。每个行每个网点都一定要根据当地情况确定分层次维护的客户清单，这是很多网点都没有做到的。从调查的 43 个网点看，能做好的大概就 2、3 个网点。绵阳分行营业部做得比较好。德阳的那个网点也是没有做好的，PCRM 系统打出来的 300 多户 VIP，网点负责人一个人维护得了吗？在国外，优良客户的“face to face”服务，一个人只能做 20 个。你说你能做 300 个，能做什么呢？还有一个网点，那个网点负责人说，这些人我都熟悉，都是熟人。我说你这个怎么维护的呢？他说过年过节的时候给他们打个电话发个信息。这样的维护太低档了！层次太低了！你根本没有研究这个客户的潜力。也没有逐一制定维护提升的规划。成都市高新支行的吴主任，她是幼儿园老师出来转型最成功的一个人，她在网点柜台做业务的时候看到有个客户的账户动得比较频繁，每次金额高达两三百万。她就千方百计地去找到那个客户，当然过程中有很多误会和曲折。后来通过不懈的努力，找到他家里了，先给他送了一份保险单，然后慢慢的感情联系，后来发现这个人有六七千万资金，是一个在甘孜州做矿生意的老板，通过做深入细致的工作后，他说既然这样我把其他所有银行的钱都转到你这里来，反正都是存银行。后来这一个客户带来的储蓄存款占了全所的 70%。做客户就是要这样去做啊。一个人去维护几百户客户你做得深入细致吗，你做得过来吗？所以一定要把不同层次的客户分给大家去维护，如果我是一个柜员，你跟我分配了 20 个优良户，我就会抽空去研究这些客户。比如说有 5 个客户是没有什么潜力，他们虽有二、三十万存款，但没有多少发展前景，那我每一年跟他们打个电话就够了。但是另外的 5 户，他们发展潜力大，他们的生意越做越大，那么我就要去跟踪他们，研究他们，我还可以跟他们出主意，跟他们探讨、跟他们分析经营管理，然后帮助他们。不论在工作中还是在社会生活中都可以帮他们，跟他们建立朋友关系，就能把这些客户维护好、培植好和提升好。这样的客户做一个就相当于做成百上千个低端客户。很多网点都没有给柜员分配客户，为什么不分呢？“零售银行业务必须全员行动”这句话不是空话，要把它落到实处，就是要落实处到客户。分管行领导一定要盯落实。实际上这个落实的差距太大。

（六）全员营销与全面计价。全员营销与全面计价是零售业务的灵魂。网点负责人最了解本机构的各项业务经营情况及各项业务拓展的难易程度。一个网点有哪些业务范围？哪些业务品种？哪些难哪些不难？甚至每一个员工努力程度有多大？所有这些，只有网点负责人才最清楚。所以，一定要把各网点所能办理的业务都列出计价考核的清单，一项一项列出来。做得好的行，有将近 20 项，差一点的也有 7、8 项。不管多少项，这个没有严格的要求，但是一定要做这个工作。就是要把这个网点所涉及的业务品种都尽量列出来，给各项业务或各个产品制定出一个合理的考核计价标准。这个清单为什么要由网点来做？因为网点负责人才最清楚具体情况，他定的标准才是最准确的。省分行若是统一定一个标准，那是不行的，各个行的具体情况千差万别。只要我们把各级行的奖励措施及资源配置都到位了，都到了网点，各网点就可依据这些来制定本网点的考核清单。从调查的网点看，他们都没有这个考核的单子，很多网点负责人都说有奖励措施，但是全部都在文件里面。大家知道文件都是分别发的，并且是上级行发的，它并不切合具体网点的实际。例如营销一个个人网银，有的网点奖励 5 元、有的 8 元、有的 12 元，都是可以的，只要是根据每个网点的实际情况来确定的，只要网点的全体员工都接受，就是可行的。所以，今天这个会议后，每一个网点的负责人都要去研究这个问题，哪一些业务是考核集体的？考核全员的？哪一些指标是考核到每一个人的？都要列出来，考核的标准可以由网点的全体员工一起讨论，讨论通过了，大家都照此执行，这样才能做到全员行动。比如说一位坐柜的员工，他有了这张单子，明确了推荐一笔生产经营贷款可以得到 100 元或者是 1000 元钱，一旦知道了有谁要做生产经营贷款，他就会马上推荐，这样就会把所有的资源都调动起来，这样他就会积极主动地去做这个事情。如果没有这个单子，柜员就不知道他可以做这项业务，也不知道做这项业务有没有个人收益。这样即使他周围有 20 个人要贷款，他也无动于衷，视而不见，就会错失营销个人业务的机会，就是这样简单的道理。所以一定要有这么一个计价的清单，使每一位员工都能充分发挥自己的优势和潜力，以主人翁的团队精神努力拓展每一项业务，这项工作一定要落实。还有就是一定要全员营销全面计价。厉行长问过我这个问题，工商银行个人业务为什么搞得比我们好？后来了解到，工商银行的计价搞得比我们早，说明他们深入人心比我们早，我们为什么不学呢？所以下来以后，各个网点都要根据自己的实际情况来制定考核的标准。在网点员工计价考核中还必须强调提高绩效考核比例。员工效益工资中至少 70% 应该跟绩效挂钩。从同业或兄弟行的情况看，他们都是将 70% 以上的效益工资与绩效考核挂钩的。各分支行要因地制宜，但保底部分也不能高过 40%。也就是至少要有 60% 的效益工资用于挂钩考核，否则挂钩力度就不够。德阳的一个营业网点，客户经理做一笔 10 万元的个人生产经营贷款，给了他 80 块钱，算下来就是千分之 0.8。省分行给的政策是千分之 4.5，中间截留到哪里去了？可能他们把基础考核部分做得很高，绩效部分就很低了，那也说明他们的那个考核办法不科学。如果不是这个问题，那就是上级行克扣了奖励，所以请分管行长去查一查，到底是哪个环节克扣了？究竟在哪个环节出了问题？关于这个问题，我们再次强调，在计价考核上一定要把上级行给的奖励政策不折不扣的兑现到网点，尤其是针对基层网点的具体业务该得效益工资奖励和费用，一定要不折不扣的兑现到网点去，不要截留在机关。

（七）计划任务的分解。零售业务的计划任务只是一个努力的方向，对于网点来讲，它只是一个奋斗的方向，并不是下多大计划额度，就完成多少。要像组织存款一样，能做多大就尽量做多大。不要完成了任务就把业务往其他银行推而自己停滞不做。在激烈的市场竞争中，如果流失了客户或业务，要再拉回来就很不容易了。所以对于零售业务而言，只要有市场需求，只要符合条件，就要做大做强。今年省分行对个人资产业务的计划，就根据市场和同业发展情况进行了多次调整，开始是 40 个亿，后来调到 50 亿、80 亿，现在已实际完成了 96 亿，这还不含三农个人贷款。后来厉行长说要增至 110 亿，我们估计能超 120 亿。零售业务的各项计划指标下达后，一定要尽量分解到网点甚至到每个员工。上半年德阳分行的个人资产业务才做了几千万，所有的压力都在集中在行领导那里，网点说他们早就完成任务了。这就是计划下达得不合理的问题，没有按照市场的需求和客户的多少来调整计划，为什么不及时调整呢？省分行都不断调整了那么多次，这就说明他们的工作不到位。比如个人网银，我们一开始就强调要把零售业务的各项指标分解落实下去。实行全员开通，全员营销。调查中发现很多网点都没有分解到柜员？为什么没有呢？他们说：上级给我们下达的任务是100 多户，我们3 月份就完成任务了，所以就用不着再分解下达任务了。其实，这个任务下达给全体员工与否，不是一个任务完成的问题，而是一个理念问题，是一个机制的问题，你不给他下计划、分解任务，他就认为这个事情跟他没有关系，他就可以不做，即使有市场他也不做，有潜力、有精力也不做。如果你给他分解了任务，哪怕是两户、三户，他都觉得这个事情跟他有关系，都跟他有份，都应该去做，他这次做了，下次还要去做，下一次这个计划增加以后，市场变化以后，他就会跟着你增加的计划来做这个市场。零售业务的所有指标都是这样。从调查的网点看，至少有一半以上的网点没有分解任务。零售业务就是要将各项任务分解到每一个人，使每一个人都有压力，也有动力。做零售银行要把领导同志的个人压力变为全员的压力，把个人的动力变成全员的动力，这样才做得好。分管行长一个人在那里睡不着觉，吃不下饭，是没有用的。只有大家的积极性起来了，各项指标才会上来。就是要让每一个人都积极主动的、尽最大的努力拓展每一项业务，充分发挥每个员工的主人翁精神，不断增加网点这个基本团队的竞争力和战斗力。

二、强化三个理念

（一）做好中高端客户的服务工作，说得直白一点就是要伺候好我们的中高端客户。要做好中高端客户的服务，首先是自助机具必须到位，客户分流要到位，分层次服务要到位，这些到位后，才能真正把优良客户留下来。

（二）全员行动的理念。全员行动的支撑就是全面计价，它是全员行动的动力。所以我们再三强调，营业网点一定要把零售业务全面考核计价的清单列出来，使每个人都清楚，哪些是我工作范围之内的？哪些是工作范围之外的？所有业务我都可以做，做了可以拿到多少钱？其实基层员工的要求也不高，有个员工说她营销了一笔生产经营贷款，得到了 60 元钱，她已很满意了。她说，她知道有一个人要办业务，打一个电话通知个贷客户经理，办成业务后她就得到 60 元钱，她感到既轻松又值得。

（三）要变个人压力为全员压力，变个人动力为全员动力，使每一位员工都能发自内心的微笑，都能够发自内心的去主动营销产品，维护客户。

三、加强劳动组合和培训工作

营业网点要优化流程，目前总行也在搞零售业务咨询项目，由 IBM 具体负责咨询工作。以后装订、联网核查、授权、重复签约等低附加值的劳动将被分离出网点，这样就可以减轻网点员工的劳动强度，从而把工作做得更好。同时，网点一定要加强产品的培训，省分行厉行长对培训工作历来都很重视，最近省分行准备对网点负责人进行培训。这是对的，但是仅仅依靠一次性的培训还远远不够，还应该在日常工作中加强培训。有一个新产品出来，就要当天当场培训，即使给员工讲 5 分钟、10 分钟也行。大家开会一定要开短会，开出效益。不要开长会，一个不大一点事情，你就弄上 2 个小时，大家都搞疲劳了，哪里还有精神去落实工作呢？因此网点负责人一定要负起这个责任。网点负责人不懂不会的就请支行的来讲，请专家来讲，一定要让每个员工都弄懂必要的业务知识及产品品种。以前我们到网点调查时，问到柜员次贷危机是什么，不知道。问一个金融产品也不知道，问 K 宝怎么用，还是不知道。如果换成一位客户来咨询，人家怎么也不愿再跟你打交道了。一下子就把你列到劣质银行那个档次里面去了。如果你都能跟人家一个比较满意的回答，别人就会认为你这个银行不错，就会继续来。

四、各级行分管领导及部门负责人一定要切实负起责任来，抓好零售业务工作的落实，使零售业务不断取得新的进展

各级行的分管行长一定要负起这个责任，我们调查了 43 个网点，你们走了多少个网点？你们自己查看一下。我们去的地方，工作都落实得不好，所有调查网点中，真正满意的没有几个。农行明年就要上市了，上市了还像这个样子，是不行的，“老油条”的搞法是肯定不行的，是迟早会被淘汰的。

五、抓紧年末时间，全面完成目标任务，同时还要积极谋划明年工作

各专项活动要深入推进，比如说，我们最近要给各个厅局发行信用卡，下来以后各个行分配的厅局，都要抓紧去联系去落实。一定要像省分行信用卡中心的直销小组那样，要成立营销团队并且下达具体的客户，到第四季度，必须完成。如果工作一点没有进展的，要扣减第四季度50%以上的效益工资。一定要建立营销团队走出去上门拓展业务，天天坐在办公室是不行的。还有信用卡的营销，尤其是白金卡，任务下达以后，有的行完成得好，有的行完成得很差，完成不好的行一定要抓紧营销。特别是储蓄存款，到了年末，大家一定要抓住这个黄金时期，把这项业务做大做强。还有个人住房按揭，千万不要松劲。各行一定要通过优化劳动组合，有效进行客户分流的同时，加大力度开展网点零售业务的营销工作，一定要尽量把客户经理及营销人员安排出去，研究市场，寻找优良客户，拓展各项业务。在营销过程中，一定要强调全面交叉营销，不能是单纯的营销一种产品，不能在营销信用卡时不营销电银，营销网银时不营销电话银行和短信服务。营销的产品越多，交叉销售越多，客户才越稳定。希望大家把每一项工作真正落到实处。

统一思想　提高认识　加快转型
努力建设贵州主流零售业务银行

——杨明尚同志在贵州省分行零售业务经营转型工作会议上的讲话

一、回顾发展历程，坚定推进零售业务有效发展的信心

过去几年，是我行零售业务夯实基础、平稳发展的重要阶段。在总、分行党委的正确领导下，各级行紧紧围绕全行改革发展目标，认真贯彻落实总、分行党委关于实现零售业务科学发展的战略要求，求真务实，锐意进取，齐心协力，艰苦奋斗，加大零售业务渠道建设投入力度，不断完善零售业务产品体系，积极开展业务创新，提高经营服务水平，重视零售业务队伍建设，稳步推进合规经营，全行零售业务取得快速和有效发展。

——个人存款总量稳步增长，客户规模快速扩张。到今年6月底，本外币个人存款余额达412.13亿元，比2007年末增加107.25亿元，占各项存款增加额的62.09%，个人存款余额占各项存款余额的51.3%，成为全行业务经营的重要资金来源。个人客户总数增加到了830万户，其中目标客户达28.54万户，存款余额235.35亿元，占总存款的57.11%。

——个人贷款实现较快增长，增量市场占比明显提升。今年6月末，全行个人贷款（不含农户贷款和信用卡透支）余额63.97亿元，比2007年末增加23亿元，增幅为54%。特别是今年上半年累计发放个贷26亿元，余额增加18.58亿元，增量居同业四大行第二位。

——银行卡多项业务指标居同业前列。到今年6月末，全行共发行银行卡585.13万张，其中通宝卡50.66万张，惠农借记卡68万张，信用卡10.52万张，剔除睡眠卡清理因素，全行发卡总量比2007年末净增218.44万张，增幅达41.20%。全行自有特约商户2179户，比2007年末增加1602户，增长近3倍，投放POS机具共计2553台。

——电子银行业务综合效益进一步凸显。截至今年6月末，全行电子银行渠道（网银、短信服务、电话银行）注册客（账）户97.4万户，其中短信服务信息总发送量已达1000万条。全行自助设备累计安装490台，支付通（转账电话）客户5804户。1至6月电子银行业务收入1951万元。自省域95599客户服务中心成立以来，中心电话接通率始终名列同行前茅，电话总接入量突破500万笔，接农行客户来电突破70万笔，处理客户各类投诉1200余笔，为柜台业务分流和提升我行服务质量做出巨大贡献。

——个人中间业务品种日益丰富。2008年以来，全行累计销售基金5.59亿元、国债2.3亿元，个人理财、保管箱等业务营销力度进一步加大，电子国债、实物黄金业务系统正式上线，个人中间业务品种逐渐丰富。实现个人中间业务收入3.2亿元，占全行中间业务收入总额的60%以上，每年增幅达25%以上，有效改善了我行收入结构。

上述成绩的取得主要得益于各项工作措施的有效推进：一是逐步理顺了零售业务经营管理体制。根据总行要求，各级行成立了零售业务协调工作领导小组，增设市场营销委员会个人业务办公室，实行零售板块归口管理，并且连续多年成功开展“金钥匙春天行动”个人业务综合营销活动，初步形成了资源共享、渠道统一、产品联合、支持有力的零售业务经营格局，增强了零售板块的团队作战能力。二是网点和电子银行等渠道建设初见成效。在总行规范营业网点形象建设标准，发布新LOGO标识和办公应用视觉识别系统等措施的有力推动下，我行积极加快网点转型建设工作步伐，制定印发《贵州省分行个人业务经营转型暨网点建设三年规划》，积极参与银行业协会文明服务示范单位评选活动，大力开展网点文明标准服务导入工作，金钥匙理财中心等中高端客户服务平台建设取得实质性进展，省域95599客户服务中心和短信银行上线运营，自助银行及各类电子设备投放力度加大，全行上下零售业务的多渠道综合营销能力与服务能力得到进一步增强。三是产品创新为零售业务发展注入新鲜血液。在总行零售业务产品研发步伐整体加快的推动下，我行陆续向市场推出了“双利丰”七天通知存款、自助循环贷款、基金定投、基金网上直销、转账电话、信用支付、“传世之宝”自营实物黄金、惠农卡、短信银行等一系列新产品，“金钥匙”、“金穗卡”、“金e顺”、“好时贷”等零售业务品牌内涵和市场价值得到不断丰富和提升。四是零售业务队伍建设工作取得初步成效。通过组织选拔各级行员工参加总行举办和省行自办的多期金融理财师培训班，共培训个人金融理财师177人，获得认证资格的146人（含金融理财管理师4人），培养零售业务内训师38人，分级开展网点主任营业现场管理与营销技能培训，全行零售业务条线队伍素质明显提升。五是各级行经营服务理念有所加强。一方面省域95599客户服务中心实现7×24为我行客户提供更丰富、更人性化的服务；另一方面随着网点大堂经理的设置、柜员整体素质的不断提高以及个人优质客户管理系统的推广应用，网点服务水平与营销能力不断提升，全行员工秉承“以客户为中心”的服务理念，针对不同类别和不同层次的客户实施分层服务，有效增强了客户关系营销与管理能力。六是注重零售业务的可持续发展。坚持“发展是第一要务，安全是第一责任”的原则，做到两手抓、两手都硬，在积极促进业务发展的同时，不断完善制度建设，组织开展大内控检查和各种专项治理活动，风险防控能力有效提升。

二、围绕贵州分行改革发展需要，实施零售业务发展新战略

今年是我行成立股份公司的开局年，全行上下要在新的起点上开创农业银行改革发展的新局面。零售业务作为全行经营战略转型的重中之重，对于股改后的农业银行有着举足轻重的作用。首先，发展零售业务是应对激烈竞争，提高综合竞争能力的必然选择。近期，国际金融危机还在蔓延，全球经济衰退趋势明显，国内经济下行风险加大，对零售业务的市场拓展和风险防范带来双重考验，国内各主要商业银行日益谋求差异化竞争战略，对零售业务这片“蓝海”市场的竞争日趋白热化。在机制转型上，建设银行实施公司业务上收、零售业务下沉，将支行“瘦身”为零售业务营销管理中心，网点“瘦身”为营销中心，实行营销流程、服务流程、操作流程、内控流程同步优化，并实现了个贷业务集中审批，会计事后监督集中和后勤保障集中，其整体运转效率和市场响应能力非常明显。在体制改革上，工商银行推进零售业务“专业化经营，系统化管理”的经营体制改革，强化前台的集约化营销，并推行由二级分行个人金融部与支行共同对网点个人金融业务和个人客户经理实行双重管理、双线考核机制。在网点建设上，各家银行普遍加快营业网点布局优化和功能转型，网点建设改造、自助银行及自助设备的投放和改造力度大大加强。2008年，仅工商银行就在全国范围内新建专门面向个人高端客户的财富管理中心和贵宾理财中心455家，新建自助银行2 190家，装修改造财富管理中心和贵宾理财中心近2 000家，新增自助设备19 000台。在产品创新上，国内零售银行业的步伐明显加快，理财产品层出不穷，仅今年一季度，工商银行就推出理财产品87款。在特色服务上，各商业银行信用卡、个贷、基金、黄金等产品设计日趋个性化，促销手段日趋多样化，零售业务市场竞争异彩纷呈。综上可看出，随着新兴电子渠道的迅猛发展，部分新兴业务对传统网点的依赖程度逐渐降低，渠道整合与创新已成为直接反映银行综合竞争力的重要指标，零售市场逐渐的高度透明，商业银行的服务、产品、价格竞争更加“白热化”，农业银行零售业务转型已迫在眉睫。其次，零售业务在服务“三农”和开发县域“蓝海”市场方面具有明显优势。近年来，我行零售业务取得较快发展，但发展不平衡成为当前最突出的问题之一。站在农业银行“服务三农”新的历史起点上，要提高全行零售业务的总体水平，就必须协调好城市与“三农”地区零售业务发展和渠道发展之间的关系。在零售产品序列中，惠农卡业务和电子银行业务已经成为我行在“三农”和县域地区零售业务拓展的突破口和竞争制高点。以电子银行和银行卡业务为代表的多种渠道，凭借其低成本、高效率，尤其是标准化、跨时空服务的金融特性，一方面可以迅速将我行金融服务覆盖到广大城镇乡村；另一方面可以简化流程，提高业务办理效率，降低业务成本，提高“三农”金融服务的时效性和便捷性，形成我行零售业务城乡联动，互相促进的良好格局。再次，零售业务能充分满足我行业务多元化发展和精细化管理的需要。零售业务作为金融创新与科技创新高度结合的产物，能够适应城市金融服务的多元化要求，在不断创新低风险、高价值的零售业务品种过程中，还能不断优化中间业务收入结构，有力推动城市业务综合化发展。同时，零售业务对全行精细化管理具有整体促进作用。精细化管理的目标是实现高质量、高效率和低成本的运营。零售业务系列产品中的“金钥匙”、“金穗卡”、“金e顺”、“好时贷”等产品能为客户提供基础账户管理、投资理财、财富管理等标准统一的金融服务，在不增加银行成本的基础上，以各种方式不断满足客户全方位的金融需求，是全行业务精细化管理的直接体现和重要推动力。

最近总行制定印发了《城市行零售业务战略转型实施方案》，确定我行城市零售业务转型的指导思想是：按照科学发展观要求，全面贯彻落实农业银行3510战略发展规划，以客户为中心，以渠道为载体，以产品为手段，以队伍为主体，以项目管理的方式全速推进零售业务转型，在新的起点上实现城市零售业务的持续协调快速发展。力争用3年时间解决城市零售业务边缘化问题，5年时间达到同业平均水平，10年建成同行业先进零售银行。我们必须严格按照总行《城市行零售业务战略转型实施方案》的各项部署，全面推进零售业务转型工作的实施。为保证上述战略目标的实现，按照零售业务转型任务分解时间表，今明两年全行零售业务的发展目标为：

——经营效益目标：实现零售业务收入贡献占比达到全行25%以上，零售中间业务收入同业占比达到20%

以上。

——客户拓展目标：个人优质客户（三星级及以上客户）增长20%；个人优质客户签约率达到50%；个人优质客户收益贡献比例提高到30%；个人客户满意度提升到80%。

——业务发展目标：个人金融资产销售总额（包括储蓄存款、基金、外汇、保险、国债、理财产品等中间业务销售额）接近同业平均水平，市场占有率年均增长2%左右；个人贷款余额达到100亿元；信用卡规模稳步增长，两年新增发卡量确保22万张，新增有效商户1800户；电子银行个人客户数对全行个人、企业有效客户数渗透率均达到30%以上，电子银行特约商户突破30户。

——渠道建设目标：全省农行物理网点控制在400个左右，积极争取总行财务资源，省分行自主安排一部分，完成150个网点的转型改造，其中在贵阳市建设财富管理中心1家，在各二级分行所在地建设金钥匙理财中心1—2家，ATM及其他自助设备投放总量达到800台，电子渠道业务量占比达到50%以上。

——队伍建设目标：努力打造一支适应零售业务转型发展的客户经理队伍，零售客户经理（含大堂经理、个人客户经理、个人理财顾问）占全行员工8%以上，网点营销人员（包括网点负责人、大堂经理、个人客户经理、个人理财顾问、低柜柜员等）配置比例达到25%以上。其中培训个人金融理财师总数达到200人以上、文明标准服务内训师100人以上。

——风险管理目标：在不断提高客户服务效率的同时，建立规范、稳健、积极的零售业务风险管理文化，完善全过程的风险管理体系，有效防范经营风险，实现业务健康发展。

三、坚持“三个到位”，加快战略转型步伐，推进零售业务有效发展

（一）注重“思想认识到位”，提高贵州分行零售业务的驱动力

各级行要进一步统一思想，从战略层次上高度重视零售业务发展，切实贯彻执行总行制定的《城市行零售业务战略转型实施方案》，加大政策支持和资源投入力度。一是要牢固树立“一级法人”观念，从战略高度认识零售业务转型的重要性、必要性和紧迫性，增强责任感、危机感和使命感，举全行之力，多管齐下、多策并举，加大对零售业务发展的政策和资源支持，强力推进零售业务战略转型。二是要把贵州分行“3510”发展规划和《贵州省分行个人业务经营转型暨网点建设三年规划》作为落实本次会议精神的主体内容，充分发挥零售业务对促进我行业务经营转型和精细化管理，全面落实面向“三农”的市场定位，迈向现代大型商业银行的战略先导作用。三是要调整经营思路，以零售业务转型为抓手，以网点转型为切入点，根据零售业务发展的工作重点，研究制定实施方案，明确行动计划，引导辖内各级行根据总、分行制定的规划进行零售业务的快速、有效发展。

（二）注重“队伍建设到位”，增强各级行发展零售业务的整体战斗力

各级行要根据贵州分行组织架构设置要求，理顺零售业务条线管理职责，加强零售业务归口管理，坚持人力资源是第一资源的战略思想，把培养和造就高素质零售队伍作为零售业务经营转型的重要举措。一是各级行要按照“有利于零售业务综合管理、有利于联动协调、有利于优质客户营销、有利于高端业务发展”的原则，通过理顺组织架构和系统资源整合，切实增强分支行间的发展合力，严格按照转型实施方案工作任务分解表的要求，推进零售业务各项转型工作。二是省分行零售业务经营转型推进组要定期组织召开工作例会，及时通报各转型项目进展情况，协调各部门工作进度，及时处理和解决转型中的紧急和重大问题。各二级分行要参照分行模式，尽快成立零售业务转型工作推进小组，负责落实总、分行的部署和要求，制定相应的配套制度办法和实施细则，确保辖内转型项目协调有序推进。三是要尽快完成各级行零售板块职能调整及人员配备，要自上而下建立零售板块人员配备方案，切实增强零售板块各项工作的执行力。各二级分行要以机构职能调整为契机，尽快完成个贷业务、借记卡业务、个人外汇业务、自助银行（含自助设备）规划职能向零售业务归口部门划转，并相应配备专业人员，理顺管理流程。四是分层推进“对公业务上收，零售业务下沉”工作。尽快将全行法人业务的营销、管理和审批职能上收，城市行的城区法人业务集中经营，网点专注办理零售业务（可保留对公业务结算服务功能）。各二级分行个人金融部要加强对各支行及网点零售业务人员的管理、指导和绩效考核，将零售业务各项指标落实到网点、人员。五是做好贵宾客户服务平台建设。省分行将在贵阳市设立财富管理中心，在各二级分行所在地设立金钥匙理财中心。各行要对财富管理中心、理财中心建设作好思想和人才准备工作，未雨绸缪地为我行中高端个人客户提供精细化、个性化的金融服务。六是各级行要严格按照网点零售业务人员岗位序列标准，规范各岗位人员工作职责、工作目标、考核办法与晋升机制。同时，还要按照“优化配置、规范服务、提高素质”的原则，通过压缩高柜、增机（自助设备）减人、优化劳动组合等措施，调整和充实零售业务队伍，进一步提升零售板块队伍的专业化水平。

（三）注重“业务转型到位”，提升零售业务主渠道的竞争能力

各级行要以网点为抓手，加快全行特别是城市行网点转型，着力打造零售业务核心竞争优势。一是各级行在组织零售业务转型过程中，必须以网点转型为核心和重点，通过抓好网点的软、硬件转型，切实提高零售产品的综合营销与客户分层服务能力。同时，要强力推进“绿色行动”，严格执行营业网点形象建设标准和办公应用视觉识别系统标准，按照“先管理机构、后营业网点，先城市、后县域”的次序推进网点标准化形象建设工作。二是各级行要严格按照总行“赢在大堂”策略的要求，推行营业网点分类管理，通过配足配强大堂经理，加强客户识别分流，改进内部流程和营销模式，完善网点窗口、高低柜配置，促进网点向营销服务型转变等措施，科学规划网点布局，

按照财富型网点、精品型网点、基础型网点和自助型网点不同的要求和标准，实施差异化的功能定位。三是扎实推进文明标准服务工作。全面组织开展“文明标准服务年”活动，建立全方位、常态化的网点服务检查工作机制；推广网点晨会制度，实施网点礼仪规范和服务标准，创新考核激励和沟通表扬方式，让“以客为尊，激情创新，团队合作，合规经营，追求卓越”的网点服务精神融会于每个员工的日常言行中。四是各级行要尽快将所有适用于电子银行渠道的零售产品在电子银行渠道进行规划和部署，积极与各地区证券、基金、保险公司联盟合作，完善各层次收益与风险水平的理财产品线，实现互赢互利。五是各级行要采取穿透式培训方式，加大对基层行一线客户经理直接培训力度，并根据不同客户群体需求特点主动开展差异化专题营销活动，建立核心产品的分支行销售风云榜，定期评比公布，形成“赶、拼、争、超”的内部竞争氛围。六是积极拼抢储蓄存款市场份额。各行要坚决克服储蓄存款自然增长的盲目情绪，积极制定储蓄存款的营销预案，推动储蓄存款从自然增长向自主增长转变；要研究把握储蓄资金流向特点和规律，以“大储蓄”概念抢抓第三方存管、本外币理财产品、银行卡、转账电话、网上银行、电话银行等多渠道储源，提升综合营销效率。七是把握个人中间业务转型重点，推进基金精细化营销管理，提升金钥匙理财顾问服务和综合理财服务水平。今年以来总行陆续下达了多只基金的销售任务，总体来看任务完成情况不尽理想，在全国已排在接近末位，同业销售份额也在不断下降。各级行必须引起高度重视，充分发挥网点主任、大堂经理、客户经理、理财经理的作用，加大营销宣传力度和营销计价考核力度，努力完成各只基金销售任务。省分行将对基金销售进度每周进行通报。将电子银行业务在线零售金融产品超市向高价值业务延伸，加快“传世之宝”黄金业务和储蓄国债（电子式）在全行的推广，做好西联汇款、个人结售汇、出国留学金融服务等个人外汇产品的营销推广。

四、突出“四个着力点”，推动零售业务统筹发展

（一）以创新机制为着力点，实现个贷业务的快速发展

一是强化职能定位。二级分行个人金融与信贷部门要兼顾管理和营销职能，坚决扭转只充当上级行政策“二传手”的工作作风，充分发挥专业优势，主动引领辖内个贷业务协调发展。二是大力推进个贷集中经营管理，在学习和借鉴山东、深圳分行试点经验的基础上，分行将分步骤推广个贷集中经营管理模式，力争三年内实现对城市行个贷的全面覆盖。各行要根据总、分行统一部署，落实个贷集中经营管理各项要求，降低磨合期对个贷业务的不利影响，尽快发挥个贷集中经营管理的集约化、专业化、标准化优势。三是严格落实激励考核措施。各行要依据分行有关规定，严格执行个贷业务的计价考核方案，并确保落实到营销人员和相关的业务办理人员。四是积极推广零售业务批发做的营销模式，大力发展个人住房贷款业务，加强住房开发贷款与个人住房贷款业务联动营销，要以与我行有良好合作关系的行政机关、优质企事业法人单位为重点，通过公私业务联动，主动锁定这些单位中的优质个人客户群体，推进优势行业个人客户的集中批量授信，积极拓展个人自用车贷款、个人综合授信贷款等消费信贷业务。要依托各二级分行所在地大中型批发市场，以及经营良好的大中型专业市场、小商品交易中心，主动营销个人生产经营贷款。五是及时改进产品和服务。总行将优化完善个贷产品线和营销服务方案，对高端客户，统一服务标准，平等适用各项优惠政策和创新产品，创立具有农行特色的个人信贷业务高端品牌。制定全行统一的按揭金融服务方案，向优质开发商、优质按揭楼盘提供个贷标准化服务。各行要充分发挥个贷产品在业务营销中的重要作用，积极开展个人自助循环贷款、自动提前还款、本息分拆还款、气球贷等新产品的营销推广和后评价工作，针对客户需求构建有特色的产品组合，并以“金钥匙 好时贷”品牌的发布、推广为契机，广泛开展专题营销、系列产品营销和组合产品营销活动，迅速提升农业银行个贷品牌的市场知名度和美誉度。

（二）以精细管理为着力点，推动银行卡业务再上新台阶

各级行要坚持信用卡发卡与商户收单业务并举，全力抢占两大战略业务，全力抢占城市市场份额，扎实推进服务三农工作，实现发卡与收单的双轮驱动、双线发展，切实发挥信用卡业务对全行零售业务转型的重要推动作用。一是发挥好网点营销活力和全行对信用卡产品的整体服务，重点依托总行所推出的以现有借记卡客户为目标群体的“如易卡”产品，认真组织管理，发挥网点销售能力，挖掘我行巨大的借记卡客户资源，以“如易卡”产品销售作为完成年度信用卡发卡目标、推动全年贷记卡量的快速增长的主要支撑。二是建立起法人客户部门牵头综合营销，银行卡部门联动跟进的运作机制。要充分发挥各二级分行行领导、副科级以上员工的销售潜力，使其承担起金卡、白金信用卡等高端产品的销售任务，在这个问题上，各级行领导也将率先垂范、带头营销。特别是要以“公务卡”的宣传营销为核心，发挥对系统性、集团性客户群的信用卡服务能力，扩大我行公务（贷记）卡在各级财政预算单位和国企的份额。加强联盟事业部销售，以我行对公客户资源为基础，积极探索与烟草行业等行业领先、客户优良、资源丰富、信誉良好的联盟方的合作，实现双方的资源共享和优势互补，快速扩大有效发卡规模。同时积极推进信用卡直销队伍建设。三是大力推广发行银联标准贷记卡和惠农信用卡。上线准贷记卡风险管理系统并通过运营磨合，研究建立起以网点受理→支行调查并录入资料→二级分行独立审批人审查审批→省分行信用卡中心批量审查复核→省分行信用卡中心制卡及制作密码封→客户领卡的完善的业务流程，建立业务操作电子化处理机制，实现全程工作流转的电子化处理。提高省分行信用卡中心的制卡、审查复核等中后台作业及服务能力，培训指导好网点及各级行业务主管部门，熟练做好准贷记卡日常业务处理，把准贷记卡打造成为我行盈利性的拳头产品，并通过惠农信用卡

有效服务三农。四是全面推进收单业务市场发展，实现发卡与收单的双轮驱动、双线发展，迅速提高我行在大中城市的收单市场份额，加快确立县域收单市场的主导地位。迅速有效提高收单规模的主要方式是做好收单专业化经营和大客户营销，省分行将划拨专门费用，保证MIS系统及各种收单机具购置以及收单专业化服务等的费用支出。坚持农行收单主体的地位不动摇，坚持做好间联商户拓展，年内将在部分行试点开展收单外包专业化业务，将商户营销、机具布放及维护等部分非核心业务外包，借助第三方人员和专业优势拓展城市收单市场，以突破收单业务人员不足的发展瓶颈，实现规模化发展，试点成功后将全行推广。加快收单特色业务的发展，做好大客户营销。通过MIS收单系统的推广抢夺大型百货商户，积极与保险行业合作开展见费收单，与烟草行业开展卷烟销售、与供销行业开展农资产品等项目营销，实现发卡与收单的协同推进。通过大力宣传贷记卡新产品的新功能，加大资产业务转型力度，做好分期付款功能的推广，在完善消费分期的基础上推出特约商户分期付款、积分消费等新功能，努力提高资产业务收益占比。运用促销激励手段提高卡激活率和消费额。制定促销活动计划，与大型商户、知名品牌经销商等开展联合促销，拉动持卡消费额增长。

（三）以市场需求为着力点，提升电子银行业务营销与服务支持能力

电子银行是一项新兴业务，大家要从了解业务做起，从我做起，主动抓好电子银行业务营销推广工作，将这项工作抓出成效。一是要明确分销策略，增强渠道销售能力。个人网上银行要采取覆盖式营销，在网点将客户办理开户申请、查询转账、缴费理财与开办个人网上银行有机捆绑，充分利用我行个人客户信息资源，制定明确的个人网上银行客户渗透标准和配套营销方案，最大限度地促使个人客户群体通过在线渠道完成金融交易；企业网上银行要采取拉网式营销，各行要对存量企业客户进行梳理筛选，制定企业网上银行目标客户名录，加强对公司业务的营销服务支持；电话银行和手机银行要与网上银行、“惠农卡”实行捆绑式营销，扩大我行非互联网渠道电子银行客户群体和交易规模；自助银行要实施引导式营销，理顺自助渠道与柜面收费价格体系，以价格为引导，将个人客户小额存取和转账、缴费等低端业务疏导至自助渠道；电子商务支付业务要采取上门营销，运用针对性产品进行营销拓展，扩大市场规模，做深行业应用。二是推进电子银行交易渠道建设，提升产品创新能力。积极配合总行“新一代”网上银行实施上线，通过为客户提供跨行实时转账、循环贷款、财务管理、贷记卡网上支付等增值服务，扩大电子银行产品的影响力和号召力；要尽快完善电话银行产品功能和收费功能，完成贵州分行上收总行版电话银行在全省范围上线应用，着力提高电话银行、转账电话、手机银行的覆盖率；要大力发展在行式自助银行服务，将一般纯交易型网点（100平米以下）改建为离行式自助银行，加大自助设备投放，规范、统一自助设备品牌型号，普及集网上银行、电话银行等于一体的电子银行客户体验区。三是完善电子银行综合服务平台，提高服务全行能力。在省域客户服务中心继续平稳运营的情况下，积极配合总行一体化客户服务中心建设工作，为加速贵州分行95599客户服务中心业务上收步伐，优化客服中心与分支行、各部室的联动机制，大力推广总行版消息服务业务，确保年底前人工服务和消息服务有效覆盖全行客户。四是稳步提高电子银行替代率、渗透率、动户率和收益率，显现创收增效能力。将占用网点资源较多的日常查询、缴费转账、代收代付、银企对账、支付结算等业务逐步迁移至电子银行渠道；提高对个人优质客户和对公客户的渗透能力及产品交叉销售能力；加大对电子银行各渠道睡眠户、不动户的再营销；统筹考虑服务渠道价格差异化问题，制定科学灵活的产品定价策略，完善电子银行收入会计科目和账户体系，全面、完整、准确地核算和反映电子银行业务收入，提高电子银行创收能力和全行整体效益。

（四）以风险控制为着力点，促进零售业务持续稳健发展

银行业是经营风险的行业，零售业务因其点多、面广、业务繁杂的特点，风险防控始终是必须坚持的主题。各级行必须始终牢记“发展是第一要务，控险是第一责任”的原则，积极构造以事前防范为基础、事中控制为重点、事后监督与业绩激励为辅助的全过程的零售业务风险管理体系，强化对风险管理的系统硬控制。一是要从打造合规文化的高度，完善零售业务各项风险管理制度、报告制度和自律监管制度，加强内控管理的执行力，健全责任机制，强化对重点监控区域和重点业务品种的风险排查和整改力度，对普遍存在和屡次发生的问题要落实系统性的风险控制措施。二是有效控制个人信贷整体风险。各行要加强对个人贷款用途的监管，防止个人信贷资金流入股市、期市等资本市场。要强化个人信贷业务调查环节和授信执行环节的管理，对个人生产经营类贷款和大额消费类贷款实行双人调查，并按照独立、专业、规范的原则实行授信执行环节与调查环节的有效分离。各行要按照流程银行的要求，准确把握贷前、贷中、贷后各环节的主要风险点，加快构建全过程的风险管理体系。三是要认真落实商业银行个人理财业务监管会议精神，切实做好客户风险压力测试及风险匹配检测，履行风险揭示与告知义务，规范信息披露方式、途径与内容，做好产品后评价与服务等相关工作。四是全面加强信用卡风险管理，推广上线银联标准贷记卡风险管理系统及商户管理系统，加强信用卡风险催收队伍建设，并通过与同业密切合作，建立商户黑名单共享体制。五是针对零售业务新系统不断上线、新产品持续推出的实际，切实做好一线柜员和个人客户经理的培训工作，谨防柜面操作风险和个人客户经理错误宣传、不当营销等各类风险。

五、关于当前网点转型建设的几点要求

（一）落实机构，充实人员，确保网点软、硬件转型的组织管理到位

2009年是全行网点转型建设开局年，按照总行网点管理办法的要求，二级分行作为网点建设项目的实施行，须承担本行所有建设项目的立项申报及施工管理工作，任务

十分繁重。2009 年我行新立项开工的项目将达到 85 个以上，加上往年未实施完毕的建设项目，总数在 100 个左右。这么多建设项目同时实施是我行历史上从没有过的，各行一定要引起高度重视，认真研究有效的管理措施，落实专门的工作机构，充实人员力量，加强相关部门间的协调配合，确保完成任务。网点建设是全行的大事，不是哪个部门的事，各行一定要树立全局意识，调动行内一切可利用的资源，集中力量打好网点建设这场攻坚战。

一是要成立网点转型建设的专门办事机构。会后各二级分行要从本行个人业务、财务会计、安全保卫、总务等部门抽调具备基建管理、招标采购、安全保卫、网点建设规范等专业知识的骨干人员，成立网点转型建设工作组，并明确由一名行领导统一负责协调，一名部门副经理担任专职主任负责日常具体工作。工作组实行集中办公，承担辖内网点建设中的招标工作、施工管理、验收等相关工作，一定要确保网点建设的施工质量，确保按时完成建设任务。二是正确处理网点改造施工与业务经营发展的关系。2009 年各二级分行都有不同数量的网点建设项目需要实施，多的二级分行有近 30 个项目同时开工，且项目主要集中在第四季度。为最大限度的减少对业务的影响，各行要抓紧研究落实施工组织方案和网点的业务疏导方案，确保施工项目在规定时间内完成，并在保证工程质量的前提下尽可能的缩短工期。三是提前做好网点建设施工准备工作。目前省分行已将 2009 年建设项目上报总行审批，在总行审批后将进入具体实施阶段。各行要利用总行审查、审批的时间做好施工前各项准备工作，如：主材的市场调查、施工单位的资质审查，银监、公安、消防等管理部门的沟通衔接工作等，确保总行审批后所有项目能立即进入施工阶段。四是要做好网点文明标准服务推广工作，加强辖内内训师队伍建设与管理，并为内训师工作开展创造相应条件，按照总行、省分行要求开展好“网点文明标准服务年”活动，确保年内按计划完成辖内二级分行所在城区网点的标准服务导入工作。同时要重视导入网点的后续管理，建立以考核激励为主的长效机制，尽快树立我行营业网点文明标准服务的新形象。

（二）严肃纪律，确保网点转型建设及文明标准服务的平稳推进

今后 3 ~ 5 年将是我行网点转型建设集中开展的时段，项目建设投资集中，资金投入较大，为确保网点转型建设的平稳推进，各行一定要有清醒认识。一是要严格授权管理，严禁越权行事。总行对网点建设实行授权管理，并设置了三条“高压线”即：严格项目建设投资额度管理、确保专款专用、杜绝先建后批，各行一定要引起高度重视，严禁违规行为发生。二是严格按规范建设，坚决防止走样。总行制定下发的《营业网点形象建设标准》、《新一级 LOGO 和门牌标识制作工艺标准》、《营业网点办公家具制作工艺及技术规格》、《营业网点柜员及大堂经理行服标准》、《营业网点文明标准服务手册》，以及即将下发的《营业网点物品摆放规范》等均是强制性标准，各行一定要加强组织学习，网点管理人员必须要熟悉掌握，做坚持规范标准的带头人和执行监督人。三是提高网点管理规划水平。要按照先规划布局后实施建设的原则，认真研究制定本行的网点建设与布局规划，杜绝朝令夕改，避免换人就换规划的情况发生。严肃认真地做好网点设立、迁址、撤并以及网点建设的业务分析预测，确保网点布局调整的前瞻性、科学性，以提高网点单产水平为目标，实行区域整体规划，打造网点综合竞争力。四是坚持软硬并施、“一点一策”。根据各网点客户及业务情况明确网点功能定位，确保功能分区的合理性，认真研究网点的业务转型方案指导网点转型建设。2009 年建设的网点一般要求 5 ~ 10 年内不再进行改造。五是厉行节约，杜绝浪费。严格预算管理，不得擅自变更或突破审批额度，避免搭车建设，对于未达到报废年限的设备不得借机更换，能用的设备必须充分利用，严禁挤占或变相挤占挪用网点建设资金。六是要加强施工管理。力争当年建设项目当年完工，最大限度的争取总行的固定资产进账指标。项目立项后长期未开工建设或未按期完工，导致总行取消立项或扣减下一年度立项额度的，省分行要追究项目实施行相关责任人的责任。七是加强廉政建设，防止腐败行为。今后 3 ~ 5 年将集中投入较大资金用于网点建设，各级行的监察部门要提前介入，加强过程监督，确保网点建设合法、合规运作。财务会计部门要严把项目建设的决算审计关，项目决算资料必须委托省分行招标确定的专业审计部门进行审计。

优化组织架构　加快网点转型　强化市场营销
全面推动个人金融业务又好又快发展

——王国强同志在西藏分行个人业务工作会议上的讲话

一、总结成绩，认清形势，明确目标任务

两年来，我行个人业务工作认真按照党委有关部署和要求，通过内强基础，外树形象，紧紧围绕工作目标，团结一心，扎实开展工作，使个人业务工作进入发展的快车道，个人业务综合竞争能力得到大幅提升。一是个人业务发展取得新的突破。截至2008年12月底，我行储蓄存款余额923050万元，较年初增加了96315万元，增长11.65%，完成年净增计划8亿元的120.39%，储蓄存量和增量分别占全行各项存款的25.14%和14.24%，存量市场份额为49.92%，增量市场份额为38.02%，市场份额仍稳居第一位；个人贷款余额为197348万元，较年初增加了15466万元，增长8.5%，完成指导性净增任务4亿元的38.67%，累放111231万元、累收95765万元，存量和增量分别占全行各项贷款的23.87%和23.70%。个人贷款存量、增量占比两年来首次出现双提高；实现中间业务收入5380万元，完成年计划6000万元的90%，中间业务收入占全行综合性收入的1.67%。其中：银行卡实现收入4007万元，基金实现收入404万元。二是创新能力得到加强。通过及时细化个人通知存款、个人实名制、教育储蓄等政策，出台了适销对路的营销管理办法；创新和推广了个人信用贷款授信模式，规范了全区个人信贷合同文本，推出了个贷额度区别授权制；推出了公务员卡，开通了电话银行、网银直销、基金定投、个人存款证明书等业务，实现了个人黄金、储蓄国债业务的上线工作；“三金”品牌，即“金钥匙、金穗、金e顺”深入人心，品牌效应和经济效益向纵深推进。三是基础管理明显改进。加快网点建设工作。各行以产品、科技、服务为支撑，逐步在“网点分类、功能分区、业务分流、客户分层、产品分销”方面展开探索，尤其在功能分区方面做了卓有成效的工作，网点建设工作已全面铺开；基层检查工作深入进行。两年来，对个人负债、个人资产、中间业务3个板块，30余个业务子项目进行了检查指导，业务检查面达到了40%以上；自律监管得到完善。全行自上而下建立健全了自律监管实施细则和各项登记制度，通过定期不定期抽查和自查相结合的原则，确保了全区个人业务工作有序健康发展；注重培训学习，实施岗位成才，通过采取自学与脱产培训相结合、新业务培训与岗位培训相结合等多种形式，有针对性地分层次加强了员工的业务培训，提高了人员的综合素质。四是加强了风险管理。建立了个人业务综合经营情况定期通报制度；制定了风险预警机制，设定了个贷警戒线；对历年来内部员工贷款进行了彻查，并列入单项监测，有效的防范了内部风险；加强了个人征信管理和维护工作，建立了透明的贷前查询制度；银行卡、电子银行、理财产品建立了完善的风险防控制度，并对投资者实施了风险投资教育。实践证明，只要我们认真执行分行党委的正确决策，真抓实干，就会收到明显效果。

按照总行要求，各级行要将加快发展零售业务列入“一把手”工程，保障零售业务的资源配置和政策倾斜。努力在新的起点上实现全行个人业务又好又快发展。今年总体工作思路和要求：以科学发展观为指导，认真贯彻落实“3510”战略发展规划，抓住农业银行股份公司成立后的有利时机，以客户为中心，以渠道为载体，以产品为抓手，以队伍为主体，统筹城市和县域市场，有效转变发展方式，积极完善体制机制，全速推进零售业务转型，在新的起点上实现个人业务协调快速发展，努力打造区内一流零售银行。

今年主要业务发展经营目标：

1. 客户发展目标：实现高端客户（资产20万以上）5000户，中端客户（资产5～20万）2万户，成长客户（资产5千～5万）10万户。

2. 业务发展目标：个人负债业务：存量市场份额至少保持现有地位以上，增量份额市场力争第一，净增12亿元。个人资产业务：个人贷款余额力争在2009年底达到22亿元，累放实现6个亿，增量市场份额较2007年提高1·5个百分点。个人中间业务：全面启动个人金融服务的各项收费业务；完成或超额完成总行基金代销任务；努力做好凭证式国债的承销、兑付工作；争取开办个人黄金交易、记账式国债交易、电子化国债交易和保管箱业务；2009年底前设立个人理财中心及个人贷款审查审批中心各一家；中间业务收入实现年均增长20%的目标。

3. 品牌建设目标：加大“金钥匙”、“金e顺”、“金穗”品牌宣传和推广力度，提高“大行德广 伴你成长”的服务知名度。

4. 网点功能建设目标：全面提高网点综合营销水平，两年内逐一实现“网点分类、功能分区、业务分流、客户分层、产品分销”经营战略目标。

5. 队伍建设目标：2009年底前个人客户经理达到50

人，其中取得认证资格的理财经理达到每行平均2人；获得银行业协会理财资格人员达到20人；获得中国农业银行个人理财从业人员资格达到250人；获得AFP认证资格的理财师10人；获得CFP认证资格3人；大堂经理等网点营销人员占到前台人员的20%。

二、抓住机遇，深挖潜力，全面提升个人业务发展

（一）外部环境带来业务发展机遇。近年来，在我区经济连续保持年均两位数的发展速度的同时，全区人民也充分参与享有了这一发展成果。随着个人财富的积聚及社保、医保制度的完善和发展，居民的投资和消费意愿空前高涨，这为发展我区个人业务提供了良好的发展环境。

（二）庞大的客户资源是业务发展的根本。近年来，通过清理睡眠账户、采取小额账户收费、丰富产品内涵等措施，有效客户得到巩固和优化，截至4月末，我行个人金融负债客户2.6万户，个人金融资产客户81.5万户（含农牧区），个人理财客户1.1万户，贵宾客户3485户（金融净资产20万元以上），庞大的优质客户资源为发展我行个人业务提供了良好的土壤。

（三）经营方式的转变为个人业务注入发展活力。我行正处在发展关键时期，个人金融服务市场的需求层次也正在发生深刻变化，以往简单的传统业务正逐步向高附加值的个人综合业务需求转移，一些资本消耗低、风险分散、收益稳定的个人金融产品和业务功能已被分行提到议事日程，这为推动全行个人金融业务又好又快发展注入极大活力。

（四）战略转型成为新的业务增长点。随着我区中行、建行股改的基本完成，业务重心也随之向个人业务转移。我行只有加强战略转型，积极构建新的组织运行模式，重新定位业绩考核制度，强化个人业务资源配置，推行网点服务功能转型，改进个人客户服务流程，才能在激烈的市场竞争中处于优势地位，才能确保个人业务的可持续性发展。

三、主要工作措施

（一）优化组织架构，构建“大零售”经营体系

1. 零售业务管理职能的划转与整合。一是重组个人业务部为个人金融部，各级行个人金融部、住房金融与个人信贷部、电子银行部、信用卡中心等零售部门归口一个行领导分管，自上而下建立零售板块。二是统筹优化零售板块部门职能，明确个人金融部作为零售业务战略规划中心、营销推广中心、队伍建设中心和绩效评价中心的核心管理职能，其他零售部门负责提供产品支持、营销和服务保障。三是规范各级行零售部门的纵向职能分工、岗位设置和人员编制，限定职能调整和工作移交完成时限，分行对零售板块机构、岗位、人员落实情况进行检查督导。四是住房金融与个人信贷部成立后，各分行要设立一级部门或在个人金融部下设二级部门，配备专业人员，落实职能分工，做好组织保障。

2. 分层推进“对公业务上收、零售业务下沉”工作。按照总行拟定的实施方案，分层组织层层实施推进，尽快将全行法人业务的营销、管理和审批职能上收，城市行的城区法人业务集中到市行营业部，网点专注办理零售业务（可保留对公业务结算服务功能）；以支行为单位，法人业务集中在支行营业部办理，其他网点专注办理零售业务。分行个人金融部要加强对各支行（含主管行长）及网点零售业务人员的管理、指导和绩效考核，将零售业务各项指标落实到网点、人员。

（二）加快网点转型，构筑强大的零售业务服务体系

1. 强力开展“绿色行动”。要严格执行总行制定的VI手册，按照“先管理机构、后营业网点，先城市、后县域”的次序推进网点标准化形象建设工作；要加大网点建设投入，各行安排专项资金加快网点形象建设和功能分区改造；要遵照“统筹规划、项目管理、分类建设、两级实施”的原则，规范网点建设项目程序，实施“交钥匙工程”；要按照总行推出的样板网点标准和模块，分层复制推广；要建立网点建设与转型后评价机制，分行组织对各地区中心支行网点建设与转型进行验收。

2. 实施网点分类管理，着力优化城市网点布局。要下发对网点分类管理办法，明确网点类别划分、功能定位、人员配置和绩效评价标准；要加强网点规划、选址、建设等工作；要采取租购并举的方式优化网点布局；要加快城市离行式自助银行建设和自助机具投。

3. 实现网点服务升级化改造。在网点内部结构上，合理划分现金柜台区、理财业务区、自助服务区和客户休息区，实现网点的功能全面化、区域细分化、机具现代化。特别是营业部要逐步在城区网点中增加VIP贵宾室，逐步建成一批档次高、品位高，并在同行业中居领先地位的精品网点。在现有基础上加快客户服务改造流程，2009底前力争实现PCRM和CFE上线工作，并推广至全区。开通95599客户坐席服务，并向酒店预订、机票预订、机场贵宾客户服务通道等特色项目延伸。切实提高网点营销服务水平。通过压缩机关人员、优化前后台人员分配等手段，提升网点营销人员配比；实施“赢在大堂”策略，清分现场管理角色，加强客户识别分流，改进内部流程和营销模式，网点负责人现场管理的时间不少于工作时间的70%，大堂经理在岗率达到100%；充分利用已建好的功能分区，优化高低柜运转流程；全面组织开展“文明标准服务年”活动，建立全方位、常态化的网点服务检查工作机制，采取日常检查、专项检查、客户满意度和“神秘人”检查制度，对网点业务经营和服务质量实行动态的管理和评估；实施网点星级管理，建设标准化服务样板网点，发挥示范作用；塑造网点精神，推广网点晨会制度，制定网点礼仪规范和服务标准，创新考核激励和沟通表扬方式。

（三）找准市场、细分客户，建立分层清晰、目标明确的客户营销体系

1. 有效实施分层服务，明确客户分层服务标准。依据客户贡献度和金融资产，把全行客户分为大众客户（达不到星级客户标准的客户）、成长型客户（一星级、二星级客户）和优质客户（三星级、四星级、五星级客户），以金穗通宝系列贵宾卡为载体，分别制定各层级客户的服务

标准，其中三星级以上客户可发放金卡，四星级以上客户发放白金卡，五星级以上客户发放钻石卡。并针对不同目标客户制定差异化营销策略。

2. 建立和完善客户增值服务体系。分行要加大联盟商户拓展签约力度，引入中介机构协助拓展增值服务项目，其中医疗健康服务和道路紧急救援服务作为基本项目纳入零售业务综合考核体系。

3. 健全客户营销管理的责任机制。一是实施星级客户管理责任制。各行要落实贵宾客户营销责任人，实现建立客户关系、签约、贵宾卡发放和后续维护服务依次到位。二是明确客户管理奖惩机制。总行将修订星级客户管理办法，各分行要制定实施细则，实现管户客户经理收入分配与绩效考核与其客户拓展、维护和营销业绩相挂钩。

（四）面向市场，创新产品，打造“金钥匙”品牌形象

1. 大力拓展个人信贷业务。一是加强个贷重点产品营销力度。加强个人住房贷款与开发贷款联动营销，建立分支行分层负责、全程跟踪的联动体系；积极开展置换式贷款营销，分行在拉萨选择几家存量大型优质楼盘提供置换式贷款服务；大力拓展非交易转按贷款，积极组织员工推介活动；组织个人优质客户综合授信营销推介活动，积极发展个人自用车贷款，选择人均GDP水平较高，家用汽车消费潜力大的地区作为汽车贷款的重点发展地区、采取汽车贷款团购等方式扩大消费信贷市场；大力拓展个人生产经营贷款，做好个人自助循环贷款的试点工作，做好自动提前还款、本息拆还款法、气球贷等新产品的营销推广和后评价工作。二是加快新产品开发，拓宽个贷业务渠道。开发房贷消费易、净值贷产品，完成个人贷款短信平台、个人贷款通贷通还、二手房资金托管、储蓄国债质押的测试、培训和上线推广工作；增加网上银行、电话银行、信用卡、自助设备等在可循环个人贷款和个人自助方面的功能支持，短信平台在产品推介和贷后管理方面的功能支持。三是打造个贷精品网点和专业支行 - 个贷专业营销团队 - 专职个贷客户经理三位一体的个贷营销组织架构；推行个贷业务团队营销，以公司业务为依托，实现公司高管人员个贷产品和零售业务的联动营销。

2. 巩固储蓄存款业务优势。一是做好储蓄产品的优化和创新，统一全行存折、存单的标准和样式，推进储蓄存折全国通存通兑，完成个人存款证明系统二期全国上线；推广应用个人自动转账和个人资金归集项目，开办“双利丰”一天通知存款业务，推出“侨汇通”金融服务。二是开展“农行 - 外汇汇兑专家”主题活动，打造我行个人外汇金融品牌。三是加大银行卡、转账电话、第三方存管、代发工资、网上银行等产品营销，扩大储蓄存款的归集源头。四是完善存款考核办法，研究实施储蓄存款内部转移定价管理，存量与增量分别计价，基层行按量计酬，多劳多得。

3. 推动个人中间业务有序发展。一是实施基金精细化营销管理。加强同绩优基金公司和证券公司的合作，完成基金组合服务及资讯服务的采购和组织实施工作；制定实施基金销售分类指导政策，根据客户需求特点和风险承受能力针对性地提供代销产品；组织基金定期定额业务集中营销活动，开展债券型、货币型等低风险基金产品促销活动；完善基金网上代销功能，开展费率优惠促销活动，挖掘网银渠道销售能力。二是加快黄金、储蓄国债等代理业务市场推广。拓宽黄金和储蓄国债业务销售渠道；以“传世之宝”为主体，加快实物金营销推广，分四批将“传世之宝”黄金业务推向全国，并联合相关机构开展代理黄金业务有奖促销活动。三是实现个人理财业务的较大突破。统一理财产品销售渠道，上半年在全行上线推广集中版理财产品销售系统；建立理财产品创新快速响应机制，对市场急需的理财产品，实行研发直通车制度；加强理财业务指导，加快发展金钥匙理财顾问服务和综合理财服务。

4. 创新营销方式，提高个人金融产品综合销售能力。一是自上而下建立和和推行个人金融产品营销和宣传模版。下发《个人金融产品营销宣传指引》，全方位规范个人金融产品营销宣传工作。二是下发《个人金融产品培训指导意见》，建立产品培训模版，通过视频会议等穿透式培训方式，加大对基层行一线客户经理关于市场形势、产品特点、营销技巧等方面的培训，提升基层队伍营销水平。三是全面梳理个人金融产品线，确定各产品线核心产品和营销重点，引入中介公司对具备投资理财功能的零售产品进行组合包装，实行套餐式销售。四是广泛开展“进机关、进企业、进学校、进社区”四进活动，根据不同客户群体需求特点主动开展差异化专题营销活动。五是建立个人贷款、储蓄存款、基金、理财产品等个人金融核心产品的分行销售风云榜，定期评比公布，形成“赶、拼、争、超”的内部竞争氛围。

5. 积极实施“金钥匙”品牌战略。按照总行打造强势品牌的要求，加强个人金融“金钥匙”品牌的系统规划、归口管理、准入把关和统一推广，加大品牌传播和广告宣传力度，组织一系列营销宣传活动。各行要按照总行统一要求，整合规范金钥匙品牌中的子品牌系列及营销用语、产品手册、宣传折页、广告形象等宣传资料，步调一致的做好市场推广和营销策划工作，在全区范围内营造出强大的宣传声势。积极启动金钥匙“好时贷”个贷品牌营销宣传活动，向社会发布个贷总体形象广告，利用多种媒介形式，宣传推介“住房好时贷”、“助业好时贷”、“消费好时贷”等个贷系列产品。

（五）加强队伍建设，打造高素质的零售业务营销团队

1. 明晰岗位序列与职责。一是对分、支行和网点零售业务人员设置岗位序列，制定“网点文明标准服务管理办法”，明确各类网点岗位人员配置要求。二是制定下发网点负责人、大堂经理、个人客户经理、个人理财顾问、柜员等岗位序列人员管理规定，明确各岗位工作职责、工作目标、考核办法、晋升办法。三是建立柜员、个人客户经理、个人理财顾问等级管理制度。

2. 加大全面培训力度。一是全面开展内训师培训。各行要以总行内训师标准服务体系为基准，加大内训师培训力度，按照总行10人以上、一级分行5人以上、二级分行3人以上、支行1人以上的标准，组建一支约1000人的专业内训师队伍。二是抓好重点人员培训。重点抓好网点负责人、大堂经理、理财师培训，对所有网点负责人和大堂经理培训一遍，对所有员工进行一次营销服务理念及文明标准服务意识的普及培训。三是建立分层培训机制。各一级分行内训师、资深客户经理和个人理财顾问、CFP 和 EEP 由总行组织培训；网点负责人、二级分行内训师、高级客户经理和个人理财顾问、AFP 由一级分行组织培训；其他员工和岗位培训由二级分行组织实施；支行和网点组织开展体验式培训和业务基础知识等方面的培训。

3. 稳定壮大零售业务队伍。一是规范零售业务队伍的选拔、认证、聘用、上岗、晋升、退出等程序，实行等级管理。打通封闭式柜台柜员→开放式柜台柜员→个人客户经理→个人理财顾问的成长通道；建设高素质的个贷客户经理队伍。二是配合人事部建立零售业务岗位持证上岗制度，实行岗位资格考试和培训、准入制度。三是分步骤选拔和培养一批零售业务高级专业人才，建立专家库，归口总行和一级分行管理，为全行零售业务发展提供智力支持。

（六）采取多种措施，保障零售业务转型顺利推进

1. 加强零售业务转型的组织领导。一是分行要成立零售业务转型工作推进组，由分行行长任组长，零售板块分管行领导任副组长，负责落实总行部署，制定相应办法细则，确保转型项目协调有序推进，资源配置与后勤保障及时到位。二是各市分行要成立零售业务转型工作推进小组，组织转型方案的具体实施工作，并及时反馈、解决转型实施中存在的难点和问题。

2. 推动实施流程再造。一是加快优化柜面业务流程。按照先简后繁、先易后难、分步推进的原则，从制度修订、交易优化和系统再造三个方面入手，实施柜面业务流程改造工作。对目前柜面反映较为突出的个人业务管理制度问题，以发文的形式予以更正、补充和完善；对章、证、簿、交易凭证、报表、客户身份证核查和授权控制等重点问题，全面集中清理，突出优先解决；对柜台申请书、业务凭证、协议和合同文本实施准入控制和统一管理，统一大小尺寸、基本要素等标准要求。二是优化个贷业务流程。简化客户申请程序和资料提供要求，最大限度方便客户申请；配合相关部门对个人信贷业务基本规程、个人客户信用等级评定制度等进行修订，做好个贷单项产品差异化分类指导。三是改进客户服务流程。推广个人（网点）客户开户签约流程优化项目；充分利用自助、电子类交易设备，促进交易渠道迁移；设定客户等待时间、销售量、客户满意度等关键指标，确定 20 家定点监测网点，持续改进服务流程。

3. 优化零售业务 IT 系统。一是加快开发适应网点转型急需的应用系统和电子机具。研发产品计价与业绩考评系统、组织客户识别导航系统、网银体验机、网点综合信息播放等系统的推广应用。二是为个人信贷业务开发独立的 IT 支持系统。三是优化完善现有零售业务系统。积极配合做好 ABIS 系统的优化改造，对现有柜面系统进行梳理和整合，把相近、相同的涉及客户信息的系统进行归类，提高信息使用率；推动 CMS 三期改造工程，优化升级个人负债业务子系统（PDS），完成基金代销系统二期升级工作；积极开发、开通相关业务系统地方性金融服务功能，提供本地化特色服务。

4. 建立价值导向的业绩评价与激励约束机制。一是加强综合绩效考评引导。总行将统一制定一级分行零售业务绩效考评办法和指标体系；省分行制定市分行零售业务绩效考评实施细则；市分行相应建立个人金融部门对经营行的零售业务及主管行长（主任）的直接考核制度。各级行零售业务绩效考评工作由上级行个人金融部门按季度组织实施，按序排名通报，并综合各季度考核结果实施年度考评，考评结果直接匹配综合绩效考核分值，与各级行领导班子绩效工资挂钩。在考核中强化个贷余额占比、同业市场占比等指标分值，引导分行积极发展个贷业务。二是推行营销业绩交叉考核。各行要完善综合考核办法，实施零售板块交叉考核，各项零售产品的营销业绩交叉体现在各个部门；实施对公、零售部门联动考核；制定网点零售业务分岗考评办法，强化各岗位营销服务职责履行。四是进一步完善产品计价考核机制，对符合零售业务转型方向或具有较大市场潜力、综合贡献高的重点产品加大计价奖励力度，按月奖励兑现到个人，并定期公布结果，接受员工监督。

5. 加强内控和风险管理。一是完善制度建设。修订补充个人业务各项制度规程，制定人民币储蓄管理办法、理财业务营销管理办法以及代理实物黄金业务、传世之宝实物黄金业务、储蓄国债业务等管理办法和操作规程。二是注重防范政策性风险。健全个人业务市场形势和政策分析职能，研究和解读相关法律、规则和准则的最新颁布、修改和变动情况，加大宏观经济政策、监管意见和政策规定的督促落实力度。三是加强对重点风险有效防控。严控个贷业务风险，加强个人贷款在线监控，对于个人不良贷款或贷款余额大幅波动的分行提出整改意见并严格处理；落实权证归行管理，出台进一步防范权证办理风险的相关措施；规范抵押物价值评估行为，控制市场波动带来的抵押物减值风险；强化对贷款行为真实性的审查，落实《中国农业银行防范个人购房假按揭有关规定》；加强对中介机构合作管理，规范个人信贷阶段性担保措施。加强理财业务风险防控，开展专项整顿活动；加强投资者风险教育；做好客户风险测评工作；实施理财销售人员资格认定以及理财销售网点的准入机制。四是加大检查整改力度。针对性地组织开展专项检查和风险重点治理工作，严格问题整改和责任处理，提高违规成本，强化内控制度落实。

加快零售业务战略转型 全面提升零售业务竞争力

——赵志波同志在陕西分行城市零售业务经营转型工作会议上的讲话

一、近两年零售业务发展情况及基本经验

近两年，全行上下进一步转变理念，强化措施，零售业务呈现良好的发展势头：一是储蓄存款稳步增长。至2009年6月底，全省储蓄存款余额达到1012.76亿元，增量市场份额连年来稳居同业首位。二是个贷业务势头良好。2009年6月底，全省个人贷款余额74.9亿元，全行个贷业务呈现良好的发展势头，个贷业务的整体结构得到明显优化。三是银行卡增势迅猛。至2009年6月末，全省银行卡发卡总量达到843.23万张，其中借记卡840.64万张，较年初增加119.22万张，借记卡的发卡量、存款、消费和收入等指标位居同业首位。四是电子银行快速凸起。2009年6月末，全省电子银行注册客户达到78.66万户，逐步从起步阶段向快速发展阶段迈进，渠道分流作用日渐显现。五是中间业务发展迅速。两年来累计销售基金18.86亿元，代理发行国债5.35亿元。

过去两年，我行零售业务发展取得了可喜业绩，总结分析，主要有五方面的特点：一是精诚协作，合力共进。零售业务涉及个人金融、个贷、信用卡和电子银行等四个部门，各部门在抓好本条线业务营销的同时，初步形成了联动营销、协同营销、交叉营销的经营格局，实现了资源、渠道和产品的有机组合，通过密切协作，显著增强了整个零售板块的团队作战能力。二是加强渠道建设，提升营销和服务能力。在立足传统营业网点建设的基础上，快速推进自助银行、网上银行、电话银行等三大电子渠道建设，累计投放自助银行设备*台，网上银行升级至3.5版，电话银行和客服中心上收总行，开通了短消息服务等，极大地畅通了我行零售业务销售路径，扩展了零售业务覆盖范围，形成了多渠道综合营销能力，有力提升了我行的客户服务能力和水平。三是实施产品创新，为发展注入活力。在同业率先推出了“双利丰”七天通知存款、基金定投、基金网上直销、转账电话、信用支付、“传世之宝”自营实物黄金、惠农卡、贷记卡短信通知等创新个人产品，不断丰富和有力提升了“金钥匙”、“金穗卡”、“金e顺”、“好时贷”等个人业务的品牌价值，为零售业务发展增添了新的动力和活力。四是推行差异化服务，构建高端客服体系。在全省推广个人客户关系管理系统（PCRM）和理财专家支持系统（CFE），有效识别与细分客户，针对不同层次客户开展分层服务。落实贵宾客户的优先服务和优惠服务措施，实现贵宾室登机等增值服务，逐步搭建起中高端客户的服务平台，增强了中高端客户的价值体验。五是构筑合规文化，严控操作风险。坚持业务发展与风险控制并重，一手抓业务发展，一手抓风险管控。持续加强制度梳理，及时开展各种针对性检查活动，不断完善制度措施，进一步强化柜面操作，逐渐树立了合规意识，应对操作风险能力得到加强。

二、准确把握内外形势，增强零售业务战略转型的紧迫感和使命感

目前，国际金融危机还在蔓延，全球经济衰退趋势明显。6月末，国内经济虽有所起色，但置身外部经济持续下行的拖累，仍面临较大的下行风险。世界银行6月22日在首尔发表的《2009年全球金融发展》报告称，今年世界经济将负增长，预计发展中经济体的经济增长率仅为1.2%，远低于去年的5.9%和2007年的8.1%。社科院调查表明，我国4200多万家中小企业中，金融风暴已造成四成倒闭，四成还挣扎在生死线上。在这种经济环境下，零售业务的拓展和风险防控面临的压力将非常突出。同时，时值我行经营转型，同业均已率先把零售业务作为战略重点，加大资源投入，加快拓展力度，市场竞争明显加剧，而我行处于相对不利的地位，这一点，在城市行表现或更为突出。

（一）经济下行的影响已开始显现

我们虽然无法准确预测本轮金融危机何时结束，但可以肯定，它对实体经济的影响是不断扩散并逐步加深的，对零售业务的冲击也不可避免。这在两个方面表现较为突出。一个是理财业务。随着房地产和汽车市场低迷、消费热点降温、资本市场波动加大、客户信心不足等负面影响的逐步显现，居民理财倾向受到抑制，基金和理财业务开始萎缩，个人理财业务发展将会遭遇最艰难的时期。另一个是信用卡。国内信用卡业务在经过一轮火热的“跑马圈地”后，大部分行发卡量虚高、睡眠卡比率过高，一人多卡的现象相当普遍。有相当一部分客户，利用多张卡进行循环透支，相互周转。一旦因为经济危机造成收入断档，透支风险将首先暴露，造成不良率上升，甚至引发欺诈和恶意透支等风险问题，需要给予高度关注。

（二）同业竞争日趋激烈

目前，零售业务转型已成为业界共识，无论是国有商业银行、股份制银行，还是外资银行，纷纷大刀阔斧进行改革，力促零售业务发展，各家银行推进零售业务战略转

型的步伐和深度都在不断加快。从机制转型上看，建设银行将支行“瘦身”为零售业务营销管理中心，网点“瘦身”为营销中心，实施营销流程、服务流程、操作流程和内控流程同步优化，并实现了个贷业务集中审批，会计事后监督和后勤保障集中管理。工商银行强化了前台的集约化营销，推行由二级分行个人金融部与支行，对网点个人金融业务和个人客户经理实行双重管理、双线考核机制。从网点建设上看，各家银行普遍加快了营业网点布局优化和功能转型，在新建网点、网点改造、新设自助银行以及投放自助设备等方面不惜重金，动作和力度都很大。通过零售业务转型，其网点布局得到优化，网点形象大为改观，竞争能力明显增强，已经取得了先发优势。从产品和服务创新上看，各家银行零售业务新品频出，同时，信用卡、个贷、基金、黄金等产品设计日趋个性化，网上银行、电话银行、手机银行等个人电子业务异军突起，渠道整合与创新已成为银行综合竞争力的重要手段，竞争日趋“白热化”。

（三）零售业务充满机遇

尽管目前经济发展形势复杂多变，银行同业也先行一步，实施零售业务转型，但我们应该看到，零售银行业务依然充满机遇，前景广阔。一是经济形势正在发生积极变化。从经济指标看，金融危机影响经济下滑之势已明显企稳。7月1日，中国物流与采购联合会发布的数据显示，6月份中国制造业采购经理指数（PMI）为53.2%。这是近一年来该指数连续第4个月处在50%的冷暖分水岭之上——按照国际惯例，该指数高于50%，反映经济总体扩张；低于50%，反映经济衰退。今年以来，作为经济晴雨表的资本市场转暖迹象明显，上证指数已经穿越了3000点关口。作为经济引擎的房地产市场近期也有活跃之势，甚至有些专家已经预言，年内房地产将迎来新一轮涨价周期。这些窗口指标初步预示我国经济或已转暖，对零售业务而言，发展的基本面已明显向好，新的机遇有望到来。二是刺激经济的政策效用将逐步显现。为调结构、促销费、保增长，政府出台了4万亿的一揽子经济刺激方案，将主要在住房、铁路建设、农村基础设施建设、医疗卫生和文化教育、生态环境建设等方面进行大力投资，创造新的就业机会，拓展创收渠道，拉动消费，刺激经济增长。政策效用一旦越过时滞期，其激发经济增长的作用将很快显现出来。目前，前期投资已陆续转化成产能，正在源源不断的转变成个人财富。我们应该适时而变，果断出击，抢抓商机，促进零售业务快速发展。三是零售业务高增长的发展态势依然未变。在相当长的一段时期，我国经济始终呈现“高储蓄、高投资、高增长”的态势。与此相对应，近两年来，我行零售业务始终保持高速增长的状态，在今后一段时期，我国劳动人口占比仍将保持较高水平，“人口红利”的有利局面仍将持续。另一方面，随着经济社会的又好又快发展，我国城镇化、工业化水平越来越高，必将推动居民消费结构持续升级，这将大大拓展个人信贷、信用卡、电子银行、个人理财等业务的发展空间。四是同业零售业务转型尚未确立明显先发优势。近几年，各家银行开始发力零售银行业务，工行、招行在同业已具一定的领跑优势，但全面分析我国零售业务市场及发展趋势，正如中国人民大学金融与证券研究所教授李永森的话来说，国内零售银行目前发展仍不成熟，尚难说哪家已经形成成熟的差异化竞争领域，领跑银行和其他银行间的距离并不大，都还处在探索摸索过程中。所以，只要我们正视差距、坚定信心、急起直追，积极实施零售业务转型战略，我行零售业务的核心竞争力一定能得到快速提升。

三、明确指导思想，确定零售业务转型的战略目标

零售业务转型和发展，不仅关系着农业银行零售业务的竞争能力和市场地位，关乎我行3510战略规划的有效落实，更系关未来相当长一段时期农行改革发展的全局，总行党委高度重视此项工作。今年初，总行零售业务转型办公室已经制定了《城市行零售业务战略转型实施方案》，确定了农业银行城市零售业务转型的指导思想是：按照科学发展观要求，全面贯彻落实农业银行3510战略发展规划，以客户为中心，以渠道为载体，以产品为手段，以队伍为主体，以项目管理的方式全速推进零售业务转型，在新的起点上实现城市零售业务的持续快速协调发展。根据这一指导思想，总行指出，农业银行零售业务的3510目标是：全面推进零售业务转型，力争用3年时间解决城市零售业务边缘化问题，5年时间达到同业平均水平，10年建成国内一流零售银行。

四、快速推进战略转型，倾力塑造零售业务品牌

（一）理顺组织体系，重构零售板块营销格局

在零售板块构建上，总行要求贯彻“四个有利于”的原则，即有利于零售业务综合管理、有利于联动协调、有利于优质客户营销、有利于高端业务发展。年初，省行已经整合了组织资源，加强了零售板块的机构建设。二级分行、县支行要切实贯彻总、省行要求，加强组织建设，谋求增强部门之间、上下级之间的发展合力。一是要建立零售业务转型的组织保障。总行编制了转型实施方案工作任务分解表，将严格按照分解表的进度计划推进各项转型工作。总行零售业务转型办公室将定期组织召开工作例会，及时通报各转型项目进展情况，协调各部门工作进度，及时处理和解决转型中的紧急和重大问题。为此，省行成立了零售业务转型工作推进组，负责落实总行的部署和要求，制定相应的配套制度办法和实施细则，有序推进和协调全省转型项目进度。各二级分行要成立零售业务转型工作推进小组，全力以赴搞好本行零售业务转型部署，扎实细致做好零售业务转型的推进和具体实施工作，确保工作质量和进度要求。二是要不断加强零售板块人员配备。目前，省行、二级分行已经完成了零售板块的归口管理，此举非常利于零售部门之间相互协作、合力推动零售业务快速发展，增强了零售板块的集团执行力。各级行要在此基础上，进一步明确各零售部门的纵向职能及其岗位职责，保证借记卡、自助银行（含自助设备）、网上银行、个人贷款等业务的有序衔接。要配备相应专业人员，充实借记卡、个

人贷款、信用卡和电子银行等业务岗位，确保每个支行至少配备一名相关的零售业务产品经理，负责各类零售产品的营销支持和售后服务。三是分层推进“对公业务上收，零售业务下沉”工作。将全行法人业务的营销、管理和审批职能上收，城市行的城区法人业务集中经营，网点专注办理零售业务。这是总行零售业务转型的大基调。各级行要切实贯彻这一思路，分步实施，分层推进，力争经过两年的努力，在全省逐步实现对公业务上收，零售业务下沉的架构，把零售业务的经营重心下移到网点，突出网点的零售业务营销职能，把营业网点牢牢定位在零售业务营销上。各级行个人金融部门要加强对各支行和网点零售业务人员的管理、指导和绩效考核，对网点和人员的考核评价要由以前的综合考核全面转向零售业务指标，突出零售业务指标在考评中的绝对地位。四是要积极推广个人信贷业务集中经营管理模式。积极推行个人信贷业务集中经营管理，形成全面营销、分散受理、专业运作、流程作业、岗位分离、集中风控的个人信贷业务运作模式，是在个人信贷业务领域实现打造当地主流银行战略目标的重要举措，是个贷业务实现精细化管理的必由之路，也被同业和系统内的经验充分证明行之有效。各行要对此予以高度重视，积极进行各项前期准备工作。目前，省行已在营业部进行试点。营业部要按照省行要求，强化执行，关注细节，务求试点取得实效，促进个贷业务快速发展。下半年，省行将再选择几个行复制营业部的做法，并逐步向全行推广。五是要逐步推进信用卡事业部制改革。信用卡进行事业部制改革不仅是现代公司治理机制的方向，也是总行确定的信用卡管理体制改革的目标，以实现信用卡业务的专业化管理与集约化经营，重点解决与相关部门之间的内部计价和利益分享机制，建立从上至下的双向汇报和考核制度。在省行和各二级分行组建信用卡事业分中心，管理上既参与经营行考核，又向上一级信用卡中心负责，实行信用卡业务条线单独考核。省行将按照总行的具体部署，尽快推进此项工作。

（二）加快网点转型步伐，全面打造零售业务核心竞争力

按照“功能分区、业务分流、服务分层、产品分销”的原则推进零售渠道的改造和整合，形成物理网点与电子银行协同配合，客户多渠道服务、业务多渠道分流、产品多渠道销售的零售业务多元化发展格局。

1. 优化网点布局，加大城区网点建设投入。

一是全力实施“绿色行动”，按照总行制定的《营业网点视角识别标准手册》及建设指引，推进城区网点的统一布局规划，落实分类管理。把全行城市城区网点划分为财富型网点、精品型网点、基础型网点和自助型网点，其中基础型和自助型网点均为零售网点，财富型和精品型网点要进一步细分为综合网点和零售网点，实施不同网点差异化的功能定位。

二是全行上下要集中财力、统一步调，按照总行网点选址标准、LOGO形象设计标准、改造建设标准、设备配置标准、店堂规范标准加快推进网点建设，三年内实现我行城市网点全面转型。各二级分行在网点建设上要加强管理、明确目标、落实责任、规范操作，实施好“交钥匙工程”。

2. 加强队伍建设，分层打造适应网点转型的高素质优秀团队。按照“控制总量、优化配置、规范服务、提高素质”的原则，通过压缩高柜、增机（自助设备）减人、优化劳动组合、加强全面培训等措施，调整、充实网点员工，全面提升队伍素质。在强化前台柜员培训提高、分级管理的同时，着重建设好几支适应转型网点的核心队伍。

一是强化大堂经理、个人客户经理（销售经理）、个人理财顾问（产品经理）队伍的建设。省行相关部门将建立三支队伍人才库管理制度，加大三类人才的培养、培训力度，各二级行都要按照大堂经理、客户经理、理财顾问不同岗位要求，针对性的强化员工培训，选择有发展潜力的员工实施定向培养，采取激励、强制等多种方式促其尽快成才，切实解决好我行目前这些岗位人才数量不足、素质参差不齐的问题，尽快建设好我行的大堂经理、客户经理、理财顾问队伍，以适应网点转型对人才的硬性需求；同时要按照三个岗位设计，规范岗位序列、明晰岗位职责，使各岗位目标明确、职责分明、各司其职、相互协作，实现我行针对不同客户专业化、个性化的服务，提升网点竞争力。

二是强化网点文明服务导入内训师和网点负责人内训师队伍的建设和管理，充分发挥他们先锋军的示范带动作用，全面提升网点服务质量和网点综合管理水平，重树我行良好的网点窗口形象，打造（个人）客户首选银行，零售业务主流银行，增强同业竞争力。上半年总行网点文明服务内训师培训结束后，省行立即组织各二级分行内训师队伍封闭式、半军事化培训，为全行打造了一支优秀的网点文明服务导入内训师团队，通过二季度实际网点导入的效果充分证明这支队伍在网点转型中的巨大作用，得到了全行上下的高度赞誉和支持。目前希望各行要继续加强内训师队伍的管理，关心支持他们的工作，切实解决好工作定位、考核、待遇等实际问题，使他们以更高的激情做好网点导入工作。关于网点负责人队伍的培训，省行已专题研究确定了实施方案，待总内训师培训结束后立即启动此项工作，9月底前培训结束；各行要结合这次培训，充实调整好网点负责任人，为建设一支优秀的网点负责人队伍奠定良好基础。

三是组建神秘人队伍，实行定期、不定期的对营业网点进行明察暗访，全面固化网点转型的综合成效。

3. 优化IT系统，搭建推进转型零售业务应用平台。按照“以客户经营为中心、以产品营销为重点、以方便使用为前提、以有效管控为基础”的原则，全力推进科技支持系统应用，打造新型的零售业务科技信息平台。

一是加快PCRM、CFE系统推广应用。6月底前省行个人金融部在信息技术部的全力配合支持下，已实现了PCRM系统的顺利上线，各二级分行要按照省行的统一部署，在严格管理、落实责任、规范操作、控制风险的前提下，加快推广应用。切实做好优质客户的管理维护和营销，加大目标客户的拓展，促其我行客户优化调整。已实施转型的网点，要尽快在低柜服务区和理财工作室使用CFE系统。

二是不断研发完善并全面应用产品计价与业绩考核系统、网点信息发布系统。目前省行开发的网点柜员产品计价统计系统已投入使用，基本实现了按旬公布网点柜员产品营销数据、按月计价考核兑现到二级分行；各二级分行、支行要及时了解掌握全行业务发展情况，强化业绩考核管理，按月将产品计价兑现到一线柜员，充分调动员工营销的积极性，实现科技对营销管理的支撑。为了搭建全省转型网点信息发布平台，省行个金部正式下发文件，明确规定了转型网点信息发布系统建设要求，各行在网点转型装饰中要认真执行，确保全省网点信息发布系统搭建顺利实施。

三是按照总行总体部署，实施整合、完善现有柜面业务系统，探索建立新型的零售业务处理平台，逐步实现在功能上达到零售板块集中、前后台业务处理分离；在应用范围上支持和覆盖物理网点、电子机具和电子银行三大渠道；在操作界面上，按照使用者属性定制功能，集交易、产品、客户信息于一体，实现“交易中销售、销售中交易”的目的。以适应零售业务发展需要。

4. 强化零售业务考核，探索创新营业网点分岗考核机制。

一是要按照总行打造一流零售银行的定位要求，各级行都要加大零售业务的考核力度，提高零售业务在综合绩效考核的分值，强化和促进我行零售业务的又好又快发展。二是探索创新网点分类考核，改变营业网点统一考核标准的模式，推行不同类型网点实行不同的考核指标和考核方式，有针对性的引导不同类型网点重点发展特色业务。三是探索实行网点员工分岗考核。逐步推进高柜柜员的绩效工资与业务量和交易量挂钩为主，实行固定工资加计件工资的挂钩模式；低柜柜员的绩效工资与产品销量和产品销售收入挂钩为主，实行固定工资加绩效工资的考核模式；个人客户经理的绩效工资与产品销售量和创效挂钩；大堂经理绩效考核与客户分流率、自助设备使用率、人均网点产品销售量、网点服务质量挂钩；个人理财顾问的绩效工资与贵宾客户的维护拓展、理财产品销售量及收入挂钩；网点负责人绩效工资与网点整体效益、网点等级、网点转型、网点管理水平等综合性指标挂钩。全面深化、细化业务量计酬、产品计价考核，建立员工营销业绩台账；逐渐向低底薪、高挂钩绩效考核过渡，考核兑现实行上不封顶，鼓励多劳多得；充分调动一线网点员工的工作激情。

5. 培育我行优秀的零售业务文化，建立全过程的风险防控体系，实现零售业务又好又快的持续发展。

一是加强零售业务文化建设。坚持“以客为尊、激情创新、团队合作、合规经营、追求卓越”为核心，强化零售队伍员工人格培育、精神教育和人才培养，打造我行先进的零售业务文化。二是完善风险管理制度，强化自律意识，建立审慎、规范、积极、稳健的零售业务文化，实现事前防范、事中控制、事后监督全过程的风险管理。

三是加大违规操作处理力度，落实好操作风险点的防控；及时做好市场形势和政策分析，建立预警机制，预测规避风险。

（三）创新发展模式，促进个贷业务快速发展

一是积极开展“夏季风暴”个贷综合营销活动。省行已专门召开了视频会议，对此做了安排部署，并将在活动期间每月召开一次视频会议，就活动进展情况进行分析通报，进行针对性的培训和经验交流。各行要以经营行为单位组织开展个贷业务营销竞赛。省行将依照《个人信贷业务营销计价考核实施办法》，对全行个人贷款增量排名前15名的支行，按季进行奖励。要围绕重点楼盘，主动出击，整体营销。要以中心市场的整体营销为切入点，优先支持房地产抵押贷款，大力发展最高额可循环个人生产经营贷款业务。要加强交叉销售和联动营销，提高综合收益。加强个人信贷业务与个人金融、信用卡、电子银行、保险代理部门的配合协作，创新营销方式和手段，实现零售产品的交叉销售，提高个人贷款的综合收益。二是大力推广批发模式。要秉承以批发方式做零售的理念。要以与我行有良好合作关系的行政机关、优质企事业法人单位为重点，通过公私业务联动，锁定优质个人客户群体，推进优势行业个人客户的集中批量授信，积极拓展个人自用车贷款、个人综合授信贷款等消费信贷业务。要大力发展个人住房贷款业务，对我行开发贷款支持的楼盘，分层构建跟踪监测体系；对非我行开发贷款支持的优质住宅楼盘，以城市为单位、建立按揭楼盘动态数据库，由二级分行牵头对开发商、销售商实施主动营销、分层营销。三是加强营销宣传。充分利用各种媒体和渠道，提高我行个贷品牌知名度。各行要对市场上的客户资源进行梳理和分析，了解客户需求，充分把握营销的前提和内涵。各行要积极探索和建立网点对个贷产品营销的渠道作用，针对目标楼盘和目标市场举办多种形式的业务咨询、个贷产品推介会、主动上门营销、维护和服务优质客户，树立我行个贷产品的品牌形象，提高营销宣传效果。四是不断改进产品和服务。各行要充分发挥个贷新产品在市场营销中的带动作用，积极开展个人自助循环贷款、自动提前还款、本息分拆还款等新产品的营销推广，针对客户需求构建有特色的产品组合，并以“金钥匙 好时贷”品牌的发布、推广为契机，广泛开展专题营销、系列产品营销和组合产品营销活动，迅速提升农业银行个贷品牌的市场知名度和美誉度。五是加强监测，有效控险。各行要认真开展个贷业务监测检查，重点监管个人贷款用途，防止个贷资金流入资本市场。

（四）突出营销重点，努力开创信用卡新天地

坚持发卡与收单业务并举，重点拼抢贷记卡和商户收单市场，快速推广金融支付通，积极发行惠农信用卡，努力推进全省信用卡初步实现量的突破。一是狠抓贷记卡发卡工作。要深入挖掘个人优质客户资源，实施对借记卡、准贷记卡、网银、房贷、车贷、基金、保险等现有个人优质客户的定向销售。落实名单制销售，建立重点客户数据库，实行主动上门营销。要充分激发员工的销售潜能，通过发卡激励促进卡量快速增长。要抓住当前国家大力推动银行卡产业的政策机遇，以省内财政预算单位推行公务用卡结算为切入点，积极联系机构业务部，强力攻关系统性行业和部门，大力发行公务卡，竭尽全力抢占公务卡这一战略高地。要利用西安高校富集的资源优势，积极与高校开展密切合作，针对大学生群体发行“优”卡，积极培育并占领未来市场。认真做好各种特色卡、主题卡，白金卡等高端产品的推广，加强高附加值功能及服务的应用推广，助力发卡业务。二是鏖战商户收单市场。要站在战略层面，高度重视收单业务，坚持推进间联收单模式和收单专业化服务，将系统性、集团性商户、高级酒店、本外币一体商户及旅游景区作为重点，推动全省收单业务快速发展。要权利抢占城市收单市场，敢于抢抓高端商，重点营销星级酒店、大型商场及连锁性商户，提高商户层次。要快速扩大商户规模，积极推广 MIS - POS 收单系统，实行 POS 积分消费奖励，增强收单业务竞争力。要以实施县域“蓝海”战略、服务“三农”为契机，加强县域收单市场建设，积极在农业产业化企业、新型农村合作医疗、农户小额贷款等目标中发展惠农特约商户，加大县域 POS 投入，改善县域和“三农”服务环境。在城乡批发市场、商品集散地、农贸市场等集贸中心，大力推广金融支付通，展开强势营销，确立我行区位竞争优势，有效提高我行收单市场份额。三是开展消费激励活动。省行确定今年为“金穗信用卡有奖消费年”，制定了“情满三秦，金穗有礼”主题活动方案，开展“发卡激活赠礼”和“消费有奖”普惠制促销活动，力促发卡和消费。各行要在省行活动方案的基础上，利用“五一”、“十一”等消费旺季，与当地大型商户开展专项促销活动，抢占当地市场份额。要加快信用卡特惠商户网络建设，以优质增值服务赢得客户。各行要立即行动，从现有商户中发掘优质、特色商户，培育成为我行信用卡特惠商户。

（五）加快跑马圈地，增强电子银行业务辐射覆盖能力

坚持优先发展、有效发展、创新发展和统筹发展原则，稳步提高电子银行业务的替代率、渗透率、动户率和收益率，形成产品多渠道销售、业务多渠道创新、客户多渠道服务、收益多渠道创造的多元化发展格局。一要加快渠道建设。加快新一代网上银行、企业网上银行柜面签约、跨行业务自动处理和总行版电话银行的推广和优化，加大自动取款机、存取款一体机、自助服务终端等自助设备的投放力度，不断提高离行式自助银行占比，优化渠道建设。加速特色业务拓展，加快推出信息服务、支付结算、代理业务等。要通过个性化定制、产品组合打包等手段进行差异化创新，提高渠道附加值，发挥长尾效应，提高客户忠诚度和依存度。加快普及城区网点电子银行客户体验区，形成网点和电子产品互为补充、相互促进的局面。二要全面强化网上银行业务营销。要围绕重点客户、重点业务、重点领域，实行差异化营销、品牌营销、联盟营销和整合营销。个人网银业务要以网上缴费、开放式基金、按揭还款等功能为卖点，抓住与我行有业务关系的高等院校和企事业单位，开展现场宣传咨询，实现批量注册。在产品和渠道组合营销上，要捆绑贷记卡和网上银行，提高银行卡客户的网银注册比例。在企业网银营销上，要联手前台部门，上门营销集团性客户，力争将存量信贷客户 80% 以上、新增信贷客户 100% 发展成为网上银行注册客户。要借助上级行提供的不动户信息，下半年集中做好客户回访，增加有效客户和收入。三要大力发展电话银行业务。要借助总行完善的电话银行系统和人性化的坐席服务，发挥渠道优势，探索服务“三农”的新思路。以解决农民结算难作为突破口，在农业发达地区大力营销电子银行业务。电话银行要重点拓展各类专业批发市场商户、农副产品经营商等个人客户，充分发挥其简便、快捷、高效的优势，使其尽快成为我行进行客户管理、市场营销及产品优化的有效渠道。要坚持惠农卡授信与电子银行、新增发卡与短信通的捆绑销售，不断提高存量银行卡客户电子银行产品的渗透率。四要全方位拓展电子商务。

转变增长方式　加快战略转型　有效推动零售业务快速健康发展

——韩国强同志在甘肃省分行零售业务经营转型工作会议上的讲话

一、回顾总结发展历程，坚持走科学发展道路

近两年来，全行上下不断转变经营理念，强化工作措施，零售业务呈现出了良好的发展势头：一是储蓄存款增量市场份额近 7 年来在绝大多数的月份保持了同业第一，存量市场份额在相继超越建行、工行之后，一直保持了同业第一，余额 4 月末达到 559.83 亿元。二是个贷业务稳定增长，资产质量明显好转。截至 4 月末，个贷余额 31.34 亿元，较 2006 年末余额增加 3.6 亿元，三是银行卡多项指标位居同业首位。发卡量达到 645 万张，较 2006 年翻了一番多；贷记卡实现发卡 3.28 万张，特约商户总数 3452 户，比两年前增加了 5 倍；实现银行卡中间业务收入 2.07 亿元，中间业务收入贡献度超过 60%。四是电子银行在渠道分销、柜面替代、成本节约等方面的综合效益进一步凸显。截至 4 月末，电子银行客户总量达 17.6 万户，交易量占比达 24.86%；今年前四个月，实现交易 198.26 万笔、141.37 亿元。五是个人中间业务得到有效发展。两年来，全行累计销售基金 12.1 亿元，实现手续费收入 6648 万元，

销售“本利丰”人民币理财产品4750万元，办理西联汇款业务476万美元。

上述成绩的取得，得益于各项工作措施的有效到位：一是对零售业务的重视程度不断提高。近年来，各级行思想认识逐步统一，将零售业务的发展问题摆上了重要议事日程，广大员工奋力拼搏，积极奉献，努力在系统内争位次，在同业中抢份额，有效提升了零售业务综合竞争力和可持续发展能力。二是加快了网点、电子银行等渠道建设。在全行范围内着力推进了营业网点形象建设，加快了金钥匙理财中心等中高端客户服务平台建设，开展了网点文明标准服务导入活动，推动了电话银行一体化进程，实现了多卡种、多币种、多账户管理，加大了自助银行机具投放力度，有效提升了零售业务多渠道综合营销能力。三是积极推广新产品，为零售业务发展注入了新鲜动力。在省内同业中率先推出了“双利丰”七天通知存款、转账电话、惠农卡等产品，“金钥匙”、“金穗卡”、“金e顺”、“好时贷”等零售业务品牌的内涵和市场价值得到了不断丰富；率先推行的银行卡定价机制改革，形成了有利于客户规模结构平衡发展的价格引导机制，银行卡收入连年成为全行中间业务收入的中流砥柱。四是持续加强队伍建设，为零售业务发展储备了人才。先后组织了金融理财师、内训师培训和各类产品、服务培训，零售条线队伍素质明显提升。五是中高端客户服务体系不断完善。通过加大个人优质客户系统推广力度，整合资源，扎实推进增值服务，有效增强了中高端客户关系营销与管理能力。六是系列营销活动的有效开展，极大地激发了业务发展活力，品牌影响力和产品的社会感召力不断提升。七是坚持业务发展与风险控制并重，适时开展动态监测和业务风险检查，风险防控能力和持续发展能力明显增强。

二、明确战略发展目标，有序推进零售业务经营转型

零售业务的转型和发展，关系着农行企业价值的稳定增长和市场竞争力的全面提升，决定着全行3510战略发展规划的有效落实，是未来相当长的一段时期内农行改革发展的战略核心之一。我行零售业务转型的指导思想是：按照科学发展观要求，全面贯彻落实总行3510战略发展规划，以客户为中心，以渠道为载体，以产品为手段，以服务为保障，以队伍为主体，以项目管理的方式全力推进零售业务转型，在新的起点上实现零售业务的持续协调快速发展。根据这一指导思想，我行零售业务经营转型的具体目标是：力争用3年时间解决零售业务边缘化问题，5年时间达到同业平均水平，10年建成省内主流零售银行。为保证上述战略目标的实现，省分行确定今明两年全行零售业务的发展目标为：

（一）经营效益目标：实现零售业务收入贡献占比达到全行25%以上，零售中间业务收入同业占比达到20%以上。

（二）客户拓展目标：个人优质客户（三星级及三星级以上客户）增长20%，个人优质客户签约率达到50%，个人优质客户收益贡献比例提高到30%，个人客户满意度提升到90%。

（三）业务发展目标：个人金融资产销售总额（包括储蓄存款、基金、外汇、保险、国债、理财产品等中间业务销售额）接近同业平均水平，市场占有率年均增长2%左右。个人贷款年均增长5亿元以上，余额达到40亿元以上，其中26家城市行的个贷增长明显超过全行个贷平均增速；个人住房贷款的增量占比争取保持同业第二位；个人贷款不良率逐年下降。信用卡业务规模实现快速增长，2009年新增发卡量确保5.5万张，力争达到6万张，2010年力争新增发卡8万张，新增信用卡不良透支控制在2%以内。在全面完成商户清理工作的基础上，2009年新增有效特约商户900户，商户总数力争突破4000户；电子银行个人客户数对全行个人、企业有效客户渗透率逐步提高到30%以上，电子银行特约商户突破20户。

（三）渠道建设目标：全行物理网点总数控制在600个左右，其中县域网点稳定在330个左右。改建离行式自助银行100个，省会城市行将80%以上的网点，城市支行将60%—70%的网点建成财富型和精品型网点，50%的网点基本实现功能分区、业务分流、服务分层；电子渠道业务量占比达到25%以上，其中，城市行达到35%以上，客户服务中心人工接通率达到85%以上。

（四）队伍建设目标：建立一支符合零售业务发展需要的营销队伍，其中零售客户经理（含大堂经理、个人客户经理、个人理财顾问）占全行员工的8%，网点营销人员（包括网点负责人、大堂经理、个人客户经理、个人理财经理、低柜柜员）配置比例达到25%以上，其中26个城市行配置比例要提高5个百分点。

（五）风险管理目标：建立审慎、规范、积极、稳健的零售业务风险管理文化，完善全过程的风险管理体系，确保实现持续稳健发展。

三、加快战略转型步伐，全面提高零售业务核心竞争力

为实现转型目标，各级行在推进转型工作中，必须坚持和把握思想先导、效率优先、渠道共赢、团队制胜、风险防控五条原则，扎扎实实推进零售业务经营转型各项工作，确保取得实效。

（一）理顺管理体制，强化对零售业务经营转型的组织领导

各行要按照“有利于零售业务综合管理、有利于联动协调、有利于优质客户营销、有利于高端业务发展”的原则，理顺组织架构，整合系统资源，切实增强分、支行与网点之间的发展合力。一是要建立健全零售业务转型的组织保障。省分行成立由党委书记、行长傅志辉同志担任组长，党委委员、行长助理韩国强同志担任副组长，相关部门负责人为成员的零售业务转型工作推进组。市、县（区）两级行也要成立相应的组织机构，及时处理和解决转型中的紧急和重大问题，确保转型项目协调有序推进。零售业务转型工作要实行“一把手”负责制，对因主观原因导致转型工作滞后的行，省分行要对“一把手”进行问责。二是要尽快完成各级行零售板块职能调整及人员配备。

认真落实上级行零售板块由一名行领导分管的要求，同时，尽快规范零售部门职能分工、岗位设置和人员编制。二级分行个人金融部要各明确一名副经理专抓信用卡和电子银行工作。要增加人员编制，设置网点管理岗、文明标准服务培训与管理岗、住房金融与个人信贷业务岗、信用卡管理与营销岗和自助设备运行、电子产品营销支持及售后服务岗等岗位，每个岗位必须配备一名以上专职业务人员；各支行要配备个人贷款、信用卡和电子银行专职人员，有条件的支行这三个岗位要配备2名以上专职人员。年底前，全省所有已取得AFP、CFP资格的理财师都必须回归零售业务板块工作，对落实不力的行，省分行将对主管行长进行问责。三是分层推进"对公业务上收，零售业务下沉"工作，尽快将全行法人业务的营销、管理和审批职能上收，城市行的城区法人业务要集中经营，营业网点要专注办理零售业务（可保留对公业务结算服务功能）。

（二）转变经营模式，全力推动网点转型发展

一是按照"一点一策"的网点转型基本思路，在巩固2008年网点转型成果的基础上，进一步加大网点分类、功能分区、客户分层、业务分流、产品分销力度，不断加快网点"硬转型"进程。同时，要全面跟进和着重落实网点营销能力的提升、服务流程的优化、销售资源的整合、文明标准服务的导入等"软转型"各项措施，实现网点转型由"形似"到"神似"的转变。二是抓紧推进"绿色行动"。要严格执行总行营业网点形象建设标准，加快推进金钥匙理财中心、精品网点、基础网点和自助网点建设，对不严格执行形象建设标准的，除责令拆除重建外，还要按相关制度严肃追究有关责任人的责任。各行必须在年内完成所有一级支行以上机构、城区网点和县域精品网点标识牌的更新工作。三是加快城区财富型网点建设进度。要确保年内在兰州市建设完成1家金钥匙财富管理中心，在各二级分行所在地支行至少建设完成1家标准化金钥匙理财中心。四是积极实施"赢在大堂"策略。要配足配强大堂经理，充分发挥大堂经理识别分流客户、产品推荐营销的作用，促进我行营业网点向营销服务型转变。6月底前，各城市支行精品网点要配齐大堂经理，理财中心要配齐大堂经理、个人客户经理和理财经理；明年年底前，所有城区网点要配齐大堂经理、个人客户经理和理财经理；今年年底前，所有城区网点必须配备1名专司内部员工培训和网点服务管理的人员。五是加大离行式自助银行建设和自助机具投放力度。年内所有营业网点自助机具要达到全覆盖，对100平米以下的城区网点要分步改建成离行式自助银行。六是健全网点建设与转型后评价体系。每年一季度省分行除对各行上年交付使用且正式营业超过3个月的营业网点建设项目实施后评价外，还将对各行转型网点达标率进行考评。这两次考评的结果将作为省分行下一年度对各行网点建设资源配置的主要依据。

（三）加强服务建设，有效提升网点社会形象

今年是我行的"网点文明标准服务年"，各行必须清醒地认识到，推行网点文明标准服务，是对现有网点服务模式的颠覆式改造和重建，是赶超同业的必经之路，是提高全行服务水平、增强核心竞争力的一项重大举措。要实现这一目标，就要按照总行《文明标准服务手册》的规定动作，不折不扣地对网点各岗位基本服务礼仪、营业现场管理、服务营销双主动、晨会流程、开门迎客、大堂引导、投诉处理、岗位履责等进行规范和强化。在文明标准服务全面导入、整体推进的过程中，各级行必须强化责任意识，确保有充裕的时间、足够的精力、必备的设施，导入内容、时间、步骤绝不能打折扣，避免粗糙，切忌敷衍，导入效果必须要常态、固化，以最终实现我行网点文明标准服务水平的大幅提升、核心竞争力的持续增强，为加速零售业务转型、打造一流零售银行奠定坚实基础。目前，全省45名内训师的培训工作已经结束，省分行专门聘请专业公司人员在兰州市成功打造了5个文明标准服务省级标杆网点，本次会议期间将组织参会人员实地观摩，并将安排各二级分行行长在二季度业务分析会期间观摩标杆网点。各行一定要高度重视并全力推进网点文明标准服务导入工作，做好如下规定动作：一是要保证导入质量。各行"一把手"要亲自挂帅，全面负责本行网点文明标准服务导入工作，要严格按照省分行《网点文明标准服务导入实施方案》的要求，将标准化的服务模式传承和导入到辖内每一个营业网点，确保不变调、不走样；二是要确保导入进度。省分行要求，6月底前，各二级分行必须成功打造2～3个本行文明标准服务标杆网点。7月份起，各二级分行要保证每月导入3个网点的进度。年内各行必须完成城市行所有网点文明标准服务的导入工作，2010年底前，完成全行所有网点文明标准服务的导入工作；三是要加强对内训师的使用和管理。各行内训师要抓紧进行扩散培训，按照岗位职责要求完成好全辖文明标准服务导入工作。现有的45名内训师承担着全行所有网点的文明标准服务导入工作，不经省分行个人金融部允许不能随意调换岗位，同时要给予内训师一定的正向激励和补贴，确保内训师队伍的稳定。为保证以上要求的落实，省分行将建立网点文明标准服务监督检查制度，组织内训师队伍或聘请外部"神秘人"对全行网点导入的成效通过明察暗访进行检查和评定，以确保网点文明标准服务的长期固化。

（四）多渠道拓储源，确保储蓄存款"双领先"优势地位

今年以来，我行储蓄存款同业份额出现了较大滑坡，省分行于5月8日召开了储蓄存款工作视频会议，专门进行了安排部署，各行一定要高度重视，群策群力，认真分析市场，准确把握机遇，敢于直面挑战，尽快扭转储蓄存款发展缓慢的被动局面，将我行丢失的传统优势夺回来，确保储蓄存款增量、存量市场份额"双领先"地位。一要提高认识，坚定信心抓储蓄。储蓄存款业务是银行最基础、最传统的业务，是我行战略发展的重点，省分行党委历来十分重视此项工作。各级行必须将储蓄存款摆上全行综合经营的重要战略位置，坚持储蓄存款基础地位不动摇，切实做到思想重视，行动支持，措施落实，激励到位。二要围绕转型，提升服务促储蓄。要通过强力推进网点转型，进一步优化业务流程，提高柜面服务效率，改善网点服务环境，提升农行社会形象，促进储蓄存款业务快速发展。三要综合营销，争抢客户撑储蓄。推进储蓄存款业务不能靠“单打独斗”，个人和对公板块客户经理要密切联动，共同上门营销客户、维护客户，共同为客户制定“一揽子”服务方案，提供“一揽子”个人和公司类金融服务和产品。同时，要强化产品之间的联动。在机构、公司客户营销过程中，个人业务部门应积极参与，同步营销代发工资业务和企业员工储蓄业务，凡是有我行资产业务的客户要争取同时办理我行代发工资业务，我行代发工资业务份额原则上不得低于资产业务份额。四要整体营销，形成合力强储蓄。一方面，上下级行之间要加强沟通联系，确保信息畅通，经营行要随时将储蓄存款市场变化、客户服务需求变化、同业竞争策略调整情况反馈到上级行，以便上级行适时调整营销策略，改进工作方法，最大限度地快速满足市场、客户和业务发展需求。另一方面，要加强前、中、后台部门之间的联动，中后台要重点在人员配备、费用匹配、奖励工资落实、相关政策办法出台、决策链条缩短、审批手续简化等方面给予支持，积极配合前台部门做好客户维护和市场营销工作。五要主题营销，全员动员增储蓄。大家要延续“春天行动”营销热情，保持旺盛的营销斗志，继续强势推进“激情仲夏·金彩生活”个人金融综合营销活动，要借活动之际集中对财政等机关、团体、事业单位代发工资等开展营销。今年，省分行在产品计价办法中专门增加了代发工资产品计价，重点兑现给具体营销的对公业务客户经理，同时还要进一步配套相应的营销费用，广泛调动全行广大员工增存揽储的积极性。

（五）理顺体制机制，调动和激发个贷业务经营活力

近两年来，我行个贷规模虽有一定增长，资产质量有所改善，但与系统内及省内同业比，还存在经营体制不顺、营销机制不畅、发展速度不快、资产质量不高等亟待解决的问题。目前我行个人住房贷款总量在省内同业排名第三，分别比排名第一、第二的工行、建行相差9亿元和6.8亿元。面对严峻的同业竞争形势，各级行一定要坚定信心、克服困难，千方百计调动和激发个贷业务经营活力，努力加快个贷业务有效发展。一是要积极做好个贷集中经营管理准备工作。城市业务占比较大的二级分行特别是省分行营业部要结合本行实际，认真做好相关准备，待条件成熟后组织实施个贷集中经营的管理模式，充分发挥个贷集中经营管理的集约化、专业化和标准化优势。二是要认真研究制定省会城市个贷营销策略，充分发挥辐射带动作用。省分行营业部要认真分析我行在兰州市范围内个贷竞争力低下的内在原因，有针对性地出台促进业务发展的具体措施，通过人、财、物等各项资源的重点倾斜，推动个贷业务加速发展，争取2010年底个贷业务增量占比达到或超过同业平均水平。三是要积极推广零售业务批发做的营销模式。要从业务宣传、流程改进和服务效率提升等方面入手，加强住房开发贷款与住房按揭贷款的联动营销，确保商品房开发贷款增量中个人住房贷款增量比例不低于80%。要以与我行有良好合作关系的行政机关、优质企事业法人单位为重点，通过公私业务联动，主动锁定这些单位中的优质个人客户群体，推进优势行业个人客户的集中批量授信，积极拓展个人自用车贷款、个人综合消费贷款等消费信贷业务。同时要依托当地资金周转量大、经营良好的大中型专业市场、小商品交易中心，主动营销个人生产经营贷款。四是要打造农行个贷业务品牌。要制定统一的个人信贷服务方案，向优质开发商、优质按揭楼盘提供个贷标准化服务。充分利用好优惠政策和创新产品，开展个人住房循环贷款、置换式个人住房贷款、气球贷等产品的营销推广工作，并以“金钥匙好时贷”品牌的发布、推广为契机，提升农业银行个贷产品的市场知名度和美誉度，形成独具特色的高端品牌。

（六）深度挖掘客户价值，逐步提高客户忠诚度与贡献度

产品和服务始终是拓展客户的两大利器，零售业务转型的目的就是要持续提升客户价值，通过营销和跟踪维护不断提高客户忠诚度和贡献度。一是加快PCRM（个人优质客户管理系统）的推广上线。按总行要求在7月1日前实现PCRM（个人优质客户管理系统）三期的切换工作，7月底前26家城市行要完成三星级以上客户的指派工作，通过建立贵宾客户与客户经理一一对应的服务关系、营销关系和考核关系，进一步启动签约和金穗通宝钻石卡、白金卡、金卡的发放，加强优先、优质和优惠服务的客户体验，跟进产品营销和理财服务，实现客户价值在我行的最大化。二是要建立面向我行贵宾客户的增值服务体系。在金穗通宝贵宾卡原有的费率减免优惠基础上，主动开发机场贵宾、健康绿色通道和道路救援等优惠增值服务。省分行个人金融部、省分行营业部和酒泉分行要抓紧与机场等部门沟通联系，确保7月1日前成功开通中川机场和敦煌机场贵宾服务，为总行级金穗通宝钻石客户、白金贷记卡客户和我行金穗通宝白金卡客户提供机场贵宾服务，持续提高客户忠诚度。三是继续做好金融理财师培训工作。要制定理财师选拔使用、继续教育和后续管理的相关办法，充分发挥理财师的专业优势，组建理财专家团队，为全行产品营销、宣传和高端客户服务提供支持。四是加强对现有的各类基金、集合管理计划和“本利丰”产品的综合营销。根据客户的风险承受能力和资产配置需要营销和配置不同类型的产品，结合总行发布的基金产品组合和“金钥匙·基金宝”教育、置业、养老三大主题，重点营销与我行有战略合作关系的基金公司产品，持续做好“点滴积累 成就梦想”基金定投和三方存管推广活动。五是做好新产品推广，完成储蓄国债业务系统上线和推广培训，确保业务顺利开办。个人金融和财会部门要加强合作，尽快取得一般纳税人资格，在重点城市行开办“传世之宝”实物黄金交易业务，不断丰富我行产品内涵，延伸理财服务链条，不断提高高端客户对我行的贡献度。

（七）落实新战略，提升电子银行营销与服务支持能力

电子银行是一项新兴业务，为了提高大家对电子银行业务的认知度，明天下午会议专门安排了零售业务板块管理人员进行“金e顺”现场体验活动，在座各位要从了解业务做起，从熟悉产品做起，从自我做起，主动抓好电子银行业务营销工作，将这项工作抓出成效。一是要明确分销策略，增强渠道销售能力。个人网上银行要采取覆盖式营销，在网点将客户办理开户申请、查询转账、缴费理财与开办个人网上银行有机捆绑，充分利用我行个人客户信息资源，制定明确的个人网上银行客户渗透标准和配套营销方案，最大限度地促使个人客户群体通过在线渠道完成金融交易；企业网上银行要采取拉网式营销，各行要对存量企业客户进行梳理筛选，确定企业网上银行目标客户名录，加强对公司业务的营销服务支持；电话银行和手机银行要与网上银行、“惠农卡”实行捆绑式营销，扩大我行非互联网渠道电子银行客户群体和交易规模；自助银行要实施引导式营销，理顺渠道与柜面收费价格体系，通过价格引导，将个人客户小额存取和转账、缴费等低端业务疏导至自助渠道；电子商务要采取省、市分行联合营销、上门营销等方式，运用针对性产品进行商户拓展，先从内部机构发布电子账单收缴各种费用入手，逐步扩大到外部企事业单位，力争在年内实现我行电子商务平稳起步，并逐步扩大市场范围和市场规模。二是推进电子银行交易渠道建设，扩大产品服务功能。配合总行做好“新一代”网上银行系统的上线切换工作，以“新一代”网上银行系统投产为新的起点，抓住“新一代”系统提供的跨行实时转账、循环贷款、财务管理、贷记卡网上支付等增值业务，优化和提高网上银行服务功能；进一步完善电话银行产品功能和收费功能，尽快开通电话银行人工服务功能；大力发展离行式自助银行服务，将一般纯交易型网点（100 平方米以下）改建为离行式自助银行，加大自助设备投放，规范、统一自助设备品牌型号，普及集网上银行、电话银行等于一体的电子银行客户体验区。三是完善电子银行服务体系，提高服务全行能力。围绕总行一体化客户服务中心建设目标，7 月份，我行客户服务业务将上收总行，届时，电子银行客户服务中心将建立起与省分行各部室、各级行的联动机制，将会形成标准化、综合性的客户服务体系；大力推广总行版消息服务业务，确保年底前人工服务和消息服务有效覆盖全行客户。四是稳步提高电子银行替代率、渗透率、动户率和收益率，显现创收增效能力。将占用网点资源较多的日常查询、缴费转账、代收代付、银企对账、支付结算等业务逐步移至电子银行渠道；提高对个人优质客户和对公客户的渗透能力及产品交叉销售能力；加大对电子银行各渠道睡眠户、不动户的再营销；统筹考虑服务渠道价格差异化问题，制定科学灵活的产品定价策略，完善电子银行收入会计科目和账户体系，全面、完整、准确地核算和反映电子银行业务收入，提高电子银行创收能力和全行整体效益。

（八）实施精细管理，实现银行卡业务协调快速发展

要以推进零售业务转型和精细化管理为契机，坚持信用卡发卡与商户收单业务并重，强力营销，有效经营，抢占贷记卡、商户收单等战略产品的市场份额，努力建立信用卡业务整体联动，协调发展的良好局面。一是建立多层次的产品销售体系。今明两年要全面形成跨部门、跨系统的联动营销机制，整合公司、机构、房贷、电子银行业务等行内资源，向以客户为中心的团队营销模式转变；加强信用卡与其他金融产品的组合营销和交叉营销，充分利用我行现有存量对公客户资源和优质个人客户资源，分层次大力推介公务卡、商务卡、联名卡、特色卡产品，提升产品的综合竞争力；要积极落实系统内公务卡推广工作，同时做好市场调查、业务推介、营销宣传等准备，以各级财政部门为重点攻关对象和营销目标，力争获得市、县两级财政公务卡主办单位资格；要充分利用前期对综合授信在AA 级（含）以上的法人单位或经法人授权经济实体、分支机构进行摸底调查的工作成果，尽快拿出贴合客户需求的营销合作方案，逐户上门推介商务卡产品；要按照省分行统一模式、经营行因地制宜的方式大力开发紧扣市场卖点的联名卡项目，加强与行业领先、客户优良、资源丰富、信誉良好的联盟方的全方位合作，实现双方优势互补和资源共享，快速扩大有效发卡规模；要依托个人优质客户系统，筛选不同层次的个人优质客户，有针对性地实施定向销售，在白金信用卡等高端产品的营销上，各级行领导要率先垂范、带头营销，总行将对副处级以上干部下达营销指标，省分行也将比照下达各类卡营销计划；要加快实施优质对公客户单位员工的批量发卡工作，尤其是在我行现有代发工资户中筛选出经营效益较好、职工月收入在 2000 元以上的单位，积极开展渗透营销，推介如“易”卡、爱车卡、环保卡等特色卡种，并实现代发工资借记卡与贷记卡的绑定还款，力争做到优质代发工资客户人手一张贷记卡，迅速增加我行有效发卡总量。今后，对公前台部门拓展和维护客户时信用卡产品经理也要一并跟进，为客户提供的金融服务方案必须包括信用卡和商户收单的相关内容。二是切实改进收单业务发展模式。坚持我行收单主体地位不动摇，坚定不移地拓展间联商户，要通过提供区别于其他竞争对手的特色业务，强化我行赋予商户的增值服务，更有效地吸引、维系商户；有重点地发展一批受持卡人欢迎、知名度较高的特惠商户，以进一步提升信用卡产品附加值和客户忠诚度；要在收单商户拓展中积极实施客户名单制管理，今年的商户发展名单主要是信贷关系或结算关系客户、优质知名酒店等，并力争通过这种方式，促进我行商户在规模和质量上缩小与同业的差距；充分凭借我行国际卡收单新系统已完成 EMV 迁移，具备大规模营销客户的服务优势，提高国际卡收单商户占比，培育本外币收单市场协同发展，力争两年内，在可能使用国际卡的城市，将具备条件的人民币商户全部发展为国际卡收单商户，在这项工作上，省分行营业部、酒泉、天水等资源相对富集的行要发挥引领作用；加快改善县域及农村地区受理环境，同步实现惠农卡与自有商户的“广覆盖”目标，确立我行在“三农”收单市场的主导地位。

（九）健全风险机制，确保零售业务可持续健康发展

各级行要时刻牢记“发展是第一要务，控险是第一责任”，以负责的态度和审慎的行为切实防范各类风险。一是完善零售业务各项风险管理制度、报告制度和自律监管制度，加强内控管理的执行力，健全责任机制，强化对重点监控区域和重点业务品种的风险排查和整改力度。二是有效控制个人信贷整体风险。各行要正确处理好速度和质量的关系，完善风险管控措施，实施和深入推进个人贷款“三包一挂”责任制管理，切实提升个贷风险管控水平。要按照流程银行的要求，准确把握贷前、贷中、贷后各环节的主要风险点，加快构建全过程的风险管理体系。要紧紧围绕不良贷款“双降”目标，着力抓好今年在全行开展的个人不良贷款专项清收活动，进一步强化进度监测，确保按期完成既定工作任务。三是要切实做好个人理财客户风险压力测试及风险匹配监测，履行风险揭示与告知义务，规范信息披露方式、途径与内容，做好产品后评价与服务等相关工作。四是要坚持信用卡操作各个环节都严格按照程序规范办理，特别是要重点关注对贷记卡客户申请资料的核实，严格遵照受理、调查、审查和审批工作流程，对可能存在的风险隐患逐一排除，确保做到每一项要素的真实、准确、完整，从源头上确保发卡质量，坚决杜绝为追求规模而盲目发卡和越权授信等不良行为的发生。五是要构建收单业务管理体系，按照总行推广安排尽快上线运行商户管理系统，实现商户审批、评审标准、清算管理、催收管理等关键环节的标准化和流程化，实现前中后台业务分离，逐步将中后台管理与服务职能上收至省分行；对信用卡透支户要实行名单制管理，密切关注信用卡违约、套现和恶意透支等各类风险，提前采取措施消除风险隐患；要推进业务流程再造和精细化管理，优化业务流程，规范业务操作，建立高效合理、内控完善的业务运营体系。六是要健全风险事件报告和快速响应机制，深入开展电子银行用户风险提示和使用安全指导工作。七是针对零售业务新系统不断上线、新产品持续推出的实际，切实做好一线柜员和个人客户经理的培训工作，谨防柜面操作风险和个人客户经理错误宣传、不当营销等各类风险。

（十）优化资源配置，为零售业务转型提供多重保障

一是完善配套考核机制。要不断完善全行综合绩效考评办法，尽快制定出台零售产品及中间业务计价考核办法。个人金融部已经起草了计价考核办法，待省分行有关会议审议后即可下发执行。该办法在去年运行的基础上，适当提高了部分产品的计价水平，省分行专门切出5000万元绩效工资，用于零售业务产品和中间业务收入计价奖励。二是建立有效的激励约束机制。各行要在总分行配备信用卡业务战略费用的基础上，划拨专门费用，保证信用卡风险催收、收单机具购置等费用支出；同时，为切实保障3510规划中信用卡市场拓展目标的顺利实现，按照总行统一考核方式，将一次下达2009、2010两年目标任务，逐年考核；完成当年拓展任务的，超额部分可计入次年完成量进行考核，以便于各行结合实际自行安排完成进度，灵活设定可持续发卡策略。三是加强队伍建设。通过压缩高柜、增机（自助设备）减人、优化劳动组合等措施，调整和充实零售业务队伍；抓紧推进大堂经理、个人客户经理和个人理财顾问三支营销队伍建设，理顺岗位设置和职责体系，做到职责分明、各司其职、目标明确；进一步提升个人信贷队伍的专业化水平，确保从事个贷调查的客户经理必须具备专业化的调查能力；积极选拔推荐符合条件的业务人员参加总行贷记卡独立审批人资格认定培训，力争年内二级分行贷记卡独立审批人覆盖率达到100%，重点发卡行配备2~3名独立审批人，已经聘任的独立审批人必须保证专人专岗，确保发卡审批工作有效进行；要广泛开展内训师培训，合理确定内训师薪酬待遇，为内训师工作创造良好的环境。

内强素质　外塑形象　规范服务　努力推进规范化服务建设

——王学宇同志在青海省分行网点文明标准服务内训师培训班上的讲话

一、举办内训师培训班的意义

（一）农业银行股份公司成立后将成为一个大型国有控股股份制商业银行，我们的金融服务就必须适应股份制改革的需要，否则，不仅影响农行形象，而且会降低客户对农行的忠诚度和信任感。因此，我们必须要加快零售业务转型，着力抓好服务培训工作。

（二）金融危机对我行对公客户的资产质量影响很大，而对零售业务影响相对较小，所以发展零售业务势在必行。零售业务是很重要的利润增长点。个贷业务具有金额小、收益高的优势。值得一提的是，个人客户对该业务忠诚度很高，它能带来很可观的综合效益，如：理财收入、网银收入、卡收入和贷款收入等。所以即使没有出现金融危机或者通货膨胀的情况，零售业务的潜力也不容忽视。我们为了生计，也要做大做强零售业务。只有建立稳固的客户群体，才能保障我们永远有饭吃。做得好，我们就吃干饭；做得不好，我们只能喝稀粥，甚至饿肚子。在农业银行转型的关键时期，零售业务的转型工作迫在眉睫，我们必须下大力气抓好此项工作。零售业务转型到位的最终体现是让客户感觉你的网点不错、服务不错、产品较多。但实际上，如果要达到让你的客户感到极大的满足，银行内部需要做很多工作，从流程优化到人才培训，再到产品创新等，待内部“软转”全部到位以后，客户才能达到最佳满意度。而“硬转”到“软转”的整个过程中，人是至关重要的。如果有了产品，却没人去销售，这是不行的。无论网点装修的多么富丽堂皇，如果没有温馨的笑脸、没有得体的语言来接待客户，就难以让客户感受到我们的温暖，就无法让客户把我们看成是真正的朋友。所以，不管是“软转型”，还是“硬转型”，最终体现于人。人的观念要改变，人的思维要改变，人的素质要改变，我们网点转型最重要的是人，而人的培训压力是很大的。如果我行的1700多零售业务人员的队伍都到省行来培训，一个网点一个网点的去引导，培训2年也培训不完，所以我们要培训我们自己的种子选手。我省农行客户群体非常广泛，我行162个营业网点遍布全省各地，零售队伍员工有1700多人、且素质参差不齐，在这种情况下，我行转型目前面临的非常大的压力和挑战。因此，省行举办此次培训班正是要培养自己的师资队伍，培养自己的内训师，以此来推动青海分行零售业务转型。

二、培训的目的

通过这次培训，要切实改进全辖营业网点的服务质量、提升服务水平，增强客户满意度，提高市场竞争力。以“网点文明标准服务年活动”为契机，大力开展内训师培训及队伍建设。培训人员回行后要通过开展网点文明标准服务年活动，自上而下地推进全行统一的网点文明标准服务，促进网点服务到位，基本实现“一个打造、一个树立和三个转变”，最终实现我行网点文明标准服务水平的大力提升、核心竞争力的有力增强，为零售业务转型奠定坚实基础。

“一个打造”是指打造一支零售业务内训师队伍，使之成为我行零售业务产品营销的精锐部队和忠实践行我行零售业务文化的骨干力量。

“一个树立”是指牢固树立“以客为尊、激情创新、团队合作、合规经营、追求卓越”的网点服务文化。

“三个转变”是指：一是转变服务理念，切实做到以客户为中心，为客户提供“诚信、热诚、温馨、微笑和高效快捷”的农行服务。二是转变服务态度，掌握服务基础礼仪，讲究仪表举止，把文明标准的农行服务奉献给客户，提高农行在社会上的影响力。三是转变服务方式，以网点转型为契机，以统一规范的网点环境为基础，不断创新服务方式，丰富服务内涵。目前同业各家银行也紧锣密鼓地加快营销服务体系的规范化建设，我行已经比同行晚了一步。因此，我们必须鼓足干劲、奋起直追，别人在走，我们就要跑，尽快重塑我们的服务精神和服务体系，力争拉平与同业竞争的起跑线。同时，要树立“网点转型，服务先行”意识，全力打造“标准化”服务品牌，通过真诚的微笑和标准化的服务与客户沟通、为客户服务。

这次培训有案例教学、角色扮演、实地上岗等内容。所以这十几天非常紧张。要授课、加案例、加实践、加演讲、加训练，各种各样的方式，使大家经历全方位的刺激。这样一种教学方式，是第一次尝试。希望大家把这个培训方法和精髓学到手，学以致用，在以后训练自己的队伍的时候，不能走样。如果走样，培训效果就会层层递减，不仅培训费就白花了，更重要的是我们在时间和效果就输给了别人。所以，希望大家不要辜负省行党委的期望，希望大家的产出让省行满意。对这次培训，省行定了很严格的准入条件，在座的各位都是经过层层选拔、推荐上来的，是我们青海分行零售业务的先进代表。通过培训，使大家成为营销能手和业务骨干，更成为传、帮、带的专业人才。能达到这个目的，我们就物有所值，学有所用了。

三、培训要求

（一）加强组织领导，确保培训顺利开展。在培训中组织保障要到位，培训班管理小组、班主任、省行负责培训班的管理人员以及培训班的班委都要加强对培训班的领导和组织协调，以保证培训工作顺利进行。

（二）加强管理。大家要转变角色，因为这里就是学校，就是课堂，国有国法，校有校规。培训人员在培训期间，要严格遵守作息时间，做到不迟到，不早退。无特殊情况，不得请假。不论是老师还是学生都要以身作则、做出表率，要为他人着想、服从集体利益。我跟武警指挥学校的老师沟通过，希望他们像部队那样对你们进行训练。

（三）加强沟通。这次培训是一个很好的交流机会，来自各个分支行的员工，有的是网点主任，有的是大堂经理，有的是理财经理，所在岗位不同，经验也不一样，希望多沟通、多交流常共享，把最感动的故事讲出来、最难忘的体会说出来，实现信息共享、经验共享、教训共享。同时，我们要向总行培训的内训师咨询，学习他们怎样培训、怎样教学。大家坐在这里是学生，而回去后要当老师，所以要向老师学习。总之，进行全面沟通是非常重要的。针对成人的培训班，主要目的不仅仅是传授知识，更重要的是沟通交流和建立关系网络，培养良好的人性化学习氛围。要重视沟通，大班沟通，小班沟通，小组沟通，座位沟通，所以班委也要多动脑筋，加强大家的互动。

（四）认真学习。要积极参加各项活动，鼓励学员写学习日志，通过写日志，思考有何收获与心得。同时，每个培训人员要撰写学习总结，并交班委，班委再交省行。培训学校与个人金融部要有评语，之后选一部分学习总结交给我。每周班委要代表全班撰写学习快讯或训练快讯等。培训结束后，要写出整个培训总结。一是要交省行，二是培训结束后回各行时要及时汇报。在总结中要列出回去怎样工作和有关计划。

（五）要学以致用。此次培训目标很明确，培训结束后，大家还要回去当教师。有两个指标衡量你们，一是能否把知识传播出去。二是接受培训后要按照标准对网点进行导入，然后进行评价考核。如果培训后各成绩考核很好，但在进行再培训的过程中却达不到目的，那就不能称之为合格的培训师。老师是传播知识的，你仅仅将知识学好，但没有有效的进行传、帮、带就失去了培训的意义。所以，对老师的要求更高。你不仅自己要懂，更要善表达，还要传播知识，这不是一件很容易的事情。所以，各培训员工要多研究培训方法，多研究传授技巧，使培训达到事半功倍的效果。

加速业务转型 提升竞争能力
全面推进零售业务快速高效健康发展

——保建民同志在宁夏分行零售业务经营转型工作会议上的讲话

一、近年来零售业务的发展情况

近年来特别是分行新一届班子成立以来，全行以调整网点布局、加快网点改造为抓手，以渠道建设为切入点，按照打造区内最大零售银行的总体目标，全面启动了零售业务客户分层管理，不断完善个人客户营销管理体制机制，切实强化网点文明服务，零售产品结构持续优化，市场竞争能力显著提升。截至6月末，全行共调整、搬迁、装修改造营业网点102个，占全行网点总数的46%，改造自助银行145个，网点形象焕然一新。与此同时，不断加快电子渠道建设，注重提高电子设备单产效益。截至6月末，共布放ATM机255台，自助终端79台，自助设备网点覆盖率达到98%，居同业首位，电子渠道交易量超过37%．在总行电子银行业务综合考评中，得分居西部十省区分行之首。各级行以银行卡为载体，以网点、自助设备和电子银行为渠道，逐步实施个人金融营销服务体系建设，加大中高端客户的价值发掘力度，努力构建产品联合、资源共享、渠道统一、支持有力的“大个金”营销格局。截至6月末，全行储蓄存款余额达到145亿元，较年初增加15.2亿元，增幅11.71%，较2006年增加54.33亿元，增幅60%；个人资产业务稳步发展，上半年净增4.1亿元，分别完成总分行计划的204%和136.2%。全行银行卡发卡总量达到159万张，销售基金23825万元，代理发行国债7992万元，代理保险业务10756万元．实现个人中间业务收入3375.5万元，占全部中间业务收入的53%，零售业务对全行收入的贡献度不断提高。

二、充分认识零售业务发展面临的新形势、新问题，切实增强零售业务转型的紧迫感和危机感

面对零售业务市场激烈的同业竞争，形势紧迫，时不我待。一方面要看到市场竞争日趋白热化，我行零售业务发展已经到了“不进则退，小进仍退”的危险境地；另一方面我们还应看到全行现有的网点优势和产品优势，零售产品市场的主阵地基础依然雄厚，收复失地、抢占市场的条件充足。当前，迫切需要全行统一思想认识，高度重视零售业务转型工程，明确转型导向，理顺机制，创新机制，加速发展。

三、认真领会总行会议精神和要求，进一步明确零售业务转型的目标和方向

基于上述认识，根据总行转型方案，结合全行实际，分行制定了《中国农业银行宁夏分行零售业务战略转型实施方案》，确定我行零售业务转型的总体指导思想是：按照科学发展观要求，全面贯彻落实农业银行3510战略发展规划，以客户为中心，以渠道为载体，以产品为手段，以队伍为主体，以提升业绩为目的，以项目管理的方式全速推进零售业务转型，在新的起点上实现零售业务的持续协调快速发展。

根据这一指导思想，进一步明确了今明两年全行零售业务的发展目标：

客户拓展目标：个人优质客户年增长20%，占客户总量的5%；个人优质客户签约率达到50%，个人优质客户收益贡献比例提高到30%。

渠道建设目标：全行物理网点总数控制在220个左右，对30%的营业网点实施装修改造，将20%以上的城区网点建成财富型和精品型网点，建设金钥匙财富管理中心1家，金钥匙理财中心2家。

业务发展目标：个人金融资产销售总额（包括储蓄存款、基金、外汇、保险、国债、理财产品等中间业务销售额）市场占有率年均增长2%左右，其中储蓄存款增量、存量要争取同业第一。个人贷款余额达到20亿元，四大行市场占有率争取提高3个百分点。信用卡发卡总量达到11万张；特约商户达到1500户左右，信用卡、收单业务跻身全区同业前三位。每年新增有效商户300户，商户总数力争跃居同业第二位，对公客户特约商户覆盖率达到60%以上。电子渠道交易占比提高到45%以上；网银个人客户动户率提高到18%以上，网银企业客户动户率提高到60%以上；个人和企业网银渗透率分别提高到3.8%和8%以上。

风险管理目标：建立审慎、规范、积极、稳健的零售业务风险管理文化，完善全过程的风险管理体系，确保实现持续稳健发展。

下半年，全行要确保完成以下目标任务：储蓄存款确保净增25亿元，力争30亿元；个人贷款确保净增8亿元，力争10亿元；新增贷记卡2.5万张，实现商户收单业务收入700万元；网点柜台代发工资等代理业务电子渠道迁移率达到50%以上；网银个人客户新增突破3万户，有效客户占比达到24%；企业客户新增500户以上，有效客户占比达到32%；企业电话银行新增900户；消息服务新增15万户；完成代理综合保费2.7亿元，保持同业市场第一。

四、加快战略转型步伐，全力推进零售业务持续高效健康发展

（一）加快网点硬件建设，明确网点市场定位，优化网点服务功能，构建零售业务提速发展的宽平台

按照“零售业务下沉”的基本原则，零售业务转型的落脚点在网点，各级行要充分发挥我行网点优势，全力推进网点经营转型。一要继续加快网点硬件建设。按照总行“稳定乡镇网点、调整县城网点、优化城市网点”的总体思路和“先管理机构、后营业网点，先城市、后县域”的顺序，科学、动态实施网点区位规划，通过迁址、终止营业、自助银行改造等措施，进一步优化网点区位布局，解放人力资源，充实营销力量，提升单产水平。年内全行物理网点将控制在220个以内，附行式自助银行改造要达到网点总量的70%以上，县域网点自助设备覆盖率力争达到100%。二要明确网点市场定位，做好网点管理方式的转型，实现网点从数量扩展型向效益产出型转变。各级行根据地域经济发展情况，按照“功能分区、业务分流、服务分层、产品分销”的原则，推进网点改造工作。要把各级行营业部及二级支行逐步转型为财富型、精品型网点，加强人员配备和财务倾斜，使该类网点能够为客户提供个性化财富管理、贵宾理财等“一站式”综合金融服务以及全功能交易，以提升高价值客户维护能力和客户价值挖掘能力。其他网点根据区域经济状况转化为基础网点和自助网点，重点为普通客户提供基本交易服务，以服务一般客户和提供便民交易服务为主。三要以实施“赢在大堂”策略为核心，积极推动网点管理模式转型。完成硬件转型的网点，要积极配置大堂经理岗位，落实“五个主动工作法”（主动问候、主动提示、主动分流、主动建议、主动营销），切实提高客户满意度，缓解网点服务压力。各级行要进一步明确网点负责人为兼职客户经理，增强网点负责人抓产品营销的主动性。要加强专职客户经理的配置工作，通过弹性排班制，优化柜面劳动组合，从柜面人员中挑选一批沟通能力强、营销经验丰富的员工，建立起专兼职客户经理队伍，加强培训，初步构建全员营销网络。要开展全员“学产品、用产品、人人营销产品”的竞赛活动，引导全员了解产品、认知产品、使用产品、感受产品、营销产品，让全行每一名员工自觉成为个人金融产品的使用者，宣传者和推广者。四是加强服务培训，提高服务质量。全行要以“文明标准服务年”活动为契机，建立全方位、常态化的网点服务检查工作机制；要扎实推进网点文明标准服务导入工作，积极推广网点晨会制度，实施网点礼仪规范和服务标准，让“以客为尊，激情创新，团队合作，合规经营，追求卓越”的网点服务精神融会于每个员工的日常言行中。目前我行内训师团队正在逐行、逐网点进行“网点文明标准服务”导入工作，此次会议也安排了现场观摩，届时请与会同志亲身感受、多提建议。对于网点文明标准服务导入工作，各行必须高度重视，主管行长要亲自跟班，将该项工作做扎实、做到位，严禁走过场、应付检查，真正让客户对农业银行的服务有而耳目一新的感觉。

（二）加强市场细分，提高营销层次，打造多层次、多渠道的营销通道，提升中高端客户的经营贡献度

一是要加强客户渠道分流，提高客户服务效率。各级行要深入分析本地零售业务客户结构，积极利用价格杠杆机制，有计划、有步骤地压降无效、低效客户，推动零售业务客户结构调整。要加强自助渠道分流作用，逐步开放ATM机代缴费、自助终端基金买卖、网上银行代缴费等功能，大力发展手机银行、消息服务、转账电话等业务，着力将传统业务由柜面服务向客户自助交易转变，最大限度地减轻柜员服务压力，使其集中精力做好高端客户服务。要大力提升电子渠道交易占比，对于电子银行业务要坚持做到售前有介绍、售中有辅导、售后有回访。要进一步落实电子银行业务计件考核，确保“注册一户（布放一台）、教会一户、收益一户”，将计件奖励同客户质量挂钩，鼓励员工多发展有效客户、高效客户，真正发挥电子银行业务分流和经营创收效应。二是提升营销层次，提高个人优质客户的贡献度。下半年，我行白金贷记卡、实物黄金交易、“好时贷”等一批冲击高端客户市场的业务产品将陆续上线，各行以此为契机，切实提高营销层次，大力发展个人优质客户群体。按照总行安排，今年金穗白金贷记卡营销要求副处级以上干部率先垂范、带头营销，今年至少营销5张以上。各级行要高度重视个人优质客户管理系统的应用工作，要按“二八定律”法则，将营销重点放在优质客户身上，深度挖掘其对理财等产品的需求。行长要掌握系统内客户整体情况，将客户进行分级并指派到人。对一些特优客户，行长或主管行长要亲自维护，制定营销方案，上门服务，保证让其用熟、用惯、用精我行零售产品。三是加强对公客户零售业务的交叉营销力度，提高对公客户综合收益水平。对公前台部门拓展和维护客户时，要及时将营销客户名单告知个人业务部门，并根据客户特点，要求个人业务部门配备银行卡、电子银行、保险、个贷等产品经理，研究制定零售业务主打产品。制作营销方案时，要将信用卡、商户收单、个贷、保险等的相关内容纳入其中，必要时可将一些个人产品作为对法人客户信贷支持前的必要条件捆绑营销。个人业务部门组织对公司、机构类客户的业务营销时，公司部门也要为个人业务部门牵线搭桥。支行客户经理部要发挥智力支持和业务指导作用，要建立客户经理、产品经理客户响应机制，负责对优质高端对公客户提供业务咨询、故障排除等服务。

（三）加大重点业务推进力度和步伐，切实提高零售业务市场竞争力

1. 突出营销重点，积极拼抢储蓄存款市场份额。

一要紧抓旺季吸储。从近年来全行储蓄存款工作情况看，节假日、春秋季学生开学、农副产品销售、农民工返乡等资金流旺季对储蓄存款的带动效应十分明显。各级行要抓住这些有利时机，积极开展专题营销活动，通过活期、定期、通知存款等多种产品及银行卡、POS、转账电话、个人支票等不同结算渠道的组合营销，从源头上抓住存款，促进储蓄存款稳步增长。二要紧抓优质客户拓展。个人优质客户群体小，但资金量大、需求丰富、创收高，是我行零售银行业务增长的核心资源，只有抓住这些客户，才能赢得竞争优势。各级行要以辖内公务员、企业管理层、教

师、私营业主、农村集贸市场收购大户等客户群体为重点，筛选目标客户，制定营销名单，实施“一对一”差异化服务，大力培育和发展个人优质客户，着力改善储蓄存款客户结构。三要紧抓关联业务营销。各级行要从建立储蓄存款稳定增长的长效机制入手，大力发展代发工资、第三方存管、代销基金、国债等业务，不断扩大代发、代理业务市场份额，要全面落实分行与有关企业签订的业务合作协议，对贷款客户要力争取得份额对等的代发工资业务。要认真组织好与证券公司开展的联合营销活动，抓牢第三方存管业务市场优势地位，促进储蓄存款自主增长。要以银行卡为载体，深挖客户需求，绑定转账电话、信用卡、个人网银等“大个金”类业务产品，为客户提供一揽子综合金融服务，促进储蓄存款与资产业务、中间业务协调发展。

2. 发挥产品功能，保持个人信贷业务快速发展。一是尚未开办个人住房贷款的城市行和川区行，要抓住银川市和县域房地产市场快速发展的机会，积极营销优质楼盘，尽早占领市场，为个人住房贷款业务发展增强后劲。二是发挥零售业务批发模式的优势。以与我行有良好合作关系的行政机关、优质企事业法人单位为重点，强化对网点代理企业代发工资、代扣缴业务、社保资金归集和发放等业务的渗透，通过公私业务联动，主动锁定这些单位中的优质个人客户群体，指定日常业务联系人，推介综合消费贷款、个人住房贷款、质押贷款等产品，提高营销效率。三是稳步发展置换式个人住房贷款，启动置换式商业用房贷款，推开个人住房循环贷款，充分发挥产品功能，提高个人贷款市场竞争力。今后，对于优势行业客户群体申请个人住房贷款，应尽量要求客户办理个人住房循环贷款，锁定客户今后的信贷需求。

3. 实施精细管理，推动信用卡业务再上新台阶。坚持信用卡发卡与商户收单业务并举，全力抢占贷记卡、商户收单等战略产品的市场份额，建立效益优先、风险可控的业务增长模式，切实发挥信用卡对全行零售业务转型的重要推动作用。一是明确营销对象，加大信用卡营销力度。各级行要围绕 2009 年 ~ 2010 年两年信用卡发卡目标，依托个人优质客户系统，建立重点客户数据库、落实名单制销售，对重点对公单位落实定向营销、上门营销，确保圆满完成分行发卡计划。对 2009 年各行超出发卡任务计划的部分，分行将计算到 2010 年的任务中考核；对未完成 2009 年计划指标的经营行，分行在下达 2010 年信用卡发卡计划时，将等量增加。二是明确市场定位与拓展重点，不断优化信用卡产品结构和客户结构。重点推进金穗白金贷记卡、个人优质客户贷记卡、公务卡的发卡工作。上半年，个人优质客户贷记卡营销和公务卡发行工作进展迟缓，严重影响了全行贷记卡发卡规模的有效提升。各行要抓紧行动起来，狠抓个人优质客户贷记卡和公务卡发卡工作。各行要抓住建国 60 周年的有利时机和持卡人收藏心理与爱国情结，积极促销“建国 60 周年主题贷记卡——盛世中华纪念卡”，将该项产品做出亮点。分行信用卡中心要建立白金贷记卡和公务卡发行监测台账，按月考核通报。三是加快推进收单市场建设，实现收单与发卡的双轮驱动、双线发展。城市行要积极研究客户物流、资金流特点，多营销拓展商品流通领域、各专业批发市场、零售客户及大型酒店、机场等商户，提高我行城市收单市场份额。各县域经营行要充分发挥我行连接城乡网点、网络、产品的优势，特别是配合惠农卡的发行工作，加强与各市县供销社的全面合作，加大农村地区 POS 机的布放力度。对新增商户 POS 机的布放要讲求效益、科学考核，计价考核奖励要计发到人，真正起到调动全员营销积极性的作用。对 3 个月以上无交易或低效的 POS 机，要及时收回，调配到交易需求旺盛的商户，对于已奖励的费用要全部扣回。

4. 抓住市场机遇，提高代理业务市场份额，争取规模、效益同步发展。当前，资本市场回暖，基金交易逐渐活跃，股票开户数量大幅攀升，居民投资热情再度高涨，各级行要抓住这轮市场反弹行情，大力营销各类代理理财产品。一是坚持效益优先的原则，通过业务竞赛，同业合作等方式，大力拓展代理保险期缴产品和高费率产品，发动全员展开营销，力促保险代理规模与手续费收入双第一。二是要在认真研究市场行情的基础上，做好风险提示，根据客户风险偏好，大力营销基金、国债等业务，力促基金代销业务重现 2007 年销售盛况，国债代销取得新的突破。

（四）跟进服务“三农”，开拓零售业务“蓝海”市场。

随着国家对县域经济政策倾斜，农村经济板块潜力将逐渐释放。不仅是我行，工行、建行等同业也正在加强对县域经济和金融的研究，在城市竞争异常激烈的趋势下，都力图在县域经济发展中占据先机。我们要以面向“三农”为优势，以服务“三农”为基础，未雨绸缪，巩固和抢先占领“县域金融高地”。当前，除了信贷业务外，“三农”板块的银行卡、网银、结算甚至基金、理财等业务收益尚未体现出来。随着三农板块的成长壮大，我行在这一领域的收入占比必将逐步提升。因此，县域行要将服务“三农”作为零售业务转型的一项战略性任务，通过挖掘各类电子银行渠道的服务优势，探索和创新符合“三农”和县域经济特点的零售业务发展模式。同时，加大自助设备向“三农”行倾斜力度，做好 ATM、转账电话等自助设备在农村主要乡镇、繁华集贸市场的布放工作，大力改善农村金融服务环境，延伸我行在“三农”地区的服务触角。

（五）完善计价考核机制，严格落实激励考核措施

市场营销要形成全行合力，计价考核必须全面覆盖。年初，分行制定下发了个人业务计价考核方案，部分行贯彻得很好、很到位，对个人业务的发展起到了强有力的推动作用，在部分行依然存在计价不清晰、不合理的现象，甚至继续吃大锅饭。分行再次强调，各行要进一步细化、完善计价考核机制，没有实行计价考核的行，必须实施零售产品计价，按照“计划层层落实、考核指标层层传递、激励机制层层到位”的要求，将目标任务分解到每个网点、每个人，考核要落实到网点、到人。在考核指标设置上，要注重质与量的双重考核，禁止只考核数量而不考核质量的现象。分行相关部门要抓落实、抓典型，让激励考核指挥棒发挥出最大作用。下半年，相关部门要对零售业务计价考核办法做一次调研，掌握各行执行情况，还存在哪些问题，拿出改进意见和措施。另外，就公务卡签约和发卡工作，分行年末将依据完成情况，与各行领导班子绩效收入分配一定比例进行挂钩，同时考虑将公务卡签约发卡工作纳入2009年综合经营考评年度重点工作，给予1.5分的权重。

（六）加强风险控制，促进零售业务持续稳健发展

各级行必须始终牢记“发展是第一要务，控险是第一责任”，尤其是在当前经济预期不明朗的情况下，更要以负责、审慎的态度切实防范各类风险。一是要严格执行零售业务各项风险管理制度、报告制度和自律监管制度，重视对发现问题的整改、反馈和总结，防止产生系统性风险。二是有效控制个人信贷风险。对存在历史不良信用的客户，要深入调查，严格审查，防止再次产生信用风险。三是密切关注当前宏观经济形势下信用卡违约、套现和恶意透支等风险，强化监测预警，提前采取措施消除风险隐患。四是针对零售业务新系统不断上线、新产品持续推出的实际，谨防柜面操作风险和个人客户经理错误宣传、不当营销等风险，避免误导客户，造成后期工作被动和引起负面影响。

把握机遇　找准工作着力点　加快推进借记卡业务的健康发展

——张欣同志在新疆分行借记卡业务培训班上的讲话

一、认清形势、把握机遇，充分认识借记卡业务重要性

（一）借记卡战略地位不断提升。随着银行业对新技术的广泛应用，借记卡已从传统支付结算介质逐渐演变为集储蓄存款、个人信贷、基金、黄金、外汇、银行理财产品、电子银行、第三方存管等零售产品载体功能于一身的强大金融工具，有效带动了低中高端客户理财、代发工资、代缴费等其他中间业务的发展，成为我行综合效益的重要来源，借记卡业务已从部门业务提升为全行战略性业务。

（二）借记卡产品创新层出不穷。一是纪念性借记卡不断推出。如姚明珍藏卡、世界顶级俱乐部球星卡、国庆60周年纪念卡、世博会主题卡等。二是与知名企事业单位联合打造的系列联名卡层出不穷。如与证券、基金、保险、房地产等公司联合推出的各类联名卡，与国家体育总局合作的全民健身运动卡等。三是借记卡服务功能持续扩展。“免息还款期”、“积分换礼品”等信用卡功能逐步引入借记卡。四是IC芯片卡成为重要趋势。IC卡容量大、安全性高，通过存储密钥、数字证书、指纹等多种安全手段，应用范围更为广泛，能够实现多种业务功能和产品的整合，可为持卡人提供跨领域应用的便利。2009年9月工商银行已经推出符合中国人民银行PBOC2.0标准的IC卡产品——“理财金账户”，从而拉开了银行业IC卡的竞争序幕。

（三）借记卡产业发展环境日趋成熟。银行卡产业正步入全面发展的新时期，参与主体持续增多，受理范围不断扩大，科技创新与产业应用不断加速。当前，国内持卡消费占全社会商品零售总额比例已达到25%，银行卡特约商户超过118.17万户、联网POS机具184.51万台、ATM 16.75万台，县级以上城市基本实现全国联网，我国日益成为最具潜力的银行卡产业大国。但距国外银行卡产业成熟国家60%以上的占比我国还有很大的增长空间，这为我们今后加快借记卡业务营销，拓展借记卡市场提供了巨大的发展潜力。

（四）借记卡市场竞争愈演愈烈。随着国内金融环境的不断完善和居民金融需求多样化纵深发展，国内外商业银行对借记卡业务的重视程度越来越高。工商银行、建设银行大力推动借记卡业务的全面发展并取得显著成效，招商银行、中信银行、民生银行、浦发银行等股份制银行的借记卡业务特色鲜明，境外金融机构如东亚银行、花旗银行、渣打银行、汇丰银行等也先后发行了各自的人民币借记卡产品。目前我国借记卡的发卡总量已达11亿张，借记卡市场的竞争空前激烈。

二、加强宣传、积极营销，促进借记卡业务可持续发展

（一）借记卡已成为我行服务于广大客户的金融产品。我行借记卡以其强大的服务网络和丰富的服务渠道为依托，服务于最广大客户群体的日常金融需求，成为城乡广大持卡人生活中不可或缺的金融伙伴。截至去年末，我行金穗借记卡发卡总量达到378万张，在五大行借记卡发行总量中占比达到22%，位居第二；借记卡整体收入达1.5亿元，占我行中间业务收入的57.8%，是我行中间业务收入的最主要来源；借记卡存款余额179.8亿元，占我行储蓄存款余额的39.8%，其中：借记卡主账户存款达179.8亿元，占活期储蓄的77.9%，成为我行吸收低成本资金、稳存、增存的重要利器；个人目标客户中借记卡客户数达189244户，占全行个人目标客户总数的60.8%。特别是近2年来，随着我行股份制改革的不断深入，农行新LOGO启用，金穗借记卡卡面进行了全新的改版，使金穗借记卡形成多层次的产品体系，如金穗借记卡普卡、金穗借记卡金卡、金穗借记卡贵宾卡、金穗星座卡和金穗校园卡等全国统一品

牌。借记卡营销工作中有明确目标、有推动措施、有计价标准、有考核措施等，不断做长客户链、产品链，其卡功能也日趋强大，有力推动了我行借记卡业务发展，借记卡已成为我行连接客户的重要桥梁。

（二）建立服务城乡一体化借记卡产品体系。我行自1999年首次发行借记卡以来，以先进的电子化手段为依托，实现了以城乡一体覆盖全国的借记卡服务网络，通过组织营销活动，锁定目标客户，实施部门联动、交叉营销，充分发挥分行、支行等各级营销网点的作用，广泛在行政事业单位等广大客户中积极推广，充分满足城乡不同客户群体的消费、支付结算、汇兑、储蓄、代理业务、投资、理财等多种金融需求，已从单一的103卡发展成为“银联标准卡”。一是大力做好现有个人客户资源的深度挖掘，充分做好定向发卡工作，重点挖掘内部存折户、存单户、贷款户、外币户、理财产品购买户中的无卡目标客户，以借记卡逐步取代存折、存单，定向主动发卡。二是加大对优质法人客户的推广力度，锁定各级党政机关、事业单位、医疗机构、高等院校、国有和地方重点企业、知名民营企业、社区等单位中的目标客户，通过将借记卡与代发工资、网上银行、第三方存管、银期转账、银商通、理财产品、结算汇款、信贷业务等金融产品组合营销，向目标客户提供整合金融服务，以批量发卡形式进行业务扩张，不断加强借记卡的品牌效应扩散、差异化的服务和个性化的营销工作。

（三）着力打造借记卡产品的新形象。将“一切为了持卡人”服务理念贯穿到整个业务管理、资源配置和服务流程中。通过广泛的产品宣传、市场推广和服务跟进，不断改进服务质量，提高服务品质，使广大客户认识、熟悉和接受我行的借记卡产品，并以卡为载体，不断为客户提供多项增值服务，能够有效满足个人客户需求，逐步拓展和维系低中高端个人客户，在客户群体中树立起农业银行借记卡零售产品的新形象，也使借记卡成为农业银行一张响亮名片。关键是我们要将借记卡产品能够营销出去，做好借记卡营销推广和维护工作，就可以稳定住我行广大的基本客户群体，还可能将一些客户从他行给拉回来，从而在激烈的同业竞争中实现拓展和维系我行广大客户的目的。同时，借记卡也能大幅增加卡业务的收入，能够提高卡产品的盈利能力，对改善我行中间业务收入结构起着十分重要的作用。

三、突出重点、上下联动，抓好借记卡营销的主要工作

（一）有效提升借记卡业务市场竞争力。借记卡是我行零售产品的重要组成部分，做好借记卡的营销工作，对于推动其他零售产品的营销，有效推动全行零售业务经营转型具有非常明显的带动作用。从当前同业情况来看，各家发卡行均对借记卡产品给予了高度重视，不断投入大量的人力和物力进行借记卡产品的深度开发和营销推广，实现了卡规模与效益的同步增长，并以此稳定了一大批客户，甚至吸引了其他行的一些中高端客户的加入。因此，我们必须要抓紧做好借记卡的深度营销工作，以此为突破口加强对中高端客户营销和管理，并实现对其他零售产品的联动营销和协同营销，维系好个人中高端客户群体，加快推动我行零售业务转型。

（二）加快发展联名卡。联名卡是指发卡行与一家或多家联名单位合作发行，依附我行现有的银行卡卡种，在保持原卡种基本金融功能服务基础上向持卡人提供优惠或增值服务，并在卡面上加载联名单位标识的金穗借记卡。金穗借记卡联名卡在抢占市场和客户、提升企业形象、满足客户多层次服务需求、吸收储蓄存款、增加中间业务收入等方面有着十分重要的拉动作用。各级行在对联名卡项目合作的营销中，可根据目标客户的具体金融需求，将我行的产品和服务整理组合成“套餐式”的优惠产品和服务嵌入联名卡项目（每种套餐必须包含“聪明账”增值账户、个人资金归集业务和动账通知内容）中提供给客户。通过制定合作方案，配套增值服务，组织首发仪式等，把联名卡项目有的放矢地打造成集存、贷、汇、理财、消费、渠道、信用卡、网上银行、手机银行、账户管理、贵宾服务、95599财富e于一体的“一站式”金融服务平台，深入挖掘客户的潜在需求，不断增强客户体验与客户满意度、忠诚度和贡献度。

（三）强力推广发行金穗C卡。金穗C卡是以借记卡为载体，以提供高价值的增值服务为核心，以“学车－购车－用车－养护－换车－租车－生活”产业服务链条为主线打造自身核心竞争力。金穗C卡是我行针对当前市场同类产品服务体系单一、服务质量较差的状况，注重以较低的费用为持卡人提供长期、丰富、实用、优惠的增值服务。金穗C卡作为我行金融产品的载体，具备多子账户管理的优势，可通过搭载结构型储蓄产品、基金、外汇等理财产品满足客户的个性化金融需求，从而有利于我行深入挖掘客户潜力，巩固银客关系。金穗C卡也为我们调整借记卡客户结构，有效促进借记卡客户由低向高迁移，推动卡业务的发展，调整客户结构的重要产品。因此，我们要以金穗C卡这个优质产品为抓手，把握消费市场商机，融借记卡功能和消费增值服务于一体，全力拓展中高端客户群体。

（四）做好借记卡业务联动营销。随着客户对金融产品选择的多元化，单一渠道、单个产品是远远不能适应客户的全方位金融需求的，只有一揽子的产品营销和服务才能顺应和满足市场和客户的选择和需求，才能牢牢的吸引客户、绑定客户。所以，我们在借记卡的营销过程中，大家一定要树立全行“一盘棋”的思想，密切合作，整体联动，通过我行金融产品一揽子营销服务，共同挖掘客户资源，密切与对公客户、个人客户的沟通联系，协同开展各项金融产品的营销推广，用我们的产品来网住客户、用网络网住客户、用情感网住客户，实现各项金融产品的协同发展。

（五）增强借记卡业务风险防控水平。一是要按照“防控与管理相结合，技防与人防相结合”的原则，切实加强借记卡风险管理体系建设，将风险防控措施有效落实到借记卡业务发展的全过程，强化全员、全过程风险管理。二是要强化对持卡人欺诈风险防范意识的宣传。要在宣传手册、网上银行、网点公告、电子门楣、网点电视、自助

设备显示屏上提醒客户安全用卡、妥善保管卡片、密码等信息，加强持卡人安全用卡知识教育，提高持卡人的安全防范意识。三是建立借记卡风险预警监控系统，及时甄别和处理借记卡交易的欺诈风险。四是建立借记卡风险防范快速处理机制，研究制定高效的应急处理流程与风险防控预案。

（六）提高卡营销队伍业务素质。为更好的服务客户，去年末，总行通过引进外部专业公司对员工进行营销技能培训，今年，总行还将进一步加大对个人金融产品培训的频次和力度，采取穿透式视频培训和现场培训等形式，使培训工作经常化、制度化。为确保总行的各类培训能够及时、原汁原味地传达到基层一线，分行将复制总行培训的模式来加大营销技能培训的覆盖范围，真正解决一线员工特别是客户经理、理财经理对产品认知度不高的问题，建立我行客户经理的营销技能培训机制，并采取多种形式，加大集中专业培训和借记卡产品强力推介，切实防范操作风险，加强职业道德和风险教育，提高员工的职业修养和风险识别防范能力，真正实现员工营销技能和业务水平的全面提升。

四、对培训工作的几点要求

一是加强学习，深刻领会。如果不认真加强自身业务知识学习，就很难对金融产品有透彻的了解，更谈不上向客户营销卡产品。因此，希望大家通过此次集中培训，不但了解卡产品怎样用，掌握卡产品功能，还要了解卡产品背后的业务运作流程，做到准确营销卡产品。这次培训虽然时间短，但培训内容多、知识点多、要求高，大家在培训期间，要认真听讲，并结合此次出台的借记卡发展规划和实施方案，深入研讨，结合实际，制定各自的借记卡工作实施方案。

二是遵守纪律，拓展思路。在座的各位都是各级行的分管领导和业务骨干，这次培训机会难得，大家一定要珍惜，在培训期间要增强自我约束力，严格遵守培训纪律，保证培训效果。要利用这次专门培训，不断加深对借记卡业务新产品的认识和了解，努力成为借记卡业务的行家里手，真正达到开拓思维、精通业务、促进营销的工作目的。

三是扩散培训，增强效果。参训人员回去后，要结合各自工作实际，做好扩散培训工作。可以采取举办培训班、营销专题会、产品推介会等多种形式，努力提高全行员工和全社会对我行各项卡产品业务知识的了解和掌握，让全行每位员工，尤其是基层一线的员工都要熟知借记卡业务知识，为今后做好全员营销银行卡产品及各项金融业务产品打下坚实基础。

加快推进战略转型　提升核心竞争力
为建设“国内一流零售银行”而努力奋斗

——刘平同志在重庆市分行零售业务经营转型暨农户小额贷款推进工作会议上的讲话

一、回顾近年工作

近年来，在农业银行股份制改革的推进和带动下，我行零售业务紧紧围绕体制机制、渠道建设、产品创新、科技支撑和队伍建设等重点内容开展工作，有效地促进了业务发展。一是调整组织架构。根据农业银行人力资源改革要求，调整了分行本部个人业务、信用卡及电子银行部门的管理职能，基本建立了适应商业银行发展的零售业务管理体制；经营行按照“大个金”的模式，认真落实对公业务上移、零售业务下沉的经营体制，将电子银行、银行卡、个人存贷款以及网点管理等多方面的职能也基本统一到个人金融部管理。二是加强渠道建设。深入抓好以推进网点转型为重点的渠道建设工作，研究制定了营业网点转型实施方案和推广方案，编写了《营业网点转型工作指引》，启动了样板网点和理财中心等中高端客户服务平台建设，加大自助银行、转账电话、POS 机具等电子设备投放力度，配合总行上收人工坐席，升级网上银行系统功能，提高电子设备运用效率和集约化经营水平。三是强化产品创新。先后研发并协助配合总行发行了渝涪信托一、二、三期信托理财产品，探索代理他行信托理财产品销售，我行研发的第 38 期“本利丰”重庆市主城区危旧房改造理财计划获重庆晚报、重庆电视台“最佳信托理财产品”称号，营销团队获总行 2008 年度对公业务 20 佳优秀营销项目团队奖励。四是加强人才选拔培养。先后举办了大堂经理、个人信贷、信用卡、电子银行专业技术培训，举办 AFP 金融理财师培训班，考试通过率达 96%，我行有 91 人获得 AFP、CFP 资格；积极开展内训师培训，组建内训师队伍，开展网点文明标准服务培训及网点导入工作，两次选派优秀理财师参加全国性“金理财”大赛，取得团体银奖、4 名选手进入 100 强，1 名选手进入 20 强的好成绩。五是发挥科技支撑。上线个人优质客户 PCRM（二期）系统、实物黄金、储蓄国债系统，推广应用网点联网信息发布系统，加快基金、理财产品系统的升级改造。

今年以来，我行零售业务继续保持了良好的发展势头。截至5月末，全行储蓄存款余额762.55亿元，比2007年初增加242.29亿元，增长46.57%，分别占全行存款（不含同业）余额和新增额的58.59%和51.64%，储蓄存款增量市场份额连续8年在四大行中稳居第一。个人贷款（不含其他生产经营贷款，下同）余额117.81亿元，比2007年增加42.16亿元，分别占全行贷款存量和增量份额的12.76%和10.02%。2007年以来累计实现个人中间业务收入7.44亿元，占全行中间业务收入的74.4%。贷记卡发卡总量20.8万张，比2007年增加17.2万张，增幅478%，两年半翻了两番多，特约商户总量2441户；累计发行惠农卡140万张，办理农户授信9067户，发放惠农卡贷款1.15亿元。电子银行注册个人客户总数达到58.7万户，比2007年增加48.4万户，连续两年实现翻番；2008年全行个人客户网上银行累计业务量684.98万笔，金额456.85（列本地同业首位），电子银行渠道交易量占全行交易总量40%以上，实现电子银行业务收入583.27万元；2007年至今，累计销售基金43.89亿元，销售理财产品21.5亿元，累计实现代理保险业务收入1.48亿元。

二、充分把握当前形势，增强零售业务转型的紧迫感和使命感

零售业务具有客户资源广、利润贡献度大、资本回报率高、抵制经济周期影响力强等特点，是现代商业银行的核心和支柱业务。特别是在当前国际金融危机持续蔓延，全球经济衰退趋势明显，国内经济运行风险加大的环境下，对公业务风险管控压力增大，竞争异常激烈，随着利率市场化进程加快以及银行净利差不断收窄，单一依赖法人业务拉动盈利增长难以为继。金融同业纷纷将零售业务作为战略发展的方向和重点，加大资源投入，加快发展步伐，使我行零售业务转型和发展面临巨大压力。具体地讲：

（一）国内零售银行业面临巨大挑战

当前，对于国内宏观走势的“V形、U形和W形”的探讨和争论仍在继续，中国经济何时见底？以怎样的方式结束本轮周期的调整？现在还无法说清。但有一点可以肯定的是，金融危机对实体经济的影响是无法回避的，相对法人业务而言，零售业务虽然受到的冲击较小，但房地产和汽车市场低迷、消费热点降温、资本市场波动加大、投资者信心严重不足等负面影响正日益显现。一是个人信贷不良率上升压力较大。在经济下行周期，个人按揭贷款违约率有所上升。二是理财业务遭遇瓶颈。由于对未来收入的信心不足，居民的理财倾向受到抑制，且由于资本市场调整期尚未结束，在很长时间内，将限制与资本市场高度相关的基金和理财业务的发展。三是信用卡快速扩张隐含风险。信用卡“跑马圈地”引致的发卡量虚高、睡眠卡比率过高、客户群体缺乏细分，一人多卡、一人多家行授信等潜伏着的问题逐步暴露，既浪费银行资源，又加大了信用卡业务风险，信用卡风险上升、欺诈风险和恶意透支等问题需要给予高度关注。在看到以上不良影响的同时，我们更应该看到，危机本身就是“危险”和“机遇”的统一体。整个中国经济高储蓄、高投资、和高增长的态势没有改变，一大批中高收入的“新中间阶层”以及一部分富裕阶层的涌现，都为商业银行的零售业务提供了很好的发展机遇。在充满不确定性的金融市场上，零售业务具有的资本节约、风险分散、收益稳定的优势将进一步凸显，无论从国家“保增长、扩内需、调结构、惠民生”的政策导向来看，还是银行业从节约资本、防控风险、稳健经营、改善盈利模式的内部“自救”措施来说，零售业务的转型和发展都将迎来新的历史机遇。

（二）同业零售市场竞争日趋激烈

随着零售业务转型成为行业共识，各银行金融机构纷纷进行改革，促进零售业务的发展，特别是中资银行深入推进战略转型的步伐大大加快，力图用最短的时间锁定和扩大零售客户市场：建设银行提出“批零并重，打造一流零售银行”的口号，2005年启动“蓝色风暴”和网点转型工程，实施公司业务上移、零售业务下沉，将支行“瘦身”为零售业务营销管理中心，网点“瘦身”为营销中心，优化四大流程，四年来成效显著，网点销售时间提升67%，个人中间业务年均增长率40%以上，个人贷款和储蓄存款年均增长率均超过25%；工商银行以建设“中国第一零售银行”为目标，启动零售业务事业部制，已在全国建成了110家财富管理中心和3000多家贵宾理财中心，不断压缩低柜，增加客户营销维护人员，大力抢抓个人中、高价值客户市场，收到突出效果。在零售业务转型过程中，金融同业普遍加快营业网点布局优化和功能转型，理财产品层出不穷，产品设计日趋个性化，促销手段日趋多样化，零售业务市场竞争异彩纷呈。随着零售市场逐渐高度透明，商业银行的服务、产品、价格等成为个人中高端客户选择银行的主要看点。市场竞争趋于“白热化”，如果我们不从影响我行零售业务的发展观念、发展方式、营销模式、激励机制、组织保障等深层次问题上下工夫，那么我行零售业务与同业差距只会越拉越大。零售业务转型已迫在眉睫。

（三）推进零售业务转型是农业银行生存与发展的必然选择

从农行自身实际来看，大力发展零售业务是建设现代商业银行的内在要求和必然选择。一是零售金融业务发展与我行强化“面向三农”的市场定位密不可分，能否发挥跨区域、全方位、多元化、联动城乡的零售服务优势直接决定面向三农、商业运作的具体成效和改革业绩。二是依靠传统利息收入的利润增长模式受到挑战，对公客户转向资本市场与债券市场进行直接融资的比例不断提高，对银行的信贷资金需求下降，稳定客户资金必须依靠个人理财业务发挥替代作用，形成新的盈利增长渠道。三是从农行自身发展来看，零售业务已成为全行支柱性业务和经营转型的核心，尤其是后股改时代，零售业务发展的规模、速度、市场份额和创造效益的能力都将是市场信息披露的重点，直接影响投资者的投资意愿。

三、明确战略目标，把握零售业务战略转型的基本原则

零售业务的转型和发展，关系着股份公司成立后农业银行企业价值的稳定增长和市场竞争力的全面提升，决定着全行3510战略发展规划的有效落实，是未来相当长的一段时期内农业银行改革发展的战略核心之一。为此，我行零售业务转型的指导思想是：按照科学发展观要求，全面贯彻落实总行3510战略发展规划，以客户为中心，以渠道为载体，以产品为手段，以队伍为主体，以项目管理的方式全速推进零售业务转型，在新的起点上实现零售业务的持续协调快速发展。根据这一指导思想，我行零售业务3510战略规划的具体目标是全面推进零售业务转型，力争用3年时间解决零售业务边缘化问题，5年时间达到同业平均水平，10年达到同业先进水平。到2012年全行零售业务要努力达到以下目标：

——经营效益目标：实现零售业务收入贡献占比达到全行25%以上，零售中间业务收入同业占比达到20%以上。

——客户拓展目标；个人优质客户（三星级及以上客户）增长20%；个人优质客户签约率达到60%；个人优质客户收益贡献比例提高到30%；个人客户满意度提升到80%。

——业务发展目标。个人金融资产销售总额（包括储蓄存款增量、基金、保险、国债、理财产品等中间业务销售额）位居同业前列，市场占有率年均增长2%。个人贷款城市板块行每年增量占贷款增量20%、三农板块行占贷款增量30%以上，个人贷款占全行贷款余额的15%以上；个人贷款市场占有率提高2个百分点

——渠道建设目标。完成全部网点分区改造，将50%以上城区网点建设成精品网点；建设财富管理中心1～2家，争取建立总行私人银行分部，建设金钥匙理财中心70家，精品型网点280家；电子渠道业务量占比达到60%以上。

——队伍建设目标：零售客户经理（含大堂经理、个人客户关系经理、理财经理）占全行员工的12%以上；理财型、精品型网点营销人员配置比例分别达到40%、30%以上；培养专业理财师150名，达到200名以上。

——风险管理目标：建立审慎、规范、积极、稳健的零售业务风险管理文化，完善全过程的风险管理体系，确保实现持续稳健发展。

为实现上述目标，各行在推进转型工作中，必须牢牢把握以下几条基本原则：

第一，思想先导原则。全行上下尤其是各级行领导必须统一思想，牢固树立“一级法人”观念，从战略高度认识零售业务转型的重要性、必要性和紧迫性，增强责任心、危机感与使命感，多管齐下、多策并举，强力推进零售业务战略转型。

第二，效率优先原则。零售银行业务转型政策性强、涉及面广、内容复杂、目标多元，具有渐进性特点。要求各行在转型工作中坚持效率优先，实行精细管理，以确保转型工作成效显著。

第三，渠道共赢原则。零售业务“渠道为王”、“服务制胜”，各行在组织零售业务转型过程中，必须以网点转型为核心，坚持电子渠道与物理渠道并举，形成产品多渠道销售、业务多渠道创新、客户多渠道服务、收益多渠道创造的多元化经营格局。

第四，团队制胜原则。零售银行业务转型是一项涉及全行的系统性工程，需要集中全行的智慧和力量合力而为，不仅要求零售板块各部门树立“一盘棋”的整体观念，而且需要其他中、后台部门积极予以支持和协作，在目标引导、绩效考核、人员配备、产品研发和系统支持上，对零售业务实行倾斜和优先安排。

第五，风险防控原则。零售业务因其点多、面广、业务繁杂，风险防控始终是必须坚持的主题。要积极构造以事前防范为基础、事中控制为重点、事后监督与业绩激励为辅助的全过程的零售业务风险管理体系，强化对风险管理的系统硬控制。

四、加快战略转型步伐，全力打造国内一流零售银行

我行零售业务转型的基本路径是以打通三大渠道（物理网点、电子机具、电子银行）为主要抓手，通过完善个人金融产品营销支持体系、统一网点环境形象，建立多层次营销队伍、优化服务品质和增值服务能力，推动零售银行经营模式的阶段性递进，提升对客户的多元化、多渠道、多维度营销服务水平。在此，特别提醒大家注意，千万不要把零售业务转型等同于网点装修改造，“一叶障目、不见泰山”，忽略了零售业务转型所涵盖的众多内容和丰富内涵。根据总行全速推进零售业务转型的要求，分行制定了《中国农业银行重庆市分行零售业务战略转型实施方案》，明确了零售业务转型的指导思想、目标原则和工作措施。请各行务必加强组织领导，落实部门责任，逐项抓好落实，务求取得实效。

（一）重塑组织架构，理顺管理体制，构建以客户为中心的现代零售业务营销服务体系

按照“有利于零售业务综合管理、有利于联动协调、有利于优质客户营销、有利于高端业务发展”的原则，理顺组织架构、整合系统资源，增强发展合力。一是加强组织领导。各区县分、支行要成立零售业务转型工作推进小组，由行长任组长，分管零售业务的副行长任副组长，相关部门负责人为成员，负责落实市分行的部署和要求，按项目管理的方式逐项抓好落实，并及时反馈、协调和解决转型工作中存在的焦点、难点和疑点问题。二是建立零售板块管理模式。各行要按照公、私业务部门领导分工分开的原则，明确一名行领导主管零售业务工作，个人金融部为个人客户营销、维护、管理的牵头部门，其他部门要为零售客户综合营销提供产品支持和服务保障。三是理顺经营体制。按照“对公业务上移，零售业务下沉”的原则，进一步清理和完善经营管理体制，将网点“瘦身”为以零售业务为主的营销中心，专注个人客户营销、维护与产品销售，真正把网点打造成零售业务产品的销售渠道。四是健全考评体系。市分行将按照分类指导、统一办法、按季考评、拉通排名的方式，对各行零售业务发展情况进行考核，除考核结果与各行分管行长绩效工资挂钩外，凡季末

考核存款、贷款、中间业务指标排位处于倒数5位，且未达到标准分值60%以上的支行，将对分管行长进行问责，凡被连续问责2次又无充分理由的，对其分管行长和个人部经理取消当年先进个人的评比资格，同时，将问责情况由组织部门纳入对干部政绩考核范畴；累计问责超过2次的，市分行将对“一把手”问责和诫勉谈话。市分行修定了《2009年零售业务产品营销计价考核指导意见》，对零售业务条线的干部员工实施底薪+提成的计价考核模式，还将制定公私联动营销办法，实施交叉考核，促进前后台配合，前台间综合营销。各行必须把零售业务转型工作摆上行党委的重要议事日程，及时研究解决零售业务转型的思想认识、组织架构、资源配置、机制创新、联动营销等重大问题。当前，各经营行首要工作是制定实施意见，将网点销售计价考核和部门联动营销工作落到实处、抓出成效，个人金融部要牵头实施好零售业务人员的管理、指导和绩效考核，将零售业务各项指标落实到网点、人员。

（二）以网点转型为抓手，打通三大渠道，统一服务平台，提高零售产品销售能力

按照“功能分区、业务分流、服务分层、产品分销”的原则推进零售渠道的改造和整合，形成物理网点与电子银行虚拟网点的协同配合，客户多渠道服务、业务多渠道分流、产品多渠道销售的零售业务多元化发展格局。一是坚持网点转型“软硬并举”的方针。一手抓好网点外部形象改造，一手抓好网点营销和服务流程优化、销售资源整合、客户满意度提升等环节，从根本上提升网点“软、硬”转型效果。二是推进城区网点分类管理。各行要根据当地情况，科学规划网点布局，按照财富型网点、精品型网点、基础型网点和自助网点的不同要求和标准，实施差异化功能定位。三是加快财富型网点建设步伐，市分行年内要建设1家财富管理中心，各行要将本行营业部按财富型网点建设标准进行装修改造，配备销售人员，将三、四、五星级客户分别集中到精品型、财富型网点进行签约维护，提高个人高价值客户维护层次。五是推动“赢在大堂”策略的实施。各行在进行网点装修改造和开展现场导入过程中，要注意诊断网点现状，评估改进空间，清分现场管理角色，配足配强大堂经理，加强客户识别分流，改进内部流程和营销模式，完善网点窗口、高低柜配置，促进网点向营销服务型转变。六是扎实推进文明标准服务工作。各行要充分借助市分行培训的内训师师资，抓好员工文明标准服务培训，城区网点要推广晨会制度，实施网点礼仪规范和服务标准，建立全方位、常态化的网点服务检查工作机制，创新考核激励和沟通考核表扬方式，让“以客为尊、激情创新、团队合作、合规经营、追求卓越”的网点服务精神融会到每个员工的日常言行中。七是健全网点转型考核评价体系。市分行将按照总行对不同类型网点的考核办法，按年实施各行网点的考评工作，将网点形象建设达标率、网点分类分级评价及网点转型评价结果作为下一年度建设资源配置的主要依据。八是加快网点自助服务区和离行式自助银行建设，加大自助机具的集群化投放，规范统一设备型号，完善功能，提高自助设备使用效率；加快电子银行业务发展，增加电子银行客户数量和交易规模，充分发挥客服中心营销支持作用，增强网上电子服务功能和主动营销能力，为产品销售提供集约化的人工服务和电话营销支持。

（三）推进产品整合创新，提升市场竞争能力

按照“顺应市场、满足客户、适销对路、整体营销”的原则，对现有的零售业务产品进行整合包装，提升市场竞争力。一是加强零售产品的整合创新。梳理零售产品线，将零售业务产品整合为基础账户服务、投资理财服务、个人信贷服务、信用卡四大类产品，尽快将所有适用于电子银行渠道的零售产品在电子银行渠道部署实现。二是创新营销组织方式。统一零售业务目标客户定位，建立和推行零售产品营销和宣传统一模版，以穿透式培训方式，加大对基层行一线客户经理的直接培训力度，加强公、私联动，根据不同客户群体需求特点主动开展差异化专题营销活动，建立核心产品销售风云榜，定期评比公布，形成“赶、拼、争、超”的内部竞争氛围。三是发挥个贷产品的引擎和粘合作用，推行“1+N”营销服务策略，将贷款账户与银行卡业务、保险、理财、网上银行、电话银行、手机银行等账户连结在一起，为客户提供综合零售产品组合及优惠方案。四是促进信用卡规模与效益同步增长。持续优化信用卡发卡结构，大力拓展特约商户，不断提高信用卡与商户收单等战略性业务的市场份额，推动信用卡、收单业务的专业化、公司化、国际化运作，塑造一流的信用卡发卡和收单机构品牌形象。充分发挥行处级干部的销售潜力，使其承担起白金信用卡等高端产品的销售任务，提升直销客户的质量和效益。

（四）再造业务流程，提升客户满意度

按照“前（台）简后（台）繁、下（级行）简上（级行）繁”和“四化原则”（高柜业务简单化、复杂业务后台化、零售业务大堂化、客户经理角色化），进一步优化业务流程。一是优化柜面业务流程，配合上级行做好客户开户和签约流程的优化工作，搞好柜面业务流程的梳理工作。二是优化个贷业务流程，以专业支行和个贷中心为核心，拓宽网银、自助、中介等个贷受理渠道；推广个贷集中经营管理模式，在信贷部门设立相对独立的个贷审查、审批团队，推行零售业务批发做的模式。三是合理划分前后台边界，集中后台操作。合理划分前台柜员接单和后台处理关系，加快六大中心（集中作业中心、集中配送中心、集中响应中心、集中清算中心、集中参数中心和集中监控中心）建设，实现前后台分离、前台减负、后台集中的模式。四是改进客户服务流程。通过设定客户等待时间、销售量、客户满意度等关键指标，进行相应的流程改进；通过提升迎宾流程，增加对潜在销售机会的挖掘，促进交易渠道迁移并改善服务质量。五是要解决好因制度叠加引起的柜面流程不畅的问题。各行要注意解决好在上级行制度规定基础上增加的业务流程环节和手续，要组织清理自身受理的代理业务，对占用柜面资源较大，又无效益或低效益的代理业务，与有关方面协商后予以退出，合同约定未到期的，尽量通过自助设备办理。

（五）优化IT系统，搭建零售业务应用平台

按照“以客户经营为中心，以产品营销为重点，以方便使用为前提，以有效管控为基础”的原则，整合优化科技支持系统，打造新型的零售业务科技信息平台。加快PCRM、CFE两个系统的推广工作，今年上半年全行各网点均要完成PCRM（三期）系统的上线工作，下半年实现CFE系统在财富型和部分精品型网点的上线运行。加大客户身份识别系统、网点联网信息发布系统的推广力度，已实施网点转型的，必须在低柜服务区域和理财工作室使用CFE专业理财支持系统，强化系统在客户识别、分层服务、深度挖掘等方面的支撑作用，丰富我行理财型、骨干型网点客户服务内涵，提升对个人优质客户服务能力。市分行主管部门要制定个人优质客户关系管理办法，落实个人高价值客户的拓展、维护责任制度，加强个人目标客户总量和结构改善目标的考核力度，促进各行将个人业务发展方式由做产品向做客户转变。

（六）加大零售业务投入，突出零售业务考核重点

一是加大网点转型、电子机具的投入。市分行计划今明两年完成各行办公大楼一级LOGO标识更换、网点员工新行服的更换，三年完成全行所有网点装修改造的目标，按业务发展和渠道建设的需要，加大ATM、POS、转账电话、自助转账查询机等设备的投入，提高电子设备的渠道分流业务能力，编制网点建设及自助设备三年投资计划并按年组织实施。二是完善全行综合绩效考评办法，加大零售业务考核权重，突出个人信贷、个人金融资产等战略性业务的考核重点，根据零售业务收入的贡献度，增加零售业务在综合绩效考评办法中的分值。三是根据总行《网点分类管理办法》有关规定，逐步推行网点分类考核。改变营业网点的统一考核模式，不同类型网点，设置不同考核指标和分值，突出抓好对理财型、精品型网点穿透式考核。四是逐步实行个人分岗考核。高柜柜员的绩效工资以业务操作量和交易量考核为主，实行固定工资加计件工资挂钩考核模式；低柜柜员的绩效工资以产品销售量和产品销售收入考核为主，以业务操作量挂钩考核为辅，实行固定工资加绩效工资的挂钩考核模式；个人客户经理的绩效工资与产品销售量和创效业绩挂钩；大堂经理考核与客户分流率、自助设备使用率以及网点产品销售量指标挂钩；个人理财顾问的绩效工资与贵宾客户的维护拓展、理财产品销售量和收入挂钩；网点负责人考核与网点效益、网点等级、网点业务量、网点转型等关键指标挂钩。全面推行产品计价办法，建立员工营销业绩台账，采用低底薪、高绩效的计价考核模式，实现人工成本与价值创造的有机统一。

（七）加强队伍建设，打造高素质的营销团队

必须坚持人力资源是第一资源的战略思想，把培养和造就高素质人才队伍作为零售业务经营转型的重要举措，按照“控制总量、优化配置、规范服务、提高素质”的原则，压缩高柜、增机（自助设备）减人、优化劳动组合，调整和充实零售产品销售队伍，建设一支专业化的优秀营销团队。各区县分、支行要按照大堂经理、个人客户经理（包括销售经理）、个人理财顾问（包括产品经理）三类岗位设计、规范零售业务岗位序列，明晰岗位设置和职责体系，分期分批对网点负责人、大堂经理、个人客户经理、理财经理、柜员开展持证上岗考试，建立岗位序列认证与薪酬制度，实施分级分类管理；各行要至少配备一名员工，主要从事内部员工培训和辖内网点服务质量的管理工作，充分认识内训师作用，全力支持内训师工作，为网点标准化服务导入与常规性管理提供必要的条件；要实行专业理财师岗位强制回归，凡取得AFP资格的员工要安排到理财型网点从事高价值客户的营销维护工作，取得CFP、EFP资格的认证理财师都必须回归同级零售业务板块，年底前未完成调岗工作的，市分行将对行长进行问责；建立零售客户经理的成长通道，打通高柜柜员→低柜柜员→个人客户经理→个人理财顾问（AFP、CFP）→大堂经理→二级支行行长的成长通道；建立个贷客户经理持证上岗制度，打造个人信贷业务专业化营销队伍。

（八）加强零售业务文化建设，建立全过程的风险管理体系，促进零售业务可持续发展

一是坚持以“以客为尊、激情创新、团队合作、合规经营、追求卓越”为核心，以网点文明服务标准化导入为契机，注重零售队伍员工的人格培育、精神教育和人才培养，创建新型的农业银行零售业务文化。二是完善零售业务各项风险管理制度、报告制度和监管制度，建立审慎、规范、积极、稳健的零售业务风险管理文化，再造以事前防范为基础、事中控制为重点、事后监督与业绩激励为辅助的全过程的零售业务风险管理流程，强化对风险管理的系统硬控制。三是加大违规操作处理力度，提高违规成本，落实对主要操作风险点的防控，切实做好案件防控工作；加强市场形势和政策分析，做好市场风险、声誉风险和政策性风险的屏蔽工作。

零售业务转型中需强化的“四种意识”

中国农业银行大连分行 孙尉冬

伴随2008年金融海啸的冲击，国际经济环境异常脆弱，国内应对危机“保增长”与调控经济发展间各种矛盾突现。在内外错综复杂的环境中，我国银行业所面临的真正考验是业务增长源泉问题。零售业务具有资本要求较低、市场空间广阔、价值创造力高、风险相对分散等特点，随着企业经营的不确定因素增多和消费者对于金融服务需求的日益增长，零售业务将逐渐成为银行新的利润增长点，加快零售业务转型将成为我国商业银行的必然选择。

零售业务转型是银行外延式增长的资本压力和新巴塞尔协议对零售业务资本优惠的“诱惑”，是在内生性增长跟不上规模扩张、外延式增长受制于宏观环境的情况下，实现资本大幅节约的最优选择。加大资源和政策倾斜力度，适度扩大零售业务授权，优先开展机制、业务和产品创新试点，加大营销服务支持，加快零售业务转型已经成为当务之急。

一、加快零售业务转型需强化“四种意识”

（一）树立“大零售”意识

彻底改变以往零售业务单靠一个部门和一个条线独立推动的形式，代之以整体板块联手推动。这种改变不仅仅是体现在行动上，更应渗透在思维里。大零售意识的特点就是坚持系统性、关联性、交叉性和协调性。在组织架构、职能划分、岗位设置上，进一步优化零售业务人员组合，确保由一个部门统领，一个行长分管，一个板块运作，这与农业银行体制机制改革大的趋势相吻合。目前农业银行前台业务总体上已划分了三大业务板块，做大零售业务是农行的战略目的。

（二）树立“大营销”意识

一是实行综合营销。对一个客户挖掘多种资源，对一种资源开辟多种路径。虽然一个客户只有一种资源，但是可以为他开辟如投资、理财等多条路径。对优质客户挖掘持续资源，对单一需求提供多种服务。有些客户投资和理财意识比较淡薄，仅有一种需求，也可以通过引导、启发、交流，实现提供多种服务的目的。

二是配备组合产品。不再只是做单一产品营销，要在一次营销中打出组合拳，组合就是快餐套餐。发掘现有产品的潜力，通过组合达到创新的效果，满足客户多样化的需求。

三是找准客户定位。目前有些行对零售板块客户定位仍处于模糊状态，这一问题始终没有得到解决。经营行要对辖区内的零售业务客户进行细分和定位，明确主要产品或业务最适应的哪些客户群体。主盯外部、主盯市场、主盯客户，而不是主盯内部、主盯行长、主盯员工，加强调研，找到发展个人存款业务的有效路径，进一步拓宽营销视野。

四是依靠三种路径抓好存款组织工作。一种路径是靠柜台服务。窗口开设，面对客户，搞好服务是天经地义的事，但是目前零售业务转型有一个最明显的导向，就是减员增机或者增机减员，所以单纯靠柜面面对面的服务，把它作为主要的路径，是明显不够的。第二种路径是发行有效卡，用好以卡为媒的主要载体。第三种路径是铺设自助设备。例如转账电话等，不需要付出更多的成本，就可以实现存款的自然捆绑。自助设备铺设这项工作排他性很强，一旦占据，竞争对手就很难进来，因此需要优先予以支持。

五是关注个人优质客户的后续维护。虽然，基层经营行人员不足是一个影响因素，但绝不是客户维护不利的理由。发展一个流失两个，这不是良性循环。维护一个好的存量客户，笼络他的持续资源，等于拓展了几个新的客户，而且一旦客户养成了一种消费习惯和依存习惯就很难流失，因此个人板块星级客户、VIP客户的维护问题至关重要。

六是大力开展活期存折客户以折换卡活动。活期存折客户开展以折换卡活动分流意义很大，活期存折只能上柜台办理，通过以折换卡，可以促使客户到POS上消费，到ATM上去提款。

（三）树立“大协调”意识

协调就是协调发展之义，具体表现为大零售板块及板块内各专业条线之间指标、比例、措施、效果要协调、要恰当、要齐力、要顺畅，这需要切实增强三种能力。

第一种能力是经济思维能力。也就是价值预算能力，通俗地讲就是商业银行首先要知道一项业务该不该做，这么做能否赚到效益。前几年农行的外汇理财产品开始出现亏本风险，若强行平盘以后，需先垫付，再和企业索要，这很困难。被迫采取急刹车办法是不可取的，能预判准的，该做还是要做，但千万不要误导购买人。经济思维能力和价值预算能力就是要经营好风险产品。

第二种能力就是商业智慧能力。主要是价值创造能力，就是用什么手段去做？举一个实例，一个柜员对同一个客户，营销了100万存款，又营销了100万的存单质押贷款，随后又用这笔质押贷款为其做了三种理财业务。三种业务对一个分理处和柜员来说都有含量，在一个客户身上，这个柜员赚了三种含量。这种做法当然不提倡大家效仿，但是能给我们一些启发，就是大家要连贯的、关联的去考虑业务营销问题。

第三种能力就是体操技艺能力。对于体操而言，力度是一方面，但主要还是讲究平衡，就是对价值的平衡能力，天平的支点该放在哪，要有一个定位。所以要平衡速度与质量、发展与风险、近期与远期、局部与整体的关系，找准这几个主要方面的平衡点，也就是说，要找到最佳值。

（四）树立“大管理”意识

中国引进西方的管理理念只有17年的时间，但是对中国影响最大的理念只有两个：一个是“心态决定命运”，一个是“细节决定成败”。在管理上，天天倡导全面风险管理、精细化管理，但是都没有落到实处，这里有客观原因。有人抱怨没有精力，认为人的精力都放在精细化管理上，没有精力去做别的事了，这种想法有些极端。实现精细化管理主要是管好四个方面。

一是管标准。这也是精细化管理首要的问题。什么叫标准？标准就是一种制度，就是对规矩进行安排，但是千万不要安排得过细、过密，要管大的方面，对制度标准大的方面做出安排。越往上级，精细化管理的标准线条就越粗，给下一个层级留的弹性越大。

二是管执行。管过程，对环节进行制约。对过程的控制要控制主要环节。比如前一段时间，针对外部集中发生的诈骗案件，各银行尤其是农行加强了对电子银行客户动态口令卡的使用控制，这些都是过程控制当中的主要环节问题。

三是管关键。管预测，也就是对风险的提前研判问题，要做好对关键业务的压力测试和潜在风险的剖析，不能只是单纯地为了完成任务，要有分析的过程，有针对性的介入，发掘深层次的原因，只有这样才能把所说的三种能力很好的结合起来，在实际工作中派上用场。

四是管根本。管人。最根本的东西还是要对主观行为导入文化理念，就是软实力的建设。管人首先要管住自己，领导层一定要端正指导思想。对业务发展中出现的各种偏移，在考评办法的制定上进行封堵，处理好速度与质量、发展与风险的关系，做到未雨绸缪。对发卡推荐人制度执行问题，也要深入研究，以推荐人代替前几个程序，这种做法是自欺欺人。一方面违反了操作制度，另外也人为放大了风险，放粗了管理，放低了准入。对于不良透支追索的问题，有些基层经营行对推荐人进行了责任挂钩，银行卡一旦出现透支风险，先找推荐人，规定期限，将清收与工资挂钩，收到了很好的效果。

二、要切实把握好零售业务条线的19项质量指标

个人条线要关注六个率。即市场占有率、星级客户率、贷款收益率、存款付息率、不良贷款率和网点转型率。另外，个人业务板块农业银行总行提出了交钥匙工程、赢在大堂、金钥匙品牌、神秘人、内训师、导入等许多新的提法，这些都是新名词，代表新工程，需要给予特别关注。

银行卡业务要关注八个率。即市场占有率、活卡率、动账率或动卡率、销卡率、清卡率、收益率、不良率以及平台覆盖率。

电子银行业务要把握好五个率，即动户率、替代率或替柜率、渗透率、收益率和虚假交易率。

套用一句古语“上下同率者胜”。如果能够在19个率上同向、同率的做好，个人板块各项工作就一定能够抓好、抓实、抓出成效。

坚定信心　克服困难　确保全面完成零售业务发展目标

——兰卫东同志在青岛分行零售业务重点工作推进会上的讲话

一、简要回顾今年以来我行零售业务发展情况

今年以来，全行上下认真贯彻分行年初工作会议及零售业务工作会议精神，以零售业务经营转型为主线，以完善产品计价体系、加大业务综合营销为手段，扎实开展“春天行动”、“激情仲夏”、“爱在金秋”等综合营销活动，促进了零售业务的协调、稳健发展。主要呈现了以下特点：

一是零售业务联合营销体系逐步形成，效果开始显现。今年我们在全行全面推行了金融产品计价考核办法，经过多次修订完善，目前共覆盖了50多个产品，前三季度累计兑现5511万元，较好地调动了支行、营业机构、员工营销的积极性。在分行的统一组织下，全行认真开展了“春天行动”、“激情仲夏”、“爱在金秋”、“燃情国庆60”、“燃情金e顺”等不同主题的综合营销活动，实行了资产、负债、理财产品、贷记卡、个人贷款、网上银行、第三方存管等产品的综合营销、交叉销售，大大提高了营销效果。10月末，全行本外币储蓄存款达到456.04亿元，较年初增长57.67亿元，完成分行全年计划的88.72%，其中人民币储蓄存款在四大行存量市场占有率达31.72%，存量优势

进一步拉大；基金、国债、本利丰等银行及代理类个人理财产品销售额达到32.94亿元，完成分行全年计划的305%；新增电子银行注册客户数量26.39万户，完成分行全年计划的94.25%；新增贷记卡11万张，全行累计发行贷记卡26万张，完成全年计划的91.67%，贷记卡消费额8.9亿元，完成全年计划的111.25%。

二是客户结构逐步优化，业务发展质量有所提升。今年以来，分支行加快理财中心及私人银行分部的建设，丰富了包括本利丰、基金、实物黄金、一对多于一体的理财产品体系，组织了贵宾客户座谈会、投资报告会、子女夏令营、港澳刷卡体验游，提高了贵宾客户的依存度和贡献度。到10月末，全行三星级以上贵宾客户共计19603个，较年初增加6342个，完成全年计划的105.7%，三星级以上的贵宾客户在全部个人客户的比重为0.35%，较年初提高0.11个百分点，存款占全部储蓄存款的26.94%，较年初提高8.58个百分点，贵宾客户的贡献度进一步聚集。陆续开展了系列用卡促销活动、贷记卡激活有礼活动，在发卡量激增的前提下，发卡质量不断提高，到10月末新增贷记卡激活率达到49.17%，较一季度末提高17.91个百分点；全行贷记卡中高端客户占比由年初的8.78%升为12.25%，提高了3.47个百分点。网上银行K宝客户规模不断扩大，由年初的1.7万户增加到4.6万户，K宝客户占比达到20%。

三是网点业务经营转型步伐加快，为业务发展提供了有力保证。今年顺利完成了新一代个人网上银行系统、短消息系统的上线推广，加大了自助银行建设及自助设备投放力度，电子银行在渠道分销、柜面替代、成本节约等方面的综合效益进一步凸显。10月份电子渠道交易占比为48.90%，较去年同期提高9.56个百分点。稳步推进了网点转型工作，共完成8个营业网点的迁址调整和撤并整合、10个营业网点的转型改造、7个离行式自助银行和20台自助银亭的建设。对市区离行式自助设备实行集中管理，提高了设备运营效率。截至10月末已完成市区8家支行、75台离行式设备的集中管理工作，上收后设备的正常运行率一直保持98.5%以上。全面推行了文明标准服务导入，目前完成了87个营业网点的文明标准服务导入工作，网点整体形象、服务水平得到了较大改观和显著进步。

二、坚定信心，克服困难，全面完成全年各项任务目标

目前距离年底还有40多天时间。抓住这40天的关键时期，调动全行员工的力量，利用起一切可利用的资源，全面完成年初分行党委确定的各项任务目标，是摆在各级领导面前的一个艰巨任务。分行党委认为，年初确定的任务目标是符合科学发展观和分行工作实际的，各行必须要坚定信心，立即制定切实可行的措施办法，坚持全面完成各项任务不动摇，确保完成各项任务目标。同时针对前期调研支行反映的问题及建议，分行党委也高度重视，完善激励措施，提高工作效率，以保护好、调动好各行的积极性。下面就几项重点业务我再强调一下：

（一）转变思想观念，提一步提高对零售业务发展的重要性认识

近年来国民收入快速增长，同业竞争不断加剧，金融生态环境持续发展，为零售业务快速发展提供了广阔的空间。无论是国外发达银行还是国内领先银行，均将零售业务作为工作的重点，特别是随着大客户金融脱媒现象的加剧，零售业务的竞争日益成为下步银行竞争的售点。招商银行董事长马蔚华曾说过“不做公司业务，现在没饭吃；不做零售业务，将来没饭吃”，深刻地揭示了零售业务在银行发展过程中的重要地位。因此，各行要清醒地认识到：靠传统观念方法来应对当前金融竞争，不能从根本上解决零售业务竞争乏力的问题，必须要实行基金、理财产品、存款等有机联动，靠高端客户深层维护、靠产品的综合营销及产品流转转化、靠多样化产品齐头并进，以此来维系高端客户、增强零售业务发展的后劲。应当承认，零售业务转型是一项长期的工作且见效相对滞后，需要大家付出非常艰苦细致的努力，要有坚忍不拔的意志、细致入微的工作方法、灵敏反映的思想认识，才能有所突破。总之，零售业务发展事关农行今后发展方向、地位和核心竞争力，希望大家转变思想，切实提高对零售业务转型重要性的认识，深刻思考并积极探索提高零售业务核心竞争力的方法、途径，集思广益，深入思考，不等不靠，积极推行适合自己地域特点的措施，切实将零售业务抓好。

（二）以优化客户结构为手段，巩固我行储蓄存款的领先优势，确保市场份额首位及全年任务目标的完成

为保证储蓄存款增量计划的顺利完成，分行制定了激励措施：一是2009年储蓄存款计划不变，为指令性计划，各行必须确保完成；二是储蓄存款计划完成情况将与各行领导班子业务考核和年底评价挂钩；三是对于9月末已超储蓄存款计划的，年末储蓄存款余额不得低于9月末余额，如年末余额低于9月末余额，下降部分将加入明年的储蓄存款增量计划；四是对于未完成储蓄存款年度计划的，差额部分将加入明年的储蓄存款计划；五是调整储蓄存款员工个人计价方式，即从存款登记日起算，一年内四个季度均给予计价，一年后再转为存量客户，按照存量客户计价方法计价。以上措施，各行要认真传达到每个网点及员工，调动全体员工营销积极性，各行必须保证完成储蓄存款增量计划。

工作中，各行必须要树立全行一盘棋思想，进一步提高储蓄存款工作的危机感与紧迫感，正视问题，找准差距，积极转变工作思路；要清醒地意识到目前金融环境、客户需求要求我们必须采取综合服务手段，实行理财产品、第三方存管等为多种产品综合营销，以此来稳定重点客户、源头性存款，优化个人客户结构和业务结构，只有这样才能实现储蓄存款的长久有效发展。

（三）加快个贷业务发展，进一步理顺业务发展机制，为全年任务完成及明年业务发展奠定坚实的基础

各行要充分认识到个贷业务对改善我行业务结构、收入结构、实现可持续发展的重要性，积极采取措施，务必大力发展好个贷业务。

一是加强开发贷款与个贷业务联动营销，提升个人贷款发展速度。各行要以个人住房贷款为重点，加大开发贷

款与个人住房贷款联动营销，分行将制定下发《房贷业务联动服务监测操作指引》，重点督导业务联动不力的支行和项目，对因支行原因导致按揭资源大量流失的，进行通报批评。同时分行已向总行请示扩大优势行业单位优质个人客户简式授信评级范围，各支行要锁定高端客户，积极营销综合授信贷款，不断优化个贷客户结构。特别是未完成任务的支行更要下大力气做好个贷营销工作。

二是稳步推进个贷集中经营推广工作，探索个人信贷业务新模式。我行作为试点行之一，根据总行的部署，制定个人信贷业务集中经营管理实施办法和推广方案，年底前完成个贷经营中心建设，并上收9家支行的个贷业务，提升个贷经营层次。相关支行要根据分行部署，积极做好个贷集中经营的各项配合工作，积极探索完善个贷集中经营管理机制，确保个贷业务有效发展。

三是加快推进个贷客户经理队伍建设。据统计，我行现有个人贷款客户39977户，全行专职个人客户经理53名，人均754多户，个别支行高达2000多户。我行目前客户经理人均管户数在37家分行中，居全国第一。个贷客户经理人员配备严重不足也是制约我行个贷业务发展的一个关键因素。为此分行初步确定了各支行个贷专职人员（包括分管科长）配备不得低于6人。要通过上岗资格认证、持续培训，打造一支人员充足、素质过硬、适应个贷专业化运作和集中经营的个贷队伍。

四是调整产品计价标准，提高客户经理工作积极性。在调研过程中支行客户经理反映按现有计价办法第四季度发展的个贷业务得不到奖励，四季度分行将对计价办法进行调整，确保计价考核的合理性，以鼓励支行客户经理发展业务的积极性。

（四）加快基金及理财业务发展，提高对全行中间业务收入的贡献度，提高储蓄存款发展的厚度和可持续性

由于基金业务特别是股票型基金是个人中间业务收入的主要来源，也是完成全行中间业务收入计划的一个新增长点，同时基金和理财业务资金与储蓄存款的转化也是储蓄存款增长的重要手段。从全行情况来看，有的支行仅满足于已超额完成全年个人理财产品销售计划，未从长远角度认识到基金、理财业务在优化客户结构、提高中间业务收入方面的重要作用，对优质客户资源挖掘利用不足，营销主动性不强，特别是对高端客户度身设计的“一对多”专户理财产品认识了解甚少，业务知识不熟，基金业务发展的后劲不足。有的员工在计价产品种类繁多、营销渠道广泛的情况下，更愿意主动营销有收益保证的本利丰理财产品，而不愿去营销存在一定风险的基金，导致新基金特别是股票型基金营销效果不理想。

针对以上情况，下步分行将对产品计价结构进行调整，进一步提高高收益基金奖励力度，以调动员工营销的积极性。各行要从培育客户、增强业务可持续发展的角度出发，以本利丰、汇利丰、国债、一对多专户理财为依托，做好基金、本利丰理财产品的营销与结构调整，维护并留住高端客户。要加大股票型基金的营销，并以定期定额业务作为突破口，通过持续和集中推广相结合的方式，有效地稳定和扩大客户，进一步促进业务结构的优化和调整。

（五）以提高贷记卡发卡质量为重点，千方百计完成贷记卡发卡计划和激活率目标，进一步提升贷记卡在个人高端客户中的占比

一是各支行尤其是完成率较低的支行要在剩余的两个月时间里以高端优质客户为发卡营销重点，将责任分解落实到人，确保完成全年发卡计划。新发展的贷记卡，必须“办理一张、激活一张”，保证发卡数量与质量的同步提高。分行将继续开展激活有礼和消费抽奖活动，以引导客户激活卡、使用卡。各支行也要根据本行未激活贷记卡清单，安排专人（或发展人）进行电话回访，宣传激活有礼活动，帮助客户进行激活。同时，鼓励各支行组织形式多样的宣传推广活动，引导持卡人激活用卡，确保贷记卡激率达到50%以上。

二是要充分利用好贵宾客户资源，进一步提升贵宾客户贷记卡发卡占比。各支行要增强紧迫感和危机感，明确相关部门分工，落实责任部门，实行贵宾客户名单式管理，切实做好贵宾客户维护与营销。要借助白金卡发行、直销中心电话访问、上门服务及召开贵宾客户联谊会的机会主动营销。各行个人业务分管行长作为三星级以上个人VIP客户贷记卡营销的第一责任人，要将责任具体落实到相关VIP管户人员，对其下达发卡计划，作为其维护VIP客户的业绩之一。12月分行将对各行VIP办卡情况进行通报。

三是要加强上下联动，尽快发挥直销中心在贷记卡营销中的作用。目前我行成立了贷记卡直销中心，直销中心立足于以“与支行联合营销、向我行现有优质客户资源定向营销”为主的营销模式，充分挖掘我行现有优质个人及公司客户资源，降低业务风险。为调动支行积极性，分行确立了双线考核、上下联动的联合营销模式。目前直销队伍已经成立，下一步工作的关键是各支行要做好配合工作，在座的分管行长会后要充分协调部署好个人业务和公司业务的联动，各前台部门、各营业机构要积极向直销人员提供我行客户信息，充分利用好这支队伍，为扩大我行贷记卡市场份额、提升发卡质量实现新的突破。

最后我强调，贷记卡数量计划必须完成，同时新开卡激活率必须达50%以上。12月份分行将对贷记卡数量计划及激活率完成较低的支行进行问责。

（六）采取有力措施，加快电子银行有效发展，稳步提高电子银行替代率、渗透率、动户率、收益率

一是进一步发挥电子渠道的作用，加大柜面业务向电子银行渠道迁移的力度。今年以来，各行普遍认识到提高电子渠道交易占比对分流柜台压力、促进网点经营转型的重要作用，提高电子渠道交易占比工作取得了一定的成效。电子银行部已对低于全行平均水平的支行逐一进行了分析，并提出了提高电子渠道交易占比的对策，各行要按照分行的部署同步抓好落实，加大柜面业务向电子银行渠道迁移的力度，这也是缓解人员紧张问题的一个有效渠道。分支行今年确定的400户柜面代发工资客户到目前仅有不到20%迁移至网上银行，此项工作各行要抓紧落实，年底前必须全部完成迁移工作。今后新增代发工资客户必须通过网上银行进行操作，非经分行同意不得通过柜面代发。

二是各行要以“燃情国庆60”营销竞赛活动开展为契

机，大力发展消息服务及手机银行（WAP版），同时对差距较大的企业电话银行、转账电话等指标也要确保完成。今后柜台要停止办理个人网银口令卡，大力推广K宝，对新增网上银行客户必须做到注册一个、激活一个，要充分利用网银体验机及其他现有设备，在注册同时教会客户做第一笔业务，对睡眠客户要加大营销力度，四季度个人网银动户率必须达到30%以上。

三是增加创收增效能力，提高电子银行收益率。电子银行业务收入对全行中间业务收入的贡献度呈上升趋势，各行要充分发挥现有设备收入主渠道作用，加大在行式设备的投放、优化离行自助设备布局，调整低效设备，提高总体运营效率和中间业务收入。目前全辖存取款一体机已开通无卡存款功能，各行要组织加强引导客户使用存取款一体机办理无卡存款功能。同时，各行要对明年新投放的自助设备机具及早谋划，没有存取款一体机的网点有条件的明年必须逐步配齐，今年到货的自助设备要及早安装，早开通、早受益。

（七）加快代理财政、保险代理、第三方存管业务发展，提高机构业务与零售业务联动营销效果

一是切实加强柜台服务，以优质、高效的代理业务来确保我行各项代理财政业务的优势市场份额。目前我行已经开办了中央、省、市、区四级国库集中支付业务、预算单位公务卡、代理政府非税收入、代理财政统发工资、代理社保协议签约等代理财政业务，其中多项业务市场份额均居同业第一。但今年以来，上述业务竞争更加激烈，我行市场份额受到挑战。各行要充分利用多年来代理支付业务所积累的丰富经验，发挥网点优势，通过优质、高效的服务来维护现有政府客户、预算单位和签约客户，严防客户流失，转向他行开户。各支行要组织代理网点人员认真学习上述各业务的作业指导书，熟练掌握业务处理流程，不断提高客户满意度。年底时间是上述业务发生的高峰期，相关政府部门也会对各承办银行履约情况进行明察暗访，因此各支行一定要认真做好，保障支付业务的正常开展。

二是加快保险代理业务，确保全面完成全年任务目标。要进一步加强期缴产品销售力度。分行将对期缴产品按1:3的比例折算后考核各行代理保险业务量，请各行加大我行代理保险产品结构调整的力度，通过期缴训练营等手段尽快提高期缴产品占比。年底前要大力催收代理保险手续费。各行要提前与保险公司沟通，确保手续费在年底前全部到账。各行各人金融部负责与各保险公司核对代理保险业务数据，要按产品、以不低于分行下发的《2009年代理寿险产品目录》中确定的费率基准计算收取手续费，进一步提高我行寿险手续费入账率。要做好代理保险计价管理工作。前三个季度都有部分员工申报的保险计价数据因信息不完整不能计价，各行要告知每个保险销售人员，保险计价信息必须完整录入，以确保保险计价奖励及时准确的兑现到一线柜员。

三是加快第三方存管业务拓展，积极推进与优质券商的联合营销活动。总行联合国泰君安、中信建投、国信、安信、长江等五家优质券商推出了全国范围内的阶段性联合营销活动。目前我行除长江证券计划完成过半（截至11月6日），完成率达到69.25%之外，其余几家券商计划完成情况明显偏低，其中国泰君安只有10%多一点。希望支行加强与这几家全国性优质券商的合作力度，借助下一步发行券商联名卡的契机，力争完成总行任务。在积极拓展第三方存管客户数量的同时，注重提高客户质量。借助创业板开始交易以及证券市场持续向好的有利时机，加强客户宣传和营销，力争使我行户均存管资金额有一个突破，着力提高客户质量。对于客户从股票资金账户转回银行的资金，尽量争取留住，转化为我行储蓄存款，促进我行储蓄存款的稳定和增长。

（八）推进网点文明标准服务，加快网点“软转型”建设

一是各行要在认真总结前期网点文明服务导入经验的基础上，加快推进文明服务导入工作。要通过标杆网点的示范作用，以点带面，力争在年底前完成城区主要网点和县域重点网点的文明标准服务导入工作，初步实现网点文明标准服务的规范化、标准化和统一化。

二是实施“赢在大堂”策略，抓好大堂经理队伍的建设。各支行要按照分行大堂经理配备的整体规划，抓紧时间将专职大堂经理配备到位，同时结合网点文明标准服务导入活动，强化对大堂经理的业务知识和操作流程培训，不断提高大堂经理的现场管理能力、沟通协调能力和观察应变能力。

三是完善服务检查监督机制。各行要赋予服务以活动载体，通过开展服务竞赛、服务礼仪大赛、文明标准服务展示表演、晨会创新PK赛等活动，固化网点文明标准服务成果。分行要通过明察、暗访、抽查监控录像、满意度调查等方式，加大检查和奖惩力度，多纬度评价支行、网点的综合服务水平，促使网点文明服务不走样、不变形、不弱化、不回潮。

（九）加强业务管理，有效防范业务风险，确保业务健康有序发展

越是在业务忙季，越不能放松管理。分行相关部门及各支行要牢固树立业务发展与内部管理两手抓、两手都要硬的思想，切实加强业务的规范管理，做到执行制度不走样，各业务环节必须坚决执行制度流程。一是借总行个人产品网点开户（签约）流程优化，进一步梳理负债、电子银行、借记卡、基金等开户（签约）各项业务办理流程，修订完善相关作业指导书，实现个人产品业务制度之间“无缝衔接”。二是要全面落实总分行关于业务风险防范的各项要求，不断梳理完善零售业务条线的业务风险点，加强事前、事中、事后监督，有效防范和化解各种风险。三是认真做好案件排查、百日行动检查发现问题整改，并针对发现问题逐一梳理，从根本上杜绝类似问题的发生。

深化业务转型 提升客户结构 全面推进 零售业务快速协调发展

——胡炜铭同志在宁波市分行2010年“大行德广 伴您成长 金钥匙春天行动”旺季营销工作会议上的讲话

一、全年零售业务工作的总体回顾

1～11月份，全行零售业务条线认真按照总行零售业务转型工作会议精神和分行党委的决策部署，以客户为中心，进一步加快了转型步伐，各项工作取得了较快发展，核心竞争力和市场品牌形象得到了进一步提升。

一是储蓄存款继续保持高速增长。到11月底，全行储蓄存款余额达到了476.93亿元，比年初增长58.99亿元，在四大行中存量和增量市场占比分别达到了33.88%和31.89%，市场份额均保持第一。其中慈溪支行、鄞州支行和余姚支行的增量分别达到14亿元、10亿元和8亿元，占全行增量的55%。二是个人贷款实现了阶梯式跳跃发展。到11月底，全行个人贷款余额达到了179.39亿元，比年初新增76.73亿元，占全部贷款增量的47%，占全行各项贷款的比重由年初的16%提高到了22%，提高了6个百分点；在四大行中的市场占比由年初的19.92%提高到22.6%，居第三位，比年初提升了一位。其中慈溪支行、鄞州支行和象山支行的个人贷款增量分别达到17.67亿元、8.88亿元和8.82亿元，占全行增量的46%。三是个人中间业务继续平稳发展。到11月底，全行实现个人中间业务收入（含借记卡业务收入）8275万元（其中借记卡业务收入5839万元）。代理销售基金17.79亿元，在四大行中市场占比29.93%，仅次于工商银行位居第二，实现基金销售收入1707.12万元，预计全年可实现收入3200万元左右；销售实物黄金443.39公斤，销售金额10022.48万元，利润554.46万元；代理销售国债28119.37万元。四是贷记卡发卡量和中间业务收入大幅增长。到11月底，全行新增贷记卡发卡量13.79万张，同比增长125%；实现中间业务收入353万元，四大行占比31.5%，排名第二；银行卡商户收单收入1920万元，四大行占比34.02%，排名第一。五是电子银行业务的综合效益进一步显现。到11月底，全行网银注册客户数达到26.76万户，比年初增长126.69%；短信平台注册客户79.25万户，比年初增长249.73%，网上银行交易额达到5129亿元，电子渠道交易占比达到52.82%，比年初增长了9.47个百分点。

今年我行零售业务之所以取得良好的成绩，主要得益于各项工作措施的有效推进：一是积极推进了网点转型工作，有效提升了全行零售业务的多渠道综合营销能力和服务能力。通过“绿色行动”，一批符合总行营业网点形象建设VI标准的网点已经建成，为“客户分层、业务分流”工作提供了良好的物理平台；通过网点文明标准服务的导入，网点的服务能力和营销能力有了明显提高，客户满意度有了明显提升。二是中高端客户服务体系逐步形成，零售业务发展的客户基础进一步夯实。通过对个人中高端客户的计价考核和精细化管理，全行对个人中高端客户的维护能力和服务能力逐步提升，到11月底，全行个人中高端客户数量达到25834名，比年初增加5889名，个人中高端客户金融资产余额150.3亿元，占比达到了29.3%。三是零售业务营销队伍建设取得了突破。到11月底，全行共配备了营业经理、大堂经理、个人客户经理和大堂引导员等专职营销人员357人，比年初增加了112人，全行共有120余人获得了CFP、AFP、EFP等各类理财师资格，零售业务发展的队伍基础初具雏形。

二、短期目标与长期目标相结合，明确下一阶段零售业务工作的指导思想

分行党委对零售业务工作的发展高度重视，明确要求下一阶段零售业务工作要以网点转型工作为平台，加快零售业务专职营销队伍的建设；围绕个人中高端客户的需求，积极创新产品和营销机制，有效提升个人中高端客户的金融资产占比；加快零售业务经营转型步伐，力拼市场份额，全面推进零售业务的持续协调快速发展。根据这一指导思想，明年全行零售业务发展目标为：

（一）业务发展目标：

1. 储蓄存款：保持四大行存量及增量第一，增量市场份额有所提升，明年全行储蓄存款增量要必保65亿元，力争达到80亿元，一季度的增量要达到32亿元。

2. 个人贷款：保持四大行增量第一，存量市场份额有所上升，明年全行个人贷款增量要达到60亿元，一季度的增量要达到25亿元。

3. 个人中间业务：全年实现个人各类中间业务收入（含基金、黄金、国债和借记卡）1亿元（其中借记卡业务收入7000万元）。代理销售基金20亿元，销售理财产品25亿元，销售实物黄金450公斤。其中一季度要实现代理销售股票型和混合型基金4.5亿元，黄金180公斤。

4. 信用卡业务；全年新增有效客户6万户，消费额15亿元，实现中间业务收入400万元；新增有效商户600户，收单收入2300万元。其中一季度新增有效客户2万户，新增收单商户200户。

5. 电子银行业务：全年电子银行客户数增长 35%，达到 158 万户，电子银行业务收入达到 6000 万元。其中一季度新增个人电子银行客户 15 万户，企业电子银行客户 1300 户，电子商务商户 10 户，实现电子银行业务收入 1500 万元。

（二）渠道建设目标：全行物理网点总控制在 190 个左右；改建或新建离行式自助银行 30 个左右；迁址整合一批低效网点，加快网点装修改造的步伐，2010 年计划对 40 个左右的网点按总行新的 VI 标进行装修改造；增加现金类自助设备 150 台，电子渠道交易占比达到 60% 以上。

（三）队伍建设目标：建立一支符合零售业务发展需要的营销队伍，其中专职零售客户经理（含大堂经理、个人客户经理、个人理财顾问）的人数要达到 400 人左右，占网点人员的比例要在 20% 以上。

（四）风险控制目标：建立审慎、规范、积极、稳健的零售业务风险管理文化。

三、厘清下一阶段零售业务工作思路，加快战略转型步伐

（一）以网点转型工作为抓手，夯实零售业务发展基础

网点转型工作特别是网点软件转型工作是零售业务发展的基础，各行要紧密围绕“绿色行动”和“赢在大堂”两项网点转型工作的原则和策略，加快网点建设和转型步伐，着力提升零售业务发展的基础竞争力。

1. 有效把握网点转型内涵，有序推进网点软件转型工作。一是厘清网点人员的配备标准，加快零售业务专职营销队伍的建设。各行要根据分行制订的《营业网点岗位设置和人员配置方案》，进一步厘清营业网点岗位设置和人员配备。对于已经转型的网点，通过将公司操作业务回归到高柜办理的方式，将业务操作人员进行重新组合，将低柜非现金业务操作区转化为零售业务营销区；对于未转型的网点，各行在装修改造过程中必须要将人员岗位设置和功能分区进行综合考虑，对于未按要求配备零售业务专职营销人员的网点，市分行将不予考虑其装修改造申请。同时市分行也将在充分调研基础上，通过将网点落地业务集中处理、开放存取款一体机钞箱循环功能、提高现金类自助设备存取单笔上限、在 ABIS 系统中增设大堂经理和个人客户经理授权权限和非现金业务操作权限等方式，减少网点后台操作人员和授权人员，通过多管齐下，到 2010 年，全行要建立一支 400 人左右的零售业务专职营销队伍。二是要加强对零售业务专职从业人员的培训。2010 年市分行计划从三个层面对零售业务从业人员开展培训，包括高级理财人员培训、零售业务专职营销人员培训和柜台操作人员培训，各行要积极组织、合理安排工作时间，确保所有人员得到培训，提高零售业务从业人员的营销技巧和操作能力。三是充分加强对零售业务专职营销人员的考核，激发其营销积极性。市分行目前正在讨论制订网点负责人、大堂经理和个人客户经理的管理办法和考核指引，并正着手研究开发相应的考核系统，将全辖零售业务专职营销人员纳入到系统进行统一排名。各行也要积极研究零售业务专职营销人员的考核激励办法，要积极尝试将零售业务专职营销人员由支行个人金融部和所在网点进行双轨考核，其等级工资和计价工资由支行个人金融部考核确定，提高零售业务条线的执行力，最大限度激发营销积极性。四是要继续深入推进网点文明标准服务。由欧顾得公司为主的网点文明标准服务导入工作已经基本告一段落，但是抓文明标准服务的劲头不能松懈，对于已导入的网点各行要抓好固化工作，确保文明标准服务水平不下降；对于未导入的网点各行要以分行培训的内训师为主抓好导入工作，并按季进行检查督导。五是要有效提升转型网点的客户识别能力和信息传送能力。以 PCRM 系统为基础，提升现有的排队叫号机功能，通过刷卡自动识别客户类别，实现机器自动分流，提升转型网点的客户识别能力；以 CFE 系统为基础，将客户识别系统与现有的信息播放系统结合起来，在 CFE 系统支持下实现相关信息的自动播放，提升转型网点对客户的信息传输能力和营销能力。

2. 大力调整网点布局，提升网点竞争能力。一是要建立网点选址和建设概算模型，将单个网点建设预算的最高标准与网点类型、所处地域类型、客户结构、网点效益等结合起来，从制度上保证网点迁址和投资概算的准确性，尽量使网点选址决策和投资概算具有科学性和可信服性。二是加快城区网点的布局调整。明年重点是解决城区支行部分地段不佳、客户结构不合理和营业面积偏小网点的布局调整工作，加大对城区支行网点建设的支持力度和资源倾斜力度，使城区网点的结构和布局得到一定优化；同时加大对效益较好网点的资源配置力度。三是要探索推行营业网点的分类分级管理。以总行营业网点分类分级管理标准为依据，根据全行营业网点的实际情况，将全部营业网点按理财中心、精品网点（零售型和综合型）和基础网点三类进行管理，在资源投入、考核指标设置、考核指标定量等方面进行一定的尝试和探索，有效激发不同类型营业网点的积极性，提高营业网点的点均效益。

3. 大力推行绿色行动，充分发挥硬件转型对软件转型的平台支撑作用。一是各行要认真按照《中国农业银行营业网点管理办法（试行）》、《关于进一步明确网点管理职能分工和流程的通知》、《中国农业银行宁波市分行营业网点基建工程招投标管理办法》等三个规范性文件要求，厘清支行各部门之间、支行和分行之间的工作职责，厘清营业网点建设的流程，分支行密切配合、支行各部门之间密切配合，提高网点建设的效率。二是必须严格执行总行营业网点形象建设 VI 标准。对于经市分行确认的平面布局图和施工图，在装修改造过程中，各行不得擅自进行改动；要严格控制投资规模，严禁擅自超预算、超立项进行网点建设投资；要确保营业网点建设形象标准统一、视觉形象统一。三是各行要积极组织做好装修单位的二次招标工作。在明年的装修过程中，各行必须在市分行招标入围的企业中进行二次招标确定相应的中标单位，不得自行选择不在市分行入围名单目录外的企业进行营业网点装修改造。市分行也将每年两次组织各支行对入围企业进行考核评定，加强对入围企业的后续管理，为支行二次招标工作营造较为良好的环境和气氛。

（二）突出中高端客户的贡献价值，提升零售业务在城区的市场竞争力

一是要重塑中高端客户的管理服务体系，建立“1 + N”的客户维护模式，即一个中高端客户由经营行客户经理、一级支行财富顾问和私人银行专家团队共同维护。在市分行以私人银行为支撑，将市区贵宾客户（存款100 - 500万元）和全市私人银行客户（存款500万元以上）由市分行私人银行配合各支行进行集中维护；在各支行的个人金融部（营业部）建立支行中高端客户的服务平台（财富管理中心），对各行所辖网点的成长型客户（10 - 100万元）以上客户进行集中维护和管理，建立客户档案，初步建立一套以市分行私人银行为核心、各支行中高端客户服务中心（财富管理中心）为主体、营业网点为触角的个人中高端客户管理服务体系，提高中高端客户的服务能力和响应能力。二是充实贵宾服务内容，提升中高端客户的认同感。对个人中高端客户的服务内容除传统的银行业务外，要相继推出资产管理服务、顾问咨询服务和特色服务，如全面资产规划、委托资产管理、医疗健康服务、留学咨询服务等，为个人中高端客户建立畅通的增值服务渠道，创建农行贵宾客户管理服务品牌。三是加大零售业务产品特别是理财产品的创新力度，提高产品的市场竞争力。市分行正在通过多种渠道与总行个人金融部和金融市场部进行沟通，积极争取产品创新试点行资格，争取总行能够同意我行自主研发发行理财产品，提高零售业务产品的市场竞争力，增加个人中高端客户与我行的粘合度。

（三）以市场为导向，切实推进零售业务协调发展

1. 立足产品联动、交叉营销，稳定储蓄存款市场份额。一是要积极做好第三方存管客户的拓展工作，扭转我行第三方存管账户总量低、质量低、资金回流率低的现状，使第三方存管账户成为我行储蓄存款资金的重要来源。二是要积极做好优质客户代发工资业务的营销。优质客户代发工资的留存率较高，是稳定的储蓄存款资金来源，各行要积极强化对优质代发工资业务的营销，提高代发工资的准入门槛，可以对代发工资单位设立“月人均3000元”的准入条件，提高代发工资业务的实际贡献度。在此基础上，各行要进一步强化对公私交叉营销的要求，将交叉营销作为对公司客户经理考核的重要方面。三是各行要积极将储蓄存款纳入到计价产品进行考核，以日均存款增加额考核为主，辅以月末、季末、年末时点数考核，提高营业网点和营销人员营销储蓄存款的积极性。

2. 挖掘集中经营优势，促进个人贷款业务高速高效发展。一是通过市分行个人贷款集中经营中心的建立，合理整合市区行的个人贷款资源，发挥集中经营优势，做大做强个人贷款业务。二是对个人贷款业务发展重点进行分地区分类指导，使各行可以充分发挥自身优势加快个人贷款业务发展。三是以个人贷款业务为主导，带动零售业务的全面发展。要改变目前个人贷款为业务而做业务的局面，转变为为客户而做业务，充分挖掘个人贷款客户的潜力，做好基金、黄金、贷记卡、电子银行业务及其他中间业务的营销，并通过创新个人贷款业务产品的方式，带动个人中间业务收入的增长。

3. 提高个人中间业务产品的销售能力，同步提升个人中间业务收入水平。一是各行要加强对基金营销工作的指导，区分不同风险承受能力的客户，分别以股票型、混合型和债券型基金作为组合，进行重点配置营销；明确基金营销的目标客户群体，以三星级以上客户为重点，选择存量客户直销、随机客户现场营销、目标客户对外拓展营销方式，有的放矢进行基金营销。二是以总行研发的理财产品销售为主，辅以分行自主研发的理财产品，使理财产品的期限结构合理、风险结构可选、市场竞争力较强，提高理财产品的销售额。三是把握重点时段，做好黄金业务的销售，以元旦、春节、国庆节、中秋节等传统节日为营销时机，加强个性化产品和节日特点黄金产品的营销，提高黄金产品的销售。四是借新版借记卡和市民卡发行之机，大力进行营销宣传，提高借记卡的发卡量和消费额，增加借记卡业务收入。五是要将个人中间业务产品的营销与个人中间业务收入结合起来，提高手续费收入较高产品的销售占比，提高个人中间业务收入。

（四）以客户为中心，以产品为载体，实现信用卡业务的可持续发展

一是进一步完善信用卡考核机制，有效引导员工营销的积极性。要继续与总分行综合绩效考核办法接轨，科学设计考核计价指标，进一步完善激励机制，合理配置资源，用考核导向指挥支行一线营销。通过计价考核引导提高发卡质量，减少一人多卡现象，鼓励支行发展新客户。将资源向重点客户、效益大户倾斜，引导支行维护优质客户群体，激活睡眠卡，推动刷卡消费额和收入增长。通过对新增商户数和消费额进行综合考核，推动间联商户的发展，提高收单业务收入。二是大力推广特色卡，提升农行信用卡品牌形象 。进一步扩大营销范围，充分发掘利用辖内的特色资源，大力推广今年已经上线的新产品如面向高端客户的白金卡，针对对公客户的商务卡和公务卡等。加强市场调研与市场细分，针对百货、餐饮、商旅、物流、电力、通讯等传统优势行业及新型领域，开发各类联名卡产品。2010年重点打造一张具有宁波地区特色的贷记卡，将与城门网合作推出具有各项生活便利优惠的联名卡，并将此卡作为向年轻群体和消费潜力群体营销的主打产品。同时针对中低端客户，研究发展低额度、低门槛的贷记卡产品，进一步丰富贷记卡产品体系，满足更多层面客户的需求。三是加大收单业务的投入和营销力度。加强清算商户的拓展和维护，增强与现有清算商户的沟通和日常巡检的频率。投入适当的费用，加强对星级酒店等国际卡使用频率较高商户的营销，扭转连续两年交易量下滑的态势。加强间联的前期准备工作，挖掘一批优质、特色商户，培养成为我行信用卡特惠商户，有针对性地发展特惠商户，开展系列促销活动。四是强化营销攻势，实现市场有效维护和开拓。继续开展本地消费积分有奖系列活动。实行城区为主，郊县为辅的营销策略，加大促销力度。有步骤地在城区联手各种渠道的商户，推出“满就送”、“折上折”等多种形式的促销活动，让利持卡人，提高动卡率和消费额。五是做好高端客户群维护和营销服务。完善短信服务，推出白金卡本地特色服务。如：第三方房屋装修过程监控、购车置业顾问、房屋堪舆、洗车服务等。加强二级支行和网点的配套服务。将贷记卡消费前1000名客户分配到每个客户经理，由客户经理做好日常的沟通维护工作，包括定期宣传资料寄送，理财产品介绍，网点专人服务等。

（五）着重体现电子银行价值，助推全行业务经营转型

一是要优化自助设备布局，大力推进离行式自助设备投放，提高“分流率”。在统筹考虑零售业务发展目标和网点建设整体规划的基础上，着重投放存取款一体机、自助服务终端、网银终端等设备，配套相应的激励措施，加快离行式自助银行的建设力度，以费率优惠、现场引导、业务规定等方式，有效地将低端业务需求有条不紊地全部疏导到自助银行渠道，提高设备使用率和网点营销水平，提高台均业务量，提升电子渠道交易占比。二是实施品牌营销策略，扩大客户规模，提高“渗透率”。以柜面零售业务注册流程改造为契机，将客户办理零售业务与开办个人电子银行业务有机捆绑，将开立公司结算账户与开办企业网上银行有机捆绑，全方位拓展电子银行客户。同时积极实施品牌营销策略，以总行新“金e顺”LOGO和卡通形象推出为契机，加大对电子银行业务的宣传力度，开展“金e顺”品牌路演活动，打造“电子银行营销年”吸引客户使用我行电子银行产品。加快拓展本行企业客户为电子商务特约商户，积极推广B2B、B2C业务，对有条件的客户着重发展电子账单、信用支付平台业务，提高商户集约度，促进企业网银和个人网银的快速增长。三是完善业务功能，加大创新优化力度，提高“动户率”。以K宝用户为重点，提高有效客户占比，加强转账缴费、理财支付等动账类交易促销，提高客户的使用频率；以集中活跃的专业交易市场、批发类市场、中高端客户、个体工商户等场所为重点推广转账电话，引导客户进行非现金交易；积极推进个人、企业网银落地业务半自动化工程，减轻柜员压力；积极探索电子银行远程注册方式，力争实现“一体化签约”和批量注册，搭建电子银行客户积分系统框架，挖掘分析客户交易信息，为提供差异化产品和营销服务提供支持。四是拓展盈利空间，增加电子银行业务收入，提高“盈利率”。要通过深入挖掘网上银行、自助银行等优势产品的创收潜能；结合网点转型，扩大电子银行业务规模，增加交易总量；积极拓展电子商务，逐步增加商户交易量；扩大消息服务覆盖范围，拓展消息服务客户群体等方式扩大电子银行业务的收入来源，提高电子银行业务的盈利能力。五是进一步发挥客户中心职能，提升综合服务能力。重点理顺和完善“客户服务联动体系”，建立快速、积极的客户联动响应机制，确保总行客户中心与分行、支行、营业网点联动工作的高效，进一步提高95599受理各类客户问题的处理效率和客户服务水平。

（六）提高零售业务资源配置，提升零售业务风险管控能力

一是各行要积极研究，提高零售业务资源配置力度。对于市分行制定的零售业务产品计价标准，各行可以根据自身情况，选择薄弱业务提高计价标准，但不得随意降低计价标准。同时各行要积极厘清个人金融部门和其他相关部门的工作职责边界，对零售业务条线的工作内容进行认真梳理，按照人随业务走的原则，抓紧个人金融部门的人员配备。二是各行要积极提升零售业务风险管控能力，重点是个人不良贷款、信用卡不良透支及柜面业务的操作风险，实现市场营销能力与风险管理能力同步提升，成为驱动零售业务发展的两个高速轮子。

四、齐心协力，部门联动，做好旺季市场营销工作

零售业务营销的传统旺季即将来到，做好了旺季营销工作，不但能够为明年全年的零售业务发展奠定基础，还能够在同业竞争中占据主动地位，因此我们必须高度重视、提前准备、精心组织、充分发挥全体员工的积极性，打好旺季营销这场战役，在激烈的市场竞争中占得主动地位，取得应有份额。目前，市分行个人金融部、信用卡中心、电子银行部和机构业务部已经制订了今年旺季营销的具体方案和考核措施，会后将安排各支行进行分组讨论。从总体上来说，今年旺季营销活动方案的内容是较为丰富的，措施是较为得力的，考核也较具穿透力。各行回去后要按照分行旺季市场营销方案和考核办法，根据本行实际，拿出具体的实施方案和考核措施，为旺季市场营销开好头。下面，我再就旺季市场营销问题提几点要求：

（一）高度重视，切实加强组织领导，确保旺季营销工作顺利进行

为确保本次旺季营销活动的顺利开展和各项目标的圆满完成，市分行成立了零售业务综合营销领导小组，姜行长任组长，我任副组长，成员由市分行个人金融部、信用卡中心、电子银行部和机构业务部等部门主要负责人组成，办公室设在个人金融部，由个人金融部负责旺季营销的整体策划、部门协调和部署执行。各支行要参照市分行模式，成立相应的零售业务综合营销领导小组，确保旺季营销活动有序开展。同时市分行的相关部门、支行机关要加强对基层营业网点旺季营销的支持，在旺季营销期间，市分行相关部门和支行机关各部门要指定专人进行负责与联系，及时响应基层网点提出的合理要求，为基层网点排忧解难，形成全行行动、全员动员的旺季营销工作新局面。

（二）健全营销费用配置机制，激发营销积极性

为提高各级行的积极性，确保活动目标的顺利完成，市分行决定在旺季营销期间，存款的计价标准在全年标准基础上提高30%，其他产品的计价标准提高10%，产品计价在活动结束后统一兑现。这一力度应该还是比较大的。各行也要在财务资源分配机制上给予旺季营销活动以大力支持，奖励和费用标准要在2009年旺季营销活动的基础上有所增长。同时各行要积极落实分行产品计价标准，适当加大旺季营销期间产品计价水平，对于分行制定的计价标准，各行可以适当提高，但不得降低，提高零售业务专职营销队伍的营销积极性和主动性。

（三）分支行联动，加强营销效果的跟踪评价

为交流各行营销先进经验及做法，活动期间，市分行将定期通报各行业务数据以及营销动态，建立全行业务交

流平台。各行要加大对营销活动市场效果的定期跟踪，指定专人及时向市分行上报营销动态，使市分行能够有针对性调整后期的工作重点，适应市场环境的变化，最大限度贴近市场，为各支行的营销活动提供支持。

加快电子支付手段创新　助推电子商务健康发展

——严秀文同志在第二届中国（厦门）海峡两岸电子商务高峰论坛上的发言

很高兴参加“第二届中国（厦门）海峡两岸电子商务高峰论坛”，也非常感谢台交会组委会、厦门市贸易发展局、信息产业局、科技局、工商联、台北市电子商务协会以及具体承办单位—厦门市电子商务协会的辛勤工作，使本届论坛得以顺利召开。今天，很荣幸借此机会与各位领导和嘉宾共同探讨电子支付与电子商务发展的相关问题。

众所周知，电子商务是利用计算机和互联网等现代信息技术手段来进行的商务活动，是由互联网信息系统、交易主体、中介机构、实物配送和交易环境共同组成了相互作用又相互联结的有机体系。作为一个发展潜力巨大的市场，电子商务具有十分诱人的前景。据权威的咨询机构艾瑞公司最新公布的调查数据显示，使用电子商务的线上中小企业因为凭借较低的交易成本、较短的汇款时间和较广的销售范围等优势，有效地提升了网络商户的竞争力，在去年席卷全球的金融危机中其存活率高出传统线下企业5倍。艾瑞公司另一份报告同时显示，2008年中国网上支付市场发展十分迅猛，交易规模从2007年的976亿元飙升到2008年的2743亿元，同比迅增181%，远高于网络经济49.2%的增速，成为互联网发展最快的行业。

显然，迅速成长的电子商务正成为中国中小企业经历全球金融危机时最为可靠的“诺亚方舟”。作为电子商务核心的支付环节相关联的市场，也将会在电子商务的快速发展中茁壮成长。

随着社会经济的进步，作为重要中介参与的银行业，如何才能为新型支付体系保驾护航呢？

首先，银行要认清自身在电子商务产业链中最终结算的角色，努力构建优质的服务体系。电子支付长远的意义并不只在于收款、付款的电子化，而是可以推动传统企业的信息化、社会的信息化，进而推动整体经济结构的转型，使我们更好走出金融危机所带来的负面影响。银行应该把自己作为电子支付资金流的“掌门人”看待，保持敏锐的市场触角，积极应用新技术新产品新服务，满足客户既有需求，又不断创造客户新需求，打造真正有价值的电子银行服务。在这方面，我们欣喜看到各家商业银行为此付出的努力和所取得成就，逐步形成了特色品牌，比如农业银行的“金E顺”、工商银行的“金融E家”、招商银行的“一网通”、建设银行的“e路通”等等。

其次，银行要整合支付交易模式，运用高新技术，确保网上支付安全和有效防范网络信用缺失的问题。针对网上支付不安全，银行除了加强技术投入外，还要引导客户使用数字证书，即客户K宝证书或动态电子密码，来确保网上交易的保密性和安全性，同时，要采取多种新型手段推广认证安全。而对于商务用户间交易的信用问题，可以大力推广由银行作为独立的第三方，提供“电子商务交易资金托管服务”，独立承担电子商务的资金支付、清算和保管功能。这种通过银行的公信力和外部监管来增强网站的诚信度的措施，将大大降低网站会员的交易资金被挪用风险和网上信用危机。

第三，银行要整合有效风险控制手段，提供更多人性化的安全服务。我们要通过剖析电子支付环节在银行的交易流程，对商户端及客户端进行精细化的风险控制，根据商户风险等级确定购买客户的支付额度；在购物支付环节设置预留信息验证身份，帮助客户有效识别钓鱼网站；银行系统自动对可疑交易进行过滤，并以实时的方式告知客户交易结果，确保客户的交易安全。

今年年初，中国农业银行股份公司正式挂牌成立，标志着农业银行从此迈入了一个发展的新时代。作为一家大型国有控股银行，长期以来，农行坚持以客户为中心，不断研发和推广电子银行产品和服务种类。自2002年推出网上银行业务以来，博采众家之长，在服务理念和适用领域方面都有了新突破。比如，在电子商务方面，开通了“基金E站”、“缴费E站”等特色商城，通过与阿里巴巴、腾讯、盛大网络等国内知名电子商务商户的积极合作，有力地支持了我国电子商务市场的培育与发展；与供销总社联合搭建的“中国农副产品网上交易市场”，填补了国内银行业在保证金模式领域的空白。值得一提的是，早在2006年3月，通过和支付宝合作，我行成为了国内第一家向支付平台开放证书共享的银行，这不仅增强了网络支付的安全性，而且为相当多用户节约了证书投入成本，提供了更好的交易便利性。

2008年农业银行通过开展“电子银行服务年”活动，致力于为用户构建一个安全、可信和保密的交易环境，大力推广在安全方面具有明显优势的“K宝”证书，受到了广大网上银行用户的认可，在中国金融认证中心主办的“和谐网银 安全共赢”2008中国网上银行年会新闻发布会上，以绝对的客户发展规模优势再次获得“2008 全国商业银行最佳业务拓展奖”。同时，“金 e 顺”电子银行还获得了由中国电子商务协会电子金融专业委员会、中国支付体系研究中心主办的首届中国电子金融“金爵奖”——“用户满意的电子金融品牌”。

改制后的农业银行将致力于建设国际一流的现代商业银行，努力建设多渠道、立体交互式电子银行体系，把电子银行打造成集金融交易、代理销售、理财服务、电子商务和营销推介为一体的综合服务平台。为此，我们将进一步完善和创新电子商务支付品种和服务方式，打造业界领先的电子商务支付品牌。我们将依托先进的电子商务信用平台，建设涵盖 B2B、B2C、C2C 等多种商务形式、多种结算模式的全系列支付产品线，以银行充当信用中介，保证买卖双方交易资金的安全，为网上交易解决电子支付信用问题，有效促进新型流通体系的建设；此外，我们还将加快电话支付、移动支付等服务模式创新；通过加强与第三方支付公司合作，探索为电子商务参与各方提供融资等增值服务。

厦门分行作为农业银行的直属分行，秉承“大行德广，伴你成长”的理念，致力于打造现代网络银行，竭诚为广大客户提供多功能的电子金融服务。几年来，厦门农行的电子银行业务发展迅猛，每年的客户数、交易金额、交易笔数等核心指标均以几何级数增长。电子商务业务也有了新突破，先后与厦门二十多家商户确立了合作关系。电子银行业务的高速发展有力促进了我行业务经营转型，目前，我行电子渠道交易占比已超过 65%，位居同业的前列。

3 月 19 日，农业银行总行与厦门市政府签署了战略合作协议，在未来的五年内农业银行将提供总额不少于 600 亿的信用额度，重点支持厦门重大基础设施项目、民生保障项目、政府投融资平台、中小企业、外贸企业、对台交流合作和“三农”等。这标志着农业银行与厦门市政府将在一个更高的层次、更广的领域开展全面合作。我们也将以此为契机，充分发挥我行金融电子网络遍布全国、连接城乡的强大优势，不断加大对电子银行、电子商务的投入和支持力度，积极搭建连接各行业以及个人客户的电子银行信息服务平台、在线金融支撑平台、电子支付平台，为厦门和海峡西岸经济区的健康发展做出应有的贡献。

加快转型步伐　提升竞争能力　实现我行零售业务跨越式发展

——求夏雨同志在深圳市分行 2009 年零售业务经营转型会议上的讲话

一、全面落实总行城市零售业务经营转型工作会议精神，有条不紊地推进零售业务转型工作

今年年初，总行下发了《城市行零售业务战略转型实施方案》，正式宣告中国农业银行的零售业务转型在全国范围内全面启动。全行城市零售业务转型将以“按照科学发展观要求，全面贯彻落实农业银行 3510 战略发展规划，以客户为中心，以渠道为载体，以产品为手段，以队伍为主体，以项目管理的方式全速推进零售业务转型，在新的起点上实现城市零售业务的持续协调快速发展”为中心指导思想，以“零售业务战略定位”等十一个模块为转型核心内容，以“打通三大渠道（物理网点、电子机具、电子银行），完善个人金融产品营销支持体系、统一网点环境形象、建设多层次营销队伍、优化服务品质和增值服务能力”为转型基本路径，通过“夯实基础、重点攻坚、全线超越”三个阶段，争取实现将农行建成“3 年时间解决城市零售业务边缘化问题，5 年时间达到同业平均水平，10 年建成国内一流零售银行”的转型目标。

根据总行的零售业务转型规划要求，与系统内兄弟行的转型进程相比，深圳分行零售业务转型进程已经跨过“夯实基础”阶段，进入“重点攻坚”阶段，处于系统内明显领先位置，并得到了总行的认可，已把我行纳入全国五大试点行之一。

二、回顾深圳分行近年来零售业务发展历程，清晰的战略定位、科学的组织架构和有效的考核机制为转型工作的顺利开展奠定了坚实基础

近年来，全行干部员工牢固树立和坚持科学发展观，围绕分行 3510 发展规划，齐心协力，开拓进取，扎实推进零售业务战略转型工作，取得了阶段性成果。经过将近 5 年的时间，在“大力发展零售银行业务”的战略思想指导下，通过“四大主要举措”，实现了“硬转”初见雏形，“软转”向纵深渗透。一是重塑组织架构，在系统内率先实现了“对公业务上收、零售业务下沉”的营销体系调整，自上而下理顺零售业务管理体制，明确网点分类标准和工作重心，网点成为零售业务发展的强大平台；二是健全绩效考核体系，推行有效的考核机制，通过巩固机制、目标约束、计划引导“三位一体”的绩效考核，促进规模、速度、质量、效益、机构的协调发展；三是较早启动零售业务队伍建设。围绕网点现场管理、客户关系管理、产品营销和服务效率等多维度的工作目标，构建营业经理、

个人客户经理、个人理财顾问等多层次的营销队伍，成为零售业务可持续发展的重要“发动机”；四是网点建设和电子银行建设成为我行业务转型的一大亮点。全行网点基本实现分区服务，五年内有2/3的网点实现了从外观到布局的整体改造；电子银行业务规模进一步扩张，自助银行总数达到200多家，运行自助设备共有1000多台，离行式自助银行实现上收集中管理，最大程度提升了客户服务能力和服务水平，为不同层次客户服务搭建起立体化服务渠道。

在“硬转型初步到位、软转型尚未取得明显效果”的背景下，分行新一届党委审时度势，在今年年初果断提出“突出软转、继续硬转”的战略指导方针，转型工作从“夯实基础”阶段迈向“重点攻坚”阶段，要求全行：加快零售业务转型步伐，促进个人业务有意识、有目的、有管理的有效发展。紧紧围绕“抓两头、促中间”的业务发展战略，以提高市场竞争能力为核心指导思想，以提高中高端客户服务资源投入、提高每个网点、每个营销人员以及组织营销部门的战斗力和生产力为主要抓手，突出强调“抓实事、见实效”，力争实现“明显提高网点效率、效益和销售能力”的转型目标。实践证明，成效显著，我行零售业务创历史最好成绩。在一季度我行的各项工作就已经受到总行的高度评价，全行共有三位一级支行和二级支行行长荣获总行颁发的“中国农业银行2009年度金钥匙管理明星”荣誉称号、三名客户经理荣获“中国农业银行2009年度金钥匙春天之星”荣誉称号。

三、充分认识和正确把握国内经济形势，增强零售业务转型的紧迫感和使命感

在我行零售业务取得骄人成绩的同时，我们也要清醒地看到，未来一段时期全行零售业务发展仍然面临严峻形势，宏观经济走向的复杂多变、股份公司成立后带来的新挑战等都要求我们不能盲目乐观、掉以轻心，要高度关注新形势、积极应对新问题。

当前，对于国内宏观经济走势的“V型、U型和W型”的探讨和争论仍在继续，中国经济何时见底？以怎样的方式结束本轮周期的调整？现在还莫衷一是。但有一点可以肯定的是，本轮金融危机对实体经济的影响是显而易见的，零售业务相对法人业务虽然受到冲击较小，但房地产市场和资本市场在初步回暖后，下一步走势仍不明朗，是回归调整还是继续上行难以预测。但要看到，危机本身就是“危险”和“机遇”的统一体，在充满不确定性的金融市场上，零售业务具有的资本节约、风险分散、收益稳定的优势将进一步凸显，在国家“保增长、扩内需、调结构、惠民生”的政策背景下，零售业务的转型和发展必将迎来新一轮洗牌和发展机遇。

四、坚定不移打造全行零售条线人员的战斗力和生产力，推动我行零售业务实现跨越式发展

（一）加快网点软转步伐，着力打造零售业务核心竞争优势

要以网点为抓手，提升零售业务主渠道的竞争能力。一是重点抓好网点单产的提升。要持之以恒地抓好调整改造网点的后续跟踪评价，打造出核心战斗力，将其树立为各项指标全面领先于全行平均水平的“标杆网点”，从而带动全行网点拼市场、抢份额、促单产；二是抓网点软布局，要对条件具备、时机成熟的社区或商区网点重新定位，升级改造为“理财中心”，从而实现“约束条件下的价值最大化”，为全行客户服务的根本改善创造条件；三是不断探索社区网点、商区网点和综合型网点的营运新模式。当前宝安和龙华等支行在社区网点的经营方面已摸索出成熟的经营模式，“理财进社区”、“现场潜力客户的挖掘”、“以产品带客户的综合理财服务”、“对核心网点配备拓展能力强的负责人并增加营销人员配置”等举措产生良好效果，经营业绩在全行遥遥领先；四是要通过落实文明优质服务来促进生产力的提升。分行将根据神秘人检查结果，举办支行服务评比擂台赛，按季进行竞赛评比，强化支行“以服务促发展”的意识；同时还将对全行网点分批导入标准化服务，建立服务示范厅，力争建成一批环境优、服务优、业务优的“三优”网点；五是持续推进创新试点成果运用，优化网点销售服务流程。从客户引导分流、产品销售、客户服务等方面着手，对销售流程进行重组和细化，形成涵盖管理、营销和服务各环节的规范运作模式，切实提升网点销售能力。

（二）多策并举推进业务发展，构建多层次的零售业务营销体系

一是围绕业务源头进行挖掘，采取多手段营销，促进储蓄存款增长，特别是重点抓好代发工资业务的拓展，牢牢抓住储蓄源头，充分利用深圳地区高附加值中小企业多的丰富资源，实现储蓄存款快速增长，不断积累高价值潜力客户；二是开展多层次的客户营销活动，分行将在不同阶段、针对不同主题开展形式多样的营销活动，“分行搭台、支行唱戏”，一级支行要在分行活动的基础上，制定本支行全年客户营销活动计划，积极开展营销活动。网点则要充分利用有限的资源有针对性地开展各类中小型营销活动；三是继续深化理财业务营销管理模式的转变，要在进行客户细分的基础上，开展N次理财服务计划。尽快建立购买理财产品客户的基础数据库，并针对不同客户分别制定不同的营销方案。将单纯的理财产品销售转变为综合理财服务；四是推进产品创新。要充分利用总行在深圳设立零售产品研发分中心的契机，积极争取总行产品研发支持。零售板块要联合作战，积极收集市场信息，研究市场动向，将更多的本地产品创新需求提交总行，打通快速研发通道，加快产品投放的效率；五是在当前“为普通客户提供基础服务、为中端客户提供制式服务、为高端客户提供综合理财服务”客户分层服务的基础上，按照总行的统一部署，加快推进私人银行分部的筹备工作，积极应对同业私人银行竞争。

（三）顺势而为、持续推进，实现个贷业务跨越式发展

作为总行的个贷业务流程再造试点行，分行要继续稳步推进个贷集中经营工作，认真总结试点进程中的经验教训，为总行向系统内城市行推广个贷集中经营模式摸索可

行之路，同时还要有效处理好效率和风险、发展和管理的协调关系，持续推进我行个贷业务又快又好发展。

首先，在业务方面要延续个人住房贷款目前良好的发展势头，要在细节方面紧跟同业，保持竞争优势。

对于一手楼业务：一是公司业务条线要主动配合零售业务条线营销开发有项目贷款支持的一手楼按揭，确保获得与开发贷款相匹配的按揭贷款份额；二是分行要进一步简化一手楼盘准入流程及资料，提高支行营销效率。

对于二手楼业务：要高度重视中介渠道维护，加大专业队伍建设，要持续理顺业务环节，提升产品竞争力。

对于非交易转按业务：该项业务在前四个月取得了不错的战绩，我们继续要充分发挥气球贷、本息分拆、假日还款等产品优势，紧盯市场存量中高端个贷客户。

（四）加强联合营销，推动银行卡业务迈上新台阶

采取积极有效措施，努力扩大信用卡发卡规模。要对我行个贷业务新客户，采取交叉营销方式，积极争取符合条件的客户同时办理贷记卡业务，做到“一套资料办理两项业务”；要对个贷存量客户进行筛选，选择一批还款及时、信用良好的客户，以手机短信、客户经理上门等方式进行营销；要以金穗汇通联名卡的发行作为有利契机，吸引优质客户办卡，提升我行贷记卡客户层次；要通过如易卡的发行，将现有借记卡客户作为拓展对象，促进发卡规模的迅速提升，以及卡业务的长期可持续发展；要保持经营行贷记卡独立审批人队伍的相对稳定，以利于贷记卡准入政策的执行到位。

（五）加强组织与管理，提高电子渠道分流作用

一是支行领导要高度重视，认识到电子银行业务在网点转型、提高客户满意度等方面的重要性，充分利用电子渠道分流，解决人手不足的问题，提高客户渗透率，提高电子渠道交易量占比，提高动户率与收益率。

二是各一级支行要加强对二级支行的督导。对网点的电子渠道分流工作，要制定明确的考核目标，落实到关键人员。对网点电子银行业务营销流程的落实，要加强指导与协调。要调动每个相关岗位和人员的积极性，充分发挥考核政策的导向作用。

三是各一级支行要明确电子银行产品营销的职责分工，理顺营销流程。要确保每个支行至少配备一名电子银行产品经理，负责电子银行产品的营销支持和售后服务。要明确支行及网点在电子银行产品营销与维护的职责分工，理顺工作流程，提高效率，提升客户服务水平。

四是要做好电子银行发展的配套工作，为电子银行的营销拓展提供条件。要加快建设电子银行体验区，提供专门场所与机具用于网上银行等产品操作指导，加强电子银行产品售后服务。要加强沟通交流，做好数据统计与分析研究，及时共享业务发展的经验教训，共同促进电子银行业务的全面发展。

（六）严格制度建设，打造高素质的零售业务人才队伍

必须坚持人力资源是第一资源的战略思想，把培养和造就高素质零售队伍作为零售业务经营转型的重要举措。一是要按照“优化配置、规范服务、提高素质”的原则，通过优化劳动组合调整和充实零售业务队伍。要对核心网点、调整改造网点、理财中心配备拓展能力强的负责人，并增配营销人员。二是广泛开展内训师培训。当前的任务是做好内训师拓展培训与网点文明标准服务导入工作。内训师不仅是全行服务形象大使，更是践行我行零售业务转型理念与网点服务精神的中坚力量。各支行要充分利用好内训师这批队伍，为内训师下一步开展标准服务导入工作做好周密部署和规划。三是推行零售业务从业人员的资格考试和准入制度，实施分层培训和柜员等级管理，打通零售队伍的职业成长通道。要进一步提升个人信贷队伍的专业化水平。

（七）健全风险机制，促进零售业务持续稳健发展

安全性是商业银行“三性”的首要原则，全行必须始终牢记“发展是第一要务，控险是第一责任”的原则，尤其是当前经济周期下行、经济发展趋势不明朗的情况下，更要以负责的态度和审慎的行为切实防范各类风险：一是要从打造合规文化的高度，完善零售业务各项风险管理制度、报告制度和自律监管制度，加强内控管理的执行力，健全责任机制，强化对重点监控区域和重点业务品种的风险排查和整改力度。二是要杜绝个人信贷资金流入股市、期市等资本市场的行为。要强化个人信贷业务调查环节和授信执行环节的管理，要准确把握贷前、贷中、贷后各环节的主要风险点，加快构建全过程的风险管理体系。三是要认真落实商业银行个人理财业务监管会议精神，切实做好风险压力测试及风险匹配检测，履行风险揭示与告知义务，做好产品后评价与服务等相关工作。四是要在信用卡发卡源头，执行稳健的准入政策，认真核实申请人身份的真实性，重点加大对金融危机有直接影响的重点行业信用卡发卡审查力度，并及时调整相关授信政策。

认清差距　打牢基础　奋起直追
以提高市场份额为目标加快零售业务经营转型

——马钊同志在新疆兵团分行零售业务经营转型工作会议上的讲话

一、强力营销，强化执行，零售业务呈现良好的发展态势

自2008年全疆农行零售业务工作会议召开以来，全行认真贯彻落实总分行会议精神，进一步转变经营理念，调整战略布局，整合网点资源，优化业务结构，强化营销措施，着力加强零售业务队伍建设，零售业务呈现出良好的发展势头。

（一）储蓄存款实现了正增长。尤其是利用证券资金第三方存管业务的快速增长，引导储蓄资金不断回流，客户基础进一步得到巩固和优化，存款季节性波动影响逐步减弱，成为推动储蓄稳步增长的重要因素。2008 年末储蓄存款净增 42.08 亿元，同比多增 42.06 亿元，占全行各项存款增量的 761%；2009 年 5 月末储蓄存款余额达到 255 亿元，较年初增加 17 亿元，占全行各项存款存量 49%、增量的 37%。系统内营业部储蓄增量排首位，净增 4.6 亿元；喀什支行计划完成率第一，净增 1.85 亿元。全行第三方存管客户数量 5.5 万户，2008 年以来新增 3.5 万户，累计交易资金量 20 多亿元。

（二）个人贷款业务实现了区域性重点突破 2009 年 5 月末，个贷余额达 5.08 亿元。2008 年以来，全行累计发放个人贷款 1.02 亿元，累计收回 4.7 亿元。其中个人住房贷款累计发放 3532 万元，累计收回 1.28 亿元，综合收息率 98.6%。

（三）银行卡业务作为中间业务的主流产品收益凸显。业务规模快速增长，用卡环境不断优化，服务范围进一步扩大，品牌认知度明显提高。银行卡发卡总量达到 279 万张，其中信用卡 3.6 万张，特约商户总数达到 4469 户，实现银行卡业务收入 2444 万元。石河子分行商户收单业务量排名第一，喀什、阿勒泰支行计划完成率最好；营业部信用卡发卡和收入排名第一，塔城支行计划完成率最好。2008 年我行贷记卡计划完成率在全国 37 家发卡行中排名第二、关联商户的交易笔数在全国排名第一。

（四）电子银行业务异军突起，超常发展。同业市场占有率不断提高，已逐步成为我行未来价值创造新的增长点，在渠道分销、柜面替代、成本节约等方面的综合效益进一步显现。2008 年末，我行电子银行个人注册客户 13 万户，网上银行累计交易笔数 140 万笔，交易金额 55 亿元，业务规模增长是前六年的总和。截至 2009 年 5 月末注册客户总量达到 30 万户，网上银行累计交易笔数超过 77 万笔，交易金额达到 27 亿元，实现电子银行收入 631 万元，电子银行渠道交易量占比达到 39%，特别是手机银行注册客户总量在全国排名第三。其中石河子、阿克苏、营业部等行电子银行客户数、交易量和收入排辖内前列。

（五）基金、保险、个人理财等个人中间业务发展迅速。新兴中间业务有序推广，逐步形成了以传统业务为主、高附加值等新兴业务为辅的零售业务发展格局，与同业相比，虽总量差距扩大，但增长速度与同业差距逐步缩小，网点网络营销优势逐步显现。2008 年以来，累计销售基金 7.74 亿元，代理发行国债 0.98 亿元，办理西联汇款业务 675 万美元，实物黄金 1920 克，实现了个人黄金业务零的突破。2009 年前五月，全行基金同业市场排名由去年的第五位上升为第三位，其中石河子分行基金业务增量、完成率均排全辖第一，交易量达 1.8 亿元；阿克苏支行当地市场份额排第一。同时，全行个人优质客户占比不断提高，客户结构不断优化，个人优质客户综合贡献度逐步提升。截至 2009 年 5 月末，个人优质客户达 20.18 万户，较年初增长了 2.38 万户，占全部客户数的 5.22%，较年初增长了 0.42 个百分点。

一年来我行零售业务发展之所以取得了一些成绩，主要是各级行把零售业务作为全局性、全员性、战略性业务，采取一系列强有力的推进措施，强化考核激励力度，进一步调动全员营销的积极性和主动性，初步实现了零售业务“全面发展、重点推进、市场巩固、收益提高”的格局，市场形象逐步改善，为全行建设区域一流零售银行坚定了信心，打下了基础。这些成绩是全行上下团结拼搏、共同努力的结果，凝结着全行员工的智慧和汗水。在此，我谨代表行党委向零售业务战线的广大员工表示衷心的感谢和诚挚的问候！

一年来的工作更加坚定了我们走准确把握同业发展形势、主动地实施零售业务“追赶战略”道路的信心和决心。惟有放眼同业，才能看到差距；惟有找准差距，才能准确定位；惟有落实战略，才能推动转型。从近几年我行零售业务发展的历程看，主要有以下几个体会：第一，科学的管理体系是加快零售业务转型的组织保障。通过重塑零售业务营销组织架构和管理体制，以项目驱动为动力，发挥零售业务团队作用，才能使我们逐步从零售业务的分散经营模式向零售条线的联动营销模式转变，形成资源共享、渠道统一、产品联合、支持有力的零售业务经营格局。第二，渠道建设是推进零售业务转型的必备平台。去年，兵团分行成立了网点管理委员会，在个人金融总设立了网点管理办公室，实现了网点建设与管理的归口管理；各行加快网点、自助银行等渠道建设，提升了全行零售业务的多渠道综合营销能力与服务能力。这些措施的落实使我们在区域定位、客户维护、产品创新和业务营销方面有了更宽更广的发展平台。第三，产品创新是加快零售业务转型的根本要求。近年来全行积极推广总行研发的新产品，如“双利丰”七天通知存款、基金定投、基金网上直销、转账电话等创新产品，零售业务品牌内涵和市场价值得到不断丰富和提升。第四，强有力的激励措施是加快零售业务转型的内在动力。2008 年以来，我行先后对零售业务重点产品实行了计价奖励，拿出专项工资额进行激励考核，调动了全员营销的积极性，为零售业务发展创建了“你争我赶”的竞争氛围。2008 年重点产品计价兑现奖励金额 2000 万元；2009 年一季度制定了《零售业务产品计价考核办法》，兑现奖励金额 390 余万元。第五，队伍建设是加快零售业务转型的重要手段。分行先后举办了多期新产品培训、两期金融理财师培训，逐级开展了零售业务内训师拓展培训，仅一季度培训人员 420 人次，通过条线产品与服务培训，零售条线队伍素质明显提升。第六，以客户为中心是加快零售业务转型的服务理念。全行持续加大 PCRM 系统推广应用力度，通过识别与细分客户，针对不同类别和不同层次的客户开展分层服务，推进机场易登机等增值服务，有效增强了中高端客户关系营销与管理能力，提升了我行的品牌形象。第七，风险管控是加快零售业务转型的基本前提。全行始终关注和提升零售业务持续发展的能力，坚持业务发展与风险控制并重的原则，有效提升了应对风险的能力。

二、整合资源，强化基础，大力推进零售业

务经营转型

今明两年全行要以推进零售业务经营转型为目标，以打通物理网点、电子机具、电子银行三大渠道为主要抓手，主动实施零售业务追赶战略，推动零售银行经营模式的阶段性递进，提升对客户的多元化、多渠道、多维度营销服务水平。

（一）整合优化网点战略布局，加快推进网点转型。针对两行网点布局不合理的突出问题，两行经过多次调研协商，初步拟定了网点整合优化布局的整体规划，进一步强化整合两行网点资源，优化布局，形成合力。各行要按照规划，统一部署，把网点战略布局和精细化管理工作抓好抓实，使网点“硬转”与“软转”协调推进。

一是整合优化网点布局，着力提升网点竞争力。分行按“统一规划、统一形象、突出重点、提高效益”的原则，制定了网点优化布局规划和网点转型实施方案，重点加快乌鲁木齐和各地州城市网点转型。对区兵两行距离500米以内的网点，在两年内采取“统筹规划、协商撤迁、保留一行”的原则进行调整；对区兵两行服务于同一区域，地理位置优越，效益较好的500米以内的网点，采取“机构保留、提升层次、分区改造”的目标，提高农行在重点区域的市场占有率；对区兵两行在重要市场均无网点的区域，采取“总量控制、立足精品、协商设立”的原则重新布局，增强重点区域网点的服务辐射能力；在重点城市着力打造一批财富型网点。分行营业部建立1-2家财富管理中心、3-5家金钥匙理财中心；石河子、阿克苏、巴州、伊犁、喀什行至少建立2家以上金钥匙理财中心，切实发挥标杆网点的示范作用；集中资源改造一批营业面积在150平米以下的城市网点，对经营效益达不到规定的进行撤并或改建为自助银行；结合网点建设，对自助银行和自助设备进行整体规划，完善自助银行运营管理机制和维护体系，今明两年将改（新）建离行式自助银行35个，同时对每一个转型改造的网点同步改造附行式自助银行，提高自助设备的使用率。

二是建立网点建设联动机制。分行将利用战略转型费用及零星固定资产指标加大网点建设投入，按照不低于总行年度网点建设投资立项计划的10%匹配专项费用等网点建设投资。分行将根据总行授权，统筹安排网点建设投资，按项目下达各类型网点建设计划。各级行要加强调查研究，根据区域经济、网点业务发展和人员情况，因地制宜地做好网点建设投资规划，合理布局。对需要尽快改造的农区网点要根据业务量和人员配备情况，合理确定投资计划；对长期亏损、无发展前景的网点要采取合署办公或转为自助银行方式，合理分配和利用网点资源，避免投资过大、资源浪费现象。各行要加快城区网点的改造步伐，按照分行网点转型的整体规划，分步实施，重点推进，发挥资源配置与业务导向的联动效应。

三是全面实施营业网点视觉形象建设工程。分行将按照“先城区网点，后团场网点”的次序推进网点视觉形象建设工作，在两年内完成全辖所有网点门牌标识的统一更换工作。分行对全辖网点的建设设计方案采取“统一规划、统一设计、统一培训、统一施工、统一专项费用和统一验收”预决算原则，在营业部建设标准化样板网点，召开现场会，为全行提供理财中心、精品网点、基础网点、自助网点的建设标准和模板。各行在网点装修改造中要保证新装修营业网点达到标识、外观、风格、色调、材质、设施的统一规范，以确保装修工程质量和视觉效果达到总行要求。同时分行将制定《网点柜员和大堂经理的服装更换方案》，并会同计划财务部组织实施，在2010年底前完成营业网点柜员和大堂经理服装更换工作。

四是优化劳动组合，深入开展标准化服务网点导入工作。对已实施功能分区的网点，营销人员要及时配备到位；加大对大堂经理的考核和管理，大堂经理在岗率必须达到100%，网点主任50%以上的时间要承担大堂经理职责，做好客户维护和营销工作。各行要以《中国农业银行网点文明标准服务手册》为指导，积极开展内训师培训，认真贯彻落实网点文明标准服务的导入、监督、检查等各项工作，扎实推进网点文明标准服务。各行个人金融部必须配备一名专职内训师从事网点标准服务导入工作；8月底前完成城区网点文明标准服务的导入工作；2010年6月底前完成所有网点的文明标准服务导入工作。为加强文明服务监督工作，分行出台了《营业网点服务质量监督调查实施细则》，实施“神秘人”制度，加大服务质量检查监督，分行将在下半年对各行网点服务情况进行暗访。

（二）积极开展产品营销活动，提高零售业务综合营销能力。全行要围绕客户做市场，围绕客户做业务，进一步巩固我行零售业务的市场地位。要创新营销组织方式，统一零售业务目标客户定位，推行零售产品营销、宣传、培训统一模版，加强公私协同营销和上下联动营销，根据不同客户群体需求特点主动开展差异化专题营销活动，定期评比公布，形成“赶、拼、争、超”的内部竞争氛围。各行要坚决摒弃储蓄靠自然增长的消极思想，积极拼抢储蓄存款市场份额，要以二季度“激情仲夏·金彩生活”综合营销活动为契机，以“大储蓄”概念抢抓第三方存管、本外币理财产品、银行卡、转账电话、网上银行、电话银行等多渠道储源，提升综合营销效率。在储蓄存款淡季，分行将按日监测各行储蓄存款进度，按旬监测全辖网点动态，尤其是城区网点情况，及时掌握市场信息，督导各行灵活应对市场，使储蓄存款增长形成“淡季以城补农、旺季同步增长”的发展态势。

大力开展个人中间产品的专项营销活动。各行要通过持续和集中推广相结合的方式，增强我行基金销售可持续发展能力。要将重点法人客户作为目标客户，加强各部门的横向合作，推动基金、保管箱、实物黄金业务、电子储蓄国债等业务的公私联动发展。要充分利用“金钥匙”理财资源，向投资理财、财富管理、财务顾问等高价值业务延伸。要重点推广西联汇款、边贸速汇通、旅行支票、个人实盘外汇买卖、汇利丰个人理财、快乐商旅等个人外汇产品，通过系列化营销本外币零售产品，打造我行个人外汇产品品牌，争取创造新的业务收益点。

（三）加快推进个贷集中经营，实现重点行、重点区域个人信贷业务快速增长。个贷业务是商业银行零售业务转型的重要标志，既注重有效发展，又保持良好的资产质量，始终是我们发展个贷业务必须牢牢把握的经营原则。各行要以实施个贷集中经营为契机，进一步推进重点行、重点区域个贷业务的有效发展。

一是大力推进个贷集中经营管理。各级分零售业务条线部门要兼顾管理和营销职能，坚决扭转只充当总、分行政策“二传手”的工作作风，充分发挥专业优势，主动引领辖内个贷业务协调发展。要落实总行个贷集中经营管理的各项要求，条件成熟的行要积极开展个贷业务集中经营试点工作。分行计划2009年6月末出台新疆兵团分行个贷集中经营实施方案，年底前完成对分行营业部个贷业务的集中经营管理。各行可根据需要积极申请试点经营，在总结经验的基础上，三年内实现全辖城区个贷集中经营管理，尽快发挥个人贷款业务集中经营管理的集约化、专业化、标准化优势，提高工作效率和业务质量。

二是严格落实激励考核措施。根据总行的相关规定，结合自身发展实际，制定个贷业务计价考核及相关营销激励方案，及时修订和完善个贷计价比例，并确保奖励资金落实到位。通过人、财、物等各项资源的重点倾斜，力争在两年内使省会城市行个贷业务同业增量占比达到或超过同业平均水平。

三是加强住房开发贷款与个人住房贷款业务联动营销。要以分行营业部、石河子、伊犁、巴州、阿克苏为重点行，大力发展个人住房贷款业务。对我行发放开发贷款支持的楼盘，分层建立跟踪监测体系；对我行没有发放开发贷款支持的优质住宅楼盘，以二级分行、直属支行为单位建立辖内按揭楼盘动态数据库，由一、二级分行、直属支行牵头对开发商实施主动营销、分层营销。要主动与兵团各师建设局、发改委和财务局沟通，掌握兵团住房贷款项目，积极做好阿克苏、塔城、五家渠、石河子、北屯5个地区以及重点团场小城镇住房建设，保证兵团小城镇建设项目与个人按揭贷款的无缝对接。

四是完善和优化个贷产品和服务，提高个贷业务的综合回报率。以总行“金钥匙、好时贷”品牌发布、推广为契机，积极开展“兵团分行个人住房贷款争创百佳个贷专题营销活动”，以与我行有良好合作关系的行政机关、优质企事业法人单位为重点，通过公私业务联动，主动锁定这些单位中的优质个人客户群体，推进优势行业个人客户的集中批量授信。要结合我区情况，全面抢抓行政事业单位等优势客户群体的集资建房按揭贷款业务。对个贷业务实行“1＋N”发展模式，即每发展一位个人信贷客户，同时开办贷记卡、网上银行、电话银行，拓展个人消费贷款等增值服务，提高个人信贷客户的综合回报率。

（四）实施精细管理，推动银行卡业务再上新台阶。一是加强系统资源整合，打造多层次、多渠道的信用卡销售渠道。切实做好与对公前台各部门以及零售板块各部门的交叉销售工作。对公前台部门拓展和维护客户时要配备信用卡产品经理，为客户提供的金融服务方案必须包括信用卡、商户收单的相关内容；要深入挖掘个人优质客户资源，实施对借记卡、准贷记卡、网银、房贷、车贷、基金、保险等行内个人优质客户的定向销售。落实名单制销售，建立重点客户数据库，实行主动上门营销，对系统性、集团性客户做好上下联动营销和跨区域营销。要充分发挥分行助理以上和各行副行长以上领导干部的销售潜力，使其承担起白金信用卡等高端产品的销售任务。各行领导要率先垂范、带头营销。要实施以“新·响中国”为主题的信用卡品牌营销工作，进一步提升信用卡品牌影响力。

二是明确市场定位与拓展重点，不断优化信用卡产品结构和客户结构。要站在牢牢掌控银行卡交易渠道、实现与发卡业务的良性互动、开拓农业银行零售业务新的增长点的战略高度，充分重视收单业务发展，坚持推进间联收单模式，将系统性、集团性商户、高级酒店、本外币一体商户及国家级旅游景区作为重点，实现收单业务超常规发展。继续提高贷记卡在大中城市的市场占比，认真做好各种特色卡、主题卡产品，白金卡等高端产品以及对公系列产品的推广，加强各类市场需求紧迫、高附加值的功能及服务的应用推广，继续保持贷记卡发卡规模的快速增长。在中小城市及以下区域，以有稳定经营收入和频繁性、临时性资金需求的人群为目标客户，大力推广银联标准贷记卡和惠农信用卡产品，将其打造成我行又一款盈利性的拳头产品。

三是保证资源配置，建立有利于业务发展的激励约束机制。各行要划拨专门费用，保证MIS系统及各种收单机具购置以及信用卡催收外包服务的费用支出。实行渠道考核和板块考核相结合的考核评价方式，将贷记卡等战略性产品的销售任务，既分配给分行、也分配给各前台业务部门；同时调整考核实施方式，将两年的任务量一次下达，由各行和各部门自行安排任务完成进度。

四是加强信用卡审批体系建设，强化对信用卡独立审批人的业务培训、履职情况检查和后评价。经总行认定并经分行人力资源部聘任的信用卡独立审批人要保证岗位的唯一性，原则上不得调整，如特殊原因须调整岗位的要上报分行人力资源部、信用卡中心审批。

（五）以新一代网银上线为契机，提升电子银行营销与服务支持能力。从同业零售业务发展形势看，电子银行业务既是我们今后同业竞争的焦点，也是未来收益的主要增长点。此次会议专门安排时间为零售业务板块管理人员及与会代表开展电子银行“成长中的金e顺”体验活动。各行要高度重视电子银行业务发展，特别是各级主管领导要亲自用、亲自体验、亲自营销，为全行上下营造良好的氛围。

一是坚持加快推进电子银行交易渠道建设，提升产品创新能力。按照总分行关于“705工程”的统一部署，认真准备，新一代个人网银已于6月13日上线，要确保7月5日企业网银CIF迁移及综合管理系统顺利上线，切实为电子银行业务快速健康发展提供强有力的支撑保障。要充分利用“新一代”网上银行强大的功能和丰富的产品，为客户提供各类电子银行增值服务，满足各级行数据统计、决策分析的迫切需要；围绕业务经营转型，大力发展自助银行服务，加大自助设备投放，规范、统一自助设备品牌型号，普及集网上银行、电话银行等于一体的电子银行客户体验区。

二是明确分销策略，增强渠道销售能力。个人网上银行要采取覆盖式营销，在网点将客户办理开户申请、查询转账、缴费理财与开办个人网上银行有机捆绑，充分利用我行个人客户信息资源，制定明确的个人网上银行客户渗透标准和配套营销方案，最大限度地促使个人客户群体通过在线渠道完成金融交易；企业网上银行要采取拉网式营销，各行要对存量企业客户进行梳理筛选，制定企业网上银行目标客户名录，加强对公司业务的营销服务支持；电话银行和手机银行要与网上银行、“惠农卡”实行捆绑式营销，扩大我行非互联网渠道电子银行客户群体和交易规模；自助银行要实施引导式营销，理顺自助渠道与柜面收费价格体系，以价格为引导，将个人客户小额存取和转账、缴费等低端业务疏导至自助渠道；电子商务支付业务要采取上门营销，运用针对性产品进行营销拓展，扩大市场规模，做深行业应用。

三是完善电子银行综合服务平台，以“点带面”提高服务全行能力。抓紧做好95599电话银行人工坐席上收总行，实现客户服务联动，并完成好相应准备工作，积极发挥门户网站、客户服务中心、短信消息平台服务客户的优势，不断提升我行社会形象；充分挖掘各业务条线发展较好二级分行及直属支行的做法，通过专业会议、现场会等方式，组织开展经验介绍和“成长中的金e顺”体验活动，进一步扩大内部动员，在全行范围内进行推广宣传，树立发展电子银行业务的先进典型，对业务发展滞后的行进行蹲点督促督导，缩小地区间发展的不平衡，加大业务拓展力度，对发展相对较为缓慢的业务种类采取有力的措施，尽快弥补业务短板，全面提升服务客户能力。

四是稳步提高电子银行替代率、渗透率、动户率和收益率，凸现创收增效能力。将占用网点资源较多的日常查询、缴费转账、代收代付、银企对账、支付结算等业务逐步迁移至电子银行渠道；提高对个人优质客户和对公客户的渗透能力及产品交叉销售能力；加大对电子银行各渠道睡眠户、不动户的再营销；按照总、分行宏观指导，不断完善电子银行业务考评办法，根据各业务产品条线的不同特点，坚持数量与质量齐举、规模与效益并重，以“四率”为核心，充分发挥综合绩效考核的指挥棒作用，在电子银行领域形成有效的竞争机制；发挥零售板块电子银行产品计价的激励助推作用，研究落实对一线员工的考核奖励措施，有效提高各级行和基层员工的积极性。统筹考虑服务渠道价格差异化问题，制定科学灵活的产品定价策略，完善电子银行收入会计科目和账户体系，全面、完整、准确地核算和反映电子银行业务收入，提高电子银行创收能力和全行整体效益。

三、强化管控，建设团队，为零售业务经营转型提供保障

零售业务转型是否成功，关键有一个完善的管理体系，有一套科学的风险管控机制，有一支能战斗、出成效的队伍。为此，全行上下要进一步加强零售业务的风险管理，建立健全配套的激励约束机制，提供良好的系统支撑，抓好队伍建设，为零售业务经营转型提供强有力的保障。

（一）建立一套有效的风险管控机制。一要有效控制个人信贷整体风险。各行要加强对个人贷款用途的监管，防止个人信贷资金流入股市、期市等资本市场。要强化个人信贷业务调查环节和授信执行环节的管理，对大额消费类贷款实行双人调查，并按照独立、专业、规范的原则实行授信执行环节与调查环节的有效分离。各行要按照流程银行的要求，准确把握贷前、贷中、贷后各环节的主要风险点，加快构建全过程的风险管理体系。二要认真落实个人理财业务监管会议精神，切实做好客户风险压力测试及风险匹配检测，履行风险揭示与告知义务，规范信息披露方式、途径与内容，做好产品后评价与服务等相关工作。三要对信用卡透支户要实行名单制管理，密切关注当前宏观形势下信用卡违约、套现和恶意透支等各类风险，提前采取措施消除风险隐患。四要进一步提升电子银行业务风险管理水平，规范风险管理流程，严格落实各项风险防范措施，健全风险事件报告和快速响应机制，深入开展电子银行用户风险提示和使用安全指导工作。五是针对零售业务新系统不断上线、新产品持续推出的实际，切实做好一线柜员和个人客 户经理的培训工作，谨防柜面操作风险和个人客户经理误导宣传、不当营销等各类风险。

（二）完善一个科学的管理体系。一要加快转型支持系统的推广应用。分行将加快PCRM系统推广应用，分行二期培训刚刚结束，新版的个人优质客户管理系统将于2009年7月1日实现全辖上线，新系统进一步将“以客户为中心”的经营理念落到用户，有效进行客户合理分层，并根据不同层级客户的需求，有的放矢进行产品创新和差异化营销，以提升网点的营销服务水平。各行主管行长必须每月登录一次系统，了解辖内中高端客户状况，促使以客户为中心的理念落到实处。同时分行将进一步完善《金钥匙理财贵宾客户服务管理实施细则》，督导各行充分应用系统客户经理业绩考核功能，提高客户经理运用系统做好客户营销、识别和维护工作的积极性。二要积极上线金钥匙理财专家支持系统（CFE）。分行将在2010年前在骨干网点、理财中心和财富管理中心上线运行金钥匙理财专家支持系统（CFE），做好人员培训、业务数据调整和人力配备等工作。三要积极完成开放式基金代销系统二期升级工作。分行将在今年8月完成基金代销系统二期升级，此次有效解决增加凭证传票号、跨分中心买基金、费率打折、完善统计监控系统等问题。四要完善价值导向的业绩评价体系。分行将进一步修订完善《新疆兵团分行2009年零售业务产品营销计价考核办法》，根据零售业务收入的贡献度，匹配综合绩效考评分值；实行网点分类考核，根据不同类型网点，设置不同的考核指标和分值；实行网点员工的分岗考核，强化各岗位营销服务职责履行；全面推行产品计价考核，采用低底薪、高挂钩方式，对符合零售业务转型方向或具有较大市场潜力、综合贡献度高的重点产品和业务加大计价奖励力度。

计价考核是业务经营的风向标。分行主管部门既要保持计价考核的严肃性，按照考核办法的规定及时兑现到部门、网点和个人；又要结合实际对计价标准实行动态管理。下半年，分行要开展一次零售业务产品计价考核的监督检查活动，对各行、各部门计价考核情况进行督导，各行兑

现台账要及时向分行人力资源部备案。

（三）打造一支高素质的零售业务团队。要按照“优化配置、规范服务、提高素质”的原则，通过压缩高柜、增机（自助设备）减人、优化劳动组合等措施，调整和充实零售业务队伍。抓紧推进大堂经理、个人客户经理和个人理财顾问三支营销队伍建设。要进一步提升个人信贷队伍的专业化水平，确保从事个贷调查的客户经理必须具备专业化的调查能力。要广泛开展内训师培训，依托内训师队伍，积极开展网点文明标准服务再导入工作。要稳定专业理财师队伍。凡是经分行统一培训并取得 CFP、EFP 资格的认证理财师原则上必须回归零售业务板块；对已经在零售业务板块的认证理财师要保持人员的相对稳定；对属于自学取得 CFP、EFP 资格的认证理财师鼓励其从事理财岗位。要按照总行的统一部署，组织好零售业务从业人员的资格考试工作，逐步提高零售业务队伍专业素质和营销能力。

（三）中国银行省市区分行个人金融论坛

谋求跨越　担当使命　共谱百亿华章

——个人金融板块实现百亿利润目标的工作措施和要求

中国银行江苏分行　郭宁宁

个人金融板块的发言题目是“谋求跨越，担当使命，共谱百亿华章”，这个题目和公司金融板块的发言题目“超越挑战，稳步实施，共铸百亿辉煌”是比较对仗工整的，个人金融板块希望通过这个题目来表达愿与公司金融板块携手并肩，协同作战，在公司金融板块的带动下，共同实现江苏分行百亿利润目标的决心。

一、个人金融板块在“百亿战略”中的定位

“百亿战略”目标是总、省行在基于内、外部宏观环境客观分析的基础上，在新时期，实现新跨越，提出的振奋人心、积极进取、富有挑战、切实可行的宏伟目标。个人金融板块作为全行两大业务板块之一，倍感使命光荣、责任重大、义不容辞。

股改以来，个人金融板块的综合绩效在中行系统内实现领先，在市场竞争中奋力拼搏，实现了一个又一个的超越。当前，在全行“超百亿”的大局下之，个人金融板块将在省行党委的正确领导下，谋求跨越，有决心、有信心在新时期争取新贡献。在百亿战略当中，个人金融板块的定位是：打造一流零售银行，在市场竞争和系统考评中争先进位，不断提高对全行的价值贡献度，成为中高端客户的首选银行。

综合个人金融板块近几年的发展情况和未来内、外部环境预测，上午省行计划财务部也在全行的战略目标测算方面提出了2010年到2012年个人金融板块在全行的营业收入占比从现在的26%，逐年提升，2010年到2012年，分别达到28%、29%、30%的目标要求。全行百亿战略的目标是三年再造一个新江苏，作为个人金融板块，如果要在这个过程中进一步提升贡献度，需要发展速度高于全行的平均水平，既要跑赢市场同业的大市，也要跑赢全行平均发展速度。

1. 2009～2012年个金板块营业收入目标

个人金融板块整体营业收入要从2008年的33亿元，提升到2011年的69亿元，到2012年则要达到87亿元，即通过两年半的时间，到2011年实现倍增，到2012年实现2.6倍的增长，年平均增长速度达到27.5%，在行内贡献度由2008年的26%左右提升到2012年的30%。这里的30%是个金板块收入贡献度发展的底线水平，是结合江苏当地市场环境，我行目前客户基础，两大板块业务基础、资产结构、负债结构、中间业务收入现状的现实基础上提出的底线发展目标。按照总行个人金融业务的发展战略以及全行零售业务战略转型的要求，个人金融板块对全行的业务贡献度要进一步提升，力争达到40%。

个人金融板块营业收入的提升需要负债业务、资产业务、中间业务分别做出相应贡献。具体贡献度情况如下：负债业务收入贡献度占40%左右，资产业务收入贡献度占三分之一左右，中间业务收入贡献度要在目前的基础上逐年提升，由现在的25%逐渐提升到28%左右。这里需要说明的是：对于资产业务的测算，是按照目前低利率和利差较窄的水平来测算的，未来结合宏观经济政策的调整，以及市场情况的变化，在资产业务方面的测算将随着市场的变化作进一步的调整，资产业务对个人金融板块的贡献度有可能进一步的提高。中间业务在整个个人金融板块收入贡献度中是需要逐渐提升的部分，也是发展中的难点和重点，将中间业务收入按产品线进一步分解，狭义的个人金融条线中间业务收入要从2009年的6亿元增长到2011年的接近10亿元；银行卡条线中间业务收入要从目前的2亿元水平增长到2011年的4.3亿元。对私金融机构条线中间业务收入和对私资金业务条线中间业务收入也要在目前的基础上加速提升，从现有的1.4亿元和近5千万元，分别提升到2.7亿元和八千六百万元。

2. 2009～2012年个人金融板块主营业务目标预测

实现上述营业收入需要相应的业务指标、业务规模的扩展和支撑。在一系列的假设前提之下，个人金融板块的零售贷款业务要从今年的新增220亿元，逐渐提高到每年新增量再增加30～50亿元，即2010年要达到新增250亿元，2011年达到新增300亿元，2012年达到新增350亿，年平均增量为280亿，资产规模年均增长速度为34%。

表 3－14　2009～2012 年个金板块营业收入增长预测表

分产品线		2009 年	2010 年	2011 年	2012 年
负债业务收入	营业收入（万元）	168385	228514	280472	337695
	贡献度	41.07%	42.81%	40.96%	38.71%
	增长率	－	35.71%	22.74%	20.40%
资产业务收入	营业收入（万元）	138483	172221	226957	291468
	贡献度	33.78%	32.27%	33.14%	33.41%
	增长率	－	24.36%	31.78%	28.42%
中间业务收入	营业收入（万元）	103106	133000	177340	243200
	贡献度	25.15%	24.92%	25.90%	27.88%
	增长率	－	28.99%	33.34%	37.14%
1. 个人金融收入	收入（万元）	62370	76400	98600	134300
其中：基金及托管	收入（万元）	26470	32400	40700	55300
2. 银行卡收入	收入（万元）	21350	30200	43140	60600
3. 金融机构收入（对私）	收入（万元）	14495	20000	27000	36500
5. 资金业务（对私）	收入（万元）	4891	6400	8600	11800
个金板块营业收入合计	收入（亿元）	40.36	53.37	68.48	87.24
	增长率	22.04%	32.23%	28.31%	27.39%
	行内贡献度	26.95%	28.12%	28.71%	29.89%

负债业务方面，人民币储蓄存款要从今年的新增预算目标380亿元，逐年提升50～70亿元，到2010年新增450亿元，2011年新增500亿元，2012年新增550亿元，年平均增量470亿，负债规模年均增长速度为23%；外币储蓄存款业务达到每年3亿美元左右的增量，年增长速度在17%左右。

中间业务收入要从2009年10亿元左右，逐年提升，2012年达到24亿元，年平均增长速度30%。

表 3－15　2009～2012 年个金板块主营业务目标预测表

指标		2009 年	2010 年	2011 年	2012 年	平均增速
零售贷款	新增（亿元）	220	250	300	350	280
	增长率	42.94%	34.14%	30.54%	27.29%	33.73%
人民币储蓄存款	新增（亿元）	380	450	500	550	470
	增长率	25.75%	24.25%	21.68%	19.60%	22.82%
外币储蓄存款	新增（亿美元）	2.3	2.5	3	3	2.7
	增长率	18.07%	16.64%	17.12%	14.61%	16.61%
个金板块中间业务收入	收入（亿元）	9.67	13.3	17.73	24.32	16.26
	增长率	13.10%	37.54%	33.31%	37.17%	30.28%

上述目标非常进取、具有挑战性。如果外部市场、宏观环境、经济发展、居民收入都有良好发展态势，在全行的战略指引下，在公司金融板块的拉动之下，上述目标是有可能实现的。目标实现的基础因素包括：

1. 江苏作为经济相对发达地区，经济增长快于全国，人口密集度大于全国，人均收入水平高于全国，居民财富的增长水平高于全国平均水平。在财富的积累和增长过程中将产生大量个人金融业务需求。

2. 投资的需求必然增长，特别是在通货膨胀的预期之下，资产价格的上升、波动，以及金融市场投资工具、投资手段的不断丰富，投资需求、理财需求不断扩大的趋势是必然的，随着资本市场（股票、债券、期货、保险）、房地产市场、大宗商品交易市场，以及金融工具不断的丰富和创新，为商业银行个人金融产品的创新和交叉销售带来了良好机遇。

3. 消费的需求也处在同样快速上升的阶段，随着居民财富的积累和国家拉动内需的政策，在刺激消费政策影响下，今年上半年虽然经济处于相对低谷时期，全省社会消费品零售总额仍实现了稳定增长，同比增长 17.2%，商品房销售同比增长 50% 以上。一方面，个人消费的总量在扩大，另一方面，个人消费的结构在不断升级，包括购房、购车、时尚消费、出国、旅游、教育、休闲、餐饮等。除了传统个人金融业务将大幅度增长外，一些新兴的渠道和商机也在不断出现，包括银行卡服务、网络服务、手机服务、电话服务等。

4. 以个人家庭为背景的投资经营行为，包括个体工商户、中小企业、民营企业投资需求巨大，部分可以通过个人金融服务来实现。

5. 在公司业务大发展的背景下，公司高管和企业员工为个人客户群的扩大奠定了基础。

市场具有很强的波动性和不确定性，个人金融板块将以利润收入和贡献度不断提升为要求，随着市场变化适时调整业务增长点，体现“惟市场、不惟指标”的原则，通过及时、快速的市场跟踪和客户需求变化跟踪，调整各项业务结构，以确保收入和价值创造的实现和提升。

二、个金板块 2009 ~ 2012 年发展思路和方向

（一）总体发展思路

以“扩规模、调结构”为抓手，突出效益优先，保持收入不断提升；坚持“经营客户”为核心，建设以个人客户为中心的统一的产品销售平台，实现产品、渠道、服务、品牌、人才等资源的优化整合，提升核心竞争力，保持可持续健康发展；实现个人金融业务短期绩效、中期百亿利润战略目标和长远发展的有机结合，实现效益、规模、份额、风险、内控的协调统一。

（二）主要工作措施和工作方向

1. 向规模增长要利润—提升市场地位

一方面，规模增长是提升收入、提升利润的手段，同时，规模增长也是提升个人金融市场地位、品牌影响力的重要内容，规模增长包括客户规模的增长和业务规模的增长。

客户规模拓展方面。近年来我行坚持的“经营客户”战略得到比较有效的落实，成效较为显著。2005 至 2008 年我行中高端客户年均增长率达到 50%，今年以来中高端客户余额达到 8.2 万户。客户资产在个人客户总资产中占比也从 2005 年末的 20% 提高至目前的 32%。但是，我们也看到我行整体个人金融客户有效客户群体的薄弱和中高端整体客户群的薄弱，从数据分析来看，目前我行按总行标准的有效客户（非零客户）共计 850 万户，总体个人金融资产是 2300 亿元，其中，0 ~ 1 万元客户 590 万户，客户占比 70%，金融资产占比 3.5%，收入贡献度占比 5.5%；1 ~ 50 万元的中端客户共计 250 万户，客户占比 30%，金融资产占比 64%，收入贡献度占比 69%，这一部分客户是我行个人金融业务收入的主力军；50 ~ 800 万元客户（含总行标准 VIP 客户）共计 8 万户，客户占比接近 1%，金融资产 638 亿元，占比 28%，收入贡献度占比 21%；800 万元以上的私人银行客户数 651 户，客户占比万分之 6.5，金融资产 100 亿元，占比 4%，收入贡献度占比 4%。从以上数据可以看出，目前有相当大的系统资源服务于个人金融资产在一万元以下，对我行收益贡献度非常低的客户。未来收入的增长需要个人金融板块提高、拓展有效客户群，特别是中高端客户群。具体的客户群拓展要求如下：

2011 年，总行标准有效客户（非零客户）力争达到 1300 万户，即三年提高 50%，年均增长 20%。其中，0 ~ 1 万元客户数占比希望有所下降；1 ~ 50 万元客户预计到 2011 年达到接近 400 万户，即在现在基础上提升 60%，年均增长 25%，客户贡献度稳定在 60% 左右；50 ~ 800 万客户（含总行标准 VIP 客户）到 2011 年达到 16 万户，在现在 8 万户的基础上实现倍增，年均增长 40%，金融资产占比提高到 30% 左右，收入贡献度提高到 27%；私人银行客户到 2011 年达到 2300 户，占比万分之 1，金融资产占比 8%，收入贡献度达到 8% 左右，私人银行客户数通过三年时间增长要达到 350%，每年都要实现倍增。中高端客户对个金板块的收入贡献度要从 25% 上升到 35%。

要实现上述目标，必须在继续完善三级财富管理体系的基础上，采用多管齐下的方式来进行客户拓展：包括通过 CRM 系统进行细分，深入研究分析客户数量、质量及结构变化，完善个人客户分层管理和数据库营销，完善、建立统一的增值服务体系；通过公私联动，以借记卡等基础产品为载体，以“代发薪”为切入点拓展公司高管和中层作为 VIP 客户的重要来源；通过产品创新和差异化产品组合，满足不同层面客户需求，既稳定现有客户群，同时吸引新客户群；通过第三方渠道（基金公司、证券公司、保险）实现第三方互动，分享客户信息，增加销售机会，吸引有效客户。

业务规模扩大方面。到 2011 年资产、负债和中间业务规模要比 2008 年末分别增长 2.5 倍、2 倍、2 倍。重点做好以下几个方面：

（1）完善个人结算综合体系，大力发展低成本储蓄存款和高收益中间业务

一是从最新“代发薪”户的统计数据来看，目前我行存量公司基本客户中在我行进行“代发薪”的比例仅为 11%，因此，通过加强公私联动，依托“保险嵌入型代发薪产品组合”等产品，通过加大“代发薪”推广力度，来做大客户规模，力争在 2011 年“代发薪”比例达到 45%。二是关注同业，通过特色产品（生肖卡、爱心理财、成长账户）的推广，锁定特定客户群，积极抢夺同业客户和资金。三是根据预测，平均每开通一户“长城商户通”、“第三方存管”，将分别沉淀 10 万元、5 万元活期存款，因此要借助新的结算系统、结算网络的推广，拓展专业经营批发零售商、股民等客户的低成本资金。其中，2011 年第三方存管客户数到要由目前的 54 万户上升到 80 万户。四是以发行联名卡为抓手，以及理财客户、银行卡客户、消费信贷客户的交叉销售和产品联动，来挖掘存量优质客户的资金。

中间业务方面，传统优势业务要通过产品创新和系统创新，不断升级、巩固。要强化个人结算网络，包括国际结算网络和国内结算网络地布局和铺设，国际结算业务除

了依托中行系统内的国际机构之外，未来要和第三方公司合作，向客户提供更快捷、更便利的国际汇划方式；国内结算方面要通过“长城商户通”、“中银自助通”和新版网银等产品，通过新的渠道，新的结算网络的铺设，来加大资金沉淀量，提高结算业务手续费。

表3－16 新产品、潜力产品中间业务收入测算 户/万元

	产品	2010年	2011年	2012年
创新产品	长城商户通	500	650	900
	中银自助通	1500	2000	2600
	速汇金	1000	1300	1700
	代收付	300	600	1200
潜力产品	理财产品	1800	2400	3100
	贵金属	3400	4000	4600
	零贷收费	6700	8700	11000
战略产品	第三方存管	1260	1500	1725
合计		16460	21150	47975

（2）适应市场变化，突出收益核心，做大做强零售贷款业务

在总结、把握行业发展规律的基础上，零售贷款业务要继续在市场上争先进位，保持市场领先地位。一方面，坚持“直客式”的营销理念，将与优质开发商、中介等第三方机构的合作作为未来增长的渠道，实现客户资源共享。另一方面，积极创新展业模式，巩固中台集中审批优势，加快推进CCS系统下网点工作，扩大业务发起触角，解决网点发起端口和分润核算问题，释放前台营销能力。最终，通过加快发展零售贷款业务，做大资产业务收入，同时带动中间业务的发展，进而带动板块内产品的交叉销售。

同时，根据二手房贷款业务提前还款率低、二线城市发展空间广阔的特点，高度重视二手房贷款业务发展，加大资源投入和政策倾斜力度，提高产品竞争力和品牌影响力，并力争在重点城市实现二手住房贷款业务市场份额第一。

以区域有影响力的特色市场和产业集群为平台，扩大“创业贷”产品的目标客户群和覆盖面，努力提高循环额度类贷款占比。同时，抢抓国内消费市场发展的良好时机，大力发展以汽车消费贷款和出国留学贷款为主的高收益消费类贷款产品。针对个人消费需求，谋求零售贷款产品和银行卡业务的结合，共享个人信用额度，共享消费信贷集中审批资源。

以人中高端客户资产业务发展为龙头，推动普通网点、三级财富管理体系直接叙作零售贷款业务，充分挖掘中高端客户资源。扩大个人中高端客户零售贷款产品覆盖率，提升中高端客户对我行的综合贡献率。

（3）持续提升银行卡收入贡献度，发挥战略产品领军作用

银行卡作为全行战略产品，规模带动效益的成效已经体现，目前年均增长达到了40%。到2011年，全辖信用卡规模要从目前的100万张上升到250万张，商户收单300亿元，收益达到4.3亿元，增幅高于板块收入平均增幅，收入贡献提升4个百分点，同业市场份额实现提升。

为实现收益增长目标，今后发展中：一是要深化产品结构调整，不断完善我行银行卡产品体系，形成“中银”和“长城”两大品牌并存，贷记卡（含国际卡）、准贷记卡和借记卡三卡共举，真正切合不同目标客户群体需求的银行卡产品序列。二是做大我行银行卡客户（卡户和商户）规模，以产品作为发展抓手，坚持以中高端客户战略为发展主导，发展直销渠道，以规模带动效益，使发卡收益保持年均40%以上的增幅。

2. 向结构调整要利润—提高发展质量

调整收入结构。从个人资产越来越多元化，居民消费、投资等需求释放的实际出发，优化板块内部收入结构。据测算，零售贷款每上升10亿元，我行获得的收入将增加5800万，成本收益比是较高的，因此，从发展的角度，我们希望资产业务在板块收入的构成中起到引领性作用，2011年，在板块收入的分配当中，资产业务能够超过35%，达到40%左右，负债业务稳定在35%，中间业务收入要突出抓新增长点，总量提升，贡献度努力保持在25%－30%左右。银行卡、对私金融机构、对私资金业务、网银要放大规模带动效益的效应，继续保持在板块内贡献度稳步上升趋势，持续提高贡献度占比。

调整产品结构。随着市场的发展，市场容量将逐步达到饱和，要在此环境下，着眼当前即是以借记卡等现有基础性产品为载体，同时通过对现有中后台运营、审批等环节的资源优化，做大、做强现有高收益产品。以零售贷款为例，目前，非住房类贷款每亿元综合收益为650万元，较住房类贷款收入高160万元，因此，未来三年将不断提高非住房类贷款占比，从25%提升到35%，年均提高5个百分点。中间业务在保持基金销售和外汇业务市场第一的前提下，要加大国内结算和借记卡等业务拓展力度，缩小与同业差距。另外，面向中高端客户开发、推广复杂性强、收益高的产品，提高低成本、高收益产品的占比，提升板块整体盈利能力。

调整期限结构。储蓄存款总量方面，近五年和两年来人民币储蓄存款平均增长率分别为16.72%、26.80%，结合未来经济形势，经加权平均后预计2010年、2011年将分别实现存款新增430亿元、480亿元，与预定目标均有20亿元差距。存款规模支撑的客户数方面，近年来储蓄业务客户总量平均增长率约为10%左右，未来三年年平均预计将保持在11%左右的水平。期限结构方面，以当前FTP价格与存款利率之差测算，即活期存款较定期存款平均利差高约1.22%，结合未来年存款增长目标和现有定活比结构，到2011年储蓄实际收入与目标收入将有1亿元差额，如果活期占比提高1个百分点，到2011年将能带来3000万元收入，所以从弥补收入的角度，到2011储蓄存款活期占比将由目前的22%力争达到30%，并再有所提高。

基于以上分析，未来几年，储蓄存款发展要与扩大客户规模，提高个人客户金融资产，改进结算支付手段结合

起来，进一步改善定活比，降低成本，优化负债业务期限结构。

3. 向产品和服务创新要利润——持续提高竞争力

积极进行产品创新。一是要充分利用总行的政策支持、总行的授权，以客户为中心来加强产品创新的计划性、针对性，明确阶段性工作要求，建立产品创新的长效机制。二是将产品类型、产品结构、客户需求有效对接，新产品的盈利能力要显著提高，同时，要建设包含信托、基金、证券公司在内的广泛创新网络。三是将面向中高端客户作为创新的重点，综合开发资产管理、咨询服务等一系列的新产品和服务。四是面向大众客户不断提供功能完善，渠道丰富，方便快捷的创新产品。

在具体产品创新当中，主要的定位还是围绕中高端客户需求进行产品创新，通过产品创新和产品组合拓展和维护中高端客户，提升中高端客户的资产规模和价值贡献，提高产品的收入水平，重点做好专户理财、政府基建项目融资、理财产品、个人理财账户、个人保函，实物贵金属系列（含投资金）等新产品。通过零售贷款和银行卡的捆绑创新“车享贷”产品，以及其他的“卡贷通”产品，来增加中间业务收入贡献。国内结算、第三方存管，网银等产品要从产品功能和系统支持上提升整体竞争力，增加个人网银、电话银行、手机银行、自助银行的自助贷款功能和销售理财产品和服务的功能，提供多元化的服务渠道。

除了产品创新之外，对现有的新产品要加大持续推动销售的力度，以及后续的持续价值创造。已经形成一定市场影响力的产品，例如出国留学贷款等，要持续推动，加强产品的跟踪评价、售后服务，加快推进服务模式的转变。

要按照“客户－产品－渠道”三个维度进一步梳理，简化客户服务流程，尤其是面向中高端客户服务流程的优化梳理，要形成标准化、规范化、具有可操作性的服务手册。

4. 向交叉销售要利润——提高资源整合利用度

随着RPC流程优化方案的落地，提高板块内部的联动效应，同时，也提高跨板块的联动效应。一是抓住公司业务大发展的机遇，采取紧跟策略，积极主动地联动，希望从指标分解、双向考核、职能转型、沟通机制和共同联动营销机制方面来推动公司金融板块和个人金融板块的双向联动和深入开展，在公私联动过程中，个人金融板块要主动对接，以主动换互动，以互动换联动。当前的收益可以体现在公司金融板块，业务规模体现在个人金融板块，着眼于长远目标的实现。二是从产品和客户需求入手，对涉及个人客户和集团客户的产品进行组合和包装，深化板块内的融合，建立交叉销售和联动营销长效机制，提升交叉销售的成功率。例如：通过房贷理财账户将消贷业务和理财产品、打新股等产品相结合。

外部方面，可以利用基金、证券、保险等第三方渠道，实现互动，共赢发展，共享客户信息，加快交叉销售。

5. 向渠道要利润——重点是提高渠道产能

截至2008年末，全辖个人金融板块网均营业收入为460万元，预计至2011年末，网均营业收入实现倍增，年复合增长率为26%。网均产能的实现，一是通过网点转型，增加销售力量，提高销售能力，二是通过渠道结构的调整，消灭、减少交易服务型网点，提高全功能型网点和销售服务型网点，通过渠道结构的进一步布局和优化来提高产能。从物理渠道的数量来看，按照三年规划，在现有720家网点的基础上，不进行大规模撤并，而是根据不同地区的客户资源和市场环境作结构性调整，物理网点的总量大致在700家左右。因此，提高收入的关键是提高渠道的单产和做好渠道结构的优化，提高自助渠道和电子渠道对全行收入的贡献度。预计至2011年末，电子渠道营业收入占比达到个人金融板块中间业务收入的30%，自助渠道营业收入年均增长率达到倍增要求。

具体措施方面，网点硬件建设方面结合网点功能定位，围绕“高、中、高”三个方面开展渠道建设工作，重点抓三级财富体系建设、理财中心和网点销售力量的充实。在完成网点标准化改造的同时，优化网点布局。

将网点由销售服务型进一步升华转型为客户关系管理型，推进网点布局的改善，推进客户分区、分层服务，一是在经营客户方面加强客户信息的整合力度，完善全省集中的个人客户信息库建设，利用对客户分层、分户的分析，实现数据库的营销；对外部潜在客户，要通过外部信息渠道，包括居民收入，职业信息，客户身份鉴别等，寻找不同的目标客户群和重点客户对象。二是加强对个人客户群，特别是中高端客户的具体分析，以及服务的转型，对中高端客户的服务从产品式服务转型为顾问式服务，从单纯的金融服务转型为综合服务，对于集团类客户，主要是“代发薪”客户和与我行有良好合作的公司客户，要从便利性和集团偏好性两个方面进行把握。三是要把网点的理财中心和理财室等尽快向公司VIP客户中高层管理者覆盖，要让这些为个人中高端客户服务的场所也成为维护和拓展公司客户的重要场所。

软件建设方面要重点推动销售服务流程的标准化落地，网点的功能定位从原来的交易操作型转型为营销服务型，并继续向客户关系型转换。

三级财富体系建设方面，加快优化财富管理、理财中心和依附式理财中心的建设布局和功能的理顺。明晰各自的职能边界，明确理财中心、财富中心的盈利模型。2011年末实现所有网点理财服务专区100%覆盖率、管辖支行总行级理财中心在管辖支行层面100%覆盖率、财富管理中心在二级分行层面100%覆盖率。

6. 向风险管理要利润——降低风险成本

风险控制既包括信用风险的控制，也包括操作风险和市场风险的控制。在信用风险控制方面，继续深入进行流程的改革，实现垂直化的审批管理，中后台的集中，通过评分卡和决策引擎、操作风险管理工具的引入、风险模型的建设等手段，来控制个人金融板块的风险水平。

按照2009年6月末的资产质量和贷款余额计算，关注率每下降0.01个百分点，拨备减少24.64万元；不良率每增加0.01个百分点，拨备增加1400万元。以目前测算的各项依据，结合2011年末零售贷款规模（1281亿元），零售贷款拨备将增加13.18亿元，达27.22亿元。我们希望经过努力，2011年资产质量水平仍然保持在2009年6月末的水平（不良率控制在0.4%），实现控制拨备，向风险控制要效益的目标。

三、资源优化和支持保障

（一）渠道资源的优化整合

1. 统筹规划好物理、电子渠道、自助渠道的发展。进一步结合区域经济发展规划，优化和完善我行的网点布局，在产出高的地区加大网点建设力度，同时在产出低的地区实施低产网点收缩政策，提升我行网点区域竞争能力。

加大自助渠道、电子渠道的建设力度，力争至2011年，自助渠道简单业务迁移率从目前的80%提升至85%，以盈利为目标的离行式自助设备投放数量达1000台，离行式自助银行达到120家；目前经过标准化改造后的网点中，依附式自助设备已达到百分之百覆盖，但离行式自助服务区、自助银行和股份制银行存在较大差距，盈利能力较弱。未来自助设备投放的重点将放在盈利性的离行式自助设备和自助银行。电子渠道方面，希望未来三年网银开户数量增加至200万户，个人金融业务电子银行替代率提升至55%。

2. 完善渠道的基础管理及基础数据，实施分类管理。提高全功能型及销售服务型网点占比，尽快消灭分理处和交易服务型网点，使全辖网点均具备综合提供个人金融服务的功能，部分网点具备办理对公、对私各类业务服务的功能，使网点成为我行盈利增长的重要根据地。

力争在2011年末，全功能型网点达到150~200家，占比25%在左右；销售服务型网点提升至500家。如果保持网点总量不变，更主要的是通过网点类型的结构调整，提高网均的单产水平。

未来三年将通过开发渠道管理信息系统，通过系统自动采集网点的物理信息、经营信息、财务信息、效益核算等相关数据，自动产生多纬度的数据测算分析报告，通过对网点选址模型的开发，实现对网点布局的优化和精细化管理，并结合对网点的分类管理，综合评价网点的经营能力和绩效水平，提高网点资源配置效率。

未来几年，网点要向客户销售基本账户，销售资产产品，和简单的增值产品，获取利差和普通的中间业务收入：理财中心要向客户销售标准化的产品，获取销售佣金、手续费收入；财富管理中心要向客户销售定制化的产品和产品组合方案，获得产品销售的差价和账户管理费收入；私人银行要向客户提供资产配置等专署服务，获得资产管理费、咨询服务费，客户收益分享等收入。

3. 改革资源配置及激励约束机制。进一步明确网点的营销主体定位，包括客户关系维护和产品销售。探索建立集中、高效的网点运营管理模式和管理流程；改革薪酬管理体制，对网点职位进行进一步梳理、优化，丰富职位体系，特别是将专业序列延伸到网点，进一步明确“按绩取酬、多挣多得”的分配导向。

（二）强化专业支持保障

1. 提高专业管理能力

个人金融业务既有一定的规律性，又有很强的不确定性。面对百亿战略的艰巨任务，根据江苏各地区区域特点和经济差异，各级个金管理者必须坚持以专业性、执行力和队伍建设作为工作的推手，提高市场前瞻性、强化客户管理、完善品牌体系。保证在客户准入、业务发起、产品政策、产品定价和授权管理等工作方面的标准性和一致性。同时，在提高全辖风险识别和防控能力的基础上，调整风险偏好，特别是零售贷款业务风险偏好要在现有的基础上进一步调高，要通过非标类零售贷款业务的发展来提高整个收入，并做好风险偏好和授信条件的重新认定和调整，要在全行形成上下统一的标准，同时要完善责任认定机制，维护、提高客户经理叙作非住房类贷款的积极性。

作为省行职能部门和服务部门，省行私人银行部和资金业务部要牵头发挥专业优势，加强对市场环境的分析和发展趋势预测，并在全辖建立专业支持平台，建立对内、对外的信息宣传渠道和信息发布机制，及时对基层行和客户进行引导。在品牌建设和营销宣传方面，个人金融部要发挥牵头作用，整合板块内部营销资源，统一组织对各类渠道的包装、产品信息发布、客户营销活动、市场宣传，打造规范、统一的对外品牌形象。

2. 进一步深化个人金融板块专业序列建设

个人金融板块的专业序列分为客户经理序列、产品经理序列、渠道经理序列、风险经理序列，每个序列都有详尽的分序列、分级分类管理的细则。个人金融板块专业序列的建设首先要关注销售型专业序列的四支队伍：理财经理序列、消费信贷经理序列、大堂经理序列、开放式柜台客户经理序列。

下阶段的重点是要把序列标准建设延伸到网点，同时把和销售服务相关的核心专业队伍建设好。以理财经理序列为例，截至2009年6月末，全辖专职理财经理共196名，人均每户维护客户是400户，按照总行要求，理财经理人均维护客户数应该在200~250户，我行理财经理严重不足，希望每年能新增200名~300名理财经理，确保2011年末达到800人的理财专业队伍规模，来支撑对我行16万高端客户的服务。这里，600多名的新增不完全是新增人数，可以通过架构流程整合，人员内部调整，网点高柜服务人员向开放式柜台、理财中心迁移等方式进行调整。在理财队伍建设过程中，省行、市行要加强统筹培训，加快队伍培养的力度和速度，加快人员内部结构调整。总行制定了九人网点的标准配置，该文件已下发全辖，在这个基础上，希望能够增加网点的销售力量，按照销售服务型网点一个大堂经理，一个引导员，一个开放式柜台客户经理，一个理财经理，以这样的配置作为初始化的销售服务型的配置模版，向网点充实人员。同时，动态完善个人金融板块专业队伍建设和专业序列的标准，有针对性的制订每年培训计划。通过从业资格的准入、专业培训、考核激励、退出机制的建立，多方位的动态调整完善个人金融队伍。

（三）系统、流程的优化

客户拓展、产品研发需要系统和流程的支持。下一阶段，流程优化方面，要完善网点服务销售流程和作为总行试点样板行的网点业务流程优化项目，加快个人金融板块中后台内部控制和业务流程建设，重点解决好业务环节多、手工登记事项过多的问题。系统完善方面，对CRM系统进行持续升级改造，来支持对客户的分层管理、分户管理。建立个人金融客户分客户、分产品、分渠道的核算体系和核算系统。建立板块共享的个人客户信息库和产品信息库。加快基于旧线系统的流程改造项目开发实施，重点解决授权点过多、系统切换过多、开户流程复杂等问题。

（四）全面落实“分地区战略”

2011年，苏南地区个人金融板块营业收入年均增长率力争达到27%，苏中地区力争达到31%，苏北地区力争达到33%。

根据苏南、苏中、苏北各自不同区域战略的要求，苏南地区在发展的速度上，要快于当地平均水平，在发展质量上优于当地同业，确保对全辖的贡献度，进一步发挥拉动作用，形成示范效应。

苏中地区各项指标要达到全省平均水平，主要业务指标在当地同业要提高竞争力。

苏北地区紧抓住当地的目标客户，实现重点客户重点突破，提高整体效益水平。

四、省、分行下阶段工作重点

省行层面：

1. 做好省行本部RPC架构整合方案的制定工作和落地实施工作。

2. 做好百亿规划向产品线、向地区的分解工作。

3. 做好百亿战略在个人金融板块、条线的传导工作，包括对相关管理人员和专业人员的培训，把百亿目标和发展策略传导到每一位骨干，每一个网点。

4. 对板块内的机制、体制作进一步的梳理和优化，在逻辑机制方面深化改革，特别是做好客户、产品、渠道三方面关系的梳理，并在协同运行方面进一步优化。

分行层面：

1. 加快百亿战略目标的部署和全员动员。

2. 制定本行个人金融板块落实执行百亿战略的工作方案，细化分解和逐级传导（传导到网点）。

3. 按照省行要求，做好百亿战略的落地执行，以当前阶段的个人金融夏季产品销售竞赛为契机，进一步营造声势，鼓舞信心，为百亿战略的实施打下基础。

苏州分行张家文同志对个人金融业务重点工作的部署

一、围绕“中高端客户定位”，进一步完善三级财富体系建设，以此来保障优质客户规模的持续壮大

1. 在客户拓展方面：一是要继续善用亲友计划和第三方合作渠道，直接吸引、开发行外客户，包括同业优质客户、非银行业的优质客户，二是要重点抓住三方存管、个人网银、长城商户通、中银自助通等基础客户拓展挖掘，并通过个人产品线之间的交叉联动，做好潜力客户的深挖与提升；三是要通过优质代发薪、公务卡等加强公司、个金板块的联动，扩大客户来源；四是要对标招行、建行等同业，注意对未来客户群的培育，要结合网银等产品，优化优质客户年龄结构，降低优质客户平均年龄，从客户群建设的角度，促进我行个人金融业务可持续发展。

2. 在三级财富体系建设方面：一是制订并落实2009年VIP客户增值服务方案，根据费用总额情况，以客户需求为出发点，制订全辖统一的增值服务标准；二是完善CRM系统客户贡献积分统计功能，在CRM系统平移中，根据各类产品利润情况对客户的各类产品进行积分贡献折算，以此测算客户贡献度并相应实施增值服务；三是制订并落实2009年VIP客户分层费用分配方案，根据客户资产分层情况，根据估算的每单位资产利润制订各层客户拓展维护费用标准和费用使用规范。

3. 在客户服务方面：构建由财富经理、理财经理、理财助理、理财专员等组成的立体式的中高端客户服务体系，加强对服务的研究、对一线金融服务的指导和监督，不断完善服务流程，提高服务效率，将“三优”服务真正落到实处。探索实践对VIP客户的综合后台服务，加强各类产品的售后服务，开设VIP客户理财专线，切实提高对VIP客户的服务水平。

二、围绕“以产品锁定客户”，对标同业、追踪市场，持续加强产品梳理研究，加快推动个人金融产品的创新

2009年我行个人金融业务要充分借用升格一级分行的有利契机，加大力度、加快速度全面建设我行自身的产品开发管理机制。同时，建立产品体系，加大板块内、板块间以及外购的各类产品的开发、整合力度，建立重点产品推广与联动交叉销售机制，完善包括CRM系统等在内的整个营销系统，切实提高销售能力。

1. 要结合中高端银行建设，组织协调各产品线加强财富管理客户专属产品的开发，体现差异化，使目标客户专享定制化产品、个性化产品。

2. 紧密结合资本市场走向，与中银基金、中银国际、

基金公司、信托公司等在产品创新上加强合作，与此同时加强与本行公司金融板块的深入沟通合作，推动有信贷支撑信托产品的开发销售。

3. 要加强对基础个人金融产品的梳理，以理想之家、中银汇兑、中银卡等产品品牌为龙头，加强关联产品的梳理整合，形成系列化的产品服务包，提供前台交叉销售，在此过程中，要重点研究突破分客户核算、分客户经理核算等模式，以促进前台打包销售的积极性。

三、围绕“网点转型”，进一步深化渠道建设，不断提升渠道创利能力、服务能力和核心竞争力

1. 围绕优化物理渠道总体布局、丰富物理渠道结构层次，促进传统网点快速渠道升级的目标，按照加强同业渠道产出对标、重点区域重点投放，高成长区域战略性前瞻性布局的原则，着重在高经济含量的重点区域、中高端社区、工业小区布点，继续提高网点标准化改造率。要结合苏州地区经济发展特点，推动县域、乡镇渠道的整体建设布局，做强前端；要加大力度推动全功能型网点的建设，不断增强网点功能，实现操作服务型向销售服务型网点、单一零售型向全功能型网点的逐步转变。

2. 进一步加快自助渠道、电子渠道建设，在09年加大自助设备投放力度的同时，要加强对目标客户的功能推广，努力提升各类型自助设备，特别是自助终端、存取款一体机的使用率。着重加强现有网银功能发掘推广，推动网银动户率、有效户的提升。

3. 推进各项优化网点流程工作，并结合网点分类管理的实施，推动服务销售流程在辖内网点的落地。优化网点操作流程，既分享其他行先进经验，又保证我行的重点突破；优化网点服务销售流程，既推广总行标准化手册，又打造我行销售服务特色；优化网点管理流程，既有阶段性工作重点，又有持续性推进过程；优化网点内部控制流程，既以本部门优化工作为主，又配合重点业务向上级行支持重点突破；优化网点流程整体工作，既以总行试点项目为主推进，又积极推进我行重点自选项目。

4. 推进网点分类管理按计划落地，做好分类管理中个金板块关于绩效考核、业务指导、岗位序列等配套方案的出台与实施，使网点分类成为所有绩效、等级、资源配置的总龙头，发挥其主导作用。

四、围绕“落实科学发展观”，全面推进负债、资产、中间业务等重点业务协调可持续发展

围绕统筹兼顾、全面协调可持续发展的科学发展观要求，以提升市场份额、系统贡献率为优先目标，从“规模、结构、效益”三个着力点入手，继续快速发展负债、资产、中间业务。

1. 负债业务贯彻“存款立行”方针不动摇，对标农行，开拓进取，尽快实现网均储蓄同业第一。

负债业务要冷静分析当前资本市场波动形势，顺势而为，结合财富管理体系建设、网点分层服务，围绕“提升份额、优化结构、降低成本，夯实基础”目标，多渠道多途径争揽储源。

一是要眼睛盯住同业，在保牢自身的同时，积极挖抢同业大户及其资金，同时要通过综合账户管理推行“主办银行”思想，与客户建立牢固的渠道关系，在对我行各类存量优质客户的分层维护中，引导其转移同业资金来我行。二是要紧抓与负债业务关联度高且效益高的代发薪、长城商户通、三方存管、出国留学贷款、理财金账户等五大重点支柱产品的拓展，以产品吸引锁定客户，争揽储源、沉淀资金，与此同时加强公司与个金两大板块的联动，做好优质代发薪业务的拓展，促进板块资源的共享。三是要继续倡导主动负债思想，面对当前定期占比持续走高态势，利用基金、三方存管、通知存款等大众型理财产品，引导活期占比提高，降低我行利息成本支出。四是要结合网点转型，网点分类管理落地，强化网均储蓄考核关注，督办支行推动网点透过优质服务、理财服务等来提高网点储蓄产出。五是要继续开展全员营销，完善个人金融资产考核办法，拓宽资金来源，降低资金成本。

2. 资产业务市场余额争第一，市场新增保二争一，在此过程中全力调整产品结构，培育新的增长点，分散系统性风险。

资产业务要围绕“控风险、夯基础、优服务、保地位、争总量、调结构”的经营方针，坚定不移的通过产品与服务创新来实现可持续发展，在此过程中，坚持“两条腿走路”，在优先发展好房屋贷款的同时，大力发展高收益的非房屋贷款，特别是非标类贷款。其中，在房屋贷款方面：继续大力争揽一手房贷，为保障我行房贷余额市场第一地位不动摇奠定基础；全力发展二手房贷，培育种子业务，赢在起跑线；积极拓展转按揭，弥补房产市场交易不足，削弱同业市场份额；努力提升商业用房贷款余额贡献，与时俱进调整风险偏好，扭转市场劣势。非标贷款方面：围绕提升个投贷款、抵质押贷款、信用贷款的余额及新增贡献度，在不增加实质性风险的前提下，积极调整产品政策、优化业务流程、创新营销模式，借以开拓蕴含丰富融资需求的乡镇经济、新农村经济及各类专业市场，借以吸引以公务员、中银理财客户为代表的低风险的中高端人群，形成我行零售贷款可持续发展的新增长点。

贷款服务方面：要继续深化推进网点直客式建设，努力提高网点渠道对全行零售贷款叙做的贡献度；以理想之家会员卡服务体系的调整优化为抓手，改善对中高端零贷客户的贷后服务，并通过交叉销售，提高客户对我行的综合贡献。

3. 中间业务要迎难而上，突出重点、贴近热点、提升弱点，结合产品创新，不懈寻找捕捉一切新的收入来源，聚沙成塔，努力完成全年收入目标。

要围绕进取性的目标，重点抓好中间业务的发展，要继续突出重点（对私国际结算、基金业务），贴近热点（贵金属、出国留学、出国旅游），提升弱点（对私国内结算）。

一是积极支持推动银行卡的大额分期付款业务（含汽车类、装修类和房产类等）；二是加大对私资金业务的推动力度；三是根据目前资本市场相对活跃的特点，加强对

中高端客户营销和与外部渠道机构的合作，争抢基金销售的市场份额，继续做大基金业务；四是要加快理财产品的设计和推出，加大销售力度，提高议价能力，促进中间业务增收；五是对于对私国内结算这一短板业务要找原因、找差距、找措施，完善产品功能、加快支付结算效率，挖掘国内结算业务收入增长点，进一步提升竞争力；六是完善贵金属产品结构，大力组织推动贵金属的销售；七是以借记卡战略产品为平台，实现产品交叉销售，并针对我行优质代发薪借记卡客户、中高端借记卡客户，加大投资理财、消费积分等增值服务的宣传营销力度，提高借记卡钱包份额。

五、围绕“合规经营”，强化风险意识，做好风险控制

1. 信用风险管理：实施“零售贷款管理达标工程”和个人资产质量监控，严格防范虚假按揭，不断完善预警叫停机制和大额变动监控，将零售贷款不良、关注率控制在优秀水平。

2. 操作风险管理：建立个金业务条线内控管理信息库，进一步加强对私业务经理的指导，整合网点代职与业务经理派驻“两制”，推动支行切实履行一道防线职能，树立管理标杆。加强重点高风险业务风险管理，如理财、零售贷款及新兴业务。

3. 强化问责机制，建立良好的合规文化。

六、围绕“以人为本”，加强个金板块队伍建设，夯实业务发展的根基

1. 建设一支结构优化、储备充足、充满活力的个金队伍，完善人才结构。要加强包括网点主任等在内的个金板块各级管理人员的整体建设，不断提高其经营管理水平与战略执行力。

2. 要加大个金零售贷款客户经理、理财经理、大堂经理、产品经理、渠道经理等专业人才队伍的培育力度，鼓励全辖的优秀人才充实到专业队伍中，积极探索、推动专业队伍专业序列建设。

3. 通过建立人员准入、退出、晋级、降级等一系列动态调整机制，充分调动专业人才的工作积极性；通过增强绩效激励的及时性与有效性，不断提高专业队伍的战略执行力；通过轮岗交流、在岗培训、专业资格认定等形式，不断提高专业人才的素质与综合能力，满足客户需求和未来业务发展的要求。

朱韬同志在2009年上海分行工作会议上的讲话（摘要）

一、2009年个金业务外部环境、指导思想及战略目标

（一）个人金融市场的外部环境

2008年以来，银行经营环境发生了巨大变化和波动，尽管当前国内外经济金融环境中存在的不稳定、不确定因素和突发性风险明显增加，但综合来看，银行发展的重要战略机遇不会发生根本性逆转，在今后相当长一段时间内，银行面临的机遇仍然大于挑战。对于个人金融业务而言，关键是要准确把握以下几点：

1. 居民收入增速有所放缓，但居民财富稳步增长的趋势没有改变

我国经济仍然保持较高的增长速度，这为居民财富的稳步增长奠定了坚实基础。与此同时，国家明确提出要增加居民收入，提高居民收入在国民收入中的比重，减轻居民税费负担，稳步提高中等收入者比重，提高低收入者收入水平。随着上述政策措施的落实，居民的财富规模必将继续扩大。

2. 居民消费意愿有所减弱，但居民消费总量稳步增加的趋势没有改变

受收入不确定因素影响，居民消费意愿有所减弱，一些非刚性消费需求受到抑制。但要看到，经过改革开放30年的持续快速发展，上海人均GDP已超过1万美元，奠定了居民消费的物质基础。与此同时，国家明确提出要继续完善消费政策，优化消费环境，改善消费预期，促进消费升级。随着上述政策的落实，居民消费总量必将继续增加。

3. 居民个人理财有所损失，但居民理财意识增强、金融需求多元化的趋势没有改变

去年以来，国际国内资本市场大幅回调，居民理财投资遭受损失，部分居民财产严重缩水。但要看到，经历了一轮财富增值周期以后，居民理财意识明显增强，对于理财业务存在巨大需求。与此同时，居民风险意识显著提高，对银行等专业理财机构的信任度提升，对收益稳定、风险较低的银行理财产品需求大量增加，金融需求更加多元化。

（二）整体趋势引发的有利条件

1. 为夯实发展基础提供了有利条件

金融危机导致的经济增速放缓以及居民投资热情减弱为我行全面夯实各项基础性工作提供了有利时机。是否能够抓住这段经济调整期，在物理网点布局、电子渠道、业

务流程、IT系统、银行卡服务体系、产品研发、队伍综合实力等方面迅速拾遗补缺，将决定今后相当长时间内我行个金业务的整体竞争力。

2. 为增强市场竞争力提供了有利条件

2008年，我行人民币储蓄新增200亿元，历史性突破1000亿元大关，人民币储蓄增速达到23%，但无论在规模上还是增速上依然与市场一流水平存在差距。经济调整周期为我们提供了时间机遇，集中精力，狠抓弱势项目，增强市场竞争力。

二、2009年个金业务工作要点

（一）2009年最重要的工作任务——狠抓人民币负债，协同促进中间业务增长

1. 狠抓人民币负债业务是我行发展战略的需要

目前我行个金业务各项核心指标中，人民币资产业务市场份额18.79%、外币储蓄市场份额33.76%，处于领先地位，中间业务也处在相对优势位置，但人民币储蓄业务仍是我行的相对弱势项目。因此，我们应从战略发展高度来认识狠抓人民币负债业务的必要性，统一全行思想。

2. 狠抓人民币负债业务是外部市场形势变化的需要

在资金回报率大幅下降、投资渠道吸引力骤减的大环境下，资金回流银行趋势明显。2008年上海市场人民币储蓄平均每月新增223亿元，最后一个月全市储蓄新增高达471亿元，各家银行都在集中精力争夺回流资金。同时，外资金融机构在金融危机中损失严重导致信任危机，中高端客户为确保资金安全，更倾向于选择中资银行，尤其是大型国有商业银行，这对争揽人民币负债业务提供了很好的条件。

3. 狠抓人民币负债业务是我行核心竞争力培养的需要

负债业务是银行核心竞争力、综合服务水平最集中的体现。抓人民币储蓄一定是通过各种产品、服务、流程的改善带动储蓄业务发展，所以抓负债就是抓个金所有产品，就是抓网点效能、抓服务流程、抓营销队伍。负债业务就是个金业务综合竞争能力的一根红线，负债业务抓好了，就能把全行个金业务各个环节带动起来，形成以线带面，促进人民币储蓄业务和相关结算汇兑业务的协同发展。

发展负债业务还要处理好与相关业务的关系，要充分理解广义的负债业务也包括部分理财类产品的销售。负债业务的发展与我行理财业务的市场竞争力紧密相关。这对我行的理财管理体系、客户关系维护能力也提出了很大的挑战，也对现有的考核机制和激励政策的完善提出了更高的要求。

（二）完成任务的最基本原则——以客户为中心，变抓产品为抓客户

1. 立足于长期可持续发展的原则，狠抓客户总量的增长

（1）继续拓展渠道资源。2008年，我行网点新建8家，迁址10家，原址改造17家，网点布局工作稳步推进。2009年，要继续根据区域业务潜力加快网点新建与改造速度。

（2）大力发展银行卡业务，以银行卡为载体，扩大账户总量。2009年，要继续抓好发卡工作，通过网点主动营销、三级财富管理体系联动营销、代理人队伍营销、数据库定向营销、合作机构联合发卡营销、场外营销及电子银行外拨营销、全员营销等多种渠道扩大借记卡、信用卡总量，扩大客户规模，

（3）加快网上银行业务发展速度，提升电子渠道贡献度。2008年，我行先后三次进行了大规模的BOCNET整体测试、验收和投产，BOCNET2.2新版网银国内个人服务功能达到国内先进水平。2009年要继续抓好柜面营销，抓好目标客户群营销，抓好宣传推广活动，抓好考核激励措施。

2. 立足于统筹兼顾的原则，抓不同产品线、不同层次客户的整合营销

（1）以优势业务带动负债业务的发展

充分发挥我行外币储蓄业务、零售贷款业务优势，优势带动弱势，促进人民币负债业务的发展。既要关注客户的外币服务需求，也要关注各类由外币服务引申的人民币需求，在产品研发、服务价格、组合销售上制订措施，主动营销。既要抓新增零售贷款客户贷款办理过程中的交叉销售机会，也要抓存量零售贷款客户的贷后服务与营销，从客户需求出发，加强联动，促进人民币负债业务发展。

（2）以三级财富管理与服务体系带动大众网点的发展

财富管理三级服务体系与网点“共同维护”高端客户，实现网点低柜与理财渠道“无缝衔接”。建立理财中心辐射辖内网点的对应关系，实现三级渠道与路支行高端客户“单级维护、多级察看”功能，客户归属在原网点，但维护关系在三级财富管理渠道。

（3）通过理财产品、基金、贵金属等产品线的一次性销售机会带动长期客户关系的建立

培养对高价值客户的敏感性和主动建立客户关系的意识，挖掘客户潜在需求，尤其重视第一次购买投资类产品客户的综合服务需求的挖掘与引导，通过交叉销售逐步稳固客户关系，以此扩大客户规模。

2008年，基金业务受股票市场影响波动巨大，客户遭受到一定损失，但基金销售所具有的重要意义没有改变，开放式基金仍然是目前境内居民最主要的金融资产配置手段之一，基金销售代理服务是我行争揽优质客户、培育核心客户、提高个人金融服务综合能力最重要的手段之一。做好基金销售要实现三个转变：一是要变一次性的推销为长期性的投资辅导；二是要变单一的基金销售为综合性的资产配置；三是变只关心客户的售前需求为售前售后并重。只要实现这三个转变，基金代理销售业务一定能够成为争揽和巩固客户关系的有力手段。

3. 立足于规模效益、协调统一的原则，狠抓有效客户的增长

大力发展第三方存管、代发工资、信用卡、网银等收入贡献度高或客户黏着度强的基础银行服务，促进有效客户的增长，促进效益的增长。开立第三方存管业务意味着中国银行是客户办理各类投资业务的主账户银行，借记卡、信用卡与网银关联意味着中国银行很可能成为客户日常消费、资金划转的主账户银行，代发工资业务为我行带来固定的资金来源和各类附属产品的销售机遇，这些业务所带

来的有效客户增长将是我行个金业务利润增长的源泉，这类基础性服务将是个金业务长期不变的重中之重。

（三）完成任务的最重要抓手——狠抓网点的服务与营销，以服务促营销，以营销促效益

要真正实现以客户为中心就必须以一线为中心，在个金业务领域就是以客户经理为中心，以基层网点为中心。能否完成全年负债任务的关键在一线、在基层、在网点，中国银行做强做大个金业务的根本出路在于提高基层网点的营销效能和盈利水平，做强做大基层网点。2009 年，全行应高度关注基层网点，通过提升网点服务促进业务增长和效益增长，重点抓好五方面工作：

1. 抓网点服务营销的意识

要从提高网点服务营销意识出发，学习先进支行网点管理经验。分行应不断完善各项政策，真正落实服务营销的考核与激励政策。网点要做到营销任务与责任的明确分工，即做好网点内营销、电子化营销和外出营销的分工与部署，实现人人均有明确的营销职责。

2. 抓网点营销资源的配置

在工作任务落实到网点的同时，各类人力、物力、财力资源也要相应落实到位。一方面，要在总量上向网点倾斜，与网点相结合，如消贷客户经理、理财客户经理等人力资源的倾斜，费用资源的倾斜；另一方面，要在资源结构上不断优化，提高营业大堂的利用效率，提升网点灯箱、广告栏、走马灯等宣传资源的使用效率等。

3. 抓网点操作流程的优化和服务质量的提高

提升网点营销服务水平要依靠各类系统、流程的支持。自 2007 年 3 月至今，分行对各类个金业务系统进行研究，已梳理简化了众多业务流程、服务流程，缩减、合并各类网点报表、登记簿，2009 年系统优化支持工作应继续深入开展。

其次，为提高网点服务标准化程度，分行已着手制定网点管理规范指引，规范员工仪容仪表、厅堂环境、操作环境、行为语言，使网点各岗位人员能清晰了解本岗位涉及的各项管理要求。

此外，为提升网点服务质量，分行会通过行内、行外两个渠道，协助网点监控大众客户和中高端客户的服务优质程度。个人金融部编制网点服务质量监控的考核评价报告，至少每季度一期，根据考核评价维度提供量化的评价结果。分行工会根据既定的检查标准、按照计划或执行惯例对全辖网点的服务质量进行明察暗访，95566 对高端客户的外拨回访都要成为行内检查的重要手段。

与此同时，行外检查是 2009 年网点服务质量监控的重要方向。一是通过邀请有一定身份的、熟悉银行同业服务情况的重要客户成为我行服务质量特别顾问。二是结合迎世博金融服务各项要求，从网点环境、员工仪表、服务态度、客户满意度等方面明确监控内容和评分标准，掌握银行同业公会检查结果信息。三是个金部、工会通过外部专业调研机构，采取神秘顾客走访网点、营业网点内客户面访、随机抽样客户问卷调查等形式，建立周期性外部监控机制。

4. 抓对私产品的研发

分行有关职能部门要不断提高产品创新工作的针对性，把特征群体营销、集中营销、整合营销理念纳入新产品创新体系，加快贵金属系列、“借贷合一卡”、个人循环授信支持下的分期付款业务、“个人黄金交易代理”产品、“国际账户”代理业务、商银通等产品的研发。同时，分行个人金融部、资金业务部、金融机构部、公司业务部各个产品部门要加强联动，加大理财产品开发力度。

（四）完成任务的最根本保障——风险管理工作常抓不懈

根据集约化和流程简化的原则，2009 年要继续做好信用风险、操作风险与内控合规管理工作。第一要密切关注金融市场动荡、经济周期及房地产市场变化，建立房地产市场预警及政策调整机制，增强对宏观经济变化及政策调控的敏感度，提高自主应对市场和客户变化的能力。第二要高度重视信用卡前端营销环节的操作风险控制，加强前端受理人员的操作培训，力争做到客户申请的亲见亲访，做到申请资料的合规完整，以有效降低信用卡欺诈申请的发生。

个金条线网点分散，员工庞大，操作复杂，防范操作风险是个人金融业务的重要工作。要加快前后台分离和制度流程整合，将内控制度渗透到各项业务过程和各个操作环节，将控制措施和手段固化到系统中，要依靠科技手段继续加强非现场风险监控，要巩固和完善自我检查、自我整改、自我评估的内控管理流程。

山东省分行王军同志在2009年年中工作会议上的讲话

一、关于客户群建设

客户是银行一切业务的根本，客户资源是赢得同业竞争的基础。随着居民金融消费需求多元化以及同业竞争不断升级，当前个人金融业务已进入到由“追求单一指标，以产品为中心的外延式增长模式”向“追求综合竞争能力，以客户为中心的内涵式增长模式”的转型时期，清晰的战略及执行能力、品牌力量将成为核心竞争力和成败关键。可以预见，在这一过程中市场格局将再次重新洗牌。与同业相比，当前我行个人金融业务中的弱项指标之间具有紧密联系，并都可归结为客户基础薄弱、服务能力不高、综合竞争能力不强。从我行储蓄存款6月末客户结构来看，1~50万元的客户是投入产出比最高的客户群体，也是潜在的理财客户，其发展和挖掘直接关系着我行个金业务的持续发展能力，而当前我行对这类客户付出成本很低，没有体现专业化和差异化的服务，关系维护不到位导致其忠诚度不高，极易流失。

各行一是要充分认识，将客户群建设提升到战略高度，并消除畏难情绪，强化战略执行力，提高执行效果。在继续做好理财以上中高端客户群建设的同时，要高度重视1万元以上有效客户和潜力客户的建设工作；二是要加强考核和激励约束，逐级落实计划，充分调动各方面尤其是基层网点的积极性；同时创新思路，如采取“以存量客户引进新客户，符合条件的可给予存量客户一定奖励”的人海战术，调动一切可以利用的因素，确保完成全年新增50万户的发展目标；三是要有效整合网点开放式柜台服务区和理财服务区，结合客流量、客户结构和层次，业务量以及理财经理的工作负荷情况，将1万元以上客户的部分服务和20万元以上客户纳入到理财服务体系，为其提供差异化服务，提高客户关系维护能力和专业化服务水平；四是省行将制定和明确万元以上客户服务和管理的操作流程、服务标准、营销策略及相应的考核和激励办法等，各行要认真贯彻落实。

二、关于广义负债

储蓄存款是立行之本，长期以来得到我行的高度重视，并通过开展开门红活动、加强考核引导等措施，取得了一定成效。但由于存款是较为成熟的业务，对客户而言属银行的无差异产品，在没有其他产品交叉销售的情况下，客户和存款流动性均较强，往往会导致业务指标大幅波动，像今年4月份和7月份存款大幅波动就是很好例证。在当前居民财富快速积累，财富保值、增值需求不断增加的情况下，理财产品、基金、保险、第三方存管等产品迅速成为居民财富摆布的重要内容，对储蓄存款的分流已初现加速态势，储蓄存款与上述产品的相互依赖也进一步加强。在这种市场形势下，我行储蓄存款增长乏力的情况愈加明显，原有的单一增长模式已经难以支撑业务持续发展。与同业相比，我行在理财产品、基金、保险等广义负债的产品推广上还存在很大差距。至6月末，我行中高端客户资产结构中储蓄存款占比较高，而理财产品和基金占比则明显偏低，与先进同业存在巨大差距。

各行一是要提高认识，增强紧迫感和危机感，充分认识到当前大力发展理财产品、基金、保险等广义负债是我行个人金融业务增长方式转变的必然选择，不仅是为了促进储蓄存款稳步发展，更重要的是有利于提升客户服务能力，夯实客户基础，增强个人金融业务持续增长能力，避免又一次失去市场机会；二是要将广义负债的发展与拓展个人客户规模结合起来，做好与公司金融板块的联动，带动基础客户数量的快速增长，通过客户规模扩大拉动业务增长；三是要将广义负债的发展与拓展战略性个人金融业务结合起来。重点加强拓展国内结算、借记卡、代发薪、第三方存管等业务和产品，通过战略产品引导业务全面发展，优化存款结构，降低存款成本；四是要将广义负债的发展与增强服务能力结合起来，大力推动个金产品交叉销售和组合营销，既提高服务水平，又增加收益。

三、关于零售贷款业务发展

零售贷款业务的战略意义无需再做强调，除了其自身优势以外，还能够长期锁定个人客户，相对而言是受网点数量影响最小的个金业务，对网点少于主要竞争对手的我行而言更具特殊意义。今年以来，房、车市场转暖，市场增量加大为我行赶超先进同业和兄弟行提供了难得的市场机会，上半年我行零售贷款业务发展总体良好，但也存在几个突出问题。一是资源配置明显落后于业务发展，如客户经理数量没有随业务发展增长反而逐年减少，部分行二手房付费政策没有落实到位，开发贷款对房贷的带动还有待加强，这些都成为业务持续健康快速发展的制约因素；二是上半年的业绩很大程度上是在跟随同业产品政策，风险容忍度提高的情况下取得的，存在一些风险隐患，风险管理压力加大；三是与先进兄弟行的差距还在扩大，追赶先进标杆的难度加大，同时原有的优势业务车贷也受到同业的强有力挑战。

基于对下半年市场形势的判断，省行党委提出了抢抓机遇，全年零售贷款余额力争突破600亿元的发展目标，围绕这一目标实现，各行一是要站在战略高度，进一步加大资源配置力度，包括人员配置、费用倾斜和加大房地产开发贷款投放，确保为“既抢抓市场机遇，又保证发展质量”提供扎实的内部条件；二是要加强机制建设，各行在自身权限内要尽快建立和推行“底薪+提成”的零售贷款客户经理制，进一步加快零售贷款标准化处理网点建设进程，全面增强业务竞争能力；三是加强四个研究，结合当地情况和自身实际，制定清晰的发展策略。优势业务要切实巩固市场地位，弱势业务要找准原因，要在现有条件基础上，扬长避短，讲究策略，改善业务发展短板。如从全省来看，一手房业务是我行与先进同业和兄弟行之间最主要的差距，在当前投入的开发贷款难以很快见效的情况下，可通过对楼盘项目实行全员营销，并根据后续业务量进行奖励的方法，拉动一手房业务发展；四是进一步增强议价意识，要根据市场和同业竞争变化，及时调整定价策略，同时要做好零售贷款的中间业务收费工作，提高综合收益；五是要提高风险管理能力，抓好关键业务环节的风险控制，确保将风险控制在合理范围内。

四、关于个人中间业务

今年以来，个人中间业务增长乏力，同比下降，成为我行个人金融业务各项指标中的最薄弱环节。其直接原因是客户群体规模小，有效客户数量不足，深层次原因则是销售服务能力偏低，综合竞争力不强。在当前的市场形势下，要统筹短期利益和中远期发展目标的关系，加快推动个人中间业务发展。

一是从深化网点转型，优化业务流程、增强系统支持能力，加快网银功能升级和推广，加强网点人员培训，提高服务质效等基础工作做起，做大做强国内结算业务，并保持外汇业务优势，逐步增强我行个人金融业务的核心竞争力；二是要全面梳理服务价格体系，对省行统一明确收费标准的收费项目，要按规定严格执行，不得随意减免；三是要分析市场和自身实际，确定并抓好主要的收入增长点，采取有效措施推进，重点做好基金销售、零售贷款收费、个人结售汇等工作；四是要在防范风险的基础上，加快个人中间业务产品创新，通过积极主动的市场调研和同业追踪，根据自身资源条件及竞争优势，选择目标市场，广泛了解市场需求，针对不同客户群和市场需求有针对性地设计、推广新产品。

五、关于银行卡业务

虽然上半年我行银行卡业务总体仍居于系统内先进行列，但贷记卡发卡落后时间进度，尤其是重点地区计划完成滞后。其主要原因在于发卡渠道仍然单一，联动营销开展不畅，上半年公司渠道新增发卡仅占新增发卡量的占比较低，而代发工资渠道占比更低，远远低于系统先进行的平均水平。另外，银行卡案件防范风险加大，员工推荐和网点渠道进件虚假申请现象屡有发生，欺诈损失占比较高，必须引起高度关注。

各行一是继续拓宽发卡渠道，加强联动，以发卡竞赛为营销契机，大力扩大发卡规模。加强与公司和个金板块的联动营销，结合客户群建设工作做好配套发卡，深入挖掘公司授信、代发工资、消贷、理财等客户资源；积极开展营销竞赛活动，大力推广财政（军队、武警）公务卡、女性卡、运动卡、新一代长城信用卡等新产品，努力赶超发卡时间进度。青岛地区和济南分行下半年要切实加大工作力度，努力追赶，发挥出重点地区应有的带动作用。二是加强产品研发，借新产品、新业务扩大收单规模，提高盈利水平。推出具有我省特色的大额分期信用卡产品，扩大消费额和中间业务收入；借网上收单、MOTO分期、分期付款永久性方案、消费卡代理清算等收单新业务，扩大我行收单业务范围和丰富分期付款商户类型和结构，扩大收益空间；加强“卡付通”定向营销，扩大收单规模、带动发卡业务、拉动对公业务和对私高端业务。三是严格落实四部委文件要求，有效防范各类风险案件。加强营销渠道和发卡审批管理，确保做到两个百分之百；加大对持卡人交易监控力度，及时处置套现和欺诈交易案件；严格落实收单商户准入制度，从源头杜绝高风险商户；加大银行卡案件防控力度，编辑《银行卡案件防控指引》，及时通报新的欺诈手段和防范措施，有效防范、打击银行卡案件。四是加强人员配备，确保业务发展需要。近几年银行卡业务高速发展，但同期从业人员增长相对缓慢，人员不足的矛盾愈加突出，各行要加大人力资源配备，保证银行卡业务继续健康快速发展。

六、关于渠道建设

与主要竞争对手相比，我行网点数量明显偏少，因此做大做强网点，全力提升网点效能成为我行的必然选择。近年来，我行积极贯彻总行战略部署，抢抓先机，大力加强渠道建设，辖内75%以上的网点已完成了硬件改造，网点形象得到大幅度提升，对业务发展起到了积极的促进作用。但至6月末，我行7人及以下网点占比仍然较高，10人及以下网点占比偏低，人员配备不到位，再加上业务素质还需要提高，导致低柜得不到很好利用甚至闲置，不仅浪费了宝贵的渠道资源，也制约了网点转型的深化和网点效能的提升。而近两年，同业渠道建设和网点转型加速推进，我行的先发优势将逐步丧失，加大人力资源配置，迅速发挥网点转型的先进生产力已十分紧迫。

各行一是要优化人员结构，加大对网点一线的人力资源倾斜，认真贯彻落实省行《营业网点职位设置和人员配置实施意见》的有关要求，配备大堂经理，发挥其在网点服务销售流程中的核心组织作用；配备开放式柜员、个人客户经理等销售人员，并通过服务销售流程的整合规范其服务和销售的具体职责，尽快解决当前网点转型的瓶颈问题；二是提高网点改造效率。8月底前，完成全部计划内网点改造的设计与报批工作，已批复网点要进入施工阶段；9月底前，动工率达到90%，完工率达到70%；今后，各行原则上要在省行批复后要2个月内完成招标工作并进入施工阶段。省行下达了理财中心和财富中心建设的机构，要加快进度，尽快进入实质性操作阶段，确保按时完成；

三是推广服务销售流程，建立起以产品销售、客户发展为核心指标的销售人员考核体系，提高网点主动销售能力；四是在做好选址、布放的基础上，扩大自助渠道规模；在功能不断完善和升级的基础上，加大个人网银推广力度。同时加强对客户的引导，促使业务向自助和网银渠道迁移。

把握新机遇　实现新突破

——周天均同志在四川分行2009年年中工作会议上的讲话（摘要）

总的来说，我行上半年个人金融业务总体规模、任务完成率、增长幅度、市场份额、总行考核排名等情况总体不错，个金板块主要绩效指标完成率较好，基本达到时间进度要求，市场份额稳中略有增长，在总行5月份个人金融板块业务绩效考核中，我行取得全国前三名的好成绩，反映出我行发展能力增强。

一、上半年主要工作推进情况

上半年，我行继续分层推进各项机制创新，不断深化个人业务经营管理的决策机制、运行机制、传导机制和控制机制，从渠道、服务、流程、产品等维度研究解决制约业务发展的重点和难点问题，转变经营理念、提升管理效能，促进业务发展。主要有以下几个方面：

1. 推进网点转型和自助渠道建设，提升渠道服务能力

今年全年计划改造网点110家，上半年完成49家，全辖符合总行功能分区规范的网点已达到357家；全年计划建成转型网点77家，上半年完成50家，转型网点已达到210家；上半年投放ATM设备64台，自助终端44台；完成网上银行3.0版本7×24服务升级；增加一线柜台103个，增加专职大堂经理62人；对全辖160名转型网点负责人进行了针对性培训，提升了网点综合管理和服务营销能力。

2. 健全三级财富体系，完善全方位、全过程的服务模式

上半年，我行进一步实施客户分层管理，完善传统网点客户标准化服务、理财中心客户销售式服务、财富中心客户顾问式服务、私人银行客户管家式服务体系。个人金融部、私行、财富中心针对中高端客户从产品、服务、营销、考核等层面入手建立了相应的配套机制，如“私行营销激励方案”、“私行客户营销工作指引”、“财富中心与分支行共同维护客户及双边记账办法”、“财富客户标准化资产配置流程”，有针对性的制定了差异化的“一行一策”财富管理客户拓展策略，在此机制保证下，充分调动了全辖拓展财富客户的积极性，形成了全员营销财富客户的氛围，中高端客户规模逐步扩大。

3. 加大产品创新力度，丰富和完善个金产品链

上半年共开发推出了17款个金新产品，其中负债业务推出“长城—中国人寿”、“长城—公积金”联名借记卡、牛年礼仪存单、牛年生肖卡等4款；资产业务推出“理想之家·易贷宝”1款；中间业务推出对私汇划通、网银集中代付、中银汇兑卡卡通等3款；银行卡业务推出信用卡汽车大额分期付款、中银白金卡、女士钛金卡等3款，并在综合业务系统中嵌入“目标客户拦截程序”，实现信用卡目标客户的自动识别；理财业务推出中铁信托“银杏5期”、自动滚续周末理财产品、“信银1号”与“套利通”信托类私人银行专属产品等4款；保险贵金属等业务推出“财富管理客户整体保险方案”、“万两金”投资金条等2款，代理了9家贵金属生产商共计约193种贵金属产品。上述新产品以发现、引导、激发和创造客户需求为基础，有效地抓住了市场空白与机遇，发挥了较好的市场拓展功效。

4. 整合优化业务流程，改善前台客户服务效率

作为全国唯一一家小机行网点流程优化样板行，我行在梳理确定的78个大项171个子项的流程优化项目中，上半年已完成29个子项的优化，如，调整了人民币储蓄大额存、取款授权金额，调整后网点授权业务量较调整前平均减少约35%以上；人民币对私汇划系统由原有三级授权改变为根据汇款金额分级处理，业务办理时间从15分钟减少至3分钟，并有效解决了网点因人员问题导致的周末节假日无法办理人民币汇款业务；梳理信用卡进件审批流程，进件处理周期由15天左右缩短为9天等，业务架构和流程的完善优化为改善服务效率奠定了基础。

5. 稳步推进不良资产消化，资产质量得到持续改善

上半年我行进一步加强主动风险管理，以差异化风险管控措施指导业务发展，实施授信政策相机调整的矩阵管理，引导分支机构自主提升应对市场变化的决策能力。在资产质量控制方面，进一步加强不良贷款清收和贷款的预警管理，在贷款规模逐年扩大和市场波动的背景下，关注类贷款余额和新发生不良额较历史同期相比呈下降或持平趋势，上半年累计清收化解不良贷款23 123万元，资产质量得到显著改善。

6. 积极推进个金板块整合，加强绩效考核机制传导，

提升管理效能

按照总行统一部署，我行积极推进个人金融板块整合，建立了基于流程管理理念和前瞻性业务发展的新型组织框架，初步实现个人金融板块工作例会制度、费用管理制度、板块联动制度等日常工作机制运转，整合个人业务部的整体工作效率。在强化个人金融条线管理效能方面，我行充分运用费用配置、绩效考核机制，将板块经营绩效目标传导到各业务模块、各分支机构、各层级人员，确保条线上下目标清晰、方向一致。

二、下半年面临的形势和任务

1. 加快建立新的业务发展模式

如何提升业务发展能力和市场竞争力？全行上下都在不断的思考不断的探索不懈的努力。我认为目前首要的是按照总行的发展战略和十八字方针，贯彻落实好对个人金融业务发展转型的一系列要求和工作部署，建立起适应市场发展变化的和现代商业银行内在管理要求的业务发展模式。这方面的内容很多，也反复不停地在灌输。在这里我就建立新的发展模式今年下半年所要做的重点工作强调三项：

一是加快推进网点新的业务发展模式。网点既是我行为社会提供金融服务的系统网络中的一个结点，又是业务和效益的产出单位，要不断加强其经营能力和压力。网点要增强功能，所有网点都要逐步提供全面的传统银行业务，相关的工作部署详见《下半年网点业务部署表》（附件），请各行在这方面要制定实施计划；重点网点或销售型网点要为客户提供资产配置业务，也就是销售理财，基金，保险和贵金属等。与此相配套，要充实网点的销售人员；要将绩效考核具体落实到人，通过激励约束将压力传导至业务体系前端；要规范服务行为，形成有效的接待和分流引导，提高特殊事项的处理能力。

二是建立业务交叉营销的方法和机制。业务交叉营销分客户和产品两大类。产品的交叉营销主要通过创利提成机制来实施。我这里着重强调客户的交叉营销。我们与客户建立关系主要通过存款（包括储蓄账户和借记卡），个人贷款（包括房贷、车贷、助学贷款、投资经营贷款），信用卡发卡，出国留学服务，第三方存管等渠道，另外还可依附公司业务和保险业务渠道，省分行个人业务部已制定了相应的管理办法和操作办法，在每个渠道发展客户时都要进行全方位的拓展，避免以前的单打一，各自为战。这项工作已在部署。

三是建立个金业务的统一管理机制。今年按照总行架构整合的要求，我行对个人业务进行了全面的整合，建立了包括个人金融部，银行卡部，财富中心，私人银行，以及板块管理和风险管理五个模块在内的个人业务部，形成了围绕个人客户提供全面业务的管理机制，包括业务拓展、资源分配、后台运营、风险管理、绩效评价等内容，个人业务部每月各模块团队主管以上的人员在一起举行例会，协商和确定重点工作，形成信息畅通、相互配合、共谋发展、重点突出、方向明确的工作机制。望各分支行按照这个模式统一协调个人业务的发展，提升整合能力和综合效益。

2. 在贯彻执行发展战略中不断提升个金队伍的素质

这几年我们加大对个金队伍的业务培训，理财人员和消费信贷人员的专业化培训和资格考试都取得很好的成效。上半年我们举办了四期共160人的网点负责人的管理培训班，以帮助基层管理者适应网点转型的要求。在这里我着重强调省分行条线管理部门的负责人和分支行主管行领导，包括一把手等高管人员在个金业务的发展中所发挥的重要作用。个金业务靠的是系统工程，讲究的是聚沙成塔，集腋成裘，很难毕其功于一役，只有全面强化管理和提升发展能力才能形成优势。我们要全面加深对总行发展战略的认识，加大对总行和省分行党委各项工作部署的贯彻执行力，增强跨越式发展的紧迫感，牢固树立顽强拼搏的雄心和信心，敏锐掌握市场的发展变化，充分发挥我行的优势，善于整合和利用各种资源，以自己良好的素质和出色的工作为我行个金业务的发展做出贡献。

总之，我们要通过不断加强队伍建设，逐步完善业务发展模式，提高我行个金业务的发展能力和市场竞争力，促进各项业务指标的完成，这就是我们下半年所要完成的工作目标和任务。

三、下半年主要工作措施

尽管下半年面临的压力很大，但我们也要看到宏观经济形势进一步向好，市场蕴藏着更多的能量，下半年的业务发展有着比较好的环境，只要我们按照年初工作会议所确定的工作部署，抓住有利因素，进一步采取切实措施，我们有信心取得更好的成效。

1. 继续多渠道拓展有效客户

客户是银行服务的对象和各项业务发展的基础，其中有效客户是银行形成竞争力的宝贵资源。有效客户包括高端客户，代收代付代发工资客户和交易需求活跃的客户。在三级财富体系和网点的销售队伍初步形成后，以前靠天吃饭、等客上门、守株待兔的被动发展方式有条件向主动营销争取客户的方式转化。同时省分行制定了有关办法和采取了一定的技术手段，通过对存量客户深度挖掘和不同业务渠道（存款、贷款、理财、基金、保险、贵金属、第三方存管）的交叉销售加强对有效客户的发展和维系，通过重点研究拦截、吸附中高端客户、代理客户、代发工资客户的方式增加有效客户数量；进一步探索三级财富管理体系与网点的联动，不断调整有效客户结构，提升对中高端客户的关系管理水平。这项工作有很多的专业化技巧，要在实践中不断摸索提高，总结经验，取得成效。

2. 强化销售队伍建设，确保人员到位，目标明确

下半年的一个重大利好就是我们的网点将新增人员670多人。要保证100%的人数落实到网点，其中80%要充实到销售队伍。在人员充实的同时要积极跟进新增人员培训工作，尽快提升新进人员技能，早日实现网点产能的明显提升。同时还要配套完善对新增人员和其所在网点的考核机制，适度调增人员得到充实网点的任务目标，确保销售人员的配置与销售产出相匹配。

3. 转变网点经营方式，完善网点服务功能

下半年各行要着力从网点功能增加、功能分区设置、大堂经理对客户的分流引导三方面入手实现网点经营模式转变，要将网点功能分区设置与大堂经理的引导分流有机结合起来，充分释放网点功效，使大堂经理充分发挥调度营销和应急处理作用。各行在从发展存款业务到全方位经营转变过程中，必须抓好ATM、销售人员、高柜等产出渠道，要对各项产出渠道的产量做到心中有数，进一步增加网点结售汇、国内结算、国际汇款、质押贷款、理财产品等业务的开办，全面提升营业网点受理业务品种的覆盖面，完善服务功能，确保达到提升网点综合收益的目标。

4. 充分发挥各项管理机制的导向作用，促进重点业务快速发展

各行要充分发挥自身专业化的管理优势，创新和规范管理手段，将各种不确定的目标任务通过一系列专业化的管理变为可评估、可量化、可确定的目标结果。下半年省分行将继续抓好对网点负责人、个金分管行长、主任的培训，提升各级管理者在新经营模式下管理能力和管理水平。分支行要充分发挥费用配置对业务发展的促进作用，用好、用足总行、省分行配置的各项费用资源，切实提升费用投入产出效能。各行要结合省分行对个金业务的考核结果做好总结分析，找准业务发展差距，将各项激励措施落实到位，进一步提升业务发展的针对性和有效性。

5. 围绕客户需求优化业务流程，提升流程处理效能

继续深入开展优化网点流程工作，对业务操作流程、服务销售流程、管理流程等要进行全面梳理和优化，有效提高网点的服务效率、营销能力、客户满意度。对上半年已优化的29个流程优化项目，要加快推进实施，尽快实现产能；对总行试点优化项目做好前期准备工作，严格按照总行进度完成；加快网点服务销售流程整合工作的落地，确保在2009年10月底完成全辖326家网点的服务销售流程整合工作。

6. 积极寻找业务新增长点，提升业务发展市场竞争力

针对上半年业务发展中存在的差距和不足，下半年要进一步加快存款、资产、中业、银行卡收单业务的发展，提高个金业务综合收益。

1. 存款方面，下半年的新增存款任务，要着重从以下四个渠道实现产能：三级财富管理体系；项目跟踪；网点理财客户；网点自然增长。

2. 资产业务方面，上半年省分行对房屋类贷款和小额经营类贷款实施了差异化的授信政策，对产业链经营类贷款逐步介入，对个人中高端客户提供差异化的综合授信服务。下半年我们要进一步研究如何利用授信政策的差异化管理来提高个人资产业务的综合收益。要继续保持二手房、车贷业务的优势，加大一手房贷款的发放力度，通过开发贷款与按揭贷款联动，提升一手房贷市场竞争力，通过经营类贷款投放，调整个贷产品结构，提高个人业务综合收益。尤其是针对大额经营类贷款、中高端客户经营类贷款要积极结合市场环境、客户类别、风险集中度等特征进行差异化管理，提高经营类贷款收益贡献度。

3. 中业方面，传统业务和创新业务要双管齐下，传统业务要做到集腋成裘，创新业务要与个投、基金等业务形成联动，下半年资本市场整体向好，面临许多发展机遇，要注重寻找业务增长的新来源，缩小业务发展差距。

4. 银行卡业务方面，通过机制改革，引进外包，加大二级分行收单业务发展力度，逐步在全辖营业网点推广“卡卡通”业务，促进收单业务市场份额的提升。

（四）交通银行省市区分行个人金融论坛

准确判研市场机遇 创新优化营销体系 探索凝结全行智慧的个人金融业务特色发展之路

交通银行北京分行副行长 杨丽

第一部分 近4年个金工作回顾和业务发展特点

2006年分行党委提出零售银行战略转型的目标，近4年来，全行上下高度重视个金业务发展，集中优势资源，实现个金业务重点突破和整体推进。2009年是全行个金条线认真贯彻分行党委提出的“零售银行战略转型”要求的关键一年。我行个金条线全体员工通过不懈努力，使个金领域多项指标实现较快增长且创建行以来历史新高，在北京市金融系统和总行系统的占比得到提高，使我行个人客户资产规模、理财销售能力、结算业务水平、客户结构调整、个金创利能力得到显著提高。

一、我行实行个人业务战略转型4年来取得的成效

4年来我行零售银行战略转型取得初步成效，主要体现在“五个提高、三大调整、三项基础夯实”。

第一，4年来实现了“资产规模、客户规模、交易规模、收入水平和市场占比”的五个提高

一是资产规模不断提高。客户总资产2009年全行个人资产同比增长34%，其中：人民币储蓄存款4年增长了1.28倍，其中本年增长量是我行建行20年以来全部余额的1/4；相关资产（基金、得利宝、国债、保险、第三方存管、外币）余额累计增长10.56倍。

二是客户规模不断提高。个人客户总规模4年增长105%，使我行个人覆盖全市常住人口规模从2005年末的18%提高到34%；50万以上的客户3年累计增长193%，5~50万的客户累计增长86%，1~5万的客户增长62%。

三是客户交易量不断提高。从理财业务看，从2007年以来我行理财销售规模大幅增长且保持稳定，2009年四项人民币理财产品销售量是2005年的16.90倍；从结算业务看，代发资金成为稳定储蓄资金来源的重要保障，2009年代发资金量是2006年的8.81倍，在此基础上，我行借记卡消费、贷记卡消费、网上支付等业务量得到不同程度提高。

四是中间业务收入水平提高。近4年个金中间业务收入呈现逐年增长态势，2009年是2006年的4.38倍。

五是市场占比得到提高。人民币储蓄存款市场占比2009年末较2006年初提升0.89百分点，在储蓄存款市场占比同时，我行通过大力发展个人理财业务，使基金、人民币理财、保险、外币理财也分别较2008年有了一定幅度提升。

第二，4年来实现“资产结构、资金结构、收入结构”的三大调整

一是资产结构调整。4年来我行大力发展个人理财业务，客户资产在规模增长的同时实现结构调整，非储蓄存款资产增速较快；随着近年来资本市场涨跌变化，我行适时做好基金、人民币理财、保险和第三方存管的销售工作，实现该类资产规模的结构占比提高。

二是资金来源结构调整。我行近年来重视公私联动，利用公积金抓手，促使我行代发水平不断提高，也是代发资金在全部资金来源的占比不断提高，代发资金成为我行个人客户资产增长的重要支柱之一。

三是收入结构调整。我行随着大力发展个人理财与商务结算业务，商户结算、基金、理财、保险手续费收入在个金条线中间业务手续费的占比不断提高，实现了理财和结算收益结构的优化。

第三，4年来实现了“渠道基础、队伍基础、管理基础”的三项基础夯实

一是夯实渠道基础。我行加大网点和渠道建设速度，提高各种渠道在北京市场覆盖度。逐步将物理网点、电话银行、网上银行、自助设备有机结合起来。通过物理渠道和电子渠道为客户提供服务。我行在加快营业网点建设速度同时，不断优化网点内部功能区，使网点功能从“交易型”向“销售型”转型，通过广泛布设沃德财富服务中心，为高端客户提供舒适的硬件环境；我行不断加快自助渠道设备铺设，使自助设备范围已覆盖城八区人流、资金流较集中的商业区、写字楼、住宅区以及部分远郊区县繁华地带。

二是夯实队伍基础。近年来我行不断加大力度，使人力资源向个金条线倾斜，扩充个金销售团队人员数量，制定个金销售人员的日常工作指引，开展AFP和CFP培训等资格认证培训，组织客户管理、业务知识和营销技巧、处理客户投诉技能等方面培训。

三是夯实管理基础。分行高度重视科技兴行策略，科技投入大力向个金条线倾斜。整合开发中间业务平台、MIS等业务操作系统，提高了业务处理效率；开发信息统计系统，使营销管理不断规范化和精细化。通过信息统计系统，实现目标客户营销管理精细化，给推广数据库营销模式提供了技术支撑。

二、近4年我行发展个金业务的重要经验

分行党委提出“零售银行发展转型”已有4年时间，回首4年发展历程，我们总结4点重要经验：

“零售银行战略转型”取得阶段性成效，得益于坚持以“科学发展观”重要思想为指导和坚持分行党委正确领导。科学发展观重要思想是指导个金业务发展的重要理论，

分行党委始终坚持这一思想，不断解放思想和破除惯性思维，坚持个金业务发展从主流、抓重点、显特色，为分行个金业务全面、协调、可持续发展提供了坚强的政治保证。

“零售银行战略转型”取得阶段性成效，得益于我行坚持市场为先、客户为上，探索具有分行特色的个金发展之路。近年来资本市场快速发展，居民财富积累速度加快，使个人理财业务成为各行竞争的重点之一，我行审时度势，加快理财业务发展，培育和储备中高端客户资源，同时抓住“两金”抓手扩大个人客户规模，为今后创造我行个金业务发展特色之路奠定坚实基础。

“零售银行战略转型”取得阶段性成效，得益于我行勇于开拓进取和创新管理，以奋勇拼搏的精神迎对零售领域激烈竞争环境。近年来我行根据对北京市个人金融市场发展趋势的整体判断，大刀阔斧整合个金板块组织构架，加大资源投入向个金条线倾斜力度，突出管理的专业化，提高整体服务的效率。

“零售银行战略转型”取得阶段性成效，得益于全行始终坚定发展信心和坚持“不惟指标惟市场”理念不动摇。近年来国内外金融形势瞬息万变，但全行上下坚定发展理念，科学筹划，狠抓落实，克服重重压力，最终取得良好业绩；我们在评价业绩时，更多看重在总行和北京市金融市场的地位变化，因此我们更客观看待成绩，洞悉发展机遇，找准存在不足，提高市场占比的愿景激发了全行个金从业者克服小富即安思想，更团结拼搏去打拼我行在金融市场的新天地。

第二部分　2010 年个金工作总体设想

成绩只说明过去，未来发展更精彩。今后我行个金工作要坚持“市场为先、客户为上、特色发展”的思想，发挥全行智慧，依靠员工拼搏，主克己短，兼取人长，加快个金业务板块整体发展，促进个人业务和财富管理转型不断深入。

三、2010 年个金工作的整体思路

2010 年个金工作整体思路是：坚持“市场为先”和“客户至上”的理念，加强市场趋势判研，构建分层营销体系，推动产品整合创新，提高渠道使用效率，锻炼团队综合能力，提升个金服务水平，探索具有北京市分行特色的个人金融业务发展之路。

四、2010 年个金工作主要措施

2010 年国内经济企稳向好，北京经济处于新的阶段，因此我们应充满信心谋划明年个金工作，全行上下应切实落实本次会议工作部署，做好下面 6 项工作：

第一，加强市场趋势判研，积极把握发展机遇

个金业务发展受市场因素影响很大，因此明年我们要以市场为先，分析经济金融形势特点，做好市场发展趋势预判，把握市场热点和亮点，从产品设计、客户储备、预热宣传、营销推广等方面开展工作。

一是判研经济形势和资本市场走势。要提高对宏观经济形势和资本市场发展的研判能力，研究创业板新股申购的交易规则，关注股指期货推出时机并做好前期准备，要大力发展财富管理业务，做好基金、证券、期货等代理产品销售，为客户综合理财规划服务。

二是研究投资领域与居民消费行为。加强对中央促进消费政策研究，关注商户和客户在销售额和消费额变化，调整我行发展策略；加大对餐饮、百货、娱乐业等商户的支持力度，加大具有消费实力和潜力的目标客户营销，加强网上支付、手机支付、支付通等拓展力度。

三是判研国内外实体经济发展特点。研究国内国际两个市场，综合考虑金融和实业两个领域，利用市场信息和专业判断为私人银行、沃德财富客户群提供有价值的参考信息。

第二，发挥部门联动机制，提高客户营销效率

总行去年确定了“走国际化、综合化道路，建设以财富管理为特色的一流公众持股银行集团”的战略目标，这极大开阔我行业务视野和扩充了我行个金业务发展空间。个金业务范围不限于个人负债和中间业务领域，将会涉及资产业务、国际业务、中小企业业务等多方面。因此我们要进一步解放思想，破除惯性思维，提高敢尝交行先的工作勇气和魄力，加强大个金板块的协调联动发展。

一是将客户需求作为部门联动的纽带。明年我们要以各业务主牵头部门为单位，在本部门分管业务营销过程中或后续维护时，积极了解客户生活特点和理财习惯，加大对客户进行交叉销售，做到理财和结算业务契合，实现版块联动。重点是加大个贷客户群、网上银行、手机银行等渠道类客户群、“两金”单位个人客户交叉销售。

二是加强营销部门和产品研发部门的联动配合。分行个金各部门应加强管产品专业销售部门（产品经理）和客户关系管理部门（客户经理）配合，一方面产品研发部门要根据市场研判开发某类客户需求的产品，通过客户经理销售扩大持有我行产品的客户群，另一方面针对我行现有中高端客户，客户经理应加大了解客户需求并及时反馈，由产品部门根据总分行资源进行个性化产品设计，满足客户特定需求，尤其是针对我行私人银行客户的需求，产品部门要储备票据、信贷资产、投资项目等多种资源，并提高这些资源向产品的转化速度，当客户需求明朗时，使我行能成为最早提供客户产品、提供产品最符合客户需求的银行。

三是通过板块间联动达到降本增效效果。明年要加强个人客户基本信息管理，加大对这些客户持有产品、签约情况、金融交易、盈亏浮动的跟踪分析和分类管理，管理部门要结合市场形势分析有关数据，并通过指定条件为各经营单位提供目标客户营销名单，并从营销策略、促销活动、产品设计等不同角度指导前台部门营销和服务目标客户。同时要加强与信托公司、证券公司和基金公司深入合作，加大同交银国际、交银信托等子公司的合作力度，发挥营销合力，研发优质产品。

第三，实施客户分层营销，提高综合管理能力

建立“私人银行—沃德财富—交银理财—快捷理财”四位一体化、覆盖全客户领域、体现差异化服务、营销精准化的客户营销管理体系，对不同级别客户群实施差别化 5P 策略，提高我行团队对个人客户的综合营销和财富管理

能力。

一是明确不同客户群定位和营销服务模式。私人银行客户定位于拥有500万元以上资产的客户，提供“专家”团队服务模式，突出综合化和全球化视野；沃德财富客户定位于拥有50～500万元资产的客户，提供“一对一”专属服务模式，突出优化资产配置和提供增值服务；交银理财客户定位于5～50万元资产的客户和“低钱包份额高资产”客户，提供“一对多”批量服务模式，突出理财销售和提供增值服务；快捷理财客户定位于1～5万元资产的年轻成长类客户和未享受我行服务客户，提供自助智能渠道服务模式，突出便捷服务和差异化价格。

二是实现客户分层差异化营销管理。针对私人银行客户，要着眼于个人、家族和企业3个方面，通过跨部门、跨领域、跨国界多头合作，提供全面周到的金融理财和增值服务。针对沃德财富客户，要立足于现有客户资产提升和客户转介，要从优化资产配置角度做好产品销售和资产提升，同时通过拓展增值服务提高客户服务的差异化特点；针对交银理财客户，要深度挖掘优质“两金”和代发客户内涵，通过系统筛选和客户服务经理销售产品吸引行外资产，根据员工需求推出专享产品和提供价格优惠来扩大资产规模；针对快捷理财客户，重点通过系统和渠道识别功能，通过电子和自助渠道实现客户批量签约和完成交易，针对这些客户加大交叉销售力度，通过网上银行和手机银行促进他们交易量扩大，从而将优质客户提升为上述3类客户。

第四，抓准产品优势卖点，提高营销精准水平

我行目前拥有有效客户占全行个人客户资源的比例仅10%，这说明我们仍有很大的业务发展空间，对于那些未享受我行服务和未持有我行产品的客户群，我们应按照客户普遍购买产品和交易习惯提供产品，通过客户购买行为了解客户需求和建立维护关系，同时，对已持有我行产品的客户群，则更多根据客户需求和资产配置要求，提供产品和服务。

一是产品营销要以扩大有效客户规模和吸引行外资金为目标。我们未来要继续做好理财产品的研发与销售，明确理财产品销售的目标是扩大有效客户规模和吸引行外资金，加强分析客户多方位需求，通过产品交叉销售优化客户资产配置。理财交易签约和渠道服务签约主要是扩大有效结算业务客户规模和扩大结算业务量，促进我行有效个人客户的规模式增长。

二是明确理财类产品的销售重点与亮点。基金销售应以公募基金为主体，以“一对多”为补充，突出“智慧选基”品牌，加强分行对市场判研和指导经营单位确定营销重点和对市场趋势的敏感性；保险产品销售突出资产配置功能，强化客户经理主销售的角色，在做好传统分红险的基础上，加强期缴产品和保障型保险的推广力度；理财产品要突出精准化销售和产品的创新性。重点销售好中短期理财产品、创新挂钩国内资本市场、海外市场等结构性产品；要抓住资本市场上行预期，加强合作券商的管理和拓宽争揽第三方存管客户的渠道；要抓住弱势美元和通货膨胀等全球经济特点以及贵金属的投资与收藏功能，加强实物黄金业务的签约推广，宣传金银章币收藏功能和做好销售，贵金属销售要突出资产配置作用和保值增值亮点。

三是结算类业务要突出消费趋势特征。要综合发展银行卡消费、收单结算和新兴支付结算等品种，不断根据市场潮流丰富创新结算手段，为综合营销和服务创造机会。要通过借记卡消费积分和开展消费促销，促进借记卡消费群扩大，重点针对代发工资与公积金客户提供消费优惠；加大对沃德财富、中端、代发工资、房贷客户等客户群进行信用卡营销，并积极配合总行信用卡促销活动促进我行银行卡消费的市场份额；要在加强风险防范基础上，适时推出银行卡实时支付产品，满足大型批发市场商户需求，投产预付费卡代理清算业务，推出具有交行特色的特约商户“和”卡积分系统，研究积分POS消费功能，力争推出积分POS消费，促进收单业务可持续发展；要关注互联网经济发展趋势，加大网上支付、手机支付的营销，通过“新潮”吸引年轻人，通过便捷的渠道交易和定期定额扣款类业务培育这些客户的忠诚度。

第五，加强网点分类管理，提升渠道使用效率

一是加强网点合理布局、促进网点功能转型和实施网点分类管理。要根据北京城市规划特点充实、调整我行物理网点和自助设备的布局，根据区域竞争策略安排网点改造进程，强化“两金”和代发工资单位周边网点的销售与服务职能，要使物理网点和自助银行在布局上相呼应；对网点实施分类管理，按照综合型、社区型、商业商务型、战略发展和功能支持型4类划分进行网点管理，分行管理部门要加强指导网点开展精细化营销，提供跟踪网点营销效果的工具和分析方法，根据市场变化特点和趋势适时调整网点考核策略。

二是丰富渠道功能和发挥渠道营销职能。要丰富渠道功能和扩大渠道覆盖，丰富代缴业务品种，实现渠道代缴费功能全覆盖，推进批量代收代扣进程，做好“三通”工程，不断丰富ATM机代理功能。随着产品和服务功能不断丰富，要强化市场推广经理批量营销集团客户时做好渠道功能宣传的作用，发挥客户进行渠道交易时自动识别客户服务等级功能，使“有言营销”和“自动提示”相结合，通过渠道交易挖掘客户内涵。

第六，锻炼队伍培养人才，规范管理多维培训

明年将建立健全个金销售队伍管理体系。明确私人银行顾问、沃德客户经理、客户服务经理、市场推广经理和大堂经理等岗位职责，完善各岗位日常工作指引，使销售人员的工作规范有序，明确岗位聘任标准，打通职业生涯通道，做好岗位培训和资格认证，突出培训的针对性和专业化，完善销售人员考核标准。在做好上述工作的同时，还要逐步探索客户经理间客户转移定价模式。

第七，统筹规划规范管理，强调计划突出前瞻

一是提供精准化营销和精细化管理的科技手段。明年将实施数据库营销策略。重点通过信息统计系统筛选目标客户，做好个性化统计功能的使用推广，从多种维度确定目标客户，实施精准营销；同时分行为前台营销部门提供营销活动效果数据和客户跟踪分析，加强网点产能分析与管理，评价经营单位营销质量和效果。

二是注重客户营销过程的管理。明年我们要加强个人客户资源储备和挖掘，要对个金业务实行全过程管理，在做好市场预判和产品资源储备的前提下，重点做好目标客户的筛选和储备，分行要起到“个金分析师”的管理作用，减少“救火营销”的比例，经营单位要围绕全行个金业务发展理念，在看待计划指标时要“从长计议”，突破近视眼营销瓶颈。

三是提高管理个金业务操作和人员道德风险防范水平。尝试建立以客户为中心的客户交易全过程系统风险管理流程，丰富完善系统功能成功堵截和防范操作风险，探索直接接触客户的事后监控模式，做好典型个金风险案例总结。

2010 年依旧是机遇与挑战并存。我们认为：“信心比黄金更重要!”，只要我们坚定发展信心，把握市场机遇，坚持“以客户为中心”理念和“走分行特色发展之路”不动摇，就一定能取得更加优异的成绩。

转变发展方式　增添发展路径　大力发展零售业务

交通银行重庆市分行副行长　黄锦平

一、围绕产品、渠道、联动、定价几个方面提高发展质效

1. 产品。一是分行要通过家易通产品市场推广，增加高端个人客户发展新途径。二是优选车贷发展模式，将车贷客户作为成为分行高端客户发展的新渠道。三是大力拓展联名卡。四是做好节日、月末理财产品销售，吸引行外资金。

2. 渠道。抓渠道、抢客户。要对 12 个客户群进行梳理，一是三方存管；二是房贷、车贷；三是信用卡、特约、特惠；四是统发、代发；五是展业通；六是公务员、社保。12 个客户群体，如果有一半做好了，我们的客户发展就能实现大的突破。抓渠道是为了抢源头。批发市场、龙头、平台、园区、监管机构、民间经济组织是零售信贷业务的渠道，是个金重点客户源头。

3. 深化业务联动。重点要做好：(1) 零贷板块之间的联动。车贷、房贷、中高端客户、信用卡和网上银行联动。(2) 特约、特惠商户、家易通与我行中高端客户之间的联动。(3) 代发工资与网银财富通联动。(4) 中介机构与房贷、车贷联动。

4. 定价。在定价上，一是要通过各类产品价格政策，尤其是总行各类产品促销政策，整合、挖掘卖点。二是梳理各类产品交叉销售激励，将交叉销售与零售信贷定价结合，实际绑定销售。

二、分类指导、抓两头带中间

1. 培育零售信贷重点行、特色行。按照四有标准：支行行长或分管行长有意愿、有客户经理队伍、有风控能力、有市场的标准培育房贷业务特色行、车贷业务特色行、小企业发展特色行，在培训、费用、授权上予以支持。

2. 对个金、零贷、电银行业务发展滞后、进度完成不理想的行要制定消零计划、减负计划、帮扶计划，帮助发展靠后的支行。

3. 对中心支行营业厅、二级支行及直属支行在培训、业务指导上细化分类管理，加强业务信息传导、与部门、管理团队沟通，经验推广、推优、现场指导。

三、持续抓好条线队伍建设

零售业务发展变化很快，从前台销售、零售信贷客户经理到支行分管行长、行长都亟待培训。分行的集中培训短期内不能全部覆盖到位，短期不能到位，需要分支行上下结合。支行需要开展有重点、分层次、有计划培训，将集中学习与实战培训结合，从大堂经理、客户经理、沃德客户经理、零售信贷客户经理、分理处主任、分管行长、行长都要制定带队伍计划。分行将在支行条线队伍建设上开展评优活动。

四、关注电银业务

财富管理、渠道为王。电银业务是渠道业务，没有电银业务的银行是一件不可思议的事，不了解电银业务、不理解电银业务、不支持电银业务可以说是一个装在套子里的人。电银业务是成本最低、最方便、最快捷、安全较高的渠道。金融资产高的客户网上银行签约率高，渠道销售优惠最多，通过基金销售和理财产品销售，电银业务绑定客户最牢、市场空间最大、综合得分最容易、激励兑现最及时、激励惊喜最多、是给员工未来职业成长空间极具潜力的业务。

交通银行海南省分行向财富管理银行转型的思考

交通银行海南省分行副行长　孙培基

交通银行于 2005 年提出战略转型。几年来，交行海南省分行抓住发展契机，强化理念转型，突出工作重点，推动零售业务取得了较快发展。然而，如何确保零售业务发展的可持续性，如何在营销模式、人才培养、服务管理等

方面取得突破性进展，结合交通银行提出的“建设以财富管理为特色的一流公众持股银行集团”战略目标，借鉴国内外先进管理理念与实践，本人对此进行了思考。

一、“以客户为中心”是加快战略转型，打造财富管理特色银行的基本立足点

财富管理特色银行的本质要求是客户财富保值增值和为客户创造价值，在此基础上实现银行盈利增长和资产增值，取得客户与银行双赢。因此，“以客户为中心”是打造财富管理特色银行必须牢固树立的基本理念。

（一）平衡价值增长与客户服务是“以客户为中心”理念的关键

近年来，各家商业银行积极倡导“以客户为中心”的营销理念，对影响客户体验的服务流程、礼仪规范等进行了系统化的改进。然而，真正落实到营销过程中，如何协调客户需求同银行即期效益之间的关系，确实是困扰不少客户经理的问题。面对繁杂的指标任务，许多营销人员开始守株待兔式的销售，无论客户是否需要，只要能够营销出去，完成任务就好。当客户资产结构因为随意的产品购买而不尽合理时，银行不仅失去了客户的信任与忠诚，失去了未来的销售机会，更谈不上为客户创造价值，谈不上打造财富管理特色银行。但是，价值增长是企业生存的根本，因此，平衡价值实现与客户服务，将“以客户为中心”的理念贯穿到产品开发、市场营销等企业运营的各个环节，实现银行和客户的双赢，才能真正实现财富管理银行的目标。

（二）如何做到“以客户为中心”

起源于西方汽车行业的CS营销战略是被借鉴较多的营销理论。“CS”意为“顾客满意”或“顾客满意度”，它倡导“一切为了顾客”的理念，要求把顾客放在经营管理体系的第一位，站在顾客立场上研究、开发产品、设计管理体系，创造客户满意的服务载体，进而产生顾客满意的群体网络效应。CS思想使银行在客户中产生信任感，同时由于其经营手段是为最大限度地满足顾客要求而设计的，因此减少了盲目性，更容易使客户接受和理解，很好地协调了客户需求同银行即期利益之间的关系。

交通银行总行叶迪奇副行长所提出的5P理论同样是建立在此基础之上，通过对客户群进行细分，从产品、渠道、服务、推广和价格五个方面前瞻性地发掘客户需求，并在此基础上采用不同的营销策略。这项理论为我们今后更好地区分客户，服务客户，进一步提升客户满意度提供了具体的方法。

借鉴以上理论，交行海南省分行对转变营销观念、建立新的营销模式进行了探索：

1. “以客户为中心”的理念内涵。以客户为中心，就是要从客户的角度去寻找客户最需要的是什么，根据不同客户的需求来决定营销方式与营销内容，从而成功地体现不同客户间的差异，增加商机，实现赢利。借用另外一种通俗的阐述，以客户为中心就是通过正确的渠道，在正确的时间，对正确的客户，提供了正确的内容。在个金产品营销中，总有客户经理抱怨他行的高收益产品导致我行客户资产的大量流失。不可否认，追求高收益是所有客户的共同目标，我行的产品收益不会永远保持最高水平。那么如何挽留客户，关键就在于我们提供服务的综合价值。当我们提供的服务渗透到客户生活之中，客户的资产实现多样化时，单一高收益的产品就很难导致客户大量资产的流动。

2. 基于资产配置的营销。“以客户为中心”要求我们从产品开发、流程设计等方面均要形成统一的模式。在营销方面，“以客户为中心”就是要求我们的销售是基于资产配置的营销。细化来讲，对于我们新开发的客户，应以资产配置为先，销售产品为后。首先要逐步了解客户信息，并在此基础上对客户进行长期的理财规划并进行资产配置，帮助客户选择合适的金融产品，深度挖掘客户潜力。基于资产配置的营销其实就是CS营销战略在实际中的应用，通过分析需求，前瞻性地将产品设计、销售建立在客户需求之上，以此协调客户需求和银行利益之间的关系。从总分行层面，可以轻松通过研究客户资产配置，发现客户需求，制定相应的产品服务，下达更加有针对性的销售目标。从经营部门及营销人员角度，面对各项销售任务，目标客户的选择就变得更为容易。这样的营销模式既满足了客户需求，同时也为银行带来了稳定的客户群和较好的收入来源。

3. 常态销售模式的建立。随着零售业务转型和财富管理的逐步深入，银行现行销售模式凸显粗放、营销和市场的开发不足，更缺乏持续销售的规划。因此，建立常态销售模式势在必行。常态销售模式是指营业网点结合网点实际情况，通过细化销售指标、确定目标客户，建立一套行之有效的激励及考核机制，在网点营造一种全员参与、适度竞争、连续稳定的销售模式。网点常态销售模式将克服网点为指标冲刺而进行的突击销售，一方面通过全员参与的方式，充分调动员工积极性，营造整体的销售氛围，实现网点销售的可持续性，另一方面也可以避免因为缺乏规划而导致将产品销售给不合适的客户，确保实现“以客户为中心”的营销理念。

二、人才培养是打造财富管理特色银行的基本要求

一流的团队创造一流的业绩。打造财富管理特色银行，要求我们建设一支高水准、专业化的财富管理队伍，培养一批优秀理财服务人员，发挥人才集聚优势，提高网均、人均财富管理业绩。

（一）人才培养的关键在于团队影响而非个体塑造

个金营销团队的培养对于零售业务的发展有着举足轻重的地位。人才培养的方式方法很多，通过职业规划、通过考核、通过培训等等，然而企业是固定的，员工却是可进可出的，如何建立长效的人才培养机制，把握人才培养的关键点，打造具有竞争力的个金营销队伍，树立我行在财富管理方面的团队品牌，而不仅仅是依靠个别理财师的个人魅力，是我们必须思考的问题。

（二）建立长效的人才培养机制，打造具有财富管理特色的个金营销团队

在这方面，比较成熟的理论是“全方位”激励模式和

建立学习型组织。全方位激励模式是指兼顾精神与物质、将定性与定量相结合的激励方式，通过细化考核目标与办法、采用培训、调迁、集体活动等多种激励方式，营造具有适度竞争和挑战、目标明确、适合个人发展的工作环境。这种模式的核心在于强调适度竞争环境的建立和具有目标性的管理方式，用良好的环境塑造同企业发展目标相一致的人才。

学习型组织理论是在彼得·圣吉博士的《第五项修炼》的基础上延伸出来的，其核心内容是通过“自我超越、改善心智模式、建立共同愿景、团队学习和系统思考”五项修炼，让企业成为学习型组织，帮助企业建立一种不断学习进步的机制，使其永葆生命活力。对个人而言是让员工在实现企业共同目标的同时，亦能达到自己理想的彼岸，在工作中找到生命的价值，活出生命的真正意义。这种学习型组织的核心就是通过培养弥漫于整个组织的学习气氛，充分发挥员工创造性思维能力而建立起来的一种有机的、高度弹性的、扁平的、符合人性要求的、能够持续发展的组织。

借鉴以上理论，我们提出“健全考核机制、环境塑造人才”的人才培养机制：

1. 上线客户服务经理计价考核系统，建立客户经理平衡积分卡考核机制。个金工作是细致并且长期的工作，因此营造良性的工作氛围，确保营销人员的战斗力对于个金业务至关重要。这就需要我们建立一种良好的激励模式。在“全方位”激励理论中，强调组织建立适度竞争环境和具有目标性的管理方式。为增强个金业务的核心竞争力，指导和激励个金客户经理，交行海南省分行开发上线了客户经理计价考核系统，通过年度主要业绩计价考核方式，以多劳多得为分配的基本原则，实行业绩计价管理，全面、客观、真实反映与计量客户经理工作绩效，并将考核结果与履职津贴及绩效奖金挂钩。与此同时，建立客户经理平衡积分卡评价体系，通过销售业绩、日常业务管理等方面对客户经理的工作进行全面评价，并通过一定比例的末位淘汰机制，激发客户经理竞争意识，优化个金销售队伍。通过完善相关的系统及考核机制，在个金条线中建立适度竞争、奋斗目标明确、赏罚分明的激励制度，并通过激励制度的执行培养具有市场竞争力的高素质营销人员。

2. 建立学习型组织，用环境塑造人才。随着客户需求的日益多样化，金融创新业务不断推出，对于客户经理而言，除了要掌握最新的金融知识之外，还必须涉及与之相关的衍生行业，关心客户之关心。这对客户经理提出了更高的要求，银行有必要搭建这样一个平台，通过学习型组织的建立，在全行范围内营造一种持续学习与创新的氛围。学习型组织与员工个人的关系是相互依存、相互成长的关系。学习型组织强调对员工能力的开发与激励，员工通过不断地学习和创造，不断提升自身价值。对于银行来说，在员工潜能充分得到发挥的时候，银行才更具有竞争力，才能真正地实现创建一流财富管理银行的目标。所以，创建学习型组织活动把银行的发展与员工的发展紧密地联系在了一起，实现真正的双赢。

三、优质服务是财富管理特色银行的重要手段

服务是银行永恒的主题，在金融竞争不断加剧的今日，在打造财富管理特色银行的过程中，优质、高效的服务尤为显得重要，它成为银行留住现有客户、挖掘潜在客户的重要手段。

（一）价值实现是服务管理的最终目标

随着服务管理工作的不断深化，交行海南省分行的社会评价度不断提高，品牌影响力进一步提升。通过服务管理，交行海南省分行网点有了崭新的环境，服务实现标准化，流程化、网点客户满意度不断提升，客户钱包份额逐渐增加，交行海南省分行的交叉销售率跃居系统第一名。然而通过分析交叉销售率的构成，我们不难发现，交行海南省分行普通客户的交叉销售率明显高于他行，位于系统第1名，然而中高端客户的交叉销售率仅为系统第14、27名，并且落后于系统平均水平。普通客户的忠诚是提升服务质量工作后的重要成果，然而对于创造大量价值的高端客户而言，优美的环境和良好的服务礼仪并不能完全满足他们的需求。个人银行业务的本质在于实现资产的保值增值，就银行的服务管理而言，真正做到优质的财富管理，让客户体验尊贵的服务感受，才是最终的目标。

（二）深化服务管理内涵，优化客户体验，打造高价值品牌服务

我们所提供的服务其实刚刚起步，优美的网点环境、标准的礼仪、优化的流程等等实际上还只是一种服务的基础。如何提供更为吸引人的服务，我们可以借鉴酒店管理中的金钥匙服务理念。“国际金钥匙组织”是一个国际性的酒店服务专业性组织，他们为客户提供尽善尽美的专业化服务，这些服务包括从代办修鞋补裤到承办宴会酒会，充当导游等大大小小的细致服务，目的是为客人提供一般饭店没有的有“一定难度”的所谓“额外”的综合服务。酒店金钥匙的服务哲学，是指在不违反法律的前提下，使客人获得满意加惊喜的服务。让客人从接触到酒店开始，一直到离开酒店，自始至终，都感受到一种无微不至的关怀。

对于银行而言，所提供的服务较之酒店业应该有着更深的含义，除了细致周到的服务之外，更重要的是通过理财实现客户财富的保值增值，因此金融服务的要求更高。但就本质而言，能够吸引住客户的服务，一定是具有“惊喜”的综合性服务。因此，我们提出“服务打造品牌、品牌创造价值”的服务管理工作思路：

1. 提供具有“惊喜”的综合服务。经过一年多的提升服务质量工作，我们取得了阶段性的成果，交行品牌和社会形象获得较高的评价。然而，随着竞争的日益加剧，要继续保持领先地位，就要求我们在巩固现有服务质量的同时，进一步优化服务手段，为客户提供一种具有“惊喜”的综合服务。“惊喜”是指我们在认真分析客户需求的基础之上，提供一些额外的人性化服务，带给客户超过预期的感受，例如搭建客户交流平台，在客户之间形成“丰沃共享”的互利氛围。“综合服务”则是指不断丰富服务的附加价值，提供一种全面的、细致的服务，通过搭建平台，联合其他力量，将银行的服务渗透到客户生活的各个方面，

并伴随和见证客户的成长。

2. 深化服务内涵，以创造价值为最终目标。脱离业务发展的服务质量是没有意义的，提升服务质量工作的最终目标是通过服务打造品牌，运用品牌创造价值。通过分析交行海南省分行的交叉销售率，不难看出，我们对于创造出绝大多数利润的中高端客户的维护与挖掘是远远不足的。长期以来，我们把重点放在前台柜员的规范与考核上，然而这仅仅是基础，对于中高端客户而言，提供高品质的理财服务，实现财富的保值增值，才算是优质的服务。我们打造财富管理银行的目标，也是由此来实现的。因此，我们要将提升服务质量工作同银行的业务发展紧密结合起来，通过提供不同层次的服务，逐步将关注的重点放在中高端客户的维护与挖掘上，使提升服务质量工作成果真正转化为促进各项业务发展的动力。

第四编

大事简记

一、中国工商银行个人金融大事简记

1月

5日~2月13日 我行代理发行华宝增强收益基金，代理发行销售规模为94779.6万元。

6日~1月15日 我行代理发行国投货币基金，代理发行销售规模为102682.53万元。

6日~1月21日 我行代理发行华商收益增强基金，代理发行销售规模为8037.5万元。

为促进存续期基金销售，扩大我行在基金代销业务领域的领先优势，我行自2009年1月16日起推出第七批共71支基金定投产品。

6日 以工银发［2009］2号文印发《关于在部分分行组建财富管理专业团队的通知》。

9日 以工银办发［2009］23号文印发《关于印发〈代理个人保险业务重大事件应急预案〉的通知》。

12日 以工银办发［2009］29号文印发《关于印发〈区域性个人理财业务管理规程〉的通知》。

2月

2日~2月27日 我行代理发行光大均衡精选基金，代理发行销售规模为5204.5万元。

3日~年3月3日 我行代理发行工银沪深300基金，代理发行销售规模为302017.5万元。

5日~年3月6日 我行代理发行国联安德盛增利基金，代理发行销售规模为81927.7万元。

5日~年3月6日 我行代理发行诺安成长基金，代理发行销售规模为55406.2万元。

13日 储蓄业务工作会议在京举行，张福荣副行长做题为“坚定信心 迎难而上 努力夺取储蓄存款增量同业第一”重要讲话，(详见内情通报第15期)。

13日 我行荣获《亚洲银行家》2008年度“中国最佳大型零售银行”。

16日~3月17日 我行代理发行嘉实量化阿尔法基金，代理发行销售规模为70271.5万元。

16日~3月23日 我行代理发行国海成长动力基金，代理发行销售规模为1353.3万元。

18日~3月18日 我行代理发行国泰双利基金，代理发行销售规模为8861.1万元。

19日 以工银办发［2009］98号文印发《关于表彰2008年度个人贷款营销先进单位和先进个人的通报》。

19日 以工银办发［2009］99号文印发《关于实施〈个人金融业务操作规程（NOVA+1.0.0版本）〉的通知》。

20日 我行“灵通快线”系列个人理财产品存量规模突破600亿。

23日~3月18日 我行代理发行金元比联丰利债券基金，代理发行销售规模为2649.7万元。

23日~3月20日 我行代理发行易方达行业领先基金，代理发行销售规模为123709.7万元。

23日~3月20日 我行代理发行中银行业优选基金，代理发行销售规模为6115.9万元。

23日~3月20日 我行代理发行兴业有机增长基金，代理发行销售规模为7849.1万元。

24日 以工银办发［2009］123号文印发《关于印发〈财富管理中心个人金融业务精细化考评办法（试行）〉和〈贵宾理财中心个人金融业务精细化考评办法（试行）〉的通知》。

26日 以工银办发［2009］125号文印发《关于加强自助设备风险防范的通知》。

3月

2日~3月27日 我行代理发行鹏华沪深300基金，代理发行销售规模为58787.4万元。

3日 以工银办发［2009］146号文印发《关于2009年牡丹灵通卡和自助设备业务发展的意见》。

4日 以工银办发［2009］148号文印发《关于做好NOVA+1.1.0版本测试工作的通知》。

4日~3月20日 我行代理发行南方沪深300基金，代理发行销售规模为76317.5万元。

4日 以工银办发［2009］142号文印发《关于推进零售银行业务与私人银行业务协调发展的通知》。

6日 以工银办发［2009］158号文印发《关于印发〈2009年代发工资业务协同营销方案〉的通知》。

9日 以工银办发［2009］157号文印发《关于做好2009年财富管理中心建设工作的通知》。

10日 个人经营贷款业务座谈会在广东佛山分行召开。张福荣副行长、魏国雄首席风险官参加会议，总行个人金融业务部、信贷管理部、授信审批部负责人陪同。

16日 以工银办发［2009］183号文印发《关于印发〈2009年代理基金业务营销方案〉的通知》。

16日~3月25日 我行发行2009年第一期凭证式国债，本期国债发行总额为300亿元，我行包销89.1亿元，其中代销三年期国债62.37亿元，五年期国债26.73亿元，我行圆满完成此次国债发行工作。

17日 以工银办发［2009］198号文印发《关于下达2009年贵宾理财中心建设计划的通知》。

17日 我行荣获中国主流媒体理财联盟“用户最满意银行”称号。

22日 我行“灵通快线”系列个人理财产品存量规模突破750亿元，较2008年末增加338亿。

29日 我行银保通累计销售额200.65亿元，成功突破200亿元，银保通系统销售额达到日均2.3亿元，远远高于2008年日均1.39亿元的水平。

3 月末，我行人民币储蓄存款余额为 44206.68 亿元，比年初增加 4583.86 亿元。外币储蓄存款余额为 75.15 亿美元，较年初增长 4.94 亿美元；我行个人贷款余额达 8621.4 亿元，一季度累计发放 1241.7 亿元，比年初新增 499.0 亿元，同比多增了 44.8%，完成全年计划的 55.4%；其中，个人住房贷款（含个人商用房贷款）余额为 7032.6 亿元，一季度累计发放 776.78 亿元，比年初新增 333.72 亿元（占个贷整体新增的 66.9%），较 2 月新增 182.38 亿元；个人消费贷款余额为 1179.57 亿元，一季度累计发放 360.8 亿元，比年初新增 168.14 亿元，较 2 月新增 125.14 亿元。

3 月末，我行实现个人中间业务收入 41.38 亿元（不含信用卡中间业务收入）。其中个人银行类理财业务收入 7.08 亿元，同比减少 13.09%，占个人中间业务收入的 17.03%；代理个人保险业务收入 8.72 亿元，同比增长 10.52%，占个人中间业务收入的 21.08%；受资本市场影响，代理基金业务收入 6.15 亿元，占个人中间业务的 14.85%，同比下降 67.91%；牡丹灵通卡业务收入 7.61 亿元，同比增长 31.42%，占个人中间业务收入的 18.40%。随着客户对小额账户的归并，以及本行对相关账户的清理，收取小额账户管理费的账户数量减少，个人账户管理业务收入也随之降低，报告期末本行实现个人账户管理业务收入 1.67 亿元，占个人中间业务收入的 4.03%。

3 月末，累计发行有效牡丹灵通卡超过 1.97 亿张，实现消费额 1766.48 亿元，较去年同期增长 39.89%。自动柜员机实现累计交易量 68390.73 万笔，较去年同期增长 17.72%；累计交易额 4635.07 亿元，较去年同期增长 32.27%；累计单机日均交易量 268 笔。一季度，我行共推出了 17 种联名灵通卡，扩展了在学校、保险、优质企业、政府事业单位等领域的合作，实现了一季度新增联名灵通卡 175.32 张。

31 日，我行累计发售 87 款个人本外币理财产品，销售额为 1934 亿元，同比增长 57%；其中，期次发售的个人人民币理财产品 75 款，销售额为 583 亿元；“灵通快线”滚动系列产品累计销售 28 期，销售额为 916 亿元；“灵通快线”超短期产品一季度日均余额 426 亿元；个人外币理财产品 12 款，销售额为 1.4 亿美元。其中先后推出了 23 款“工银财富”专属产品和 8 款“理财金账户”专属产品，募集规模达到 73 亿元，占总行期次发行人民币理财产品销量的 12.4%。

31 日，我行区域理财业务发展势头良好，授权的 9 家分行共发行 41 款区域理财产品，销售额为 105.17 亿元，占全行期次发行个人人民币理财产品销售额的 17.8%。

31 日，我行累计代销个人保险产品 224.5 亿元，其中，代销寿险产品 224.3 亿元；代销个人财险产品 1505 万元。共实现代理个人保险业务收入 8.7 亿元。

31 日，我行第三方存管业务新增客户数 53 万户，存量客户数量 1628 万户，较去年年末增加 39 万户；管理账户资金余额 2472 亿元，较去年末增加 557 亿元。

2 日 ~4 月 17 日　我行代理发行泰信蓝筹基金，代理发行销售规模为 1491 万元。

3 日 ~4 月 3 日　我行代理发行交银先锋基金，代理发行销售规模为 1.05 亿元。

9 日 ~4 月 3 日　我行代理推广东方红积极成长集合资产管理计划，代理推广规模为 1.97 亿元。

9 日 ~4 月 8 日　我行代理发行华安强债基金，代理发行销售规模为 9.56 亿元。

16 日 ~4 月 17 日　我行代理发行融通内需基金，代理发行销售规模为 28.56 亿元。

16 日 ~4 月 17 日　我行代理发行银河行业优选基金，代理发行销售规模为 2471.8 万元。

26 日 ~4 月 22 日　我行代理发行银华和谐基金，代理发行销售规模为 10.28 亿元。

30 日 ~4 月 24 日 我行代理发行海富通领先基金，代理发行销售规模为 3.48 亿元。

30 日 ~4 月 30 日　我行代理发行东吴进取基金，代理发行销售规模为 2952.3 万元。

为抓住股票市场回暖的有利时机，全力做好基金存续期营销工作，提高业务收入，我行于 2009 年 4 月 1 日 ~ 2009 年 6 月 30 日开展 2009 年第一批重点基金产品存续期营销活动，并在产品选择、业务考核、绩效激励等方面多管齐下，全力推动本次营销活动。

4 月

1 日　以工银办发［2009］248 号文印发《转发〈中国银监会办公厅关于进一步规范银行代理保险业务管理的通知〉的通知》。

1 日 ~2010 年 3 月 31 日　我行继续开展“金融@家”个人网上银行基金申购费率优惠。活动期间，投资者通过我行网上银行申购开放式基金，其申购费率享有优惠。原申购费率（含分级费率）高于 0.6%（含 0.6%）的，申购费率按 8 折优惠（即实收申购费率 = 原申购费率 × 0.8），但折扣后的实际执行费率不得低于 0.6%；原申购费率（含分级费率）低于 0.6% 的，则按原费率执行。

3 日　以工银办发［2009］254 号文印发《关于加快自助终端业务发展的意见》。

10 日 ~19 日　我行代理发行 2009 年第一、二期储蓄国债（电子式），截至发行结束，我行代理销售第一期储蓄国债销售 83.62 亿元，第二期储蓄国债销售 16.29 亿元。

13 日 ~5 月 12 日　我行代理发行万家精选基金，代理发行销售规模为 3.28 亿元。

16 日　以工银办发［2009］296 号文印发《关于表彰 2008 年度个人中间业务先进集体和先进个人的通报》。

18 日　个人本外币理财系统 2 月版本投产，投产内容包括：CS2002 报表修改和新增、PBMS 系统额度回收功能、营业网点查询总行剩余 额度、产品议价协议及协议转换（打新股转利添利）。

20 日 ~5 月 22 日　我行代理发行国泰区位优势基金，代理发行销售规模为 5130.7 万元。

21 日 ~5 月 27 日　我行代理发行建信增强收益基金，代理发行销售规模为 1.36 亿元。

24 日 ~5 月 22 日　我行代理发行诺安增利债券基金，代理发行销售规模为 6.32 亿元。

27 日~5 月 27 日 我行代理发行浦银安盛精致基金，代理发行销售规模为 9867.1 万元。

30 日 以工银办发［2009］357 号文印发《关于做好联网核查公民身份信息工作调研的通知》。

5 月

8 日 以工银办发［2009］372 号文印发《关于表彰 2007－2008 年度个人金融产品和服务创新先进单位及个人的通报》。

8 日 代发工资业务视频会议在京召开，张福荣副行长出席并作重要讲话，总行个人金融业务部及相关部门总经理参加会议。

11 日~6 月 16 日 我行代理发行招商行业领先基金，代理发行销售规模为 4.53 亿元。

11 日~6 月 5 日 我行代理发行博时信用债券基金，代理发行销售规模为 7.33 亿元。

11 日~25 日 发行 2009 年第二期凭证式国债，全行代理发行 148.5 亿元，其中三年期 118.8 亿元，五年期 29.7 亿元。

12 日~6 月 5 日 我行代理发行富国优化债券基金，代理发行销售规模为 3.42 亿元。

13 日~6 月 12 日 我行代理发行广发聚瑞基金，代理发行销售规模为 40.99 亿元。

18 日~6 月 19 日 我行代理发行汇丰晋信大盘基金，代理发行销售规模为 3119.5 万元。

18 日~7 月 31 日 我行开展“基金定投，伴你‘童’行”主题营销活动，即全行统一组织系列营销活动，鼓励客户将我行基金定投业务作为积累子女教育金的首选理财产品，通过协助客户合理规划子女理财方案，促进我行基金定投业务的发展。

19 日 个人客户服务精细化管理项目专题办公会在京举行，张福荣行长参加并听取了个人金融业务部关于个人客户服务精细化管理项目的实施进展情况汇报，对项目下一步工作进行部署。

20 日~6 月 19 日 我行代理发行中海量化策略基金，代理发行销售规模为 10.01 亿元。

25 日~6 月 19 日 我行代理发行上投摩根纯债基金，代理发行销售规模为 4.99 亿元。

25 日~6 月 26 日 我行代理发行金鹰行业优势基金，代理发行销售规模为 4.68 亿元。

25 日~6 月 26 日 我行代理发行汇添富上证综指基金，代理发行销售规模为 54.87 亿元。

5 日~6 月 19 日 我行代理发行东方核心动力基金，代理发行销售规模为 2324.1 万元。

7 日~6 月 5 日 我行代理发行申万巴黎消费增值基金，代理发行销售规模为 11.56 亿元。

1 日~6 月 26 日 我行代理发行长城景气行业基金，代理发行销售规模为 1939.9 万元。

1 日~3 日 个人客户服务精细化管理项目网上考试举行，全行共有 10 万余人登陆考试系统参加考试，创下了网络大学考试系统投产以来的多项记录，网上考试取得预期效果。

6 月

10 日 我行推出第四期“灵通快线”七天滚动型人民币理财产品，每周三起息。

15 日~30 日 我行代理发行 2009 年第三期凭证式国债，全行代理发行 148.5 亿元，其中三年期凭证式国债 118.8 亿元，五年期国债 29.7 亿元。

25 日~26 日 我行部分分行中高端客户发展及服务精细化管理项目工作座谈会在河南召开。参会分行分别就中高端客户和理财金账户客户发展工作、个人客户服务精细化管理项目实施、贵宾理财中心建设及网点和个人客户经理业绩考评工作进行讨论和座谈。

25 日 以工银办发［2009］490 号文印发《转发〈中国银监会办公厅关于不法分子利用 ATM 机具盗取银行卡资金风险提示的通知〉的通知》。

6 月末，我行人民币储蓄存款余额为 45040.8 亿元，比年初增加 5526.55 亿元。外币储蓄存款余额为 76.55 亿美元，较年初增长 6.39 亿美元；我行个人贷款余额达 9435.7 亿元，比年初新增 1313.2 亿元，完成全年计划的 55.4%；其中，个人住房贷款（含个人商用房贷款）余额为 7737.5 亿元，比年初新增 1038.62 亿元，个人消费贷款余额为 1239.45 亿元，比年初新增 228.02 亿元。

6 月末，我行实现个人中间业务收入 89.74 亿元（不含信用卡中间业务收入）。其中个人银行类理财业务收入 17.4 亿元，代理个人保险业务收入 15.3 亿元，牡丹灵通卡业务收入 15.99 亿元，个人账户管理业务收入 3.33 亿元。

6 月末，累计发行有效牡丹灵通卡超过 2.1 亿张，实现消费额 4175.44 亿元，较去年同期增长 55.06%。自动柜员机实现累计交易量 146277.90 万笔，较去年同期增长 30.29%；累计交易额 9840.51 亿元，较去年同期增长 36.2%；累计单机日均交易量 286 笔。

6 月末，我行销售本外币理财产品 3892 亿元，其中期次发行 988 亿元，滚动型理财产品 2714 亿元，“灵通快线”无固定期限较 08 年末余额增长 180 亿元，外币累计销售 1.53 亿元。个人理财业务实现收入 17.4 亿元，同比增加 3.5 亿元，增长 24.93%，达成全年计划任务的 53.18%。为满足优质个人客户理财需求，以优质的产品吸引中高端客户，上半年全行累计推出 39 款“工银财富”专属理财产品，发行规模 92 亿元；推出 19 款“理财金账户”专属个人人民币理财产品，发行规模达到了 80 亿元。上海、深圳、重庆具备区域理财业务授权资格的分行积极整合行内资源，推出了多款区域性“工银财富”和“理财金账户”专属产品，较好地维护了中高端优质客户。

6 月末，我行代理个人保险产品 386.9 亿元，其中代理寿险 386.7 亿元，居四行第一，代理个人财险 0.2 亿元。银保通累计销售额 368 亿元，银保通系统销售额达到日均 1.9 亿元，高于 2008 年日均 1.39 亿元的水平。我行代理个人保险业务收入 15.3 亿元，同比增长 3.7%，达成全年计划任务的 47%。

6 月末，我行代理销售国债 486 亿元，市场占比 30.18%，继续保持同业第一。实现代理个人国债业务收入 1.79 亿元。

6 月末，我行新增第三方存管业务个人客户 118 万户，存量客户数量达 1678 万户，较去年年末增加 90 万户；管理账户资金余额 2161 亿元，较去年末增加 246 亿元。

7 月

1 日～7 月 20 日　我行代理发行兴业磐稳基金，代理发行销售规模为 0.79 亿元。

1 日～7 月 29 日　我行代理发行友邦华泰行业领先股票基金，代理发行销售规模为 15.52 亿元。

1 日～9 月 30 日　为进一步加大我行基金存续期营销工作力度，提升我行基金理财服务水平，我行在三季度继续开展重点基金存续期营销活动。

6 日～7 月 31 日　我行代理发行华夏沪深 300 基金，代理发行销售规模为 64.21 亿元。

6 日～7 月 31 日　我行代理发行银华内需基金，代理发行销售规模为 8.09 亿元。

9 日　我行推出“灵通快线”14 天滚动型理财产品，进一步丰富我行“灵通快线”产品系列。

13 日　以工银办发［2009］554 号文印发《关于印发〈个人住房公积金委托贷款管理办法〉的通知》。

14 日～8 月 7 日　我行代理发行万家稳健基金，代理发行销售规模为 0.72 亿元。

14 日～8 月 14 日　我行代理发行嘉实回报灵活配置基金，代理发行销售规模为 16.47 亿元。

15 日～8 月 7 日　我行代理发行博时策略基金，代理发行销售规模为 17.11 亿元。

15 日～8 月 19 日　我行代理销售海通稳健资产管理计划，代理销售规模为 2.92 亿元。

15 日～31 日　我行代理发行第三期和第四期储蓄国债（电子式），分别为一年期和三年期，代理销售额分别为 29.1 亿元和 5.32 亿元。

20 日～8 月 21 日　我行代理发行国联安主题驱动基金，代理发行销售规模为 0.60 亿元。

23 日　为促进存续期基金销售，扩大我行在基金代销业务领域的领先优势，总行推出第八批共 37 支基金定投产品。

27 日～9 月 8 日　我行代理发行金元比联价值增长基金，代理发行销售规模为 0.33 亿元。

27 日　以工银办发［2009］588 号文印发《关于开展 2009 年度“留学之途 工行相助”出国留学金融服务主题营销活动的通知》。

28 日～8 月 28 日　我行代理发行易方达沪深 300 基金，代理发行销售规模为 56.88 亿元。

30 日～8 月 31 日　我行代理发行富兰克林沪深 300 基金，代理发行销售规模为 0.25 亿元。

31 日～8 月 31 日　我行代理发行中银中证 100 基金，代理发行销售规模为 1.27 亿元。

8 月

3 日～8 月 31 日　我行代理发行富兰克林沪深 300 基金，代理发行销售规模为 0.25 亿元。

4 日～9 月 4 日　我行代理发行鹏华精选成长基金，代理发行销售规模为 5.15 亿元。

5 日～8 月 28 日　我行代理发行大成行业轮动基金，代理发行销售规模为 1.73 亿元。

17 日　我行推出了第一款“高净值客户”专属人民币理财产品——平衡配置型理财产品。本产品由资产管理部作为投资管理人，由个人金融业务部、私人银行部负责销售组织，由华夏基金管理公司担当投资顾问，该产品共募集资金 15.1 亿元。

17 日～31 日　我行代理发行第四期凭证式国债，代理销售一年期和三年期国债均为 59.4 亿元。

18 日～10 月 16 日　我行代理发行景顺能源基建基金，代理发行销售规模为 0.55 亿元。

26 日～9 月 25 日　我行代理发行华宝中证 100 基金，代理发行销售规模为 0.85 亿元。

27 日　根据证监会《基金管理公司特定客户资产管理业务试点办法》《关于基金管理公司开展特定多个客户资产管理业务有关问题的规定》《基金管理公司特定多个客户资产管理合同内容与格式准则》，为更好地维护我行高端客户，丰富代理基金业务模式和盈利模式，总行在全行开办代理销售基金管理公司特定多个客户资产管理计划业务。

27 日　以工银办发［2009］672 号文印发《关于开办代理销售基金管理公司特定多个客户资产管理计划业务的通知》。

28 日～9 月 18 日　我行代理发行南方中证 500 基金，代理发行销售规模为 7.64 亿元。

28 日～9 月 25 日　我行代理发行华安 ETF180 联接基金，代理发行销售规模为 2.80 亿元。

8 月 31 日～9 月 23 日　我行代理发行交银治理基金，代理发行销售规模为 1.42 亿元。

9 月

2 日～9 月 30 日　我行代理发行光大配置基金，代理发行销售规模为 0.15 亿元。

4 日～9 月 30 日　我行代理发行银华沪深 300 基金，代理发行销售规模为 0.69 亿元。

7 日　我行“灵通快线”个人超短期理财产品余额规模再创新高，达到创纪录的 714 亿元。

9 日　以工银办发［2009］697 号文印发《关于做好芯片卡推广工作的通知》。

15 日～29 日　我行代理发行 2009 年第五期和第六期储蓄国债（电子式），截至发行结束，我行代理销售第五期储蓄国债销售 23.9 亿元，第二期储蓄国债销售 23.22 亿元。

11 日～9 月 17 日　我行代理销售工银瑞信强化回报资产管理计划，代理销售规模为 1.09 亿元。

11 日～9 月 17 日　我行代理销售工银瑞信灵活配置资产管理计划，代理销售规模为 2.43 亿元。

15 日～10 月 23 日　我行代理发行海富通中证 100 基金，代理发行销售规模为 0.28 亿元。

17 日～09 月 30 日　我行代理发行国投瑞银瑞和沪深 300 基金，代理发行销售规模为 0.89 亿元。

28 日　芯片卡升级新闻发布会在京召开，我行正式推出符合 PBOC2.0 标准的理财金账户芯片卡和工银芯片白金卡（银联标准），在国内同业中率先开始规模化推广芯片银行卡。杨凯生行长、张福荣副行长出席新闻发布会，杨凯生行长发表了重要讲话。中国银联刘廷焕董事长、中国人民银行、中国银监会、国家金卡工程协调领导小组办公室等有关方面负责人应邀出席了发布会。个人金融业务部和银行卡业务部负责人为持卡人代表授卡，办公室、财务会计部、管理信息部、机构业务部、公司业务一部、公司业务二部、结算与现金管理部、私人银行部、信息科技部、电子银行部、产品创新管理部等部室负责人参加此次发布会。

9 月末，我行人民币储蓄存款余额为 45997.49 亿元，比年初增加 6374.51 亿元。外币储蓄存款余额为 73.19 亿美元，较年初增长 3.03 亿美元；个人贷款余额 10628.0 亿元，比年初新增 2505.6 亿元，其中，个人住房贷款（含个人商用房贷款）余额 8661.6 亿元，比年初新增 1962.7 亿元；个人消费贷款余额 1410.4 亿元，比年初新增 399.0 亿元；个人经营贷款余额 556.1 亿元，比年初新增 144.0 亿元。

9 月末，我行累计发行有效牡丹灵通卡 22281.81 万张，实现消费额 7039.58 亿元，较去年同期增长 77.81%。自动柜员机实现累计交易量 201921.07 万笔，较去年同期增长 7.17%；累计交易额 13963.65 亿元，较去年同期增长 25.18%；ATM 单机日均交易量 311 笔。

9 月末，我行累计发行 268 款个人人民币理财产品，16 款外币理财产品，累计销售额为 6407 亿元。其中，期次发售的个人人民币理财产品销售额为 1793 亿元；“灵通快线”滚动系列产品累计销售额为 4398 亿元；“灵通快线”无固定期限超短期产品日均余额较去年年末增长 201 亿元；个人外币理财产品累计销售额为 2.22 亿美元。同期，实现理财业务收入达 23.77 亿元，各项指标继续领先同业。

9 月末，我行代理个人保险产品 534.4 亿元，其中代理寿险 534.1 亿元，居四行第一，代理个人财险 0.3 亿元。我行代理个人保险业务收入 21.1 亿元，达成全年计划任务的 64%。

9 月末，我行累计代理销售国债 686 亿元，同业占比继续保持第一。其中共代理销售四期凭证式国债 505 亿元，销售六期储蓄国债（电子式）181 亿元，实现个人国债业务收入 3.3 亿元，同比增长 37.5%。

9 月末，我行累计新增第三方存管业务个人客户 208 万户，新增客户数占同期全国新增股民数 655 万户的 32%。全行第三方存管业务存量客户 1757 万户，较去年增加 169 万户；第三方存管客户资金规模 3532 亿元，较去年底增加 1617 亿元，平均每户管理账户的资金余额达 2 万元。

10 月

12 日　以工银办发［2009］772 号文印发《关于印发〈个人金融业务反洗钱操作流程〉的通知》。

20 日　以工银办发［2009］785 号文印发《关于实施〈个人金融业务操作规程（NOVA + 1.1.4 版本）〉的通知》。

22 日　以工银办发［2009］790 号文印发《关于印发〈理财金账户章程〉及〈理财金账户业务管理办法〉的通知》。

23 日　以工银办发［2009］798 号文印发《关于印发〈银保通业务管理办法〉的通知》。

11 月

4 日　以工银办发［2009］815 号文印发《关于开展个人金融业务百日营销竞赛活动的通知》。

19 日 ~ 11 月 20 日　财富精英大会在四川成都召开，刘立宪书记、李卫平总经理、郭超副总经理参加大会并发表重要讲话。

25 日　军人保障卡业务合作协议签约仪式在京举行。杨凯生行长、张福荣副行长出席签约仪式并讲话，个人金融业务部李卫平总经理、杨勇革副总经理陪同。

12 月

1 日　以工银办发［2009］877 号文转发《中国人民银行 中国人民解放军总后勤部关于军人保障卡银行业务应用的指导意见》的通知。

3 日　我行理财金账户蝉联由《第一财经》评选颁发的年度零售金融品牌奖项。

8 日　军人保障卡及军队武警公务卡市场推动视频会议在京召开。张福荣副行长、李晓鹏副行长参加会议并讲话，个人金融业务部李卫平总经理、杨勇革副总经理参会。

9 日　我行理财金账户芯片卡荣获《理财周报》颁发的最佳银行借记卡奖项。

11 日　张福荣副行长会见中国人民解放军总后勤部信息化工作办公室副主任周晓鹏一行，杨勇革副总经理陪同。

21 日　启动“投资理财知识普及万里行”营销活动新闻发布会在京召开，张福荣副行长出席发布会并致辞。中国银监会、中国证监会、中国保监会等金融监管机构有关部门领导参加会议并对我行通过“投资理财知识普及万里行”活动开展投资者教育工作给予了充分肯定。

31 日　我行理财金客户突破 669 万户，较年初增长 214.8 万户，增长率 47.26%。

12 月末，我行人民币储蓄存款比年初增长 6448 亿元，完成年度计划的 128.97%；储蓄存款余额四行占比继续保持同业第一；我行个人贷款比年初增长 3577 亿元，完成年度计划的 117.78%；新增 3577 亿元，同比多增 2893.4 亿元。

12 月末，我行个人业务手续费及佣金收入实现 194.7 亿元，完成年度计划的 96.9%，四行占比居同业首位。

12 月末，我行累计发行 391 款个人人民币理财产品，20 款外币理财产品，累计销售额为 8702 亿元；我行代理个人保险产品 711 亿元；我行代理个人保险业务收入 27.90 亿元；我行累计代理销售国债 804 亿元，同业占比继续保持第一。

12 月末，我行累计新增第三方存管业务个人客户 278 万户，新增客户数占同期全国新增股民数 859 万户的 32%。全行第三方存管业务存量客户 1801 万户，较去年增加 213 万户；第三方存管客户资金规模 3880 亿元，较去年底增加 1965 亿元。

12月末，我行拥有的AFP、CFP持证人数分别达到11523人和1876人，同业占比分别达到22.7%和30.2%，继续居国内同业首位。

二、中国农业银行个人金融大事简记

1月

5日　我行党委一致认可和通过了《城市行零售业务战略转型实施方案》，该方案确定了我行城市零售业务转型的指导思想。

2月

5日　“中国农业银行网点文明标准服务年”活动正式启动。

12日　召开零售业务转型暨形象建设标准启动会，会议发布了新一级LOGO标识，并将《中国农业银行营业网点形象建设标准》、《中国农业银行办公应用视觉识别系统标准》和《中国农业银行行服标准》向全行征求意见，杨琨副行长出席会议并发表重要讲话。

13日　杨琨副行长在上海主持召开私人银行第一次筹备工作会议，研究部署私人银行分部筹备工作。

20日~28日　在香港举办首期零售业务转型行长培训班。

3月

18日　在苏州组织召开全行财富管理中心建设与管理座谈会，杨行长出席会议并对全行财富管理中心的建设与管理进行统一部署。

3月份，我行正式引入晨星基金组合咨询服务。

4月

2日　农银汇理第三只基金——平衡双利基金结束募集，该基金以63.16亿元的募集规模创09年新高。

25日　实物黄金交易系统（二期）上线，我行自营实物黄金业务品牌——“传世之宝”开始向全国推广。

30日　“加强储蓄存款组织暨机场贵宾服务推广工作会议”顺利召开。自5月31日起，我行面向钻石卡客户和白金贷记卡客户全面开通了全国范围内统一的机场贵宾服务。

5月

4日　我部团支部获得总行机关“优秀团支部”称号。

11日　制定并下发了《中国农业银行网点文明标准服务管理办法》、《中国农业银行网点文明标准服务手册》，进一步明确了网点负责人、大堂经理、个人客户经理、个人理财顾问、柜员5类人员的岗位职责、配置要求、工作制度和工作内容，明确规范了全行网点服务的标准。

13日　“2008~2009年度黄金争霸赛表彰暨经验交流会”顺利召开。

15日~17日　全行城市零售业务经营转型工作会议在北京召开，对全行城市行零售业务战略转型进行了全面动员和部署，项俊波董事长出席会议并发表重要讲话，杨琨副行长作工作报告。

23日　在第三届“金理财”颁奖典礼暨高峰理财论坛会上，我行“安心得利”系列第三期产品获得“金理财——全国最佳理财产品”中的“最佳人民币理财产品奖”。四川分行成都锦城支行金钥匙理财中心获“金理财——全国十佳理财中心”奖，该理财中心理财师张海燕荣获“金理财——全国十佳理财师”称号。

6月

1日　“激情仲夏 金彩生活”个人金融综合营销活动正式启动。

18日　我行首个面对出国留学客户的金融服务中心在北京分行海东支行成立。

25日　我部党支部获得总行机关“优秀党支部”称号。

7月

15日　储蓄国债（电子式）业务首次实现全国同步销售，开办分行从11家增至37家。

19日~26日　我部在杭州组织召开了《新一代核心银行系统个人业务营销需求建议书》落地实施方案编写会。

8月

5日~7日　“零售业务柜面流程优化工作专题会议”在广州顺利召开，会议研究部署了零售业务柜面流程优化和网点柜台零售业务凭证清理各项工作任务。

12日　李庆萍总监在上海主持召开私人银行筹备工作会议，提出要进一步加强总分部沟通，明晰各自工作重点，全力推进筹备工作。

22日　我行首家西联汇款旗舰店在广东分行广州环市中支行隆重开业。

25日~31日　首期优秀柜员奖励培训班在长春培训学院顺利举办。

27日~9日　抽调部分优秀内训师为西藏分行举办了网点文明标准服务内训师培训班，将网点文明服务标准和理念传播到雪域高原。

9月

5日　在山东组织召开样板网点建设现场会，杨琨副行长出席会议并发表重要讲话。

7日　“传世之宝建国60周年纪念金条”限量发行，受到投资者积极认购。

14日和15日　我行分别同花旗银行、富国银行在香港SIBOS年会现场签订《环球汇票合作协议》、《代理开户见证业务合作备忘录》。

15日　“爱在金秋 情系万家”个人金融综合营销活动正式启动。

24日　我行自行研发的集中版理财产品系统正式投产并完成首期产品发售。

25日　农银汇理第四只基金——策略价值基金以

76.87 亿元的规模成功结束募集。

9 月 我行储蓄国债（电子式）计划完成率跃居四大行第二位，实际销量四大行占比从年初的 9.5% 升至21.9%。

9 月 我行与国泰君安证券公司合作的金穗国泰君安卡正式发行。

9 月 我部组织 6 个基金业务巡讲督导小组开展基金业务巡讲与督导工作，巡讲督导小组共赴 34 家一级分行、56 家二级分行，共组织了 48 场培训，累计培训 5400 余人。

9 月 受人力资源部委托，我部统一组织了网点负责人、大堂经理、个人客户经理三个岗位的员工岗位资格考试工作，全行共有 6.5 万名员工参加考试，这标志着全行员工岗位资格考试工作正式拉开了帷幕。

10 月

1 日 “感恩十年·相伴永恒”金穗借记卡营销活动正式启动。

3 日 我行在“2009 年 CCTV 中秋双语晚会”投放宣传短片，对宣传我行形象起到了积极作用。

11 日 中国农业银行网点转型咨询项目启动会在北京顺利召开。

14 日 银监会正式批复我行请示——《中国银监会关于中国农业银行筹建私人银行部的批复》（银监复［2009］393 号），牌照申请工作取得突破性进展。

17 日 我行在北京首次参展中国国际教育展。展会上我行以“金钥匙·留学宝”品牌为依托，充分展示了为客户申请学校、申请签证、出国准备、海外就读等留学不同阶段提供的一站式金融产品组合。

26 日 中国农业银行第二届金融理财师年会在四川顺利召开，会上隆重表彰了 2009 年十佳理财师和 40 名优秀内训师。

30 日 我行第一款以借记卡为载体的汽车主题卡——金穗 C 卡正式推出。

10 月 我行金穗借记卡普卡（包括个人卡、单位卡）、金卡、白金卡、星座卡、校园卡等系列产品卡面图案、制作工艺、印制规范等方面进行了全方位改版。

11 月

10 日 召开全行文明标准服务督导检查视频通报会，李庆萍总监作重要讲话，李国峰副总经理通报文明标准服务督导检查情况，山东、广东分管零售业务副行长和浙江台州分行行长做了经验介绍。

25 日 我行代理中国扶贫基金会扣收捐款人捐款业务正式开办。我行积极参与社会公益事业，履行社会职责，经与多部门沟通协调，确定了和扶贫基金会合作的有关事宜，为扶贫基金会进行捐款的代扣工作。

11 月 我行与金至尊公司签署实物黄金委托销售协议，并与招金和信、深圳招金、中钞国鼎、高赛尔公司进行了积极洽谈，引入了毛泽东同志系列金条、虎头金等收益高、个性足的礼品金银在我行销售。

11 月～12 月，我行记账式国债系统二期、储蓄国债（电子式）优化升级改造项目、凭证式国债改造项目、个人产品网点开户（签约）流程优化项目先后投产上线，个人资金归集业务在北京、江苏、浙江、广东、深圳、重庆分行正式上线。

12 月

1 日 由国际著名财经杂志《福布斯》中文版和富国基金联合举办的“2009 福布斯·富国中国优选理财师”颁奖典礼，我行上海静安支行王茜等 7 名理财师荣获中国优选理财师 50 强，充分展现了农业银行理财师的理财规划能力和水平。

7 日～8 日 中国农业银行 2010 年“大行德广 伴您成长 金钥匙春天行动”启动仪式暨与新华人寿保险业务发展高峰会在海南博鳌盛大举行。活动当日杨琨副行长、李庆萍总监、相关部门负责人、各分行会议代表和来自 37 家分行的 140 多名高端客户代表等共计 400 余人出席了启动仪式。

9 日 理财周报在京举行了“2009 年第二届最受尊敬银行评选暨 2009 年第三届中国最佳银行理财产品”颁奖仪式，我行“金钥匙·本利丰”人民币理财产品荣获“2009 年度最佳营销创新理财系列产品奖”。

20 日 我行与中国人民解放军总后勤部合作，在北京军区所属五家分行全面启动军人保障卡工作。

12 月，共青团中央将对我行颁发社会责任奖状，以表彰我行在借记卡等服务方面对中国青年志愿者行动做出的贡献。

三、中国银行个人金融大事简记

2 月

12 日 召开“2009 年私人银行业务研讨会”。

20 日 召开新资本协议实施零售模块启动会，正式选聘益百利信息技术（北京）公司为外部咨询公司。

19 日 举行“白金卡高尔夫精英赛（广州站）”。

3 月

11 日 与香格里拉酒店集团签署优惠商户合作协议，为我行提供长达一年时间的订房 9 折优惠和延时退房、客房升级等各类增值服务。

31 日 于江苏扬州举行为期三天的中国银行私人银行客户“烟花·春风·江南”主题行活动。

4 月

2 日 于北京举行中国银行首款女性卡上市推介会。

3 日 完成与美克美家公司总对总签约开展分期合作。

3 日 完成重庆、贵州分行长城准贷记卡上收。

5 月

21 日 在京召开“私人银行－中银基金业务联动会”。

6 月

12 日 召开“夏季销售竞赛动员会”。

25 日 在 19 家小机行（SBS390 行）完成“综合业务系统增加无折单卡户”项目投产。

7 月

23 日 举办“中国银行信用卡出国留学媒体见面会”，报纸、杂志和网络的 14 家媒体对此次活动进行了报道。

28 日 与国家体育总局联合召开“中银全民健身运动卡首发仪式”。

9 月

10 日 与庞大汽贸集团在京共同主办“银企合作，共创辉煌”汽车消费信贷业务开展 10 周年庆典，中央电视台、经济日报、新浪、搜狐等 20 多家媒体到场参与报道。

10 月

15 日 发行本年度第五期凭证式国债，包销额度 36 亿元。

21 日 在京召开“中国银行个人金融业务发展战略座谈会”。

12 月

7 日 完成北京分行长城准贷记卡上收。

四、中国建设银行个人金融大事简记

1 月

建行个人存款突破三万亿大关。

建行开展“建行理财有一套，欢乐大奖连环送”为主题的网络营销活动。

建行开展“金牛贺新春 建行礼连连”主题营销活动。

建行开展“惠民贺新春 安居创和谐”住房金融与个人信贷业务旺季营销活动。

建行与各级政府有关部门经济适用房项目金融服务合作，积极支持保障性住房建设和居民购买经济适用住房。

建行将小额农户贷款业务试点扩大至黑龙江分行。

建行与中国国内最大的建材连锁企业“百安居”达成分期付款业务合作协议，“百安居”继“好美家”、“东方家园”之后成为建设银行信用卡家庭装修分期付款业务的大型合作商户。

建行与中国互联网协会成功举办第二届建行“e 路通”杯全国大学生网络商务创新应用大赛，覆盖全国 320 个城市和地区，参与学校 2275 所，参与人数近 9 万人。

建行国际互联网网站（www.ccb.com）相继推出公积金账户、储蓄及银行卡账户和企业年金账户查询服务，成为同业首家提供除个贷账户和定期存单账户外个人所有账户查询服务的网站。

2 月

建行在北京举行冠军足球卡发卡仪式。先后与 AC 米兰、皇家马德里、巴塞罗那、利物浦、国际米兰足球俱乐部合作发行冠军足球卡。

建行面向全国推出龙卡信用卡机票预订业务，拓宽信用卡增值服务。

3 月

建行电话银行兰州中心正式运营，承担部分分行的个贷外呼业务，定位在个贷催收等外呼性业务中心，与武汉中心互为备份。

建行召开住房金融与个人信贷业务座谈会，明确“防风险、保市场、创优势、树品牌”的总体发展思路。

建行荣获《环球金融》杂志“2009 年度中国最佳银行与企业”系列评奖的“最佳抵押贷款银行”奖。

建行在首届“金信奖”信用卡评选活动中，被评为“最受尊敬发卡行”、“最佳用户体验奖”。

建行成立客户体验中心团队，致力于从客户角度出发考量在电子银行渠道部署的产品，全力提升电子银行渠道的客户体验。

4 月

建行推出个人存款联名账户业务。

建行储蓄国债系统优化开发工作顺利完成，得到财政部、人民银行和国债公司的高度肯定。

建行 ATM 增加转账前反显对方姓名功能和公积金查询功能建行 ATM 新增广东分行羊城通 IC 卡功能，新疆分行电力 IC 卡功能

建行组织开展个贷业务贷后管理操作风险与内部控制的自我评估，加强贷后操作风险防控，进一步提升贷后管理水平。

建行电话银行北京总控中心正式建成并投入使用。

建行借鉴美国银行的先进经验，首次在产品研发流程中引入原型设计环节，从产品研发源头抓起，贯彻“以客户为中心”的产品设计理念，提升产品设计质量。

5 月

建行正式开通龙卡通预授权业务功能。

建行开展“忙种小满”基金持续性营销活动及基金定投业务主题营销活动。

建行储蓄国债优化功能与国债公司同步切换上线，并保持平稳运行。

建行在上海召开财富管理与私人银行业务座谈会。

建行个人贷款催收管理平台成功上线，实现多种催收、处置手段的统一集中管理。

建行在廊坊召开产品与质量管理工作座谈会。陈佐夫出席会议并做重要讲话。

建行陈佐夫副行长荣膺“亚太六西格玛领导力大奖”。

建行第四个信用卡运行中心—南宁运行中心上线试运行，可提供粤语等特殊方言服务，客户服务能力得到进一步提升。

建行与深圳航空有限责任公司合作推出深航尊鹏龙卡，这是建设银行推出的第二张航空类联名信用卡。

6 月

建行推出面向高端客户的借记卡产品——财富卡、私人银行卡。

建行开展个贷业务真实性检查和合规检查，确保业务合规经营、健康发展。

建行再度获得“2009中国国际呼叫中心与客户关系管理大会”颁发的年度“中国最佳呼叫中心”称号，两名信用卡呼叫中心员工分别获得“2009年中国最佳呼叫中心客户服务代表奖”以及“中国最佳奥运会志愿者奖”。

建行与中国移动梦网，联合开展了针对手机银行潜在客户的“建行手机银行 三步有五礼”手机银行宣传活动。

建行推出自主主导实施产品可用性测试，确保在产品面向市场推广前收到客户反馈意见，改进产品设计，有效提高产品客户满意度。

建行网站（www.ccb.com）在“第二届中国电子服务大会暨2009年中国本土银行网站竞争力排名发布会”的评选中，获得最具发展潜力奖。

7月

建行开展以“一金九鼎，价值永恒”为主题的个人黄金业务营销活动。

建行开展“牵手建行，轻松理财”暑期教育市场主题营销活动。

建行在部分ATM设备上增加存款语音提示功能。

建行全面发行财富卡和私人银行卡

建行个人消费额度贷款和个人汽车贷款申请评分卡系统成功上线，在业内首家实现该类贷款客户准入、信用评级、风险管理的系统化工具运用。

建行与中国银联合作推出建国60周年银联龙卡（人民币）信用卡，为国内同业率先推出的建国60周年银联标准信用卡。

8月

建行在全国范围内开通个人外币通存通兑业务。

建行西部省份部分自助设备新增新增维吾尔文菜单。

建行开展“加强个贷贷后管理，提升贷款质量和效益”活动，进一步夯实管理基础，强化贷后管理，大力提高贷款收益和资产质量水平。

建行个人国际速汇业务正式上线推广应用，标志着建行个人外汇汇款业务跨上新台阶。

建行开通信用卡跨行自动还款功能，方便客户跨行还款。

9月

建行“龙卡通”产品，在“2009中国国际金融展颁奖典礼”上荣获“2009金融展优秀金融产品奖”。

建行开展“建行办外汇，真情礼相随”的营销活动。

建行代理销售建信基金公司的首批5支特定多客户资产管理计划（以下简称专户理财计划），这标志着专户理财计划在建行财富管理与私人银行业务中的正式起步。

建行第一间产品创新实验室在北京正式建成并投入使用。北京产品创新实验室是国内银行业首个引入创新实验技术开展产品创新的研发机构。

建行My Love个性化信用卡正式发行。

建行My Love信用卡在腾讯网“影响中国2009腾讯网络盛典”中获得“2009年度最佳信用卡”（第一名）。

建行开展个性化卡“2009 My Love宝宝秀大赛”和“刷My Love信用卡赠2010年个性台历”等两项精彩主题活动，社会反响热烈。

建行组织的“2009 My Love宝宝秀大赛”，被新浪网评为“2009年度最具影响力的网络活动”。

建行在北京发行中国艺术家龙卡信用卡。中国艺术家龙卡为国内首张面向全国艺术家发行的专属信用卡。

10月

建行组织召开“为祖国祝福、为建行添彩”全行百名网点代表经验交流会。

建行停发436742储蓄卡，新发行龙卡通（储蓄卡）时以62字头银联标准储蓄卡为主，实现向银联标准储蓄卡的全面转换。

建行召开二手房贷款经营模式创新座谈会，提出了创新业务模式的工作措施，奠定了研发二手房电子交易平台的基础。

建行个人贷款余额突破10000亿元。

建行钻石·白金信用卡产品与服务全面升级，新增家庭健康关爱服务、私家车增值服务，优化高尔夫服务，航空意外险最高保额升至3000万元，使得卡片权益由国内“六项之最”升级为国内“八项之最”，并在原VISA品牌基础上新增了万事达品牌和艺术家钻石卡。

建行与南方航空股份有限公司共同推出南航明珠龙卡。

11月

建行电话银行武汉中心正式运营，定位于个贷专业化呼叫中心。目前承担部分分行的个贷催收外呼业务。

建行独家荣获“2009最受用户喜爱的电话银行”金爵奖；中国建设银行荣获“中国电子金融企业30强”称号。

建行独家荣获“2009最受用户喜爱的自助银行”金爵奖。

建行理财卡荣获“2009最受用户喜爱的银行卡”金爵奖。

建行在部分分行自助渠道功能开通陆港通卡的存、取款、转账、查询等功能。

建行在部分分行自助渠道功能开通结算通卡的存、取款、转账、查询等功能。

建行厦门分行在自助渠道上推出e通卡功能。

建行山东、陕西分行在自助渠道上推出交通IC卡功能。

建行开展“盛世中国，盛世建行金”个人黄金业务营销活动。

建行正式对外发行虎年生肖卡，并设计、发布了生肖卡12周年纪念册。

建行召开解放军总后勤部与工、农、建行三家银行举行的军人保障卡合作签约发布会。

建行完成证券业务系统前端与CCBS系统整合：将原证券业务系统独立的前端界面整合至CCBS，方便了柜员的操作。

建行证券业务系统实现外币产品代销功能，提供了对以外币计价的基金、债券、黄金类产品的支持，提高了市场响应速度。

财富管理与私人银行平台（WPPS）在第一批共20个分行顺利完成上线工作，WPPS是财富管理与私人银行业务的首个专门支持系统，它的开发成功为业务发展提供了统一的管理与操作平台。

建行信用卡荣获“2009年度十大银行信用卡”和“2009年度顾客最喜爱的汽车卡”两个奖项。

建行策划举办了“媒体记者电子银行体验活动”。该活动邀请国内十余家知名媒体的记者，开通试用了个人网银及手机银行产品，有力的宣传了建行网银十周年取得的辉煌成就。

12月

建行完成零售网点转型二代（以下简称“二代转型”）整体验收。

建行开发了零售网点转型二代支持项目，更好地支持全行VIP客户的服务和产品销售。

建行获得“2009年度中国银行业文明规范服务百佳示范单位评选活动突出贡献奖”。

建行与开心网联合推出建行个人金融产品网络营销活动。

建行联合44家基金管理公司推出基金产品电子渠道申购费率七折优惠活动。

建行对外发布我行最新黄金产品品牌“建行金”，并同步推出“虎年贺岁系列”等二十余种近百款“建行金”实物黄金新品。

建行组织全行对不动卡进行了清理，使运行效率大幅提高。

建行深圳分行私人银行正式开业，这是继北京、上海和广东三地成立私人银行以后的，第四家私人银行。

建行就贯彻执行国家住房政策及利用住房公积金贷款支持保障性住房建设等问题召开重点客户研讨会。

建行在全国范围统一开展以“金虎呈祥 全家欢宴”为主题的，刷龙卡赢取“年夜饭”活动。

建行推出新版龙卡汽车卡，统一规范了原有权益并新增了部分权益，形成积分加倍换油、洗车赠送服务、车险团购优惠、免费道路救援、特惠租车礼遇等五项基本权益，满足了客户加油、洗车、保险、应急和异地用车的需求。

建行信用卡在新浪网“新浪2009·网络盛典”中获得“最具创新信用卡奖”；

建行信用卡在搜狐理财频道主办的“2009搜狐金融理财网络盛典”中被评为“2009年最受欢迎的信用卡品牌”；

建行信用卡在《理财周报》主办的“2009年第二届最受尊敬银行评选暨2009年第三届中国最佳银行理财产品评选”中，获“2009年最具成长性信用卡品牌”、“2009年最佳私家车主信用卡”奖；

建行信用卡获得“银率”网颁发的“信用卡满意度奖”和《中国经营报》颁发的“2009年大学生至爱品牌”等多个奖项。

建行与美国孩之宝公司在中国内地地区发行JCB品牌“变形金刚信用卡”，该卡是建行首张JCB品牌动漫主题信用卡。

五、交通银行个人金融大事简记

1月

10日　叶迪奇副行长出席交通银行举办的“沃德财富精神论坛北京站”活动。

中旬　交通银行财富管理平台新版个人客户风险评估系统在北京市分行试点上线。

下旬　叶迪奇副行长出席2009年交通银行代理保险业务启动会议。

下旬　交通银行组织策划新春佳节沃德客户答谢信函活动，集中宣传交通银行2008年“沃德财富”获得中国最佳客户服务、中国金融服务最具影响力品牌、年度零售金融服务品牌、最具抗风险能力理财品牌、中国最佳金融营销案例、银行理财品牌银奖等多项殊荣。

2月

5日~6日　交通银行2009年零售业务工作会议召开，钱文挥、叶迪奇副行长出席会议并作重要讲话。

中旬　叶迪奇副行长出席交通银行澳门分行主办的《博股通金09》投资论坛。

21日　交通银行太平洋薪金卡正式发行。

下旬　交通银行沃德财富服务品牌在由《国际金融报》主办的“2008年度国金先锋奖”评选活动中，获得“最佳财富管理奖”。个人理财产品在由东方财富网、中欧陆家嘴国际金融研究院联合主办的“2009第一届中国财富与资产管理论坛”上，荣获“2008年银行理财产品发行机构‘收益之星’”、“2008年银行理财产品‘信用之星’”两项大奖。

28日　叶迪奇副行长出席交通银行“沃德财富精神论坛”广州站活动。

下旬　交通银行推出“得利宝·天添利”系列理财产品。

3月

9日　彭纯副行长、叶迪奇副行长出席交银先锋基金发行动员暨加强个金交叉销售视频会。

中旬　叶迪奇副行长在深圳主持召开私人银行服务境内外业务联动座谈会。

13日　叶迪奇副行长出席我行与武汉地产集团个人金融业务合作协议签约仪式。

19日　叶迪奇副行长出席世博门票销售暨全行世博项目动员会。

3月　香港分行获香港区2008年度最佳VISA联营卡发卡银行称号。

下旬 彭纯副行长在京参加银监会“全面提升中小企业金融服务（电视电话）会议”。

下旬 钱文挥副行长出席太平洋信用卡“刷100返100，千万现金十万赢家”活动启动仪式。

月末 全行太平洋借记卡突破6000万张，太平洋信用卡在册卡量突破1000万张。

4月

4月 香港分行和ING安泰人寿保险有限公司联合推出交通银行ING信用卡。

20日 交通银行Visa、MasterCard特约商户收单业务集中清算系统在苏州分行试点上线。

21日 钱文挥副行长出席“世博信用卡首发仪式暨世博主题卡面设计大赛评选活动启动仪式”。

下旬 交通银行荣获第二届『金贝奖』年度金融理财评选“最佳设计与创新团队和优秀理财成长品牌”两项大奖。

5月

上旬 总行卡中心启动“世界的，我的”为主题的“世博主题卡卡面设计大赛”大型公益活动。

22日 在由上海证券报、中国证券网共同主办的第三届中国“金理财”奖评选活动中，交通银行“得利宝”品牌和“得利宝·新绿”系列产品再次获得“金理财·银行理财品牌”和“金理财·最佳债券类理财产品”两项大奖。

6月

8日 交通银行扩大私人银行服务范围至10家分行。

8日 交通银行与金融界网站、国信证券联合举办的“交通银行杯”第三届中国股市民间高手大赛正式开赛。

6月 交通银行零售内部评级体系完成全面上线。

6月 交通银行在全国范围内推出带有“银联”标志的新一代准贷记卡——太平洋MORE卡。

22日 交通银行试行逾期个贷集中电话催收。

月末 交通银行人民币储蓄存款和个人贷款余额分别突破7000亿元和2000亿元。

7月

1日 交通银行正式对外公开销售2010年上海世博会个人门票。

7月 钱文挥副行长在武汉出席湖北省分行小企业专营支行揭牌仪式。

8月

上旬 交通银行沃德财富创新服务正式推出。

20日 交通银行东方航空信用卡首发。

9月

3日 我行“一对多”专户理财产品正式对外发售。

11日 钱文挥副行长出席2009科技型中小企业融资洽谈会暨科技金融创新论坛。

14日 钱文挥副行长出席“创新支付，精彩世博——交通银行·中国银联新支付业务发布会”。

24日 胡怀邦董事长为交行责任服务内部宣传片推广活动题写服务感言：“恪尽天职，服务千万尊贵客户；责任为本，创造百年常青基业”。

24日 离线式财富管理平台工具在上海市分行试点上线。

10月

18日 叶迪奇副行长出席2009中国金融理财师年会。

8月1日~10月31日 交通银行开展沃德财富主题营销活动，持续推动业务增长。

11月

12日 叶迪奇副行长在沪会见美国友邦保险有限公司中国区首席银保官杨勇艇先生。

15日 交通银行世博非接触式（PayWave）贷记卡系统上线。

18日 交通银行推出针对1~5万资产客户的客户服务品牌——“快捷理财”，叶迪奇副行长出席“快捷理财”品牌发布会。

12月

3日~4日 叶迪奇副行长在南京出席交通银行小企业专营机构建设总结交流会。

8日 交通银行正式对外限量发行太平洋世博场馆主题借记卡。

12日 2009年交通银行“沃德财富”杯高尔夫球邀请赛总决赛举行，叶迪奇副行长出席，并为赛事开球。

18日 钱文挥副行长出席“中国2010上海世博会特许贵金属限量典藏精品联展”。

12月 交通银行在“2009年第二届最受尊敬银行评选暨2009年第三届中国最佳银行理财产品评选”活动中获多项殊荣。除荣获“最受尊敬银行”、“最佳服务私人银行”、“最佳手机银行”三个大奖外，在个人理财产品领域还分别获得四个专项大奖：“得利宝”被评为“2009最佳银行理财品牌”，“得利宝·智慧添利”获得“最佳银行理财产品”奖，“得利宝·天添利”获得“2009最佳现金管理类产品”奖，个人金融业务部个金产品二级部荣获“2009最佳投资与管理团队”称号。

六、华夏银行个人金融大事简记

1月

11日 “第五届中国品牌影响力高峰论坛年会”在人民大会堂隆重举行，我行“创盈”系列理财产品荣获“第五届（2008年度）中国金融理财产品最满意品牌”奖。

1月 我行在中央电视台春节联欢晚会前黄金时段投放华夏卡、华夏丽人卡形象宣传广告片。

2月

4日 我行华夏卡支付宝卡通系统二期在全行投产上

线，正式对外推出网银签约、卡通提现等全新功能。

23 日　理财产品销售系统二期顺利上线运行，启用管理平台和报表平台，实现同城通兑和总分行实时统计分析，提高对我行理财业务的管理水平。

23 日　全行2009 年个人业务营销工作专题会议召开。

24 日　我行与德意志银行双方高层签订《与财富管理业务合作相关的谅解备忘录》。

3 月

8 日　我行和中国妇女活动中心在北京王府井新东安广场共同举办“中国女性第九届新世纪健康生活——华夏丽人卡关爱您的健康”大型公益活动。

17 日　在“2008—2009 年度中国财富管理年会暨第二届中国理财总评榜”中，我行荣获“2008—2009 年度最佳理财银行”。3 月 18 日　个贷业务双提升工作会议在广州分行召开。

28 日　北京分行财富管理中心进入试营业阶段。

4 月

7 日　我行金融理财师（AFP）培训班在京正式开课。

8 日　总行个人业务部组织召开 2009 年第一期金融理财师开班仪式。

18 日　全国 28 家分行大型个贷产品客户推介活动。

“安居、乐业、易生活，贷来精彩人生”

24 日　我行荣获 21 世纪经济报道金贝奖年度金融理财评选组委会颁发的“金融理财金贝奖—2008 年度银行理财服务奖”。

5 月

1 日　全国统一推出“7 + N”贵宾增值服务（升级版）。

5 月　开展“个人业务产品培训月”活动。

7 日　我行国际金融理财师（CFP）培训班在京开课。

9 日　我行举行 16 家分行与当地妇女儿童活动中心合作协议签署仪式。

11 日　我行首期金融管理师（EFP）培训班在京开课。

18 日　正式启动个人业务营销机制方案研究制定工作。

20 日　个人业务部党支部开展科学发展观学习实践活动。5 月 22 日　在 2009 年中国理财高峰论坛暨第三届中国“金理财”颁奖典礼上，北京分行财富管理中心荣获“金理财”全国十佳理财中心大奖，南京分行钱健荣获“金理财十佳理财师”称号。

23 日　个人业务部启动个贷、储蓄、银行卡和理财及代理业务等专业制定修订工作。

25 日　总行个人业务部召开“创盈 7 号”理财产品应急工作会议。

6 月

9 日　总行个人业务部组织召开全行“加快个贷投放、推进任务完成”视频动员会。

7 月

1 日　个人业务部组织“践行科学发展观，推动个人业务健康发展”主题演讲活动。

2 日　我行与华夏人寿专属产品合作签约仪式暨银保业务启动大会在青岛分行隆重举行。

2 ~ 3 日　个人业务部与 13 家全国女性协会开展联谊活动。

8 日　北京财富中心开业，首推华夏白金卡。

13 ~ 14 日　在青岛分行召开银行卡业务经验交流会

15 ~ 31 日　我行正式发售 2009 年第三期和第四期储蓄国债（电子式）。

27 日　“个人业务产品助销员培训周”启动仪式举行。

30 日　“推动个贷业务高质量发展”座谈会召开。

8 月

8 日　启动全国百家酒店联盟建设。

20 日　无锡分行发行“太湖明珠卡”。

28 日　华夏商旅卡深圳等 11 家分行同步首发上市。

9 月

2 日　在“第二届中小企业融资论坛”上，我行摘得“2009 中国中小企业金融服务十佳机构”和“第二届中国中小企业最佳融资方案”（私营企业主贷款）两项大奖。

8 日　现金管理产品天天利、七天利隆重上市。

15 日　个人业务部开展专业条线案件专项治理活动。

18 日　组织召开储蓄存款业务片区工作会议和慧盈 4 号应急工作动员会。

20 日　个人业务部党支部开展“三正一提高”活动。

10 月

1 日　华夏商旅卡全国发行。

17 日　个人业务部选送节目“财富十分钟”参加全行建国六十周年文艺汇演荣获一等奖。

11 月

2 日　全行代理保险营销视频推动会召开。

3 日　20 10 年版个人业务产品手册（客户经理）发行。

8 日　虎年财运来财富季活动盛大启动。

25 日　信贷资产信托理财产品营销推动会召开。

12 月

11 日　迎新年 增百亿 储蓄存款旺季促销活动启动。

9 日　2009 年中国零售银行业务峰会荣获四项大奖

最受尊敬银行　　华夏银行

最佳借记卡　　华夏商旅卡

最佳结构性理财产品　　慧盈 19 号

最佳银行理财产品　　创盈 10 号

12 月

16 日　全行财富业务系统上线培训。

23 日　2009 年搜狐金融理财网络盛典荣获两项大奖。

中国年度最具成长性银行

中国年度最佳财富管理银行

24 日　全行启动个人业务营销机制建设。

第五编

金融创新

一、中国工商银行个人金融市场的新发展

（一）中国工商银行个人金融发展综述

2009年，在总行党委正确领导下，在各部室的支持和协作下，在全行个人金融业务战线全体员工努力下，我行个人金融业务发展克服宏观环境的不利影响，大力开拓市场领域，客户规模快速增长，服务渠道和水平持续改善，产品创新不断增强，风险控制保障到位，确保全行个金专业各项主要指标基本实现了年初既定目标，为全行发展做出了重要贡献。2009年，全行个人金融业务实现营业贡献788.4亿元，各项主要业务指标同业领先地位进一步巩固，由“大个金”向“强个金”战略实施开始跨越。现将主要情况报告如下：

一、主要指标再创历史新高

（一）业务规模不断扩大，市场领先优势进一步巩固

今年以来，我行“大个金”战略稳步推进，业务规模不断扩大，市场领先优势不断巩固。储蓄存款方面，进一步强化存款基础地位，拓宽增存思路，充分挖掘存款增长潜力。截至12月末，人民币储蓄存款比年初增长6448亿元，完成年度计划的128.97%；储蓄存款余额四行占比继续保持同业第一。

个人贷款业务实现余额和增量同业占比双第一。今年8月，我行个人贷款余额即突破1万亿元；截至12月末，个人贷款比年初增长3577亿元，完成年度计划的117.78%；新增3577亿元，同比多增2893.4亿元。今年是我行个人贷款业务开办以来增量和增幅最快的一年。

中间业务方面，截至12月末，个人业务手续费及佣金收入实现194.7亿元，完成年度计划的96.9%，四行占比居同业首位。在理财产品销售上，全行的市场领先优势进一步扩大，银行类理财产品、基金、保险和国债等理财产品累计销售15107亿元，其中基金代理销售已经实现销售额4897亿元，四行占比进一步提升至47.25%；代理销售保险723亿元，四行占比超过30%，继续保持第一。灵通卡累计消费额突破1万亿元，同比增长近1倍，稳居同业首位。

（二）客户规模快速增长，结构持续优化

今年以来，全行通过公私部门协同营销，以及各种形式的主题促销活动，做大了客户规模，优化了客户结构，提高了产品渗透率。截至12月末，我行个人客户达到了2.42亿户，其中个人金融资产5万元以上的中高端客户数达到了2492万户，理财金账户客户数超过了669万户；新增个人客户1423万户，其中中高端客户就有360万户，占全部新增客户的25.28%。从客户资产占比看，中高端客户资产占比81.78%，较年初提高3.48个百分点。客户规模的不断增长和结构的优化，为个人金融业务的可持续发展和综合贡献的进一步提升提供了稳固基础。

（三）网点建设稳步推进，客户服务水平不断提升

今年以来，全行上下加快推进营业网点、自助银行、电子银行等渠道的建设，充分发挥各渠道的协调互动作用。截至11月末，全行已有1106家贵宾理财中心完成或正在实施装修改造项目，占全年建设计划的99.37%，其中有862家贵宾理财中心已完成装修改造项目。此外，全行已有91家财富中心完成或正在实施装修改造项目，其中有56家财富中心已完成装修改造项目。自助机具投放力度进一步加大，截至12月末，全行共投放了ATM机34089台，POS机25万台，建设了自助银行8726家。截至12月末，全行ATM累计各类交易量29亿笔，同比增长11.32%；累计交易额20469亿元，同比增长31.57%。灵通卡在本行ATM和自助终端上的结算交易离柜占比46.55%，同比增加11.56个百分点。ATM分流柜面业务效果持续增强，客户分流效果明显。

二、围绕向“强个金”战略跨越，创新经营，推动全年主要工作

（一）回顾大个金战略成果，思考新时期发展战略

几年来，在全行努力之下，“大个金”战略实施取得了显著成效，取得了丰硕成果，培育了规模巨大的客户群体，构建了良性发展的业务平台，形成了初步的服务网络，组建了精干的客户经理队伍，促进了主要业务的快速增长，个金业务的贡献度日趋提高，我行“大个金”战略在经营转型中发挥了重要的作用。在现阶段，我行个人金融业务发展面临着新的挑战和机遇，需要我们在大个金战略的基础上进一步深化。为此，根据姜建清董事长提出了要实现“大个金”向“强个金”的战略跨越的指示，我部对“强个金”战略的进行了深入研究，拟定了未来的发展方向及实施路径。同时，为统一全行个人金融业务在新时期的发展思路，采取座谈会、调研、视频会等多种形式，深入分支机构，与各级负责人及个金专业人员进行交流和探讨，贯彻和解释“强个金”战略发展思路，统一全行个人金融业务发展思路，为新战略的实现奠定基础。

（二）深入市场调研，创新研究，寻找未来新市场开拓及业务增长点

根据地区经济发展程度的不同，在全国各地选取了有代表性的城市，对其中典型的交易市场、专业市场等进行了调研，深入分析客户业务流程、特点等以及对银行金融服务需求。在调研的基础上形成营销案例，向全行推广，鼓励分行结合当地市场特点，有效开展新市场拓展。重点明确了当前及今后一段时期需要着力拓展的六类新市场

（各类商品交易市场、新型消费品市场、现代服务业市场、新型要素市场、各类改革以及政策调整催生的新的市场和海外市场）以及五类客户群体（小老板、小白领、小公务员、大学生、和自由职业者），围绕上述新市场、新客户的开拓，实现营销层面由低层次营销向高层次营销转变，由依靠客户经理营销向管理人员参与的集团、公司客户等高端客户营销转变；逐步实现客户层面由散户为主向集群式与散户并重转变，主动寻找机构、公司和商品市场客户，实现客户规模的快速增长。

（三）突出经营重点，夯实经营基础

1. 突出客户重点，强化客户规模对个金业务的支撑基础作用，依托借记卡发展，推动客户规模增长，构建星级客户标准。一是以借记卡发展为手段，通过加强与证券、保险公司合作的区域性联名灵通卡、工银亚运灵通卡、瑞丽男人风尚灵通卡、支付宝多账户联名卡等全国性联名卡的发卡，推动客户规模增长。截至12月末，牡丹灵通卡累计发卡2.28亿张，较年初新增5849万张，同比多增1179万张。同时，积极组织协调配合总后勤部合作发行军人保障卡并顺利签约成为我行成功营销军队大户、做好拥军服务的又一案例典范。二是明确客户发展重点，合理进行客户评价，构建星级客户标准。提出星级客户评价体系，进一步完善原有的个人客户统一视图，更为准确的评价客户，为营销提供支持，根据客户星级提供相应的产品和优惠，实施主动升级和动态调整。针对个人金融业务所处的竞争环境和客户发展的需要，我部将“小老板、小白领、小公务员、大学生和自由职业者”这五类客户群体，作为当前着重发展的。

2. 突出个贷重点，强化个人贷款对负债和中间业务的支撑基础作用，在扩大个人贷款总量的同时，注重发展个人消费、经营和委托贷款，不断提升个人贷款的综合贡献度。一是加强业务调研和督导，分析存在问题，加强个人贷款资源配置，把握市场机遇，提升同业占比。二是实施个人贷款结构调整，注重个人消费贷款和个人经营贷款发展。对各地重点商品交易市场、汽车交易市场等进行调研，加强个人经营贷款和消费贷款营销，开拓新市场，提高市场占比。制度上不断理顺机制，优化流程，印发了《关于做好商品交易市场个人经营贷款与其他个人金融产品组合营销工作的通知》，《关于进一步加强个人经营贷款营销管理工作的通知》等。三是密切与个人贷款业务中后台配合，进一步完善共同推动业务发展的良性机制。协同信贷管理、资产负债管理、计划财务等部门从多方面加大对个人贷款保障力度，为业务发展提供了有力支持。加强与信贷管理部沟通，不断完善信贷政策，加快个贷新产品的推出力度。

3. 突出结算重点，强化结算业务对存款特别是对活期存款的支撑基础作用，大力推进代发工资、第三方存管等业务，迅速推广电话POS业务。一是督促分行研究新市场、新渠道，抓好交易市场等资金流量大、结算量大的市场作为增存的新来源。二是加强代发工资业务的发展，督导分行落实辖内目标单位代发工资营销工作。此外，持续进行代发工资业务系统优化工作。三是以电话POS业务为抓手，利用电话POS的优势，积极抢占交易市场结算业务，做大我行结算网络。四是加快汇款套餐业务发展，积极拓展个人外汇业务。

（四）推动渠道层面由内部型为主向内外统筹型转变，扩大渠道对客户的覆盖面

一是加快网点布局，积极推进财富中心和贵宾理财中心建设。与人力资源部联合制定了2009年全行财富管理中心建设方案和计划，细化了财富中心内部分区与CI识别系统等规范；制定财富中心《财富管理服务流程与营销话术指引》，组织各行做好财富中心营运管理工作。二是加快自助机具投放，积极实施自助机具进社区、写字楼、商品交易市场等思路，拓展物理渠道的覆盖范围，分流柜面业务效果持续增强。三是积极拓展外部渠道，实现与合作机构双赢。今年以来，我部全面推进深化全行与个人贷款中介机构的业务合作，研究双方业务流程对接，并选定试点地区进行标准化模式的探讨和实践，积极探索个人贷款业务合作模式创新。

（五）开展持续培训，加强客户经理队伍建设，打造具有竞争力的营销团队

一是继续开展专家型个人经理队伍建设。2009年总行统一组织三批CFP培训，培训人数达到574人；分行自行组织的CFP培训人数达到844人。与现代国际金融理财标准（上海）有限公司合作，继续开展“金融理财在工行——暨CFP™持证人继续教育系列活动”。总行还组织选拔代理保险业务管理人员和营销人寿参加中国寿险管理师资格考试，共计选拔人员1625名。为积极展示我行个人理财专家市场形象，积极组织参加“福布斯富国中国优选理财师评选活动”，最终6人入选全国50强。二是大力推进财富管理专家团队建设工作，23家一级（直属）分行已全面完成财富管理专业团队组建工作。此外，总行财富管理专业团队工作规程的编订基本完成。三是根据市场、政策变化，及时做好对各级个人贷款营销人员的培训和指导工作。举办全行个人信贷营销人员培训班，同时，加强信贷合作机构和房地产开发企业营销管理知识和技能的提高，提升营销人员对市场的判断能力和对新产品、新政策的理解。

（六）多种形式，内外结合，通过营销宣传不断提升品牌知名度

一是积极开展业务营销宣传活动，提升市场知名度。先后组织开展了全行“新年购物新惊喜 灵通卡刷卡送大礼”旺季刷卡消费促销活动和“我用我灵通”刷卡消费促销活动，“牡丹灵通卡迎新献礼”发卡促销活动、灵通卡进校园活动、灵通卡职场营销活动和牡丹年金卡营销推广活动，“2009倾心回馈”基金定投申购费率八折优惠活动，“银证联手 股海畅游”为主题的第三方存管业务营销推广活动。二是组织行内营销竞赛活动为主线，充分调动员工工作积极性，掀起营销竞赛的高潮。年初我部与总行团委联合举办中国工商银行TOP100财富精英赛，开启了全年营销竞赛的序幕。11月份，在财富精英赛结束后，我部抓住岁末年初营销旺季的时机，组织开展“个人金融业务百日营销竞赛”活动，充分调动个金专业人员的营销积极性。三是精心谋划，认真准备，开展“投资理财知识普及万里行”营销活动，着力打造我行负责任的企业形象。为打造我行负责任的企业形象，扩大我行投资理财业务的市场影响力，实现目标客户的集群式发展，总行组织全行开展了“投资理财知识普及万里行”营销活动，活动于2009年12月21日正式启动。我行此次“投资理财知识普及万里行”活动将汇集100名以上来自银行、证券、基金、保险等各个投资理财领域的专家，配置我行1000名以上理财规划师，组建业内最大规模的理财专家团队，邀请100万名以上客户代表，在全国范围开展10000场以上的投资理财知识普及现场宣讲活动。同时，还将与全国各地超过200家媒体开展投资理财知识专栏合作，并通过专家在线访谈、免费发放《科学理财知识手册》公益读本等方式向广大居民普及科学理财知识，扩大活动惠及面。

（七）研究增存新思路，紧跟资本市场变化，实现储蓄和理财业务协调发展

一是高度重视储蓄存款基础地位，研究增存新思路。加强业务调研和督导，派出工作组调研各分行代发工资、优质客户增长情况和公私联动营销，以及同业最新动向和举措，研究增存新思路。同时，为提高储蓄业务对全行的营业贡献，提高定期储蓄存款转化率，降低付息成本，积极探索通过开发新型理财产品、基金等措施，分流转化高成本定期存款，优化储蓄存款结构，提高中间业务收入。

二是紧跟资本市场变化，强化产品营销。在银行类理财产品销售方面，全行紧密围绕客户需求，以固定收益类本外币理财产品为主，以创新为手段，着力提升市场竞争力。成功推出了以广东佛山等地方政府基础设施项目为投资对象的个人理财产品，总融资规模达200亿元，为实现我行理财业务与资产业务、存款业务的协调发展创出了新路。继续丰富“灵通快线”品种，分别推出了14天和28天“灵通快线”滚动型产品，“灵通快线”系列产品已达到9款，极大地方便了客户灵活投资。在个人保险销售方面，联合重要合作保险公司，大力推动保险旺季营销活动；同时，加强重点保险公司业务推动和培训工作，完成总对总新产品签约、批准部分分行区域性合作。在基金代销业务上，根据市场形势变化，调整各类型基金销售占比，迎合市场需求，基金销售额接近建行、中行和农行总和；采取“突出重点、广泛合作、合理配置”的基金发行策略，全力加强对托管基金及重点公司基金的代理发行营销工作力度，安排不同类型基金交叉发行。满足高端客户的投资需求，与十二家基金管理公司合作“一对多”基金专户产品，共同开拓“一对多”基金专户市场。

（八）依法合规，常抓不懈，持续强化风险管理与内控管理

一是加强业务风险管理，出台多项业务办法规定，完善风险管理机制，强化合规经营。先后下发了《关于进一步加强代理个人保险产品合规销售的紧急通知》，要求分行认真贯彻执行监管部门要求和总行有关规定；下发了《代理个人保险重大事件应急处理预案》，与保险公司协商确定了“重大事件处理指导意见”；进一步强化和完善了客户风险教育，充分进行风险揭示，履行银行责任；印发了《关于进一步加强个人金融业务操作风险管理的意见》，明确了工作目标和重点，指导各级行个金部与相关部门协同抓好重点业务环节和岗位的操作风险管理。

二是优化系统，强化系统对操作风险的管控能力。今年4月份投产应用了反交易及单边交易风险控制项目，有效防范业务经办人员违规使用反交易及单边交易存在的风险隐患。制定并印发了《个人金融业务操作规程（NOVA+1.0.0版本）》、《个人金融业务操作规程（NOVA+1.1.0版本）》、《业务操作指南》和《关于做好国庆长假期间个人金融业务稳定运营工作的通知》等操作规程和办法，明确了个人客户经理、自助设备、个人信贷、个人理财等风险点以及防范工作任务的分工与落实。

三是加强业务监测和整改，不断提升风险管理水平。先后向人民银行和银监会报送了与个人金融业务相关的意见整改工作情况；借记卡和自助设备整改措施进展情况。分别向操作风险管理委员会及监察室报送了个人金融业务2009年操作风险管理工作情况及2010年工作安排。研究客户投诉问题，对分行报送的客户投诉进行汇总分析，从产品、系统、流程层面归纳总结，提出改进建议，并反馈各相关处室，进一步完善业务。

二、中国农业银行个人金融市场的新发展

（一）中国农业银行个人金融发展综述

2009年，中国农业银行紧密围绕全行3510战略部署和分行长工作会议精神，以加快零售业务转型为根本出发点，持续加强机制建设、加大系统指导，推动零售业务转型工作取得突破性成效，明显提高了个人金融业务对全行改革发展的综合贡献度。

一、主要业务指标完成情况

（一）储蓄存款业务

截至12月末，全行人民币储蓄存款余额43494.92亿元，比年初增加6277.7亿元（不含结构性存款和保本型理财产品），增幅17%；外汇储蓄存款余额23.39亿美元，比年初增加0.18亿美元（不含汇率丰理财产品）。

（二）个人中间业务

截至12月末，全行借记卡发卡量达到3.142亿张，当年新开卡量达7620万张（因清理睡眠卡，借记卡比年初减少403万张），交易量56.58亿笔，实现全口径收入112.7亿元，占全行中间业务收入比重达到30.6%；销售基金1630亿元，实现销售收入12.15亿元；发行个人理财产品93期，募集资金1334亿元，其中人民币产品1129亿元，外币产品0.69亿美元，实现理财业务收入3.17亿元；累计实现个人实物黄金交易量5.6吨，实现收入3198万元；发行凭证式国债5期、240亿元，储蓄国债（电子式）8期、175.2亿元，实现收入3.07亿元；个人结售汇业务发生额94.5亿美元，实现手续费收入1890万美元；西联汇款业务发生额20.6亿美元，实现手续费收入1185万美元。

（3）客户结构情况。截至12月底，全行目标客户达到2401万户，比年初增加433万户，增幅为22%。其中，全行三星级以上个人客户达186.7万户，较年初增加72万户，增幅为62.8%。储蓄存款在20万元以上的客户为293.9万户，较年初增加68.5万户，增幅为30.4%。其中，500万以上客户20864户，较年初增加8293户，增幅达66.0%。

二、主要工作开展情况

（一）全面启动城市零售业务转型工作，开创了零售业务发展新时代

1月5日，行党委会正式通过《城市行零售业务战略转型实施方案》后，零售业务转型办公室即对转型任务按部门进行了细化分解，并在征询各牵头部门和系统分行建议的基础上，制定完成了《〈城市行零售业务战略转型实施方案〉任务分解表》，将转型各项工作措施分解落实到系统各分行和总行各部门。至此，全行零售业务战略转型正式拉开帷幕。5月，召开了全行城市零售业务经营转型工作会议，对全行城市行零售业务战略转型进行了全面动员和部署，此次会议成为零售板块成立后召开的首次工作会议，标志着中国农业银行城市行零售业务战略转型工作全面启动。

（二）强力推进网点转型工作，有效提升了全行零售业务营销和服务能力

一是建立标准，树立农行崭新形象。2008年以来，总行正式发布了新LOGO标识，推广了营业网点形象建设、办公应用视觉识别系统和行服标准，统一规范了网点的内外部设计、布局及装修、门牌LOGO标识、字体、施工工艺等标准，为全行网点的标准化形象建设奠定了基础。二是有效推动了样板网点建设。在山东、河北等分行组织实施样板网点建设，指导在山东分行顺利完成了全行第一批样板网点建设，并于9月5日在济南召开了样板网点建设现场会，对全行省级样板网点建设工作进行了全面部署。三是全面启动“绿色行动”计划。全年累计批复网点建设投资立项5802项、金额67亿元，批复撤销网点477个、跨区迁址网点8个，全行网点优化、整合和标准化建设进度明显加快。四是加强了自助设备投放和管理。逐步统一了全行自助设备品牌及型号，规范了自助设备的采购、分配和布放工作流程，先后完成了全年第一、二批和追加自助设备（合计资金20.2亿元）采购计划的分配，投放各类自助设备总量达到54688台，全行自助渠道分流能力获得明显提升。五是同步推进网点软件转型。广泛开展了网点文明标准服务导入活动，全年导入网点12570家，全行网点的服务环境、服务质量、服务水平、服务效率都有了质的飞跃和提高，受到了各级行和广大客户的一致肯定和好评。同时，正式启动了网点转型咨询项目，组织了咨询项目的招标采购和签约，召开了网点转型咨询项目启动会，明确了总、分行网点转型咨询项目工作组成员及职责，基本完成了咨询项目第一阶段的项目诊断工作，目前IBM公司已入驻现场，样板网点建设与推广、业务流程优化、岗位清分与服务营销流程三个项目小组正有序开展相关工作。

（三）加大产品创新和品牌推广，提升了零售产品市场竞争力

2009年以来，在总行明确全行产品研发职责的基础上，加强跨部门合作，促进了零售产品的整合创新和品牌推广。一是理顺了零售产品研发流程。牵头组织了上海、深圳、广东、香港四地零售业务产品联动创新例会，明确了产品研发部门与零售部门在零售产品创新中的职责定位和工作分工。二是稳步推进了零售品牌标准化建设。制定了《“金钥匙”个人金融产品品牌管理规定》、《“金钥匙”品牌视觉识别VI手册》，统一了个人金融产品品牌管理和

使用规范；加强了品牌宣传和推广，拍摄了“金钥匙”宣传片，设计了“基金宝”、“本利丰”“传世之宝”、“双利丰”、“存款证明”等产品平面广告，加大了“金钥匙”系列品牌在内外部媒体的投放宣传力度。三是加快开展了零售产品的整合工作。梳理了个人金融产品线，制定了《个人金融业务重点产品营销指引》，加大了核心产品的推广力度；从专业理财的角度，形成了“金钥匙产品理财组合”5大系列19款组合，加强第三方服务资源支持，全年引入4期晨星基金组合咨询服务，为客户经理营销工作提供了强大的技术支持。四是加快了个人负债产品创新速度。完成了“双利丰”七天个人通知存款的优化上线和一天个人通知存款的开发上线；配合产品研发部完成了个人资金归集业务、自动转账业务、手机银行（短信）业务、“聪明账”业务的开发和试点上线工作。五是不断丰富借记卡产品种类。组织完成了借记卡卡面改版和推广工作，推出了同业第一张全国性汽车主题借记卡——金穗C卡，正式发行了国泰君安联名卡，在北京军区试点发行了军人保障卡，启动了与支付宝、淘宝网联名卡项目的开发工作，完成了金穗女士卡的卡面设计、报批等准备工作及私人银行卡卡面、工艺设计工作，牵头与共青团中央合作开展了青年志愿者卡手续费减免项目。五是推出了多项个人中间业务产品。全年累计推出84期人民币理财产品，成功推出7只基金“一对多”专户理财产品，限量推出了国庆限量版“传世之宝”纪念金条，推出了虎年生肖金条和3克小规格金钱，推出了“传世之宝”延期提货交易业务，完成了黄金存折产品调研及立项。六是加快了个人外汇业务创新步伐。试点推出了中国农业银行出国留学金融产品组合—金钥匙“留学宝”，设立了首批16个出国留学金融服务中心，推出了预约开立富国银行账户和花旗环球汇票等新产品；在全国建立了18家西联汇款旗舰店，组织了西联汇款欧元支付功能的开发，加快了西联汇款、旅行支票等个人国际汇兑产品的推广。

（四）加强队伍建设，大力提升零售从业队伍的综合素质

一是不断完善零售队伍制度体系。其一是明晰了零售队伍岗位序列和职责要求。下发了《网点文明标准服务管理办法》和《网点负责人管理规定》、《大堂经理管理规定》、《柜员管理规定》、《个人客户经理管理规定》、《个人理财顾问管理规定》等5类人员管理办法。其二是建立了网点人员上岗资格考试制度，组织实行了有6.5万人参加的网点负责人、大堂经理、个人客户经理等岗位的持证上岗资格考试。其三是下发了《营业网点岗位员工绩效考核指引（试行）》，有效加强了网点人员绩效考核工作。其四是组织完成了个人金融业务专家库建设，按照产品、服务管理、市场研究、系统管理及其他五个类别遴选出209名专业人才组建成中国农业银行个人金融专业人才库，并下发了《个人金融专业人才管理规定》，为个人金融业务的发展强化了智力支持。

二是采取多种方式，切实加强了员工岗位培训。首先是全面加强了网点文明标准服务内训师培训工作，运用分层次滚动培训的模式，累计培训零售业务内训师3328人，成为了全行文明标准服务导入活动的中坚力量。其次是加强了理财师的培训。2009年全行共组织CFP培训班4期，AFP培训班50期，EFP培训班3期，分别培训CFP373人、AFP3046人、EFP178人；开展EFP继续教育现场培训3期，理财师持证人继续教育视频培训6期。目前，全行共有AFP持证人7062人，CFP持证人823人，EFP持证人510人。再次是运用视频培训的方式，适时进行了零售产品穿透式培训，有效提升了基层员工的零售产品营销能力。每月组织专题视频培训，先后组织了储蓄存款、基金营销技巧、“安心得利”理财产品、“传世之宝”业务、国债业务、营业网点形象建设标准、网点平面规划设计、网点转型咨询项目、机场贵宾服务推广、投资心理学等相关内容的视频培训，第一时间分析经济形势、通报业务情况、讲解零售产品、分享营销经验，把培训触角直接覆盖到基层一线客户经理，受到了基层行同志们的热烈欢迎。2009年以来，部内累计举办视频培训21次，培训人数超过5万人次。最后是运用脱产培训的方式，加强了重点岗位、业务骨干的营销技能培训。2009年先后举办了基金、军人保障卡、黄金、国债等个人金融产品培训，“金钥匙 留学宝”、西联汇款等个人外汇业务培训，营业网点形象建设管理、网点信息普查等网点管理培训，高级个人客户经理、网点负责人内训师、优秀柜员等岗位人员专项培训。

三是持续培育网点服务精神。其一是以网点文明标准服务年活动为契机，以零售业务内训师导入为途径，明确提出并广泛实施了“以客为尊、激情创新、团队合作、合规经营、追求卓越”的网点服务精神，网点文明标准服务已由星星之火变成燎原之势，赢得了社会各界的广泛赞誉。其二是组织举办了中国农业银行第二届金融理财师年会，隆重表彰了2009年全行10佳理财师和40名优秀内训师，显著增强了零售业务骨干对农行的归属感。其三是第一次举办了优秀柜员奖励性培训，对鼓励基层柜员爱岗敬业、发挥先进带头作用起到了重要的导向作用。其四是组织参加了第三届“金理财”奖评选活动。“安心得利”稳健系列第三期产品获“最佳人民币理财产品”奖，四川分行成都锦城支行金钥匙理财中心获“十佳理财中心”奖，该理财中心理财师张海燕荣获“十佳理财师”称号，为全行理财队伍树立了良好榜样。其五是积极参加了银行业协会组织的全国百佳文明规范化服务示范网点的评选活动，中国农业银行荣获“突出贡献奖”单位，全行有7家网点被评为百佳文明规范服务示范网点。

（五）广泛开展了各项营销活动，大幅提升了产品销售能力

一是广泛开展了2009年“春天行动”，组织策划2010年“春天行动”。通过跟踪督导、总结通报、评优表先等多项措施，确保2009年“春天行动”取得了如期成效，并在认真总结2009年春天行动成功经验的基础上，经过大量精心细致的准备，在海南博鳌成功举办了2010年“金钥匙春天行动”启动仪式，此次启动活动第一次大批量邀请中国农业银行个人贵宾客户140余人，成为零售板块重组后首次以板块为整体组织的综合营销活动，内容丰富、形式新颖，受到客户的高度评价，显著扩大了中国农业银行的知名度和美誉度，起到了良好的营销宣传效果。二是先后策划启动了“激情仲夏 金彩生活”、“爱在金秋 情系万家”个人金融业务营销活动，从而将零售业务综合营销活动由以往的单个季度推广到贯穿整个2009年度，有力促进了零售产品的综合销售。三是组织零售板块拍摄了中秋贺电视频，成功策划了中国农业银行赞助“2009年CCTV中秋双语晚会”农行宣传广告，较好的宣传了中国农业银行形象。四是创新基金业务营销方式。成立了6个督导组，分赴34家分行开展了基金业务巡讲与督导工作，有效促进分行完成了农银汇理和五只托管基金的发行工作，基金销售结构明显改善。同时开展了“点滴积累，成就梦想”基金业务定期定额营销推广活动，实现了大多数分行定投户数的正增长；首次执行了尾随佣金二次分配政策，多支托管基金促销活动收到良好成效；圆满完成农银汇理平衡双利和策略价值两只基金发行工作；先后组织了10支托管基金持续促销活动；正式启动了基金网上代销费率优惠活动。五是着力加快黄金业务和储蓄国债（电子式）推广。组织设计了普通“传世之宝”、建国60周年纪念金条、虎年生肖金条、储蓄国债的海报、折页等宣传材料，派出多个督导组到各分行进行开展“一对一”培训和督导工作，全行开办“传世之宝”业务分行达到30家，储蓄国债任务顺利完成。六是着手策划多项借记卡营销活动。在全系统成功组织了“感恩十年 相伴永恒”金穗借记卡营销活动，策划组织了汽车主题卡（金穗C卡）首发仪式和营销活动，制定了军人保障卡、国泰君安联名卡营销方案，进一步扩大了中国农业银行借记卡品牌的市场影响力。七是加大个人外汇业务营销宣传。设计制作了外币兑换、个人结售汇、票汇和电汇、预约开立境外银行账户等宣传折页，广泛开展积分兑换礼品活动，指导分行加大西联汇款、个人结售汇等外汇主要产品之间的组合营销力度；先后举办了出国留学暨职业生涯规划讲座与留学金融服务讲座，举办了2010春季留学行前准备会，大力推动“金钥匙·留学宝”营销宣传。

（六）加快了流程和IT系统优化，不断提升了零售业务经营效率

一是组织了零售业务流程优化工作。提出了《零售业务营销支持系统需求建议书》、《关于营业网点柜台零售业务凭证清理整合的建议》、《零售业务柜面流程优化建议书》，并牵头召开了“零售业务柜面流程优化工作专题会议”，从个人金融、银行卡、电子银行、个贷、运营管理、财务会计、客户签约和反洗钱八个方面推进柜面业务流程改造，并启动了15项零售业务凭证清理整合工作；与ABIS系统改造小组协作，完善ABIS系统功能，制定了《ABIS优化改造工作方案》，整理了ABIS优化改造需求542个；修订了储蓄存款、借记卡业务、基金、储蓄国债、实物黄金外汇等相关制度办法，简化了业务操作程序；与产品研发部合作上线了个人客户网点开户（签约）流程优化项目二期，积极协调开放式柜台办理小额现金业务，牵头梳理了联网核查业务范围，起草了联网核查系统优化需求，进一步简化了前台操作流程。二是积极配合新一代核心银行系统建设，探索搭建新型的零售业务系统综合处理平台。组织召开了零售业务系统改造需求编写会，编制了《个人客户信息治理实施方案》、《个人客户信息视图（样图）》和《个人业务营销需求建议书落地实施方案》，并抓紧推进个人客户信息治理和业务架构梳理工作，目前已修订、完善了26份业务梳理报告，梳理分析了相关管理职责、产品、应用系统和数据映射关系，分析了零售报表要素统计维度和数据来源，为IBM咨询公司全面开展工作提供了重要依据。三是加快了PCRM系统三期和CFE系统的推广应用。通过举办培训班、通报督导、现场解决问题等多种方式，将PCRM系统三期推广到了全国37家分行，完成了CFE系统二期的研发、论证及业务验收测试工作，为实施客户分层服务夯实了科技支撑。四是加快开发了适应网点转型急需的应用系统和电子机具。对零售业务计价考核管理系统项目进行了专项研发；提出了网点信息管理系统项目需求框架；完成了网点智能导航系统项目立项和需求编写。五是加快了各项业务系统的升级和改造。加快完善负债系统，在推进存款证明系统二期全国上线的基础上，进一步实现了储蓄国债开立个人存款证明等功能；加快升级改造基金代销系统，完成了基金代销二期的升级改造和测试上线，及基金T+0快速赎回及单位借记卡购买基金需求编写立项工作；加快了黄金和国债系统的开发和升级，组织完成了实物黄金系统二期的测试和上线工作，为“传世之宝”业务的推广奠定了基础，组织完成了储蓄国债系统的测试、验收和上线工作，对凭证式国债系统和报文程序进行了测试与修改，上线了凭证式国债前置系统，对记账式国债系统进行了二期改造并在全国上线；不断完善个人外汇业务系统，完成了西联汇款KYC系统升级切换上线工作；配合金融市场部开展了集中版理财产品销售系统需求修改、功能开发与测试上线工作，开展了系统二期功能优化与需求编写工作。

（七）大力推进贵宾客户服务体系建设，不断提升贵宾客户综合服务水平

一是积极构建了统一的贵宾客户增值服务体系。修订了《金钥匙贵宾客户管理办法》，进一步明确了客户分层标准，有效整合贷记卡、借记卡和现有的客户第三方服务资源，统一建立了中国农业银行个人贵宾客户服务体系；先后在全国28个省市的49座大中及重点旅游城市的50家机场开通了机场贵宾服务，覆盖范围和机场数量均居同业首位；与第三方服务供应商多次沟通、商洽，积极准备在全行范围内推出医疗健康和道路援助等增值服务。二是加快私人银行筹建工作，搭建顶级客户专属服务平台。银监会已正式批复了私人银行牌照申请，开业核准申请也已上报上海银监局；基本设计完成了私人银行发展规划，为中国农业银行私人银行发展明确了定位、方向和组织管理体系；确定了“信赖、贴心、成就”的中国农业银行私人银行品牌内涵，设计完成了私人银行LOGO；完成私人银行管理系统研发测试并开始试运行，为私人银行客户信息、产品信息和业务运营管理提供了综合处理平台；制定了私人银行客户管理暂行办法、总分部工作规则，起草了财富顾问管理、营销管理、客户服务、风险管理、系统运营等方面制度办法，基本搭建完成私人银行业务的制度框架体系；总分部工作人员已逐步到位，圆满完成了新加坡跟班培训、私人银行家培训、财富顾问核心课程培训和私人银行业务培训；组织客户调研，基本摸清了中国农业银行500万存款以上的客户情况，全面推进“一对一”客户关系建立工作，有效落实了客户名单制管理；联合产品研发部共同构建了私人银行产品体系，理顺了私人银行专属产品研发的工作流程和方式；建立了总分部挂钩联系支持机制，正与法律、慈善等三方机构进行交流和沟通，为推出中国农业银行统一的私人银行客户尊享服务标准做好了准备。三是加快了24家分行财富管理中心建设，先后召开了财富管理中心建设座谈会、督办汇报会，下发了《财富管理中心管理办法》、《关于加强金钥匙财富管理中心建设与管理工作的意见》、《关于落实钻石客户名单制管理的补充通知》，进一步明确了人员、机构和对钻石客户的管理问题，督导分行加快了财富管理中心的建设步伐，目前，已有20家分行完成财富管理中心的建设立项。四是继续做好贵宾客户专享期刊发行工作。编辑发行了《金钥匙理财》专刊6期，架起了中国农业银行与贵宾客户良好沟通的桥梁。

三、中国银行个人金融市场的新发展

（一）中国银行个人金融发展综述

一、储蓄存款实现稳步增长

加大储蓄存款考核力度，组织储蓄存款分季度营销竞赛活动，深入开展个人客户金融资产全员营销，储蓄存款市场份额持续攀升。截至12月末，人民币储蓄存款四大行口径市场份额为16.09%，比年初提高0.08个百分点。外币储蓄存款四大行口径市场份额达68.90%，较上年提高2.39个百分点。

二、个人贷款业务创历史新高

积极响应国家“扩内需、促消费”政策，加大对居民购房、购车等消费需求的信贷支持。持续深入推广“直客式”营销模式，试点同城专业一体化经营模式。追踪市场和客户需求，开发贷款管家、外汇留学贷款、创业宝、理财产品融资便利等新产品，整合“一站式”出国留学金融服务。截至12月末，个人贷款余额四大行口径余额市场份额24.94%，较年初提高1.06个百分点。个人贷款中间业务收入同比增长94.07%。

三、中高端客户数量及资产较快增长

积极开拓中高端客户市场。截至12月末，中高端客户数量比年初增长30.30%，建设理财中心达到734家，比年初新增209家；新增财富管理中心30家；私人银行达到15家。

加快国内理财产品研发，先后推出中银安稳回报、中银进取、中银日积月累、中银智富、中银创富和中银基金精选计划等多种产品。大力开展定向营销活动，总分行联动开展“200名最有价值客户的评选及回馈活动”、首届“中银财富杯高尔夫巡回赛”、“理财中心客户互荐奖励”等中高端客户营销活动。2009年8月，我行私人银行业务获评“中国最佳私人银行”奖项。

四、银行卡规模与收益同步增长

全面落实以规模带动效益的发展战略，截至12月末，贷记卡八行口径市场份额10.02%，较上年提高了1.96个百分点，上升幅度居同业第一位，超越交行进至第四位。

坚持发卡与收单并重的发展策略。在巩固酒店餐饮等高收益商户市场份额的基础上，合理调整收单商户结构，联动发展大额批发类商户。截至12月末，人民币卡商户收单量同比增长96.38%，外卡商户收单交易量市场份额超过50%，稳居同业第一位。

五、推进网点转型和渠道建设

加快网点硬件改造，截至12月末，全辖已完成网点改造2339家。推动旧线系统业务操作流程改造项目，整合借记卡、个人银行结算账户的开户流程，优化个人汇款业务操作流程和26个交易授权点，大大简化了前台业务操作流程，提高业务处理效率，成效显著。组织落实网点服务销售流程整合项目，制定《中国银行境内分行网点服务销售流程手册》1.0版以及“十个一”落实方案和验收标准，统一、规范网点服务销售流程。投产ATM存款转账项目，实现ATM跨省转账、信用卡还款等功能。完成主机行中银自助通项目，在自助终端上实现各类中间业务功能。加快网点专业化队伍建设，截至12月末，全辖大堂经理网点配备率达到78%，比2008年末提高25个百分点。

六、风险防范能力不断提升

优化个人授信审批流程，建立个人授信专业审批人制度，持续推进个人贷款风险管理达标，加强银行卡欺诈风险防控。制定中高端客户差异化授信政策，给予贷款利率和各项手续费优惠，简化部分贷款资料和审批流程。严格控制个人授信资产质量，实行专人专行风险监控制度，完善个人贷款风险监控报告，保证我行个人贷款资产质量的持续性和可控性。截至12月末，全辖个人贷款不良率较上年下降0.6个百分点；信用卡业务不良率较上年下降0.93个百分点，实现不良余额和不良率双降。

加强内控体系和制度建设，制定并完善《境内经营性分支机构业务经理派驻制实施办法》、《私人银行业务风险管理实施细则》、《银行卡欺诈风险管理政策》等规章制度，建立规章制度评估和审核机制，完善操作风险与控制评估流程。明确和规范个人客户信息的收集、保管、查询、调阅和传送要求，填补了制度空白。做好巴塞尔新资本协议操作风险预评估工作，完成个人金融操作风险预警系统立项和功能测试，个金条线高风险环节得到有效控制，案件数和涉案金额连续下降。

（二）中国银行个人金融新产品简介

一、总行研发产品简介

（一）理想之家·贷款管家

“贷款管家”是我行“理想之家”品牌项下，通过贷款产品归集的方式，针对三级财富管理体系（理财中心、财富中心和私人银行）客户专门推出的服务子品牌。

（二）新一代长城信用卡

该产品具有存款有息、透支享受免息期、积分、短信、理财、代收代付等功能。该卡更符合我国居民的消费习惯，是目前市场上独一无二的特色产品，属于同一账户下逻辑集成的借贷合一卡。

（三）理想之家·置换宝

“置换宝”住房贷款是指客户以已有房产做抵押向银行申请置换宝贷款产品，并可根据资金周转情况选择销售已有房产、自行筹措资金等多种方式将通过已有房产抵押取得的按揭贷款全部归还，从而达到缓解在购置新房产过程中现金流不足的目的。

（四）分期付款

持卡人在一次性进行较大金额购物消费的时候，根据银行的业务规则完成交易，由银行代持卡人向商户一次性支付持卡人所采购商品或者服务的总金额，再将持卡人对于该笔消费总金额平均分解成若干期数（月份），每期按时偿还分期款项。

（五）全民健身卡

全民健身卡是中国银行独家发行的体育健身主题卡，包含信用卡产品和借记卡产品，是唯一获得国家体育总局特别授权使用“全民健身日”标志的银行卡。

全民健身卡持卡人还享受体育健身场馆优惠、优育用品折扣、健身培训课程等与体育健身相关的专属增值服务，涵盖了运动场馆、赛事票务、体育用品等内容的全国范围超过20000家中银优惠商户，将向持卡人提供优惠的价格、周到的服务。

（六）“理想之家·创业宝”高校毕业生创业贷款，简称大学生创业贷款

“理想之家·创业宝”高校毕业生创业贷款产品主要是为大学生借款人依法自主创业、合伙经营或组织起来就业提供所需的开办经费和流动资金。

（七）ATM渠道支持银行卡存款转账项目

该项目实现了在我行全辖范围内任意一台ATM机具上，进行我行各类银行卡（包括借记卡之间、准贷记卡与准贷记卡、借记卡与准贷记卡之间、借记卡或准贷记卡向中银信用卡）7＊24小时本异地实时转账，在任意一台ATM机具上进行有卡或无卡7＊24实时现金存款。

（八）“爱心理财 成长账户”

“爱心理财成长账户”是“携手奥运成长账户”升级产品，保留原有的“账户管理套餐”，通过与中国青少年研究中心合作，集合中心旗下众多青少年研究专家和所属《少年儿童研究》杂志独有资源，联合为广大青少年提供理财教育课堂、理财夏令营、网络模拟理财体验等丰富多彩之理财教育、实践活动。

二、分行研发产品简介

（一）电子渠道自助式小额结售汇——广东省分行

电子渠道自助式小额结售汇是由我行独立开发的，通过技术手段实现我行业务系统与外管额度校验审核的无缝链接，为客户提供自助式、一站式的个人结售汇服务。客户仅须持借记卡，即可在自助设备上，根据界面提示，办理个人结售汇业务。

（二）中银贵宾俱乐部客户积分——深圳市分行

通过将中高端个人客户在我行的负债、资产、中间业务按实际收益率折算为效益，继而换算为“中银贵宾俱乐部客户积分”；采用“中银理财贵宾卡”作为客户身份识别及积分管理介质；以扣减积分换取服务、商品或费率优惠的形式，实现对中高端个人客户增值服务。

（三）长城人民币信用卡“轻松购车易”业务——广东省分行

“轻松购车易”业务是指中银长城人民币信用卡持卡人在我行指定汽车经销商购置汽车，向我行申请办理以中银长城人民币信用卡分期付款方式支付购车尾款，经我行审批通过，并落实相关放款条件后，对总车价扣除首付款部分进行分期付款交易。

（四）薪之宝——江西省分行

“薪之宝”产品以代发薪为切入点，集我行代发薪、中银理财金卡、电子借记卡、信用循环贷款额度、中银信用卡、个人网银、短信通知服务、基金定投、保险、第三方存管、代缴费、跟踪服务、理财计划、“钱管家”服务等产品为一体的“一站式”综合服务，主要产品功能是产品捆绑交叉销售及一站式综合服务。

（五）长城羊城通联名信用卡——广东省分行

长城羊城通联名卡是我行推出的一款创新性银行卡产品，它集磁条和芯片于一体，对信用卡功能和芯片卡功能进行了整合。客户使用该卡既可享受我行信用卡的所有功能，同时还可在公交、地铁、便利店、超市、百货、电影院、麦当劳等场所进行快速的小额支付，在拓宽我行信用卡支付范围的同时大大地缩短了交易时间。

（六）长城商户通——江苏省分行

“长城商户通”是一款新型电子支付产品，通过为个体商户安装电话POS机具作为支付终端，借助固网支付平台、银联支付系统与我行中间业务系统对接，实现个人借记卡账户间资金转账。

（七）摊位使用权、优先承租权质押贷款——浙江省分行

摊位使用权、优先承租权质押贷款是我行在借鉴兄弟行摊位使用权、优先承租权质押贷款经验基础上，结合义乌国际商贸城市场特有的市场环境推出的个人投资经营贷款产品，用以解决投资经营过程中的正常资金周转需求问题。

（八）“4+2”、“3+2”模式个人消费类汽车贷款——四川省分行

“4+2”、“3+2”模式个人消费类汽车贷款产品是指：当普通客户首付不低于4成、优质客户首付不低于3成，并以本车抵押和所购车辆外的其他财产抵、质押共同作为汽车贷款担保的一种个人消费类汽车贷款产品。我行接受的抵押物包括：住房、商业用房、我行存单、国债。

（九）侨汇通个人国际汇款——福建省分行

侨汇通产品是把握当前国际上的汇款潮流，采用不同于传统SWIFT的互联网传输汇款数据的模式，实现国际汇款实时解付的功能。一笔汇款从汇出到解付只须10分钟，极大满足了客户需求。

（十）对私汇划通——四川省分行

专用于办理中行系统内对私人民币汇款、对私跨行大/小额人民币汇款、西南五省区域内无折无卡存现业务

（十一）个人房贷省息供——浙江省分行

作为一种房贷还款方式的创新，特点是为具有提前还款需求的借款人提供的一种便捷的还款方式。对客户而言，该产品加大了还款弹性，客户可根据自身实际情况在满足最低还本金额的基础上自行选择每月还贷金额。

（十二）速汇金国际汇款——北京市分行

实现个人国际汇款10分钟速达，突破账户汇款速度慢和中行海外网点少的业务发展瓶颈，通过与国际公司的战略合作，借用速汇金全球180000个代理服务点拓展中行国际汇款业务，极大提高了我行国际结算业务竞争力。

（十三）中银尊享钱循环透支业务——澳门分行

该产品是专为私人银行客户提供的循环透支业务，通过透支额度的配置，可方便客户日常资金周转，亦有助我行巩固及开拓该类人士的贷款业务需要。

（十四）中银卡 三币通——澳门分行

1. 借记卡内最多可同时挂附三个不同币别之账户（人民币、澳门币、港币）；

2. 账户之间相互勾连，并可尽用卡内所有账户总余；

3. 个性化消费/提现短讯提示服务；

4. 个性化消费限额设定。

（十五）一签通（个人业务综合开户服务）——天津市分行

一签通（个人业务综合开户服务）对原有客户开户操作进行变革，将原需客户输入的近18遍密码减少为6遍，协议文本签字由12个减为3个，开户所用时间由50分钟减为10余分钟。

四、中国建设银行个人金融市场的新发展

（一）中国建设银行个人金融发展综述
个人存款与投资业务部分

（总行个人存款与投资部赵富高总经理）

2009年，个人存款与投资业务围绕建设国际一流零售银行的发展战略，坚持“以客户为中心以市场为导向”的经营方针，积极应对外部市场环境变化，加快推进业务转型，优化客户结构，夯实发展基础，九项业务快速推进，市场竞争力明显增强。

一、2009年主要经营业绩

1. 个人存款增速和网均新增居四行

截至2009年末，全行个人存款余额35813亿元，当年新增6456亿元，创历史新高，增速22%。增速和网均新增四行第一；新增市场占比26.68%，同比提升2个百分点，四行中提升最快。

2. 中间业务稳步回升。2009年，个人存款与投资条线实现中间业务收入164亿元，同比增长9.7%，收入水平达历史第二位。借记卡作为个人支柱产品，业务继续保持20%的增速；代销国债、黄金业务成为新亮点，分别同比增长103%和68%。

3. 借记卡新增发卡提速。全行借记卡累计发卡2.52亿张，剔除集中销卡影响，全年实际新增发卡5973万张，连续三年保持新增超过4000万张的水平。发卡质量提升，年内实现消费交易额7907亿元，同比增长77%。清理7900万张睡眠卡，运行效率大幅提高。

4. 富裕客户数和金融资产均高速增长。全行富裕客户及其资产分别比上年增长52.36%、43.41%，客户结构持续改进。持有理财卡、证券账户、CTS账户的富裕客户分别比上年增长45.47%、29.11%、74.76%。网点平均富裕客户人数比上年增长52.36%。

5. 网点转型全面推进。全行已有99.45%的网点完成一代转型。转型后网点交易效率提高近39%，客户平均等候时间下降41%。全行已有1200个网点完成二代转型，转型后客户经理服务VIP客户的时间提高31%，销售量占网点的比例较提高14%。

6. 自助业务交易替代率大幅提升。全行运营自助设备36021台、自助银行8128家，分别较年初增加4125台、4533家。自助渠道与柜面的总交易量之比为115%，设备平均开机率为96.94%。

7. 电话银行服务获得客户好评。全行电话银行客户数5437万户、交易量37038万笔，同比分别增长34.44%、43.01%；95533客户服务接通率为80%，投诉类降低了34.63%。

8. 数据分析成果转化取得显著效果。建立个人客户数据分析中心，尝试4个事件式营销，在全行多渠道发布目标客户清单，目标客户平均意向达成率、成交率分别约为75%和17.5%。挽留激活约336万人“零资产有账户”目标客户，资产约250亿元。

9. 前后台分离、联动营销效果明显。全面落实八项前后台分离措施，建立了网点管理、区域物品配送服务中心及其他支持服务中心。加强个人条线信用卡发卡推动，当年净新增379.4万户。注重保险业务合规销售，当年个人条线代理保险业务实现收入26.12亿元。

二、2009年度主要工作措施

1. 以网点转型为龙头，抓好客户服务。一是开发推广一代转型支持系统，建立网点管理中心和物品配送中心，开展上岗考试等措施，巩固一代转型效果。二是推广二代转型，建立VIP客户差别化服务的统一客户管理、销售及服务流程；三是开展开放式柜台业务流程客户体验活动，获得客户体验数据及改进流程建议。四是开发财产品个人客户风险评估功能，判断是否向客户销售高风险产品。五是优化、新增电话银行语音菜单、缴费、投资理财、永久口头挂失等功能，编制操作指南，提升客户体验。

2. 努力增加客户总量，优化客户结构。以银行卡为抓手，增加基本结算账户。以二代转型做实理财业务为手段，推动客户结构调整。加大基金定投业务的推广力度，开展定投手续费优惠活动。积极拓展黄金交易功能，增加交易量。

3. 加大创新力度，满足客户多样化需求。一是推出个人外币通存通兑业务，实现异地存取、转账、查询等功能。二是开发个人国际速汇业务系统，整合银星速汇业务流程。

三是推出陆港通龙卡二期优化、电话支付业务系统、试点公共事业IC卡、龙卡通预授权，以及财富管理卡、私人银行卡、军人保障卡等细分新产品。四是推出“大丰收”每日开放型理财产品。五是推出了生肖、贺岁、福禄寿喜、婚庆、生肖等23种近百款黄金新品。

4. 以产品销售为手段，推动业务结构调整。组织开展一季度旺季营销活动，抓好基金的持续性营销工作，开展多项黄金业务的主题营销活动，抓住时机拓展国债业务，定期通报各分行产品销售量情况，针对基金、黄金等多类产品，发布营销任务、提示营销商机。

5. 加快渠道建设，打造分层服务体系。一是稳步推进网点装修改造，全行已有万余网点的整体视觉形象符合总行最新要求，新建网点内部功能分区更加合理。二是在业内率先建立自助业务运营控管系统，实现实时监控、业务跟踪、设备开机率考核等100多项功能。三是开工建设理财中心1136家，其中已开业理财中心767家。四是成立电话银行中心，确立总分行两级运营模式并行架构。当年已有4个总行级呼叫中心投入运营，设立总控中心，成立问题解决中心。

6. 做好基础工作，保持可持续发展。一是推进自助业务专业化管理，开展专项治理活动，完成离行式自助设备发展规划。二是开发优化一代网点转型的销售门户、业绩评价、物品配送等系统，巩固转型效果。三是上线VIP二代支持系统，整合四大流程28项工具并实现自动化。四是优化证券业务系统，支持基金跨市场转换、货币基金快速赎回。五是建成了国内领先的CRM体系，实现了以客户为中心的管理信息单一视图。六是优化龙卡网络系统，实现贷记卡前置集群改造、专项POS分期交易和贷记卡批量代收付系统升级。七是开发上线储蓄国债优化系统、个人实物黄金业务系统二期。八是优化理财产品综合支持系统，支持封闭型、开放型、高流动性、分行特色理财产品销售。九是在全行推广应用基金研究评价资讯系统，为各级行及基金营销人员提供支持。十是将电话银行知识库延伸至营业网点使用，方便一线人员。

7. 大力开展培训，提升人员素质。组织境内、境外各类培训项目70余期，覆盖经营管理层、专业技术人员和基层员工，培训近5000人次。修订零售网点五岗位教材及题库，组织13万人次参加上岗考试。开发理财师案例互动课件，组织1万多人的理财师考试。

8. 加强制度建设，强化操作风险管理。完成四次零售网点柜面操作风险检查，内容包括柜面业务授权复核控制、柜员岗位及系统操作权限设置、自代办业务、柜员尾箱等重要风险点。召开四次零售网点操作风险分析例会，分析问题，研究落实整改措施。建立个人业务条线大额交易风险排查制度，要求分行定期组织个人账户大额进出情况风险排查。

财富管理与私人银行业务部分

（总行财富管理与私人银行部程正红总经理）

2009年，随着宏观经济金融环境逐步改善，建设银行财富管理与私人银行业务继续保持快速发展，同时，建设银行行对这项新兴业务如何向纵深发展和建立适合的业务模式进行积极探索和实践，着力打造财富管理与私人银行的核心竞争力，并在一些基本问题上取得突破，为可持续的快速、健康发展奠定了坚实基础。

一、2009年业务经营取得的主要成绩

1. 高端客户及其金融资产规模继续保持较快增长

高端客户数较2009年初增长了51%，其中，私人银行客户全年增长172%。管理的高端客户金融资产较2009年初增长49.6%，其中，私人银行客户金融资产较年初增长87%。

2. “建行财富”系列产品销售喜人，一对多专户理财发行顺利

2009年共发行“建行财富”系列理财产品165期，募集金额206亿元；积极与包括集团内的建信基金等多家知名基金公司合作，代理发行一对多基金专户理财12期。

3. 高端客户服务渠道体系进一步完善，财富管理中心服务覆盖能力不断提高

截至2009年底，全行已开业财富管理中心总数达到131家，遍布几乎所有一级分行；财富管理中心专业服务能力逐步发挥，财富管理卡和私人银行卡等特色产品和服务逐步推出，对高端客户吸引力日益提高。

二、2009年采取的主要工作措施

1. 完成高端客户关系管理流程项目的推广和验收工作，全面提升财富管理中心服务能力

与美国银行合作的高端客户关系管理项目于2009年开始在财富管理中心全面推广上线，项目的主要流程和工具等已全部在财富中心的日常工作中落实。项目的推广使财富中心对高端客户服务能力明显提升；各分行还提出大量优化建议，对人员岗位、业务流程、工具模板、解决方案进行了大胆创新。

为支持流程项目的进一步规范化和实用化，还完成WPPS开发项目。WPPS初步解决了一些基本管理问题：对高净值客户实现了细分；实现了对流程项目的可控管理，为标准化工作流程及人员岗位设置在分行的推广提供了系统保证。

2. 明确高端客户服务渠道建设总体规划，巩固和提高财富中心与私人银行服务能力

2009年，在经过深入调查研究的基础上，总行财富部提出了三年渠道建设规划，制定了全行财富中心和私人银行渠道建设布局规划的方案。

方案对渠道建设进行了前瞻性的规划和布局，私人银行也由境内开始研究向境外拓展。同时强调财富管理中心和私人银行建设要坚持节俭实用原则，克服奢华倾向，在符合统一VI规范下可以强调差异化。到2012年时，一个布局和功能较为完善的高端客户服务渠道网络将基本形成。

3. 积极推进高端客户理财产品多元化

一对多专户理财的推出正好出现在高端客户理财产品不足的问题较为突出的时候，借助基金公司的专业化投资能力，专户理财在丰富财富管理产品线，形成财富管理产品特色方面发挥了积极作用。截止到2009年底，建行已与建信、宝盈、国泰等8家基金公司合作，相继推出一对多专户理财产品共12只。

一对多专户理财是探索利用行外资源丰富财富管理与私人银行产品服务体系的一个重要突破，在代销产品过程中，锻炼出一支精干高效的专业服务队伍，同时建立的一套制度也为今后积极引入其他第三方产品和服务积累了经验和基础。

4. 强化私人银行业务管理，重视业务与数据分析精细化

2009年制定了推进私人银行业务发展相关指导性文件。明确规定了私人银行的业务布局原则、客户拓展策略、组织架构及岗位设置、服务模式、风险和法律合规管理，同时引导分行加强私人银行客户的拓展工作。在此基础上，建立了私人银行业务重点联系行例会制度，提升私人银行客户关系管的精细化水平。

针对建行私人银行客户中中小企业主占有相当比例的特点，重点加强了公私客户交叉营销的工作，建立公私联动营销的平台、机制和流程。此外，还于2009年先后两次向分行征集经典案例，为各行开展私人银行客户拓展和营销服务提供了参考和借鉴。

5. 充分整合行内外各种资源，积极推广联动营销模式

一直以来建行都在积极探索对高端客户有效的营销方式。2009年，借助山西煤炭行业的资源整合进程的有利商机，启动了山西煤炭行业个人高端客户专项营销活动，直接向特定客户进行产品服务定向营销，客户反响强烈。

作为客户经营管理部门，如何整合行内外资源满足高端客户多样化个性需求是一个具有挑战性的课题，是衡量商业银行经营能力的重要体现，因此，以山西端煤炭行业整合为契机开展的联动营销是对新型营销模式的尝试，在吸收经验的基础上，将进一步充分利用行内外各种有利资源，实现营销模式的创新和新模式的常态化。

6. 稳步推出财富管理卡与私人银行卡

2009年，建行正式向签约高端客户推出为其量身打造的财富管理卡与私人银行卡。两卡作为建行财富管理和私人银行业务的载体，具有身份识别、“一揽子”金融需求解决方案、差别化传统银行服务、相关服务费用减免等诸多亮点，是拓展高端客户的有效工具。

2009年7月，全行正式部署发卡工作，两卡发行经过市场成绩检验，已逐步得到客户的认可。

7. 及时推出客户管理办法，完善高端客户服务管理制度体系

随着业务高速发展，在客户管理流程、产品销售、渠道建设等方面都需要一套差别化的体系和流程，迫切需要制定一个切合当前业务现状，并且具有一定前瞻性和指导意义的客户管理办法。

在经过广泛征求各分行和总行相关部门意见基础上，制定了高端客户的相关管理办法。该办法明确了我行的客户等级的标准，对客户身份、资金和信息安排了全面的风险管控措施，为今后业务发展和IT系统开发规则奠定了基础，同时也有利于实现资源的差别化投入。

8. 不断丰富和完善非金融服务体系，打造高端客户营销的有力臂助

2009年我行非金融服务在巩固已有成果基础上继续不断推出新品种。在继续深入开展全国机场嘉宾和贵宾服务、健康关爱服务、国际紧急援助服务基础，服务覆盖范围和客户体验效果得到显著提高。

在完善已有服务基础上，不断推出新服务。2009年正式推出高尔夫服务，并推出便捷出境服务，为建行高端客户提供包括免面签、个性化行程定制为特色的一揽子出境服务，客户反响热烈。

为使全国各地的私人银行客户都能体会到建行高端客户非金融服务的品质，由总行首次牵头组织了若干大型主题活动，汇集客户进行贵宾体检、翡翠鉴赏和子女留学现场咨询和讲座，客户参与热情极高。

9. IT系统为财富管理与私人银行业务提供有力的技术支持

WPPS于2009年底完成在全行38个分行的推广工作。WPPS的开发成功为业务提供了统一的管理与操作平台，专门支持财富中心、私人银行各岗位人员实施客户关系管理，为客户提供财富管理顾问服务、非金融服务和交易服务。该系统为财富管理与私人银行业务流程建设工作的深入开展提供了持续的IT支持保障。

住房金融与个人信贷业务部分

（总行住房金融与个人信贷部杨绍萍总经理）

2009年，建设银行住房金融与个人信贷业务认真贯彻落实国家“扩内需、保增长、调结构”的政策要求，主动应对市场变化，积极把握节奏，全面优化结构，强化基础管理，加强风险防范，开展“惠民安居、服务大众”营销活动，努力提升客户服务水平，实现了业务持续稳健发展。

个人贷款业务稳步增长。2009年末，个人贷款增长余额超万亿，达到10506.58亿元，年增速达32%，其中，个人住房贷款余额9342.03亿元，年增速达36%，在做好做大住房信贷的同时，积极推进产品多元化拓展，在支持个私经济发展的个人助业贷款、支持农业发展、服务三农的个人支农贷款等产品方面也取得了突破性进展。

委托性住房金融业务继续保持同业领先。住房公积金存款余额为2651.63亿元，公积金个人住房贷款余额达4145.01亿元。通过创新金融服务、加大科技研发，不断加大住房资金归集和公积金贷款受托发放力度，积极与各地公积金中心合作，推出公积金小额跨行支付，推广公积金电子渠道、公积金联名卡、公积金委托提取还款等新产品新服务，建设银行住房金融业务服务水平不断提高。

结构调整持续深化，品牌形象进一步提升。建设银行按照国家政策要求，严格把握贷款投向，深入调整信贷结构，信贷资源向国家政策支持的民生领域倾斜，重点支持了居民自住房、保障性住房、三农等民生领域。2009年，建设银行个人一手房、二手房贷款新增占全部个人贷款新增的98%，有力支持了普通百姓购买自住房的需求；个人助业贷款进一步明确支持个私经济发展的产品定位，抓住专业市场、产业集群等客户群体，既得到市场和客户群体的广泛认可，又表现出良好的效益性；个人支农贷款在前期成功试点的基础上，进一步扩大了业务范围和产品功能定位，惠及黑龙江、吉林、新疆等地广大农户，对农业生产的发展和农民生活水平的提高起到积极作用；经济适用房个人住房贷款业务，支持了中低收入居民的住房融资需求；江西、上海、天津等地分行服务保障房项目的典型事例也受到社会各界的积极评价。商业利益与社会责任的有效结合，为建设银行住房金融与个人信贷业务树立了良好的公众形象。2009年，建设银行荣获《环球金融》杂志评选的“最佳抵押贷款银行”奖和《经济观察报》评选的“2009年度中国最佳房贷服务银行”奖。

2009年，建设银行住房金融与个人信贷业务主要工作措施：

一、围绕客户需求创新产品，加强营销，努力提升服务水平

以“惠民安居、服务大众”为主题，对优质客户、重点业务、重点区域加大营销力度，先后组织开展了“惠民贺新春，安居创和谐”旺季营销、针对购买自住房和改善型住房客户的“安居购房 首选建行”个人住房贷款营销、“买房卖房、都到建行”二手房贷款营销和“走进百家市场 共谋事业成长”个人助业贷款营销等特色活动，宣传我行“惠民安居 服务大众”的良好形象。

围绕市场需求创新产品和服务，从服务客户的角度完善产品，改进系统，提升客户体验，为购买普通自住房的优质客户提供多项新的产品组合服务。在部分城市试点创新和建立二手房贷款新模式，加快建立在当地具有特色的二手房贷款中心；面向优质存量客户，推出个人小额信用贷款，满足客户日常生活各种消费需求。通过一系列营销活动和业务创新的有效开展，强化了建设银行个人贷款的核心竞争力，促进了业务的快速发展。

二、优化结构，严格把控贷款投向，确保业务发展健康发展

在结构调整中贯彻国家政策导向和风险管理要求，实施差别化的发展策略和管理措施，大力支持居民自住房消费需求，优先支持经营管理能力强、资产质量好的分行加快发展，把贷款重点投向房地产市场发育成熟、房价相对平稳、自住房需求旺盛、经营管理规范的区域，有效促进了重点业务的快速发展和信贷结构的持续优化。

三、积极支持国家公积金改革试点，努力做好保障性住房市场金融服务

高度重视并大力支持国家公积金改革试点，积极贯彻国家将公积金贷款用于支持保障房建设的政策，与各地住房资金管理中心合作，积极推广公积金置换贷款、贴息贷款和接力贷款，支持中低收入群体购买经济适用住房和保障房。据统计，2009年建设银行共为7.7万多户中低收入居民发放保障房商业按揭和公积金贷款142亿元。

四、夯实基础，完善内控，全面增强风险管理和合规经营水平

全面梳理业务制度和操作流程，强化薄弱环节制度规范，进一步规范产品管理，严格贷前调查面谈、贷款签约面签等制度执行要求，强化贷款用途管理。以真实性、合

规性为重点，组织开展了合规检查和真实性检查，加强风险防范，确保业务合规经营。

五、强化贷后管理，贷后管理的制度化、流程化水平进一步提高

一是加强贷后制度和流程建设。修改《个人贷款贷后管理办法》和《个人贷款档案管理规定》等制度，组织开展操作风险与内部控制自评工作，加强贷后管理操作风险控制。二是加强贷款动态监测，严查严防风险隐患。三是加强个贷催收管理平台的研发应用。2009 年全行个贷催收管理平台推广取得积极成效，依托系统实现标准化催收手段的无缝衔接，贷后管理效率和集约化水平进一步提高。四是在全行持续开展了“夯实基础 提升质量”活动、“提升精细化管理水平 巩固个贷资产质量”等活动，努力压缩不良贷款，持续提高资产质量。

六、继续加强个贷中心与科技系统建设，专业化水平进一步提高

组织开展个贷中心建设和流程优化执行情况检查与验收，以检查为契机，落实个贷中心建设要求，巩固流程优化成果，提高流程标准化水平。个贷系统功能不断优化，系统工具应用加强，管理精细化水平进一步所提高。

七、加大业务培训力度，大力提高从业人员素质

加强从业人员管理，大力提升客户经理队伍的总体素质和专业化水平。加强培训的针对性和有效性，抓好普及性培训和关键岗位人员的专业培训，重点培养营销、定价、风险识别等技能。

信用卡业务部分

（总行信用卡中心赵宇梓总经理）

2009 年，建设银行信用卡业务按照总行战略部署，充分发挥客户资源和营销渠道优势，依托产品创新与优质服务，强化客户经营和管理，积极落实监管政策，有 效监控和防范风险，品牌影响力、市场竞争力、风险控制力和客户满意度进一步提高，信用卡业务继续保持良好的发展势头。

一、2009 年主要成绩

1. 主要业务指标持续快速增长

当年新增发卡 553 万张，增速 30%，累计发卡达到 2424 万张；消费交易额 2928 亿元，同比增长 85%；贷款余额达 363 亿元，同比增长 58%；业务收入 39 亿元，同比增长 68%；逾期 180 天以上贷款不良率为 1.25%，资产质量保持良好。信用卡客户数、消费交易额、新增贷款、资产质量同业领先。

2. 市场竞争力进一步增强

新产品研发推广加快，成功推出冠军足球信用卡、“My love”个性化卡等创新产品；以“向国庆 60 周年献礼”为主题，推出银联龙卡（人民币）信用卡。重点产品规模优势日趋明显，百货卡发卡超过 200 万张，汽车卡、公务卡、姚明卡等发卡也都分别超过 100 万张。贯彻国家扩大内需、拉动消费的经济政策，大力推进购车分期业务，2009 年我国市场销售的每千辆家庭用车就有 4 辆得到建行信用卡分期付款支持。

3. 品牌影响力进一步提升

业务拓展与管理方面，建行信用卡先后获得 VISA 国际组织颁发的信用卡业务成就奖、中国银联颁发的银联标准信用卡推广杰出贡献奖、银行卡风险管理杰出贡献奖等荣誉。产品创新方面，汽车卡分别获得“顾客最喜爱的汽车卡”、“最佳私家车主信用卡”等奖项。品牌推广方面，先后获得《南方周末》“2009 年度十大银行信用卡”、《理财周报》“最具成长性信用卡品牌”和搜狐网“最受欢迎的信用卡品牌”等奖项。客户服务方面，在中国信息化推进联盟客户关系管理专业委员会主办的“2009 年中国最佳呼叫中心”系列评选中，建行信用卡客服中心再次荣获“中国最佳呼叫中心”称号。

4. 客户满意度进一步提高

建立数据分析平台和数据分析团队，开发客户细分模型、客户贡献度模型和客户流失模型，应用于客户忠诚度管理和差异化服务工作中；建成投产南宁运行中心，加快建设后台运行总中心，后台支持保障能力进一步提高；加快信用卡网站建设，启动网上商城设计开发，不断拓展客户服务的电子化渠道，客户满意度稳步提升。

5. 风险控制力进一步增强

积极贯彻 2009 年以来政府监管部门加强和规范信用卡业务管理的政策要求，重点在发卡营销、商户管理、风险审批、客户服务等方面根据新的监管要求完善制度、优化流程、细化管理、改进服务，在依法合规、风险可控的前提下保证业务持续、健康发展。

二、2009 年主要工作措施

1. 依托行内客户资源，持续提升多渠道营销成效

充分发挥网点主渠道作用，加快挖掘和梳理行内房贷、理财等优质客户，网点综合营销能力进一步提高；依托铁路龙卡、公务卡等重点项目，开展公司机构条线联动营销，取得良好成效。

2. 加快产品创新和重点产品营销推进

不断加大新产品研发力度，创新推出冠军足球信用卡、My love 信用卡（个性化卡）、中国艺术家信用卡和变形金刚信用卡，继东航龙卡后成功推出深航龙卡、南航龙卡等航空联名卡，加快做大新产品规模。优化中高端特色产品权益，推出新版汽车卡，全面升级钻石·白金信用卡产品与服务。发挥先发优势，不断扩大百货卡、财政公务卡、汽车卡等重点产品规模。

3. 进一步加大分期付款和商户业务推进力度

抓住国家扩内需、促消费的经济转型有利时机，大力推进购车分期、家装分期等大额分期业务，做大做强业务规模。大力拓展高质量收单商户、加快清理低零扣率商户，不断改善商户结构和质量，加快推进商户业务发展。加大特惠商户拓展力度，提升特惠商户覆盖面和服务质量。

4. 进一步提升风险防范能力

坚持长远审慎的风险管理策略，高度关注经济危机对信用卡业务带来的不利影响，积极贯彻落实监管部门的监管要求，坚持市场发展和风险控制两手抓。发卡方面，严格客户准入标准，确保新客户质量。用卡方面，加大防欺诈、防伪冒力度，提早发现并消除风险隐患；重点加大信用卡套现打击力度，及时对疑似套现卡片及套现高发商户排查处理。加大逾期贷款催收力度，提高催收实效。

5. 进一步提高客户服务保障能力

继续深入贯彻“以客户为中心”服务理念，着力构建差异化服务体系；充分利用自助语音、短信、网络以及其他创新科技手段，推进服务渠道多元化；加快后台运行总中心建设，推进运营管理流程的科学化、精细化；不断提升全行基础运营作业质量，保证客户服务品质稳定。

6. 进一步加大集中经营、集中管理力度

继续加大全行信用卡营销活动的集中组织、集中策划，实行积分礼品集中采购、启动积分礼品集中兑换项目建设，进一步提高营销财务资源利用的集约化程度。完成本外币一体化系统的上线，实现商户质量的集中管理、商户风险的集中监控。加大推进风险审批作业向总行和一级分行集中的力度，审批质量和效率得到提升。

电子银行业务部分

（总行电子银行部徐捷总经理）

2009 年，中国建设银行电子银行工作以改善客户体验为核心，持续优化服务流程，不断丰富产品功能，大力开拓客户市场，深化基础管理，实现业务规模迅速扩大，渠道建设进一步完善。

一、2009 年主要业绩

2009 年电子银行业务保持健康、快速发展。截至 12 月末，全行电子银行与柜面交易量之比 75%；全行个人网上银行客户数达到 3959 万户，本年新增 1268 万户，企业网上银行客户数 69 万户，本年新增 18 万户；全行个人网上银行交易额 3.01 万亿元，同比增长 118%，企业网上银行交易额 32.95 万亿元，同比增长 24%；在线手机银行实现跨越式发展，客户数达到 1428 万户，本年新增 935 万户。

二、2009 年主要工作措施

1. 优化流程，丰富功能，拓展网上银行和手机银行应用。2009 年初，启动了个人网上银行流程优化工作，这次流程优化工作以改善客户体验为首要目标，重点对开通登录流程、密码繁琐等影响客户体验的环节进行优化。个人网上银行实现了通知存款、跨行预约转账、跨行转账 7 * 24 小时和理财产品风险评估等重点功能，试点推出了高端客户版；企业网上银行推出了定向保理、定期存款、通知存款、在线缴费、商务卡和军队武警公务卡等主要功能；手机银行推出企业年金、银期直通车、账户金和跨行转账 7×24 小时等主要功能，同时，重点打造手机到手机转账特色服务，增加手机渠道应用；国际互联网网站推出了全新的网站首页，新建了黄金、理财、保险、财富、电子银行、对公网络银行、网上商城等亮点频道，实现了除个贷账户和定期存单外所有个人账户类型的网站查询服务，在同业居于领先地位。短信金融服务形成了以账户变动通知功能为核心的功能体系，覆盖所有账户类型。

2. 加快实现个人开户签约流程整合。2009 年，推出了全新的《个人开户与电子银行服务申请表》，为客户提供“一站式”个人客户服务，满足开卡、开通电子银行同步实现的需求，实现了个人业务与电子银行柜面业务流程的整合，简化了客户操作，大幅提高了柜台服务效率。

3. 初步建立电子银行客户可用性测试和客户意见处理

工作流程，努力改善客户体验。2009年，制定了《中国建设银行电子银行渠道产品服务可用性测试操作规程》，初步建立电子银行可用性测试流程和标准。同时，充分利用可用性测试方法，组织了对个人网银开通流程、网站基金频道和E路护航安全组件的可用性测试，发现并采取措施对影响客户体验的可用性问题进行了改进，提升了客户体验。

4. 丰富国际互联网网站内容和服务功能。2009年，建设银行网站不断丰富服务内容，创新服务应用，拓展实用功能，推出了全新的网站首页，新建了黄金、理财、保险、财富、电子银行、对公网络银行、网上商城等亮点频道。同时，网站实现了除个贷账户和定期存单外所有个人账户类型的网站查询服务，在同业居于领先地位。

5. 积极拓展支付市场，强化商户管理，促进电子商务工作健康快速发展。2009年，建设银行加强对考务市场、航空电子票务市场、B2B支付等电子支付业务的拓展，与国内重点网上商户联合开展了近百项市场营销活动，有近30家分行顺利开通了高考考生报名、公务员考试、职称考试等支付业务，与11家航空公司签署了航空票务代售业务，扩大了在重点支付领域的市场份额，并逐步加大对小商品零售市场、大宗商品交易市场、烟草行业、交通行业等新市场的拓展力度，挖掘市场空间。

6. 策划组织第二届“e路通”大学生网络商务创新应用大赛。2009年，举办了第二届“e路通”杯全国大学生网络商务创新应用大赛，此次大赛历时半年多，全行共举办入校宣讲活动和校企交流会100多次，组织两次全国师资培训。大赛共吸引全国290多个国内城市的近2300所高校参与，3500多支参赛队伍，9万多名学生参赛。中央电视台、《中国青年报》、新浪、搜狐等主流媒体均对大赛作了追踪报道，扩大我行在高校中的品牌知名度。通过把电子银行服务作为开路先锋，为全行各项业务搭建了进入高校的桥梁。

产品与质量管理部分

（总行产品与质量管理部魏春旗总经理）

2009年，产品与质量管理部按照行领导关于“进一步激发员工的主人翁精神，全面提升专业化精细化工作水平”的指示精神，持续推进“以客户之声调查为事前改进依据、以精益六西格玛方法为事中支持手段、以客户满意度和投入产出分析为事后评价标准”的工作模式，在推动产品创新、流程优化等方面取得一批新的成果，我行当年获得国际六西格玛专家委员会“ISSSP中国第二届亚太六西格玛领导力大奖”。

一、2009年主要工作成效

1. 初步形成产品创意、研发、面市的系列化管理局面，创建业内首家产品创新实验室和重大产品创新原型。总行与北京分行共同建设的首家产品创新实验室于9月正式开业，完成实验室工作机制、技术指南等工具方法建设，开发出“消费生态大社区”等重大新产品原型，行领导三次视察实验室并作出重要指示，“产品营销互动机具”等新产品原型已移交开发。

2. 加大产品创新流程管理体系推广应用力度。年内发布《中国建设银行产品创新流程管理规程》，产品创新流程管理系统（PIPM）一期于12月1日成功上线运行，实现了产品创新的创意、研发项目管理等功能的电子化操作，通过开展系列化培训，组织创新激励、考核和经验分享，培植了一批成功典型和技术骨干。目前全行各业务条线已积极投入新模式的推广应用，各分行已建立产品创新决策机构和执行细则，促进了产品创新质量效率的持续提高。截至2009年末，全行145个产品创新项目应用了产品创新流程实施研发，反映良好。

3. 探索产品标准、信息收集和评价机制等基础建设。制定了产品标准建设目标、产品要素标准建设方案，开始对公司业务产品标准进行梳理。制定了同业产品信息收集工作机制，实施了小企业业务同业产品调查。运用创新能力成熟度模型对12家分行开展了自评估工作，制定了符合实际的创新发展目标和行动计划。制订了统一产品评价模型和流程框架，完成了“大丰收理财”、“代销保险”等11个产品评价及其产品政策建议。

4. 搭建了员工合理化建议向流程优化成效的转化渠道。通过积极推进内部流程用户之声系统应用，开展了32项专项内部流程用户之声调查项目，收集全行各级各类员工提出的意见和建议5647条，涉及客户服务、产品管理、成本管理和风险控制多个领域，通过管理整改和流程优化，问题解决率达到91%。

5. 流程优化项目取得良好投入产出效应。通过加强项目技术辅导和规范阶段评审，流程优化项目取得良好投入产出效应。2009年完成349个项目，业务增收4.54亿元，运营成本降低2.37亿元，优化业务领域的客户满意度平均提高17个百分点，业务差错率平均降低15个百分点。项目投入成本约2491万元，带来直接财务贡献约6.91亿元，非财务贡献（折算后）约3.22亿元。投入产出效应约41倍。

6. 推进流程评估和流程标准化建设，流程优化项目取得良好投入产出效应，加强流程优化成果转化和移植推广，标准管理和调查监控助推服务质量持续提升。发布流程评估模型和操作规程，信用卡中心、山东分行等实施的10项评估为改善流程管理提供了有效驱动。优化了业务流程操作手册的编写方法和标准化模板，巩固加强了在流程优化项目控制阶段编制业务流程操作手册的工作模式。

7. 扩大产品创新和流程管理方法培训面，继续培养壮大流程管理专家队伍。全年组织实施354期、27363人次产品与流程管理培训，比上年分别增长48%和55%。培训内容涵盖产品创新和管理，六西格玛绿带、黑带，客户之声与服务质量调查，以及流程管理等专业化、精细化方法技术。参照国际一流银行标准，从知识、技能和项目经历3个方面严格把关，截至2009年底，全行已完成认证绿带167名，正在认证27名；组织开展了全行第一批12名黑带的培养和认证。完成《流程管理—绿带培训教程》和《流程管理基础教程》两个远程课件，以及《流程管理岗位培训教材》的开发，将进一步提高流程管理知识方法的普及效率。

8. 客户满意度监测为改进服务提供市场驱动。通过持续监测客户满意度晴雨表，从产品、渠道、区域和客户细分多维度为改进客户服务提供决策依据。我行个人客户满意度连续3年稳步提升，2009年达到63.9%，高于银行同业平均水平3.5个百分点；对公客户满意度2009年达到88.5%，连续3年保持相对稳定。

9. “客户接待日”成为探查体验和解决诉求的重要窗口。自2008年以来，我行按月开展“客户接待日”工作，各级行领导共接待客户约46500位，客户提出各类问题建议25600个。其中2009年接待客户约18100余位，客户提出的各类问题建议10100个。通过当场处理和事后处理，客户问题解决率80%。

10. 标准管理和调查监控助推服务质量持续提升。2008年以来，总行每年实施两次网点服务质量调查，2009年下半年调查评价平均得分93.5分，分别高于2009年上半年和2008年下半年同口径调查4.1分和2.1分，全行网点服务质量一致性明显增强。我行网点服务质量标准得到中国银行业协会高度肯定，应邀协助其制定发布了《中国银行业零售业务服务规范》；我行对公业务客户经理服务质量规范也已下发执行。

11. 基于我行在产品与质量管理方面的取得突出成效，国际六西格玛专家委员会授予我行“ISSSP中国第二届亚太六西格玛领导力大奖”。

二、2009年主要工作措施

1. 加强产品创新计划管理，促进战略转型重点领域的创新突破。2009年全行产品创新围绕扩大内需金融服务需要，支持拓展小企业、“三农”、机构客户、民生领域创新空间；在并购贷款、现金管理和资金结算、供应链融资、理财产品、以住房贷款为依托的个人组合产品等方面，推动系列化、模块化的产品线建设，切实提升产品客户满意度、财务贡献度和同业竞争力。

2. 全面推广产品创新流程，提高产品研发质量效率。组织落实产品创新流程体系的推广培训，对纳入2009年全行产品创新计划项目的流程应用给予技术支持，对流程推广和应用执行情况定期进行检查通报、经验交流和考核评价。优化产品支持服务系统，组织实施改进产品创意搜集、评价和反馈管理，以及改进产品信息维护管理模式的分行试点。开发全行产品创新流程管理平台，建立产品创新项目库，提高产品创新流程应用和监控管理技术水平。

3. 实施产品创新实验室建设，提高重大产品研发测试能力。完成北京产品创新实验室物理场所建设，研究制定适用于我行的创意集成、原型设计、模拟验证等一整套控制创新风险、提高创新质量的方法流程，建立产品创新实验室运行管理制度和技术手册。充分发挥产品创新试验室在战略性、前瞻性的商业模式创新方面的引领作用，提升创意集成与验证能力。

4. 实施产品评价监测，提升产品管理的市场反应能力。组织协同有关部门和部分分行开展产品评价监测试点工作，建立产品评价框架，研究确定产品评价的模式、指标、流程和方法，选择部分产品开展专项评价。对产品运行监控中发现的异常，相关部门协同分析原因，采取有针对性的改进行动，并在后续评价监测时跟踪落实效果。以试点工作为基础，完善我行产品评价制度，逐步建立全面、持续的产品运行监控机制。

5. 加强产品运营管理，改进产品销售和管理质量。督促分行应加大产品运行管理力度，定期检查产品核算与配套交易制度，保证核算规范性；积极开展产品投入产出分析，适时应对市场变化，调整产品经营策略；规范理财产品销售管理，确保在“卖者有责”的前提下，加强对“买者自负”的宣传提示，避免营销宣传和销售过程不规范行为；加强新产品上市后及运行期间的客户投诉和反馈的搜集整理，为产品创新与服务改进提供依据。

6. 启动产品标准体系建设，促进产品研发和管理的标准化。组织协同有关业务部门和相关分行，开展全行产品标准管理现状摸底调查，选择部分成熟产品开展产品分类研究，产品及产品线描述和定义，建立科学的产品分类方法，统一前、中、后台的产品定义，编制产品标准目录。启动“产品标准体系建设项目”，明确试点分行，系统研究制定以属性、要素、参数对产品进行分解和集成的业务规则，以产品创新工作为切入点，有效整合产品创新需求，探索建立以参数化法和组合法为主的产品创新模式，逐步健全全行产品标准体系，并推动产品标准在产品规划、产品核算、产品运行管理等各环节中的应用。

7. 持续实施客户满意度监测报告，为产品创新和流程优化提供市场驱动。完成VOCS项目Ⅱ代，启动VOCS项目Ⅲ代，从产品、渠道、区域、客户细分多个维度，为总行各部门、各分行持续提供客户满意度晴雨表监测分析，为全行产品创新、流程优化、改进客户服务提供数据和事实依据。

8. 深入开展专项客户之声调查，提高客户细分和市场定位水平。进一步加大市场调查研究的力度，加强产品市场情报分析和创新机会发掘，在采用科学方法进行客户细分的基础上，紧密结合2009年产品创新计划和流程优化项目计划，开展一系列专项客户之声调查，为针对特定市场的产品创新和流程优化提供客观依据。

9. 充分发挥“客户接待日”窗口作用，对客户需求变化进行及时分析和反应。加强对各分行“客户接待日”专题活动的事前策划指导和事后归纳分析，进一步完善“客户接待日”搜集问题的分类、分析、处理、反馈的管理机制和技术支持。

10. 扩展客户服务标准化管理范畴，促进客户服务水平持续提高。按照“建立标准、抓好执行、跟踪监督、促进整改”的工作路径，制定发布《对公业务客户经理服务标准》，将客户服务质量标准化管理从零售营业网点、对公客户经理向传统和新型服务平台的其他渠道继续扩展。2009年上半年和下半年各组织一次全行零售营业网点服务质量调查，部署推进对公业务客户经理服务质量调查和评价工作。

11. 加强流程优化项目管理，释放专业化经营潜能。基于不断提高投入产出效能和增强价值创造能力的目标，继续以提升客户服务、风险管理、集约运营、科学创新四项能力为主线安排2009年流程优化项目计划，加大对前后台分离、公司业务专业化经营改革、电子银行等战略转型重点的流程优化项目支持力度，跟踪促进简化开户、签约和优化账户管理等客户关切焦点的流程改造进程。全面开展流程优化及标准化建设项目评奖工作，选出成效显著、具有推广价值的项目进行表彰和经验分享。

12. 扩大流程标准化覆盖范围，提高业务运行管理精细化水平。持续推进《业务流程操作手册》项目以及8个子项目试点运行成果的总结和全行性推广应用，扩大推进业务流程优化基础上的标准化、手册化进程，促进以客户为中心的弹性边界和无缝隙连接。

13. 开展业务流程评估测试，探索流程能力管理长效机制。制订《中国建设银行业务流程评估规程》，从外部客户需求和内部管理要求双重视角，综合把握流程输出能力、运行能力和管理能力，确定流程评估的方法、步骤和流程能力等级评估模型。分别与总行有关部门和分行组成评估测试小组，选择有代表性的业务流程，对“流程能力等级评估模型”进行测试，检验评估规程的适应性和可操作性，进一步完善流程评估内容、标准和程序，探索建立长效机制。

（二）中国建设银行金融新产品简介

个人存款与投资业务部分

1. 财富卡、私人银行卡

财富卡、私人银行卡是我行面向财富管理客户和私人银行客户发行的一种具有存取现金、支付结算、转账汇兑、账户管理等多种功能的金融支付结算工具。客户可凭卡在我行营业网点享受优先优惠金融服务，在财富管理中心或私人银行享受专属投资理财金融服务；还可凭卡享受我行提供的相应非金融服务。

2. 军人保障卡

军人保障卡是中国人民解放军总后勤部和我行联合发行的龙卡借记卡产品，是面向军队指定个人客户群体，用于军队后勤供应保障人员身份认证、支持多项军队供应保障信息处理的，同时具有存取现金、消费结算、转账支付和账户管理等金融功能的复合卡。

3. 金虎贺岁——“建行金”推出多种新品

2009年12月18日建行发布了最新黄金产品品牌“建行金”，并同步推出“虎年贺岁系列”、“福禄寿喜系列”、“十二生肖套装”和“婚庆系列”等二十余种近百款“建行金”实物黄金新品。

“虎年贺岁系列”包括五虎贺岁金条、百福虎金条、金虎纳福金条、福禄虎金条、生肖虎金条、金虎金章、双虎金章、虎头金章等。

“福禄寿喜系列”包括福禄寿喜四方财金钱、福禄寿禧财金条等产品。“婚庆系列”包括龙凤金砖、双喜金砖等产品。同时建行还推出了两套“十二生肖套装金章”。

4. 个人联名账户

个人存款联名账户是指由2至5名个人客户，为实现个人存款多人共同管理的需要，而在银行开立的人民币个人存款账户。联名账户为个人客户提供安全、方便、快捷的资金共用和共管服务。

5. 龙卡通授权业务

为满足客户需要，进一步增强我行借记卡竞争优势，2009年5月正式开通龙卡通预授权类业务。预授权类业务功能主要用于宾馆、酒店类商户，方便客户使用银行卡进行住宿预订、酒店消费及离店结算。

6. 外币通存通兑业务

2009年8月，建设银行在全国范围内开通了个人外币通存通兑业务，开通的储蓄种类包括个人外币活期存款、个人外币定期存款、个人外币通知存款等，具有方便快捷、收费合理、安全灵活等特点。

7. 发行天天大丰收理财产品

建设银行推出“大丰收”每日开放型理财产品。产品运作期限为3年，并可展期，在存续期内支持每日开放申购赎回（封闭期和节假日除外），赎回资金实时到账，并且无申购赎回手续费。

住房金融与个人信贷业务部分

1. 个人小额信用贷款

该产品面向我行存量优质个人住房贷款/公积金贷款客户、存量优质公积金缴存客户、我行优质代发工资单位员工群体三类特定优质存量客户群体发放，以客户多年积累的良好信用记录或稳定收入为依据向其授予的小额信用贷款额度，可用于客户日常生活各种消费用途，是我行个人消费信贷产品的重要创新。

信用卡业务部分

1. 冠军足球信用卡

冠军足球卡是建设银行与欧洲著名足球俱乐部合作发行的银联标准人民币信用卡，面向国内喜爱足球文化、追求生活品位的球迷群体，卡面设计充分展现了百年文化的欧洲冠军俱乐部队徽和球星风采。冠军足球信用卡为国内球迷搭建了与世界顶级足球俱乐部亲密接触的桥梁，“梦想今日成真”、“共享胜利喜悦”、“正版积分礼品”和“珍藏纪念卡册”等四大超值产品权益给球迷持卡人带来无穷的刷卡惊喜。2009 年，建设银行已先后与 AC 米兰、皇家马德里、巴塞罗那、利物浦、国际米兰足球俱乐部合作发行冠军足球卡。

2. My Love 信用卡

建设银行 My Love 个性化信用卡以“我的最爱，我的卡”为主题，申请人可以自行选择最值得纪念、最值得展示的形象和场景，通过建设银行互联网站的渠道自行编辑设计独一无二的专属于自己的信用卡卡面，充分彰显个性。个性化卡在办理模式、业务受理流程、制卡等方面进行了多项创新，在国内同业同类产品中具有优势，并实现了两项突破：一是客户上传和编辑个人相片可以即时在网上自主进行个性化设计、卡片效果即时显示，二是图片分辨率高，画面清晰、自然，推出后非常成功。

3. 银联龙卡（人民币）信用卡

银联龙卡（人民币）信用卡是建设银行以庆祝建国 60 周年为契机，推出的银联品牌标准信用卡。产品巧妙结合建行信用卡见证我国航天员首次太空遨游漫步历史事件，以我国航天科技成果为卡面主元素，以“飞更高 行更远”为产品理念，并具备核卡三月内消费双倍积分权益。

4. 变形金刚信用卡

变形金刚信用卡是建设银行发行的第一张 JCB 品牌的信用卡。该卡是建设银行携手美国孩之宝公司面向广大动漫迷发行的、以动画影视“变形金刚”为主题的信用卡。变形金刚信用卡在卡面设计上着重突出变形金刚的经典品牌元素，同时围绕客户办卡、用卡、提高忠诚度等方面设计了四大特色权益，包括享受“玩具反斗城”专享特惠、变形金刚经典玩具模型积分兑换、刷卡赠送《变形金刚信用卡典藏纪念册》、JCB PLAZA 贵宾服务等。

电子银行业务部分

1. 网银开通“通知存款和通知存款一户通”服务

为满足客户短期定期存款的需求，建设银行个人网上银行定活互转功能新增“通知存款”及“通知存款一户通”储种，起存金额为 5 万元。个人网上银行支持对通知存款账户的开户、查询、支取和自动转存设置等操作，以及对通知存款一户通账户的开户、查询、续存和支取等操作。

2. 开通“网银盾”快速登录服务

建设银行网银盾客户安装“E 路护航”安全组件后，可以通过网银盾管理工具选择开通网银盾快捷登录服务，即可以在未打开网上银行登录页面前，直接插入网银盾，输入登录密码快速登录网上银行。

3. 网银开通“在线开通”功能

建设银行客户可以通过网站在线申请个人网上银行服务功能，成为个人网上银行便捷支付客户，网上银行普通客户也可以选择在线升级成为便捷支付客户。便捷支付客户除享有现有网上银行普通客户的服务功能外，无需使用安全工具即可办理小额的转账汇款、缴费支付交易。

4. 开通网上银行客户向我行手机银行客户转账服务

建设银行网上银行客户使用转账汇款功能时，只要收款人开通了建设银行手机银行，付款人只要输入收款人姓名及手机号即可进行转账。

5. 开通手机银行“账户金”服务

建设银行手机银行提供账户金相关品种 24 小时的在线实时查询和交易，包括行情查询、买卖、挂单、撤单、委托查询、成交查询、持仓查询及对账查询。

6. 开通手机向任意手机转账服务

建设银行手机银行客户向他人转账时以手机号码替代对方银行账户，收款方无论是否为手机银行客户，只要拥有手机号码，就可实现转账汇款业务。

7. 开通手机银行“银期直通车”服务

建设银行客户在投资买卖期货时，可通过手机银行办理银行结算账户与期货公司资金账号之间的资金划转和相关的账户查询、账户管理等业务。

8. 开通手机与手机银行兼容性测试服务

在建设银行 WAP 门户网站提供手机的 https 静态页测试、https 动态页测试、中文转码测试、页面参数测试、输入参数测试功能，客户可通过这些测试了解自己所用手机是否适合使用手机银行。

9. 开通主管手机审批服务

建设银行企业网银的主管操作员可登录建设银行的手机银行，对企业网银转账业务、代发代扣业务进行审批授权操作。该服务使审批授权工作不受场所限制，提高了企业客户办理审批业务的灵活性和便利性。

10. 开通电子商业汇票业务

建设银行企业网银电子商业汇票服务功能涵盖银行承兑汇票和商业承兑汇票业务的各个票据流转环节，包括出票、背书、贴现、质押、提示付款、追索、应答和查询八大功能模块。

11. 推出企业网银定向保理服务

定向保理是指建设银行向与核心企业发生赊销关系的供应商所提供的有追索权的国内保理业务。中国建设银行与核心企业合作，通过受让核心企业的供应商对核心企业的应收账款，在企业网银渠道向供应商提供额度查询、应付款查询、预付款支用等在线应收账款管理服务。

12. 开通“e单通”业务

“e单通”是建设银行与金银岛网络科技有限公司、中远物流公司合作，为金银岛网络交易商提供的基于网络仓单和网络订单的在线融资服务。该服务实现了融资的全流程电子化操作，推进了建设银行在电子商务金融服务领域的产品创新，对促进网络电子商务信贷业务的发展以及建设银行的可持续发展都具有战略意义。

13. 开通企业网银债券业务

建设银行企业客户可通过企业网银进行债券买卖业务及证券交易账户管理操作，包括发行债券认购、做市债券买卖等债券买卖功能；债券超市、持有债券、债券流水、债券明细等债券查询功能；以及开户管理、证券账户管理、证券卡管理等证券管理功能。

14. 推出电子工资单服务

建设银行客户可通过企业网银上传工资条文件，企业有权操作员可通过企业网银查询员工工资信息，单位员工也可通过个人网上银行进行本人工资单查询。电子工资单功能将工资单信息由传统纸张模式转化为电子网络形式，提高了企业薪酬透明度。

15. 推出网站账户查询功能

建设银行网站于2009年先后开通了信用卡账户、公积金账户、储蓄及银行卡账户和企业年金账户的查询功能，该服务将金融IT技术与传统的账户查询业务有效结合，在大大拓宽建设银行账户查询业务服务渠道的同时，降低了客户使用门槛，使客户能够不受时空限制随时查询各类账户，成为国内提供网站账户查询服务种类最多、最便捷的银行网站。

16 推出“e贷通”和“e单通”业务网站在线申请服务

由建设银行网站首创、专门为网络交易平台的电子商务客户提供融资服务的一项金融业务。建设银行通过与对公信贷业务流程管理系统的对接，首次实现贷款申请全流程的在线操作，主要包括“e贷通”和“e单通”两类。

五、华夏银行个人金融市场的新发展

（一）华夏银行个人金融发展综述

2009年，在总行党委的正确领导下，在各部门的大力支持下，个人业务部深入学习实践科学发展观，认真贯彻年初全行工作会议精神，按照营销工作会议明确的“五抓好，四突破”工作要求，加大营销组织推动力度，完成了各项经营指标计划，和折子工程内容，促进了个人业务对全行发展贡献的进一步提升。2009年个人业务的主要情况如下：

（一）加强工作计划安排和组织管理，提高专业调控能力

1. 周密部署。年初完成了个人业务的全面分析和营销策略，在工作会议和个人业务专业会上进行了具体的安排。在年中各个时段，结合实际情况不断调整和强化，做到推动、落实、指导。

2. 重点突出。在对全行个人业务实际情况和营销能力进行充分调研分析的基础上，明确发展重点，抓住按揭贷款、理财产品完善、特色银行卡等业务发展龙头，落实工作责任，拉动业务发展。

3. 强调联动。通过及时通报信息、工作调研和召开会议来加强与相关部室、分行的沟通配合，实现步调一致，提高计划控制能力和对分行的指导帮促力度。同时，自己作为德银合作委员会委员认真做好技援合作工作。

4. 动态监控。对各项指标都建立了定期分析、动态报告和通报制度，及时发现新情况、新问题，使问题发现于萌芽，解决于未然，有力地提高了工作的前瞻性和措施的实效性。积极控制节奏，主动出击，稳健实施，实现了业务动态稳定和可持续增长。

（二）加快机制和队伍建设，促进零售体系专业化能力提升

1. 推进机制建设，个人业务取得新突破。自年初起就组织对我行个人业务发展进行专题研究，找准我行个人业务发展中的瓶颈，摸清营销中存在的问题，以客户为中心，在营销方向、过程、规范、质量、效力、保障等多方面进行机制性安排，从营销机制上体现出发展目标与政策配套、营销目标与资源安排配套、组织推动与流程优化配套，着重解决个人业务营销工作质量、个人业务营销组织效力、个人业务营销支持保障等三个问题。起草了《个人业务营销机制建设方案》，拟定了《华夏银行总、分行个人业务部机构及岗位调整方案》、《华夏银行个人业务营销组织推动工作实施方案》、《华夏银行个人业务营销机制落实方案》等7个文件，并于12月24日正式启动了个人业务营销机制建设。

2. 加强专业队伍建设，专业化服务能力进一步提高。一是抓好个人产品经理队伍建设。会同相关部门，下发了《华夏银行产品研发管理办法（试行）》等系列产品开发管理办法；拟定了《华夏银行个人产品经理管理实施细则》。在全行开展了个人产品经理选聘工作，并于12月份组织了培训和统一考试。二是督导各分行加强助销经理队伍建设，强化个人业务产品助销经理专业管理。三是强化全行个人业务条线的产品、制度、系统、销售技能等培训，先后开展了“个人业务产品培训月”、“个人业务产品助销经理培训周”等活动，进一步提高队伍营销效果。四是加强对全行个贷专职审批人员的管理，对专审人员强化资格认定、专业培训、业务指导和监督。

3. 加强专业指导，业务效果进一步提升。指导杭州、苏州等分行推出了商铺使用权质押、动产质押、商户联保；深圳分行推出商铺使用权按揭，济南分行推出工程机械贷款、福州分行保证保险助学贷款、广州分行公积金贷款、上海分行二次抵押等业务。协助北京分行推出联拓卡、开发速通卡，指导上海分行发行华夏百联OK卡、无锡分行发行华夏明珠卡等。支持太原分行与当地保险公司合作，推出了保险见费出单项目；昆明、西安、重庆布放MIS收银系统，加强与商户的长期合作。分行个人业务营销能力增强，营销效果大大提升。

（三）适应市场变化，各项业务营销工作有序开展

1. 加大储蓄业务组织推广力度，储蓄新增创造最高纪录。认真落实行领导提出的“跳出指标谋发展”的要求，一是开展个人有效客户营销竞赛活动，组织分行狠抓有效个人客户开发工作，通过有效客户增长带动储蓄增长，夯实储蓄业务基础。二是对落后行进行专项督导，实行“日监控，周通报”制度，确定政策、费用和具体工作措施，制定储蓄存款稳存增存的工作方案。三是推动分行储蓄达标晋级活动，开展储蓄存款营销竞赛活动，制定增存揽储激励约束措施，加大储蓄存款营销计划考核力度。四是加强帮扶指导、组织推动。总行重点帮扶，按照总行包片助销分工对各家分行进行实地营销指导，挖掘先进网点经验，实行典型引路；召开片区会，促进经验交流，促进分行共同提高。

2. 准确研判形势，推动个贷业务恢复增长并创新高。一是提前准备，统筹安排。年初在调研个人信贷市场形势后，制定并下发了《关于加大个人信贷业务发展力度和速度的通知》，对2009年全行个贷发展进行了部署，同时召开“提升个贷质量、提升市场份额”个贷双提升工作会议，对个贷占比落后分行进行督导；二是把握时机，大力营销。抓住年初房地产市场复苏的机会，在全行开展了“4·18”大型个贷业务客户推介活动，开展贯穿全年的“以礼相贷，客户荐客户”个贷营销竞赛活动，召开“加快个贷投放、推进任务完成”的全行视频动员会，推动分行加大个贷投放力度；三是加强分类指导，典型经验交流。根据个贷业务发展进度，7月份，召开部分分行个贷业务发展座谈会，研究增长措施；在全行推广大连、北京分行等二手房营销、直客式按揭贷款特色业务营销经验。“安居乐业易生活、贷来精彩人生”的品牌形象凸显，《金融时报》等主流财经媒体集中报道我行私营企业主贷款产品，“私营企业主贷款”荣获“第二届中国中小企业最佳融资方案”奖。

3. 灵活应对市场变化，贵宾客户开发和理财产品销售能力继续增强。梳理潜在贵宾客户，利用白金卡、钻石卡发卡、换卡转化贵宾客户；开展“天天迎贵客VIP150计划”竞赛、喜‘文’乐‘荐’客户推荐活动，抓住公私联动、客户推荐、内部挖潜、合作开发、资源管理等多项开发源头，力促所有支行全年增加150名贵宾客户。实行12家区域重点行结对子营销，每月专门通报开发情况和营销费用，每周督导落后分行。贵宾客户开发超额完成全年计划。加大保险代理业务推动力度，开展全行代理保险竞赛活动，寻找理财业务新的增长点。全力做好信贷资产转让产品密集发行工作。11月份开始，全行密集推出信贷资产转让产品，在时间紧迫情况下，通过大量的工作，共发行20多期创盈理财产品。

4. 以商旅卡为着力点，进一步优化和丰富华夏卡产品。精心准备，在11个城市召开新闻发布会，同步推出了华夏商旅卡，快速在全行推广，组织专门的营销团队、成立专门的客户服务组，开发商旅增值服务，总分行联动营销宣传华夏商旅卡。丰富华夏卡产品线，细化高端客户服务，推出钻石卡、白金卡、金卡、银卡等产品。针对不同华夏卡客户需求，组织了“欢乐刷卡总动员，牛年佳节好运来”、“丽人天使保险计划－华夏丽人卡关爱您的健康”、“开卡好礼缤纷 网购E路精彩”、“有‘礼’走遍天下，特惠尽在华夏”、“炒汇一夏 环保无价”等营销活动。华夏卡发卡量不断增加，质量不断提升，华夏卡消费创历史新高，丽人卡特惠商户规模进一步扩大。特别是华夏商旅卡正式发行仅4个月，发行量已突破10万张，卡均存款达到1.43万元。

（四）加强营销平台与服务建设，个人业务服务水平进一步提升

1. 搭建全国性营销平台。与中国妇女活动中心举办了第九届新世纪女性健康生活大型公益活动，签署了长期全面合作协议，组织分行与当地妇女儿童活动中心合作；与支付宝公司合作发行华夏支付宝卡联合开展营销；与华夏人寿、国华人寿签订重点产品专项代理协议，与中德安联、国华人寿保险公司签订全面合作协议。搭建了总对总、分对分之间的营销平台，共同开发营销客户。

2. 积极开展产品创新。推出循环贷、存抵贷等“个贷通”新产品，优化组合原有个贷产品，推出了“安居、乐业、易生活”个贷系列产品；创新性地推出了稳盈天天利、七天利、天天理财、储蓄国债（电子式）等现金管理和储蓄存款产品；延伸华夏卡产品线，推出钻石卡、白金卡、金卡、银卡、支付宝卡、商旅卡等产品，新产品在市场上获得客户青睐，为分行业务发展提供了有力支撑。

3. 自助机具投放速度进一步加快，特约商户规模进一步扩大。一是加大了自助银行建设的推动力度，开展精细化管理，督导分行充分利用固定资产指标，加快渠道建设，指导分行合理选址、优化布局，提高设备使用效率。二是积极寻找对策，重新界定操作人员资格，解决管理人员不足的瓶颈，加快自助设备布放，2009年，全行新增自助银行128家，新增自助设备421台。三是开发上线新的POS系统平台，开展“银商携手客满堂”特约商户开发营销活动，因地制宜、规范发展特约商户POS收单业务，POS跨行收单业务交易量排名同比提升5位。

4. 贵宾增值服务体系建设进一步完善。建立贵宾客户“7+N”增值服务平台，搭建了3项总行付费的全行增值服务、4项分行付费全行增值服务及分行特色增值服务。贵宾客户增值服务平台的搭建和推广，使我行金融服务和增值服务共同提升、开发贵宾客户提供了工具。

5. 营业网点营销人员规范服务（客户经理、理财经理、助销员）。开展营业网点达标活动，对2008年全行营业网点营销人员服务进行评比，对2008年度符合一、二级达标要求的网点实行现场检查评定，对部分网点抽查、复查等。制定营业网点达标管理办法，对分行营销人员服务进一步规范。制定营业网点客户经理、理财经理、个人助销经理日常行为工作规范，服务水平进一步提升。

6. 内部营销交流平台。内部编发个人金融周报，及时通报总分行信息。

（五）加强风险管理基础工作，个人业务继续保持低风险特征

1. 坚持合规经营导向。认真落实《华夏银行个人业务专业条线案件专项治理工作方案》，先后对现行个贷、理财、POS收单、自助银行等28项管理制度进行了梳理和修订，从制度上保障合规运行。

2. 严格落实风险管理体制机制。深化个贷营销和审批管理机制改革，推动个贷“流程优化、手续简化、管理强化”。下发《关于规范个人贷款业务相关操作事项的通知》、《关于优化个人信贷业务流程的通知》等，引导分行合理简化贷款申请材料、优化个贷审批流程，推动个贷业务进入良性增长的轨道。在充分调研基础上，又推动个贷审批制度和流程的优化，提出在全行实行个贷审批官派驻制的方案，进一步简化业务流程，创新个贷业务管理模式。

3. 加强各类风险管理基础工作。组织全行个人房屋按揭贷款真实性检查、全行私营企业主贷款风险及案件排查、贷款资金流向检查、POS和自助设备风险排查，存款真实性检查等。针对检查中发现的问题下发了一系列文件，督导分行做好基础工作、规范操作、防范风险。对全行个贷不良逐笔建议台账，详细掌握每笔不良的成因、清收化解方案、进度安排、责任人等，指定专人跟踪与管理，有效遏制全行不良贷款上升势头。

4. 妥善应对各种敏感事件。针对慧盈4号、创盈7号等零负收益理财产品，提前梳理客户，分类制定针对性安抚措施，实现了无重大投诉和负面报道，为春节、两会等重大节日和敏感时期的社会稳定较好地履行了应有的责任。

（二）华夏银行个人金融新产品简介

华夏钛金卡/钛金丽人卡

华夏银行信用卡中心于2007年6月18日正式对外推出华夏钛金信用卡，为持卡人呈献六重安全保障，让持卡人放心消费、用卡无忧，同时，提供多种先进的财智服务，另资金管理井然有序，创造灵活消费空间；更有丰厚积分回馈，精彩增值服务，以及多种还款方式。2009年被《北京青年报》评选为“最安全的白金卡”，并在《理财周报》举办的2009年中国最佳银行理财产品评选中荣获“2009年最高端信用卡奖”。

钛金丽人卡为华夏银行信用卡中心面向高端女性客户推出的钛金系列产品。持卡人除享受华夏钛金信用卡各项功能及服务外，更尊享年费礼品、丽人专享套餐计划、女性健康保险等服务。在《南方周末》顾客满意度调查中荣获2009年“顾客最喜爱的女性卡奖”。

汉莎航空 Miles & More 华夏联名信用卡

汉莎航空 Miles & More－华夏联名信用卡（以下简称“Miles & More 信用卡”）为华夏银行信用卡中心携手汉莎航空 Miles & More 常旅客计划共同推出的国内首张欧美航空公司联名信用卡，于2009年12月2日正式对外推出。

Miles & More 信用卡以套卡形式发行，特有精英版和尊贵版两种版本，持卡人可同时享受万事达卡大中华区尊崇礼遇和中国银联白金卡尊贵服务。

Miles & More 信用卡为持卡人提供了更简便更快捷的航空奖励里程累积途径。持卡人首刷成功后，将获得最高6 000英里的开卡奖励里程。此后，每一笔刷卡消费都可获赠奖励里程，获赠的奖励里程每月自动转入 Miles & More 里程账户。另外，如果在 Miles & More 合作商户刷卡消费还可以同时获得商户积分和奖励积分的双重累积。

通过 Miles & More 计划，持卡人将享受中国地区众多合作商家的优惠。除了可以向“星空联盟”成员航空公司兑换机票外，奖励里程也可在全球范围内指定商店、酒店等进行消费。此外，Miles & More 信用卡持卡人还可在华夏银行开通的机场贵宾厅免费享用每年4次贵宾服务，并可获赠总额高达200万人民币的航空保险。

华夏银行“7＋N”贵宾增值服务新体验

华夏贵宾客户，体验无限尊崇

七项全行统一服务		
	服务项目	服务内容
全国共享	医疗健康服务	拨打95577兑换健康医疗服务卡，再拨打卡上国康、爱康服务电话预约服务内容。根据不同卡别，客户本人可享受健康咨询、健康短信、专家预约挂号、全程导医、体检服务、私人医生等全部或部分服务。
	机场贵宾服务	在我行开通机场贵宾服务的所有城市享受以下部分或全部服务：贵宾专用休息室，免费享用饮料、电视、报纸刊物，专人代办登机手续，安检专用通道，贵宾客户登机提醒和全程送行引导等。
	信息资讯服务	每日财经资讯、财富策略月刊、财经热点透视等信息资讯服务。
当地享用	贵宾俱乐部沙龙活动	专家理财讲座或论坛，健康、家居、鉴赏、茶艺、色彩搭配等沙龙活动，以及各种DIY课堂等。
	爱车服务	洗车、酒后代驾等部分或全部服务。
	高尔夫练习场畅打服务	高尔夫练习场畅打服务（个别城市为网球畅打服务）。
	生日祝福	生日短信问候、赠送蛋糕票或鲜花等服务。

N项当地特色服务

根据贵宾客户需要，各分行不断拓展具有当地特色的贵宾增值服务项目，如运动健身、母婴保健、法律或税务咨询、出国咨询服务……

特色服务仅供贵宾客户在开通分行当地享用。

详情请咨询95577

华夏速通卡　快速通天下

为进一步践行“人文北京、科技北京、绿色北京”理念，为北京打造世界级低碳城市贡献力量，2010年4月8日，华夏银行与北京首发集团在京举行了银企战略合作协议及高速公路不停车收费项目（Electronic Toll Collection，简称ETC）签约暨华夏速通卡发行仪式。

近年来，北京市机动车保有量急速攀升，2010 年 2 月末已突破 409 万辆。如何提升高速公路收费站通行效率，缓解车辆排队拥堵以及降低尾气排放，成为北京市政府及广大市民关注的焦点。

为解决上述问题，华夏银行北京分行与首发集团北京快通公司合作推出了利民、高效、环保的 ETC 系统联名卡。用户可通过华夏速通借记卡账户或单位结算账户与华夏速通卡绑定，并持华夏速通卡配合速通电子标签使用，即可实现不停车通行高速公路收费站。高速公路通行费将从银行账户自动扣划，不需要收费站停车现金缴费，进而提高了收费站口通行速度。此外，华夏速通借记卡还具有银行卡的各项功能，既可降低广大用户的财务成本，还能实现用户一张银行卡集中理财的需要。

华夏银行与北京首发集团的成功合作将使北京市高速公路服务水平和运营效率跃上一个新台阶，并进一步推进北京城市交通智能化进程，对京津冀地区乃至全国高速公路电子不停车收费联网工程具有重要示范作用。同时也开创了银企合作推动“环保生活，低碳出行”公益事业的先河。

华夏商旅卡，快乐行天下

2009 年 8 月 28 日，华夏银行在深圳隆重举行华夏商旅卡首发仪式，北京、上海、广州等其他 10 个城市同步发行。中国银联蔡剑波常务副总裁、华夏银行李翔副行长、深圳银监局、深圳旅游局的有关领导、华夏商旅卡客户和商户代表以及 20 余家新闻媒体的记者共 300 余人参加了首发仪式。

华夏商旅卡是华夏银行面向广大商务人士和爱好旅行、崇尚品质生活的高端客户发行的特色卡，是华夏银行继华夏丽人卡后打造的又一具有丰富精神内涵、致力于提升客户服务水平的特色产品，也是华夏银行为应对金融危机，响应国家“促消费、拉内需”号召而采取的积极举措。

华夏商旅卡，快乐行天下。华夏商旅卡集酒店、机票预定，旅游线路精选、轻松优惠购物等多项功能于一身，致力于为客户提供便捷、快乐的商旅服务。除享受普通银行借记卡所有的金融功能及附加服务外，华夏商旅卡客户还可以通过华夏银行客服热线 95577 以超低价格预订国内外 24 000 余家酒店、国内各大航空公司的航班以及覆盖全球的数百条精品旅游线路。华夏银行在各大城市精心选择的大批特约特惠商户，将为客户提供高性价比的“超低折扣、超高优惠”专享服务，如“特惠酒店 + 机票”预订、特惠旅游线路预订等。此外，华夏商旅卡客户在免开卡工本费、年费等费用的同时，还可享受在境内境外 50 多个国家和地区每日第一笔 ATM 跨行取现零收费的优惠。

推进产品创新、完善服务功能是华夏银行的一贯宗旨。近年来，通过不断整合与完善银行卡这一零售业务载体，华夏银行的零售业务进入了快速发展的新阶段。“安居乐业易生活”系列个贷产品以其便捷、周到的服务极大地满足了个贷客户的融资需求；“稳、增、慧、创、金”五大“盈系列”理财产品以其稳健、成长的特点不断推动客户财富的保值增值；“稳盈灵通账户”储蓄产品以其低风险、高收益的优势吸引了大批客户……

创新的产品、优质的服务为华夏卡赢得了良好的社会声誉。华夏卡先后荣获 VISA“杰出业绩奖”、VISA“最佳联名卡奖”，中国银联“优秀银联标准借记卡奖”、“突出业绩奖”等奖项。华夏卡已累计发行 1 700 多万张。

为客户提供最优质的服务永远是华夏银行的追求。在不断完善华夏卡功能、丰富华夏卡产品系列的同时，华夏银行不忘为广大个人客户提供更加专业的服务。高端客户专享的钻石卡、白金卡、金卡；“很懂丽人心”的华夏丽人卡；可以使客户在上百万家网站享受安全、轻松购物乐趣的华夏支付宝卡；与国际标准接轨的“管家式”财富管理服务；包括机场贵宾、健康医疗、财富资讯、俱乐部沙龙活动、爱车服务、高尔夫畅打等在内的“7 + N”贵宾增值服务体系等等。此次发行的华夏商旅卡，不仅进一步丰富了华夏卡的产品种类，也为客户提供了更多的服务选择。

个人信贷产品线

“安居”系列产品

1. 个人一手房屋按揭贷款

产品定义：

本行向符合贷款条件的借款人发放的，用于借款人购买一手房屋并以所购房屋作抵押的个人贷款。一手房屋是指房地产开发商依法取得土地使用权后，在土地上建造并取得政府批准销（预）售的

商品房。

功能与特点：

贷款利率优惠

利率组合政策多样

贷款期限长 最长可达 30 年；

还款方式灵活 按月或按季等额本金或等额本息还款；

担保方式多样 开发商、担保公司、自然人均可担保；提前还款不收违约金；

“直客式”按揭方式 可享受一次性付款优惠。

2. 个人二手房屋按揭贷款

产品定义

本行向符合贷款条件的借款人发放的，用于借款人购买存量房屋

并以所购房屋作抵押的个人贷款。存量房屋是指售房人已取得房地

产权证、具有完全处置权利、能够在房地产市场上进行合法交易的房产。

功能与特点

二手房认定灵活

交易资金监管，买卖双方放心交易

贷款利率优惠

还款方式灵活，按月或按季等额本金或等额本息还款

贷款期限长，最长可达 30 年

提前还款不收违约金

3. 个人房屋转按揭贷款

产品定义

转按揭贷款包括房产交易类转按揭贷款、贷款转移类转按揭贷款、借款人变更类转按揭贷款。

房产交易类转按揭贷款，是指已在本行或他行办理个人房屋按揭贷款的借款人，在还款期间出售所抵押房屋，房屋产权受让人（即买房人）申请在本行办理二手房屋按揭贷款的业务。

贷款转移类转按揭贷款，是指借款人将在他行办理的个人房屋按揭贷款转移到本行办理转按揭贷款的业务，借款申请人为原借款人。

借款人变更类转按揭贷款，是指因赠与、继承、夫妻离婚等原因申请变更借款人的业务。

功能与特点

为个人转让已经办理按揭手续、贷款尚未还清的房屋提供金融支持，促成房屋成功交易，为借款人提供融资便利；

首付款、利率优惠；

贷款期限长，住房按揭贷款最长可达30年；

还款方式和利率调整方式灵活；

提前还款不收取违约金；

可提供全方位融资服务。

4. 个人房屋担保贷款

产品定义

本行向符合规定条件的自然人发放的用于购买房屋的贷款，该贷款以借款人或第三人合法拥有的、具有完全所有权的其他财产作为抵质押担保。

所购房产包括住房和商业用房。所购房产的产权状态包括一手房屋和二手房屋。

功能与特点

手续简便、审批高效，保证及时用款；

可直接一次性付款，享受开发商最优惠折扣；

首付款、利率优惠；

担保方式灵活 可采用抵押、质押、保证三种方式中的一种或多种；

贷款期限长 最长期限可达30年；

还款方式灵活 可选择等额本息、等额本金等方式归还贷款本息。

“乐业”系列产品

5. 私营企业主贷款

产品定义

本行向私营企业主个人发放的用于私营企业生产、经营、服务活动等用途的人民币担保贷款。私营企业是指经工商行政机关核准登记、符合《关于印发中小企业标准暂行规定的通知》（国经贸中小企［2003］143号）关于中小企业统计标准的个人独资企业、个人合伙企业和控股股东为自然人的有限责任公司。

功能与特点

贷款用途广。可用于补充私营企业生产性流动资金、商业活动的正常周转、设备购置、房产装修以及其他本行认可的合理生产经营用途；

贷款期限长。贷款期限最长为5年，客户可以在5年期限内任意选择；

贷款利率优惠。对优质客户可以执行基准利率；对长期合作的贵宾客户可执行基准利率下浮，最低可下浮10%；本行利用利率浮动系统，可根据其综合贡献度，按比例下浮利率，最大限度减少客户利息支出；

还款方式灵活。贷款期限在一年以上的，可实行按期还息，到期还本的方式，具体包括等额本金、等额本息还款法，贷款期限在一年以内的，还可实行按期（按每月、每季）结息到期还本或到期一次性还本付息的方式还款。本行还为客户设计了自助贷款，这种方式的还款就更加灵活，贷款在5年授信期内可以循环使用，随贷随还；

贷款担保方式多。担保方式非常灵活，可以质押、抵押、保证，或者三者组合。质押物包括存单、国债、黄金、理财产品、变现能力较

强的动产、标准仓单等；抵押物包括普通住宅、公寓、别墅、商铺、写字楼、厂房等；借款人本人、第三人名下财产、公司名下的资产均可设定抵押；相同的担保物，在本行可以获得更多的融资额度；

审批速度快；

增值服务多样。在本行办理私营企业主贷款的同时还可购买本行“现金新干线”产品以及享受相关的企业管理咨询服务。

6. 个体工商户贷款

产品定义

本行向个体工商户发放的用于补充其生产、流通等经营活动过程中资金不足的人民币担保贷款。

功能与特点

针对性强。为个体工商户量身定做，多方面满足个体工商户生产、经营等资金需求；

担保方式多样。借款人申请贷款须提供本行认可的抵押、质押中的一种或抵押、质押、保证组合的担保方式，不接受单纯的保证担保；

还款方式灵活。可选择不同的方式还款。

“易生活”系列产品

7. 个人综合消费贷款

产品定义

本行向借款人发放的用于借款人本人及其家庭购买耐用消费品、家庭用车以及住房装修、旅游、医疗等消费用途的人民币贷款。

功能与特点

用款灵活。以自助形式发放的，在合同约定期限和额度内，随借随还，即用即支，不再需要逐笔审批。可选择分期还款，分期付息、一次性还本等多种还款方式；

担保方式多样。可以是抵押、质押和保证中的一种或多种方式的组合。经总行批准或授权，对优质客户可以办理信用贷款；

期限较长。贷款期限最长可达 10 年；

用途广泛。可满足借款人旅游、装修、健美、购买消费用品等多种消费资金需求。

8. 个人汽车贷款

产品定义

本行向借款人发放的用于购买一手汽车（含自用车、商用车，不含二手车）的贷款。其中自用车是指借款人购买的、不以营利为目的的汽车；商用车是指借款人购买的、以营利为目的的汽车；二手车是指从办理完机动车注册登记手续到规定报废年限一年之前进行所有权变更并依法办理过户手续的汽车。

"汽车价格"是指汽车实际成交价格（不含各类附加税、费及保费等）与汽车生产商公布的价格中的较低者。

功能与特点

担保方式多样。贷款担保方式可采取全额质押，或以所购车辆抵押和质押、保证的组合；

价格优惠。本行与汽车特约经销商联手，经销商可根据情况为借款者购买提供优惠，增强贷款的吸引力；

提升生活品质。有利于减轻借款人近期消费资金压力，提升借款人生活品质；

贷款利率按照中国人民银行规定的同期限、同档次贷款利率和浮动幅度执行，最多可下浮 10%。

9. 个人助学贷款

产品定义

个人助学贷款是指本行向境内（外）高等院校就读的全日制本专科生、研究生和第二学士学位学生发放的用于借款人本人支付学费、住宿费和就读期间基本生活费的人民币贷款。

其中境外个人助学贷款仅适用于提供质押担保方式的借款人。

功能与特点

贷款期限长。最长期限可达 10 年。贷款利率最多可下浮 10%；

担保方式多样。可采用抵押、质押或保证三种方式中的一种或多种作贷款担保；

还款期限灵活。贷款期限在一年（含）以内的，以及全额质押的，可采取到期一次性还本付息或按期（按月或按季）付息，到期还本的方式。贷款期限在一年以上的，必须采取按月或按三个月的还款方式。

10. "随心贷"—个人自助贷款

产品定义

本行根据借款人的资信状况，在明确贷款用途的前提下，对客户进行授信，核定授信额度、期限和利率浮动幅度，借款人可在本行营业网点或通过电子银行系统获取可周转使用的人民币贷款。该产品是本行个人贷款业务与华夏卡的结合，借款人凭其华夏卡使用贷款资金。

功能与特点

信用捆绑、综合理财。融存款和取款、信贷、转账、消费等多功能于一卡，将个人存款质押、财产抵押、保证等多种方式的担保综合在一起，将客户理财从简单的资产理财提升到资产负债综合理财，坐享消费、投资增值；

一次手续、循环贷款。针对客户资金需求时间上的不确定性和金额变化频繁的特点，一次性为客户办妥授信等相关手续，由客户自己根据需要随时随地贷款、还款，贷款额度在核定的期限和额度内循环周转使用，办理方便、使用快捷；

自助放贷、渠道多样。客户在已获得的额度和有效期限内，可以通过营业柜台、电话银行、网上银行、自助银行、银联 POS 等多渠道、随时随地办理贷款、还款以及相关查询交易，真正做到了客户自助服务，"贷款像存款一样方便"，彰显成功、时尚自我；

贷款用途多样，满足不同客户资金需求。客户既可申请消费类贷款也可申请经营类贷款，具体贷款品种包括个人综合消费贷款、个体工商户贷款、私营企业主贷款。

其他相关产品

11. 个人履约保函

产品定义

个人客户提供符合条件的反担保条件为前提，本行以出具保函的形式，为客户（申请人）的消费或经营等履约义务向对方当事人（受益人）提供的一种履约信用担保业务。本行为客户的消费或经营等非融资性活动开具担保文书提供信用担保。

功能与特点

增进信用，促进交易。利用银行信用为客户提供担保，支持其消费及经营活动，促进交易正常进行。

开具保函按总行中间业务收费标准收取保函手续费。

12. 个人委托贷款

产品定义

由委托人提供资金，受托人根据委托人确定的贷款对象、用途、金额、期限、利率等代为发放的贷款。

功能与特点

增加收益。为货币资金富余的个人或企事业法人寻找收益更高的途径；

便利安全。客户委托银行充当服务和结算的中介，省却收款、结息等麻烦，本行业务操作规范，减小了业务风险。委托贷款不论金额大小，全部由本行审批，审批速度快。

网上个人银行产品

一、网上个人银行 3.1 版

为满足网银客户多层次业务需求以及提高网银客户交易体验，2009 年 9 月，华夏银行隆重推出网上个人银行 3.1 版本，在已有的账户查询、网上汇款、投资理财、代理业务、自助服务的基础上，新推出向企业账户汇款、向信用卡还款、批量汇款、小金额汇款、自助添加签约卡、即插即用个人数字证书等十多项新功能。

（一）产品功能

1. 账户管理：账户余额查询、账户明细查询、网上交易查询、消费积分查询等。

2. 资金结算：单笔行内汇款、单笔跨行汇款、批量行内/跨行汇款、小金额汇款、信用卡还款、签约账户间转账、定期支取、定期转活期等。

3. 投资理财：现货黄金、基金业务、外汇买卖、三方存管、通知账户转活期、活期转定期、约定理财等。

4. 代理业务：缴手机话费、缴固定电话费、缴水电费等，以各分行提供的服务为准。

5. 自助服务：自定义登录名称、自助添加签约卡、自助贷款、短消息定制服务、修改登录密码、账户挂失等。

6. 数字证书：实现个人数字证书预植，客户免安装、免下载，华夏盾即插即用。

（二）产品特点

1. 使用方便。客户可随时、随地使用我行网上个人银行3.1版，华夏盾数字证书即插即用。

2. 功能强大。为客户提供全方位个人金融业务，尤其转账汇款功能，满足不同客户的需要。

3. 安全可靠。采用数字证书签名、客户身份验证及客户端控件等多种措施，保障安全，客户可以放心使用。

（三）适用对象

期望获得安全、便捷、丰富的网银个人金融服务的客户。

二、新一代网上个人银行

华夏银行坚持以客户为中心的理念，为满足网银客户多层次业务需求以及提高网银客户交易体验，于2009年12月再次推出新一代网上个人银行，对接华夏银行新一代核心系统，为客户提供更全面、更快捷、更安全的网银服务。目前已在天津分行、杭州分行上线，将陆续在其他分行推广。

（一）特色功能

在账户管理、资金结算、投资理财、自助服务等服务功能的基础上，新一代网上个人银行提供了更多特色服务能：

1. 自定义登录别名：您可以自定义登录别名，使用用户别名的方式登录网上个人银行，使用登录名更容易记忆且更安全。

2. 账户总览：您只需登录网上个人银行，您在我行的所有的卡和账户以列表方式显示，您的存款、贷款、信用卡、理财等各类资产和负债一览无余，随时掌握自身的资产负债情况，更加直观，更加方便。

3. 投资理财功能：将我行的各项投资理财服务包括现货黄金、基金、三方存管、网上贷款、信用卡等都整合到网上个人银行中，无需二次登录，您的投资需求可一站式完成。

4. 强大的网上汇款功能：具体包括本人账户间汇款、外汇卡与华夏卡互转、行内/跨行即时汇款、行内/跨行预约汇款、行内/跨行循环汇款，其中行内/跨行预约汇款、行内/跨行循环汇款功能领先于同业。

行内/跨行预约汇款：客户可预约在未来的某一日期，向某一收款账户转账一定金额，使得客户可以提前预约未来的交易，无需等到交易当日再进行汇款，为客户提供了方便。

行内/跨行循环汇款：客户可设定在未来的某几个月的特定日期，向某一收款账户转账一定金额，适用于客户需每月定期进行的转账汇款，使得客户无需每月都进行重复的转账操作，只需进行一次循环转账交易，即可实现。

（二）产品特点

1. 安全可靠，让您放心使用。采取严密的标准数字证书体系，通过国家安全认证，华夏盾存储证书信息无法导出复制，同时采用客户身份验证及客户端控件等多种措施，普通版中转账汇款增加了短信验证码方式保障资金安全，您可以放心使用。

2. 功能强大，对您关怀备至。账户管理、投资理财、转账汇款、缴费支付等一百多个个性化功能，让您拥有更多选择，尽享便捷服务。

3. 证书预植，操作一步到位。网上个人银行数字证书预先植入，您无须自助下载证书，领取华夏盾插入上网电脑，一步自动登录华夏银行网站。

4. 账户总览，财富一目了然。将您在我行客户号下所有的卡和账户以列表方式显示，同时将存款、贷款、信用卡、理财分类显示，自动计算出您的总资产和总负债，自身资产负债情况，瞬间尽收眼底。

5. 服务集成，理财一站搞定。将银行的各项投资理财服务包括现货黄金、基金、三方存管、网上贷款、信用卡等都整合到网上个人银行中，无需二次登录，交易方便快捷。

（三）适用对象

新一代网上个人银行证书版，适用于期望获得更加安全、便捷、丰富的网银个人金融服务的客户。凡在我行开立华夏借记卡的个人客户，均可在柜台申请个人数字证书，注册新一代网上个人银行证书版。

三、预植证书华夏盾

（一）即插即用，方便快捷

预先将个人数字证书植入华夏盾，客户无需安装、下载，领取华夏盾后即插即用，实现自动安装华夏盾驱动，客户无须点击，将华夏盾插入计算机即可登录华夏银行网站。

（二）加密存放，安全可靠

华夏盾使用“无驱”型Usbkey存储数字证书，用户的证书等安全信息被加密存放在Usbkey中，无法被盗用。在进行加密的过程中，密钥可以不出介质，安全级别最高。因此，华夏盾实现证书信息高强度保护，无法导出复制，且不提供文件证书的存储方式，安全可靠。

（三）自助展期，无到期烦恼

实现网上个人银行数字证书自助展期，无到期烦恼。

电话刷卡结算业务产品

一、产品描述

电话刷卡结算业务简称 TPOS，又名电话 POS，是一种融合了电话机和 POS 机功能的新型支付工具。TPOS 不仅可以当作电话机来用，还可以实现跨行收款和付款的功能。

二、适用客户

1. 适用于无集中收银批发市场的个体私营业主。

2. 以个人名义申请布放于个体经营性质的特定商户。

三、产品优势

1. 与同业产品相比，具有业务功能全，使用范围广、费用低的综合优势。

2. 与第三方产品相比，具有安全可靠、结算快捷的优势。

四、产品特点

1. 提供跨行收付款功能，支持任意银联借记卡。

2. 收款资金实时到账，付款通过大额支付系统实现，可快速到账。

3. 使用费用低。跨行收款执行当地银联统一标准，跨行付款按照现行大额费率标准的 50% 执行，同时，对金卡客户免费。

4. 菜单操作简单、机具通过银联认证，安全可靠。

五、额度限制

跨行转入无额度限制，跨行转出默认当日累计不得超过 50 万元。

如客户要求突破 50 万元跨行转出限额，需分行提交参数修改申请表，由总行负责审核和限额调整。

六、产品价格

1. 系统内收付款同城免费，系统内异地收付款按照金额的 0.05% 收取，最低 1 元，最高 5 元。

2. 跨行收款执行当地银联费率标准，跨行付款按照付款金额的 0.5% 收取，最低 1 元，最高 25 元。

3. 金卡客户付款免收手续费。

七、申请方式

1. 柜台申请

八、我行规章制度

《华夏银行电话刷卡结算业务管理办法（暂行）》（华银发【2009】495 号）

《华夏银行电话刷卡结算业务操作规程（暂行）》（华银发【2009】495 号）

九、客户申办流程（至少包括客户申请所需资料）

1. 提交申请材料。

1）布放在无集中收银的批发市场

商户营业执照正副本复印件（商户加盖公章）、税务登记证复印件或固定税额纳税证明复印件（商户加盖公章）、经营者身份证复印件（商户加盖公章）、营业用房屋租赁合同或购房合同复印件；

2）布放在家庭

仅限于房产主本人。应提供房产证复印件或购房合同（是公房的，应提供公房租赁凭证复印件或其他有效的使用权证明文件）、房产主身份证复印件作为证明文件，并提供房产主个人信息、电话号码、手机号码、第二联系人固定电话及手机号码、布放地址等信息。

3）布放在单位办公室

应提供单位营业执照（或组织机构代码证）复印件、布放地点主要负责人身份证复印件作为证明文件，并提供办公室地址、固定电话号码、终端联系人详细资料等信息。

4）布放在便民点

连锁便民点：应提供总店营业执照复印件、主要负责人身份证复印件作为证明文件，并提供分店地址、固定电话号码、店长详细资料等信息；

个体便民点：应提供企业营业执照复印件等证明文件、店主身份证复印件、便民点地址、固定电话号码、店主详细资料等信息。

2. 填写电话刷卡结算业务申请书，如是在我行首次开立个人或公司账户，还应填写相应开户资料。

3. 机具布放及商户培训。

十、内部流程

1. 客户申请与调查。客户提交相关资料后，客户经理应实地调查商户营业情况，验证客户的真实性，并通过人民银行征信系统或我行信贷风险管理部门进行资信状况调查。

2. 风险审查与审批。对申请人材料进行完整性、合规合法性审查，审查该商户或商户法人代表是否已被列入中国银联不良信息系统。

3. 商户资料建立。在我行系统内建立商户资料并进行机具绑定，并在银联系统进行商户备案。

4. 机具布放及商户培训。现场为客户装机具并进行相应的培训。

十一、主要风险点及防控措施

1. 名义经营范围与实际情况不符：商户名义上经营范围正常，或以正常名义申请成为商户后，实际从事禁入商户类型的经营活动；

2. 侧录风险：商户默许、纵容、与不法分子共谋或发现后不制止不法分子在电话刷卡机具上装载侧录仪器，盗录持卡人磁条信息，出卖给伪卡制作集团或自行制作伪卡；

3. 恶意倒闭：商户接受用卡支付的预付款后故意破产，使我行承担退单损失；

防范措施：严格商户准入的审核，加强对商户日常交易的监控，定期和不定期的对商户进行抽查和巡检。

十二、常见问题及解答

1. 是否只能绑定个人结算账户

TPOS 可以绑定个人结算账户也可以绑定企业结算账户。

绑定个人结算账户的，目前主要应用于无集中收银的批发市场以及以个人名义申请布放于个体经营性质的特定商户。

绑定企业结算账户的，视同传统 POS 进行管理，其客户申请、资料审核等流程按照传统 POS 的管理流程执行。绑定企业结算账户的仅具有资金归集功能（收款功能），适用于特定的企业客户，主要满足下游商户向上游商户进行资金归集的功能。

由于目前监管机构关于 TPOS 的管理办法仅针对绑定个人结算账户，没有明确绑定对公结算账户的管理规则。建议在发展绑定对公结算账户的客户时，应做好与当地监管机构的协调工作，或者仅发展上下游客户均使用我行账户进行结算的商户。

2. TPOS 业务是否开通信用卡

按照《中国人民银行、中国银行业监督管理委员会、公安部、国家工商总局关于加强银行卡安全管理、预防和打击银行卡犯罪的通知》银发【2009】142 号和《中国人民银行办公厅关于贯彻落实〈中国人民银行、中国银行业监督管理委员会、公安部、国家工商总局关于加强银行卡安全管理、预防和打击银行卡犯罪的通知〉的意见》银办发【2009】149 号文件的规定，“禁止将特约商户（含固定电话支付业务的特约商户）的个人结算账户设置为信用卡收单账户”。故我行 TPOS 业务不开通信用卡收单功能。

3. TPOS 的费率是多少？

TPOS 业务的费率分收款费率和付款费率。

跨行收款费率一般执行当地银联的统一费率，具体费率由分行与当地银联协商确定。

系统内收款，同城免费，异地按照收款金额的 0.05% 收取，最低 1 元，最高 5 元。

跨行付款按照付款金额的 0.5% 收取，最低 1 元，最高 25 元。

系统内付款，同城免费，异地按照付款金额的 0.05% 收取，最低 1 元，最高 5 元。

我行金卡客户付款免受手续费。

4. TPOS 收付款是实时到账吗？

TPOS 收款实时到账。

TPOS 付款，系统内实时到账，跨行付款通过大额系统实现，具体到账时间视对方行系统而定，目前绝大部分分行可以实现即时到账，如长时间未到账，建议拨打对方行电话咨询。

“安居　乐业　易生活　贷来精彩人生”产品

一、“安居”系列产品

“安居”系列产品是华夏银行为您量身打造的，用于您及您的家人购买一手房产或二手房产用途的个人贷款产品。

按交易的对象及按揭贷款的方式，具体分为一手房按揭贷款、二手房按揭贷款、转按揭贷款、个人房屋担保贷款等四个产品。

个人一手房按揭贷款　是我行专为您提供的，用于您及你家人从开发商处购买一手房并以所购房屋作抵押的个人贷款产品。

个人二手房按揭贷款　指我行专为您提供的，用于您及家人购买存量房屋并以所购房屋作抵押的个人贷款产品。存量房屋是指售房人已取得房地产权证、具有完全处置权利、能够在房地产市场上进行合法交易的房产。

对购房人先筹款支付二手房屋全部购房款，待办理过户手续后再向我行申请贷款以归还所筹款项的，在购房人取得产权在六个月之内的（以产权证记载的发证日期为准），且购房人与售房人签订了房屋买卖合同或协议，能提供交易契税凭证、买卖发票等证明交易真实性的材料情况下，可视可二手房按揭贷款申请。

个人转按揭贷款　我行提供三种类型转按揭产品供您选择：

一是房产交易类转按揭，若卖房人所购房产已在我行或他行办理了房产抵押的个人房屋按揭贷款，而您需要购买卖房人所按揭房产时，您可向我行申请办理转按揭贷款业务。

二是贷款转移类转按揭，由于可享受更多优惠条件及还款便利等原因，您可将您在他行办理的个人房屋按揭贷款转移到我行办理的转按揭贷款业务。

三是借款人变更类转按揭，您及家人因赠与、继承、夫妻离婚等原因，需要变更借款人的，您也可向我行申请办理变更类转按揭贷款业务。

个人房屋担保贷款　指我行向您提供的，用于您及家人购买房屋的贷款产品。该贷款产品不以所购房产作抵押，而是以借款人或第三人合法拥有的、具有完全所有权的其他财产作为抵质押担保，有效盘活您的现有资产，提高您个人资产的流动性。这是我行独特的产品，同业目前还没见到类似产品。

安居产品优势：

1. 贷款政策优惠，时刻为您省开支。首付最低 20%，利率可下浮 30%，完全承诺市场上同业的最优惠水平。

2. 贷款期限长，实实在在减轻您的还贷压力。住房贷款可达 30 年，商用房贷款可达 10 年，花明天的钱，住今天的房，全面提升生活品质。

3. 全面考虑您个人收入状况，设计灵活多样的还款方式和利率调整方式供您选择，因您而变。您可选择按月或每三个月等额本金、等额本息还款方式，利率调整方式可采取按月、按季、按年调整或实行固定利率等，简直太方便了。

4. 按揭方式多样，任由客户自选，我行还提供“直客”按揭方式，一次性支付购房全款，以及配套公积金贷款，享尽折扣和利率优惠，省时省心省力；二手房交易提供银行资金监管，让买卖双方放心交易。

5. 配套按揭贷款，我行向您提供用于装修、购买车库、汽车、旅游、购买大额消费品等全方位融资服务方案，全面提升您的消费品味。

6. 提前还款不收取违约金，想怎么还就怎么还。

7. 贷款手续简便，审批速度高效，确保您及时用款。

二、“乐业”系列产品

“乐业”系列产品是华夏银行为您及您的企业量身定制的，用于您所经营企业补充生产、经营、服务等流动性资金需求的个人经营性贷款产品。

按经营主体的不同，具体分为私营企业主贷款、个体工商户贷款等两个产品。

私营企业主贷款　该产品是我行向广大中小私营企业量身订制的特色产品，是我行向私营企业出资人发放的，用于补充私营企业在生产、经营、服务等活动中流动性资金需求的个人贷款产品。私营企业包括符合中小企业标准的个人独资企业、个人合伙企业和控股股东为自然人的有限责任公司。

个体工商户贷款　该产品是我行向广大个体工商户个人发放的，用于补充个体工商户在生产、经营和服务等活动中的流动生资金需求的个人贷款产品。

乐业产品优势：

1. 充分考虑您及您企业的经营特点，量身定制贷款功能。贷款额度不设上限，期限灵活，可在1－5年内任意选择，充分满足私营企业全方位、特色化融资需求。

2. 贷款用途广，支持企业多方面融资需求，助力企业快速成长。既可补充企业生产性流动资金，也可用于商业活动的正常周转，设备购置，房产装修及其他我行认可的合理经营用途。

3. 贷款发放方式灵活，还款方式多样。您可以选择一次性发放，也可以分次发放。可采取一次性还本付息或分期还款等方式，更可选择自助贷款的方式，在授信额度内通过自助机具或电子银行随借随还，方便灵活。

4. 贷款利率优惠，对优质客户可执行基准利率，对长期合作的贵宾客户可执行基准利率下浮，最低可下浮10%，利用利率浮动系统，可根据其综合贡献度，按比例下浮利率，最大限度减少客户利息支出。

5. 贷款手续简便，审批快捷，保证您及您的企业及时用款。客户只须提供简单材料，我行保证在正式受理后的五个工作日完成审批手续。

6. 增值服务多样，满足您及您企业的全方位金融需求。除多品种的融资服务外，我行还向您提供存款、结算、汇兑、个人理财、现金新干线、企业财务顾问等综合服务。

三、“易生活”系列产品

“易生活”系列产品是华夏银行为您量身定制的，用于您及您的家人购车、购大额消费品、装修、旅游、医疗、教育、出国留学等消费用途的个人贷款产品。

按贷款用途的不同，具体分为个人汽车贷款、个人综合消费贷款、个人教育贷款等三个产品。

个人汽车贷款　该产品是我行向您发放的用于您及您家庭购买一手汽车的贷款产品。

个人综合消费贷款　该产品是我行向您发放的用于您及您家庭购买耐用消费品、家庭用车、住房装修、旅游、医疗等消费用途的个人贷款产品。

个人教育助学贷款　该产品是我行向您发放的，用于您及您子女攻读境内（外）高等院校学习所需学费、住宿费和就读期间基本生活费的个人贷款产品。

“易生活”产品优势：

1. 贷款用途广泛，充分满足您各种消费需求，提升您的消费档次。贷款可用于装修、旅游、医疗、出国留学、教育、购买汽车、家用电器、家具、乐器等消费用途。

2. 贷款期限长，还款方式灵活，实实在在替您节省开销，减轻还款压力。贷款期限最长可达8年，还款可采取一次性还本付息，也可分期还款，还可选择自助贷款方式，随时随地通过自助银行、电子银行办理贷款、还款、展期和查询交易。

3. 贷款手续简便，审批快捷，保证您及您的家庭及时用款。客户只须提供简单材料，我行保证在正式受理后的五个工作日完成审批手续。

4. 贷款担保方式多样，轻轻松松就可办妥。您可在房产抵押、质押和保证中任意选择，对优质客户，我们还提供信用贷款。

四、“随心贷”产品

随心贷是我行专为用款时间、用款额不确定的借款人量身打造的高科技产品。

该产品是指我行根据您的资信状况，对您进行一次性授信，在我行的授信额度和授信期限内，您可以循环使用授信额度，用以满足您日常消费和经营周转需求的个人贷款产品。我行授信后，您可随时随地通过我行电话银行、网上银行、自助查询机、银联POS等系统自行操作贷款、还款、查询、展期等交易，突破了现行个人贷款操作时间和空间的约束，解决了客户资金需求不确定性与贷款办理要求确定之间的矛盾。

随心贷产品优势：

1. 借贷合一、信用捆绑、综合理财。随心贷产品将您个人存取款、信贷、转账、消费等功能融合到一张华夏卡中，整合并拓展了银行个人金融产品；个人存款质押、财产抵押、保证等多种方式的担保综合在一起，实现个人信用综合捆绑；根据当今人们经济活动特点将客户理财从简单的资产理财融入了资产负债综合理财的概念，丰富并扩展了个人理财的内容和空间。

2. 贴近需求、即用即贷、循环使用。该产品针对客户资金需求的不确定性和需求量变化频繁的特点，设计为客户先把授信手续办理妥当，银行将贷款额度核定在客户华夏卡中，在需要资金时，客户根据自己实际资金需求量和时间发放贷款，开始计算利息，实现资金需求与贷款操作同步；贷款使用后客户及时还款，则华夏卡内恢复原有的贷款额度，可在核定的期限和额度内周转使用。

3. 科技支撑、超越时空、自助操作。该产品以计算机技术为依托，客户放贷款、还款的办理超越了时空界限．客户办妥贷款手续并开通自助贷款后，随时随地通过拨打华夏银行电话银行、24 小时自助银行、网上银行和网点柜台等多种方式进行贷款、还款、查询操作，完全做到了客户自助服务，贷款象存款一样方便。

五、“房贷通”产品介绍

“房贷通”产品是您以您及第三人所有的房产作抵押，我行向您发放的用于购房、购车、综合消费、个人经营等多样用途的个人贷款产品。具体对应着我行各个个贷产品进行操作。

房贷通产品优势：

1. 盘活您及您家庭的房产，提高了资产流动性，充分满足您及家人的用款需求。

2. 用途广泛，可满足您及您经营企业的全方位融资需求。贷款可用于购买房产、汽车、家用电器、家具、乐器，装修、旅游、医疗、出国留学、教育等消费用途以及您所经营企业的生产、经营及服务等流动性周转需求。

3. 根据您的实际需求，量身定制贷款产品功能。贷款额度不设上限，期限灵活，还款方式多样，特别是自助贷款方式，随时随需自助操作贷款、还款等交易，充分满足您全方位、特色化融资需求。

4. 抵押房产多样，只要是具有明晰产权、可上市交易的住房、公寓、别墅、商铺、写字楼等等，无论是您自己的，还是第三人的，无论是个人的，还是公司的均可用于抵押。

5. 抵押率高，充分变现您资产价值。对住宅抵押率最高可达 80%，对商用房最高可达 60%，充分满足您的高额融资需求。

6. 手续简便，审批高效，放款及时。您只需提供简单资料，我行在受理后五个工作日内完成审批，抵押手续一办妥，便可完成放款手续。

第六编

投资理财

投资理财金融论坛

中国农业银行投资理财金融论坛

市场细分、产品创新与商业银行财富管理

中国农业银行　印金强

财富管理是一个古老又崭新的领域。从古代的范蠡到近代具有地域特色的晋商，即使在市场经济不发达的时代，亦不缺少财富管理的明星。随着科技的发展和创新能力的提高，世界各国都进入了财富快速积累的时代，这同时也产生了巨大的财富管理市场和财富管理需求。中国更是如此。据统计，中国经济连续多年实现了两位数的高增长，从2001到2008年，中国管理资产额的平均复合增长率高达23.4%，是全球平均水平的近3倍。未来5年，中国管理资产额的增速仍将达到17.4%，继续远高于世界平均增速。预计到2009年底中国富裕家庭的流动资产总额将从2004年的8250亿美元增至16060亿美元，增幅将近一倍，加上中国人72%左右的节余仍然以储蓄形式存在，与此对比，英国是26%，而美国只有12%，中国财富积累越来越明显。面对财富的迅速增长，财富管理成为必然。

金融脱媒的趋势、利率市场化进程的加快和资本的严格约束等方面的压力也使得商业银行不得不加快发展财富管理，如何在经济迅猛发展与国民财富快速增长的背景下，为客户有效构建财富管理体系和安全体系，是商业银行面临的一个十分紧迫且不容回避的重大课题。

一、商业银行财富管理的内涵

对商业银行来说，商业银行从事财富管理业务，是银行利用所掌握的客户信息与金融产品，着眼于客户未来财富的规划与管理，在分析客户自身财务状况的基础上发掘客户的财富管理需求，为客户量身定制财富管理目标和计划，帮助客户平衡资产和负债、收入和支出之间的关系，最终实现预期的财富规划目标。对银行而言，财富管理是一种新的商业运营模式；对客户而言，财富管理是一种综合的金融服务。商业银行财富管理内容非常丰富，包括：现金储蓄及管理、债务管理、个人风险管理、保险计划、投资组合管理、退休计划及遗产安排。07年下半年以来，股票市场风云变幻，客户真切地感到了“股市有风险，入市须谨慎”，银行在此扮演一个什么角色是我们的新课题。因此，财富管理不仅仅是帮助客户实现资产的财富保值和增值，更重要的是为客户规避风险、减少损失，提供有价值的建议。

二、商业银行要实现客户的财富目标必须因人而异

大家知道，每个人所处的人生阶段不同，财产状况不同，风险偏好不同，因此财富目标将呈现出多样化和差异性，例如购房置业、购买汽车、再教育投资、旅游计划和子女教育计划等。商业银行从事财富管理业务必须将最合适的理财产品，在最恰当的时间提供给最适当的客户，并且为客户提供最新的市场信息，帮助他们实现财富规划的目标。财富管理不是高收益、高回报的“赚钱机器”，它更侧重于长远的资产配置和理财规划，最根本的是一定要了解客户的需求在哪里，清楚地归纳他的需求，提供具有前瞻性的专业研究，然后为之提供适合的产品，让他专享特色服务。

三、市场细分是财富管理的基础

财富管理具有业务多元性、客户广泛性，特别是需求多层次性等特点。针对不同群体的客户特征，商业银行可以采取问卷调查、面谈、电话等方式了解客户的需求。可以对客户的年龄、性别、职业、收入、教育水平、家庭人口、家庭类型、家庭生命周期、民族、生活方式、个性、消费习惯等方面进行细分，针对不同群体的客户，根据其共性的金融需求，设计相应的产品和服务；也可以结合心理、地理、行为等标准进行分类，把某一产品的市场整体划分为若干客户群，每一个客户群就是一个细分市场，每一个细分市场都是具有类似需求倾向的客户构成的群体。在此基础上识别、挖掘优质客户，推动差别化服务更加系统化和规范化，从简单的分层服务进入到以优质客户为重点的多元化、多渠道的服务再造。

要细分市场，商业银行必须将“客户至上”的营销理念体现在具体的服务方式、管理方式和产品经营层面上。首先，考虑商业银行所处的市场环境、市场规模、增长潜力，细分市场的可行性、收益性等状况。其次，分析自身的实力、经营状况、现实条件找到适合自己发展的细分市场。一般说来，针对大众客户，采用“标准化的产品+标准化的服务”；高端客户，采用“标准化的产品+个性化的服务”；对私人银行客户必须采用“个性化的产品+个性化的服务”。精细化的市场细分，将使商业银行的财富管理服务有的放矢，事半功倍。

四、产品组合与创新是财富管理的核心

要做到“将最合适的理财产品，提供给最适当的客户”，细分市场是基础，根据目标市场的特性进行产品组合与创新则是商业银行从事财富管理的核心。

财富管理是在了解客户、了解客户财务状况和金融需求基础上，为客户设计金融服务方案，进行产品组合或创新产品，并销售这些产品组合，最终达到客户与银行合作共赢的目的。因此商业银行必须按照客户需求研发金融产品，或进行产品组合，加强核心产品与辅助产品的分类管理，重点发展关联性大、综合服务功能强和附加值高的代理、理财及信息咨询等产品，提高产品组合的综合创利能力，以满足客户需求。产品创新的形式多样：对不同客户而言，不同产品的横向组合、先后排列顺序就是一种创新；在现有产品基础上，衍生出新的服务品种也是创新。只有通过不同形式的创新，商业银行才能帮助客户实现财富人生，同时银行也得到发展，实现客户与银行的双赢。

金融市场是一个不断创新的市场，但金融产品本身极易被模仿。如何形成产品竞争力呢？这就需要不断的创新。为了取得竞争优势迫使银行不断地创新，在创新中形成了银行的核心竞争力。金融产品组合策略，是商业银行应对市场竞争的重要营销策略，它是商业银行通过业务流程改造而产生的新业务组合，体现了商业银行金融创新的精神，是商业银行核心竞争力的具体实施。

金融产品的创新与组合，核心是以客户需求为导向，而财富管理顾问则是直接促进者，财富管理顾问离不开商业银行的鼓励，从更大的方面来说，商业银行能否对此提供鼓励和有效激励，离不开政府和监管部门所创造的环境。因此，银行提供给客户的财富管理方案实际上牵涉到一项系统工程即金融产品创新与组合，需要多方面的共同努力。

五、私人银行是顶级的财富管理业务

目前最顶尖的财富管理莫过于私人银行，它是财富管理的最高阶段。私人银行业务，无疑是理财业务最高端的品种。

私人银行服务是一种专门面向具有相当资产客户群体，为其提供个性化、多元化、私密性个人财产投资与管理的服务。个性化、多元化的私人银行服务，是普通客户甚至某些类型的贵宾客户无法轻易获得的。私人银行的客户可以快速地获得所需要的大额贷款；可以在其他企业 IPO 时优先获得股权；可以委托银行去投资艺术品；可以委托银行设立离岸公司、家族信托基金；可以要求银行提供节省税务开支的方法；私人银行的客户甚至可以要求银行为自己规划移民方案，为自己的孩子提供教育规划等等。这同时也意味着，私人银行服务将渗透到客户生活的方方面面，可以是一个全生命周期的金融服务，极具私密性。私人银行为客户提供的绝不仅仅是理财服务，而更像管家服务，也有人称之为“金融管家”。

私人银行服务是目前银行理财业务发展的最高级形态。目前的中资银行的私人银行服务，不管是产品设计，还是服务体系仍处于刚刚起步的初始阶段。要想让中资银行在私人银行领域获得发展壮大，从外部环境看，应在政策上加以扶持，大力推进金融混业经营，加深银行、保险、证券、外汇、黄金等市场的相互融合度，使私人银行业务获得足够的操作空间。从商业银行内部看，商业银行应加强和证券、保险、信托等合作，丰富商业银行私人银行业务的产品线。同时要重视人才及客户的培养。

“宝剑锋从磨砺出，梅花香自苦寒来”，只要中国的银行业共同努力，在产品体系、营销体系、人才体系和 IT 体系的构建方面打牢基础，做好功课，我相信在不远的将来，中国的商业银行一定会成为全球一流的财富管理银行。

第七编

法律法规

一、中国人民银行制定的相关金融规章制度

中国人民银行　财政部　商务部　海关总署　国家税务总局　中国银行业监督管理委员会公告

〔2009〕第10号

中国人民银行、财政部、商务部、海关总署、税务总局、银监会共同制定了《跨境贸易人民币结算试点管理办法》，现予以公布实施。

二○○九年七月一日

跨境贸易人民币结算试点管理办法

第一条 为促进贸易便利化，保障跨境贸易人民币结算试点工作的顺利进行，规范试点企业和商业银行的行为，防范相关业务风险，根据《中华人民共和国中国人民银行法》等法律、行政法规，制定本办法。

第二条 国家允许指定的、有条件的企业在自愿的基础上以人民币进行跨境贸易的结算，支持商业银行为企业提供跨境贸易人民币结算服务。

第三条 国务院批准试点地区的跨境贸易人民币结算，适用本办法。

第四条 试点地区的省级人民政府负责协调当地有关部门推荐跨境贸易人民币结算的试点企业，由中国人民银行会同财政部、商务部、海关总署、税务总局、银监会等有关部门进行审核，最终确定试点企业名单。在推荐试点企业时，要核实试点企业及其法定代表人的真实身份，确保试点企业登记注册实名制，并遵守跨境贸易人民币结算的各项规定。试点企业违反国家有关规定的，依法处罚，取消其试点资格。

第五条 中国人民银行可根据宏观调控、防范系统性风险的需要，对跨境贸易人民币结算试点进行总量调控。

第六条 试点企业与境外企业以人民币结算的进出口贸易，可以通过香港、澳门地区人民币业务清算行进行人民币资金的跨境结算和清算，也可以通过境内商业银行代理境外商业银行进行人民币资金的跨境结算和清算。

第七条 经中国人民银行和香港金融管理局、澳门金融管理局认可，已加入中国人民银行大额支付系统并进行港澳人民币清算业务的商业银行，可以作为港澳人民币清算行，提供跨境贸易人民币结算和清算服务。

第八条 试点地区内具备国际结算业务能力的商业银行（以下简称境内结算银行），遵守跨境贸易人民币结算的有关规定，可以为试点企业提供跨境贸易人民币结算服务。

第九条 试点地区内具备国际结算业务能力的商业银行（以下简称境内代理银行），可以与跨境贸易人民币结算境外参加银行（以下简称境外参加银行）签订人民币代理结算协议，为其开立人民币同业往来账户，代理境外参加银行进行跨境贸易人民币支付。境内代理银行应当按照规定将人民币代理结算协议和人民币同业往来账户报中国人民银行当地分支机构备案。

第十条 境内代理银行可以对境外参加银行开立的账户设定铺底资金要求，并可以为境外参加银行提供铺底资金兑换服务。

第十一条 境内代理银行可以依境外参加银行的要求在限额内购售人民币，购售限额由中国人民银行确定。

第十二条 境内代理银行可以为在其开有人民币同业往来账户的境外参加银行提供人民币账户融资，用于满足账户头寸临时性需求，融资额度与期限由中国人民银行确定。

第十三条 港澳人民币清算行可以按照中国人民银行的有关规定从境内银行间外汇市场、银行间同业拆借市场兑换人民币和拆借资金，兑换人民币和拆借限额、期限等由中国人民银行确定。

第十四条 境内结算银行可以按照有关规定逐步提供人民币贸易融资服务。

第十五条 人民币跨境收支应当具有真实、合法的交易基础。境内结算银行应当按照中国人民银行的规定，对交易单证的真实性及其与人民币收支的一致性进行合理审查。

第十六条 境内结算银行和境内代理银行应当按照反洗钱和反恐融资的有关规定，采取有效措施，了解客户及其交易目的和交易性质，了解实际控制客户的自然人和交易的实际受益人，妥善保存客户身份资料和交易记录，确保能足以重现每项交易的具体情况。

第十七条 使用人民币结算的出口贸易，按照有关规定享受出口货物退（免）税政策。具体出口货物退（免）税管理办法由国务院税务主管部门制定。

第十八条 试点企业的跨境贸易人民币结算不纳入外汇核销管理，办理报关和出口货物退（免）税时不需要提供外汇核销单。境内结算银行和境内代理银行应当按照税

务部门的要求，依法向税务部门提供试点企业有关跨境贸易人民币结算的数据、资料。

第十九条 试点企业应当确保跨境贸易人民币结算的贸易真实性，应当建立跨境贸易人民币结算台账，准确记录进出口报关信息和人民币资金收付信息。

第二十条 对于跨境贸易人民币结算项下涉及的国际收支交易，试点企业和境内结算银行应当按照有关规定办理国际收支统计申报。境内代理银行办理购售人民币业务，应当按照规定进行购售人民币统计。

第二十一条 跨境贸易项下涉及的居民对非居民的人民币负债，暂按外债统计监测的有关规定办理登记。

第二十二条 中国人民银行建立人民币跨境收付信息管理系统，逐笔收集并长期保存试点企业与人民币跨境贸易结算有关的各类信息，按日总量匹配核对，对人民币跨境收付情况进行统计、分析、监测。境内结算银行和境内代理银行应当按中国人民银行的相关要求接入人民币跨境收付信息管理系统并报送人民币跨境收付信息。

第二十三条 至货物出口后210天时，试点企业仍未将人民币货款收回境内的，应当在5个工作日内通过其境内结算银行向人民币跨境收付信息管理系统报送该笔货物的未收回货款的金额及对应的出口报关单号，并向其境内结算银行提供相关资料。

试点企业拟将出口人民币收入存放境外的，应通过其境内结算银行向中国人民银行当地分支机构备案，并向人民币跨境收付信息管理系统报送存放境外的人民币资金金额、开户银行、账号、用途及对应的出口报关单号等信息。

试点企业应当选择一家境内结算银行作为其跨境贸易人民币结算的主报告银行。试点企业的主报告银行负责提示该试点企业履行上述信息报送和备案义务。

第二十四条 中国人民银行对境内结算银行、境内代理银行、试点企业开展跨境贸易人民币结算业务的情况进行检查监督。发现境内结算银行、境内代理银行、试点企业违反有关规定的，依法进行处罚。

试点企业有关跨境贸易人民币结算的违法违规信息，应当准确、完整、及时地录入中国人民银行企业信用信息基础数据库，并与海关、税务等部门共享。

第二十五条 中国人民银行与港澳人民币清算行协商修改《关于人民币业务的清算协议》，明确港澳人民币清算行提供跨境贸易人民币结算和清算服务的有关内容。

中国人民银行可以与香港金融管理局、澳门金融管理局签订合作备忘录，在各自职责范围内对港澳人民币清算行办理跨境贸易人民币结算和清算业务进行监管。

第二十六条 中国人民银行与财政部、商务部、海关总署、税务总局、银监会、外汇局等相关部门建立必要的信息共享和管理机制，加大事后检查力度，以形成对跨境贸易人民币结算试点工作的有效监管。

第二十七条 本办法自公布之日起施行。

中国人民银行　中国银行业监督管理委员会公告

〔2009〕第14号

为规范金融租赁公司和汽车金融公司发行金融债券行为，保护投资者的合法权益，根据《中华人民共和国中国人民银行法》、《中华人民共和国银行业监督管理法》、《全国银行间债券市场金融债券发行管理办法》、《金融租赁公司管理办法》和《汽车金融公司管理办法》等法律法规和相关规定，现就金融租赁公司和汽车金融公司发行金融债券的有关事宜公告如下：

一、本公告所称金融租赁公司是指经中国银行业监督管理委员会批准设立，以经营融资租赁业务为主的非银行金融机构。

二、本公告所称汽车金融公司是指经中国银行业监督管理委员会批准设立，为中国境内的汽车购买者及销售者提供金融服务的非银行金融机构。

三、中国人民银行和中国银行业监督管理委员会依法对金融租赁公司和汽车金融公司金融债券的发行进行监督管理。中国人民银行对金融租赁公司和汽车金融公司在银行间债券市场发行和交易金融债券进行监督管理；中国银行业监督管理委员会对金融租赁公司和汽车金融公司发行金融债券的资格进行审查。

四、金融租赁公司和汽车金融公司发行金融债券，应具备以下条件：

（一）具有良好的公司治理结构和完善的内部控制体系；

（二）具有从事金融债券发行和管理的合格专业人员；

（三）金融租赁公司注册资本金不低于5亿元人民币或等值的自由兑换货币，汽车金融公司注册资本金不低于8亿元人民币或等值的自由兑换货币；

（四）资产质量良好，最近1年不良资产率低于行业平均水平，资产损失准备计提充足；

（五）无到期不能支付债务；

（六）净资产不低于行业平均水平；

（七）经营状况良好，最近3年连续盈利，最近1年利润率不低于行业平均水平，且有稳定的盈利预期；

（八）最近3年平均可分配利润足以支付所发行金融债券1年的利息；

（九）风险监管指标达到监管要求；

（十）最近3年没有重大违法、违规行为；

（十一）中国人民银行和中国银行业监督管理委员会要求的其他条件。

对于商业银行设立的金融租赁公司，资质良好但成立不满3年的，应由具有担保能力的担保人提供担保。

五、金融租赁公司和汽车金融公司发行金融债券后，资本充足率均应不低于8%。

六、中国银行业监督管理委员会直接监管的金融租赁公司发行金融债券，向中国银行业监督管理委员会提交申请，由中国银行业监督管理委员会受理、审查并决定。各地银监局监管的金融租赁公司发行金融债券，向所在地银监局提交申请，银监局受理、初审后，报中国银行业监督管理委员会审查并决定。

七、汽车金融公司发行金融债券，应向其所在地银监局提交申请，由银监局受理、初审后，报中国银行业监督管理委员会审查批准。

八、金融租赁公司和汽车金融公司发行金融债券，应向中国银行业监督管理委员会报送以下文件：

（一）金融债券发行申请报告；

（二）发行人公司章程或章程性文件规定的权力机构的书面同意文件；

（三）发行人近3年经审计的财务报告及审计报告；

（四）募集说明书；

（五）发行公告或发行章程；

（六）承销协议；

（七）发行人关于本期偿债计划及保障措施的专项报告；

（八）信用评级机构出具的金融债券信用评级报告和有关持续跟踪评级安排的说明；

（九）发行人律师出具的法律意见书；

（十）中国银行业监督管理委员会要求的其他文件。

采用担保方式发行金融债券的，还应提供担保协议及担保人资信情况说明。

九、中国银行业监督管理委员会应当自受理金融租赁公司和汽车金融公司发行金融债券申请之日起3个月内，对金融租赁公司和汽车金融公司发行金融债券进行资格审查，并做出批准或不批准的书面决定，同时抄送中国人民银行。

十、金融租赁公司和汽车金融公司发行金融债券申请获得中国银行业监督管理委员会批准后，应向中国人民银行报送以下文件：

（一）第八条（一）至（九）项要求的文件；

（二）监管机构同意金融债券发行的文件；

（三）中国人民银行要求的其他文件。

十一、中国人民银行核准金融租赁公司和汽车金融公司金融债券发行申请的期限，适用《中国人民银行行政许可实施办法》的有关规定。

十二、金融租赁公司和汽车金融公司的发债资金用途必须符合国家产业政策和相关政策规定，不得从事与自身主业无关的风险性投资。

十三、本公告未尽事宜按《全国银行间债券市场金融债券发行管理办法》和中国银行业监督管理委员会的有关规定执行。

中国人民银行　中国银行业监督管理委员会

二〇〇九年八月十八日

二、国家外汇管理局制定的个人金融规章制度

国家外汇管理局关于扩大个人本外币兑换特许业务试点的通知

汇发【2009】54号

国家外汇管理局天津、上海、江苏、山东、广东、北京、黑龙江、浙江、福建、广西、海南、云南、新疆（省、自治区、直辖市）分局、外汇管理部，深圳、青岛、厦门、宁波市分局：

2008年8月，国家外汇管理局批复在北京市和上海市开展个人本外币兑换特许业务试点。试点以来，各项工作进展顺利，达到预期效果。为促进个人本外币兑换市场的合理竞争，进一步提升我国个人兑换服务的整体水平，经国务院批准，现就扩大个人本外币兑换特许业务试点有关事宜通知如下：

一、试点地区扩大为天津、上海、江苏、山东、广东、北京、黑龙江、浙江、福建、广西、海南、云南、新疆等省市（自治区），及深圳、青岛、厦门、宁波等计划单列市。

二、试点地区所在地国家外汇管理局分局（外汇管理部）（以下简称“外汇分局”）原则上应根据本地区实际情况选择区内一个城市或一个地市级区域作为具体试点地区。

三、新增试点地区外汇分局应按照附件1和附件2的要求提交试点申请材料，报国家外汇管理局审核，国家外汇管理局将根据外汇分局的试点准备情况和当地市场的需求情况进行批复。

四、试点地区（含北京和上海）外汇分局批准增加新的个人本外币兑换特许业务试点的经营机构（包括跨地区设立的经营机构），应对此前个人本外币兑换特许业务试点情况进行总结，并附申请试点经营机构情况表（见附件2）报国家外汇管理局审核。

五、试点地区外汇分局应严格按照《个人本外币兑换特许业务试点管理办法》（见附件3）开展个人本外币兑换业务试点工作，加强试点工作的宣传与解释，监督个人本外币兑换特许业务试点机构执行相关外汇管理规定，及时向国家外汇管理局报告有关试点情况。

特此通知。

二〇〇九年十一月九日

个人本外币兑换特许业务试点管理办法

第一章 总 则

第一条 为适应对外交往中个人本外币兑换服务的需要，根据《中华人民共和国外汇管理条例》、《个人外汇管理办法》等有关规定，制定本办法。

第二条 本办法所称个人本外币兑换特许业务，是指境内非金融机构经国家外汇管理局批准，在试点区域或城市为个人办理的人民币与外币之间的货币兑换业务。其中，个人包括境内个人和境外个人；外币包括外币现钞、旅行支票等。

第三条 经批准经营个人本外币兑换特许业务的境内机构（以下简称“经营机构”）办理个人本外币兑换特许业务，应纳入个人结售汇年度总额管理。

第二章 市场准入及退出

第四条 申请开办个人本外币兑换特许业务的境内非金融机构应具备以下条件：

（一）具有工商行政管理部门登记注册的独立法人资格；

（二）有适合办理个人本外币兑换特许业务的经营场所及设施；

（三）注册资本金不少于100万元人民币或等值外汇；

（四）具有外币代兑机构资格六个月以上；

（五）管理人员中至少有2名具有本外币兑换或相应业务经验；

（六）每一个经营网点配备不少于2名熟悉外汇管理政策和个人本外币兑换业务的工作人员；

（七）具备逐笔完整记录个人本外币兑换特许业务的条件，以及以醒目方式展示兑换币种和牌价的设备及设施；

（八）具备外币定价、本外币现钞调运、配钞、存储、保管、托收等条件；

（九）符合国家外汇管理局个人结售汇管理信息系统（以下简称“个人结售汇系统”）接入的技术条件；

（十）国家外汇管理局及其分支局要求的其他条件。

第五条 境内非金融机构申请开办个人本外币兑换特许业务，需向注册地国家外汇管理局分局（外汇管理部）（以下简称“外汇分局”）提交以下材料：

（一）申请报告；

（二）企业法人营业执照副本及其复印件；

（三）具备本办法第四条（二）、（五）、（六）、（七）、（八）、（九）条件的说明材料；

（四）具备兑换水单管理、备付金账户管理、现钞管理、会计核算、风险控制及向外汇分局报送相关信息等制度；

（五）外汇分局要求的其他材料。

第六条 外汇分局应在上述材料齐全后，对申请机构经营个人本外币兑换特许业务的条件进行验收，并报国家外汇管理局批准。同一申请者自收到不予批准决定之日起6个月内不得再次申请。

国家外汇管理局将根据试点地区个人本外币兑换市场的实际需求、申请机构的风险控制能力等，把握审批节奏，适当调节经营机构的数量。

第七条 经营机构申请跨地区设立分支机构办理个人本外币兑换特许业务的，需向分支机构注册地外汇分局提交申请，由该外汇分局初审后报国家外汇管理局批准。经营机构应提交以下材料：

（一）申请报告，包括经营机构注册地总部开办个人本外币兑换特许业务的授权文件；

（二）分支机构营业执照副本及其复印件；

（三）具备本办法第四条（二）、（五）、（六）、（七）、（八）、（九）条件的说明材料；

（四）具备兑换水单管理、备付金账户管理、现钞管理、会计核算、风险控制及向外汇分局报送相关信息等制度；

（五）外汇分局要求的其他材料。

第八条 经营机构申请在同一外汇分局所辖地区内增设营业网点经营个人本外币兑换特许业务的，应持以下材料向该外汇分局办理事前审核备案：

（一）备案报告；

（二）拟增设营业网点，开办业务相应人员、地点、设备及设施等情况介绍；

（三）外汇分局要求的其他材料。

外汇分局应于每季度第一个月10个工作日内向国家外汇管理局报告其截至上季度末的“经营机构网点设立情况表”（见附表1）。

第九条 经营机构办理业务前应按相关规定向国家外汇管理局及注册地外汇分局申领机构代码和标识码。经营期间发生机构名称、营业地址等变更的，应在变更正式确认后20个工作日内向注册地外汇分局报备。

第十条 经营机构有下列情形之一的，外汇分局应终止其办理个人本外币兑换特许业务：

（一）经营机构主动提出终止个人本外币兑换特许业务；

（二）经营机构不能满足本办法规定的办理个人本外币兑换特许业务的条件；

（三）经营机构违反国家法律法规规定情节严重。

第十一条 经营机构主动终止个人本外币兑换特许业务的，应在停办业务前20个工作日内，向注册地外汇分局提交备案报告，说明停办的理由及时间。

第三章 监督管理

第十二条 经营机构办理个人本外币兑换特许业务，应按照《个人外汇管理办法》及其实施细则等有关规定执行。

（一）在年度总额内通过个人结售汇系统办理境内个人兑换业务，每人每日累计不得超过等值5000美元（含）；

（二）在年度总额内通过个人结售汇系统办理境外个人兑入业务，每人每日累计不得超过等值5000美元（含）。办理境外个人无结汇水单的兑出业务，每人每日累计不得超过等值500美元（含）；对设立在境内关外场所（如国际机场、港口等海关监管区外）的网点，该限额可调高至等值1000美元（含）。

（三）对于单笔等值500美元以上的兑换业务，应实时登录个人结售汇系统办理。

（四）对于单笔不超过等值500美元（含）的兑换业务，经营机构可不实时登录个人结售汇系统办理，但应在二十四小时内补录，在备注栏注明“特许兑换补录”，每日打印补录交易流水并留存2年。

经营机构应每日核查补录业务超年度总额结售汇情况，对超过年度总额的客户不得再为其办理兑换业务。对同一日内兑换业务达到5笔的个人应实时登录个人结售汇系统办理。

（五）上述业务应凭个人有效身份证件办理。超过上述规定的个人兑换业务应到外汇指定银行办理。

第十三条 经营机构可使用自身商标、品牌办理个人本外币兑换特许业务；可根据自身服务能力状况选择挂牌交易的货币种类；应当参照国务院外汇管理部门对银行汇价管理的有关规定制定挂牌汇价。

第十四条 经营机构办理个人本外币兑换特许业务，必须填制兑换水单，并交顾客签字确认。兑换水单必须连续编号，不得重复使用和跳号使用。兑换水单必须完整记录每笔兑换交易的明细。纸质兑换水单应保存2年备查，电子记录应长期保存。

兑换水单内容应包括：经营机构名称、交易日期、顾客姓名、国籍、身份证件种类及号码、货币种类及金额、兑换使用的牌价和交易流水号码、兑换资金属性。

第十五条 经营机构应持外汇分局批准开户文件，选择同城的一家外汇指定银行（以下简称开户银行）开立外汇备付金账户。变更开户银行应向外汇分局备案。开户银行应对经营机构的工作人员进行必要的培训。

经营机构持有的外币现钞以及备付金账户余额合计不得超过核定的限额，超出部分须及时通过开户银行办理结汇。

第十六条 备付金账户的收支范围如下：

收入限于：初始备付金转入款项、与客户兑换业务的收入款项、跨地区资金集中管理调入，与银行的资金平盘。

支出限于：初始备付金转出款项、兑换外汇收益转出款项、与客户兑换业务的支出款项、跨地区资金集中管理调出，与银行的资金平盘。

经营机构初始备付金来源可以是自有外汇资金或购汇资金，凭开户文件办理转入或购汇手续。经营机构初始备付金的转入、初始备付金转出及兑换外汇收益转出备付金账户需经外汇分局批准。备付金账户内资金可自行办理本外币转换和限额内外币现钞提取。日常费用支出不得混入备付金账户。

第十七条 开户银行应根据外汇分局核定经营机构备付金账户的收支范围办理资金收付。经营机构可以异地调剂备付金，调入调出双方应对相关交易进行完整记录。

第十八条 经营机构注册地总部负责管理所有分支机构的备付金账户和库存现钞，应建立内部管理制度，管理制度应包括每日备付金账户和现钞余额统计、币别分类、敞口管理等内容。

第十九条 经营机构备付金限额由总部注册地外汇分局根据其兑换业务规模、分支机构数量等因素统一核定。

第二十条 经营机构持有的外币现钞若无法通过开户银行平盘，经开户银行确认后，可选择其他平盘渠道，并制定相应的平盘方案，由注册地外汇分局初审后报国家外汇管理局批准。

第二十一条 经营机构必须在其营业场所的显著位置安置符合国家外汇管理局要求的个人本外币兑换服务统一标识。

第二十二条 经营机构应按月向外汇分局报送“个人本外币兑换特许业务月报表”（见附表2）；按照有关规定报送国际收支汇兑统计申报信息，履行反洗钱报告义务；开户银行按旬、月纳入银行结售汇统计。

第二十三条 国家外汇管理局及其分支局可对经营机构进行现场检查。

第四章 附 则

第二十四条 本办法下列用语含义：

（一）兑入是指经营机构向个人买入外币；

（二）兑出是指经营机构向个人卖出外币；

（三）备付金是指经营机构经外汇分局核准，其所持有的外币现钞以及在开户银行存入的外币现钞。

第二十五条 未经国家外汇管理局批准开办个人本外币兑换特许业务的，由国家外汇管理局及其分支局依据《中华人民共和国外汇管理条例》第四十六条进行处罚；经营机构违反本暂行办法的，比照《中华人民共和国外汇管理条例》第四十七条处罚；经营机构违反其他外汇管理法规的，依照《中华人民共和国外汇管理条例》等相关规定进行处罚；构成犯罪的，依法追究刑事责任。

第二十六条 本办法由国家外汇管理局负责解释，自发布之日起施行。

国家外汇管理局关于进一步完善个人结售汇业务管理的通知

汇发〔2009〕56号

国家外汇管理局各省、自治区、直辖市分局、外汇管理部，深圳、大连、青岛、厦门、宁波市分局；各中资外汇指定银行：

为进一步完善个人结售汇管理，遏制个人以分拆等方式规避限额监管，规范个人手持外币现钞结汇行为，现就有关问题通知如下：

一、个人不得以分拆等方式规避个人结汇和境内个人购汇年度总额管理。个人分拆结售汇行为主要具有以下特征：

（一）境外同一个人或机构同日、隔日或连续多日将外汇汇给境内5个以上（含，下同）不同个人，收款人分别结汇。

（二）5个以上不同个人同日、隔日或连续多日分别购汇后，将外汇汇给境外同一个人或机构。

（三）5个以上不同个人同日、隔日或连续多日分别结汇后，将人民币资金存入或汇入同一个人或机构的人民币账户。

（四）个人在7日内从同一外汇储蓄账户5次以上（含）提取接近等值1万美元外币现钞；或者5个以上个人同一日内，共同在同一银行网点，每人办理接近等值5000美元现钞结汇。

（五）同一个人将其外汇储蓄账户内存款划转至5个以上直系亲属，直系亲属分别在年度总额内结汇；或者同一个人的5个以上直系亲属分别在年度总额内购汇后，将所购外汇划转至该个人外汇储蓄账户。

（六）其他通过多人次、多频次规避限额管理的个人分拆结售汇行为。

二、银行发现个人结售汇行为符合本通知第一条规定的特征之一的，应按照以下规定处理：

（一）对于个人分拆结售汇特征明显、银行能够确认为分拆结售汇行为的，应不予办理。

（二）个人结售汇行为符合上述特征之一，但银行无法直接确认为分拆结售汇行为的，经常项目项下银行应按照经常项目外汇收支真实性审核原则，要求个人提交有交易额的相关证明材料后办理；个人无法提供的，银行应不予办理。资本项目项下银行应按照《个人外汇管理办法实施细则》第三章等个人资本项目管理规定处理。

（三）银行在事后核查中发现个人涉嫌分拆结售汇的，应注意收集相关线索，避免同一个人再次办理分拆业务，同时于发现之日起3个工作日内向国家外汇管理局所在地分支局（以下简称“外汇局”）报告。

三、个人手持外币现钞结汇，应按照以下规定办理：

（一）本年度未超过年度结汇总额的个人手持外币现钞结汇，当日外币现钞结汇累计金额在等值5000美元以下（含）的，凭本人有效身份证件在银行办理；当日累计金额超过等值5000美元的，凭本人有效身份证件、本人经海关签章的《中华人民共和国海关进境旅客行李物品申报单》（以下简称“海关进境申报单”）或本人原存款银行外币现钞提取单据在银行办理。

（二）本年度已超过年度结汇总额的个人手持外币现钞结汇，经常项目项下的凭本人有效身份证件、本人海关进境申报单或本人原存款银行外币现钞提取单据以及《个人外汇管理办法实施细则》（汇发［2007］1号）第二章规定的有交易额的相关证明材料在银行办理；资本项目项下凭本人有效身份证件、本人海关进境申报单或本人原存款银行外币现钞提取单据并按照《个人外汇管理办法实施细则》第三章等个人资本项目管理规定办理。

四、个人经常项目项下非经营性购汇，购汇资金来源应限于人民币现钞、本人或其直系亲属的人民币账户和银行卡内资金。

五、个人本外币兑换特许业务试点机构比照银行，适用本通知规定。

六、银行、个人本外币兑换特许业务试点机构和个人应严格遵守《个人外汇管理办法》（中国人民银行令［2006］第3号）、《个人外汇管理办法实施细则》以及本通知规定。违反本通知规定的，由外汇局根据《中华人民共和国外汇管理条例》（2008年8月5日中华人民共和国国务院令第532号）第四十七条、第四十八条及其他相关规定予以处罚。

七、本通知自下发之日起执行。

国家外汇管理局各分局、外汇管理部接到本通知后，应立即转发辖内支局、城市商业银行、农村商业银行、外资银行、个人本外币兑换特许业务试点机构；各中资外汇指定银行应尽快转发所辖分支机构。执行中如遇问题，请及时向国家外汇管理局反馈。

二OO九年十一月十九日

第八编

金融监管

一、全国国有商业银行监管综述

今年以来，银行一部认真贯彻落实银监会年初工作会议精神和要求，以科学发展观为指导，全面贯彻落实国家宏观调控政策，进一步创新监管工具，完善监管手段，不断提高监管工作的灵活性、针对性和有效性，有力促进了大型银行稳健发展，各项监管工作取得明显成效。

一、加强资本监管，推动大型银行建立和完善资本补充机制

一是指导大型银行制定2010年资本补充方案，上报国务院批准后实施。相继批准了工行、中行、建行、交行发行可转债或配股再融资申请，指导农业银行完成IPO上市工作。二是督促各行制定可持续的中长期资本补充规划，引导各行建立“注重银行内生积累、优先补充核心资本、强调股东对银行持续注资责任”的可持续中长期资本补充机制。三是加强资本质量管理。严格执行了“商业银行次级债互持扣减”等一系列政策，引导大型银行优化资本结构，提高资本质量。目前，五家大型银行已经基本达到巴塞尔新资本协议（BaselⅢ）的有关要求，使我国大型银行在执行新的监管政策方面能够更加从容应对。

二、加强信贷投放监管，引导大型银行信贷均衡增长和结构优化

一是及时指导五行科学制定2010年度经营目标，适当缩减业绩指标考核权重，提高风险指标考核权重，有效防止月、季、年末“冲时点、压时点”现象。二是研究确定全年信贷增速和节奏。根据国际国内经济金融形势并结合大型银行信贷运行特点，指导五行科学测算并合理确定全年信贷增速和节奏，对信贷投放节奏提出了“季不破三，月不破四”的指导性要求，确保各行全年信贷平稳投放。三是对五行信贷投放实行T+1逐日监控，并通过月度、季度和半年度监管会谈、现场走访等方式，及时纠正大型银行在信贷管理中存在的不规范行为。四是指导五行优化信贷结构。督促大型银行按照两个“不低于”的要求加大对“三农”、小企业信贷力度；按照“区别对待、有保有控”的原则严控“两高一剩”行业信贷投放；按照《关于坚决遏制部分城市房价过快上涨的通知》（国发〔2010〕10号）及相关房贷新政要求，进行压力测试并严控房地产行业信贷投放，并及时向国务院报告信贷运行情况。截至9月末，大型银行小企业贷款余额1.88万亿元（不含票据融资），比去年同期增长38.7%，增速高于全部贷款（不含票据融资）平均增速15.6个百分点；涉农贷款余额3.63万亿元，比去年同期增长29.2%，增速高于全部贷款平均增速7.1个百分点。

三、组织部署地方融资平台贷款清理规范工作，有效防范和化解信贷风险

一是摸清平台贷款的风险底数。组织银行业金融机构开展了为期4个月的平台贷款自查整改工作，起草地方融资平台贷款情况的报告专报国务院。二是研究确定平台贷款的清理规范意见。参与国务院《关于加强地方政府融资平台公司管理有关问题的通知》（国发［2010］19号）等文件的研究起草，对平台贷款提出了“逐包打开、逐笔核对、重新评估、整改保全”的清理规范意见。三是部署开展平台贷款的清理规范工作。组织协调部署各银监局、银行业协会按照“分解数据、四方对账、分析定性、汇总报表、统一会谈、现场检查”6个工作步骤，扎实推进平台贷款分类清理规范工作，会同有关部门组成跨部门督查组赴各地督查了解工作进展。通过大量工作，平台贷款高增势头得到了有效遏制，贷款风险得到有效缓释和化解。

四、以农行股改上市为重点，推动大型银行机制创新

一是积极参与农行股份制改革工作，特别是就农行IPO并上市工作，积极协调有关部门，高效完成相关准备工作，指导农行圆满完成IPO，成为全球融资规模最大的IPO，有力地推动了农行向现代商业银行的转变。二是以农行三农金融事业部制改革试点工作为突破口，推进大行组织机制创新。落实我会《中国农业银行三农金融事业部制改革与监管指引》有关要求，先后开展了与相关部委联合研究确定改革试点省区机构名单、与8个试点省的8个县支行建立定点联系制度、与相关部委联合举办改革试点现场推进会、组织对8个试点省区进行调研评估等多项工作，有效推进了改革试点进程，“三级督导、一级经营、六单管理、一级并表”的事业部制经营管理体制初步构建。三是通过列席大型银行董事会、股东会、监事会等，推进银行完善公司治理，科学制定战略规划、经营计划，规范信息披露。

五、构建“腕骨”监管模型体系，提升非现场监管的有效性和前瞻性

一是建立实施“腕骨”（CARPALs）监管模型指标体系。针对大型银行综合化经营程度日益提高、面临的境内外金融风险日益复杂的实际情况，结合国际监管改革最新进展，创立了大型银行“腕骨”监管模型指标体系。对五行资本充足率（C）、资产质量（A）、风险集中度（R）、拨备充足率（P）、附属机构（A）、流动性（L）、案件风险（S）等七大类13项指标分别测算目标值和触发值，要求未达标银行制订达标计划，限期整改到位，有效提高了监管工作的前瞻性和针对性。二是规范开展非现场监管工作。按时保质完成大型银行2009年度风险评估、监管评

级、监管报告和三方会谈，向大型银行董事会、监事会和高管层通报年度监管情况，将监管报告上报国务院并提供中组部参阅。制定2010年大型银行监管计划和现场检查立项，按月、季定期对非现场报表进行监测分析，并及时就监测发现的风险问题与银行管理层进行监管会谈。三是通过“盯会、盯网、盯制度”等方式密切关注大型银行各类风险、案件问题，及时采取约见银行董事、高管、下发监管意见书等方式提示风险、督促整改。四是探索建立大型银行监管信息库，为提高监管有效性提供技术保障。

六、应用EAST系统实施贷款分类偏离度等现场检查项目，提升现场检查的专业性和精确打击

一是开展五家大型银行贷款分类偏离度现场检查，及时揭示信贷高增环境下的真实资产质量。于2010年4月制定下发现场检查方案，成立总行检查组并部署各银监局检查组共同对应用EAST系统抽样确定的12. 8万笔、金额5. 04万亿元对公贷款逐笔、逐户进行现场检查，深入分析贷款分类偏离的原因，督促银行做好整改工作，部分典型问题简报上报国务院领导参阅。二是开展并表管理现场检查，加大对综合经营的风险管控力度。组织检查组对中行、农行并表管理情况进行现场检查，并赴相关银行跨境跨业附属机构进行现场验证，要求银行做好风险管控和自查自纠工作。三是开展固定资产贷款管理办法执行情况快速检查，充分揭示银行在实贷实付、受益人支付等方面存在的问题，督促大型银行加大贷款新规执行力度。四是充分发挥EAST现场检查分析系统作用。支持保障各部、9家银监局应用项目顺利推进，检查对象广泛涉及各类银行业机构，检查范围覆盖信贷、投资、理财、表外、并表等各类业务，通过建立数据分析模型实现海量数据“去真存伪”，精确指导现场检查。五是建立现场检查人才库。制定下发现场检查专业人才库管理制度和业绩评价办法，确定人才库会级库入库人员名单。建立现场检查结论会审制度，确保现场检查公平、公正。六是严格监管，加大违规行为处罚力度。今年以来，针对大型银行经营管理中存在的违规问题，我部会同有关部门、银监局在查清事实、准确定性的基础上，依照有关法规进行处理，促进银行稳健经营。

七、成功召开中国银行国际监管联席会议，强化境内外监管合作

今年成功组织召开了中国银行（国际）监管联席会议，邀请22家东道国监管当局和国内相关部委代表出席会议并交流沟通监管情况，向中行通报东道国监管者的有关意见，就境内外监管合作方式、频率及重大监管事项进行了交流，并向国务院作专题汇报。就大型银行流动性监管等有关事项加强与境外监管当局的联系沟通，向相关东道国监管当局发送银监会对工行2009年度监管评价，境内外监管合作有了实质性进展，促进了大型银行在全球范围内的稳健发展。

八、起草贷款新规、稳健薪酬监管指引等监管制度，规范银行经营行为

一是起草《流动资金贷款管理暂行办法》和《个人贷款管理暂行办法》，圆满完成贷款新规“三个办法、一个指引”的全部起草工作，积极推进贷款新规在大行的贯彻落实。二是起草《商业银行稳健薪酬监管指引》，要求大型银行据此全面改革薪酬结构、支付和管理制度，特别是构建绩效薪酬延期支付、重大风险追索扣回的薪酬支付制度，充分发挥薪酬机制对风险的防控约束作用，取得了良好的社会反响。三是下发《银监会关于规范中长期贷款还款方式的通知》，对包括地方融资平台贷款在内的中长期贷款的还款方式、期限、风险分类提出规范指导意见，有效促进了平台贷款等中长期贷款风险的早期暴露与防控。

九、优化市场准入监管，促进大型银行稳健经营

一是加强市场准入流程管理，提高工作效率和透明度。按照审计署审计整改要求，及时完善优化市场准入工作流程，提高准入工作的透明度，并严格依照法定期限和程序高效地完成各项准入工作。二是严格执行董事高管准入“三考三承诺”制度，严格执行案件与准入挂钩制度，将银行机构、业务、高管准入与银行案件情况挂钩，有力地促进了银行内部控制和经营管理水平的提高。三是督促五行制定全球机构业务发展规划，支持银行完善境内外网络布局，制定实施“五个不批”原则，审慎推进大行“走出去”。四是参与修改完善《中资商业银行行政许可事项实施办法》，进一步提高市场准入的效率。

十、开展“商业银行资本补充和约束机制”等重大课题研究，提供决策参考

一是组织完成“商业银行资本补充和约束机制”重大课题研究。组织有关部门通过制定研究方案、成立研究组、召开座谈会、实地调研不同类型银行机构、梳理大量文献资料数据等方式，完成了国务院重大金融课题“商业银行资本补充和约束机制”研究，提出了加强资本补充和约束的五条实现路径和五项配套政策，有效指导了当前的银行资本监管工作。二是牵头或参与完成“加强金融机构领导班子和高管人员管理”、“金融机构综合化经营”、“加强金融机构公司治理”、“加快农村金融发展”、“改进小企业金融服务”等一批重大课题研究，及时上报国务院作为决策参考。三是代表我会积极参与国家有关部委牵头的课题研究。先后参与了国家发改委组织的新兴战略性产业课题研究、证监会组织的上市银行信息披露课题研究，形成研究报告向有关部门反馈。此外，还完成了“商业银行经营改革发展及战略转型”、“我国货币供应量及信贷结构调整”、“英国金融服务局政策变化”、“商业银行信贷资产转让”、“房贷新政执行情况”等一大批热点难点问题的调查研究，提出相关政策建议上报国务院或会领导参阅。

十一、积极配合会内相关部门开展工作。一是积极参与金融部门评估规划（FSAP）工作

派员参加我会 FSAP 评估小组，撰写《有效银行监管核心原则》部分条款自评估报告，整理提交相关评估背景材料，作为主谈人或助谈人参加了现场、非现场监管、并表监管有效性等多场外方现场评估应答会，充分展示了银监会监管官的能力和水平，获得外方评估团的高度称赞和会领导的好评。此外，还积极参加了国际咨询委员会会议，并就“系统重要性金融机构”和“地方政府融资平台”两个议题发言、美联储并表监管能力评估的资料准备和应答工作、国际货币基金组织第四条款磋商、美国国会议员访问团会谈、国际重要评级机构对我主权评级会谈等外事工作。二是参与协解人员上访事件处置工作。根据国务院批示，研究建立协解人员上访事件处置机制，积极配合相关部门，启动应急预案，有效平息银行系统协解人员进京集体上访事件。三是积极配合支持会内其他部门工作，如“小金库”专项治理工作、新资本协议实施预评估工作、四大监管工具测评工作、系统重要性金融机构监管课题研究、巡视工作、公众教育服务区建设工作等等。

二、全国中小商业银行监管综述

全国中小商业银行发展及监管概况

2009年以来，在银监会党委的正确领导下，中小商业银行监管工作紧紧围绕“保增长、调结构、防风险、促发展”主线，以“管法人、管内控、管风险、提高透明度”为导向，着力提高监管的有效性、前瞻性、创新性和科学性，坚持“科学引领、风险为本、分类监管、稳健发展”的工作思路，抓方向、抓重点，抓执行力、抓前瞻性研究，努力探索和完善监管方式方法，着力促进股份制银行、城市商业银行、城市信用社等三类机构认真吸取金融危机教训和国际监管经验及做法，积极应对复杂形势挑战，全面提高，科学发展，各项工作取得了显著成效。

2009年，中小商业银行为促进经济复苏和结构优化做出了应有的贡献，并在诸多领域取得了历史性突破。主要表现在：

——资产规模稳定增长，盈利能力持续提高，市场地位逐步扩大。截至2009年末，12家股份制商业银行和143家城市商业银行合计资产总额已达17.5万亿元，占全国银行业资产总额的22.21%。其中，股份制商业银行资产份额比上年上升了0.84个百分点；城市商业银行及城市信用社资产份额比上年上升了0.49个百分点。同期，股份制商业银行税后净利润达925亿元，城市商业银行税后净利润达497亿元。

——公司治理不断完善，科学管理能力和可持续发展意识显著增强。目前，中小商业银行的公司治理架构基本建立，长期战略规划和经营发展目标更加具有可持续性。初步具备了风险管控等基本理念和理论，风险战略、风险政策、风险偏好和容忍度趋于明晰。资本补充计划、拨备提取计划更加科学，薪酬政策与标准逐步规范，董事、高管、监事的专业性、独立性得到进一步提高。

——资本充足，资产质量明显改善，抗风险能力进一步提升。银监会成立以来，随着监管有效性不断提高，中小商业银行监管指标逐年改善，2009年更是处于历史最好水平。一是资本充足。截至2009年末，股份制商业银行资本充足率为10.3%，城市商业银行资本充足率为13%。二是资产质量显著提高。截至2009年末，中小商业银行不良贷款率0.95%，不良贷款余额637.2亿元，均创历史最低水平。三是风险抵御能力进一步提升。截至2009年末，股份制商业银行贷款拨备覆盖率为202.00%，城市商业银行为182.28%，均达历史最高水平。

——认真贯彻国家宏观调控政策，促消费，保民生，有力支持了经济复苏。2009年，中小商业银行深入贯彻国家宏观调控政策，加大了对重点领域的信贷支持力度，为刺激经济复苏做出了应有的贡献。尤其是与就业和民生工程密切相关的行业得到了中小商业银行的重点支持，截至2009年末股份制商业银行向卫生、社会保障和社会福利业投放贷款的余额较年初增长70.49%。

——中小商业银行化解历史风险取得突破性进展。2009年，在各方共同努力下，通过综合处置，风险类机构的面貌有了较大改观。年内平稳完成了高风险城市商业银行的风险处置和联合重组工作。同期，城信社整顿与改革发展工作取得显著进展。截至2009年底，全国城市信用社从37家减少至11家。城市商业银行化解历史风险工作取得积极进展，珠海商行、晋商银行、克拉玛依商行、陕西辖内“二行三社”和黑龙江辖内“三行一社”的风险处置或联合重组工作平稳完成。

——中小商业银行成为支持中小企业发展和新农村建设的重要力量。2009年中小商业银行已成为小企业服务主力军。截至2009年末，中小商业银行对小企业贷款余额15203亿元，占银行业金融机构对小企业贷款余额的28.1%。此外，针对小企业、微小企业特点，中小商业银行积极开展业务创新，完善服务功能，诸多个性化、精细化的产品服务广受欢迎，并已形成市场认可的品牌。有相当一批银行80%以上的贷款发放给了小企业和微小企业。

——中小商业银行海外布局稳步发展。近年来，部分中小商业银行根据业务发展需要，积极通过跨境设立机构的方式拓展海外市场。截至2009年末，有5家中小商业银行在境外设立了分行、代表处或是开展了境外收购。海外发展对中小商业银行拓宽视野、加强内控和提升服务品质具有积极意义，有利于及时、准确地把握国际银行业发展变化的新趋势，更好地与国际惯例进一步接轨。

2009年也是中小商业银行监管工作取得重大进步、监管有效性得到显著提高的一年。主要体现在以下几个方面：

一、督促中小商业银行完善公司治理，制定科学发展战略，夯实长治久安、持续发展的动力和基础

下发了《关于进一步完善中小商业银行公司治理的指导意见》等公司治理监管文件，并通过召开全国城市商业银行发展论坛、中小商业银行独立董事及股权董事、行长、监事长公司治理座谈会、全国城市商业银行工作会议、股份制银行董事培训会议、城商行行长工作会议等，传导政策，创新思路，引导中小商业银行深入贯彻科学发展观，制定科学发展战略，从制衡有效、民主决策、程序清晰、激励科学、善待客户和服务社会等方面入手进一步完善公司治理。

二、严守资本、拨备、流动性、集中度等四个监管底线，筑牢中小商业银行抵御风险的有效

防线

一是以资本监管为切入点，推动中小商业银行切实解决信贷规模快速扩张、表内外风险资产快速增加等导致的资本充足率大幅下降的问题。督促其提高资本质量、优化资本结构，优先补充核心资本，建立多渠道资本补充机制和经济资本管理体系，降低资本消耗。

二是通过采取监管意见书、形势通报会、现场督导会等形式，督促中小商业银行调减利润计划，提高拨备水平，不断增强风险抵御能力。

三是在资金面整体宽松的背景下召开中小商业银行董事长、行长、监事长监管会谈和风险管理座谈会，引导中小商业银行加强流动性管理，及时进行压力测试和制定应急预案。

四是督促各城商行制定计划、明确目标、明确时间、明确措施，落实责任，限期整改，狠抓贷款集中度过高问题。

三、督促中小商业银行贯彻国家宏观经济调控政策，增强社会责任意识，促进信贷总量合理增长

制定下发《关于进一步完善商业银行考核激励办法的监管意见》、《关于引导股份制商业银行进一步防控风险稳健发展的监管意见》等指导文件，并通过监管会谈、约见高管等手段，督促中小商业银行董事会以可持续发展为目标，科学调整利润和业务发展计划，严防贷款季末“冲时点”现象。

加大对信用卡、理财、票据、政府平台融资等重点业务领域的风险提示。对贷款增速过快或存在风险隐患的机构及时采取严格的监管措施和问责，督促其审慎发展。中小商业银行普遍取消了时点考核指标，大幅调减了业务规模计划指标，在充分反映风险暴露周期和程度的基础上逐步完善考核激励办法，理财产品的宣传营销、信息披露、资金投向更加规范和审慎，中小商业银行信贷工作更加审慎，信贷增长对实体经济的支持显著改善。

四、以分类监管为抓手，完善非现场监管流程，加强非现场分析、监测和预警，努力提高监管有效性

一是进一步规范非现场监管流程。提高非现场联动监管工作的有效性，强化非现场监管功能，推进监管资源的有效整合，制定下发了《城市商业银行非现场监管工作指导意见》。

二是认真做好年度监管评级工作。为保证监管评级工作的公平公正性，下发了监管评级操作要点，通过充分沟通，信息共享，加强与属地银监局及重大监管事项的联动，引导各局进行客观科学的监管评级。

三是在监管评级的基础上实施分类监管。制定下发《2009年城市商业银行、城市信用社分类监管意见》，对高风险机构采取政策扶持的做法，有效调动地方政府、城商行、投资者参与风险处置的积极性，使城商行整体风险状况逐年改善。

四是认真做好风险监测、预警工作，提高非现场监管工作有效性。一方面，及时分析和整理获取的非现场监管信息，做好内部各类分析报告；另一方面，加强信息共享，将分析和评判结果及时反馈给各级监管人员。同时，采取下发风险提示通知、约见高管谈话、召开会议等方式进行预警。

五、以机构科学布局为抓手，推动中小商业银行加强产品和服务创新，提高对社区居民、中小企业和“三农”金融服务的水平和质量

一是督促中小商业银行科学进行机构布局，提高金融服务水平和质量。调整中小商业银行分支机构市场准入政策，引领中小商业银行向下延伸分支机构，支持商业银行优先到西部、东北等金融机构较少、金融服务相对薄弱地区设立分支机构。

二是指导中小商业银行探索支持小企业的新模式，积极进行产品创新、机构创新、制度创新。推动股份制银行、城市商业银行设立小企业金融服务专营机构，要求专营机构单列信贷规模、单独配置资源、单独信贷评审，对小企业业务进行独立会计核算。经过试运行，专营机构的“引擎”作用初步显现，小企业金融服务专业化水平明显提高。

三是落实银监会放宽农村金融政策要求，积极支持中小商业银行参股村镇银行等新型农村金融机构。稳妥有序推动新型农村金融机构发展，规范、引导和释放民间资本和民间融资的市场活力，提高小企业金融服务机构网点覆盖面。

四是通过开展发行公务卡等业务创新，提高中小商业银行在本地市场的竞争力，增加对当地社会金融服务的深度。

六、从中小商业银行发展全局出发开展现场检查，区别普遍风险与具体风险，加大行政处罚等监管措施力度，有力震慑了违法违规行为

2009年银行监管二部采取了前所未有的严厉监管措施，综合运用审慎谈话、风险提示、暂停市场准入、行政处罚等多种手段，强化监管效果，严守监管底线。

一是根据中小商业银行经营状况，强化现场检查效果。2009年，先后有针对性地开展了公司治理、信贷业务等多个专项现场检查。督促中小商业银行制定科学发展战略，提高公司治理水平，强化资本约束，合理把握信贷增长节奏。

二是针对现场检查发现的问题，除责令银行严格按照法规要求严肃追究违规人员责任外，还对违法违规行为实施罚款、暂停市场准入等严厉的行政处罚，有力震慑了违法违规行为，对有关中小商业银行起到了警示和督导作用。

三是对检查中发现银行业运行中存在的共性问题，及时进行风险预警与提示。对个案问题，采取后续现场检查、非现场监测、与属地局监管联动等监管行动，持续监督有关银行落实整改措施。

七、以案件治理为突破口，多管齐下，狠抓操作风险防控

一是制定下发《关于中小商业银行案件专项治理工作的联动监管意见》、《中小商业银行案件治理问责指导意见》、《中小商业银行案件防控联动监管指导意见》等文件，并先后组织召开多次专项会议，并通过开展操作风险排查、举报信核查等现场检查，督促城商行以案件治理为突破口，狠抓操作风险防控，提高核心竞争力。

二是起草了《中国银监会办公厅关于进一步加强信用卡业务风险管理的通知》（银监办发［2009］170号），引导中小商业银行加强信用卡业务管理，防范信用卡犯罪。

三是加大监管力度，对案发银行采取下调监管评级、暂停市场准入等监管措施。中小商业银行普遍强化了内控与合规文化建设，提高了操作风险防控能力，案件发生率得到有效控制。

八、加强监管制度建设，提高调研工作的前瞻性、针对性和全局性，为实施科学有效监管提供决策依据

一是与时俱进，加强监管制度建设，补充法规尚未覆盖的领域。根据中小商业银行改革发展的实际，及时研究跨区域设立分支机构、更名、上市、股东资格审查、发行金融债、投资入股村镇银行、资本补充机制和员工持股的清理规范等问题，明确提出审慎要求、规范办法等政策建议。

二是加强对当前银行业基础性风险和系统性风险的研究。针对政府融资平台提供贷款风险和利用银团贷款化解中小商业银行贷款集中度等重点、热点问题展开专题调研。从加强和改进流动性风险监管方式方法入手，对系统性风险监管做法进行反思。研究系统性风险监管的方法、方式、内涵、思路，注意总结和吸取近期国际金融界的讨论和反思，结合中小商业银行差异化的特点进行研究和吸收。

三是研究利率、准备金率等货币政策的变化对商业银行的影响。针对2008年以来央行加大金融调控力度和频度，连续调整存款准备金率、利率的情况，对商业银行的资金运用情况进行调研，起草了《关于利率、准备金率下调后股份制商业银行资金运用情况的调查报告》，对中小商业银行资金运用情况进行了深入分析，提出了有效的政策建议。

四是加强综合化经营趋势下的并表监管研究。针对有关中小商业银行涉足综合化经营的情况，立足弥补监管真空和消除套利，着重研究并表管理和监管中的风险管控、风险隔离等问题，并实践于有关中小商业银行并表管理专项检查。

五是加强对监管立法及法规评价的研究。研究制定《股份制商业银行董事履职评估办法》，提高股份制商业银行董事履职的独立性、专业性和勤勉尽职精神。调查中小商业银行“三个办引”的阶段性落实情况及对银行的影响，了解执行中存在的问题，并提出工作建议。

第九编

金融先锋

一、商业银行省市区分行个人金融发展概况

（一）中国工商银行省市区分行个人金融发展概况

安徽分行个人金融业务发展概况

2009年，个人金融业务部认真贯彻落实总省行各项工作部署，坚持以科学发展观为指导，以市场占比为主线，继续深入实施打造安徽第一零售银行战略，实现了省行党委今年提出的“第一储蓄银行”基础上的“安徽第一零售银行”的更高目标要求。

主要指标完成情况

1. 储蓄存款。截至12月末，全行人民币储蓄存款余额为1165.86亿元，较年初增加153.98亿元，同比少增13亿元，分别完成总、省行下达全年任务的133.9%和82.24%。人民币储蓄存款增量市场占比31.17%，连续12个月居同业第1位（12月末全国仅有9家分行保持第一），分别较去年、较年初提升1个位次和2.52个百分点，比第2位建行多22.36亿元和高4.53个百分点；余额占比为32.19%，比第2位农行多59.7亿元和高1.65个百分点。

2. 个人理财产品。截至12月末，全行共销售各类个人理财产品261.56亿元，同比多销售58.8亿元，完成总行下达全年任务的139.87%，理财产品销售额市场占比处同业绝对领先优势。其中，代理销售基金139.25亿元，代理保险28.76亿元，销售银行类理财产品80.13亿元，代理凭证式国债13.42亿元，合计实现理财产品手续费收入2.23亿元，占全部个人中间业务收入的51.86%。

3. 个人中间业务收入。截至12月末，全行个人中间业务实现收入4.3亿元，同比多增6652.32万元，增幅为18.29%，分别完成总、省行下达全年任务的91.05%和114.43%。个人中间业务收入计划完成率、同比增幅、增量分别居全国一级分行第3位、第10位和11位。

4. 个人消费贷款。截至12月末，全行个人消费贷款（含个人经营贷款）余额达52.58亿元，较年初增加20.10亿元，同比多增15.98亿元，完成总行下达全年计划的502.5%。增量居全国一级分行第8位，同比提升1个位次。累计实现利息收入3.28亿元，同比多收0.83亿元，增幅为33.88%。贷款新增额和利息收入均创历史最好水平。不良贷款余额3389万元，不良率0.6%，同比下降0.15个百分点，资产质量继续保持较好水平。

5. 牡丹灵通卡。截至12月末，我行灵通卡新增发卡和灵通卡POS消费额均实现历史最好成绩，其中牡丹灵通卡累计发卡499.91万张，较年初新增发卡148.85万张，完成全年发卡计划的105.57%，同比增加44.55万张，增幅为42.71%。全行共实现灵通卡消费额238.07亿元，同比增加111.52亿元，增幅为88.13%，完成全年计划的161.95%，创历史最好水平。实现灵通卡业务收入7232.02万元，同比多增3399.22万元，增幅88.69%，完成全年收入计划的111.26%。增幅居全国一级分行第2位。

6. 个人客户结构。截至11月末，全行个人中高端客户达到70.2万户，较年初新增9.7万户，完成总行下达全年新增计划的74.6%，中高端客户占有效客户数（剔除小额、零余额客户数）比重为9.5%，较年初提高1.2个百分点。个人中高端客户金融资产余额1017.1亿元，较年初增加199亿元，占全部个人客户金融资产新增额的93.3%；个人中高端客户金融资产占比达到71.6%，较年初提高3.9个百分点。全行理财金账户客户达到15.1万户，较年初增加6万户。达标理财金账户客户达到3万户，较年初增加1.2万户。

北京分行个人金融业务发展概况

2009年，北京分行积极应对宏观经济环境变化，坚持以打造“第一零售银行”为目标，推进改革创新、加快渠道建设、优化客户结构、做大业务规模，保持了个人金融业务健康平稳的良好发展态势。

一、业务规模不断扩大，市场领先优势进一步巩固

储蓄存款方面，进一步强化存款基础地位，拓宽增存思路，充分挖掘存款增长潜力。截至2009年末，人民币储蓄存款新增712.86亿元，超额完成全年经营计划；人民币储蓄存款余额四行占比52.14%，同业排名第一；增量四行占比45.15%，排名第一。外币储蓄存款余额为16.36亿美元，较年初增长1.56亿美元。中间业务方面，继续强化基础性产品对中间业务发展的支撑和带动作用，同时积极开辟新的业务增长点，截至2009年末，个人中间业务收入18.5亿元，四行占比超过半数，居同业首位。理财销售方面，全行的市场领先优势进一步扩大，本外币理财类产品较去年同期多销售1726.88亿元，是去年同期的2.06倍，

各项理财产品销售额在系统及同业均保持领先位置。

二、客户规模快速增长，结构持续优化

通过公私部门协同营销，精心组织代发工资、灵通卡等产品的营销竞赛和积分促销活动，做大了客户规模。截至2009年底，全行实现新增代发工资单位6000余户，是去年的2倍。灵通卡发卡量新增200余万张，为历年最好水平，借记卡发卡量在北京市四行占比第一。消费额近千亿元，较去年同期增长83.16%，四行占比第一。推出中高端客户发展指导意见与九项贵宾服务承诺，开展“理财金账户——开卡有礼”营销活动，“财富客户尊享服务体验”和零售业务直销服务，结合总行财富管理百分百计划和个人客户服务精细化管理项目，按月监测高端客户服务质量，提升了中高端客户占比，优化了客户结构。我行个人客户达到了1600余万户，个人金融资产5万元以上的中高端客户数比年初增加20.53万户；理财金账户客户新增25.71万户，超额完成全年计划。财富客户、私人银行客户比年初都有不小增幅。从客户资产情况看，中高端客户资产占比超过九成，较年初提高1.42个百分点。客户规模的不断增长和结构的优化，为个人金融业务的可持续发展和综合贡献的进一步提升提供了稳固基础。

三、渠道建设稳步推进，客户服务水平进一步提升

网点渠道方面，在中高端物理渠道建设硬件建设的同时，出台高端网点运营管理办法和考评办法，引导高端网点加强经营管理，提高产出效能。2009年，对外营业的中高业态网点（财富管理中心及贵宾理财中心）总数已达265家，占网点总数超过一半。离柜渠道方面，继续扩大自动柜员机投投放规模，圆满完成了地铁四号线全线布放52台ATM设备的工程。截至2009年末，存量同比增长16.1%，其中离行机具占比为33.1%，具备24小时服务能力的机具占比为80.1%，推出了“金融服务我自助，惊喜好礼等你拿”自助机具营销宣传活动，有效提升了离柜业务占比。队伍渠道方面，不断充实营销客户经理和大堂经理队伍，全行个人客户经理数量较年初新增166名，柜外营销服务人员数量不断充实。组建了理财专家团队，举办个人客户经理“金牌理财训练营”培训，丰富完善网讯“理财园地”专栏发布内容，为200余名财富客户经理集中配备了“世华财讯”综合财经资讯系统，切实做好个人客户经理的后台专业指导与信息支撑工作。继续开展了四期AFP和五期CFP培训，489人获得总行个人客户经理岗位资格认证，累计通过人员达1518人，队伍素质不断提升。

四、加快产品创新和业务流程优化，为业务发展注入新的活力

把握客户的个性化需求，投产推广牡丹住房公积金灵通卡、证券联名卡、军人保障卡、牡丹携程灵通卡和多家校园卡，积极开拓借记卡发卡市场。依托我行渠道优势，与中演票务通成功签署战略合作协议，全面启动代理售票业务，成为向广大客户提供便利服务的又一创新举措。不断优化功能构建高效便捷的缴费平台，实现了多渠道代收热费和电费，首家投产实时联网代收燃气费，实现水费缴费无纸化，推动了公共事业缴费电子化进程。投产了自助设备管理分析系统、综合业务支持系统和优质客户识别系统，为自助机具布放动态管理、日常生产问题快速处理和优质客户个性化精确营销提供了系统支持。不断深化个人金融业务流程再造，通过召开一线人员座谈和网点业务流程现场体验等方式，累计收集并处理上报流程优化建议73项，按照“制度先行”的要求发布了《中间业务操作手册》和《个人金融业务流程再造手册》，确保规章制度及时更新和与系统控制的有效结合。今年分行共推出区域性个人理财产品20余款。

五、坚持合规经营，全面提升风险管控水平

不断完善操作风险组织管理体系及业务制度体系，印发《个人客户信息管理实施细则》、《个人金融业务协议管理暂行规定》和《个人理财业务应急处理预案》，并及时更新维护网讯业务制度库。严格规范了个人客户身份及交易记录等信息资料的建立、维护和使用，将协议管理纳入到日常操作风险管控范围，为各级行妥善应对个人理财业务重大事件、切实维护客户和我行利益提供行为规范。制定了《分行个人业务反洗钱工作管理办法》，建立并完善了个人业务反洗钱制度体系。明确了分三阶段投产和放开总行客户身份信息采集系统功能的实施计划。高度重视关键环节和关键岗位的风险防控，在理财产品销售等过程中，进一步强化和完善了客户风险教育，充分进行风险揭示，履行银行责任，通过合规经营和优质服务努力减少客户投诉。实现了保险销售管理的“五个统一”，有效增强了银保业务管理和风险控制能力，提高了业务运营效率。以制度形式将客户经理管理纳入全行风险控管整体框架中，在个人业务风险提示、百日大排查等工作中均将客户经理风险管理置于首要位置。高度重视内外部个金业务案件风险防控工作，防患于未然，为个金业务平稳健康发展保驾护航。

大连分行个人金融业务发展概况

2009年是我行股改上市以来困难最多的一年。面对外部环境复杂多变、市场竞争更加激烈等严峻考验，大连分行个金战线干部员工认真贯彻落实总行和分行各项工作部署，牢牢把握区域经济发展中出现的各种机遇，积极应对困难和挑战，齐心协力，扎实工作，一方面，努力推进以客户为中心的经营理念转变，促进零售业务经营模式与增长方式的转型；同时，在经营中，不断增强市场反应能力，抓板块、找源头，积极探索“零售业务批量做”的发展模

式，深入推进“大个金”向“强个金”战略的转变，各项业务实现了大幅快速增长，盈利能力明显增强，服务水平大幅提升，市场地位保持领先，为今后零售业务新局面的开拓奠定了坚实的基础。

（一）深抓源头市场，推动储蓄存款快速增长

2009年，针对我行储蓄存款同业压力大，竞争基础稳定性差的局面，在全行牢固树立“抓存款就是抓客户，抓存款就是要扩大客户规模，只有抓资金源头市场才能扩大客户群；抓存款就是抓客户在我行的稳定性，只有抓个人金融核心产品的渗透率和覆盖率才能锁定存量客户”的经营意识，在具体实施上从提高储蓄存款持续竞争力出发，以高校市场、留学市场、代发工资、第三方存管“四大板块”为目标市场，狠抓法人、社区、新产品市场等存款“七大源头”，推动储蓄存款较年初增长72.2亿元，增量为四大行第一，增幅17.8%，高于总行平均增幅1.6个百分点，余额居同业首位。

（二）大力发展理财业务，盈利水平日益提高

截至12月末，全行本外币储蓄存款余额470.81亿元，较年初增长71.72亿元，保持了余额、增量四大行同业第一的市场地位。与此同时，包括各类个人理财销售额达到383.86亿元，其中，本外币银行理财产品销售335.11亿元、代理基金销售35.99亿元、代理保险销售3.48亿元，均为同业第一，全年共实现中间业务收入总计14721万元，保持同业第一。在总行统计的四行排名中，大连分行高居全口径排名第七名。

（三）个人客户结构持续优化

截至12月末，全行新增个人金融资产5万元以上的中高端客户3.98万户，同比增长26.83%，资产占比为83.32%，较年初提高3.32个百分点。新增达标理财金账户8225户，新增财富客户1631户。优质客户产品渗透率不断提高，储蓄存款、本外币理财产品、基金、代发工资渗透率均高于总行水平。

以创新的思路构建全行财富客户服务体系，实现了全行财富客户签约服务的覆盖，采用“前台财富客户经理+中台专家”的团队服务模式；对签约客户进行了外拨回访；开展了多期财富客户专场活动，累计覆盖率达到121%，客户关系管理工作不断强化。财富客户增幅近54%，任务完成率112%；财富客户资产规模达106.5亿，以0.2%的数量占比创造了17%的金融资产贡献度。在总行财富管理业务综合排名中位居第11位。

（四）创新营销形式，持续开展多项主题营销活动

2009年，我行财富客户维护实现了目标群体分层化、营销内容差异化的特点。根据不同客户群体的不同需求，开展了一系列丰富多彩的增值活动。如：针对女性高端客户开展了三八节“女人美丽形象”主题活动，针对男性客户开展了“HAPPYGOLF”高尔夫嘉年华活动，针对中青年家庭开展“四季欢歌 激情e夏”海滩派对活动，针对军人客户开展“军银携手 合作共赢”电影品鉴活动，针对高净值客户子女教育问题开展“基金定投伴你童行”、出国留学名校申请讲座活动等。充分借鉴同业先进经验，创新性地开展了《胡桃夹子》舞台剧欣赏、骑警基地参观体验等高品质活动，以新颖的活动形式向客户展示了工行大行形象。

（五）客户经理队伍规模不断扩大，营销水平不断增强

2009年，大连分行注重加强专业员工队伍和专家型个人客户经理队伍建设，组建了财富专家团队和27人的财富客户经理队伍，建立了超过258人的个人客户经理队伍，其中，获得AFP和CFP的员工分别达87人和18人。开展各类业务培训，实现个人客户经理队伍服务水平的显著提升。

（六）渠道服务能力明显改善

一是网点物理环境建设，同步推进服务环境改善，建成有待完善的财富中心3家，贵宾理财中心35家，实施垂直化管理的核心网点50家。二是加大自助服务渠道建设，加大ATM机具投放力度，全行ATM数量达到357台，赶超建行，2009年ATM市场投放力度加大，新增设备123台，是近年来投放力度最大的一年，累计建成自助银行32台，自助渠道服务能力持续增强。三是创新渠道模式，探索性引入“自助+理财”这一新的渠道模式，为我行撤并低效网点、尝试性进入网点空白区域、特别是进入县区渠道布局空白区域提供了重要手段。

（七）个人金融业务类操作风险管控力度与能力不断增强

立足于投资者教育，开展了以“直面3·15关注金融消费”为主题的大型投资者教育活动，充分体现了工商银行以保护投资者利益为己任的大行风范。立足于员工教育，首次举办大规模风险教育视频会，使全行对零售业务操作风险的重视程度大大提升。严格执行总行和监管部门对客户经理合规销售进行风险管理的要求。同时，加大了个金业务类操作风险“飞行”检查频次。通过制度约束、监督检查和对营销人员“养成”教育，使我行个人金融业务类操作风险管控能力不断增强，保持了零发案率，为“第一零售银行”打造提供了健康的经营管理环境和基本保障。

福建分行个人金融业务发展概况

今年，我分行个人金融业务继续完善经营、管理、服务与创新体系，以“两化”改革深化促进经营体制和管理机制建设，以客户服务精细化管理提升核心竞争能力，以强化协同营销推动业务增长和客户结构改善，全分行个人金融业务市场竞争力进一步提升，实现了个人金融业务又好又快发展。

一、抓早、抓实、抓细储蓄存款营销工作，超额完成总行下达的全年储蓄存款增长计划。根据市场状况，自加压力，在总行下达的任务基础上，将全年任务提高了60%。在一季度开展全辖本外币储蓄存款营销竞赛活动，通过竞赛活动，涌现出许多业绩突出的优秀营销人员和网点，本外币储蓄存款余额同业占比上升了0.46个百分点。针对紫金矿业解禁A股上市流通，在全分行掀起了个人金融产品营销新高潮。印制了理财方案小册子，分发给本次解禁股东。联合多个部门，前往上杭县督导营销工作，聘请总行财富管理处理财专家团队成员到上杭县举办专题讲座，为解禁股东量身定做理财方案，经过全分行上下的努力约有21亿元资金流入我分行。在总行召开全行储蓄存款工作视频会议后，我分行马上前往基层调研。并召开了全省工商银行旺季储蓄存款工作推动会，调整储蓄存款营销策略。实施以市场份额为目标的考核制度，使储蓄存款考核指标不惟任务，惟市场份额，促进了储蓄存款的稳步增长。截至12月末，全分行人民币储蓄存款余额为841.80亿元，较年初增长107.72亿元，完成总行下达全年增长计划的143.6%。

二、个人信贷业务发展实现新突破。今年以来，我分行始终树立打造“第一按揭银行”的决心和信心，充分把握海峡西岸经济区建设和国家“扩内需，促增长”的有利机遇，认真贯彻总行个人贷款业务座谈会、研讨会精神，抢抓市场机遇，强化组织推动，狠抓工作落实，以不达目的不罢休的决心和只争朝夕的冲劲奋力营销。积极理顺个贷业务流程，政策调整，突出“早、快、强”，实现同业竞争优势。实施分类指导营销战略，发挥不同地区不同优势，因地制宜发展个人贷款各类业务。强化个人信贷营销组织体系建设，不断提高个人贷款营销运营效率。发挥扁平化支行作用，推动个贷业务发展。大力发展个人住房贷款业务，缩短与同业差距。以专业商品交易市场为依托，努力打造个人经营贷款“拳头”产品，争夺个人贷款优质客户资源。将个人贷款业务作为竞争个人优质客户的抓手作用，促进个人金融业务整体竞争力的提升。截至12月末，我分行个人贷款余额比年初增加179.19亿元，增幅为82.91%，完成总行下达全年增长计划的497.75%，完成省分行下达全年增长计划的389.5%。是2008年增长额的7.17倍，增量同业占比第一。

三、个人中间业务收入在全行排名大幅提升。今年，我分行通过推进个人结算业务稳步发展，落实灵通卡业务分润制度，创新银行理财产品销售模式，继续推行保险产品说明会营销模式，深化灵通快线产品营销，大力开展基金、保险、理财等业务竞赛活动，促进了个人中间业务收入的有效增长。截至12月末，实现个人中间业务收入4.46亿，超额完成总行下达任务，同比增幅达27.79%。截至11月末，收入总额在全行排名第9，比去年同期前进8位。

四、推进部门联动营销，实现代发工资业务跨越式增长。年初，我分行就积极组织各相关部门针对代发工资业务联动营销进行了研究与部署，推广代发工资业务名单营销制，各部门加强条线工作指导力度，促进了代发工资业务的发展。全年营销代发工资业务单位1518户，是上年的2.61倍，代发工资业务在总行排名从去年底的第16位上升到15位，实现了业务跨越式增长。

五、创新营销模式，强化重点产品，银行理财产品销售实现大幅增长。今年，我分行创新稳得利产品销售模式，实行了产品定制销售，销售模式从被动销售总行产品改为主动按客户理财意向向总行定制适合的理财产品，全年销售稳得利32.56亿元，同比增长15.08%。此外，抓住灵通快线年化收益超过2%的特点，重点进行推荐营销，实现了日均余额的大幅增长，促进了个人中间业务收入的增加。截至12月末，我分行当季超短期灵通快线日均余额达到9亿元，约为去年末该产品余额的3倍，其中省分行营业部、泉州和龙岩分行做出较大贡献。

六、加强对中高端客户的服务，努力为客户财富保质、增值。今年，我分行始终把提升个人金融业务服务品质作为一项重要工作来抓，在全分行实施个人客户服务精细化管理项目，各网点逐步建立了个人客户服务常态化监测和评价机制，个人客户服务水平和客户满意度显著提升。通过实施理财金账户“挖潜计划”，开展“人人推荐金账户”、“开户有礼”、“理财金账户——专家面对面”投资理财沙龙等活动，加大媒体宣传和资源投入，迅速提高理财金账户目标客户覆盖率。各行部成立了财富专家团队，专门为财富客户提供全方位增值服务，通过开展“礼从签降”财富客户迎新推广活动，全面启动财富管理百分百计划，为财富客户提供专属理财产品定制服务，夯实了财富客户关系，从整体上带动财富客户市场开发与服务能力的持续提升。同时，不断提升个人客户经理的整体素质，省分行举办了两期的个人客户经理培训班和一期金融理财师（AFP）培训班，进一步提高了客户经理素质。下半年我分行采取送教上门的方式，先后组织财富管理专家团队成员到各行部进行有针对性的培训，进一步深化了各行部个人客户服务精细化项目的实施，规范了对中高端客户的服务流程。大力推广个人客户营销系统（PBMS）的应用，有效提高了个人优质客户维护水平和拓展能力。截至12月末，全分行新增中高端客户73859户，比年初增长19.75%。中高端客户金融资产比年初增长198.62亿元，增幅为29.42%，金融资产占比为77.85%，比年初提高3.4个百分点。全分行财富客户数量及其金融资产较年初实现双增长，财富客户数量比去年增长42.92%，财富客户金融资产比去年增长40.52%。

七、加强营销和管理，实现灵通卡稳步增长。今年，我分行对灵通卡业务加强日常管理，定期通报运营情况。以网点为重点，加大牡丹灵通卡市场营销力度，在全辖开展牡丹灵通卡·e时代卡促销活动。抓住新开户、换折和存单折业务处理等环节积极进行发卡推介。加强公私部门的联动营销，大力发展集团客户，重点加强牡丹灵通卡与代发工资业务的捆绑销售，为集团客户提供对公和个人的一揽子服务。积极开展以牡丹灵通卡为核心的“1+X”组合营销，进一步提高动卡率。落实发卡奖励措施，按每发一张有效牡丹灵通卡奖励5元的标准，将奖励金直接落实到营销人员，实现我分行灵通卡业务的稳步增长。截至12月末，累计新增灵通卡141.62万张，同比多增22.05万张，完成总行计划任务的93.17%。累计消费额达153.38亿元，同比增加70.99亿元，完成总行计划任务的

150.37%。累计实现灵通卡业务收入12068.43万元，同比增加4540.42万元，完成计划任务的143.67%。

八、加强渠道建设，提升服务水平。一是全年完成营业网点建设119家，其中，建设贵宾理财中心29家，财富管理中心2家，标准理财网点88家。二是加大自助机具投放力度，全年新增和更新ATM机188台，存取款一体机200台，建设离行式自助银行14家。通过完善网点的物理功能分区，有效改善了网点环境，为客户提供了更加舒适的业务办理空间。通过分流客户，使优质客户得到了更优的服务，有效地带动了网点经营业绩的提升，提高了网点对中高端客户的服务能力和同业竞争力。同时，加强ATM日常管理，对自动柜员机运营实行综合评价管理，按月对各行部ATM各项运营指标情况进行通报，提高了自动柜员机管理水平。开展“一卡在手、自助有礼”自助服务终端促销活动，大大调动了客户使用我分行自助机具的热情。各行部增加了调阅监控和设备巡查的频度、频次，提高了自助设备风险防范能力。截至12月末，我分行投入运营的ATM达1012台，累计总交易笔数达7973.18万笔，月均交易笔数为664万笔，比去年同期上升28.81%，累计交易金额为631.96亿元，月均交易额为52.66亿元，比去年同期上升75.73%。

九、实施重点支行行长零售业务专题汇报制度。今年，我分行实行重点支行行长零售业务专题汇报制度，先后在八个行部组织召开了十场重点支行行长零售业务专题汇报会。通过实施重点支行专题汇报制，推动了重点支行零售业务发展，促进重点支行在人、财、物方面向零售业务倾斜，提高了零售业务市场份额和利润占比，推动打造“第一零售银行”“一把手”工程在重点支行的落实，进一步提高了重点支行行长对零售业务的分析、研究水平和措施、应对能力，同时，充分发挥省分行专业部门和各行部零售业务专职分管行长对支行一级零售银行业务工作的指导作用，实现以重点支行为龙头带动全辖各网点零售业务核心竞争力的有效提升。

十、在全分行开展“以网点为中心的半径服务区强辐射”营销活动。为了进一步拓展个人中高端客户市场，今年，我分行提出了“以网点为中心服务半径强辐射”（以下简称“强辐射”）的营销策略，进一步扩大网点的营销辐射面，增强网点对外拓展能力。在组织上，确定服务半径，划定包干区域，做到区域包干到人，任务分解到人，考核落实到人，力求覆盖服务区域中的所有目标客户。在策略上，积极针对包干区域内的商户、企事业单位、楼盘、社区等不同客户群体，按客户层级，开展一对一个性化服务、一对多定向营销活动，积极分析区域内目标客户需求，通过交叉营销、捆绑营销等多种营销模式的运用，以优势产品为切入点，占领目标客户市场。在目标上，以提升个人中高端客户群体在我分行的占比，打造半径区域内服务最好、竞争力最强的银行网点为目标，以此推动网点上规模、上等级。

广东省分行个人金融业务发展概况

2009年，是我行个金业务的“困难年”。在复杂多变的经济金融形势下，全行个金员工在省行党委的正确领导下，以打造当地第一零售银行为战略目标，围绕提出的“四大标杆”的工作要求，以客户为中心，以现金流量为基础，以支付工具为纽带，以优质产品和产品配置为主导，强化全渠道功能协同营销能力，努力实现“做大、做强、做领先”的经营目标。在个人金融资产增量占比、个人理财产品销售量、个人中间业务收入等多个核心指标取得了当地同业及系统排名首位的成绩。

一、2009年个人金融业务核心指标完成情况

个人金融业务各项核心指标完成情况如下表：个人中间业务收入在经济较为困难情况下仍取得大大高于四行平均水平的增长；理财产品销售量同比实现较大幅度增长；个人中高端客户稳步增长；储蓄存款受房市量价快速上升和股市恢复性增长而分流资金的影响，增幅放缓。

2009年个人金融业务核心指标完成情况　　单位：亿元；万户

项目	本期	同比增量（+/-）	同比增幅（%）	年度计划	计划完成率（%）
个人中间业务收入额	25.240	4.100	19.39	25.296	99.78
本外币个人理财产品销售额	2192.95	916.97	71.86	1800.00	121.83
本外币储蓄存款净增额	475.83	-223.33	-31.94	578.00	82.32
个人中高端客户存量总量	233.60	28.49	13.89	228	102.46

二、个人金融业务主要指标行内贡献占比

充裕的流动性，加上资本市场分流的影响，2009行广东人民币储蓄存款增量行内占比下降到32.4%；但对机构的营业贡献总体仍呈上升态势（按可比口径比较），个人中间业务收入基本维持在占全行43%左右的位置；个金业务作为全行的基础业务，对全行的贡献仍保持较高的水平。

个人金融业务主要指标行内占比情况

单位：亿元项目

项目	主要指标	其中：个人金融业务		
	比年初增量	项目	比年初增量	占比（%）
人民币各项存款	1455.38	储蓄存款	471.68	32.41
全行中间业务收入总额	59.41	个人中间业务	26.04	43.83

三、个人金融业务主要指标同业（四行）占比

我行个人金融资产净增额、个人理财类产品销售总量稳居同业（四行）领先地位，这是我行强化多层次产品营销、满足客户多元化金融需求的结果。

个人金融业务主要指标同业（四行）占比情况　2009年11月　单位：亿元

项目	工行	四行占比（%）	占比排名	农行	中行	建行
个人金融资产净增额	691.29	32.49	1	581.07	398.71	456.79
其中：本外币储蓄存款净增	377.49	26.24	2	452.99	304.24	303.67
理财产品净增	313.80	45.51	1	128.08	94.47	153.12
个人理财类产品销售总量	1963.68	45.62	1	479.98	1380.89	480.28
其中：个人基金销量	499.16	42.39	1	200.08	175.77	302.45
个人保险销量	80.94	23.81	1	137.15	61.21	60.67
人人国债销量	53.76	39.41	1	24.45	16.24	41.96
个人本行理财产品销量	1329.82	50.16	1	118.30	1128	75.20

注：理财产品净增额为10月底数。

四、个人金融业务主要指标系统内占比

我行个人中间业务收入占全工行系统个人中间业务收入总额的13.29%，

居系统第一位；理财产品销售量系统领先。

五、个人客户结构与发展情况

个人客户数量及其资产稳步增长，客户层次越高其数量及其资产增长越快，客户结构进一步优化趋势明显。

从客户数量年环比增长情况看，2009年各层次客户增长情况整体优于2008年，客户结构进一步改善，其特点是个人客户的资产增长速度快于客户数量的增长速度，客户层次越高，其客户数及资产额增长越快。

2009年底全行各层次个人客户数量增长同比情况　单位：户；%

客户层次		2009年			2008年		
		数量	比年初增加	比年初增长率	数量	比年初增加	比年初增长率
个人中高端客户		2339280	288166	14.05	2051087	227932	12.50
其中	5～20万元	1649872	155929	10.44	1493943	137768	10.16
	20～100万元	606399	106421	21.29	499978	75325	17.74
	100～800万元	77376	21728	39.05	55648	13908	33.32
	800万元以上	2381	863	56.85	1518	931	158.60
个人客户总数		22406739	1253071	5.92	21153668	－－	－－

注：个人客户总数为剔除零余额客户和小额账户数。

从客户金融资产年环比增长情况看，2009年各层次客户金融资产增长幅度整体上较2008年有明显上升，层次较高客户的金融资产增长幅度较快。

2009 年底全行各层次个人客户金融资产增长同比情况　　单位：亿元；%

客户层次		2009 年			2008 年		
		金额	比年初增加	比年初增长率（%）	金额	比年初增加	比年初增长率（%）
个人中高端客户		5914.25	1208.08	25.67	4706.17	881.26	23.04
其中	5～20 万元	1617.08	167.39	11.55	1449.68	141.34	10.80
	20～100 万元	2366.05	454.29	23.76	1911.75	311.5	19.47
	100～800 万元	1521.72	448.25	41.76	1073.46	266.1	32.96
	800 万元以上	409.41	138.14	50.92	271.27	162.31	148.96
个人客户总数		6865.11	1268.18	22.66	5597.92	－－	－－

2009 年底全行各层次个人客户数量及资产结构占比情况

2009 年 12 月 31 日　　单位：万户；亿元：%

客户层次		客户总数		资产总数	
		数量	占比	金额	占比
个人中高端客户		2339280	10.44	5914.25	86.15
其中	5－20 万元	1649872	7.36	1617.08	23.56
	20－100 万元	606399	2.71	2366.05	34.46
	100－800 万元	77376	0.35	1521.72	22.17
	800 万元以上	2381	0.01	409.41	5.96
个人客户总数		22406739	100.00	6865.11	100.00

注：个人客户总数据为剔除零余额客户和小额账户数。

个人客户资产集中度趋势明显，全行个人金融资产 5 万元以上的中高端客户数占全部有效客户数 10.44%，其金融资产占全部个人客户金融资产总数的 86.15%，集中度较 2008 年上升 2.08 个百分点；而个人金融资产 20 万元以上的核心客户群体，占全部客户数 3.07%，其金融资产占全部个人客户金融资产总数的 62.59%，集中度较 2008 年上升 4.42 个百分点，核心客户群体特别是财富客户是我行必须重视并加强维护的高净值客户。

广西分行个人金融业务发展概况

2009 年，工商银行广西分行积极贯彻总行决策部署，坚持以科学发展观为指导，以客户为中心，以自营业务为主导，坚持不懈地致力做强储蓄存款业务，做精个人信贷业务，做大个人中间业务，做好渠道优化调整，做细客户优质服务，促进个人金融业务持续协调快速发展。

储蓄存款业务 2009 年末，全行人民币储蓄存款余额 773.02 亿元，比年初增加 94.24 亿元，完成总行下达全年计划的 117.8%；外币储蓄存款余额 3 668.92 万美元，比年初增加 123.84 万美元。储蓄存款增量市场占比为 22.54%，在四大国有商业银行中排第 3 位，储蓄存款增量在全国工行系统排名第 22 位。全年累计销售各类理财产品 320.16 亿元，比上年多销售 83.86 亿元。其中：代理基金累计销售 42 亿元，比上年多销售 4.1 亿元；代理保险累计销售 6.7 亿元，比上年多销售 0.7 亿元；人民币理财产品累计销售 271.46 亿元，比上年多销售 233.77 亿元。为了推动储蓄存款较快增长，我行通过抓好个贷增存工作，锁定个人贷款目标客户实行名单制营销，促进以贷引存拉动存款增长；加强代发工资源头增存工作，配套完善专项代发工资挂钩考核办法，积极竞争企业改制、城市改造、职工分红、大专院校新生入学等批量代发项目，大力拓展私营业主、企业高管、创业经商等高收入客户群体，拓宽代发增存源头；加大项目增存力度，对高速铁路、高速公路、城市改造、房地产等大项目的土地拆迁补偿款发放，以及对公司机构客户分红派息和企事业单位职工年终奖金分红发放等，实行公私联合营销；强化理财增存工作，扩大个人理财类产品销售，加大储蓄存款与灵通卡、工行信使、基金定投、稳得利、存贷通、灵通快线、专属产品等增值优势产品的捆绑营销；加大中高端客户和潜力客户理财、融资增值服务力度，充分发掘金融需求，促进储蓄存款稳定较快增长。

个人信贷业务 年末个人贷款余额 400 亿元，占全部贷款余额 34.5%，占比在全国工行系统排第 1 位；全年新增个人贷款 139.47 亿元，个人贷款增量排全国工行系统第 9 位；个人贷款存量和增量在四大商业银行市场占比分别为 36.55%、37.77%，在四大商业银行均排第 1 位。其中，个人住房贷款余额 300.7 亿元，比年初增加 104.95 亿元，个人住房贷款存量和增量在四大商业银行市场占比分别为 35.13%、40.33%，均居四大商业银行首位；个人消费贷款余额 72.66 亿元，比年初增加 35.98 亿元，个人经营性贷款余额 26.64 亿元，比年初减少 1.48 亿元。为了促进个人信贷业务加快发展，我行抓住国家扩大内需刺激消费政策及总行出台个人贷款新政策的有利契机，健全完善个人住房信贷业务激励办法，加快个贷流程优化改造，优化梳理按揭项目房地产企业准入审批流程，将个人住房贷款利率定价权和纯按揭项目准入资料确定权授权给二级分行，并对项目评审准入条件和设定贷款前提条件进行梳理优化，对区分行营业部影响个人贷款发展的业务受理流程问题进行了专题研究和落实解决，使营业部将城区集中受理模式改为6大个人住房贷款受理中心，进一步提高了审批效率和市场竞争力。此外，还继续加大个人消费贷款、个人汽车贷款、家庭装修贷款、个人房屋抵押贷款等产品营销力度，充分发挥“幸福贷款”、“存贷通”的品牌优势，积极抢占个人消费信贷市场，有力地促进个人贷款业务的发展，巩固和扩大了广西第一个人信贷银行和第一按揭银行的市场领先地位。

个人中间业务 全年实现个人中间业务收入3.67亿元，同比多增5359.07万元，完成总行任务的72.90%。全年共发行灵通卡135.92万张，同比多发75 708张，完成总行任务的88.26%，完成区分行任务的67.96%。一年来，我行抓住资本市场回暖的有利时机，坚持做好基金代销业务，落实基金营销“三个一”目标，即每只新发行基金每个网点必须营销1万元，存续基金每个网点每周营销1万元，努力扩大基金销售规模；加快推进个人理财业务发展，以“灵通快线”为拳头大力拓展现金管理型产品，积极探索深化与券商、保险、基金公司的业务合作，大力开展捆绑营销和交叉销售，稳定和争揽优质客户，做大个人理财业务规模；加大灵通卡发卡力度，以“代发工资”和项目发卡为重点，积极开展与广西一卡通公司的城市一卡通合作项目、国海证券三方存管牡丹灵通联名卡项目及桂林社保联名卡项目，加大各行业、公用事业、协会等客户群体的发卡力度，扩大灵通卡产品客户覆盖面，带动灵通卡发卡数量和质量的同步提升；稳健发展代理保险业务，积极探索“双边代理”营销模式，充分挖掘保险业务成熟客户资源，落实代理保险满期给付转保业务，引入竞争机制向优质保险公司开放网点，实行营销资源、客户资源、产品资源强强联手，推动代理保险业务良性发展。

客户发展情况 中高端客户稳步发展，年末，在我行资产5万元以上的中高端客户数量达到43.04万户，比年初增加6.02万户，完成总行下达任务70.94%；中高端客户占比达到7.92%，比年初提高0.74个百分点；中高端客户金融资产为729.40亿元，比年初增加144.29亿元，占个人客户总资产的74.25%，比年初提高3.23个百分点。财富客户平稳增长，我行100万元以上财富客户为5728户，比年初增加1624户，完成总行下达发展目标的102.29%；财富客户资产余额为133.22亿元，比年初增加40.14亿元，完成总行下达发展目标的121.20%。理财金账户发展较快，全行共有理财金账户为14.01万户，比年初增加3.61万户，完成总行下达发展目标的301.15%；合格理财金账户为4.07万户，比年初增加1.06万户，合格率为29.09%，比年初提高0.13个百分点；理财金账户覆盖率为49.75%，比年初提高2.66个百分点。为了加快个人金融客户的拓展，我行着力抓好个人客户服务精细化管理项目推广实施工作，指导各行落实“851”个人客户经理最低工作量要求（即每名客户经理每天至少维护8位客户、约见5位客户、拓展1位新客户），强化优质客户维护和市场拓展。加大落实财富管理百分百计划，积极做好财富卡集中制卡、财富业务专属凭证印制、《财富锦囊》订购、财富客户专属U盾和财富客户签约礼订购等工作，实行财富客户优惠费率营销策略，组织举办“财富TOP100精英赛”，加快财富客户市场开发，推动财富业务的发展。加快推进优质客户开发进度，充分利用个人客户营销管理系统（PBMS）精确挖掘目标客户，大力开展理财金账户营销活动，加强理财金账户与公私其他产品的交叉销售和协同组合营销，重点拓展优质企事业单位中高层管理人员市场，提高理财金账户在中高端目标客户市场的占有率。加强中高端网点运营管理，抓好贵宾理财中心和财富管理中心营销管理建设。组织研发“个人客户积分”项目，积极创新探索优质客户维护拓展长效方法，有效提升中高端客户和潜力客户市场竞争能力。

渠道建设情况 网点建设和自助渠道建设步伐进一步加快，全年共投入改造费用7554万元，完成网点升级改造119家，其中财富中心2家，贵宾理财中心19家，理财网点48家，金融便利店41家，离行式自助银行9家。全年新投放ATM机具185台，多媒体自助终端100台，自动柜员机总量达到835台，单机日均交易391笔，比上年增加15笔，交易金额27.47万元，比上年增加8.13万元。一年来，我行优先对四年内未进行升级改造的网点进行迁址改造，大力加快对城市高端客户聚集新兴发展区域提前设点布局，全年共立项审批110家营业网点升级改造项目，新购置3家营业网点，恢复新设2家县域支行营业网点。同时，加大设备投入，对已到报废期限的ATM设备进行了更新，对客户群集中、业务量大的高等院校等物理网点服务空白点目标市场加大机具设备投放量，对代理业务量大的营业网点倾斜投放了100台全功能自助终端，对9家搬迁改造，条件适宜的营业网点在原址新建设立了离行式自助银行，不断完善物理渠道和虚拟渠道有机结合、布局合理、功能互补的网点分层服务网络体系，全面整合升级自助服务渠道，提升金融服务效率。

个人客户经理队伍建设情况 年末全行共有个人客户经理997人（不含网点负责人），其中：大堂经理370人，占比37%；理财经理427人，占比43%；营销经理200人（其中专职个贷营销经理117人），占比20%。全行已获得国际金融理财师认证资格（CFP）33人，获得国内金融理财师认证资格（AFP）170人。为了提高个人客户经理素质，积极开展各层次岗位培训，帮助客户经理熟悉掌握产品营销特点和市场拓展技巧，努力增强营销人员综合能力，打造高素质的个人金融营销团队。

风险管理情况 年末个人不良贷款余额2.05亿元，不良贷款率0.51%，比年初下降0.06个百分点，个人贷款质量持续保持良好。为了保持个人金融业务的健康发展，一方面积极完善业务制度办法，从严加强操作风险、市场风险管理，确保业务发展风险可控。另一方面，着力加强个人客户经理、一线柜员等重点岗位业务检查和整改工作，确保坚持依法合规开展业务。全年实现个金业务无案件和重大责任事故发生，风险控制管理情况良好。

海南分行个人金融业务发展概况

2009年，在省行党委的正确领导下，海南分行个金工作认真贯彻落实总、省行各项决策部署，紧盯市场、强势竞争、把握机遇、主动作为，较好地完成了各项任务指标，个人金融业务持续健康发展，市场领先优势进一步巩固，多项业务指标位居同业首位，实现了总量增长、结构优化、服务提升和效益提高。

一、主要指标完成情况及其亮点

（一）储蓄存款业务均衡增长，存量增量占比双第一

2009年，本币储蓄存款余额为262.9亿元，新增46.9亿元，增幅为18.08%，完成总行任务计划164%，完成省行任务计划131%。余额和增量市场占比分别为30.38%和32.35%，保持双第一，其中增量绝对值较第二名农行多增7.5亿元，进一步拉大差距。在全国系统30家一级分行中，我行储蓄存款增量同业占比系统排名第3位，增幅较系统增幅高5.79个百分点。

（二）个人中间业务稳健发展，收入水平位居系统前列

2009年，个人中间业务实现收入13514万元，同比增加254.86万元，完成省行计划的88.83%，总行计划的115.5%，完成率系统排名4位；个人中间业务收入占到全行中间业务收入的42.78%，收入四大行占比42.34%，领先第二名（中行）15.09个百分点，收入同业占比领先幅度系统排名第3位。代理基金、灵通卡、个人理财及代理保险市场份额位居同业首位，其中代理基金、代理保险以及灵通卡三项同业占比领先指标系统排名均位居第1，个人中间业务发展继续保持在同业及系统中的优势地位。

（三）个人理财业务加速发展，市场份额稳居同业之首

2009年，全行共销售各类理财产品173.87亿元，同比增81.06亿元，增幅87.34%，完成总行计划的424.07%，省行计划的289.78%。我行个人理财产品销量在四大行中占比达到85.32%（11月数据）。其中，以“灵通快线”为代表的银行类理财产品销售成绩突出，凭借其收益高、周转快、操作便捷等特点优势，全年销售156.96亿元，同比增78.46亿元，为同期的1倍；代理保险贡献凸显，银保业务在竞争机制的有效推动下，全年累计销售2.5亿元，在四大行中市场占比60%，保持领先优势；代理基金存量、业务收入和客户数量等多项指标继续位居同业第一，市场竞争优势增强，全年代销额11.2亿元，同业份额79.08%。

（四）个人客户结构持续优化，发展贡献度进一步提高

截至12月末，全行有效客户为156万户，比年初增加22万户，金融资产5万元以上的中高端客户达到13.29万，较年初新增2万户，在全行个人客户中的占比达到9.1%，较年初提高1.7个百分点；金融资产100万元以上财富客户数量2614户，较年初新增749人，增幅40.16%。中高端客户金融资产在全部客户资产中的占比已达到80.31%，较年初提升1.08个百分点；理财金账户客户数达到3.75万户，较年初新增10714户，完成年度任务计划214.28%。

（五）客户服务能力不断提升，分层服务体系初步建立

2009年12月末，三亚财富管理中心已投入营运，海口财富管理中心正在建设中，南北两极高端客户服务能力进一步提高；已投入运营的贵宾理财中心三年合计达到24家，目前已建成但尚未投入运营的贵宾理财中心有7家，贵宾中心类网点与一般理财网点的比例达到1∶2；全年改造附行式自助银行23家，新建离行式自助银行19家，合计建设42家，投产ATM机53台，离柜服务水平大幅提升，分层服务体系初步建立。

二、主要工作措施

（一）抓好两大制度的建设，促进业务全面持续发展

我部从机制建设入手，建立和完善个人金融业务两大基础制度，即2009年度个人金融业务考核办法和个人客户经理资质管理办法。

制定分行个人金融业务新的考核办法，一是突出对各项业务发展同业的考核权重，指导各行只惟市场，不惟任务；二是细化对海口城区支行及跨区域管理行的考核，更客观、合理地考核两类行的个金经营绩效和排名位次；三是依据历史数据，对各行业务发展指标与考核体系、指标分配的背离度进行模拟精算。

制定了《海南分行个人客户经理资质管理办法》及相关的《个人客户经理准入退出管理规定》，实施年审制度和报备制。

（二）加强两个层面的调研，提高对业务发展的把控力

全面完成了对我行8家一类行、5家二类行和2家三类行的基础调研工作，按照“一行一策”的调研策略，对各行业务经营发展情况逐项指标进行横向（同业）、纵向（系统）、同期等多维度分析，以工作指引的方式，引导各行不断提高各项业务的市场占有份额，进一步提高竞争力。

加大对同业个金业务发展的调研分析。在储蓄业务竞争上，我们紧盯同业动态，建立定期监测分析通报制度，组织人员对同业部分网点的揽存情况进行查访，及时调整经营策略，提高了我行竞争力，确保了储蓄存款存量、增量双第一。

（三）推进两大板块的创新，努力提升市场竞争实力

一是推进优质客户服务维护手段的创新。针对100万元以上客户，组织开展财富客户百分百计划，举办财富客户红酒品鉴会，提供健康管理服务，为高端客户提供更多个性化的增值服务；针对20万元~100万元区间客户，广泛开展“支行有特色，周周有沙龙”主题活动。

二是推进业务产品创新。加大卡类产品的跨领域创新力度，先后成功与省属重点院校、重点合作保险公司发行了牡丹校园灵通卡、牡丹银保信用与借记卡等区域性联名卡，并与三亚电网公司合作开发缴费卡项目；同时，加大产品跨专业捆绑力度，创新推出“我灵”、“我e”、以及“我快”灵通“三宝”组合产品，实现跨部门产品的交叉销售及组合营销。

（四）夯实两个方面的基础，确保业务健康持续发展

一是夯实服务基础。加快推进网点渠道基础建设，提高对客户的分层服务能力。目前，全行已有34家贵宾理财中心建成，其中已有24家投入使用，我行对中高端客户的服务能力进一步提升。

二是夯实内控管理基础。个坚持“一手抓业务开拓，一手抓风险防范”的工作思路，加强个金工作的内控建设，夯实管理基础。建立个金专业案件防范台账，出台了《个人金融业务部内控评价指标落实工作细则》、《个人金融业务检查制度》等办法。

河北省分行个人金融业务发展概况

2009年，河北省分行认真贯彻落实总行的各项工作部署，按照打造绩效强行和河北第一零售银行目标要求，以实现同业占比首位为目标，加快经营转型步伐和营销方式转变，认真抓好储蓄存款、个人中间业务、牡丹灵通卡等重点业务和客户服务、渠道建设、风险管理等重点工作，各项业务实现了快速发展。截至2009年末，该行人民币储蓄存款增加292.93亿元，完成总行任务的112.67%，居系统第7位。代理基金销售304.09亿元，同业首位。代理个人寿险销售58.4亿元，完成总行任务的162.22%，同业占比35.4%，居首位，系统第3位。牡丹灵通卡发卡385万张，增幅81.39%，完成总行任务的148.1%，居系统第2位，同比上升4个位次；同业占比33.92%，居第2位。灵通卡消费额实现523.7亿元，完成总行任务的202.98%，居系统第7位。个人中高端客户增加18.76万户，居系统第5位；达标理财金账户客户新增5.27万户，是前5年增长额的总和，居系统第4位。个人中间业务收入实现7.15亿元，完成总行任务的105.9%，居系统第6位。新建财富管理中心6家，贵宾理财中心64家，投放ATM409台，超额完成总行任务。

（一）认真组织开展专项营销活动。一季度，该行紧紧抓住个人金融业务发展旺季，组织开展了个人金融业务旺季营销竞赛活动。为构建全行统一营销平台，该行整合所有个人业务，二季度组织开展了“理财之春”大个金业务主题营销活动，8至11月份组织开展了“金色之秋”大个金业务主题营销活动。活动期间，省、市、支行三级联动，通过开展庆祝储蓄存款突破2000亿元集中宣传、个金业务理财精品促销、高端客户联谊答谢、理财沙龙、业务竞赛等系列活动，有力地促进了各项业务的发展。

（二）突出抓好重点业务发展。一是把储蓄存款作为重中之重。该行加大了储蓄存款考核力度，专门设立“存款奖励基金”，对同业增量占比前两位分行进行奖励。制定了借力中介渠道营销储蓄存款的实施意见，出台了县支行储蓄存款发展意见，组织开展了三次储蓄存款专题调研活动。坚持日监测、旬通报、月分析制度，建立大额存款变化日报告制度，及时掌握储蓄存款异动并采取针对性措施，推动了储蓄存款的快速增长。二是突出抓好股票型基金营销和新基金代理发行工作。选择42支重点基金开展了存续期营销活动，联合6家基金公司开展了“基智定投”业务营销竞赛活动，组织10家重点基金公司开展了110场“盛夏基金大讲堂”巡讲活动，深入30家重点县支行开展了“强县强行”培训活动。全年累计发行新基金87支，代理发行13支“一对多”基金专户产品。其中，工银瑞信沪深300指数等9支重点基金任务完成率居系统首位。三是把代理保险确定为增加个人中间业务收入的主渠道。突出与重点保险公司合作，开展了首季开门红营销活动，与多家保险公司联合开展了专项营销竞赛活动。与14家寿险公司重新签订了产品协议，新增代理保险产品19款，取得了销售额同比增长33%、同业首位、系统第三的好成绩。四是不断加大牡丹灵通卡的营销力度。以大、中型企事业单位、学校等为重点，大力开展批量发卡业务营销，全行批量发卡112.6万张，批量发卡率达29.24%。充分发挥项目对灵通卡发卡的带动作用，全年新发工银瑞信利添利、牡丹广发利添利、牡丹携程灵通卡等全国性联名卡3种，保定住房公积金联名卡、沧州医疗保险灵通卡、牡丹铁院灵通卡等区域性联名卡8种。五是把代发工资业务营销作为全行性重点工作来抓。确立各行、各营销部门一把手负责制，组织了两次代发工资业务发展情况调查，摸清了底数，明确了重点目标客户，开展了针对性营销工作。

（三）努力做好优质客户营销。该行把对个人高端客户的维护和营销作为工作重点，开展了新春个人优质客户维护“三个一”和财富管理“礼从签降”迎新推广活动，实施了财富管理百分百计划，开展了理财金账户集中营销月活动，推出了高端客户产品组合套餐，组织开展了TOP100财富精英赛活动。部分网点、客户经理和青年员工分别获得总行“财富精英团队”、“财富精英”和“财富伯乐”称号。下半年选拔优秀人才设立了省行财富管理中心，认真做好高端个人客户的服务和营销工作，年末省行直接管理的私人银行客户已达64户，管理资产4.1亿元，营销理财产品3.5亿元，争揽他行储蓄存款9600万元。

（四）扎实做好渠道建设工作。年初对拟建贵宾理财中心进行实地考察，按时完成了总行下达计划。全年完成409台ATM的投放调查和计划，组织开展了ATM主题营销活动和跨行交易营销活动，有效提高了ATM的使用效益。强化个人客户经理培训工作，组织104名学员参加了金融理财师资格认证考试，完成了总行组织的个人客户经理岗位资格认证考试和中国寿险管理师资格的认证考试。年内累计组织了167次3万余人次参加的基金、保险、人民币理财产品等业务培训。对全省大堂经理配备、服务情况进行了实地检查。

（五）切实加强风险管理。该行对个金业务关键风险点进行了认真梳理，提出针对性防范措施，出台了《个人客户经理十项严禁》，建立了个人客户经理风险管理检查制度。组织开展了反洗钱个人客户风险分类工作和全行个人金融业务风险大检查。年内没有发生发现违规违纪事故和案件，实现了全行个人金融业务的快速、稳健发展。

河南分行个人金融业务发展概况

2009年，在全行各级领导和员工的关心支持及个人金融战线员工的辛苦努力下，我行个人金融业务工作取得了显著成绩，重点产品市场占比第一，经营成果达到历史最高水平。

一、主要经营指标

（一）利润及中间业务收入

1. 利润。全年实现利润（拨备后）13.97亿元，完成计划的77.6%。

2. 实现个人中间业务收入6.6亿元，完成总行计划102%，占到全行中间业务总收入的48.1%，收入总量系统排名第七位。

（二）客户结构情况

1. 个人客户结构调整实现新突破。个人中高端客户规模达到90.79万户，较年初新增16.02万户，完成总行下达计划的89%。其中：私人银行客户372户，新增127户，计划完成比63.5%；100万元以上的财富客户存量达13167户，（新增4379户），完成总行下达存量计划的109.7%；达标理财金账户5.65万户，新增2.06万户，完成总行下达计划的89.6%。

2. 个人中高端客户资产1570亿元，新增379.47亿元，中高端客户金融资产占全部客户金融资产比重为76.68%。

3. 客户结构显著优化。截至2009年末，5万元以下的普通和潜力客户占比91.21%（按有效客户统计），较年初下降0.8个百分点。5万元以上的个人中高端客户占比8.83%，较年初提升0.69个百分点，20万元以上的个人中高端客户占比1.71%，较年初提升0.32个百分点，财富客户和私人银行客户占比也均有不同程度的提升，全省个人客户结构正在逐步改善和优化。

（三）重点产品和业务指标

1. 个人金融资产增幅实现新突破。全行实现个人金融资产1330亿元，同比多增644亿元，增幅达93%，完成年度营销计划的214.5%。其中：新增人民币储蓄存款246.3亿元，同比多增23亿元，增幅达18.9%，新增储蓄存款同业占比28.6%，排第二位；新增外币储蓄存款594万美元，同比多增870万美元，完成年度营销计划的594%。

2. 个人贷款增量实现新突破。个人贷款余额289.9亿元，较年初新增104.7亿元，完成年度计划的300%，同比多增67亿元，增幅达56.6%，余额和增量均实现同业第一，分别超出建行38亿元和27.8亿元，领先优势逐步加大。

3. 本、外币理财产品销售实现新突破。营销本、外币理财产品561.8亿元，完成年度营销计划的387%，同业位于第一。

4. 代理基金业务实现新突破。代理基金营销400亿元，完成总行下达计划的300.8%。代理基金营销额系统内排名第四位；实现收入12370万元，收入额系统内排名第六位，代理基金业务综合排名系统第八位。代理基金业务超越建行43亿元，居同业第一位。

从基金结构来看，2009年营销股票型基金较2008年减少25.9亿元，虽未影响中间业务收入，但仍然落后于建行。

2008年、2009年代理基金结构表

单位：万元，只

类别	金额		只数		代理收入	
年度	2009	2008	2009	2008	2009	2008
各种基金	400	287	320	301	12370	7022
其中：（1）股票型	132.00	157.85	176	166	8040.50	4564.30
（2）货币型	208.00	14.35	16	15	0.00	0.00
（3）债券型	60.00	114.80	128	120	4329.50	2457.70

5. 代理保险业务实现新突破。累计营销保险34.9亿元，完成总行下达计划的81.2%，系统内排名第5位，同业位于2位。

6. 灵通卡发卡量持续上升，消费额大幅增加。牡丹灵通卡存量达到813万张，新增发卡260万张，增幅达30%，完成总行年度计划的95.2%。实现消费额620亿元，完成总行年度计划的264.9%。实现牡丹灵通卡中间业务收入1.38亿元，完成总行年度计划的106%。

7. 新增代发工资1920户，系统内排第8位。通过网银渠道代发工资达1299户，捆绑率为67.7%。

8. 新增第三方存管11.1万户，完成计划111%，存量达81.2万户。

（四）客户经理暨渠道建设

1. 个人客户经理队伍建设取得初步成效。全行共配备个人客户经理2227人，其中大堂经理681人，理财经理614人，营销经理433人，个贷营销经理499人，个人客户经理在产品营销中的主力军作用正逐步发挥。

2. 渠道建设工作实现新突破。全行投入运行的自助设备1607台，单机日均交易量260笔，单机日均交易额16万元。离行式自助银行新增28家，达到72家。

3. 成立个贷中心13家，为个人信贷业务的拓展提供了组织保证。

黑龙江分行个人金融业务发展概况

2009年，黑龙江分行个人金融专业在省行党委的正确领导下，坚持“第一零售银行”战略目标不动摇，强化考核激励机制，积极推进渠道、队伍建设，大力开展“牵手工行、成就梦想”市场营销活动，努力竞争优质客户，个人金融业务实现了跨越式发展，资产、负债、中间业务均实现了同业领先，在总行专业考核排名由2008年末第23位跃升至2009年末第11位，上升12个位次。全年新增储蓄存款加销售各类理财产品600.1亿元，居同业首位，同比增长160.6亿元，增幅36.5%，完成总行计划的210.6%。其中储蓄存款余额同业占比36.2%，居同业首位和总行第5位，储蓄存款增量同业占比33.2%，居同业首位和总行第6位。实现个人中间业务收入4.5亿元，同业占比34%，居同业首位和总行第10位，占全部中间业务收入比例的54.6%。营销个人贷款75亿元，较年初纯增38.3亿元，居同业首位，完成总行计划的957.5%。个人中高端客户总量达78.9万户，较年初新增9.3万户，同比多增1.4万户，中高端客户资产占比达79.13%，同比增长2.83个百分点。新增牡丹灵通卡153.9万张，同比增长23.7%，实现消费额180.3亿元，同比增长98.3%，借记卡存量、增量、消费额均居同业首位，累计发行联名灵通卡162万张，居同业首位和总行第2位。配备专职个人客户经理1131名，其中340人获得国家金融理财师（AFP）资格，57人获得国际金融理财师（CFP）资格，546人获得总行个人客户经理认证资格。

一、开展协同营销，提高同业竞争力

2009年，黑龙江分行充分调动行内行外资源，实施“部门协同、内外协同、产品协同”的协同营销策略，取得了良好的营销效果。一是加强部门协同营销，个金、银行卡、电子银行等个人业务部门与公司、机构、结算等对公业务部门，成立联合营销小组，针对优质单位开展对公对私产品的联合营销，特别加大了代发工资业务营销力度，全年新增代发工资单位2056户，完成总行计划的106.2%，在总行综合排名第12位，夯实了储蓄存款经营基础。二是加强内外协同营销，充分利用基金、保险、证券公司等合作伙伴的营销资源、客户资源和信息资源，拓展优质客户市场。全年共营销各类个人理财产品433亿元，是第二位建行的2.2倍，完成总行计划的240.3%。发展第三方存管客户5.9万户，完成总行计划的150.7%。三是加强产品协同营销，制定多产品交叉销售方案和套餐式金融服务方案，开展“体验工行产品，服务优质客户”组合营销活动、“牵手工行，成就梦想”优质客户营销活动、“我爱我家”幸福贷款市场营销活动，形成了个人金融资产、负债和中间业务全面、协调发展的格局，基金定投、灵通快线、幸福贷款、牡丹灵通卡等产品已形成具有较强市场影响力的品牌。

二、落实激励机制，打造专业执行力

2009年，黑龙江分行继续实行“九个第一”的同业考核机制；扩大“直通式”网点考核范围，将全省所有个金网点全部纳入直通式考核；分级兑现个人客户经理职级待遇；实行行长坐班制和网点晨会制；继续实行“定价到产品、奖励到个人”的激励机制和“自报预拨”制度，有效激发了各级机构和广大员工的营销积极性，执行力和战斗力显著增强，总省行部署的重点营销工作成绩突出。在总行开展的个人金融业务百日营销竞赛活动中，黑龙江分行综合排名居全国第4位。在总行开展的工银瑞信基金持续营销活动中，黑龙江分行总销售额及任务完成率均居全国前十位。

三、优化资源配置，提升客户服务水平

2009年，黑龙江分行继续开展网点布局调整和升级改造，目前已投入运营3家财富管理中心和114家贵宾理财中心。ATM机投产总量达到698台，建设24小时自助银行241个，分流柜面业务效果持续增强。全行已配备专职个人客户经理1131名。启动了“财富管理百分百”计划和理财金客户“挖潜计划”，理财金账户覆盖率较年初提高了3.43个百分点。实施了个人客户服务精细化管理项目，开展了“向服务要效益优质服务年”活动，网点服务效率和服务质量明显提高，客户投诉率较年初下降了76%。

四、完善风险管理，保障业务可持续发展

2009年，黑龙江分行在抓好营销工作的同时，始终将风险防范工作放在重要位置，建立了个人金融业务操作风险例会制度和风险提示制度，开展了“个人金融业务安全年”活动，对全行个人金融业务进行了覆盖全网点、覆盖全业务的“双覆盖”大检查，将理财协议纳入空白重要凭证管理，在理财协议和定期存单上向客户进行风险提示，对历年特别是近几年金融系统发生的涉及个人业务的经济案件进行了全面分析，找出风险隐患，采取措施加强防范。加强了反洗钱业务管理，全年共报送大额交易58万笔、可疑交易14万笔。通过落实这些有效的风险防范措施，为全行个人金融业务安全、稳健、可持续发展提供了有力保障。

湖北省分行个人金融发展概况

2009年湖北省分行个人金融业务工作按照总行的部署和省分行党委的要求，抢抓市场先机，强化工作措施，加大营销力度，实现了“主体业务指标完成或超年计划，同业市场上份额，系统排名进位次，内控管理保安全”的目标。

一、2009年个人金融业务在转型发展中迈出了坚定步伐

1. 重点产品保持了市场领先的位置

个人综合负债业务、个人理财产品销售、个人贷款增量实现了“同业第一”；个金专业继续保持了“零”经济案件和重大事故的良好纪录。

2. 核心业务指标创历史新高

“灵通卡”、“个人结算”2项中间业务收入超亿元；中高端客户净增15.1万户，中高端客户占比8.3%，同比提高1.06%，中高端客户资产占比73.9%，同比提高4.86%。个人综合负债542.6亿元，其中储蓄存款增加222.7亿元，代理保险销售19.9亿元，代理基金118.9亿元，个人理财产品销售164.1亿元，代理国债17亿元，个人金融业务现金流量542.7亿元，同比增长32.6%，居同业第一。个人贷款新增95亿元，灵通卡新增193.2万张。

二、2009年的主要工作

1. 围绕“三条主线”抢市场

一是围绕增点进位主线。2009年，我行创新性地提出了“增点进位”的考核管理办法，即考核指标同业占比“余额增点、增量进位”。在这一办法的引领下，各行主动找差距，抓重点，尽力实现同业占比的“保二争一”的目标。2009年末，全行个人贷款余额、个人中间业务收入同业占比分别同比提高2.04%和1.02%。

二是围绕结构调整主线。充分利用理财金账户、牡丹灵通卡和幸福贷款“三大品牌”锁定不同层次的客户，突出服务体验，推进客户结构和业务结构的转型。2009年末，全行个人储蓄存款余额达到1333亿元，占全行存款总额的61.8%，同比提高1.1%；个人贷款余额达256.4亿元，占全行贷款总额的18.7%，同比提高2.9%；不良率0.67%，同比下降0.12%。

三是围绕全方位考核主线。着力用机制促发展，完善了个人金融业务考核体系：对分管行长建立了“3+7”的考核模式，使其专注于个人业务发展；对个人客户经理建立了“1+N”考核体系，提高其综合营销能力；对网点将个人中高端客户净增数挂钩进行费用配置，加强对个人中高端客户的维护与拓展；对贵宾理财中心通过对客户结构、业务发展、运营管理三大类指标进行综合考评，发挥其标杆榜样作用。

2. 突出三个重点抓营销

一是突出重点时段。一季度，组织开展“百日旺季储蓄存款大会战”，实现单月增存超百亿元、单季增存超200亿元的新高，创同业增量第一。二季度，在稳存增存的基础上组织抢抓理财、基金、保险、灵通卡等重点产品，取得了较好效果（上半年总行综合排名13位）。三季度，从个贷中心建设入手，着力建设“两个加”的营销格局，并开展产品创新，定向销售总行理财产品13亿元。四季度，从中高端客户着手，全面组织旺季营销，推动各类个金指标创历史新高。

二是突出重点产品。加快代理保险业务结构调整，营销收益相对较高的期缴产品，期缴产品全年销售占比达12%，高于同业2%，全年代销保险手续费收入7138万元，同比增加33%。

三是突出重点源头。储蓄存款突出抓工资性、经营性、投资性、一次性和打工经济性等“五大源头”，全年新增加代发工资单位1473个，代发人数达1647.9万人，代发总金额达394.7亿元；与中信建投、广发，长江等证券公司联合开展营销活动，全行第三方存管业务存量客户57.4万户，同比增加6.7万户；第三方存管客户资金规模78亿元，同比增加38亿元，户均资金余额1.3万元。个人贷款突出抓二手房、个体工商户、小商品城、汽车经销商等“四大源头”。全年一手房贷款新增50亿元，二手房贷款新增17.4亿元，个人商用房贷款新增10.6亿元，汽车贷款新增3.9亿元。同时加快产品创新，发放个人住房抵押贷款、个人商铺贷款分别达6.6亿元和32.8亿元。灵通卡突出抓学校、青年职场人士、联名卡等“三大源头”。年新发行公交卡、公积金、地税卡等联名卡5种。

3. 建立五大体系促发展

一是建立营销服务体系。建立了初步的捆绑营销、捆绑考核机制，与公司业务部、机构业务部、结算与现金管理等部门实行捆绑营销、联动营销，营销代发工资客户等重点产品，其中累计代理销售工银瑞信基金28.19亿元，总行排名第6位，完成率总行排名第3位。先后2次与机构业务部联合召开银保业务启动会议，搞好与保险公司的协同营销。

二是建立全员营销体系。对所有个人金融业务产品计价进行调整，明码标价，按照销售成果进行计价奖励，形成“全员营销个金产品”的经营氛围。加强了对各类客户经理、柜员的合约管理，按照“1+N”模式设定考核指标体系，以个人中高端客户数量、贡献度“双提升”为导向，强化对中高端客户拓展、存量客户维护、个人金融产品持续营销等考核，增强了个人金融业务价值创造能力。

三是建立分层服务体系。初步构建了省行、二级分行、支行、网点、客户经理的纵向服务体系以及各支行、网点联动的横向服务体系，健全纵向、横向信息传递机制。省分行重点组织了对资产在100万元以上的重点个人客户进行了走访联络，先后参与了辖内4家分行对1000万元以上重点个人客户的走访与维护。同时，明确各岗位所维护的目标客户群，以及各岗位人员的服务规范、职责等问题。

推动了个人客户经理一对一的对应维护工作的落实。

四是建立学习培训体系。组织本专业员工认真学习总省行一系列讲话精神，并认真学习消化，做到了长计划短安排，每周有计划、每月重点、每季有活动，月月有小结，在此基础上，我行个金部形成了1篇调研报告上报总行。同时着力抓好培训，集中组织了4期培训班对网点主任、个人客户经理进行培训，参培人员达2035人次；AFP/CFP等专业培训班15期，参培人员达5800余人次；组织了中国寿险管理师等4个专业资格认证考试，参考人数达3200余人次。

五是建立内控防范体系。认真部署个人金融专业“精细化管理年”活动，每季度突出一个防范重点，对“个人客户经理、ATM工作、反洗钱工作及个人贷款营销”等四个重点工作全面加强管理并进行检查。组织对个金专业风险点进行梳理，明确了99个必须严加管理的风险点，逐个提出了风险控制要求；开展“反对和禁止在经营管理活动中弄虚作假”专项治理活动，增强风险管理与内部控制能力，提升了经营管理质量和内部控制水平，防范了案件的发生。

湖南分行个人金融业务发展概述

2009年，湖南分行个人金融业务认真贯彻行长会议和个人金融业务“一体化”工作会议精神，继续坚持用高目标带动高质量的大发展，保持了各项个人金融业务工作的健康发展。

一、主要经营指标的完成情况

全年按考核口径实现营业总额450亿元，比建行多出50亿元，位居同业第一。其中，储蓄存款新增156.7亿元，完成总行计划的174%，省行全年计划200亿元的78.4%。全年代理销售理财产品293亿元。按同业统计口径计算，实现营业总额798亿元，累计销售个人银行类理财产品456.7亿元。基金和银行类理财产品销售均在同业排名第一。

全年个人贷款增加70.7亿元，增幅61.6%，个人贷款增量超过历史最好水平。完成总行年度增量计划191%，其中个人住房贷款比年初增加54.1亿元，增幅55%。实现了年初提出的新增个人贷款总额和新增个人住房贷款总额双超建行的目标。

全年个人金融业务创造中间业务收入4.3亿元。由于受市场环境的影响，加上业务创新不够，只完成全年计划的89%，仅比上年增加3.29%。其中：理财产品销售收入7321万元，比同期增长55.4%；个人贷款创造的中间业务收入1600万元；结算业务收入只增长8.37%，代理基金和保险收入同比少增23%；灵通卡消费回佣收入加金卡工程收入3100万元未入个金科目。3季度末，全行个人经营贡献14.4亿元。

全行5万元以上资产的中高端客户达到了60.6万户，增加10.3万户。中高端客户金融资产达到941亿元，占全行个人客户金融资产的72%，比年初的计划高出3个百分点。其中，100万元以上资产的财富客户5973户，比前年新增1875户，财富客户新增计划完成率达到125%。全行理财金账户客户发展到13.7户，比年初新增5.6万户，完成计划的373%。

二、2009年主要工作情况

第一，狠抓优质客户的服务与维护。为了大力维护和发展优质客户，今年我们主要抓了三件事：一是加强了对优质客户的管理。我们制定了《财富管理的指导意见》和《财富管理业务工作方案》。从省分行到各二级分行初步建立了高端客户服务体系，财富管理中心、贵宾理财中心等主要网点都配备了具有认证资格的理财经理，初步形成了对优质客户的营销与服务管理体系。2009年上半年，我行财富客户管理有六项指标在总行排名第一。三季度末财富客户的计划完成率在总行排名第四，财富客户资产新增计划完成率在总行排名第三。二是积极开展对优质客户的产品营销。针对5万元以上的优质客户加强了人民币理财产品的营销推介；针对理财金账户客户的专属理财产品销售达12亿元；面向财富客户销售的专属理财产品销售达到了8亿元。我们还发行了适应高端客户的“一对多基金集合理财计划”。加大了针对中青年人士、白领阶层的牡丹灵通卡和联名卡的发行。去年新增灵通卡182万张，联名卡新增44.5万张，其中保险联名卡新增15万张。三是不断完善对优质客户的维护方式。全行开展了对优质客户的维护走访、健康体检、理财沙龙、开辟媒体专栏宣传等多种活动，优质客户的满意度不断提升。四是加强品牌营销。我们大力营销灵通快线，去年灵通快线销售达355.8亿元，比前年增加了21.3%。灵通快线被湖南媒体评为“最值得投资的理财产品”，省分行财富管理专家团队被评为“最佳财富管理专家团队”。

第二，大力推进个人贷款业务发展。一是坚持赶超同业的目标不动摇。年内四次调增任务，四次超额完成。年初，提出全行确保个人贷款新增30亿元，力争40亿元，赶超建行；6月，提出了全年新增50亿元；9月完成任务后，将目标任务调整到60亿元；11月又将奋斗目标增加到70亿元，最后圆满地完成了目标任务。二是分类指导，积极营销。在经济环境较好的中心城市行全面发展以个人住房贷款、个人经营性贷款和个人汽车贷款为重点产品的个人信贷业务。经济相对欠发达地区则重点办理以个人房屋为主要抵押品的个人贷款业务。三是加强信息沟通，抓好营销推动。建立了“个人贷款营销信息参阅”制度，每月定期通报全行个人贷款营销情况。为促进二手房贷款业务的发展，制定下发了二手房按揭贷款营销工作意见，明确重点分行、营销方法和奖励标准。全年二手房按揭贷款

5.95亿元，同业排名第一。四是完善激励机制，严格考核激励。在落实个人住房按揭贷款激励机制的基础上，省分行完善了对二手房贷款、个人经营贷款和房屋抵押贷款的激励和考核措施。新发放个人住房贷款中，纯按揭贷款占比达60%。五是积极开展针对交易市场商户的个人贷款营销。全年为3300户个体工商户投放商户经营性贷款13亿元。去年我行个人贷款工作得到总行的充分肯定。总行《个金动态》向全国推广和介绍了我行个人住房贷款和个人住房公积金委托贷款的经验及做法。

第三，积极开展市场营销。今年以来，我们按照省分行的要求，积极开展“向农村金融市场拓展”与“工商联的合作营销”以及“跟进项目贷款，促进个人金融业务”等一系列营销活动，制定和下发了一系列营销指导意见，开展了营销的月度监测与通报，并制定了相关营销课件下发基层，组织和引导全行个人金融业务系统的员工开展了营销演示、服务延伸、产品推介。到12月底，全行个人金融业务系统有61792人次参加了与工商联的合作营销，进行产品营销演示1868次，增加代发工资单位1711户，吸收工商联会员存款26.64亿元。跟进高速公路建设项目14个，城市基础建设项目29个，房地产开发项目67个，促进项目资金向储蓄存款的转化归集。代发工资计划完成率在总行名列第一。

第四，不断加强网点渠道建设。到12月底，全行已经审批128家网点，年底前已有116家开工建设，有53家已经投入运营。为抓好网点建设，我们加强了部门协调，上下沟通衔接，落实总行、省行网点建设的新要求。上半年，对各行拟装修改造的营业网点进行了实地考察，在网点布局选址、装修改造、内部分区、人员配置等方面进行现场指导，下半年又与办公室、财务、人力资源等部门组成网点建设进度督查小组，对各行网点建设的进度与工作情况进行了检查，有利地促进了全行网点建设的有序发展，网点建设管理水平有了提高。

第五，努力提高经营管理水平。在经营管理上，今年着重抓了三个方面的工作：一是加强规范化的管理。在个人贷款营销中坚持“双人调查、双人见客谈话”制度和客户个人信息数据调查制度，严防假车贷、假抵押。在代理保险业务上，制定下发了《2009年代理个人保险业务指导意见》，对保险费率与收入管理进行了重新确立与规范。目前全行代理保险的费率比往年高30%，比同行高出10%。我们还开展了全省个金业务内控管理综合检查、个人金融业务单边存取款业务和个人客户经理风险管理情况两项调查以及反洗钱检查，将反洗钱纳入了专业考核，每季度都进行了个金业务操作风险检测分析和报告。二是开展精细化服务。印刷了《个人客户服务精细化管理规范》《个人贷款营销手册》，做到人手一册。组织了两次个人客户精细化管理自评自测。全行共有522个营业网点（其中财富中心1个，贵宾理财中心73个，理财网点371个，金融便利店77个）进行了自测自评，自测面达100%。通过精细化服务管理规范的推进，个性化服务的意识不断提高。三是不断提高员工队伍的素质。截至11月末，全行个人客户经理人数已达2143人，比年初增加了682名。其中理财师412人（AFP理财师353名、国际理财师CFP59名），具有认证资格的客户经理在同业第一。今年举办了2期AFP培训班，选拔了两批员工参加了总行的CFP培训，举办了各种客户经理培训班13期，有效地提高了客户经理的素质，更好地维护了客户关系。

吉林分行个人金融业务发展情况

2009年，吉林分行个人金融业务在全球金融危机和宏观经济周期波动的历史背景下，面对诸多不利因素，在总行的正确领导下，深入落实科学发展观要求，着力推进“三个战略转变”，扎实打造第一零售银行，未雨绸缪，积极应对，因势因时而变，实现了全行个人金融业务的跨越式发展。

（一）个人金融业务发展基础更加坚实，市场意识、执行意识进一步增强。2009年，全行实现新增储蓄存款149亿元，完成全年计划指标的165.56%，同比多增30.28亿元，增长了25.51%。并体现为四个特点：一是储蓄存款增量规模创历史新高。二是同业领先优势为近年新高。连续四个季度末保持同业占比第一位次。三是增量同业占比百分比总行排名为近年最好。同业占比总行排名第二位，高于总行平均水平11.73个百分点。特别是在11月末，我行储蓄存款在落后建行13.15亿元的情况下，紧急召开了年末储蓄存款动员会议，李安山行长亲自出席会议，并做了题为《再接再厉 奋力拼搏 确保全面夺取全行储蓄存款攻坚战的最后胜利》的动员讲话，全行上下深刻领会李行长讲话精神，各级行领导身先士卒，率先垂范，全行个人金融业务员工信心百倍，奋勇争先，全面取得了年末储蓄存款攻坚战的最后胜利。可以说年末储蓄存款攻坚战的胜利是“一把手工程”、“全行工程”、“网点工程”的胜利，是全行个人金融员工吃苦耐劳、攻坚克难专业精神的胜利。

（二）个人中间业务收入实现同比正增长，协调发展能力，结构调整能力同步推进。全行实现个人中间业务收入33200万元，同比增长2680万元，增长了8.78%。全行9类个人中间业务收入项目，7类实现同比增长，7类收入超千万元。最低的个人外汇及其他业务收入项目也达到678万元。

（三）个人理财类产品销售蓬勃发展，产品渗透率、销售成功率全面提升。全年理财类产品（不含灵通快线无固定期限型）销售额为173.26亿元，较去年多增39亿元。理财类产品销售额再创历史新高。其中基金销售104亿元，理财产品销售38.29亿元，国债销售16.19亿元，保险销售14.73亿元，各项理财类产品呈现了全面协调的发展形势。全年银保通中高端客户增长率高达79.29%，产品渗透率较年初提高3.55个百分点。理财产品中高端客户增长率为21.62%，产品渗透率较年初提高0.35个百分点。基金中高端客户增长率为18.96%，产品渗透率较年初提高0.82个百分点。各项理财类产品已经成为我行竞争中高端客户的有效手段。

（四）个人客户结构持续优化，服务品质，服务价值进一步改善。全行个人客户呈现总量稳步增长，结构不断改善的良好态势。从规模上看，各层级客户数量均实现稳步增长。截至12月末，全行个人中高端客户为54.49万户，较年初增加7.73万户，个人财富客户为9542户，较年初增加3587户，私人银行银行客户为250户，较年初增加140户；从增速上看，呈现客户层级越高客户发展速度越快的喜人形势。全行个人中高端客户的增速为16.53%，个人财富客户增速为60.24%，私人银行客户增速为107.57%；从中高端客户占比看，中高端客户占比已经达到11.09%，占比较年初提高近1个百分点。

为进一步提升服务品质，提升客户服务价值，我行加大了渠道及队伍建设。按照网点分类管理的指导思想，全行已投入运营2家财富中心，130家贵宾理财中心（其中去年新增50家），123家理财网点，86家金融便利店，客户分层服务能力不断提升。为提升网点核心竞争力，全行已经配置专职个人客户经理773名，其中CFP国际金融理财师51人，AFP金融理财师180人，中国寿险管理师26人。客户经理队伍已成为全行开展优质客户关系维护、个人金融产品销售的骨干力量，其专业优势正在日益发挥出来。

江苏分行个人金融业务发展概况

2009年是新世纪以来我国经济社会发展最为困难的一年，面对历史罕见的国际金融危机严重冲击和自然灾害频发等困难和挑战，党中央、国务院果断决策、从容应对，使经济形势迅速得到扭转。借此东风，我行个人金融业务专业坚持以科学发展观为指导，在分行党委的带领之下，奋力拓展市场，加快业务创新，推进渠道建设，提升服务能力，强化风险管理，取得了可喜成绩。

一、巩固基础，扎实推进，2009年个人金融业务取得显著成果

2009年，个人金融专业共创造经营贡献58.4亿，对全行贡献度达到28.2%，列各专业第二位，圆满完成全年计划，主要成效体现以下三个方面。

——全口径个人金融资产增长再创新高。截至12月末，我行全口径个人金融资产销售额突破1400亿元，达到1484.2亿元，同比增加290.2亿元，增长率达24.3%，总量创历史新高。其中储蓄存款新增462亿，四行占比22.6%，较年初提升1.26个百分点，系统内贡献度由6.2%上升到7.2%，提高一个百分点，实现存款增量四行占比和系统内贡献度双提升。各类理财产品销售1022.2亿元，同比增加303亿元，增长率达42%，其中基金销售351亿，本外币理财产品销售603亿，保险销售46.4亿，国债销售22亿。

——个人中间业务收入领军同业。截至12月末，共实现个人中间业务收入15.5亿元（含开发贷款3亿），顺利完成全年任务，四行占比列第一位。五大重点收入项目方面，个人理财、灵通卡、代理基金、代理保险、个人结算等五项业务三项突破两亿元，两项突破一亿元，成为个人中间业务的“五朵金花”，分别达到2.7亿元、2.6亿元、2.3亿元、1.9亿元、1.6亿元，五项收入合计占个人中间业务收入的89%，重点业务支撑作用进一步凸现。

——个人客户结构持续优化。截至12月末，我行中高端客户数达到152.4万户，在有效个人客户中占比为8.91%，比年初提高0.79个百分点。中高端客户新增22.2万户，增量系统内列第四位。理财金账户客户达到33.2万户，比年初新增11.9万户。从客户金融资产看，中高端客户金融资产新增697亿，增幅为32.3%，总资产达到2852亿，占所有个人客户资产比例达到79.8%，比年初提升4.2个百分点。高端客户（资产100万以上的客户）金融资产比年初新增255亿，同比提升21.7个百分点，我行客户群体高端发展的趋势明显，客户结构进一步优化。

（一）以管理促发展，构建业务经营的长效助推机制。一是对业务发展实施“动态缺口管理”。在储蓄管理方面，要求各分行提出针对储蓄占比、代发工资、批量储蓄、中高端客户拓展目标的具体激励措施，将对支行的考核延伸到二级支行和网点。着眼于金融同业存款总量，加强对客户和竞争对手的分析把握，实行存款同业竞争力按月通报督导制度和存款缺口管理制度，通过召开市行及重点县支行市场占比分析会议，分析市场动态，研究工作措施，对储蓄增量排名落后的分行实行诫免谈话，从严督导。加强代发工资业务建档维护工作，进一步落实代发工资业务户管制度要求，要求每一个代发工资单位均有客户经理（或营销团队）进行维护，特别是一、二类优质客户，必须做到专人专管，截至12月末，全省代发工资建档维护率达到98.3%。在中间业务发展方面，加强市场动态研究，针对产品不同收益，实行阶段性项目和收入缺口管理，每月分解计划，并加强监测督导，确保收入序时进度推进。连续每季召开全省个人中间业务经营分析会议，分析市场，研究问题，找准对策，确定重点，进一步加强组织推动。组成分片督导小组，赴苏南、苏中、苏北调研，并根据各行实际特点，共同研究经营对策，做到一行一策。二是建立“整合营销”下的业务联动机制。充分发挥我行客户资源优势，深入开展重点产品整合营销活动，将行内客户资源、专业部门进行了切块划分，按照“谁拥有客户，谁负责营销”的原则，下发《关于印发〈重点产品整合营销活动方案〉的通知》（工银苏办247号文），在全行范围内掀起了重点产品的营销竞赛活动，通过两卡一盾一信使，两卡一盾一代发的整合营销，以公带私，公私联动，提高客户资金沉淀率，实现储蓄存款市场的升级发展。特别是针对代

发工资的业务特点，我部将企业按照有贷户、机构户、中小企业户进行分类，下发明细清单，加强督导力度，按周通报进度，按月进行总结，确保活动开展真正做深做实。三是加强客户资金的封闭运作管理。根据客户的资金运作规律，加大“存贷通”、“第三方存管”、“灵通快线”和“货币型基金”等储蓄相关产品的营销力度，吸纳客户闲置资金，为客户资金在我行的封闭运作建立稳定的“库存”，促进了负债和中间业务的协调发展。利用房贷利率打折与房贷客户见面时机，提高存贷通协议签约率，稳定客户资金 21.8 亿元。通过加强与华泰、海通、中投等证券公司的沟通和联系，加大对第三方存管账户的维护和拓展力度。至 12 月末，第三方存管个人客户新增 8.6 万户，累计达到 97 万户，这不仅带动了银行卡、电子银行等个人金融产品的综合销售，同时也抓住了个人客户交易结算资金这个源头。灵通快线则定位于第三方存管客户的证券结算资金和有大量闲散资金的中高端客户进行精确营销。12 月末，灵通快线超短期理财产品日均余额达到 32 亿元，比年初多 11 亿元，为全行储蓄增长夯下基础。通过对上述各类理财产品的推介工作，客户的“资金库存”已经达到相当规模。四是探索运用科技手段严防客户资金流失。通过“大额存款流向监测系统”和“第三方存管资金流向统计系统”实现了对客户储蓄资金流向的按日监测，精确把握客户资金动向，防止大批量储蓄的流失。

（二）创新思维，开拓市场，着力提升业务经营效率。一是注重加强市场研究，对业务拓展进行指导。改变原来“大海捞针”发展客户的做法，把握社会资金流向日趋多元化和集群化的发展趋势，突出抓好对系统性、集群性目标市场的研究，探索零售业务批发化发展。针对资本市场、城市拆迁、军队、医疗机构、专业经营市场、高等院校、公务员、建安企业、农产品收购等九大市场编写了营销拓展指引，目前正在结合业务拓展实际进行进一步修正。对全省 93 个专业市场进行了专题调研，为我行开展电话 POS 业务奠定基础，目前共投放 1.3 万台，累计交易金额 39.2 亿元，单机平均交易金额 29.95 亿，预计专业市场将成为明年我行储蓄和中间业务又一新的增长点。对基金、保险等理财市场进行了深入分析，就各项业务的重点工作下发了指导意见，并根据当前客户理财需求，通过视频培训、产品路演、短信平台等形式强化对市行、支行、网点的营销指导，协助做好个人客户细分工作，找准目标客户。二是大力加强市场拓展力度。在储蓄市场拓展方面，通过当地工商局、房产管理局、房屋拆迁管理办公室等多种渠道，认真了解各项批量市场情况，建立企业改制安置费、城市改造拆迁款、满期给付、职工分红、突发性储蓄源等一次性批量储蓄项目台账，把握住市场竞争的主动权。探索代发工资“名录制”定向营销，通过梳理目标客户名单，对揽储工作进行“精确制导”。根据行外客户按行业划分、行内客户按关系类型划分的原则，对客户资源进行双线梳理。对行外客户，重点对电信、电力、交通运输等优质行业进行全面分析，下发行业营销政策指引。对行内客户，按季下发新开户企业明细清单，辖内各二级行根据清单研究制定切实可行的代发工资项目公关计划，按月排出目标客户，主动营销，逐一拓展。截至 12 月末，全行累计代发金额 943.3 亿元，同比增加 121.8 亿元；代发工资户数达到 21293 户，其中，新拓展代发工资单位 6153 户，较年初净增 4585 户。在产品营销方面，通过实施营销流程标准化、开展销售竞赛活动、下发营销指引，推动支行网点市场营销执行能力。强化贵宾专属理财产品销售，全年共销售了 11 期理财金账户及财富专属产品 20 亿元。面对总行三季度停发区域性理财产品的不利因素，积极与相关部门配合，加强与总行沟通，多方营销，先后申请下来南京新城市、镇江大全等 9 个理财项目，共计 17.1 亿元。加强灵通卡市场的营销拓展。以联名卡为基础，加大批量发卡，今年以来全省拓展了牡丹武警、牡丹书缘、西楚卡等 6 个联名卡项目，新发 56 万张。开展了“灵通卡积分总动员”促销活动，提高客户用卡频率，纯消费是去年同期的 2 倍。大力发展代理寿险业务，并将分红险作为主打险种，确定了重点公司加强合作，优质产品重点推动的营销策略，保持了代理寿险业务的良性快速发展，销售额同比增加 6 亿元，四行占比稳居第一。加强基金首发和持续营销推广活动，按季度开展重点基金存续期营销活动，针对每支首发基金下发营销指引，强化对网点的营销指导，确保完成首发基金销售任务，截至 12 月末，股票型基金销售 91.4 亿元，其中首发基金销售 35.8 亿元。积极推进“一对多”专户基金产品销售，向 107 名财富客户营销了 13 款产品，销售达 1.7 亿元。三是加强营销宣传工作。与办公室密切配合，加大个金产品品牌宣传，在南京窗口地段地铁宣传留学小管家、基金定投、协定金额转账、工行信使等产品，打造工行品牌形象。在交广网开展了为期 3 个月的个人金融产品宣传，与江苏经济广播电台联合开办工行基金投资理财栏目，每周一宣传我行代理的基金产品。每周通过短信平台定期向我行优质客户发送每周证券概括和基金投资建议，为客户做好投资理财服务工作。将灵通卡、个人结算、工行信使、电子银行产品进行整合，以“工行 e 伴侣，轻松通天下”为主题，开展了一揽子营销活动，其中针对工行信使业务，我部自行开发了对于存折及灵通卡客户批量开户平台，实现个性化收费、免费体验、自动展期等功能。继续开展走进支行、走进客户、走进市场培训活动，赴徐州、扬州、镇江、泰州等行进行个人理财、出境留学、存贷通等产品路演，为基层行熟悉和掌握产品特性提供了一定帮助。

（三）加强基础工作，培育“五种能力”，保证业务的可持续发展。在完成当期各项任务的同时，高度重视个人金融业务竞争能力的打造。积极落实年初市县行行长会议和个人金融专业会议的要求，采取多种手段来培育“五种能力”（网点竞争能力、优质客户拓展能力、分层服务能力、客户经理营销能力、基础支撑能力）。一是“软硬结合”推进网点建设。到年末，将完成今年 80 家贵宾理财中心新建计划，离行式自助银行累计达到 120 家，完成省行党委提出的三年规划目标。在财富中心建设方面，制定财富中心建设指引图册，明确了统一性、私密性、个性化、整体性及一站式服务等五项原则，对全省 11 家财富中心建设平面图进行集中审议，年底前将完成 7 家财富中心建设工作。在渠道硬件升级的同时，结合实施核心竞争力项目来提升网点软实力，开展贵宾理财中心后评价工作，在个金专业考核中要求建成网点的营销业绩必须超过辖内平均水平的1.5倍以上，定期发布网点五十强、客户经理三十强榜单，使贵宾理财中心、财富中心和营销人员的竞争意识显著增强，促进网点盈利能力大幅提升，全行有24家贵宾理财中心进入全国300强，数量之多列全国第二。12月末，占全行网点20%的贵宾理财中心及财富中心，储蓄存款新增占比42%，理财产品销售占比56.3%，基金销售占比达68%。二是注重优质客户拓展。利用专属理财产品、特色理财产品和增值服务等“我有他无”的优势产品服务进行优质客户拓展。营业部、徐州、扬州、泰州等多家分行为高端客户提供主题健康医疗增值服务，据不完全统计，已享用过健康医疗增值服务的高端客户接近5000人，对高端客户覆盖率近20%，获得了客户的一致好评。同样面对高端客户提供的机场贵宾室增值服累计服务人次达到1100人。通过这些比较优势产品和服务，我行的优质客户拓展取得了突出的成效。截至11月末，新拓展中高端客户19.8万户，其中高端客户新增7094户。三是构建分层服务体系。通过对客户的消费行为和资金流向进行仔细分析，制定了初步的客户分层服务和拓展方案。坚持客户分类、服务分层，对高端客户着力提升综合化、个性化服务能力；对中端和潜力客户，探索柜员管户、短信群发等营销服务模式；对低端客户，通过对其大力推广电子渠道来加大分流力度。四是加强营销队伍建设。推进营销队伍数量、素质“双提升”工程。12月末，我行客户经理数量达到1886人，比年初新增486人。举办了大堂经理、个金科长、处长、支行行长等不同层次的营销技能培训班，邀请了台湾地区花旗银行资深销售主管以及基金公司专家进行全程授课，培训注重实战技能的介绍，系统向学员传授先进的财富规划、经营理念、服务流程和操作实务，极大的提升了个金条线人员的素质和营销技能。举办2期国内金融理财师培训班、2期国际金融理财师培训班，培训人数274人，目前我行金融理财师队伍达960人，在同业处于绝对领先的地位。五是加强基础工作。及时做好NOVA+1.0.0、NOVA+1.1.0、NOVA+1.1.2、NOVA+1.1.4新一代“大个金”业务综合管理系统、银保通等多个版本的测试、投产、推广工作。编写“个人金融业务考核评价系统”需求，一期将在12月底前正式投产。积极开发“柜面分流业务系统”，实现对3000元以下柜面存折存取款、柜面卡存取款、ATM存取款业务量、金额及占比的统计与分析。

（四）防微杜渐，全力抓好风险管理工作。我部围绕业务主要风险点，明确了将个人客户经理操作风险、个人理财业务合规经营等重点业务作为防控重点。一是认真做好个人理财业务合规经营管理。全行全面落实《个人金融业务协议管理暂行规定》（工银办发［2008］487号）文件要求，做好金融业务协议的规范工作；及时下发“《关于进一步加强代理保险产品销售管理的风险提示》（工银苏个金［2009］48号）”文件，加强代理保险产品销售管理；按照监管要求，我部于理财产品开始发售后5个工作日内履行向江苏银监局的报告职责，已完成19期理财产品的报备工作。二是做好个人客户经理队伍建设的工作。建立了客户经理队伍资质准入制度，并拟定了客户经理自律协议书，同时全行加强了对个人客户经理的监督管理，实施了个人客户信息的安全机制，规范对客户的风险提示，防范道德风险。三是建立风险防范机制。与二级分行签订个人金融业务风险方案责任状，明确案件防范责任人，定期召开专业案防分析会，查找风险点和重点部位，进一步加大案件防范工作力度。四是统一规范，优化流程。根据银监局和总行要求，进一步规范个人挂失业务，在全面征求分行基层意见的基础上将个人密码和介质挂失相关规定进行优化。

江西分行个人金融业务发展概况

2009年个人金融发展概况

2009年，江西分行以市场为导向，改善客户服务，加强渠道建设，完善考核机制，逐步提高个人客户经理队伍素质，着力于做大客户与产品的联系平台，做宽业务发展渠道，做强储蓄存款基础，各项个人金融业务协调发展。截至2009年年末，全行个人金融资产达962.19亿元；全行个人客户累计达到572.27万户；实现个人中间业务收入4.30亿元；人民币储蓄存款增加112.39亿元，创同期历史新高。

（一）突出核心业务地位，加大对储蓄存款的市场竞争

各行坚持依法合规经营，从机制、队伍、网点建设等多方面入手，大力夯实储蓄存款发展的基础，积极做好储蓄存款与理财产品的良好互动发展，充分满足客户多元化的需求，稳定老客户，竞争新客户，促进储蓄存款的稳定增长。加强了对储蓄存款同业数据的交换，及时分析变化原因，及时加强储蓄增存的新渠道和分流的新途径，认真做好储蓄存款竞争的应对工作。对年初储蓄存款的旺季工作进行早谋划、早部署，组织开展季度的营销活动，取得了显著的成效。

（二）均衡推动大胆创新，个人中间业务全面发展

一是突出重点，推动个人理财类产品的销售。加强代理基金业务的组织管理和理财产品的日常销售管理，及时了解产品发行的信息，做好参数的维护、客户需求调查等准备工作，组织并引导各行争抢更多的发行额度。及时整理产品发行资料及销售数据，密切关注各行产品销售动态，按期持续分析通报各行产品销售情况。

二是积极推广新产品，开拓中间业务收入新领域。启动了牡丹联名灵通卡项目。省、市两级行联合开发海通、国盛联名灵通卡、景德镇“牡丹瓷都灵通卡”、上饶波阳联名医保卡、宜春青龙购物中心联名卡与公积金联名卡等6个项目，努力做大客户规模。加大“工行信使”营销推广的工作力度。积极引导纸黄金的营销工作，销售账户黄金11.63亿元，既为客户增加了资产配置的途径，又为全行中间业务的增长作出里积极的贡献。

三是持续促销大力宣传，营销方式灵活多样化。坚持开展季度主题营销活动，持续开展职场营销和捆绑营销，积极通过媒体等渠道开展宣传，扩大了产品的社会影响。

（三）深化项目加强维护，客户服务能力得到加强

一是实施精细化管理项目。加强项目督导员队伍建设，组建并培训了省、市、支三级行的项目督导员队伍，加强对服务规范化执行情况的测评工作。加强了对贵宾理财中心重点指标的考评，以考核方式的调整，引导贵宾理财中心向重视存量优质客户的维护和潜在理财金账户客户、财富客户的拓展转变，促进了我行中高端客户的规模增长和质量提升并进，逐步提升贵宾理财中心的营运管理水平。

二是加强客户经理队伍建设。2009年，全行新增个人客户经理230名，组织了三期客户经理培训班。组织全省130名个人客户经理参加总行个人客户经理资格认证考，合格率为95%。组织全行员工915人参加全省个人理财销售人员岗位资格认证考试，合格率达84%。组织50名个人客户经理参加金融理财师（AFP）培训班，AFP考试通过率100%，其中14名个人客户经理通过国际金融理财师（CFP）考试，通过率为28%。

三是开发优质客户识别系统。通过对网点现有排队系统功能的完善，帮助网点在第一时间准确有效地识别优质客户。

（四）完善考核激励机制，有效地增强了上下联动和工作传导

省行组织开发了“全省个人金融业务考核系统”，实现了全面、多角度分析各项个人金融业务的经营数据，直接展示网点、个人绩效等功能，解决长期以来我行个人金融业绩考核靠手工统计的问题，给各行管理者进行战略定位和经营决策提供了依据。各二级分行进一步完善了产品计价考核制度和客户经理绩效考核体系，充分调动支行（网点）客户经理、一线员工的工作积极性，推动了业务的持续发展。省行修订“全行个人金融业务考核办法”，有效地促进了各行以客户发展为中心，紧抓市场热点，紧盯竞争对手，进一步筑固我行的个人金融业务发展主导地位。

（五）注重网点布局调整，渠道辐射能力进一步加强

2009年，江西分行网点建设的力度明显加大，改造了财富管理中心1家，贵宾理财中心40家，一般理财网点92家，金融便利店12家，离行式自助银行56家。投放自动取款机113台、存取款一体机63台和自助服务终端93台，网点形象进一步得到提升。

（六）加强制度建设，进一步提高了风险管理水平

进一步完善业务管理制度。规范保险公司和证券公司派驻人员管理，加强个人客户信息维护管理，修订个人理财产品申请/协议书，设计并印制了个人账户资金安全小贴士宣传折页，八大方面向客户提出保障资金安全建议。

开展了制度执行情况检查。组织开展了个人金融业务年度大检查，内容涵盖二级分行及支行个金风险管理、个人客户经理管理等7大方面63个风险环节。发现问题86个，现场整改10个，对10个问题责任人发出积分认定表。

辽宁分行个人金融业务发展概况

2009年，全行个人金融业务部门坚持“以市场为导向、以客户为中心、以效益为目标”的经营原则，深入实施“大个金”发展战略，创新管理体制和经营机制，加快渠道建设，优化客户结构，做大业务规模，保持了我行个人金融业务健康平稳的良好发展态势，创收能力进一步增强，效益贡献度显著提升，为全行年度经营目标的实现做出了重要贡献。

一、储蓄存款业务

截至12月末，全行人民币储蓄存款时点余额为1456亿元，较年初111亿元，完成全年计划的93.17%；人民币储蓄存款日均余额为1450亿元，较年初增加105亿元，完成全年计划的105%。

外币储蓄存款余额为9230万美元，较年初265万美元，完成全年计划的265%。

二、个人中间业务收入

截至12月末，全行累计实现个人中间业务收入4.09亿元，完成省行下达收入计划的62.97%；累计销售个人理财产品773.14亿元，其中灵通快线无固定期型理财产品销售569.43亿元。基金销售72.76亿元；国债销售40.4亿元,；本外币理财销售37.26亿元；保险销售20.08亿元。

三、个人信贷业务

截至2009年末，个人贷款余额52.84亿元，净增8.53亿元，余额增幅19%。完成省行计划的142%，完成总行调整后计划的107%。个人贷款累计投放16509笔，24.32亿元。实现利息收入2.1亿元。其中：个人住房贷款余额46.74亿元，净增6.31亿元，余额增幅15%。累计投放11275笔，15.47亿元；个人消费贷款余额6.1亿元，净增2.22亿元，余额增幅57%。累计投放5234笔，8.85亿元。

四、个人客户发展

1. 个人客户数量显著增长。截至2009年底，全省个人客户数量达到10 856 273户，其中金融资产在5万元以上的个人中高端客户达到 879 933 万户，较年初净增 104 560 户，增长率是 13.5%，占全体客户总数的 8.03%。省行营业部个人客户数量达到 3 965 541 户，金融资产在 5 万元以上的个人中高端客户达到 298 676 户，较年初净增 31 821 户，增长率是 11.9%，占全体客户总数的 7.5%。

2. 个人客户资产稳步增长。截至 2009 年底，全行个人金融资产总量达到 1834.73 亿元，其中中高端客户金融资产 1404.46 亿元，占比达到 76.5%；省行营业部个人金融资产总量达到 637 亿元，较年初增加 30.8 亿元，增幅 5.1%，中高端客户贡献度继续增加，金融资产余额占比达到 77.03%，2009 年新增金融资产占全部新增金融资产的 72.18%。

五、牡丹灵通卡

截至 12 月末，全行牡丹灵通卡累计发卡 146 万张，完成全年计划的 90.12%，年初以来实现牡丹灵通卡消费额达 206.72 亿元，完成全年计划的 106%。

六、主要工作措施

（一）进一步强化储蓄存款基础地位，存款实现又好又快增长

年初，个金专业根据市场环境的新变化，加强市场调研和经济环境分析，抢先抓早，提前部署储蓄存款旺季营销工作，下发了《关于做好一季度个人金融业务营销工作的紧急通知》，对 2009 年一季度的揽存增储工作提出了明确要求，提高了全行对增储工作的重视程度。在全年工作中，通过狠抓各节日期间揽存营销工作，以营销和发展高端客户稳存增存，与各证券公司开展联合营销活动扩大第三方存管客户规模，制定储蓄存款长短期发展计划等措施，有效促进了储蓄存款又好又快增长。

（二）强化基础性产品的支撑和带动作用，中间业务规模不断扩大

2009 年，面对更加复杂的市场环境和十分艰巨任务指标，个金专业准确判断形势，积极开展营销，强化内部管理，做好考核和调研，认真落实“四个最大限度”工作要求，确保了个人中间业务收入指标的落实。一是通过优化我行基金销售产品结构，促进了由货币、债券基金的销售向股票型、混合型基金转移，提高销售代理手续费的有效性。二是通过深度挖掘寿险、财险的销售空间，创建立体分销模式，提高网均产能，实行差别激励政策，保证重点公司的资源配置等措施，有效发挥了代理保险对中间业务的核心作用。三是通过开展“结算业务竞赛活动”，稳步扩大人民币个人结算业务、灵通卡业务、代理业务等基础产品中间业务收入比例。

（三）多措并举，加大业务组织推动力度，个人贷款持续稳步增长

今年以来，省行个金部通过加强与中后台部门沟通协调，不断调整个人信贷政策，强化营销工作指导和组织推动，完善营销激励机制，强化按揭项目营销管理等措施，增强了全行个人贷款业务市场竞争力，有力地支持和推动了个人贷款业务持续稳定发展。截至 11 月末，个人贷款余额 52 亿元，净增 7.72 亿元，同比增长 7.6 亿元。完成省行计划的 129%，完成总行调整后计划的 96.5%。个人贷款累计投放 14826 笔，22 亿元。实现利息收入 1.92 亿元。其中：个人住房贷款余额 46 亿元，净增 5.58 亿元，同比增长 5.55 亿元。累计投放 10151 笔，13.83 亿元；个人消费贷款余额 6 亿元，净增 2.14 亿元，同比增长 2.03 亿元。累计投放 4675 笔，8.17 亿元。

（四）通过开展形式多样、内容丰富的营销竞赛活动，做大了中高端客户规模，优化客户结构

今年，省行党委作出了“高端客户营销服务年”工作部署，举全行之力做好中高端客户的营销管理工作。通过组织开展个人中高端客户市场营销竞赛活动，举办“投资理财产品、实现资产增值”理财沙龙活动，组织“TOP100 财富精英赛”活动，开展“财富签约百分百”计划推行，促进了中高端客户规模的增长。截至 11 月末，全行个人金融资产 5 万元以上客户 87.1 万户，较年初增加 9.3 户，完成全年 17 万户计划的 54.7%。客户资产 1382.1 亿元，占全部客户资产 76.3%，超额完成总行 73.2% 年度计划；个人金融资产 20 万元以上客户 15 万户，较年初净增 3 万户，完成全年 10 万户计划的 30%；个人金融资产 100 万元以上客户 9520 户，完成全年 1 万户计划的 95.2%，客户资产 225.24 亿元，完成全年 185 亿元的 121.75%。中高端客户规模的不断增长和结构的优化，为个人金融业务的可持续发展和综合贡献的进一步提升提供了稳固基础。

（五）加大资源投入，强化产品促销，灵通卡业务保持快速增长

为有效引导和培养客户使用牡丹灵通卡，2009 年省行组织开展了主题为“灵通卡迎新献大礼，双重惊喜等着你”、97.5 牡丹交广联名卡消费有奖、与辽宁交广台联合开展 975 消费联盟特惠等一系列促销活动，有效带动了灵通卡业务快速增长。

内蒙古分行个人金融业务发展概况

2009 年，内蒙古分行个人金融业务深入实践科学发展观，按照总行打造“第一零售银行”的战略目标，紧紧围绕年初确立的工作重点，全行个人金融业务营销人员积极主动开展市场营销工作，促进个人金融各项业务稳步增长，实现了个人金融业务的持续快速发展。

一、个人金融业务经营发展情况

（一）储蓄存款新增占比增点进位，理财产品销售稳居同业第一。全行个人金融资产新增 268.39 亿元，同业占比保持首位。其中，储蓄存款新增 114.60 亿元，再创历史新高，完成了全年任务的 127.33%，新增同业占比

27.67%，比上年提高了3.74个百分点，同业占比第二位；储蓄存款余额达744.61亿元，同业占比30.81%，保持同业领先。全行个人理财产品销售153.79亿元，完成全年任务的179.64%，同业占比45%，居同业第一位。

（二）个人贷款实现了突破性增长，增量跃居四行首位。个人贷款余额120.34亿元，比年初增加49.74亿元，是上年的2.4倍，增幅在全国排名第二位，新增额任务完成率248.70%，个人贷款增量同业占比34.45%，跃居四行首位；个人贷款余额占比31.11%，比上年提高了1.68个百分点，居同业第二位。

（三）个人中间业务持续较快发展，实现同比增长。全行实现个人中间业务收入2.71亿元，同比增幅5.04%，完成全年任务的90.37%，个人中间业务收入占全行中间业务收入的46.3%。

（四）个人中高端客户规模不断扩大，结构进一步优化。全行个人金融资产5万以上中高端客户比年初增加5.27万户，达到38.63万户，占总个人客户的9.10%，比年初提高了0.47个百分点。

二、主要工作情况

（一）深化推进"两化"改革工作，完善体制机制建设。一是2008年两化改革工作在全行铺开的基础上，年初，及时组织召开了"两化"改革领导小组会议。二是对于分行调整规范各层级机构岗位设置中，按照"两化"改革方案，结合人力资源管理提升项目，进一步明确了二级分行个金部内设机构及岗位。三是明确个人金融业务主要产品考核激励措施，督导各行制定细化落实方案，完善"双线管理、双重考核"机制，个人金融业务经营模式逐步实现了以产品为中心向以客户为中心转变。

（二）全力推进储蓄存款工作，提高市场竞争力。一是年初明确储蓄存款"余额增点、增量进位、赶超同业、力争第一"的奋斗目标，召开了全区储蓄存款工作视频会议，组织开展劳动竞赛活动，一季度末储蓄存款增量同业占比跃升至四行首位。二是加大储蓄存款日均增量的考核力度，明确了激励措施，同时二季度开始对各二级分行储蓄存款旬均增量占比进行考核，并对月末储蓄存款异常波动的行采取扣分的方式促进储蓄存款稳定增长。

（三）加大投放，提升个人信贷业务市场竞争力。一是制定了《2009年内蒙古分行个人信贷业务营销工作意见》，进一步完善个人信贷业务"一把手"负责制及分类管理措施。二是对部分二级分行信贷政策予以调整，进一步放宽了对重点行的业务授权，较好地调动了二级分行业务营销积极性。三是分行组成工作组深入二级分行和部分重点支行，召开与支行领导、业务骨干及当地知名个人信贷合作机构参加的座谈会。四是加强合作机构的准入与管理工作，共审查个人信贷合作机构540家，审批通过487家。其中：房地产开发企业339家、汽车经销商78家、房地产评估机构及担保公司等70家。五是深入推进"个人信贷营销标准化工程"项目，全区建立了12家个人信贷业务营销中心。

（四）加大重点产品营销力度，促进个人中间业务稳步提升。一是加强对基金、保险和灵通快线理财产品的销售工作，努力增加业务收入。全行累计代销基金75.28亿元，同比增幅57.79%；全行代销保险6.07亿元，同比增幅15.84%；销售人民币理财产品66.74亿元，同比增幅81.61%。二是强化公私联动，加大代发工资业务营销工作，全行新增代发工资单位934户，同比增幅67.09%，累计代发工资单位5648户，其中一二类代发单位占比62.73%，比上年提高了2.07个百分点。

（五）加快渠道建设工作，提高网点核心竞争力。一是2009年建设完成财富管理中心2家，已建设完成贵宾理财中心62家，综合理财网点达到196家、金融便利店177家，建成24小时自助银行63个。二是制定了"理财金账户品牌推广工作的指导意见"和"贵宾理财中心个人金融业务精细化考评实施细则"，按月对贵宾理财中心考核和督导，不断提高其优质客户服务水平。三是加大自动柜员机的投入力度，2009年全行新增配备ATM 294台，ATM单机日均交易量、单机日均交易额、离柜业务率同比大幅提升。

（六）稳步推进个人客户服务精细化管理项目，促进网点服务水平的提升。在总分行的组织推动下，各二级分行实施成效显著，全行网均储蓄增量2696万元，同比增幅21.50%；网均个人贷款增量1170万元，是去年的2.5倍；网均个人理财产品销售3618万元，同比增幅61.88%；网均个人中间业务收入63.8万元，同比增幅5.8%；网均个人中高端客户新增124户，是去年的2.1倍。

（七）加强个人金融业务分层次培训，强化员工队伍建设。一是组织举办了二级分行个金主管行长及经理、金融理财师、个人客户经理等针对不同层级员工的分层次培训，全行共举办了6期个人金融业务现场培训班，邀请北京等分行的优秀讲师，围绕"大个金"、"两化改革"、服务精细化等内容，进行了观念新颖、内容翔实的授课，同时外出组织参观考察，学习交流先进经验做法。二是进一步充实个人客户经理队伍，全行新增大堂经理319名；新增个人理财和营销客户经理30人；其中CFP、APF分别较年初增加了17名、59名，个贷营销经理新增68人。

（八）积极组织开展了形式多样的营销活动，促进个人金融业务产品品牌推广及业务拓展。研究下发了《2009年个人金融业务市场营销活动指导意见》，在全行组织开展了"牡丹卡为你加油"、"一卡在手，自助为乐"等一系列营销活动。与重点保险公司合作，引入保险公司专业化销售标准流程特训体系，开展网点营销人员专业化销售训练营活动和网点产品营销竞赛活动。

（九）继续强化个人金融业务内控建设工作。加强对重点部位、重点岗位、重点环节规章制度落实情况及操作风险的监督检查，督导各行加强了个人理财产品的合规销售，密切关注个人贷款潜在风险，有效防止了假按揭的发生。

宁夏分行个人金融业务发展概况

2009年，宁夏分行个人金融业务部在分行党委的正确领导和政策支持下，积极应对宏观经济环境和政策变化的影响，以坚持打造“第一零售银行”为目标，努力推进改革创新、加快渠道建设、优化客户结构、做大业务规模，经过个人金融战线全体员工的共同努力，保持了个人金融业务持续健康平稳的良好发展态势。

一、主要经营指标完成情况

（一）主要经营业绩规模不断扩大

个人金融资产销售额达130亿元，其中：人民币储蓄存款较年初增长22.4亿元，各类理财产品销售额达107.7亿元。

个人贷款余额新增12.8亿元，创个人贷款业务发展历史最好水平。其中个人住房贷款新增11.7亿元，占全部个人贷款新增额的91%。

实现个人中间业务收入9841万元，较去年同期增幅6%。

新增牡丹灵通卡·e时代卡23.5万张，借记卡消费额达40亿元。

（二）客户规模快速增长，结构持续优化

全年新增个人中高端客户15656户；中高端客户资产占全行个人客户资产比例的74%。理财金账户客户达20976户，累计新增10884户。

（三）网点建设稳步推进，客户服务水平进一步提升

全年新建贵宾理财中心5家，总数达到20家；新增离行式自助银行3家；全行在使用自动柜员机达到110台，单机日均交易量达324笔，交易额达19.9万元。

（四）队伍建设趋于完善，优势得以充分体现

全行统一聘任个人客户经理311名，较上年末增加19人。获得金融理财师资格的人员已达到73人，其中取得CFP资格人员13人，占比为60.8%。

（五）风险管理制度化、系统化。全年个人金融专业未发生内部经济案件

二、主要发展概况

（一）明确发展方向，建立工作机制，强化制度建设

深入推进管理体制和经营机制的创新，结合全行扁平化改革的实施进程，积极探索发展新思路，通过完善激励约束机制，加强对支行、网点的垂直督导管理，采取分产品、分业务和整体考核相结合的方式开展多种营销活动，牢固树立个人资产和负债均衡发展的经营格局。通过举办重点合作单位、中高端客户答谢会及分层次拜访，进一步提高重点客户的忠诚度。

（二）巩固传统业务基础性地位，挖掘新兴产品创利能力

1. 抓存增存，夯实“基础工程”。继续强化储蓄存款在个人金融业务转型中的地位，严格遵循“行内超任务、同业争第一、网点讲排名”的经营原则，着力增强各种理财产品销售与储蓄存款之间的协同效应，实现理财业务与储蓄存款的相互带动、相互促进。

2. 抓个人理财产品链，实施“核心工程”。

一是在继续保持基金业务市场超过60%的绝对市场份额下，全年实现代理基金业务收入3735万元。及时调整营销思路，对支行进行营销指导。及时调整个人中间业务收入分配办法、绩效考核标准等，实现全年代理销售基金业务收入同业排名第一。

二是继续坚持以理财产品高频次、不间断的销售，吸引和稳定目标客户，有效分流转化高成本负债，年内累计发行191期个人理财产品，销售额达到11.3亿元，同业排名第一。大力营销“灵通快线”系列产品，使灵通快线产品份额稳定在1.8亿元左右，促进储蓄存款、理财业务的协调发展。通过推动“一对多”基金专户理财产品的销售，采取营销措施积极竞争中高端客户市场。

三是规范和强化保险业务营销，截至年末，实现保险销售1.8亿元，较上年同期增幅达到49%，同业市场占比达37.1%，同业排名第一。提高保障性、期缴型产品的销售比例，使我行代理保险业务盈利能力更显突出，全年保险业务收入达到770万元，同业排名第一。

3. 抓个人信贷，打造“精品工程”。

加大与现有开发商、二手房中介公司的全面合作，积极挖掘住房贷款的市场潜力做好目标客户资源的有效储备，促进开发贷款和按揭贷款的协调发展。与分行相关部门沟通合作，缩短业务流程，提高贷款效率，防范贷款风险，为个人贷款的持续增长提供可靠的制度保障；对个人贷款增长乏力的支行，分行积极采取针对性措施，加强督导力度，帮助基层行释惑解疑，尽快摆脱困境步入正常发展的轨道。

（三）完善客户经理分层服务、营销体系及管理维护机制，加快中高端客户发展

一是加大个人客户经理配备力度，强化分次管理能力。通过对个人客户经理的资格认证工作，逐步形成“CFP－AFP－认证客户经理”人员服务体系，构建初级、中级、高级三个层次个人客户经理专业队伍，不断激励个人客户经理奋发向上的信心和决心。二是完善制度，规范行为，采取对客户经理实行业绩指标和核心指标考核相结合、定性与定量考核相结合的考核激励措施，进一步规范个人客户经理管理行为。三是加强队伍综合能力的培养，组建宁夏分行金融理财师团队，构建起前台营销客户经理和后台支持专家团队协同营销的服务格局，在TOP100财富精英赛中宁夏分行新华支行获得总行优秀团队奖，新华支行陈亚莉获得总行级优秀选手奖。

（四）渠道建设稳步推进，客户服务水平不断优化

一是进一步加强对网点的统一布局规划和管理，提高网点资源效益，加大装修改造力度，客户服务水平进一步提升。二是加强自助机具管理能力，增强服务效能，有效

提升牡丹灵通卡的使用效率。组织办卡、刷卡消费促销活动，有效带动全行理财金账户卡和牡丹灵通卡消费额及新增发卡量的增长，消费额增长率排名列居全国第八位，加快升级换卡进度。三是深入推进个人客户服务精细化管理项目的实施，大力推进服务与营销融合，取得较好的工作成效。

（五）多措并举全面提升个人金融业务管控能力

加强部门与部门之间、分行与支行之间的合作与沟通，形成纵向到底、横向到边的内部协调与联动机制；通过召开案防分析例会，深入分析个金业务操作风险点产生的原因，揭示可能产生的后果；加强检查督导力度，认真确定违规积分，使个人金融业务检查制度落实到位；积极落实总行 NOVA +1.1.2 和 NOVA +1.1.3 两个版本升级的工作要求，做好业务支持和培训工作，使新版本顺利投产。

（六）加强交流与培训，不断提升个人金融业务员工综合素质

为各支行搭建互相交流、沟通、学习的有力平台，学习经验，拓宽思路，优化管理模式，缩小行际间的差距；聘请专家及讲师进行高层次的培训，提高客户经理及管理人员捕捉市场信息、挖掘客户心理、营销技巧的能力；组织完成 5 批金融理财师的培训组织工作，实现个人客户经理综合知识能力全面提高。

青岛分行个人金融业务发展概况

2009 年在总行正确部署和领导下，在分行各级个金员工的共同努力下，我行持续推进“大个金”发展战略，坚定打造中国第一零售银行信心，努力深化经营管理由量向质的转变，紧抓中高端客户市场，实施“六化”战略方案，全面提升我行个人金融业务核心竞争力，多项业务创历史最好水平，实现个人金融业务持续、健康发展。

一、推行“六化”战略实施方案，切实做好个人中高端客户挖掘维护工作

（一）推行分行个金“六化”战略

个人金融业务经营理念由“做业务”向“做客户”转变、客户服务由“大众化”向“个性化”转变、网点营销由“坐商”向“行商”转变。根据网点经营的战略定位和客户统一视图，实施“客户高端化、手段电子化、产品多样化、服务个性化、营销综合化、支行零售化战略”，促进中高端客户数量与质量的同步增长，促进全行个人金融业务实现健康可持续发展。

（二）组建分行个人大客户服务中心

在现有的个人客户经理人员中，选拔部分优秀的、有实际基层工作经验和丰富专业技能的客户经理专门维护分行资产在 500 万元以上的高端客户，搭建分行与高端客户直接营销渠道和与支行的客户维护沟通平台。

（三）创新经营理念、多渠道压缩分流低端客户

特制订了《柜面业务分流实施方案》，从多渠道、分层次压缩、分流低端客户。推行“存折换卡活动”，让客户切实感受到使用电子银行和自助设备办理业务的快捷和便利，切实减轻柜面压力。强化对电子银行、ATM 自动柜员机、自助服务终端等自助服务渠道的宣传推广，加大考核力度，切实提升柜面小额业务的分流能力。

（四）组织开展中高端客户营销转化活动

提高理财金账户有效转化率，提高财富客户和私人银行客户的签约率，加快 50 万元以上新客户的开发工作。同时还针对青岛市出国留学、劳务、旅游等需求不断增长的态势，推出“出国人员金融服务”，借助出国人员金融服务，争揽个人高端客户。

（五）强化对金融理财师（CFP/AFP）的考核与管理

把 AFP/CFP 项目与人力资源提升项目挂钩，提高 AFP/CFP 人员的岗位等级和绩效等级，以鼓励客户经理积极参加 CFP/AFP 资格的认证考试，提高个人客户经理队伍的综合素质。

（六）加快贵宾理财中心、金融便利店的推广进度和特色服务

首先，重新整合贵宾理财中心资源和功能。其次，进一步加快金融便利店建设，满足客户交易类的金融需求。第三，建立网点分层考核机制。制定《营业网点个人金融业务分类检测管理办法》，对理财中心、理财网点、金融便利店的考核将更加细化和具有针对性。

（七）引入外包机制，加快大堂经理队伍建设

外聘“素质好、形象佳、年轻化、可塑性强”的人员充实我行的大堂经理队伍。

二、强化协同营销，重视储蓄存款基础性作用

努力扩大客户规模，通过中高端客户增长带动储蓄存款。一是大力开发各类新型市场，努力吸收各种结算资金，抓住新“新市场、新客户”的特点，努力竞争公司白领、公务员、大学生等优质客户，加强与政府、事业单位、对公客户的合作，通过提高对社会保障、医疗改革、土地经营及拆迁等市场的敏感力和捕捉力，从源头上大力吸收批量优质客户；二是不断引导客户增强储蓄存款与理财产品之间的良性互动，确保个人资金在我行体内循环流转；三是以储蓄存款与资本市场的密切关联为突破点，大力营销第三方存管业务，通过不断提高第三方存管客户质量带动储蓄业务发展，及时跟踪新股抽签前后大规模资金在第三方存管账户、个人存款账户之间流动，做好客户资金回转工作。六是注重从代发工资源头上竞争、吸引客户，带动存款稳步增长。

三、加快各项个人中间业务发展

（一）采取综合销售策略，实现个人理财产品同业第一

一是加强基金发行、销售督导，促进基金业务稳定发展。采取重点产品重点督导，及时督导，积极督导支行实现每个网点零销售进度，基本实现每支基金都有销售，在总行排行中的名次达到稳定；二是滚动产品和期次产品相互促进，银行理财产品实现快速增长；三是以“灵通快线”系列产品为媒介，大力推进持续营销和交叉营销，不断提高灵通快线超短期理财产品的客户渗透率，并将该产品与代发工资、第三方存管、银期转账等业务组合营销，利用其兼具安全性、流动性和收益性的鲜明特点吸引新客户。

（二）采取多项有效措施，积极推进保险业务

一是充分利用保险公司的资源，通过组织形式多样的沙龙活动，增进我行客户对保险理财方式的了解，稳固银保客户的基础，通过组织专项营销活动，建立专项督导机制，促使优质保险公司资源向我行倾斜，降低业务发展长期风险的同时，进一步了促进了我行业务的发展；二是为全面掌握各支行、各网点的保险销售动态，及时发现并分析保险销售过程出现的各种问题，分行完善了周、月保险产品销量通报机制及保险产品销售要点通报机制。加强了对银保产品的研究。并通过及时与保险公司联系掌握最新的产品信息，早落实、早部署，从而掌控市场；三是加强风险防范意识，坚持合规经营，组织代理保险业务风险管理学习，张贴《投保新型人身保险产品风险提示公告》，开展代理保险业务合规销售自查活动，印发《关于加强代理个人保险业务依法合规销售管理通知》（工银青办发〔2008〕1145号），明确了代理保险业务合规经营、稳步促进保险业务健康发展的措施和要求。

（三）持续推动灵通卡批量发卡业务

一是利用分行实施“六化”战略，合理进行客户分流的有利时机，做好整体营销，推动存折换卡工作；二是充分发挥客户经理及公司业务的营销优势，在开拓公司业务市场为客户提供多方面服务的同时，把灵通卡的批量发卡和代发工资等业务进行捆绑销售，以批量发卡快速的抢占市场份额，推进灵通卡业务的发展；三是利用各种渠道积极向市场推广我行灵通卡方便、安全，便捷的优势，配合灵通卡发卡工作的推进，向客户推荐自助设备、POS消费、电子银行等多渠道的客户自助服务手段，提高灵通卡和客户自助服务的使用率，进一步提高我行非柜面业务的占比，最大限度的节省我行业务成本，提高综合效益。

（四）加快优质代发工资进程，积极开发高端客户

一是加大协同营销，提高代发工资业务渗透率，将贷款、机构、企业网银等对公业务发展与代发工资业务营销有机结合，把代发工资业务作为向对公客户营销、与优质企业合作的重要内容；二是大力挖转优质代发工资单位、开展客户关系维护的有利时机，全行充分把握这一契机，积极开展代发工资旺季营销活动，通过主动出击，稳定代发工资存量的同时，对于优质单位，要定期开展高层互访，业务宣传，建立稳固的合作关系；三是提高议价能力，大幅增加中间业务收入，对综合贡献度较小、业务往来少的单位，把握利润增长点，计算成本，提高中间业务收入。确保代发工资业务稳步较快的发展。

（五）进一步推动第三方存管业务持续发展

一是继续强化与重点优质券商的紧密合作，共同做好联合营销活动。在坚持依法合规、防范风险的前提下实施“走出去”与“引进来”相结合的营销方式，积极争取证券公司优质客户资源；二是根据“六化”战略实施方案，深入开展中高端客户营销和挖掘。分支行行领导加强与券商营业部高层之间的沟通，深度挖掘合作券商的他行优质客户资源，提高我行第三方存管优质客户占比，提升我行第三方存管客户价值；三是通过考核杠杆，推动个人客户经理积极开展第三方存管业务营销工作，引导客户经理通过PBMS的管户客户的第三方存管筛选功能，抓住当前证券市场转暖的契机，对尚未开立第三方存管的管户客户开展针对性营销，不断提升管户客户第三方存管业务渗透率。

青海分行个人金融业务发展概况

2009年，青海分行以科学发展观为指导，贯彻落实打造区域内第一零售银行发展战略，加快推进经营模式和增长方式的转变。一年来，青海分行个人金融业务积极应对同业挑战，准确把握客户市场定位和市场发展趋势，紧跟市场变化开拓业务，努力扩大业务规模，市场营销能力、客户服务能力、风险管理能力和可持续的盈利增长能力不断增强，各项业务保持了稳中有快的发展态势。

一、围绕中心目标，突出重点工作，奋力开拓市场

2009年，青海分行个人金融业务按照总行部署，围绕青海分行支行行长暨改革发展研讨会议精神，把打造区域内第一零售银行作为中心目标，明确工作任务，完善激励机制，整合营销模式，加强队伍管理，推进渠道建设，开展营销活动，推动业务加快发展。

（一）完善激励机制建设，增强业务发展活力。建立核心业务由计划为主向同业占比指标并重转变的考核机制；依托“两化”改革绩效评价系统，制定“财富中心、贵宾理财中心、理财网点”业绩评价统一办法，推进全行网点考核精细化进程。

（二）整合营销模式，提升营销能力。完善联动营销机制建设，建立批发营销模式，大力发展公司客户中的个人客户，形成紧密联结上游客户的服务链。打造网点品牌，形成各具特色的网点营销优势，增强营销敏锐度，挖掘产品交叉销售机会，提高产品营销成功率。

（三）加强队伍管理，建立一支素质能力较高的个人

客户经理队伍。按网点业态明确客户经理配备标准，锁定现有人员，实行名单制管理。理顺网点与客户经理之间的关系，充分发挥其职能作用。加大金融理财师培训力度，为个人金融业务发展提供必要的人力保证。

（四）实施分层营销，努力扩大客户规模。构建财富客户分工协作维护体系，组织开展系列营销活动，提高财富客户贡献率。结合理财金账户客户全面升级工作，提高理财金账户客户质量，促进理财金账户客户规模与质量的协调发展。突出理财金账户、牡丹灵通卡·e时代、幸福贷款三大核心品牌，推进中高端客户数量加快增长。面向职场、学校等开展定向组合营销，挖掘青年职业人士和大学生群体，拓展目标客户群体规模，提高户均资产额。

（五）加快渠道升级建设，促进渠道协调发展。完善网点分类管理，提升网点业态管理水平，加快网点升级建设，明确网点功能定位、经营模式、分区策略、岗位设置、客户服务流程，从业务分流、存贷款规模、产品销售、业务收入、客户结构等方面开展业绩评价，合理、科学地促进网点服务能力和业绩的提升。把个人贷款中心与网点升级改造等工作统筹考虑并稳步推进，构建个人贷款“多渠道、大范围、集中式、专业化”的新型业务布局。加大ATM和自助终端离柜渠道建设，科学投放，优化布局，加强动态监测，提高自助设备运营效率。

（六）开展营销活动，助推业务发展。一年来，青海分行结合区域环境，突出重点业务、重点产品、目标客户，广泛开展“储蓄存款及理财业务竞赛活动”、“幸福贷款走进您”、“牡丹灵通卡，我用我灵通”、“基金定投，伴你‘童’行”以及理财业务、代理保险、自助服务营销等各类宣传活动；与多家基金公司、保险公司、券商开展产品推介会、联谊会和投资策略报告会。在有序开展营销活动的同时，推出了“牡丹利添利灵通卡”、“牡丹携程灵通卡”等新卡类；与国家电网青海省电力公司、阳关保险公司分别合作推出了牡丹电力灵通卡，阳关财险新品种，实现了联名灵通卡和财险业务的新突破。

通过上述工作措施的落实，青海分行个人金融业务在困难的发展环境下，许多新业务产品，特别是理财产品的市场占有率、产品竞争力和创利能力持续增强，业务结构、产品结构和效益结构进一步优化，实现了比预期好经营业绩。

二、理财和储蓄存款业务取得新成效

2009年，面对资本市场和金融环境发生的新变化，居民投资基金意愿下降的新趋势，青海分行个人金融业务契合居民保值、增值投资心理，大力拓展个人理财、保险、国债、结算、灵通卡等市场，实现了比预期好的发展速度，多项业务发展创历史最好水平。销售各类理财产品26.35亿元，同比增加4.9亿元，其中：银行类理财产品销售额达15.4亿元，同比增长95%，较历史最好年份的2008年翻了近一番。代理保险业务加速发展，同比多增287万元，刷新历史记录，市场占比49%，位居同业第一。国债发行同业第一地位得到巩固，市场占比56.3%，超过建行近4亿元，超过农行、中行均在6亿元以上。新发基金优势明显，我行新发基金销量以较大幅度领先建行。在个人理财业务快速发展的同时，人民币储蓄存款也保持了较为平稳发展态势，完成总行年度计划的139%；深入实施代发工资“对内挖潜，对外扩张”战略，取得了新进展，新增代发工资单位同比增幅达163.4%。个人中间业务收入贡献度不断提升，实现个人中间业务收入6448万元，占青海分行中间业务收入的59.2%，为全行效益提升做出了较大贡献。

三、个人贷款业务取得新突破

一年来，青海分行努力破解个人贷款业务发展瓶颈，完善联动营销机制建设，广泛开展营销宣传活动，营造业务发展声势，推出了个人贷款新品种，同时积极将总行个贷政策转化为现实优势，努力拓展市场范围，挖掘市场潜力，个人贷款在市场中的影响力、在客户中的认知度不断提高，扭转了连续4年持续下降的被动局面。累计投放个人贷款16162万元，同比多投10982万元，增长212%，较年初增加6049万元，同比多增7006万元，增幅为27.6%。个人房屋抵押贷款累计投放2399.7万元，个贷新品种取得较好发展成效。

四、个人客户取得新发展

2009年，个金专业把夯实客户基础，壮大客户群体作为业务发展的源泉和动力，将挖掘潜力客户与竞争优质客户结合起来，以客户数量的快速增长，带动客户结构的不断改善，实现了客户规模与结构优化的同步提高，客户尤其是优质客户发展进一步加速。个人客户数量增加70063户，增长7.5%，个人中高端客户新增13407户，是2007年和2008年两年增量之和，增幅50.6%，创历史新高；强化理财金品牌建设，理财金客户当年新增4137户，完成年度计划的一倍多，是2005年至2007年三年增量之和，创历史新高；以灵通卡为载体，扩大业务范围，提高交易规模，当年新增灵通卡15.8万张，同比多增3.6万张，增幅29.5%，消费额近30亿元，同比增加5.3亿元，增幅21.7%，发卡量和消费额均取得历史最好成绩。

五、渠道建设稳步推进

2009年，青海分行按照网点分类管理目标，稳步推进网点升级建设。改造贵宾理财中心7家，投入营运4家，贵宾理财中心达到18家。ATM新增32台，投产营运的柜员机总量131台，单机日均交易笔数233笔。个人客户经理总数106人，当年增加14人。培训AFP15人，CFP5人，取得AFP、CFP认证资格分别为12人和4人，总数分别达到42人、7人。

六、风险防控工作扎实开展

2009年，青海分行个人金融业务在强化营销，拓展市场的同时，围绕内控评价工作，紧抓个人金融业务操作风险管理和理财产品合规销售不放松，认真落实业务操作各项制度，狠抓个人客户经理操作风险、理财业务风险防控工作，个人客户经理风险意识及制度执行力得到提高。依法合规开展个人理财业务，注重投资者教育与风险提示工作，防范理财产品销售风险。加快代发工资新系统应用推广进程，努力形成代理业务风险硬约束。严格个人贷款准入制度和准入审批流程，提高准入审批效率。

山西分行个人金融业务发展情况

2009 年，我行紧紧围绕“打造山西第一零售银行”的战略目标，认真贯彻落实总行及省分行党委的各项决策部署，积极应对宏观经济环境的变化，推进改革创新、加快渠道建设、优化客户结构、做大业务规模，强化产品营销，保持了省内零售业务市场的优势地位，促进了个人金融业务的持续健康发展。

一、主要经营指标完成情况

1. 储蓄存款

截至 12 月末，储蓄存款较年初增加 180 亿元，储蓄存款日均增加 120 亿元，完成绩效合约的 102.5%，储蓄存款同业增量占比达 35.6%，比年初提高 1.4 个百分点，比第二位的建行高 7.2 个百分点，位居四家国有商业银行之首。

2. 个人贷款

截至 12 月末，贷款余额为 43 亿元，在置换、核销 1.2 亿的情况下，净增加个人贷款 8.75 亿元，较同期多增 5.77 亿元，完成省行绩效任务的 175%，同业占比高达 54%，进一步扩大了我行同业第一的领先地位。

3. 中间业务收入

截至 12 月末，实现个人中间业务收入 39980 万元，完成省行 T2 指标的 98.4%，绝对额系统内排 17 位，较上年末提升 1 个位次；收入较同期增长 5951 万元，增幅为 17.5%，绝对量和增幅分别在系统内排第 12 和第 14 位；中间业务同业占比达 38%，较上年底提高 3.3 个百分点，同业领先幅度和占比增幅分别排全国第五位和第二位。

4. 主要产品营销情况

截至 12 月末，累计销售基金 187 亿元，系统内排名第 8 位，完成全年任务的 145%，较同期增加 80 亿元，增幅达 74%；累计销售个人本外币理财产品 500 多亿元，系统内排名第 5 位，完成全年任务的 4 倍；累计代理保险 31 亿元，系统内排名第 10 位，完成全年任务的 101%，同比增长 21%；累计销售国债 31.7 亿元，同比增长 5%，系统内排名第 6 位。四大类重点产品同业排名均为第一。

5. 中高端客户

截至 12 月末，全辖个人中高端客户较年初增加 10.14 万户，增幅为 14.3%，完成全年营销任务的 56.3%；个人中高端客户资产占比为 82.06%，较年初提升 3.18 个百分点，比绩效考核指标高 1.66 百分点。

二、主要工作情况

（一）积极应对同业竞争，进一步巩固我行存款领先优势。今年以来，同业竞争日趋激烈，我行储蓄存款年中数次失去同业领先地位，为此我行两次召开全辖存款电视电话会议，迅速组织开展针对性的储蓄存款营销活动，并加强同业跟踪、强化激励力度，积极发挥理财产品的稳存增存作用，迅速扭转了不利局面，确保了年末同业第一的位置。

（二）强化个人信贷业务的市场拓展能力。今年以来，面对个贷市场激烈的竞争态势，我行有针对性地出台了《山西省分行个人信贷业务营销指导意见》，推出了促进个人信贷业务稳健发展的若干意见，制定了具有较强竞争力的个人住房贷款政策，加大了个人住房贷款、消费贷款的营销力度，明确了各个项目审批环节的工作时限，全年共受理按揭项目 99 个，审批通过 83 个，批准了 52 个县级支行的业务准入资格，有力地推动了个贷业务的快速发展。

（三）推动中间业务收入可持续增长。2009 年我行基金业务仍处于止跌回稳阶段，全年基金手续费收入较同期减少 400 多万元，为此我行加大了本外币理财产品、工行信使、利息税收入等替代产品的营销、清收力度，全年理财收入较同期增加 3626 万元，增幅达 88%；清收历年积欠利息税近 500 万元；工行信使实现收入 120 万元，为个金专业中间业务收入可持续增长奠定了良好的基础。

（四）抓好重点理财产品的市场营销。2009 年我行主动调整产品重心，重点发展贡献度高的基金、保险、理财、国债等产品，积极引导基层行在基金销售上由货币、债券等低盈利品种向偏股型的高盈利品种转移；保险销售上由以前的理财型、趸交型产品逐步向保障型、期缴型产品过渡，在考核上由全面激励向重点激励转移，同时将全辖一级支行重点理财产品的销售状况纳入了直接监测范围，逐月对一级支行的销售情况进行通报分析，并根据监测结果对一级支行分管零售业务的副行长进行直接考评，从而有力地推动全行四大产品销量的大幅提升和结构的更加优化，全年四大产品销售量在系统内均位居前列。

（五）大力发展牡丹灵通联名卡业务。为促进灵通卡业务的快速发展，我行积极探索集群式发展客户的途径，成功地与中国人寿、太平洋人寿山西公司分别签署了牡丹保险联名卡合作协议，正式推出了两款牡丹保险灵通卡，将两家公司的客户及员工 200 多万人锁定为我行的目标客户。同时，我行还与运城市医疗保险管理服务中心合作发行了牡丹医保联名卡，年内已完成首批 17 万张牡丹医保灵通卡的制卡、发卡工作。

深圳分行个人金融业务发展概况

2009 年，分行围绕打造“中国第一零售银行”的总体目标，坚持“以客户为中心、以市场为导向”的经营理念，在快速发展中创造了良好的经营业绩。2009 新增储蓄存款和各项理财产品销售全面夺取四大行第一，个人贷款业务创历史新高，个人金融业务全面实现了持续、健康、快速发展。为响应总行“大个金”向“强个金”的战略部署，落实 2010 年分行发展战略研讨会议精神，加快推进业务发展，现对全行 2009 年个金业务发展情况进行总结，并对 2010 全年个人金融业务工作提出具体指导意见，请各支行遵照执行。

一、2009 年主要经营指标完成情况与工作措施

（一）齐抓共管，多措并举，储蓄存款同业占比持续提升

今年以来分行持续加大储蓄业务的发展力度，多措并举推动储蓄增长，确保同业占比领先。连续开展储蓄存款营销竞赛，营造网点揽存积极氛围；不断优化储蓄计价，调动各岗位员工揽存积极性。截至 2009 年末，全行人民币储蓄存款余额 804.12 亿元，较年初增长 111.6 亿，四大行占比 31.92%，排名第一。增长前五名的支行是南山、蛇口、福田、深圳湾、深东。

（二）齐心协力，持之以恒，个人贷款业务保持快速发展

今年以来，个贷业务克服复杂多变的房地产信贷市场及日趋激烈的同业竞争带来的不利影响，取得快速发展。持续深化开发贷款与住房贷款联动营销机制，落实一手楼盘按揭份额责任制和二手楼区域责任制要求，共参与 81 个住房按揭贷款项目的营销，全年累计投放一手楼贷款达 152 亿元，按揭份额已达标有开贷楼盘占所有开贷项目的比率上升至 76%；积极提高二手楼贷款市场占比，推动与全市 50 家大中型中介机构合作，全年累计投放量达 234 亿元。截至 2009 年末，分行个人贷款余额达到 637.8 亿，全年累计发放 419.7 亿，余额比年初净增 186.2 亿，各项数据均创分行历史新高；累计发放前五名的支行分别为宝安、蛇口、福园、福田和深圳湾。

（三）以利润为核心，明确阶段营销重点，努力提高个人中间业务收入

2009 年，分行以营业利润为核心，开展以中间业务收入为主的各项营销竞赛，奖励到支行，全力推动个人中间业务发展。全年销售各项理财产品累计 374.6 亿元，实现直接中间业务收入 2 亿元，较 2008 年增长 10.5%。产品总销量排名前五的支行是深圳湾、红围、南山、蛇口、宝安。

1. 紧跟市场步伐，代理基金销售领先优势不断扩大。持续开展代理基金月度达标竞赛；全力拓展基金定投客户群体；积极举办“工行投资理财策略报告会”等主题营销活动，树立我行良好的专业理财服务形象。2009 全年代理基金产品销量 162 亿元，四大行占比超过 50%；代销收入 7985 万元，同业占比约 40%，销量及收入年内始终保持同业第一。

2. 持续提高代理保险销售能力，成功赶超同业。开展各类达标竞赛加强保险营销激励；积极提升一线员工代理保险业务水平，营造全员营销氛围；联合保险公司积极举办产品精准营销活动，效果显著。2009 全年代理保险销量和收入取得历史性突破，累计销售 8.65 亿元，较去年同期增长近 30%，四大行占比提高至 30%，实现收入 2825 万元，较去年增长 23.6%，销量及收入由去年的第三跃升至第一。

3. 加强创新，大力发展银行理财产品营销。创新推出并积极推动高竞争力理财产品，通过加大对我行优势理财产品的营销宣传，扩大了工银财富、理财金账户专属理财产品的市场知名度，积极争取他行中高端客户。2009 全年销售总行银行理财产品 67.7 亿元，系统内排名第五；分行自主发行 105 款固定期限产品，累计销售 136 亿元，系统内排名第二；强势推出两款无固定期限区域理财产品“天天利”，累计销售 66.3 亿元，余额近 20 亿元，有效挖转他行储蓄存款并防止优质客户流失，切实推动了理财产品与储蓄的协调发展。全年累计销售总行与分行银行理财产品 203.7 亿元（不含超短期），产品余额达 62.47 亿元，较年初增长 39.8%，提升明显。

（四）深化网点转型，加强核心业务联动，推动个人优质客户不断升级拓展

2009 年，分行为持续提升零售业务发展层次和水平，组织全行深化网点转型，全面完善个人金融业务全员营销机制。分行采取多种措施强化业务支持，努力发挥营业网点的零售业务营销主阵地作用，加强激励提高各岗位员工营销积极性，开展业务培训活动，掀起全员营销热潮。在各支行的努力下，深挖核心客户，提升中高端客户的全方位服务，着力加强代发工资、第三方存管等客户源头业务的发展，累计新增代发工资客户 2419 户，同比多增 634 户，新增代发工资额任务完成率在总行系统内位居第二。新增第三方存管 15.83 万户，同比增长 83.2%，同业排名第一，总行任务完成率 447.2%，系统内排名第一。加强深港联动，以双向见证开户业务为抓手，大力发掘有境外投资需求的个人优质客户超过三千户，占总行开户数 95% 以上，有效推进了个人优质客户规模快速增长。

在多种措施推动下，2009 年全行个人金融资产 5 万以上的优质个人客户达到 41.62 万户，较年初增长 2.97 万户；理财金账户客户 17.1 万户，较年初增加 2.96 万户，同比多增 130%；财富客户达 14832 户，比年初增长 15%，为各层级客户数增长率最高。金融资产 20 万以上客户信用卡渗透率 32.35%，网银渗透率为 27.2%，较年初分别增长 1.3、9.8 个百分点。

（五）客户活动缤纷多彩，工银理财品牌形象不断提高

上半年面向高端客户成功举办了“聚焦财富－携手未来”高尔夫精英邀请赛、“春意无限－健康关爱”女性健康关爱活动以及“创业板上市对股市的影响”财富论坛等形式多样的中高端客户活动，取得了良好的客户反响；下半年抓住传统假日时机推出“工银理财·国庆中秋双节回馈月”大型营销活动，有效推动了储蓄及理财业务发展；积极配合总行“留学之途，工行相助”出国留学金融服务主题营销活动，推出“工银理财－关注未来”贵宾客户留学关爱活动；年末重拳出击推出“工银理财·工庆新年”大型跨年旺季营销活动并取得了良好成效。在分行的统一部署下，各支行组织形式多样社区营销活动上百场，举办投资理财报告会累计250多场，对推广我行零售业务重点产品，扩宽客户增值服务起到了良好的推动作用。

（六）坚持合规经营，全面提升风险管控水平

受全球金融危机及房地产市场大幅调整的影响，2009年初分行个人贷款质量面临严峻形势，不良贷款呈较大幅度上升。分行积极应对，早部署早落实，采取多项积极有效措施，有力推动个贷不良资产清收转化工作，使个贷资产质量不断提高。截至2009年底，我分行个人不良贷款余额为4.32亿元，较年初下降1109万元；贷款不良率为0.68%，较年初下降0.30%，实现了个贷不良额和不良率比年初双下降的目标。

四川分行个人金融业务发展概况

2009年，在省分行党委的正确领导和各部室的大力支持下，四川分行个人金融专业积极转变工作思路，将中高端客户维护与拓展作为全行“大个金”的核心业务和工作突破口，以客户的需求为出发点和落足点，强力实施中高端客户百万工程，密集发动大规模营销攻势，全面启动个人精细化服务项目，稳步提升内控管理水平，有效带动了全行“大个金”业务的全面发展，竞争实力明显增强，业务结构与客户结构持续优化，系统排位继续保持系统前列。截至12月末，全行个人金融资产余额为1964.28亿元，比年初净增375.5亿元，其中，储蓄存款余额为1564.4亿元，净增231.32亿元，列全国第9位；个人理财产品销售565.77亿元；个人贷款新增150.51亿元，较历史同期最高水平多增78.95亿元，同业增量占比居同业首位；个人中间业务收入规模再上新台阶，实现收入6.24亿元，列全国第9位；中高端客户增量位于系统前列。

一、强力实施中高端客户百万工程，全面提升客户营销维护能力

一是制定中高端客户百万工程活动方案，全面安排部署和启动个人中高端客户百万工程活动，积极开展一类代发工资千户行动、财富管理百分百行动、银保深度合作行动、公积金联名卡专项营销、三方存管联合营销、“客户升级，服务升级”营销、“以老带新，荐面有礼”和中高端社区扫楼等八大专项营销行动。二是全面督导各行中高端客户进展情况。省分行个金部成立中高端客户营销推动专班，指定一名负责人主抓，其余人员竭尽全力全面配合，全力以赴实现中高端客户百万目标。三是召开个人中高端客户推动四大片区工作会，全力冲刺个人中高端客户百万目标。四是建立健全以中高端客户为核心内容的考核激励机制。五是积极推广中高端客户数据应用。六是切实提高中高端客户对应维护率。七是建立中高端客户营销分析报告及监测推动机制。密切跟踪各行“中高端客户”和“八大”专项营销活动推动情况。八是加快财富客户与私人银行客户的拓展。全面启动和推广财富管理服务，组建财富管理专家团队，以财富规划、资产管理为核心，加快构建财富客户专属产品与服务体系。

二、强力实施主体业务品牌发展战略，不断提高我行主体业务市场占有率

一是积极开展各阶段主题营销活动，提升品牌业务社会知名度和影响力。组织开展了以“金牛纳福”至尊专享篇、开户有礼篇和交易优惠篇为主要内容的旺季营销活动。全年先后举办各类理财营销展示活动600余场次，参加客户4万余人次。同时联合华夏等16家基金公司开展偏股型基金主题营销活动；联合寿险公司不间断开展保险专项营销活动；联合基金公司，结合“六一”节日庆典，开展“基智定投 伴你童行”基金营销活动；联合十家重点合作证券公司开展开展“银证联手、股海畅游”营销活动；启动中高端客户八大专项营销行动；组织开展“幸福贷款”十大服务举措的营销宣传活动；组织开展灵通卡刷卡促销活动；有序推进校园联名卡、华西联名卡与中国人寿联名卡工作。二是以住房按揭贷款为龙头，狠抓市场源头，确立同业领先优势。三是以个人理财业务为主线，大力发展个人中间业务。四是巩固和提升储蓄业务的基础性地位和作用。

三、全面启动个人客户服务精细化管理项目，不断提升客户服务水平

一是实施个人客户服务精细化管理。省分行成立精细化项目推进工作专班，明确部门分工，强化组织保障，制定下发《关于组织实施个人客户服务精细化管理项目的通知》，全面启动“服务精细化管理项目”。二是抓好财富中心与贵宾理财中心精细化考核管理，制定下发《贵宾理财中心精细化项目考核办法》。三是积极实施核心竞争力项目，在网点建立优质客户识别、引导、业务分流、客户关系维护的“五位一体”优质客户服务流程。

四、积极推进个金业务渠道建设，充分发挥各渠道营销功能

一是积极推进“六三”工程。加快推进财富中心、贵宾理财中心、自助银行、ATM自助终端设备的建设和规

划，加大客户的分层维护和业务分流。二是以金融理财师为重点着力打造高素质个人客户经理队伍。强化客户经理队伍实战培训与资格认证。三是健全考核机制，充分发挥各渠道营销作用。

五、强力抓好个人金融业务内控管理，推动各项业务健康持续发展

一是认真总结分析2008年个人金融业务内控管理情况，通报2008年操作风险检查情况，做好2009年内控管理规划。二是进一步强化制度建设，制定下发《财富卡集中制卡业务操作流程》、《牡丹灵通卡批量开户业务管理办法》、《代理个人保险重大事件应急处理实施细则》、《代理销售个人保险产品实施细则》等意见办法10余项。三是切实加强全行代理个人保险、个人理财产品合规销售管理，提高代理业务的依法合规经营和风险管理水平。全面梳理保险产品，提高新准入和续签产品手续费率标准。积极与保险公司联合推进手续费省级结算工作。四是加强对自动柜员机的管理，督促各行加强ATM巡查、通过管控中心实时监控等工作，提高自动柜员机操作安全，防止外部欺诈。五是组织全省开展个金业务操作风险检查，并对营业部、达州、广安、南充、泸州、内江、资阳分行开展个人金融业务操作风险重点抽查工作。六是有序推进“代收费业务使用统一发票”工作。七是牵头做好人民银行个人反洗钱有关资料提取、报送工作。

苏州分行个人金融业务发展概况

业务指标完成情况

2009年，苏州分行人民币储蓄存款余额562.73亿元，比年初新增112.42亿元，创历史最高增量，储蓄新增额四行占比27.89%，总量、增量均居同业第二位，占比创下了九年以来的历史新高。个人贷款余额379.2亿元，比年初增加86.7亿元，增幅29.64%，新增额达到分行历史最高水平。实现个人中间业务收入26981万元，同比多增6685万元，位居同业第二；销售理财类产品369.09亿元，位居同业第一。牡丹灵通卡有效卡数量达333.26万张，当年新增发卡103.82万张。牡丹灵通卡全年实现消费额128.64亿元，增幅达到159%。理财金账户客户总量为78 906户，比年初净增22 062户。全行共有各类网点172家，其中财富中心4家、贵宾理财中心70家、一般理财网点56家和金融便利店42家；在行式自助银行127家；离行式自助银行38家，离行式自助点109个，在线运行自助设备612台。

主要工作措施

一、牢固确立储蓄存款工作的核心地位。一是建立存款分析督导制度。落实储蓄存款变化情况的每日发布、按月通报、按季分析的常规工作管理机制，建立支行一把手行长存款双月分析例会制度，根据储蓄存款序时完成情况，细化各阶段增量目标，正确处理好日均存款增长与时点考核冲刺之间的关系，增强对序时目标任务的督导与推动。二是积极加强批量揽储项目。通过进社区、进单位、进学校等方式，想方设法拓展养老金代发、工资代发、拆迁款归集、第三方存管、专业商户等批量客户存款的发展空间，增强储蓄存款批量化运作能力；三是依托优势产品加强资金回笼。充分发挥理财产品、存贷联结通、银商通等对储蓄回流、沉淀的作用，以丰富的产品线提高客户对我行的依存度、贡献度。

二、努力深化贵宾理财品牌内涵，积极拓展个人目标客户。一是规模扩张与质量提升协同推进，推动贵宾理财品牌健康发展。积极调动全行有效资源，充分发挥协同营销作用，以发展家庭贵宾理财业务为突破口，全力拓展高端客户，至年末，全行理财金账户目标客户覆盖率从年初的42.48%提升至46.26%；增长了3.78个百分点。二是以“理财课堂”为营销活动平台，拓宽新增客户来源。定期举办证券投资、黄金分析、留学金融、移民讲座等理财沙龙，通过持续性地举办各类主题的理财课堂活动来打造品牌。三是依托各类主题营销活动，储备目标客户资源。围绕中高端客户发展，通过开展财富客户“礼从签降”、“走出国门，工行相伴”、个人客户“升级有礼”一系列主题营销活动，挖潜存量客户，提升低效客户贡献度，扩大全行中高端客户。四是延展个人客户服务精细化管理项目，提升客户服务品质。对金融资产50万元以上重点客户建立了全覆盖、立体式营销服务网络和关系管理体系，对个人高端客户建立一套长期有效的营销维护工作机制，在配备一对一专职客户经理开展日常维护的基础上，通过实施客户分层服务营销策略，实现对全行重点客户的动态数字化管理，最大限度地留存和拓展优质客户群体。

三、个人贷款市场拓展和质量管理并重，促进个贷业务健康快速发展。一是以商品交易市场为抓手，以个人经营贷款为重点产品，开展商户营销拓展活动，优化个人信贷产品结构。通过与本市十大专业市场签订全面金融业务合作协议、实地调研，整合个人经营和房屋抵押贷款、多功能转账电话、网银支付、高端客户服务等金融产品组合营销，个人经营和房屋抵押贷款全年实现5.6亿元增量。二是加强合作机构营销，促进一手、二手按揭业务同步发展。根据市场状况，研究制定了专项营销费用支付流程和操作办法，有效提高二手房贷款业务竞争力和市场份额。同时进一步拓宽合作机构范围，主动营销联系专业担保公司开展赎楼贷款、同名转贷、经营贷款等产品担保合作。三是甄选目标客户，加强分类营销，挖掘客户需求，提高综合贡献。对曾在我行办理过个人经营贷款现已还清的1300位客户，我们通过95588电话外拨营销，并对有新贷款意向的客户落实支行跟踪营销；对于预约办理提前还贷

的客户，制定二次营销方案，根据客户还贷原因进行针对性的产品营销推荐，最大限度挽留客户；对于已开办存贷通的客户，组织策划客户存款提升活动，充分挖掘客户潜力，提高其对我行的存、贷款贡献。

四、以客户为中心强化营销，努力创收个人中间业务收入。一是以市场为导向，重点抓好首发基金和基金定投市场营销，在全行发放的100支新基金中，我行重点托管基金的销售量在总行直属分行、省行系统排名中均名列前茅。全年的基金定投客户数量实现突破性增长，开户量达56859户，增幅185%。二是加快拓展银保业务渠道，深化与保险公司的合作模式，全年寿险产品销售7.48亿元，销售额同比增长69%。

五、加强队伍管理，加快自助渠道建设，建立健全个金考核机制，进一步做好个人金融业务的风险防范工作。一是增配重点岗位人员，保障内部协作机制的正常发挥。按照年初大堂经理的增配计划，积极落实大堂经理的配备工作，对全行125名大堂经理开展了岗位培训，并对每位客户经理建立跟踪机制，对其维护客户成长性进行绩效评价；对其业绩进行每月排名、奖励兑现、分析督导，实现客户经理事前、事中、事后的垂直管理和三级考评机制。二是进一步完善自助设备服务网络建设。按照“重点投放、余点试投、全程跟踪、绩效评估、适时调整”的模式，重点做好自助设备选址、布局的规划和调整。制定了分行自助设备考核办法，从运行率、分流率、投放率等指标入手提高自助设备管理人员的积极性与主动性，提升整体自助设备服务水平。全行自助设备运行率由年初的90.13%提高到95.24%。三是按照总行“两化”改革要求，制定了分行个人金融业务考核办法，并开发了绩效考核系统，经过一年的运行，在全行形成了扁平化考核的新局面，也激发了员工营销的积极性。四是坚持检查监督，进一步防范经营风险。对照年度个人金融业务检查计划，对全行的个人金融业务营销行为管理等工作进行了检查，对违约贷款的催收、不良贷款的清收压降、长期未办证贷款的催办、重点问题贷款处置进度跟踪、贷款他项权证管理等进行监测，针对检查中发现的问题予以整改措施。至2009年末，全行不良贷款余额18408万元，不良率0.485%，远低于分行控制线。

天津分行个人金融业务发展概况

2009年天津分行个人金融部门认真贯彻总、分行经营战略，积极应对严峻的同业竞争形势，坚持以创新和提升整体业务品质为重点，整合资源、强化管理、不断推进零售业务一体化发展；围绕队伍建设、网点建设和经营策略的调整，全面推行精细化管理，强化业务与服务创新，日臻完善了网点分层服务体系；厅堂制胜、公私联动、中高端客户发展等六大零售银行发展战略的实施初见成效，有效促进了个人金融资产、个人贷款业务的跨步增长，个人中间业务、理财产品销售等多项业务领域保持了市场领先地位。

一、2009年个人金融专业工作成效

一是主要经营指标大幅提升。2009年，天津分行进一步健全了多维度的零售银行业务考核激励机制，强化了营业网点核心指标评价，实施了零售银行业务六大发展战略，推进营业网点转型，营业网点识别客户、锁定客户的能力明显提高，全行零售银行业务主要经营指标继续保持市场领先。年末储蓄存款余额达到921.8亿元，比年初增长146.1亿元，在天津地区四行存量、增量占比分别为30.06%、25.17%，均排第二位。其中人民币储蓄存款新增145.8亿元，完成总行全年经营计划的182.4%；外币储蓄存款较年初增长534万美元，完成总行全年经营计划的267.2%。实现个人中间业务收入2.93亿元，同业占比达到34.64%，继续稳居天津同业市场第一位。个人贷款业务告别负增长，当年实现新增35.10亿元，完成年度计划的351%，同比多增36.01亿元。

二是产品销售能力进一步提升。推进实施产品整合创新战略和公私联动战略，开展了“两卡一网”核心产品体验季活动，强化了客户资源的深度挖掘，将公私联动营销纳入流程管理，全行产品销售能力明显增强。年末个人理财类产品销售195.3亿元，完成分行计划的131.9%，四行销量占比达到32.2%，持续保持首位；借记卡新增发卡151.67万张，消费额达179.18亿元、同比多增82.8%、消费额四行占比为44.8%、排第一位。

三是个人客户结构进一步优化。2009年，我行以中高端客户专属化服务为突破口，实施了中高端客户发展战略，推出了“4+X”专属服务方案，赢得了中高端客户的信赖。截至年末，全行金融资产5万元以上中高端客户数量达到55.2万户、100万以上财富客户数量达6922户，分别较年初增长18.3%和61.8%；中高端客户数量占比为8.4%、资产占比为81.1%，分别比年初提升1.2和3.86个百分点，超额完成总行计划。

四是服务供给能力不断加强。2009年我行新建财富中心1家、贵宾理财中心20家，新增和更换ATM104台，新增多功能自助终端30台，物理网点、电子银行与自助设备协调发展、相互促进的整体优势初步显现。区分理财、大堂、营销、个贷等不同客户经理岗位，开展了以赛代训活动，促进了一线员工客户服务能力的提升；推进了“95588”服务中心向呼出业务转型，建立了分行统一的售后服务平台，有效提高了我行售后服务水平。

二、2009年个人金融专业主要工作

（一）以战略创新为动力，推进零售银行业务可持续发展

1. 确立零售银行发展的经营战略。战略决策是关系市场竞争成败的利器，年内我行从机制创新入手，研究制定并实施推广了促进零售银行业务持续发展的厅堂制胜、公私联动、中高端客户发展、优质服务创效、产品整合创新、市场份额管理等六大战略，进一步明确了推进零售银行业务转型的理念和思路，不断提高全行对零售银行业务发展的重视程度。经营理念的深化不仅有效地促进了业务发展，也强化了渠道营销能力，零售银行业务核心竞争力得到有效提升。

2. 深度推进零售银行业务进一步发展。个人金融业务板块以业务整合营销为抓手，以促进储蓄存款增长为根本，围绕拓新增、挖潜力、抓重点的个人客户发展战略，相继启动了"守护财富 相伴融冬"、"揽存增储增户专项活动"以及"二卡一网个人核心产品体验季"、"抢抓黄金季 推动企业行"大项目大客户营销，以及跨年度的联动营销等项目和市场营销活动。通过进社区、入企业、组织沙龙、个人中高端客户"4＋X"服务升级、参展金博会、房交会和国际投资理财博览会等经营策略，全面提升、拉动了个人金融、个人信贷、信用卡和个人网银等业务实现协调、持续、健康发展。

（二）扎实做好储蓄存款工作

1. 深刻认识竞争形势下储蓄存款工作的重要性和迫切性，强化储蓄存款在个人金融业务经营中的基础作用，以市场目标作为业务发展目标，积极采取各项举措，抓首季、抢先机，加大储蓄存款揽存力度；在竞争白热化时期，积极查找薄弱环节，细化经营发展策略，完善促进业务发展的激励机制，提升管理效能，坚定不移地打好争夺战和保卫战。

2. 加大对个人客户资金流的管理和把控，适时适度把握理财、储蓄存款同质产品的营销节奏，挖掘优势项目效用潜能，将个人理财优势产品和有市场竞争力的区域理财产品作为资源经营，带动储蓄存款增长；紧盯市场变化，有计划地合理推进理财、货币基金、第三方存管业务与储蓄存款资金的良性互动。

3. 着力抓好代收代付业务和个人借记卡市场，通过组织贯穿全年的代发工资单位营销，以及e时代卡的市场推广、介质营销及刷卡促销等活动，拓展储蓄存款源头。

（三）进一步稳固个人中间业务收入及理财产品销售能力的主导地位

为进一步巩固个人中间业务收入市场领先优势，我行抓住资本市场向好、银行类理财、特别是区域理财等新兴业务创新发展的有利时机，积极拓展和创新个人资产类产品市场；开展代理业务实战营销技巧培训和新产品、投资理财、市场分析等知识巡讲，扩大银行类理财、理财金账户专属、区域理财、基金等不同结构的产品销售规模；以推进传统业务持续发展为手段，提高稳健型个人中间业务收入的占比，进一步稳固我行个人中间业务收入、理财产品销售能力同业第一的市场地位。

（四）很抓个人贷款经营模式创新，深挖业务增长潜力

为彻底扭转个人贷款业务逆势，天津分行个人贷款业务相关部门密切配合，密切跟踪市场动态和客户需求的变化，制订和细化营销推广计划，强化对个人贷款营销工作的分类指导和组织推动；不断调整完善个人住房信贷政策，优化审批流程，提高审批效率；建立稳定有效的激励机制，增强了我行个人贷款业务的市场竞争力，经过全行努力年内个人住房贷款业务呈现加速迅猛增长的发展态势。

1. 以住房贷款为业务发展重点，带动个人贷款整体发展。一是加大二手房贷款的拓展力度，研发"幸福安家"平台，进一步扩大与房产中介机构的合作；二是加强一手房市场信息搜集和发布工作，建立开发贷款项目按揭检测反馈机制，分支行联动做好分层营销和源头营销。三是采取多样化的宣传方式，扩大我行住房贷款市场影响力，以展会现场咨询、专业杂志广告、组织客户见面活动、阵地营销、售楼现场营销等多样化的形式，加强重点时段、重点场合的宣传，以提升"幸福之家"品牌影响力。

2. 大力推广创新产品，增加业务亮点。推出了个人房屋抵押贷款，加大了对存贷通和随心还、单周供、双周供等新的还款方式业务亮点的市场营销力度；进一步挖掘和推动个人住房贷款以外个人贷款产品发展，选择重点支行尝试恢复个人汽车贷款的发放。

（五）强化中高端客户的维护与拓展，提升中高端客户的综合贡献度

为落实总行"财富签约"、理财金账户"挖潜计划"以及分行中高端客户发展战略，分行对优质客户维护、拓展和分层管理工作进行了整体安排，确立和打造了个人中高端客户"4＋X"专属增值服务体系，年内组织开展了潜在目标客户挖掘、优质客户促销以及高尔夫选拔赛、玉石鉴赏、投资理财沙龙等增值服务活动，使客户经营模式由为客户提供单一的金融产品，逐步向提供全方位多层级的附加服务方向扩充发展。

（六）做实促进零售银行业务持续发展的系统工程

1. 紧抓物理、自助渠道建设与管理。一是在全行范围内实施和推广了四类物理渠道的精细化服务管理项目，完善了优质客户服务体系和网点评价体系，使个人中高端客户竞争能力显著增强，客户结构日臻优化。二是推进营业网点的分类管理、装改升级以及ATM自助机具的布设等工作，年末形成财富中心3家、贵宾理财中心93家、一般理财网点121家、金融便利店59家、自助银行20家、ATM自助机具504台、单功能自助终端174台的渠道架构。三是创新了ATM自助渠道的管理举措，组建ATM渠道建设专项领导小组，配套激励发展的扶植优惠政策，推进自助渠道的社会新增，延伸我行渠道触角。

2. 抓实客户经理队伍建设。一是组建"工银财富"理财支持团队，为推进全行区域营销和高端客户市场营销打下坚实基础。二是开展广泛的系统培训，区分客户经理岗位特性，分别组织了基础性（营销理论、产品介绍、系统操作等）、实战性（规范营销、产品推荐、客户关系维护等）、提高性（财富规划、资产管理、专业顾问等）的系统培训，并围绕分行以赛代训活动整体安排，组织了个人客户经理4个岗位、223人参加的实战演练比赛，30名个人客户经理分别获得晋升工资等级和工资档次的奖励，极大地激发了客户经理的学习热情。三是举办了金融理财师、个人客户经理岗位资格认证和基金从业资格培训和考试，进一步提升个人客户经理队伍的专业素质和履职能力。

（七）进一步完善促进业务发展的激励机制

进一步完善了促进业务发展的考核机制，推出网点精细化管理综合考核方案，对全部网点的储蓄存款、理财产品销售、中间业务收入、贷借记卡发卡量、高端客户、离柜率、个人网银等零售银行核心业务经营情况进行统一考评按月通报、按季考评；试行对支行、网点市场份额的督导与考评，加大对网均增量同业占比的关注力度，使业务发展更加贴近市场、贴近市场份额的提升。

（八）个人金融业务操作风险管理能力进一步加强

为加强个人金融业务风险管理，强化内部控制，防范业务操作风险，年初制定下发了《2009 年个人金融业务类操作风险管理指导意见》，并组织了四次全行性的操作风险大检查，年内我行未发生个人金融专业业务类操作风险案件，实现了全年内控管理目标，个人金融业务在风险可控、合规的前提下，快速、持续地发展。

厦门分行个人金融业务发展概况

2009 年我分行深入学习实践科学发展观，根据总行个金工作会议和分行专业会议的精神要求，围绕“以客户为中心”，建立个人金融业务经营和管理体系，以客户服务精细化管理提升核心竞争能力，强化协同营销推动业务增长和客户结构改善，在储蓄存款增长、客户结构调整、理财产品销售、个人贷款等方面都取得成效，现将 2009 年个人金融业务经营分析通报如下：

一、主要经营目标完成情况

（一）业务发展

1. 储蓄存款。截至年底，我行本外币储蓄存款余额 217.53 亿元，比年初增加 37.46 亿元，完成分行考核任务的 93.65%。其中人民币储蓄存款比年初增加 37.41 亿元，完成总行年度考核任务的 149.64%，增量同业占比第二。

2. 个人贷款。截至 12 月底，我行个贷余额 118.10 亿元，比年初增加 27.67 亿元，同比增加 23.60 亿元，完成总行年初下达全年任务的 345.88%。

3. 2009 年个人金融业务实现利润 3.08 亿元，创造的营业贡献为 4.86 亿元。实现中间业务收入 13109.14 万元，完成考核指标的 79.45%。

4. 各项中间业务发展情况。

（1）借记卡发卡。至 12 月末，牡丹灵通卡业务收入 4124.4 万元，完成总行计划的 98.2%，在个人中间业务收入中占比居首位。我分行新增牡丹灵通卡 40 万张，完成分行考核指标的 80%。至此，我分行有效牡丹灵通卡存量 184.8 万张。

（2）理财产品销售。全年累计销售本外币理财产品折合人民币 62.36 亿元。其中期次发行本外币理财产品销售 15.97 亿元；“灵通快线”超短期产品日均余额 3.79 亿元，“灵通快线”滚动系列产品销售量 39.69 亿元；累计销售国债 2.41 亿元。

（3）基金销售。销售基金 15.13 亿元，完成分行销售任务的 75.67%；同比增长 66.38%。其中认购 3.89 亿元，申购 11.25 亿元；

（4）销售保险。全年实收保费 12217.55 万元，增长 1.43%，其中期缴 1709.18 万元、趸缴 10508.31 万元，期缴按三倍折算后的销售总额为 15635.9 万元，完成分行下达任务的 78.18%。

（二）客户结构

截至 12 月底，我分行个人中高端客户比年初增加 1.78 万户，分别完成总行、分行考核指标的 55.64%、80.93%。中高端客户及资产占全部个人客户的比例从 2008 年底 7.35%、77.48%，上升到 8.15%、81.86%，分别增加 0.8、4.38 个百分点，其中完成中高端客户资产占全部个人客户资产比重目标 78.2% 的 104.68%。新增第三方存管客户 2.1 万户，完成考核指标的 175.71%。基金定投开户数为 2.67 万户，完成分行下达考核指标的 133.40%。全年新增代发工资单位 382 家，累计代发工资额 77.96 亿元，净增 4.55 亿元。

（三）渠道建设

全年净增 111 台自动柜员机，至此我行自动柜员机数量达 448 台；新建并投入运营的贵宾理财中心 4 家，我行贵宾理财中心达到 23 家。

二、主要经营情况分析

（一）储蓄存款在资本市场的影响下，稳步增长

将储蓄存款工作作为日常工作的重点抓好抓实。开展一、二季度、11～12 月储蓄营销活动，强化了营销力度；紧盯市场、加大监测力度，实行动态监测，实施问询制、进一步督促支行关注存款变动情况，增强各支行掌握存款进度的主动性；开发了个人账户大额查询系统，建立中高端资金变动流向信息平台，为支行及时性维护客户提供了条件；以理财产品销售和全方位的金融服务吸引闲置资金和发展客户群。2009 年 5 月 8 日我分行储蓄存款余额首次突破 200 亿大关，标志着我行个人金融业务基础业务更加扎实，并进入持续稳定增长的轨道；但储蓄存款受资本市场变动影响，资金流入流出频繁，活期占比上升，以此同时同业占比形势依然严峻，截至 12 月底，我行本外币储蓄存款在四家国有商业银行的存量占比是 25.43%，比年初下降 0.14 个百分点，排名第二位；增量占比 24.76%，比年初下降 5.14 个百分点，排名第二位。

（二）个人贷款扭转年初下降局面，呈现快速增长

年初针对个人贷款增长乏力的局面，加强组织推动，成立个贷营销协调小组，分析解决个贷营销中的各类问题，部署具体工作措施；加大个贷营销绩效考核和奖励力度，并强化跟踪督导；完善个贷操作规定，加快新产品新政策的市场化步伐和培训力度，有力提升了我行个贷业务竞争力；努力协调前中后台配合机制；加强对二级支行个贷业务的扶持力度，协助二级支行处理日常业务流程和业务操作中存在的疑难问题；加强宣传推广，提升“幸福贷款”美誉度。通过多措并举，我行在第二季度开始迅速扭转了不利局面，个贷增长率较上一年度有了较大幅度提高，全年个人贷款余额也在2009年首次突破100亿元。

（三）全面推广理财业务营销，提高中间业务收入

2009年个人中间业务收入同比增加2355.37万元，增幅21.9%。主要措施有：

1. 及时根据不同时期客户业务需求，组织开展业务营销活动，推动业务营销工作的开展。元旦春节期间为异地汇款、异地存取款业务需求旺季，分行组织开展了办理个人异地结算业务送电信卡的营销活动。根据上半年新股发行暂停，新股申购型理财产品暂停运作，同业各类理财产品短缺的有利时机，组织开展了“灵通快线”系列理财产品的营销活动。积极开展新发重点基金的销售，提高产品计价，有效引导客户经理开展营销工作，充分利用总行政策，开展了四季度工银瑞信基金的重点营销，有力地推动了基金销售；下半年总行加强了理财产品的开发力度，提高了时效性和市场竞争力，及时加强媒体和网点的宣传、理财经理的培训，促进了理财产品销售的大幅提高；四季度通过开展全员营销，基金定投业务也得到快速发展。

2. 2009年以来资本市场回暖，新开股票账户大幅增加，积极走访券商，了解同业竞争动态，有效抓住第三方存管业务发展时机，组织开展第三方存管优惠营销活动，第三方存管存量客户首次超过10万户。

3. 充分利用业务合作单位资源，共同开展业务营销活动，提高业务营销的针对性和效果，2009年与多家保险公司共同举办产品阐述会、专业化训练营活动，取得良好效果，通过对理财经理、大堂经理、柜员的营销技巧培训、提高营销水平和营销业绩。

（四）继续加大代发工资业务营销力度

全面推广代理业务数据传输系统代发工资业务，加强业务风险防范。根据总行业务要求及时制定分行代发工资业务营销方案，为达成营销目标采取了以下业务发展措施：一是落实领导责任，发挥好代发工资业务工作协调机制的作用。继续坚持代发工资业务行长负责制，支行行长全面负责辖内代发工资业务的营销组织推动工作。二是充分发挥整体资源优势，坚持对公、个人金融业务协调发展，以代发工资业务为纽带，推动全行公私业务联动，以“批量化”模式促进个人金融业务的快速发展。三是根据不同代发工资单位，灵活进行收费定价。对不同类型代发工资单位采取不同的收费策略，提高议价能力，增强与同业的竞争力。四是做好代发工资单位的后续服务，稳定现有存量代发工资单位。

（五）加强客户维护和拓展，客户结构调整效果明显

充分发挥财富中心和贵宾理财中心的服务平台，加大财富客户增值服务工作力度，透过增值服务，增进客户与我行的业务联系和情感交流，有效促进财富管理业务发展。借助券商、基金公司等外部资源优势，先后组织开展了形式多样的财富增值服务活动，主动出击，走出行门开展财富业务推广活动，在报刊杂志发表多篇基金理财文章。收集紫金矿业原始股东资料，开展有针对性的营销工作，拓展了我行的高端客户群体；同时利用基金一对多、券商集合理财、PE投资等业务平台，挖掘了高端客户资源。2009年我分行中高端客户、金融资产分别比年初增1.78万户、72.16亿元，其中中高端客户金融资产新增占总新增资产的95.08%，充分体现中高端客户对我行资产增长所起的作用。达标理财金账户客户比年初增加2928户，增幅42.2%。财富客户比年初增加1057户，增幅64.33%，完成总行下达全年财富客户2000户的52.85%；财富客户资产总额78.20亿元，比年初增加36.47亿元，增幅87.4%。

（六）优化网点布局和功能结构，提升网点整体实力

1. 2009年我行继续加大网点建设力度，加快贵宾理财中心的建设，建成且投入营运的贵宾理财中心有4家，以此同时，还对多家网点进行功能改造，改善网点服务环境，提升服务水平。7月份顺利通过总行高端网点评价。

2. 实施个人客户服务服务精细化管理项目，提升了个人客户服务水平和品质。制定了《厦门分行个人客户服务精细化管理项目实施计划》，开展营业网点个人客户服务精细化管理项目工作，建立个人客户服务常态化监测和评价机制，深入分析自测自评过程中发现的问题，及时向有问题的营业网点提出整改，扎实推进个人客户服务精细化管理项目的实施工作。

3. 加快自助设备投放进度，营造全方位服务格局。自助设备全年累计发生交易3890万笔，总交易额达278亿元。ATM收入1874.5万元，同比增加558万元，增幅达42%。

（七）灵通卡业务持续稳定发展，品牌效应显著

在总行统一部署下，于7月发行牡丹携程联名卡；12月完成自动柜员机无介质存款功能升级投产；先后推出了“牡丹卡贺岁三重礼”、“新年购物新惊喜 灵通卡刷卡送大礼”等活动，进一步拉动牡丹灵通卡消费额的增长，累计消费额达39亿元，完成总行计划的92.9%。以“一卡在手 自助有礼”的活动主题宣传推广我行的自助设备及服务，有效地提高了自助设备的使用率和分流率。

三、完善考核办法，提高支行执行力

2009年，我分行依据总行个人金融业务工作重点及分行业务“弱势”和同业竞争形势，修订了考核办法，加大了同业占比考核力度，增加了个人贷款投放进度、第一季度储蓄存款计划完成、储蓄存款余额占比、上半年个人贷款净计划完成进度、重点产品销售、附行式自助设备正常运行率等5项战略指标，并采取加扣分的方式进一步提高分行对重点业务的调控能力，实施按月考评、按季通报。

四、落实全面风险管理要求，业务风险管理和内控水平提高

做好个人金融业务操作风险管理工作，促进了个人金融业务稳健发展。理顺部门职能，结合分行业务发展方向，

调整部内设科室及职责。设立反洗钱岗位，履职开展个人业务反洗钱小组工作职能。制定个人金融业务检查方案等内控管理指标和具体检查方案、组织对支行进行个人金融业务检查，通报检查结果，重申业务操作办法；认真做好非现场资料的整理、汇总、上报工作，顺利通过总行内控考评。出台个人客户经理管理办法。根据银监局、公安局、总行案件通报及自身情况，制定并施行ATM安全管理新规定，在相关部门配合下采取针对性防范措施避免ATM外部风险，保障客户利益及全行ATM安全高效运营。

新疆分行个人金融业务发展概况

2009年，我行个人金融业务以科学发展观，总行专业工作会议和全疆支行长工作会议精神为指引，加快经营战略调整，深化“两化”改革，改进中高端客户服务。通过创新营销思路、强化联合营销组织推动和全行个人金融业务战线员工的共同努力，实现了业务发展和效益的同步增长。为全行经营做出了较大贡献。

2009年是新疆分行极不平凡的一年。这一年，在面临金融危机的冲击和遭受“7·5”事件破坏性影响的情况下，全行上下攻坚克难，开拓进取，取得了业务平稳快速发展和经营效益显著提升的成绩，与之相应个人金融业务坚持以客户和市场需求为导向，加大结构调整力度，发展取得了新进步，贡献度有了新提高。截至2009年末，全行储蓄存款增量与个人理财产品销售合计380.2亿元，其中人民币储蓄存款余额创历史新高，达到600.5亿元，增加83.4亿元；个人理财产品销售296.8亿元；个人贷款在疆内同业中率先突破百亿元大关，达到105.54亿元，新增20.53亿元。实现个人中间业务收入（含银行卡、电子银行）3.9亿元，较上年增加0.33亿元。

一、为全行利润增长做出重要贡献。截至年末，全行储蓄存款（本外币）余额在各类存款的占比为46.92%，较上年提高0.3个百分点。个人贷款余额在各类贷款的占比为26.7%，提高1.08个百分点；个人贷款实现利息收入5.35亿元，占各项贷款利息收入的28.99%。个人中间业务收入占全部中间业务收入的64%。

二、主要业务产品竞争优势明显。全行储蓄存款增量与个人理财产品销售合计，个人贷款余额，个人中间业务收入，灵通卡净增发卡量，收入和客户数等多项指标保持同业第一位次；人民币储蓄存款余额和增量、个人贷款新增额保持同业第二位；灵通卡存量扭转了多年来位居同业第三的局面，赶超建行成为第二；第三方存管业务由同业第二进位为第一。同时，多项指标在系统内排名靠前，ATM业务发展综合评价排名第六位，灵通卡业务综合评价排名第九位；基金销售存量排名第九位，基金定投开户率和定投金额累计排名分别为第四位和第九位；个人贷款在全行各项贷款的占比排名第九位。与此同时，我行个人金融业务荣获总行“发展进步奖”，个人中间业务荣获总行“中间业务个金专业先进单位”奖；

三、业务营销亮点频出。积极应对他行在储蓄存款上的激烈争夺，在2009年1月末与同业第一建行差距高达18.87亿元的情况下，迅即召开全疆储蓄存款工作推动视频会议，统一部署、狠抓落实，使新增储蓄存款同业排名由年初的第三位跃为年末第二位，赶超了建行。抓住总行推出新政策、新品种等有利时机，积极调整贷款产品结构，个人房屋抵押贷款迅速成为个人贷款业务新的增长点，从8月推出到年末即新增7081万元，占个人消费贷款新增额的13.3%。在大力发展代理基金、保险、理财产品等高收益收入项目的基础上，将银行卡、个人结算、工银信使作为中间业务新的增长点，重点推动并取得了明显成效，其中工银信使业务实现收入906万元，是上年的1.9倍。

四、渠道建设快速推进。首家财富管理中心正式运营，软、硬件配置和服务环境在同业具有较强的竞争力；新建成10家贵宾理财中心，全行已形成1家财富管理中心、30家贵宾理财中心、188家理财网点、71家金融便利店的清晰网点业态布局。采取各种措施推进离柜业务快速发展，新投入自助设备284台，新建离行式自助银行11家，附行式自助银行59家，总量分别达到1173台、12家、113家；离柜业务率达到50.1%，较上年提高8个百分点。新增理财经理14人、大堂经理6人、营销经理121人，个人客户经理总数达到931人；全行分别有959人、342人和48人获得总行个人客户经理资格认证、金融理财师（AFP）和国际金融理财师（CFP）资格，分别有2人、346人和1621人通过个人信贷高、中、初级资格考试，客户经理专业资质水平不断提高。

五、客户服务水平有效提升。个人客户服务精细化工作深入推进，中高端客户的识别、开发、维护能力进一步提升，服务内容、形式不断丰富，举办内容涉及玉石鉴赏，健康咨询、理财沙龙等各类活动百余场，受到客户好评。“专家团队+客户经理”的财富客户服务模式初步形成，全行积极打造公私联动、协同营销等多元化的高端客户拓展机制，推动了财富管理业务的健康发展和客户规模的快速增长。中高端客户结构得到进一步调整，百万元以上高端客户数在中高端客户中的占比提高0.28个百分点。全行中高端客户金融资产占比达78.8%，提高5.5个百分点；财富客户金融资产总额增长率系统内排名第2位，财富客户理财类资产增长额排名第4位。

六、风险管理能力不断加强。从维护客户利益、维护工商银行声誉和形象的角度出发，加强对理财、个人贷款、客户经理、ATM机等风险较高业务环节和领域的制度建设和检查工作，制定了《自助设备外部风险防范管理办法》、《个人理财业务重大事件应急处理预案实施细则》等多项管理办法，针对不法分子利用自动柜员机实施犯罪的案件情况，及时开展了自动柜员机风险防范全面检查，有效控制案件发生；加强对个人客户经理操作风险防范管理，严格按照“十严禁”要求做好工作。严格落实个人贷款贷前调查营销环节的各项风险控制制度，从源头把好个人信贷质量关。年末，个人贷款不良余额1.23亿元，不良率为1.17%，分别较年初下降644万元和0.36个百分点。全年个人金融业务无案件发生。

云南省分行个人金融业务情况

2009年，在省行党委的正确领导下，全行认真贯彻落实年初个金专业工作会议的精神和决策部署，深入践行“科学发展观”，牢固树立“以客户为中心、以市场为导向”的服务理念，深入贯彻“四争两保”的经营理念，从上至下为打造“第一零售银行”的发展战略而辛勤努力。

一、全年个人金融业务发展情况

截至12月31日，我行储蓄存款余额683.60亿元，较年初增加90.50亿元，增幅15.25%，完成总行下达任务的164.55%。实现个人中间业务收入30 092万元，完成全年计划的81.79%，个人中间业务收入占全行中间业务收入总额的35.71%。截至年底，全行有效个人客户总数526.41万户，比年初增加34.56万户，增幅7.03%。其中：中高端客户数为42.15万户，比年初增加5.99万户，增幅为16.57%。

截至六月末，我行个人贷款余额达183.95亿元，较年初增加30.27亿，完成总行下达上半年计划的151.36%，增量占比在今年首次超过建行，居同业第一位。不良贷款余额比年初减少1207万元，不良率控制在1.36%，比年初下降0.23%。

二、主要工作措施

（一）加强组织领导，推动个金业务全面发展

一是围绕业务指标的完成，切实加强个金主管部门的组织推动工作，先后组织召开全省个金专业会议，总、省行代发工资和储蓄存款视频会议、全省代理基金营销视频会议等，安排部署2009年个人业务经营策略、激励措施和考核方式等，切实组织推动好个人业务的发展。

二是结合我行个金业务实际发展情况，有针对性地制定并下发产品营销指引、考核办法、推广方案、管理办法等相关文件，指导各二级分行做好业务营销和客户服务工作；

三是进一步加强基层调研督导工作。

（二）高度重视储蓄存款基础性地位，确保存款有所发展

一是充分认识储蓄存款是个金业务发展的基础，把揽存稳存当成目前工作的重中之重。

二是严格考核激励、问责机制，把储蓄存款任务分解到支行，落实到网点、个人，并与绩效挂钩，按日监测、按月通报，

三是动员一切力量，紧盯市场、紧盯同业，及时了解市场和同业动态。

四是根据客户需求和市场变化，对客户资产进行合理配置，摒弃“产品销售与储蓄存款发展背离”的老观念，保持个人理财产品销售与储蓄存款并重发展的态势。

五是利用我行科技优势，全面加强代发工资工作。

（三）积极拓展中间业务市场，增加中间业务收入来源渠道

一是强化个人中间业务组织架构，各级行均成立了中间业务发展领导小组，指导全行开展中间业务的营销和发展。

二是采取多种形式做好市场营销工作。

三是全面加强“工银财富”、“理财金专属”、“稳得利”、“灵通快线”“汇财通”等产品的营销宣传工作，扩大客户对我行理财产品的认知度和接受度。

四是抓住市场契机，做好基金营销和保险代理工作。

五是积极拓展第三方存管业务。

六是进一步挖掘灵通卡发展潜力，扩大灵通卡市场份额。

七是全面做好个人结算业务工作，提高市场同业占比。

（四）强化督促指导，促进中高端客户的稳步发展

一是采取按月通报的方式，对全行个人客户发展情况进行全面分析和动态监测，积极协助各二级分行找出业务发展中存在的差距和问题，进一步统一思想，明确每个月的工作重点。

二是认真梳理和打造客户经理队伍，全面提升对中高端客户

的服务能力；实施个人客户服务精细化管理，全面提升服务水平。同时启动客户经理岗位梳理工作，加强人员配备，强化岗位培训，提升个人客户经理履职能力。

三是认真做好客户精细化项目的管理工作。全面贯彻落实财富管理百分百计划，围绕市场开发、团队建设、渠道发展等重点问题，制定了《云南分行财富管理业务推广方案》、《云南分行迎新活动实施方案》，并着力抓好方案的实施。

（五）个人金融业务操作风险管理水平稳步提升

一是针对个金业务操作风险管理工作进行全面梳理，于3月制定下发了《关于印发〈云南省分行个人金融业务操作风险管理细则〉（试行）的通知》（工银云个金[2009]62号），对个金操作风险重点环节进行严格规范和提示，是我行风险管理体系的重要组成部分。

二是在四月初根据总行《关于做好部分重要个人金融业务检查工作的紧急通知》要求，对2008年10月至2009年3月31日之间的个人网银和个人存款进行了检查。

三是在日常工作中着重做好重点风险环节的监督管理，对个人客户经理、理财产品销售、客户经理年检、准入退出等重要风险点进行监督和检查。

四是积极做好协查工作。共协助公检法等有权机关查询138次，协助人民银行查询50余次，查询涉案客户信息

600余个，涉案账户204个。同时还积极配合银监局、证监会、人民银行等部门对我行的现场检查，并按照个金业务的风险点制定实施今年的自查工作，确保全年工作的正常开展。

（六）抓住机遇，个人信贷业务实现较好发展

一是认真贯彻国务院、总行政策精神，适时调整个人信贷政策，进一步提高政策和市场的快速响应能力

二是认真开展个人委托贷款数据清理，顺利完成新一代个人委托贷款核算系统投产工作。

三是加强中介合作机构管理。

浙江分行个人金融业务发展概况

2009年，全行个人金融业务部门认真贯彻落实总行和省行专业会议精神和要求，加快业务转型，千方百计争揽储蓄存款，积极稳健地发展个人贷款业务，全力以赴地竞争中间业务，快速高效地优化客户结构，经营管理水平稳步提高，各项业务持续保持稳健快速发展。打造第一零售银行取得显著成果。

一、2009年主要指标完成情况

——储蓄存款持续增长，增存稳存较为稳定。截至12月末，人民币储蓄存款余额2312.3亿元，比年初增长438.48亿元，占全行各项新增存款的42.7%，增量四行占比28.55%，在激烈的同业竞争中11个月有6个月夺得市场占比第一；外币储蓄存款新增0.75亿美元，余额4.38亿美元。

——个贷总量增长迅速，资产质量保持良好。个人贷款余额达到1319.02亿元，比年初增加366亿元，分别占全行贷款余额和新增额的29%和49%，余额在系统内和同业均位列第一位，不良率为0.14%，资产质量在系统内排名第一。

——理财销售同业居首，收入增幅有待提高。我行销售各类理财产品3122亿元，同比增加143%；其中代理基金销售260亿元，代理保险销售25.4亿元，人民币理财产品2822亿元，均居同业第一位。全行实现个人中间业务收入10.65亿元，对全行中间业务的贡献度仅次于投行专业。

——客户规模不断扩大，整体结构持续优化。我行共有个人有效客户1157.18万（已剔除零资产客户数和小额客户数），比年初增加89.59万户；其中，财富客户2.43万户，比年初增加0.58万户，中高端客户114.96万户，增加20.26万户。

二、2009年主要工作情况

（一）坚持同业占比第一目标不动摇，储蓄存款基础业务地位进一步巩固

牢牢把握旺季经营规律，在社会资金流最充裕的黄金时间全力以赴，制定和实施“主抓储蓄，兼顾其他”的经营思路，针对五大储源，推荐对路产品，极大提高储蓄存款工作有效性，旺季储蓄新增389亿元，为全年储蓄业务的发展奠定坚实基础，突出特色经营，本外币联动，实现了本外币储蓄同步增长。面对股市回暖、新股发行频率加快和楼市火暴的分流趋势，全行要狠抓稳存工作，开展“以产品聚存款，以服务引存款”，继续以存贷通、电子通知存款和商务伴侣等优势产品带动储蓄；同时大力推进财富客户签约等服务工作，提升客户服务体验，提高对客户大额资金流向的影响力，在关键时点做好股市回流资金和新股申购回流资金的吸纳工作，储蓄存款持续保持上升态势。

（二）坚持第一个贷银行目标不动摇，个人贷款核心业务地位进一步稳固

加强市场分析，适时调整信贷政策，更加符合市场和客户需求，我行个贷业务竞争力明显增强，个贷总量创纪录增长，成为全国第一个个贷余额突破千亿元的一级分行。同时，积极进行结构调整，充分利用我行房贷政策优势，规模上优先保障优质个人住房贷款业务，不断加大营销宣传力度，我行个人住房贷款市场份额有所提升，重点加强个人积数贷款、住房抵押贷款、循环贷款和存贷通等创新产品的营销，调整定价策略，进行1+x组合推荐，并积极探索个人住房公积金搭桥贷款和林权质押贷款等新产品，不仅增强了个贷业务自身的竞争力，还带动储蓄存款和中间业务同步增长.

（三）坚持第一理财银行目标不动摇，中间业务战略业务地位进一步提升

加强市场形势研判，明确不同阶段业务重点、工作方法和传递市场资讯，组织全省“暖心之旅”巡回培训，强化后台对前台的支持。充分发挥业务联动作用，持续规范收取个人资产业务关联性收入，积极储备和推荐区域性理财产品项目，为全行创新产品的收入增长做出了重要贡献。积极组织各类促销活动，开展“五走进”营销，举办理财沙龙，以优势产品和综合服务吸引客户，基础业务客户群不断增加。以“促销量、调结构、增收益”为目标，强化营销指导，优化考核机制，引导各行重点销售高收益业务品种，省分行营业部以开口营销为抓手，充分调动网点负责人、客户经理和柜员的营销积极性，全方位提升渠道核心竞争力，中间业务增速全省领先，也有效带动了全省理财中间业务的增长。

（四）坚持以“管理出效益，创新是动力”为指导思想，个人金融业务发展基础进一步夯实

适应网点转型需要，大刀阔斧推进高低柜改革，优化资源配置，网点业务处理效率和营销业绩都有显著改善。实施分层培训，推进教学实习基地建设，客户经理素质明显提高，围绕总行TOP100财富精英赛，省分行团委和个金部组织开展相应活动，我行共有5个网点和12名客户经理在总行竞赛中获奖。开发投产公积金集中支付、网点及柜员业绩考核系统等业务和支持系统，进一步完善个人信

贷支持系统，使系统功能更贴近工作实际，经营管理效率有效提升。开展服务精细化项目，不断提升服务能力；继续强化内部管理和风险防控工作，高度重视信贷大检查工作并及时整改有关问题，逐步落实风险专管人员制度，加强系统在风险监测和管理上的应用，积极探索新的不良贷款清收转化方式，不良贷款得到有效遏制，资产质量在系统内排名第一。修订《个人客户经理管理办法》等制度办法，开展客户经理检查，对重要业务环节和风险点进行排查，加强营业场所现场管理，规范第三方合作机构驻点营销行为，强化对客户的资金安全教育，有效防范风险，个人金融业务发展基础更为牢固。

重庆分行个人金融发展概况

2009年，面对激烈的同业竞争和复杂多变的市场形势，重庆市分行个人金融业务保持快速发展势头，储蓄存款业务、个人贷款业务连续实现突破，理财类产品销售额继续保持同业第一，个人客户规模快速增长、结构持续优化，产品创新和业务创新成效显著。

一、经营业绩

——储蓄存款业务快速发展，市场份额稳步提升

2009年末储蓄存款余额达667.57亿元，当年新增133.08亿元，增幅达24.9%，在工行系统排名第一。储蓄存款新增四行（工农中建四行，下同）占比28.97%，市场份额稳步提升。

——个人贷款增长创历史新高，市场占比快速提高

2009年末个人贷款余额达252.19亿元，当年新增额达78.77亿元，创造了重庆市分行开办个人信贷业务以来的历史新高，增幅达45.4%。个人贷款新增额四行占比26.45%，市场占比快速提升。

——个人客户规模快速增长，结构持续优化

2009年全行个人客户数量较年初增幅达13%，全行中高端客户金融资产总量增幅达36.8%，新增电子银行客户突破百万户大关，客户资产结构进一步优化。

——理财类产品销售规模保持领先

在2009年多变的市场环境下，实现理财类产品销售额154亿元，继续保持同业第一。

——客户服务水平稳步提升，个金专业队伍力量增强

通过网点改造优化，由财富中心、贵宾理财中心组成的中高端网点建设成果显著，自助银行、ATM等自助渠道的增设大大拓展了服务渠道，个金渠道整体实力进一步增强。通过加强客户服务精细化，网点人员结构得到进一步优化，营销力量进一步增强。由金融理财师（AFP）、国际金融理财师（CFP）认证组成的专业理财服务队伍已经成型。

二、工作措施

（一）储蓄存款工作

随着重庆市经济近年来的快速发展，居民收入的不断提高，重庆市分行以市场为导向强化储蓄存款业务管理，建立分层次的考核机制，通过正负激励机制，牢固树立了全行上下“同业争占比、系统争排位”的经营理念，有力推动我行储蓄存款业务的快速发展。通过把各类客户资源进行有效管理，大大提高了业务资源的利用水平。通过加大产品创新力度，及时推出满足市中高端客户需求的理财产品，稳定了老客户、吸引了新客户。通过加强与券商合作，充分发挥了拓展第三方存管客户对储蓄存款业务发展的促进作用。

（二）个人贷款工作

高度重视个人贷款业务，通过创新工作思路、行内有效联动、行外加强与中介机构的业务沟通，优化了业务流程和组织，扩大了合作机构数量，有力推动了个人住房贷款新增。2009年重庆市汽车消费市场异常火暴，通过流程优化专项营销活动，保持了车贷业务的领先优势。

（三）个人理财业务

通过加强产品创新和广泛开展主题营销活动，有力推动了个人理财业务的发展。坚持按月举办大型投资者报告会，为客户投资理财指点迷津，积极开展理财沙龙、职场营销等活动，努力培育新市场、新客户。同时，为保障各项业务健康发展，在全行组织了保险代理人资格考试、基金销售从业资格考试、个人理财产品销售资格考试，整体提升了营销人员的专业素质。

（四）渠道与队伍建设

持续快速推进中高端网点的建设，软件硬件并重，提升网点竞争力。加强个人客户经理队伍建设，同步提升专业理财师队伍的数量和职业能力，打造服务和竞争个人中高端客户的高素质营销团体。

重庆市分行将按照打造重庆“第一零售银行”的目标，以创新竞争市场，以服务赢得客户，通过不懈努力，为客户提供更优质的个人金融服务，也为全行个人金融业务的可持续发展做出更大的贡献。

（二）中国农业银行省市区分行个人金融发展概况

北京分行个人金融发展概况

第一部分　个人金融业务发展概览

2009年，在北京分行党委的正确领导下，广大个人金融业务干部员工坚持“一个中心、两个提高”的基本方针，以创建首都主流商业银行为目标，紧密围绕总、分行年初制定的工作目标，加快推进个人业务战略转型，以客户为中心，不断完善中高端客户服务体系，积极应对市场变化，转变负债业务经营策略，有效推动整合营销、综合营销和联动营销；各项个人金融业务保持了良好的发展势头。

（一）重点业务业绩提升明显，超额完成总分行计划，市场份额上升

从发展指标看，2009年，北京分行个人条线系统排名居东部一组第一位，总体考核得分取得94.57分的好成绩，系统排名第四，名次比上年上升14位。人民币储蓄存款增量创历史新高，同业增量份额比上年提高三个位次，一举超越中行、招行和农商行，仅位居工行和建行之后；个人住房贷款扭转了连续3年负增长的态势；销售“本利丰”人民币理财产品在总行系统名列第二；全行10万元以上优质客户增量完成全年任务的183.39%。

（二）强势推进网点转型，加快零售业务队伍建设，转型效果日益明显

在狠抓业务有效发展的同时，加快了营业网点布局优化和功能转型，网点改造、自助银行建设及自助设备的投放力度大大加强，年内圆满完成100家标杆营业网点的导入和100家转型营业网点的工作目标。通过标杆导入与转型的实施，各参与网点服务规范性得到了加强，员工服务仪态、营销意识和营销能力得到了提高。在2009年第四季度神秘人检查中得分89.6分，比年初提高3个百分点，成绩已达到良好偏优良水平，服务规范化程度已超过建行。同时，随着网点转型工作的推进，客户经理、大堂经理、内训师和队伍建设成效显著，分行备案个人客户经理达到362人，较年初增幅高达347%，辖内支行均对本行个人客户经理队伍进行了竞聘或调整，确保了上岗及专职情况的改善。网点日常精细化管理和整体营销流程进一步规范，渠道分流作用逐步显现。

（三）营销活动全面铺开，推动了全行客户结构的改善

2009年北京分行全年开展了“春（春天行动）、夏（清凉夏日）、秋（收获金秋）、冬（爱在金秋）”四大季节主题营销活动，有效促进了零售业务的全面发展。全行通过调整准入标准、改变考核计价方式、启动差异化服务、更新改进贵宾客户招募及回馈方式、构建多层次增值服务平台等举措促进个人优质客户发展取得长足进步。全行个人优质客户管理系统（PCRM）三星级以上优质客户65243人，比年初增加28255人，三星级以上客户资产占比46.89%，比年初提高10个百分点。

第二部分　各项个人业务经营目标完成情况

（一）存款业务

截至2009年12月底，我行本外币储蓄存款余额1196.95亿元，比年初增加269.66亿元，同比多增51.5亿元。其中人民币储蓄存款余额1190.51亿元，比年初增加268.54亿元，同比多增49.8亿元，完成总行任务的134.83%，年增量创历史新高。

（二）中间业务

2009年全年代销开放式基金32.34亿元，比去年增加17.31亿元，超额完成分行下达基金销售任务的107.8%，实现手续费收入4050万元；代销凭证式国债5期24.7亿元，代发储蓄国债8期10.33亿元，合计实现手续费收入2382万元；销售“本利丰”人民币理财产品74期132.09亿元，销售额是去年的4.84倍，实现手续费收入1340万元；销售传世之宝实物黄金182.33公斤，实现手续费收入88.41万元。借记卡业务实现中间业务收入1.64亿元。

（三）贷款业务

截至2009年末，个人住房贷款余额为142.15亿元，比年初增加17.39亿元，扭转了自2005年以来连续三年持续下滑的颓势，完成总行下达的全年净增住房贷款任务的870%；当年投放各类个人贷款53.63亿元，完成分行下达给我部个贷投放任务的134%，圆满完成个人贷款各项任务指标。

（四）优质客户

截至2009年年底，全行个人优质客户达到566375户，比年初增加146904户，其中10万元以上客户增量91696人，完成全年任务的183.39%。全行共有私人银行客户860名，比年初新增272名，增长46.26%；私人银行客户存款余额98.33亿元，比年初增加34.96亿元；户均存款1143.38万元，比年初增加65.71万元。

（五）借记卡业务

截至2009年末，全行借记卡发卡量达到716万张，新增借记卡131万张。借记卡存款余额达到450.5亿元，比年初增加141.2万元。借记卡消费额达到369.9亿元，比2008年多消费196.9亿元。

第三部分　措施和经验

为实现零售业务经营战略转型目标，提升我行零售业务的竞争能力，主要采取了以下措施：

（一）以个人优质客户为核心，大力拓展高价值客户群体优质客户是业务持续发展的基础，因此零售业务要实现全面、持续发展，必须以个人高价值客户为发展核心，以关系维护为切入点，以高品质服务为保障，以交叉销售为手段，实现客户和银行的双赢，切实扭转目前高价值客户缺乏维护和维护手段单一的局面。一是切实落实名单制管理，并逐步实现分层管理与维护。二是抓源头性优质客户的发展，形成良性体内循环。我行利用“进单位”活动加大对优质对公客户高管和代发业务的拓展，利用“进证券”活动加大第三方存管客户的营销力度，利用“进社区”活动加大优质个人客户、个贷客户的营销；同时深入了解资本市场，加大基金，特别基金定投客户的拓展。三是进一步加大我行个人优质客户服务的宣传力度。除定期开展大型主题综合营销活动和客户沙龙活动外，还针对个人优质客户的差异化服务进行了完善，实现了服务价格差异化、增值服务差异化。

（二）加快精品网点建设进程，优化网点布局，为网点转型和零售业务的发展提供基础保障。

零售业务要实现全面、可持续发展，就要以网点为抓手，提升零售业务主渠道的竞争能力。一是坚持网点转型“软硬并举”的原则，一手抓网点外部形象的改善和内部布局的调整，一手抓网点服务和营销流程的优化、销售资源的整合、客户满意度提升等环节；网点的软转型与网点改建要同步进行，要根据网点的改建进度同步实施网点转型的导入。二是扎实推进文明标准服务工作，以优质高效服务赢得市场竞争。各级行始终关注网点服务，深刻领会“服务创效益”的内涵，建立全方位、常态化的网点服务检查工作机制；同时加强监督与管理，培养网点人员服务习惯，巩固标准服务导入和网点转型的成果。三是切实落实“一会三巡检”制度，从网点自身加强服务精细化管理，避免流于形式；树立网点是零售业务的主渠道，主平台的理念，明确网点负责人是网点服务的第一责任人，堂经理是柜台外服务管理的第一责任人，会计主管是柜台内服务管理的第一责任人，各司其职，恪尽职守。

天津分行个人业务发展情况

按照总行3510战略发展规划的要求，天津分行自2008年下半年以个贷集中经营和网点跨区域优化整合为开始，着手经营转型的布局与落实，确立了个人金融业务优先发展战略，在机制转型、目标引导、考核安排和资源配置上，对个人金融业务实行重点倾斜和优先支持，进一步加强了以提升网点营销服务能力为重点的零售渠道建设，努力提高目标客户、理财业务、个人贷款、储蓄存款等核心业务的市场占比，在新的起点上建设全面持续协调发展的现代化零售银行。一年多的时间以来，在总、分行党委的正确领导下，天津分行个人条线全体工作人员以同业和系统内先进行为目标，坚持“软硬”并举，全面推进，经营转型的意识已深入人心，零售业务营销能力不断提升，经营业绩不断提高。

一、个人业务发展态势良好，主要经营指标全面完成

一是储蓄存款保持较快增长速度，存量继续保持同业首位。截至12月末，全行本外币储蓄存款余额977.6亿元，位居四大行首位，余额比年初增长144.25亿元。二是个贷业务取得较快增长。截至12月末，全行个人贷款余额161.83亿元，继续保持四大行首位，余额比年初增加29.4亿元，完成全年目标的326%。三是个人金融产品营销取得较大进展。基金销售18.7亿元，同比增加11.7亿元，在四大行排名上升至第2位。理财产品销售取得突破式发展，系统内排名升到第7。销售实物黄金938公斤，销售额2.19亿元，收入600万元，在系统内和天津同业均居第一。销售国债25.4亿元，收入1650万元，首次跃居四大行首位。四是贵宾客户数量稳步增长。全年新增签约2.48万户，贵宾客户总量至5.11万户，其中三星级以上客户签约率达76.1%，较年初提高26个百分点。五是信用卡业务继续保持良好发展势头。新增贷记卡14.74万张，实现信用卡消费额11.89亿元。新增有效商户3388户，完成总行任务的135.52%。信用卡及收单业务收入5137万元。六是电子银行业务加快发展。实现电子银行业务收入5820万元，同比多增4756万元。新增企业网银注册客户5643户，新增个人网银注册客户20.36万户。全年电子渠道交易占比46%，同比提高8个百分点。

二、转换经营理念，推进个人业务经营转型

按照最有利于个人客户价值创造的营运步骤，天津分行坚定由以产品为中心向以客户为中心的理念转变，进一步优化管理体制和经营机制，完善资源配置方式和激励约束机制，逐步形成了以客户为中心、以流程为基础、以价值为导向的个人金融业务发展模式。一是按照法人客户营销管理上移，零售业务营销管理下沉的思路，将营业网点转型为以零售业务为主的经营机构，重点考核个人金融核心业务营销能力和高端个人客户占比等指标，引导其将主要精力集中于发展个人金融业务，兼作公司业务的结算平台和推介平台。二是按照“大个金”的经营思路，自上而下牢固树立个人金融板块的整体营销意识，从维护和拓展客户的角度出发，整体谋划个人业务产品的创新与综合营销，统合各类营销渠道的流程管理和功能建设，积极构建“大个金”的经营格局和营销模式。三是加大条线考核力度。在综合经营考核中加大对个人板块业务的考核权重，明确分管制度，将支行分管副行长和网点负责人的业绩考核与本单位个人金融综合绩效进行捆绑考核，促使分管副

行长和网点负责人更好地履行职责。在此基础上，天津分行还积极推行了产品计价考核，制定统一的业务产品内部价格，实施营销费用和部分工资费用与零售业务核心产品营销业绩挂钩，充分调动了各层次人员营销个人金融业务的积极性和主动性。

三、加强营销渠道建设，提高营销能力和服务水平

一是加快推进网点硬件转型工作。实施了对网点的分类管理、分类建设与分类考核，为发挥网点转型效力打好基础；制定了《天津分行营业网点布局优化方案》，指导全行逐一确定网点布局调整方式，落实总行要求，完成了《2010－2013年网点布局规划方案》的编制；针对现行分类管理实际效果做好总结、检验，着手修订《天津分行网点分类管理办法》。制定《营业网点选址及装修改造操作规程》，加快了网点硬件改造步伐；制定《网点转型审议会工作规则》，坚持按照“一点一策”的原则要求，持续做好网点转型方案的审核审议；积极开展样板网点建设工作，精心做好试点网点的规划与建设实施。建立了网点管理信息系统，增加了对网点硬件设备的配备，进一步加强了对网点管理的科技支持；启动了新一级LOGO门牌更换及VI视觉形象建设工作，加快对网点家具、LED户外显示屏以及排队－评价系统的采购落实工作，网点对外形象进一步提升。大力推进自助渠道建设，增加了网银体验机、存折补登机、电话银行专线设备、自助服务终端等非现金类设备品种，非现金类设备数量增幅达798%，组织全行自助体系建设工作，重点增加存款功能设备占比，存取款一体机数量增幅达294%，更新OS2系统设备138台，使我行设备结构得到优化。

二是优化再造营销服务流程。自2009年初，以蓝水支行经营转型的先行先试为起点，加快推进全行网点转型工作的有效开展。成立了由多部门参加的专题小组，通过深入网点开展蹲点调研，梳理研究网点营销与服务流程。加强了对网点柜面业务的分流引导，以河东六纬路支行为试点，优化了网点的设备配置、人员配置，对多项业务进行了整合，总结出可行的分流引导策略，并有针对性的提出增加产品功能的需求，对现有客户群体交易行为和结算需求进行细分，实现我行现有产品的相对应。积极落实好总行个人产品网点开户（签约）流程优化项目，引导全行将贯彻执行新流程，提升为推广实施产品捆绑销售的突破口和着力点。进一步强化网点现场管理要求，通过建立晨会制度、服务评价、绩效沟通、表扬激励模型以及日志模板，积极推进“赢在大堂”策略。在总行系统内率先启动并完成了对全辖网点的文明标准服务导入，推行“神秘人”暗查，固化导入成果，服务水平得到进一步提升。启动了网点营销标准流程的导入，积极构建网点内各岗位分工明确、相互协作、全员识别、重点营销的新型营销体系，截至目前先期完成导入的144网点以执行新流程为契机，加强了厅堂识别与客户推介工作，营销业绩得到提升。进一步理顺了实物黄金调拨流程，通过市场化机制做好库存调节，提高调拨效率，满足营销需要。

三是加强零售业务队伍建设。制定了《网点营销岗位管理办法》，健全营销岗位架构，明确了网点负责人、营业经理、个人客户经理、理财经理、大堂副理、个人业务顾问等营销岗位的序列和职责要求，依据不同的岗位序列实施差异化的绩效考核和晋升机制，强化营业经理和高级柜员的销售推荐职能，理财经理的专家理财职能，以及网点经理、大堂经理的主动营销管理职能。创新了培训组织模式，组建了天津分行的内训师队伍。成功举办了角色认知、产品系列强化、营销技巧提升等系列培训，累计培训人员5664人次，1000余课时，转变了网点各营销岗位思想观念，一批善于管理客户、懂营销的营销人员脱颖而出，成为网点营销的主力军。积极开展培训后评价工作，通过对网点各营销岗位配备制式工作日志并就记载情况进行抽查，强化了营销队伍日常履职行为的规范性。继续加强理财师队伍建设，先后组织350人参加理财师培训，213人获得了金融标准委员会颁发的理财师资格证书。强化了对理财师实战能力的培养，举办了“理财方案设计大赛”和“金融投资模拟实盘交易大赛”，促进理论与实践的紧密结合。组织了“电子银行知识竞赛”，并获得总行优秀奖。建立了零售业务岗位资格准入管理制度，并加强了对营销人员营销业绩的统计监测，着力打造一支高素质的营销队伍。

四、积极组织推进个人金融业务的综合营销

一是整体布局，突出对零售业务发展的科学规划。在“大个金”综合营销意识的要求下，分行先后制定了《2009年度个人板块业务营销指引》和《2010年零售业务指导意见》，从深入推进网点转型、加快个人金融重点产品营销、统筹兼顾零售板块各项业务协调发展以及健全个人业务风险防控体系等多方面做出整体部署。坚持综合营销指导思路，精心组织了一年一度的“春天行动”和“激情仲夏”活动，以及“基金快销”、“高客行动”、“薪加薪”计划、银行卡、电子银行业务等系列主题营销活动，较好的促进了全行业务营销，确保主要核心业务的同业主流位置。二是立足产品联动，强化公私交叉营销。制定了《交叉营销指导意见》，进一步强化公私业务交叉营销的要求，通过组织实施“薪加薪”推广计划，强化对优质代发薪客户的挖掘与维护，建立起常态化、联动化的产品营销模式，促进公私联动，并带动个人产品的均衡发展。三是积极推动盈利能力强、市场潜力大的重点理财产品综合发展。一方面天津分行狠抓基金代销业务，积极构筑全面的基金产品体系，在分析市场需求和客户风险偏好的基础上，根据产品特点按月筛选并下发《每月基金代销业务指引》引导全行营销方向；加大了基金定期定额业务的营销组织力度，制定了《基金定期定额业务指导意见》和《基金定期定额业务客户经理营销指引》，帮助营销人员明确了目标客户、产品功能和营销切入点；积极培育基金营销方式，做好全行营销方向引导，消灭了基金零销售网点，提高网上代销占比，有效推动整体营销业绩的逐步回升；强化基金营销精细化管理，充分发挥短信平台功效，搭建组织营销快速反应机制，加大营销支持力度，总结提炼销售垫板、

营销话术，指导营销人员做到敢营销、会营销、精准营销。另一方面下力量推动本利丰理财产品的发展，理顺储蓄和理财业务发展的关系，把理财产品销售作为强化银客关系的有效手段，促进资金的行内循环，逐步缩小与同业先进行的差距，努力提高市场份额。四是积极发展黄金、国债等业务，确保同业销量第一位置。针对资本市场震荡不稳，投资风险加大，投资者寻求避险产品迫切的状况，天津分行及时做好“传世之宝”个人实物黄金的营销引导，对外加强营销宣传力度，对内加大考核，有效调动了全行的营销积极性，促使全行黄金代销业务出现热销。在积极做好客户综合理财规划的基础上，分行要求各行加大国债主动推介力度，努力提高存量客户资金的留存率。

五、加强个人客户的细分、挖掘和维护拓展，努力提升客户综合贡献度

一是加大了对个人优质客户管理系统（PCRM）的推广应用，推广率达到100%，切实发挥系统在筛选、识别、细分与挖掘优质客户上作用，提升网点营销水平。二是规范了个人客户划分标准和识别介质，并针对目标客户群体制定客户发展战略。对普通客户，采取提供标准化的产品和服务方式，尽可能引导其使用自助服务设备办理业务；对中端客户和具有发展潜力的成长型贵宾客户，以理财业务为主要服务内容，通过扩大和完善金钥匙理财卡的功能，引导他们利用个人客户经理、自助设备、普通柜台、电话银行、网上银行等多渠道办理业务；对高价值的高端客户，以财富管理为服务重点，以专职客户经理为服务渠道，根据其需求量身定制个性化的理财产品组合，同时依据其对农行的贡献大小，实行优先、优惠服务，以彰显高价值客户的尊贵；对顶级私人银行客户，我行则以私人银行分部的设立为契机，进一步加快发展全面、专业、优质、个性化的财富管理业务，努力将财富管理服务范围逐步扩展到理财规划、资产管理等智力型业务领域，逐步建立完整的私人银行经营管理体系。三是加强了客户关系管理，建立健全了分支行多层级的活动组织模式；启动了分行VIP俱乐部招募活动，并先后成功举办了品茗赏玉、高尔夫球赛、旅游、健康讲座、女性主题等贵宾客户联谊活动，搭建起面向高端客户的沟通与营销平台。在分行活动基础上，各支行也分别组织开展本级行层次的贵宾客户联谊活动，并将活动与金融产品推介有机结合，不仅得到客户好评，同时也取得较好的营销实效，此外，我行还努力拓展增值服务的范围与内涵，加大与合作联盟的合作力度，全面落实增值服务计划，以机场贵宾厅、医疗健康服务等为基本项目，重点拓展娱乐休闲、商业联盟服务等特色服务项目，以进一步提升客户的忠诚度和满意度。

河北分行个人金融发展概况

2009年，在省分行党委的正确领导下，在全省个人业务条线广大员工的辛勤努力下，河北分行个人金融业务取得了良好的发展业绩。

一、主要经营指标实现情况

（一）储蓄存款。截至12月末，人民币储蓄存款余额2651.7亿元，较年初增长395.88亿元。在全省四大商业银行中，余额、增量分别居第一位和第二位；在系统内储蓄存款余额、增量均居第四位。

（二）个人贷款。截至12月末，全省个人贷款累计发放77.2亿元，余额166.86亿元，较年初增长22.1亿元。其中个人住房贷款余额144.96亿元，比年初增长20亿元；汽车贷款余额9.22亿元，比年初增长4711万元；个人生产经营贷款余额2.45亿元，比年初增长4401万元；个人质押贷款余额4.97亿元，比年初增长2.5亿元；综合授信贷款余额5369万元，全部为当年新增。

（三）借记卡。截至12月末，借记卡发卡量1523万张，当年新发借记卡403万张。借记卡发卡量四行同业占比38.0%，居第一位。

（四）中间业务。截至12月末，基金代销总量91.46亿元，同比增加59.61亿元，实现手续费收入6300万元。累计销售本利丰62期，销售金额9.2亿元，实现手续费收入15万元。共代理销售国债11期，销售金额5.2亿元，实现手续费收入350.9万元。累计代理销售招金标准金条132千克，同比增加42.56千克，实现手续费16.6万元；累计销售“传世之宝”102.9千克，实现税后利润91.7万元。全年实现个人人民币结算业务收入44900万元，在四行中居第一位。

（五）高端存款户。截至12月末，全省10万元以上个人客户46.97万户，比年初增加17.53万户，占全部客户数（2029万户）的2.32%，存款余额1644亿元，占储蓄总量的62%。其中个人存款500万元以上客户2131户，较年初增加1308户，存款余额260亿元，占个人存款总量的9.8%，户均1220万元。

二、主要工作开展情况

（一）积极组织开展“大行德广 伴您成长 金钥匙春天行动”

河北分行制定了周密的活动方案，先后安排了星级客户新年电影招待会、女性贵宾客户美容讲座、个人优质客户新春联谊会、储蓄存款营销擂台赛、百名金融理财师进社区等九项宣传营销活动，通过一系列形式各异、内容丰富的营销宣传活动，有效推动了“金钥匙春天行动”期间各项业务的开展。经过三个月的努力，“金钥匙春天行动”取得了显著成效，在总行五月份召开的个人业务专业会议上，我行获得了除“2009年度金钥匙储蓄进取奖”（注：此奖项是总行对2008年储蓄存款落后的分行专门设立）以外的“金钥匙春天行动”全部奖项。

（二）积极推进个人贷款业务发展

1. 调整优化个贷政策。通过对全省个贷工作调研分析，出台了《关于促进个贷业务发展 加强个贷风险防范的意见》，对制约个贷业务发展的13项政策进行了调整、优化，奠定了个人贷款业务持续增长的政策基础。经过一段时间的积累，从6月份开始，个贷业务走出地平线，呈现出持续增长态势。

2. 积极推进个人综合授信贷款业务开展。在做好个人综合授信贷款业务试点的基础上，在唐山召开了业务推广会，在全省5个市分行的8个支行推广了个人综合授信贷款业务。

3. 增加汽车贷款合作经销商和住房贷款经办行资格管理。一是在严格准入的基础上，批准了24家经销商与我行合作办理汽车贷款业务。二是根据经办行按揭资源数量情况和管理水平，增加了48家支行经办一手楼贷款业务和29家支行经办二手楼贷款业务。

4. 开展个贷集中经营试点工作。按照总行个贷集中经营的统一部署，积极推动个贷集中经营工作，出台了《中国农业银行河北省分行城市行个人信贷业务集中经营实施方案（试行）》及其配套办法，制定了推广计划，完善了各项配套措施，在此基础上，省分行确定省分行营业部和秦皇岛两个分行开展了个贷集中经营试点工作，在总结试点经验的基础上，到2010年底实现个贷集中经营的全覆盖。

5. 认真落实总行部署的各项营销活动。一是积极开展总行“三十大市场”个人生产经营贷款专项营销活动，7月份同总行、市县分支行一道在保定白沟市场联合组织了“个贷进市场”专题营销，取得了良好效果。活动期间共发放生产经营贷款2239万元，完成总行计划的112%。二是认真完成总行组织的个人住房贷款“争创百佳”专项营销活动，在5~12月份的专项营销活动中，我行共有16个楼盘、17个支行榜上有名。

（三）积极推动基金业务发展

2009年资本市场虽然实现了恢复性增长，但由于此前股市暴跌的影响，一线员工营销基金的热情不高。为此，我们一方面狠抓基础建设，一方面积极组织开展产品营销，主要做了5项工作：一是通过两个月的艰苦努力，实现了基金新系统测试和上线工作，率先在全国农行系统实现了基金业务24小时交易，同时实现了销售数据实时查询，工作效率大大提高。二是组织了对全省个人业务管理人员、客户经理、大堂经理、前台柜员1500余人进行了培训。三是编辑印制了《开放式基金产品营销手册》1000余册，满足了基层网点基金营销需求。四是组织开展了“春天行动—基金营销”专题活动、“金钥匙基金宝基金定投营销活动”、“中间业务推进季”活动、“基金营销月”专题活动等一系列营销竞赛，极大地促进基金销售工作的开展。五是为促进业务发展，适时调整了股票型基金代销计价工资标准。一系列营销措施取得了显著效果：在总行上半年组织的四只托管基金持续销售活动中，我行每只都超额完成任务，并在系统内名列前五名；在总行下半年组织的六只托管基金持续销售活动中，我行销量居第五位，计划完成率居第四位；在总行组织开展的农银汇理行业成长基金持续营销活动中，我行共销售18803万元，完成计划的203.9%，销量和计划完成率均居系统内第一位。

（四）加强个人优质客户管理

一是为提升对个人优质客户的服务水平，制定下发了《个人优质客户包户到人考核办法》，明确了支行行长、主管行长、网点负责人和个人客户经理的服务对象和工作职责，并形成逐月进行考核通报机制。二是完成了个人优质客户管理系统2.0版的推广应用。相继组织上线网点进行了系统的压力测试；组织业务、技术人员对系统功能进行了完善，消除了系统本身存在的问题，得到了总行的充分肯定，安排我行在全国个人优质客户管理系统培训班上进行了经验介绍。三是完成了个人优质客户管理系统3.0版的测试及上线工作。在3.0版的上线过程中，我们对系统进行了全面、细致的测试，将发现的31个问题向总行进行了反馈，使总行及时了解到系统在应用中存在的问题，为系统的进一步调整、完善提供了借鉴。总行对我行深入细致的测试予以高度肯定，特意安排西藏分行业务人员到我行跟班学习。四是修订了《个人贵宾客户管理办法》和《个人优质客户管理系统运行和管理实施细则》。五是加强各行用户设置情况和签约率的监测，对签约率低的分行、系统用户没有设置到网点的市分行及时督导，确保每一个网点都有用户，截至2009年末，已建立系统用户2357个，覆盖了全部网点。

（五）努力促进个人理财业务发展

一是加强对金融理财师的管理。制定下发了《个人理财经理管理办法》，建立了理财师定期工作汇报制度，组织开展了理财师的继续教育，全年共组织持证理财师参加了6期继续教育视频培训。二是推出了“本利丰”人民币理财业务，在河北分行历史上第一次实现了自营人民币理财产品的销售。我行于2009年9月16日实现了集中版理财产品销售系统的上线运行，为确保一线员工熟练应用系统，充分了解产品特点，我部组织有关人员制定了系统上线方案；及时对市分行进行了理财业务转授权；编写了本利丰业务临柜业务操作规程；组织相关人员参加培训；进行了“本利丰”业务非现场检查，并组织了整改，有效防范了经营风险，保证了业务规范开展。系统上线仅三个多月的时间，就销售62期“本利丰”理财产品，销量达9.2亿元。

（六）积极推进借记卡业务发展

一是在借记卡书面挂失等特殊业务实行集中受理后，继续做好业务指导，并对市分行变更受理网点、柜员等请示及时批复，提出具体落实要求。12月份，根据业务发展需要，对上述业务集中办理方式进行了调整，扩大了特殊业务的受理范围，在防范风险的基础上提高客户服务效率和客户满意度。二是组织开展金穗借记卡营销活动。通过在《燕赵都市报》刊登了“感恩十年·相伴永恒”金穗借记卡大幅广告，开展“开卡赠礼”活动等方式，扩大了我行借记卡的发卡量，截至12月末实现借记卡发卡量1523万张，位居四行同业第一。三是加强借记卡业务风险防范工作。针对不法分子作案手段不断翻新等情况，重新修订了《安全用卡提示》宣传折页内容，并统一印制了80万份，发放至全辖网点，要求柜员必须向银行卡申领人同步发放，以加强持卡人安全用卡教育，最大程度减少风险事件发生。

（七）加快网点建设与转型，加强网点服务管理

1. 强力推进总行样板网点建设，在加快网点建设的同时，着手研究人员配备、流程再造等软转型工作。在硬件建设的同时，为提高营业网点综合效益和服务质量，促进营业网点从交易结算型向营销服务型转变，实行网点分类分级管理，根据营业网点的功能定位，将营业网点统一划分为财富网点、精品网点、基础网点和自助网点四类，实施差异化功能定位，真正实现分层服务。对不同等级的网点，确定了不同的功能分区组合标准，明确了各种功能分区的设施配备、建设规范，使我省的网点形象、店堂装修、功能布局及人员着装发生了巨大变化，全面提升了农业银行整体形象。

2. 全面推进“网点文明标准服务年”活动。深入开展了“网点文明服务年”，通过举办内训师训练营，培养了由66名标准服务内训师组成的导入团队，负责全省网点的文明标准服务导入工作。全年完成所有城区行网点员工文明标准服务导入3786人，导入网点337个。培养了员工“服务至上、以客为尊、赢在大堂”的理念，培育网点服务文化，塑造网点精神，引导全行员工保持高度一致的价值及行为取向，让网点成为传播企业文化的平台。

3. 加强了大堂经理配备工作。全面实施“赢在大堂”战略，调整岗位设置和劳动组合，清分现场管理角色，选拔、培养大堂经理专业队伍，加强客户识别分流，改进营销模式，完善网点窗口、高低柜配置及弹性排班机制，为网点向营销服务型转变搭建平台。2009年在全省范围内统一组织了大堂经理考试和竞聘，选拔出1049名具备资格的大堂经理，随着首批633名大堂经理的上岗履职，我行大堂经理队伍整体素质得到了有效的提升，营销队伍的战斗力得到了切实的加强。

山西分行个人金融发展概况

一、发展概况

2009年，山西省农行认真贯彻落实总行“3510”发展战略和零售业务转型工作要求，以建设省内一流零售银行为目标，坚持以客户建设为中心，渠道建设为重点，队伍建设为推手，强力推进经营转型，创新管理模式，完善系统建设，提升服务水平，走出了一条个人金融业务科学发展、有效发展的道路。

2009年末，该行的个人存款余额已达1159亿元，拥有970多万户个人客户，个人贵宾客户的金融资产占比排名系统内第一；借记卡发卡量约434万张，是省内第一大发卡行。山西分行拥有营业机构505个，员工人数14000余人，是省内网点网络覆盖最广、客户经理队伍人数最多的金融机构。

二、2009年业务经营情况

1. 个人存款净增109亿元；在四大行中的增量市场份额为21.56%。

2. 个人贷款余额为13.64亿元。

3. 全年共销售各类基金产品11.70亿元，同比多增3.95万元，实现手续费收入1913万元。

4. 当年新发借记卡119.40万张，实现收入12252万元。

5. 销售“本利丰”人民币理财产品14.26亿元，“汇利丰”外币理财产品1.12亿元，储蓄国债1.62亿元，个人实物黄金4170万元。

三、主要工作措施

1. 加快经营转型和职能整合步伐，构建起了“大个金”的综合经营体系。一是制订出台了《中国农业银行山西省分行城市行零售业务经营转型实施方案》，对全行零售业务经营转型工作进行了全面、细致的安排，规定了相关工作的办理时限、完成标准以及部门职责和分工。二是我部牵头组织成立了中国农业银行山西省分行城市行零售业务经营转型工作推进组，统筹协调零售业务转型的各项工作。三是建立了联系人制度、定期例会制度和一把手负责制，确保部门沟通协调顺畅，有利于及时解决在推动转型过程中遇到的各种问题和困难。四是初步建立起了“大个金”综合经营体系。部门职能进一步扩大，将个人住房信贷、规范化服务、网点管理、借记卡和个人外汇等业务归口到了个人金融部统一管理。促进了

2. 加大物理渠道建设改造力度，营业网点形象有了显著提高。2009年我行将加强网点基础建设和提升管理水平作为零售业务经营转型工作的重中之重，投入巨资全面启动了对营业网点的建设改造工程。一是加强制度建设，提高网点建设工作的规范化水平。先后制定下发了《中国农业银行山西省分行营业网点装修建设操作流程（试行）》、《中国农业银行山西省分行营业网点装修建设竣工验收流程（试行）》，并根据县支行、二级分行、监理公司和省分行的多方意见，对设计单位和施工公司进行考核与后评价工作。二是加大资金投入力度，稳步推进营业网点建设进度。我行制订出台了《中国农业银行山西省分行2009～2010年营业网点建设改造实施方案》，开工装修改造营业网点90个，完工营业47个；更换营业网点LOGO门牌标识170个，新建离行式自主银行5个，建成一批高标准、现代化、形象佳、功能全的营业网点。

3. 强化营销职能，个人金融业务营销组织策划能力明显提高。2009年我行除了继续组织开展了“大行德广 伴你成长 金钥匙春天行动”个人金融综合营销活动外，还组织开展了“激情仲夏 争先创优”、“爱在金秋 情系万家”等阶段性个人金融综合营销活动。组织开展了个贷产品“进

社区、进机关”、“争创百佳”个人按揭楼盘、“点滴积累成就梦想——金钥匙·基金宝”基金定投业务和“感恩十年 相伴永恒”金穗借记卡专项营销活动均取得了良好的营销效果。今年以来我部组织的营销活动次数至多，力度之大、范围之广都是前所未有，进一步锻炼和提高了我行个人金融条线的营销组织能力。

4. 创新营销管理模式，积极拓展个人信贷业务新市场。一是坚持“三个优先”的个贷经营理念，即：优先发展个人住房贷款、优先拓展太原及其他中心城市地区的个贷业务市场、优先满足我行优质客户的信贷需求，努力优化个贷业务发展结构。二是推行个贷业务专业支行的经营管理模式。在全省范围内遴选了22个合规意识强、经营管理规范、客户经理配备充足、具有较大市场潜力的支行，重点支持这些行的个人信贷业务。三加强个人住房按揭贷款与房地产开发贷款的联动营销机制，成功营销了恒大绿洲、万达广场、昌盛双喜城等一批重点楼盘项目。

5. 加强系统管理和队伍建设工作，提高营业网点服务质量。

一是认真组织开展了“网点文明标准服务年”活动。完成了199个营业网点的文明标准导入工作；并与专业咨询公司合作进行了第三方“神秘顾客”暗访检查工作，并依据其提供的整改建议，对营业网点服务过程中存在的问题进行深入整改。二是将PCRM系统推广到了我行的所有营业网点，完成了PCRM系统中客户基金产品、贷记卡、国债和个人贷款等业务数据的导入工作。三是组建成立了600多人的内训师工作团队；举办个人金融理财师（AFP）培训班，培训基层业务骨干92人。

内蒙古区分行个人金融发展概况

2009年是农行内蒙古自治区分行（以下简称内蒙古农行）个人金融业务迅猛发展的一年，全行上下以饱满的热情扎实工作，紧紧围绕“加快有效发展 打造个人金融业务强行”的总体战略目标，积极抢抓内蒙古地区经济快速发展的历史机遇，深化机制改革，强化综合营销，提高服务水平，社会各界和广大客户的认可度进一步提高，各项个人金融业务发展态势持续向好。

2009年，内蒙古农行始终将开展个人存款工作当成“一把手”工程，积极转变经营思路，采取有效措施，巩固和扩大中心城市及县域优势，建立以客户为中心的管理和服务系统，健全营销机制，完善激励与约束，推动客户和业务结构优化升级，不断做大做强个人负债业务。一是深入开展“大行德广 伴你成长 金钥匙春天行动”综合竞赛活动，加大综合营销力度和客户维护力度，实现个人存款工作首季“开门红”；二是切实树立“大储蓄”概念，借助“大个金”产品和渠道的营销，来助推储蓄存款的多元化增长，积极锁定第三方存管、银行卡、个人贷款、理财产品、基金、保险、个人网银等与储蓄存款高度相关的“大个金”类产品，从而主动提高“大个金”产品营销的积极性和协作性。三是全面实施个人客户分层服务，加大个人中高端客户维护、拓展力度，大力拓展贵宾客户群体。今年，内蒙古农行通过个人优质客户管理系统和金钥匙理财专家支持系统的推广应用，推动个人高端客户细分、管理和维护，积极建立了贵宾客户名单式管理，进行贵宾客户拓展数量及签约率的考核，强化了管理责任。同时积极做好贵宾客户身份识别及贵宾客户的各项增值服务，继续推动了金钥匙理财增值服务体系建设，区分行、包头市分行、满洲里市分行成功拓展当地机场易登机增值服务，部分分行增加签约商户打折优惠等增值服务，为贵宾客户建立了畅通的增值服务渠道，创建了农行贵宾客户管理服务品牌，为做好储蓄存款工作奠定了坚实的客户基础。通过内蒙古农行全行上下不懈的努力，个人存款业务整体竞争实力稳步增强，12月末，内蒙古农行本外币储蓄存款余额694.89亿元，比年初增加93.85亿元，增量在各项存款中占比为39.05%，增幅达15.63%，完成总行下达全年计划的93.9%，储蓄存款实现了平稳有效增长。

2009年，按照总行2009年工作会议提出的“积极发展个人住房贷款业务”总体要求，内蒙古农行以个人住房贷款业务为龙头，以建设最大零售业务银行为目标，通过个人住房贷款、个人生产经营贷款、个人消费贷款等产品联动，全面推动个人资产业务健康、快速发展。一是在辖内各行安排部署了置换式贷款、非交易转按贷款、气球贷、接力贷等个人房贷新产品的上市，丰富了个贷业务品种，增强了个人房贷产品的市场竞争力；二是在政策允许、有效防控风险的前提下，出台了六项具体措施，进一步缩短了个人住房贷款业务的审批链条、简化业务流程，加快了审批速度，提高了工作效率。三是按照总行统一安排，全面部署落实了系统内员工个人住房非交易转按贷款专项营销活动，并积极组织了“个人信贷进社区、进机关”专题营销活动，借助置换式贷款、非交易转按贷款、个人汽车贷款、个人生产经营贷款、综合消费贷款、个人综合授信贷款等重点产品，通过“个贷进社区”和“个贷进机关”等方式，增加了优质个人信贷资源及优质个人客户储备数量，有效推动了个贷业务的发展。四是积极强化贷后管理。内蒙古农行明确专人负责个贷在线监测，制定个贷业务监测台账，保证了个贷业务的良性发展。全行个人资产业务继续保持了稳定、健康的发展态势，12月末，全行个人类贷款较年初增加10.41亿元，完成总行年度计划的208.2%，资产结构进一步优化。

2009年，内蒙古农行积极探索有效的营销策略，提升中间业务产品市场竞争力，成效显著。一是为了做大基金代销业务规模，内蒙古农行积极组织开展了“春天行动 基金营销活动”、“宣传金融产品 为百姓理财支招 宣传周活动”、“点滴积累，成就梦想——‘金钥匙 基金宝’基金定期定额投资营销推广活动”，在有效提升基金销量的基础上，扩大了我行金融产品的社会知名度；同时，积极采取有效措施推动农银汇理平衡双利和农银汇理策略价值基金代销工作。二是正式实现了个人理财产品的全行上线销售。9月16日，总行集中版理财产品销售系统在全区各网点顺利开通，个人理财产品可以正式面向客户发售，这是内蒙古农行理财业务发展史上的里程碑。同时为了加大理财人员队伍建设，提高理财服务水平，7月份内蒙古农行与中国金融理财标委会举办了全区农行首期金融理财师（AFP）培训班，精选了40位零售业务条线骨干学员参加培训。三是按照总行的统一安排部署，内蒙古农行积极创造条件，完成了“传世之宝”实物黄金买卖业务系统的上线工作。并通过推介会、广告宣传、购“金”有礼、全员销售等一系列活动，全面推进实物黄金业务的发展。四是在鄂尔多斯市隆重举行了全区农行首届零售金融产品推介会，进一步加深了客户对农行零售金融产品的了解，推进了银客合作，塑造了良好的品牌形象。

今年以来，内蒙古农行继续以网点转型为抓手，极转变观念，强化政策措施，改造营业网点、电子渠道等零售业务产品销售平台，打通三大渠道，提高零售产品销售能力。一是积极推进“绿色行动”，以网点形象建设为重点，不断推动营业网点功能转型与规范化建设，全面提升营业网点服务能力。二是全力推进网点文明标准服务导入工作，经过区分行和外聘专业银行礼仪培训师现场集中培训和导入，网点员工服务礼仪更为规范，团队的工作激情和凝聚力被进一步激发，11月底内蒙古农行全面完成了所有网点的导入工作。内蒙古农行还统一印制了《中国农业银行网点文明标准服务手册》，借助电视、电台、报纸以及互联网等宣传渠道，大力宣传推介了网点文明标准服务工作，树立了农行良好的服务形象。

辽宁分行个人金融业务发展概况

一、辽宁分行基本概况

截至2009年末，全行本外币各项存款余额1 400.11亿元，比年初增加241.09亿元，同比多增156.34亿元。本外币各项贷款余额492.27亿元，比年初增加136.37亿元，同比多增119.69亿元，其中实体贷款比年初增加75.42亿元，创历年来最大增幅。实现中间业务收入44 479万元，同比增收467万元。

二、2009年零售业务板块发展情况

（一）零售业务经营情况

1. 储蓄存款稳步增长，市场位次提升。

2009年末，本外币储蓄存款余额1078.94亿元，比年初增加132.06亿元，储蓄存款占各项存款余额、增量比率分别为77.06%、54.78%。其中人民币储蓄存款余额1075.69亿元，比年初增加131.93亿元，完成计划的87.95%；外币储蓄存款余额4758.21万美元，比年初增加201.3万美元，完成计划的12.58%。储蓄存款四大行增量市场排名由2008年末的第三位上升到第二位。

2. 个人贷款投放质量有所提升，但总体下降趋势没有根本扭转。

2009年我行累计投放个人贷款2.41亿元，个人贷款余额25.44亿元，比年初下降7.71亿元，占全部贷款的5.17%；其中个人住房贷款投放量和年末余额分别为1.05亿元和20.35亿元。

3. 基金等中间业务产品销售良好，创收能力显著提升。

（1）基金业务：2009年我行共销售基金34.24亿元，同比多增25.14亿，完成全年计划的139%。四大行市场份额19.14%，比08年末提升14个百分点，市场排名首次由第四位上升至第三位。

（2）实物黄金：2009年9月份我行开办了“传世之宝”黄金业务。至年末，我行共销售实物黄金43.05公斤，其中“传世之宝”黄金销售量为39.65公斤，占比92%。

（3）理财产品：作为总行集中版理财产品销售系统试点行，我行积极申请开办了“本利丰”理财业务，全年共发行理财产品71期，募集资金30.21亿元，在新开办分行中排名第一。

（4）个人外汇业务：全年共办理个人结售汇63396笔，金额18223万美元；办理西联汇款45906笔，金额9719万美元。西联汇款业务在系统内排名第五位，实现利润300万元。

（5）中间业务收入：我行零售业务全年共实现中间业务收入30675万元，约占全行中间业务收入的70%。其中个人结算业务收入20790万元，基金业务收入2109万元，黄金投资收益29万元，国债业务收入442万元，理财产品收入31万元，委托存贷款业务收入480万元，电子银行业务收入4720万元，信用卡业务收入2074万元。

4. 信用卡业务稳步发展，商户规模迅速扩大。

2009年新发贷记卡主卡10.3万张，同比增加227%，完成总行计划的128%。贷记卡透支余额达7 953万元，比上年增加243%；消费额5.4亿元，同比增长206%，卡均消费额2088元，比上年增加83%。发展间联银行卡特约商户4 008户，同比增加269%，间联商户总量在省内四大行中居第一位，有效商户计划完成率在全国农行省级分行中居第五位。

5. 电子银行客户规模超常规增长，分流作用明显增强。

2009年我行新增个人网银注册客户60.8万户，增量系统内排名第4位，增幅系统内排名第1位，客户渗透率达到5.5%，系统内排名第2位。个人网银、个人电话银行、手机银行增量市场份额在四大行中均排名第一位。2009年新开办消息服务业务，签约客户23.2万户，成为又一增收渠道，当年实现业务收入201万元。电子银行渠道的分流作用明显增强，分流率比08年提高了10个百分点，

增幅在全国系统内排名第4位。

6. 目标客户数量平稳增长，客户结构有所改善。

全行目标客户515787户，比年初增加67163户，占全部客户的4%；目标客户存款余额710亿元，占个人存款总额的66%。全行三星级及以上个人客户27254户，比年初增加6166户；其中五星级客户较年初增加170户。全行储蓄存款在20万元以上的客户为71436户，较年初增加21981户，增幅为30.77%；其中500万以上客户506户，比年初增加248户，增幅为96%。

（二）采取的主要措施

1. 全面启动网点转型工作。一是实施“小改造、大转型”战略，稳步推进网点建设与转型工作。针对近年来网点建设实际，本着节约和高效原则，我行提出了“小改造、大转型”的网点转型战略，充分挖掘有限资源，实施局部小改造，划分功能区，导入新型网点营销模式，实现业务大转型。全年完成了13家标杆网点的转型工作，并以此为样板，在新装修网点复制和推广。积极推进网点建设工作，在总行的支持下，我行积极筹措资金，2009年全年共批复建设项目248个，投资额约为前5年累计总额的2.5倍，其中70%的资金用于城市网点建设。二是加大自助设备投入，运营质量明显提高。全行新增现金类自助设备753台，自助设备上线运行1119台，点均达到1.4台。自助设备台均交易量较上年增加了25%，台均盈利能力提高了11个百分点。网点功能分区、客户分层、业务分流逐步落实到位。三是强力推进网点文明标准服务的导入工作。为保证网点导入工作质量，我行全程坚持2+5的导入模式，采取集中管理和异地导入相结合的方式，由省行统一指定网点、分配人员、规定进点时间，实行全程进度监控，顺利地推进了网点导入工作。与此同时，加大监督检查力度，固化网点导入成果。制定了领导干部定期参加晨会制度，分管行长每月至少参加一次晨会，零售业务部门负责人每月至少参加两次晨会。

2. 深化产品营销计价考核。针对以往产品销售计价激励不能落实到基层网点和一线员工这一弊端，2009年我行深化产品计价考核，改变计价方式，实行穿透式计价考核。一是改变以往由二级分行自上而下逐级发放计价的模式，由各营业网点按照营销台账计算出每名员工的计价工资。二是由单纯的产品销售计价转变为产品计价和客户营销相结合，突出调整客户结构的经营模式转变，按优质客户数量发放计价工资。三是强调全员营销理念，由原有的只对业务人员考核转变为全员营销考核，各级管理行员工均可参与营销，根据分配比例，参与计价工资分配。

3. 广泛开展营销活动。2009年一季度我行成功组织了“金钥匙春天行动”综合营销活动，举办了电影招待会等活动，邀请政府部门、贵宾客户、优秀员工代表等嘉宾300余人参加活动，活动得到贵宾客户的高度评价，取得圆满成功。二季度我行启动了“激情仲夏，金彩生活”个人金融综合营销活动。开展了卓有成效的基金定投专项营销活动，净增定投户数5433户，增幅达509%，创开办基金定投业务以来的新高；开展了“个贷进社区、进机关”、“五爱市场个人生产经营贷款”等多项个人贷款专项营销活动，储备了一定的优质客户资源，共审核准入纯按揭楼盘15个，准入金额近6亿元。在总行“争创百佳”个人住房贷款专项营销活动中，我行3家支行进入月度评选前5名，1个楼盘进入前15名，获得总行嘉奖。

4. 扎实推进重点业务发展。转变营销意识，推动储蓄存款持续稳定增长。2009年我行提出储蓄存款业务的发展要实现两个转变，要由“抓存款”向“抓客户”转变，以高价值客户为切入点，对个人优质客户的营销进行计价考核；要由“坐商”向“行商”转变，变坐门等客为主动出击，在营销环节寻求突破。在日常管理中坚持做实做细，按日监测全行781个网点的储蓄存款变化情况，做到及时通报，有效现场督导。

5. 强化零售业务队伍建设。强化了大堂经理、内训师的培训与配备。2008年末全省只有大堂经理28人，2009年通过培训、选拔共配备专职大堂经理353人。积极组织内训师训练营，培训内训师58人。全年共举办各种形式的产品业务现场培训班十余期。

吉林分行个人金融发展概况

2009年，吉林分行贯彻总行专业部门制定的个人业务发展战略，在省行党委的正确领导下，进一步调整了经营思路和经营策略，积极落实城市零售业务经营转型要求，探索符合我行实际的发展战略和发展模式，个人业务呈现良好态势。

一、2009年各项经营目标完成情况

截至12月末，全行人民币储蓄存款余额为629.9亿元，比年初净增68.7亿元，旬均增长额达到75.2亿元；全行个人优质客户（二星级及以上客户）达到7.43万户，比年初增加2.58万户。借记卡（不含惠农卡）总量达到425万张，实现借记卡增量105万张，完成全年增量计划的150%；实现人民币结算业务收入1.54亿元；销售基金4.4亿元，实现代理基金销售收入1341万元；销售人民币理财产品9.28亿元；销售储蓄国债7756万元；个人贷款余额14.3亿元，较年初上升7.2亿元，实现了翻倍增长，完成总行计划的180%；信用卡总卡量达到26.63万张，较年初增加16.22万张，增长155%；自有商户达到5284户，较年初增加3675户，增长228%；新增电话银行注册数49万户，完成全年增量计划的402%；新增手机银行注册数3万户，完成增量计划760%；个人网银注册数达到16.7万户，当年新增8.2万户，完成增量计划136%；短信通注册数达到12.9万户，当年新增2.9万户，完成增量计划128%。

二、主要工作措施及成果

（一）全面实施城市零售业务转型

为组织和推进此项工作，规划转型步骤和路径，明确转型工作措施，省分行起草制定了《吉林分行城市零售业务经营转型实施方案》，从零售业务战略定位、重塑组织架构、建设营销队伍、再造业务流程等方面对全行城市零售业务转型工作做出部署和安排，当年实施的74个网点建设项目全部实现了功能分区，网点布局得到了进一步优化，完成了309名拟任大堂经理的培训和考核，完成了417名拟任个人客户经理人员的培训，进一步强化了“大个金”的经营管理体制，促进了条线控制和资源配置能力。

（二）打造个人贷款的核心竞争优势

对较大楼盘实施名单制管理，对我行贷款开发的楼盘，保证全额办理个人按揭贷款业务；在加强对新开盘楼盘营销的同时，对已在他行办理按揭业务的优质项目大力渗透，深入挖掘客户潜力。强化与对公部门的合作，为企业中的高端客户提供个人贷款服务。深入大型专业市场、社区、机关、大学，细分客户，巩固客户基础。全面加强个贷中心建设工作，2009年末，省行营业部、通化、松原分行的个贷中心已正式投入运营，个贷中心成立4个月，累计营销个人贷款1.23亿元。

（三）提升信用卡品牌影响力、市场竞争力和综合创效水平

采取“全员营销+项目营销+交叉营销+联动营销+联合促销”等多渠道营销方式。通过下发机关员工营销贷记卡、机关员工刷贷记卡消费，联合营销如易卡和联合办理公务卡等文件，使全行、全员和部门交叉联动营销信用卡的局面蔚然成风。大力开展“信用卡有效市场分析”和“金穗贷记卡客户满意度问卷调查”活动，查找产品、功能和服务等方面的优势和差距，有的放矢地制定主发公务卡、辅发教师卡等联名卡，努力缩小业务总量和增值服务等方面的差距。

（四）建立个人客户分层服务体系

各营业网点综合分析周边客户资源、竞争环境、本网点的客户结构、发展方向、服务功能等因素，确定客户服务定位，明确客户服务策略。全面落实贵宾客户名单制管理，最大限度营销个人优质客户。加快构建贵宾客户统一服务平台，在全省推广并有效利用个人优质客户管理系统，分离中高端客户，为其提供专门服务渠道和专属理财产品。建立贵宾客户营销维护考核体系，着力改善客户结构。2009年，全行个人优质客户（二星级及以上客户）累计增长2.58万户，个人优质客户储蓄存款同比多增55.6亿元。

（五）以网点转型为突破口，全面提升网点营销服务水平

2009年，全省完成了31个网点建设项目的竣工决算，涉及投资总额2887万元；当年新立项网点建设项目134个，投资总额11835.4万元；当年开工建设的网点建设项目有83项，当年完成投资总额7588万元。在加强网点硬件改造的同时，以规范化服务导入为契机，提高网点服务质量。省分行制定了《吉林省分行“网点文明标准服务年”活动实施方案》，并先后开展了网点文明标准服务内训师培训工作、网点标准化服务导入工作，同时建立了“神秘人”暗访检查制度。全年完成网点文明标准服务导入的网点数量达到492个，占全部网点的83%，网点服务质量得到了显著提升。为加强网点营销指导工作，省分行先后制定及完善了《吉林分行提升营业网点综合竞争力及星级网点考评意见》、《吉林分行大堂经理管理实施细则》、《吉林分行个人VIP客户管理实施细则》、《吉林分行产品营销推介指导意见》、《吉林分行个人金融产品营销计价考核实施方案》以及《吉林分行关于缩小发展差距 提高综合竞争力整改实施方案》等基础制度方案，对指导全行零售业务营销和客户管理起到了积极作用。

黑龙江分行个人金融业务发展概况

2009年，我行认真执行个人金融工作的相关要求，强力推进网点转型，加大中间业务、个人贷款等业务的综合营销力度，各项业务指标取得突破性进展，为全行业务经营转型和服务“三农”提供有力支撑。

一、各项个人业务经营目标完成情况

2009年，全省农行人民币储蓄存款余额980.5亿元，比年初增加109.8亿元。在省内四大行中，储蓄存款存量市场份额25.76%，居第2位。全年共销售基金38.3亿元，完成全年计划的98.6%，在全国农行系统中，排名第13位，销售收入计划完成率排名第8位。

信用卡业务收入175.04万元，完成总行计划175.04%；商户收单业务收入1333.41万元，完成总行计划的148.16%；信用卡当年新增发卡71530张，信用卡消费额45282.61万元，完成总行计划113.22%。借记卡存款余额194亿元，较年初增加61.1亿元，发卡总量638.3万张（含睡眠卡174.3万张），较年初增加153.4万张。

个人贷款余额252470万元，比年初增加17.38亿元，同比多增43.2亿元。其中，个人住房贷款余额17.95亿元，比年初增加13.88亿元，同比多增17.02亿元。

全行新增各类电子银行客户798 579户，累计电子银行客户总数1 038 087户；实现电子银行业务收入4 016万元，电子银行业务收入银行动户率为51.1%。

二、2009年主要工作措施

（一）加强基础建设，积极推进网点装修改造工作。一是按照“服从全行经营大局、城市行优先建设”原则，2009年共分三批启动网点装修改造工作，共装修改造样板网点197个。二是严格执行总行视觉形象建设标准，规范了门牌标识、办公家具、网点装修项目材料的尺寸、规格、

技术标准和材质等，制定了各装修项目材料的清单，积极推进相关设施的采购进程。三是样板网点建设进展顺利，汇金支行透笼分理处和道外支行民众分理处装修改造工作已经完成，现已对外营业，并得到客户的肯定。四是积极进行财富管理中心筹建工作，确定道里支行为我行第一家财富管理中心。通过考查学习山东、广东、深圳分行经验，我行已制定财富管理中心建设实施方案，并启动了财富中心的整体设计工作。五是我行对建设和改造项目进行了为期近一个月的巡检及验收，共检查27个网点，验收15个网点，下达整改通知书，要求限时整改，提高了施工的质量及效率。

（二）强力开展营销，努力抢占市场份额。2009年，以个人优质客户和储蓄存款、借记卡、基金等业务为营销重点，组织开展了“大行德广 伴您成长 金钥匙春天行动”、“激情仲夏 金彩生活”、“爱在金秋 情系万家”等为主题的个人金融综合营销活动，活动期间，我行出台评比方案，拿出专项奖励工资，对优秀单位和个人给予表彰奖励，进一步调动了各广大员工的积极性，带动我行个人金融业务持续增长。

1. 储蓄存款业务。利用元旦、春节等时机开展综合营销，大力组织储蓄存款，拓展个人优质客户，收到了良好的成效。仅一季度，储蓄存款增加86.38亿元，为全年工作打下了坚实基础。活动期间，还利用“全省农行网点文明标准服务内训师培训班”、“全省农行储蓄存款推进会议”、“2010年伴您成长 金钥匙春天行动”启动仪式召开之际，分析存款形势，落实增存措施，推动储蓄存款工作。

2. 银行卡业务。一是成功营销绥芬河城市“一卡通”项目、黑龙江商业大学等10余所高校的联名卡及批量发卡项目。二是通过批量发卡与东北林业大学、大庆石油学院等一批高校实现银校全面合作，为我行其他业务的开展起到了推动作用。三是圆满完成424台新分配自助设备的规划工作，并对2009年以前分配未上线的88台自助设备重新规划布放地点。四是开展“感恩十年·相伴永恒”借记卡专题营销活动。按照总行统一安排，全省共投入专项营销费用160多万元，组织开展存款赠礼、“‘金’喜连连”借记卡抽奖活动等。五是深入开展信用卡消费促销活动，抓住“国庆”、“中秋”双节期间居民消费能力集中释放的有利时机，以总行组织开展的“金喜连轴转”活动为契机，开展了全省“金秋十月、金穗送礼”刷卡促销活动，各行积极与当地百货、大卖场、餐饮等知名商户合作，在黄金周期间开展现场抽奖活动，抢占了假日消费市场，进一步提高了农行金穗卡的知名度。

3. 代销基金业务。在积极参与个人金融部综合营销活动外，还在第二、第四季度，分别组织开展了“百日竞赛”、“点滴积累 成就梦想——‘金钥匙 基金宝’”等基金营销专题推广活动，加强了基金组合报告的推广，组织了形式多样的业务宣传活动，并对销售较好的支行和营销网点给予旅游培训奖励，推动基金代销业务较快发展。

4. 个人贷款业务。一是开展“春天行动”综合营销活动、个贷“进社区、进市场、进机关、进市场”营销活动、“争创双百”优质楼盘和二手房贷款营销活动；二是通过哈洽会、《生活报》、省电台、电视台、交通台、《东北网》、分众传媒、手机短信、灯杆、灯箱等媒体重点宣传“金钥匙好时贷”个贷品牌和重点产品，同时，充分利用营业网点开展阵地宣传。

（三）拓展新产品、新业务，多策并举推进业务发展。一是配合总行推出了白金贷记卡、海航联名卡、碧桂园卡、盛世中华纪念卡等卡种，同时配合总行开展了“新加坡+民丹娜湾度假村五日自由行”特惠旅游活动，并在哈尔滨交通台进行了广告宣传，扩大了金穗贷记卡的品牌影响；二是与省财政厅合作推出了省级预算单位金穗公务卡，对400多家省级预算单位发行了公务卡；三是做好集中版理财销售系统上线工作，及时下发产品信息、争取总行计划、加大宣传、辅导营销等手段，有力地推动了本利丰产品的销售，增强了与其他商业银行在理财产品方面的竞争能力，推动全行理财业务健康发展。四是做好储蓄国债（电子式）系统上线工作，在每期国债发行前，督促二级分行做好营业网点现场宣传工作，增加储蓄国债销售额度。五是做好个人实物黄金买卖业务开办前的培训学习、系统测试、税务登记、开办资格审批和银监会报备等工作，为该项业务开办做好了准备。

上海市分行个人金融发展概况

一、发展概况

2009年，上海市分行在准确把握工作职责与发展方向的前提下，坚持“以巩固与提升个人金融业务市场份额为根本出发点”的工作思路；坚持注重组织体系自身资源的优化配置与个金条线干部员工积极性、创造性的充分调动。在实现“构筑高效机制、营造稳定秩序”管理目标的同时，组织、指导、推动全行个人金融业务各项工作的有序进行与快速发展。

二、工作业绩

截至年末，全行人民币储蓄存款余额1914.4亿元，比年初增加252.6亿元，完成总行全年指标的101%，储蓄存款占全行存款总额的51.02%；外币储蓄存款余额20388万美元，比年初增加2153万美元，本外币存款增幅创历史新高。全行销售基金、国债、实物黄金等各类个人理财产品（不含保险）246.5亿元，完成总行指标的349%；实现个人中间业务收入4.02亿元，占全行中间业务收入总额的25.2%；其中基金代销、理财业务、实物黄金销售等工作在总行年度评比中均名列前茅。全行个人贷款余额356.6

亿元，比年初增长91.1亿元，完成总行指标的748%；个人贷款增量占全行人民币贷款增量的47.63%；个人贷款余额占全行贷款余额的16.9%；全行12个纯按揭楼盘、15个支行的二手房贷款投放量跻身全国百强行列。PCRM系统三星级以上客户85851名，签约率67.8%。其中存款500万元以上的客户566名，金融资产总量57.1亿元。

三、工作措施

（一）有效组织、指导、推动全行个人负债与中间业务的发展

年初，面对全行个人负债与中间业务竞争力弱化、个人客户结构散小差、中高端客户维护能力不足的发展环境，通过分拆、选择、比较发展方案，形成了锁定三星级以上个人中高端客户、第三方存管与代发工资群体客户的市场策略。一年来，以依托PCRM系统以及网点营销人员和柜员之间的联动营销全力拓展优质客户，增加储蓄存款存放量；以积极落实第三方存管业务与“双利丰”及“短期理财产品”的对接，提高证券投资资金的回流率；以代发工资业务与“借记卡自动约转”等储蓄存款的增值服务功能对接，提高代发工资资金留存率；以依据资本市场交易波动规律与特征，合理推进滚动式产品营销策略等具体措施，增添个人负债与中间业务的发展功力。

（二）有效组织、指导、推动全行个人资产业务的发展

2009年，根据分行党委做大做强个贷业务的战略决策，我行全力以赴以扭转观念、落实措施、强化督导为抓手，努力推动全行个贷业务的迅速崛起。

（1）在分行以集中个贷业务审核审批环节参与个贷业务直接经营的管理模式下，以稳步推进支行个贷中心建设的形式，逐步统一全行个贷条线经营组织架构，为个贷业务的营销管理提供组织保障。

（2）认真梳理现有制度与业务流程，在不违背监管要求的前提下，征得总行同意，以开办“自助循环贷”业务等创新产品、调整“个人商业用房贷款”政策等制度优化措施，为个贷业务的提速发展奠定产品与政策基础。

（3）切实落实项目贷款审核环节中，提出项目按揭贷款配比要求；项目贷款合同签订环节中，明确项目按揭贷款配比条款；按揭贷款发放过程中，跟踪监测项目按揭配比比例实施到位情况的措施，从源头上有效遏制按揭资源的流失，有效促使一手房贷款投放走出低谷。

（4）根据市场通行做法，进一步建立、完善、巩固与房产中介公司合作营销二手房贷款的营销渠道。以灵活、适度的形式，激励中介公司向客户推荐我行的按揭服务。

（三）有效组织、指导、推动全行个人业务综合营销管理

一是加速推进零售业务队伍建设。年末，全行设置大堂经理294人，专职个人客户经理85人，兼职个人客户经理186人；全行持证理财师253人，内训师50人。二是加强零售业务队伍培训。年内，先后组织5期持证理财师继续教育培训；举办了一期AFP培训、一期内训师培训、两期个贷业务产品培训、六期理财产品培训；结合文明服务导入活动，抵250个网点现场为5000余名干部员工举办了“服务营销双主动”专题培训与现场指导。三是全力推进PCRM系统的推广应用。四是整合分行资源，组织开展与推进为高端贵宾客户开通机场易登机、珠宝鉴赏、高端楼盘品鉴等增值服务，塑造农行良好的社会形象。

（四）有效组织、指导、推动全行网点服务管理

年内，抓住总行开展“文明标准服务年”活动的契机，借上海世博会即将召开的东风，在全行范围内开展了“文明标准服务导入”活动。活动以“增强网点核心竞争力”为目标，通过集中培训与现场辅导固化网点营销服务标准。促使250个导入网点的服务理念、服务方式、服务水平发生了质的变化。导入后的网点，无论是环境视觉形象、员工精神面貌、营销服务能力，还是服务水准、营销业绩等方面都有了不同程度的提高。导入网点导入期一周的营销业绩比导入前一周的营销业绩平均提高132.6%。全行以网点功能从“交易结算型”转变为“营销服务型”为核心的“网点转型”工作得到突破性推进。

（五）牵头组织、协调、推动全行零售业务的战略转型

综合我行零售业务渠道营销能力薄弱、营销队伍建设滞后、业务增长方式落后、业务处理流程繁琐、客户结构低下的发展现状，依据《中国农业银行城市行零售业务战略转型方案》精神，根据分行党委要求，牵头组织、协调、推动上海分行零售业务战略转型工作。一年来，在合理分解零售业务战略转型任务的基础上，在分行各职能部门与各经营行的齐心协力下，通过改善物理网点、电子机具、电子银行三大渠道；完善个人金融产品营销支持体系；建设多层次营销队伍；统一网点视觉形象，优化服务方式等路径，努力推动全行零售业务经营模式的阶段性递进，提升全行零售业务的营销服务水平。

江苏分行个人金融发展概况

2009年，江苏分行个人金融条线认真贯彻落实省分行党委提出的“发展、转型、提质、增效”工作方针和业务经营又好又快的发展要求，以转变业务增长方式为重点，加快提升市场竞争能力；以客户关系维护为重点，加大重点产品市场营销力度；以网点转型建设为重点，加快提升综合服务水平；以精细化管理为重点，加快提升队伍素质和风险防控能力，全行个人金融继续呈现出良好的发展态势，个人金融经营贡献率得到新的提升。

一、个人金融业务发展概览

截至2009年末，江苏分行共有正常营业网点1538个，其中城市网点684个，占全行网点总数的45%，县域网点854个，占全行网点总数的55%。在全部营业网点中，有财富管理中心1家，理财中心35家，精品网点398家，设有离行式自助银行57个，离行式自助设备共计362台。营业网点人员总数15569人，其中，专职营销人员占比为16%。全省个人客户总数3419万户。

二、主要经营指标完成情况

至2009年12月末，全行本外币储蓄存款余额达4061.2亿元，比年初增650.3亿元。在全省四大行中存、增量市场份额分别为33.6%和31.3%，连续四个季度均保持了同业第一的位置。个人贷款余额为912.2亿元，比年初增414.6亿元，比上年同期多增383.6亿元，创历史发展最好水平。全年累计销售基金178亿元，占全国农行总销量的10.9%。累计销售国债31.2亿元，同比多销6.0亿元。销售实物黄金594.1公斤，同比多销117.1公斤。累计发行“本利丰”人民币理财产品74期，销售金额128亿元，同比增加近6倍。发行“汇利丰”个人外汇理财产品9款，累计销售891万美元。全行个人借记卡保有量为2803万张，全年新增发卡745万张，比上年多增141万张。借记卡保有量四大行市场份额为32%，继续保持同业第一。全年全行新批准建设离行式自助银行53个。优化了人工网点布局结构，经撤并重建使全行网点数比08年末减少了30个。全年完成营业网点规范化服务导入培训1131家，培训员工超过12000人。

三、主要工作措施

（一）坚持“大个金”整体营销策略，持续强化营销工作

2009年以来，按照总行有关部署，江苏分行深入开展了一季度“春天行动”、二季度“激情仲夏”、三季度“爱在金秋”等三项大型综合营销活动，分季度有侧重地开展个人金融市场营销。按照总行营销活动实施方案精神，结合我行实际，制订了江苏分行不同阶段营销活动的实施方案和考核办法。特别是在“春天行动”和“激情仲夏”活动中，我行充分发挥“大个金”整体营销的特点，强化个人金融部、信用卡、电子银行等相关部门联动营销，从“大个金”视角制定了零售业务营销考核方案，配备专项财务资源，加大计价考核力度，从而有效地保证了各项业务的齐头并进，促进了各项业务的持续性增长态势。在一季度“春天行动”中，我行将营销工作重心锁定在以旺季增存为重点的综合营销活动上，并策划了形式多样的营销活动。省分行邀请著名导演冯小刚和影片主演葛优等《非诚勿扰》剧组人员亮相启动仪式，并举办了一场高规格的“新年音乐会”，将“春天行动”营销宣传活动推向了新高潮。在二季度“激情仲夏”活动中，全行进一步研究市场、紧盯客户，突出重点，将“激情仲夏”活动与年中业务指标完成目标有效结合，实施分段考核，奖惩并举，突出重点，自我加压，取得了更佳表现。三季度的“爱在金秋”活动中，针对一、二季度中间业务创收不足、基金销售品种结构不甚合理的问题，明确提出了以股票型基金和“传世之宝”黄金为主打产品的营销主题，并专门召开了基金业务专项营销会议，要求各行把增加中间业务收入、提高中间业务市场份额作为全年中间业务工作的重点，大力营销股票型基金。针对黄金投资价值凸现，市场购买踊跃的形势，我行邀请了总行业务专家、黄金投资专家对客户经理、理财经理进行黄金知识与黄金产品代销和自营业务的操作培训，为我行成功推出自营黄金产品“传世之宝”奠定了很好的基础。在总行三个季度专项营销竞赛活动中，我行均名列第一。四季度，我行又牢牢抓住总行在全国范围内开展了“‘感恩十年 相伴永恒’”金穗借记卡发卡十周年暨新版卡面升级综合营销活动机遇，积极响应，并制定了详细的专项营销活动方案，包括开卡赠礼、“金”喜连连大抽奖、圣诞新年刷卡赠礼和“我和金穗借记卡”征文等一系列活动，经过精心部署、周密安排、狠抓落实，此次活动取得了明显成效，有力推动了全行借记卡业务快速发展，带动了以借记卡为载体的个人存款、基金、黄金、个人理财产品等一系列个人金融业务产品的营销。此次活动效果显著，受到了总行表彰。

（二）强势推进网点转型工作，集中打造零售业务核心竞争优势

2009年以来，我行着重在网点组织架构、流程再造、服务导入、队伍建设等方面加大工作力度。专门召开了全省农行网点转型现场会，一把手行长发表重要讲话，对全省网点“软”转型工程进行全面部署。通过积极试点，摸索经验，年底前已将省内零售业务基础较好的城区网点先行转型为零售业务专业网点；按照“公司业务上收，零售业务下沉”的总体思路，优化网点劳动组合，加快试点工作。“以客户眼光”对业务流程、ABIS作业系统进行了优化，修订了相关的管理制度，强调了高柜业务简单化、复杂业务后台化、个人业务大堂化、客户经理角色化。在二级分行各选择二个支行进行公司业务上收试点，在每个一级支行选择二个网点进行高低柜分离试点。制定并下发《营业网点高、低柜分离实施指导意见》，并协调当地监管部门，解决开放式柜台办理小额现金业务的制度障碍，保障高、低柜业务分离有效实施。加快服务导入推进，开展“网点文明服务标准年”活动，全面实施服务导入和服务评价。至年末全行已经有854个营业网点实施了导入式的服务标准化培训，有67个网点获得不同层次的“中国银行业文明规范服务示范单位”称号，其中获得国家级荣誉称号的6个，省级荣誉称号的13个。

（三）坚持“保、抢、挖”策略，全力推进主体业务的快速、健康发展

一是审时度势，加强督导，力促业务增长。今年以来，我行针对金融危机、宏调政策、房地产、资本市场敏感性变化等对个人金融业务的直接或间接影响，一方面加强形势和政策分析，另一方面积极抢抓政策和时势机遇，适时调整业务发展策略，保证政策解读和业务发展的连接性、延续性。特别是2009年一季度，在储蓄存款、个人购房贷款、股票型基金等主体品种下滑明显，不少指标落后于同业的情况下，全行上下审时度势，分析成因，寻求对策，

省分行领导携相关部门负责同志四次率队深入基层行，逐一解剖，逐一指导，逐一推动，及时召开业务座谈会、分析会等，推动了个人金融主体业务保持了稳定发展的良好态势。

二是围绕服务高端，持续开展重点产品服务创新。2009年，针对我行理财产品落后于同业的现状，在市场调研和反复论证的基础上，我行自行研发了三款理财产品设计方案上报总行，得到了总行的肯定和支持。下半年总行理财产品放开销售以后，我行理财产品销售额取得了历史性的突破，销售额突破100亿元大关；通过深入研究理财市场，我行先后撰写了多份产品创新研究报告、工作意见等多份材料，并参与全省新产品创意大赛评选及2010年新产品立项等工作。针对今年总行先后推出的多项个贷新品，我行进一步规范了个人住房接力贷款、置换式贷款等多项新型产品的管理要求和操作规程，细化了贷款准入条件和客户准入标准，并根据地区金融需求水平，在苏州和南京织实施个人自助循环贷款试点工作。为有效利用存量房利率调整的机会抢挖他行客户，重新制订了个人住房非交易转按贷款操作流程，明确了可免除阶段性担保优质客户范围，提高了产品在高价值客户群体中的适应性和操作性。

（四）强化基础建设工作，积极促进个人金融经营方式转变

一是深入探索个贷集中经营管理模式。为健全个人贷款营销体系，增强营销拓展能力，提高运作效率、风险管理能力和集约化水平，2009年我们制定了《贯彻落实总行个人信贷业务集中经营管理推广的实施意见》，在回顾我行运作模式演变，分析同业组织架构的基础上，提出了我行推广集中经营的重要性和紧迫性，并立足我行运作现状，起草了个人信贷业务集中经营管理推广实施方案。6月份我行组织召开了部分行分管行长和部门负责人参加的个人信贷业务集中经营管理座谈会，广泛吸取基层行对方案初稿的意见。会后组织专人赴系统内已成功试点的深圳分行和省内同业先进行开展实地调研和学习，对集中经营推广方案进行了调整和优化，并制订了《江苏分行个人信贷业务集中经营管理程序审批实施办法》。

二是加强营销队伍的建设。今年以来，我行重点开展全省营销人员的提高型培训工作，提升队伍整体战斗力。在网点方面，我行编制了2009～2010年网点负责人培训计划，组织实施了营业网点负责人培训，并根据各二级分行的网点主任培训方案，安排师资力量进行现场答疑，切实提高网点负责人管理网点的水平。在产品方面，我行先后组织了全省基金、黄金、个贷和理财产品等多项内容的专题培训，为基层行客户经理开展有效营销提供强有力支撑。同时，我行还组织了一期CFP培训班，52名学员在之后的资格考试中取得了一次通过率超过50%的理想成绩。组织了三期全省个人客户经理培训，重点培训私人银行业务、营销技巧、商务礼仪等，前后共有360人次参加了培训，培训测试全部达到优良以上。

三是积极推广应用IT系统。2009年，我行完成了PCRM系统优化升级工作，并在全省范围内进行推广普及。编写了网点信息管理系统业务需求，对本利丰理财产品销售系统进行了功能优化，推广总行集中版理财产品销售系统。先后参与了总行客户财富专家支持系统（二期）、网点智能服务导航系统框架和业务需求的讨论、撰写和测试工作，IT系统对零售业务转型的支撑作用进一步加强。

（五）深入推进制度建设和风险防控，为业务发展提供有力保障

一是进一步完善内控管理体系。2009年，我行先后参加了由内控合规部牵头组织、相关业务部门参与的全省数次专项业务大检查活动以及案件集中排查活动，对全省二级分行的相关业务进行了操作合规性检查，主动查找和暴露案件隐患，进一步夯实内部管理基础。二是强化业务发展的制度建设，树立风险文化意识。为保证个人金融发展，切实防范制度风险、操作风险与道德风险，一方面对上级行、监管部门有关制度、办法与文件及时转发基层行，并根据文件的内容与要求，结合江苏农行实际，提出工作要求与注意事项。另一方面，根据江苏农行业务实际，从保证业务持续、健康、规范、高效发展的角度，以求实的态度与创新的思维，制定了相关政策、制度与办法。今年以来我行着重加强对全行销售人员合法、合规销售的培训和教育，根据总行《中国农业银行个人理财产品销售管理办法》有关精神，结合我行实际提出了具体工作要求，并动态抽查了部分市分行个人理财产品自查情况，以强化个人理财风险防控。三是把好重点环节，着力推进个人金融内控措施的落实。对新业务、新品种的推出，我部均能按照银监会及总行的要求，抓好组织培训工作，以控制执行风险与操作风险。充分利用CMS、WEB和个贷风险预警平台等系统，按月下发个人贷款风险监测表。继续加强对个人购房贷款抵押权证归行管理，按月统计权证归行变动情况。将超过6个月以上未办权证贷款笔数占比纳入年度条线考核中，增强对各分支行的刚性约束。

浙江分行个人金融业务发展情况

2009年，浙江分行个人金融部在分行党委的正确领导和兄弟部门的大力配合下，紧紧围绕全行工作目标，充分发挥团队精神，认真履行部门职责，全省个人金融业务取得了显著成绩，全面超额完成总行各项目标任务：一是个人存款稳步增长，领先优势继续保持。全年新增个人存款522亿元，同比多增22.5亿元，增量居系统内第二，并以多出83.6亿元的优势力压工行，继续保持总量和增量四行第一；二是个人贷款快速增长，市场份额触底回升。全年新增个人贷款327亿元，是去年的8.9倍，先后3次收到总行贺信，增量居系统内第二，居四行第三，总量四行份额比年初上升1.74个百分点，扭转了多年来市场份额持续下降的局面；三是基金理财销售加快，收入贡献稳步提升。累计销售基金、理财产品236亿元，基金销售居系统内第三，比上年前移4位，居四行第三，比上年前移一位；全年实现基金及理财产品手续费收入1.36亿元，借记卡手续费收入6.8亿元，稳居四行第一；四是基础建设稳步推进，客户结构持续优化。新增三星以上个人优质客户4.76万户，优质客户占比比年初上升0.19个百分点；完成或在建项网点建设项目192家，网点文明标准服务导入547家；培训理财师134人，内训师498人。纵观2009年，我行个人金融业务总体实现了业务规模和市场份额同步提高、客户结构和经营效益同步提升、业务增长和基础管理同步加强、服务深化和机制创新同步推进。

一、强化综合营销，确保主体业务快速发展

2009年，面对竞争激烈、形势复杂的市场环境，我行主动应对竞争，迎接挑战，瞄准市场，紧盯同业，大力组织开展个人业务综合营销，特别是下半年以来，我行按照二次创业的战略要求，加大了营销力度，业务出现加速发展态势。全年共组织开展大型综合营销活动3次，专项营销活动10次，取得了较好成效，我行个人存款增量在前两个季度只有一个月超过工行的情形下，7、8两个月连续超过工行。组织“感恩十年相伴永恒”借记卡营销活动，以全国性借记卡发行十周年及新版借记卡发行为契机，推出了“贵宾卡办卡有礼”、借记卡“金喜连连”大抽奖和“白金搭档”&“黄金组合”等营销活动，取得了较好效果，有力地促进了我行个人金融主体业务、中间业务的快速发展，实现了业务规模和市场份额同步提高。

二、突出营销重点，推进业务结构持续优化

在着力做大业务规模同时，我行也十分注重结构优化和效益的提升，在业务发展上，一手抓“顶天立地”，一手抓“铺天盖地”。抓“顶天立地”就是大力拓展和维护个人优质客户群体，不断优化贵宾客户服务体系建设。2009年，我行强化了对贵宾客户管理，以部门职能调整为契机，重新梳理和统一了贵宾客户评价和准入标准，改变了多年来以客户为中心管理和以卡为中心管理的多头管理、两张皮的局面，统一了标准，明确了管理流程，提高了管理效率。同时，继续优化和完善贵宾服务，全省80%以上网点开设贵宾通道，依托科技，在高、低柜实现了贵宾客户积分自动兑手续费的功能，针对钻石卡客户和白金贷记卡客户，统一推行了全国性37家机场易登机服务、健康管理增值服务。去年全省三星以上个人优质客户增量为历年之最，优质客户户数占比和存款占比均比年初上升，实现了优质客户量的增长和质的提升。抓“铺天盖地”就是大力营销个人目标客户、潜力客户，针对目标客户群体，广泛开展产品专项营销、组合营销，大力提高产品覆盖率，以充分体现和挖掘零售业务规模效益。2009年，结合各类营销活动，我行加大了对基金、理财产品、国债、黄金、借记卡、第三方存管等个人产品的营销，全年累计销售代理类理财产品同比多增117亿元，实现基金、国债、黄金销售手续费收入1.36亿元，其中基金销售收入四行占比14.36%，比6月底上升1.23个百分点。借记卡基础手续费收入四行占比37%，稳居四行第一。个人中间业务收入贡献进一步提高。

三、以网点转型为抓手，强势推进渠道优化建设

为积极推动和加快实施零售业务经营转型，去年来，我行坚持以网点转型为抓手，坚持“软硬并举”，强势推进零售业务主渠道建设。一是优化网点布局，加大城区网点建设投入。去年我部对各市分行上报的拟调整网点，全部实地走访，考察了解网点现状和周边环境，对有争议的网点，反复多次进行沟通，力争使网点调整体现优势区域优先发展的原则。全年共迁址网点51个，撤销网点4个，升格网点43个。其中：城区网点增加16个，撤销或迁址乡镇、郊区网点20个。二是加大网点改造力度，全面实施“绿色行动”。加大了对在建项目的规范和引导，从6月1日起统一要求按照总行《营业网点形象建设标准》进行装修改造。同时，通过审核拟建设网点的平面布局规划图和转型方案、实地考察、提前做好外系统相关的报批手续、招标手续等前期准备工作，11月起全面启动了新标准网点建设工作。在网点改造中，加大了对自助设备的集群式投放，对新建网点必须要求同步设立附行式自助银行。到年底，全行非柜台业务量占比达到80.43%，比年初上升4.82个百分点。三是积极争取做好网点建设立项。通过和总行沟通，2009年我行新立项建设项目253个，立项资金2.6亿元，其中总行立项123个，省分行立项130个。去年还确定并积极介入理财中心、精品网点、基础网点三类样板网点建设。四是认真做好大楼LOGO、营业网点门牌和营业网点员工工装更换工作。根据总行统一部署，从去年起全行要逐步更换营业网点门牌和员工工装，为此，我部从申请财务立项、厂家筛选、标准制定、参与招投标评分、入围厂家考察、样品制作、中标厂家计划分配、合同签订等全程各个环节，做了大量艰巨、细致的前期准备工作，使得这两项更换工作得以顺利进行，目前正按照先城区、后县城、再乡镇的步骤有条不紊地进行之中。五是大力推进网点文明标准服务导入，积极实施“赢在大堂”策略。推进网点文明标准服务是我行树立股改新形象、塑造网点新文化的重要途径，是统一网点服务标准、提升网点服务水平、增强网点营销能力和客户满意度、加快零售业务转型的重要举措。去年以来，根据总行统一部署，全省组织开展了“网点文明标准服务年”活动，精心制定培训及导入方案，组织举办全省培训班，强势推进网点文明标准服务导入，并以此为契机，大力开展内训师培训。到年底，全省完成导入网点547个，占全部网点的58.94%，超额完成全年既定目标。网点文明标准服务导入后，营业网点环境进一步改善、服务礼仪进一步统一、主动营销意识进一步提升、参与意识明显增强、员工精神面貌焕然一新。我行网点文明标准服务受到了中国银行业协会的高度评价，并在去年总行全国网点文明标准服务视频通报会上作了经验介绍。

四、创新机制，着力推进个人业务竞争力建设

为有效应对市场竞争，去年来，我行进一步加大机制和产品创新，改进业务流程，加强队伍建设，着力提升个人业务竞争力。一是优化个贷产品，改进个贷业务流程。扩大了个人综合授信贷款抵押房产区域范围，增加了经济强镇范围内变现能力强的房产；简化了首付款证明要求和存贷双赢房贷理财账户业务手续；简化与汽车经销商、保险公司的合作协议手续；扩大了个人人寿保单质押贷款开办机构范围。针对个人贷款业务操作流程、手续繁琐以及部分制度规定与市场不衔接等问题，我部提出了简化业务审批流程和流程优化合并的建议方案。启动了城市行个人信贷业务集中经营试点。二是加快产品创新，丰富各类理财产品。2009年我行共新发行基金76只，是，发行本利丰产品74期，是去年的3.89倍，基本做到每周推出5个不同期限产品，推出了5个规格的“传世之宝”标准金条，配合60周年及节假日营销，阶段性推出了“60周年”及虎年“传世之宝”及金钱等不同产品，满足不同层次客户需求。三是优化柜面业务流程。去年我行积极参与了总行ABIS系统客户开户和签约流程的优化工作，并于11月正式上线推出，统一了开户凭证，简化了客户开户签约手续，进一步提升了柜面业务办理速度和效率。四是加强队伍建设，着力打造高素质的营销团队。去年来，以网点文明标准服务导入为契机，全省培训零售业务内训师498人，初步培养了一支具有较高业务素质和营销技能的骨干营销队伍。组织理财师培训班2期，培训人员134人，使全省理财师队伍总量达到650人。此外，还举办了理财产品业务及营销培训、西联汇款系统、个人产品开户系统视频培训班等。

安徽省分行个人金融业务发展概况

2009年，在省分行党委的正确领导和总行个人金融部、住房金融与个人信贷部的有力指导下，全行个人金融部门认真贯彻落实总分行年初、年中工作会议精神，以加快有效发展为目标，以综合营销为手段，强化内部管理，加快网点转型，积极拓展优质客户群体，实现了个人金融业务健康快速发展。

一、业务发展概况

一是储蓄存款保持规模增长。截至年末，全行储蓄存款余额1106.06亿元，较年初增加125.66亿元。储蓄存款余额占各项存款的66.2%，同比提高1.73个百分点。全行储蓄存款在四大行中存量市场份额为30.54%，增量市场份额为25.44%。

二是个人贷款业务加快有效发展。截至年末，全行个人贷款余额118.69亿元，较年初增加38.77亿元。个人住房贷款余额85.09亿元，较年初增加36.34亿元。

三是个人中间业务效益突出。全年全行共代理销售开放式基金29.19亿元，同比增加17.52亿元，实现基金中间业务收入4211万元。实现国债业务收入609.05万元。实现实物黄金手续费收入6.87万元。保管箱出租率为11.42%，取得保管箱租金收入26.69万元。累计销售“本利丰”4.45亿元，实现业务收入35.05万元。取得存折小额账户服务费收入1366万元。

四是优质客户基础继续扩大。截至年末，星级以上客户数共67.84万户，较年初增加6.21万户。三星级以上贵宾客户数达到2.15万户，较年初增加3695户。

五是零售业务转型有序推进。全面启动了网点转型工程，组织了网点LOGO门牌制作厂商、网点建设项目设计、施工、造价单位以及网点员工行服制作厂商等相关招标工作。批复立项150个人工网点改造项目，投资总额约2亿元，批复立项5个离行式自助银行建设项目。完成了280家网点的文明标准服务导入工作。聘请外部公司对全行283家城区网点开展了全面的服务质量测评工作。

二、主要工作措施

（一）大力开展系列综合营销竞赛活动，全力抢抓市场。一是强化旺季营销，精心开展“春天行动”。全行在2008年底启动了2009年“春天行动”综合营销活动，精心组织部署，制订方案和考核评比实施细则，加强指导督导，强力推动个人业务首季综合营销。二是积极开展“激情仲夏”、“爱在金秋”专题营销活动。全行持续推动个人金融业务综合营销，大力开展“激情仲夏”、“爱在金秋”等专题活动，推动储蓄存款持续增长，提高中间业务营销成效，提升第三方存管、贷记卡和个人网银等业务市场竞争力。

（二）突出重点，全面推进个人金融业务快速发展。一是继续强化储蓄存款基础地位。加大考核力度，积极调整产品计价政策，围绕客户抓存款，提高网点服务水平，持续保持储蓄存款稳定增长。二是加快个贷业务的有效发展。加强个人信贷业务政策引导，明确业务投放重点。继续强化联动营销，提高住房贷款业务份额。落实考核激励机制，激发营销活力。开展专题营销，加快营销节奏。三是加强个人理财和中间业务营销推广。突出开放式基金销售量和销售收入并重。大力推动储蓄国债、“传世之宝”实物黄金、“本利丰”等新业务发展。积极开展“易登机”机场贵宾服务。加强PCRM系统维护，优化客户结构，推广应用集中版理财产品销售系统。

（三）加强网点建设与管理工作。一是强化组织推动。重组工作机构，加强组织领导，强化工作机制。严格制度规范，落实总行营业网点管理办法、营业网点建设立项与审批操作指引，坚持网点改造的合规性。优化结构，有的放矢，网点改造财务费用资源精细化配置。二是加大网点

建设工作力度。按照“先财富网点、后精品网点、再基础网点和先城市、后县城、再乡镇；先自有、后租赁、再购置”的原则，确定了2009年我行网点建设申报项目，完成了网点建设项目设计、施工和造价单位的招标工作，启动了门牌标识更换工作。三是深入开展“文明标准服务年”活动。下发了《网点文明标准服务手册》及相应宣传片，统一规范网点文明服务的各项标准。开展文明标准服务导入工作，加强网点服务质量测评，提升全行“软转”水平。

（四）加强基础建设，加快零售业务经营转型步伐。一是加强业务培训和队伍建设。积极开展各类业务培训，引导员工加强自主学习，深入开展专业知识和业务技能培训，提高员工的业务操作技能。二是进一步完善考核激励机制。制定了全省农行2009年个人金融业务经营目标综合考核办法，合理分配各项权重指标，引导各行个人金融业务发展重点。三是加快推进零售业务转型步伐。积极构建“大个金”经营格局，实施零售板块归口管理，规范各级行零售业务部门工作职能、岗位设置和人员编制，理顺各级行零售部门的纵向职能分工。

（五）强化风险管理和合规经营，促进个人金融业务可持续发展。一是有效控制个人信贷业务风险。始终把个人信贷业务质量放在第一位，加强政策引导和监管力度，严格业务操作流程，提高系统在线监测和风险预警力度，加大业务检查和整改力度，切实提高个贷资产质量。二是落实全面风险管理。依法合规进行储蓄增存工作；认真落实商业银行个人理财业务监管会议精神，在基金和理财产品销售过程中，要求各级行履行风险揭示与告知义务，做到产品宣传到位、风险揭示到位，不能夸大宣传、片面宣传和变相误导客户，切实做好客户风险压力测试及风险匹配检测，做到“量身裁衣”式营销。

福建分行个人金融业务发展概况

一、个人金融业务发展概览

2009年，个人金融在福建分行新一届党委的正确领导下，在各部门的大力配合和支持下，按照总行零售业务转型工作部署，转变思想观念，夯实基础管理，加快零售业务战略转型，积极应对经济金融形势和同业市场变化，抢抓发展机遇，大力拓展有效增长点，全行个人金融业务保持了良好的发展势头。

二、经营目标完成情况

（一）全行人民币储蓄存款余额1108.26亿元，比年初增加150.32亿元；存量市场份额26.35%，增量市场份额29.27%，均居四行第二位。

（二）全省个人贷款余额达406.45亿元，占全行各项贷款余额29.61%，比年初提高8.7个百分点，个人贷款增量187.31亿元，同比多增157.93亿元，占全行贷款增量62.97%，增量市场份额32.66%，居四行第一，首次超过建行，成为全国第五家增量超百亿分行。

（三）全年累计销售开放式基金22.88亿元，手续费收入3776.94万元，四大行市场占比比年初提升2.78个百分点；累计发行本外币理财产品91期，募集资金47.49亿元，同比增加30.46亿元，增长178.86%。

（四）全行已累计发行借记卡1100万张，当年净增171万张，发卡总量和增量均位居同业第二位，实现年度借记卡收入3.49亿元，同比增收2867.18万元，占全行中间业务收入30.08%。

（五）全行信用卡发卡量46.1万张，比年初新增18.7万张。消费总额95.6亿元，完成全年计划的157%。激活率和活卡率分别为54%和52%，排全国第9和第5位。

三、主要措施

（一）强化同业市场竞争能力，确保个人存款稳步增长。全行上下始终坚持存款基础地位毫不动摇，积极拼抢同业市场份额，增强我行资金实力。一是精心组织策划首季“春天行动”综合营销活动，早计划、早安排，确保个人存款份额早抓到手。一季度全行人民币个人存款比年初净增98.53亿元，完成全年计划65.69%，余额成功突破1000亿元大关。福建分行被总行授予“个人金融综合营销示范分行”荣誉称号。二是紧盯同业变化，认真做好存款市场分析，加强同业信息交流，建立按旬监测通报同业个人存款变化情况，适时指导二级分行，及时调整工作重点和策略，提高主动应对市场变化的掌控能力。三是树立“客户资源立行”意识，积极拓展中高端个人客户，实现从“做业务”向“做客户”转变。推广总行PCRM系统，强化客户识别、分层管理的科技支撑，建立健全贵宾客户增值服务体系，为钻石卡和白金贷记卡客户提供“一站式”易登机服务；组建理财师团队，为紫金矿业（小非减持）、省电信等大客户量身定制本外币综合金融服务方案，批量营销中高端客户群体。

（二）强化市场机遇把握能力，突破性发展个人贷款业务。2009年，面对全球经济金融危机，国家推出了“扩内需、惠民生”政策安排，消费信贷市场面临难得的历史性机遇。各级行积极把握市场机会，主动作为，以强化市场营销为切入点，以创新产品与制度流程为支撑，提速发展个人信贷业务。一是年初研究制定《全省农行2009年个人信贷业务发展意见》，及早确定全年个人信贷业务的发展目标、工作重点和具体措施，科学指导全行拓展个人信贷业务市场。二是加强金钥匙“好时贷”品牌宣传，组织开展“个贷进社区、个贷进机关”、非交易转按专项营销、批发市场生产经营贷款营销、个人住房贷款“争创百佳”、个人自用车专题营销等系列营销活动，将营销业绩与经营性费用、绩效工资等挂钩，调动全行个贷业务营销积极性。三是研究制定个贷业务“1+N”联动营销方案和中介机构营销合作方案，发挥个贷对银行卡、理财、电子银行等中间业务的引擎和粘合作用，深度挖掘客户潜在需求，提高个人信贷客户综合贡献度和满意度。

（三）强化产品与服务创新能力，个人中间业务收入贡献突出。一是加强借记卡新产品设计和业务功能再造，组织发行国泰君安特色联名卡，开放借记卡预授权交易，促进借记卡消费手续费收入超常规增长。二是成功完成基金代销业务二期系统升级与上线推广，新增基金24小时延时交易、跨中心交易等服务功能，推出“一对多”理财专户业务，大力开展网上银行基金优惠促销和基金定投营销推广活动。三是推广总行集中版理财销售系统，重启发行本利丰、汇利丰理财产品，按周滚动发售，满足流动性强、收益稳健客户的理财需求。四是推出“传世之宝”黄金业务，累计销售黄金67.31公斤、销售金额1609万元。五是采取精准营销模式，满足福州市商业银行、农村信用社、公积金中心等重点客户个性化投资需求，承销凭证式国债5期，累计销售金额15.32亿元。

（四）强化营销管理力度，持续推进贷记卡发卡。一是抓营销，抓进度，序时监测发卡进度。采取了对外举办各种促销活动，对内实行计划逐级分解落实、加大考核力度、员工内部营销竞赛、加大督导力度等各种措施，促进有效发卡。二是找准目标客户，进行综合营销。配合大客户部向全省符合贷记卡申领条件的烟草零售户发放贷记卡，为这些零售户开通贷记卡代扣业务，即零售户向烟草公司购买卷烟时通过我行对其贷记卡进行后台代扣，享受免息还款待遇，在有效服务全行综合业务的同时，也提高我行贷记卡的发卡量和服务水平。三是开展贷记卡促销活动。为促进发卡、促动用卡，省分行举办了开卡激活有礼、消费有礼等促销活动，各行也结合开展了其他形式的促销活动，有效提高了我行贷记卡的激活率、活卡率和卡均收益，居于系统内领先水平。

（五）强化基础平台保障能力，网点管理转型高效推进。一是扎实做好网点基础管理工作。开展2008年度网点普查，完善网点管理档案，按季更新网点电子地图信息；加强物理网点与自助银行准入管理，累计批复网点升格187个、搬迁26个、设立自助银行201个。二是强力推进网点“硬转”。研究制定全省农行营业网点转型方案、网点立项工作流程、“交钥匙”工程操作指引，精心挑选转型样板网点，并根据省分行党委工作部署，抽调精兵强将，全力支持网转办推进“平面布置、施工图设计、信息系统基础建设、安防工程、施工队的选择以及评估造价、临时营业场所过渡、集中采购”等“硬转”方面的工作。三是启动“软转”工作。组织开展内训师培训，制定活动实施方案，大力推动网点文明标准服务建设。组织2009年度中国银行业文明规范服务百佳示范单位评选及2008年度千佳示范单位复查，我行5家示范单位全部通过复查验收，达到千佳示范单位标准，晋江支行营业部成为全国百佳示范单位的候选单位。

农行江西省分行个人金融发展概况

一、2009年个人金融业务概览

2009年，针对零售业务发展的新趋势和新特点，农行江西分行主动适应市场变化，积极参与同业竞争，实现了“储蓄与个贷增长两旺、中间业务稳步增长、个人贵宾客户服务与网点转型有序推进”的良好发展态势。全省农行储蓄存款净增144.63亿元，新增个贷91.2亿元，实现个人中间业务收入3.3亿元，新增个人贵宾客户5.36万户，共有56个网点完工、53个网点在建、57个准备施工或招标。

二、2009年个人金融业务经营情况

2009年末，全省农行储蓄存款余额为862.21亿元，较上年末增长144.63亿元，完成总行全年目标任务的111.25%。储蓄存款余额四行占比32.65%、增量四行占比31.6%，双双排名四行首位；全省农行个人贷款余额（不含“三农”农户贷款，下同）152.76亿元，比年初净增了91.2亿元，同比多增了73.74亿元，增长幅度达148%；个人贷款增量占全行实体各项贷款增量的28.95%，增量四行占比为29.2%，年度增量首次居四行首位。全省农行借记卡（不含惠农卡）新增178万张，总量突千万张大关，达到1017万张，四行占比达到44.97%，以绝对优势位列四行首位。个人理财顾问业务取得突破性发展，全年实现收入4303万元，同比多增3867万元，增幅达8.87倍；销售传世之宝实物黄金135公斤，完成总行计划112%，系统内排名第10位；个人理财产品销售额达29亿元，同比多增22.32亿元。实现中间业务收入3.32亿元。个人星级客户达50.26万户，比年初增加5.36万户，其中三星级以上个人客户新增1565户，完成总行全年目标任务260.8%。网点建设进展顺利，获得全国农行2009年网点转型工作考核评比第1名，成为总行10个网点转型工作试点行之一。新增贷记卡20万张，新增卡量超过前三年发卡的总和，系统排名第八位。存量达到34万张，存量和增量由四大行第三位上升到第二位，存量市场份额上升了六个百分点，增量市场份额上升了近五个百分点。新增惠农信用卡15819张，计划完成率系统内排名第一。新增自有间联商户4827家，同比多增3459户，新增自有间联商户超过前三年发展的商户总和，系统内排名第五，四大行中排名第二，商户存量达到6278家。

三、采取的主要措施

一是以网点转型为推进器，带动个人金融业务高效发展。网点是直接体现客户价值提升的窗口，是与个人金融业务发展最息息相关的堡垒。一年来，通过全行上下的努

力，基本扭转了过去对网点布局、网点设计等方面落后理念，形成了对网点转型工作的全新认知和理解。特别是在省分行新一届领导班子的高度重视下，各级行纷纷行动起来，大力推进网点转型工作，克服了时间紧、任务重的困难，完成了从硬转到软转的各项工作计划。在网点外观、功能分区、内在建设等方面有了明显的改变，在服务水平、服务标准方面有了极大的提升。网点转型为全行个人金融业务高效发展奠定了坚实的基础。

二是以营销活动为突破口，提升个人金融产品市场竞争力。2009 年以来，全行就先后开展了“金钥匙春天行动”、“激情仲夏 · 金彩生活”和“爱在深秋 · 情系万家”大型综合营销活动，金钥匙春天行动期间还在新余组织了全省高端个人贵宾客户参加的黄金投资报告会，“激情仲夏”活动期间，与江西电视台合办了金钥匙贵宾客户子女夏令营活动。此外，还开展了“基金定投 · 站站有约”活动、“感恩十年 相伴永恒”借记卡一系列营销活动、“金钥匙好时贷”个人贷款专题营销活动以及“开卡有礼，刷卡即送多重礼”的有奖促销活动等形势丰富的各种营销活动。针对贵宾客户，我们开通了机场贵宾厅和火车站贵宾厅服务；向五星级个人客户赠送专属健康管理贵宾卡，由专业机构提供为期一年的健康管理服务；中秋国庆双节期间走访了全省农行的 22 名千万级钻石客户并赠送传世之宝 10 克金钱。以上活动的成功开展，极大地提高了我行零售业务产品的知名度和美誉度，为全行零售业务的发展起到了良好的推动作用。

三是以业务考核为指挥棒，调动各级行员工营销积极性。首先，省分行制定了《中国农业银行江西省分行 2009 年个人贷款考核办法》，对个人贷款业务 6 个关键人考核，对二级分行行长、主管个人信贷业务的副行长、分管个贷审批的副行长，个人金融部经理、分管个人信贷业务的副经理和个贷审批中心专职副主任等 6 位个人贷款关键人实行奖惩考核。其次，实施了零售产品穿透式计价考核。制定下发了《中国农业银行江西省分行 2009 年零售业务产品计价营销奖励暂行办法》，由省分行拿出 3100 万元专项绩效工资对 4 类零售产品（个贷、基金、贷记卡和网银）进行计价，实行穿透式兑现管理，按季考核兑现，省分行兑现至营业网点（经营行客户部门），由营业网点（经营行客户部门）负责落实兑现到营销人员。第三，实施了网点转型专项考核。在零售板块工作会议上，组织各二级分行行长签订网点转型工作责任状，并研究制定《网点转型工作考核暂行办法》，对各二级分行及其领导班子进行考核，按季通报，按年考核评比并予以兑现。明确要求各二级分行每年也要切出一定的专项绩效工资，用于对各支行网点转型工作的考核。这些考核措施的出台，有效地激发了各级行员工开展业务的积极性。

四是以员工培训为切入点，提升个人金融条线员工整体素质。2009 年，我行非常重视员工培训工作，组织了方式多样、内容齐全的培训活动，为培养一支高素质个人业务队伍打下基础。在业务知识方面，已先后开展了 5 次大规模的个金产品视频培训，组织全省 PCRM 系统管理员参加总行在南昌举办的 PCRM3.0 系统培训班，以会代训在全省农行零售业务板块会议上进行了个贷专题知识培训，协助人力资源部举办了全省个人客户经理培训。在网点转型方面，举办两期为期十五天的内训师复制培训，在全省农行零售板块会议上进行了网点转型专题培训，12 月份组织各二级分行、支行网点建设现场管理人员共计 160 人进行网点施工管理培训，协助人力资源部举办了全省农行 2009 年第一期网点主任培训班培训。在培训专业人才方面，组织了全省农行金融理财师（AFP）集中培训班。培训力度的加大，为零售业务板块培养了一批业务骨干，为零售业务的快速发展奠定了坚实的基础。

山东分行个人金融业务发展概况

一、个人金融业务发展概览

2009 年，按照总行个人金融工作部署，山东分行以转型为主线，以客户为中心，突出储蓄存款、个人资产等主体业务，加强理财等重点产品营销，加强网点主渠道建设，着力提升文明服务水平。个人金融各项业务实现了平稳较快发展，社会形象明显提升。

二、主要业务指标情况

（一）个人存款稳健增长，市场份额保持同业第一。年末，全行个人存款余额 2413.51 亿元，较年初增加 395.15 亿元。存量和增量市场份额分别为 34.42% 和 32.15%，均居同业工、农、中、建四大行第一位。

（二）个人贷款实现跨越式发展。年末，全行个人贷款余额 330.97 亿元，较年初增加 124.22 亿元，同比多增 82.29 亿元，成为农行系统环渤海地区首家增量过百亿分行。

（三）理财产品销售势头强劲。代销开放式基金 82.83 亿元；销售“传世之宝”黄金 131.46 千克；销售“本利丰”人民币理财产品金额 33.72 亿元；代销国债 5.2 亿元。

（四）网点建设取得较快进展，服务水平明显提高。全省精品型和财富型网点建设较年初提高 65.9%，实行功能分区网点较年初提高 72.3%，对辖内 97.7% 的网点实施了文明标准服务导入；全省网点服务质量经第三方测评，整体超过良好水平。

三、主要工作措施

（一）突出个人存款、个人贷款等主体业务，努力提高个人业务对全行经营的贡献度

一是坚持个人存款基础地位，确保同业份额第一。抓

住存款业务的规律，深入开展“春天行动”、“激情仲夏 金彩生活”和“爱在金秋 情系万家”等综合营销活动，以阶段性的营销活动推动个人存款业务持续快速发展。

二是抓住市场机遇，大力促进个人贷款突破性发展。首先，推行个人信贷业务集中经营，借助全行进行的机构整编改革，重构了个人贷款业务条线管理平台，城区个贷业务的审、批、营、管职能统一整合，营销效率有效提高。其次，突出“好时贷”主题形象，积极开展品牌营销。本着时间、口径、形象、内容四统一的原则，统一部署，对“好时贷”品牌形象进行了大力推广。采取“请进来、走出去”的方式，组建宣讲队、举办联谊会、开通广播热线等各种形式进行宣传，实现了机关、社区、市场以及全行营业场所的全方位覆盖。第三，抓住住市场热点和区域特色，加强重点产品营销。针对回暖明显的一手楼和二手楼市场，积极开展了“争创百佳”专项营销活动；针对大型市场客户，开展了专项营销活动。第四，保持清醒头脑，在贷款高速增长的同时严控风险。组织开展了个人住房按揭贷款业务专项检查、二套房政策执行情况检查、部门自律监管等多项检查，并通过在线监测、每日预警等多种途径，及时发现风险隐患，下发风险提示函。

（二）围绕价值回报和服务增值，提高个人优质客户占比和综合贡献度

一是依托个人优质客户管理系统（PCRM）三期上线，加强优质客户签约管理。制定了个人优质客户管理系统（三期）推广方案，技术组、业务组联合开展了系统推广培训，保证了系统的顺利上线运行。依托新系统上线，组织开展了优质客户调查和签约维护活动，实施电话营销、短信营销。

二是加大基金、本利丰、汇利丰、国债、黄金等理财产品销售力度，提高客户综合回报水平。

三是不断丰富差异化服务内容，提高优质客户忠诚度。在原有的优质客户优先、优惠服务的基础上，积极开展了以机场贵宾、健康医疗、道路救援为主要内容的“3+X”增值服务。

四是加强基础建设，不断提高综合理财能力。集中开展RFP、AFP、EFP和CFP理财师认证资格培训，制定下发《理财经理管理暂行办法》，明确了理财经理的工作内容和要求。五是积极进行私人银行分部的筹备工作，初步开展了存量私人银行客户的摸底调查，完善了私人银行客户档案。

（三）加强网点主渠道建设，加快推进网点转型步伐，提高网点综合服务水平和价值创造能力

一是加强网点标准化建设，提升网点窗口形象。高标准完成总行样板网点建设，成为全国农行系统标杆。同时，加快节奏推进网点新标识导入，提升网点形象。按照总行网点新LOGO标准，完成了全部招标采购流程，各级行管理机构和县以上网点标识在年底基本更换完毕，树立起特点鲜明、视觉规范的企业形象品牌，有效提升了农业银行的社会认知度。

二是加大网点装修改造力度，提升网点服务功能。切合网点战略转型部署，坚持区位优势化、定位高端化、功能集成化的理念，大力开展网点建设立项，分步实施网点功能改造，在骨干网点上线差异化服务系统，显著提升网点智能化客户分层功能。

三是开展“文明标准服务年活动”，努力打造优良、优质的服务形象。建立优秀的内训师队伍，积极推进网点文明服务标准导入工作。同时，加强宣传引导，对外树立农行网点新形象。在考评中增加服务考核，直接与绩效工资挂钩，有效激发了各级行抓服务、树形象、促发展的积极性。2009年，我行有4家网点被命名为全国金融系统文明服务示范网点，1家获得“百家示范网点”称号，12家支行被命名为全省金融系统规范化服务示范单位；在山东金融行业“百姓口碑”大型评选中，荣获“山东最具影响力金融企业”称号，“金钥匙理财”荣获“山东十佳理财品牌（产品）”称号。

四是实施“赢在大堂”策略，提高网点价值创造能力。制订出台《关于进一步加快县域网点优化布局的指导意见》、《网点调整计划的意见》，撤销低效网点，迁址潜力网点，升格优质网点。大力加强自助渠道的规划和投入，加大自助设备新增配置力度，提高网点主渠道的生产效率和资源利用率。强化大堂经理配置。在全部综合网点配齐大堂经理，实施了“赢在大堂”策略，提高了业务分流和网点现场营销能力。

河南分行个人金融业务发展概况

一、个人金融业务发展概览

2009年，河南分行个人金融业务按照科学发展观的要求，全面贯彻落实总、分行“3510”发展规划，以客户为中心，以渠道为载体，以服务为手段，以产品为媒介，不断创新营销模式，完善考核激励机制，加快队伍建设步伐和网点转型步伐，实现了个人金融业务又好又快的发展。

二、个人金融业务经营目标完成情况

（一）储蓄存款。至2009年末，河南分行人民币储蓄存款余额1704亿元，比2008年增加186亿元，完成总行下达年度计划的71.39%。市场份额在四大行存量排名第一，增量排名第三；在周边七省存量排名第三，增量排名第四。

（二）个人贷款。至2009年末，河南分行个人贷款余额20.28亿元（数据来源于CMS，下同），比2008年增加17.08亿元，完成总行下达年度计划的170.79%。其中个人购房贷款余额10.77亿元，比2008年增加8.21亿元；

个人生产经营贷款7.88亿元，比2008年增加7.72亿元。

（三）借记卡。至2009年末，河南分行借记卡存量1708万张，新增发卡404万张，实现卡收入3.58亿元（不含已划转其他部门收入等因素），占中间业务收入的43.42%，仍发挥支柱性作用。卡存款余额487亿元，比2008年增加83.2亿元，增幅20.6%。发放贵宾卡2290张，其中发放钻石卡46张，白金卡1095张，金卡1149张。

（四）中间业务。至2009年末，河南分行共代理销售基金85.3亿元，完成总行下达年度计划的183.32%，在系统内居第七位，在四大行居第三位，实现手续费收入6312.88万元，完成总行下达年度计划的67.88%。代销国债11期、34310万元，发行本外币个人理财产品74期、29.42亿元，同比多增20.79亿元，实现管理费收入102.84万元；共办理西联汇款29198笔，同比增长23%，金额5177万美元，同比增长5%；实现手续费收入203万元，同比增长13.16%。

（五）优质客户营销情况。至2009年末，河南分行星级客户91.76万户、比2008年增加16.61万户、增长率22.31%，完成总行下达年度计划的1138.02%。个人星级客户存款1073.89亿元，占全部个人客户存款的比例为63.06%，比2008年增加3.05个百分点。个人客户结构不断改善。

（六）网点文明标准化服务导入工作进展顺利。至2009年末，河南分行共导入营业网点566个，其中：城区网点391个，县域网点175个，完成总行下达全年计划的122.19%。

（七）网点标准化建设迈出了坚实步伐。全行大规模的营业网点标准化建设工作全面启动，至2009年末，完成网点建设立项158个，完成总行下达年度计划的112.86%，完成自助银行立项20个，完成图纸设计项目127个，竣工项目41个。

（八）零售业务队伍建设稳步推进。至2009年末，河南分行共培养理财师164名、零售业务内训师98名，配备专职大堂经理712人，个人客户经理452人，低柜柜员219人。

三、发展个人金融业务、推动网点转型方面采取的措施和成功经验

（一）加大营销宣传力度。一是积极开展“春天行动”、“激情仲夏”、“爱在金秋”等一系列综合营销活动，掀起了个人业务全年波浪式营销新高潮，提高了河南分行产品的知名度，扩大了社会影响，并有力促进了储蓄存款、个贷、基金、借记卡和国债等个人业务的快速发展。二是充分利用电视、报刊、户外广告等多种渠道，强力宣传个贷、个人理财、基金、黄金、个人外汇等产品，取得了良好效果。三是在新郑国际机场开通了“易登机”服务，为农行系统白金卡客户和钻石卡客户开辟了“绿色通道”。起草并下发了《中国农业银行机场贵宾服务管理办法》、《机场人员服务流程》等制度，为贵宾客户提供差异化的分层服务奠定了基础。

（二）加快新产品、新业务推广和新系统上线，为个人业务快速发展奠定了坚实基础。2009年推广了贵宾卡、黄金、聪明账、洛阳宝龙联名卡、新乡商联联名卡、“房抵贷”、“随薪贷”等新产品，不断满足客户日益增长的个人产品需求。个人优质客户关系管理系统（三期）如期成功上线运行并覆盖全部营业网点，成为营销和维护个人优质客户的重要利器。配合总行顺利上线集中版理财销售系统、储蓄国债、记账式国债系统、个人自动转账系统和西联汇款KYC升级，确保了新系统顺利投产运营。

（三）强化培训，不断提高零售业务队伍素质。一是强化大堂经理、个人客户经理等营销人员培训。积极组织各个层面的营销人员参加视频培训、组织培训班、专家授课和内训师培训辅导，提高了营销人员业务技能。二是强化内训师培训。以总行标准服务体系为基准，组织两期内训师训练营，培训人员93名。三是认真组织员工参加中国银行业协会和中国证券业协会认证的个人理财和基金销售从业资格考试。四是通过视频会议对组织全省借记卡相关人员培训贵宾借记卡管理办法、业务规章及贵宾卡发卡审批流程，保证了我行贵宾卡的顺利起步。

（四）严格要求，全面做好网点文明标准化服务工作。一是全面推行大堂经理制，充分发挥大堂经理接待、咨询、引导、服务、营销和管理作用，有效进行了业务分流，提高了柜面服务效率。二是严格标准，做好网点文明标准服务导入和固化工作，加大对文明标准服务工作的检查和暗访工作，营造网点文明标准服务的良好氛围。

（五）加快网点建设和转型步伐。一是制定了网点建设管理制度，完善了设计公司和施工单位“使用库”及其后评价管理办法，为网点建设开好头，起好步。二是搞好网点规划布局，明确了网点建设和转型的发展思路、方法和步骤。三是在网点建设立项、审批、设计、施工、验收和后评价等环节优化流程，提高网点建设效率。四是通过分级管理、明确职责、签订责任状等方式严格网点建设管理，确保网点建设质量。五是配合好门牌标识、办公家具、服装、LED和排队叫号机等设备设施的统一招标采购工作，确保网点建设交钥匙工程。

（六）加强业务管理，有效防范经营风险。实行日监测、旬督导、月通报制度，加强业务风险提示，认真组织自律监管检查和专项检查，有效防范个人金融业务经营风险。

湖北分行个人金融业务发展概况

一、个人金融业务简况

2009年，湖北分行个人金融业务部门认真贯彻落实总行行长会议和城市零售业务经营转型工作会议精神，全力促进经营战略转型，强力开展市场营销活动，着力强化全面风险管理，网点转型成效显现，整体市场竞争力稳步提升，个人金融业务快速增长。到年末，全行个人存款、个人贷款、个人中间业务收入、等主要指标在全国农行系统内排名前10位。全行个人金融业务实现安全无事故，内外部监管机构现场检查和非现场检查没有发现重大违规事项。

湖北分行个人金融工作得到了中国农业银行和地方政府的充分肯定。在一季度总行“春天行动”评比中湖北分行综合排名第4名，个人存款工作在全国农行“春天行动”评比中获得“2009年度金钥匙储蓄贡献奖”荣誉称号。在湖北省政府组织的湖北金融博览会上，湖北分行理财团队荣获“十佳理财团队”第1名。

二、各项经营指标完成情况

（一）零售主体业务全面发展，整体市场竞争力稳步提升

1. 个人存款稳步增长。12月末，全行个人存款余额1588.9亿元，超额完成总行下达的增存计划。

2. 个人贷款实现突破性发展。12月末，全行个人贷款达到147亿元，超额完成总行下达的计划。

3. 个人中间业务稳健发展。12月末，全行个人中间业务收入占全行中间业务收入总额的39.3%。有的网点开办了传世之宝实物黄金业务；试点成立了“出国留学金融服务中心”。

4. 信用卡发卡全面提升，客户建设超计划完成。

2009年银行卡超过了400亿元，借记卡保有量（不含惠农卡）超过1200万张，全行中高端客户比年初大幅增长，全行战略联盟单位大幅增加。

（二）网点转型快速推进。网点布局继续优化，功能分区全速推进，网点电子设备数量增加，文明标准服务进展顺利

三、主要工作措施

（一）全面推进网点战略转型，提升网点营销和服务能力

一是优化网点布局。积极实施网点撤、迁、并、改调整，采取租赁、购置、置换、改建、撤销等多种方式优化网点布局。二是积极装修改造网点。对设计、装饰、门牌、标识、家具、安防、消防和各种设施设备实行模块化管理，切实保证网点装修工期、质量和形象统一。三是大力推行网点转型。明确分工负责，增配网点电子设备。采取多种措施，增配网点营销人员。推行全面计价，加强网点员工绩效考核。四是实施网点文明标准服务导入。全面开展导入和固化工作。为确保文明标准服务长期坚持、长期不走样，建立起了“神秘人”制度，部分行还组织开展了交叉检查活动。

（二）以活动促发展，确保营销攻势常年不断

以“金钥匙春天行动”为起点，“三进”营销战役为重点，以各单项业务专题营销活动为节点，分层次、分时段开展主题营销活动，做到时时有重点，季季有亮点，淡季不淡，旺季更旺。

一季度组织开展了声势浩大的“春天行动”综合营销活动。通过抓住“两节”黄金时间，广开客户答谢会、联谊会、新春茶话会等立体化、多层次的营销宣传活动，成效显著。4月份，全行结合总行开展的“激情仲夏 金彩生活”个人业务综合营销活动，开展了“五送三优”服务，取得了良好的社会效应和经济效益。下半年全行开展了“爱在金秋 情系万家”个人金融专题营销活动、“赢战四季超越行动”存款营销活动、“感恩十年 相伴永恒”金穗借记卡营销和“金钥匙”产品理财组合营销活动，各个活动相互融合，相互补充，相互促进，营造了良好的营销氛围。

（三）强化各项风险防控措施，为业务发展保驾护航

2009年，通过现场检查和非现场监管相结合，有效防控了业务风险。一是定期做好在线监测。坚持分业务、分品种按月在线监测、及时通报到所有二级分行，督导经营行强化风险控制，实现发展与风险控制有效统一。二是认真开展现场监测。省分行以调研的形式组织专班深入经营行，先后对理财产品销售、个人中间业务发展、网点导入和标准化服务等工作进行了现场检查。三是突出开展重点监管。对部分机构和业务，采取现场调研、督导和抽查等方式，进行了重点监管，对违规情况及时予以纠正和整改。四是开展年度自律监管检查。网点转型、优质文明服务、客户风险教育、借记卡和外汇业务等新业务、新职能纳入到年度自律监管现场检查工作中，指导经营行提高内控管理水平。

湖南省分行个金业务发展概况

2009年，全行个人金融业务条线认真落实《城市行零售业务战略转型实施方案》要求，按照“转观念、快转型；大发展、提份额；调结构、增效益；创机制、促营销；强基础、控风险”的总体思路，狠抓营销与管理，促进了全行个人金融业务又好又快发展。

一、主要业务经营指标完成情况

——储蓄存款稳步增长。至12月底，全行本外币储蓄存款余额1236.74亿元，比年初净增161.9亿元，完成全年净增计划的95.23%。存量和增量份额保持同业第二位，增量份额高于全国平均水平，是同业四大行中唯一实现月月增长的行。有6个二级分行超额完成全年净增计划，分别是自治州（143.82%）、省分行营业部（130.83%）、张家界（111.41%）、株洲（105.89%）、益阳（102.8%）、常德（102.45）。

——个人贷款增长超历史。至12月底，全行个人贷款余额达89.91亿元，比年初增加45.35亿元，增幅为101.78%，完成总行计划的167.96%。其中个人住房贷款余额61.05亿元，比年初净增29.88亿元；非住房个人贷款实现大幅增长，全年净增15.47亿元，增幅达115.53%，完成总行年初计划的515.67%。城区个人贷款飞速增长，余额为59.53亿元，比年初净增31.23亿元，增幅达110.35%，完成省分行计划的109.75%。有4个行城区个贷净增超过1亿元，分别是省分行营业部（+2.23亿元）、株洲（+1.25亿元）、湘潭（+1.25亿元）、衡阳（+1.15亿元）；有6个行城区个贷超额完成全年净增计划，分别是衡阳（134.8%）、岳阳（131.39%）、省分行营业部（130.95%）、永州（115.5%）、怀化（112.51%）、益阳（103.67%）。个人贷款质量继续提高。

——中间业务迅速发展。全年共销售基金、国债、理财产品55.63亿元，完成总行32亿元销售计划的174%。其中：基金营销32.85亿元，是去年的4.31倍；代理发行国债10.28亿元，是去年的5.12倍；销售本利丰理财产品12.37亿元，是去年的12.18倍。产品销售量排名前三位的是常德（10.4亿元）、省分行营业部（8.98亿元）、邵阳（6.5亿元）；销售计划完成排名前三位的是常德（315.96%）、邵阳（245.12%）、娄底（232.82%）。全年共实现个人金融条线中间业务收入3.53亿元。其中：代销基金收入1856万元、国债收入714万元，个人人民币结算收入3.27亿元；实现对私理财产品收入1183万元，个人理财顾问收入150万元。

——客户结构持续优化。至2009末，个人储蓄存款余额50万元以上的客户1.2万户，余额127.21亿元，比上年末增加2460户和29.13亿元，增幅分别为25.57%和29.7%，有效扩大了优质个人客户占比。

二、主要工作措施

（一）抓业务综合营销

1. 精心部署旺季综合营销和存款份额上台阶营销活动。2008年12月份，为做好一季度金钥匙春天行动综合营销活动，深入基层和同业，开展了专题调研活动，制定了2009一季度综合营销方案和考核方案，召开了全行2009年“大行德广 伴你成长 金钥匙春天行动”个人业务综合营销活动动员大会，隆重举行了2009年个人优质客户答谢会，影响广泛、反应热烈、效果明显。6月份，为扭转储蓄市场份额下降状况，制订方案、争取资源，开展了存款市场份额上台阶营销活动，有力地促进了存款业务的发展，实现了储蓄存款月月稳定增长的良好发展局面，改变了往年起伏不定、大起大落的状况。

2. 大力开展个贷“三进”营销活动。一是制订方案，明确目标。根据总行组织开展的2009年“春天行动”个人信贷专题营销活动的要求，组织开展了个贷“进社区、进机关、进市场”专项营销活动，制定了活动方案，明确了活动目标，提出了具体的营销措施。9月，为进一步强化营销，拓展市场，加大信贷投放，提升市场份额，加快业务发展步伐，制定下发了《关于进一步加大城区个人贷款投放的意见》，重新明确了下阶段的营销目标，提出了具体的营销措施和要求。二是召开会议，强力推进。4月，为进一步将个贷“三进”专项营销活动推向深入，组织召开了全省2009年个人贷款营销推进视频会。三是强化督导，确保实效。视频会议之后，为确保活动取得实效，加强了对各行督导，先后对营业部、株洲、湘潭、张家界、常德等5个分行的个贷“三进”专项营销活动进行了现场督导，督促其落实营销措施，加快营销进度。并明确专人负责收集营销情况和营销进度，编制营销工作简报，定期通报营销情况和进度，为全行个贷业务飞跃发展起到有力的推动。

3. 认真抓好基金理财产品常态化营销。积极做好30多只新发和老基金营销组织工作，落实不同类型基金差异营销策略，强化公私联动，促进基金销售量大幅增加，全面完成总行下达的阶段性任务。特别是在农银汇理双利基金发行期间，做到日日通报、全面督导、营销指导，共销售农银汇理双利基金1.36亿元，顺利完成总行计划。在全行大力开展“点滴积累，成就梦想”——金钥匙基金宝基金定额定投投资营销推广活动，基金开户数增量居全国农行系统前列。抓住经济危机、投资者更加注重安全稳定产品的机遇，积极争取总行计划，大力营销凭证式国债，国债发行额大大超过去年全年，并在全国农行系统位居前列。及时做好每期本利丰产品的营销宣传，在完成总行计划的基础上，多次向总行争取额度，实现本利丰销售量的大幅提升和市场份额的提高。

4. 大力推进借记卡营销。制订详细周密的营销方案和考核办法，在全行大力开展了“感恩十年　相伴永恒”金穗借记卡营销活动，有力推动了借记卡业务发展。不仅借记卡数量得到迅速扩张，而且使金穗通福钻石卡、白金卡、金卡、国泰君安联名卡得到快速增加，营销和维护了一大批个人高端客户。

（二）抓营业网点转型

1. 认真做好网点建设规划和项目审查，加快网点“硬转型”步伐。一是全面开展网点普查。3月份组织了全行网点普查培训，在要求高、时间紧、人手紧的状况下，4月份全面完成了全行网点信息普查工作，及时向总行上报资料，得到总行好评。二是高效、高质做好网点建设项目立项。对12个二级分行60个网点项目进行现场勘察，掌握待批网点的一手资料，做到心中有数。向总行争取骨干网点22个，资金9914万元；4月份财审会成立后组织项目上会材料 19 套，已批复网点建设项目 5 个，金额 1100 万元。三是认真做好网点项目审核。制定了《湖南分行 2009 年网点建设立项额度分配方案》，对各二级分行上报的 160 个网点建设项目进行审核，对总行配备 1.4 亿网点建设立项指标进行分配，按时上报总行。严格按照总行的营业网点形象标准审核各级分行上报网点布局平面图 170 个。四是规范网点形象建设。今年 2 月总行零售业务转型零售业务转型暨形象建设标准启动会议之后，我行迅速贯彻会议精神，在湘潭市专题召开了全省农行形象建设标准暨营业网点“6S”管理推广会议，强调了总行“四个基本原则”，对全行严格了“网点形象建设、办公应用准、行服设计”三个标准建设要求。总行新标准下发以后，个人金融部网点管理办牵头，联合财务会计处制定全省农行机关、网点标牌标识技术需求、商务需求和数量需求，统计出全省共计需更换横式招牌 1048 个。

2. 以开展文明标准服务导入为切入点，扎实实施网点“软转型”。3 月份以来，认真组织、精心策划，全面贯彻落实《中国农业银行湖南省分行网点文明标准服务年活动方案》，轰轰烈烈地开展了一系列以“八大营销服务流程”为核心内容的网点文明标准服务活动。组织培训内训师 61 名，常德、衡阳、岳阳、益阳分行在辖内培训了 123 名准内训师。在省分行的部署和内训师的推导下，全省所有二级分行均进行了标杆网点导入试点，召开了动员和推广大会，至 12 月底止，全省 883 个网点有 606 个网点完成了文明标准服务导入工作，导入面占比为 68.63%；334 个城区网点导入占比达到 100%。目前已经完成文明标准服务导入的营业网点发生了一系列的可喜变化，营业环境和员工精神面貌焕然一新，营销流程规范、晨会和内训制度得到落实和强化，营销业绩、客户满意度逐步提高，得到了行内各级领导和员工的充分肯定和客户的高度赞扬，取得了良好的社会反响。其中长沙县支行营业部还得到了总行个人金融部的高度关注，获得了城乡金融报的专版报道。

（三）抓业务风险管控

1. 强化个贷业务风险管理。一是进一步认真做好个贷风险预警和监控。在严格准入标准、强化贷后管理的同时，加强风险预警。坚持做到每季出具个贷业务风险分析报告，及时为行领导提供决策依据。二是加大监管检查力度，严控操作风险。对个贷业务的常规检查覆盖面达 100%。组织了个贷业务专项检查，对新放贷款操作的合规性，以及抵押担保、贷后管理、风险控制等方面的情况进行全面掌控。

2. 强化理财业务的操作风险控制。认真落实银监部门管理要求，落实各项理财管理制度。狠抓基础建设，出台了《本利丰业务应急预案》、《基金业务应急预案》、〈个人理财产品销售管理办法〉，开展了基金与理财业务全面风险测评，下发了《投资者权益须知》，组织了储蓄存款及个人理财业务检查和借记卡风险检查。

（四）抓专业队伍建设

1. 抓内训师和理财师两大专业队伍建设。一是组织参加总行内训师培训两期，先后培养总行级内训师 10 名。总行培训后，4 月 10 日至 4 月 30 日，组织了为期 20 天的内训师培训，培养本行内训师 61 名。此次培训从培训内容、组织领导、精神面貌、行为规范、团队协作等方面都体现了极高的水平，得到了行领导、培训学校、人事部门、学员的高度评价，一致公认为“农行成立以来最好的一次培训”。二是成功举办了金融理财师培训。制定了《金融理财师培训方案》，根据方案要求和安排，于 9 月份组织了全行理财师培训人员选拔，并成功举办两期金融理财师培训班，参加培训的 150 名学员在 11 月全国 AFP 资格考试中全部通过，高出全国平均水平 20 个百分点，创造创下了国内理财师认证考试以来，100 人以上参考人员全部通过考试的新纪录。

2. 多渠道、高频率开展业务培训。今年以来，通过视频和现场培训方式，开展了 10 余次累计参加人数 1 万多人的基金、理财业务培训，先后开展了网点员工绩效考评系统、网点信息普查、优质客户系统和投资平台应用、内训师等 4 次现场培训。组织 600 多人参加 2009 年上半年中国证券业协会的基金销售资格考试，近 200 名取得资格证书。

3. 高质量地举行网点负责人培训。11 月，省分行挑选了行内最优秀的培训师资，先后两次组织对营业网点负责人进行培训，创造性地实施外部拓展 + 室内课程培训模式，培训形式新颖、培训质量很高、培训效果显著。

（五）抓新系统推广

一是对个人优质客户系统进行改造和升级。为实现 PCRM 系统又好又快应用，今年 3 月份，在曾昭才副行长带领下，省分行个人金融部会同信息技术管理、电子银行、信用卡中心等部门人员，先后对营业部、岳阳、株洲 3 个二级行、9 个县级支行、9 个营业网点进行了现场调查。根据调查掌握的问题，组织科技和业务部门攻关，解决了 PCRM 二代中的几个重大功能问题，对省分行不能解决的问题及时向总行进行了反映，为优质客户系第三期升级上线奠定了坚实基础。总行江西 PCRM 第三期培训班结束后，省分行在 5 月中旬举行了全省 PCRM 第三期培训班，积极做好三代系统上线的业务准备工作，顺利实现总行制定的 6 月底之前系统全面上线目标。

二是积极做好网点员工绩效工资考评系统推广工作。2 月份，省分行组织举办全行推广培训班，下发了《系统推广方案》和《系统业务管理办法》，及时了解、通报、指导、督办全行推广情况，推动该系统在全行应用。

三是认真抓好业务系统上线工作。认真执行总行要求，进行了为期一个多月的机构设置、业务演练、系统测试和验证工作，先后成功上线了黄金业务、储蓄国债、存款证明二期、投资平台管理端、新基金系统、个人客户产品开户签约系统等 6 个新业务系统的上线，确保了业务的顺利开办。

（六）抓市场调研

一是扎实开展个贷专业市场调研。4 月，省分行组织人员深入株洲、湘潭、常德等地区的大中型专业商贸市场进行调研，实地了解和掌握市场规模、交易状况、客户结构和客户需求，形成了《依托市场是稳健快速发展个贷业务的有效途径》的调研报告，为个贷“进市场”营销活动的开展奠定了坚实的基础。二是对个人优质客户系统运行和应用情况进行调研。为了解当前个人优质客户系统应用情况和系统中存在的问题，省分行对全行系统运用情况进行了收集，并在主管行长曾昭才带领下，会同信息技术管理部、电子银行部、信用卡中心等部门人员，自3月11日至3月17日先后对营业部、岳阳、株洲3个二级行、9个县级支行、9个营业网点进行了现场调查，形成了《湖南分行个人优质客户系统（PCRM）推广应用调研报告》，在深入分析系统应用中存在的问题的基础上，提出了加快系统推广应用的建议，解决了基层行在系统应用中存在的困难，获得了基层行的好评。

广西分行个人金融发展概况

2009年，在总行个人金融部和区分行党委的正确领导下，我行个人金融条线认真贯彻落实总行、区分行党委的经营战略，加快零售转型步伐，加大营销力度，强化风险管理，不断提升核心竞争力和主流银行地位，促进了全行个人业务的有效发展。

一、各项经营目标完成情况

（一）储蓄业务再创新高。年末，全行人民币储蓄存款余额1039.03亿元，比年初增加165.81亿元，同比多增61亿元，再创历史新高。

（二）个人贷款实现突破性发展。年末，全行个人贷款余额222.5亿元，比年初增加66.38亿元（不含农户小额贷款增加35亿元），增量为去年同期的6倍。

（三）基金销售居同业首位。全年累计销售基金55亿元，占当地四大行销售份额的42%，在上年超越建行的基础上，今年又超过工行，居同业第一。

（四）银行卡业务持续健康发展。年末，全行借记卡存量达1770.72万张，比年初增加212.92万张（不含惠农卡），银行卡存款余额、增加额分别占全行储蓄存款余额、增加额的39.27%和64.13%。

二、主要措施

（一）实施“六个推进”，零售业务转型不断推向深入

一是统一部署，全面推进全区农行零售业务转型。提出全行零售业务转型的“三步走”目标；召开零售业务转型工作会议，全面部署下一阶段全行零售业务转型工作；制定《2009年零售业务转型实施意见》、《2009年零售业务转型考评办法》及《提高零售产品营销能力工作方案》，统一推进全区农行的零售业务转型工作。

二是推进网点标准化建设，进一步提升网点社会形象。全面启动“绿色行动”，制定了《广西分行LOGO标识及网点门牌更换方案》，并拟定全年更换计划。实施网点分类管理。将全行现有网点划分为财富网点（包括财富管理中心和理财中心）、精品网点、基础网点和自助网点，按名单制对现有网点进行分类并制定网点提升计划，一点一策。

三是推进网点导入，进一步规范网点服务标准。组建了一支62人的网点文明标准服务内训师队伍；稳步推进网点文明标准服务导入工作，共完成325个城市网点的文明标准服务导入工作。同时，制定《网点文明标准服务导入考核办法》等配套考核办法，巩固导入成效。

四是推进城区网点布局优化调整，进一步提高城区网点竞争力。

五是推进业务流程优化，进一步提升网点交易效率。

六是推进零售业务经营机制改革，进一步提升城市行零售业务核心竞争力。一是积极探索城区网点集中管理模式。二是推行城区个贷业务集中管理模式。

（二）开展“两大行动”，推动全行储蓄存款再上新台阶

一是精心开展2009年“春天行动”。一方面建立健全领导小组，从区分行到各二级分行、各支行均成立了由一把手任组长、分管行长任副组长、相关部门负责人为成员的领导小组，实行“一把手”负责制，逐级签订责任状，形成一级抓一级、级级有人负责、层层抓落实的工作机制，为营销活动有效开展提供坚实保障。另一方面，坚持以客户为中心开展综合营销。通过组织各行在各大中城市举办“非诚勿扰”新年电影招待会、贵宾客户联谊会；开展“接送农民工返乡”活动等丰富多彩的综合营销活动，配备专项工资、费用，重点奖励营销业绩突出的二级分行，有效推进“春天行动”营销活动持续深入开展，赢得首季“开门红”。

二是审时度势开展储蓄存款“超千亿”营销活动。及时召开了全区农行储蓄存款“超千亿”营销动员大会，逐级分解任务，制定营销方案，明确拓展计划，配套激励措施，按日监测营销进度，及时通报完成情况，认真落实督导问责。要求各级行实行“一把手”工程，强化部门联动，深度挖掘客户潜力，形成以“大个金”推动“大储蓄”的良好局面。

（三）突出“四个抓好”，助推全行个贷业务发展提速

一是抓好全年个贷工作的提早安排和部署。年初及时将个贷全年增量计划分解下达各行，及时制定并下发了《广西区分行2009年城市行个人信贷业务工作指导意见》、《关于进一步加快个人信贷业务发展的工作意见》，提出了全年我行城市行个贷业务发展的目标，并在营销措施、营销重点、配套措施、风险控制等方面提出了明确意见，推动了全行个贷业务的有序开展。

二是抓好个贷专项营销活动。组织开展“百家楼盘”、“三进”、“争创双百”等营销活动。

三是抓好重点个贷产品营销。大力拓展个人住房贷款业务；积极营销个人生产经营贷款；抓好个贷新产品营销。重点抓好个人住房循环贷款、个人自助循环贷款等新产品推广和营销，有效促进全行个贷业务的发展。

四是抓好个贷产品创新。针对北部湾地区渔业资源丰富、当地捕捞渔业发达且资金需求旺盛等特点，在北海分行开办了个人生产经营渔船抵押贷款业务。同时，顺应广西区党委、区政府提出的打造西江“亿吨黄金水道”的新形势，在充分调研的基础上，在贵港、梧州分行试点开办个人船舶贷款业务，并制定出了《个人船舶贷款作业指导书》。

（四）强化“三种营销”，确保个人理财业务取得突破

一是强化高层营销。区分行层面建立了由行长负总责、主管副行长负主要责任及个人金融部门牵头、公司、机构等客户部门协同营销的联动机制，将基金销售业绩纳入各行主管行领导、个人金融部门年度考核范围。

二是强化主题营销。开展“基金主题营销月”活动。从63家基金公司中，精心挑选出10家业绩优良、同业排名靠前、信誉度高的基金公司，作为我行合作伙伴，每月开展以一家基金公司冠名的“基金主题营销月”活动。

三是强化全员营销。采取“纵向到底，横向到边”的考核模式，对每一位营销人员下达营销任务，建立台账，按月考核；对非营销人员采取鼓励营销、多劳多得的政策，参与计价工资考核。同时，对对公部门也下达营销任务，实行同步考核，推动公私部门联动营销。

（五）落实“四个加快”，加大拓展个人优质客户

一是加快推进区分行财富中心和各二级行理财中心“两个中心”建设。

二是加快推广运用PCRM系统，完善客户管理机制。

三是加快推行名单制和差异化营销。制定并下发了《广西区分行个人优质客户营销拓展方案》，指导各行加强对目标客户的名单制管理和差异化营销。

四是加快建立完善客户增值服务体系。为全国农行个人钻石客户和白金贷记卡客户提供南宁吴圩机场和桂林桃花江机场两大机场的贵宾“绿色通道”服务。

海南省分行个人金融业务发展概况

2009年，农行海南省分行以科学发展观为指导，认真贯彻落实省行党委提出的“树信心、增意识、善营销、精管理、提素质、强执行”的工作要求，坚持以市场为导向，以客户为中心，从渠道建设和队伍建设着手，全力推进零售业务转型，在新的起点上实现我行个人金融业务的持续协调快速发展。

一、2009年业务经营成果

（一）人民币储蓄存款增量取得历史性突破，存款存量和增量市场份额均居四大行第二。人民币储蓄存款余额247.32亿元，比年初增加38.36亿元，完成总行年度计划的127.87%。在四大行中，我行人民币储蓄存款存量和增量市场份额分别为28.89%、27.11%，排名第二位。

（二）银行类及理财产品销售取得重大突破，基金和国债销售稳步提升。银行类及代理类理财产品销售额（未含保险）达到24.3亿元，完成总行全年计划的307.6%，是去年同期销量的十倍多。其中，基金销售1.92亿元，同比增长25.72%，同业排名由四进三。个人理财业务创造收入1386.49万元，比去年增长274万元，增幅24.63%。

（三）个贷业务稳步启动，个人住房贷款业务发展初见苗头。全年来新发放个人贷款679笔、3847.5万元。其中，个人住房贷款54笔、2727.1万元，个人生产经营贷款8笔、293万元，完成楼盘审批准入17个。

（四）借记卡业务得到稳步发展，全年新增发卡量再创新高。全行借记卡累计发卡量2289453张，全年新增新发卡496866张（不含惠农卡），完成总行任务指标的165.66%；借记卡收入为5160万元。

二、2009年工作亮点

（一）创新产品类型，促进个人产品营销

今年来，我们加强了对个人业务市场行情的调研分析，关注同业手段，重抓个人业务关联产品、替代产品营销，以借记卡、惠农卡、基金、“本利丰”、“汇利丰”等产品为营销手段，促进了个人业务综合营销效果的显现。在理财业务方面，强力推广三大系统，不断完善产品线，销售88只新产品。在借记卡业务方面，成功营销推出了金穗海通联名卡、金穗国泰君安联名卡，逐渐建立起完善的借记卡基本产品线，形成自主创新、品质优良的产品体系。在个贷业务方面，以个人按揭住房贷款为突破口，先后深入7个市县的18个新开发楼盘进行营销，成功与11个楼盘签订楼盘按揭合作协议，合作金额3.07亿元。

（二）强化流程整合，规范个人业务操作

今年来，我部结合业务实际，先后对个贷、借记卡及网点建设等方面工作流程进行优化整合。其中，在个贷业务方面，协助信贷管理部编写了《个贷业务操作指引》，重点对目前我行个人业务管理办法中与市场需求不贴切的规定进行了修订，简化个贷业务手续；在借记卡业务方面，重新简化贵宾卡的审批流程与修订法人客户的准入标准；根据农户小额贷款、惠农卡电话银行业务的最新规定，将《惠农卡用卡指南》进行完善与修订；修订完善了借记卡批量开卡密码设置管理规定及医疗卡管理规定和操作规程。在网点建设方面，制定了《中国农业银行海南省分行营业网点建设操作流程》，简化网点装修报建手续。

（三）推进网点转型，优化零售渠道建设

我部作为我行网点建设工作的牵头主管部门，今年来重点做好网点转型推进工作：一是按要求完成总行下达的2009年网点建设立项计划。二是完成财富管理中心建设立项、实施营业用房购置。三是统一实施网点平面设计工作，保证网点建设的标准化。四是稳步推进门牌更换工作。五是在全行开展“网点优质服务年活动”，顺利完成海口与三亚地区城区59家网点的基础服务标准化导入工作，并对75家营业网点服务情况实施内部神秘人暗访，提升网点规范化服务水平和服务质量。六是完成全省192个分支机构的金融许可证的换证工作。

（四）创新管理手段，加强业务基础管理

作为省行前台业务管理部门，我部不断创新管理手段，认真履行业务管理督导职能。一是整章建制，做好个人业务各项规章制度的整理工作。今年来，我部制定或修订了5个制度办法，其中制定《中国农业银行海南省分行个人理财业务工作指引》、《中国农业银行海南省分行本外币存取款免填单业务操作规定》和《中国农业银行海南省分行金融产品计价办法》，修订了《中国农业银行海南省分行金穗医疗IC卡业务管理规》、《中国农业银行海南省分行金穗医疗IC卡业务操作规程》。二是深入基层行，手把手、面对面指导基层行开展基金、借记卡及个贷业务营销工作。三是以专题活动为载体，分阶段推动个人业务发展。今年来，我部先后牵头组织开展"春天行动"综合营销活动、"激情仲夏"和"爱在金秋"等个人金融综合营销活动、开展"点滴积累，成就梦想——'金钥匙·基金宝'"基金定期定额投资营销推广活动、开展"个贷进机关、个贷进社区"专题营销活动及开展"万国大都会"个人生产经营贷款专题营销活动，有效促进储蓄存款、基金国债销售、个贷等业务发展。四是召开业务督办会议，对各经营行进行面对面督导。我部先后召开3期基金业务督导会和2期个贷业务推动会，都取得较好成效。比如，通过及时召开农银汇理策略价值基金业务督办会，使得我行提前完成总行下达的该只基金销售任务，任务完成率在全国农行系统排名第一。五是建立个人业务每日监测和定期通报制度，对全行个人业务进行实时监测管理。我部共发出112期《人民币储蓄存款每日监测表》、9期《基金业务进度通报》、31期《零售业务转型专刊》和7期《网点转型简报》。六是建立完善个人业务激励机制。为充分调动全员营销工作积极性，我行今年开始推行个人金融产品营销计价。

（五）注重业务培训，加强个人业务队伍建设

今年来，我部牵头或协助组织举办各类个人业务培训48期，培训人员4210人次，培训内容包括个人理财、基金、储蓄国债、个人贷款、借记卡、个人存款及网点管理等方面。通过培训，进一步提高的个人业务从业人员的业务综合素质，为顺利推进我行零售业务转型奠定基础。目前，我行已建立起一支较为完善的个人业务队伍，其中大堂经理82名、客户经理251名、理财师14名。

四川分行个人金融发展概况

2009年，四川分行个人金融业务工作认真贯彻落实总行、省分行年初工作会议和个人业务板块工作会议精神，以个人资产业务为重点，以网点转型为抓手，以产品计价为驱动，以建立和完善机制为保障，全力加快个人业务发展，深入推进零售业务转型，实现了整体竞争力稳步提升，促进了全行个人业务健康快速发展。

一、个人金融业务发展概览

截至2009年末，全行人民币储蓄存款余额2465.89亿元，比年初增加340.26亿元，增长16%。存量、增量均居当地四大行第一。

个人贷款余额410.48亿元，较年初净增138.93亿元，同比多增121.79亿元。在当地四大行相比，存量居第一、增量居第二。

借记卡2406万张，同比增加173万张。全省农行借记卡贵宾卡141229张，其中，金卡103796张，白金卡37280张，钻石卡153张。全行20万元存款以上个人贵宾客户达116468户，比年初增加32510户。

全年累计销售基金61.8亿元，实现手续费收入2682万元；代销国债11期，金额5.5亿元；销售黄金137公斤，交易金额4294.79万元，实现手续费收入53.21万元。销售"金钥匙.本利丰"人民币理财产品金额20亿元，实现管理费收入30万元。

网点转型工作取得新突破。截至年末，全行精品以上网点287个，累计完成388个网点文明标准服务导入工作。

二、各项个人业务经营目标完成情况

截至2009年末，人民币储蓄存款完成总行计划94.52%；个人贷款完成总行计划347%；实现凭证式国债手续费收入400.5万元，完成总行计划的131%；实现实物黄金交易手续费收入53.21万元，贵金属手续费收入完成总行计划的380%。

三、工作措施

（一）重塑条线组织架构，构建"大零售"经营体系

一是完成了零售业务条线组织架构的落地工作。省分行成立了零售板块三大部门，调整充实了个人金融部职能。二是筹建个贷巡察组，加强个贷的营销与管理。三是建立个人金融业务重点联系行制度。

（二）明确业务发展重点，奋力拼抢个贷市场份额

1. 优化运作流程。出台《个人信贷业务操作流程》，为各行加快个贷市场营销提供了政策支撑；制定全省《2009年个人信贷业务政策指引》，对操作细节进行明确和规范；出台《关于进一步规范个人信贷资料的通知》，对现有个贷各品种资料进行了全面清理。

2. 完善营销平台。一是制定了网点办理个贷业务标准，进一步完善网点功能，扩大网点的市场接触面和营销能力。二是开展个人贷款集中经营管理中心试点，选择了绵阳涪城、德阳旌阳和成都蜀都支行作为试点行，通过优化中心岗位设置、人员配备、业务流程、运行系统等，促进个贷业务发展。三是省、市（营业部）、县（直属支行）三级均建立零售业务直属团队，开展对公客户和事业单位个人金融产品的批量营销。

3. 开展专项营销。全行先后开展了个人信贷专题营销、个人住房循环贷款专项营销、个人住房贷款“争创百佳”（“双百楼盘”和“百家支行”）专项营销、个人生产经营贷款全省二十个综合批发市场营销、个人汽车贷款专项营销等多项专项营销活动，进一步完善全员营销模式，加速个贷拓展。

4. 突出重点产品。一是优先发展个人一手房按揭。二是适时扩大二手房开办机构，将二手房开办机构由成都市三个支行扩大到全省21个机构开办。三是扩大个人综合授信贷款试点行。积极向总行争取将个人综合授信贷款试点行从10个扩大到14个支行。四是重点抓好成都市汽车贷款发展。在总行的大力支持下，规范了“本车抵押+担保公司担保”操作方式，降低了汽车贷款担保公司保证金比例，提高了汽车贷款在同业中的竞争力。

（三）围绕客户价值挖掘，全面强化个人金融资产综合销售

1. 全力抓好春天行动、激情仲夏、爱在金秋情系万家等专题营销活动。

2. 积极向总行争取新产品、新系统试点。2009年我行先后推出了“传世之宝”个人实物黄金、储蓄国债（电子式）、本利丰人民币理财产品、基金一对多产品等。年末实物黄金开办网点达17个，较年初增加14个。同时，我行配合总行完成了集中版理财产品销售系统的试运行，并顺利上线该系统。

（四）推动客户结构调整，狠抓贵宾客户营销维护

1. 加大PCRM三期系统的推广应用步伐，实现了6月底上线PCRM三期系统的目标任务。全面推广应用了个人优质客户管理系统，形成层次清晰、定位准确、覆盖所有目标市场的多元化产品服务体系。

2. 推动金钥匙理财增值服务体系建设。成功举行了2009年“春天行动”VIP客户新年电影招待会；面向全国农行白金贷记卡客户和钻石客户开放双流机场、九黄机场易登机服务。

（五）强抓网点转型实施，不断提升营业网点综合竞争力

1. 以新VI形象及规范为标准，加大网点建设改造力度。一是理顺网点建设管理流程，制定《关于进一步理顺网点建设管理流程的通知》，对各级行、各部门在网点建设与管理中的职责进行了进一步明确。二是加快了网点建设进度，制定了《关于进一步加快网点建设的意见》，提出了限期完工要求，并加大了考核力度。三是做好网点建设审查和初设方案审批，及时对各行上报网点规划项目进行了调查分析论证，把好建设可行性准入关。四是做好营业网点形象建设标准应用的指导工作，对施工项目进行现场查看。五是完成了网点员工行服更换、门楣招标、媒体播放器、身份证复印机、第三方中介、地理信息系统等招标工作。

2. 以提升营销服务能力为核心，认真落实转型措施。一是加强网点岗位管理，下发了网点员工岗位管理规定。二是制定并下发了网点劳动组合参考模板，推行包柜制，减少高柜人员占用，充实营销队伍。三是强化了大堂经理与个人客户经理的配备，全年配备大堂经理的网点增加了270个。四是加强了客户辅导和业务分流，通过大堂引导，尽量将小额现金业务及卡转账业务分流到自助设备和电子渠道。

3. 以网点导入为载体，深入开展文明标准服务年活动。一是采取了省分行主导的集中统一导入模式，统一部署、分片分组推进，加大了服务标准的贯彻力度。二是印发了17300册《服务手册》，做到网点员工人手一册。三是组织内训师对导入网点进行了神秘人暗访和现场管理工具执行情况检查。

贵州分行个人金融发展概况

2009年，我行在总行的正确领导和大力支持下，以加快零售业务经营转型为根本出发点，通过完善产品营销支持体系，推进网点转型建设，统一网点形象标准，建设多层次零售业务队伍、提升服务品质和增值服务能力，促进了个人金融业务的快速、协调发展。

一、主要工作目标完成情况

（一）个人负债业务平稳增长。年末，全行本外币个人存款余额427亿元，其中人民币个人存款余额达到427亿元，较年初增长59亿元，完成总行下达年度计划的98%。

（二）个人资产业务增势强劲。年末，全行个人贷款余额92亿元，较年初增加47亿元，增幅为103%，同比多增45亿元，完成省行下达计划的4倍，完成总行下达计划的近10倍。

（三）个人理财及中间业务品种日益丰富。累计销售基金18.5亿元，完成总行下达指令计划的185%，同业排名第二。其中重点销售金元丰利基金2458万元，完成总行计划的123%；销售农银双利基金6689万元，完成总行计划的112%；销售农银策略基金6200万元，完成总行计划的104%。基金开户总数达8.6万户，较年初增加1.2万户，其中基金定投开户6843户，较年初增加2688户。销售凭证式国债1.99亿元；电子式储蓄国债2770万元；本利丰产品3.6亿元；实物黄金57公斤。实现个人中间业务收入1.8亿元，占全行中间业务总收入的47%，其中基金、国债及理财业务收入1012万元。西联汇款收、发、汇笔数2546笔，同比增长82%，金额356万美元，同比增长61%。实现手续费收入2.2万美元，同比增长80%。

（四）借记卡业务保持较快发展。年末，全行个人借记卡保有量为449.93万张（不含惠农借记卡），较年初减少8.85万张，剔除103销卡、95599卡销卡因素，实际新增发卡107.3万张，增幅达31.3%。借记卡存款余额为175.8亿元，占全行储蓄存款的41.2%，比年初增加38.75亿元。累计发放金穗通宝贵宾卡17611张，较年初新增13656张，增幅高达3.45倍。

（五）积极推进网点转型建设。按总行要求完成全辖网点2008年度基本情况普查工作，完成了以往年度8个结转项目的建设施工，2008年立项结转的8个理财中心的正式启动，2009年6个网点的购建、80个人工网点、2个自助网点的装修立项、调查、审核、申报和批复工作。完成了新一级LOGO门牌标识制作商及网点装修设计单位的招标，省会及二级分行所在地机构网点门牌更换进入实施阶段。组织举办两期内训师培训班，培养内训师133人，完成了116个城区网点的文明标准服务导入工作，为我行营业网点树立了崭新的服务风貌，赢得客户的广泛好评。省分行营业部中北支行营业室被评为全国银行业文明服务"百佳示范单位"（全国农行仅7家）。

（六）目标客户拓展成效明显。指导各级行逐步实现从经营业务向经营客户的转变，把拓展客户作为零售业务经营的主要目标。到年末，我行全部个人客户达850多万户，比上年增加67万户，其中有效目标客户26万户，同口径比增加近2万户。目标客户拥有的存款额为245亿元，占个人存款总额的58%。

二、2009年的主要工作措施

（一）划转整合部门职能。完成了借记卡业务，个人外汇业务接收工作，通过职能整合和业务划转明确了个人金融部对零售板块经营管理的核心职能，自上而下确立了零售业务经营管理架构，强化了对零售业务的条线指导，为零售业务加快发展提供了组织保障。

（二）按季开展专题营销活动。继年初的"春天行动"综合营销活动后，全行又根据阶段性的工作要求持续开展了"激情仲夏"、"爱在金秋"、"感恩十年"等主题和专项营销活动。紧盯同业和市场变化，围绕储蓄存款、个人贷款、基金、理财产品等重点个金产品，逐个产品找差距，逐项工作找不足，强化督导，持续推进，有力推动我行个人金融业务的发展。

（三）实施重点营销、联动营销促个贷超常发展。根据国家宏观调控政策的变化，适时调整我行个人信贷业务指导意见，确保各项政策措施的正确贯彻执行。在充分调研的基础上，根据房贷市场竞争情况，调整按揭楼盘合作准入条件，提高准入审批效率，增强市场竞争力。及时印发以"金钥匙·好时贷"为主题的个人信贷业务系列宣传手册，甄选重点个贷品种，投放大量的平面广告，提升个贷品牌知名度。实施大型楼盘按揭三级行联动营销服务，积极支持白云支行成功为金阳世纪城发放个人住房按揭贷款8625笔24亿元，份额占同业首位，受到总行表彰。

（四）加大新业务系统推广应用。先后完成了基金销售、储蓄国债、实物黄金、本利丰产品、存款证明业务（三期）、个贷短信服务、网点开户签约流程优化系统的上线运行，实现了实物黄金、本利丰理财产品销售零的突破，完善了双利丰产品体系，丰富了中间业务品种，促进了个人金融业务的全面发展。

（五）切实强化风险基础管理。根据省分行"安全是第一责任"的经营指导思想和内控建设的要求，进一步强化个人金融业务合规经营，加大对各项业务检查力度，狠抓基础管理工作。组织开展了针对新增贷款特别是我行无项目贷款楼盘个人住房贷款的风险排查。对日常监测中发现的异常情况，及时下发风险督查通知书，提示和督促二级分行关注并及时采取措施化解。还根据银监会、证监会有关精神，认真做好理财产品、基金销售人员上岗资格考试以及客户风险承受能力测试、风险提示教育工作。

云南省分行个人金融业务发展概况

2009年云南省分行个人金融业务，在总、分行党委的正确领导下，各级行认真贯彻落实3510战略发展规划，紧紧围绕"改革、发展、控险"三大主题及年初确定的目标任务，坚持以科学发展观为指导，以提升全行零售业务综合服务水平和城市行零售业务转型为重点，切实采取措施，强化基础管理，加快经营转型，完善营销服务体系，加大市场营销力度，使全行各项个人金融业务工作稳步推进、稳健发展。个人业务各项经营指标完成情况良好：

一、人民币储蓄存款增量存量市场份额稳居同业前茅。截至2009年末，全省农行储蓄存款余额为1030亿元，比年初增加162.9亿元，增长18.8%，占全行各项存款余额的53.1%。在四大国有商业银行中（工行、农行、中行、建行，下同），云南农行储蓄存款存量市场份额为38.8%，增量市场份额为38.5%，比上年提高2.4个百分点，储蓄存款存量、增量市场份额在四大行中均居第一位。在全国农行系统中，云南分行储蓄存款存量市场份额为2.4%，排名18位，增量市场份额为2.6%，排名13位，比年初提升6位。

二、个贷业务稳定增长。截至2009年12月末，全行累计发放个人贷款86.7亿元，累计收回49亿元，余额为185.81亿元，比年初增加37.7亿元，增长25.5%；在当地四行占比中贷款余额为24.22%，较年初下降1.8个百分点，居第三位；当年新增贷款占比19.1%，居第三位。从贷款结构看，全省农行个人购房贷款累计发放48.11亿元，累计收回22.58亿元，余额为136亿元，比年初增加25.5亿元，增长23%。个人非购房贷款累计发放38.62亿元，累计收回26.46亿元，余额为49.24亿元，比年初增加12.2亿元，增长32.8%。

三、银行卡业务创新发展。到2009年末借记卡存量卡达1028万张，当年新增148万张，增长14.4%，在当地四大行发卡存量中市场份额占比为50%，发卡增量市场份额占比为56%，继续保持新增发卡第一，累计发卡第一的位置。在全国农行排名中存量排名第17名，增量排名第7名；当年实现借记卡（不含惠农卡）收入2.9亿元，年费收入5539万元期；信用卡发卡量为31.3万张，较上年增11.1万张，增幅55.3%，在当地四行同业中排名第二位，实现信用卡业务收入7665万元，在全国农行系统中排名第十位，信用卡利息收入1733万元，增幅57.4%，在全国农行系统中排名第十一位，商户收单收入4892万元，增幅19.29%，在全国农行系统中排名第八位；贷记卡消费额20.5亿元，在全国农行系统中排名第十二位；商户活动率63%，比上年提高4.2个百分点，POS达标率45.3%，比上年提高6个百分点。在信用卡发卡量中，2009年新推惠农信用卡1168张（准贷记卡）；在当地金融机构中率先发行云南农行首张联名贷记卡近3000张；发行白金贷记卡达800张；同时，结合云南实际，组织发行了香港旅游卡、环保卡、如易卡、Xcar卡、携程旅游卡、建国60周年纪念卡、喜羊羊与灰太郎卡等特色卡。

四、电子银行分流客户发挥综合效益进一步提高。2009年末，云南农行非柜台业务量占比为40%，实现各类电子银行业务收入6490万元，在四行同业中排名第二。其中，电子渠道交易手续费收入1106万元增长74%，自助银行业务收入5351万元，基金网上直销手续费收入33万元。当年新增网银注册客户27.1万户，其中，新增网银个人注册客户26.9万户，新增网银企业注册客近2000户，实现交易金额1568.8亿元；新增电话银行11.4万户，其中：电话银行个人注册客户11.2万户，电话银行企业注册客户为2000多户；手机银行个人注册客户新增8万户，交易金额1210.4万元；消息服务签约客户20万户，实现收入146.9万元；电子商务商户实现交易量21.5万笔，交易金额9807万元；“收付易”转账电话注册客户达1 747户，实现交易24.4万笔，交易金额14.7亿元。

五、中间业务快速发展。2009年代理类个人理财产品累计销售45.1亿元，其中，基金销售35.8亿元，自主类人民币理财产品销售5亿元，国债类销售4.3亿元。基金销售市场份额在四行中达21.7%，比上年提高3.8个百分点。在全国农行系统排名第14名（基金定投排第4名），存量余额排第10名。实现代理销售投资类理财产品收入3435万元，实现个人人民币结算业务收入30416万元。2009年末全省机构客户存款余额371亿元，当年新增存款99.2亿元；同业存款存款余额为18.8亿元，第三方存管开户数12万户，当年新增3.3万户；银期转账开户1 134户，当年新增1 046户；实现代收代付业务收入2608万元，代理金融机构业务收入693万元，代理保险手续费收入4 892万元。全年实现中间业务收入8.06亿元，同比多增2800万元，增幅3.6%，占本行营业收入的13.3%，在全国农行系统中排名第15位。在四行同业中中间业务收入居于第三位。代理保险业务收入4891万元，市场份额占比37%，排名第二位；国际结算业务收入1042万元，市场份额占比7.6%，排名第四位；代客理财业务收入594万元，市场份额占比6.4%，排名第三位；人民币结算业务收入34817万元，市场份额占比58%，排名第一位，基金及托管业务收入3181万元，市场份额占比11.9%，排名第三位。

六、营销服务手段多样化。在借助每年开展的“金钥匙春天行动”营销活动的基础上，溶入个人贷款、信用卡、电子银行、基金等专项促销活动；建立网点贵宾客户优先通道及“易登机”增值服务；先后在昆明、保山、腾冲、丽江、版纳全国个人钻石卡和铂金贷记卡客户的机场贵宾通道，在全国农行首家开通了省内银卡以上客户在昆明市区十所医院的贵宾服务通道。推广了个人综合授信贷款、基金定投、短消息服务、公务卡等系列新产品，不断提升零售营销服务渠道。

七、加强理财服务体系及队伍建设。截至2009年末，全省农行已取得中国金融理财标准委员会认证的EFP、AFP、CFP共计263人，其中EFP资格6人、AFP资格246人、CFP资格11人。在全辖所有网点利用个人优质客户管理系统对个人中高端客户进行管理和维护，锁定目标客户33万户，其中，四至五星组长客户9000多户，一至三星级客户32万户，并在3个网点试运行金钥匙财富专家支持系统。2009年末个人优质客户金融资产占比达20%，通过2009年11月集中版理财产品销售系统，仅两个月销售理财产品5亿元。

在全面完成个人业务各项指标的同时，统筹规划，努力推进网点转型工作。

一是全面开展营业网点基础数据调查统计。对全省所有对外营业网的产权归属、人员配备、经营效益、网点贵宾客户数量、功能分区、中间业务收入、存贷业务、网点面积、电子设备配备等进行基础性工作，整理收集各网点图片资料，分点建立网点档案资料。二是结合现状，做好网点总体规划工作。根据《中国农业银行云南省分行营业网点调整及转型的实施意见》和《中国农业银行云南省分行城市网点优化调整指导意见》，提出了网点调整转型应坚持的原则、目标、标准，使全省营业网点逐步实现“网点分类、功能分区、业务分流、客户分层、产品分销”的目标发展。三是做好立项报批及装修改造工作。按照先城市再县城后乡村的顺序，2009年审批立项网点改造装修项目115个，离行式自助银行5个；根据农行上市要求，对网点设计、网点装修、网点门牌标识、网点员工制服、网点LED显示系统、网点智能排队叫号系统等项目进行逐步完善。到2009年末省分行已完成了网点设计、网点装修公司、网点标识制作安装等三项工作。至年末在对159个网点建设项目中，审批了23个城市网点搬迁中的150个网点平面图设计，83个网点施工图设计审定工作。已有10个网点已竣工，17个网点正在施工中。四是做好网点及自助设备的审批工作。2009年末已上报审批和自主审批、撤销、升格、迁址、更名的网点44个，其中：撤销4个，升格4个，迁址36个；审批116个（台）自助银行和自助设备设置，其中：自助银行15个，自助设备101台。五是全面推进网点文明标准服务工作。网点转型是一项复杂的系统工程，网点硬件改造是基础，而软件服务才是根本。首先是采取军训化方式进行内训师培训；采用素质训练+公共课程+专业课程+理论测试+现场答辩+网点服务实践等环节的考核，全省有59名参训学员取得内训师资质；其次是推进网点标准化服务的导入工作，到年末已导入网点标准化服务的网点365个。通过网点标准化服务的建设，经明察暗访的调查，全省导入后的网点员工的业务学习、工作态度、职业形象、精神面貌明显提升，网点文明标准服务水平大大提高。

西藏分行个人金融业务发展概况

2009年在总行个人金融部的指导及分行党委的正确领导下，在各职能部门的大力协助下，紧紧围绕全行零售业务战略转型工作任务，扎实开展各项工作。现将我部2009年工作情况总结如下：

一、主要指标完成情况

（一）储蓄存款：截至12月底，我行储蓄存款余额为1133870万元，较年初增加213581万元，增长24%，完成年净增计划12亿元的177.98%，占全行各项存款25.10%，存量市场份额为49.97%。

（二）个人贷款：截至12月底，我行个人贷款余额为263372万元，较年初增加66024万元，增长33.45%，完成指导性净增任务6亿元的110%，累放164559万元、累收98535万元，占全行各项贷款的25.35%。

（三）中间业务：截至十二月底，实现中间业务收入5955万元，其中：发行凭证式国债5期，完成发行任务2900万元，实现国债手续费收入23万元。首次成功发行电子式储蓄国债6期，实现销售391万元，基金年内实现销售11915万元，年未余额35905万元，实现各类代理基金业务手续费收入139万元。首次实现系统销售黄金产品。

二、加强市场营销，强化服务意识

（一）市场营销成绩卓著。一是借助“2009年春天行动”发力，零售条线产品、服务、功能得到系统性整合，营销层次和内涵得到深化，尤其是扼制了个人存款以往年度下滑的势头。二是为推动全行零售业务转型，提升中间业务收入，按照总行“激情仲夏，金彩生活”的营销方案，制定并下发了《中国农业银行西藏自治区分行“感恩十年·相伴永恒”金穗借记卡营销活动方案》；三是撰写了每月的个人金融部业务工作动态，积极关注、分析市场动态及客户需求的变化，及时向上级管理部门反馈市场信息。四是积极配合当地人民银行举办了个贷产品推介会，及时发布了“金钥匙 好时贷”系列品牌产品，并于八月下旬，利用“雪顿节”放假期间，对我行的个人住房贷款进行了宣传；五是广泛开展了各类专题营销、系列产品营销和组合产品营销活动，建立健全了一揽子产品营销体系；六是为客户提供更贴切、更高层次个人金融服务、个人理财服务，做好了分行个人品牌银行业务的市场营销工作。

（二）窗口服务得到加强。今年是总行开展“中国农业银行网点文明标准服务年”活动的第一年，为积极响应和贯彻总行活动精神，自今年九月以来，在总行的大力支持下，对拉萨城区五个支行进行了网点文明标准服务导入，通过导入，使导入网点的面貌有了大的改善，社会反响强烈，目前我部已将这五个网点树为我行的标杆网点。为加快推进我行网点转型步伐，全面提升我行网点整体服务水平，我部再接再厉，年底抽调全区骨干内训师，以开展“网点文明标准服务年”活动为契机，立足当前，着眼长远，从加强组织推动着手，按照“先城市网点后乡镇网点”的原则，又组织了对区分行营业部和日喀则分行城区所有网点的导入工作，全年共完成了30多个网点的导入工作，导入后网点的员工始终牢记以微笑来贯穿服务的全过程，服务礼仪更加规范，赢得了众多客户的好评，在社会上引起来强烈反响，客户满意度有了很大提升，农行品牌影响力进一步提升。

（三）网点服务环境建设。我部已向总行上报了54个需进行改造的营业网点，并得到了批准。

三、扎实推进各项业务

（一）个人存款工作稳步推进。一是制定下发了西藏分行个人优质客户系统（PCRM）三期推广应用实施方案和全行个人优质客户系统应用和运行管理暂行办法。目前，（PCRM）系统已上线，相关工作正在有条不紊地进行中。二是配合中间业务部门学习、引进VIP贵宾客户识别系统，修订并完成了机场贵宾室（VIP）的POS机持卡人身份自动验证程序的安装调试，对机场VIP贵宾室服务员进行业务培训，为机场贵宾室的顺利开通打下了良好的基础；三是积极配合西藏分行首期网点文明标准服务网点现场导入做好协调督导工作；四是为认真贯彻全区农行2009年年中行长会议精神，加大中间业务营销力度，确保各项工作落到实处，对借记卡业务收入年度计划完成率较差的二级分行分别下发了督办通知并取得较好的效果；五是按照职责分工，完成了借记卡业务从信用卡中心向个人金融部的工作顺利交接，做好分行银行卡业务管理系统以及借记卡卡片管理等工作，保证了借记卡业务在我行的正常开展；六是为有效防范风险，对区分行营业部林廓东路支行、康昂东路支行、城东支行进行了储蓄存款业务合规性抽查。

（二）个人贷款业务稳步发展。一是着力优化消费信贷品种，简化贷款手续，推广“金钥匙 好时贷”系列新产品，广泛开展了各类专题营销、系列产品营销和组合产品营销活动，建立健全了一揽子产品营销体系。积极拓展以个人住房贷款为龙头的个人消费贷款业务。截至年底，我行个人贷款余额为263372万元，较年初增加66024万元，增长3.46%；二是积极做好国家助学贷款等民心业务，大力支持地方教育事业；三是积极推广了我行“好时贷”系列新产品，使客户更好地认知并接受了“好时贷”产品；四是个贷档案管理进一步规范化、制度化，电子化应用水平得到提高，尤其信贷档案管理系统在城市行得到广泛运用，为今后全面推广该项工作奠定了基础；五是加强个人贷款的风险管理，我部于10月下旬，参加了分行组织的2009年自律监管联合检查组，对个人信贷业务进行了自律监管检查，对发现的风险点要求相关行部及时整改；六是加强个人信贷业务的培训工作，针对近几年总行出台的个贷业务新品种、新政策，并结合西藏农行的实际情况，我部于10月中旬在拉萨举办了“西藏分行个人信贷业务专题培训班”，参训人员涉及除林芝墨脱县支行的其他各县支行及各二级分行个人金融部、所属营业部客户部都安排了信贷员参加了培训。

（三）开通了基金定投业务；一是进行了开放式基金三期系统升级和开通了基金定投业务；二是进行了开放式基金三期系统升级和改造工作；三是开办了个人实物黄金的试点销售工作；四是举办了一期集中版理财系统销售上线培训班，完成了集中版理财产品销售系统的上线工作；五是持续做好基金和国债的调剂、发行、兑付工作，及时足额地划拨了各项手续费，按时上报了各类理财及国债发行、持有量报表；

（四）稳步推进网点转型工作。一是加强网点建设管理，统一明确了网点装修的规范设计、制作、施工新标准，二是完成了全区7个样板网点的选址、规划设计和申报工作；三是完成了一级LOGO及门牌标识的项目招标前期准备工作；四是完成2009年54个网点建设立项申报，并得到总行批准；五是机场贵宾室已经对外正式营业；六是财富管理中心的选址、布点等各项前期工作正在紧锣密鼓的进行之中；七是已向总行及当地银监部门提交了年内新增自助设备及基层营业所名称变更的专题申报材料；八是顺利完成了全区农行的网点会审普查、网点布局规划等工作。

四、内控管理得到夯实

（一）自律监管得到完善。建立了自律监管实施细则和各项登记制度，按照有关自律监管工作要求，认真执行落实自律监管制度，通过抽查和自查相结合的原则，确保了我部业务的有序开展。并配合内外审计部门做好各项自律监管工作，确保了农行全盘工作的有序健康开展。

（二）注重加强业务培训。一是积极选派员工参加区外个人业务综合培训（个贷、基金、国债、网点、理财、内训师），提高了队伍的整体素质；全年共组织了理财、基金、信贷、内训师、网点导入等共9期培训班，受训900多人次。协助人力资源部组织了全区客户经理、网点负责人和大堂经理岗位资格考试，积极鼓励员工报名参加考试，取得了相应的岗位资格。

（三）深入基层检查指导。上半年已深入阿里、那曲部分地（市）行及基层行开展了个人业务综合检查工作，提出了个人业务发展中存在的问题及整改措施，为全行个人业务的健康发展发挥了有力地督导作用；下半年，对除阿里之外的二级分行开展了自律监管检查，并对昌都分行的个人住房按揭贷款进行了现场指导，以行发文的形式对林芝分行的个人生产经营贷款进行了风险提示。

（四）考核工作得到强化。一是制定了“金钥匙春天行动”考核办法，完善了相应的激励机制；二是对二级行个人业务指标完成情况进行了量化考核，充分调动了员工的积极；三是年初制定了个人存贷款及中间业务经营目标，为完成全年指标任务进行了科学量化。

五、2010年工作要点

（一）全面贯彻落实总行零售业务经营转型工作会议精神，制定实施意见和工作任务分解表，推进全行零售业务各项转型工作。一是成立全行零售业务转型工作推进组，负责落实总分行的部署和要求，加快建立健全城市零售业务转型协调机制和配套办法，为城市零售业务转型有效实施提供有力的组织保障。二是加快城市行网点转型，再造业务流程，分层推进“对公业务上收、零售业务下沉”工作，着力打造零售业务核心竞争优势。

（二）狠抓个人负债业务。一是借助“大行德广 伴您成长 金钥匙春天行动”不遗余力地做好储蓄资源的稳定和挖掘工作，加强对储蓄存款存量、增量的监测，实时掌握储蓄存款动态。二是积极挖掘农牧区储蓄资源，将农牧区金融资源作为另一个主战场；三是通过第三方存管、小额通存通兑、代收代付等业务积极引存资金，提高资金归行率。四是完成个人优质客户管理系统（PCRM）的推广应用工作，通过个人优质客户管理系统（PCRM），对我行客户进行筛选、分层，使高端客户得到更为满意、便捷的服务。

（三）实现个人信贷质量、规模双提升。一是强化职能定位，要兼顾管理和营销职能，充分发挥专业优势，主动引领辖内个贷业务协调发展，积极推广零售业务批量营销模式，大力发展个人住房贷款业务，加强住房开发贷款与个人住房贷款业务联动营销。二是以拉动内需为契机，着力优化消费信贷品种，推广营销信贷新产品。三是加强个人贷款的风险监控管理；四是积极准备个贷中心成立前的相关工作；七是做好2010年个人贷款交叉检查工作。

（四）强化理财与中间业务培训力度，稳步拓展个人中间业务。一是积极做好总行的相关业务扩散培训工作，及时把总行发布的相关新产品培训工作落实到位。二是加大客户经理、大堂经理、理财师培训力度，尽快建立一支具有我行特色的理财营销队伍。三是加强理财产品营销，提升市场地位、增强核心竞争力，提高我行中间业务收益。四是做好全行实物黄金的销售工作。五是做好机场VIP贵宾室的建设、管理和维护工作。

（五）做好网点业务的转型与形象建设。一是做好网点装修改造及更换LOGO标识的相关后续工作，二是积极推进财富管理中心的选址布点和筹建工作；三是完成年度ATM机等自助机具的规划、选址及管理工作；四是做好网点的升、降、并、变、迁等工作，理顺网点管理各项申报事项；五是加快各行基础网点和精品网点的建设工作，积极推进网点转型工作。

（六）继续推进网点文明标准服务导入工作。按照“先城市网点后乡镇网点”的原则，继续组织对全行网点的文明标准服务导入工作。

陕西分行个人金融业务发展概况

一、个人金融业务发展概览

2009年，陕西分行坚持以市场为导向，以客户为中心，以效益为目标，强力推进网点转型，加大市场营销力度，积极开展综合营销活动，提高了市场竞争能力，个人业务实现了持续较快发展。年末，人民币储蓄存款余额1058.16亿元，四大行市场份额占比28.80%，居第二位；个人贷款余额96.38亿元，四大行市场份额占比16.73%，居第四位；全行电子银行注册客户数达到125.69万户；全年累计发行理财产品23.38亿元，代理销售基金12.78亿元，发行国债4.74亿元，销售黄金66.38公斤。

银行卡业务实现收入32879万元，其中信用卡业务收入2375万元；金穗卡总量达到872万张，其中贷记卡11.5万张，惠农卡113.45万张。

二、2009年个人业务经营目标完成情况

储蓄存款：年末，全行人民币储蓄存款余额1058.16亿元，较年初增加171.83亿元，完成总行计划的107.39%，增量份额居四大行第二位，系统内排名第16位。

中间业务：年末，全行实现银行类及代理类理财产品销售额41.12亿元，完成计划175%；实现代理销售投资类业务产品收入2836万元，完成计划57%；代销国债4.74亿元，全面完成销售指标，实现债券收入309万元，完成计划51%；实现贵金属业务收入58.01万元，完成计划1160%。

个贷业务：年末，全行个人贷款余额96.38亿元（不含农户），较年初增加18.86亿元，系统内增量排名较上年前移10位，其中个人住房贷款较年初增加22.40亿元，完成总行计划249%。

银行卡业务：年末，全行贷记卡当年新增11.18万张，完成计划93%，系统内排名第20位；实现信用卡消费额42645万元，完成计划213%；实现信用卡中间业务收入95.6万元，完成计划48%；借记卡当年新增240.40万张，实现个人人民币结算业务收入30259万元，完成计划79%，创历史新高。新增有效商户1600户，完成计划133%；实现商户收单业务收入2279万元，完成计划114%。

三、发展个人业务的主要工作措施

（一）创新营销方式和手段，不断提高个人业务营销业绩

一是积极组织开展全行性综合营销活动。2009年，我们先后开展了“大行德广 伴您成长 金钥匙春天行动”、“点滴积累 成就梦想——‘金钥匙 基金宝’”、“激情仲夏金彩生活”、“夏季风暴——个贷专项营销”、“爱在金秋情系万家”等活动，通过认真制订方案、及时通报进度、优化资源配置、推广交流经验、严格考核兑现等措施的落实，各项营销活动取得较好实效。二是强化科技支撑，抓好贵宾客户拓展。按照总行安排，我们先后完成了个人优质客户系统、集中版理财系统和金钥匙专家理财支持系统的上线推广应用，为个人贵宾客户的营销提供了有利支撑。三是根据不同产品特点，加强调研，做好重点产品销售。明确借记卡在个人金融产品中的核心地位，通过下发专题调研报告统一全行条线认识、提高激励等手段，促进借记卡营销，当年借记卡发卡量及收入均创历史最好水平；根据市场对理财产品需求大的特点，我们通过及时下发产品信息、加大宣传、辅导营销等手段，积极推动本利丰销售，从四季度开始累计销售23.38亿元；抓住建国六十周年契机，加速开办黄金销售业务，累计代销建国六十周年几年金条57.6公斤，实现贵金属收入58万元，完成总行计划1160%；根据贷记卡不同产品的内涵和效应，根据省内不同地区特点，实行“一行一策，一品一策”的销售策略，分类指导，迅速打开了贷记卡发行工作局面。

（二）加快网点转型步伐，不断提升对外综合服务水平

一是在网点“形转”上采取摸清底子、落实计划，强化培训、统一标准，明确责任、权利下沉，及时技术指导、强化质量考核，组织现场观摩、取优补短纠错等方法措快速推进网点建设，全年完成网点建设152个。二是以网点文明标准服务导入为契机倾力推进网点“神转”。总行培训结束后，我们及时组织开展转培训，做到了内训师队伍早培训、网点导入早实施、“神转”效果早体现。在导入工作上严格按照总行“2+5”模式，从转型的职责、理念、营销和文化等方面全方位导入，并通过开展导入竞赛、按期通报导入进度等多种方式确保导入效果，累计编发《导入专刊》29期、《特快专递》3期、《特别报道》4期。全年全省累计完成文明规范服务导入网点305个，占全省网点总数的45.59%。此项工作受到了总行表彰，负责此项工作的杨轶同志被总行授予优秀内训师、总行十大金牌内训师称号。三是为固化导入成果，我们认真组织实施了神秘人暗访工作。历时近一个月，累计行程5000余公里，完成了对全省89个营业网点服务状况的暗访检查，梳理出了服务中存在的问题，并将暗访录像在三季度行长会上播放，使各行看清了自身的差距，明确了整改目标，充分认识到开展文明规范服务导入的必要性，促进了全行服务质量的提高。

（三）强化风险管理，实现业务合规发展

一是严格客户准入及授信，持续加强营销工作规范管理。认真落实二套房贷款、信用卡授信等个贷相关制度，确保贷款主体及用途的真实性，加强事前风险防范。二是加强预警，做好风险监测工作。先后开展了个贷重点产品监测检查，信贷业务虚假贷款风险检查等两项专项检查活动。

（四）完善机制，进一步增强经营活力

一是全面实行产品营销计价。坚持按旬通报营销数据，按月兑现计价工资，按季分析产品计价执行情况，并根据实际情况，适时调整计价标准。二是针对产品计价统计数据多头采集、口径不一、数据量等问题，牵头开发了产品计价统计系统，提高了计价数据统计的精确度和及时性。三是调整机构，理顺业务管理体系。今年，省行成立了信用卡中心，并在各级行建立信用卡独立审批人制度，确保了信用卡业务的有序开展；转变个贷业务运作模式，积极推行个贷集中经营，提高业务运作效率，年末，辖内10家二级分行已有5家完成集中经营组织架构和人员配备工作。

（五）认真细致开展培训，强化队伍业务素质

一是建立内训师队伍。精心挑选业务骨干，在参加总行文明标准服务和网点负责人训练营培训的基础上，组织全省内训师训练营，培训了一批业务骨干，基本建成了省行、二级分行两级内训师队伍。二是积极开展网点负责人、大堂经理、理财经理队伍培训。先后组织了8期网点负责人封闭式培训，4期大堂经理培训班，一期AFP网络培训班。三是开展个贷业务巡回培训，挑选业务骨干，统一培训内容，对全辖10个二级分行进行了一次巡回培训，共计培训625人次。四是举办贷记卡产品业务推广培训会，先后深入各二级分行、网点和市场进行专场交流和营销，解决了各级行在政策执行中存在的偏差和问题，有力推进了贷记卡业务的发展。

甘肃分行个人金融业务发展概况

2009年，全行个人金融业务紧紧围绕总、分行年度工作

会议确定的中心任务和核心工作，以全面推进零售业务转型为主线，不断提高网点服务水平、业务营销能力和产品综合竞争力，较好地完成了各项计划指标和工作任务，有效地促进了个人资产、负债和中间业务的快速、健康发展。

一、经营目标完成情况

截至2009年末，储蓄存款余额612.10亿元，比年初净增95.76亿元，完成总行计划106.40%，在“四行一社”中，存量份额24.66%，居第二位，增量份额20.51%，居第三位；个人贷款余额37.42亿元，较年初增加8.67亿元，完成年度任务的144.51%。累计实现银行类及代理类个人理财产品销售额22.62亿元，完成计划的126.75%，累计实现代理销售投资类产品收入3072万元，完成计划的57.96%；净增个人中高端客户4933户，完成总行客户结构调整计划的2725.41%，个人中高端客户金融资产占比达到14.12%；累计发放借记卡（不含惠农卡）518.8万张，较年初新增112.6万张。实现借记卡收入1.79亿元，占全行中间业务收入的56.6%。借记卡存款余额达到194.84亿元，同比增加48亿元。

二、2009年主要工作

（一）全面推进零售业务转型，着力加快个金业务发展。按照总、分行的统一安排，5月份，组织召开了全省农行零售业务转型工作会议，成立了组织机构，明确了两年转型目标，并从“硬、软”转型两个方面安排部署了各项推进措施，全面启动了全行零售业务转型工作。从年初开始，先后组织开展了“金钥匙春天行动”、“激情仲夏·金彩生活”、“爱在金秋·情系万家”等个人金融业务营销竞赛活动，活动突出了“金钥匙”品牌宣传，实施了全员营销、分层营销、联动营销、交叉营销、杠杆营销六大营销策略，有力地推动了储蓄等个人金融业务的快速发展。上半年我行个人金融业综合考评结果在全国农行系统内排名第21名，较去年上升了8个名次。在“激情仲夏·金彩生活”个人综合营销活动中，我行位居系统内第7名。同时，针对年初以来，我行储蓄存款同业竞争压力大、增长缓慢的问题，始终将储蓄存款发展作为重中之重，全力促增量、争份额。5月份，专门召开了全省农行储蓄存款工作会议；四季度，组织开展了“奋战90天、确保储蓄存款增量存量市场份额双第一”营销活动，经过全行上下的不懈努力，有效遏制了储蓄存款市场份额持续下滑的态势，年末在“四行”中存量份额居第一位，增量份额居第二位，并大大缩小了与第一位的差距。

（二）市场营销与风险控制并重，稳健发展个贷业务。一是始终坚持以住房按揭楼盘营销为依托，抢抓优质客户资源源头，促进重点个贷业务快速增长。先后组织开展了个贷“进机关、进社区”、房贷“争创百佳”等多项专题营销活动，全年累放城市个贷31.29亿元，营销住房按揭楼盘47个，审批额度14.15亿元，累计投放个人住房贷款9.78亿元；投放非住房个贷21.51亿元，同比多放7.24亿元；汽车经销商准入3个，审批额度4000万元。投放计划完成率居全国前列。二是针对个贷业务面临的主要风险，从推进制度执行力建设入手，采取有效措施切实强化了基础管理工作。召开了全省个人贷款工作会议，提出了强化个贷业务基础管理，加快业务健康快速发展工作思路和具体措施；全行范围内着力推行了个贷“三包一挂”管理责任制，并把严格落实这一制度作为发放个贷的必备条件；充分利用CMS系统，对个贷业务定期、不定期进行风险预警提示，及时控制和化解了风险隐患；在全省范围内组织开展了城市个贷业务专项检查活动，对定西、张掖等重点行进行了集中检查和帮扶，及时纠改了业务经营管理中存在的各类问题，规范了业务操作行为。

（三）实施网点标准化建设，稳步推进网点转型。一是按照总行“绿色行动”的总体安排部署，认真做好LOGO标识牌的招标、定制和更换工作。年内已完成18个网点新标识牌的安装工作。二是按照网点建设新标准，组织完成了160个施工项目的摸底、设计和上报批复工作，并协同省分行营业部完成了3个省级样板网点的选址、施工

设计和批复实施工作。三是按照集中布放和尽快普及的原则，进一步加快了网点自助化建设步伐。全年共配置自助设备270台，年内报批终止营业网点20个，升格71个，迁址3个，设立自助银行11个。四是着力推进网点文明标准服务导入工作。培养组建了由45名内训师组成的全省营业网点文明标准服务导入师资队伍，委托深圳欧顾得顾问公司为我行成功打造了5个省级文明标准服务标杆网点，成功导入了279个城区营业网点的文明标准服务，我行营业网点服务水平显著提升。五是同时随着个人优质客户管理系统（三期）上线，适时启动了营业网点智能排队系统配备工作，目前已完成了全省所有叫号机的摸底清理工作，制定了《网点叫号机以及客户识别系统应用需求说明书》，并配合科技部门完成了前期测试工作，可在今年上半年投入使用。尽管存在着种种困难和问题，但经过一年的探索、打拼，我行网点转型工作已稳步开展，只要坚持不懈，必将结出丰硕成果。

（四）持续加大营销力度，力促中间业务实现快速发展。一是推动基金营销。制定了“重点营销托管基金及子公司产品，辅助销售其他产品”的营销策略，进一步优化了工作流程，明确了营销重点；制定了基金手续费弹性分配政策，加大了对计划完成率较高行的激励力度，有效调动了各级行销售积极性，自三季度实行以来，基金计划完成率均在系统内位居前列；制定了按月考核单只产品计划完成率、按季考核综合计划完成率的考核机制，进一步明确了考核责任，增强了各级行营销意识。二是组织开展了“点滴积累，成就梦想—‘金钥匙·基金宝’基金定期定额投资营销推广”、核心产品及基金组合等营销活动，累计新开基金定投3880户、签约7421户，定投申购1342万元。特别是农银汇理策略基金的发行，取得了系统内第3名的好成绩，被总行授予“农银汇理策略基金及国富300指数基金销售双先进单位”荣誉称号。三是加强“本利丰”、“汇利丰”人民币理财产品营销。协调运营管理部、信息技术管理部等相关部门完成了集中版理财产品销售系统的上线运行工作，实现了我行理财产品滚动发行模式，自9月以来上线发行理财产品71只，销售额12.92亿元，是以前总销售额的7倍，取得管理费收入42万元；配合相关部门完成了实物黄金业务系统测试、资质申请等工作，批准营业部、酒泉、天水三个试点行11个网点开办买卖业务，累计销售实物黄金8540克、金额230.45万元，实现点差收入85384元；组织完成了电子式储蓄国债系统测试、管理端升级等工作，销售储蓄国债六期，实现销售额3811万元，实现手续费收入23.63万元。

（五）积极拓展市场，努力提高发卡量。一是确定了贵宾卡申领、发卡流程，制定了贵宾客户动态管理办法，制作了贵宾卡申请表及宣传折页，并协调相关部门与机场签订了候机楼贵宾厅冠名和贵宾客户服务协议，为大力拓展贵宾客户创造了条件。二是完成了全省所有叫号机的摸底调查工作，制定了《网点叫号机以及客户识别系统应用需求说明书》，为下一步我行营业网点实现有效识别和分流客户做好了准备。三是组织开展了“感恩十年·相伴永恒”借记卡营销活动，促进了发卡量和卡收入的快速增长。全年累计发卡627.81万张，其中发放2009年度金穗中国志愿者卡898万张。全年实现借记卡收入17855.40万元。

（六）加强业务培训，推进队伍建设。按照理财师三年建设规划，与中国金融理财标准委员会合作举办了2期金融理财师（AFP）培训班，共计124人参加了培训，103人通过了资格考试，考试通过率达到83.06%。目前我行已拥有一支金融理财师（AFP）216人、国际金融理财师（CFP）25人、金融理财管理师（EFP）4、注册财务策划师（RFP）2人的专家队伍。同时，还组织相关人员参加了中国证券业协会基金销售从业资格考试和中国银行业协会个人理财从业资格考试；组织举办了个人信贷业务客户经理培训班、实物黄金业务培训班、借记卡业务人员培训，配合人力资源部、运营管理部对新员工、会计主管、网点负责人进行了培训，不断强化了一线人员的理论基础、操作技能和综合素质。

青海分行个人金融发展概况

2009年，我行个人业务在总行和省分行党委的领导下，认真贯彻落实总、分行工作会议精神，立足农行股改和发展大局，以客户为中心，以渠道为载体，以产品为抓手，结合我行实际，紧紧围绕个人业务工作目标，积极推进城市行零售业务转型，实施个人业务优先发展战略，在全行上下共同努力下，取得了良好的经营业绩。

一、业务发展概况

一是个人存款稳步增长，创历史新高。截至12月末，全行个人存款余额达149亿元，较上年末净增28.79亿元，同比多增0.63亿元，完成总行下达计划的143.95%，增量市场份额30.33%，位居省内四大银行第二位。

二是借记卡发卡量、手续费收入持续增长。截至12月末，全行借记卡发卡总量达113.17万张（不含睡眠卡），比年初增加39.65万张，增长53.93%。借记卡存款余额达59.04亿元，比年初净增20.02亿元，较上年同期增长51.31%，卡均存款5216.91元；实现借记卡手续费收入4742万元，占全行中间业务收入的54.76%；借记卡卡均收入41.90元。

二、主要工作措施

（一）夯实基础、重点攻坚，个人负债业务稳步增长

2009年年初，我行以“大行德广 伴您成长 金钥匙春天行动”个人金融综合营销活动为契机，大力营销我行零

售业务品种，实现储蓄存款业务“开门红”。活动初始，全行上下高度重视，牢牢把握岁末年初个人金融业务发展的黄金时期，定方案、促营销、抓落实，使活动取得显著成效。活动期间，全行人民币个人存款净增9.58亿元，同比多增2.05亿元，完成全年指令性增加计划的47.92%。为将“春天行动”个人金融综合营销活动开展得有声有色，我行举办了“中国农业银行青海省分行‘大行德广 伴您成长 金钥匙春天行动’启动仪式暨新春电影招待会”，邀请人民银行西宁中心支行、青海银监局、相关企事业单位嘉宾、部分优质个人客户共300余人参加了启动仪式，并邀请青海省电视台、《青海日报》、《西海都市报》、《西宁晚报》等省垣新闻媒体对启动仪式进行报道，通过宣传报道，极大地提升了农行品牌形象。在活动中，为充分调动全行员工拓展优质客户、营销个人业务产品的积极性，我行制定了综合营销考核办法，用于活动的奖励兑现工资和费用近200万元。各经营行也根据本行实际制定了相应的考核奖励办法，通过不断地完善激励机制，充分调动了全行员工的营销积极性，个人存款增量创历史同期最好水平。

同时，为强化我行个人金融持续营销，强势带动储蓄存款持续增长，努力扩大市场占比，提升我行第三方存管业务在城市市场的竞争力，实现吸引中高端客户资源向我行汇集的营销目标，我行积极开展了“激情仲夏 金彩生活”个人金融综合营销活动，在3个月的营销活动期间，我行个人存款净增5.58亿元，其中“双利丰”账户金额净增0.73亿元。在总行“激情仲夏 金彩生活”综合指标考评中，我行名列全国第10位，并荣获“中国农业银行2009年度‘激情仲夏 金彩生活’营销活动优秀分行”荣誉称号。

2009年，组织全行大力开展“爱在金秋 情系万家”个人金融综合营销活动，活动中，我行紧紧抓住下半年个人及法人资金动向，加大带动储蓄增长的“代发工资”源头营销力度，取得了可喜的成绩。活动期间，我行新增个人存款8.15亿元，12月末，在总行对全国37家分行个人存款完成计划排名评比中，我行位居全国第五名。

（二）充分发挥金穗借记卡主打产品优势，加大营销力度，提高借记卡核心竞争力

一是各经营行充分利用我行银行卡以金穗借记卡为主打产品这一优势，紧盯市场，拓展客户，受理行和发卡区域不断扩大，借记卡营销力度进一步提高。二是省分行进一步强化银行卡业务考核制度，将借记卡手续费收入指标纳入全行综合绩效考核体系中，按月对发卡量进行监控、通报，引导各行积极发展借记卡业务。同时，不断完善借记卡业务个人营销奖励机制，加大普通卡和贵宾卡奖励额度，并按月兑现营销奖励，调动了全员营销借记卡的积极性。三是不断解放思想，转变观念，充分利用个人优质客户管理系统加大对高端客户的营销力度。截至12月底，全行共发行钻石卡11张、白金卡44张、金卡1994张、银卡148张。四是为大幅提升金穗卡品牌形象，增加借记卡支付结算及消费中间业务收入，借农行全国性借记卡发行十周年之机，配合“爱在金秋 情系万家”个人金融综合营销活动，组织全行开展了“感恩十年·相伴永恒”金穗借记卡营销活动，活动中，通过开卡赠礼、“金”喜连连大抽奖、钻石卡客户赠礼、忠实客户回馈等形式，进一步扩大持卡人群体，挖掘存量持卡人潜力，优化持卡人结构。

（三）积极拓展新产品、新业务，明确营销重点，推进我行个人理财及中间业务稳步发展

1. 按照总行统一部署，积极配合信息技术管理部进行基金业务代理销售系统升级上线，从战略的高度重视基金业务的营销工作，明确营销重点，较好地完成了基金代销任务。全年代理营销基金76只，累计认购基金0.48亿元、累计申购基金0.67亿元。实现基金销售收入0.07亿元。在基金营销工作中，以农银汇理2只基金的营销工作为重点，由主管行领导主持召开营销工作会议，研究落实联动营销政策，强化激励考核机制，营销期间，对各经营行基金营销进度进行督导并定期进行通报。通过全行上下共同努力下，超额完成了农银汇理2只基金的销售计划；在总行年终考评中，我行基金存量增加额在全国37家行中名列前10位，为此，总行奖励我行基金托管费500万元。为进一步提高各行营销基金的积极性，省分行将500万元奖励费用全数奖励给营销业绩突出的西宁市城西支行150万元、城中支行、黄南分行各100万元、黄河路支行、城北支行、格尔木市支行各50万元。

2. 积极开办新业务，增添个人金融产品种类，拓展个人中间业务收入渠道。年内我行先后完成了储蓄国债业务系统、集中版理财产品销售系统测试上线工作，在全行开办了储蓄国债业务，在西宁市各城区行、格尔木市支行、海西分行开办了理财产品销售业务。上述业务的开办，进一步扩大了个人金融产品种类，为拓宽个人中间业务收入渠道打下了坚实的基础。

3. 加强理财专业人员储备，做好理财人员的培训及再培训工作。我行个人理财业务正处于起步阶段，需要大量的理财专业人员。为满足我行理财业务发展的需要，我行充分利用总行相关业务培训机会，鼓励全行符合条件的员工积极参加总行组织的各种理财资格培训班。我行先后组织全省的理财师持证人参加了6期总行的视频培训，选派1人参加了总行举办的金融理财管理师（EFP）培训班，选派已获得金融理财师证书（AFP）4人参加了总行的国际金融理财师（CFP）培训班，目前全行获取各类理财师资格证书的员工达40人。

4. 为适应细分客户，分层次服务的需要，通过与信息技术管理部门配合，完成了个人优质客户管理系统（三期）测试上线工作，制定了《中国农业银行青海省分行个人优质客户管理系统（三期）推广实施方案》，举办了个人优质客户管理系统（三期）业务培训班，为进一步细分目标客户，提供分层次服务，巩固和维护高端客户奠定了基础。同时，为进一步做好高端客户服务工作，与青海机场签订了《青海机场公司商务贵宾厅使用合作协议书》，并于8月份开通了机场贵宾服务通道，使我行贵宾客户享受到了分层次的服务，实现了我行机场贵宾通道零的突破。

（四）加大营销力度，强化风险管理，确保个人信贷业务健康发展

1. 主动出击，联动营销，抢占市场份额。一是组织全行积极开展“2009年春天行动个人信贷专题营销”活动，活动中，省分行制定了营销考核办法，每营销一笔个人住房贷款按5‰奖励经营费用，各经营行也根据本行的实际制定了相应的考核办法。通过实施行之有效的激励机制，充分调动了个人客户经理营销个贷业务的积极性。二是选择西宁市人口居住密集的“国际村”、“枫林绿洲”、“香格里拉城市花园”等中高档社区，大力开展“个贷进社区、个贷进机关”活动。活动中，我行个贷产品营销团队向群众散发个贷业务宣传折页15000份，认真为客户讲解个贷产品知识、耐心解答客户提出的个贷业务相关问题，活动达到了预期的效果。三是从省分行到各经营行相继成立了联动营销协调领导小组，个人客户经理、企业客户经理组成联动营销团队，对我行支持的住房开发贷款项目楼盘，进行联动营销，凡属我行发放开发贷款的房地产楼盘个人按揭贷款金额（除住房公积金贷款外）基本上都占到整个按揭贷款金额80%以上。

2. 简化业务操作手续，提升客户经理素质，提高个贷业务质量与操作效率。一是针对个人住房贷款办理过程中手续繁杂、门槛高等实际情况，通过对各经营行的实地调研和向总行相关部门沟通，简化了部分手续；二是为进一步提高个贷业务客户经理业务技能，打造一支高素质的个贷业务客户经理队伍，举办了个人信贷业务培训班，通过对客户经理的再培训，进一步了提高我行个贷业务质量。

3. 强化个人信贷管理，严格控制风险。一是继续实行CMS按月监测制度，对各经营行个人信贷业务经营状况和风险状况进行跟踪监测；二是根据总行通知要求，在西宁城区行及部分二级分行开展了个人住房贷款假按揭专项检查工作。通过专项检查，进一步增强了规范操作与合规经营意识，提高风险防范能力。

（五）重规划，强素质，积极推进网点转型

1. 合理规划，逐步推进我行网点转型工作。按照“功能分区、业务分流、服务分层、产品分销”的原则推进零售渠道的改造和整合，形成客户多渠道服务、业务多渠道分流、产品多渠道销售的零售业务多元化发展格局。我行在积极开展调研的基础上，对全行营业网点的布局及改造进行了规划筹备，全面完成了网点转型准备工作，并完成了西宁市城西支行营业部、城东支行共和路分理处2个精品网点的装修改造工作。

2. 加强内训师队伍建设，塑造零售业务文化。为建立“以客为尊、激情创新、团队合作、合规经营、追求卓越”的文化，增强零售业务队伍的凝聚力、向心力、战斗力，我行先后举办了三期内训师培训班，培训网点主任、客户经理、大堂经理、柜员等内训师170余人（次），并在西宁地区召开了“网点文明标准服务动员誓师大会”，向全行员工展示培训成果。为将内训师培训成果向纵深推进，在各行参训学员回行对本行一线员工进行再培训的基础上，省分行个人金融部组织部分内训师利用两个月的时间对西宁市城区行网点、部分二级分行营业部、支行营业部进行了“网点文明标准服务”导入，并在营业网点推行晨会制度，进一步规范了网点服务礼仪与服务标准，增强了零售队伍的凝聚力与团队合作精神，大幅提升了我行网点服务质量与服务效率。

3. 合理整合物理网点，加大自助设备投放力度，不断减轻柜面压力。为优化网点经营环境，对西宁市城区行3个经营环境较差的网点进行了搬迁。今年，我行增设离行式自助银行6个，营业网点增设自助设备70台，有效缓解了柜面压力。

宁夏分行个人金融业务发展概况

一、创新形式，全盘联动，“金钥匙春天行动”个人金融综合营销取得开门红

2008年12月22日，我行在银川市万达影院隆重举办了《非诚勿扰》新年电影招待会暨“春天行动”启动仪式，银川市各主流媒体对我行鲜明新颖的营销活动进行了跟踪报道，启动仪式取得了轰动效应。各经营行迅速行动，加强组织管理，细化营销方案，以网点柜台、自助机具、电子银行、客户经理等渠道为平台，以双利丰、定期存款、开放式基金、凭证式国债、个人贷款等个人金融产品为抓手，加强产品、部门横向联动和上下级行纵向联动，结合当地实际开展了内容丰富、形式多样的讲座、联谊营销活动，不断掀起营销高潮，推进春天行动纵深发展，取得了良好的经营成效。

二、完善机制，奋力营销，个人业务经营成效持续提升

（一）拼抢份额，强化营销，储蓄存款持续稳定增长

一是进行产品联动营销，向客户提供电子银行、贷记卡、基金、国债、个人贷款等一揽子金融服务，拓宽储蓄存款增长渠道；二是加强部门联动营销，与对公业务部门加强合作，渠道共建，业务互补，通过代发工资、向企业中高端人员提供理财咨询等服务拓展储蓄存款源头；三是把握资本市场与储蓄存款的联动性特点，向资本市场回流资金推介国债、定期存款、通知存款等低风险产品，强化资金体内循环；四是组织开展“激情仲夏 金彩生活”、“爱在金秋”等个人金融综合营销活动，向流动资金充裕的大额储户主动推介双利丰通知存款。五是实施零售业务产品计价，激发全员营销活力；六是进一步改善柜台服务质量，提高客户获得率和保有率，为储蓄存款持续增长提供了有力保障。

（二）调整政策，激励引导，个人贷款业务快速发展

一是抓住适度宽松的货币政策和我区房地产市场快速发展的有利时机，及时调整个人住房贷款相关政策，简化楼盘准入手续，为个人住房信贷业务发展提搭建了合适的

政策平台；二是认真开展迎新春个人信贷专题营销活动和个贷业务进机关、进社区等活动，有效推动了个人消费贷款和个人生产经营贷款快速发展，一举扭转了个贷业务持续下滑的局面；三是提高贷款运作效率，实施了个人贷款集中审查、审批，有效解决了个人贷款产品权限、效率和风险控制问题，对联合调查的优质客户贷款，做到当日调查、当日提交，提升客户满意度和竞争力。四是加强考核激励机制，深入开展个人贷款计价考核，加重对非我行开发贷款支持楼盘的费用配置，提高了各行营销积极性。

（三）负重拼搏，积极营销，个人中间业务实现平稳较快发展

一是积极拓展营销渠道、逐日通报销售进度、严格执行销售问责、组织落实奖励措施、认真抓好基础工作，发动全员营销，超额完成了农银汇理平衡双利、策略增长基金发行计划；二是组织开展"点滴积累 成就梦想 金钥匙基金宝定期定额投资营销活动"，以代发工资账户为营销重点，突出养老、教育、置业为主题投资理念，大力营销"金钥匙·基金宝"产品，为基金代销业务持续发展夯实基础。三是认真进行基金系统升级测试，做好基金代销新系统上线运行的准备工作，完善基金代销系统功能；四是联合基金公司做好促销活动，其中金元比联、长信双利促销计划完成率在全国系统内排名第十；五是指导各行从培养理财意识、提高客户收益、巩固合作关系入手，向流动性充裕的企业、个体经营者营销货币基金、债券基金等低风险产品，大额基金销售额显著增加。在基金销售取得一定成绩的同时，全行代理发行国债、借记卡、理财产品、实物黄金等均取得了新突破。

（四）全面普查，合理规划，加快网点"硬转型"步伐

一是以有效释放财务、人力资源为目标，进一步加大网点规划力度。二是以提升市场竞争力为目标，加大骨干网点建设。三是以完善服务功能为目标，加快基础网点的服务功能升级，促进业务分流，对40个网点的自助银行区进行了改造。四是以抢占个人金融高端市场为目标，加快财富管理中心的规划、建设工作。完成了银川东城支行财富管理中心改造的前期论证。五是以改善服务环境为目标，继续加大营业网点基础设施的投入。分步骤、有重点地向一线网点配备了排队叫号机、室内外电子显示屏、复印机、传真机等服务设备，自助设备总量也居全区同业首位，服务存量客户居区内各行之首。

（五）提高客户营销水平，为个人业务更好发展夯实基础

一是加强个人优质客户管理系统应用，深入发掘星级客户，优化客户群体结构，提高中高端客户的贡献度和忠诚度。二是加强个人客户经理队伍建设。5月份选拔30人参加我行2009年第一期金融理财师纯网络培训班，组织辖内理财师参加6期总行理财师继续教育视频培训。三是实施网点文明标准服务导入，推进网点软转型。多次组织开展了营业网点文明标准服务明察暗访，对发现的问题及时纠正，严肃处理，督导各行切实提高服务质量。

（六）认真履行个人业务自律监管职责，促进业务安全运营

今年以来，先后来两次成立两个工作小组对营业部、兴庆、金凤、新市区、永宁、青铜峡、吴忠、惠农、中卫十几家行进行了个人业务自律监管现场检查和重点客户检查，对检查发现的问题，下达了整改通知书，并落实了跟踪整改、督导措施。

在总结成绩与经验的同时，我们也应该看到个人金融业务发展还存在储蓄存款优势地位受到同业的冲击、个人贷款业务核心竞争力不强、中间业务产品单一、网点转型工作有待深入、从业人员数量不足等问题，需要我行在今后的工作加倍努力，争取实现跨越式发展。

新疆分行个人金融发展概况

一、个人金融发展概览

2009年，新疆分行个人金融业务坚持以科学发展观为指导，以客户为中心，以渠道为载体，以产品为抓手，以队伍为主体，统筹城市和县域市场，完善了个人业务发展的体制和机制，有效转变了发展方式，零售业务经营转型成效明显。个人金融部共承担了储蓄存款、个人贷款、基金、实物黄金等10余项主要业务经营指标，截至年末个人贷款一举扭转了四年连续下滑的不利局面，个贷余额净增3.53亿元；因基金销售成绩突出，获得了总行奖励性收入近3000万元；超额361%完成了"传世之宝"实物黄金等新产品的销售；个人理财产品9月上线以来的销售量在全国18家新上线分行中排名第六，得到了总行的通报表扬；中间业务收入占全行中间业务收入的65%。

二、个人业务经营指标完成情况

（一）储蓄存款大幅增长余额创新高。至12月末，全行人民币储蓄存款余额451.7亿元，较年初净增61.6亿元，完成总行年度计划任务的123.14%；活期储蓄存款占比较去年同期上升了2.06个百分点，进一步降低了资金成本。

（二）个人资产业务实现历史性突破。至12月末，个人贷款余额162947万元，较年初净增35322万元，同比多增76344万元。完成分行全年计划任务的137.88%。

（三）基金等低风险中间业务发展趋好。一是银行及代理类理财产品销售额创新高。至12月末，全行销售银行及代理类理财产品400743万元，完成全年计划的270.2%，二是基金销量市场份额大幅提高。基金销售同业市场份额12.5%，是年初的2.5倍，市场排位第三。实现基金手续费收入3053.07万元，收入完成率在全国农行排名第二，仅次于深圳分行，基金托管费和手续费两项合计5466.74万元，完成全年计划的136.7%。

（四）黄金、本利丰等新产品的销售实现了新突破。9月上线开办“传世之宝”实物黄金销售业务以来，共销售自营“传世之宝”实物黄金13.36公斤、代理黄金3.37公斤，实现贵金属业务收入14.44万元，完成全年计划的361%。9月中旬“本利丰”人民币理财系统上线运作以来，共销售人民币个人理财产品15.46亿元，实现手续费收入28.43万元，完成全年计划的135.4%，在全国18家新上线的分行中销量排名第六，得到了总行的通报表扬。

（五）网点转型成效显著。至12月末，按照最新的营业网点形象建设标准改造网点9个（含2个自助银行），正在建设的12个，年已批复81个（含11个自助银行）。新增自助设备443台，是以前年度新增数量的2倍，点均达2.5台。配备智能导航系统的网点2个。全行已有204个营业网点设有专职大堂经理206人，配备网点数占营业网点数的57.5%，配备个人客户经理111人，配备理财经理13人，开放式柜员211人。完成网点服务标准导入286个，占全部网点数量的80%，完成年初计划任务的102%。

（六）借记卡业务发展平稳。自7月份借记卡业务划归个人金融部管理以来，全行借记卡发卡量及收入业务取得了良好业绩。至12月末，全疆借记卡发卡量达377.8万张，较年初净增24.8万张，剔除睡眠户清理因素，全行新增借记卡98.6万张，较同期多增22.0万张，增量同业排名第二，存量同业排名第三。全行借记卡存款余额179.8亿元，占全行储蓄存款的39.8%，较年初增加43.9亿元，借记卡存款增量占储蓄存款增量的71.4%，较同期多增19.4亿元。从效益来看，实现借记卡业务收入16179万元（含借记卡消费及电子渠道收入），占全行中间业务收入61%；卡均收益达42.8元。按照调整后的会计科目统计（不含借记卡消费收入和电子渠道收入），借记卡业务收入11373万元，占个人人民币结算业务收入的95%。

（七）个人中高端客户结构进一步优化。至12月末，按照总行统计考核口径，全行金融资产5万元以上的个人中高端客户较6月末增加42825户（6月末PCRM三期系统上线），完成分行全年增量计划任务的286%。

三、主要工作措施

2009年，全行个人业务工作紧紧围绕建设一流零售银行的发展目标，积极构建“大个金”的经营格局和营销架构，在不同阶段开展了不同主题的综合营销活动，网点转型和个人业务人才队伍建设明显提速，个贷业务实现了突破性发展，有效拓展了个人中间业务市场，基础管理和风险防控能力明显增强，在新的起点上实现了个人业务协调快速发展。

（一）完善零售业务体制机制建设，构建“大个金”格局

一是全行自上而下成立了零售板块，各部门充分发挥整合优势，客户服务能力和综合营销水平明显提升，“大零售”发展格局初步建立。完成了零售业务管理职能的划转与整合工作，调整了零售业务经营模式。分层推进了“对公业务上收，零售业务下沉”的零售业务经营模式，制定了《新疆分行关于加快推进零售业务经营转型实施意见》。

二是强力推进网点转型工作，开展网点普查，奠定了网点转型的基础，撰写了《新疆分行2009－2010年网点布局规划方案》和《新疆分行2009－2010年自助设备规划方案》，确定了两年网点及自助设备发展规划。积极协调相关部门召开网点管理会议，解决了开放式柜台收取小额现金的问题，使网点开放式柜台简化了业务处理环节，加快了办事效率，促进了网点竞争力的提升。调整优化了全行基层营业机构。审批了一级支行以下各类网点迁址53个、审批临时停业2个，审批设立自助设备21个，完成二级分行自行审批设立自助设备备案86个，撤销了低效网点11个。重点加快了各行所在地城市行财富型网点和城农区精品网点建设，已完成建设9个，在建12个；已初步规划在分行营业部建成1家金钥匙财富管理中心；完成了机场新航站楼贵宾厅的装修工作。制订了《新疆分行网点文明标准化服务导入工作实施方案》，完成了所有网点的文明标准服务导入工作，通过明察和暗访相结合的方式强化服务导入的固化效果。

三是加大了全面培训力度。举办了两期个贷业务培训班，培训人数540余人。举办了三批PCRM三期系统推广应用培训班，培训人数达354人。组织51人网点人员参加金融理财师培训，壮大我行专业理财人员队伍，举办了6场基金营销宣讲培训，促进了我行基金的营销。

（二）完善营销服务体系，凸显考核激励与流程优化作用

一是成功组织了“春天行动”、“激情仲夏”、“爱在金秋”等综合营销活动，活动中各级行宣传形式丰富多彩，做到了电视上有形、报纸上有文、电台里有声的效果，提升了农行在全疆的影响力。在营销措施上大胆创新，通过联动营销、全员营销、主题营销等方式，利用产品计价和任务考核等激励措施，有效推动了全行个人业务发展。完善了机场贵宾服务体系，为钻石和白金卡客户开通了机场贵宾服务，形成了具备农行特色的个人优质客户“1＋N”增值服务体系；统一制定了产品营销台账和客户管理台账，针对目标客户群体落实不同的服务营销策略。对一般大众客户及成长型客户，完善和推广标准化、制式化的产品服务方式。主动拓展新客户，将个人高端客户所在区域、行业、单位、群体等按实际情况分配落实到网点和客户经理，实行承包责任制，定期分析督查。通过举办多种活动回馈贵宾客户，为贵宾开户开通特色增值服务，通过电话、短信、问候、新产品推介、理财讲座和理财沙龙等活动，多策提升客户贡献度。

二是制定了零售业务产品营销计价考核办法，建立了法人业务和零售业务部门联动综合营销机制，大力实施资产业务带动中间业务，极大调动了营销人员积极性。优化柜面业务流程和个贷业务操作流程，顺利完成了个人优质客户关系管理（PCRM3.0）系统等零售业务应用系统在全疆网点的升级上线，提高了零售业务的运行效率，客户满意度不断提升。

三是突出重点主动出击，实现了个贷业务的历史性突破。全行开展了“个贷进社区”、“个贷进机关”，“争十佳、创五好”等信贷专项营销活动，抓住房地产市场复苏的有利时机，采取个人分片包干督导、紧盯重点楼盘的方式，加强联动营销，紧跟开发贷款的投放进度，强力营销个人住房贷款，个贷投放量大幅增加，一举扭转了连续四年持续下滑的不利局面。制定并下发了《新疆分行个人信贷业务集中经营管理实施方案》、《新疆分行2009年个人信贷业务政策指引》，为我行个贷业务理顺流程、转变机制、加快发展奠定了基础。指定专人对个人贷款到、逾期情况进行跟踪监测，及时下发预警通知并督导，组织了6次个人贷款专项检查，确保了新增贷款质量。以“安居好时贷”个人住房贷款为重点，进行全方位地营销。累计审批楼盘项目35个，金额8.88亿元。个人住房累计投放50468万元，是去年同期投放量的2.7倍。以个人优质客户为营销目标，制定并下发了《新疆分行限定用途个人综合消费贷款实施细则》，使我行个人综合消费贷款实现了快速增长。个人综合消费贷款累计发放3777万元，比前四年累放多增778万元。把握成品油价格大幅下调、养路费取消及小排量车型购置税减半的有利时机，大力拓展个人汽车消费贷款市场，个人汽车贷款累计投放2021.4万元，是前三年累放的6.6倍。

四是积极转变发展方式，促进了中间业务健康有效发展。首先实现实物黄金业务交易系统和管理端系统的上线应用，为实物黄金交易提供了平台；按照总行的统一部署做好储蓄国债（电子式）系统的测试、上线，确保产品的成功发行；积极申请并推广上线集中版产品理财销售系统，填补了我行人民币理财产品的空白。其次加大了基金和理财等中间业务的营销力度，时督导各行营销工作。针对1月份基金营销工作整体放缓的趋势，召开由全辖主管行长和个人业务部门负责人参加的营销座谈会，及时下发了《关于强化基金营销工作的紧急通知》和“春天行动基金营销督导函”，提出了加快营销进度的几项具体措施。3月份基金销售较前2个月涨幅较大，农银汇理平衡双利基金业绩尤其突出，完成率全国排名第一。其次建立公私联动营销机制，狠抓基金和理财产品的营销。制定下发了《新疆分行公私联动营销管理暂行办法》。6月份成功营销了一家公司大客户，一次性申购货币基金2亿元，9月份成功营销一笔5000万元的股票型基金大单，受到总行通报表扬。

（三）加强内控和风险管理，提升了个人业务持续发展能力

一是完善了制度建设。修订补充个人业务各项制度规程，制定和完善了《关于印发〈中国农业银行新疆分行限定用途个人综合消费贷款管理办法〉的通知》，为个人业务规范有序发展提供了制度保障。

二是加强对重点风险有效防控。严控个贷业务风险，落实权证归行管理，出台了进一步防范权证办理风险的相关措施；强化了对贷款行为真实性的审查，落实《中国农业银行防范个人购房假按揭有关规定》；加强了对个贷重点产品的监控。同时，加强了理财业务风险防控，开展专项整顿活动，加强投资者风险教育，做好客户风险测评工作，实施理财销售人员资格认定以及理财销售网点的授权准入机制。

三是加大了现场检查整改工作力度。有针对性地组织开展了专项检查和风险重点治理工作，强化内控制度落实。9月我部组织专人对个人负债和个人理财业务进行了专项检查，10月份，组织2个个人业务自律监管检查工作小组对辖属分行营业部、昌吉、哈密、巴州、阿克苏、喀什分行等6个二级分行及部分重点县支行和营业网点的个人存款业务、个人贷款业务、基金、国债、黄金、本外币理财产品、优质客户管理系统、其他个人代理业务及网点管理进行了现场检查，有效防范了风险，促进了个人业务的规范健康发展。

重庆分行个人金融发展概况

一、个人金融业务发展概览

2009年，我行个人金融业务在总行及市分行的正确领导下，认真贯彻实施总行有关个人金融业务经营管理转型要求，以加快个人金融业务体制机制改革为抓手，积极推进个人金融业务转型为出发点，通过不断建立健全激励机制，努力推进网点建设，完善金融产品营销支持体系，加强基础建设，积极转换业务增长方式，狠抓员工队伍培训等工作，克服各种困难采取多种措施开展营销活动，较好的提高了个人金融业务市场竞争能力。

二、各项个人业务经营目标完成情况

（一）储蓄存款。年末，储蓄存款余额806.89亿元，比年初净增106.52亿元，储蓄存款余额占总存款余额58.90%，增量占总存款增量的35.48%。在四大银行排名中，我行储蓄存款存量和增量市场份额分别为32.85%和23.10%，名次分别排第一位和第三位。

（二）个人贷款。年末，全行自营性个人贷款余额达到171亿元，占各项贷款总额的15.18%；比年初增加66.02亿元，占全行各项贷款增量的14.99%，创历年新高。其中个人住房贷款余额143.94亿元，净增61.29亿元；个人非购房贷款余额24.04亿元，净增5.2亿元。在四大行中，我行个人贷款存量和增量市场份额分别为19.04%和22.63%，列第三位，其中，个人住房贷款增量市场份额为22.09%，名列第三；非购房贷款增量市场份额为37.45%，名列第一。

（三）个人中间业务。截至12月末，我行实现个人人民币结算业务收入16332万，理财业务收入104万元，柜台国债业务收入161万元，贵金属销售业务收入11万元，代理销售基金等投资类产品业务收入805万元，个人国际结算业务收入42万元。以农银汇理基金和托管基金为销售重点，共实现基金销售4.05亿元。共销售理财产品73期14.39亿元。借计卡增加80.88万张，交易额4280.52亿元，收入1.75亿元；代理实物黄金交易量11公斤，交易金额275万元；办理西联汇款实现手续费收入69544美元，个人结售汇发生额1880万美元；代理销售国债产品1.61亿元。全行银行类及代理理财产品共计销售40.81亿元。

三、主要工作措施

（一）加快内部体制改革，逆境中促储蓄存款保持增长

为努力保持储蓄存款的稳步增长，全行采取了多项措施稳储增储：一是持续开展营销活动，争夺增量市场份额。一、二、三季度，分别开展“大行德广 伴你成长 金钥匙春天行动”、“携手农行30年，真诚回馈客户”以及“财富金秋 收获满仓”个人客户回馈活动，树立了我行品牌，使我行储蓄增量与同业差距不断缩小。二是开展市场调查，进行督导帮扶。组织人员深入到渝中、江北等六主城支行进行现场调研，对支行个人业务发展现状、问题和原因等进行了深入分析。三是梳理业务流程，简化业务操作。对网点业务流程进行梳理、简化，对各种印章登记簿进行了整合优化。对支行柜面代理业务进行了清理。

（二）突出重点，千方百计促个人信贷业务跨越式发展

3月初，组织召开部分支行个贷业务专题营销工作会议，启动总行“个贷进社区、进机关”营销活动。下半年，在部分支行开展个人自用车贷款专题营销活动和个人生产经营贷款三十大批发市场专题营销活动。通过户外广告和主流媒体报刊对“金钥匙 好时贷”个贷产品进行长期宣传，组织部分城区行参加全市房地产交易会，提高产品认知度，并组织渝北、江北支行深入高档社区和大型企业进行个人贷款产品和形象宣传，在重庆电视台财经频道进行专题报道。

（三）努力抓好基金、理财产品销售工作

上半年按照总行的统一部署，清理整顿规范理财产品，配合总行及时进行信息披露，指导网点应对客户投诉，有效化解纠纷。下半年抓住国内经济、金融恢复的有利时机，先后发行了理财产品68期，实现了销售产品期限多样化（14天、28天、62天、92天、182天、365天等）、收益多样化（保证收益和非保证收益）。在基金产品销售方面，我行在二季度开展了“点滴积累、成就梦想”的基金定投业务营销活动，并从二季度贯穿到年底。此外，今年我行还成功上线开办储蓄国债业务、传世之宝实物黄金业务，丰富了我行产品线，实现了这些金融产品的较快发展。

（四）全面实施业务转型，切实推进网点建设

召开零售业务转型会议全面启动转型工作，认真贯彻落实总行转型方案。制定全行营业机构新设和变更选址标准，顺利完成了全辖458个机构名称的变更和《金融许可证》更换工作，完成了13个机构升格，15个机构迁址，2个机构地址变更，6个机构临时停业，1个机构撤销，1个自助银行新建，29台离行式ATM机备案；另报送了20个机构选址，21个机构原址装修，12个自助银行选址工作。在网点建设方面，配合市分行集中采购部门完成一级LOGO及网点门楣、办公家具、形象用品、液晶电视等入围服务商的招标工作。与设计、监理、造价咨询、办公家具、形象用品等服务商签订正式合同；向总分行申报网点建设项目162个。

在网点导入及管理方面，制定了营业网点文明标准化服务导入实施方案，集中部分内训师人员对主城精品以上网点进行逐个导入，现已完成文明标准化服务现场导入网点162个，完成全行网点员工服装的更换工作。制定《营业网点设立、变更及终止营业操作指引》、《2009年度营业机构变更规划》及《补充规划》、《营业网点新设和变更选址标准》等，进一步规范网点的日常管理和立项审批事项。

（五）优化升级业务系统，提高产品支撑作用

一是牵头完成个人产品网点开户签约优化系统的测试工作，并在全辖所有网点成功上线运行；二是完成部分新产品聪明账“增值”业务、自动转账业务、个人资金归集产品系统测试，自动转账业务在全辖所有网点试点运行；三是在全行成功上线个人优质客户管理三期系统；四是完成整存整取定期储蓄存款、“双利丰”个人通知存款、个人存款证明业务、开放式基金代销系统、记账式国债、实物黄金销售系统的改造升级；五是成功上线储蓄国债和集中版理财销售系统。

大连分行个人金融业务发展概况

2009年，大连市分行紧紧围绕总、分行党委确定的工作目标，贯彻落实两级行年初工作会议精神，以加快零售业务转型为根本出发点，通过完善零售产品营销支持体系、统一网点形象标准、建设多层次零售业务队伍、优化服务品质和增值服务能力等举措，推动零售业务实现持续、协调、快速发展。截至2009年12月末，全行人民币储蓄存款时点余额为357亿元，比年初净增55亿元；全行个人贷款（不含三农）余额33亿元，比年初增加9亿元，同比多增8.8亿元；全行借记卡存量为246万张，比年初新增有效借记卡27.7万张；实现个人人民币结算业务收入5032万元、实现投资类产品业务收入1633万元。

一、个人金融业务发展概况

1. 储蓄存款业务。截至12月末，全行人民币储蓄存款时点余额357亿元，比年初净增55亿元，同比少增11亿元。外币储蓄存款时点余额2533万美元，比年初下降

775万美元，完成总分行全年计划的－114%，同比多降1502万美元。截至12月末，大连地区四大行人民币储蓄存款比年初净增259亿元，我行人民币储蓄存款增量市场份额21.4%，同比提高0.4个百分点，居四大行末位。

2. 个人信贷业务。截至2009年12月末，全行个人贷款（不含三农）余额33亿元，比年初增加9亿元，同比多增8.8亿元，累计发放17亿元，累计收回8亿元。个人贷款余额占全行人民币各项贷款余额11.8%，比年初上涨1.91个百分点。

3. 借记卡业务。截至12月末，全行借记卡存量为246万张，其中新增有效借记卡27.7万张，同比少增0.4万张；实际存款余额89亿元，比年初净增23.5亿元；实现借记卡业务收入4722万元，同比少增1000万元，完成计划的67%。

4. 代理及理财业务。截至12月末，共销售代理及理财类产品12亿元，完成计划的109%，实现收入（含基金、国债、本利丰）1633万元，完成计划的47%；代理高赛尔个人实物黄金1875盎司，销售传世之宝建国60周年纪念金条319根（19140克），实现收入2万元。

5. 人民币非基本结算收入。截至12月末，实现人民币非基本结算收入310万元，其中小额账户服务费295万元，个人存款证明收入4万元，挂失收入11万元，完成市行全年计划74%。

二、主要工作情况

（一）快速推进零售业务转型，提升综合竞争能力

1. 重塑组织架构，构建“大零售”经营体系。2009年上半年，我行重组个人业务部为个人金融部，个人金融、住房金融与个人信贷部、电子银行部、信用卡中心等零售部门归口一个行领导分管，建立了零售业务板块，各支行也比照此模式理顺了支行的管理体制，全行自上而下建立起“大零售”的经营体系。

2. 加快网点转型步伐，提升零售业务主渠道竞争能力。一是强力推进网点标准化形象建设，全面启动“绿色行动”。二是完成营业网点建设立项。三是顺利完成样板网点建设筹备工作。四是全面组织开展“文明标准服务年”活动。

3. 持续加强队伍建设，提升零售团队的综合素质。一是开展内训师培训。二是开展网点负责人培训班。三是开展视频式穿透培训。多层面的培训学习，提升了大连分行员工的业务素质，提高我行整体的竞争力。

4. 稳步推进贵宾客户服务体系建设，提升综合服务水平。一是进一步明确客户分层标准，集合各种服务资源，构建贵宾客户增值服务体系。二是开展机场贵宾服务建设。从2009年7月1日起，我行开通了机场贵宾通道服务，使我行的贵宾客户可以在大连机场享受贵宾级的服务。

5. 优化IT系统，加大零售业务科技支撑。一是加快PCRM三期系统的升级推广工作。二是开通联网信息发布系统，实现实时利率、实时净值、实时信息的播放功能。

（二）综合营销，助推个人业务快速发展

按照总行部署，2009年我行共组织了“大行德广．伴你成长”、“激情仲夏．金彩生活”、“爱在金秋．情系万家”、“感恩十年．相伴永恒”四次大型的综合营销活动，每一次活动，我行都周密部署，强力宣传，使我行的个人业务掀起了波浪式的营销高潮，取得了较好的成果，其中“激情仲夏金彩生活”更是取得了全国第三名的好成绩。

（三）多方宣传，提升我行产品知名度

2009年我行开展多层次营销宣传，树立农行崭新社会形象。一是积极参加社会各种宣传活动，如3.15专题营销活动、楼盘现场营销推广活动、春夏秋三季的房交会等；二是每周固定向半岛晨报、新商报专栏投稿，宣传我行近期的营销活动和正在代销的理财产品。三是对外公布理财咨询热线，解答客户咨询，宣传介绍我行各类理财产品，培育市民正确的理财观念。多种形式的广告宣传，使我行个人金融产品的社会知名度明显提升，也推动了个人业务的发展。

（四）抢抓机遇，增强个人金融产品的竞争力

2009年初，大连地区多家银行变相放松了二套房政策，对我行个人住房业务造成了一定的冲击。3月末，大连市分行根据相关文件精神，及时调整相关政策，在贷款利率、首付款比例等贷款条件方面基本接近同业水平，保持了个贷产品的竞争力。

2009年黄金市场异常火暴，大连分行抓住销售良机，在情人节、春节、五一、十一等几个大的节日适时推出买黄金赠饰品等营销活动，掀起几次的黄金销售高潮。

（五）强化内控，提高全行个人业务管理水平

为加强全行个人业务管理，完善内控机制，有效防范和化解个人业务经营风险，2009年大连分行加大检查力度，开展了多层面的工作检查。一是组织了两次大规模的自律监管检查。检查结束后，以正式文件形式下发检查通报，要求各行引以为戒，避免同类问题的再次发生。二是组织了四次个贷的专题检查。一系列有力措施的开展，使我行个人业务管理水平得到了较大提升，有效地防范了操作风险。

青岛分行个人金融发展概况

2009年，青岛分行认真贯彻落实总行决策部署，扎实实施“3510”发展战略和重点城市行发展策略，坚持以建设岛城一流现代商业银行为奋斗目标，以做精做优零售业务为主线，扎实推进业务经营转型、营业网点转型，努力构建“大个金”经营体系，较好地完成了年初确定的各项工作任务。

一、主要业务指标完成情况

——到年末，本外币储蓄存款达到460.78亿元，较年初增长62.40亿元，完成总行计划的124.8%，完成分行计划的96%。人民币储蓄存款在四大行存量市场占有率达31.4%，增量市场占有率达26.38%。

——到年末，个人贷款余额56.50亿元，比年初增加13.93亿元，完成总行计划的155%，完成分行年度计划的139.3%。

——基金、国债、本利丰、汇利丰等银行及代理类个人理财产品销售额达到33.88亿元（剔除对公理财产品55亿元），完成总分行计划的183%。

——全行三星级以上贵宾客户共计20257个，较年初增加6996个，完成总分行计划的117%。

——实现个人中间业务收入10623万元，其中借记卡业务收入7844万元，代理基金业务收入1377万元，理财产品收入268万元，国债业务手续费收入369万元。

——完成25个营业网点的转型改造，新建自助银行35个，完成了173个营业网点的文明标准服务导入，网点整体形象、服务水平得到了较大改观和长足进步。

二、主要工作措施

（一）扎实开展业务综合营销活动，推动零售业务一体化发展

牢牢坚持“大个金”、“一体化”的营销策略，以提升个人业务综合竞争力为目标，以扎实开展“春天行动”、“激情仲夏”、“爱在金秋”综合营销活动为抓手，个人业务市场竞争力得到有效提升。

一是面对储蓄存款市场竞争加剧的形势，精心组织开展了“春天行动”、“激情仲夏”、“爱在金秋”等一系列综合营销活动，牵头制定了活动方案及配套考核办法，实行零售业务的综合营销、交叉销售。加强同业存款市场分析与监测督导，及时编发信息专报及进展通报，按季考核兑现，确保各项工作有条不紊、扎实推进。加快存款客户结构调整，大力营销双利丰通知存款，通过储蓄存款与第三方存管、理财业务的联动发展，提升储蓄存款增长的后劲。到年末，全行人民币储蓄存款在四大商业银行存量市场占有率达31.4%，分别高于工行、中行、建行5个、9.3个和11.3个百分点，余额比第二名的工行多71.96亿元，差距较年初拉大14.2亿元。在“春天行动”中，分行被总行授予“个人金融营销示范分行”、“2009年度金钥匙理财奖”称号，分行个人金融部被总行授予“营销组织优秀奖”、“优秀个人金融部”。

二是不断完善金融产品计价体系，充分调动全行员工业务营销的积极性。年初，个人金融部牵头制定了金融产品计价考核办法，组织业务需求编写，在全行开展多层面的宣讲活动，并在此基础上定期深入支行调研，根据分行工作重点和战略导向，与相关部门通力合作，对计价考核结构和计价标准进行了不断修订，确保了计价体系顺利实施和考核的及时兑现。分行全年新增计价产品10余个、调整计价标准20多项。我行的金融产品计价考核体系得到了总行的认可，目前正在根据我行的模式开发总行集中版金融产品计价考核系统。由于计价范围广、计价标准明晰、兑现奖励到位，充分激发和调动了支行争市场、抢份额的主动营销意识，特别是对营业网点和员工个人实行精细化管理和“穿透式”考核，真正体现了多劳多得的原则，网点柜员由原来的“等客户要工资”向“抢业务挣计价”转变，服务态度和服务效率明显提高，全行营造出“以业绩论英雄，凭贡献拿收入”的良好氛围。

三是加强借记卡业务的规范管理。根据四部委的要求，对联网核查系统运行前开立的且从未核查过的129万个存量借记卡进行了联网核查，加强借记卡开户、挂失、代理业务等重点环节的管理，有效防范借记卡案件的发生。配合分行机构业务部和开发区支行，积极组织上汽通用五菱卡、公积金联名卡的上线测试及新版借记卡上线推广工作，不断提升借记卡品牌影响力。截至2009年末，全行借记卡存量共296万张，实现借记卡业务收入7844万元。

四是理顺个人外汇业务发展体系，加强业务规范管理。严格个人结售汇业务准入制度，为六家直属支行向外汇局申请了独立的金融标识码，确保个人外汇业务开展的合规性。针对个人外汇职能划转的情况，邀请外汇局专家对我行网点操作人员开展外汇法规知识培训，并重新梳理个人外汇业务制度和业务风险点，下发到经办网点人手一份，大大降低了业务操作风险。加大西联汇款业务营销宣传，顺利完成西联汇款系统升级工作，全年累计办理个人结售汇6797万美元、西联汇款2131万美元。

（二）加大个人贷款业务的营销和宣传，业务发展速度明显加快

一是理顺个贷业务发展体系，提高全行发展业务的积极性。根据市场变化及人民银行、银监会、总行的房地产信贷政策，制定了《2009年个人信贷工作指引》，及时调整了相关的规定和流程及操作权限，组织支行对个人贷款是否存在违规流入资本市场、“二套房贷”政策合规性等情况开展了专项检查工作，确保个贷业务有效开展。针对一季度个贷发展缓慢现状，及时进行调研，从人员配备、培训、政策指引、产品、计价考核等方面入手，从上而下解决个贷发展中存在的困难和问题，提高了全行发展个贷业务的积极性和主动性。

二是加快个贷业务创新，加大对支行的激励与帮促力度。向总行申请，扩大双优个人客户简式授信贷款优势行业单位范围，由最先的6家扩大到34家。开办了个人贷款气球贷、存贷双赢理财账户等个人贷款业务品种，举办了个贷产品业务培训班，使从业人员对个贷产品、业务流程、政策等有了清晰的认识，提高了工作效率。作为试点行，配合总行积极开展了个人贷款短信通知业务测试，并于12月28日在全国农行系统率先推出了个人贷款短信服务，提高了贷后管理工作的质量和效率，增强了客户的满意度。

三是加强项目贷款与住房贷款联动发展。开展了“个贷进机关、贷进社区”、“百名楼盘、百佳支行”个人信贷专题营销活动，锁定营销目标，进行重点营销与宣传，提高了营销效果。辖内即墨、市南、李沧、崂山支行跻身总行住房贷款百佳支行。进一步加强房地产开发贷款与个人住房贷款联动发展，在部门内建立开发贷款联动监测台账，每月逐项目落实楼盘的进度，跟踪管理，促进房地产信贷

业务协调发展。

四是加快个贷业务流程与业务创新。根据总行部署，拟定全行个人信贷业务集中经营实施方案，从制度、考核、人员管理等多个方面着手准备，探索实施零售资产业务流水线式、批发式经营和“一站式”办理，为我行个贷中心的顺利筹建打下了基础。对信贷资料进行简化、规范，明晰客户经理的工作流程，有效减轻了客户负担，提高了我行个人信贷业务服务水平和服务效率。

（三）加快理财与中间业务发展，进一步提升理财业务对全行业务综合带动效应

一是理顺理财业务发展体系，稳步推进私人银行分部建设。制定了私人银行筹备工作方案与日程表，全力做好分部选址、人员招聘、财富顾问培训等基础性工作。从私人银行目标客户的筛选与维护入手，逐步探讨建立“1＋1＋1”（即支行客户经理＋私人银行分部财富顾问＋专家团队）的服务模式。加强市场分析与调研，撰写私人银行投资策略报告三期，为支行的客户服务工作提供了有力的专业支持。认真落实名单制管理和重点客户直管制度，对全行私人银行目标客户的客户经理进行了摸底调查，并对辖内市南、南二、南三支行实行包点管理，加大上下联动力度，积极协助支行开展营销，取得了显著成效。目前私人银行分部筹建工作正在紧锣密鼓地进行中，为下步工作开展奠定了坚实基础。

二是以理财产品、专户理财业务为拳头，加快理财业务发展。一方面抓住资本市场波动的时机，举办了多期产品推介会和客户营销会，围绕重点客户进行跟踪营销，实行公私联动营销，深入挖掘客户需求，另一方面积极推广总行集中版理财产品销售系统，完善产品销售流程，加快产品发行频次，形成规模化、滚动化产品销售模式，扭转了我行在理财产品市场上的被动局面。全年共销售本利丰产品72期、金额60.71亿元（含个人及对公客户），汇利丰产品11期、金额554万元，较上年同期增长58.52亿元，目前理财业务市场占有率达23%，较上年末提高了18个百分点。

三是把握资本市场的特点和走向，加大基金业务营销力度。以股票型基金为重点，加大考核及计价奖励力度，优选基金开展阶段性促销及基金定投推广活动，设立网点奋勇争先奖，对每日基金销售达一定数额予以奖励，较好地调动了全行营销积极性。在青岛电视台、青岛早报等当地主流媒体开辟理财专栏，组织各层次营销人员基金业务培训会、贵宾客户投资报告会，通过互动交流、专家访谈、业务培训等形式提高网点人员营销能力。完成了基金代销系统升级，打破业务交易时限，丰富了系统功能。积极开展“金钥匙·基金宝”基金定期定额投资营销推广活动，大力营销晨星基金组合产品，提升我行专业金融服务能力。建立畅通的信息传递渠道，通过网点NOTES群组将市场分析及投资策略第一时间传达到每个网点，提高市场敏感度和营销力度。加大基金宣传与督导力度，顺利完成了农银汇理策略价值等指定基金的营销任务。2009年我行基金申认购额累计达15.17亿元，基金余额达25.48亿元，较年初增加7.84亿元。

四是加大国债业务宣传与营销力度。根据市场变化情况，积极向总行申请扩大国债代销额度，同时做好国债特别是储蓄国债的组织发动及客户储备工作，国债发行额及占有率在均有较大提升。年内共代理销售国债13期、金额59397万元，在四大行中的占有率由上年的第四位提升到第一位，储蓄国债销售在全国农行系统位也居前列。我行储蓄国债、理财产品销售的典型材料在总行个人金融动态、总行网站予以刊发。

五是丰富贵宾客户服务手段，提高贵宾客户的满意度和贡献度。组织了金融理财师（AFP）第二期培训班，加强持证人业务培训，不断提高理财师的服务能力。针对贵宾客户的需求，丰富了包括本利丰、基金、实物黄金、一对多于一体的理财产品体系，组织了贵宾客户座谈会、投资报告会、子女夏令营，提高贵宾客户的忠诚度。全面推广个人优质客户管理系统三期，加大对贵宾客户维护与管理责任的落实，并以PCRM系统为依托有针对性锁定目标进行贵宾卡、贷记卡、理财产品的综合营销，提高银行卡发卡质量。

（四）统筹规划，稳步推进网点转型工作，网点形象和服务能力得到较大提升

一是加强调研前瞻性。在对青岛市金融同业进行调研的基础上，撰写了《青岛市分行关于四大行营业网点调查情况报告》、《青岛市分行网点转型情况调研报告》，对我行的网点分布、网点规模、人员配置、转型情况以及在市场竞争中的地位、优势与不足等进行了分析，为领导决策提供了详实数据。制定了《青岛市分行2009～2012年营业网点发展规划》和《青岛市分行2009年网点转型意见》，明确网点规划建设、网点转型的总体框架。围绕着提升网点形象，市区网点重点抓精品建设，建立多层次、集成化的服务功能，县域网点着力抓标准建设，优化形象面貌和惠农环境。年内对5个营业网点进行了优化调整，完成了城区55个营业网点的新LOGO门牌标识改造，更换了门楣和标识、标牌，构建了统一规范的网点品牌形象，形成强势的品牌冲击力。

二是加快网点标准化建设进度。按照网点建设“统一规划设计、统一招标施工、统一设施配套、统一决算验收”工作要求，严格形象标准和质量标准，完成了25个精品网点的装修改造，网点的整体形象、服务和盈利能力长足进步，收到了显著的成效。同时积极争取总行资源，加大网点建设力度，2009年经总行立项审批的网点新购、装修改造项目29个、金额1亿多元，占总行全年网点建设项目额度的1/26，按点均配比改造费用，名列全国农行一级分行第一位。按照银监局有关规定，完成辖内高科园、市北一支行30多个网点变更、5个储蓄所撤销的报批手续。

三是加大自助银亭和自助银行建设力度，稳步推进销售渠道的改造和整合。2009年新建自助银行35个，全辖自助银行总数已达86个，其中离行式16个。在旅游景区、高档社区、市区繁华地段和高校新建自助银亭30台，银亭总量达到80台，由于所处地段宣传效果较好，人流量大，业务需求旺盛，为我行带来了良好的经济效益和社会效益。

宁波分行个人业务发展概况

一、发展概况

2009年宁波分行个人金融条线认真按照总行零售业务转型工作会议精神和分行党委的决策部署，以客户为中心，进一步加快了转型步伐，各项工作取得了较快发展，核心竞争力和市场品牌形象得到了进一步提升。

二、各项指标完成情况

截至2009年底，宁波分行本外币储蓄存款余额达到483亿元，比年初增加65亿元，完成总行下达任务的108%，存量市场份额33%，比第二位的工商银行领先7个百分点，增量市场份额27%，比第二位的工行领先1个百分点。

到2009年底，宁波分行个人贷款余额达到196亿元，比年初增加95亿元，同比多增77亿元，存量市场份额24%，由年初的第四位上升到第三位，增量市场份额第一，占比32%，比第二位的中国银行领先5.3个百分点。

2009年宁波分行累计销售开放式基金20.07亿元，较去年同期增长126%，完成总行计划的122%。其中股票型基金销售额11亿元，实现基金代销业务收入3866万元，完成总行计划的117%。全年发行本利丰人民币理财产品75期，累计销售额26亿元，增长率达到了1666%。

到2009年底，全行三星级以上贵宾客户25877户，较年初增加5934户。全年销售实物黄金474公斤，当地市场占有率在60%以上，销售金额11427万元，销售利润641元，销售收入和销售利润在全国37家一级分行和直属分行中分别排名第二和第一。全年实现借记卡业务收入8138万元，借记卡存款余额170亿元，消费额144亿。

三、措施和经验

（一）理顺组织体系，加大资源投入力度，为个人业务转型工作保驾护航

一是成立了宁波分行零售业务经营转型领导小组。根据总行的要求，我行成立了由一把手行长任组长，主管零售业务行长为副组长，成员包括个人金融部、信用卡中心、电子银行部、运营管理部、信息科技部等部门的零售业务经营转型领导小组，领导小组下设办公室，挂靠市分行个人金融部。领导小组的成立有力协调了全行零售业务发展资源，使零售业务转型工作得到了强有力的组织保证。

二是大力提高个人业务产品计价力度。为提高全行员工营销零售业务产品的积极性，突出对零售业务战略产品的营销力度，我行大幅度提高了零售业务产品的计价力度。对个人住房贷款和其他个人贷款分别以发放额和增量的千分之二进行计价，对基金、黄金等其他战略性产品也分别给予不同计价，去年零售业务相关产品合计发放计价工资约为七千万元，有力推动了员工营销零售业务产品的积极性。

（二）全方位推进网点转型工作，夯实个人业务发展基础

一是有效把握网点转型内涵，有序推进网点软件转型工作。一是厘清了营业网点的标准配备，加快了零售业务专职营销队伍的建设。制定了营业网点岗位设置及人员配备等相关规范性文件，要求每个网点至少配备1名专职大堂经理和1名以上专职个人客户经理，到2009年底，全行共配备大堂经理、专职个人客户经理400余名，点均达到了2人以上。二是加强了对个人业务从业人员的培训工作。2009年我行分三个层次对个人业务从业人员进行了培训，重点是提升营销理念和营销技巧，全年共计进行培训十一次五千多人次，使零售业务从业人员把握客户心理的能力得到了有效提高，提升了营销的成功率。三是加强对个人业务专职营销人员的考核力度。制订了网点负责人、大堂经理和个人客户经理等岗位职责和考核办法，有效激发了员工的营销积极性。四是不断深化网点文明标准服务导入。从去年3月份开始，我行和欧顾得公司合作，对全辖所有网点进行了文明标准服务导入，培训了5个总行内训师和30个分行内训师，并制订了了营业网点文明标准服务后评价办法，按季度对全辖所有网点进行文明标准服务后评价，提高了网点的服务水平，受到了社会的好评，在去年底由宁波银行同业协会和东南商报等宁波主流媒体评选的市民最满意银行网点中，我行共有5个网点入选。

二是积极调整网点布局，提升网点竞争能力。一是制定了宁波分行营业网点建设三年规划，依据规划要求稳步推进营业网点的撤并、迁址和建设工作。二是按照总行营业网点建设形象标准加快了营业网点建设步伐，全年共完成营业网点建设项目25个，新建设的网点面目焕然一新，为客户提供了良好的服务环境。

三是加快自助设备投放力度，加快电子渠道建设。全年新增了各类现金类自助设备200余台，现金类自助设备总量跃居全市同业第一，电子渠道交易占比60%；积极研究电子商务的发展策略，拓展维护电子商务市场，积极推广了B2B、B2C等业务，并着重发展了电子账单、信用支付平台业务，提高了商户集约度，促进了企业网银和个人网银快速增长。

（三）优化作业流程，实行前后台分离，更新网点服务模式

一是梳理营业网点业务流程，实行前后台分离，减轻前台作业压力，促进营业网点成功转型。由会计结算部牵头，信息科技部、电子银行部、个人金融部等前台业务部门配合筹建分行对账中心，将对账工作从柜面业务分离出来，由分行对账中心统一负责全辖网点管理和对账事务性工作；筹建支行事后监督中心，将事后监督上收支行集中处理；推广会计档案管理系统，实现报表数据的接收、导入、储存、备份保管等均由分行数据运行中心操作；根据

系统开发进度推动企业、个人网银自动落地处理；筹建分行配送中心，研究设计中心金库现金、重要空白凭证的集中配送作业流程和管理制度。配合信用卡中心、电子银行部做好离行式自助设备的集中清钞和加钞工作。

二是更新网点服务模板，固化柜面作业流程，统一全行服务水准。制定业务流程再造方案，根据总行运营管理部的计划，再造前台业务流程，优化授权管理机制，调整网点劳动组合，建立"服务规范、效率提升、生产安全"的网点运营作业新模式。按方案逐项推动落实，落实部门、落实人员、落实责任、全力推动。

（四）提高网点客户分流能力和高端客户识别能力，解决分层服务存在的问题

一是实现柜面各类服务标识的统一。由分行转型办公室牵头对全行各类柜面服务标识进行统一，根据总行《营业网点标准化设计手册》，使用新的标识提高客户的识别率，解决分层服务存在的问题；二是继续推进金穗通宝系列卡的发行，加强高端客户身份的识别，提高网点识别高端客户的能力。三是开发完善智能排队叫号系统，提高网点客户分流能力和高端客户识别能力。

（五）通过 CFE 和 PCRM 系统，提高客户经理作业水平

一是通过 CFE 系统的推广，使客户经理直接面向客户进行作业和销售，加强与客户的直接沟通，使客户经理的营销业绩明显提升，与客户关系更加紧密；二是通过 PCRM 系统的应用，促进全行建立起客户经理专业维护客户的经营模式，提高目标客户的识别率；三是进一步完善 PCRM 和 CFE 系统。在客户评价系统中纳入基金、理财产品等中间业务产品，提高准确率，实现对客户贡献度的准确评价。

（六）建立新型绩效考核体系

一是调整网点考核办法。加大个人业务考核比重、营销职能考核比重，建立网点绩效考核、网点负责人目标管理考核、网点经营计划考核、产品计价考核的全方位考核体系，促使网点功能由目前的交易核算型向营销服务型进行转变。

二是建立网点各岗位的考核办法。根据岗位性质不同，制定二级支行行长、营业经理、客户经理、柜员、大堂经理等绩效考核办法，促使网点各岗位良好履行个人业务营销和管理职责。

厦门分行个人金融发展概况

一、个人金融业务发展概览

2009 年，厦门农行以加快零售业务转型为根本出发点，通过完善零售产品营销支持体系、统一网点形象标准、建设多层次零售业务队伍、优化服务品质和增值服务能力，推动零售业务实现良好发展。各项个人业务经营成效显著，窗口服务质量显著提升，形象宣传、产品宣传有声有色，客户满意度提升。

二、2009 年各项个人业务经营目标完成情况

1. 储蓄存款稳步增长，市场份额进一步提升。2009 年，全行储蓄存款增量再创历史最好水平，连续四年保持同业市场份额提升，是系统内唯一一家连续四年保持两位数增长的分行。

2. 个人贷款稳健发展，贷款质量全国前茅。全行个人信贷业务取得爆发性增长，个贷余额和增量双双超越工行。个人住房贷款新增额创历史最高水平，其中二手房贷款累放、新增和占比都为历年之最。个贷资产质量居全国前茅。

3. 理财产品销售额大幅提高，理财产品线不断完善。基金销售额连续两年保持同业第一；自主类理财产品销售额增幅达 266.57%；国债代销计划完成率 100%；2009 年该行成为全国 16 个实物黄金业务试点行之一。

4. 贵宾客户数量成倍增长，资产占比显著提升。贵宾客户综合贡献度不断提高，综合三星级以上金融资产占比为 37.62%。贵宾客户的产品使用率持续提升，综合营销效果凸显。私人银行分部筹建，将成为福建省内首家私人银行。

5. 信用卡业务同业领先，经营效益大幅提升。贷记卡发卡量市场份额提升，同业排名从第 6 位提升到第 3 位，人均累计发卡量、人均净发卡量、2009 年人均新增发卡量三项指标均在全国系统内排名第一。贷记卡业务收入大幅度提高，卡均收入在全国系统内排名第三。

6. 电子银行客户，全力推进电子银行渠道建设。全行各类电子银行客户增长 85.3%；电子渠道交易笔数和交易金额分别比上年增长 21% 和 32%；电子渠道交易占比比上年提高 12.66 个百分点；电子银行业务收入比上年增长 30.2%；在系统内电子银行业务条线考核的综合排名和进步排名均名列前茅，基本形成具有特色的立体式、交互式的电子银行体系。

三、发展个人业务、推动网点转型方面采取的措施

（一）完善立体营销体系，深入推进业务经营转型

启动个人业务经营管理模式的创新和转型，在组织体系、目标导向、资源配置、科技支撑和劳动组合等方面，力促个人业务实现"四个转变"，即从经营产品向经营客户转变、从简单的产品销售向综合理财服务转变、从高柜的交易服务向低柜的综合营销转变，从独立的物理网点服务向多渠道网络服务转变。完善多层次、分层次的营销服务体系，健全直面市场、直面客户、直面竞争的营销组织架构。强化理财经理服务团队建设，完善网点重点营销、电子渠道分销、个人业务理财中心及理财经理专业营销、

公司类客户经理综合营销以及全行全员营销的营销服务体系，形成了一般客户标准化服务、目标客户跟踪服务、高端客户专人服务体系。

（二）强化贵宾客户维护拓展工作，抢占个人业务高端市场和个人理财业务市场

在全行建设了 11 个理财中心、49 间 VIP 室，构建全行大个金的营销平台。推出机场贵宾通道服务、健康管理服务、高尔夫礼遇等贵宾增值服务，定期赠送《金钥匙理财》，对 VIP 客户实行优先、优质、优惠服务；通过 PCRM 对全行个人类客户进行细分，把目标客户、VIP 客户指派到网点主任、理财员及网点员工，实行人盯人的服务，高端客户统一由理财中心指派专人维护，实现客户开卡、理财、贷款、贷记卡、手机银行、网银注册等"一站式"服务。同时，该行还对网点、理财经理增加提升贵宾客户产品使用率考核指标。理财经理通过客户关系管理平台，掌握贵宾客户使用产品情况，引导客户使用该行贷记卡、基金、网银、手机短信、代收付、第三方存管等产品。

（三）强化网点标准化管理，推进网点软硬件转型工作

全面开展网点文明标准服务导入工作，是系统内率先完成全辖所有网点导入的三家分行之一。通过导入，在网点逐步建立起晨会制度、巡检制度和八大流程管理，全行文明标准服务水平和现场营销能力有了很大提升。制订完善多项网点管理的基础制度办法，涉及网点现场管理、网点人员角色分工、客户投诉危机处理、营业时间规范及文优服务等。组织开展文明标准服务考评，通过明察、暗访、监控抽查和满意度调查，多纬度评价网点文明标准服务水平。

根据农总行《营业网点形象建设标准》和导入成果，分层实施网点标准化改造。根据厦门行实际，一点一策，逐个网点分析论证，编制《厦门农行 2009 年网点建设计划》上报总行，拟订批复网点实施方案，着手样板网点建设。

（四）全力推进电子渠道建设，延伸金融服务的空间

该行不断推进自助银行、网上银行、电话银行、手机银行等电子渠道建设，发挥其在业务分流、分销的主渠道作用。目前，该行已基本形成具有特色的立体式、交互式的电子银行体系。该行提出了"大力发展网上银行，优化自助银行渠道，加快手机银行、手机短信、电话银行等辅助渠道的全覆盖，提升客服服务品质，力争电子商务突破，充分发挥电子渠道协同作用"的业务思路。2009 年对 33 台使用超年限以及故障率高影响正常运行及农行形象的现金类设备进行更换，完成 35 台壁挂式自助终端的布设，配合启动 116 台自助设备的 VI 改造，为广大客户创造了较好渠道环境。在同业柜员机总量大幅增加的情况下，至年底，该行 ATM 跨行交易仍以 22% 占比名列第一。创新服务渠道，完善服务平台，推出了用 95599 电话银行自动注册手机短信业务，推动短信优化，实现了该行手机短信与三大通信运营商全面对接，在同业中首家开通了"在线客服"。

深圳分行个人金融发展概况

一、个人金融业务发展概览

2009 年初，深圳分行在深入分析本行个人金融业务转型的历史背景和现状后，发现个人业务发展存在"硬转型初步到位、软转型亟待提速"的问题，所以在战略上审时度势，及时把零售业务转型主导思想转变为："突出软转、继续硬转"，重点致力于"明显提升网点效率、效益和销售能力"。战术上明确个人业务经营转型主攻方向："抓两头，促中间"。经过一年的实践，个人金融业务实现跨越式发展，储蓄、个贷、理财等核心业务在深圳地区的市场份额大幅提升，网点单产快速增长，个人金融业务营销队伍的战斗力和生产力明显提高。

二、各项个人业务经营目标完成情况

截至 2009 年 12 月 31 日，全行人民币储蓄存款余额 682 亿元，比年初增长 105 亿元，市场份额增量居四大行之首；个贷余额为 342 亿元，比年初净增加 176 亿元；理财产品累计销售 177 亿元。理财销售与中间业务收入都呈现了跨越式发展。其中理财产品销售额较去年总量增长 39%，基金中间业务收入较去年增长愈 80%，2009 年在系统内取得基金收入完成率和混合型基金销售额完成率"双双第一"的可喜业绩。本利丰业务规模较去年增长逾一倍。2009 年理财业务实现了规模与效益双赢的良好局面。

三、发展个人业务、推动网点转型的主要工作措施与成功经验

（一）加强政策传导，努力提高组织营销能力，推动主体业务持续有效发展

为将分行党委有效考核机制的核心经营理念及时传导到基层，有效克服"末梢神经麻痹症"。我部在传统报表的基础上，逐步形成了涵盖资产、负债、理财等产品销售情况及季度竞赛进度等在内的销售工具，并以日报、周报和月报等形式及时发布，极大地激发了各支行的经营热情。

（二）加强客户拓展和维护，提升高端客户贡献度和依存度

1. 抓源头业务，大力拓展代发工资业务，全面开展"薪火行动"，代发工资业务的乘数效应得以充分发挥，极大地稳定了储源。

2. 组织开展分行、支行和网点三级的营销活动，通过"分行搭台、支行唱戏"，将营销活动由原来"以回馈客户为主"转变成业务增长的"加速器"。年内分行围绕"三八妇女节"和"暑期"等拓展客户的重要节点，开展了

"女性关爱月"、"悠游夏日·真情农行"省内亲子自驾游等大规模营销活动。分行率先垂范，做出模式，带领支行按模式指导网点开展营销活动。

（三）提升运营管理水平、加大市场拓展力度，个贷业务取得历史性突破

1. 强化分行的营销组织职能，实现全行营销工作紧张有序展开。抓非交易转按业务：今年年初，国家宏观调控政策出现重要拐点，货币、财政政策由从紧转为适度宽松，房地产系列政策出台，深圳住房贷款市场随之开始回暖，分行党委抓住市场机遇、及时调整个贷政策，非交易转按业务逆势而上，个贷业务迎来了宝贵的"开门红"。

2. 个贷集中经营工作通过循序渐进上收，实现集中经营试点稳步推进中的业务快速发展。配合个贷集中经营，研发个贷全程跟踪管理系统，解决业务运作效率问题。分行自主研发了"个人信贷业务跟踪管理系统"，该系统涵盖了个贷业务各环节相关信息，各环节经办人员以不同角色在系统中处理经手业务，把每笔业务的经办流程都记录在系统里，该系统已成为业务状态跟踪、业务量统计、反映工作质量及工作效率的管理工具。

（四）推进零售业务转型和网点管理，力争实现"明显提高网点效率、效益和销售能力"的转型目标

1. 启动"开门红行动"，向新建或新装修网点要效益。以"提升调整改造和原址改造网点单产"为主要切入点，把新装修网点打造成为"强大的业务经营平台和全行的业务增长引擎"。通过对这些网点的后续跟踪评价，促进其形成核心战斗力。

2. 实施"理财中心升级计划"，优化网点布局。对条件成熟网点重新定位，升级改造为"理财中心"，大部分网点在升级为理财中心后普遍呈现出主营业务增长快、客户资源加速聚集、边际产出高的良性发展趋势，成为全行继"新网点"之后的又一"增长引擎"。

3. 开展文明标准服务导入工作，力促全行文明标准服务水平上升新台阶。深圳分行采取"自上而下"、"分层推进"的原则推进导入工作，在组织推动内训师队伍建设、建立长效机制等方面积极探索。制定出"十个字"服务标准，由专业咨询公司进行每月三次对每个网点的高频度暗访。在2009年总行"网点文明标准服务年"活动神秘人明察暗访督导检查活动中，深圳分行获得全国第三名的好成绩。

新疆兵团分行个人金融业务发展概况

2009年，在总、分行党委的正确领导下，全行个人金融工作紧紧围绕总、分行营销工作及零售业务经营转型工作会议的精神，以科学发展观为指导，在工作中坚持"求实、创新、精细、严律"的八字方针，以客户为中心，以渠道为载体，以产品为手段，以队伍为主体，以项目管理的方式全速推进零售业务转型，在全行上下的共同努力下，各项工作取得一定成效。

一、主要指标完成情况

截至12月末，全行人民币储蓄存款余额288.14亿元，较年初增长49.96亿元，完成总行计划任务的249.79%、存量市场份额提高了0.31个百分点，增量市场份额提高了2.7个百分点。个人贷款余额60241万元，较年初增加6371万元。累计销售银行类及代理类个人理财产品42.23亿元，完成总行计划的520.07%，实现个人中间业务收入8104.05万元。三星级以上贵宾客户数7803户，较年初增加5002户，完成总行计划任务的217%。

二、采取的措施

（一）围绕中心工作，完善以价值为导向的业绩评价体系

一是制定了《兵团分行2009年个人金融业务综合考评办法》，考评体系突出业务增量考核，放宽指标分值上限，同时强化客户拓展、队伍建设、网点转型等基础管理考核。二是牵头制定了《新疆兵团分行2009年零售业务产品营销计价考核办法》，全面推行产品计价考核，2009年全行计价兑现奖励金额共计3249万元，计价充分调动了员工拓展营销零售业务产品的积极性和主动性。

（二）积极开展产品营销活动，完善客户结构，提高零售业务综合营销能力

1. 突出营销重点，加大负债业务的营销力度。年初，根据总行的统一部署，在全行组织开展了"大行德广 伴您成长 金钥匙春天行动"个人金融综合营销活动。在全行员工的共同努力下，一季度实现了个人金融业务营销工作"开门红"，人民币储蓄存款余额267.4亿元，较年初增长29.22亿元，同比多增7.7亿元，占全行各项存款增量的72.26%。在二、三季度储蓄存款淡季，分行引导各行注重平时积累，保持均值数稳定增长，并采取日监测、月通报等方式督导、帮促基层行的储蓄存款工作。同时，根据总行的统一安排，于6月至8月在全行范围内开展了"激情仲夏·金彩生活"综合营销活动，有力的促进了储蓄存款业务的发展。

2. 加快推进试点行个贷集中经营模式，实现全行个贷业务快速增长。一是组织全辖开展了"系统内员工非交易转按贷款"、"个贷进机关、进社区"、"争创百佳"等形式多样的营销活动，累计营销非交易转按贷款、置换式个人住房贷款和个人综合消费贷款54笔，金额725万元，3个个人住房按揭楼盘分别入选总行月度"百佳楼盘"，金额共计1731万元。二是制定了《兵团分行个贷集中经营实施方案》，在分行营业部、石河子和伊犁三个行开展个贷业务集中经营试点工作。三是通过对营业部、石河子等重点区域的绿苑雅筑小区、景月湾小区多个住房项目进行现场调研和跟踪督导，协助经营行对开发商开展营销，并采取投放旬监测报表和每月五行个贷数据互换，对全行个人贷款和个人住房贷款的发放情况进行监测，督导经营行加快个人贷款的投放进度，2009年全行个人住房贷款业务实现了快速发展，累计投放16292万元，投放较去年同期增加14643万元，投放增幅达到888%。

3. 加大个人中间业务营销力度，提高零售业务综合营销能力。一是加大基金营销力度。组织开展了“点滴积累，成就梦想－‘金钥匙·基金宝’基金定期定额投资营销推广活动”，加强对城市高档社区、中心商业区、高等院校、大中型企事业单位重点营销。引导各行把基金销售作为增加个人中间业务收入的重要渠道，采取日、旬和月报的方式，对各行基金销售情况通过“销售风云榜”进行排名，并及时调整营销策略，改善基金销售结构，重点营销农行主托管基金和农银汇理旗下基金，激发了各行“比、赶、超”的基金销售热情。二是人民币理财业务稳步发展。积极做好总行集中版理财销售系统的投产上线，大力开展人民币理财“安心得利”系列产品宣传营销工作，实现人民币“安心得利”系列理财产品销售零的突破，填补了我行人民币理财产品的空缺。三是开办黄金业务，满足客户理财需求。制定了《中国农业银行新疆兵团分行“传世之宝”实物黄金买卖业务管理实施细则》，规范了我行实物黄金买卖业务，促进业务合规、快速发展，并督导营业部挖掘客户资源，适当提高网点销售点差额度，扩大销售范围，为客户提供购买黄金便利性。四是完成了新版个人优质客户管理系统的升级，并督促各行积极登录系统，有效进行客户分层管理，了解辖内中高端客户状况，促使以“客户为中心”的理念落到实处。并制定了贵宾客户机场服务管理办法，在向贵宾卡人提供免排队、结算手续费优惠等基本服务的同时，为钻石和白金卡客户开通了机场贵宾服务，形成了具备农行特色的个人优质客户“1＋N”增值服务体系。

（三）加快推动零售业务转型进程，提升整体核心竞争力

1. 正式启动了零售业务转型工作。召开了全行零售业务经营转型工作会议，对全行零售业务经营转型的发展目标和今后一段时期的工作任务做了具体安排和部署，下发了《新疆兵团分行零售业务战略转型实施方案》和《任务分解表》。

2. 网点转型步伐明显加快。一是全面实施营业网点视觉形象建设工程。制定了《兵团分行门牌标识更换方案》和《网点柜员和大堂经理的服装更换方案》，截至12月末，全行已完成所有管理机构和网点门牌标识的测量工作，已完成所有网点各岗位员工的行服换装计划；稳步推进财富型网点、精品网点和离行式自助银行建设，截至12月末，总行批复立项项目55个，全面完成了今年立项任务。二是加强网点布局规划管理，截至12月末，全行同城迁址及同城迁址并更名网点8个、机构更名网点196个，撤销低效网点14个，共有26个分理处升格为二级支行，并完成了6个人工网点迁址、20个自助银行的选址批复工作和兵团分行营业部辖属二二一团场支行隶属关系的划转，进一步优化了全行网点布局；加大网点自助设备投放力度，2009年全行新增自助设备346台，保证了市区点均两台，团场网点点均一台。三是积极推进网点文明标准服务导入工作。制定了《兵团分行网点文明标准服务内训师拓展培训与网点导入实施方案》和《网点文明标准服务现场导入工作流程》，截至12月末，全行已完成234个网点的文明标准服务的导入工作，完成计划任务的187.2%；制定了《兵团分行网点文明标准服务考核管理暂行办法》，聘请“神秘人”对全行114个网点和同业的21个网点服务进行了暗访；组织内训师对全行的111个城市网点进行了明察，全行整体得分70.01分。

（三）中国银行省市区分行个人金融发展概况

辽宁省分行个人金融业务发展概述

2009年，辽宁省分行个金条线各项业务紧密围绕总、省行确定的发展思路和工作目标，积极克服市场变化所带来的不良影响，多措并举推动业务发展，实现了各项业务又好又快发展。

一、业务发展情况

今年随着房地产市场的升温回暖，辽宁省分行紧抓机遇，加大贷款投放力度，零售贷款业务得到迅猛发展。截至2009年年末，全省零售贷款余额完成总行考核指标的117.95%。按照全金融机构口径统计，辽宁省分行零售贷款余额市场份额为19.16%，新增额市场份额为19.53%。辽宁省分行积极应对资本市场回暖的冲击，以扩大客户基础，提高活期占比为重点，控制资金成本，在全辖大力开展个人客户金融资产全员营销、"存款送保险"和"开门红"等竞赛活动来扩大负债规模。截至2009年末，全辖人民币储蓄存款余额完成全年计划目标81.75%，外币储蓄存款余额完成全年计划目标的229.62%。人民币储蓄存款全口径占有率9.97%，外币储蓄存款全口径余额占有率为57.3%，提高幅度在同业中排名第一。

截至2009年末，全辖各类人民币理财产品累计销售额相较2008年增长217.36%，管理的中高端客户金融资产完成全年计划的213.06%。基金累计销售完成总行全年销售计划的54.30%。

二、主要开展工作

（一）零售贷款市场地位得到进一步巩固和提高

2009年，辽宁省分行紧跟市场变化和业务发展需求，在国家调整零售贷款利率过程中，严格按照总行部署的"积极应对、周密部署、稳妥推进、顺利过渡"的十六字方针加强政策指导，尽量做到不宣传、不抢先、不回避，稳妥的完成了过渡。在主动适应了低利率的市场环境后，我们加大信贷投放力度，科学调整产品结构，加强业务联动，充分发挥房地产开发贷款的拉动作用，做好按揭贷款跟进工作，一手房贷业务大幅提升。除在传统零售贷款业务取得成绩外，今年在总、省行领导高度关注和重视下，我行承办了省属高校教育助学贷款这一战略项目，我行投入了大量工作，多次与省教育厅、高校商谈有关业务合作事项，并制定了业务操作细则，不断解决合作环节中出现的问题，省属高校国家助学贷款工作进展顺利开展，取得了阶段性成果。截至2009年年末，在我行与省教育厅确定合作的60所高校中，已签署三方合作协议51家，已发放国家助学贷款18825笔共16152万元。

（二）积极开展竞赛及营销活动，促进储蓄存款增长

2009年，辽宁省分行在全辖大力开展个人客户金融资产全员营销、"存款送保险"和"开门红"等竞赛活动来扩大负债规模。在总行组织的"开门红"储蓄存款竞赛活动中，辽宁省分行侧重对完成率、进步率、贡献率和市场占有率的考核，通过时时通报，表扬先进、鞭策后进，介绍经验，促进交流。在此项活动中，辽宁省分行被总行评为"2009年储蓄存款春季竞赛优秀分行"。此外在全辖开展储蓄存款全员营销活动，加大提高员工揽储能力，促进储蓄存款有效增长。

（三）加快三级财富管理体系建设 提升中高端客户数量

2009年，辽宁省分行继续加快三级财富体系和专职客户经理队伍建设，截至2009年末，新增总行级理财中心6家，全辖总行级理财中心达到26家，专职理财客户经理达到314人。在三级财富管理体系建设的平台下，辽宁省分行根据总行相关规定，建立有效的考核机制，通过考核各行客户数量、客户资产规模及人均资产规模等指标，中高端客户数量得到显著增长，效果显著。

（四）加大奖励机制 积极推动产品竞赛活动 增加中间业务收入

面对中间业务发展时间紧、任务重的现状，辽宁省分行及时调整了对中间业务的发展思路，深挖产品潜力、广开财路，寻找新的业务增长点。该行以总行"2009年夏季产品销售竞赛活动"为契机，制定并细化一系列配套的奖励方案和政策，对基金、人民币理财、第三存管、代理保险销售等重点业务品种还制定了单项奖励制度促进中间业务发展。先后组织全辖召开了基金销售工作专题会、个人理财产品销售竞赛活动启动会等会议，要求辖行把握市场机遇，瞄准同业，以跑赢大势为目标，通过竞赛活动，在一定程度上扭转人民币理财、基金、第三方存管、代理保险等业务发展不利的局面。

（五）加快渠道建设 全面推广整合网点转型流程

"加快推进网点转型"是我行战略定位的基础性工作之一，今年我们深入研究网点选址和设计，严格把握标准，对各分支行上报网点迁址、新增、租赁、购置工作，我们都一一到现场进行实地调研和考察，并向分、支行反馈意见。截至2009年末，全辖启动网点改造项目96个，累计完工75个，超额完成总行下达全年计划的207%。

针对转型后的标准网点，我们没有掉以轻心，而是着手从网均产能的提升、软硬件服务的改善方面进行了跟踪后评价和业务调研，我们在辖内按照3.0标准实施装修改造的网点中选取10人以上网点作为试点，针对试点网点工作中存在的问题、经验进行总结，并通过总结经验指导各行工作。6月份，我们召开了全辖网点服务流程推广启动会培训，对全辖网点员工进行网点服务流程培训，对岗位职责、协同销售、功能分区与网点实施过程中差距剖析与流程优化，全面梳理优化了分行渠道建设和日常运行机制。在网点改造工作中，我们细化工作措施，以点带面，全面推进。针对网点销售服务流程中的内容，我们下发了网点服务销售流程“十个一”落实方案、封闭式柜台一句话营销话术、大堂经理工作十项要点、网点KPI考核方案、开放式柜台与封闭式柜台现金业务衔接方案等内容。

上海市分行个人金融业务发展概况

一、业务发展状况

截至2009年末，上海市人民币储蓄存款全口径市场份额8.94%，较年初提高0.18个百分点。外币储蓄存款较年初新增4.56亿美元，全口径市场份额为35.86%，较年初增加2.1个百分点。我行零售贷款较年初新增173.42亿元，全口径市场份额为17.00%。

二、重点工作

（一）抓客户——通过目标客户增长带动客户规模稳健扩大

客户黏着度强的基础银行服务，是带来个金业务利润增长的源泉所在。为了提高支行对这些服务的重视程度，上海分行通过强化考核，狠抓各类目标客户的增长，减少了网点为完成指标而弄虚作假的情形发生，推动了客户规模的稳健扩大。

（二）抓渠道——提升内外部渠道效率

继续推进各项业务的流程优化工作，提高操作流程整体效率。同时，对原有的自助理财终端进行了全面升级，实现了在原有自助理财功能基础上的功能提升，自助设备功能已涵盖了柜面大部分非现金业务和增值服务，有效缓解了柜面工作压力。

（三）抓服务——引入网点服务质量外部监控体系

为进一步做好世博金融服务工作，上海分行启动了网点服务质量监控体系工作，通过网点神秘客户暗访与客户满意度测评两个项目，真实、客观的对网点服务现状进行评价。通过半年外部监控体系运转，网点服务意识普遍有所提高，服务质量得到明显改善。

（四）抓销售——开展各类产品销售竞赛

对全辖进行了营销理念大灌输，引导支行从被动销售转为主动销售，从畏惧销售转为自信销售。在营销竞赛的演练中，支行持续性销售的习惯与能力正在逐渐养成，在理财产品、基金、保险、贵金属等产品稳定出单的同时，也提高了客户对中行各类金融产品的认知度。

（五）抓队伍——加强指导各支服务营销力量

通过加强行内行外的专业能力培训，提高理财经理队伍的资产配置、交叉销售及客户关系维护等综合能力。制定了新的客户经理管理办法，从加强客户回访调查、明确支行部门主管职责等方面对现有消贷客户经理的日常工作进行全面管理。开展了大堂经理培训后评估暨“工作行为规范情景模拟实操”工作，通过巩固理论学习成果，固化礼仪规范，提升网点大堂服务水平。

（六）抓风险——操作风险管理与信用风险管理并进

在操作风险管理方面，通过非现场检查和现场检查相结合、全面检查和专项检查相结合的方法，加强对支行在检查上的广度和深度。同时开展了各项合规培训与合规宣讲，进一步提高全辖操作风险合规意识。在信用风险管理方面，继续深入推进呆账核销、贷后回访等贷后管理工作，确保我行资产质量得到进一步提升。

江苏省分行个人金融业务发展概况

2009年以来，面对错综复杂的市场环境，江苏省分行紧紧围绕总行十八字方针和省行“新时期、新发展、新贡献”的要求，努力提升个人金融业务的持续发展能力和市场竞争力，不断优化结构，不断提升创新、服务和风险控制能力，持续提高专业化、精细化和系统化管理水平，新江苏个人金融业务发展取得显著成效，在总行个金总部绩效考核中继续排名第一，成功实现“四连冠”。

一、2009年主要经营业绩

1. 主要指标完成情况

2009年以来，个金条线各项业务整体发展态势良好，业务规模不断扩大，主要指标在总行系统均位列前茅。

负债业务方面，截至12月末，人民币储蓄存款新增332.52亿元，余额1808.34亿元，余额和新增分别列总行系统第二和第一位；外币储蓄存款余额15.13亿美元，较年初新增2.40亿美元，省行计划完成率154.08%，余额和新增分别列总行系统第七和第五位。

资产业务方面，截至12月末，零售贷款新增326亿元，余额838.34亿元（不含资产转让），省行计划完成率148.18%，余额列总行系统第三位，新增量列总行系统内第二位。

个金条线中间业务方面，截至12月末，个金条线中间业务收入7.42亿元，省行计划完成率118.13%，收入列总行系统第三位。其中，自营中间业务收入4亿元，基金代销业务收入3.41亿元。

VIP客户方面，截至12月末，总行标准VIP客户8.97

万户，较年初新增3.28万户。折算后VIP客户新增9.34万户，省行计划完成率124.50%。

2. 同业比较情况

2009年，个金条线主要产品市场竞争力不断加强，市场份额不断提升，基本实现了跑赢大市。

人民币储蓄存款全口径余额市场份额为11.22%，较年初新增0.19百分点，新增市场份额12.12%。

外币储蓄存款全口径余额市场份额为59.98%，较年初新增2.02个百分点，新增市场份额73.54%，继续扩大领先优势。

零售贷款全产品四大行余额市场份额28.96%，较年初提升1.28个百分点，新增市场份额31.23%，均列四大行第一位。

个金条线中间业务收入市场份额30.55%，较年初提升0.13个百分点，四大行仍排名第一。

二、主要工作措施及成效

1. 顺势而为，制订科学清晰的发展战略

（1）进一步贯彻“经营客户”战略，做优客户质量，夯实发展基础。通过对市场形势全面、客观的判断，为保持可持续发展，在延续“VIP客户倍增战略”的基础上，年初提出了“有效客户协同发展战略”。为了保证该战略的落实，一是积极通过公私联动、细分推动和产品拉动等方式做优客户质量，提高客户钱包份额，提升单客户贡献度和产品覆盖率。截至12月末，客户人均金融资产达到1.96万元，较年初增长85%。二是坚持中高端客户发展战略，加快三级财富体系建设，做实理财中心运营及管理，理顺财富体系内各方关系，明确盈利模型。截至12月末，总行标准VIP客户数量较年初增长57.69%。

（2）围绕渠道产能提升目标，积极推进渠道转型战略。积极开展网点改造和离行式自助银行建设等工作，加大固定资产投资力度，用足用好总行资源。同时，加快分理处调整步伐，积极开展网点分类和业务流程优化等工作，改革资源配置及激励约束机制，提高渠道产能。截至12月末，全辖网点标准化改造153家，计划完成率117.69%；分理处升格177家，计划完成率177%；自助设备网均交易笔数202笔，较年初增长73%；自助渠道业务迁移率88.34%，较年初提升10个百分点。

2. 多策并举，积极推动各项业务健康发展

（1）审时度势、开拓创新，适时开展各项推动活动。针对个金业务的阶段性特点，统筹把握业务发展节奏，适时开展各项业务推动活动。一季度“开门红”期间，我部早策划、早动员，各项业务发展迅速，负债、资产、中间业务和客户拓展的计划完成率分别达到162.5%、220.37%、106.6%和269.19%。二季度，紧抓出国留学高峰期，深入开展“出国金融服务季”活动，在客户中获得了良好的反响。三季度，为加快中间和资产业务发展，积极组织“夏季产品销售竞赛”和“烽火夏日 百亿大会战”活动；其中：“夏季产品销售竞赛”获得了总行第一名和理财产品销售优胜奖；“烽火夏日 百亿大会战”活动中，零售贷款取得了突破性进展，计划完成率达143.51%。

（2）围绕价值创造，做大业务规模，做优业务结构。

负债业务方面，充分发挥借记卡的支付结算功能，重点发展代发薪、长城商户通和第三方存管等业务，优化业务结构，降低资金成本。截至12月末，储蓄存款活期占比达23.1%，较年初提高1.75个百分点。

资产业务方面，在坚持发展住房贷款的基础上，大力拓展创业贷、融资宝和卡车贷等非住房类贷款，加快结构调整，提高综合收益。例如，截至12月末，新产品卡车贷发放了5.22亿元，实现了4354万元收入，费率高达8.34%。同时，深化直客式营销模式，利用网点渠道资源，充分挖掘三级财富体系中高端客户资源。此外，为规避规模控制的影响，在中行系统内首家开发了资产打包类理财产品，为优质客户腾出投放空间。

中间业务方面，以外汇和基金为抓手，重点发展出国留学贷款证明和股票型基金，积极拓展基金托管费等收入增长点。同时，充分发挥资产业务的龙头作用，以车享购、零贷收费为突破口，促进中间业务收入多元化。例如：2009年初，我部紧抓房贷利率调整的时机，坚决开展利率调整的收费工作，实现了5000万元的中间业务收入。

（3）完善个金营销体系，全面提升销售产能。以各级理财中心为抓手，构建覆盖全渠道的个金营销服务体系。截至12月，全辖新建了61家依附式理财中心，网点覆盖率达8.5%。理顺客户经理和产品经理间的关系，进一步推动消贷经理和理财经理向综合客户经理转型。切实解决传导机制和传导效率问题，建立网点营销信息发布、同业信息收集和个金条线月度经营分析例会等机制。做好品牌建设和市场宣传工作，利用自有渠道，统一营销信息发布。

3. 练好内功，不断夯实发展基础

（1）加速产品创新，培育核心竞争力。以总行个金产品研发授权为契机，完善个金产品研发和风险控制机制，针对客户潜在需求积极推出周末理财自动滚续、车享购和资产转让类理财产品等一系列新产品。例如：理财产品新开发了11款产品，实现了51亿元的销售额和1000余万元的中间业务收入。

（2）提高效率，注重实效，积极开展优化网点流程工作。优化网点流程工作是一项基础性、全局性和持续性工作，我部对此高度重视，牵头组织落实各项具体要求，取得了较好的效果，简化了操作流程，规范了销售流程，改善了服务手段，健全了网点绩效管理机制，提升了风险内控水平。例如：通过借记卡综合开户项目的优化，使开卡的6只交易合并为1只交易，客户密码所输入的次数也由最多14次缩减至5次，系统优化改造的成效非常显著。

（3）强化风险内控管理，确保合规稳健经营。健全风险预警体系和风险预警分析报告机制，重点突出虚假按揭防范、完工风险防范和权证办结监控。完善个人授信审批体系，建立个金部授信评审委员会，前移风险控制窗口。积极实施“管理达标工程”，提高业务操作和风险管理水平，提升应对当前经济环境下各种风险的能力。突出对重点业务的操作风险管理，重视关键风险点，坚持将适合的产品通过适合的渠道给适合的客户的原则。有效实施内控检查和问题整改，实现了“全年无重大案件，遏制重大违

规事件”的内控目标。

（4）加快架构和流程整合，提高专业管理能力。为进一步提高个人业务整体市场竞争能力，由我部牵头按照以客户为中心、投入产出与绩效管理等原则积极推进个人业务部组建工作。制定RPC架构整合方案，明确职责权限和管理流程，优化职位结构与设置。同时，分步实施，稳步推进，先行组建板块管理、渠道管理和产品研发团队，稳妥推进人员划转聘任工作，加速RPC平稳落地。

（5）深化专业序列建设，加快人才培养。深化个金专业序列建设，加强客户经理、产品经理和渠道经理等队伍建设。例如：截至12月末，在全辖通过理财经理资格考试的765人中已有337人获得了理财经理岗位；其中，20%的人员获得了薪酬调整。同时，围绕工作重点，通过专业培训、从业资格准入和考核激励等措施，切实提升从业人员综合素质。截至12月末，共组织了30余次专业培训，内容涉及产品、系统、风险、营销和资格考试等各个方面，取得了良好的效果。

4. 改革创新，推动南京地区个金业务又好又快发展

不断完善个金销售服务体系，明确网点作为销售主体的定位，提升支行个金部全面履职能力，强化各级理财机构专业化管理职能。加强内控管理工作，明确业务经理、支行和条线部门职责，改进管辖支行综管部人力资源配置，强化对辖属网点的直管能力。完善南管部工作职责，结合流程优化项目，深化了绩效主体责任。

截至12月末，零贷四大行全产品余额市场份额较年初提升1.28个百分点，外币储蓄余额市场份额较年初提升2.02百分点，个金条线中间业务收入市场份额较年初提升0.13个百分点。

浙江省分行个人金融业务发展概况

2009年，浙江省分行个人金融业务认真贯彻落实总行和省行的发展战略，坚持科学发展观，充分发挥员工主动性，强化管理，积极创新，业务较快发展，效益显著提高。2009年主要业绩如下：

一、资产业务

当年零售贷款新增339.94亿元，余额在四大行的市场份额为22.89%，较年初提升1.40个百分点。同时实现资产不良率较年初下降0.02个百分点，达到0.27%的低水平。

二、负债业务

当年人民币储蓄存款新增235.65亿元，余额在全口径的市场份额为8.62%，较年初提升0.07个百分点。外币储蓄存款新增2.48亿美元，余额达27.97亿美元，在全口径的市场份额为62.82%。

三、个人中间业务

在个人中间业务领域，大胆创新，成果显著。通过加强外部合作，拓展汇款源头，稳固并扩大了结售汇客户群。针对出国留学和旅游高峰，与21家出国留学中介机构签约合作，推出了出国金融一站式服务。全年实现个金板块中间业务收入较2008年增长11.55%。

四、个人中高端客户拓展

个人中高端客户拓展作为个人金融业务发展的根本和重点，通过管理创新、资产业务带动等方式，当年新增客户24484户。

五、银行卡业务

当年新发贷记卡60万张，月均交易活动率达45.65%。实现人民币直接消费交易额138.22亿元，同比增长134.61%，在四大行口径的市场份额为15.44%，较去年末提升1.74个百分点。

苏州分行个人金融业务发展概况

2009年苏州分行个人金融业务紧密围绕总行建设“国际一流零售银行”愿景，贯彻落实“中高端客户定位”战略，积极推进经营客户、产品管理、渠道转型、机制创新、队伍建设及过程化、精细化管理，较好地完成了各项目标任务，实现了板块贡献率及综合竞争力的有效提升。

一、负债业务围绕“提升份额、优化结构、降低成本，夯实基础”，提出开立综合账户积极推行“主办行”思想，2009年我行人民币储蓄存款余额新增80.54亿元，全口径余额市场份额为12.42%，较年初提升0.11个百分点，新增市场份额13.05%；外币储蓄存款余额新增5726万美元，全口径余额市场份额59.51%，较年初提升1.65个百分点，排名四大行第一，新增市场份额为72.95%，四大行位列第一。

二、中间业务围绕“突出重点（对私国际结算、基金业务），贴近热点（贵金属、出国留学、出国旅游），提升弱点（对私国内结算）”，狠抓零贷收费、贵金属销售等热点业务，2009年我行个人中间业务收入完成进度在全国系统排名第一。

三、资产业务强调“控风险、夯基础、优服务、保地位、争总量、调结构”，在优先发展好住房贷款业务的同

时，积极拓展收益高的非标类贷款，更好地发挥了资产业务的龙头带动作用。2009 年我行零售贷款余额比年初新增 132.63 亿元，超额完成全年目标任务；四大行口径零贷余额市场份额为 27.83%，位居同业第一，新增市场份额为 29.34%，四大行排名第二。

四、财富管理业务强调客户分层拓展维护，客户数与资产额同比增长显著，2009 年我行新增 VIP 客户 7487 户，增长率为 37.06%，在全国系统中的贡献率为 2.2%，较年初提升 0.1%。

五、高度重视渠道建设，加大硬件投放力度，软件转型成效显著。2009 年紧紧抓住渠道建设大发展的契机，积极推进全辖渠道建设，实施网点改造（含搬迁改造）项目 30 个，新增自助设备 247 台，新增离行式自助银行 13 家，全辖网均交易量达 407 笔，排名全国第二；柜面简单业务迁移率为 90.33%，在总行系统排名第一。深入推进网点转型，积极开展销售服务流程在网点的落地及大众客户定向营销工作，提升网点销售能力、提高网均产能，以网点分类为抓手，优化网点管理流程，调动网点积极性，激发网点销售活力。

六、坚持经营客户，狠抓客户拓展，注重客户关系管理，推动个人客户规模扩大和结构优化。2009 年以“个人金融中高端客户定位战略”为指导，积极整合产品、服务、渠道等行内外各类资源，聚全力优先拓展各类中高端客户，客户数提升明显，同时重视各层客户的分层提升，取得了良好的实效。基于我行基础客户薄弱的现状，又适时提出大力拓展大众客户的目标和思路，重点加快三方存管、长城商户通、基金客户、定投客户等核心客户的拓展，为强化零售业务批发做，以代发薪业务为突破口，开展公私板块联动，实现了个人客户的批量拓展。

七、强调“以产品锁定客户”，推动产品创新、产品销售及产品管理。2009 年更加注重根据客户的不同需求进行产品组合，理财产品在期限、收益、推出频率上均有所创新，强调以产品经理这支队伍为抓手，做好产品在全辖的销售推广；同时，依托总行夏季、秋季产品销售竞赛的开展，在全辖掀起理财产品销售的热潮，超额完成销售任务，同时有效沉淀了资金、锁定了客户。零售贷款在开发新品、组合产品上下工夫，强打产品“组合拳”，满足客户多样化的需求，为零售贷款争先进位取得历史性突破打下了坚实的基础。

山东省分行个人金融业务发展概况

2009 年，山东省分行在总行和省行党委的领导下，深入贯彻总行“十八字”战略方针，坚持“全面、协调、持续、健康”的发展理念，以“建设系统内一流分行”和“百年历史、百亿利润”为目标，积极进取、奋力拼搏，成功将百年不遇的金融危机，转化为百年难得的发展机遇，推进个人金融业务健康快速发展。

一、广义负债统筹发展，核心存款跑赢大市。加大资源投入，及时转变工作思路，转变增长方式，力促广义负债统筹发展，开展各种竞赛活动，积极推广校园卡项目，建立定期评议、分析机制，按旬通报、按月督导。2009 年，山东分行人民币储蓄存款按全金融机构口径计算的市场份额为 8.04%，较年初提升 0.44 个百分点，外币储蓄存款市场份额 58.94%，较年初提升 2.68 个百分点，本外币提升幅度均居同业之首。

二、抢抓历史发展机遇，个贷份额大幅提升。积极应对变化，抢抓市场机遇，加强研究市场、研究同业、研究产品、研究自身四个研究，调整优化零售贷款产品政策，加强创新，推出“个人黄金质押贷款”、“融房宝”、“融信宝”、“融票宝”系列新产品，坚守“日清日结”服务承诺，确保审批质效。个人贷款余额的新增市场份额 25.95%，余额市场份额达 19.43%，较年初提升 3.13 个百分点，份额提升居同业首位。

三、外卡收单绝对领先，盈利能力取得突破。明确发展重点，强化上下联动、公私联动，加强交叉销售，推广营销活动，组织业务竞赛，实现 2009 年贷记卡累计卡量（八行口径）市场占有率 14.56%，较年初提升 1.31 个百分点，高出全国平均水平 4.54 个百分点，列十大行第 1 位，外卡商户收单市场份额 55.27%，高出第 2 名 32.68 个百分点，同业竞争处于绝对领先地位，实现中间业务净收入同比增幅 56.61%，利息净收入同比增幅 60.38%。

四、中间业务发展提速，月度提升增幅明显。认真分析市场需求，及时理顺发展思路，调整机构考核体系，挖掘收入潜力，寻找新的收入增长点，加强外币代兑业务管理，积极推广“韩汇通”、“快捷通”汇款业务，提高贵金属和基金销售收入，规范个人贷款收费，实现个人中间业务收入从一季度到四季度的翻番增长，有力促进中间业务快速发展。

五、财富体系日益完善，品牌推广成效渐显。青岛私人银行分部、财富管理中心顺利开业，理财中心达到 41 家，初步建立三级财富管理体系。实施“中银理财”品牌形象提升计划，推进三级财富管理品牌协调发展，根据客户定位和营销策略，组织实施相应的媒体宣传、专属活动和增值服务体系建设，“中银理财”被当地媒体评选为最具实力理财品牌。

六、网点转型初见成效，网点效能明显提升。积极推进网点流程优化工作，研究拟定基层网点岗位设置及人员配置模版，加快依附式、离行式自助设备投放与自助银行建设，推广实施离行式 ATM 集中运营模式。支行级以上机构 403 家，占全辖机构总量 67.96%，较年初提高 20.91 个百分点，模块化网点 487 个，模块化率 82.12%，较年初提高 10.16 个百分点，网均人民币储蓄存款和个人贷款均较年初实现大幅提升。

七、个人网银发展迅速，主要指标名列前茅。大力扩张个人网银客户规模，在考核中引入了“有效户”指标，确保规模与质量同步提升，个人网银存量客户增长的计划完成率重点行排名第三，在全国“网上银行个人开户营销竞赛活动”中，获得“全国网银发展先进分行”。

八、风控水平有所提高，资产质量表现良好。通过加强三条防线内控体系建设，培育和强化检查文化，加强主要业务和关键环节的风险管控，严格合作方管理，编写《中国银行山东分行零售贷款核销案例汇编分析》，警示各行防微杜渐，内控和风险管理水平进一步提高，个贷不良率和关注率分别为0.42%和1.6%，较年初降低0.21和0.79个百分点，不良率低于全国0.55个百分点，全国排名第三。

四川省分行个人金融业务发展概况

2009年，中国银行四川省分行率先在全国中行范围内完成个金板块整合，形成了以客户为中心，全面提供个人金融服务的新框架。按照总行的发展战略，四川省分行坚持科学发展观，认真落实各项发展计划，在整体宏观环境趋紧的情况下，大力支持灾后重建工作，个人金融各项业务取得了较大的发展，零售商业贷款、储蓄存款、个人中间业务收入等主要业务市场份额均有提升，板块效益显著提高，并在总行个人金融板块业务综合考核中名列前茅。

资产业务

2009年，我行零售贷款业务实现了跨越式发展，零售贷款余额较上年新增124.39亿元；零售贷款整体市场份额上升较为明显，较上年末提升0.48个百分点，市场份额提升在四大行中排名第二。

负债业务

2009年，我行人民币储蓄存款余额较上年末新增157.37亿元，市场份额（按全口径统计）较上年末提升0.05个百分点；外币储蓄存款余额较上年新增4839万美元，市场份额稳步上升，较上年末提升1.68个百分点。

借记卡业务

2009年，我行借记卡发卡量和直销额每月都保持平稳发展，全年总发卡121万张，直销总额达到163亿。

个人中间业务

2009年，我行个人中间业务收入较去年同期多增2198万元市场份额较年初提升0.12个百分点。

理财业务

2009年，三级财富服务体系已经形成。2009年2月为高端客户提供顾问式服务的财富管理中心开业，全辖财富管理客户较年初增长817户，完成全年任务的354%，财富管理客户金融资产余额较年初新增25.47亿元，完成全年任务的345%；12月私人银行开始试营业，以顶级的服务环境、丰富的服务项目为全辖最高端的理财客户提供管家式服务，全辖私人银行客户较年初增长152户，完成总行新增任务后全年任务的121.6%，私人银行客户金融资产较年初新增13.59亿元，完成总行全年任务的323%。

银行卡

2009年，新增中银信用卡32.78万张，任务完成率107%。新增发卡全国排名第十，全口径市场份额达到13.44%，上升2.94%，上升幅度排名第一。全辖商户收单交易总额309亿元，完成率164%，四大行口径市场份额达到23.37%，上升0.52%。

（四）交通银行省市区分行个人金融发展概况

交通银行北京市分行个金业务发展情况

2009年是北京市分行“零售银行战略转型”关键一年。通过全体员工不懈努力，个人客户资产规模、理财销售能力、结算业务水平、客户结构调整、个金创利能力得到提高，多项指标增长较快且创建行以来历史新高，在北京市金融系统和总行系统占比得到提升。

一、依托市场，加强市场与同业调研，洞悉市场发展趋势和客户实际需求变化

2008年年末，分行成立重点网点调研小组和流程改造推进小组（以下简称：两个小组），推动市场调研和流程优化。

2009年重点网点调研小组主要开展3次市场和同业调研，一季度对比同业市场分析我行在个金领域存在优劣势，二季度侧重对个人客户需求调研，三季度重点调研同业在客户分层服务品牌以及服务具体内容，分析我行在产品特点、零售品牌、营销策略与服务模式等方面与同业存在差异，制定有针对性改进措施；流程改造推进小组主要针对各经营单位反馈的流程优化问题，涉及到个人理财产品需求、销售流程、代发工资流程、柜台核心账务系统、自助银行和网上银行渠道、个金销售队伍建设、中高端客户管理等多方面，组织有关部门提出具体整改措施和工作推进时间表。

二、客户为上，不断探索我行特色个人客户分层次差异化营销之路

2009年北京市分行丰富分层营销客户项目，提高客户服务差异化水平。在理财产品设计和销售方面，发售32期人民币理财产品，继续加大力度为沃德财富客户和交银理财客户提供分档报价，向高端客户销售“至尊系列”股权投资型理财产品，对高端客户推出“一对多”专户理财业务，对高额外币理财需求客户提供专属定向设计服务，为中高端客户提供财富保障计划；在高端客户增值服务方面，重点开发我行同与宝马汽车、恒信珠宝等世界知名品牌的合作，提供高级成衣量身定制服务、推出高尔夫球赛、开展钻石美酒至尊品鉴等涉及客户家庭与生活的增值服务。

三、热点营销，根据产品特点和市场热点，深入挖掘客户需求和价值内涵进行营销

第一，在产品销售策略层面，坚持“以客户利益为中心”工作思路。把握市场热点、顺势而为做销售，强调销售产品有利于客户资产配置更加合理和银行收益水平不断提高。大力抓好保险产品销售，提高我行保险销售贡献度，针对国内消费市场火热和借记卡消费业务现状，通过消费抽奖、综合积分等方式促进借记卡消费额提高。

第二，在产品设计营销层面，坚持“抓客户”和“促销售”始终结合方针。围绕客户需求思考如何做好产品开发和销售，针对我行的同业竞争环境和特点，在设计产品报价时，提供给支行最具有竞争力的产品报价，针对特定单位的员工设计专属理财产品。

第三，在个人理财产品销售方面，研究客户心理和市场热点，分别做好各类理财产品销售。一是把握资本市场上行周期，宣传“基金超市”品牌，突出“智慧选基”和“一对多”亮点；抓住炒股大赛、短期人民币理财产品等抓手，促进第三方存管账户开户和促进客户银证交易；二是抓住客户投资求稳心态，大力销售票据类和资产转让类人民币理财产品，通过扩大销售量吸引大量行外资金；三是大力做好保险产品销售，重点抓好保险产品甄选，宣传保险保障功能和引导客户进行正确保险投资，加强对期缴保险产品的销售和尝试做好财富保障策划项目推广；四是抓住今年贵金属价格上涨和投资收藏热的特点，大力发展黄金交易和金银章币销售。

四、强化管理，加强制度建设和防范各类风险，为业务快速发展保驾护航

今年我行在抓好客户拓展和产品营销同时，积极抓好个金管理工作，确保为前台营销提供制度、人才和管理保障。

第一，强化队伍管理。重点在支行层面设置市场推广经理岗位，做好销售岗位员工定岗定编和分层培训，制定个金销售岗位日常工作指引，规范员工工作流程和管理方法。

第二，强化网点管理。加强对分行制定的重点网点和零售型网点管理，建立分行与网点的一对一联系制度；加强网点分类管理探索，从网点所处位置及周边环境入手，分析网点资产、客户、交易、资金、收入等数据特点，对网点实行分类管理。

第三，强化渠道管理。实现缴费功能渠道全覆盖，优化公积金业务渠道功能，将公积金查询渠道扩展到手机银行，丰富公积金办理模式，重点开发公积金专线代发功能。

第四，强化服务管理。规范销售人员管理，要求销售人员在对中高端客户销售时认真做好风险测评，避免误导销售；制定高端客户回访制度和个金重大事项报告制度，规范中高端客户回访情况和具体工作要求，规定个金重大事项范围和报告处理流程。

五、强化科技，依托信息化的科技支持逐步

促进精准营销由理念转为现实

第一，加大信息统计系统开发工作。我行推出按指定方式筛选目标客户功能，提高个金业务管理的科技含量。针对产品、客户、收益、资金流等角度设计报表，对各经营单位出具标准化报表和个性化报表。

第二，尝试引导支行对目标客户采取精细化营销，制定公积金重点客户名单，通过数据库管理客户资料，对其实行抽奖、积分等营销，通过系统管理实现了初步的精准营销。

交通银行天津市分行个金业务发展状况

2009 年，天津市分行始终按照总行个金业务发展要求，制定了“以客户为中心，以财富管理为特色，为客户提供全方位、量身订做的个性化的金融服务”的工作目标，坚持以“以稳定储蓄为基础，发展中高端客户为抓手，提高中间业务收入为目标”的工作思路，努力做好个金业务的每项工作。在全行个金条线全体员工的共同努力下，各项业务得到了全面快速的发展，多次受到总行领导的表扬。

一、各项指标完成情况

截至 12 月 31 日，天津市分行个金业务各项主要指标的全年完成率均超过或赶上时间进度。其中，人民币储蓄存款时点余额为 134.49 亿元，较上年末增加 23.34 亿元，全年计划完成率 116.71%；AUM 增量 32.70 亿元，全年计划完成率 125.76%；新增沃德客户 1200 个，全年计划完成率 100%，新增交银理财客户 6621 个，全年计划完成率为 60.19%；实现销售收入 5311.51 万元，全年计划完成率为 216.44%，贷记卡新增发卡量 70848 张，计划完成率为 70.5%，借记卡新增发卡量为 3.8 万张，全年计划完成率为 136%。

2009 年，天津市分行主要在以下五个方面着力推进个金业务发展：

一是保证储蓄存款快速增长。储蓄业务作为个金各项业务发展的基础，是各项业务的重中之重。今年以来，我们坚持延续对支行储蓄时点与日均余额双重考核，并提高了储蓄指标的考核权重。在分支行的共同努力下，天津市分行在 5 月份就完成了总行计划，全年始终保持储蓄存款持续稳定的增长。截至 2009 年末，人民币储蓄存款时点余额 134.49 亿元，较上年末增加 23.34 亿元，全年计划完成率 116.71%。

二是进一步夯实中高端客户基础。自年初以来，分行面向沃德、交银客户群体，不断提升服务内涵、加强客户维护。继年初举办沃德新春答谢会，分行持续利用元旦、春节、国庆、中秋等节日开展客户营销活动，结合总行营销活动、支行销售竞赛，全面推广天津市分行中高端客户品牌，并取得良好效果。截至 12 月 31 日，全行新增沃德客户 1200 个，全年计划完成率 100%，新增交银理财客户 6621 个，全年计划完成率为 60.19%。

三是提高中间业务收入。今年，分行积极应对总行考核方式变化，从考核激励和营销组织两方面入手，推进天津市分行中间业务收入大幅提高。在分行领导和相关部门的配合下，天津市分行提供 20 亿信贷资产资源开发得利宝系列理财产品，不仅适应了广大客户追求稳健收益的理财需求，同时为天津市分行提供了稳定的销售收入来源。截至 12 月末，天津市分行仅得利宝销售收入即达到 3651.9 万元，占总销售收入的 68.75%。同时，天津市分行在基金销售上，积极从恢复投资者信心和销售人员信心入手，通过举办大型客户讲座和行内基金销售竞赛等方式推进基金销售，截至 12 月末，天津市分行共计销售基金 9.16 亿，实现中间业务收入 1263.43 万，在交银治理基金发行工作中，天津市分行累计销售 1.065 亿元，计划完成率 121%，位列全行第十一位。另外，天津市分行保险销售在本地市场信誉受损、市场总量较小的大环境下，坚持主动营销，在天津市分行与平安、泰康公司联合开展的五期保险训练营活动中，五周累计销售近 4000 万元，并以单周销量 1200 万元的佳绩刷新天津市分行单周销售记录。

同时，直联收单业务、实物黄金、贵金属、世博门票等新业务获得了较快的发展，为提升中间业务收入起到了积极的辅助作用。

四是优化销售服务渠道，完善客户体验。根据总行 2009 年“品牌服务年”活动的要求，结合业务发展需要，天津市分行今年开放的沃德网点达到 9 家，并将全部 70 家网点的低柜系统升级改造为财富管理平台，提升了网点大堂服务能力，为进一步实现客户分流、服务分层管理提供了渠道保障，也为提升客户体验创造了良好的硬件条件基础。

为持续提升个金条线销售人员能力和素质，天津市分行印发面向个金客户经理队伍的考核激励管理办法，进一步提升了一线员工的销售积极性，同时坚持每周举办“个金学堂”系列培训，强化销售人员对总分行产品、业务、营销的学习和理解，为一线建立沟通平台，2009 年以来已连续举办 35 期，总期数达到 66 期。

天津市分行还增加了客户维护考核，增加了检查力度，服务水平持续提升，优质服务案例、各类表扬信纷至沓来，在总行服务考核中获得多项嘉奖。

五是加强个金条线营销管理职能。面对全球金融危机给天津市分行个金业务带来的巨大挑战，个金部员工开拓思路、不怕困难，通过开展一系列卓有成效的工作，取得了一定的成绩。首先是坚持早动手、早动员，明确业务的发展方向，理清工作思路。在年初召开分行个金业务动员会，传达总行工作精神，布置全年的工作计划，及时调整支行考核办法，使各支行明确今年个金业务的发展方向和重点。分行主管行长与支行负责人进行分组座谈，一对一的分析支行发展现状，探讨下一步发展计划，帮助支行管理者加深对战略转型的认识和理解。另外，今年天津市分行实现支行和客户经理队伍个金业务双线考核，极大的刺激了一线客户经理的营销热情和工作积极性。同时，分行根据业务发展进度，适时调整考核计划，有的放矢的推进全行个金业务的快速发展。

交通银行河北省分行个金业务发展状况

一、总体情况

2009 年，交通银行河北省分行零售条线认真贯彻落实总分行党委工作部署，紧紧围绕"跑赢大市，争先进位"的总体要求，牢固树立"以客户为中心，以市场为导向"的业务发展原则，在连续多年业务高位运行的基础上，实现了速度、结构、质量、效益的全面提升。截至 2009 年末，全行零售信贷余额 43.79 亿元，较年初增加 13.61 亿元，增幅 45.09%，其中：个人贷款余额 33.62 亿元，较年初增加 4.69 亿元，增幅 16.21%；小企业贷款余额 10.17 亿元，较年初增加 8.92 亿元，增幅 713.60%。人民币储蓄存款余额达 168.90 亿元，较年初增加 38.17 亿元，增幅 29.19%。外币储蓄存款余额 4573 万美元，较年初增加 218 万美元，增幅 5.01%；管理的人民币个人资产余额 220.03 亿元，较年初增加 55.67 亿元，增幅 33.87%。全年累计实现个金中间业务收入 7588 万元，较上年增加 1745 万元，增幅 29.86%。全年新增达标沃德客户 2130 户，新增达标交银理财客户 13777 户，新增代发工资客户 28230 户，新增第三方存管客户 7057 户，新发放信用卡 143891 张，累计实现个金利润 10889 万元。

二、内控建设

在加快业务发展的同时，河北省分行零售条线始终把防控风险摆在突出位置，不断完善各项规章制度，持续强化内部管理，为零售业务的稳健发展保驾护航。2009 年，河北省分行先后出台了《个贷档案交接管理办法》、《交通银行河北省分行个人住房贷款业务操作规程（暂行）》、《交通银行河北省分行基层营业机构使用财富管理平台暂行规定》、《交通银行河北省分行代理保险业务管理办法》等一系列规章制度；配合总行个金部、审计部和华北审计部以及分行审计部，分别组织了二手房贷后资金使用情况专项检查、一手房合作商专项检查、展业通贷后管理专项检查、银行卡及商户案件防控专项治理、理财产品销售合规性检查和财富管理平台操作风险排查等风险管理活动，及时排查了风险并进行了整改，进一步严密了内控各个环节，确保了各项内控制度的落实。

三、网点建设

2009 年，按照总行机构工作的有关部署，河北省分行扎实开展了各项机构建设工作，全年共有 4 家沃德财富中心开业，使得我行沃德中心数量达到 10 家，具体分布为：本部 4 家，唐山分行 3 家，秦皇岛分行 2 家，邯郸分行 1 家。随着网点功能改造和沃德财富中心的增多，交通银行沃德财富服务品牌在当地的影响力越来越大，为我行深入推进客户分层服务、优化个人客户结构、提升中高端客户占比、提高个人客户利润贡献度起到了十分重要的作用。

四、搭建平台

为加快流程银行建设，全面提升个金营销服务水平，根据总行相关要求，我行于 2009 年 3 月 20 日完成了全省 74 家网点的财富管理平台上线工作，其中具备账务操作功能的网点 49 家，老低柜升级改造网点 25 家。财富管理平台的上线为个金客户经理进行产品销售提供了新的渠道，缩短了业务处理流程，增强了客户体验效果，相对减少了支行综合柜员的业务量，对"多增效益少增人"业务发展模式进行了有益探索。

五、队伍建设

适应零售业务快速发展的需要，我行近年来切实加快了零售条线队伍建设，人员队伍不断壮大，客户经理素质不断提高，初步形成了较为完善的分层次服务体系。截至 2009 年末，全行大堂经理达到 72 人，沃德客户经理达到 33 人，客户服务经理达到 91 人，零售信贷客户经理 32 人；个金队伍中 EFP 持证人 5 人，AFP 持证人 76 人，CFP 持证人 10 人；探索开展了个金条线一体化管理，经过严格竞聘，为本部全部支行配齐了分管个金业务的副行长，下一步计划将这一模式向省辖行推广。经过 2009 年的努力，在全行基本形成了分行个金分管行长、分行个金部、支行个金分管行长、支行客户经理多层次的个金队伍体系，为个金业务发展提供了坚实的人力资源保障。

交通银行大连分行个金业务发展状况

2009年，大连分行零售业务条线紧紧围绕总行“两化一行”战略目标和“跑赢大市、争先进位”工作要求，奋力拼搏，锐意进取，克服国际金融危机、国内经济下行、等多重困难，零售业务取得新的进展。人民币储蓄存款增量创历史新高，个人管理的金融资产质量保持稳定，客户基础得到夯实，业务结构进一步优化，全年实现安全稳定运营。

人民币存款余额突破百亿，增量创历史新高。大连分行开展营销竞赛活动，促进存款增长。为了贯彻总行提出的“跑赢大市，争先进位”的指导思想，大连分行在营销费用紧张的情况下，一切资源优先分配给储蓄存款，分别在一季度、二季度、四季度下发了《大连分行2009年一季度储蓄存款营销活动方案》、《2009年储蓄存款跑赢大市营销活动方案》、《交通银行大连分行2009年后两个月储蓄存款“争先进位”营销活动方案》、《交通银行大连分行2009～2010储蓄存款跨年度竞赛活动方案》等，奖励储蓄存款贡献大的经营单位。个金部尽心尽力指导经营单位，齐心协力吸储揽存，进一步提高中端客户的贡献度。

截至2009年末，大连分行人民币储蓄存款余额为104.9亿元，较年初新增17.16亿元，总行计划完成率100.96%，超额完成总行进度计划，较同期增长6000万元，增幅3.62%，储蓄存款同业市场占比4.3%，排名第七。AUM余额148.5亿元，较年初增加26.6亿元，完成总行计划147.8%，增幅为21.82%。

增强客户体验，客户发展基础进一步夯实。大连分行克服经费紧张的困难，利用现有资源举办各类活动，促进业务发展。先后举办了“沃德网点体验活动”、“沃德财富魔幻之夜——西班牙魔术专场”、“沃德财富邂逅樱桃红采摘游”、“沃德客户山海高尔夫体验活动”、“2009年沃德财富第一阶段市场营销推广活动”、“2009年交银理财第一阶段市场营销推广活动”、“2009年快捷理财品牌推广活动”、“2009年交银理财第二阶段市场营销推广活动”等客户营销活动，进一步提升了客户满意度。同时，还组织举办了“2009年一季度网点推荐沃德客户营销竞赛”、“跑赢大市、超越标杆劳动竞赛”、“客户经理开卡竞赛”、“沃德财富年末冲刺活动”等竞赛活动，在全行范围内营造出争先进位的良好工作氛围，充分调动了经营单位和客户经理的积极性。

截至2009年末，大连分行中端客户达到51 614户，较年初增加6 804户，增幅48.5%，高端客户达到4 517户，较年初增加1 094户，增幅31.65%。

POS收单业务创出特色。大连分行努力做好EPS及自助设备跨平台系统应用推广工作，进一步完善POS收单功能，积极营销大连沃尔玛超市、大连苏宁电器、大商股份迈凯乐西安路店、大连富丽华大酒店、渔港明珠酒店、渔港制造、渔港名厨、大连友谊商城等明星商户建立业务往来，力争使其成为我行收单商户或特惠商户，促进收单业务和卡消费业务的发展。

截至2009年末，大连分行共发展特约商户848户，较年初增加534户，收单交易金额60954.9万元，完成年度收单计划的309.8%，实现收单业务手续费收入328.15万元，比去年增加285.4万元，增幅为768.5%。

贵金属及世博门票销售取得良好业绩。大连分行通过网点、报纸、电台、内网等宣传途径，全方位做好世博贵金属宣传，不仅让社会公众知道我行代销世博商品，同时也让行内员工充分了解；借助重大题材，如建国60周年纪念金银条发售之际，加强宣传，推动贵金属销售；及时更新并发布在售产品信息，及时发送各经营单位、机关各部门及员工个人邮箱，带动销售；联合“金一黄金”举办了“‘参与世博，鉴赏黄金’世博贵金属产品发布会”。

截至2009年末，大连分行共代理销售贵金属377万元，在总行四季度开展的“世博特许商品（含贵金属）专项营销竞赛活动”中表现突出，超额完成总行下达的200万元销售计划，完成率116.19%，在总行排名第7位。

服务质量大幅提升，客户满意度增强。2009年，大连分行在总行服务质量考评中取得了系统排名第5名的历史最好成绩；上半年我行在“监管机关评价”中取得了系统排名第三名的好成绩；三季度客户满意度调查系统排名第二；同时，在大连日报和我市金融监管部门、行业协会联合主办的“2008～2009年度大连市最佳理财（融资）服务机构评选”活动中，我行荣获“最佳服务银行”殊荣。

抓好销售风险管理，确保零售业务合规、健康发展。2009年，大连分行根据零售业务发展需要，在个金部设置了三名兼职销售风险管理人员，主要承担个金销售人员的业务指导、监督和检查工作，同时还制定了《交通银行大连分行个金产品销售风险管理实施细则（试行）》、《交通银行大连分行客户经理风险管理指导意见》、《大连分行财富管理平台业务用章管理办法》等，进一步规范销售业务管理，为业务合规发展奠定了基础。

交通银行黑龙江省分行个金业务发展状况

2009年，面对复杂的国内、外金融形势，我行零售业务以各类零售营销竞赛为依托，以提高客户交叉销售率，增强我行对私业务综合竞争实力为目标，抓好重点指标，采取多项措施引导各支行（部）积极发展个金业务，使全辖零售业务总体上继续保持了健康良好的发展态势。

一、主要业务指标执行情况

1. 管理的人民币个人资产（AUM）情况：截至12月31日，全辖管理的人民币个人资产余额301.47亿元，较年初增加37.98亿元，增幅14.41%，完成年度计划的118.70%，与去年同期相比下降127万元，降幅0.03%。

2. 人民储蓄情况：截至12月31日，全辖人民币储蓄存款余额227.73亿元，较年初增加15.88亿元，增幅7.50%，完成年度计划的52.95%，与去年同期相比下降9.75亿元，降幅38.02%。储蓄市场占比为5.01%，份额较年初下降0.42个百分点。

3. 沃德客户情况：截至12月31日，全辖达标沃德客户累计开卡户数为6649户，较年初新增1736户，增幅为35.33%，同比多增179户，增幅达11.50%，完成年度计划的64.30% 。

4. 交银理财客户情况：截至12月31日，全辖达标交银理财客户累计开户数达35789户，较年初新增12557户，增幅54.05%，完成年度计划的57.08%。

5. 中间业务收入及个金销售收入情况：截至12月31日，全辖实现个金中间业务收入9728万元，完成年度计划的76.04%，同比下降1338万元，降幅12.09%。其中，个金销售收入4281万元，完成年度计划的73.91%，同比下降1079万元，降幅20.13%。

6. 代发工资客户净增情况：截至12月31日，全辖实现代发工资累计客户数15.77万户，较年初净增1.85万户，完成年度计划的97.81%，同比下降1.91万户，降幅50.70%。

7. 第三方存管个人客户情况：截至12月31日，全辖实现第三方存管个人客户17.16万户，较年初净增1.06万户，完成年度计划的81.89%，同比下降1061户，降幅11.07%。

8. 太平洋双币发卡情况：截至12月31日，全辖双币卡累计在册量达35.05万张，较年初净增10.01万张，完成年度计划的88.19%，同比少增2.64万张，降幅20.87%。

9. 对私代理保险业务迅速发展。截至12月31日，全辖累计销售量达8.11亿元，较去年同期增长1.72亿元，增幅26.92%。相关手续费收入达1271万元，同比增长272万元，增幅27.21%，完成计划的74.75%。

10. 借记卡净增有效发卡情况。截至12月31日，全辖借记卡累计在册量达34.46万张，较年初净增2.46万张，系统内排名第27位，较去年排名上升了8名，完成年度计划的66.44%，同比多增2.54万张，增幅2948.32%。

11. 零售信贷情况：截至12月31日，全省零售信贷贷款余额474 083万元，较年初增长120 501万元，完成总行年度计划的267.78%。其中个人贷款余额440 404万元，较年初增加98 232万元；小企业贷款余额33 679万元，较年初增加22 269万元，增幅195.2%。

同时，全省零售信贷行内存量占比23.95%，较年初增加2.72个百分点；个贷不良贷款余额7 786万元，较年初减少547万元，不良率1.77%，较年初下降0.51个百分点。新增小企业贷款未有不良发生。

个人消费贷款市场占比7.38%，较年初下降2.55个百分点。

二、采取有效措施，促进零售业务发展

1. 统一思想，明确任务，有效指导个金业务推进。不仅提早安排部署个金工作，明确目标，而且根据经济形势的新变化，根据总行各阶段性工作重点，制定了不同时期的个金业务发展指导意见并根据各阶段自身存在的问题及不足，围绕全年整体工作目标，采取有效措施引导全辖理清工作思路，明确工作措施。

2. 把握业务发展关键时点，精心组织各类营销活动，如“早春开门红”、“新绿五月”、“交银先锋，谁与争锋基金发销专题讲座”、“世博特许商品营销竞赛”、“智慧添利签约有礼”等活动，营造了全行个金产品销售良好氛围。

3. 加大中、高端客户拓展力度，优化客户结构，深度挖掘个金业务增长点。有效树立了我行沃德品牌形象，加大了我行“OTO沃德品牌”的宣传力度，增加社会知名度，加强沃德客户的忠诚度。

4. 全力推进对私代理保险业务的发展，提高保险销售能力，取得实效。

5. 加强太平洋双币卡发卡力度，抓好风险防控工作，确保业务发展和风险防范两不误。

6. 采取系列措施，改善客户体验，加大服务质量提升工作力度。

7. 加强业务培训和考核，提高专业素质，优化个金团队。

8. 积极开展“展业通”业务，利用“展业通”业务针对不同客户需求，展开专题营销。

交通银行上海市分行个金业务发展状况

2009年是总行确立“两化一行”战略目标的实施年，也是上海市分行落实“跑赢大市、争先进位”经营目标的关键年，分行个金业务在持续几年的快速发展中，面对宏观经济形势的不断变化，在总分行的正确领导和悉心帮助下，坚持“下苦功、干细活”，勇于创新、锐意进取，通过个金条线全体干部员工的不懈努力，2009年较为圆满地完成了各项工作任务，重点工作概述如下：

一、细化管理，有效推动分行个金业务协调持续发展

（一）扎实工作、制订方案

个金业务作为交行转型具有战略地位的业务，分行党

委高度重视，为此，2009 年初个金部制定了周详的工作方案，从存款、销售和队伍建设三个方面确定了工作目标，提出了“下苦功、干细活”，一手抓储蓄、一手抓销售，两手都要抓、两手都要硬的工作目标。

1. 推进交叉销售工作，提高客户效率，打好客户基础。

让客户更多的使用我行的产品，更多的在我行办理业务，提高综合贡献度。针对目前客户在我行渗透率不高的情况，分行要“下苦功”做好交叉销售工作。

2. 推进网点达标计划，提高经营效率，打好网点基础。

不断探求网点经营的好做法，改变等客上门的被动的经营方式，深入研究网点所在区域的特点，积极主动地开展各种因地制宜的活动，使每一个网点都能成为交行在上海同业市场竞争中的“桥头堡”。

为了提升网点经营效益，分行积极推进总行的“精点计划”。徐汇支行作为总行“精点计划”试点行之一，在“精点计划”项目组的指导和帮助下，该支行通过 8 个多月的持续改进，网点经营管理水平有了大幅提高，经营效率和效益得到显著提升，经营业绩基本实现“跑赢大势，争先进位”的目标。

3. 推进实施特色服务，提高服务效率，打好服务基础。

通过分行“方便快捷，安全增值”的服务，不仅让客户感受到温馨和满意，更要通过服务带动整个个金业务的发展，提升经营业绩。

4. 推进各层队伍培养，提高人才效率，打好人才基础。

通过加强各级个金人才的管理，充分调动各级人才的积极性，发挥个金队伍的战斗力，为分行个金业务发展做出更大的贡献。

（二）针对方案、细化管理

1. 个金部及早部署，强化激励约束机制，掌握了工作主动权。在坚定不移贯彻落实总分行年初个金业务发展目标要求的基础上，个金部 2009 年每月坚持召开业务分析会，部署、安排、分析个金工作情况。

2. 分行先后组织召开了多次不同层面的专题会、经验交流会、帮促座谈会和先进表彰会，对各经营单位个金储蓄存款、重点产品销售和队伍建设情况进行现场评比、督促和经验交流，表扬先进，鞭策后进，对个金业务的发展起到了积极有效的推动作用。

3. 在产品销售过程中，个金部通过内网将每次重点产品的销售排名情况进行公布，针对性地给予支行服务支撑。还在内网公布了券商理财净值，为一线个金人员提供了有力销售支撑。

二、组织落实分行各层面客户沙龙活动和业务推进工作

（一）沃德客户沙龙活动

1. 分行今年组织举办了多场沃德财富小型市场投资策略交流会。个金部向客户重点介绍了我行沃德财富品牌的服务内容，并邀请了海通、东方证券等重点合作券商的分析师，为客户进行了 2010 年市场投资策略的分析报告。

2. 分行为进一步提升沃德服务层次与内涵，今年第四季度起个金部陆续组织邀请各经营单位的沃德客户参加金秋品蟹一日游活动，该活动一方面加强了分支行对现有沃德财富客户的维护，进一步提高客户对于我行的忠诚度和认同感，另一方面，借助于活动也增加了现场互动营销的机会，有利于提高我行个金产品在沃德财富客户群体中的交叉销售率。

（二）代发工资沙龙活动

2009 年 9 月 16 日起分行连续举办 5 场“2009 年度银企联谊会”系列活动，联谊会以“银企薪干线”代发服务品牌为主线，向客户介绍了分行代发工资卡的业务功能、代发业务客户可以享受的各类服务，以及代发专享产品和世博系列产品，并现场演示了我行最新推出的手机银行业务。会议还邀请了交银施罗德公司就目前宏观经济发展和正在热销的交银上证 180 治理指数基金作了分析交流。联谊会有效提升了我行在客户中的形象和影响力。

（三）手机银行首发仪式

2009 年 6 月，我行手机银行全国路演第一站——上海站的路演活动于中山公园龙之梦购物中心举行。本次路演活动以“交通银行手机银行——e 动交行”为主题，通过丰富多样的节目表演向现场客户展示了交通银行手机银行咨询、查询、转账等 14 项功能；手机银行的高速、便捷、安全功能吸引了众多客户咨询和直接下载体验手机银行。2 天的路演吸引了 20000 多名顾客驻足观看，个金部在现场发放手机银行宣传资料 8000 余份，业务咨询客户达 6000 余名，参加体验的客户有 1000 多名，600 多名客户当场开通交行手机银行业务。本次路演活动为手机银行的全面推广创造了良好的氛围。

三、以创新管理为抓手，带动个金业务全面发展

分行个金业务创新管理工作中，制定了切实可行且便于操作的具体措施，在总行《交通银行个人金融业务创新管理办法（暂行）》的框架下，按照工作重要程度，业务拓展时间进度等做出阶段性安排，明确所要达到的目标、采取的措施及要求，年初成立了“个金智囊团”，在 2009 年宏观经济形势变化的背景下，使创新管理渗透到个金业务拓展执行以及补充完善等各个环节。

（一）随着今年国家宏观经济形势的不断变化，个金部以市场为导向，在做好基金业务常态化销售的同时，分行高度重视、充分准备，抓住首批“一对多”业务开展的机遇，先后组织了 8 场客户推介会，并积极与各大基金公司合作，布局“一对多”产品的发行，抢占市场先机。在 9 月 1 日证监会批准的首批 36 支“一对多”产品中，分行独立设计、发行 3 单“一对多专户”产品，销售规模 4.7 亿元、签约客户 362 名，并发展 120 名沃德高端客户，取得了很好的社会效益，分行也成为上海地区唯一一家单独完成产品设计、客户推荐和自行销售的分行。

（二）随着市场新题材产品的不断涌现上线，分行金

银章币销售业务持续上行发展，目前我行代销金银章币产品已从年初的单一化丰富到10余个系列，80多款产品，分行开发了代销商品业务处理系统（一期），可供网点进行各类代销商品的销售订购及查询管理，同时满足相关部门进行订单、账务、订货、库存等管理需求，减少因手工操作所产生的失误，提高工作效率。2009年12月18日至20日，分行在上海展览中心举办了首期中国2010上海世博会特许贵金属典藏精品联展，个金部克服了时间紧、任务重的困难，整合行内资源、集结分支行力量，从策划、筹备到布展，只用了短短9个工作日的时间，实现了销售特许贵金属2000余万元，销售收入200万元的业绩。

（三）个金部2009年6月中旬制定《个人世博门票预约售票操作规程》，并对支行进行培训。各代销网点从6月15日开始，通过客户预先付款，预订门票，择日取票的方式接受客户预订。此举既锁定了分行首日门票业绩，也有效避免了首日客户集中购买易造成网点压力的隐患。7月1日分行个人世博会门票首日销售3.03万张，占总行个人门票销量的85%，为实现开门红奠定了基础。分行就此趁热打铁，持续加大世博门票销售力度，通过世博专题沙龙活动、代发工资客户“企业行”活动和“社区行”活动，截至2009年末取得了销售门票183万余张，销售金额2.63亿元的业绩。

（四）在总行私人银行创新试点中，上海市分行积极参与，取得了在5家试点行中财富管理效益最好的业绩，为打造财富管理银行进行了有益的探索，打下了扎实的基础。

（五）目前分行个金销售人员队伍近600人，个金部不断加大专业培训和队伍建设力度，正确引导个金从业人员参加理财专业培训和认证。截至2009年末，分行已自行组织AFP培训5期，参训人员达290人；组织CFP培训1期，参训人员60人，并积极选派优秀员工参加总行系统内的各项培训。目前分行AFP持证人员336人，CFP持证人员40人，EFP持证人员4人，专业持证人数量在系统内居于首位。

随着个金业务创新措施的不断落实，不但确保了分行个金业务的持续快速发展，最终也体现在客户基础得以进一步夯实，客户结构得以持续优化，为我行实现“两化一行”战略目标，向最佳财富管理银行的目标迈出了卓有成效的一步。

交通银行江苏省分行个金业务发展状况

第一部分　2009年工作回顾

2009年，面对国际国内金融形势的动荡变换，个人金融业务条线持续推进“两轮驱动，三维比较”的战略思想，努力实现“跑赢大市，争先进位”的各项目标。团结奋进，迎难而上，力争完成总行下达的各项主要业务指标，提高个金条线对全行业务的贡献度；调整架构，苦练内功，发挥精细化管理的巨大作用，促进个金业务条线做大做强。

一、2009年业务发展情况

随着战略转型的不断深入，个人金融业务条线的贡献度不断突出。到2009年末，个金条线完成的管理会计利润大幅提高，累计利润占比为13%；考核得分稳步提升，考核得分占比为23.81%；储蓄存款市场占比不断提升，比年初提升0.2%，市场占比达6.3%。

规模指标：AUM计划完成率为130.25%；储蓄存款计划完成率为131.02%。

收入指标：实现个金销售收入计划完成率为112.71%；保险销售收入计划完成率为106.20%。

客户指标：新增达标沃德客户计划完成率为100%；新增达标交银理财客户计划完成率为125.14%。

平台指标：贷记卡净增计划完成率为128.71%；代发工资净增计划完成率为112.64%；第三方存管新签约计划完成率为101.49%。

二、2009年工作情况总结

2009年以来，个人金融业务条线内外兼修，切实提升管理经营水平，主要做了以下四个方面工作：

1. 调整部门架构，提升服务水平。

（1）为了优化部门服务功能，提升服务水平，个金部改变了过去按前、中、后台的经营模式安排人员进行分工的架构，重新根据客户管理、保险、基金、卡业务、商户、综合六个产品条线的划分对经营业务、人员进行整合，制定团队任务手册及中间业务收入执行情况手册，每月通过团队指标及中间业务收入完成情况进行部门绩效管理，达到“指标有跟踪，问题有回答，措施有落实”的高标准严要求，为经营部门提供优质高效的“一站式”服务。（2）各团队提高数据公布的时效性，及时计算并公布各产品最新销售数据、计划完成情况，2009年共发布销售情况通报403篇，102篇发文，平均每周发布8篇简报，2篇发文，使各经营单位及时掌握自身所处位置以及与目标差距，也为个金部各团队适时了解自身指标完成进度以及统筹决策提供依据。（3）个金部还围绕总行责任文化建设的方针，把提升全员责任意识、塑造个人责任品牌的理念融会贯穿到日常工作中去，通过部门会议宣讲责任文化，明确责任到人；开展以责任行为讨论为主题的交流学习，在今年七月结合 书的阅读感受，组织了两场专题演讲交流活动。

2. 完善制度建设，提升管理水平。

（1）是为促进年度计划下达更具科学性、有效性，使得各经营单位掌握并了解计划制定的方法，制定《交通银行南京分行个金业务计划指标分配办法》，使全辖各经营单位对全年的计划心中有数，并为各单项重点产品的销售和有关推广活动的制定目标提供了参考依据。(2) 是为实现我行客户经理队伍管理的统一性与规范性，保持客户经理队伍的进取性，促进客户经理队伍的可持续发展，制定《江苏省分行客户经理考核评聘管理办法》及《江苏省分行个金管理经理考核评聘管理办法》，并率先开发客户经理绩效评估系统，调动了客户经理的销售积极性，在全行形成了一个良好的销售氛围。(3) 是为促进各项业务又好又快发展，个金部在总行各项业务管理制度的框架下，2009 年共修订、细化、完善了多项个金业务发展管理办法，内容包括保险、基金、实物代销、收单业务、私人银行、三方存管、信用卡等多项个金产品，力争做到各项工作有章可循。(4) 是为了确保个金业务持续健康的发展，组织参加了 2009 年内审、外审、银监等多项检查工作、获得了一致好评，切实检验提升了个金业务管理水平。

3. 加强人员培养，提升执行水平。

(1) 不断培训我行个金销售人员，2009 年化整为零，通过多次客户经理培训和座谈，提高我行客户经理的销售能力；在客户经理培养上，进一步增加投入，培养优质高效的服务团队；更新考试题库，组织客户经理考试，提升客户经理的金融素养。(2) 强化对第三方驻点人员的管理，制订出台《江苏省分行券商驻点人员管理暂行办法》等针对第三方驻点人员的管理细则，明确我行要求，规范驻点人员行为，提高驻点人员产能，优化厅堂服务营销流程，推动各项业务的发展，增强了市场竞争力。

4. 坚持销售推动，提升组织水平。

(1) 在保险销售训练营方面，组织江苏省分行全辖所有网点与银保通公司合作开展销售训练营活动，2009 年参训网点达 237 个，网点覆盖率达 100%，训练营期间共斩获保费 3.779 亿元，总件数达 8806 件，取得 1172 万元的手续费收入，网均周产能是原来的 18 倍之多，网均件数由原来的 10 件增加到 37 件；(2) 在基金分组轮动销售方面，实施重点产品分组销售方案，将全辖分为四个基金销售团队，采取分组销售模式，锁定销售目标，2009 年共轮动销售基金 3 支，销售总金额达 3.6 亿元，销售收入 400 万；针对重点基金，采取联合销售模式，提升销售力度，交银 ETF、市证券、华泰。(3) 在产品说明会方面，WP 项目采用产品说明会的方式，实现保费 422 万元，保险收入 36.7 万，取得 WP 完成率系统内排名第三的优异成绩；贵金属销售共每组织 20 多场客户产品说明会，销量达 900 万，实现收入达 80 万元，使得我行贵金属单日销售从以前的日均十万元一跃提升到破百万。

三、2009 年工作不足之处

回顾过去一年的各项工作，在推进个人金融各项业务发展的过程中，还存在有疏忽与缺漏之处。一是自身学习提升不充分，二是对经营单位的指导服务不到位，三是客户渗透率提升不明显，四是人均客户服务数不合适，五是卡业务贡献度不突出，六是客户服务满意度不理想。

2010 年是实现个金业务发展巨无霸战略的关键一年，也是个人金融业务条线完成部门架构调整后的第一年，我们将正视不足，开拓进取，进一步提高和改进工作能力，确保完成各项工作任务，向着又好又快的目标不断努力。

第二部分 2010 年工作展望

在交通银行江苏省分行行长室的带领下，2010 年个金业务继续贯彻“两轮驱动，三维比较”的思想，通过提升和优化资产规模，拓展基础客户群，塑造高端品牌，配备充足的个金销售人员，依托个金销售和商户结算齐头并进，实现“两超越、两倍增”的目标，即 AUM 及四类理财产品的销售收入（保险、基金、得利宝、国债）超越上海分行，商户收入实现两倍增，践行个金业务发展的巨无霸战略，提高可持续发展能力，实现高位再增长。

2010 年各项业务具体目标为：

1. 业务发展指标：AUM 新增 158 亿元，储蓄存款新增 110 亿元；个金销售收入达 22500 万元。

2. 客户渠道指标：代发工资净增 70000 户；第三方存管新签约 35000 户；达标沃德客户新增 7000 户，达标交银客户新增 60000 户；达标“快捷理财”客户新增 100000 户。

3. 加扣分指标：分行端贷记卡净增 120000 张（不含直销队)。

4. 分行指标：商户结算收入达 5000 万元，提升中大型餐饮、宾馆、百货等商户占比至 10% 以上，降低批发类及封顶类商户占比至 30% 以下。

一、提升规模，优化结构，形成储蓄存款与理财产品的良性互动

1. 注重各项资产的均衡发展，优化调整 AUM 资产结构，力争到 2010 年末将四类理财产品在 AUM 的占比提升至 30% 以上。贯彻执行个金业务发展的“三个坚持”，以提升产品渗透率为抓手。

2. 做强、做活储蓄资产，改善储蓄存款结构，降低定期存款占比，增加活期存款余额，扩大净息差。

二、依托个金销售和商户结算，持续提升个金条线中间业务收入

3. 重点提高保险销售收入。继续与紧密合作保险公司展开合作，提高保险产品手续费率至保协上限，为提高保险销售收入打下坚实的基础。借助合作保险公司的资源以销售训练营的方式积极促进保险销量的快速增长，有效带动网点综合销售能力的稳步提高。(1) 一季度力推趸缴产品，并争取完成全年销售计划的 45%，同时实现 WP 项目在徐州分行、常州分行的全面布局；(2) 二、三季度加大期缴产品的销售比例，并争取完成总行全年销售计划的 60%。(3) 财险产品应力争上半年实现全网点上线和开单。

4. 稳步提高基金销售收入。大力做好基金交易账户新开户、基金定投、基金快速赎回等业务发展，增加客户体验，提高基金产品渗透率。(1) 继续做好基金分组轮动销

售，以首发基金作为销售的主要手段，实现前10大品牌基金公司的首发基金只只完成；（2）优化首发激励方式，争取更多激励；（3）集中人力和财力，利用半年时间完成托管基金的年度销售计划。

5. 做大做强实物代销收入。抓住世博会将于2010年在上海召开的契机，（1）春节前所有城市分行完成POS机安装，为全面开展现场销售做好准备；（2）利用总行铺货资源（2000万），春节后所有城市分行开展销售会，单场销售会不低于100万收入；（3）组织全辖客户经理实物销售“黄金联赛”，在世博会开幕前全面完成年度计划。

6. 逐步推进商户结算收入的提高。

三、开拓思路，挖掘潜力，实现基础客户群的外延式扩大

7. 强化薪金卡联动效应。（1）继续以薪金卡作为业务推动抓手，重点做好联名薪金卡的营销激励推动以及普通薪金卡的信用卡发卡推动工作，在上半年实现每个城市分行1家联名薪金卡单位；（2）各城市分行提供薪金卡业务的一篮子服务，省分行要到各城市分行进行路演；年底实现授信户占比达到　。

8. 深入挖掘资源，稳步提高第三方存管签约户数。挖掘券商资源，加强我行三管业务在券商营业地点的宣传推广力度，重点营销其高端客户。

9. 加强组织推进，确保完成贷记卡计划。

四、以品牌建设为核心，完善客户体验，紧抓中高端客户增长

10. 做好沃德财富、私人银行品牌推广，将高端第三方存管客户、大额代发工资客户、资产30~50万元客户、零售信贷客户、对公企业主客户作为沃德客户的拓展目标。

11. 丰富交银理财品牌内涵，切实做好中端客户的维护工作，保持中端客户快速增长。（1）一季度加强资产50万以上的交银客户提升为沃德客户，实现提升率达100%；（2）二季度对资产30~50万的交银客户进行提升，实行自己升级自己管理，即：交银客户提升沃德客户之后，沃德客户仍归属原经营单位管理和维护。

12. 推广快捷服务的理念，通过自助银行、网银和电话银行提供理财顾问服务，迅速扩大1~5万元资产的快捷客户数量，提升客户资产，打牢中高端客户发展基础。（1）一季度实现所有网点的自助设备全面开通此服务；（2）借助总行开展的“理财新一步”签约有礼促销活动和“理财达人圈”腾讯网互动活动，做好快捷理财客户的营销活动，改善客户理财体验。

五、加强队伍建设，打造全国性个金业务明星网点及销售英雄，实现个金销售在全国范围内的争先进位

13. 重点实施个金客户经理队伍建设“百人计划”项目，以充实提升沃德客户经理队伍为主，加强优化客户经理队伍为辅，力争上半年人员配备到位。

14. 深入推进全辖一体化管理，推动绩效考核系统在全辖范围内普遍应用。一季度实现绩效考核系统全面上线，对客户经理进行统一的考核排序，通过这种方式，发现和培育优秀个金销售人员，促进个金销售能力的提升。

15. 选择一批个金销售人员齐备、客户资源强大、个金管理到位的支行打造成个金销售优秀支行或特色支行，带动全辖个金业务发展，最终使江苏省分行在系统内个金业务的百强支行数量与江苏省分行在系统内的整体排名相匹配。

交通银行无锡分行个金业务发展状况

2009年无锡分行在总行正确领导下，坚持以科学发展观统领我们的改革、发展和创新工作，坚持围绕“加快网点转型、创建精品银行、狠抓负债带动、实现五大目标”的经营指导思想，力争“跑赢大市、争先进位”，狠抓储蓄存款、个金中间业务，加速调整客户结构、业务结构和收入结构，全力推动个金业务快速发展，个金业务发展取得明显成效。

一、2009年个金业务运行情况

（一）储蓄存款

截至2009年12月末，无锡分行人民币储蓄存款余额为130.1亿元，比年初增加24.4亿元，增幅为23.1%。丙种储蓄存款余额2722万美元，比年初增加222万美元，增幅为8.9%。2009年末无锡分行储蓄存款市场份额达到5.98%，比上年末上升0.12%，实现了增量计划和市场份额同时提升的工作目标。

（二）个金中间业务

2009年无锡分行实现个金中间业务收入为6450万元，与2008年相比多增1851万元，增幅为28.7%。2009年无锡分行个金中间业务中的亮点主要是收单业务和个金销售业务。

2009年无锡分行新增收单商户1369户，收单商户数量达到3454户，本年累计交易量为49.2亿元，本年累计手续费收入2184万元，与2008年相比多增1154万元，增幅为112%。

2009年无锡分行实现个金销售收入2883万元，与2008年相比多增887万元，增幅为44%，其中基金销售收入1526万元，保险销售收入647万元，金银章币收入354万元，世博门票收入104万元。

2009年无锡分行销售基金12.1亿元，增幅为102%；销售保险1.96亿元，增幅为101%；销售得利宝理财产品8.4亿元，销售国债1.4元，销售金银章币8100万元。

（三）太平洋卡业务

截至2009年12月末，无锡分行新增太平洋借记卡14.3万张，增幅为15.3%，太平洋借记卡卡量达到108万张；新增太平洋贷记卡4.4万张，增幅为22.1%，太平洋贷记卡卡量达到24.3万张。

（四）中高端客户

截至2009年12月末，无锡分行沃德财富客户数为7620户，比年初新增1908户，其中达标沃德客户为4217户，比年初新增1538户。交银理财客户数为31692户，比年初新增12935户，其中达标交银理财客户为20103户，比年初新增8864户。

（五）个金重点客户

2009年12月末我行代发工资客户数为96450户，比年初新增10700户，增幅为12.5%。

2009年12月末我行第三方存管客户数为84995户，比年初新增9977户，增幅为13.3%。

二、2009年个金业务工作情况

（一）狠抓个金中间业务，加快零售业务战略转型

2009年以来，全行上下高度重视发展个金中间业务，个金部实施了以个金销售业务和收单业务为重点突破的发展策略，收到非常好的实效。2009年我行个金中间业务收入为6450万元，与2008年相比多增1851万元，增长率超过50%，完成率在总行省直分行系统内排名第8位。

（二）狠抓个金销售业务，推动网点加快转型

2009年总行为促进全行发展个金销售业务，在绩效考核中新增个金销售收入考核指标（权重6%），是个金考核指标中权重最大的一项，无锡分行在2009年的工作中紧紧围绕总行发展战略和分行经营思想，以加快发展个金销售业务来促进网点转型，主要措施有：

1. 建立以分行个金部销售业务主管高经和部门业务骨干为成员的个金销售培训指导团队，分批次对全行各网点进行个金销售业务培训和指导，对分行重点基金销售、保险销售和贵金属销售起到非常好的推动作用。

2. 组织以保险销售为主的个金产品特训营，通过特训营和业务PK赛，鼓励个金条线员工多开口、多营销，提升员工的营销沟通能力和销售实战能力的同时，培育了全行销售竞赛氛围。

3. 组织各类个金销售竞赛活动，主要有季度劳动竞赛活动、“点燃基情”、“基情永动”、“增收行动”等，及时通报各经营部门的销售业绩、及时兑现奖励，引导和提高个金队伍开拓个金销售业务的活力。

2009年无锡分行个金销售业务的快速发展推动了网点由结算型向销售型的转变，网点销售能力大幅提升，涌现了一批明星销售网点，个金销售业务的快速发展也为2009年个金中间业务收入超额完成总行计划任务打下扎实的基础。

（三）狠抓收单商户拓展，推动个金中间业务快速发展

2009年无锡分行加大了对收单商户业务的开拓力度，2009年无锡分行新增收单商户1369户，收单商户总数达到3454户，全年累计交易量达到49.2亿元，实现收单手续费收入2184万元。2009年无锡分行在收单业务的发展中狠抓优质客户和强势客户，拓展了如湖滨饭店、中国饭店、灵山景区项目、华帝百货、金太湖广场和哥伦布广场等一批大型商户。

2009年无锡分行在大力发展收单商户业务时注重精细化管理，持续开展收单商户的清理和维护工作，通过积极的清理和维护工作，收单商户的有效使用率大幅提高。

（四）狠抓储蓄存款，提升市场份额

进入2009年三季度后，受资本市场活跃和新股IPO重启等因素的影响，无锡分行储蓄存款出现较大波动，市场份额也随之大幅振荡，无锡分行在行长室正确领导下，及时向各支行下达储蓄存款必达目标，并要求各支行高度重视储蓄存款业务，积极营销第三方存管资金，通过全行上下的共同努力，三季末、四季末无锡分行储蓄存款完成总行必达目标和年度计划任务，并提升了储蓄存款市场份额。

（五）个金业务培训再上新的台阶

经过近两年来的不懈努力，无锡分行个金队伍建设取得非常明显的进步，目前分行持有AFP、CFP金融理财师证书的员工超过160位，283位员工取得代理保险资格证书，115位员工取得基金从业人员资格证书，220位员工取得财富管理平台资格证书，个金条线的人才培养和建设已初具规模。2009年无锡分行以个金实务培训为重点组织了多层次、多种形式的业务培训，全年累计组织培训场次超过75场，其中知识类培训达25个班次，技能提升类培训达9个班次，业务推动宣导培训达15个班次。全年共举办了四期特训营活动，提升了柜员的开口营销能力，并邀请著名培训机构——领航财富管理金融培训中心（香港）举办了二期基金业务培训。

（六）个金业务竞赛活动发挥推波助澜作用

2009年无锡分行积极组织并开展了个金业务劳动竞赛活动，并将个金业务劳动竞赛作秋一项常态化工作来抓。一季度开展了“跑赢大市、争先进位”竞赛活动，二季度开展了“奋战二季、争先进位”竞赛活动，三季度开展了“增收行动”，点燃基情和基情永动基金销售竞赛活动，保险特训营，个金产品销售王竞赛等，通过各类竞赛，充分调动和引导经营部门竞赛热情，对2009年分行个金业务、尤其是个金销售业务的快速发展起到了推波助澜作用。

交通银行宁波分行个金业务发展状况

2009年，分行按照总行制定的“跑赢大市、争先进位”的个金业务发展目标，以客户为核心，以产品销售为手段，以个金业务收入为目标，从市场的变化中找机遇，从同业的经验中找做法，从自身的状态中找差距，采取多种措施促进零售业务持续发展，不断探索零售业务发展的有效途径。

以个金存款为主体，提升存款规模

分行自年初起就明确了个金存款的主体地位，通过加强对个金存款的管理，重视对储蓄资金进出渠道的动态监控，确保个金存款的稳步增长，为加大产品销售、优化AUM结构提供拓展空间；同时重视优化存款结构，增加活期存量，以扩大净息差。至2009年末，全年新增个金存款14.43亿元，较年初增长24.35%，实现了规模和质量的双提升。

以夯实客户基础为重点，优化客户结构

在年初的个金工作会议上，分行明确提出我行客户战略就是以中高端客户为目标，通过内部提升和外部拓展，来提高中高端客户在我行的数量占比和资产占比。分行在上半年通过公私联动、举办跨年度的中高端客户销售竞赛活动、客户转介活动、组织沃德客户沙龙活动等有效方式积极推进客户战略的实施，至2009年底，达标沃德客户较上年增长了57.09%，达标交银客户较上年增长了78.21%，客户结构得到了持续的优化。

以客户识别为抓手，完善网点功能

针对不同类型零售客户在金融需求、服务成本和利润贡献等方面的差异和特点，为进一步提升网点内部空间资源、服务资源的配置效率，分行在全辖网点推行客户识别工作，使各网点能因地制宜，将网点服务资源向优质客户倾斜，达到服务好高端客户，努力提升中端客户，将财管客户纳入管理范围的目的。通过网点改造、实现网点功能分区，达到客户分类、业务分区、服务分层的效果，有效提高了网点资源的使用效率。在优化网点空间布局的同时，分行通过大堂经理对不同类型的客户进行识别、引导和沟通，对贡献低的普通客户，有意识引导其从柜面交易为主向自助交易为主转化；对优质客户，重点推出面对面的交易服务和投资理财支持，并逐一建立客户档案。

以加强网点人员配置和竞争机制为依托，提升网点经营效率

在有序推进网点物理布局和功能调整的同时，分行在建立与网点定位及功能匹配的人员配置和管理机制等方面，也进行了相应的调整和探索。

双管齐下，加大人员配置力度

分行从提高个金销售队伍的数量和质量入手，双管齐下，以提高服务能力和服务的专业化水平。

一是持续扩充个金销售人员。近几年来我行的个金销售队伍从无到有，已初具雏形。2009年分行加快了人员配置的步伐，又增配了20多名人员投入到个金领域，为个金销售队伍注入了新鲜的血液。

二是着力注重加强对销售队伍的日常行为规范的引导和塑造。通过制定完善客户经理每日操作规范、不同类型客户的营销和服务标准等操作手册和规程，在日常的工作中不断引导、督促个金客户经理提升专业素质。同时，通过每月的不定期培训，提高销售队伍的综合业务水平。

开展各种销售竞赛，强化网点竞争机制

为提升网点的销售能力，分行在上半年组织了跨年度的个金产品销售竞赛、金牛开春产品销售竞赛、保险破零和基情争霸专项产品销售竞赛等竞赛活动。上述活动都取得了明显的成效，促进了网点员工的凝聚力，调动了员工争先进位的积极性，促使网点不断关注自身整体经营能力的提升发挥了积极的作用。

改革考核模式，实行科学管理

为实现对个金销售队伍的科学管理，分行自年初就制定了个金三类客户经理的考核指引和个金客户经理考核激励办法。这些考核文件的实行，是对我行目前以块为主的考核方式及薪酬体系的有益补充，为今后考核方式的转变进行了积极的探索。

明确发展方向，加大资源投入，推进零售信贷业务战略转型。

按照分行年初既定个人住房贷款和小企业信贷业务两条腿共同发展的指导意见，以此推进转型工作，同时通过增加人力资源、加大费用投入、房贷手续费支出等手段，大力发展房贷业务，优化个人贷款信贷结构，取得明显的效果和收益。截至2009年12月末，全行零售信贷余额比年初增加328139万元，增幅71.83%，完成总行增量计划364.60%，零售贷款总额占分行人民币贷款总额的26.05%，比年初增加5.65个百分点，当年增量占全行人民币贷款总增量41.59%。

交通银行安徽省分行个金业务发展状况

2009年，按照省分行“向管理要效益，坚持走有质量可持续发展之路”的总体发展要求，全辖不断推进支行建设和客户群建设，以客户为中心，以产品为纽带，发挥网点要素功能，全方位构建零售业务常规增长平台，推动零售业务实现跨越式发展。在条线员工的共同努力下，零售业务市场份额稳中有升，主要发展指标持续进位，个金利润贡献有新增长。

截至2009年末，分行人民币储蓄存款余额206亿元，增速高于同业6.98个百分点，市场占比提升0.27个百分点，增量41亿元，增量排名第9位，较2008年上升1位。

零售信贷余额108.67亿元，增幅123%，超过实质性贷款增幅70.26个百分点，增量60亿，排名第8位，较上年末提升1位，其中个人消费贷款市场占比提升1.67个百分点。个金中间业务收入8 436万元，完成率101.8%，排名第14，较上年末提升3位。

回顾过去一年，全行零售业务发展措施有力，多项指标实现争先进位，经营管理呈现出稳健发展的良好局面，主要表现在：

（一）深化客户群建设，优化客户结构

加强客户拓展，客户面不断扩大，全年新增有效借记卡发卡7.68万户，贷记卡发卡9.04万户，代发工资6.65万户，三管1.13万户。房贷客户较年初增加1.7万户，小企业客户数较年初增加486户。加强“沃德财富”、“交银理财”、中高端服务品牌建设推广，客户结构不断优化，新增达标沃德1618户，达标交银2.24万户。

芜湖分行贷记卡净增发卡3万张，分行渠道发卡9393张；马鞍山分行1.1万张，分行渠道发卡2359张。合肥本部达标沃德客户新增786户，淮南分行284户；本部达标交银客户新增8123户，淮南分行4422户；本部三管客户新增5606户，淮南分行1945户；本部新增代发工资3.68万户，芜湖分行1.34万户；本部有效借记卡净增发卡2.93万户，芜湖分行2.08万户，蚌埠1.77万户。

（二）立足零售业务常规增长平台加快发展

从客户群定位、销售服务渠道建设、网点功能区分布、经营管理架构调整、客户经理队伍充实、岗位培训等多方面加大投入，完善以客户为中心的营销组织架构，明确中后台服务前台的管理和支撑职责，多渠道扩大客户服务覆盖面，打造面向市场的销售队伍，促进了零售业务跨越式发展。

12月末，全辖共有30个支行实现储蓄存款月增目标，其中有20个支行月增500万以上储蓄存款。

合肥本部储蓄存款新增16.68亿元，安庆分行6.5亿元，列省辖行第一。零售贷款余额突破100亿元，行内占比21.65%，提前实现占比18%的发展目标。本部中间业务收入4400万元，芜湖分行1211万元，列省辖行第一。本部个金销售收入1441万元，淮南分行634万元，列省辖行第一。

（三）销售收入和利润贡献度持续提升

推动个金产品常态化销售，零售产品销售、卡消费及收单业务等财富管理类指标的贡献度逐步加大。个金中间业务收入8440万元，行内占比41%，个金销售收入3581万元，完成率116.02%，总行排名第8。代销保险收入1883万元，增量排名第10，完成率排名第2。个金管理会计利润突破2亿元。卡收入4583万元，增量排名第15。

合肥本部个金产品代销收入1447万元，淮南分行633.54万元，列省辖行第一。合肥本部代销保险收入540万元，安庆分行356万元，列省辖行第一。

（四）全面推进面向市场和客户的营销

1. 狠抓零售信贷，促中高端客户群建设。加快房贷和小企业的拓展，以综合经营为抓手，实现零售信贷的跨越式增长。①加强房贷业务发展。全面了解掌握在售和新建楼盘信息，加强重点楼盘营销和队伍分配，做好新楼盘和合作商衔接，加大资源投入，加强楼盘驻点按揭业务管理。②加强小企业拓展。深入支行牵头营销，协调分行资源高位切入，快速启动，创新符合实际的小企业授信业务发展模式。③认真做好产品和目标客户的有效衔接，以打通结算和融资渠道为抓手，深入市场，牵头组织开展100多场银企对接会，全年新增POS机具1400台。④积极推进个人保单质押贷款业务，推动保单现金价值作为融资保障方式。

2. 狠抓代发代理，扩大客户面。针对目标客户群，加快推进各类卡发卡。①发挥信贷投放快速扩展优势，强化公私联动，对重点单位实行名单管理，积极营销各类代发业务。全年新增代发工资6.65万户、借记卡净增有效发卡7.68万张，均在全行排名前五。②积极营销公务员、教师客户群体，重点推广公务卡，全年新增发卡1.5万张，全行排名第三；③加强营销推广，成功营销科大讯飞、华凌公司等大型企业千人以上的薪金卡代发工资，薪金卡全年新增发卡7万张，全行排名第五。④推动直销团队的异地作业，双卡联动营销，快速抢占客户资源。

3. 狠抓综合销售，提升存量客户贡献度。推动常态化销售，密切银保、银证、银基合作，以销售带动客户群增长。①密切银保合作，扩大规模，提高收入，全年实现保险销售6亿元，收入实现1883万元，全行排名第10；②做好基金定投、基金代销业务，推动常态化销售。全年实现基金销售26亿元，全行排名第5；③开展“开门红”竞赛，抓好双节期间存款回笼和中高端客户拓展；④自行设计、包装理财产品发售；⑤运用世博契机，扩大世博门票和世博金等特许品的销售量，扩大收入来源。

回顾2009年，我们立足于零售业务常规增长平台，深入推进支行建设和和客户群建设，促进零售业务加快发展，取得了一定成绩。在总行计划指标中，储蓄存款完成率126.4%；零售信贷完成率705%；个金中间业务收入完成率101.8%；达标沃德、交银客户、代发工资户、有效借记卡净增发卡完成率均超过100%。

交通银行湖北省分行个金业务发展状况

2009年以来，全行上下紧密围绕“跑赢大市，争先进位”的总体要求，抢抓机遇、直面挑战，从管理、客户、队伍、收益等方面强力推进，实现了个金业务又快又好的发展。

一、争先进位谱新篇，业务发展成绩斐然

2009年，湖北省分行在个金业务发展上取得了骄人的成绩，个金业务指标全面超额完成计划任务，多项指标完成情况在总行名列前茅。

我行在总行零售业务综合经营管理月度排名中，我行9次名列第一、2次名列第二。

我行蝉联总行2009年“沃德财富杯”全国高尔夫球邀请赛团体冠军，并获得个人总杆亚军、个人净杆冠军和个人净杆亚军等奖项。

我行在总行2009年度服务管理综合考评中荣获全行第一。

我行桥口支行荣获“中国银行业文明规范服务百佳示范单位”称号。

我行多家网点在武汉晨报联手武汉市文明办、武汉市消费者协会开展的“2009神秘眼看银行—湖北精品银行营业网点评选”活动中获得标杆网点和精品网点称号。

我行多家网点在《长江日报》开展的“市民最信赖的理财网点”评选活动中荣获“市民最信赖的理财网点”称号。

二、精细管理显成效，发展基础不断夯实

（一）业务管理搭好台，助经营单位唱好戏

1. 工作布置及时细致

一方面年初快速启动个金业务发展的“龙腾计划”，大造声势开好局，有利地推进了各项业务持续快速增长；另一方面季末提前布置下季度的集中或专项营销活动计划，使个金业务乘胜追击，保持了良好的快速发展势头。

2. 业务督促全面深入

一是深入基层做宣导。一方面做好“龙腾计划”及每季度营销活动竞赛方案宣导；另一方面做好考核体系解读。针对分管行长、客户经理、网点负责人开展多层面的考核办法解读。

二是积极开展基层调研，加强对省辖行的指导。各业务条线人员深入基层，听取基层意见，针对不同支行的业务发展的实际情况，制定“一行一策”，指导基层实际工作。

（二）队伍建设有力有序，队伍“质”、“量”双升

1. 队伍数量扩充：行内招聘走入正轨

一是行内招聘常规化、正规化。在行内开展了两次个金客户经理公开招聘，通过支行推荐、笔试、面试等系统的选拔程序，在全行范围内招聘客户经理，充实个金队伍。

2. 队伍科学管理：完善考核激励机制，激发队伍活力

一是每季度对客户服务经理、沃德客户经理分序列进行全行排序，指导支行实施个金人员退出机制，激发队伍活力；二是开展“吉尼斯个金业务发展挑战赛”营销竞赛活动，月度、年终进行各项业绩排序，树立标杆、实时通报，营造竞争氛围，激发个金人员的动力。

3. 队伍品质提升：打通晋升渠道，强化培训

一是管理精细化，针对全行个金条线及相关人员实行“品质管理计划”，打通职位晋升渠道，调动员工积极性，提升队伍的整体素质和水平。

二是注重“以赛代练”，通过开展形式内容各样的客户经理竞赛，调动客户经理积极性，树立标杆，提升能力。

三是加大个金销售队伍培训力度，不断提升客户经理素质。分行开办了第一期AFP集中培训班，全省共培训客户经理60人；选拔14名客户经理参加了总行AFP培训，22名客户经理参加CFP培训。截至2009年末，全行具有AFP资格的客户经理有149人，具有CFP资格的客户经理有19人。通过培训，客户经理队伍专业素质得到提升，由个金客户经理组成的“沃德财富”理财团队，在湖北省理财博览会上连续第5年荣获湖北省“十佳理财团队”称号。

四是丰富培训形式，开展“我的俱乐部”活动。2009年，我行成立沃德客户经理的专属俱乐部“我的俱乐部”，提供交流平台，开展各类集中活动。通过开展看一本书、生存训练、电话营销封闭训练、压力管理等活动，丰富客户经理知识，加强情商的培养。

（三）服务管理取得实效，客户体验显著改善

1. 高度重视，强化优质服务意识

在网点负责人、分行范围内分别召开了服务质量工作会议及服务质量誓师大会，使全行统一认识，树立“砺炼服务品质，重塑一流品牌，将改善客户服务体验进行到底”的坚定决心。

2. 完善制度，更新考核方式，实施奖惩办法

一是以服务考核为导向，向基层单位详细的解读服务考核新要求，明确激励机制。规范细化服务管理，规范、完善神秘人检查制度；二是将服务管理考核纳入机关相关部门的考核，举全行之力全面加强服务管理，形成了全行上下齐抓共管的良好局面。

3. 细化指导，确保服务质量提升落到实处

一是制定了提升服务质量工作实施方案，为基层单位提供可操作的执行指导，切实提高全行服务质量；二是组织开展“学先进、找差距”参观学习活动，树标杆，找差距，组织了全行大堂经理观摩了服务标兵的工作状态，使员工对优质服务有具体的感知，深受触动。

通过以上各项措施的努力，全行上下、包括省辖行的服务意识明显提升，员工对基本行为规范的执行力度不断提高，在社会公众中树立了优质服务的良好口碑，客户体验显著改善。我行在服务工作上取得了可喜的成绩：在总行半年及年度服务管理综合考评中均荣获全行第一；桥口支行荣获“中国银行业文明规范服务百佳示范单位”称号，作为总行9家入选单位之一，得到了总行的肯定和赞扬；在《武汉晨报》与武汉市文明办、武汉市消费者协会联合开展的“2009神秘眼看银行—湖北精品银行营业网点评选”活动中，我行4家网点获得标杆网点和精品网点称号；在《长江日报》开展的“市民最信赖的理财网点”评选活动中，我行13家网点荣获“市民最信赖的理财网点”称号。

三、客户拓展有重点，中高端客户贡献度显著提升

（一）以品牌建设为切入点，助力中高端客户拓展

1. 迅速扩大私人银行高端客户品牌的知名度和影响力

自从6月底正式推出私人银行服务品牌以来，我行积极开展风水、养生、文物鉴赏、电影节、理财讲座等各类客户沙龙，并根据客户需求进行产品定制，丰富服务内涵，

在高端客户中迅速打响私人银行品牌。

2. 持续丰富沃德、交银中高端客户品牌的服务内涵

一是在沃德财富品牌方面，我行通过引导沃德客户转介、努力打造沃德客户“5+N”平台，现已全面推出高尔夫贵宾服务、武汉十大知名医院预约挂号和全程导医、沃德财富个性预选卡号、“百吃百喝”联名借记卡、易登机等服务，同时借助总行推出的“沃德添利”、“沃德尊票”新产品，持续丰富品牌内涵。二是采取小区宣传单直投到户、网点交银PK赛、搭建交银客户“3+X”增值服务平台等方式，扩大交银理财品牌的宣传覆盖面。

（二）以各种活动为抓手，创新客户拓展方式

一是客户联动管理及服务活动如火如荼。通过开展的客户联动管理及服务活动，促进了个人理财业务、个贷业务和公司业务交叉销售，实现了客户资源效益最大化。

二是三方存管客户联谊活动首开先河。国庆、中秋双节前，我行首次尝试举办证券公司“一带一”客户联谊活动，加深了与证券公司高管、大客户经理的关系，并拓展新的三方存管客户资源。

（三）以精耕细作为指导理念，提升客户忠诚度与贡献度

1. 从产品营销转化为关系营销

通过日常培训、经验交流等形式，指导支行、客户经理深入了解客户，逐步掌握客户金融需求，从产品营销阶段转化为客户关系营销阶段，在日常维护过程中增加客户资产，达成产品销售，提升沃德客户达标率。

2. 从单一产品转化为综合销售

通过理财产品打包销售、理财锦囊等形式，从客户家庭理财角度着手，增加产品的综合化销售程度，进一步提高客户贡献度与忠诚度。高端客户交叉销售率继续保持全行第1，中端客户交叉销售率名列全行第4。

交通银行陕西省分行个金业务发展状况

在总、分行党委的正确领导下，陕西省分行个金条线全体干部员工按照总行“两化一行”的战略目标，认真落实分行“跑赢大市、争先进位”的工作要求，迎难而上、奋力拼搏，2009年的业务发展取得了较好的成效，现汇报如下：

一、截至12月末，个金业务指标完成情况

指标名称	截至2009年末实际数	2009年增量	2009年计划完成率
人民币储蓄存款（单位：亿元）	156.70	30.42	144.84%
管理的个人资产业务量（单位：亿元）	218.84	51.24	189.78%
个金销售收入（单位：万元）	4408.40	4408.40	113.04%
达标沃德客户新增数（单位：户）	5874	2140	125.88%
达标交银客户新增数（单位：户）	37198	15627	130.23%
代发工资客户净增数（单位：户）	151029	32448	236.85%
第三方存管个人客户新增数（单位：户）	101123	7625	100.33%
贷记卡净增发卡量（单位：张）	251637	57439	63.82%
委托分行催收回收率（单位:%）	18.03	18.03	100.17%
借记卡净增有效发卡量（单位：万张）	31.80	5.11	170.33%
托管基金销售率（单位:%）	23.85	23.85	79.50%
基金定投成功扣款户数（单位：户）	11657	5972	136.50%
代理对私保险业务收入（单位：万元）	1279.27	1279.27	121.84%
中间业务收入（单位：万元）	8476.92	8476.92	102.13%
服务排名	16	19	/

二、2009年个金条线的主要工作

（一）认真做好个金业务的组织推动工作，不惟计划、争先进位。分阶段、有重点地制定各项业务发展方案，深入支行组织落实，大力开展营销活动，促进业务快速发展。于1季度举办了以储蓄存款和客户发展为主线的“个金业务开门红”大型营销活动，仅用3个月就超额完成了全年储蓄任务，使市场占比快速上升。随后又连续举办了“客户资产提升计划”、“沃德、交银客户推广活动”、“理出精彩礼享人生”、“2009属我最牛”、“尽情挥‘刷’欢享佳

节”等一系列营销活动，使个金业务快速发展。

（二）强化专业培训，提速产品销售，提高收入贡献。通过巡回培训、以会代训等方式，从理财规划、产品知识、销售技巧、卡业务政策、医保商户等方面，开展了上百场高密度的培训。与总行联合举办“销售能力提升培训班”，组织全行180人参加培训，137人网络测试达标，56人通过总行通关演练，得到总行高度评价。配合总行开展AFP培训，共有35人参训，27人通过全国统考。个金管理经理较好地发挥了管理职能，客户经理销售能力普遍提高。我行网均销售保险701万，在“保赢”第二期竞赛中列小组第二名及一次规模保费周冠军，2家网点进入“保障、期缴保险”销售网点50强。“基情永动”活动中我行列小组第二名，25名客户经理单人销量超400万，高新支行列全国基金销量百强网点的第三名，5家网点进入交银ETF基金网点销量前60强。

（三）开展销售特训工作，逐步建立“走出去”的外向型营销机制。逐行走访，帮助支行梳理目标客户、确定工作目标和营销方案，以一行一策的方式，积极推动“走出去”营销工作。从6月开始，与平安保险合作组织“销售特训营”工作，克服员工“开口难”的现象，提升员工销售技能和素质，提高团队凝聚力和协同营销能力，大幅度提高了参训支行的销售业绩。共12家支行37家网点参与，特训期间共销售保险8158万元，销售基金6456万元，4套微缩金条，产生中间业务收入400万元。

（四）完善考核激励机制，合理配置资源。围绕绩效考核系统，修订了个金条线专业人员考核和管理办法，先后出台了大堂经理和市场推广人员考核管理办法、个金条线专项考核办法、2009年度服务考核办法、个金条线销售服务管理办法、个金条线服务考核办法等多项规章制度，认真组织落实，并将条线资源优先支持重点业务发展，使条线管理日益精细化。

（五）以“敢为人先”的开拓意识，积极开发新业务、新产品。经过艰苦的努力，争取到了人行和银联的支持与配合，于一季末在同业率先开通“柜面刷卡跨行购买金融产品”业务，目前累计从他行转入资金14.5亿元，取得了显著效果。与比亚迪汽车公司联合发行比亚迪联名薪金卡，在榆林发行首张城市主题卡——“魅力榆林卡”，推动了榆林地区个金业务的特色化营销工作。

（六）认真开展风险防控，促进信用卡业务稳健发展。先后下发了一系列防范信用卡风险的业务规定，进一步明确了信用卡销售规范、业务规范、投诉处理以及员工违规营销的责任认定。开展信用卡交叉销售自查，并由卡中心统一对申请进件单位信息等要素进行电话核查，进一步防范风险。编制风险管理系列教材，在全行开展培训。增加了一家委催签约律所，根据律所特长，将案件分类分配给律所。通过寄送律师函，在各通信公司查找无法联系的客户信息，同时加大对律所的考核，使催收案件处理率达到100%。在发卡方面，组织支行开展“信用卡交叉销售竞赛”，“一对一”进行帮扶，协助支行销售。截至12月中旬，信用卡销售分行端的进度排名上升到了系统内第20名。

（七）提升服务质量工作取得较显著的效果。将服务考核纳入绩效管理，建立了与管理层和员工绩效直接挂钩的考核体系，会同人资部和会计部开展全行性服务礼仪培训和业务技能培训。对每个网点的服务环境进行会诊，进行专项整改，使网点环境上了一个新台阶。以个金队伍服务管理为突破口，狠抓对中高端客户的服务和大堂现场服务，提升客户满意度。我行3季度服务排名上升到了第18名，11月份的客户满意度上升到了第14名，跨入了系统内的中上游。积极开展“全国百佳文明服务单位”创建工作，克服时间紧、任务重的困难，使营业部顺利当选全国百佳示范单位，成为系统内仅有的9家示范单位之一。

交通银行海南省分行个金业务发展状况

2009年，交通银行海南省分行零售条线认真执行总分行党委、行长室的各项决策，坚定战略转型不动摇，重视并改善客户体验，坚持客户推进，内抓管理、外拓市场，深入推进零售转型，提升综合贡献水平。

零售业务指标快速发展，呈现多处亮点。

一是储蓄业务快速发展，市场占比持续提升。2009年，我行新增储蓄存款11.75亿，存款余额达到44.66亿，较年初新增35.72%，余额增幅在同业名列第三，在系统内均名列第四。储蓄市场占比达到4.73%，较2009年初上升0.51个百分点，达到历史最高位。

二是中高端客户数快速增长，客户结构持续优化。2009年，我行存量达标沃德客户为1985户，较2009年初增长55.44%；存量达标交银客户6788户，较2009年初增长56.37%。客户结构不断改善，中高端客户资产量占比为86.59%，较2009年初增长1.59个百分点。

三是贷记卡数量持续增长，发卡质量保持系统领先。2009年，我行新增贷记卡19087张，总行完成率为109.07%，存量贷记卡客户66148张，较2009年初增长40.56%。贷记卡活卡率为61.76%，系统内排名第二。卡均消费已达22942元，在保持卡量快速增长的同时，维持优质的发卡质量。

四是零售信贷业务快速发展，业务质量保持稳定。2009年，我行零售信贷余额为15.7亿元，较年初增加57%，其中个人贷款余额较年初增幅43.69%，小企业贷款余额较年初增幅为992.86%。我行个人消费贷款增幅为41.11%，连续保持全省首位。全行个人不良贷款率为0.38%，小企业不良贷款率为零，资产质量保持良好状况。

重点项目建设取得突破进展，强化业务支撑。

一是顺利启动医疗IC卡系统改造项目，先后与省内三家社保局达成合作协议，同时在各个相关部门的配合下，完成了医保认同卡的制发卡、批量入账、POS交易等环节的测试，成功推出海南省第一张太平洋海南医保认同卡，解决了困扰我行多年的医疗 IC 卡系统落后、功能单一、成本过高及投诉居多等问题，为我行开展进一步的交叉销售做好了准备。

二是通过开发上线综合积分系统，梳理增值服务渠道并进行整合，既满足了客户对于增值服务的需求，又在渠道使用成本不断上升的情况下，成功削减了相关费用。

三是上线计价考核系统，顺利实现业务计价，通过年度主要业绩计价考核方式，以多劳多得为分配的基本原则，实行业绩计价管理，全面、客观、真实反映与计量全行员工的零售业务贡献度。

四是内外卡收单业务逐步完善，与海南银联商务有限公司签订合作协议，为我行内卡收单业务的发展打好基础。同时，改进外卡收单系统，尝试采取异地接入的模式，顺利推进外卡收单业务的发展。

五是深化与政府部门、工商联、行业协会的持续合作。

优选小企业客户，实施集群化营销，2009 年以来借助“海南民营 100 成长之路”专项活动平台，已参加 25 次融资对接会，累计为 60 多家小企业和 100 多位企业业主提供了贷款支持，成为唯一一家赢得省委省政府表扬及奖励的商业银行。

制度及队伍建设不断完善，风险控制能力逐步增强。

一是细化制度，严控风险，先后制定《交通银行海南省分行客户经理操作手册》、《交通银行海南省分行沃德网点管理办法》、《交通银行海南省分行保险销售人员管理办法》等制度，进一步规范了业务操作流程，不断推进制度建设；同时注重风险管理教育，增强员工合规意识，采取多种形式在零售条线集中开展依法廉洁从业的法规教育，提高条线员工学规、知规、守规、执规意识和能力，营造依法经营、守规操作的良好氛围。

二是完善考核，优胜劣汰，通过建立客户经理平衡积分卡考核机制，在理财产品销售，客户管理，内部运营指标、学习成长指标四个方面对客户经理的工作进行全面评价，并通过一定比例的末尾淘汰以及相关晋升机制，激发客户经理竞争意识，优化队伍建设。

客户活动丰富多彩，市场营销成绩显著。

开展“个金春季大营销”、“个金产品销售劳动竞赛”等全行性集中营销活动，取得突出效果，极大地促进了各主要业务指标的达成。与此同时，分行通过举办“鸿运当头”暨新春客户送花活动、三方存管客户抽奖、沃德客户健康讲座、白金沃德客户体检、沃德客户中秋答谢会、“礼在交银、欢乐畅享”等丰富多彩的活动，丰富了客户品牌内的内涵，提高了客户满意度。

服务质量工作持续提升，品牌形象不断提升。

随着提升服务质量工作的不断深化，我行品牌知名度逐步提升，优质服务的形象获得了同业及客户的广泛认可。营业部获全国“百佳”网点，得到海南省银行业协会会员单位全票推荐，推荐票比第二名高出一倍 ，是海南省唯一一家满分通过全面复查的网点；四家支行获得 2009 年度海南省银行业文明规范服务示范单位，网点得分囊括前三甲，入选网点总数量及参评网点平均得分均为第一名；在服务质量得到了客户的普遍认同，并成为当地同业赶超对象的基础上，我分行开展了“走进交行，感受服务”—交通银行服务之星评选活动，通过五星评选，把我行的优质服务形象全面推向社会，在社会上取得良好反响；10 月份，在《海南经济报》组织的银行服务质量大调查活动中，我行网点服务质量获市民评价最高分。在此次调查中，《海南经济报》记者分别走访了工、农、中、建、交行、光大、深发、邮政储蓄八家银行多个营业网点，组织市民为各家银行打分评星。我行网点综合评星为四星半，在八家银行中位居第一。

交通银行重庆市分行个金业务发展状况

2009 年面对复杂多变的经济金融形势，重庆市分行严格贯彻国家金融方针政策和总行各项工作部署，紧紧围绕“两化一行”的发展战略，努力抓抢发展机遇，在经济周期波动的背景下，迎难而上，在行长室的大力支持下，在全行个金条线人员的共同努力下，较为圆满地完成了总行下达的各项指标任务，其中 12 项指标超额完成全年计划任务，8 项指标列系统内前 15 位，另有 2 项非考核指标“银行卡收单业务量”、“公务卡新增卡量”分别列系统内第 1 位和第 8 位。

同时，在外部媒体及监管机构评选中多次获评“最佳服务银行”、“最具影响力中资银行”、“最佳零售银行”、“最受欢迎理财团队”、“最具信赖银行”、“最佳财富管理银行”、“最受市民推崇银行”等称号，得利宝理财产品、手机银行、沃德财富品牌获评“最佳银行理财产品”、“最佳手机银行”、“最具影响力贵宾理财品牌”，在各项业务竞赛中获得公务卡推动一等奖、“跑赢大市，超越标杆”劳动竞赛代理保险业务争先进位二等奖、“久久传奇”营销竞赛活动“销售明星分行”大奖等奖项。

一、围绕客户发展，加大产品交叉销售，以销售促进客户资产提升和结构优化

一是以产品销售为抓手努力稳定现有客户并积极营销他行客户和资金。分行高度重视智慧添利对客户发展及行外资金的重要牵引作用，累计销售和存量余额均保持持续快速增长，稳居系统内前三强；

二是加强沃德交银客户及三方存管、代发工资等基础客户群的拓展和深度挖掘工作。2009 年分行沃德客户数量及资产提升较 2008 年新增提速，一季度就完成全年沃德新增计划任务的 47.33%，并于 10 月份提前完成全年计划任务。截至 2009 年末，分行资产 50 万元以上的个人高端客户较年初增加 39%，个人高端客户资产规模较 2008 年增幅 43.72%，占 2009 年客户资产增长总量的 43.56%；资产 5 万元以上的个人中端客户数较年初增加 24.65%，客户资

产规模比年初增长 15.23%，占今年个人客户资产增长总量的 38.25%。

二、扩展个金销售收入及中间业务收入的新增长源，以代理保险和卡收单业务的发展，稳步扩大分行中间业务收入

分行代理保险业务快于、优于、高于、好于全行发展水平，亮点多、质量好、效益高，创造了系统内的多个第一：代理保险业务收入完成率列系统内第一；平均手续费率列系统内第一，高于全行平均水平 2.55 个百分点；期缴销量位居全行第一，在全国期缴 50 强的网点中，分行有 29 个；银保通系统出单率 100%，有效防范操作风险；网均销售笔数全行排名第一，是分行个金销售收入的主要增长点。

2009 年，分行收单交易量完成总行全年计划的 806%，系统内排名第 1 位。根据银联公司三季度末统计数据，我行在重庆地区间联收单市场占比 9.48%，较二季度末提高了 5.15 个百分点，间联收单交易量增幅列重庆市银行业第 1 位，形成分行中间业务收入新的增长点。

三、强化双币卡交叉销售，将上门销售及厅堂销售相结合，努力提升卡质量，倡导办实卡、办活卡

针对我行厅堂销售相对薄弱的情况，拟定交叉销售厅堂销售培训计划，按支行推进交叉销售话术及销售技巧的培训；与零售信贷部召开专题会议，下发《关于房贷客户交叉销售贷记卡业绩考核统计事项的通知》，调动支行及零售信贷客户经理交叉销售双币卡积极性；出台交叉销售（含公务卡）交表预付政策，有力促进卡量增长。自 3 月份推动交叉销售以来，月均交叉销售量较推动前提升了 3 倍，日均进件 2 张以上的网点数由 9 个增加到 21 个，交叉销售占比较 2008 年有大幅上升。截至 12 月末，分行交叉销售卡量占比达 68.92%，同比增长 11.77%，交叉销售渗透率达到 22.31%，销卡量同比减少 10860 张。

四、严防风险，强化风险意识，推动各项个金业务持续健康发展

在理财产品销售方面，多次对支行销售人员开展销售合规性重点培训，并采取支行自查和分行抽查等多种方式不断规范销售行为，年初到期的四款负收益理财产品均顺利完成兑付。

卡业务方面，出台《关于进一步加强贷记卡发卡业务风险管理的通知》、《关于规范重点企事业单位团办贷记卡办卡及审批流程的通知》、《关于进一步规范信用卡业务办理的通知》等系列风险防范文件，同时下发双币卡进件风险提示单，对营销过程中出现的风险点及时进行控制，严格按照总行相关要求，合规办卡。

同时，加大透支催收力度，一是新引进一家外包律师事务所，实行优胜劣汰，有效提升透支回收率；二是实行定期例会制度，就透支催收工作与外包律师事务所进行沟通、分析，确定催收重点，解决难点；三是，协助办卡支行逐户分析透支，确定催收重点，及时与外包律师事务所联系、沟通，配合催收；四是及时准备相关起诉材料，配合法院起诉、执行。截至 12 月末，卡中心委托分行催收的案件处理率 100.82%，列系统内第 1 位，资金催收回收率 21.73%，由年初第 13 名上升到目前的排名第 8 名。

五、借助良好的市场环境和政策环境，依托零售信贷架构的彻底整合，分行零贷业务实现了飞跃式的发展

分行通过多样化营销方式、强化营销宣传力度，提升宣传效果，不断适应市场环境，抢占市场份额。一是定向营销，通过 ACRM 系统、数据仓库等挖掘、筛选目标客户名单，对交银理财及以上客户采用电话营销、发送产品短信以及夹寄产品宣传折页等方式交叉销售零售信贷产品；二是加大源头营销，通过与公积金管理中心加强联系，成功切入当地多个楼盘的个人住房商业性贷款的按揭办理，通过对市中小企业局紧密沟通，与其旗下的中小企业融资中心初步建立起业务合作推介关系，通过与市内 8 家大型二手房中介商建立合作关系，形成分行以二手房为支撑的房贷增长模式。三是现场营销，把握房交会、楼盘开盘、拆迁安置等批量销售机会，组织支行提早介入前期准备工作，集中人力物力做好现场营销。2009 年，分行零售信贷规模增长近分行成立以来总规模的 50%。

六、在主体业务持续发展的基础上，分行在新兴业务、传统优势业务上不断进取，形成了分行营销领域新的突破口

2009 年 3 月，我行结合银行卡市场发展的需求启动银行卡收单业务，并在重庆地区首家引进收单业务外包服务，开展特约商户拓展、POS 机具安装及维护工作。分行及时分析重庆市银行卡受理市场，找准商户拓展的突破口，制定拓展方向，抢占银行卡受理市场，现已在占领了重庆市的家居各大卖场、电脑市场、婚纱摄影、美容行业等。在加快拓展特约商户，扩大银行卡受理市场份额的同时，积极优化我行收单业务系统，开发了特约商户刷卡资金“零点”清算系统，保障特约商户刷卡交易资金及时入账，每日刷卡交易明细对账的顺利进行。

在 11 家银行激烈竞争中，重庆市分行以优质的服务、便捷安全的系统支撑，连续 9 年独家中标主城 8 区市级机关代发工资业务。2009 年，以总行新推出的代发工资薪金卡和联名薪金卡为契机，以“银企新干线”为品牌，制定了以薪金卡和联名薪金卡为营销亮点，以企业网银、公务报账为辅助营销手段，在全行开展新一轮的代发工资营销热潮。针对总部设在重庆，连锁店遍布全国的外资集团公司——重庆金夫人实业有限公司非常注重企业形象及标准化管理的特点，推荐“银企新干线”及联名薪金卡，成功营销该公司将薪酬发放转至我行，通过深入的合作及良好的后续服务，该单位的 POS 收单业务也全部转至我行。

交通银行甘肃省分行个金业务发展状况

一、业务数据

2009年分行个金业务在总行“争先进位、跑赢大市”以及分行“四个重视，四个提升”的正确指引下，圆满完成了2009年的工作目标：储蓄存款新增14.1亿元，计划完成率为128%；管理的客户资产新增22.3亿元，计划完成率149%；沃德客户新增909户，计划完成率101%；交银理财卡新增7032户，计划完成率100.46%；实现保险销售收入437.57万元，计划完成率109%；代发工资、基金定投、三方存管等指标在上半年完成率已超过100%，各项重点业务指标均提前超额完成；我行储蓄存款市场占比在兰州地区为7.79%，较年初提高28个基点。与招商银行差距缩小了42个基点，增量占比9.3%，仅落后于建行、工行和兰州银行，在同业排名第四，超过招商银行两个位次；个金销售队伍建设基本完成；客户维护工作形成体系，个金业务市场竞争力大幅提升。个金业务发展上了新的台阶。

二、具体工作

（一）早动手、早安排，抢市场先机

第一，为了使个金业务取得良好开局，分行提前安排布置，开展了“开门红”网点竞赛以及客户活动计划等；为鼓励优胜、刺激后进，我们制定了分组PK形式的揽储竞赛方案，以调动全行各网点的揽储积极性。通过定期理财产品销售、代发工资、以7天理财产品吸引三方存管“证转银”资金等方式，使储蓄存款最终在年底实现了创历史新高的目标。

第二，基金销售取得了突破性进展。连续7只新基金发行，我们均出色完成了销售工作，其中嘉实回报在总行排名第一、华夏沪深300和交银治理ETF基金均提前超额完成任务，在总行排名靠前，获得了总行嘉奖。这也为我们个金销售收入的增加立下了汗马功劳。

第三，为了优化客户资产结构，稳定客户忠诚度，我们结合总行的各项业务竞赛，围绕重点基金、保险、得利宝理财产品销售进行了突击推广、交叉渗透，使我行AUM指标中产品占比提高到了26%，全行排名第十，获得了总行竞赛活动的优胜奖。

（二）持续开展网点竞赛活动，营造争先进位的赶超氛围

为了保持分行个金业务发展的连续性和有效性，结合总行“点燃基情”、“保赢行动”、“交银理财推广”、“沃德财富品牌”专项营销等活动开展了丰富多彩的揽储增存竞赛、全年基金争霸赛、银保业务推动竞赛、基金定投集中营销推广活动、三方存管推动等销售比赛，成效显著。

（三）成功举办了保险特训营

2009年度最大的创新和收获就是保险特训营的开展，经过两期紧张而热烈的集训，分行保险销售实现了质的飞跃，不光在件数和保费上都取得了喜人的成绩，各网点销售人员的销售积极性和主动性都得到了极佳的展示。我们的网点销售团队在特训中真正做到了挑战自我，超越自我，真正体验到了团队凝聚力和团队作战的乐趣，收获到全力付出后的成长、进步和快乐。

（四）积极开展丰富多彩的客户体验活动

第一，按照年初的客户活动计划，我们分别在为了突出我行“沃德财富”客户服务品牌，更深入细致的做好高端客户的维护和挖潜，体现对高端客户的关注，分行在年初策划了本年度客户活动计划，目前已经开展了“新春答谢送红酒”、“品位女人·魅力三八”女性健康养生专题座谈、“端午佳节粽香送祝福”、“中秋佳节团圆夜”以及以“沃德财富之旅”冠名的三次客户投资报告等专题客户活动，尤其是三季度组织开展的“与水皮面对面”客户投资见面会，邀请了全国著名财经评论员、中央二套经济频道《财经时间》客座嘉宾水皮先生给我们的高端客户做了一场专业的投资报告在客户中引起了很大反响，口碑极好，在同业中也得到了广泛好评。特别值得一提的是今年我行尝试客户活动分层化，针对不同资产等级的客户，以网点为单位，度身定做了多场小、众形式的客户活动，效果很好。我行客户体验活动逐步走入常态化、深层次的轨迹。

第二，为进一步提升太平洋卡的美誉度，持续提高持卡人群的卡品牌识别度和依赖度，培养刷卡消费意识，促进太平洋卡消费量和卡收入的增长，开展迎“国庆”“中秋”刷卡有礼活动。

（五）完善了个金队伍建设

经过竞聘和转岗，分行目前共有对私客户经理54名，按照总行客户维护要求以及网点业务发展情况，我们和人力资源部经过认真调研、选择，在高端客户数量达到要求的网点配备了沃德客户经理，这样我们达到了个金销售队伍在结构上的完整。

交通银行新疆区分行个金业务发展状况

2009年全行个金条线在总行个金部的正确指导下，在分行领导的正确指挥下，齐心协力，一起面对风云变幻的金融市场，一起应对客观环境的影响，在挑战与困难中坚定前行，分行各项个金业务取得了一定的成绩，全体战斗在个金条线的干部员工面对同业激烈的竞争始终保持着积极进取、斗志昂扬的精神。

一、2009年个金业务各项指标完成情况

截至12月31日：（一）人民币储蓄存款。人民币储蓄存款同比新增0.58亿元，完成总行计划的121.27%；市场占比较年初提升了0.08个百分点，占比提升在当地同业中排名第六名。人民币储蓄完成率在系统内排名17位。（二）管理的个人资产增量（AUM）。AUM增量完成总行计划122.80%。AUM完成率在系统内排名23位。（三）个金销售收入。

全行个金销售收入完成总行计划的110.89%。完成率系统内排名13位。（四）双币信用卡。双币信用卡完成总行计划的64.35%，双币信用卡完成率系统内排名22位。（五）代理保险手续费收入。代理保险手续费收入同比多增112.17万元，完成总行计划的83.15%。代理保险销售手续费收入完成率系统内排名15位。（六）代发工资净增户数。较上年四季度平均代发工资户新增，完成总行计划184.11%。代发工资完成率系统内排名11位．（七）个金条线中间业务收入。各项个金业务中间收入完成总行计划的80.64%。完成率系统内排名32位。（八）沃德财富客户。新增达标沃德财富卡客户完成总行计划的86.33%。达标沃德客户新增完成率系统内排名27位。（九）交银理财客户。新增达标交银理财卡客户完成总行计划的83.85%。达标交银理财客户新增完成率系统内排名26位。（十）太平洋借记卡业务。太平洋借记卡较年初增加5.41万张；太平洋借记卡有效卡发卡量较年初增加1.5万张，完成总行计划100.07%，有效卡新增完成率系统内排名25位。（十一）第三方存管业务。第三方存管客户新增完成总行计划的143.17%，完成率系统内排名6位。

二、2009年个金业务发展中的各项工作举措

2009年我行个金业务始终以客户发展、客户体验为中心，重点围绕客户队伍建设与拓展、个金销售队伍建设与优化、商户收单业务开拓和维护等方面全面开展，具体如下：

（一）客户队伍建设及产品销售层面

1. 积极优化储蓄存款结构，进一步夯实了业务基础。一是通过各种途径宣传、积极引导支行稳存增存，顺势而为，积极拓展储蓄存款源头，增强存款的稳定性，优化储蓄存款结构。二是分行对各支行下达年末必达任务数，并采取了奖罚措施，力保市场占比提升。

2. 突出得利宝产品“保本保收益”亮点，保障了客户收益，提高了中、高端客户的忠诚度。得利宝“添利”系列产品的推出，使得理财产品市场竞争力增强，客户理财品种更加丰富，逐渐取代保本保收益类产品，成为客户青睐的理财品种。分行按照银监会及总行相关政策、文件要求，认真及时履行自查、规范等工作。举行多次政策解度、业务指导及流程规范方面的培训，加强了客户经理等的培训及制度学习，全面落实相关文件要求。

3. 代销基金业务向重点销售和常态化销售转变。针对总行推出的重点基金积极开展销售前的预热，销售中的推进，取得了较好的销售局面。以基金定投减低客户投资风险，逐步将阶段性的基金销售转化为常态化销售的日常业务，淡化了重点基金突击任务而带来的风险，逐渐形成了旺季销量井喷，淡季销量不减的局面。

4. 保险业务为个人客户提供了更加广阔的投资渠道，个金代理保险业务实现了较大发展。2009年，我行代理销售保险产品突破1亿元人民币，从保险产品销售情况来看，总体销售进度较平稳，但季节性影响较明显，银保通出单率较高。并及时进行经验总结，吃透产品特性，认真分析客户群体并积极开展客户营销工作，取得了优异的成绩。

5. 代发工资业务以“薪金卡”为依托，新增客户拓展提速，基础客户队伍进一步扩大，质量进一步提升。一是指派专人每月下发支行代发明细数据，对代发业务、薪金卡情况月度分析。二是以“薪金卡”为依托，突出我行代发工资价格及服务优势，积极利用这发工资专属产品拓展新客户。三是根据年末年初是代发业务的高峰这一特点，开展代发业务专项活动，拿出资源，激发销售人员营销积极性。四是开展面向重点代发工资单位的新年理财专题讲座活动。

6. 扎实做好第三方存管业务，夯实对私客户基础。一是个金部对驻点券商人员进行了调整，切实发挥券商驻点的效用。支行的券商驻点人员进行了调整，营造券商之间的合理竞争。二是发挥支行附近有合作券商的地域优势，树立标杆。三是分行拿出资源为三方存管新开客户配送开户礼。此外，通过个金业务周报、业务培训等机会，给支行之间搭建了良好的交流沟通的平台。

7. 中商端客户群发展平稳，潜力客户群体进一步缩减。中商端客户通过积极的柜面营销工作、完善售后服务、提升中高端客户的服务质量、逐步提高并完善客户体验，培养并扩大中高端潜力客户群提高客户群体。

8. 双币卡发卡继续坚持交叉销售，并大力拓宽公务卡、世博卡发卡渠道。信用卡发卡工作仍以交叉销售为主，其他发卡渠道为辅，并新增了公务卡、世博卡两款新产品，对分行的信用卡发卡工作起到了一定的促进作用。从积极宣传交叉销售，配送精美开卡礼入手，对外加大培训力度，对内严把初审关。

（二）个金销售队伍建设与优化层面

在本年的工作中，分行加大了对私客户经理、大堂经理的队伍建设，在经过09年个金条线人员应聘考试后，目前我行有客户服务经理12名，助理客户服务经理35名，大堂经理25个，进一步扩大了个金条线人员队伍，为全年的个金产品销售工作奠定了坚实的基础。

一是个金部加强了对两支队伍的日常管理工作，每日发送总行新的产品及市场分析信息，每季度实地工作检查及指导，形成报告，汇总工作绩效，定期进行通报。一方面引起了支行负责人的高度重视，同进也在各支行销售人员中形成你追我赶的良好氛围。二是加强个金客户经理后备人员梯队建设，举行了后备营销人员选拔工作，将16名素质高、营销意识强的支行人员纳入个金营销人员后备人才库，并定期举办后备人员培训及测试，储备优秀后备人才。三是加强业务培训学习，多次针对理财产品、基金、保险、中高端客户等业务进行集中式培训，同时送培训到

支行，进行小范围的培训及业务指导。四是有效地组织全行个金核心岗位人员定期参加“个金大讲堂”的培训并进行网络考试，组织个金重点岗位人员进行 AFP、CFP 等专业理财人员选拔考试。为理财师队伍建设打下了基础。

（三）商户收单业务开拓和维护层面

针对分行个金中间业务收入来源单一，过重依靠全国通手续费收入等情况，个金部积极探索新渠道，拓宽收入渠道，大力开展收单业务。一是个金部提出大力开展收单业务后，分行领导高度重视，对支行负责人及各部门负责人进行了有效的精神传达，动员全行员工积极拓展商户收单业务。二是加强对支行人员的培训。为了使支行人员掌握收单业务的相关知识及营销技巧，明确分行收单商户目标客户。三是制定有效的激励办法。制定了收单业务竞赛方案及营销人员激励办法，促进分行收单业务飞速发展。同时，为了规范业务开展，分行制定了业务管理办法，规范了业务开办流程。

二、全国著名个人金融机构形象展示

（一）中国工商银行典型个人金融机构形象展示

安徽宣城宁国支行营业部贵宾理财中心

宁国支行贵宾理财中心自从建立以来，经过近两年的运行，已成为全行各项业务发展的“领头羊”，实现了网点增效，优质客户增多，员工成长的三赢格局，取得了明显的经济效益，在同业界也树立了良好的品牌形象。为宁国支行个人金融业务跨越式发展，提供了可靠的基础。截至2009年末，贵宾理财中心各项存款余额12.74亿元，其中储蓄存款5.06亿元、较年初新增1.47亿元，新增理财金账户413户，营销银行卡14781张，实现中间业务收入1089.22万元。

一、改善环境，打造一流的网点，树品牌形象

为打造一个形象一流、服务周全、能够代表、体现工行品牌形象，并达到精品网点标准的理财中心，2005年初，在上级行关心和支持下，将支行营业部大厅进行物理分区改造装修，采取分区服务，设有现金区、非现金区、自助区、理财区、贵宾区，各区设置了指示牌，2006年底，再次对该网点进行改造，将支行营业部二楼改造成贵宾理财中心，大大增强了硬件优势，使客户一走进网点就一目了然，营造一种秩序井然的人文气氛，使该网点真正成为自助设备先进、营销功能齐全、人员构成合理的综合性、多功能网点，在硬件上树立了良好的外部形象；在软件上实施系统培训、学习，帮助员工转变观念，每周不少于2小时各种学习，同时发挥大堂经理作用，做好客户识别、分流引导工作。宁国在支行贵宾理财中心业务量大，客户排队现象严重，易造成与客户发生冲突，对发展优质客户有一定的影响。为解决上述现象，行领导高度重视，在全行选定一名高素质的大堂经理，负责对营业大厅客户的识别、引导、分流。每天大堂经理不停地穿梭于顾客之间，耐心细致地解答客户的提问，热情介绍工行新业务品种，引导客户办卡使用自助机具，积极帮助客户解决疑难问题，认真化解与客户之间的矛盾，密切了银客之间的关系，深受广大客户好评，提升了工行良好的外部形象，也更加使我们充分认识了大堂经理这个岗位，在核心竞争力工作过程中的关键作用。自项目运行以来，全行自助机具业务逐月上升，2009年初，为缓解自助区自助设备压力，宁国积极争取，得到上级行的支持，在贵宾理财中心北边又增设一个自助区，目前宁国支行贵宾理财中心南、北两边各设一个自助区，在全省工行网点奶之在全国工行网点也仅此一家，并且每台ATM机日均业务量达300多笔，日均交易金额达200万元，名列全区ATM业务量之首，大大缓解了柜面压力。

二、积极实施“打造当地第一零售银行”战略

今年以来，宁国支行认真贯彻落实上级行“打造第一零售银行”战略，紧盯市场同业占比，举全行之力深化“大个金”业务发展，其贵宾理财中心是支行各业务发展的主“战场”，为抢占业务制高点，贵宾理财中心积极实施“打造宁国第一零售银行”的目标，一是顺势调整理思路，面对困难局面，提出了“从实入手，按市场运行规律和要求调整工作思路，适应工行改革发展形势，科学发展，提升质量，资产负债与中间业务并进，经营管理和健全机制并重”的工作思路，以优质个人客户群带动，促进个人业务等综合发展。同时，面对不断激烈的同业竞争态势，贵宾理财中心认真贯彻落实支行要求，引导全员摒弃“比过去、比同期、比历史”的传统基数观念，坚持以市场为目标，把市场占比作为衡量业务发展的标尺、工作业绩的标准、绩效挂钩的基础、优胜劣汰的依据和高管履职的重点，提出“增量份额超过存量占比”的动态目标管理模式，将业务经营发展与地区金融发展挂钩，在系统内与先进行对比；二是实施“竞争高端客户、发展中端客户、培育潜力客户”战略。把中高端客户拓展作为大个金发展的基础工程，充分利用PBMS系统功能优势，全面、准确掌握客户相关信息，筛选、锁定一批重点客户和潜力客户；通过柜台或大堂识别、挖掘一批客户；对理财金账户、证券账户、购买了基金、理财产品等客户资料进行清理、补充，多种渠道收集客户资源，把周边4个中高档社区作为客户拓展重点，特别是把其中家庭收入20万元以上的居民作为客户资源拓展的主攻方向，通过加大柜面营销宣传、组织客户经理开展“进社区”上门推介活动等，加速提升市场份额；三是开展阵地营销，拓展优质客户群，维系客户关系，开展项目建设以来，贵宾理财中心的大堂经理、柜员和客户经理之间建立了密切联系，优质客户被识别出来后，从多个渠道获得了优先服务，同时为他们建立优质服务信息平台。贵宾理财中心的客户经理对优质客户做到亲情化，“一对一”服务。客户到营业部办理业务时，客户经理或大堂经理做到全程陪同，并且经常通过走访、电话问候、节日发送短信等方式进行维系，做到每月不少于一次的联系与沟通，在对客户的维系的过程中，做到悉心与客户交谈，并有意向地去了解客户的投资意向，进一步获取有价值的客户信息。通过与客户间的友好交流，密切了关系，有些客户主动关心行内的各项工作，提出合理化

建议，并且积极帮助引进新的客户资源。贵宾理财中心自营运以来，就新增优质客户300多户，存款余额达8000万元，大大提高了优质客户占比，优化了存款结构，也为营销个人金融产品奠定了良好基础，贵宾理财金账户和“含金量”在全区独占鳌头。截止到2009年12月末，当年新增储蓄存款1.59亿元，实现了同业占比第一，为下一步个人业务发展，全面提升市场竞争能力，打下坚实的客户基础和市场基础。

三、发挥贵宾理财中心整体营销能力

为进一步加强贵宾理财中心个人金融业务运营管理，积极创新、开拓思路，以考核促发展，在提高客户满意度的同时有效提升了贵宾理财网点经营绩效和核心竞争力，一是细化考核，突出重点为了更科学进行全面系统监测，制订了《贵宾理财中心综合考核办法》，采取定量与定性相结合的方式，全面、科学地评价各贵宾理财中心的个人金融产品营销能力、客户满意度等情况，以指导理财中心持续提升网点个人金融业务发展水平。综合考核办法涉及储蓄、理财产品销售、优质客户结构及新增与升级数量、产品渗透率等十余项指标，以达到通过考核促进服务质量的有效提升和业务发展、提升贵宾理财中心的综合经营效益的目的；二是强化督导，每月通报，为增强精细化考核对业务效果，建立了定期通报制度，每月贵宾理财中心业务情况进行通报，同时分析存在问题和差距，提出下一步改进和完善工作要求。除此之外，每月对理财客户经理管户客户的各项指标进行统计通报，督导客户经理认真做好贵宾理财中心优质客户的维护工作，切实提高管户效率；三是全方位强化渠道宣传，树立专业理财形象。为强化媒体对贵宾理财中心的宣传作用，以全力推动各项理财产品销售，以“理财金账户”为核心品牌，积极探索媒体宣传的创新形式，将传统与创新宣传渠道相结合，开展全渠道品牌宣传和媒体推广，精心打造贵宾理财中心本地区理财专业形象。截至2009年12月底，贵宾理财中心当年累计销售个人理财产品8211元，其中代理保险销售2811元，均居同业第一，贵宾理财中心销售各类理财产品占全行总销量的85%，服务优质客户覆盖全行优质客户70%，已成为该行为优质客户提供分层次服务的重要平台与开展产品营销工作的主要阵地。

四、狠抓内部建设 努力提升服务水平

贵宾理财中心依托以开展社会公共服务评议活动为契机，把抓优质文明服务作为提高员工素质、提升社会形象、增强竞争发展能力为切入点，努力打造一流优质服务水平，以进一步推进全行行风建设和各项业务发展。一是扎实开展“树立现代金融服务理念，打造一流金融服务品牌”为主题的教育活动。通过主题教育，在员工中树立现代金融服务理念，不断创新服务方式，改善服务态度，规范服务行为。做到每天了解客户对支行服务的评价，征求对支行改进服务的建议，就客户提出的意见，认真梳理，及时反馈有关服务人员，根据不同的职责范围要求自查自纠；二是把主题教育活动与打造第一零售银行结合起来，促进大个金业务快速发展。在服务环境得到改善的同时，以开展社会公共服务评议活动和主题教育为契机，狠抓“三声+微笑”服务，并在客户休息处为客户准备了茶水、阅览资料、视频影像，有专职客户经理介绍理财产品，指导办理业务；三是延伸服务内涵，让客户更好的体验我行的金融产品。定期组织客户经理开展“三进”活动，即进机关、进企业、进学校，以三进活动为平台，为客户做产品演示，推介工行新产品。并对我行的优质客户实现一对一的体验工行的产品与服务，使客户在体验牡丹卡服务、自动还款、分期付款、网上理财支付、小企业信贷、贸易融资等业务服务中认可工行的服务品牌；四是认真开展行风民主评议，扎实推进行风建设。行风是一个单位内在素质和外在形象的综合体现，通过开展广泛征求客户意见，解决服务工作中客户反映最为突出的问题，把提升服务质量，提高服务效率，打造服务品牌，作为评议工作的重点。同时面向社会公开聘请五名“行风监督员，”对我行行风建设和服务工作进行实时监督。对于我行营业部客户等候现象严重，要求大堂经理放弃节假休息日，分流引导客户，同时广泛听取社会公众对我行的服务意见，加强与客户沟通，并及时反映到上级，最大限度地满足客户需求；五是打造一流的员工队伍，努力提升员工的业务技能和服务水平。一方面狠抓员工金融服务理念的转变，服务意识的提高；一方面狠抓员工业务技能的提升。工会定期向每一个员工下发全面业务知识竞赛学习资料，并组织知识测试；在营业网点开展每月的“服务明星”评选活动，并给予精神和物质奖励；严格执行“首问责任制”，对出现服务差错和事故责任人将视情节严肃处理。目前全行已形成良好的学习风气和主动服务氛围，由原来“要我做好服务”形成现在“我要做好服务”的自觉服务理念，得到社会各界和广大客户的一致好评。

举全行之力 打造精品财富中心

——东城支行营业室财富中心

东城支行营业室位于东二环总部经济商圈内，毗邻南新仓文化街、北京军区总医院、华普花园等高档小区，人口密度相对较大，周边客户的贡献度较高。作为工行北京分行窗口建设的重点单位，东城支行营业室曾获得过全国级“青年文明号”、“北京市模范集体”、北京分行“巾帼文明示范岗”、分行级“先进基层党组织”、“最佳理财中心”等多项荣誉称号，是一所多功能、全方位的大型现代化商业银行网点。

东城支行营业室财富中心现有员工 32 人，其中财富客户经理 2 人，理财客户经理 2 人，大堂经理 3 人，（取得 AFP 的 3 人,）柜员 19 人。截至至 6 月底，东城支行营业室财富中心个人储蓄存款余额 23.5 亿，较去年增长 2.7 亿；年内实现“1+4”指标 8.2 亿，较去年同期增长 2.1 亿．比去年同期增幅33%；外币存款余额1260 万，较年初增长 72 万元；我财富中心截至至 6 月底，共有理财金客户 4700 人，其中，私人银行客户共计 8 人，高端客户共计 400 人，中端客户共计 2700 人，中高端客户占比达到 74%。

2009 年 6 月 26 日在总分行的关心和支持下，东城支行营业室财富中心成立了．经过改建的营业面积近 1700 多平方米，主体分为两层：一层为普通客户服务区，主要为普通个人及普通集团客户提供了如本外币现金结算管理，投资理财服务等综合性的金融服务。二层为贵宾理财中心，主要为个人及集团的高端客户进行结算、财富规划，资产管理，专业顾问，现金管理等金融服务，是高端客户的专属服务区域。

经过精心的设计，一层普通客户服务区现划分为“一点六区”，即：一个服务总台，由大堂经理来了解客户需求并为其提供初步的引导服务；现金服务区和非现金服务区，为客户提供各种柜台服务和舒适的等候空间；电子银行示范区，让客户在等待叫号的同时体验电子银行服务所带来的快捷与便利；自助服务区，配有多功能一体机、存取款一体机以及补登存折、补打发票等自助设备，供客户进行自助操作；会谈区则为潜在优质客户提供了温馨、私密的空间与客户经理进行一对一的商谈．一层现金区共设现金窗口 7 个，非现窗口 3 个，最大程度的满足普通客户金融服务需求。

二层的贵宾理财中心从物理环境上分为理财金客户服务区和财富客户服务区，实现标准化服务和预约制服务的有效分离，增强了对高端客户的服务能力。中心共设置现金窗口 6 个，非现窗口 4 个。主要为高端客户提供“一站式”的金融产品与服务，同时突出财富规划、资产管理、专业顾问、增值尊享，全球金融等个性化财富管理。通过为财富客户提供专属服务区，专属产品服务及专属客户经理等手段，保证了高端客户服务的优先，同时又兼顾了中端客户、潜力客户和大众客户服务，实现了财富客户与其他层级客户服务分离。

财富中心成立时间虽然只有一年，但我们坚持“以客户为中心”的理念，以精细化管理为宗旨，以财富管理中心精细化管理规范为依托，重精细、抓管理、促效益，紧抓“一个标志，二点定位，三个强化，四种例会，五个指标，六项制度”，使我们在这短短一年时间里，共销售人民币理财产品近 4 个亿，各类基金 2.3 亿，保险理财产品 1.6 亿，E 卡 13000 张，个人电子银行产品共计 12000 户，理财金卡开立 1200 户，取得了良好的业绩，为网点的发展起到以点带面的作用。

一、统一一个标志，突出差别服务

良好的员工形象和精神面貌是财富管理中心为客户服务首要条件。为了全面提升财富管理中心的服务品质，突出财富客户“财，智，尊，享”的贵宾礼遇，我们首先在员工佩饰上提出了统一标识的区分办法。要求财富管理中心的每个工作人员都佩戴统一的红蓝色相间的丝巾，即体现了银行工作的稳重又透露出员工积极、阳光的工作状态，使客户来到财富中心后立刻体会到个性化、差别化的优质服务。

二、坚持两点定位，确保财富中心服务品质

第一个定位，就是注重细节。在细微处的周到服务，往往能够提高客户对我们的满意度。我们在人力不足的情况下，克服困难，统一调配人力资源，在迎宾区增设了大堂经理助理岗位，并集中对上岗人员进行岗前的礼仪服务培训，要求对每一位来到财富管理中心的客户都要有第一时间的问候和关照，不仅要有热情、得体的迎宾问候语，还要时刻关注客户需求，增加客户宾至如归的感觉。

第二个定位，就是每日必有一名客户经理在客户等候区值班，保证能够在第一时间与新开的理财金客户或潜力客户见面，这样既能有效配合柜面的优质客户推荐工作，又能发挥贵宾理财区挖潜优质客户资源的最佳阵地的作用。

通过这两个定位，为财富管理中心的基础运营提供保障：以大堂经理为核心，将各岗位紧密结合起来，各司其职。前台柜员识别了优质客户后，积极推介到大堂经理，再由大堂经理经过简单的识别，根据客户的特点，引导到不同的客户经理处进行接触营销。客户经理借此了解客户的需求，建立进一步的维护关系。每个环节环环相扣，提高了客户服务水平。实现柜员推荐到客户经理跟进再到接触营销的无缝对接，提高客户满意度打下坚实的基础。

三、推行三个强化，牢固树立财富中心管理核心地位

财富中心的管理是基于对客户资源、客户经理团队的管理。为了迅速提高财富中心的管理成效，我们将管理核心放在了“客户资源、服务流程、系统应用”三个方面，强化推行了客户推荐制度、无缝服务流程制度、PBMS 系统应用制度。在较短的时间内团队的战斗力得到迅猛提升，创造了许多佳绩。

（一）强化客户推荐制度

客户经理和客户之间好比“鱼和水”的关系，你中有我，我中有你，最终实现共赢。为了使客户经理能在第一时间发现客户，客户也能在第一时间得到银行员工的关注和帮助，我中心将客户推荐制度纳入了管理绩效考核。在每月的绩效考核中要求柜员、大堂经理分别完成 25 人次和 45 人次的推荐指标，如不能完成则要扣减当月绩效。强化推荐制度不仅实现了优质客户资源的传递，更增强了客户经理之间的有序竞争。

（二）强化无缝服务流程制度

按照精细化服务管理的规定，当日开立的理财金客户必须要在第一时间推荐到客户经理处。为了保证这一制度的有效实施，我中心提出了客户经理对新开理财金客户的确认制度。制度要求柜员在开立金卡后，要第一时间将客

户介绍到客户经理处，客户经理在有关单据上签字确认，表示已和此客户建立客户维护关系，柜员才算成功开立金卡一张，否则无效。在与客户的第一次接触中，我们还增设了客户填写“理财需求调查表”的服务环节，简单的表格填写不仅强化了接触营销的过程，同时为下一次的客户约访奠定基础，从而建立了完整的无缝服务流程。

（三）强化 PBMS 系统的应用

工欲善其事，必先利其器。PBMS 系统为客户经理的日常工作和客户维护工作提供极强的后台保障，是客户经理的工作好助手。针对客户经理对该系统使用不充分的情况，我中心推行了系统强化应用的制度。首先组织多次的系统使用培训，熟悉客户管理、营销管理、日常管理等功能模块；其次，要求客户经理通过该系统向主管报告其管理客户的大额变动，做好客户信息动态管理工作，以督促客户经理对系统的应用；其三，要求财富客户经理将高端客户的生日记录到系统内，以便日后的客户维护工作；其四，选择客户案例，利用系统对客户的家庭财务进行诊断，制定合理的理财方案。通过对系统的强化应用，不仅提高了客户经理的工作效率，而且还提升了对客户的服务能力。近期，我们就利用此系统，单笔成功营销了 100 万保险。

四、坚持四个例会，保障沟通顺畅

顺畅沟通是执行力的保障，良好的沟通机制有助于各种问题的及时处理。为此，我中心执行四个例会制度，即晨会、晚总结、周例会、月履职会。客户经理每日轮流利用晨会时间评说昨日重要财经新闻，做到信息共享。晚总结将全天营销业绩汇总、通报，以达到相互促进，相互学习的目的。四种例会制度各有特色，各有侧重，完善了财富中心的管理体系。

五、紧抓五个指标，推动财富中心快速发展

财富管理中心的快速发展是与理财金存量客户的增长和客户资产量的增长速度密不可分的。在大量的精细化管理工作实施后，财富管理中心进入了平稳的运行节段。为了使财富管理中心多出效益、常出效益、早出效益，我们紧抓五个指标：

1. 理财金渗透率：采取专人负责，指标到人的办法。以财富管理中心开业为契机，由客户经理向已达标但未开立金卡的客户逐一进行电话联络，邀请客户来我财富中心参加“贵宾客户服务体验”活动，感受工行优质的服务，引导在我行开立理财金，成为我行的优质客户。

2. 理财金达标率：要求客户经理通过挖潜它行资金，对其管户的客户资产每月都要有一定的环比增长，提高客户在我行资产量。

3. 每日客户电话回访率、每日客户面对面洽谈率、当月新增理财金客户（财富客户）是作为渗透率、达标率的辅助指标进行管理。客户经理的自主性工作较强，为了更好的帮助、引导客户经理工作。我们将他们的工作进行量化，要求每日的客户电话打通量至少要在 30 人次，并将联系内容记录在 PBMS 系统中，或每日接待 5—7 人的预约来访客户量，以从量上督导客户经理的工作，以提高客户经理的客户维护能力。

六、制定六项制度，加强团队建设打造财富品牌

细节管理的核心是规范化、制度化。东城支行营业室立足实践，勇于创新，先后在服务方式、团队建设、客户增值服务等三个方面创建了财富管理中心客户服务预约制、财富管理中心客户管理制度、财富管理中心分润制度、财富管理中心客户服务督导制、财富管理中心客户经理学习制、财富管理中心理财沙龙增值服务等六种制度细则，着力建设学习型员工队伍，培养员工的团队精神，不断提高全员的营销能力和服务水平，打造财富中心品牌，力求开创财富管理中心高速发展的新局面。

（一）建立财富管理中心客户服务预约制，体现特色服务

客户服务预约制是财富管理中心客户服务方式的特色所在。此制度的推行，不仅彰显了“先觉于人，方能尊享四方”的财富卡品牌内涵，更重要的是提高了客户对我行的忠诚度，使客户得到胜人一筹的贵宾体验。财富中心设立了统一的《财富客户预约服务登记簿》，记录每一位财富客户的预约到访情况和业务需求，财富中心主任根据记载情况，统一调配柜面人力，保证财富客户的预约服务质量。

（二）在团队建设方面做到各项措施齐头并举，实现两步走

财富管理中心是我行竞争高端客户的旗舰店和维护高端客户主渠道，要为其提供个性化、全方位、专家级的服务就必须依靠一支高素质的服务团队。因此，打造一支专业能力高，团队意识强的财富中心服务团队尤显重要。我们采取了两步走的方式：

第一步：统一认识，形成特色团队文化。百年企业靠文化。财富管理中心在初建伊始，我们就致力于打造“关注长远、和谐发展，团队至上”的团队建设理念，并利用各种机会开展了如“自我与团队发展之间的关系”，“团队维护重要性”等议题的讨论，使大家明确了团队合力才是财富中心发展的根本保证。

第二步：建章立制，确保团队建设。制度是团队合力形成的必要手段。为了加强团队成员之间通力合作精神，实现“岗岗有衔接，服务有备岗，客户有人管，专业有互补”的目标，我们先后创建了“财富管理中心客户管理制度、财富管理中心分润制度、财富管理中心客户服务督导制、财富管理中心客户经理学习交流制”，形成了独特的团队文化和合力。

（三）客户增值服务方面，通过组织特色沙龙，提升财富管理中心品牌知名度

东城支行营业室一直着力于提升财富管理中心的品牌影响力。在品牌建立初期和品牌推广过程中我们主要依托建立“名家名人相册”举办特色沙龙活动，精心推出了“五个一”特色客户维护方式等手段，从而提升高端客户服务附加值。例如针对来网点的名家名人等社会知名人士，开展影集留念的活动，一方面可以加强与他们的沟通和感

情交流，增进其对本中心的忠诚度，另一方面可以利用“名人效应”，扩大财富中心在东城区乃至北京地区的知名度，吸引更多的优质客户，打造一张极品工行金融服务名片。例如我们已联系好了著名导演贾樟柯，中国第一批摄影师家侯波等社会名流。随后我们又精心推出了“五个一”特色客户维护方式，即：通过一个电话、短信，送去一个祝福；通过一张贺卡、一束鲜花，送去一个惊喜；通过一次推介演示，送去一个收获；通过一次热心协助，送去一套方案建议；通过一次灵活变通，送去一个便利快捷，有效拉近了客户与我们的距离。在特色沙龙方面，我们将以“为您所用，因您而变，助您无忧”的服务理念与总行私人银行部、证券公司、基金公司、保险公司的交流会，开展各种常态性理财沙龙活动，满足客户多元化的理财需求；将理财沙龙立体化、生活化，从不同角度去满足客户的个性化需求，例如，对于女性客户，可以适时在沙龙之余穿插客户可能感兴趣的美容、时尚讲座，而对于男性客户，即可以与汽车公司合作，开展试驾活动，或者开展一些有关汽车保养和汽车美容、楼市近况的讲座，让财富客户体验财智尊享，品味金质人生。

在财富中心初建的一年中，探索了一些初步经验，当然还有更多的更专业化的服务需要我们去摸索和提高，我们将继续努力，将财富中心打造成我行高端客户服务的旗舰店。

提升精细化管理水平　营造个性化贵宾理财家园

——大连青泥营业部贵宾理财中心

青泥营业部贵宾理财中心，坐落在大连市最繁华的商业中心区，拥有得天独厚的地理和环境优势，2008 年升级为贵宾理财中心后，在支行党委的正确领导下，在主管行长的带领下以及全体员工的共同努力下，始终坚持“以客户为中心”的服务理念，以市场为导向，抓管理、拓业务，通过精细化管理、差异化营销、层次化服务战略，经过坚持不懈的努力，迅速成长为一家可为客户提供全方位优质服务、拥有强大市场竞争力的贵宾理财中心。

2009 年获得总行级“百强网点”、“学习型先进班组”的荣誉称号，曾多次被大连市分行、支行评为“先进集体”、“优质文明服务先进单位”以及“旺季营销第一阶段中间业务卓越贡献奖”等荣誉称号。

截至年末，营业部本外币各项存款余额为 447 072 万元，较年初增长 193 754 万元，增幅 76. 49%。其中对公人民币存款余额 352 161 万元，较年初增长 165 409 万元，增幅 88. 57%。人民币储蓄存款余额 93 393 万元，较年初增长 28 217 万元，增幅 43. 29%，完成全年计划的 175%，在大连市行 A 类网点储蓄存款增量排名第一。N 产品销售 157 465 万元，完成全年任务的 269%，其中基金销售 15 974 万元，稳得利销售 137 954 万元（灵通快线销售 111 179 万元），汇财通销售 2. 6 万美元，国债销售 3015 万元，代理销售保险 521 万元，1 + N 现金流合计 185 572 万元。实现中间业务收入 1394 万元，汇兑损益收入 56 万元。

一、以贵宾理财中心建设为契机，全面推行各项工作

（一）准确定位，突出重点，全力以赴做好贵宾理财中心建设

青泥营业部作为贵宾理财中心示范网点，支行领导高度重视，根据总行精细化管理的相关要求积极部署工作，营业部快速响应支行号召，认真落实，按照总行精细化管理实施方案积极开展自评自查工作，

对照自查结果，网点负责人多次集中讨论，细化落实整改措施，严格执行。在硬件环境上，一是进行合理物理分区，营业部以市场为导向，以客户及客户需求为中心，实现一岗多能，为贵宾客户提供一站式、一对一、舒适、专享的理财服务。二是精简岗位设置，优化业务处理流程，形成了岗位职权明晰，沟通快速有效的管理体制，提高了业务处理的效率和质量。

（二）积极开展各项营销活动，推进个人业务全面发展

自贵宾理财中心成立后，营业部通过积极响应市行开展的各项营销活动，发动员工积极参与重点产品营销推广，营造良好的营销氛围。通过开展理财沙龙的形式，邀请中高端客户参加，强化客户的投资意识，提高理财产品、保险、基金销售的成功率；组织召开员工和客户经理座谈会，分析理财产品、保险销售情况，总结理财产品、保险销售经验，解决了员工销售产品时面临的一些问题和为难情绪。

青泥营业部贵宾理财中心在销售理财产品的同时有效拉动了存款的增长，由 2008 年最初的 3. 8 亿元个人存款发展为 2010 年初的 9. 12 亿，在短短的三年时间里个人存款增加 3 个亿，增幅达 300%；对公存款由 2008 年的 10 亿元发展到 2010 年的 34. 23 亿元，增加 24. 23 亿元，增幅达到 200%。

二、以精细化管理模式为依托，打造令人称颂的服务品牌

2009 年，根据总行个人客户服务精细化管理项目的要求，以及市分行打造服务示范网点的工作安排，营业部十分重视此项工作，多次研究和部署改进服务的有效措施，通过形式多样的活动，加强员工文明优质服务的理念，使营业部的整体服务水平又有新的提高。一是开展以“操作严谨、优质高效、开拓进取、共创佳绩”为主题的服务提升活动，追求服务品质在同业中更上一个台阶。二是利用晨会组织员工认真学习规范的服务礼仪。以“站立服务”为切入点、在营业部推出“标准化”服务，规范员工的站

姿、坐姿、手势及三声服务用语，实施差别化服务、“一站式”服务等特色服务方式。三是开展业务技能培训，让每位员工争当小教员并以 PPT 幻灯演示进行培训，员工通过备课对业务学得更透彻、更精通，达到前台员工熟知各项业务，通过互帮互学，提高了员工整体业务水平。四是进一步优化业务流程，加快业务的全面整合，将对公业务、银行卡、电子银行、理财产品有机的进行整合，增强业务资源共享，全面提升综合营销和竞争能力。

三、打造精英理财团队、深入挖掘优质客户

青泥营业部以大力发展优质客户为突破口，推动个人金融业务又快又好发展，一是充分发挥我行产品优势，做到核心客户与核心产品相结合，对于中高端客户推介“理财金账户 + 个人网上银行 + 理财产品”等产品组合营销，实行优先、优惠、优质的“三优”服务，提升优质客户的贵宾地位，进一步挖掘客户潜在价值。二是利用财富客户签约活动吸引和稳定更多优质客户，提高客户忠诚度，营业部财富客户 176 户，已签约 114 户，签约率在市行排名第一。三是利用客户经理的专业技能和良好服务打动和巩固中高端客户。营业部贵宾理财中心要求客户经理以自己专业的价值、贴心的服务和熟稔的营销技巧多渠道挖掘中高端客户市场，逢年过节或客户生日经常问候、拜访客户，表达心意；新产品上市或产品到期时，及时通知客户，与客户保持密切联系；客户有需求时，尽心尽力帮忙，以巩固与客户的关系，提高客户的忠诚度。四是通过多渠道识别，把优质客户识别、推荐流程落到实处。发挥整体联动作用，构建大堂经理、网点柜员、客户经理、营业经理与网点负责人的营销体系，以便对客户进行合理分类，提供个性化、差别化服务。截至 2009 年年末，营业部资产 5 万以上优质客户新增 907 户，20 万以上优质客户新增 296 户，100 万以上优质客户新增 60 户，800 万以上优质客户新增 3 户，新增理财金卡 833 户，达标 318 户，完成全年任务的 107%。财富客户 145 户，已签约 114 户，签约率 72%。

2010 年，青泥营业部贵宾理财中心将积极响应总行和市行的相关要求，在今后的工作中，进一步加强贵宾理财中心个人客户服务的规范管理，建立个人客户服务常态化检测和评价机制，全面提高贵宾理财中心的综合服务水平和核心竞争力。

锐意进取　强力打造区域精品网点

——大连西岗支行营业部贵宾理财中心

中国工商银行大连西岗支行营业部位于大连市中心城区西岗区，交通便捷，地理位置优越，是大连市范围内成立较早、功能设施齐全、业务品种较全的综合性营业网点之一。西岗支行营业部严格按照《个人客户服务精细化管理规范》，积极实施服务精细化管理，脚踏实地，锐意进取，以加快创新与改进服务为突破，深化服务内涵，完善服务机制，提高服务效率，提升服务品质，大力提升竞争发展能力和可持续盈利能力。截至 2009 年末，共实现个人储蓄存款 73664 万元，当年实现人民币理财产品销售 12.9 亿元，基金销售 3000 万元，灵通卡 4500 张，个人网银开户 3000 户，电话银行 3000 户，手机（WAP）银行 2000 户，信用卡近 8000 张。中高端客户 2530 户。

一、从“软、硬”两方面改善服务环境，提升服务质量

（一）完善服务软环境，打造区域精品网点

为了在现代商业银行竞争激烈的竞争中脱颖而出，营业部从多方面入手着力打造具有品牌特色和竞争优势的精品网点。

首先，优化服务区域环境，拓展服务区域功能。营业部为了改善服务环境，在 2009 年进行了装修改造，对现金客户服务区，非现金客户服务区，贵宾客户专属服务区、24 小时自助银行服务区、普通客户休息区进行科学分区。通过服务环境的优化，不但普通客户服务区给公众一种外观明快、环境幽雅、产品齐全、设备先进、服务上乘的感觉，同时贵宾区内私密快捷的业务办理环境和舒适优雅的休息环境也切实满足了优质客户“尊贵”、“私密”、“安全”的心理需求。

其次，加大自助设备的投入，提高业务处理分流率。装修改造不但提升了服务环境，而且实现了合理的物理分区，营业部在自助服务区加大了自助设备投入，配备了存取款机一体机、多媒体自助终端、网银自助机，满足客户存、取、查、转等不同金融需求，延伸银行服务半径，使客户办理业务得到有效的引导和分流，发挥电子银行渠道功能，降低柜面压力，提高客户离柜率。营业部还着力发挥自助服务区的分流功能，把发展离柜业务作为有效提升优质客户战略的有效手段。

（二）提升服务软环境，锻造精英营销团队

优越的硬件设施为贵宾理财中心的发展奠定了良好的外部环境，但要让物理网点发挥作用最终还是要依靠业务素质高、服务技能强的团队。营业部多举并措，积极打造一只精英营销团队。

1. 培养复合人才，奠定优质服务基础。

为提高客户服务质量，营业部组建了一支专业性、服务性强的服务人员队伍，其中个人金融业务员工 16 名，客户经理 4 名，占个人金融业务员工总人数的 25%，其中 1 人具有 CFP 国际金融理财师资格，1 人具有 AFP 金融理财师资格。注重选拔精神状态佳、工作热情高、形象气质好的人员，在人员配备上实现了知识型员工与业务型员工的结合，创新型员工与经验型员工的结合，有力地推动了优质客户服务水平的大幅提高，也全面提高了营业部的拓展能力和营销水平，为营业部的业务健康、快速发展做出了

突出贡献。

2. 优化人力资源配置，实行弹性服务窗口。

为最大限度的发挥员工优势，营业部从网点自身出发，通过对每月各旬的业务量进行统计分析，根据实际情况合理安排劳动组合，建立科学合理的弹性排班制度，尽力优化人力资源配置。如在一楼现金区设立一名机动柜员，大堂经理通过排号机发现每位柜员客户服务的客户超过6人，就安排机动柜员马上上岗，以提高服务效率，减少客户等候时间，实现“量增窗多，量减窗少”。在二楼会计人员有限的情况下，又抽调出一名业务全面的柜员作为“自由人”，在人员紧张时，机动替班顶岗。通过这些方法，使有限人力发挥无限力量，从而实现人力资源的最大运用。

3. 坚持以客户为中心，实行规范化服务流程。网点是金融服务的载体，流程是营销服务的核心。功能完善的渠道和运行顺畅的流程，是营销成败和服务优劣的关键所在。营业部在理财中心业务流程处理基础上，优化服务流程、细化服务标准、逐步推行“前－中－后台”分工协调的服务流程，明确每个环节和岗位的服务标准，打造规范化、专业化的优质客户服务流程。同时注重通过加强培训学习、分析服务状况等手段，规范各岗位职责，形成现金柜员、非现金柜员主动推介，大堂经理主动引导，理财经理主动服务维护的规范化优质客户推介服务流程，为优质客户提供名副其实的贵宾理财服务，增加优质客户满意度和忠诚度。

4. 健全高端客户回访制度，完善售后服务跟踪。营业部要求客户经理对所管理的客户，通过电话或预约的方式，不定期向客户了解客户的需求和使用产品时遇到的问题，并做到及时反馈意见。通过优质客户售前识别引导、售中个性化服务营销、售后跟踪服务与维护，加强扩大优质客户的资源，加强同优质客户的联系，为优质客户提供了方便，大大提高了客户的满意度和忠诚度。

二、紧抓重点营销项目，以创新推动发展

营业部积极开展网点日常营销工作的基础上，紧抓重点营销项目，采取驻点服务、上门服务、跟进服务等手段，不断完善和创新“特色化”服务的手段和内涵，提升服务品质，创造“特色化”服务，从而进一步提高营业部对核心重点客户的服务水平和效率。

（一）营销模式创新。牡丹税银卡作为大连市2009年重点营销项目之一，营业部充分利用税银卡营销的有利契机，采取“牡丹税银卡＋电子银行＋U盾＋灵通卡＋理财产品”的方式进行营销，借助我行强大的网络平台、产品优势和服务优势，实现了零售产品组合捆绑营销，大力提高我行金融产品的渗透率，带动零售线业务的全面发展。首先，开通绿色通道，凡是本人前来领取税银卡的，做到客户来网点马上就能办理业务，减少客户的等待时间。同时对于每位新增客户均捆绑营销了个人网上银行、电话银行、手机银行等，引导客户到网银自助机登陆网上银行，指导客户如何使用网上银行，最大限度的挖掘客户潜力和需求。税银卡的网银捆绑率几近达到100%。

（二）售后模式创新。牡丹骄子卡作为近几年大力发展的新项目，营业部在售后服务上积极创新，考虑到部分学校校址距离网点偏远，骄子卡出卡后，学生卡启用及进一步捆绑营销的困难，营业部经与学校沟通后，采取雇佣大巴，组织学生统一时间到本部办理的方式，有效的保证了卡的启用率及电子银行的捆绑营销。

（三）服务流程创新。在装修改造后，为吸引个人中高端客户和潜力客户，提高市场占比，树立品牌形象，营业部开展“贵宾理财中心服务体验活动”。针对首次来网点办理10万元以上大额现金业务的客户均可在贵宾客户专属服务区体验贵宾理财中心私密的个性化服务。在业务办理过程中挖掘客户需求，不断吸引客户将资产转入我行提高客户贡献度。

三、深入挖掘企业客户资源，积极扩展营销外延

营业部坚决贯彻“以客户为中心，以市场为导向，以效益为目标”的经营理念，利用我行丰富的公司客户、信贷客户、机构客户资源，促进公私业务统一协调发展，着重强调综合营销、交叉营销和联动营销的工作思路。

（一）存量法人客户的资源抢占。营业部对公客户资源丰富，为在公私联动方面实现新突破，营业部不但实行定向组合营销还变定向组合营销为“直销”，今年对大连船舶重工有限公司，大连金广房地产有限公司等7家大客户进行直营，组成营销团队，上门开展理财沙龙活动等，结合市场热点，针对其高管及员工进行拓展，培育投资理念和组合推介理财产品，此举不但取得了良好的营销成果。

（二）高档社区的居民资源占领。社区营销是我行一直未涉足的一个营销领域和空白点，营业部敏锐地意识到这一新型营销领域，和就近楼盘及高档社区联办，组织营销团队走进社区宣传营销，调查居民金融需求，举办社区理财课堂，参与营销网点负责后续跟进和服务，拓宽了业务领域。

（三）加强新市场、新业务、新产品的推广速度。营业部由对公、个人业务中坚力量组成的专门营销团队，以“自助＋理财”和电话POS业务为切入点，找准牵头单位，联合税务局、工商局、统计局、工商联等对商户有影响力的相关机构，共同完成批量营销推广工作，如今年联合税务所成功进行了牡丹税银卡的发卡，联合各劳动局成功发行了牡丹骄子卡。

（四）继续坚持“四大板块”的市场拓展，在业务营销中增强“代发工资、第三方存管、高校市场、留学市场”等基础性业务对优质客户的增长和储蓄存款的持续增加作用，充分挖掘客户资源，针对不同类型客户，有的放矢地营销理财金账户、理财产品、信用卡、网上银行、第三方存管等一系列产品，提高营销的精准性，建立科学立体的综合营销体系，扩展个人金融服务的外延，持续推进对优质客户群体的定向组合营销，力图在大个金的格局内实现跨专业的渗透发展。

立足现在，放眼未来。西岗营业部正致力于打造区域内最有影响力的精品网点，在新的征途上迎接新的挑战，取得更大的进步。

海西大地上的一颗金融明星
——中国工商银行福州闽都支行专柜

福建省于2009年实施海峡西岸经济区发展战略以来，随着国家政策的暖风频吹，海西建设提速的号角响彻八闽上空，海西成为海内外瞩目的焦点。以福建为主体的海峡西岸经济区建设迎来了新的重大发展机遇，中国工商银行股份有限公司福州闽都支行专柜抓住机遇、把握时机，全面发挥着金融服务应有的作用。

福州闽都支行专柜是该地区的服务示范窗口，通过这些年的努力，闽都专柜的业务规模不断扩大，客户口碑越来越好，尤其是2009年进一步推进贵宾理财中心个人客户服务精细化进程以来，尽管有国际金融危机的影响，专柜却能够逆势而上，进一步扩大了业务规模，树立了更加响亮的品牌，各项业务更上了一层楼。福州闽都支行专柜在之前连续十三届获得全国级青年文明号的基础上，于2009年又成功荣获由中国银行业协会评选的“全国银行业文明规范服务百佳示范单位”荣誉称号，这也是这几年工行在福州地区所取得的最高集体荣誉。如今，福州闽都支行专柜已经成为该行在福州地区的网点服务标杆。

数据是枯燥的，但也是最具说服力的，下面这一组主要的数据，就能清晰地勾勒出福州市闽都支行专柜在2009年度创造的佳绩：

2009年，人民币储蓄存款净增2.25亿元，理财产品销售额67.97亿元，基金销售额2.83亿元，代理保险产品销售额1158万元，实现中间业务收入3096万元，个人贷款新增1877万元，中高端客户新增985户，新增达标理财金卡299张，发放灵通卡13582张，个人网上银行新增5815户，电话银行新增3000多户，手机银行新增2000多户，发放信用卡5012张，分期付款营销达到1300万元，第三方存管新增客户800多户，各项指标完成在福建省分行名列前茅。2009年11月份和12月份分别取得了福建省分行贵宾理财中心零售业务发展综合排名第一。

说起福州闽都支行专柜为什么能创造如此好的成绩，吸引这么多的优质客户，首先是受益于贵宾理财中心的改造和从“经营产品”到“经营客户”的经营理念的转变。闽都支行专柜成立于1993年，而她的发展在2007年遇到了瓶颈，存款余额长期在11亿左右徘徊，灵通卡一年的发卡量不足千张，信用卡发卡才200多张，网上银行和电话银行的配套都非常低。而在福州闽都专柜地处的古田路上，各家银行如雨后春笋般地一家接着一家冒出，在如此激烈的竞争环境下，网点陈旧，机具落后，管理模式跟不上新形势，都成为了该行发展的绊脚石，转变势在必行。

自2007年11月闽都支行专柜的贵宾理财中心建成后，原先的一成不变的格局被打破了，闽都专柜从内到外焕然一新地呈现在我们的面前。室外的LED宣传屏上每日都不断滚动播放我行最新的理财资讯，让客户及时了解我行的理财产品。客户一走进营业大厅内，就有醒目的分区指引标识。理财中心的内部合理划分了贵宾客户专属服务区和普通客户服务区，为贵宾客户设立了贵宾理财室、现金业务处理区、非现金业务处理区、客户休息区、电子银行服务区，并配备资深的理财经理为优质客户提供专业化的理财服务。同时也为普通客户提供咨询区、现金业务处理区、非现金业务处理区、自助服务区和电子银行服务区。

除了硬件设施一流外，该理财中心还拥有一支朝气蓬勃、不断学习、不断创新、不断提高的团队。前来办理业务的客户一进门就会感受到大堂经理主动热情的接待，“您好，请问您需要办理什么业务?”一句简单的话语体现着对客户的关心。这里的员工也为客户提供着全天候的微笑服务、礼貌接待、双手接递、礼貌送客等温馨服务，这也是闽都支行专柜的服务特色之一。该理财中心每天受理的业务量非常大，业务品种也十分齐全，因此在这里工作的员工要有全面的业务素质才能胜任。该团队一直秉持“服务创造价值”的业务理念，让客户从工行的服务中提升价值，而这个价值正是工行人一直努力的动力。闽都专柜很多产品和业务都独具特色，也有不少业务在同业中保持领先，因此该中心的老客户非常多，大客户也不少。

目前，闽都专柜的客户经理中，获得金融理财师认证资格的有3人，能为客户提供专业的投资理财建议和策划服务，并与优质客户建立了长期、稳定的关系，赢得了客户的信任，在实现客户财富保值增值的同时，创造了一个又一个营销佳绩。同时针对中高端客户，充分利用财富管理中心，经常举办一些理财讲座、理财沙龙以及体验活动，不定期为高端客户举办品酒会、宝石鉴定会等活动，都取得了良好的成效。针对大众客户，闽都专柜邀请了券商、保险等业务机构，在理财中心的大厅内设立摊位，接受客户的咨询。在这里，客户可以了解到第三方存管、基金、贵金属以及信用卡等方面的业务情况。

为了扩大业务发展，闽都支行专柜采取“1+X”捆绑营销策略，即对个人贷款产品捆绑营销银行卡、个人网银、理财金账户产品，对个人理财产品捆绑营销个人网上银行和理财金账户产品，对银行卡产品捆绑营销个人理财产品和个人网银等业务。每营销一笔个金业务至少捆绑营销2个以上的其他金融产品，以带动银行卡、网上银行、个人贷款、基金及代理保险等业务的互动发展。实现多产品组合营销，把业务产品链做足做长，用方便快捷高效的服务把客户链接到我行，不断拓展个人金融业务。

同时，闽都支行专柜实行上门营销新举措，将营销和服务半径前移，以我行牡丹卡、灵通卡、电子银行和个人理财产品等优质金融产品的营销推介为突破口，走出银行大门，将服务触角由柜台向企业、高档社区、商场、学校等延伸，变坐等客户营销为实行上门营销服务，找准目标客户，对口营销产品，充分挖掘每一客户的业务潜力，在为客户提供便利、为客户实现价值增值的同时，也实现了自我发展和快速提升。

2009年已成为过去，新的机遇就在面前，新的目标正在召唤，工行闽都人将再接再厉，大胆实践，开拓创新，用自身的行动迎接新的挑战，用拓荒者的精神开创新的辉煌。

精心化管理创品牌　优势服务创佳绩

——工行广西区分行营业部桃源支行财富中心

桃源支行网点总面积为1300多平方米，坐落于南宁市桃源路49号，该区域为南宁市的金融中心，周边分布有多个区直单位住宅区、公务及事业单位员工的宿舍区、酒店及高级娱乐会所，同时分布着如南宁海关、区医院、区财政厅、区人民银行、区石油总公司、广西医科大一附院、市体育场等实力单位，优质客户资源极为丰富。网点于2008年11月按照工总行财富管理中心的建设配套布局要求进行了迁址装修，并于2009年3月投入使用。新装修的网点，按照所属区域及业务特点进行更准确清晰的定位，网点的分区进行更为科学的划分，人员配置充足且具备服务针对性。网点在人员配备上，有网点负责人2人，现金柜员10人、非现金柜员3人、营业经理3人、大堂经理2人、理财经理3人、营销经理1人，共24人。网点全新装修后，网点的市场竞争力和综合经营能力得到明显提升，个人优质客户群体日益壮大，客户经理团队在磨炼中迅速成长。网点业绩获得了有效提升：截至2009年12月31日，桃源支行储蓄存款余额为49164万元，比去年增长13698万元，基金销售比去年同比增长1440万元，发卡量比去年同比增长3544张，5万元以上优质客户比去年增长368户，20万元客户比去年增长110户，100万元客户比去年增长41户。对公存款为35501万元，比年初增长18087万元；各项贷款为983474万元，比年初增长973433万元。

2009年主要工作措施：

（一）上下联动，提升服务能力。严格按照总行贵宾理财中心核心竞争力的工作要求，通过大堂经理、柜员、客户经理的通力配合，贯彻落实“识别引导—接触营销—业务处理—关系维护”的优质客户服务流程，提升网点的优质客户服务能力，促进网点整体业绩的提升。

（二）科学管理，完善经营业绩考核。根据营业部的考核指导意见，出台有效的网点考核办法，调动各岗位的工作积极性。例如，对于网点主任，主要考核网点整体经营业绩、管理水平；对客户经理，主要考核重点产品营销业绩、优质客户服务维护、市场拓展；对大堂经理，主要考核引导咨询、渠道类产品营销、优客推荐；对于柜员，则以业务量、优客推荐考核为主；对于营业经理，则主要考核业务量和内控管理情况。

（三）制订计划，定期检查落实。网点制定年度、月度、每周营销计划，每天检查客户经理营销进度、柜员推荐完成情况，每周、每月汇总分析、通报营销情况，调动各岗位共同为网点整体业绩努力。

（四）规范工作职责，做到各司其职，各尽其责。网点负责人每天组织10～15分钟的早、晚训，营业过程中合理安排事情处理，营业结束检查客户经理营销进度及柜员推荐完成情况，安排第二天的工作事件。客户经理每早至少1个小时用于浏览资讯及查询营销系统，按维护计划制定时间列表与客户电话或会面联系，营业结束前半小时记录当日工作情况，晚训时与客户经理们交流。大堂经理每天营业前半小时检查网点环境及开启服务设备，营业时间内每半小时巡视是否环境整洁、业务资料是否摆放齐整，自助设备是否正常运转，营业终了关闭自助设备，收集各柜台的待跟进客户信息，提交客户经理。柜员班前半小时准备营业用品，营业过程中迅速快捷办理业务并随时注意发掘优质客户，营业终了对当日业务处理进行轧账并汇总提交待跟进客户信息。

（五）开展服务评价，提高服务质量。网点负责人每周对网点服务管理进行检查；网点设置客户意见反馈簿，放置在明显位置供客户填写；此外，网点每周、支行每月召开服务分析会，努力提高服务质量。

（六）实施分层次服务，培育优质客户群体。按照营业部优质客户服务管理规定，加强对优质客户的分层次服务：网点做好5~20万优质客户的挖掘和服务，客户经理做好20万元以上客户的服务维护，网点主任主要抓好50万以上客户的服务维护；而支行主管行长、行长不定期对100万以上的优质客户进行回访和维护。

（七）积极开展客户的维护工作，确保各项业务稳定发展。一是由支行业务管理部门牵头，不定期举行“主题沙龙”活动，向客户传达最新的理财资讯，通过小型沙龙的方式帮助客户建立长期理财的观念，同时也借此方式做好理财金客户的维护工作；二是由客户经理通过短信、电话、电子邮件等方式，向客户传递最新的理财资讯，并做好售后服务工作；三是利用节假日做好对客户的回馈和维护。四是支行领导配合做好对优质大客户的维护工作。

（八）加强与客户的交流沟通，为客户提供满意服务。网点装修改造后，桃源营业大厅以网点为单位，大力开展网点理财沙龙活动。多次与融通、嘉实等基金公司渠道经理加强合作，举办“点滴理财，存储未来”基金定投理财沙龙活动。此外，还通过新春茶话会、网点开放日的方式，做好优质客户的维护工作，不断提升网点的知名度和客户的满意度。

服务赢得效益求发展

——柳州分行龙城支行营业厅

龙城营业厅坚持以客户为中心，做到细致入微的个性服务，以服务赢得效益寻求发展，创造性地推出了优质客户金融秘书服务、理财短信提醒服务等，以特色服务赢得了广大客户信赖，以服务成效来带动各项业务的发展。

截至2009年12月末，龙城营业厅各项经营指标综合完成率达97.28%，其中对公存款较年初上涨76589万元；储蓄存款较年初上涨13478万元。新增理财金233户，新增中高端客户1917户。保险、基金销售额连创新高，分别达到623万元和3152万元，销售各类理财产品19552万元，处于柳州分行A类网点领先地位。

1. 制定切实有效的营销考核，推动业务发展。从2009年年初开始，龙城营业厅在严格执行支行制定的《龙城支行2009年存款劳动竞赛活动方案》的基础上，网点以柜组为单位，网点主任、客户经理挑重担；注重存量和增量结合，制定了员工存款任务每月新增存款60万元，网点主任、客户经理与网点任务挂钩的二次考核办法。

2. 根据实际情况，制定“公私联动，大造成势，开足柜口，差别服务”的营销方案。一是公私联动。围绕企事业单位优质代发工资、公司法人代表、个人客户今年年初的资金回笼作为突破口，制定实施批量存款攻关计划。二是广造声势．营业厅投放了大量产品宣传资料，根据柜台以及客户经理工作特点，分区域进行推荐营销。三是开足柜台。网点主任每日对员工业务量、劳动强度进行分析，根据网点业务流量实施弹性上班时间。四实行差别服务。确保有效理财金账户客户得到优质服务，提高中高端客户对我行的满意度。

3. 提高网点优质客户占比，发掘优质客户资源，在营业厅功能分区明显的基础上，网点进行了梳理：一是对现有柜员及客户经理进行分组，明确各自的跟进人员，以确保临柜人员识别优质客户后，客户经理能现场及时跟进。二是要求柜员每月必须推荐15名5万元以上的客户给客户经理进行跟进和挖掘。

4. 抓客户经理营销能力培养，促进业务发展。通过网点每日的例会，将日常业务处理中遇到的问题进行汇总，从中寻找解决的方法和营销的技巧。在团队的合力及金融危机的压力下，基金凸现优势，营业厅全体客户经理借助

这一优势，全面营销基金，网点通过基金销售带动客户资金回流，实现营业厅储蓄存款的稳步增长，同时还带动灵通卡等一系列业务的增长，也为吸引优质客户提供了渠道。

5. 网点坚持客户经理每天进营销系统挖掘5~20万不合格理财金客户，动员客户从它行转款，使之成为合格理财金客户，2~5万的客户动员客户转款从而达到5万元优

质客户标准。

辛勤的汗水换来丰硕的果实。龙城营业厅全年各项工作迈上一个新台阶，在全体员工的共同努力下，谱写了一曲团结进取，奋力拼搏的乐章。

充实内涵规范推进 用心服务争创佳绩

——工行广西玉林市江南支行营业厅

工行广西玉林市江南支行营业厅坐落在玉林市玉柴路玉柴厂区地段，是一个集对公、个人本外币存款、贷款、结算、汇兑、银行卡、电子银行、资信证明、个人理财策划、各种中间代理业务等多种业务于一体的多功能、综合型的贵宾理财中心。现有员工19人，平均年龄30岁，大专以上文化程度占78.9%，是一个朝气蓬勃，奋发进取的先进青年集体。2005年度获总行级巾帼文明示范岗；2006年度获工总行巾帼文明示范岗和智识型先进集体；2007年度获全国级巾帼文明示范岗。

2009年，玉林市江南支行营业厅紧紧围绕以“优质服务、规范管理、突出业绩、争创一流”为目标，以“自尊、自爱、自强、自立”为宗旨，以业务发展为基础，以经营效益为中心，把优质服务工作不断引向深入，走出了一条开拓进取，务实创新之路：一是创新服务理念，树好社会品牌形象。首先，依托理财中心核心竞争力项目的实施，江南支行营业厅严格按照项目要求进行物理空间的布局，实行分区服务，为客户营造一个分区式、一对一、人性化、差别化办理业务的服务环境，改变了银行传统的服务模式。其次，以网点的“流程再造”为核心，通过实行柜员、客户经理、电子银行“三位一体”的新型营销服务模式，将原来的业务处理流程扩展为客户服务流程，大力开展分层服务，重点挖掘优质客户资源，强化个人客户经理的营销职能。二是完善管理机制，推进服务工作的规范运作。江南支行营业厅结合自身实际情况，制定了《做一名优秀工行人的岗位考核办法》、《营业厅二次绩效考核管理办法》等，并通过推行柜面服务标准化、员工培训系统化和服务监督日常化，员工的综合素质得到了极大的提高，整个队伍思想活跃、富于积极进取的工作激情，团结协作精神和彼此间的默契在一点一滴的工作环节中得到充分体现，提高服务态度、服务手段、服务质量成为员工的自觉行为。三是推行多岗协作，实现客户服务的差别化。江南支行营业厅坚持“创优质服务、创一流业绩”的服务理念，运行优质客户服务流程，推行多岗协作的客户服务模式，做差别化、多元化服务的文章。

2009年，玉林市江南支行营业厅不断开拓创新，与时俱进，施展优质文明服务本领赢得八方来客，依托贵宾理财中心运作搭建优质客户网络，业务发展蒸蒸日上并取得了可喜的佳绩。年末，该营业厅储蓄存款余额突破7亿元，比年初增加0.91亿元，储蓄存款时点增长额位居广西区分行系统营业网点第11位；实现中间业务收入934万元，位居广西区分行系统营业网点第25位；实现营业收入5325万元，位居广西区分行系统营业网点第36位。在业绩面前，他（她）们深深地体会到“服务无止境”，只有坚持不懈地探求摸索，保有一颗真诚热情的心，脚踏实地，勇于创新，优质高效的金融服务才会在江南支行营业厅尽现勃勃生机！

南珠支行营业部强理念　树新风　打造一流服务品牌
推动储蓄存款上新阶

工行北海分行南珠支行营业部这个有着十几年历史的老网点于2009年4月全新装修升格为贵宾理财中心，如今作为北海分行营业面积最大的贵宾理财中心焕发着熠熠光辉！

自贵宾理财中心成立以来，经过一年多的努力，该营业部认真转变经营理念，创新经营模式，各项业绩快速发展，由初期日均存款余额仅有2.4亿元的一般理财网点，摇身变成了如今各项业绩突出，存款余额攻破3亿元大关的核心竞争力网点。截至2009年末，该营业部储蓄存款余额达到38785万元，比上年增存14244万元，日均存款余额为29427万元，比上年增长9782万元，超额完成全年增长时点任务的198%，排北海分行首位。

一、增强竞争意识，坚定抢占市场决心

面对日益激烈的同业竞争，南珠支行营业部积极引导员工正视目前的严峻形势，迎难而上，主动出击，坚定不动摇地抢占存款市场，夯实存款的基础地位。一是增强领导战略意识，该网点负责人注重市场调研，切实掌握同业竞争新态势，深入分析与同业网点间的差距，不断挖掘新的存款增长点，开展有针对性的营销措施；二是增强员工的竞争意识，不畏艰难，主动迎战，网点根据不同岗位将任务目标合理细分到人，以充分发挥每位员工岗位优势，并严格考核，有效提高全体员工争揽存款的积极性和责任感，三是网点定期开展竞赛活动，细化绩效考核方案，按旬通报竞赛进度及网点竞赛中的先进经验与做法，表彰和树立营销标兵等，在全网点上下创造了浓厚的揽存增存氛围。

二、做强关联营销，拓宽储源挖掘渠道

该网点通过各种渠道挖掘潜力客户，拓展储源。一是抓源头，大力营销有贷户、新开结算户和优质企业的个人客户，积极做好源头揽储工作；二是抓关联产品营销，利用代发工资、第三方存管等业务优势，加强与客户联系，对个人金融业务各类产品实行全方位的营销，稳固和增加优质客户，促进储蓄存款增长；三是做强理财产品市场，以“灵通快线”等各种理财产品为纽带和抓手，促使更多的客户将资金归集我行，以带动储蓄存款持续增长，实现理财业务与储蓄存款的协同增长。

三、加强客户维护，全力拓展中高端客户群

按照“定位中端、竞争高端、培育潜力客户”的营销理念，网点一是把优质客户的拓展分解落实到每位员工身上，要求发挥每位员工岗位优势，将服务外延到身边的每一个亲朋好友中。二是广泛收集客户信息，及时了解客户新的金融服务需求，搜集新的或潜在优质客户信息，经过筛选确定目标客户，以便后续跟进服务；提高识别潜力的客户的能力，并及时向网点主任反馈，或引导给客户经理维护；要求客户经理深入他行优质客户进行多元化业务营销推介，抢占客户市场，从而促进储蓄存款的有效增长。三是充分利用好节日前后储蓄存款营销旺季时机，及时开展优质客户走访活动，以进一门巩固老客户，拓展新客户。

四、强化窗口服务，扩大服务品牌影响

该网点以“树立现代金融服务理念，打造一流服务品牌”活动为契机，不断细化网点的服务与客户维护措施，扩大我行的服务品牌影响力。一是通过劳动组合调整，采取弹性工作制，用足资源，提高窗口接待客户能力，完善自助设施配置，加强客户分流引导等有效提高窗口服务形象。二是认真推行行长“坐堂”制，行长亲临一线，指导员工增强服务意识，及时处理与客户纠纷和客户投诉，提炼为该贵宾理财网点的品牌服务的亮点，并吸引了大批优质客户，为存款的增存稳存奠定了坚定的基础。

追求卓越创佳绩　真诚服务树品牌

——工行广西桂林市阳桥支行营业部

工行广西桂林市阳桥支行营业部坐落在桂林市中心繁华地段，是一个集对公、个人本外币存款、贷款、结算、汇兑、银行卡、电子银行、个人理财策划等多种业务于一体的多功能、综合型的贵宾理财中心。现有员工47人，大专以上文化程度占100%，硕士1人，本科12人，是一个朝气蓬勃，奋发进取的先进青年集体。阳桥支行营业部是由原来阳桥储蓄所与阳桥支行营业部合并成立，阳桥储蓄所被桂林市政府、工总行正式命名为“李向群储蓄所”，1995年获全国级“青年文明号”，2000年获全国工行系统“储蓄规范化服务示范所”，2001年获全国级“巾帼文明示范岗”和“总行级达标零售网点”，2004年获“广西五一劳动奖状”。2008年4月被桂林市文明委授予“桂林市文明窗口”称号，2009年1月被广西区分行评为“2008年度优质文明服务先进单位”，同月被桂林分行授予“2008年度个人金融业务先进集体”牌匾。

2009年，桂林市阳桥支行营业部紧紧围绕以总行“效益、质量、发展、管理、创新”为目标，以“客户为中心、提供卓越金融服务”为经营宗旨，大力发展各项业务，把优质服务工作不断引向深入，走出了一条追求卓越、树立品牌所形象之路。一是突出服务意识，构建新的服务管理体系。阳桥营业部不断提升网点服务能力和高效运作，树立“服务赢得客户”、“服务创造价值”、“服务就是竞争力”等先进服务理念，采取分层服务的方式，快速开通服务通道，重视细节服务，极大地增强我行在社会的美誉度。二是夯实业务发展基础，各项业务全面发展。阳桥支行营业部在巩固现有业务的基础上努力拓展新业务，营销过程中始终把握着“以市场为导向、以客户为中心”的服务理念，对优质客户和重点目标客户采取个性化服务方案，大力开展分层服务，重点挖掘优质客户资源。在有效控制风险的前提下稳健发展负债业务，加强存款方式的管理，扩大存款来源、优化存款结构、降低负债成本，加速了我行客户高速发展。同时，阳桥支行营业部始终把中间业务收入作为一项重要的任务指标来抓，加强与房贷、业务、保险中介、国家公务系统的联动，采取合纵连横的方式主动联系、积极介入、强势营销，使我行全年委托业务中间业务收入取得了良好进展。年末，阳桥营业部实现营业利润11132万元，位居广西区分行系统营业网点第七位；实现营业收入38200万元，位居广西区分行系统营业网点第二位。实现中间业务收入3648万元，位居广西区分行系统营业网点第二位。三是以英雄精神励志，不断提升企业文化。阳桥支行营业部是全国唯一以李向群命名的储蓄所，一直以来营业部以李向群精神为动力，将李向群精神贯彻、落实、渗透到服务工作当中，推动服务文化创新，努力让创新文化超越竞争对手，激发了所有员工积极向上的精神，营业部的凝聚力得到进一步增强，推动核心竞争力提升，取得了较好的经济效益和社会效益，成为在广西区内享有盛誉的工商银行的品牌所！

2009年，桂林市阳桥支行营业部不断开拓创新，扎实进取，以优质高效的服务赢得了社会赞誉，取得了物质文明和社会文明双丰收。在业绩面前，阳桥支行营业部志存高远，放眼未来，他们将勇于超越、敢为人先，不断实现新的跃升！

创最佳服务　树最优品牌

——工行海口世贸支行

工行洋浦分行，工行系统内一个富有传奇色彩的二级分行，曾经作为工行特区金融改革的典范引领潮流，并一直成为工行系统绩效考核前三十强的二级分行，取得过全国工行系统二级分行中人均创效第一的突出业绩。工行海口世贸支行，作为隶属洋浦分行管辖的规模最大、效益最好的网点，沐洋浦工行之灵气，展创新发展之风范，一直是工行海南分行辖内的优质文明服务网点，2006年被评为全国级“青年文明号”，荣获工行总行“最佳个人理财中心”称号和“先进服务单位”称号，2006年以来连续三年被评为省工行“最佳理财网点”，连续三年在全省系统网点中综合考核排名第一，是2005—2008年省行服务先进单位。2009年被中华妇联和北京奥运会组委会联合授予“巾帼文明岗”荣誉称号、被中国银行业协会授予文明规范服务示范单位称号，并被授予中国银行业文明规范服务百佳示范单位，成为省金融系统品牌网点。

一、规范经营促管理，构建机制促服务

世贸支行一直把制度建设作为经营管理的落脚点。一直以来，认真贯彻执行国家金融政策及各项规章制度和上级行的服务工作管理规范，根据上级行的要求制定和开展各种文明规范服务活动，实行文明规范服务“一把手”工程，坚持每月进行一次服务质量自查，检查有记录，每月有服务工作总结。充分利用每天的晨会、每周的例会及时总结和改进服务管理，将服务做细做好，不断完善中心的服务质量，提高服务水平。

今年以来，按照中国银行业协会制定的《中国银行业柜面服务规范》、《中国银行业文明规范服务示范单位管理办法》等要求，世贸支行修订了一系列的经营管理管理制度，建立了服务突发事件应急处理预案和规范的客户投诉处理流程，实行首问负责制，明确了各岗位的工作职责和服务要求，严格执行客户风险评估和提示要求，科学分类保管有关资料档案。

为了有效促进服务工作，世贸支行在年初制定年度工作计划时，就明确提出了提高服务质量的工作目标和措施，并且建立和不断完善服务工作考核的激励约束机制。这个激励约束机制以绩效考核为的核心，从劳动纪律、柜面服务、工作业绩等方面制定考核标准，考核结果与员工的绩效工资挂钩，把每月服务明星评选与绩效分配挂钩。今年又进一步完善考核机制，将柜员业务量、业务技能等级、业务差错、客户表扬和投诉等情况纳入员工绩效考核中，考核内容更加全面、科学，对激励员工文明服务、提升服务效率、提升业务技能水平均起到积极的促进作用。

二、文明服务暖人心，服务延伸树品牌

世贸支行坚持“以客户为中心”的服务理念，不断改善服务环境，提高优质文明服务水平。2008年12月，世贸支行经过全面装修改造成为工行海南省分行第一家按照工行总行标准装修的贵宾理财中心，服务环境更加优化，设立了贵宾客户专属服务区，构建起集专业服务品牌、专属服务渠道、专供理财产品、专职客户经理、专享服务优惠、专用服务设施于一体的优质客户服务体系，利用个人客户营销管理系统为优质客户提供日常重要事项提醒、节日短信问候、生日送鲜花和定期拜访等售后服务，客户满意度和社会美誉度显著提高，成为远近闻名的服务环境一流的综合性营业网点。

如今，走进世贸支行，就会被其宽敞、优雅、整洁的环境所吸引。网点内部、外部环境整洁，为客户提供专设的停车位，制定了特殊客户服务流程，能为残障、人员、老人和危重客户提供特殊服务，宣传栏设计大方，张贴有序，宣传内容丰富；营业网点实现分区服务，包括现金区、非现金区、自助银行服务区、贵宾服务区、客户待候休息区、电子银行体验区（含网上银行、电话银行）；柜员工作台面、营业窗口各类物品实行定位管理，柜面业务办结纸质物品全部收起，做到客户视线内无私人物品；私密服务到位，柜台和自助服务区设置了一米线，贵宾服务区实现封闭一对一的专属服务，有独立的现金窗口和客户出入安全通道；营业厅设有填单台，备有填单模版，空白凭条充足，摆放有序，提供饮水机、应急小药箱、咖啡机、复印机、雨伞、点验钞机等便民服务设施；业务宣传形式多样，宣传公告栏内容丰富，营业厅和贵宾服务区的视频播放设备滚动播放各钟银行业务资讯；营业厅、自助服务区分别设置95588客户服务（投诉）电话，且实现与客户服务中心免拨直通，今年以来柜员月日均业务量保持在230笔以上，但没有发生因排队向95588投诉的情况；营业厅配备了1名大堂经理和2名业务引导员，服务主动热情，通过识别引导、接触营销、业务处理和关系维护四个服务环节细分客户群，对一般客户实施标准规范化服务，对重点客户实施优质个性化服务，形成了标准化和个性化相结合的网点服务模式，有效提升了网点的综合竞争力，同时加强网点环境、服务秩序维护和客户情绪的引导，及时化解客户的不满，今年以来未发生一起有效投诉事件；设置了涉外服务窗口，经常组织柜面英语学习，满足柜面涉外服务业务的要求；贵宾区配备了2名国内金融理财师和1名国际金融理财师，多次创造为贵宾客户进行单笔理财业务达到1千万元以上的骄人业绩。

以装修改造为契机，世贸支行积极响应省分行的号召，2008年12月成为第一批实行“一笑三声双手递，物品定位纸收起”柜面示范标准的网点。如今，世贸支行已经把服务从网点内延伸到网点外，为了提升对私人银行客户的服务水平，进一步提高客户忠诚度，世贸支行针对私人银行客户用车时需要外出救援的服务，今年1月与海口丰正华丰田汽车销售服务有限公司达成外出救援协议，今年2月又启动了私人银行机场贵宾通道服务，为高端客户增添更人性化的服务功能。今年以来，工行海南省分行引入网点星级服务评定机制，世贸支行成为连续三个季度被评为“五星级”的两个网点之一。

三、优质服务创效益，一流业绩显风流

优质的服务创造卓越的业绩。近几年，世贸支行业务发展迅猛，出色完成上级行下达的各项业务经营指标，经营业绩在系统内非常突出，连续两年完成了上级行下达的主要业务经营指标。2007年底贵宾理财中心成立前，世贸支行本币各项存款余额为116206万元，其中储蓄存款余额为40939万元，比年初增长10247万元。2008年底，世贸支行本币各项存款余额为158548万元，比年初净增42064万元，其中储蓄存款余额为54715万元，比年初增长13241万元，完成全年任务的142%，增量名列全省网点首位，对公存款新增28521万元，完成全年任务的142%。截至

2009年12月31日，支行本币各项存款余额为251 248万元，比年初净增92 738万元，各项贷款余额为144314万元，其中对公存款余额为181 620万元，比年初增长79 585万元，储蓄存款余额为65 972万元，比年初增长11 256万元，增量均居全省网点前列；实现了跨越式发展。目前世贸支行拥有个人中高端客户近3000户，100万元以上的财富客户达165户，财富客户资产达3.31亿元，2009年销售基金及理财产品达8.5亿元，凸显该行拓展优质客户市场能力。2009年世贸支行通过项目带动营销信用卡3150张，手机WAP银行3500张，离柜业务率达54%。网点人均创利150万元以上。2007年、2008年和2009年连续三年在海南省工行网点综合考核排名中列第一名。

目前世贸支行拥有中高端客户近3000户，100万元以上的财富客户达165户，财富客户资产达3.31亿元，销售基金及理财产品达8.5亿元，凸显该行拓展优质客户市场能力，在海南银行同业中首屈一指。

四、文化建设铸团队，文明绽放结硕果

世贸支行坚持以客户为中心的经营理念，通过文化建设培育团队精神，铸造团队的生命力、创造力和凝聚力，把工商银行的企业精神体现在业务工作中，贯穿在每位员工的行为中。2008年以来，世贸支行积极组织理财沙龙、文体竞赛等文化活动和岗位练兵、业务营销竞赛等业务竞赛活动，组织消防安全演习，利用每周两次的晨会，经常进行一对一进行服务礼仪训练，把“三声服务”、微笑服务纳入日常服务检查考核内容，组织员工学习《中国银行业文明服务公约》、《中国银行业柜面服务规范》取得了非常明显的效果，提高了全行的整体服务水平，形成了人人创优、人人争当服务明星的生动局面。2008年被中华妇联和北京奥运会组委会联合授予“巾帼文明岗”荣誉称号，9月被评为中国银行业文明规范服务示范单位，客户经理潘可瑛获2005－2008年度海南省工行“优质文明服务先进个人”、“十佳个人金融营销明星”和工行总行“个人中间业务先进个人”等荣誉称号，取得AFP金融理财师认证资格；客户经理蒲惠玲取得CFP金融理财师认证资格；林翘、苏少芳被评为2008年度海南省工行十大服务标兵。

“攀得半山休道远，还须健步上高峰”。如今，世贸支行正努力攀登“百佳”之巅，明天，世贸支行这朵银苑奇葩必将在新的挑战中，绽放出更绚丽的光彩。

保定分行长城支行

长城支行是河北保定分行第一批核心竞争力项目改造网点，并于2007年升级为贵宾理财中心，营业面积500平米，营业柜员平均年龄31岁，是一支年轻、专业、充满朝气的营销团队。2009年，该行秉承“思维创新，全员营销”的理念，坚持“存款拓增、贷款拓展、产品营销”三大市场主攻方向，夯实基础，多面出击，全力做好业务拓展工作。一是抓住推广公积金联名卡、军人保障卡的契机，深入挖掘对公企业代发工资业务，积极开辟低成本、高稳定性的存款资源，成功营销保定监狱公积金卡、通讯团及直升机大队军人保障卡2000多张，并与部队签订了代发工资协议，月代发额达600多万元。二是采取“走出去”的营销方式，深入到企业、学校、部队和社区开展营销，逐一对企业高管和高端客户进行走访，通过节日慰问、生日送鲜花、短信告知等方式，加深了与高端客户之间的感情。三是通过“请进来”的营销方式，邀请高端客户参加该行举办的沙龙活动，向客户推介理财产品、电子银行、银行卡等我行优势产品，有力地促进了业务发展。四是网点客户经理为客户量身定制理财方案，并根据客户资产变化情况及时进行产品配置更新，确保客户收益最大化，赢得了客户的信赖。经过全行上下共同努力，2009年该行各项业务实现快速发展，各项存款余额突破10亿元大关，其中储蓄存款增加1.1亿元，新增个人中高端客户379户，营销基金1.09亿元，营销理财产品6.33亿元，代理保险759万元，新增银行卡1.08万张，个人贷款增加1.97亿元，全年实现中间业务收入450万元。

张家口分行宣化支行营业室

张家口宣化支行营业室是一个大型多功能综合网点，2007年升级为贵宾理财中心，现有员工46人。近年来，该营业室始终坚持“建一流服务环境，创一流经营业绩，树一流品牌形象”的宗旨，努力把网点办成百姓身边的银行，信得过的银行，先后获得全省“最佳个人金融网点”、“财富精英团队”等多项荣誉称号。2009年，该营业室以“同业第一，系统先进”为总体目标，实施了以储蓄存款为核心指标，带动个金业务全面发展的捆绑营销战略，通过全员营销、交叉营销，有力地推动了储蓄存款与理财类产品、银行卡、电子银行等业务的协调发展。该营业室为加强客户管理，实行了中高端客户分层管理维护责任制，强化个人客户经理对优质客户的识别、挖转与维护考核；以上门走访、定期联系、日常联谊、建立绿色服务通道等手段，吸引和挖掘他行中高端客户，使客户结构进一步优化。同时，组织开展了不同层次、多种形式的理财沙龙、推介会、联谊会等专项营销活动，与柜面营销、亲友营销等密切结合，取得明显效果。到2009年末，该营业室个人中高端客户达到3677户，较年初新增619户，理财金客户

1187户，新增487户。当年储蓄存款新增1.72亿元，余额达8.05亿元，销售个人理财产品12.69亿元，代理基金销售1.3亿元，代理保险销售1812万元，销售品牌金7412克，各项指标在张家口分行网点综合排名中名列前茅，为全行个金业务的快速发展做出了突出贡献。

与时俱进求发展　开拓创新创佳绩

——工行河南省分行营业部二里岗商鼎路支行

工商银行河南省分行营业部二里岗商鼎路支行成立于2008年12月底，在上级行及支行的支持和帮助下，紧紧围绕“四争”目标，认真贯彻落实“以质量效益为核心，以抢占市场为目标，以风险控制为导向”方略，与时俱进，坚持创新，脚踏实地抓工作，实现了竞争能力和经营绩效的全面提升，树立良好的社会形象，实现了各项业务又好又快发展。截至2009年末，人民储蓄存款净增13152万元，对公存款净增752万元，营销理财产品10476万元，销售保险383万元，销售基金4641万元，资金流量合计达28939万元；个人网上银行净增2789户，企业网上银行净增29户，理财金账户净增398户，对公账户净增49户，灵通卡发卡量达5823张，营销中高端客户663户。圆满完成各项主要业务指标并在2009年度营业部理财网点核心竞争力考核排名中名列前茅，还被营业部评为年度“营销精英团队”。

一、依靠团队力量，营造和谐奋进团队

一个团队要发展，关键的因素就是要有一个团结、融洽、协作具有团队精神。常言道：万事开头难。网点开业之初，由于受到地理环境、网点在辖区内比较偏、交通不发达等条件的限制，我们网点员工开始分批进行走访客户，从一个个商户到一个个小区，但因当时的客户和商户入住率低下，收效甚微。面对困难，我们毫不退缩，支行给我们大量的宣传单子和网点的宣传画，我们走访了大量的物业小区并张贴海报，宣传网点的位置，并将我们背面印有地图的名片大量发放。同时，对市场进行调研，收集客户对网点的意见以及客户对金融服务的需求，通过对客户经营情况的调查摸底，不仅了解客户需求，同时还宣传我行品牌和服务，为客户提供了多方位的产品和服务。对于走访过的市场，根据情况及时调整工作思路，针对区域内的商户群特征、个人客户群特征进行分类，制订相应的营销计划，重点营销一种或几种产品，形成服务品牌，有针对性地开展营销。

在网点内，通过营销系统识别、柜面识别等多种方式识别目标客户，展开营销攻略。同时以个人客户经理为营销主体，柜员营销为辅，由客户经理主动营销、柜员推荐营销相结合的方式，点面结合有效提高了营销效果；同时加强产品宣传，为重点客户提供理财建议、增值服务，展开对代理基金、保险、银行卡等业务的全方位推广营销，实现了各项业务的全面发展。

二、推进精细化项目，优化服务流程

服务流程是面向是打破以产品为中心的传统经营模式，实施以客户为中心，以客户关系管理为出发点，是客户关系管理的具体体现。该网点全体员工严格按照上级行规定，认真执行客户接待、业务处理、优质客户及潜在客户发掘、客户推荐、精确营销、客户跟进及市场开发等工作，以客户进门即得到的良好服务为前提，加快业务处理流程，提供优质服务，对客户进行有效的分流。在客户等待办理业务的过程中由大堂经理及主任进行宣传工行的新兴业务，识别并发掘我行的优质及潜在客户；柜员在业务处理的过程中发掘和推荐我们的目标客户，从而大大提高了我们工作的效率，避免了客户流失。

目标客户确定后坚持对客户进行回访及跟进工作，有目标的对客户进行精确营销。根据每类客户的特点以及需求进行不同的维护，在客户维护手段上也采取不同的技巧，包括对客户的信息采集，维护的形式，信息提供的内容、方式和方法进行了解、分析判别后才进行实施，从而保证了网点在保护客户隐私的前提下与客户进行有效的沟通和跟进，不但稳住了现有客户，还吸引和发展了更多在他行的优质客户。

通过市场调查，针对客户的类别、性质、客户的风险承受能力以及需求，客户进行产品精确营销。根据客户在工行及他行使用产品的情况，结合客户的特点和意向对客户进行分类，转变以往“为了产品营销而营销”的思想观念，考虑到不同客户的需要以及客户的承受能力，站在客户的立场上进行产品组合营销，并及时的对客户进行风险提示，定期和客户进行信息沟通，使客户能够感受到工行的优质客户服务。

三、以“提升服务品质年”为契机，建立优质服务长效机制

网点要发展，服务是基础。该网点要求员工“内强素质，外强服务”，在不断改善营业环境、服务设施和推行“微笑服务、两站三声、一双手”为基本内容的柜台服务规范基础上，把抓单纯服务态度转变到以客户为中心、以客户满意为准绳的服务要求上，他们牢牢铭记：服务中的一言一行都体现着工行的形象，服务水平的高低更直接决定的网点业务的发展。因此，该网点提出了“爱心、热心、耐心”的三心优质服务理念，并通过评选服务明星、晨会等达到细节上规范合理，技能上娴熟无误，态度上温和主动。该网点的大堂经理和柜台员工人人精神饱满，笑脸相迎，时刻给人备受尊重的感受，整个营业大厅洋溢着温暖和谐的气氛。为进一步提高员工的服务技能，不断加

强员工的业务培训力度，组织员工学习各类业务操作规范，组织开展柜员业务知识、技能的学习，努力提高员工的专业技能和服务水平。服务水平得到持续提升，客户满意度得到持续上升，客户增长率得到稳步增加。

四、强化内控管理，规范业务操作流程

加强内控管理，防范金融风险，是求发展、增效益的重要前提。为此，该网点针对新形势下员工出现的新思想、新情况，把加强内部管理、防化金融风险作为一项重要工作来抓。要求员工在办理业务过程中，严格按总行《业务操作指南》办理，杜绝违规办理业务，提高风险防范意识，提高业务核算质量，以实现科学、稳健发展。结合警示教育、风险排查和提高内控执行力活动，及时查漏补缺，抓好对重点部门、重点业务、重点人员风险点的防范和排查，及时落实整改方案和措施。加大对营业经理、客户经理特别是一线临柜员工的检查监督力度，确保各项规章制度落到实处，排除案件隐患。做好履职检查，对印章、凭证、账户、权限卡、现金、款箱等进行了检查；对反交易、大额现金存入反交易、补打储蓄凭证交易、大额错账冲正交易、异地通存通兑冲正交易等进行了监测。利用案件防范分析会、员工行为动态分析会对经营管理过程的存在的问题进行了查摆；细致查找当前及今后一个时期影响全所质量、管理和效益提高及持续快速发展的内控执行力存在的问题，深入分析问题产生的原因，清醒认识问题造成的危害，提出了适应发展、科学合理的管理理念，研究制定具体的防范和规避风险措施，杜绝了差错及各类案件的发生，确保安全营运。

成绩只能代表征途上的一段历史，梦想是延续历史的动力。商鼎路支行将与时俱进，用不断创新的精神，在实现经营模式、服务方式转变的过程中永远保持强行优势。

服务客户求发展　用心经营促成效

——洛阳分行九都支行营业部

2009年在市行党委的政策指导下，在支行班子的正确领导下，洛阳分行九都支行营业部紧紧围绕“同业第一、系统进位”的工作目标，通过实施有效的业务发展举措及激励机制，充分调动全员的工作积极性和营销主动性，各项业务取得跨越式发展。

一、各项业务发展情况

从历史发展情况来看，洛阳分行九都支行营业部在支行六个网点中一直处于中下游发展水平，2008年各项存款年增长仅有1583万，而2009年全年各项存款较年初上升了13983万元，是2008年增量的8.8倍。其中，储蓄存款增加了3050万元，相当于近三年储蓄存款的累计增量。全年代理基金4691万元，销售理财产品16767万元，代理保险523万元，销售灵通卡1982张，均实现了历史最好水平。

二、主要工作措施

能够快速实现跨越式发展，我们不仅要反思，是什么样的改变造就了如此大的成绩？是硬件条件？人员调整？还是领导的领导力？事实证明，领导的凝聚力和员工的共同努力才是创造这些成绩根本动力。

1. 凝聚团队力量、树立比学赶超观念。

作为基层行的营业部，肩负全行的个人、对公业务，除了做好网点自身的营销工作以外，还要承担其他一些支行工作职能。人多、事杂、难管成了营业部的代名词。时任营业部负责人的邵丽凤同志用自己的优良表现打动了全体员工，真正做到了把全体员工拧成一股绳、劲往一处使。

邵丽凤同志是从二线调往营业部任职的，任职之初，由于多年未从事一线工作，虽然同志们都认可她的人品、工作作风，但是业务知识的匮乏让她自己暗暗下劲，要带领好一个网点工作，必须要让自己尽快熟悉业务，通过白天和同志们的交流学习，晚上自己一些学习文件资料，很快邵丽凤同志也成为了一名业务能手，慢慢的营业部的员工们发现，邵主任制定的规定要求，她都是自己带头遵守，她给员工下达了营销任务，每次都是自己带头完成，渐渐的营业部员工对她严于律己、诚心待人的工作作风十分钦佩，每个人都已她为榜样，员工之间暗自比营销、比工作，形成了良好的工作风气。用邵主任的话说“只有让员工真正认可你这个人，你说的话才有分量，才能把大家真正凝聚在一起”！

2. 狠抓服务质量、提升优质客户数量。

支行营业部地处居民密集区，客户资源较为丰富，但周边金融机构竞争也非常激烈，周边有中、农、建、商、交、邮政，经过这些年的发展我们积累了大量的客户，但是实际的问题是养老金客户较多，低端客户量大、办理业务客户多、排队等候时间长，种种情况造成了我们在维护、留存中高端客户的吸引力明显差异与其他银行，造成了客户流失较多、存款增长有限。面对种种不利局面，支行营业部团结一心，在现有的资源条件下，狠下苦功，提高自身素质，下大力气进行客户服务。首先是对客户分级，更具客户对网点带来的综合效益，对客户进行分级。其次是分层营销，对一般客户已满足其基本金融需求如目标，对中高端客户以及网点认定的贡献度较大的客户则采取重点人员重点营销的方式，由专职客户经理分包到人，针对客户个人的资产情况、理财偏好进行针对性的营销服务。第三是完善客户档案，利用先进的客户营销系统与手工登记相结合的方式，对客户的资产配置、理财倾向、经营情况、生活习惯等进行全面登记，提高服务水平。第四是建立理财金快速通道，为理财金VIP客户提供服务快速通道，特色提醒、生日祝福、节日慰问以及个性化理财等综合性服

务，增强对中高端的客户的吸引力和凝聚力，提升优质客户数量。第五是走出网点，主动营销。针对周边社区、市场资源，要求客户经理走出去、带回来，积极走出行门进行理财宣传、客户走访，主动出击，提高宣传效应，把客户带回来。

3. 细致服务客户、争揽他行存款。

“不放过任何一个机会，不放弃任何一项业务，不放掉任何一个客户”，凡事都做到“应做尽做”，用“心”去对待每一位客户，用“心”去经营每一笔业务，不断赢得客户信任。

2009年年初的一天，一位年过五十岁的大姐走进营业网点，网点负责人邵丽凤立即迎上去询问其办理什么业务，经过了解，受当时国际金融危机影响，她所经营的化工原料销售也受到了很大的冲击，现在资金闲置，想询问怎样使闲置资金收益最大化，邵主任马上向其推荐了我行理财产品收益高，风险低的特点，在客户既定的前提条件下，运用自己的专业知识与技能，最大化地满足客户对财富保值和增值的需求，既达到了客户的满意，又营销了我行的产品，使之满意而归；之后多次给该客户发短信、打电话将我行节假日祝福、新产品发售情况等信息及时传递给她，用真诚和微笑，在工行和客户之间架起了相互信任的桥梁，经过一段时间以后，这位大姐把她在建行开立的基本结算账户销户后在我们网点开立，对公账户和个人账户存款理财总余额达到三百余万元。

随着社会的发展人们对金融产品的需求也越来越多样化。我们如何才能争夺客户占领市场，能够满足客户的各种需要，把自己的客户留在网点，把外面的客户领进工行？一是认真周到的服务态度，二是坦率真诚的理财建议。对待客户我们一定要用“心”服务，站在客户的角度思考问题，为客户创造财富、提供便利，不谋求短期利益，真诚相待，以“心”换“心”。

4. 丰富产品阵线、大力推广捆绑营销。

随着客户对金融需求的不断提高，银行自身提供的相应产品也是琳琅满目，有时候作为银行员工自己都应接不暇，如何将这些优秀的产品作为维护客户的有力武器推广出去？支行营业部经过反复思考和实践认为必须坚定地走捆绑营销的道路，以体验、免费使用等形式将产品先介绍给客户，让客户了解这些新兴产品的优越性后自然就会主动使用我们的产品。

在个人客户针对灵通卡发卡，支行营业部就为其捆绑推荐了个人网上银行、代理基金、个人理财、基智定投、第三方存管以及余额变动提醒等六项业务，通过让客户尝试使用新产品，最大限度地让客户体验到了新兴电子银行渠道的便捷性，很多客户也由此成为我们的重视客户，并且成了我们的免费业务宣传员。

对对公结算客户，支行营业部为其准备了企业网上银行、法人理财、财智账户卡、财税库银、贵金属业务等多项捆绑业务，一方面降低了柜面业务量，另一方面也提高客户的金融资产管理便捷性。

通过产期的捆绑推介，充分发挥了我行产品阵线丰富、电子银行渠道领先的优势项目，以我行的优势项目来对抗其他银行的业务竞争，实现了很好的效果。

5. 客户至上是我们的追求目标。

作为基层营业网点，每天必须面对形形色色不同层面的客户，在考虑经济效益的同时，网点还承担着很大一部分社会责任，如何服务社会、服务老百姓，还要兼顾经济效益的提升？这就要求我们必须牢牢树立服务创造价值的理念。

例如支行网点一位经营小食品批发的客户总是来存零钱和破钞，为了节省客户等待时间，客户总是把钱放下就走了，由后台的人员进行清点，清点的零钱往往会多出一两张，可无论金额大小我们都如数退还给客户，长此以往大家建立了深厚的信任关系，这位客户也成了我们的忠实客户；一位每月领养老金的老太太经常到网点换零钱，图花着方便，网点工作人员每次想方设法都要给老太太换点零钱，日积月累下来，老太太非常认可网点的服务，让家里子女们把钱都存在我们网点，充分体现了老百姓对我们用心服务的认可。

得到客户的认可一定要付出在先，用我们的服务热情、业务能力、个人素质来服务客户、感动客户，正是实现客户至上、宾至如归，这样才能真正维系好客户，培养忠实于网点、忠实于工行的优质客户。

三、未来工作展望

2009年支行营业部众志成城、团结一心，用自己的辛勤努力和勤劳汗水换来业务的跨越式发展，但是居安思危，如何才能稳定地持久地实现长期发展，才是我们面临的长久课题。以人为本，深入贯彻服务创造价值理念，用“心”沟通，真诚与客户相待，把客户经营好，实现客户的稳定、持续增长，才是基层网点业务发展的基石。

展望未来，我们还要主动出击，把握机遇，把赢得客户永远放在第一位，打造区域内的“魅力工行”。

千帆竞渡争上游　精耕百业雕丰碑

黑龙江鹤岗分行向秀丽储蓄所，是以全国救火英雄、火中凤凰“向秀丽”的名字命名的，始建于1953年，共有员工29名，现已成为鹤岗市经营规模最大、业务品种最全、服务功能最先进、营业环境最优雅的营业网点。近年来，该所先后荣获全国“巾帼文明岗”、国家级青年文明号、工商银行最佳储蓄所、优质文明服务示范窗口、零售业务达标网点、黑龙江省“五·一”劳动奖状、“三·八”红旗集体、明星班组，黑龙江省银行业“最佳服务窗口”、工商银行黑龙江省分行“精品服务网点”、“全国文明规范服务示范窗口”等数十项荣誉称号。截止到2009年末，储蓄存款余额10.71亿元，较年初纯增3.744亿元，完成计划的217%；代理各类基金9.48亿元，完成计划的258%；营销个人理财产品1.13亿元，完成计划的342%；保险2033万元，牡丹灵通卡4438张，理财金账户313户，个人客户证书421户，牡丹信用卡1 108户，牡丹白金卡客户19户，基金定投3018户，个人网上银行2882户，电话银行2 819户，手机银行810户；签订理财协议128份；新增个人优质客户1012户；实现个人中间业务765万元，增幅108%，人均达到26.38万元，同比增加9万元，各项指标均创历史最好水平。在黑龙江省分行50家卓越型直通式网点考核中，个人优质客户增量、新增个人资产业务、个人中间业务、信用卡发卡、个人网银证书等五项指标的综合考核实现23个月排名全省第一；保持29个月95588服务“零”投诉。

一、立足实际，突出核心竞争力主题

鹤岗是一座煤炭资源型城市。近年来，尽管积极推进转型发展，市场经济多元化程度不断提升，但是发展速度和发展质量与发达地区、周边市区相比还有一定差距，不仅经济总量小，而且金融资源也比较匮乏。同时，随着银行等金融机构多元化、多层次框架逐步构建完成，打破了国有银行垄断格局，金融同业竞争日益激烈。如向秀丽储蓄所周围不到500百米范围内就有6家系统外金融机构，不但各家的竞争注意力聚集该所，而且竞争的焦点也都是个人金融业务。面对极为不利的客观形势，如何争得向秀丽所的持续健康快速发展始终是鹤岗分行领导班子探索研究的主题，也是对向秀丽所生存发展能力的考验。

该行领导班子通过认真审视市情、行情，深入调研，经营发展思路逐渐明晰：围绕“全面提高核心竞争力，打造区域第一零售银行”发展目标，大力推进核心竞争力项目，全面加快零售业务发展，深入持久地将向秀丽所打造成精品网点中的“精品”；利用好“向秀丽”这位英雄给该所带来的得天独厚优势，积极开展文明规范服务示范窗口创建活动，不遗余力地向秀丽所建设成品牌网点中的“金牌”。同时，通过把有优势、有潜力的向秀丽所打造成一个样板，带动全行各类营业网点的轮动发展，从而提升鹤岗分行整体竞争力。

二、多措并举，扎实推进精品建设工程

为把向秀丽所打造成鹤岗金融业的精品网点，扩大品牌效应，鹤岗分行围绕实施核心竞争力项目，按照“创造一流、追求卓越”的发展理念，不断加大向秀丽所“软硬”环境建设。

在硬件建设方面，对该所进行了高起点设计、高质量装修。并按照现代人文理念，突出人性化关怀，实现了低柜台、低隔断和分区域管理，专门开设了贵宾理财服务区，配置了手机加油站、饮水机、咖啡机、便民伞等便民设施；客户休息区设置了舒适沙发和儿童座椅，用绿树、鲜花、鱼缸等物品对内部环境进行了美化装饰；户外设置了全市首家灯光报廊，修建了残疾人轮椅通道，温馨的环境成为全市一道亮丽的风景线。

在分区服务方面，针对客户服务需求的不同，将营业厅划分为现金区、理财区、贵宾区、咨询区、自助区和休息区等功能区，从六个方面做优服务。一是精做贵宾区服务。贵宾区是为高端客户设定的，茶吧式的风格，客户可免费品尝水、酒、糖、茶、咖啡等，有一名客户经理专职为客户提供传递现金、票据和业务咨询等一站式全程服务，让客户深切体会到无微不至的关照和身份地位的尊重。二是细做现金区服务。该所实行大胆组合，将个金柜与对公柜进行有机结合，做到对公柜分摊个金柜业务，把原来14个现金柜压缩到8个，不仅减轻了工作强度，而且有效提高了工作效率，缓解了排长队问题。三是勤做自助区服务。该所在全市首家开办了24小时自助银行服务，积极引导客户使用ATM等自助设备，增强客户与电子机具的亲和力，发挥现代科技的高效作用，为客户提供7＊24小时全天候服务，极大吸引了客户的注意力，扩大了客户群体。四是稳做理财区服务。针对理财业务技术含量高，咨询操作较复杂的特点，模拟设计了多套理财方案，根据客户需求，现场推介，使客户有需而来，满意而去，疑难问题得到化解。五是善做咨询区服务。该所强化迎宾员素质培养，使迎宾员成为挖掘优质客户的第一“把门人”，通过细致、周到的服务，让进行咨询的客户成为忠诚客户。六是厚做休息区服务。为等候办理业务客户准备了糖果、书刊报纸和宣传折页，努力创造家庭般的舒适。

在员工管理方面，该行始终把员工作为第一客户，积极推行人性化管理，切实做好对员工的服务，提出了“两性、三满意、四到位、五做到”工作要求，即：凡事安排超前性，服务一线主动性；让基层满意、让员工满意、让客户满意；办公用品送到位、安全防范抓到位、修理维护做到位、职工生活想到位；做到充分重视人，真正关心人，正确看待人，有效激励人，全面发展人。不断优化人才培养和晋升渠道，通过公开竞聘，择优选拔，向秀丽所有5人走上处级、科级领导岗位，所主任侯波，2008年，被中国金融工会授予全国金融五一劳动奖章，2009年被提拔为主管行长。通过实施科学的管理，激发了员工的工作热情，推进了该所的深入发展。

在队伍建设方面，深刻认识到，一流的窗口必须有一

流的员工队伍，才能创造出一流的工作业绩。为此，该行坚持把好选人用人关，在全行公开竞聘选配了综合素质高、开拓能力强、管理经验丰富的正副所主任。配备了3名综合业务素质高、营销能力和应变能力强的专职大堂经理。对一般员工实行优中选优，对不称职员工及时调整，在全行选聘高素质员工进行补充。同时，开展了评选“技术能手、服务标兵、营销明星”等一系列竞赛活动。近年来，涌现出总行级优秀青年1名，总行级优秀共产党员1人，省行业务技术能手6人，省行青年岗位能手、增储能手5人，省行五星级员工3人，三星级员工12人，4名理财经理全部通过国家级AFP金融理财师认证，向秀丽所的员工队伍成为一支充满活力和朝气的精干团队。

在企业文化方面，近年来，依托向秀丽储蓄所浓厚的历史底蕴，不断加强企业文化建设。通过深入调研、召开老同志座谈会、全员大讨论、调查问卷、有奖征集核心价值理念等方式，挖掘提炼出“敬业为本、奉献为魂、追求卓越、创造精品”的向秀丽所精神，将“奉献文明窗口、成就精彩人生”作为员工的座右铭，将“为客户创造完美，为员工搭建舞台，为百姓奉献爱心”核心价值观深深植入员工心中，体现在行动上，用先进的企业文化指引和鞭策向秀丽人向着更高、更远的目标前进。相继开展了“重温向秀丽事迹，感受英雄思想境界”、“请回老传统、告慰老模范”和“学英雄，找差距，创建优质文明窗口”等系列教育活动，特别在今年，适时开展了“把握人生航向，珍惜职业生涯”主题教育活动，使员工的心灵受到了震撼和净化，文明服务、争做贡献的意识得到了升华，为经营发展提供了强大的人才支持。

三、精耕细作，积极建设服务最优银行

按照“以客户为中心”经营理念，该行进一步改善金融服务，深化对服务工作内涵的认识，不断完善机制，加强管理和创新，努力成为服务最优银行。

在服务创新上，通过探讨和归纳，为客户提供了高度细分化、定制化的金融产品和服务。一是开展规范化服务。向秀丽所认真遵守《中国银行业文明服务公约》，严格落实《鹤岗分行网点规范化服务标准及考核办法》，进一步细化了识别引导流程、接触营销流程、关系维护流程、投诉处理流程等服务规程，实行“三个必须”、“四个统一”、“六个做到”，从强化服务细节入手，从物品摆放、凭证传递、服务语言标准、着装样式等进行细致规范，让员工每天向客户展现蓬勃、热情的精神面貌。二是开展个性化服务。在服务工作中，该所将为客户提供多样化、个性化特色金融服务作为重要内容，在创新差别服务方式上做文章、下工夫，提高服务工作效率和质量。如对高端优质客户，积极开展贵宾服务、电话预约服务；对老年或工作较繁忙的客户，积极开展提醒服务、上门服务；对外宾及聋哑等残疾特殊客户，积极开展委托服务、“绿色通道”服务；对柜面业务，实行限时服务等。同时，坚持在重大节日采取发短信、寄资料、登门拜访、赠送小礼品、送生日蛋糕或鲜花等灵活多样的形式，加强客户的沟通联系，增强了客户的满意度和忠诚度。三是开展“魅力”化服务。“魅力服务”是指在工行服务大格局中，提倡“形象魅力、窗口魅力、人格魅力”，不以任何理由拒绝客户的要求，架设与客户沟通的桥梁，不搞形式，将服务工作常抓不懈。每季度开展“服务明星评选”活动，以服务技能、服务水平、服务业绩三方面为评选依据，每季度评选一次，进行张榜公布、经验交流，达到树立典型、激发员工的目的。如今年4月，一位老板在外地打来电话说，他在内蒙收购一煤矿，由于煤炭市场价格的波动变化，还差3万块钱才能签约，如果等到明天价格可能还要上涨，请所主任单伟帮忙。单伟接到电话后，决定用自己积攒的钱给客户汇过去。10天后，这位老板从外地赶回来，见到单伟第一句话就说：真谢谢你呀，你的雪中送炭，让我少损失了70万元。如果你认为我能帮上你的忙，你走到那，我的户就跟到那。……当天，该客户又将转手卖矿的1800万元，存入了向秀丽所。正是靠这种信任、这种想客户之所想，急客户之所急，解客户之所难的精神，向秀丽储蓄所的忠诚客户群体不断壮大，无形的服务带来丰厚的经营效益。四是开展便民化服务。在激烈的竞争中，金融服务不能限于本行的小天地，必须融入整个社会并赢得广泛认同才有生命力。因此，该所把金融服务领域延伸到三尺柜台之外，送进千家万户，常年深入企业、学校、社区和集贸市场等地，为广大群众提供金融产品宣传咨询，讲解银行业务，并以“营销能手社区行”活动方式为社区百姓带去金融产品的新意，为家庭理财支招。仅今年以来，就坚持每月4次到集市、早市等商业区开展人民币知识宣传，为群众兑换零残币，已累计兑换零币16万元、残币近1.5万元，得到社会和市民的欢迎。

四、突出重点，着力发展核心业务

向秀丽所明确的发展目标、严格的内部管理、优秀的品牌价值和卓越的金融服务不仅夯实了经营管理基础，更促使其探索、研究了有利于其自身持续、健康、快速发展的核心业务领域，在存款、贷款、代理业务等三个方面实现了突破。

一是全力竞争优质客户，存款总量快速增加。该所以全功能银行系统（NOVA）、个人客户营销管理系统（PBMS）为依托，梳理客户信息，维护优质客户关系，发挥全行电子化网络技术优势和产品优势，根据客户需求，为客户量身订做个性化的产品方案，不仅提高了客户满意度，更吸引来一大批他行优质客户。到2009年末，该网点较年初新增个人优质客户739户，户均存款达到200万元。

二是大力开展个人代理业务营销。个人代理业务是中间业务收入的重要来源，是竞争和维护优质客户的重要手段。该行切实加强代发工资、代理基金、代理保险等个人代理业务的营销，全面巩固和提升域内“第一零售银行”地位。在抓好代发工资业务方面，积极做好营销目标制定、任务计划分配、考核办法制定、网点代发工资营销组织、代发工资业务考核和后续个金业务组合营销等工作。如今年八月份，成功营销了鹤矿集团社保局代发工资业务，代发金额达到3691万元，办理灵通卡3.9万张，实现中间业务收入约46万元。在基金营销方面，针对国内外资本市场

相对低迷，市场风险加大的形势，积极向客户讲清风险，并从资产合理配置的角度与客户共同制定理财方案，稳定客户群体和基金申购额，确保代理基金业务同业占比领先位置。在保险促销方面，联合多家保险公司开展保险促销活动，推动银保产品结构调整，代理手续费率较高的寿险产品、风险保障能力强的保障型产品、盈利能力持续性强的期缴产品的销售占比不断提高。

三是深度发掘市场潜能，发展个人质押贷款业务。近年来，该所另辟蹊径，明确竞争战略导向，大力拓展传统业务的市场盈利水平，强力推行个人质押贷款营销工作，取得了显著成效。目前，个人质押贷款纯年初纯增1460万的好成绩，为个人贷款增添了新的活力。

“云霞出海曙，梅柳渡江春”。几年来，鹤岗分行向秀丽储蓄所面对严峻发展形势，积极进取，科学发展，实现了规模、质量和效益的同步增长。我们相信，在未来发展道路上，该所通过进一步培育和提升核心竞争力，巩固和扩大优势地位，一定会保持又好又快的发展。

湖北十九街支行

2010年上半年，十九街支行围绕培育和提升核心竞争力这一战略目标，积极推进经营转型，以做好个人中高端客户为着力点，兼顾普通客户日常维护，在上半年营业部综合排名中独占鳌头。在个金业务方面，实现净现金流增加2.06亿元，其中存款余额达到18.1亿，净增1.58亿元，累计销售基金4022万元，保险销售2000万元；累计销售理财产品6.5亿元，理财金账户净增599户。各项金融理财产品营销出色，成绩斐然。在公司业务方面，我十九街支行对公存款时点30684万元，较年初增长1546万元，日均存款31611万元。新增客户数121户，办理企业网上银行61户，其中：证书版31户，普及版30户，办理企业电话银行31户，新增法人理财账户19户，法人理财销售7600万元，签订现金管理协议132户，签发银行承兑汇票9170万元。我们主要做了如下重点工作：

一、以科学合理整体规划，构建服务创造价值的理念

十九街支行今年以来，无论网点怎样升格、整合，一直以“怎么赚钱怎么做”的经营服务理念，合理配置网点资源做到：

1. 科学分区有侧重

网点负责人对分区进一步进行了科学合理的规划。对20万元以下的客户，分流到普通客户服务区，对普通客户服务区发现的未达到理财金账户标准的潜力客户配发网点贵宾卡二次分流到贵宾区一楼办理业务；贵宾理财服务区一楼定位为20万元至100万元的中端客户，并配备专职大堂经理2个；对资产在100万元的高端客户将界定为财富客户，这部分客户被分流到二楼财富区，分区服务的完成，满足了不同层次的客户需求，也大大提升我行对优质客户的服务层次；

2. 对客户进行个性化服务

对每一位在20万元以上的财富客户都配备贴身的理财经理，针对客户进行量身定做理财计划，同时利用PBMS系统对客户的资产进行分析。在优质客户生日时，适时为客户提供一份详尽的理财规划报告书，列举我行产品的优势特点、使用方法、收益风险及利弊。将理财规划书与精美花束包扎在一起，由理财经理与中心负责人一起送至客户，让客户对我行产品有深刻了解同时，也充分认识到自身风险承受能力和理财需求，有针对性地选择适合自己的理财产品。自从对财富客户个性化服务以来，我行已为三十多位客户进行了家庭理财规划，将基金、保险和理财等多项金融产品捆绑销售，为客户进行合理配置，从而有效提升了客户对我行的忠诚度；

3. 发挥财富中心资源优势，提升经营效益

财富中心的工作目标是：集全员之力，层层分解客户，以此来巩固一批核心高端客户，锁定一批优质中端客户，培育一批有价值的潜力客户。针对这个目标，我行对客户的资产级别，由负责人、理财经理、营销经理、大堂经理和柜员对客户分别联系服务，形成人人手中有户、遍地开花的局面，从而更深入地、持续不断地挖掘优质客户。通过对客户进行分区管理，对客户提供个性化的服务，落后的指标也有了明显的进步。

二、通过各种途径对员工进行形式多样的培训，提升服务无止境

十九街支行始终坚持以人为本，实实在在谋发展，真心诚意办实事的理念，理顺了人气，凝聚了人心，培育出一支优秀的员工队伍。

1. 坚持对员工分层次培训及不定期轮岗制度

通过有计划有步骤对现金柜员、非现金柜员、大堂经理、理财经理进行系统的营销技能培训。现金柜员重点在保险、基金、理财、揽存等方面进行专项培训；非现金柜员重点在电子银行、银行卡、理财、基金、三方存管等方面进行专项培训；大堂经理重点在客户的识别、挖掘、维护、分流、银行卡、电子银行进行专项培训；理财经理重点在优质客户的维护、挖掘、提升、了解及理财计划等方面进行专项培训；在培训过程中，制定了一整套不定期的轮岗制度，大大提高了员工的整体素质，基本上达到了每个岗位每个员工都能胜任的良好效果。

2. 调动员工学习的热情，营造学习氛围

在晨会和月会上，组织员工业务学习和金融产品培训，并安排网点理财师和保险公司讲师对个金产品逐一专业视角讲解，学习成功人士的经验的同时锻炼员工的开口能力，并要求员工结合岗位，思考自己的服务质量和改善自己的

服务水平。

3. 规范用语，强化服务流程

十九街支行对服务用语使用的原则、接待用语的规范、礼貌用语的规范、安慰用语的规范、送别用语规范等用语进行规范，并打印做到人手一份，要求员工对照规范用语进行自我约束自我检查，有力推动了员工对服务的意识。

4. 提供令客户满意的贴心服务

我行对各岗位的员工维护优质客户的行为做出了详细规定：要求理财经理每日至少打20个电话（其中熟悉客户、陌生客户各占10户）联系客户，同时通过短信和电子邮件的方式与客户沟通，以便作好客户贴身服务工作。并且定期会对客户进行电话回访，探求客户对我行服务的进一步要求，对本网点客户的维护工作提出了整体部署要求，实行“100－1等于0”的一票否决制，哪怕有一个客户的疏漏都是我们维护工作不到位，细心周到的贴心服务一直是我们营销取胜的法宝。

三、积极开展大型联谊会，发动全员营销的热潮

年初，我行便开始筹划全员营销的计划。根据不同时间段，不同时期的工作特点，带动全员积极参与的积极性和主动性，一改等客户上门的行为准则，积极鼓励员工走出去寻找客户的新思路。通过有计划的精心准备，我行开展了一系列大型营销活动。

1. 深入社区开展储蓄旺季营销

1～2月，我行精心准备各种宣传资料，利用每天下班后的休息时间，由网点负责人带队，对各柜组人员进行分工，有组织有目地对附近的社区、街道进行上门走访，通过两个月的每天坚持走访，我行储蓄揽存达到1000多万 。

2. 与平安保险公司联合举办联谊会

为了加强与客户联系，增强客户对保险理财产品意识，3月中旬，我行与平安保险公司联合举办了一期客户联谊会。在联谊会上，我行派出优秀理财经理对客户讲解理财品种，分析各款理财产品收益状况，保险人员也对保险理财进行了阐述，让客户提高对保险理财的认识，也对近期我行的理财有了更深的了解。通过这一期的联谊会，客户对保险理财产品参与热情高涨，当月保险理财产品达到300多万。

3. 走进学校走上讲台宣讲理财知识

为了加深与学校的联系，我行派出理财专业团队，对附近重点学校进行走访。通过和老师的沟通发现，老师们对银行理财也表现出浓厚兴趣。为了满足老师的需求，4月上旬，我行理财经理带着银行产品和理财宣传资料，走进学校走上讲台，为老师们上了一堂生动的理财讲座。课后，老师们踊跃提问参与积极性很高，次日，为符合条件的老师办理金卡6张，办理基金定投20笔 。

4. 摆摊设点造声势各种营销面对面

清扬十街社区是我行附近较大的社区，在5月假日期间，我行将宣传产品带到社区前，对过往的社区人员进行宣讲和营销，对不同需求的人群进行有类别的营销，并与物业管理人员联合举办“金色童年，阳光成长”活动，当日参加活动的社区居民都有不同小礼品赠送，大大扩大我行在社区的影响，随后社区人员在我行开通网银办U盾8个，购买理财产品200万，揽存300万，信用卡20张。

湖南省分行营业部韶山路支行营业部

一、单位基本情况

中国工商银行湖南省分行营业部韶山路支行营业部是湖南省银行业营业面积最大、服务设施最完备、服务功能最齐全的大型综合性营业网点，也是长沙市银行业的老品牌网点之一，除办理传统银行业务外，还代理全省唯一的上海黄金交易所指定仓库、贵金属出售业务，代理长沙市芙蓉区国库业务和保管箱业务。该网点是团中央命名的“全国青年文明号”，先后被评为工商银行对公业务“全国百强网点”和全国工行“百佳服务机构”，并多次荣获工行湖南省分行、省分行营业部及支行先进集体、巾帼文明示范岗等荣誉称号。

该网点坐落在长沙市繁华的中心城区，成立于1983年1月。现有从业员工55人，其中：管理人员3人，现场监管人员4人，综合柜员41人，大堂经理及客户经理7人；有CFP国际金融理财师1人，AFP金融理财师4人。至2009年底，该网点各项存款余额为62.52亿元，其中对公存款余额53.09亿元；储蓄存款余额9.43亿元，各项贷款余额19.15亿元，实现当年中间业务收入2238万元，拥有对公结算账户2309户，私人账户118962户，个人网上银行46733户，三方存管账户14646户，企业网上银行811户，理财金账户917户，出租代保管箱1895门，办理国库业务416671笔，其中：完成预算收入404 481.62万元，完成预算支出197 545.68万元。代理上海黄金交易所仓储调入和调出232笔，9426公斤。2010年上半年销售个人理财产品4727万元，代理基金1431万元，代理保险550万元；发放信用卡1737张。该网点员工无违纪行为和重大差

错事故发生，连续 14 年实现内控安全无案件、事故目标。今年上半年该网点在营业部 106 个网点绩效考核中排名第三。

二、文明规范服务主要工作措施和成效

2006 年以来，该网点组织员工认真学习贯彻《中国银行业文明服务公约》、《中国银行业公平对待消费者自律公约》和《中国银行业零售业务服务规范》等自律公约及系列服务规范标准，大力推进文明规范服务品牌建设，认真落实工总行关于优质文明服务的指示精神，积极参加“满意在工行”、“服务品质提升年”、“服务价值年”等系列活动，围绕上级行提出的服务创造价值，着力打造创新服务的“四个平台”。该网点结合实际，突出特色服务，创新业务发展，明显增强了网点服务竞争力。其主要做法是：

（一）提升观念，提升机制，提升活动，提升服务品质

一是提升观念。引导观念转变，树立大服务意识。提高认识是服务大提升的前提。韶山路支行营业部将实施服务提升战略正式列入五年工作规划，并制定优质服务工作纲要，同时，成立了以网点主任任组长的服务提升领导小组，将服务责任内容写入“两个责任制”之中，使服务工作组织领导落实到位。该网点逢会必讲服务，必查服务，带动全网点形成了人人关心服务，人人优化服务的局面，弘扬了“严格、规范、谨慎、诚信、创新”的十字行风。该网点还利用晨会、周会反复灌输“服务创造价值”、“服务无小事”等理念，深入学习支行“服务价值年”活动方案，多次带领员工到周边商业银行网点实地参观学习，借鉴他行先进做法引导柜员由单纯的柜面操作向“柜面服务 + 柜面营销”转变，员工逐步从“要我服务”转变为“我要服务”。

二是提升机制。建立激励机制，激发员工服务热情。近年来，该网点制定了“柜员绩效工资 = 业务量 + 产品计价 + 服务”的绩效考核办法，将服务评价计分，与员工绩效奖励挂钩，对服务业绩优异的员工给予重奖，并在晋升等方面给予优先。让员工真实感受到优质服务在为客户创造价值的同时，也能够提高自已收入，使该网点服务管理工作常态化、日常化。

三是提升活动。开展争先创优，以点带面促服务。多年来，该网点坚持开展两项优质服务竞赛活动，在网点开展“五星级柜台、五星级柜员”的双星劳动竞赛，每年进行两次评比，对获得星级奖励的柜台和个人进行通报表扬、奖励，在营业大厅张贴员工照片和服务光荣榜，并记入员工优质服务档案。近年来，其先后有 5 个柜台、13 位柜员被评为星级柜台、个人。与此同时，该网点将每年的五月定为“优质服务竞赛月”，开展一年一度的服务大竞赛，较好地推进了服务工作。

（二）爱心服务、差别服务、细节服务，追求完美服务

一是爱心服务。实行三级负责制，整体联动抓服务。即网点主任对服务工作负领导责任；大堂经理对客户做好迎接、识别、引导、宣传、咨询和陪同办理业务等工作；柜员以娴熟的业务技能做好柜面服务。全网点实行客户服务首问责任制，三层联动，形成了网点的整体温馨服务格局。该网点大堂经理陈恢晖，在迎来送往中，以爱心服务赢得了客户高度赞扬。对不同的客户，盛夏的一杯水、寒冬的一只热水袋、老人的一副老花镜、小朋友的一张存单、一句温暖的问候都使人如沐春风。兢兢业业，任劳任怨，平凡的工作体现了工行人服务精神，2009 年度她被工总行评为“优秀共产党员”，其“爱心服务”，使之成为韶山路上一道亮丽的风景线。

二是差别服务。细分客户市场，提升客户服务水平。该网点对其 123764 各类客户，按客户资产规模、融资余额进行分类，实行差别化管理。对 VIP 客户分区服务，满足其多样化金融产品需求；对普通客户按照大众标准化进行服务，决不降低服务标准。对客户过生日、重大节日进行问候并选择性拜访，今年上半年客户经理人均走访客户 400 多人次；新增客户 4802 户、个人 VIP 客户资产增量 8000 万元，储蓄存款增长 12200 万元，在湖南省银行业居领先水平。

三是细节服务。完善服务细则，服务管理流程化。该网点根据《中国工商银行营业网点服务规范指引》，结合工作实践制订《规范化服务标准》，人手一本，进行学习和对照。每天利用晨会学习深化“细节体现品质”、“细节体现完美”等现代服务意识，倡导员工精于细节，从做好每一个细节开始，通过一点一滴改进、一天一天提高来成就完美的服务。如在营业服务中，对于出现客户排长队现象，该网点挖掘现有人员潜力，实行全网点统一调度，前台、后台合理配置，采取弹性服务工作制，适时增减窗口，提高自助设备开机率和使用率，较好地解决网点排长队问题，从而赢得了客户赞扬。

（三）形象创新、手段创新、产品创新，创造服务价值

一是服务形象创新。一手抓加强网点硬件建设，美化服务环境。网点建设是抓好优质服务的物质基础。去年末，该网点进行了高质量装修改造。改造后的营业大厅拓展了营业空间，配备了功能齐全的自助银行及自助设备，服务场所各类标识指引规范，办公设施、电脑机具先进、齐全，使网点成为湖南省银行业营业面积最大、服务环境一流的财富管理中心及金融服务场所，让客户真实地感受到现代商业银行的魅力。

一手抓网点软件建设，注重提高员工个人形象。勤抓学习培训，不断提升员工素质，每年系统制订该网点员工服务培训方案和实施计划。多次组织员工到湖南省著名礼仪培训学校——竞男女子学院进行服务礼仪轮训，今年起，该网点要求每位员工上班佩戴“微笑”胸牌，提醒员工用亲切微笑为客户服务，受到广大客户的一致好评。该网点还强化技术练兵。发动员工利用业余时间开展技能练兵活动。练兵活动不分岗位，不分职位，不分年龄，要求数字准、速度快、操作规范，在今年韶山路支行组织的员工技能比武中该网点取得了团体第一的好成绩。

二是服务手段创新。贴近客户需求，定做服务方案。系统大户多且分布面广是该网点的一大特色。在服务上，

对客户做到有求必应，量身定做服务方案。湖南省移动通信公司是网点重点系统客户，去年4月省移动对电子商务手机支付业务向多家银行招标，网点所属支行高度重视，行长亲任省移动手机支付业务金融服务方案组长，该网点积极参与协商洽谈和服务方案的制定，在上级行的大力支持下，支行服务方案独家中标成为业务主办行，该网点成为主要经办网点，为双方的更深入合作打下坚实的基础。至今年6月末，省移动系统在网点存款余额33.6亿元，达到历史最高水平。近年来，该网点还为芙蓉区财政、省军区、省武警、省人保、长沙铁路等10余家系统客户量身定做了服务方案，推进服务方案的实施，促进了业务发展。

三是服务产品创新。第一，产品效益安全到位。对基础客户通过推荐贴心产品、短信业务提示、产品风险提醒和一站式综合服务等措施来提高客户资产的效益并保障安全。其次，产品宣传到位。对新业务、新产品，尤其是对能为客户带来最大收益和最大方便的新业务做到在第一时间上门、电话或短信宣传，并能让客户较好地了解产品、使用产品。再次，客户理财服务到位。2009年该网点客户经理成功引导客户购买基金其收益率达90%，客户连连赞扬道："工行服务最周到、我们最满意!"今年上半年，该网点客户经理汤琼桃，通过推荐贴心产品，成功营销某客户理财产品1000万元，成为支行营销典型。今年来该网点客户经理成功引导客户购买基金1430万元，引导三方存管大户利用股市闲置资金购买灵通快线1.3亿元，实现了银客双赢，创造了服务价值。

夯实基础　坚持创新　不断提升核心竞争力

近年来，驻一汽支行贵宾理财中心在上级行的正确领导下始终坚持总行、省行及营业部关于打造"大个金"、"强个金"的经营思想，坚持按总行客户视图"稳定低端，营销中端，竞争高端"的市场营销战略，坚持关注市场变化，关注同业信息，调整自身潜能，以不断开拓"新市场、新产品、新渠道、新目标、新团队"为市场营销战术，坚持企业文化建设，实施品牌形象工程，练就精英理财团队，不断强化驻一汽支行贵宾理财中心可持续发展的核心竞争力，以实现经营效益的全面提升。

一、以深化项目实施为依托，促进经营业绩的提升

自网点装修改造以来，驻一汽支行贵宾理财中心始终坚持贯彻执行总行核心竞争力4.0版本的流程，经营业绩逐年攀升。2009年驻一汽支行贵宾理财中心本外币储蓄存款余额达到了138226.21万元，较年初新增30056.06万元，取得了计划完成率与实际增长额均在省行营业部排名第一的好成绩，构筑了资金运营的实力基础；客户结构趋于优化，该行100万元以上的客户在高端客户数量占比中比上年增加32%，构筑了客户资源的实力基础。代理业务均衡发展，理财产品销售总计104 669万元，位居省行营业部排名第一，构筑了产品经营的实力基础。发展指标顺势增长，实现灵通卡开户数7 443户，信用卡办理1 667张，其中信用卡中高端客户渗透率位居营业部前列，电子银行开户3 777户，个人客户证书版开户1 361户，构筑了渠道竞争的实力基础。《吉林日报》曾以"工商银行贵宾理财：品质见证专业"为题对驻一汽支行贵宾理财中心的建设和服务业绩进行了整版的详实报道。

二、以规范化的管理体系做支撑，构建业务发展的平台

驻一汽支行贵宾理财中心在日常的管理工作中不断探索、不断实践。在开拓业务的同时，坚持实行科学管理和从严治行。他们坚持早训、例会制，每日晨会，将上级行的各类会议精神及经营战略进行传达，对上一日的工作情况或成功的服务营销案例及时点评，最新的业务知识、工作经验及时学习或交流，充分展示"尊重、团队、鼓励、卓越"的网点精神。同时坚持班后的客户经理工作例会，统一产品认识，交流维护客户经验，为分析和鉴别市场发展方向以及制定网点的营销策略奠定基础。

三、以创新营销方式为手段，积极拓宽营销服务领域

优质客户的挖掘是贵宾理财中心理财业务发展壮大和实现高端客户动态、可持续增长的重要手段和途径。驻一汽贵宾理财中心以创新营销方式为手段，积极拓宽营销服务领域，走出了一条具有一汽辖区特色的品牌之路，赢得了同业竞争优势。

1. 2009年三季度，营业部推出了"三项工程"实施方案，按照营业部的要求与部署，结合个人客户服务精细化管理规范，驻一汽支行贵宾理财中心积极行动起来，多次走访企业，根据客户的需求，制定营销方案。先后走进一汽财务公司、一汽实验幼儿园、一汽启明公司、一汽轿车股份有限公司开展职场营销活动，累计听课人数达300多人，扩大了该行的知名度，同时也为该行带来了243张灵通卡、159张信用卡、106户网上银行的营销佳绩。其中，一汽支行贵宾理财中心在一汽启明公司举办的"工行相约　开启财富　共创明天"职场营销活动方案被作为范本在全行进行了推广。

2. 对于高端客户除了一对一的咨询推介，贵宾理财中心每月都要召开一次适应当时经济及投资形势的理财沙龙和产品讲解报告会或主题研讨会。节假日与客户共同娱乐、知识互动、有奖竞答等丰富多彩的活动已成为近几年来的保留节目。如大年初一的祝福红包赠送、正月"十五"有奖灯谜，情人节赠送玫瑰、三八节的"女性理财话题"、"母亲节"精心为女客户送上节日的祝福，五一节日期间

开展的“基金理财新概念”财智课堂和基金理财热点现场答疑会、“十一”营业大厅的小型娱乐活动，儿童节的气球满堂等等，无不体现了理财中心与客户的融洽与和谐，经过几年来坚持与优质客户定期的交流和沟通，构筑了服务个性满格的品牌。

四、以完善的服务体系为基础，延伸精品服务内涵

贵宾理财中心应充分发挥服务优势，不断提高优质客户的满意度和忠诚度。为了将这一要求落到实处，全面实现提高“理财中心核心竞争力项目”的推广质量的目标，中心紧紧围绕“以客户为中心”的经营理念，定期组织培训，聘请专业的礼仪老师指导如何正确接待引导客户，并在营业室明显处张贴“今天你笑了吗”的温馨提示，开展“对比服务找差距，完善细节促提升”等活动。通过各种形式营造团结向上、相互协作、充满活力的工作氛围，着力培养员工良好的精神风貌和创业精神。在营业部举办的“服务大提升”活动中，一汽支行贵宾理财中心获得了“十佳”服务网点的称号，同时，该理财中心还获得了总行“百佳”金融服务机构、省行“十佳”服务机构的光荣称号。

五、以构建网点人文竞争力为宗旨，打造一流金融理财团队

为提高员工对服务内涵的领会程度，理财中心先后开展了多期“贵宾理财中心核心竞争力项目服务流程案例演示会”活动，活动宗旨是更深入地灌输并延续规范服务流程。中心的每一位不同岗位员工都要熟知核心竞争力项目的服务流程，全员参与演示。从柜员的文具统一及操作定位和识别推介语言的规范，大堂经理优质客户推介和业绩考核职能的执行能力，到客户经理评价体系的考核落实等方面得到进一步深化实施。

经营靠发展，创新无定式。“客户满意是标准、客户方便是追求”伴随着驻一汽支行贵宾理财中心的晨训词，他们将在上级行经营策略的正确指导下，时刻树立适者生存的发展理念，不断诠释市场经济的深刻内涵，不断完善服务体系，形成一个良性循环、上下联动的营销机制，夯实基础，加快创新，发挥整体合力，为全力打造一个品牌化、特色化的贵宾理财中心而不断努力，为实现打造域内第一零售银行的宏伟目标做出他们更大的贡献。

江西省南昌市北京西路支行营业厅

（一）概况

江西省南昌市北京西路支行营业厅（以下简称北西营业厅）成立于1950年，是江西分行规模较大的储蓄网点之一，于2008年5月改造为贵宾理财中心，同年12月升级为财富管理中心。整体装修现代而庄重、华贵而典雅，服务环境舒适而优越。

北西营业厅面积约2000平方米，现有员工50人（其中个客户经理6人），是一家面向高端客户提供服务，同时兼顾为中端客户、潜力客户和大众客户提供综合性服务的营业场所。

（二）工作成绩

北西营业厅多次获得各种殊荣：“十佳储蓄所”、“十强储蓄所”、“全省20强理财网点”，总行级“最佳服务机构”、“最佳理财中心”、“优质文明服务先进集体”，总行级“青年文明号”、“百强对公网点”称号，被全国妇联授予“全国城镇妇女巾帼建功文明岗”等称号。

2009年1月份和3月份，该网点储蓄存款余额突破7亿元和8亿元大关，率先进入全省7亿元网点行列。截至2009年末，北京西路财富中心储蓄存款余额达8.94亿元，当年实现个人中间业务收入近700万元，在全省营业网点中名列前茅，并在同年总行系统团委与个人金融业务部联合举办的“TOP100财富精英赛”中获得“财富精英团队”称号。

北西营业厅有效个人客户数量23295户，纳入财富中心维护的财富客户（即个人金融资产达100万以上）达到93户，与2008年相比，100万至500万以上的客户增加6户，800万以上客户增加2户。

（三）内部管理

北西营业厅注重完善内控机制。内控工作与业务经营工作同部署、同落实、同检查、同考核、同奖惩，并明确要围绕责任落实、责任考核、责任追究三个环节，抓教育、抓防范、抓查处，提高内控工作质量。修改、补充和完善网点的各项规章制度，将常规检查与专项检查相结合，消除制度执行中的隐患漏洞和风险源。

江西省分行红谷滩财富管理中心

中国工商银行江西省分行红谷滩财富管理中心是目前江西省唯一一家依照中国工商银行总行全国统一标准设计的财富中心。整体装修现代而庄重、华贵而典雅，服务环境舒适而优越。

中心现有员工23人，由红谷滩分理处升级而成，主要将原来为中端客户提供单一性服务的理财网点转变为面向高端客户提供服务，同时兼顾为中端客户、潜力客户和大众客户提供综合性服务的营业场所。

红谷滩财富中心至2010年2月6日正式营业以来。新增高端客户100余名，新增存款余额6500万元，新增理财

产品销售5300万元，个人网上银行1500余户、个人电话银行1400余户、WAP手机银行2000余户。

在2010年内，网点获得以下的荣誉：

在总行组织的“财富大赢家”财富顾问服务客户体验暨客户经理实兵演练评比活动中，荣获“财富大赢家”优秀客户经理团队称号。

江西省营业部2010年一季度“亮剑争锋”活动中，取得网点评比第二名。

江西省营业部2010年二季度“勇者争锋”活动中，取得网点评比第一名。

江西省营业部2010年三季度“激情争锋”活动中，取得网点评比第一名。

中心注重完善内控机制。内控工作与业务经营工作同部署、同落实、同检查、同考核、同奖惩，并明确要围绕责任落实、责任考核、责任追究三个环节，抓教育、抓防范、抓查处，提高内控工作质量。修改、补充和完善网点的各项规章制度，将常规检查与专项检查相结合，消除制度执行中的隐患漏洞和风险源。

2010年，红谷滩财富中心积极开拓市场，加大增存稳存力度。一是强化市场营销意识，依托财富中心的网点优势，充分发挥理财经理的作用；二是有针对性地对存款大户开展工作，对存款大户进行专门个性化的管理，增强服务的主动性，稳定原有的存款，挖掘新的存款增长点。三是坚持以特色服务赢得客户。坚持上门服务的优良传统，如为大中专院校上门收款等等，为客户提供方便快捷的服务，体现“为客户尽心，为企业尽力”的宗旨。四是以中间业务作为增存的突破口，壮大资金实力，获取沉淀资金。

跨越式发展中的雷锋支行

雷锋支行位于辽宁鞍山分行市行本部，地处鞍山市中心，成立于2001年，并于2007年改造为辽宁省首批贵宾理财中心之一，现有员工15人。近年来，雷锋支行用科学管理机制指导各项工作，坚持以人为本，培养员工的团队精神、创新精神和奉献精神，不断推进金融创新，强化内控建设，提升服务水平，从而促进各项经营工作快速发展，取得了辉煌的经营业绩，实现了高起点开局、跨越式发展。2009年，雷锋支行全年累计实现个人存款较年初增长1.6亿元，名列全省第一，储蓄存款余额达4.75亿元，销售人民币理财1.3亿元，代理储蓄保险2140万元，累计实现中间业务收入85万元，综合创利水平始终处于省、市行前列。

一、走出柜台，积累客户资源

工作中，雷锋支行一方面强化员工的优质文明服务，通过采取强化三声服务、强化员工业务技能培训、强化员工的服务意识等措施，优良的环境、优质的服务、良好的口碑吸引了大量的优质客户，2009年以来已新增5万元以上优质客户560户；百万以上高端客户31户，私人银行客户4户。

二、多措并举，提高团队凝聚力

工作中雷锋支行着力培养员工的互相协作、团队营销的意识。对如何提高网点的核心竞争力她组织员工献计献策。举办丰富多彩等有意义的活动，使大家在放松之余，增进了友谊，提高了团队的凝聚力和向心力。量化考核，调动员工积极性

三、强化服务管理提高服务水平

他们始终树立服务出资金、服务出效益的观念。在日常工作中强化服务管理。提升员工的服务意识思想观念，激发员工做好服务工作的积极性。加强三声服务，提高员工服务的积极性和主动性。经常教育强化员工生存意识，危机意识和忧患意识。变压力为动力，每天利用晨会学习《市行优质文明服务工作标准和违规处罚办法》，并及时公布市行服务案访通报情况，促进服务的规范化和标准化水平的不断提升，提升了客户的满意度和忠诚度。

四、强化内控、确保安全核算

网点负责人作为内控案防第一负责人，对内控管理工作负全面责任。因此，在工作中他们组成了由所主任和营业经理组成的所内控管理小组，定期对所内内控管理工作开展自查。通过重要事项回放制度，对特殊业务等易发案环节交叉复核，避免因误操作造成操作风险，有效的防范了金融风险，不断提升内控管理水平。

客户需求的不断增加，同业竞争的日益激烈，对雷锋支行的日常的服务营销提出了更高更好的要求，他们将不断完善自我，强化考核，不断提升服务水平，促进各项经营管理工作更快更好的向前发展。

细化管理创新服务　用“心”赢得客户

——内蒙古包头银河广场支行贵宾理财中心

2008 年 8 月，内蒙古包头分行第二家贵宾理财中心—银河广场支行贵宾理财中心盛装开业。经过两年多时间的稳健运行，贵宾理财中心各项工作扎实推进，经营业绩节节攀升。2008 年 5 月末该中心试营业时，人民币储蓄存款余额为 20807. 49 万元，较年初负增长 127. 73 万元；个人贷款余额 13453 万元，公司存款 23000 万元 、个人和公司客户结构不均衡，各项工作都面临严峻挑战。银河广场支行全体员工在选择这场挑战时，就已经做好必胜的准备，因为这是一场输不起的“战争”。在市分行党委的正确领导下，银河支行贵宾理财中心抓住这次网点升级改造的难得契机，积极转变经营思路，努力把自己做大做强。2008 年末，该中心人民币储蓄存款余额为 32076. 49 万元，较年初增长 11141. 27 万元，超额完成全年任务目标。个人贷款、公司存款、各类理财产品、客户结构都有了新的突破。2010 年，银河广场支行贵宾理财中心在新一届领导班子带领下，以崭新的姿态迎接挑战，创造了新的发展奇迹。截至截至 2010 年 8 月，人民币储蓄存款余额达到 57 788 万元，较 2008 年 8 月末的 26 313. 38 万元增长了 220%；个人贷款余额 33249 万元，新增 5340 万元，较 2008 年 8 月增长 218%；累计销售本外币理财产品 14 792. 84 万元，完成年度进度任务的 510. 10%；累计新开个人网银（证书版）364 户、个人电话银行 552 户、个人手机银行 573 户；新增优质客户 1824 户；实现中间业务收入 325. 69 万元。多项指标提前完成全年任务目标，银河支行贵宾理财中心又完成了一次高起点的跨越。

从一个传统的综合网点向贵宾理财中心的华丽转身，这个过程需要经过改革与创新的洗礼。2010 年，该中心从思想意识、人员素质、经营理念、运行机制等方面都进行了彻底的改革，在这个奋斗的过程中，银河广场支行全行上下集思广益、精诚团结，付出了常人难以想像的艰辛与努力，经历了磨合期的困难之后，银河广场支行贵宾理财中心浴火重生，一个崭新的营销团队正以自己骄人的业绩诉说着成功的喜悦。

用“心”服务，让网点焕发新生与活力

银河支行贵宾理财中心成立伊始就将中高端客户定位为主要服务对象，迅速抢占市场份额。2009 年初，该中心按照总行《个人客户服务精细化管理规范》要求，以“六专”服务为标准，在保证各项服务的安全、快捷的前提下，为中高端客户提供全方位、一站式金融服务。

银河人站在宽敞舒适、设施一流的贵宾理财中心大厅，在骄傲和欣喜的同时更感受到巨大的压力——好的环境和硬件设施必须有一流的服务与之匹配，才能发挥最大优势。否则，客户因一流的设施满怀期待而来，二流的服务只能使客户失望更大，不仅无法留住客户，而且会在社会上造成不良后果。

服务这两个字，在银河贵宾理财中心怎样才能做得精彩成为银河广场支行领导班子最重要的一个课题。经过认真研究，银河支行针对贵宾理财中心制定了一整套详细的服务规定，从员工着装到头饰佩戴，从语言规范到仪态标准，从物品摆放到饮品配备，……每一个细节都进行了明确要求。金融产品具有很强的可复制性，银行很难凭借某种产品获得长久竞争优势，而金融服务的个性化却能为银行获得长久的客户。银河支行贵宾理财中心在营销技术和手段上推陈出新，不断改进的服务环境、服务氛围、服务流程、服务速度和人员形象，体现服务特色，传递服务理念。该中心拥有一流的硬件设施，和一支训练有素的人员队伍，在同业都要求统一着装时，她们要求员工服装统一、整洁且熨烫平整；在同业都要求文明服务、微笑服务时，她们要求员工行为优雅、笑容真诚；在同业都要求服务快捷高效时，她们强调区别化服务、个性化服务。以优质客户资源为目标，以个性化的金融服务为支撑，不断提高中高端客户忠诚度。

在找准市场定位后，以理财金卡为依托，锁定目标客户群，利用网点软硬件优势，吸引高端客户落户我行。在维护好仅有的几户老的中高端客户的同时，积极开展扩户增容工作。她们充分发挥团队精神细化工作流程，培养和提高中高端客户对中心的认可度和忠诚度，大堂经理和客户经理认真观察每一位走进贵宾理财中心的客户，在热情的问候声和细心的引领过程中识别中高端客户；前台柜员和后台员工以高效干练得服务满足客户需求；一系列“无缝服务”使客户走进中心就能体会到这里的服务就是好，这里有一流的团队！

该中心的客户经理在客户维护工作上颇有心得，她们表示，要把客户当成自己的朋友，拉近了客户与银行之间的距离。“朋友”的帮助当然不能仅局限于业务和利益，她们研究客户办理业务的习惯，包括客户的投资风格、资产情况，教育背景、家庭情况、整个收入开支以及财产结构等等，甚至客户的空闲时段、饮用口味和业余爱好、都

是客户经理的“聊天功课”。将客户的理财产品和定期存款的到期日、保险缴纳日和客户生日等重要日期仔细记录，在征得客户同意的情况下，通过短信的形式及时发出通知或祝贺。大部分客户并不十分清楚自己的理财目标，需要理财师耐心地说明和讲解，在互相沟通的过程中，理财师也会从一些已有相当理财经验的客户那里学到新东西。“她们就好像客户的金融保姆，”客户如是说。

在各家银行设施趋同、产品趋同的今天，恶意低价竞争只会损害银行业的整体利益，面对同业提供给客户丰厚的利息和优惠的手续费率，该中心以服务赢得了更多的优质客户。截至2010年8月，银河支行贵宾理财中心拥有理财金账户客户1116户，账户达标率位列全行之首。拥有私人银行客户3户、个人资产在100万元~800万元高端客户64户、20万元~100万元中端客户504户，优质的客户质量使该中心的各项业务指标始终保持稳定增长。

用“心”服务，赢得客户

银河支行贵宾理财中心在定位高端、兼顾普通、培育中端、挖掘潜力客户方面做了许多卓有成效的工作。高端客户是需要经过真诚的发现和用“心”去培育的。该中心的客户经理每日关注重点客户账户的大额收支变动，了解客户的资金动向，将有价值的潜力客户信息及时维护到个人客户营销系统中，便于后续营销工作的开展。

在这个过程中，一位细心的客户经理发现，该中心的一位潜力客户，他的账户余额一般但资金变动频繁，经常有大额资金进出且对方账户固定，多为在中行开立的一个同名账户和某企业账户，因此，她初步判断这位客户为企业高管且可能在他行存有大额资金，她及时将这一情况向中心主任反映，引起主任的高度重视，将这位客户确定为重点客户主动营销。确定目标后，这位客户经理默默地为他提供细致服务，在普通客户区等候客户众多的时候，将他引导到贵宾区优先办理业务，体验贵宾服务；帮助他查询汇出、汇入款到账情况，即使在月末，银行考核的关键时候，也将客户的资金需求放在首位。

在基础核算服务的同时，中心主任主动征询客户对该行业务处理的意见和建议，并适时的向他推荐一些灵活性强、省心省力，但有一定收益的理财方案，使他在不知不觉中实现了资产增值。经历三个多月的亲身体验，这位客户最终将其在中行的个人账户及对公账户转入该中心，目前，这位客户的个人账户及对公账户存款余额均在千万以上。这样的例子还有很多，该中心的员工用智慧和耐心不断赢得客户的信任。

此外，该中心通过人性化的语言和设施丰富了网点的“表情”，“银河广场支行欢迎您的光临”、“为方便您来我行办理业务，民族东路入口可通行”、“已消毒，请放心饮用”等等温馨提示，让客户倍感亲切。在客户等候区内，客户经理精心设计的理财专栏内容丰富、形式多样；在柜台上，郁郁葱葱的绿色盆栽，条理清晰的理财产品一览表，缓解了客户等候期间的烦躁情绪，让客户时时刻刻感受到该中心的服务与关怀。

核算工作是服务的落脚点，银河支行贵宾理财中心从提高员工的服务能力入手，扎扎实实、一丝不苟的做好培训和考核工作。自开业以来，每日早班会、每周一的客户经理例会和每周四的班后重点学习会从未间断，她们的目标是“人无我有，人有我优”，2009年，品牌金业务、银期转账、法人理财、结算套餐、国内贸易融资等等新业务品种她们都率先开展，为全行积累了丰富的经验，也给支行带来了不菲的收益。

健全完善考核机制，调动全体员工积极性

银河广场支行贵宾理财中心重技能、抓服务，内外兼修，使她们在面对客户时充满自信，不断地给客户带来惊喜和感动。2009年初，银河支行就开始酝酿制定全行以及贵宾理财中心的绩效考核办法，经过多次反复讨论、修改，“中国工商银行包头银河广场支行绩效考核管理办法（试行）”开始实施，作为该办法的一部分，贵宾理财中心绩效考核办法占了70%的篇幅，采取定岗定编、定岗定责，根据各自的岗位特点制定岗位责任制，并配套相应考核办法，一线侧重营销，二线侧重保障，所有的工作成绩都制定了量化标准，每项金融产品的成功营销都会反映在绩效中，同时，每笔差错、每笔反交易、每次检查中发现的问题都进行相应处罚，鼓励和鞭策员工，使所有员工都感受到一种向上的牵引力，共同为支行的发展贡献力量。同时，作为一个营销团队，一个集体，理财中心更多的考虑是如何组织和运用好现有人员，形成团队合力。因此，在考核中该中心注重团队协作营销奖励，在柜员、二线人员和客户经理间确定业务分工、设置收益分成，使员工明白只有相互尊重、相互配合才能实现整体收益最大化，从而带动各自收益的增长。在绩效考核中，银河支行贵宾理财中心引入竞争，但不依赖竞争，依托和谐发展和人性化管理实现个人与他人共赢、个人与团体共赢、部室与支行共赢。通过全行上下的不懈努力，银河广场贵宾理财中心在内蒙分行各项业务考核评比中成绩优异，员工绩效工资也显著增加，员工的干劲更足了。

服务创新、树立品牌，用质量促发展

银河支行贵宾理财中心的服务宗旨是用心服务，精益求精。以制度为底线，给予客户经理宽松的工作空间，她们可以随时向主任提出自己的营销思路和需求，中心主任、其他部室，乃至行领导都会全力支持，很多客户感叹道：你们支行没有“架子”，感觉更亲切。

在工作中，该中心还研发了一条“营销生产线”，第一个环节是客户信息的收集，前台柜员和大堂经理相互配合，通过“重点客户推荐卡”的形式，向大堂经理传递简要客户信息；第二环节是直接营销，大堂经理在初步了解客户情况后，如确认为中端客户，则直接负责营销工作，如确认为潜力高端客户，则在进一步收集客户信息后，向理财经理反馈；第三环节是个性化服务，理财经理根据大堂经理推荐的重点客户名单录入个人客户营销系统，专人负责并制定个性化的理财方案。中心主任作为“质检员”，检查是否存在柜员和大堂经理遗漏推荐和客户经理工作不到位的情况，对于大堂经理推荐的重点客户，理财经理没

有进行后续跟进工作的，要逐个说明情况，绝不遗漏任何一位重点客户的发现机会。员工是企业的基石，银河支行贵宾理财中心的发展不仅仅靠严厉的制度，而更多的是通过关爱员工、激发员工，注重人才的培养，通过营造“事业留人、待遇留人、感情留人”亲情工作氛围，使员工与中心共同成长，实现可持续发展。

诚信服务、始终如一，用信誉赢未来

服务可以作为竞争手段，但绝不能急功近利。“路遥知马力”，服务讲求的是一个“诚”字，贵在始终如一。银河支行贵宾理财中心对客户经理的基本要求是：诚信——不夸大收益，不掩盖风险，让客户明明白白消费。2009年在全行率先开展了品牌金业务、银期转账、法人理财、结算套餐、国内贸易融资等新业务品，签订了全区首个区级现金管理协议，2010年又成功营销了包头工行首个财智账户，为全行积累了丰富的经验，也给银河广场支行带来了很好的收益。该中心不仅把眼光放在高端客户，还积极为社会公共机构提供金融服务。她们代理了社保资金集中开户和批量代发工作，是包头市住房公积金管理中心在工行的存贷款业务集中受理网点。因资金性质特殊，上述工作较难形成资金沉淀，但她们仍加班加点提前完成核算任务。此外，她们还积极组织员工参与社会公益活动，倡导“绿色经营”，努力为包头市的“创模”工作贡献力量。

服务工作不是短期行为，稳定的市场要从零做起、慢慢培育，一步一个脚印。做强的市场是最坚固的、最难以撼动的，银河支行贵宾理财中心将随同市场一起成长，用“心”服务，关注未来。

银河支行贵宾理财中心承载了无数希望，收获了几多荣誉，开业二年多，先后被内蒙分行评为十佳文明窗口、十佳理财中心、奥运期间的十佳服务网点、并获得包头市总工会“创建型学习型班组”荣誉称号、包头分行的“先进集体”称号等一系列荣誉，2009年9月又被内蒙古自治区总工会评选为“工人先锋号”，2010年在自治区同类网点排名中名列前茅。银河支行贵宾理财中心以优异的成绩回报支行、回馈社会，用心服务客户，用服务打造品牌。

临湖支行多管齐下 做大做强个金业务

2009年度，临湖支行按照“夯实存款基础、调整信贷结构、促进各项业务全面发展”的战略部署，明确经营思路，转变发展方式，完善创新机制，强化竞争意识，结合实际，突出重点，抢抓市场，力控风险，强力推进个人金融业务由“大个金”向“强个金”的转变，取得了显著的成效。

至2009年12月末，临湖支行储蓄存款时点余额22 681万元，比年初增长3442万元，日均余额22 109万元，个人贷款累计发放12674万元，余额22112万元，较年初增加18634万元，各种理财产品销售突破2亿元，发展个人电子银行客户861户，理财金账户客户新增76户，新增发放牡丹信用卡突破574张，票据贴现200万元，实现中间业务341.38万元，各项经营指标增势强劲。2009年度被区分行评为2009年度个人金融业务综合优胜支行。

一、加强领导组织和制度执行力建设，落实考核制度。临湖支行全体员工牢固树立“存款立行，存款兴行”的经营理念，提高认识，思想统一，步调一致，认真落实上级指示精神，把大抓存款作为工作的主线，围绕市场做文章，围绕客户下工夫。制定了营销20万元以上中高端客户工作计划和措施，加大客户数量扩增，建立高、中、低相结合的客户发展模式，全面提高个人高端客户数量、质量、忠诚度和贡献度。加拉动储蓄存款和理财产品增长，按业务分区开展“揽存增储”活动，对储蓄、理财产品、网上银行、客户维护等业务层层分解，做到各项存款有人管、理财产品有人问、内控管理有人抓、维护客户有人促，做到人人有担子，时时有压力，把各项工作落到实处。

二、发挥品牌优势，吸引维护优质客户群。长久以来，临湖支行个人业务尤其是理财产品的销售竞争力较弱，成为业务发展道路上的一块“短板”。2009年，临湖支行决定探索新的工作思路，重新调整战略布局，用最短的时间将个人业务培育成临湖支行的又一项亮点。一是以“春节”“十一”等黄金业务营销季节为契机，邀请中高端客户，按期召开“网上银行推介会”、“服务体验”、“理财产品推介会”等业务推介会，广泛宣传我行特有产品及其优势，提高社会认同度，维护老客户。吸引优质新客户，二是积极实行捆绑营销策略，对重点客户建立详细台账，详细了解、分析其需求，由专职客户经理持续跟进，根据客户的业务需求，使客户享受一站式服务，使“单一业务”客户转变为“全业务”客户。三是创新潜力客户营销模式，着力改变以往单打独斗的营销模式，强化了公私联动，加大对有贷户、无贷户、对公机构大户的代发工资、个人批量发卡业务的营销力度，将代发工资和办理银行卡作为贷款业务合作条件之一，以客户综合贡献度来决定业务合作深度，以此带动储蓄存款的增长。2009年度支行共销售个人金融产品2亿多元，创出销售基金5300万元、稳得利产品3108万元，保险326万元、国债1422万元的好成绩，还创出单日销售基金1000万元、保险100万元的新记录，实现了储蓄存款与理财业务双增长，互促进的可喜局面。

三、积极调整信贷结构，突出个贷营销重点。2009年以来，临湖支行继续认真落实分行“打造区内第一零售银行”的经营战略，将个贷款营销作为重要的效益增长点和可持续发展的突破口来抓。以客户为中心，创新服务，提高效率，全力打造“幸福贷款”品牌，以个人住房贷款业务为龙头，早安排、早部署、早动手、早介入，积极抓住每一个好的楼盘、每一块好的市场、每一个好的客户，最终抓住每一次优质客户的营销机遇，做大做强个贷业务。

一是实施“以客户划分市场、以市场确定方案”的思路，加强市场调研和分析，积极储备房地产按揭贷款项目，深入了解客户后续的开发投资计划，密切关注近期土地拍卖、新项目的开发动态，对实力雄厚、位置优越的项目实行贴身营销和服务，提高优质客户和项目营销的成功率，为下阶段的投放储备贷款资源。2009 年度临湖支行共发放住房项目贷款 7500 万元，营销住房按揭项目 3 个，为住房贷款拓展广阔的市场资源。二是充分利用支行与银川市二手房交易市场近邻的地理位置优势，积极与二手房合作机构沟通联系，争取更多的二手房按揭资源。三是根据个贷营销特点，最大限度挖掘客户经理营销潜力，实施联动营销，突出对灵通卡、理财产品、汇款、代客理财代理保险、电子银行等结算相关产品的全面整合营销，有效实现资产、负债、中间业务的同步发展，力求达到“1+1>2”的营销效果，在推动支行个贷业务的发展的同时，也为其他业务的营销起到了良好的表率作用。2009 年支行共办理个人贷款 802 笔，累计发放 12674 万元，完成全年任务的 435%，取得全行排名第二的好成绩。

四、壮大客户经理队伍，推进直面营销渠道建设。临湖支行积极拓展客户经理渠道建设工作，加快推进直面营销渠道建设。一方面，该行公开竞聘客户经理，将营销能力强和业务素质高的员工充实到客户经理队伍，进一步壮大营销力量；同时，通过开展一系列适应性、提高性、强化性的培训，不断更新客户经理专业知识，着力提升客户经理服务能力；另一方面，支行加大对客户经理的考核力度，进一步完善客户经理绩效考核办法，激励其以客户为中心，落实“全产品营销”思路，增强客户经理营销能力，使其熟悉各种营销方法，深入了解客户信息，做好客户的拓展维护工作，不断提高市场拓展能力。

五、结合开展“服务价值年”活动，大力开展学习教育，以转变服务理念为切入点，牢固树立“服务就是资源、服务就是效益、服务就是竞争力”的现代服务理念，真正树立“以客户为中心”、“客户创造价值”等现代银行经营理念，促进整体服务的全面提升。全面改善了服务水平，提升了服务形象，增强竞争能力。

香港中路阳光支行多措并举　大力做强个金业务

青岛香港中路阳光支行是 2008 年 1 月 25 日开始正式营业的青岛工行第一家财富管理中心，2009 年度工作人员 19 人。

2009 年，青岛香港中路阳光支行全体员工认真贯彻落实科学发展观，强化竞争意识，强力推进个人金融业务由“大个金”向“强个金”的转变，多措并举，奋力拼搏，个金业务取得了长足进步，储蓄存款余额 3.29 亿元，比年初增加 1.28 亿元，计划完成率 106.7%。个人理财产品销售量 98 个亿，名列全行第一位。信用卡发卡 1295 张，消费规模达 9956 万元，消费规模完成计划的 438%，列本系列第一名。白金卡发卡 52 张，列全行第一名。发展特约商户 38 户，计划完成率 200%，列全行第一名。中高端客户 810 户，年内净增 415 户，增量占比为全行第一位。私人银行客户签约 12 户，列山东省全省第一位。实现利润 2446 万元，是 2008 年的 4.87 倍，人均创造利润 116.48 万元，列本序列第一位。

一、加大抢抓市场力度，努力做强个金业务

2009 年初，该支行针对区域金融同业的激烈竞争态势，尤其是支行所处的位置，金融机构设置密集，农、中、建、招商等银行网点众多，竞争十分激烈，该支行按照市分行党委的要求，多次召开班子会和行务会，认真分析形势，统一思想，坚定信心，分析研究同业主要竞争对手的情况，查找差距和不足。通过讨论和分析，确立了一季度旺季业务竞赛中储蓄存款确保净增近亿、全年力争净增 1.2 亿、超过年计划数的 105%、理财产品 50 个亿的工作目标。并迅速动员全行，分层、分类，逐阶段确定追赶对象，紧盯目标，抢抓市场，抢抓机遇，以一刻不耽误的紧迫意识、责任意识，狠抓落实，扎实推进，竭力以自我加压拉动发展。

二、加大中高端客户营销的力度、积极抢占中高端客户市场

年初，该行加大对 20 万以上中高端客户的营销力度，按照“一对一”维护的要求，落实到每个客户经理。并通过充分运用个人客户营销系统功能，督促客户经理建立完整的信息档案，并进行分类梳理、综合分析，筛选出不同的目标客户群体，采取不同的营销策略，为个人中高端客户提供差异化、个性化的服务，为奋力抢占个人中高端客户市场奠定了基础。同时还要求客户经理每日必须登陆个人客户营销系统，了解客户大额资金动向，收集客户更多信息，努力做好对客户的跟踪服务工作；对新的理财产品，通过短信或电话及时通知客户购买；遇重大节假日，通过电话或短信，向客户表示问候；对个人金融资产在 20 万元

以上的客户，每月至少要上门拜访或电话联系一次，联系面要达到100%；主动为客户排忧解难，及时解决优质客户提出的特殊性、紧急性和个性化的业务需求，抓住客户急需帮助的有利时机，提升客户的满意度和忠诚度。正是通过这些细致的繁琐的工作，使该支行中高端客户年内净增415户，总量达810户，中高端客户数量增量占比为全行第一位。新增个人中高端客户电子银行产品渗透率达47%，位居全行第一。存量个人中高端客户电子银行产品渗透率达35%以上，位居全行第一。深化“强个金”发展战略，加快拓展中高端客户市场，提高为个人优质客户服务的水平和质量，积极争揽他行优质客户，加大私人银行客户的营销力度，实现了私人银行客户签约12户，列山东省全省第一位。

三、加大活动竞赛的力度，持续开展业务系列竞赛活动

一是狠抓旺季业务储蓄存款竞赛活动。年初，该行按照市分行统一制定的实施方案，抓住“元旦”、“春节”期间业务经营旺季机遇，以营销优质客户为切入点，不断加大个人中高端客户争揽、网上银行等重点业务的宣传营销力度，取得了新突破，实现了增加储蓄存款的目的。其次是开展了“争做揽储增存标兵”、“中高端客户挖潜”、“代发工资”等系列竞赛活动。激励全员在竞赛中超越同业，超越自我，争创一流业绩。活动中，该行将整体目标分解到周，细化到人，做到“目标上墙、业绩公开”，在业绩考核上，按照“谁营销、谁负责、奖励谁”的原则，加大营销的奖励力度，营销情况每天在全员晨、夕会上进行公布，激发了员工的工作热情，实现了客户经理之间比进度，员工与员工之间比业绩的良好局面，在支行上下营造出了良好的竞争氛围。

四、加大理财产品拉动力度，创建支行的经营特点

年初，支行把理财产品营销确定为支行个金业务的特色战略定位。为充分挖掘市场潜力，抢抓市场机遇，调动和激发全员营销理财产品的主动性和积极性，进一步加大了理财产品的营销力度，该行要求全行员工建立和不断丰富各自的客户群，充分利用支行财富管理中心优势，做大做强理财业务和代理业务市场。支行认真加强客户经理队伍建设，积极进行客户维护，使客户充分享受我行理财产品为其带来的收益。正确认识储蓄存款与理财业务的关系，正确处理本行业务与代理业务的关系，通过有效维护客户资源，满足客户需求，重点发展能够推动我行经营增长和利益最大化的业务，继续加强银保、银基双方长期互惠共赢合作，推动中间业务收入快速提高。全年各项理财业务量98亿多元，占全行理财业务量的十分之一。理财产品渗透率达54%，位居全行第一。

五、加大信用卡营销力度，全力拓展信用卡市场

一是全年信用卡发卡1295张，消费规模达9956万元，消费规模完成计划的438%，列本系列支行第一名。白金卡发卡52张，列全行第一名。发展特约商户38户，计划完成率200%，列全行第一名。二是大力发展特约商户，营造良好用卡环境。特约商户的发展既可以拉动对公开户和对公存款，又可以为信用卡业务的发展提供用卡环境，带动消费额的增长。支行加快特约商户发展，特别是针对支行周边区域经济发展的特点，加强对各类优质企业及高档写字楼的营销力度，掀起特约商户营销的新高潮。全年发展特约商户38户，计划完成率200%，列全行第一位。银行卡渗透率30%，位居全行第一。

六、加大丰富和创新服务特色的力度，不断提升服务品质

该支行在业务经营工作中，大力在优质服务上下工夫，他们除了要认真执行总行规定的服务规范外，还依靠服务创新、走特色化道路，将优质文明服务活动工作深化。

特色之一：突出个性化差别服务，全面拓展市场份额。

该支行坚持为优质客户提供“高效、一站式、个性化”服务，广大员工的朝气蓬勃使整个行里洋溢着和谐、上进的氛围，大堂经理亲切的问候，训练有素的客户经理和低柜台员工与客户进行面对面交流，客户一踏入支行便感受到支行服务的温馨和亲切。支行充分发挥青年特有的朝气和活力以及年轻人学习热情高、积极向上的特点，成立了“青年突击队”工作小组。为客户提供团队化、综合化服务。由于该支行外宾客户较多，为更好的服务客户，几个青年小组利用对外语掌握较好的优势，为客户提供多种语言的金融服务，受到了客户的一致好评。

特色之二：突出人性化贴身服务，满足不同客户需求。该支行的客户经理注重体现个性化服务，与客户密切沟通，主动了解、分析研究客户需要，延伸现有品种功能，量身订做理财方案，提供理财策划、理财咨询、理财协议执行、理财经理等一系列服务，提高客户满意度和忠诚度，以出色的营销业绩赢得了社会各界的好评和上级行的赞誉。

特色之三：突出精细化营销服务，注重作好客户关系维护。

该支行推行精细化、个性化和人性化服务，加强对优质客户的关系维护。支行建立起优质客户预约制和定期联络制，在第一时间将各种金融信息以及有关行业信息告知客户，提供理财方案，使客户价值实现最大化。支行定期举办高端客户沙龙、产品推介会等形式多样、丰富精彩的联谊活动，搭建同客户交流的平台。还经常聘请一些专业讲师为客户提供债券、外汇、股票、房产等财经讲座。建立详细的优质客户档案。对客户的特征、生日、爱好等个人信息都尽可能做到全方位的了解，并逐一记录，使客户档案更加详细完善。

特色之四：突出学习型团队建设，培养知识型营销团队。组织有关人员进行脱产培训，鼓励员工利用业余时间自学。为了提高业务人员的素质，提高员工的职业技能，高效顺利地完成各项业务工作，支行在工作人员极度缺乏的情况下，抽调部分员工参加分行组织的各类培训班、学

习班，进行系统的专业知识强化培训，并且鼓励年轻员工利用业余时间参加各类学历教育、自学考试等以提高个人文化素质，参加会计证、银行从业资格证、基金销售资格证、商务外语证书等职业技能认证考试，尤其是作为青岛分行的财富管理中心，为了提升对高端客户的服务质量，支行特别重视AFP/CFP金融理财师的教育培养，2年来培养了5位金融理财师（AFP），2位国际金融理财师（CFP），金融理财师总人数在分行排名第一。

青海分行小桥支行贵宾理财中心

小桥支行营业室贵宾理财中心于2008年8月在上级行的大力支持和全体员工的共同努力下，顺利地从小桥大街理财网点提升为综合型的多功能贵宾理财中心，地处于西宁市繁华地带的小桥大街，是青海规模最大，业务量最大的综合金融业务网点之一。作为青海分行规模最大的综合金融业务网点，小桥支行贵宾理财以提高经营效益为目标，以实施理财网点核心竞争力项目为手段，形成了以开拓优质客户市场为基础的核心竞争力，中心的对公，储蓄存款和中间业务健康稳步发展，取的了良好的经济效益，成为小桥地区商业银行的旗舰网点。

一、小桥支行贵宾理财中心整体情况

理财中心现有36人，平均年龄38岁，党员7人，大专以上文化程度29人，中级以上职称13人，40岁以下员工占比达到50%，其中配备客户经理4名，个人理财客户经理3名、均取得金融理财师（AFP）资格，大堂经理2名，是一支年轻而富有朝气的队伍，更是一支在不断学习、奋进而富有战斗力的集体，是小桥支行集先进性、示范性为一体的“排头兵”。

截至2009年12月末，人民币储蓄存款余额为54224万元，增加存款5492万元，占全行新增存款的22.36%以上，累计销售人民币个人各类理财产品8645万元，新增理财金客户930户，存量达586户。人民币对公存款余额达24213万元，增加存款8289万元，占全行新增存款的42.76%以上，代发工资12365户，代发工资额125987万元；发行灵通卡6500张；代理发行基金369万元，销售国债368万元，实现个人中间业务收入937万元，占支行个人中间业务收入的87.8% ，个人网上银行963户，其中证书客户523户。

二、工作中的主要措施

（一）发挥团队力量，提升服务水平，为各项业务的持续发展奠定了坚实的基础。在激烈的同业竞争过程中，该中心充分体会到：一个人的力量是有限的，必须要有一支优秀的营销团队，只有这样才能不断提升核心竞争力，最终获得同业竞争优势。中心全体员工拧成了一股绳，使营销工作紧锣密鼓开展，始终把优质文明服务和“以客户为中心”的服务理念贯穿到每个员工日常工作当中，各岗位以《优质客户推介卡》为纽带，加强各岗位之间的协作，中心要求柜员在办理业务过程中“多留一个心眼，多和客户攀谈几句，多看一眼系统提示”，及时准确地判断客户总体情况，把识别出的优质客户及时推荐给客户经理，大堂经理充分发挥识别、引导、推介作用，形成以柜员、大堂经理、客户经理、网点负责人四位一体的联动营销体系。

（二）细分市场，注重实效，努力扩大优质客户群，中心实施“差别化服务”举措，重点抓住优质客户，为了适应金融业务多元化和多功能化的要求，充分利用综合系统资源共享的优势，从网点入手，注意归集，整理，建立客户信息基本库，根据客户对银行贡献份额大小，细化分类，建立优质客户群体档案，以便有区别地执行“级差”服务，认真梳理客户，分层次维护客户。每逢传统节日，给客户送去最真诚的祝福与问候，对资产50万元以上的客户，春节、三八妇女节、客户生日等购买礼品专程送到客户家中或以理财沙龙活动形式举办团拜会、联谊会，增进与客户之间的友谊，对资产20万元以上客户用手机短信等方式送去祝福，让客户深切感受到工行对他们的关注和关怀，同时积极走访客户，对办理网上银行，购买理财产品等客户利用电话、手机短信、上门走访等方式进行情感维护，拉近了客户与工商银行“心”的距离，使客户不仅在第一时间享受金融产品在经济上的更大收益，而且更新了投资观念，培养了理财意识，实现客户价值最大化的同时实现银行自身效益的最大化，通过多元化的服务来提升客户对我行的满意度，忠诚度。截至目前该中心理财金客户356户，其中成立以来新增869户，财富客户签约50户，在支行理财金账户发展排名榜中一直名列前茅。

（三）充分利用电子银行营销功能，转变过去“网点战术，人海战术”的旧观念，充分利用网上银行，电话银行等电子银行业务，宣传，推广和引导使用上下工夫。一方面以有效分流柜台业务，节约经营成本，提高经营效率；另一方面发挥营销客户，服务客户的作用，全力竞争和发展新客户，同时提升老客户的忠诚度和贡献度，构建扩大基本客户群。一年来共发放牡丹卡2563张，自助设备的使用效率不断提高，ATM日均业务量达603笔，排全省122台ATM中第一 位，自助区业务量占比逐年上升，离柜业务量占整个业务量的46%，业务分流成效显著。

（四）中心始终把内部管理，控制风险作为工作基础，“业务发展 制度至上”这一内控思想贯穿于整个日常工作之中，强化风险意识，加强内控管理，各类业务的发展，建立有效的管理体系，规范操作流程，遇到问题及时纠正，对差错事故及时纠正规范，严格规范化的管理要求，加强风险的全方位、全过程控制，把《业务操作指南》、《违规积分考核办法》等业务操作中的关键控制风险点作为日常学习的重点内容，客户经理严格按《工商银行个人客户经理“十不准”》、《个人客户经理岗位职责》来要求自己，并与支行签订了《个人客户经理自律协议》、《个人客户经理营销目标责任书》，经过不懈努力，内控工作取得了实效，并培养出一支素质较高的营业经理，客户经理和业务人员队伍，并且有一套健全良好的奖励考核激励机制，吸引人才、留住人才、造就人才，从而为全行运行管理水平提供强大的内动源。

小桥贵宾理财中心凭着新起点、高标准、严要求的奋斗精神，积极向上，扎实工作，不断提升服务质量，注重业务风险的控制，团结协作，树立了良好的现代金融企业形象，认真学习其他先进单位的经验做法，努力争创一流业绩，树立一流的人才品牌形象，为新的征途而努力奋斗。

外塑服务形象　内重品质提升
铸就一流精品　追逐卓越梦想

工行电子工业区支行营业室位于西安南郊电子城区域核心地带，该地区人口密集、人员流动性大，周边辐射区域内科研院所、大专院校林立，新型住宅小区聚集，大型超市、建材市场、蔬菜批发市场近在咫尺。2009年完成装修改造，成为电子城地区一道靓丽的风景和标志性建筑。

营业室是一支团结奋进，充满活力、业务素质过硬的团队。现有员工23名，党员8名，大专以上文化程度的员工占比达到100%。业务涉及本、外币存款、贷款、结算、理财、结售汇、代理等多种业务，为公司客户与个人客户提供了多元化、专业化的金融配套服务。截至2009年底，储蓄存款余额46389万元，较年初增加8880万元，对公存款余额31645万元，较年初增加14596万元；新开理财金账户1058户；新开E卡12759户；销售个人理财产品4.49亿元，保险2205万元，是支行业务领航，服务创新的领军网点，同时也成为其所在区域影响力较大的金融机构。

一、网点建设独具特色，文化引航凝聚人气

电子工业区支行红色营销文化、金色收获文化、绿色合规文化，诠释着工行创新发展的现代灵动信息，财富牡丹等美好图案彰显着财富工行、如意工行、财富人生、幸福人生的大行风采。

营业室的网点建设和布局凝聚着电子工业区支行浓郁的企业文化精髓，借助明快的三色文化形式，建立起一套明确的价值观念和行为规范，激发员工的自觉行为，促进网点进行有效的经营管理活动。以红、黄、绿三色文化为引领，以工行牡丹为祥图，以贝壳、算盘、竹子、高山流水为点缀，在创新中提升网点形象和对外服务品质。分层的服务格局，客户等候区舒适的坐垫，贵宾服务区精美的时尚杂志、果盘咖啡、宽敞大气理财沙龙区营造了一种高贵雅致的温馨氛围，尽显“以客为尊、创造价值”的全新理念。“三色文化”已渗透在营业室经营管理的每个环节，烙印在每个员工的心里，潜移默化的影响着网点的运作和发展，产生强大的感召力和向心力。

二、服务内涵不断深化，创造价值铸就品牌

电子工业区支行营业室在服务工作中推行“三注重”，即注重网点环境，打造品牌形象；注重效率管理，树立服务形象；注重营销组合，创造服务价值。他们知道，服务没有捷径可走，真诚的面对客户，真心的服务客户，真情的维系客户，真正的为了客户，服务价值才能得到充分的体现。

网点利用独具品味的中高端专属区域优势，从六专服务入手，打造财富“乐”园。积极为中高端客户提供全方位增值服务，对高端客户办理理财金账户并免费送U盾，使中高端客户既享受我行理财金卡的专属服务，又享受异地汇款、转账优惠策略，适时推荐深受客户欢迎的理财新产品，吸引更多优质客户。多渠道的“六专”服务体系，使中高端客户的需求得到满足，价值得到提升。

随着核心竞争力项目的推广落实，网点服务流程不断优化，区域功能联动效果明显，资源整合利用效率提升，客户接待能量迅速扩大。大堂经理作为网点大厅的灵魂式人物，对进入网点大厅的每一位客户给予关注，根据客户需求，运用网点区域功能，合理引导分流客户，提高业务处理效率，节约客户等候时间，缓解柜面客户压力。并针对许多客户对自助渠道不会用、不敢用的特点，大堂经理随时提供帮助，指导客户完成自助设备及电子银行的使用，得到了客户的好评。网点的离柜业务突增，自助设备单台日均业务量420笔，离柜率达到了56%以上。

三、精细管理量化考核，经营业绩快速攀升

电子工业区支行营业室以支行重点经营目标管理为主线，实施精细化管理，明确目标、责任到人、进度到天。每日关注网点存款进展情况及每笔大额存款动态。网点确定专人每日班后将柜面的大额资金动户进行单独关注，并分配落实到人，确保及时与客户联系和沟通，加强维护，防止存款流失；关注每一员工每天营销进展情况，每一大

户每天资金变动情况，每天利用晨会分析储蓄存款业务发展中存在的问题，每日给员工通报网点存款的进度和支行其他网点的进度，做到有比较、有策略、有改进，不仅每天与自己比，更与同业对手比。每周召开客户经理营销分析会，仔细研究部署下一步的营销措施，做到目标明确，行动迅速，不断加大争存揽储力度，

针对地域特点，网点负责人和客户经理从科研院所、大专院校入手，捕捉信息，挖掘资源，打造“客”源。通过跑市场做项目，在支行的大力协助下，网点先后拿下了部分科研院所的代发工资、大专院校学生借记卡发卡和代收学费等大型项目，为业务发展起到了较大支撑作用，同时也为网点带来可观的中间业务收入。

网点以“产品计价”为激励管理手段，业绩上墙，计价到人，统计到天。制定网点的业绩分摊考核办法，对任务的计算和计价的分摊进行详细的量化，以产品计价绩效考核为基础设立各类产品考核分配方案，每日将员工的营销业绩上墙公布，做到公开、公平、透明，充分调动了员工营销积极性，激发员工的荣誉感，以点带面，发挥尖子员工的带头作用，使整个团队你争我赶，争业绩，比贡献，传统业务和新兴业务同时创下骄人业绩，网点竞争实力快速发展壮大，成为区域金融网点的领跑者。

四、加强风险管理控制，业务持续稳定发展

营业室全面落实营业部及支行业务运营改革要求，严格管理，将风险控制贯穿落实在各项经营活动中，把合规经营、防范风险的思想真正落实到员工行为上，大会重点讲，小会不放过，使员工牢固树立风险防范意识，自觉遵守各项规章制度，内控管理工作成效显著，各项业务健康有序快速赶超。在上级行开展的“两争一建”活动中，该网点一名柜员光荣的被评为省行及营业部“无差错柜员”。

今天的电子工业区支行营业室在支行“加快发展、奋力赶超”的感召下，打造最具品质和实力的精品网点的美好愿景越来越清晰，他们将秉持支行“艰苦创业、乐观创业”的理念，上下同欲，携手奋进，以奋发进取的创业激情，为追逐“卓越”的梦想扬帆远航……

打造品牌新形象　服务创造新价值

宝鸡金渭支行位于宝鸡市经二路繁华地段，背靠均利国际购物广场，面临宝鸡火车站，紧邻商业中心，距离宝鸡开元商城、永嘉小商品批发市场、建国路小商品批发市场近在咫尺，该地段人口居住密集，人员流动性较大，是购物、娱乐、餐饮为一体的商业街。现有营业面积2055平方米，内设市场营销中心和业务管理中心两个机构，有客户经理、理财经理、大堂经理、营业经理、综合柜员39人，全年365天对外营业。办理本、外币存款、贷款、结算、理财、结售汇、代理等多种业务，为公司客户与个人客户提供了多元化、专业化的各项金融配套服务，为目前宝鸡市业务种类最全、经营规模最大、综合势力最强的一级支行，拥有西北地区最先进的保管箱库。

亮点之一：崭新的服务形象

金渭支行经过重新装修以后，整体营业环境得到了质的提升，银行分区布局更加合理，配有功能齐全的叫号机、LED双屏滚动显示屏。设有现金窗口8个，非现窗口4个，贵宾理财中心一个。支行领导班子将观念转变作为改进和加强服务工作的切入点，不断强化“以客户为中心”、“大银行服务大客户，大客户依托大银行”的服务理念，实现从“要我服务”向“我要服务”的服务意识转变，从“被动服务向主动服务”的服务行为转变，积极发挥员工优质服务的主观能动性，增强客户意识和创新意识，使每位客户经理都清楚地意识到服务工作的重要性和紧迫性。从服务行为、服务环境、服务质量等方面严格规范，采取切实有效措施，实现服务的标准化管理，做到内部环境整洁明亮、物品材料摆放有序、服务咨询礼貌得体，坚决杜绝各类违反服务纪律和服务规范的行为。

亮点之二：温馨的理财中心

金渭支行的贵宾理财中心环境幽雅温馨，配备有沙发、报刊杂志、果盘咖啡、还有一些精致的饰品，营造了一种高贵雅致的温馨氛围。理财中心设有理财单间8个、VIP现金窗口3个、贵宾大额现金服务单间1个。经过分行领导的关心、支行领导的培育，理财中心的理财团队发展迅猛，目前拥有国内金融理财师（AFP）7人，国际金融理财师（CFP）1人，成为了宝鸡分行理财团队最大的一级支行。贵宾理财中心围绕“工银财富行，专业顾问精，争一流服务、创一流业绩”的目标，坚持以优质客户为核心，以财富规划、产品组合为原则，围绕优质客户服务，实施流程再造，进一步规范客户服务流程，努力实现对贵宾客户的“六专”服务。力争通过理财团队的齐心协力，一对一的贴身服务，挖掘发展更多的私人银行客户，努力成为宝鸡金融同业中的佼佼者。

亮点之三：骄人的经营业绩

在分行党委的正确领导下，该行认真贯彻落实总行、省行和宝鸡分行行长会议精神，围绕分行提出的各项工作目标任务，积极践行科学发展观，坚持把发展和效益作为第一要务，把安全和内控案防作为第一责任，以提升市场掌控能力为抓手，以提升网点综合经营能力为突破口，以提升执行能力为保障，全行上下万众一心，积极拼搏，克服困难，取得了一定成绩，较好地完成了各项经营目标，经营效益稳步提升，经营状况得到有效改善。

截至2009年末，两项存款时点余额104825万元，净增16189万元；累计销售法人理财155778万元；累计销售个人理财34413.4万元；累计发放个人住房贷款及消费贷款5437.8万元，较年初净增3184万元。全年实现营业净收入2348.7万元，其中利息收入533.61万元；实现中间业务收入676.55万元；实现拨备前利润1764.8万元，完成年度计划1311万元的134.61%；新兴业务发展势头良好

且成效明显：全年实现代理保险1615.7万元，完成计划的134.6%，代理国债1884万元、代理基金5885万元，代理人民币理财产品25028.6万元，完成计划的237.3%；信用卡新发卡538张，灵通卡新发卡7995张，个人网上银行新开2720户，个人电话银行新开1587户。

金渭支行近年来连续四次被宝鸡市市委、市政府评为“创佳评差先进单位”；被中国银行业协会、陕西省银行业协会授予“文明规范服务示范单位”；被陕西省分行授予“经营先进单位”。如今金渭支行的业务发展呈现出了良好的发展态势，在分行党委的正确领导下，支行将继续以客户为中心，创新服务提升内涵，在稳定中求发展，在发展中求壮大，努力打造宝鸡地区金融机构旗舰行。

以优质服务　树工商行高新品牌
用傲人业绩　作高新金融领头羊

——工行西安高新支行营业室

中国工商银行西安高新支行营业室位于西安高新技术开发区内，她拥有一支团结、奋进、充满活力、勇于创新的员工队伍，现有员工72人，其中党员35人，大专以上学历的员工达到65人。经过多年创新和发展，锻炼培养了一支具有良好专业服务能力的员工队伍，建立和完善了优质客户服务体系和运作机制，核心竞争力快速增强，优质客户和市场份额在区内保持领先地位，创新创效工作取得良好的效果：截至2009年12月31日，储蓄存款余额16.8亿元，较年初增长2.2亿元；对公存款12.7亿元，较年初增加1.52亿元；新开理财金账户924户；新开E卡15010户；当年销售基金1.25亿元，个人理财产品10.36亿元，保险1455万元。营业室被授予国家级“青年文明号”、总行级“最佳个人理财中心”，总行级“百强所”，连续五次被总行评为先进基层党组织，2007年被中国银行业协会授予“中国银行业文明规范服务示范单位”的荣誉称号并获得工总行“大师杯”个人理财产品营销精英赛优胜团队奖；2008年获总行“学习型组织”先进班组、营业部“精英团队”称号，及陕西省总工会“奥运服务文明岗”称号；2009年营业室财富中心获得总行“TOP100财富优秀团队”荣誉称号。在省行开展的“TPO100财富精英赛”中，我行员工龙延红、王月玲、李艳萍、任晓曼、乔娜被评为优秀贵宾客户经理。

在今年一季度省行营业部“大干五十天，冲刺六十亿”储蓄存款营销竞赛活动中，营业室在贵宾理财中心中排名第一，个人客户经理全部荣获揽存能手奖。在营业部开展的“结对子 比贡献 夺市场 冲百亿”营销竞赛、“争客户 抢市场 创佳绩”储蓄存款营销竞赛、“调结构 增收益 抢市场 增贡献”代理基金业务营销竞赛三项竞赛活动中，获得优胜网点奖。

在支行“争一流金融企业，创工行高新品牌”的目标指引下，始终把“以客为尊”的服务理念作为营业室发展的行动指南，以合规经营打基础，以文明服务树形象，有力的促进了业务经营工作和文明服务工作的和谐发展。

一、整洁环境塑造专业形象、优质服务带来尊贵感觉

高新支行营业室从宽敞明亮的大厅、到分门别类的现金区、理财区、自助服务区等，都让人耳目一新。从装修的色彩、大厅的灯光到各种服务设施的配备，从客户等候的座椅到大厅电视播放的银行广告和音乐，从一般代理业务的种类到财富中心为客户提供的组合金融产品，都体现了细致入微、追求卓越的工作品质。网上银行业务平台流畅快捷，电话银行服务品种齐全，新一代多媒体自助机、网银自助机、银行看房机更是吸引客户踊跃尝试、流连忘返。硬件设施为营业室搭建了现代化的服务发展平台，功能齐全的电子银行和自助设备不仅响应了“节能减排、低碳生活”的时代要求，同时为客户提供了更多元化的服务渠道。

硬件改善了，服务更要有新提升。高新区面对的客户群文化素质普遍较高，对服务的要求也较严格，加上周边商业银行众多，竞争极其激烈，因此营业室以网点软实力提升活动为契机，全面展开服务、礼仪培训。从员工的着装、发型、妆容到对客户微笑的弧度、服务的用语、沟通的技巧等逐一进行深化培训，有效提高了员工的服务技能、保持了良好的精神状态，重新塑造了网点形象。

营业室还致力于为客户提供全方位人性化便利服务，不断提升服务内涵，切实提高服务水平，开创快速服务畅通渠道，设立残疾人绿色服务通道，并保证至少有1~3人掌握基本的哑语、外语，确保沟通无障碍。同时对于一些行动不便的特殊客户，网点成立由营业经理、客户经理、柜员组成的服务小组进行上门服务，多次为客户解决燃眉之急，得到客户广泛好评，赢得良好的社会声誉，

二、采取多种措施，深化服务内涵

卓越的银行源于服务，而卓越的服务则源自员工。高新支行营业室业务繁忙、每日工作量极大，身在服务行业第一线，背负巨大工作压力，整日还要面对形形色色、素质参差不齐的客户，难免会出现倦怠、厌烦的心理，而工作心态决定着员工对岗位的热爱程度、服务质量及客户满意程度。

因此如何帮助员工及时调整心态，使员工积极工作、周到服务就成为了摆在营业室面前的首要问题。为此高新支行营业室开展形式多样的体验活动，在交流中共同进步

（1）在柜员中开展“换个角度看服务，今天我来当大堂”体验活动，由柜员轮流在营业大厅值班，用旁观者和检查者的角度去观察柜台服务，发现不足并予以改进。通

过这项活动，柜员对于自身的职业形象、服务用语、沟通技巧及内外配合都有了更深刻的认识，进一步深化了服务意识，提高了服务质量。

（2）开展专项交流活动，取长补短，共同进步

每位员工都有各自的特点和长处，因此高新支行根据各员工的优势开展了“一对一”帮助活动。由业务骨干、营销能手、服务明星与这方面相对弱一些的员工结成对子，从与客户沟通的技巧、业务流程的完善到营销的准备工作和用语都作出针对性的辅导帮助，使全体团队共同进步。

三、打造精细化服务，让客户倍感工行真情

服务注重细节，细节影响品质、品质彰显差异，差异决定成败，只有注重细节，在每一个细节上做足工夫，全面提高市场竞争力，才能保证高新支行的基业长青。

1. 大堂服务，在微笑中体会宾至如归

为给客户留下良好的第一印象，营业室对大堂经理进行了严格要求，从着装、行走、言谈到沟通技巧都进行了专门培训，确保对待客户时着装规范、用语职业、举止得体，使客户有宾至如归的感觉。要求所有一线员工都要面带微笑，给每一位来办理业务的客户一个笑脸、一句您好。

加大分流自助区域力度，在叫号机处设立专人，建立“首问负责制”了解客户意图，通过大堂经理与营业经理的内外沟通，合理调配资源，分流客户，提高业务处理效率，节约了客户的等候时间，缓解了柜面压力。并针对许多客户对自助渠道不会用、不敢用的特点，大堂经理随时提供帮助，指导客户完成自助设备及电子银行的使用，使营业室的离柜业务增加，截至目前离柜率达到56%以上，有效节约了资源、同时也得到客户极大好评。

2. 售后服务，在电话中感受工行诚意

每当有客户办理电子银行业务、理财业务、购买基金、保险等，网点都会将客户资料及产品情况作以记录，定期抽样电话回访客户，了解产品使用情况，帮助客户解决问题。保证做到业务处理现场教会使用，定期解决用户问题。这一举措不仅得到了客户的好评，更能保证办出去的业务都能起到应有的价值和作用。

3. 团队协作，为客户提供全方位服务

对于一些优质客户，高新支行采取配备专职客户经理、定期访问等多种方式与客户建立起了良好的关系，从而形成了牢固的客户群体。

四、放下身段，拿出行动，主动出击，在竞争中立于不败之地

1. 营业室定期举办多种理财产品推介会及客户沙龙，根据客户需求先后开办了购买国债、定期存款到期、基金、保险分红等多项提醒业务，并通过先进的短信平台向优质客户及时发送理财资讯、天气提醒、生日祝福等，与高端客户多次展开联谊活动，有效拉近了与客户的距离。

2. 针对高新区优质企业众多的特点，营业室主动出击，筛选优质企业，开展大型业务宣传，现场宣讲、现场办理，仅09年就成功营销陕鼓、华为、艾默生等优质企业。在对公专业和个金专业有效配合下，以华为技术有限公司为例，在对公专业成功拿下基本户开立和代发工资业务后，个金专业又营销E时代卡近2000张、理财金账户卡300余张，并且这一数字还在不断增加。此外，他们还充分利用现代化的服务手段，先后为多家大型企业出具了理财方案，收到了良好效果。

3. 营业室柜员、客户经理、大堂经理组成了分工明确的协作小组。每当柜台上出现需要大量解释的工作时，大堂经理都会迅速赶到协助客户解决问题，既提高了沟通效率，又避免了纠纷产生。当柜员识别出优质客户时，也会及时推介给客户经理，由客户经理提供更深层次的服务，既不占用柜台时间，又使营销成功率大大提高，仅09年就通过此方法销售保险多笔，金额四百余万，为我行创造了可观的中间业务收入。通过内外协作、团队配合，不仅使客户感受到了全方位的服务，也通过优质服务创造出了更多价值。

辛勤的耕耘，已收获丰硕的果实。高新支行营业室的优质服务和经营业绩得到了行内外广泛赞誉，工行高新个人金融服务品牌正吸引着越来越多的优质客户。站在一个新的、更高的起点上，高新支行营业室将以服务区域精细化、服务手段人性化、服务内容多元化、服务对象尊贵化，树立工行高新品牌，服务高端财富人生。

宝安支行财富管理中心
——工行贵宾俱乐部

宝安区是深圳市的工业基地和西部中心，中国工商银行深圳宝安支财富中心就在这一片热土上辛勤耕耘，经过支行员工的共同耕耘，将其从储蓄所、到理财中心、再到财富中心逐步发展壮大的。

2003年10月，作为总行首批“个人理财中心核心竞争力开发与管理”项目试点网点之一，宝安营业部紧紧抓住改革机遇，以创建青年文明号为载体，以创建“业绩一流、管理一流、服务一流、人才一流、文化一流”的理财中心为目标，通过网点布局的改造、人力资源的整合、业务流程的再造、优质客户服务体系的建立等措施，大大提升了核心竞争力，在辖区里树立起工行贵宾理财中心的优质品牌。

宝安理财中心在宝安人团结努力奋斗下，取得了骄人成绩，集体先后多次荣获总分行“优质文明服务窗口示范单位”、“储蓄规范化服务示范所”和“青年文明号”等称号；多次荣获市、区“青年文明号”、“文明窗口”、“文明

示范岗”等称号；2008 年更荣获总行“最佳理财中心”、“总行级青年文明号”称号。

随着金融市场的不断发展完善，各家商业银行对高端优质客户竞争越演越烈，我行早在 2004 年底就已经开始意识到定位清晰、业务开拓重点明确、产品服务具备特色，成为了高端客户服务的重点和关键。故在 2009 年开始财富管理中心的筹备工作，而宝安理财中心也因地理优势、业绩突出、优秀团队等原因受到分行肯定并成立宝安支行财富管理中心。作为宝安区域性的财富管理中心，宝安财富管理中心无论是硬件还是软件都与以往的理财中心有很大的提高，拥有专属产品、配备专业的理财团队，为客户提供一对一的理财服务。财富管理中心还不定期的举行理财专题会、投资报告会等各种活动，根据客户的需求开设不同的理财专场，打造成一个贵宾俱乐部。

宝安财富管理中心作为我行高端网点的旗舰店，承担了拓展和维护我行优质客户、抢占辖内财富业务发展市场的重要责任。今后中心也将秉承诚信如一的服务理念，立足宝安地区的市场环境，深度挖掘客户需求，以尊贵的服务环境、丰富的金融产品、高素质的专业队伍，全面满足工银财富客户和政企客户的金融需求，努力打造工行宝安财富管理中心的服务品牌。

树金融服务典范 创一流精品银行

——广元分行营业室

2009 年，广元分行营业室在市分行党委的坚强领导下，坚持以“立足地域特色，打造精品银行”为目标，从细微处做起，从服务环境、服务质量、服务内容、服务态度等多方面入手，始终以客户为中心，制定并开展了一系列的优质服务提升专项活动，使员工服务意识不断增强，网点整体服务水平大幅提升。在全国 2 万余家工行网点中脱颖而出，荣获了总行“百佳服务机构”荣誉称号，以及四川银行业协会“百家文明规范服务示范网点”荣誉称号。

截至 2009 年 12 月末，广元分行营业室各项存款余额 15.53 亿元，较年初增长 5.01 亿元，增幅 24.8%。其中：储蓄存款 2.76 亿元，较年初增长 0.43 亿元；对公存款余额 12.69 亿元，较年初增长 4.58 亿元。各项贷款 23.86 亿元，利润总额 7970 万元。

一、以客户为中心，打造贵宾理财中心

灾后重建中，在“打造区域一流精品银行”的战略框架下，广元分行营业室修葺一新，更投入巨资，在二楼 500 平米的区域内打造了全市最具规模、最上档次、最富文化内蕴的贵宾理财中心，不但功能区域完善，内部装修布局也极力展现了广元本地特有的三国文化、蜀道文化和钱币文化。总体 1000 余平方米的分层服务区，全面实现了客户的分层服务。

（一）创建优质文明窗口

广元分行营业室紧紧围绕“大力提升服务品质，以服务促发展、以服务树形象、以服务创价值、努力打造域内服务最佳银行”服务工作总体思路，结合自身实际，制定了《广元分行营业室服务提升活动实施方案》和《广元分行营业室“服务价值年”优质服务创先争优竞赛活动安排》，通过开展争优创先竞赛和服务价值年活动，鼓励先进，督促后进，带动了整体服务水平的提升。

（二）打造专业理财服务

在打造“精品名店”硬实力的同时，广元分行营业室全力打造了与之相适应的软实力。贵宾理财中心正式营业的当天，广元市首支展现工行风采、富有青春活力的、由 11 名 AFP 持证人组成的专业理财团队全新亮相。个性化、专业化的“财富规划、账户管理、资产管理”等全新的金融服务方式开始走进中高端客户群体的视野。独具魅力的文化底蕴的精品名单和专家专业的理财团队，成为当地一道靓丽的风景线，形成了超越同业的竞争优势。

（三）创新售后服务模式

在不断提升窗口优质服务和客户经理个性化、专业化服务水平的同时，广元分行营业室大力强化产品售后服务的跟进，一方面充分利用分行售后产品经理的支撑平台，7*24 小时为客户提供全方位、多渠道的售后服务；另一方面积极培养本网点的售后服务团队，通过贴心的售后服务，全方位诠释“工商银行，您身边的银行”的服务理念，以客户的口碑赢得市场先机。

二、创新服务思维，拓宽服务疆域

在广元分行营业室周边不足 1 公里的区域里内，聚集了 16 家金融同业机构，市场竞争异常激烈。营业室迎难而上、锐意进取、积极行动，以创新服务理念、拓展服务视野、拓宽服务疆域为抓手，将营业室的综合服务水平提升到了一个前所未有的新高度。

（一）创新经营理念

灾后重建以来，营业室大力推动营销服务工作的创新步伐。在本网点持续深入开展了“服务价值年我该怎样做”、“我为服务献计策”和“服务创新大讨论”等活动，发动全体员工建言献策，共谋发展。在广元分行“经营客户”理念的基础上，确立了“文明规范、专业诚信、进取奉献、团结和谐”的 12 字服务理念。

（二）拓展营销视野

随着灾后重建的快速推进，广元本地金融服务需求日益增加，营业室首先是加大了市场信息的收集，不仅做好了区域内的服务工作，同时延伸服务链条，不断扩大服务覆盖面。

近两年，按照国家灾后重建的相关政策以及《广元市

城市总体规划（2008～2020）》的实施进度要求，广元加快了城建步伐，广元分行营业室及时捕捉信息，确立了“紧跟城市扩建，推动中高端客户增长”的个人业务拓展计划，通过散发宣传资料、上门开展宣传、举办理财沙龙。经过上下努力，取得了阶段性成果。2009年全年新增个人中高端客户368户，净增储蓄存款4896万元，销售各类理财产品3547万元。

（三）丰富服务内容

面对金融产品日益增多，而客户对于银行产品认识不足的现状，广元分行营业室本着“专业诚信”的服务理念，根据不同层级、不同群体的金融需求，将各种金融产品与服务渠道相整合，精心设计制作了“白领套餐”、“工薪套餐”、“养老套餐”、“教育套餐”、“购房套餐”等10余种综合理财服务方案，在金融同业中引起了强烈反响。

（四）引领客户需求

广元工行营业室在抓好服务工作的同时，多措并举，大力发展各项业务，理财业务更是成为了业务营销中的亮点。

针对近年来资本市场大幅波动的现状，分行营业室及时推出以“基金定投”产品为主题的沙龙活动，并邀请中石油广元销售分公司等多家本地重点法人客户高级管理人员参加，通过深入浅出的产品推介和众人参与的现场互动，受邀到场的20余位客户现场签单，办理了每月200元至2000元不等的基金定投业务。

三、普及金融理财知识，培育市民理财意识

为了满足市民日益增长的金融理财需求，提升广大市民的金融理财能力，广元分行营业室理财团队走进企业、机关、市场、社区，并在营业网点外搭建金融理财服务咨询台，向广大市民宣讲、普及金融理财知识、而且AFP持证人还在广元日报发表理财类文章，让广大市民享受了一次次理财盛宴。现在，广元工行营业室每月定期举办理财沙龙、设立理财服务咨询台，诚邀广大市民参与，积极培育市民的理财意识。

在“打造一流金融服务品牌”目标和“文明规范、专业诚信、进取奉献、团结和谐”12字服务理念的指引下，广元分行营业室取得了服务提升和跨越发展的斐然成绩，成为了当地银行营业网点中的领头羊。在现代金融业飞速发展的今天，广元分行营业室将会秉承光荣传统，发扬创新精神，继续在金融服务的道路上，向着姜董事长提出的“建设最盈利、最优秀、最受尊重的国际一流现代金融企业”的目标阔步前行！

争创一流金融服务　打造工行个金名店

——苏州分行相城支行营业部

相城支行营业部位于苏州市相城区金融商务中心区域，营业面积达650平方米，内设有相城区首家贵宾理财中心。近年来，相城支行营业部按照“做优高端，做大中端，做强潜力”的客户定位标准和“公私联动、分层营销、打造标杆”的发展思路，为不同的客户提供针对性的金融服务，显著提高了客户满意度和忠诚度，高效提升了网点核心竞争力。2009年，支行营业部本外币存款余额达436374万元，当年新增存款208580万元，其中对公存款余额379986万元，当年新增187246万元，储蓄存款余额56388万元，当年新增21334万元，四行同业占比份额达37.5%，实现了对公、储蓄新增存款同业占比“两个第一”，以绝对的优势领跑于同业。

一、发挥理财中心示范效应，提升服务品质，致力打造名店

作为相城区首家贵宾理财中心，近年来，相城支行营业部不断完善贵宾理财中心的运行管理和服务规范，致力于把贵宾理财中心打造成为本行个人理财服务的示范点、样板间和区域内最具人气和影响力的金融理财名店。

在运行管理上，确立了以优质客户为核心的营销经营理念，着重建立了客户识别引导、客户分层维护、指标任务包干等机制，针对“两个区域”，即理财金账户客户专属服务区与普通客户服务区；“两类客户”，即理财金账户客户与普通客户；“两个团队”，即理财金账户客户专属服务区员工团队与普通客户服务区员工团队实施差别化管理，明确普通服务区以提升服务效率，扩充客户资源总量，加强优质客户识别为目标，更加突出理财中心中高端客户数量的快速增长和市场占有率。

在服务规范上，明确了各功能区岗位人员职责。个人理财经理突出理财金账户客户维护；大堂经理突出引导分流和客户识别推荐，管理服务区域整体秩序和服务形象；现金柜员突出服务规范，业务处理高效准确；非现金柜员突出准确快速办理非现金业务，辅助个人理财经理进行营销推荐，有效构建了支行的中高端客户沟通、联络和交流平台，确立了贵宾理财中心在维护中高端客户和产品营销方面的核心地位，2009年实现中高端客户增长1029户，增长率达31%。

二、发挥理财金账户品牌效应，提升服务体验，全力打响名牌

支行营业部全面实施“定位中端、竞争高端、培育潜力”的客户战略，以多维度、多视角对相城地区的客户情况进行分析，紧紧抓住政府企业高管、民营企业家、高消费群体、专业投资者等四大板块，集中拓展中高端和潜力个人客户，通过确立目标客户池，建立信息平台，掌握客户的金融需求；针对个性产品需求客户，通过电话、投资

交流会、定期走访等形式加强与客户的沟通和往来，及时捕捉价值信息，对客户进行二次开发和链式发掘，巩固已有客户阵营，提升工行理财金品牌价值；通过加强对中高端客户的识别、发掘、培育和分层维护，做好客户的分类和筛选工作，对排出的中高端客户落实“一对一”服务；通过对客户的回访，建立客户服务评价机制，以加快业务办理的速度，提升服务质量。

三、发挥理财产品增值效应，提升服务价值，着力做优名品

在当前投资渠道不断扩大的前提下，支行营业部以理财产品为先导，不断扩大客户群来提升个人负债类产品的留存率。通过基金、人民币理财产品、保险等多种个金产品的组合营销，积极打造理财品牌，真正使工行成为客户理财的首选银行。2009 年销售股票型基金 8286 万元，本外币理财产品销售 115726 万元，个人寿险销售 1736 万元，新增存贷通 1065 户，存贷联结通户均存款 18. 1 万元。在扎实做好网点日常营销工作的同时，理财人员走进社区、走进学校、走进政府、走进企业，采取精确营销、职场营销、定向营销等措施，做好客户批量增加、产品批量销售，促使零售业务批发经营。2009 年末，营业部拥有灵通卡存量客户 56799 户，其中当年新增 18501 户，信用卡发卡 5389 张，新增代发工资单位 79 户，代发工资个人户数新增 11607 户，第三方存管客户新增 410 户。

同时，营业部发挥公私联动优势，深度拓展客户资源，提升服务综合度。通过公私联动，个贷理财联动，从优质客户、小企业主、市场经营户、个人优质客户、私人银行客户等着手，实现目标客户的快速增长，加快提高中高端客户市场占比和渗透率。客户维护注重由单一营销向全方位、全产品综合营销转变，构建一站式的客户服务平台和切合客户各项需求的一揽子综合服务计划，实现理财经理对客户个人结算、对公结算、资产、负债业务的全功能服务。2009 年全年营业部理财经理新开公司账户 21 户，发放个人类贷款 3800 万，取得了营销效果的最大化和服务的综合化。

四、发挥专业化队伍财智效应，提升服务内涵，努力做大名气

支行营业部拥有一支专业、朝气蓬勃的专业理财团队，其中金融理财师（AFP）3 人，他们立足于市场，了解客户需求，不断地提升自我，用他们的智慧和知识，依托工行丰富的产品线，致力于为客户提供有特色的专业理财服务和更贴心的增值服务。同时，营业部也注重加强对理财专业人才的培养，通过外派培训、自办培训、行外交流学习等方式，不断提高理财人员的专业素养和营销能力，努力打造一支专家顾问型的专业团队，并通过这支团队以点带面，带动了支行理财经理队伍素质的提升。

承载青春的梦想扬帆远航

——苏州分行饮马桥支行

走进中国工商银行苏州市饮马桥支行，映入眼帘的是美丽的微笑、温情的迎候、洁净的大厅。这是一个有着是十多年悠久历史的网点，周围金融机构林立，在不足千米范围之内有七家银行的营业机构。多年来该网点凭着完善的设施、严格的管理、优质文明高效的服务，秉承“勇攀高峰，舍我其谁”的顽强作风，积极抢占同业竞争制高点，目前已发展成为苏州市区范围内的第一家财富管理中心。支行现有人员 23 人，其中柜员 13 名，理财经理 3 名，大堂经理 2 名，平均年龄不到 30 岁，他们组成了一个奋进、和谐的大家庭，以其青春矫健的身姿屹立于古城区的中心，以便捷高效的优质服务迎接南来北往的客户朋友。

九十年代，该网点就屡获殊荣，先后被评为市行、省行先进集体，总行级达标示范所，省级永久性“青年文明号”，还被推荐为中国金融系统先进集体。多名青年员工分别被授予省行“十佳青年”、“新长征突击手”、优秀团员团干部等荣誉称号。2000 年至今屡获分行、省行、总行级“青年文明号”，总行级学习型先进班组，总行优质服务集体，分行先进集体及文明单位，苏州市银行业协会文明服务示范单位。2009 年获“全国青年文明号”。

2009 年末，饮马桥支行人民币储蓄存款余额为 11. 59 亿元，比年初增长 4. 16 亿元，分行网点排名第二；本外币理财全年销售 20. 27 亿元，分行网点排名第三；其他如个人保险销售、达标理财金账户新增等业务、个人即期外汇买卖等业务，均在分行网点排名第一。

一、争分夺秒　比学赶帮超

饮马桥支行把创建“青年文明号”活动与争当“青年岗位能手”活动结合起来，实行“号、手”联动，并将七十年代有志青年为实现“四化”而进行的“比学赶帮超”技术大练兵活动融入了新的时代意义，在网点里营造了浓厚的技能学习氛围。

“业精于勤而荒于嬉”，网点负责人时刻抓紧青工技能的提升训练。他们面对服务与业务发展方面的高标准严要求，有效制定计划，通过每日晨会、每周例会、每月主题学习系统化地开展了业务知识培训。大家相互勉励相互帮助共同进步，不放弃一点空闲时间，不让一个员工落后，极力确保全体员工能快速掌握各类产品和业务，不断提高客户服务的各类技能。柜员窦佳妮在 2010 年上半年青工技能考核中四项全优，荣获支行级技能明星称号，在分行管理业务技能比赛中荣获个人第三名。网点负责人还言传身教，亲自带头与员工一起利用业余时间参加各类文化课程学习，提升自我修养。目前饮马桥支行共有 3 名 CFP 持证

人员、2 名 AFP 持证人员、16 人获得基金、理财等多项从业人员资格证书。

二、群策群力 精心打造

实现个人的进步容易，成就团队的辉煌不易。饮马桥人深知个人的发展必须扎根在团队的基石上。在对外营销中，他们拧成一股劲齐力拼搏奋勇向前，面对近年来银行存款增长乏力的状况，全体员工迎难而上，以饱满的工作激情，凝聚团队合力到业务和产品的营销工作中去，通过对客户的精心维护、用心沟通和潜心挖掘，寻找新的存款增长点。年末是揽存工作最重要时间段，大家利用休息时间群策群力，通过对房贷客户电话营销存贷连结通，为每一位客户详细计算存多少可以得多少收益；通过银证账户三方存管的客户信息，由理财经理电话联系客户将证券公司存款转入，团队的一致努力将饮马桥的品牌形象发挥到极致，提升了网点在工行及同业间的美誉度。

外拓营销强练内功，负责人牢记内部管理夯基的重要性，从工作状态、服务细节、环境设施、员工动态管理等各方面注重落实过细工作。网点负责人对支行签订了《案件防范责任书》，对柜员实行每周查库制、空白重要凭证领用签收制、不定期查阅各项登记簿制等规章制度，规范流程提升精细化管理水平。在日常工作中，对柜员操作实行标准化定位管理，再细小的问题也不忽视，决不放过任何一个环节，以杜绝一切可能发生差错、案件的事故隐患。

惟有齐心协力方能众志成城，通过全网点人员的群策群力，饮马桥支行的人民币储蓄存款取得了前所未有的成绩，当年新增储蓄存款 4.16 亿元，存款总量超过了 11 亿。

三、以客为尊 服务为王

在饮马桥支行，每个人都将“客户”两个字看得很重，因为他们知道，“客户”是效益的源泉，是发展的动力，是银行的朋友。因此，他们形成了以客为尊的服务模式，员工围绕客户的需求进行调配和业务处理，力求达到服务为王的至高境界。

饮马桥支行于 2008 年进行了全方位装修和格局规范，形成了贵宾区、现金区、非现区、自助区、客户休息等候区五大物理区域，新开辟的区域功能明晰，服务定位规范，同时结合人性化关怀的需要，设置了爱心区域，准备了急救箱、便民椅等物品。平时员工哪怕加班加点、再忙再累，也会努力毫不迟疑地尽力满足客户的金融需求。

饮马桥人坚持采用“软件”和“硬件”双管齐下的措施，以打造“标杆网点”为动力，对网点服务进行了一系列大刀阔斧的改革。他们在优化劳动组合、精简服务流程上动脑筋下工夫，竭力引领饮马桥支行走向一条现代化、标准化、专业化服务之路。现在客户一踏进营业大厅，就有满面笑容、热情洋溢的大堂经理主动招呼，引导每一个客户朋友到最为适宜的区域，待业务结束会有员工主动送候，奉上关注的叮咛；柜台上姑娘、小伙甜甜的微笑，耐心的询问，快速的处理，总能使客户高兴而来，满意而归；因客户不经意疏忽遗留的物品、钱款等总能原封未动地返还，为此客户的称赞、嘉许等是饮马桥的家常便饭，评价簿上的话语点点滴滴都蕴涵着客户对网点的热爱之情；多起电信诈骗案件在网点员工的火眼金睛下被堵截，保护了我行客户的资金安全，其中大堂经理梅引春曾因堵截一起金额 80 万元的诈骗案得到了公安部门的嘉奖、媒体的报道赞扬。为了增加客户服务的附加值，饮马桥每月组织客户理财沙龙，由网点 CFP、AFP 理财师轮流举办理财课堂，还多次邀请美容师、保健师等向客户讲授美容养生知识，博得客户的认可和喜爱。

2009 年网点负责人及员工分别多次荣获分行、总行级青年岗位明星，深受分行、省行、总行级领导的好评。

四、奖惩并举 激励强化

有效的激励机制是员工实现发展的动力。饮马桥支行负责人以上级行的员工绩效工资考核方案及文明服务考核办法为准绳，制定了适合饮马桥支行自身业务发展的员工绩效考核办法，充分体现多劳多得，奖惩并举的分配原则。其内容涉及个人金融业务重点指标的完成、文明服务考核、青年员工技能考核、网点现金差错扣罚等四个部分。其中罗列了各岗位的任务数、应达到的指标数，明确了各类业务奖励及扣罚的标准。

该考核办法已是饮马桥支行在网点进行二次分配时的依据，使网点的二次分配真正做到有凭有据、公平公正。在饮马桥支行，考核办法也成为网点员工提升营销水平、增强业务技能、改善收入水平、体现自我价值的工具，也为实现饮马桥支行各项业务的突破发展奠定了坚实的基础。

青春的团队更应是梦想积聚的团队，饮马桥支行取得了一些的佳绩，但这只是年轻人扬帆远航的起点。路漫漫其修远兮，饮马桥人必将继续承载青春的梦想，一路高歌猛进；直挂云帆济沧海，壮志凌云不言酬！他们还将不断砥砺意志，与时俱进锐意创新，全心打造专业、高效、温馨、舒心的工行品牌。他们更牢记滴水之恩当涌泉相报，回报客户的爱心支持回馈社会，行使工行“您身边的银行，可信赖的银行 ”之社会责任！

做模范先锋集体　创经营服务佳绩

——天津分行佟楼支行

天津佟楼支行是大型的二级支行，坐落在天津市繁华的金融中心地带，虽地理位置优越，但周边金融机构林立，竞争形势严峻。2009年该行在分、支行党委的领导下，围绕“加快发展、创造效益、化解风险、提高质量、加强管理、完善内控”工作思路，以“一流管理，一流服务，一流效益，和谐团队”为工作主线，努力争创一流业绩，营造奋进、向上、团结、和谐的工作氛围，并取得较好经营业绩。

一、主要经营成效

截至2009年末，实现各项人民币存款余额375135万元，其中：储蓄存款102932万元，较2008年增加15290万元，其存款存量和增量均位居天津分行前列；累计销售理财产品24272万元，其中：销售基金16043万元，完成全年计划的291%；销售人民币理财产品6174万元，完成全年计划的103%；代理国债发行2055万元没，完成全年计划的172%。实现中间业务收入1269.2万元，名列天津分行第3名，人均增加20.1万元。全年完成结算账户保有量2190户，比2008年增长122户；电子银行离柜业务率为74%，较好地完成了上级行下达的各项经营指标，经营成效斐然。

目前，该支行拥有对公客户2190余户，个人客户16余万户，已经成为经营品种齐全、业务量名列前茅、知名度不断增强、贡献度不断增加的二级支行。近年来，该支行先后荣获中国共青团中央授予的青年文明号；总行“百强对公业务网点”；分行级先进党支部、分行级金融先进集体、个人业务分行级优质服务先进集体等称号；2008年获得了市银监会“奥运明星服务机构”和“金牌服务网点”称号，并被评为总行优质服务先进单位，出色完成了奥运服务的任务；2009年又荣膺天津市“工人先锋号”先进集体和总行“精神文明建设工作先进单位”。

二、建设凝聚力强的领导班子

佟楼支行领导班子认真贯彻党的金融方针、政策及上级行指示精神，不断开拓创新，增强使命感和责任意识，认真落实各项制度规定，坚持议事规则，将服务社会与客户、引领全员搞好经营发展、防范道德和经营风险、提高支行效益和增加员工收益作为重要的职责所在。

在实际工作中班子成员讲在前、干在前，注重“四字”工作方法，即：工作要求上讲究一个“严”字，说服教育上坚持一个“理”字，了解情况注意一个“细”字，沟通交流上强调一个“情”字。重大事项集体研究，充分发扬民主，坚持行务公开，主动听取员工意见和建议。在班子内外形成良好的工作氛围。班子成员还注重更新观念，更新知识，做到懂业务、懂制度规范、懂风险控制，不断提高执行力。

三、打造具有“先锋队精神”的团队

佟楼支行注重培养员工的团队精神，把“团结敬业、求实进取”作为追求的目标。要求员工牢记“我靠工行生存、工行靠我发展”的主人翁精神。一方面坚持加压与疏导并重，引导员工爱岗敬业，培养员工艰苦创业、恪尽职守、一丝不苟的敬业精神和依法合规的经营意识；另一方面从增强业务素质入手，实行各项经营指标百分制考核，与绩效工资挂钩，完善奖惩机制，形成遵守纪律、崇尚先进、钻研业务、团结奋进的良性发展局面。为增强团队的凝聚力和向心力，支行编制了《企业文化手册》、《营销技巧手册》、《理财服务手册》等，极大地调动了员工的积极性。在队伍建设中，注重员工的进步与发展，注重员工职业生涯设计，打破旧框框，大胆启用优秀柜员合同工担当骨干，两年来，先后有6名优秀青年员工被提拔到营业经理岗位，其中4名为柜员合同工，从而为员工营造了积极向上，比学赶超的良好氛围。

四、服务至上，让客户满意

该支行结合总行“优质服务年活动”重点抓了服务规范、劳动纪律、店堂面貌，使网点整体服务水平和精神风貌有了进一步的提高。

为强化精品服务意识，对员工进行了“两扇门”模式的系统培训，即：一扇门朝外开，走出去拓展视野，观摩先进单位；一扇门朝里开，请进来传道授业，一是邀请河西支行主管领导对员工进行形体、语言等礼仪培训。二是请专业人士对客户经理、大堂经理进行社交心理学、客户心理、肢体语言识别培训。率先提出了“把小事做成精品，每天进步一点点”的服务文化。为培育精品网点，注重服务细节，如在柜台客户较少的时候，柜员主动站立把存折等双手递给客户，因为站立服务具有不可替代的亲和力，是对客户无声的尊重。又如柜员在递出“凭条”让客户签字前，先指着签字处说：请您在这里签字，举动虽不起眼，但拉近了柜员与客户的距离。同时全面推行“5S”精细化服务管理，即：整理、整齐、清扫、清洁、素养五项管理要素。通过“5S”管理不仅服务环境、效率、品质明显得到提高，而且将先进的管理理念升华为员工自觉、规范、有序的服务行为。

此外，该支行还探索实施了“五五五五六”管理模式，即：班前“五准备”，对员工着装、发式、化妆、举止、谈吐等作了明确规定，以向客户展示优雅文明的良好形象；“五步服务”，全面推行引导服务、贴心服务、提醒服务、个性服务、跟踪服务等全程一站式服务，让客户体验宾至如归；三是实行管理者“五察看”，做到：班前看表情，岗上看情绪，操作看流程，办事看效率，工作看质量；四是日常规范“五定位”，对机具摆放、办公用品、

责任分工、业务操作、服务管理进行了明确；五是“六心”服务，即：热心、诚心、耐心、细心、虚心、恒心，取得了良好效果，后被支、分行以“服务规范十牢记”在天津行推广。

五、防范各类风险，健全内控防控体系

一是加强教育，筑牢思想防线。开好案件防范会，做好员工排查，关注“三圈”，即：生活圈、娱乐圈、社交圈。二是健全制度，筑牢管理防线。编写《支行内控管理手册》，严格操作规程，保证各项业务的规范性。三是实现思想教育和制度约束的有机结合。教育、提醒、整改、查处并举，严堵漏洞。两年来未发生各类案件和重大差错事故，确保了我处各项业务的健康发展。

成绩只能代表过去。佟楼支行全体员工会再接再厉，不断追求卓越，勇攀新高，夯实各项基础管理，全面尝试金融创新，瞄准更高标准，在为广大客户的服务中再创佳绩，争当金融战线改革发展的排头兵。

视客户为财富　用心灵塑品牌

——工行天津市十一经路支行

天津分行十一经路支行位于海河东岸，地处市区连接滨海新区的前沿，是实现天津市经济中心战略东移的前哨。中行天津分行与其比邻、周边二十余家银行的星罗棋布映射出金融竞争环境的激烈。作为天津市最早的理财工作室之一，十一经路支行以财富管理中心为抓手，突出以客为尊、强调服务制胜，在成功蜕变为工商银行在天津市区内的第一家财富管理中心后，更是以明显竞争优势和增值服务特色，刷新了经营业绩，塑造了响亮品牌。

截至2009年末，该支行对公存款余额15.76亿元，比年初增长0.96亿元，完成全年任务指标的120%；个人储蓄存款余额12.61亿元，比年初增长1.85亿元，完成全年任务指标的168%；贷款余额15.78亿元；全年累计实现中间业务收入667万元，各类理财产品销售1.66亿元；借、贷记卡发卡分别新增0.83万张和282张；新增个人网银客户0.27万户；网点离柜率达到71%。在年末天津分行网点零售银行业务重点产品综合考评中，该行得分不仅在贵宾理财中心第一位，而且名列全行146个综合网点之首。

在经营发展中，十一经路支行不断收获新的进步，先后获得2005年天津市十五立功先进集体、2006年天津市劳模集体、天津市银行业协会“金牌”服务网点、2007年天津市“工人先锋号”、全国“工人先锋号”、2008年荣获工总行“百强对公业务网点”、全国金融五一劳动奖状、中国银行业“文明规范服务示范单位”等多个荣誉称号。

一、建设“三个阵地”、用深具特色的财富管理服务赢得客户

在总行“服务提升年”的目标引领下，把网点建设成产品销售阵地、营销服务阵地和品牌宣传阵地，是分行领导作出的战略部署。围绕“三个阵地”建设，十一经路支行以明确定位、突出特色、彰显渠道影响力为抓手，用优质服务，凸显支行的财富管理中心定位和职能作用发挥。1600平米的营业面积中，在二楼专设了财富管理工作区，为客户提供多形式、多产品、多体验的“一站式”金融“超市”服务。凭着“人无我有、人全我优”的服务策略，十一经路财富管理中心针对不同层次客户的需求，构建了面向中高端、兼顾大众客户、注重深度挖潜的差异化服务流程。在全面提高服务效率的同时确保为中高端客户提供个性化、规范化、专业化、的优质服务，以特色取胜。

一是对于财富客户，推出专属化“一站式”服务。在“随身式服务”的基础上进一步突出专业顾问、增值尊享、环球金融等个性化财富管理内容，为财富客户提供费率优惠、融资便利、委托境内投资、跨境金融和留学金融等高附加值服务，并搭建营销经理开发市场——理财经理设计规划方案——财富管理专业团队提供智力支持的服务链条，切实让财富客户安享尊崇服务。

二是对于理财金客户，则强调“一对一专属服务”。在密切联系、台账管理的基础上，理财经理时刻保持着与对象客户的有效沟通。通过预约，客户经理将预留车位、修订流程、整合方案，提供量身产品，确保客户在预期的时间内实现预期的服务需求，再充分借助资产配置、组合投资和现金管理等多种产品整合力量的同时，实现客户的综合理财规划，实现最大程度的客户满意。

三是不偏废大众客户。在突出财富中心定位的基础上，从强调企业的社会责任和塑造服务品牌的张略高度出发，十一经路支行对大众客户强调“集约处理、化繁为简”的服务原则。通过自助机具、电子银行产品的有效分流和客户经理的嵌入式服务，不断提高业务受理效率和营销成功率。

二、用心服务、换位思考，最大限度地发挥网点的阵地渠道作用

十一经路财富管理中心的领导班子深知，与时俱进的服务理念是引领团队前行的旗帜，为此，他们提出了“三个树立”：一是树立以客户为中心的服务理念，提出“小事成就大事、细节体现完美”的服务口号，分岗位、分业务，从每一个细节让客户感受到宾至如归的贴心服务；二是树立“用心服务、关注细节、自觉主动、换位思考、力臻完美”的服务理念，鼓励员工以一种孜孜以求、突破创新、任劳任怨、甘于奉献的精神实现人生价值；三是树立“服务创造价值”的理念。通过学习，让管理者和员工加强对金融服务利润链的深刻认识，时刻牢记客户是我们赖以生存的基石和沃土，视客户为财富。

以“三个树立”为契机，十一经路财富管理中心着力打造相互依靠、相互关爱、相互信任的企业文化，注重取长补短、强调团队合作。并通过多种形式的员工座谈会、主题教育活动、星级达标活动和优质服务示范单位创建活动等凝聚人心、激发干劲，将团队打造成和谐向上、有为争先的集体。

三、以客为尊、视客为友，让每一次服务过程都成为客户的美好体验

事实上，财富中心的定位和客户群体的构成都要求我们，每一次的客户服务过程、每一个客户接触点，都是服务的“关键时刻”，若干个关键时刻，串成了客户的综合体验和终极选择。所以，十一经路支行的员工们，把每一次与客户的沟通，都作为一次把握新机会的开始。正是在付诸实践的过程中，他们有效识别和深度挖掘了一个重点军队客户。在其高级领导深入网点暗访环境的过程中，让敏锐地理财经理牢牢地抓住了机会。

“我觉得维护客户最好的方法就是能跟客户一起成长，成为他奋斗历程上的帮手和朋友”。在这里工作了10年的客户经理杨鹏向我们介绍：“我们财富中心有一些从1997年理财工作室刚刚建立就开始接受我们服务的客户，过去的十几年中，他们或从职员发展到企业高层，或下海经商积累了大量财富。在奋斗的过程中我们始终伴在他们身边，从最初简单的国债业务，到推荐适宜的贷款业务解决资金周转问题，再到引导他们进入资本市场，接受全新的理财产品，并逐步转变为涵盖保险、存款产品、基金多种形式的综合资产管理。一路上他们创造财富，我们为他们保护和积累财富。一路走来，在为客户提供增值服务的过程中，这些客户也成了我们十一经路支行的最大财富”。

工行十一经路财富管理中心给予客户的不仅仅是财富的积累，还让客户感受到了贴心的服务和同舟共济的支持。细心观察带来客户，用心服务留住客户，主动挖潜发现客户……正是这样的热忱和坚持，使得天津十一经路支行在定位财富中心、特色赢得竞争的商战中，力拔头筹！

如今，一项新的服务措施已在十一经路支行悄然启动，这就是在更新管理思路、创新管理手段指引下推出的“财富客户跨区域统筹管理制”。在以客户为中心的基础上，打破传统考核瓶颈、集中优势兵力，实现对财富客户的统筹管理和一站式供给，把十一经路支行建设成为河东支行的财富客户管理基地。通过调动全员积极性，用最精锐的力量和最丰沛的资源，实现对财富客户的最好服务。

实践告诉我们，财富管理中心最大的财富就是客户。相信在总、分行的领导下，以优质服务、创新经营为动力的一经路支行，必将通过扎实努力和勤奋工作，在视客户为财富、用心灵塑品牌的财富管理中心服务实践中，不断取得新的进步。

精细化管理　助推业务发展

——鹭江支行贵宾理财中心

支行贵宾理财中心成立以来，以提升客户满意度为目标，在细分目标客户，网点建设，人员配置，服务水平等方面持续提升，不断扩大个人中高端客户群体，不断提升个金业务对支行的贡献度，在分行个金部及相关部门的指导下取得了较好的业绩。几年来，支行个金业务在分行考核排名中名列前茅，2009年度个金考核更是排名全辖首位。2009年度支行个人存款当年新增26789万元，新增额居全辖首位，存款余额也首次突破10亿元，余额多年来位居全辖首位。支行个人贷款在2009年度累计发放超过5亿元，个贷余额在全辖位居第二位。银行卡启用张数6991张，完成2009年任务230.7%。个人电话银行、手机银行、网上银行均超额完成年度任务数，取得了良好的效益。

支行在贵宾理财中心建设方面主要做好以下几个方面：

一、细分目标客户，开展针对性的批量营销

1. 大力营销拓展三方存管客户群体，夯实个人客户基础。

自2007年初与券商端开通三方存管业务以来，支行上下合力，将三方存管客户视为未来几年支行个金业务的基础客户群，并全力营销拓展三方存管业务，通过上门服务，做好券商的沟通等，在分行部门支持下，三年来累计新开立三方存管户数7000多户，构成了近几年来支行个人业务增长的基础，个人储蓄存款余额三年内累计新增了近5亿元，存款余额突破10亿大关。同时，依托贵宾理财中心，通过对上述个人客户的筛选，挑出高贡献度的客户进行跟踪服务，向该部分客户一揽子营销我行各项产品，通过我行优势产品如个人网银、白金卡、灵通快线等业务及优质服务吸引挖掘了一部分个人高端客户，该部分客户也为支行做出了较大的贡献。

2. 开展联动营销，充分挖掘支行客户。

支行拥有较多优质法人客户资源，该部分客户的中高管人员、企业主与支行建立了长期良好的合作关系，对我行认可度也较高。贵近理财中心针对该部分客户的特点，配合营销部及行领导营销了部分中高层管理人员的个人业务。近几年来，配合营销部筛选了一些优质中高层管理人员推介了财富中心会员卡等，使该部分客户更加感受到工行的附加服务，进而提高了对我行的依存度。又比如在卡部的配合下，支行积极与优质法人客户电信公司沟通并达成一致，通过向电信公司的VIP客户寄送办卡邀请函的形式，争取了千张以上的贷记卡。

3. 通过个人产品的奖励计价，充分调动全行员工积极性，进行全员营销。

贵宾理财中心在调动支行全行员工营销个金产品积极性方面也起到了重要作用，能够对支行个金方面的薄弱业

务进行合理的任务分解，并制定可行的激励措施，同时组织对支行各部门进行相关业务培训，努力推动全行员工进行个金业务的销售。取得了良好的效果。

值得一提的是，在09年四季度工银瑞信公司的基金销售活动中，贵宾理财中心组织了工银瑞信基金公司渠道经理到支行开展培训，并每周通报各部门的完成情况，指导各部门的营销工作，较好地推动了工银瑞信基金的销售，支行四季度工银瑞信股票型基金销售额达1710万元，绝对额排全辖首位。

4. 批量营销信用卡电子银行取得显著成果

我行近年来推出的书香联名卡，通知卡等特别适合学生群体，为进一步提升我行发卡量，提高发卡效率，贵宾理财中心积极与我市各大院校联系，向各大院校负责部门阐明贷记卡可为学生带来的便利，取得了一些院校的支持。支行近几年通过该渠道累计向学生发卡并启用了五千多张以上的贷记卡。同时，为提高启用率，贵宾理财中心想方设法，多次上门服务，通过赠送小礼品的方式鼓励已拿到卡的学生现场用手机启用卡片，并配合办理个人电子银行业务，通过该方式也为学生办理了五千个以上的个人电子银行业务。

二、充分利用个人客户营销系统，作好个人客户维护营销工作

贵宾中心理财员能充分利用PCM2003营销系统提供的信息，及时进行日常客户的维护，如生日问候，理财资讯的传达，在加强情感交流的同时适时推介我行个人产品，效果显著。2009年支行理财产品累计销售额达到112767万元，基金销售达到10335万元，基金定投1154笔，均超额完成分行下达的任务。

三、加强贵宾理财中心人员培训，不断提高人员素质

在支行领导高度重视下，贵宾理财中心人员能全力参加分行组织的各项培训，如保险销售人员、基金销售人员、个人理财师AFP，个人客户经理资格考试，均顺利取得了相应的资格，提高了人员素质，为各项业务的开展奠定了基础。

贵宾中心理财员能全力参与分行组织的各项培训营，在支行各部门员工的支持下均取得了较好的业绩，在09年太平人寿专业训练营中，理财中心人员取得了良好的销售业绩，支行也取得了优秀支行的称号。

四、加强网点硬件设施建设，强化人员服务意识，提升服务水平

支行于2008年对营业网点进行了装修改造，目前已投入使用，装修后的贵宾理财中心人员配备齐全，服务标识明确，两间贵宾理财室机具齐全，私密性强，服务区内设置合理，办公机具整洁有序，并配备有专门的电子银行服务区。贵宾休息区也营造出尊贵、轻松、舒适的氛围，大大提升了网点形象，使贵宾客户更体会到尊贵式的服务。

在服务环境改善的同时，支行视服务为立行之本，不断强化员工特别是贵宾理财中心人员的服务意识，制定严格的服务规范和制度，不断强化服务意识，严格执行奖罚机制，通过周例会，日常工作制度，服务分析会等培养强化员工服务意识，不断提升服务水平。良好的服务为支行创造了良好的效益，同时也受到客户、上级行及相关部门的肯定，取得了以下各项荣誉：“厦门市文明行业示范点先进单位”、银行业协会“中国银行业文明规范服务示范单位”、总行“优质文明服务先进单位”、“巾帼文明示范岗”，厦门市发改委“文明单位”、海峡导报2009年度十佳银行等称号。

成绩代表过去，荣誉促人奋进，来年的工作任重而道远。支行贵宾理财中心将持续以提升客户满意度为目标，在总结经验的基础上，努力扩大我行个人优质客户群体，培育忠实的客户群体，为全行的发展尽我们最大的努力。

全力拓展实现个人金融业务快速发展
——厦门分行东区支行

2009年，东区支行认真贯彻总分行个金工作会议的精神及分行金胜行长在多次相关会议上重要讲话的要求，进一步调整个人金融业务工作重点，明确工作目标，扎实工作，加快推进贵宾理财中心建设，加大个人资产及负债业务的营销力度，实现了支行个人金融业务的快速发展。至12月31日，东区支行取得在市分行一级支行中个人金融专业考核排名第二，其中个人储蓄存款余额达6.17亿元，比年初增加11921万元，完成分行全年新增考核任务的149%；个人贷款业务贷款余额8.92亿元，比年初增加28345万元，累计发放贷款4.35亿元，完成分行全年新增考核任务的709%；其中超过4个月的逾期贷款仅3笔、金额57万元；新增银行卡1409张，完成分行考核任务的127%；个人基金销售21383万元，完成分行全年新增考核任务的455%；个人理财产品销售19047万元，完成分行全年新增考核任务的454%；第三方存管新增346户，完成分行全年新增考核任务的124%；个人中高端客户新增516户；财富客户新增38户、资产新增6388万元；个人中间业务收入630万元，占支行中间业务收入的57%；人均拨备后利润283万元，上述单项指标完成情况在一级支行中均排名前面。现将主要工作情况汇报为：

一、明确工作目标，加强组织领导

年初以来，支行认真学习总市分行个金工作会议的精神，在深入分析今年个金业务面临的还贷压力大幅度增加、

分行施行新的业务考核等新情况，支行加强组织领导，统一工作思路，提出了今年工作重点是在继续做好个人资产业务的基础上，发挥支行贵宾理财中心的平台作用，建立规范的个人中高端客户服务模式，强化优质服务手段，着重集中力量营销储蓄存款、基金、理财产品，继续采取单位批量办卡、全员营销等手段来发展银行卡业务。

东区支行贵宾理财中心—贵宾专属服务区现金

东区支行贵宾理财中心—总服务台

二、突出工作重点，加大揽储力度

为继续保持支行储蓄存款在2008年基础上的快速增长，今年支行加大资源投入，完善服务措施，提高服务质量，加大考核力度，确保完成分行下达的今年增量考核任务。一是针对旺季工作的特点，整体联动，开展增存揽户工作，抓好储蓄存款源头，支行领导亲自营销重点客户并做好日常维护。二是通过营销“存贷通”业务，采取寄发产品宣传资料、手机信息、电话等方式，积极开展营销存量个人房贷客户，取得较好的效果。自办理存贷通以来，共拨打电话100余通、发信息200余条、寄发信件500多封。到目前为止共签订存贷通协议94户，户均余额50万元。同时向存贷通客户办理了U盾40户、第三方存管21户、开立理财金账户20户、发放财富中心白金卡2张、金卡1张、销售理财产品1000万元。三是大力推广支行个人核心竞争力项目，规范个人优质客户服务流程，提高客户服务水平。重视个人高端客户档案的完善，建立个人优质客户维护管理办法，进行客户分类管理、责任落实到人，将按客户贡献、资产金额的大小、客户重要性等标准进行中高端客户分类，由专门理财客户负责跟踪、维护，通过电话、短讯等营销方式，及时将我行各阶段推出新的理财产品向客户推荐，帮助客户挑选适合的产品，深入挖掘客户需求，逐步形成规范的中高端客户服务服务流程。

三、加强营销与管理，继续促进个人信贷业务的发展

三年来，支行将经济资本占用小、综合效益高的个人信贷业务作为业务重点，个人贷款余额由2006年的2.4亿元增至2009年的8.92亿元。由于2009年受房贷政策调整、还贷压力增加等影响，支行继续做好与重点房地产客户的业务合作，提高优质服务手段，增强我行营销竞争力。至2009年12月31日，支行个人贷款余额已达8.92亿元，比年初新增2.89亿元，全年累计发放4.32亿元，共办理了厦门万科房地产公司“金域蓝湾”、厦门新景地公司“禾祥新景”、“钻石海岸”“及新景中心”1、2号等项目及部分个人消费贷款。支行采取的主要工作措施：

（一）增强服务手段，加大纯按揭个人住房贷款营销。一方面是我行及时掌握全市在建楼盘取得预售证的信息，筛选优质目标楼盘，主动出击营销纯按揭项目。2006年在得知全国品牌房地产企业万科公司进入厦门的消息后，多次前往深圳万科房地产集团，争取总部的支持，成功与厦门万科房地产公司签订“金域蓝湾”项目按揭贷款合作协议。另一方面是增强服务手段，提供全方位、专业化、个性化的住房按揭贷款服务，实行快速的内部调查审批机制。个金人员经常加班加点，上门收件随叫随到，在最少的时间完成贷款的调查等业务手续，在5个工作日内发放按揭贷款，加速了开发商的销售资金回笼。在与建行、农行、招行等3家的激烈竞争中，我行争取了较好的项目按揭贷款份额，份额约为50%，至目前已办理的个人按揭贷款近4亿元。

（二）密切个人金融部与公司业务部门之间的沟通与配合，强化个人住房贷款与住房开发贷款的联动营销，加强按揭贷款办理情况与项目销售进度的监测，其中2009年对厦门新景地公司“禾祥新景”办理按揭贷款3亿元。

（三）落实个人信贷业务风险防范，坚持开拓市场与防范风险并重，逾期超过3个月的个人贷款笔数仅为3笔、贷款额为57万元，占全部个人贷款的0.63‰。

四、完善贵宾理财中心建设与服务，全力拓展理财市场

支行完成了贵宾理财中心的重新的布局和装潢，进一步优化了支行现金柜、非现金柜及贵宾理财室的合理布局，有效增进完善理财金账户专属服务，提升理财金账户品牌形象。在旺季揽存活动中，增配大堂经理，减轻柜面压力。通过弹性工作时间、弹性窗口等方式，调整网点营业时间和劳动组合，增设服务窗口，满足客户办理存款业务需求。开展理财金账户“财富驿站”营销活动，深入推广理财金账户“六专”服务体系，加快中高端客户拓展进度，迅速

提升贵宾理财中心的经营效益。同时加快重点产品的营销，加大对基金代销业务的激励力度，重点抓好“稳得利”新股申购、“汇财通”和以股票、基金为投资标的的新型人民币理财产品的销售，满足不同层次客户的需求。

五、加大宣传营销，开展组合营销

一是加大营销力度，组织相关人员深入附近的高档社区、高等院校、证券公司等，开展个人金融业务的定向营销。二是积极推广 e 时代卡、贷记卡等牡丹卡产品。针对潜力和中端目标客户，结合第三方存管、基金和理财产品销售等业务，锁定目标客户，向其推介办理牡丹灵通卡 e 时代。三是加大离柜业务发展，提高自助设备和电子渠道的应用水平。今年支行新增 5 台 ATM 设备，同时在扩大 ATM 数量的基础上，进一步提高机具运行率，加大 ATM 促销力度，鼓励吸引客户使用自助渠道办理业务，充分发挥 ATM 对现金业务的分流作用，节省柜面资源，提高服务能力。

六、加强业务培训，提升队伍素质

支行加强个人客户经理的管理，个金部配备了个人理财、个人信贷、大堂经理支专业队伍，从事个人理财 2 人、个人信贷 3 人、大堂经理 1 人，负责对支行个人优质客户的分类管理。支行贵宾理财中心加强内部管理，建立业务学习的例会制度，规范业务流程操作。支行实行每周业务学习例会，及时传达、学习总行、分行的有关个人金融业务规定及文件，同时协调岗位分工合作，加强团队建设，提高工作效率，组织开展各种形式的学习培训，积极深化实施核心竞争力项目，努力为客户提供高水平的服务。按照岗位不同采取自学和集中学习两种方式，加强核心竞争力项目学习，使网点每位员工都熟悉项目操作流程和岗位职责，将流程落实到网点的各个岗位。目前所有个人客户经理均取得总行个人客户经理、个人信贷客户经理资格。

开拓创新　勇攀高峰

新疆昆仑路支行自 2006 年成立准一级支行以来，在营业部党委的正确领导下，以“打造区域第一零售银行”的中心目标，切实把握工商银行经营方针、方向和经营策略，按照营业部经营思路，深入贯彻落实科学发展观，紧紧围绕我行改革发展方略，认真贯彻执行上级行提出的以效益为目标，以市场为导向，以客户为中心，以服务为手段的发展战略，组织全行人员积极营销，努力提升金融服务水平，坚持依法合规经营和内控管理，有效地促进了各项业务的共同协调发展。

一、主要业务发展较快，支行的核心竞争力不断提升

1. 各项存款完成情况：截至 2009 年 12 月 31 日，我行各项存款余额为 49500 万元，较 2006 年底年净增 9361 万元，其中：储蓄存款增加 2951 万元，对公存款增加 6410 万元。

2009 年各项存款较 2008 年增长 12921 万元，其中：储蓄存款增加 7032 万元，对公存款增加 5889 万元。

2008 年各项存款较 2007 年下降 536 万元，其中：储蓄存款下降 1430 万元，对公存款增加 893 万元。

2007 年各项存款较 2006 年下降 3024 万元，其中：储蓄存款下降 2652 万元，对公存款下降 372 万元。

2. 利润完成情况：截至 2009 年 12 月 31 日，我行实现净利润 813 万元，较 2006 年底净利润 676 万元增加 137 万元。其中实现中间业务收入 330 万元，较 2006 年底中间业务收入 164 万元增加 166 万元。

2009 年净利润 813 万元较 2008 年减少 74 万元，其中 2009 年实现中间业务收入 330 万元，较 2008 年底中间业务收入 268 万元增加 62 万元。

2008 年净利润 887 万元较 2007 年相同，其中 2008 年实现中间业务收入 268 万元，较 2008 年底中间业务收入 441 万元减少 173 万元。

2007 年净利润 887 万元较 2006 年增加 211 万元，其中 200 年实现中间业务收入 441 万元，较 2006 年底中间业务收入 174 万元增加 211 万元。

3. 各项贷款完成情况：截至 2009 年 12 月 31 日各项贷款余额 5243 万元，较 2006 年底 4270 万元增加 973 万元，其中：公司贷款下降 2980 万元，个人贷款增加 3953 万元。

2008 年各项贷款余额 6187 万元，较 2007 年底 4916 万元 1271 万元，其中：公司贷款下降 3000 万元，个人贷款增加 1786 万元。

2007 年各项贷款余额 4916 万元，较 2006 年底 4270 万元 646 万元，其中：个人贷款增加 646 万元。

4. 发卡量大幅度增长：2009 年办理牡丹信用卡 5216 张，完成发卡率为 217.33%，较 2006 年发卡 704 张增加 4512 张。

2009年办理牡丹信用卡5216张，较2008年发卡1759张增加3457张。

2008年办理牡丹信用卡1759张，较2007年发卡1436张增加323张。

2007年办理牡丹信用卡1436张，较2006年发卡704张增加732张。

5. 新增灵通卡9499张，完成任务的99.47%，较2006年3515张增加5984张。

2009年办理灵通卡9499张，较2008年发卡12951张减少3452张。

2008年办理灵通卡12951张，较2007年发卡5500张增加7451张。

2007年办理牡丹灵通卡5500张，较2006年发卡3515张增加1985张。

6. 其他业务增长较快。2009年新增个人电话银行4492户，完成任务249%，新增个人网上银行3956户，完成任务127.61%，新增手机银行4141户，完成任务172.54%，新增U盾1517户，完成任务109.93%，实现基金销售2903万元，完成任务60.24%，销售人民币理财产品11822万元、理财产品完成率159.54%，代理销售保险产品1079.90万元，完成65.52%。实现网银交易39.29亿元，完成任务157.16%，新增企业证书版网银32户，完成任务145.45%，销售对公理财产品7578万元，完成任务的70.16%。

二、努力拓展市场，开创特色之路

加大市场的营销力度，对于支行的发展，抢占市场先机，增强竞争能力，起到积极的作用，我行分析周边的资源情况，定位我行业务发展目标，逐步走向特色之路。

1. 加大法人客户贷款营销力度。我行结合本行实际，努力改变本行贷款规模小，结构单一现状。2007年将新疆医科大学拟定了公司法人客户贷款营销对象，并进行有针对的贷款营销工作，汇同营业部为新疆医科大学制定了综合服务方案，并向医科大学发放贷款2000万元（后因营业部机构调整贷款转入温泉西路支行）。2008年我行开户单位天康畜牧归还我行2700万元贷款，针对此情况，我行加大对该公司的营销力度，积极争揽该公司在我行贷款份额，2008年9月发放贷款8000万元，由于该公司年末回款较好，归还贷款5000万元，超额完成了本年度贷款营销任务，2009年该单位归还我行3000万元贷款，同时根据该单位情况办理1000万元银行承兑汇票。

2. 努力拓展市场，实现校园“一卡通”的突破，创新疆分行校园“一卡通”之先河。2007年由于营业部机构调整新疆医科大学原在我行开立的账户，相继转入南湖广场支行新疆医科大学分理处，对我行的存贷款影响较大，为此，我行积极了解周边市场情况，通过对市场情况分析，选定了与我行无任何业务合作的新疆师范大学为我行重点营销单位，并以“一卡通”项目为突破口，积极向新疆师范大学营销。

新疆师范大学是新疆境内一所知名的重点院校之一，随着高校信息化建设的不断深入，“校园一卡通”项目的建设势在必行。我行根据这一市场信息，通过近一年的时间多次与校方进行了业务接洽，并不断展示了我行无论从系统到服务网点渠道等众多的领先优势，对外积极与新疆师大进行洽谈协商，找准项目合作的切入点，争取单位的认同，对内及时向上级主管部门提交相关审批资料，认真部署“校园一卡通”项目的前期准备工作，通过不断的努力争取到与新疆师大合作“校园一卡通”项目的合作机会。

“校园一卡通”项目的推进，得到了分行、营业部领导的高度重视，我行以“校园一卡通”项目为契机，在巩固和扩大市场占有率的基础上，加大汇款、工行信使等业务组合营销的力度，切实提高“校园一卡通”的客户动户率。同时，为了确保“校园一卡通”项目的顺利开展，进行了周密细致的计划，制定相关业务职责，全力推进“一卡通”项目的顺利开展。

2008年基本完成了校园“一卡通”项目的建设，实现了新疆分行校园“一卡通”项目的首次突破，争揽了新疆师范大学的账户，向新疆师范大学批量发放校园灵通卡9972张。在做卡片启用工作的同时，结合学生的实际需求积极营销我行的品牌产品个人网上银行、电话银行、手机银行，做好学生牡丹卡、新增中国红慈善牡丹卡营销工作，新疆师范大学在我行新增个人网上银行2739户，电话银行2547户，手机银行1845户。实现中间业务收入20多万元，同时在校园内安装两台ATM取款机，目前交易量为12000多笔，为业务的发展奠定了基础。

3. 2006年以来，我行在全面推动各项业务均衡发展的同时，认真分析个人贷款的市场情况，针对周边市场环境，确定以个人汽车按揭贷款为龙头，提升个人信贷业务在全行经营中的贡献度，通过全体员工的强力营销，促进了个人贷款业务的加速发展。2006年末个人消费贷款约为38.76万元，2007年末人消费贷款约为800万元，2008年末人消费贷款约为1700万元，2009年末个人消费贷款约为3778万元。同时我行个人住房贷款实现了突破，目前贷款余额为345万元。

在发展个人贷款业务中，我行以转变经营理念，锁定目标客户，提高个人贷款业务的核心竞争力为指导思想。紧紧围绕营业部的经营方针政策，适时调整经营方式，根据我行较赛博特汽车城及友好汽车城距离比较近的情况，依托资源条件和地域特点，将人汽车按揭贷款市场作为今年贷款营销工作的重点，努力拓展人汽车按揭贷款，通过与汽车经销商走访沟通，实地了解汽车经销商的业务需求，在有效防范贷款风险的条件下，寻找人汽车按揭贷款发展突破路径。在2008年初我行组织了20多家汽车经销商举办了“幸福快车”迎新年酒会，努力宣传和拓展人汽车按揭贷款，通过与汽车经销商走访沟通，实地了解汽车经销商的业务需求，在有效防范贷款风险的条件下，寻找人汽车按揭贷款发展突破路径。同时，强化营销业绩考核，完善个贷营销激励机制，将个人贷款营销纳入考核。鼓励员工积极捕捉市场信息，寻找优质客户，对有突出贡献者实行奖励。贷款发放后，加强对贷款的流向进行跟踪，详细分析客户的各项情况，定期进行调查或上门走访，对出现逾期贷款的客户，及时电话通知客户，及时落实还款来源，目前，我行个人贷款逾期率较低，且无一笔不良。

同时，强化营销业绩考核，完善个贷营销激励机制，将个人贷款营销纳入考核。增加个人贷款绩效考核比重，并明确了个人贷款营销考核奖惩标准，加大新增贷款的奖励力度，在绩效考核中按贡献度计酬，实行谁营销谁受益的奖励办法，激励客户经理在加强对存量贷款维护的同时，全力开拓新贷款市场。鼓励员工积极捕捉市场信息，寻找优质客户，对有突出贡献者实行奖励。特别是在汽车消费贷款的营销过程中，全面加强与汽车经销商的合作，并积极与汽车经销商联系、沟通，争揽汽车按揭业务，与十几家汽车经销商签订了合作协议，同时在汽车消费贷款的营销过程中注重开户、网银、POS 等业务的综合营销，并做好后续的服务工作，其中我行合作的一家汽车经销商 POS 交易额超亿元，汽车消费贷款的综合收益逐步显现。

4. 以“打造区域第一零售银行”为目标，不断提升支行的核心竞争力。紧紧围绕“创新、服务、管理、发展”主题，以“定位中端、竞争高端、培育潜力”为经营原则，按照营业部的要求，结合我行的特点确立了“三统一”的经营管理模式，即统一分配、分解各项任务、统一产品营销、统一业绩考核。使我行在各个层面上清楚的了解、认识到我行的任务分配情况，明确营销方向、目标，认清我行所面临的竞争环境，更加了解了我行所涵盖的服务对象、服务内容、服务理念。根据我行布局特点、客户构成特点，以“打造区域第一零售银行”为目标，努力的开展各项工作。

5. 明确市场定位，建立有效工作机制。面对激烈的市场竞争和今年储蓄存款不利因素，及时组织全行员工召开会议，分析当前的形势，细分市场，力争打造精品网点，增强核心竞争力。

在抓质量方面，把提高资产质量和业务核算质量作为我行的生命工程，全年存量贷款和新发放的贷款，不良率为零，在业务核算质量方面全年无案件和重大业务差错发生。在抓客户方面，把客户的拓展作为全行工作的当务之急和重中之重，大力开展对存量客户的维护，重视搞好客户关系的维护，尤其是对个人、对公高端客户的维护，对我行个人金融业务的发展起着非常重要的作用。实现了抓牢一批大户、稳住一批老户、培育一批新户、拓展一批潜能户。大力开展扩户工程，把账户的争揽纳入绩效考核范畴，开展“人人抓客户，户户增效益”的活动，大力开展新客户的争揽核对存量客户的维护，重视搞好客户关系的维护。同时在维护客户方面营销了 56 中学的网上通用缴费业务和每日每夜有限公司现金管理业务。

6. 加强内控管理，提高核算质量。为增强员工风险防范意识，规范员工日常业务操作行为，全面贯彻《业务操作指南》的学习推广应用，加大各项规章制度的执行力度，支行积极响应营业部在全行范围内开展“双无”“双降”竞赛活动的号召，组织员工认真学习《违规积分管理规定》，扎实开展以降低违规积分人员，降低违规积分分值为主题的竞赛活动，充分发挥《违规积分管理规定》在日常业务操作和合规建设中的促进作用，规避风险，合规经营。以营业部下达的“双无”“双降”目标为工作重点，实行责任包干，落实到人，对上年度积分较多的员工，重点关注，帮助员工规范和完善自身的操作行为，增强员工自我约束能力，提高操作风险管理水平。将《业务操作指南》的推广应用与《违规积分管理规定》的实施有机的结合起来，相互推动，相互促进，建立业务培训机制，不断加强员工合规教育和业务操作规范的再培训，夯实业务基础。充分发挥营业经理的职能作用，抓好业务风险点的控制管理工作，严把业务操作第一关，督促每位员工在办理业务过程中，严格执行规章制度和操作流程，及时制止违规行为，杜绝风险隐患，通过积分管理，警示员工什么能做，什么不能做，极大的提高了支行内控管理水平。坚持做好内控评价工作，月评季报，将支行内控工作深入细致的开展下去。

7. 加强制度建设，规范操作行为。为加强制度建设规范各项操作行为，支行成立了内控管理委员会、党风廉政和案件防范工作领导小组、昆仑路支行反洗钱领导小组、昆仑路支行服务投诉鉴定委员会，分别组织制定了《昆仑路支行岗位职责》、《昆仑路支行绩效考核暂行办法》、《昆仑路支行监控管理办法》、《昆仑路支行电源管理使用办法》、《昆仑路支行服务管理办法》、《昆仑路支行会计核算质量处罚办法》、《昆仑路支行案件风险点方控措施》等，通过一系列的制度建设，对业务发展和风险防范起到了一定的作用。

成功源于专注

——新疆民主路支行

繁华的街道、熙攘的人流、密集的商家，工商银行新疆区分行营业部民主路支行就坐落在乌鲁木齐商业区的中心地带，优越的地理位置和环境既给支行带来了勃勃生机，也带来了严峻挑战，在这里多家金融机构云集，竞争异常激烈。可即便这样，民主路支行——这个由维、汉、回、蒙等不同民族的 42 人组成、平均年龄近 42 岁的战斗集体，还是取得了让人称道的辉煌业绩——远的不说，仅以近两三年为例：

2007 年，该行就有一名大堂经理被评为自治区级“巾帼建功”先进个人，有 4 名员工被评为自治区分行和营业部级“服务明星”，支行连续三次被评为“服务明星网点”；一次被评为“零投诉”网点，受到上级行通报表彰和奖励。

2008 年，支行又荣获“新疆银行业 2008 年度文明规范服务金牌网点”、中国银行业协会授予的“2008年度中国银行业文明规范服务示范单位”、“2008年度总行级优质服务先进单位”等荣誉称号；

2009年7月，支行党支部被总行评为“中国工商银行先进基层党组织”、12月被总行评为“百佳服务机构”获得表彰；中国银行业协会授予“百佳网点”荣誉称号。2009年度被评为总行级“巾帼文明示范单位”

2009年12月末，实现账面利润3975.78万元，人均实现利润104.62万元，中间业务收入完成计划的113%，个人资产完成计划的107%，法人资产完成计划的112%，票据业务完成计划的140%，信用卡业务完成计划的111%。不良贷款率为零。

这些成绩的取得，一切源于专注！民主路支行专注于求真务实、专注于规范服务、专注于精细化管理以及专注于“以人为本”。

专注于学习　方能铸就业务精兵

民主路支行的领导深深明白学习对一个行、一个人的成长和发展具有怎样重要的作用，它决定着这个行能否在竞争中立于不败之地；所以对于国家的方针政策、时势热点等支行都会实时传达、学习，尤其对于党的十七大精神、落实科学发展观的学习，行领导和员工都是逐句逐段念完相关文件，然后比照着自己所从事的具体工作岗位，谈如何将十七大精神及科学发展观的理念真正落实到工作中，因而支行的政治思想学习从来都不是空对空的，从来都是脚踏实地落在实处的。支行领导甚至亲自选择学习文件，带头给员工上党课，先从政治上、思想上武装员工头脑。除了政治学习外，行领导还把自己业余时间看到的有关银行业务方面好书推荐给员工们学习，像工总行副行长张衢同志撰写的《银行业：掀起你的盖头来》，行长看完后觉得非常好，立即组织全体员工学习，大家学习后都觉深受启发，视野变开阔了，认识也同步了。

务实的学习态度、鲜活的学习案例、多样的学习内容让员工们受益匪浅，大家的积极性非常高。几年坚持下来，支行员工的政治、思想素质在全营业部都是有口皆碑的。

同时这种学习还贯穿在日常工作的方方面面。比如行里常常利用晨会时间或休息间隙，学习《业务操作指南》、《营业网点服务质量现场管理与控制手册》等规章制度，或者让员工们模拟一个业务办理现场，员工们分别担当顾客、柜员，设计种种业务场面，面对不同的业务状况，应如何处理才是最佳选择。这种模拟学习和交流效果非常好，很大程度上提高了员工办理业务的水平，同时还锻炼了员工处理特殊情况的应变能力。

通过学习，员工们的服务意识明显增强，业务技能也有了很大程度的提高，除为客户提供快捷、优质、周到的服务外，还能依靠自身过硬的专业技能、敬业的服务态度、用心的服务精神给顾客提供超值服务。最有代表性的例子是，在今年3月23日，民主路支行的员工胡荣荣，凭着平时学习所树立起来的风险意识，帮助一位女客户成功地杜截了一桩电话遥控诈骗案的发生，客户十分感激。

专注于服务　方能赢得客户信任

民主路支行的求真务实，不仅体现在学习上的不走过场，脚踏实地上，最让人体会深切的是，把这种精神渗透于服务的方方面面，支行的精细化服务让每一位客户都像回到了各自舒适无比的家一样。若从银行的外观和硬件设施上看，民主路支行与其他同业相比，确实没多大的优势，面对同行奢华的装修、气派的布局，支行像个朴素的邻家大姐，伫立在外观华丽的众同行之间。但就是这个看上去像邻家大姐一样朴素的支行，却给客户带来了宛若春风般的服务。

精细化服务是现代社会发展的大趋势，因为人们收入及生活水准的不同，决定了人们所需要的服务是有层次、有差别的，满足各种层次客户的需求，就成了银行的必然选择。

早在几年前，支行就在着力实施网点环境美化工程，不奢华，但要绝对舒适。并实施畅通分层和差别化服务通道。今年5月份，支行在已经具备有专门为中高端和普通客户服务的上下分层营业场所、实现了中高端专属服务区和普通客户服务区完全分隔的基础上，又在三楼增加了为高端客户服务的财富管理中心，使高端客户享受到了支行专家团队专门为其提供的财富规划、资产管理、专业顾问、增值服务和环球金融服务，使尊贵、安全、私密、便捷伴随着服务的始终。

同时，支行又尽全力，为普通客户提供快捷、周到的服务。比如支行一直都有“三语服务”，即：针对少数民族客户，有少数民族语言的服务；针对外国友人，用外语服务；针对聋哑人，有哑语服务；支行的服务宗旨是，客户的需求，就是我们努力的方向！

说到这里不能不提新疆电视台“大事小事”栏目组来行里拍摄支行为寻找丢钱客户历尽千辛万苦的动人故事——客户取完钱点数时遗失了1700元钱也不知道，待大堂经理发现这笔钱时，客户已不知去向，为寻找这位客户，支行甚至动用了公安的力量，当客户拿到这笔钱时，感动得不能自已，专门到电视台请了“大事小事”栏目的记者予以拍摄、报道……在注重银行业务发展的同时，支行不忘自己所承担的社会责任，比如社保代发工资业务，每次等着取钱的顾客排成长队，对此，支行根据社保客户支取工资习惯使用存折的现状，在营业部个金部的支持下，开始了对社保客户单一活期存折业务进行升级的创新，即：直接将社保客户单一活期存折业务升级平移至牡丹 e 时代灵通卡，在支行对升级业务进行反复测试后，于 2009 年 3 月顺利进行了该项业务的升级平移工作，为该类客户增加了办理业务的服务渠道。支行升级实施以来，取得了较好的效果。据不完全统计，目前支行已为60%的办理社保单一活期存折业务客户，进行了升级换卡。柜面服务压力明显减轻，原来在高峰时期需要 3 天处理的业务，现在基本 1 天就可以办理。正是通过服务的创新和精细化，使得支行在竞争对手云集的繁华商业区立住了脚跟，闯出了属于自己的一片天地。

专注于员工　方能发挥独特优势

人是最具竞争力的！只有充分关注员工、爱惜员工，才能形成整体合力、才能具有战斗力！民主路支行以人为本，在细节中体现在对待每一位员工身上。

支行 42 位员工，平均年龄 42 岁，在现今年轻就是资本、年轻就是一切的社会中，这个员工集体年龄偏大的现实显然不是优势，尤其面对在其他的商业银行，员工的年龄平均不到 30 岁的情形，表面看去，民主路支行好像处于明显的劣势。支行面对员工平均年龄偏大、员工自身有顾虑的现实，及时调整工作思路，积极做工作、谈心，分析人生历程，告诉大家人总是会老的，每一个人都要面对这样的现实，每一家银行也要面对这样的现实，在国外，人老了还是宝贝呢，国外的“空姐”不也有 50、60 的老太太来做的吗？做通了思想工作，还积极充分发挥他们经验丰富、应变能力强的特点，在业务演练的模拟现场，由他们做主角，设计种种场面，种种可能出现的问题，然后带动年轻些的员工面对问题，寻根问底，找到最佳的解决办法。民主路支行把员工当成宝贝，把年龄劣势化做了年龄优势，让每一位员工以从容、自信的态度，稳稳当当屹立于强手如林的闹市区，铸就了一道独特的风景线。

民主路支行还有一个特点：42 位员工中，少数民族员工就占到三分之一多，如何发挥少数民族员工的民族特点，以让他们也尽快成长起来？这也成了支行领导考虑的问题。支行领导决定采取以点带面的办法，先把部分政治素质过硬、业务素质还不错的少数民族员工尽力格外关注、培养起来，再通过他们发挥榜样的力量，带动更多的少数民族员工成长。

比如联行复核柜员的维吾尔族女员工帕提古丽，在行里的各项工作中，表现一直都很不错。她在主动服务好每一位客户的同时，还积极与一些单位的财务人员建立良好的服务关系和顺畅的沟通渠道，为了使新开户的单位企业能够在最短时间开展各项结算业务，她不厌其烦地为客户介绍各项业务流程和能给客户带来增值的新业务及支行便利、快捷、高效的电子银行业务，客户们都对这位爱岗敬业的维族姑娘印象深刻。凭着这种为客户负责、精益求精的服务精神，帕提古丽从 2008 年伊始，成功营销对公理财产品 4000 多万元，营销对公结算套餐近 40 户，营销企业网上银行 10 多户，成为支行的“金牌员工”，还多次被评为“优质服务明星”，支行其他少数民族员工都以她为榜样，主动向她看齐，在优质服务和创新服务上下工夫，使得支行的整体服务工作呈现出“百花齐放春满园”的新景象。

专注于素质　方能迎接严峻考验

乌鲁木齐“7·5”事件的发生，对全体乌鲁木齐市民来说是一场血与火的考验，对民主路支行的员工来说，也是一场严峻的、前所未有的挑战。

支行地处乌鲁木齐最繁华的闹市区，如果整体局势控制不好，支行极有可能受到暴徒冲击，周围其他许多行都早早关门歇业了，但民主路支行不仅没有影响支行的一天营业，反而涌现出了许多内部员工互帮互助，对外服务好客户的感人事迹。

支行营业室有 6 位员工家住“7·5”事件发生地——二道桥及大湾附近，事件发生后没有一人因故请假，尽管因实行了交通管制，没有车辆可以通到网点所在地，但 6 位员工还是想办法步行赶到网点，坚守着自己的工作岗位，越是在困难时期，越是要想办法服务好每一位客户——说不定这时候客户最需要我们的帮助。

一天，因交通管制，押钞车无法通行，没有现金支付如何办理业务？经支行领导班子研究后认为：我们没有理由不办，随即由大堂经理引导先办理存款业务，后办理取款业务，为了客户的方便，员工想了许多办法，借助自动存取款机为客户提供方便。

那天接上级行通知，网点提前下班刚结完账，就来了一对四川籍的客户着急要给在四川的女儿汇款，望着这对着急的夫妇，共产党员、维吾尔族员工帕孜来提二话没说就快速地给予了办理。

在“7·5”事件发生后的日子里，客户办理业务时，常常表现出情绪上的激动，但支行的员工非常理解每一位客户的心情，以大度和忍让恪守着服务纪律，热心地服务好每一位客户，没有出现一起客户投诉和不愉快的事情。上下班时，为安全起见，汉族员工和少数民族员工搭伴走，行长护送员工，男员工护送女员工，大家互相帮助，互相扶持，体现出了一个和谐的民族团结的良好氛围。

李梅——这位得到金融理财师资格认证的理财经理，在营业部组织的客户经理大比武中荣获过前十佳绩的员工，始终以“道虽通不行不至，事虽小不为不成”的人生信条为自己的座右铭，“7·5 事件”后，她坚守在自己的工作岗位上，将自己服务的客户视同自家的亲人，随时于他们保持联系，温馨地提醒他们为了安全到就近的网点或网上银行办理业务。她将客户的事当成自己的事来做，得到了客户的认可，由于“7·5 事件”的影响，许多客户经理的业绩都受到了影响，但她的个人业绩仍然保持较好，在形势严峻的 7 月份还争揽储蓄存款 1100 万元。

民主路支行的业绩就是这样靠求真务实的学习精神，靠员工们踏踏实实的努力取得的，回首曾经付出的一切，大家无怨无悔。服务，是我们的天职啊，是我们的立足点啊，有什么理由不做好、履行好自己的天职呢？

只有“工”于“诚”，才能“行”至“远”！

只要“工”“至诚”，就能“行”“致远”！

正是秉承着这样的企业文化精神，今天，民主路支行员工正踏着矫健的步伐，以争当优质服务明星，争创优质服务窗口为切入点，精心营造先进文化的温馨氛围，全力打造金牌服务网点，全面建设精英服务团队，在和谐中享受着工作的快乐，在竞争中焕发着创造的激情，在奋斗中分享着集体的成功。

用奋进铸就辉煌

——昌吉州分行延安北路支行

流年似水，满载着昌吉工行延安北路支行25年的经营硕果，盛装着延安北路支行历届员工的辛勤与骄傲，在工商银行业绩不断攀升的凯歌中，在金融行业加快转型的步伐中，延安北路支行用从未停止过的奋斗与进取将自己打造成为昌吉地区一流的商业银行营业网点，成为昌吉人民心中值得信赖并无法取代的“老银行”。

到2010年，延北支行已经走过25个春秋，回顾25年来走过的历程，不由感慨万分。成立于1985年的延北支行当时是延安北路办事处，占地面积大约200平米，员工15人，主营商业银行的一些传统业务，成立初年的对公存款和居民储蓄两项余额总共不过几百万元，中间业务收入更是微乎其微，在业务经营上没有树立现代商业银行营业网点的经营理念，考核上没有突出效益指标，对市场资源和客户资源的拓展也没有清晰的概念。观念的转变是一个与时俱进的过程，从总分行提出加快建设现代金融企业，打造国内一流商业银行的发展思路以来，延北支行在不断的革新与转型的过程中逐渐成长并成熟起来，“客户是金，员工是金”则是延北支行多年来形成的一种支行文化。经过了多年千锤百炼的延北支行如今已经发展成为总面积600平方米，员工29人，上下楼分层分区服务的总行级贵宾理财中心，截至2010年8月，两项存款余额已达6亿多，创中间业务收入540万元，荣获历年的总行“全国先进财会工作集体”、区级“巾帼文明示范岗”、区级“优质服务先进集体,”、区级“青年文明号”、自治区“巾帼文明示范岗”、自治区“工人先锋号”、自治区级“学习型先进集体”等荣誉称号，并于今年通过了“全国金牌服务网点”的验收工作。

2008年3月1日，按照总行核心竞争力项目4.0版本的网点功能改造要求，延安北路贵宾理财中心正式投入运营。任何一种创新的实践必定会困难重重，但延北支行在区、州分行党委的正确领导以及上级业务主管部门的悉心指导下，凭借几十年来传承的拼搏精神，在严抓内控管理的基础上，对绩效考核机制、细化服务流程、探索多元化营销模式及丰富多彩的营销推广活动等方面做了很多的创新工作，中高端客户数发展迅速、储蓄存款净增额及理财产品销售额排名也位居其他支行之首位，员工服务意识和服务能力明显提高。目前，个人中高端客户分层服务体系、支行考核体系已日趋完善，贵宾理财中心积极良性运转。

突出服务品牌，营造温馨感受、创新细节服务，从环境和模式上体现专业化、体现工行厚重的文化底蕴和内涵。

为了营造贵宾理财中心尊贵、高档的风格，同时又不失温馨优雅的气氛，我们在办公用品的调换及内部装饰改造方面做了精心布置，对于理财间的布置则采用中西合璧的艺术风格，精致的酒柜和咖啡饮品与中国的文房四宝相呼应，从内涵上体现工行愿意在巩固传统业务的基础上追求产品创新的企业文化，贵宾理财中心每个角落都充满文化气息，增加客户的归属感和认同感。此外，在重大节日，贵宾理财中心都会精心准备风格独特的装饰品，烘托节日气氛，体现人性化服务，让他们感觉到了家的温馨和舒适。

在做中高端客户服务工作的过程中，我们始终在思考和探索中高端客户服务的新模式，延北支行找到了一条具有自身特色的中高端客户服务和发展之路。

加强员工学习、体现专业，不断提高服务水平和服务能力。

2008年，延北支行被州分行评为“知识型先进班组”的荣誉称号，理财中心在浓厚的学习氛围下，辐射影响到周围其他员工，使员工在学习中工作，在工作中学习，共同增长才干。支行2名国际金融理财师（CFP）、1名国内金融理财师（AFP）、1名注册金融分析师（CRFA）及3名获得专业资格的营销经理组成理财团队，分别服务于有不同金融需求的中高端客户，同时鼓励行内更多优秀员工参加金融理财师的考试和培训，整体上为我行培养和储备专业化人才，为中高端客户提供更完善的理财服务打下扎实基础。支行还组织玉石专家讲解“玉石鉴赏和投资”、黄金交易公司老师讲解“黄金投资”知识、基金公司经理做投资理财分析，以此来丰富高端客户的投资渠道和理财生活，为他们提供专业化的指导和建议，培养客户的忠诚度和满意度。

对于客户的服务，我们注重细节和人性化。

在二楼贵宾理财中心一进门最显眼的位置设置理财经理展示牌，张贴每位理财经理的照片和简介，让客户根据实际情况选择适合自己的理财人员，突显服务工作的人性化，为更好的体现对高端客户的集中分层服务，在贵宾理财中心内部再次对不同级别客户进行分层服务，为100万元以上的高端客户配备了具有国际标准注册金融理财师资格的高级理财经理进行一对一面对面的直接维护，不仅享受更为私密及便捷的服务；而且在理财单间的面积、环境设计上更加突显私密性、个性化和品质化；在客户生日以及重要纪念日来临之际支行还会送上不同档次的礼品，从各方面体现出了高端客户和中端客户的差别化服务。二楼贵宾理财中心在周末双休日、节假日也安排工作人员正常办理业务，保障优质客户服务渠道的随时畅通，同时在一楼营业大厅开设了牡丹白金卡和理财金账户专属窗口，以应对个别优质客户的应急事件。考虑到我行贵宾理财中心上下分层的特殊性，我们印制了精美、小巧的温馨提示卡内容有产品介绍和理财经理联系方式，散发给一楼普通客户区的潜在优质客户，防止优质客户的流失，增加了接触营销的机会。

探索多元化服务模式，联动营销，使理财中心的沙龙活动突出特色和新颖。

随着《昌吉州分行与宏源证券昌吉营业部“银证快车俱乐部”筹备及实施方案》的出台，2008 年 6 月中旬举行了“银证快车俱乐部”揭牌仪式，正式投入运行。“俱乐部”会员不仅可享受宏源证券大户室待遇，而且可在工行贵宾理财中心享受“六专”贵宾服务，之后，我行与中国人寿的“理财金账户美满人生俱乐部”也已启动，这一系列的活动策划，更好的利用混业经营的模式达到客户资源共享。2009 年上半年支行与辖内开户的 3 家餐饮娱乐单位达成为 VIP 客户消费打折特惠协议，为理财金账户创造了更多的优惠空间，更好的凸显出理财金账户的尊贵身份。支行还积极寻求与各大媒体建立良好的合作关系，昌吉地区最有影响力的大报《昌吉日报》专门为工商银行开辟了理财专栏，介绍理财金账户“六专”服务、理财产品、进行理财分析等，进一步提高了我行贵宾理财中心的知名度和影响力，“第一理财银行”品牌形象进一步提升。

以点盖面做好对公单位维护的同时带动个人业务发展

为了深挖中高端客户，充分利用已有的优质对公客户资源，快速提升我行贵宾理财中心的市场形象，延北支行和机构业务部客户经理密切联系，以代发工资和一些重点企业为目标客户，将这些目标客户分别分配给支行的三名营销经理，按照州分行的整体部署以服务专员的形式，通过网银代发工资转换这一切入点，从服务入手逐步渗透到企业当中，让企业熟悉服务专员，让员工认可服务专员，渗透过程中，营销经理必须定期对所属单位进行回访，以调查的表形式了解并掌握企业员工的基本情况，联合理财经理制定详细的营销计划，通过客户沙龙，理财板报、集中营销、定向营销等多种形式逐步将金融产品渗透到个每一个人，同时将企业里的中高端客户带进贵宾理财中心，公私联动，为支行圈定外围资源市场打下坚实的基础。

打破传统模式、加快网点转型，从体制和机制上创新服务理念、落实优质客户服务流程。

昌吉州分行以“全员营销，分层服务，集中维护，重点发展”的中高端客户发展为战略，构建“延北战略单元”的创新模式，以延北贵宾理财中心为“圆心”，辐射延北片区理财网点、金融便利店为“半径”的中高端客户服务体系，在体制上进行了开拓创新，网点联动营销中高端客户服务体系初步建立。我贵宾理财中心从内部服务流程抓起，明确每个岗位的分工职责后，从服务流程上制订了适合本支行内部联动的考核办法：支行大堂经理、理财经理、营销经理和柜员这四个层面上的不同侧重的考核体系，严格执行优质客户服务流程，并加强个人客户经理与前台柜员的合作，随着中高端客户的移交，来贵宾理财中心办理业务的客户明显增多，出现客户排队现象。针对这些问题，我们积极想办法，拿措施。如在一楼普通客户服务区，设置填单咨询台，并配备了一名咨询员，专门负责指导客户填写凭条，解答客户咨询，这样以来，大堂经理就有足够的时间和精力分流客户，识别和引导优质客户，并及时推荐到二楼贵宾区，避免了优质客户的流失，这些办法使优质客户识别率迅速提高，支行全体员工整体营销和服务形成了合力。支行还采用晨会督促办法，及时通报每位员工的工作业绩，增强时效性，使每位员工的收入跟工作表现和业绩直接挂钩，充分调动了全体员工的积极性和主动性，最大程度的推动支行绩效水平的全面发展。

奋进无止境，才能赢得更长远。延北支行要打造地区一流银行网点，在服务质量和服务能力上还有很大的提升空间，我们的操作系统一次又一次的升级，网点的硬件设施一次又一次的更新，我们的服务也应当不停的升级不断的更新，在服务流程里增加一分热忱，一分周到，一分智慧，一分创新，一分亲情，一分宽容，用专业的技能，一流的服务让客户找不到离开我们的理由，赢得更多的市场更多的喝彩。

浙江省分行营业部羊坝头财富管理中心

杭州羊坝头支行财富管理中心从成立开始就以打造“优质服务平台、信息交流平台、财富助推平台”为理念，精心设计了财富管理中心的软硬件配置和业务流程。在实践中不仅验证了最初设想的正确性，同时逐渐形成了独有的品牌特色。截止到 2009 年末，储蓄存款 204055.43 万元，新增 27171.43 万元；贷款 58792.22 万元，新增 18394.42 万元；个金中间业务收入 821.82 万元，较去年同期新增 116.64 万；人民币理财销售 317679.96 万元，基金 16562.91 万元，保险 1264.65 万元；灵通卡 4642 张，个人客户 148318 户，中高端客户 9528 户。

以公私联动为抓手，构建多元发展的财富中心。

财富中心从创建之初就秉承为优质对公客户搭建服务沟通平台的理念，通过财富中心这个平台，让公私联动更加直观有效，让各方信息能充分共享。同时，也让优质客户享受更高层次的金融理财服务。在实际运行过程中，中心始终以公私联动、网点互动为重要抓手，先后举办了多场商务洽谈和职场营销，均获得了客户良好的反响，提升了支行的整体服务品质。

提倡职场学习机制，提升客户经理的综合素质。

硬件设施的完善促使中心在软件上下更多工夫。为此，成立了个贷、基金、留学、理财等多个不同的研究小组，负责定期收集资讯，既提高了客户经理的分析表达能力，也以更高效的投入让大家获得了更全面的知识。此外，中心还重视客户经理日常行为管理，锻炼其端庄大方的服务态度，让优雅成为一种习惯，让礼仪成为一种发自内心的自然行为，让所有的客户经理都能与财富中心高雅舒适的环境融为一体，为客户营造出更融洽自然的服务氛围。

充分发挥人员效能，提升为优质客户服务能力。

在规范客户经理工作量的同时，把“以客户为中心”的服务理念真正贯穿到日常服务工作中去。通过现场与非现场服务、个人营销与公私联动等不同角度，规范客户经理的行为。此外，摒弃了以往单打独斗的工作方式，注重团队合作。每一个客户经理的背后是整个部门理财团队的支持。而理财经理是客户服务的中后台核心，对客户的理财建议、配置方案、人文关怀、资讯传送都由这里发起，在保证客户服务个性化的同时，又确保了服务质量的统一性，进一步提升了支行优质客户服务能力。

注重财富增值服务，全面提升“品牌银行”形象。

财富中心的成立不但是羊坝头支行创建品牌银行的里程碑，也是业界颇具影响力的事件。成立至今，中心接受了多家媒体的热情采访。在对外宣传上，我们提出：不设资产门槛，只要有理财的愿望、有健康的生活理念，在交流中又能形成相互理解、相互信任的关系，无论是什么行业，处在什么年龄段，都可以成为中心的客户和朋友。“杭城首家不设门槛的财富中心”的盛名不胫而走，慕名而来者络绎不绝。在积聚人气的同时，也敞开了巨大的潜力市场。为了让客户了解各类信息，为他们的相互交流提供平台，财富管理中心还定期为贵宾客户倾心打造专属的财富沙龙和各类 PARTY。目前已经成功举办了开业典礼、圣诞 PARTY、花鸟画展、客户答谢会、黄金讲座、浙商创投报告会等多场大型活动，共吸引了近千人次的客户参加。

财富管理中心的成立凝聚了羊坝头支行全体员工的心血，而也在实际运行过程中的辛勤付出也获得了广大客户的认可。今后，羊坝头财富管理中心将在新的平台上踏上新的征程，力争把中心打造成支行各项业务发展的助推剂，真正体现财富管理中心的尊贵价值。

人定胜天靠奋斗

——浙江天台贵宾理财中心

天台贵宾理财中心抱着“人定胜天”的奋斗意念，积极捕捉发展机遇，巧抓营销管理细节，在今年当地系统旺季营销竞赛中，从 79 家网点脱颖而出，以 122 分的最高考核得分，拿下“十佳网点”荣誉称号，天台支行也顺势将“优秀支行”第一名收入囊中。

该中心目前拥有员工 22 人，其中柜员 12 人、大堂经理 4 人、营销和理财经理 6 人；专属服务区设有 2 个贵宾现金柜、7 个理财单间。截至 2010 年 6 月末，新增储蓄存款 1.13 亿元，日均增量达 0.94 亿元；净增优质客户 332 人、财富客户 38 人，优质客户金融资产较年初新增 1.23 亿元，增长率 38%，四项指标均居当地系统第一。

客户体验打响知名度

为了破除藏在深闺未人识的困局，他们采取了四个招术集聚人气。

第一招，现场告知分区服务。利用跑马灯连续滚动播放分区服务的信息字幕，并在支行一楼营业大厅入口处摆放醒目的告示牌，吸引有潜力的优质客户上楼来访。

第二招，短信邀请开展促销。通过短信群发的方式，反复邀请所有存款 20 万以上的客户来中心体验个性化服务，且备有精美礼品赠送；利用春节等假期，大范围开展预约酬宾活动，切实满足优质客户尊贵、私密、安全的心理需求。

第三招，大堂识别引导贵宾。通过大堂经理现场推介和柜员系统识别，精选优质客户到中心办理业务，并出台理财金客户推荐奖励办法，调动各个环节的积极性。

第四招，贷款带动中心人气。清理全辖个人信贷业务，按照客户情况进行分级分流，既有效发挥了以贷引存的联动效应，更有力推动了组合营销、理财工作的全方位普及。

此外，天台支行把对公业务接待地点也放在了贵宾理财中心，不仅加强了公私联动的力度，还极大地提高了中心的档次和知名度。据统计，中心年内业务量较去年同期增长了 2.87 倍；单个柜口日均办理业务 231 笔，同比增幅超 100%。

精细服务提高忠诚度

天下大事，必作于细。他们根据客户的实际需求，深思熟虑地施展出四步维护手段。

第一步，尊崇的贵宾接待。配备全行最优秀的大堂经理，形象、礼仪、修养俱佳，并进一步完善了服务硬件、添置了各类小礼品，每位客户光临，均热情相迎相送，使之获得“香茶一杯、业务即成”的感受。而且，还针对旺季停车难的问题，专门推出代客停车的附加服务，日停车次高达 200 余辆，细致周到的服务受到一致好评。

第二步，贴心的专属理财。目前，中心已经拥有 5 名营销经理和理财经理，计划在年底前再增配 2 名。他们将现有的 600 余位贵宾客户，按照资产规模和客户经理服务能力进行分配认领，建立客户信息档案，对其风险偏好、资产分布、个人嗜好、职业性质、家庭状况等分类整理，定期发送产品信息和个性信息，扮演好金融管家的角色。

第三步，精准的产品推介。他们积极贯彻“走出去”的市场战略，定期组织各类专项营销和定向营销活动，获得了令人满意的成果。比如，组队赴天台上海商会开展联合营销，广泛传播工行的金融文化和服务理念，前后共新开理财金客户近 150 位。

第四步，温情的感恩服务。他们利用天台上海商会年终总结大会之机，联合举办“工行感恩之夜”新春团拜会，邀请在沪商业精英 400 余人参加盛会；组织后危机时代大型理财报告会，实施基智定投等职场营销；利用春节等节假日，开展走访、座谈、感恩回馈等形式多样、行之有效的活动，增进感情联络，有效加强客户关系维护工作。

强化管理增强执行力

意图能否到位，关键看执行力。他们在发展探索中，陆续推出了四项举措。

一是营销管理。按照市场细分、产品筛选、客户锁定、跟进营销、过程反馈、总结优化、售后跟踪的营销管理流程，开展各项工作，达到目标精准、产品对路、反馈及时、不断优化的目的。

二是流程管理。在识别引导、接触营销、业务处理和关系维护这四个环节中，特别强化准入关口。比如，在柜口和大堂，均放置了理财经理和营销经理的名片和优质客户推介卡，对优质客户推介实行登记奖励，来突破中心发展的瓶颈。

三是团队管理。坚持每天开好“两会”，即服务晨会和营销晨会，服务晨会全员参加，营销晨会客户经理参加，做好小结、点评和安排；加强新业务和营销技能的培训、交流和督导，切实提高营销经理、理财经理的拓展能力和综合素质；紧密柜员、大堂经理、理财经理和营销经理的互动协作，推进公私联动，共享内部资源，挖掘团队潜力。

四是考核管理。重点做好计价明确，对每一项主要业务，均有清晰定价；成立专门的考核小组，确保考核结果的公信度；重视预考核反馈，及时通报各人业绩进度，有针对性地分析、辅导、帮助；善于发现并挖掘员工优点和工作亮点，多加表彰激励，督促优秀者成为标杆，带动后进。

工商银行解放碑财富管理中心

工商银行解放碑财富中心坐落于重庆解放碑，是中国工商银行股份有限公司重庆市分行悉心打造的顶级金融网点，同时是工商银行重庆市分行首家为财富客户、私人银行客户提供个性化、全方位、专家级高品质金融服务的基地。

一、传承荣耀，再铸辉煌

解放碑财富中心的前身是享誉西南金融业、在重庆市民中具有最大影响力的工商银行重庆渝都储蓄所。经过渝都人多年来不懈努力和奋力拼搏，渝都储蓄所在重庆市金融机构聚集的解放碑 CBD 中脱颖而出，以存款余额最大、创新服务最多、各项业务最齐成为重庆银行同业规模最大、竞争力最强的营业网点，同时也是西南地区规模最大的个人金融营业网点。截至 2009 年 12 月末，渝都所储蓄存款余额和管理客户的各项金融资产均居重庆市银行同业单网点第一；客户数量、高端客户数量居重庆市金融同业单网点第一；2009 年全年销售基金、保险、理财产品等各项金融产品居重庆银行同业单网点第一；取得 AFP 和 CFP 认证员工居重庆银行同业单网点第一。凭借在银行界的出色表现，渝都所相继赢得了全国级的“青年文明号”、“工总行百强营业网点”、“工总行全国十佳储蓄所”、总行“优质服务示范窗口”、重庆市分行“金融先进单位”等光荣称号，成为工商银行在重庆的金字招牌和旗舰。

今天的渝都储蓄所重新迈向新的征程，工商银行重庆解放碑财富中心在传承渝都荣耀的基础上拔地而起，以泱泱大行的磅礴气势，巍巍矗立于重庆解放碑中央商务区核心。渝中区区委、区府期待解放碑财富管理中心成为中国西部华尔街上最成功的首家财富管理中心，解放碑财富管理中心也将努力朝着“中西部第一，全国一流”的目标迈进，用心打造重庆财富的生活新高地。

二、先进理念、精细服务

解放碑财富中心将始终坚持贯彻“价值服务”的经营理念，以客户为中心，以市场为导向，扎实做好财富管理工作的每一个细节，以“财”“智”“尊”“享”四大系列十类服务为内容向财富签约客户提供的全新“一站式”金融服务。财富管理中心的“财”系列包括财富规划、资产管理和账户管理服务；“智”系列包括理财顾问和财富资讯服务；“尊”系列包括贵宾通道、专享费率和专属介质服务；“享”系列包括环球金融和增值服务。主要包括以下四大特点。

1. 先进的团队服务模式

对财富管理客户采用“前台客户经理 + 中台财富管理专家”的团队服务模式，由客户经理团队负责客户的日常维护，专家团队则负责为客户经理提供专业支持，专家团队包括总、市分行金融理财专家，也包括国内知名证券公司、基金公司、保险公司等一大批活跃在资本市场的机构智囊团。提供金融资讯，整合、设计财富客户专属产品与服务方案等。

2. 有效的风险规避模型

为帮助客户管理和规避市场风险，财富管理中心设计了先进的风险测评模型，全面评估财富客户的风险承受能力和风险态度，帮助客户精确掌握自身风险偏好与投资风险类型，实现按客户而不是按产品进行风险评估。

3. 深入的综合财务规划。

结合财富客户的特征与金融消费模式，引入了“家庭财务诊断”功能，在深入了解财富客户及其家庭成员财务信息的基础上，运用各种金融工具计算分析客户及其家庭资产负债与收入支出状况，为其提供包括购房、退休、教育、保险等内容的综合财务规划。

4. 稳健的投资理财操作

结合财富客户的实际情况，设计研发了财富客户投资组合模型及产品池，将其嵌入到客户经理使用的前台营销系统，为客户制定涵盖存款、债券、基金、本外币理财产品等在内的资产配置方案，投资组合执行情况将定期报告给客户。

三、时尚大气、彰显尊贵

解放碑财富管理中心以3600平米的超大金融服务区、超前的设计理念配以顶尖的硬件设施，彰显了时尚、大气、现代、尊贵的元素，充分体现出财富管理中心为高端客户营造至尊享受的经营理念。3600平米的金融服务区，每个功能布局、每个细节设计都始终坚持“以客户为中心”，竭诚为不同层次的客户提供满意周到的服务。

整个金融服务区分为四部分，即普通客户服务区、贵宾客户服务区、财富管理服务区、自助银行服务区。

财富管理服务区主要分为：

1. 迎宾咨询区

区域内配有沙发、财富管理资料及客户经理名片等，同时大堂经理将热情的为客户提供咨询、指引服务的专属服务。

2. 财富休息区

匠心独具的室内环境布置，配上舒适的沙发、雅致的休闲椅，加上淡雅的香茶，醉人的咖啡，轻松惬意的翻动一下专为客户配备的财经、时尚等各类中英文刊物，让客户在喧嚣繁华的解放碑找到一份属于自己的宁静。同时，专门安装了网上银行设备、95588电话银行专线电话及液晶电视，能够充分满足客户等待业务处理、办理简单业务及临时休息、处理个人事务的需要。

3. 财富管理工作室

每间财富工作室都独具品味，是我财富中心为客户提供个性化、多样化、综合化、一站式私密财富服务的核心区域，每位CFP国际金融理财师、AFP金融理财师资格的财富管理客户经理将为客户提供一对一财富规划、资产管理等高端理财服务和个人增值服务。

4. 专家工作室

定期邀请总、分行专家团队成员、资深客户经理及各行业专家入驻专家工作室，通过面对面的深入沟通满足客户个性化、全方位的多元化需求。

5. 理财沙龙室、多功能室

理财沙龙室、多功能室各具特色，除了举行各种财富沙龙、专题座谈，还可以供客户进行小型业务培训、小型商务活动等。

6. 白金卡服务中心。

解放碑财富管理中心还设有专为20万元以上金融资产理财金金融客户服务的金融贵宾理财中心。

贵宾理财中心分为：

1. 现金/非现金服务区。现金业务处理区是办理大额存取款、现金汇款、转账、缴费等现金业务的区域；非现金业务处理区

是办理除办理现金业务外的其他银行业务。

2. 自助银行服务区。配有自助存取款设备等多类型自助服务设备。

3. 电子银行服务区。安装网上银行电脑设备、95588电话银行专线服务电话。

4. 客户经理工作室。私密独立的专属空间，贵宾理财中心客户经理将为客户提供一对一理财服务，满足个性化、多样化、一站式的金融需求。

四、承载希望，成就梦想

工商银行重庆市分行对解放碑财富管理中心的定位是“中西部第一、全国一流”，解放碑财富中心将针对财富客户、私人银行客户，提供以资产管理与顾问咨询为核心的个性化、专业化、私密化的财富管理服务，要将解放碑财富中心打造成西南地区乃至全国最大的针对高净值客户服务的中心。为此，解放碑财富中心从主任到员工均实行全行招聘，集中全行财富管理、优质服务、业务技能的顶尖人才，组成强大的精英营销团队，今天的解放碑财富管理中心营业面积最大、设施最完备、口岸最佳、业务品种最齐备、员工队伍最优、理念最先进的财富高地。分行党委、行长室对解放碑财富中心寄予了殷切的希望，期待解放碑财富中心能够成为我行储蓄存款增长的主阵地、第一零售银行的主战场、个人业务创新的实验田、储蓄所经营管理的样板、优质文明服务的窗口和培养个金干部的摇篮。这将是解放碑财富中心全体员工为之努力方向、为之拼搏的动力和源泉，全体员工将紧紧围绕“打造精品工程，构建和谐分行”和打造“核心竞争力”的总体战略目标，深入贯彻科学的发展观，坚持发展是第一要务的理念；不断完善内部管理机制，提高服务水平，增强风险防控能力；加强企业文化建设，“以人为本”，提升和打造全行员工群体竞争意识，全力拓展目标市场，实现目标定位。

在工作实践中，以科学的经营理念为指导，凭借一流设施、依托良好口岸，树立崇高目标，争创最佳业绩，以优兵向前的积极姿态，按照“出成绩、出经验、出人才”的管理目标和“纪律、质量、效率、效益”的工作要求，把握挑战中的发展机遇，做出最大的工作业绩。

（二）中国农业银行典型个人金融机构形象展示

北京铁道支行

在银行业步入“服务”竞争时代的当下，中国农业银行北京铁道支行牢固树立“服务制胜”的理念，以北京分行的标准化服务转型为契机，扬起“春天行动”的风帆，在创新规范服务和塑造个性化服务方面，探索出了一系列优秀的实践经验。

一、铁道支行基本概况

北京铁道支行隶属于北京万寿路支行，具体位于北京市海淀区北蜂窝路5号院铁道部机关服务楼1~2层，地理位置优越，南接北京西客站，北邻长安街不到200米，周边有中国铝业大厦、铁道部大厦、中裕大厦等中高档写字楼。附近还有首都博物馆、军事博物馆、广电部、铁道部宿舍、铁道部结算中心，复兴医院、北京世纪坛医院等单位，客户资源极为丰富，交通十分便利。铁道支行坚持服务制胜的营销战略，凭借差异化功能分区的竞争优势，通过标准化流程银行的重塑，致力于打造“精品标杆网点”的品牌形象。在网点建设中，各种办公配置均按照全方位业务发展功能配置，具备理财中心的各项要求，被北京分行确定为标准化网点进行推广。

二、铁道支行经营业绩

北京铁道支行始终坚持全员解放思想，立足全年的发展重点，全方位探索精细化管理的可操作方法，实现了高品质客户资源的有效积累和营销业绩的全面提升。

铁道支行自2009年8月16日开业至2009年底，储蓄存款上涨达7600万，2010年截至5月25日，铁道支行全口径存款总额为27.4亿元，其中对公存款19.6亿元；储蓄存款7.79亿元，时点净增1.32亿元；销售本利丰和信托产品共计10879万元，销售基金1993万元，个人贷款营销1260万元，代理新单保费638万。个人网上银行956个，个人电话银行、手机银行各737个，销售黄金3450克；成功开立贵宾卡663张，其中钻石卡198张，白金卡164张，金卡271张；新增私人银行客户4个，准私人银行客户24个。

三、铁道支行规范服务工作

2010年初，在北京分行“春天行动”的部署带动下，着眼于各项任务指标的全面完成，为营销活动保驾护航，铁道支行特推出“服务管理积分方案”，意在培养全员的标准化服务习惯，全力提升网点的服务水平。

为了将服务作为一项旷日持久的长期工作来抓，真正为营销工作保驾护航。铁道支行将“服务积分方案”推而广之，长期坚持。做好服务这个“1”，有力保障各项营销工作的顺利展开。每周，根据积分评选出的“周服务明星”，会坐上“服务明星椅”；每月在积分成绩的基础上，结合“服务评价器”的记录，评选“月度服务明星”，登上“明星墙”，每个季度以此类推。整个积分记录都会作为年终“先进个人”的重要参评条件。

四、铁道支行独树一帜的服务创新

北京铁道支行以“服务积分管理办法”为基础，打造了个性化服务方案和人性化的服务氛围。

（一）层层负责、环环相扣、固化标准、形成制度

铁道支行的服务管理积分办法在实践中不断完善，权责清晰，奖惩分明，固化标准，形成了一项极富操作性的制度。

每个工作日大堂经理三巡检，针对全体营销团队成员的服务进行扣分和监督；评选一名公正无私的有威信的三级主管监督大堂经理的工作质量和监督效率；大堂经理和三级主管均做到对负责人负责。

每日夕会，由大堂经理和三级主管共同汇总和总结每个员工的优势和不足，当日兑现奖惩结果；次日晨会由大堂经理通报并提出改进和提升的方法。每周周例会由三级主管带领全员观摩每个柜员的服务录像，以“规范化服务”为标准，全员评价，切实保证了对服务监督的实效性管理。

全员在制度实施过程中，全面贯彻了标准化服务的各项细节，在相互监督的氛围中，铁道支行的服务水平全面提升。

（二）团队提升、小组PK、案例演示、从容应对

北京铁道支行配合服务监督管理机制，在负责人的带领下，以团队提升为导向，意在以“沟通、帮助、带动”为目的，成立“服务积分小组”展开PK。前期在服务积分管理办法中脱颖而出的佼佼者，分别担任两个小组的组长，每日以“小组口号”和“积分汇总”在晨会中PK。全员的服务积极性不断高涨。

坐落于铁道部小区的中国农业银行北京铁道支行，开业近一年来，形成了优秀的客户口碑，并积累了大量优质的客户资源，已然成为北京市银行业标准化服务的一道亮丽的风景。

北京平谷支行营业部

中国农业银行北京平谷支行营业部在分支行的领导下，始终秉承“客户至上”的服务宗旨，立足客户满意，着眼效益提升，以制度化与人性化相结合，内强素质，外树形象，不断加强服务管理，有效提升服务质量，助推了各项业务的长足发展，赢得了广大客户的信赖和认可。曾先后荣获支行级先进集体、先进党支部；分行级先进集体、“抓转型、促发展”服务营销竞赛优秀网点等荣誉称号。

一、树立转型理念，打造优秀团队

在工作中，营业部着力做好团队的思想教育工作，服务工作由网点负责人亲自抓，要求人人参与，平时员工要苦练基本功，掌握政策，熟练方法。利用晚例会等时机将新型服务理念渗透到每位员工头脑中，统一员工思想，不断夯实服务工作基础，为客户服务储存足够的能量。并时刻向员工传导：正是有了一个个像我们这些平凡的员工、敬业的员工，才有了我们农业银行今天的发展，才有了一批忠诚的客户，在平谷支行营业部这个团队，每个人都是不可或缺的一分子。

二、不断进取、永不停步，提升服务品质

为了使服务质量进一步提高，北京分行先后对平谷支行营业部进行了标准化服务导入和网点转型工作，明确了各岗位人员的标准化服务用语及员工的着装礼仪、仪容仪表等行为规范。并将转型成果在实际工作中大胆尝试，找到因地制宜的结合点；同时按照岗位职责重新进行分工、充分授权、责任到人，在充分信任每一名团队成员的基础上，对每项工作督导、考核执行程度，坚持每天召开晨会，每周召开晚例会，通过晨会，学习金融新产品、新业务，更新服务理念，树立主动服务意识，不断适应业务创新，满足客户服务要求。通过晨会这种行之有效的形式统一当天员工思想，激励员工情绪、明确当天工作、提振精神、练习基本服务动作、锻炼员工队伍。充分展现平谷支行营业部员工的精、气、神。

网点主任每天听取大堂经理和客户经理的工作情况汇报，发现问题及时纠正；对在营销中发现的有价值客户及时布置，亲自参与后期追踪。特别是针对优质服务，支行营业部把深化服务作为重点工作，在支行服务检查督导机制的基础上，网点又采取定期检查或抽查，现场检查和调阅录像等方式进行自查。同时，加大考核力度，努力实现“零投诉”。员工的团队协作意识、个人气质和行为规范都发生了极大的转变，实现了团队整体服务能力的提升。

三、积极开展营销工作，确保“寸土”必争

2009 年，平谷支行将二笔占地补偿款共计 4.5 亿元从他行争取过来，支行营业部作为全面代发补偿款的网点，面对时间紧任务重，打响了一场攻坚战，全体员工一起加班加点，并最终顺利完成工作。在坚持“服务到位不越位”的前提下，积极创新营销策略，最大限度地满足客户需求，守好网点这块主阵地，确保寸土必争。支行营业部采取内外联动措施，要求柜员在办理业务时发现目标客户后，及时转介给客户经理，客户经理按照客户级别送上自己定制的精美小礼品，此措施在客户群体中取得了良好的宣传效果。

另外积极的走出去，开展进社区理财宣传活动。以“携手共筑财富之路”为主题进社区宣传，选取网点周边的高档社区，通过调研，找准客户群体，设计活动方案，自行印制调研问卷，以问卷形式来了解客户需求，并通过问卷来宣传平谷支行产品，搜集潜在客户资源。

四、实施服务创新，追求卓越品质，打造专业形象

服务无止境，银行的服务更无止境，平谷支行营业部以打造区域内最好零售银行为目标，不断的适应市场变化和客户需求，创新自我、优化自我。在支行带领下采取到同业中现场体验学习的形式，组织人员到分行级样本网点参观学习，感受他们的特色服务。同时在营业大厅客户等候椅背上张贴宣传平谷支行的各种热销产品，在有效缓解客户等待不安情绪的基础上，做好宣传工作。

同时，网点服务设施的人性化配置，也体现了以人为本、以客为尊的思想，在贵宾区为客户提供了糖果、咖啡和高品质的杂志刊物，为客户等候时段专供的各种宣传短片、利率基金牌使客户的等候时间成为享受。随手可取的宣传折页以及富于美感的环境设计，无不体现出“客户至上”的服务用心。在贵宾理财室，素质优良的个人客户经理，为客户提供一对一、高质量的理财策划服务和个人资产保值增值业务，提高了客户个人资产的私密性，彰显个性价值的理财服务。

网点转型给平谷支行营业部带来了经济效益的大幅度提升。2009 年全面完成支行下达的各项任务指标，综合考核支行第一，其中储蓄存款净增 4.47 亿，对公存款净增 5.38 亿，均超额完成支行下达的任务，各项任务指标较 2008 年增速迅猛，实现了跨越式发展。

天津蓝水支行

在2009年2月3日天津分行确定蓝水支行作为网点转型的试点，此后蓝水支行经历了脱胎换骨的一年，随着农行网点转型工作轰轰烈烈的开展，蓝水支行转型成果充分显现：

截至2009年末，蓝水支行本外币存款余额12.5亿元，比年初增长5.3亿；销售“理财产品”2.48万元，位居支行第一位，个人贷款发放3178万元，完成全年任务的424%。

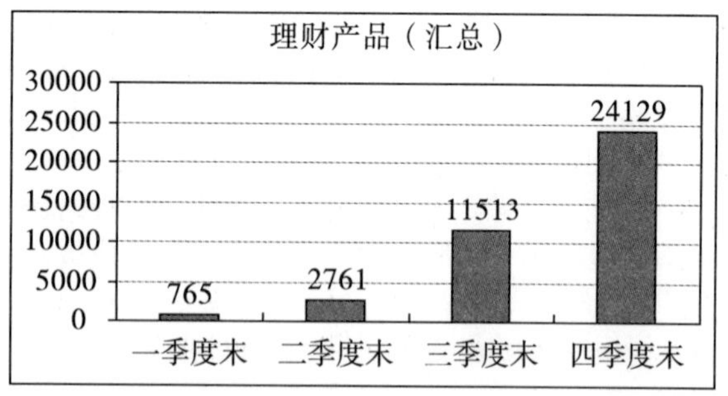

蓝水支行2009年先后经历过两次转型：一期转型着眼于提高网点服务水平、效率，提升服务质量，增加客户认同感；二期转型着眼于梳理营销服务流程，提高网点营销水平，提升网点盈利能力。

蓝水支行两次转型后的业绩效果对比。

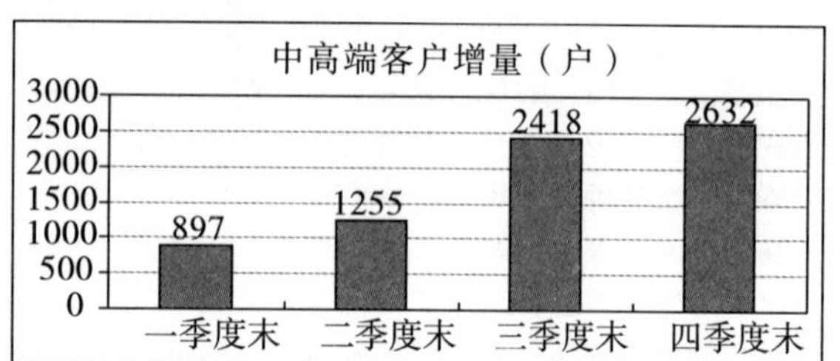

电子银行交易占比自2009年三月后超越08年同期水平，并且随着2次转型的进行，这一进步越来越明显。

优质客户数量在2期转型过程中较前两个季度有了一个加速增长的过程，单季度增量接近前两季度增量之合。

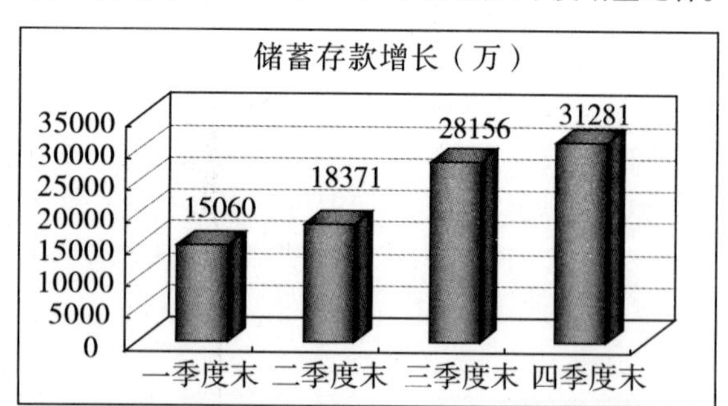

伴随优质客户数量的上升，2009年三季度蓝水支行储蓄存款较二季度末累计18371万元的基础上又有了接近一个亿的增长。这其中优质客户资产的上升起到了主要作用。

理财产品销售对比，通过2次转型中各类营销技巧以及工具的运用，蓝水支行理财产品销售能力较以往有了巨大的提高，最终实现全年24129万元的销售业绩，较2008年数据增长了8倍以上。

客户评价

2009年的网点转型工作的确为蓝水支行带来了面貌一新的改变，使其逐步完成了由交易结算型向服务营销型网点的转变，为天津分行网点经营转型开创了新的局面。而我们的服务群体——广大客户在蓝水支行经营转型的过程中感受到了一次全新的服务体验模式，他们惊讶于蓝水支行整洁明亮、尊贵典雅的营业环境；感动于服务人员诚挚热情、始终如一的服务品质；信赖于理财经理独特敏锐、细致周到的理财见解；依恋于这小小营业网点的给他们带来的每一分舒心和信任，为了这份舒心和信任，他们都成为了蓝水支行的忠实“粉丝”。

2009年10月，在蓝水举办的一次基金诊断客户交流会上，客户兰女士（化名）第一次接触到了“基金诊断体验服务”，由玖富理财专家以及中海基金公司渠道经理对客户进行一对一诊断服务，对她的提问一一解答。兰女士对此半信半疑，但也抱着尝试的心态后期按照“诊断药房”对自己的基金进行了打理，并认购了我行50万中证500指数型基金，在后续的时间里，蓝水支行营业经理韩静对兰女士持续电话跟踪维护，实时提醒王女士基金净值，在大盘3400时建议其抛售，在短短3个多月的时间里客户实现25%的收益并得到了客户的认可与好评。随后又为兰女士量身定做了一套理财方案，实现销售理财产品1000万元，定期储蓄1300万元，黄金5600克，并与客户建立了良好的关系。

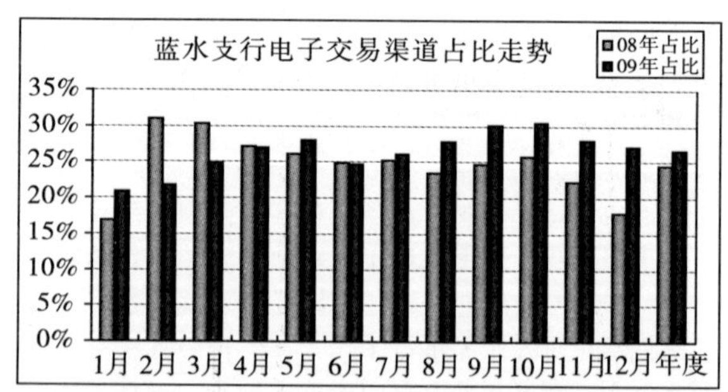

在蓝水每天都在上演着“从引导推荐、服务营销、再到营销跟进、再到最终的销售记录”的片段，每个环节都体现着二期转型对网点经营转型和业务发展的优势。相信在不远的将来，这种“蓝水模式”的优势服务和营销理念会在天津分行范围内以“星星之火可以燎原”的趋势推动天津分行每个网点业绩的提升。

网点转型　服务创新　和谐发展

——石家庄广安支行营业室

中国农业银行石家庄广安支行按照农总行科学发展观的要求，逐步实现“网点分类、功能分区、业务分流、客户分层、产品分销”，转型工作取得成效。通过推进网点转型，实施服务创新，打造出一支和谐规范的业务团队，实现了服务和业务的双发展。

2009年，广安支行营业室被中国银行业协会评为文明规范服务“百佳示范单位”，得到农总行的表彰；业务发展方面，2009年度存款增长13亿元，贷款增长43.8亿元，实现中间业务收入2043万元，实现账面利润2.4亿，主要指标综合排名列省分行营业部第一位。

全面实现网点转型，实现文明规范服务，是各家银行实现效益最大化内在要求。广安支行按照农总行加快网点转型、规范网点服务标准的要求，以农总行确定的网点“文明标准服务年”活动为契机，重点做了以下几方面工作：

一、硬件“转型”，提升网点营业环境

广安支行营业室作为河北省首家理财中心，网点建设一直走在全省前列。一楼营业区域划分为咨询引导区、客户等候区、现金区、非现金区、自助服务区、贵宾服务区、网银体验区，二楼设置了贵宾理财区、个贷服务区和客户休闲区。安装了排队叫号机、安装了室外LED显示屏、液晶电视等电子设备，增设了残疾人通道、便民箱、伞架等便民设施，极大提升了农业银行网点形象。

二、标准“导入”，打造网点服务流程

2009年5月，广安支行营业室邀请深圳欧顾德服务咨询公司进行文明标准服务导入。营业现场管理从晨会开始，周一到周五每天一个重点，周一重点是服务用语和服务情景演练，周二重点是业务营销培训和业务安排，周三是风险制度学习和紧急事项演练，周四是特色晨会，周五是回放柜台服务录像，由大家员工服务质量进行互评。大堂经理主导大堂管理，严格执行一日三巡检，落实各服务环节无缝链接；个人客户经理主导大堂营销，业务跟进服务；网点主任工作重点是解决突发事项，协调各岗位关系和跟进大客户，现场管理既有分工，又有合作，大幅度提高了营销效率。

三、软件“转型”，实现客户分层服务

广安支行营业室严格按照农总行《网点文明服务标准服务手册》，执行开门迎客、业务咨询、业务办理、客户分流、客户异议处理、客户教育、客户挽留、礼貌送客等8个标准服务流程。在此基础上，结合自身客户特点，制定了《广安支行支行营业室服务流程》，提出普通柜台业务限时完成，特殊柜台业务专口办理，残疾人等特殊人群由大堂经理全程陪同，客户遇紧急事项时开启绿色通道等要求，通过对流程的梳理和改造，电子渠道分流率达到70%，客户等待时间大幅度减少，提升了网点销售能力，推动了服务转型。

四、追求卓越，建设文明和谐服务文化

广安支行营业室每名员工以“勇于创新，合规守信，快乐工作，和谐发展”为工作信条，不断追求卓越，追求个人价值最大化。广安支行营业室员工在服务上过硬，技术能手也层出不穷，柜员刘静在省分行2009年的柜面业务比赛中获得第一名，客户经理杨小伟在省分行营业部电子银行业务比赛中获得二等奖，不仅为广安支行营业室带来了荣誉，也为全体员工树立了学习榜样，促进了全行健康向上文明和谐服务文化的创建与深化。

河北省迁安市马兰庄支行

迁安马兰庄支行位于河北唐山迁安市马兰庄镇，该镇是河北省经济资源重镇，经济实力位居河北省第四、全国千强镇第29位。该网点紧紧把握当地金融资源丰富的机遇，以网点转型为抓手，努力提升综合服务能力；积极推进对公、个人业务连动营销，个人优质客户群体不断壮大。2009年，在同业竞争激烈、经济形势严峻的情况下，该网点个人金融业务取得了良好经营业绩。截至12月末，各项存款余额达到241640万元，其中储蓄存款余额192391万元，比年初增长73465万元，储蓄存款增量名列全省同类机构第二位，在当地七家金融机构中份额占比为68%；全年代理各类保险625万元，办理个人网上银行623户，注册短消息服务2627户，营销贷记卡179张，营销转账电话342户，销售实物黄金1070克，销售基金7487万元，新拓展手机银行29户，电话银行64户，拓展第三方存管7户，贵宾卡110张，借记卡2952户；发放惠农卡3179张，营销惠农信用卡47张，惠农卡授信418户，授信金额1237万元，为116家农户办理小额农户贷款378.3万元。累放存单质押贷款19039万元，贷款余额6460万元。

一、全力推进网点转型，提升综合竞争能力

该行现有员工9人，其中行长1人，大堂经理1人，会计主管1人，授权主管1人，综合柜员5人，而个人客

户人数达到3万多户。为提升客户服务能力，更好地高端客户服务，该网点积极推进业务转型。一是实施了功能分区装修改造，打破原有营业格局，将原来办公区域分为现金区和开放式办公区，缩小柜员办公面积区域，扩大客户和自助区域面积，并充分发挥各功能区作用。二是加强客户引导。充分发挥大堂经理的职能作用，和大堂保安共同负责客户分流工作，使每一位客户一进入网点就感受到热情关注，将客户分流到相应区域等候或到自助区办理业务。同时，在客户休息区放置产品宣传推介资料，大堂经理予以讲解演示并向客户集中营销推介产品，宣传我行产品，缓解客户排队等候的焦急心理，并对洽谈中确定的目标客户引导到理财区域进一步洽谈。三是大力发展自助业务。通过专项营销、针对性营销、批量营销、链条营销等方式，大力发展银行卡、网上银行等业务，促进客户柜面业务分流。截至2009年末，该行自助业务已占柜台业务的42%。四是建立服务评价机制。员工办理业务实行限时办结制，根据业务的复杂程度，合理确定一笔业务所需处理的时间，办理业务超时超过一定次数扣减效益工资。单位负责人、大堂经理定期向客户征求意见，并将客户意见作为改进服务的方向。同时，聘请社会知名人士为本单位的服务监督员，员工服务质量作为年终评先主要依据并实行一票否决，促使员工在工作当中能够做到换位思考，在规则中寻找可能，不轻意向客户说“不”。五是通过文明标准导入规范员工服务行为。

二、积极拓展高端客户，抢占个人金融业务资源制高点

迁安马兰庄镇雄厚的经济实力培育出一大批个体私营业主，成为各家银行竞争的焦点。马兰庄支行把这些客户作为个人金融业务资源的源头，确定为营销的主攻方向。在全面掌握信息的基础上，凭借优质的服务，采取一户一策的工作方法，成功营销了河北迁化、唐山首钢马兰庄铁矿、荣茂集团、联旺集团、隆宇公司、四方公司、凯达公司等一大批产值超亿元、对全镇经济发展有举足轻重的大客户。这些客户在农行开立账户后，带动了与之生产经营有关的其他中小私营业主也陆续在农行开户。

三、加强客户维护，全力提升客户忠诚度

马兰庄支行为个人优质客户全部建立了包括基本情况、客户访谈记录、客户存贷款变化等详细内容客户档案，全面掌握服务对象信息资料。在此基础上，该网点同时依托个人优质客户管理系统，每天掌握大客户存款变化情况及销货款回笼规律，为客户提供理财和业务提醒等服务。对存款余额200万元以上重点客户，该行行长定期走访、联系客户，采取生日祝福、定期联谊、理财沙龙、女性讲座等多种有效方式加强与客户及家属的沟通，并在个人理财、金融产品推介、贷记卡、网上银行、承兑汇票鉴别等方面提供全方位服务，客户满意度不断提高，客户群体不断壮大，客户忠诚度不断提升。

创新优质服务手段　搭建高效发展平台

——中国农业银行晋城市凤城支行

凤城支行位于晋城市最繁华的金融积聚区，是一个只有46名员工的城市单点支行。近几年来，我行紧盯“管理一流、服务一流、效益一流、品牌一流”的目标，把创新优质服务手段，提升文明规范化服务水平作为打造农行优势品牌、促进业务高效发展的重要工作来抓。到2009年底，我行各项存款余额达到35.2亿元，存款增量连续多年排全省农行县级支行前列，单点存款增量连续5年稳居全市所有金融机构前三位；2009年我行贷款余额达到了24.3亿元，2年净增8.9亿元，且这些贷款全部投向了当地集团性龙头企业；人均利润连续两年位列全省农行系统三甲，近2年的经营利润等于建行前15年利润总和的3倍。2008年，我行被农总行评为“文明建设先进单位”，被省分行评为“十年无案件先进支行”；2009年，我行又被农总行评为“创建‘四好’领导班子先进集体”，连续2年被省分行评为“十佳支行”，连续7年被农总行和中央金融团工委评为总行级“青年文明号”、连续7年被农总行评为总行级“会计工作‘三铁’单位”，建行18年未发生一起违法违纪案件。

一、创新经营理念，提高服务水平

按照总分行经营转型要求，定位营销方向，转变服务方式，优化客户结构，以此推动各业务板块均衡发展。

一是明确市场定位，推动经营思路转型。坚持把营销城市对公大客户作为提升综合竞争力、拓展增收创效途径的重要工作，锁定“煤炭、电力、化工、财政、烟草、税务”等重点领域，由支行班子亲自制订营销方案，带头强力公关，先后营销回一大批优良客户，同时继续维护好原有大客户，进一步扩大与已有优质客户的合作深度和广度。

二是强化专业服务，推动营销方式转型。一是根据每个客户经理的特点和优势，对优良客户实行专人、专户、专职维护，构筑起分客户、分目标、分层次的专业维护格局。二是根据实际情况，制定客户经理“五必访”制度。三是制定并实施银企定期座谈制，由行长亲自率队，组织有关业务部门经理与重点客户定期座谈，疑问当面解答，困难当面解决。

三是提高营销实效，推动客户机构转型。为确保营销实效，我行总结出一套信息收集、需求反馈、资料准备、项目审批的高效运作流程，目前我行贷款营销从得到消息到审批出贷，全部营销过程最快仅用10天。通过高效运作，我行赢得了众多客户的信任，在激烈的竞争中抢出了

市场，拼出了份额。

二、创新服务理念，实现“三大转变”

近两年来，我行着力实施“赢在大堂”策略。首先是服务渠道由“平面”向“立体”转变，对营业网点进行了改造，对大厅进行了功能分区，增加了三台自助设备，形成了物理网点、电子机具与电子银行协同配合，客户多渠道服务、业务多渠道分流、产品多渠道销售的立体化服务格局。其次是服务流程由“方便操作”向“方便客户”转变，凡是银行能做的不让客户做，凡是后台能做的不让前台做，凡是客户一步能完成的不分两步操作，凡是机具和系统能办理的不到柜面办理，凡是能集中的不分散办理，从而切实体现“以客户为中心”的服务理念。三是服务方式由“热情”向“规范”转变，我行按照农总行统一的服务礼仪规范和服务行为规范，明确营业部主任、大堂经理、客户经理等岗位职责，通过明确分工，分段服务来完成从客户进门到出门的一系列营业现场的规范化流程。

三、创新服务内涵，开展“四零”活动

近几年来，为切实提升服务质量，我行不断创新服务内涵，坚持在全行开展“零障碍、零投诉、零距离、零差错”“四零”优质服务活动。“零障碍”强化员工敬业精神和职业荣誉感，通过员工规范的行为、文明的语言、热情的服务、良好的沟通与客户建立相互信任；“零投诉”就是要求我行一线员工规范服务行为，采取一系列优质服务举措，同时真诚接受客户建议，彻底杜绝服务投诉；“零距离”就是贯彻“服务的柜台无边缘”的理念，要求广大员工走出行门，走向社会，宣传金融新政策、推广我行新产品、介绍理财新知识；“零差错”就是通过职业培训和岗位练兵，全力提高员工业务技能。近两年先后有2名同志在省分行组织的业务技术比武中夺冠。2年来，我行累计办理各类业务近100万笔，金额愈800亿元，未发生一起违法违纪事件，真正实现了服务的“零差错”。

四、创新管理手段，实现“三严三细”

一是“严管细抓”，我们在营业部制定实施了“班前晨会、班后点评”和“一日三巡检”等制度。班前由营业部主任对当天工作和服务进行具体安排，班后对当天服务中存在的问题进行每日点评；由营业室主任于开门后、营业中、关门前对员工服务情况进行三次巡检并进行现场指导。二是“严教细查”，不定期对员工开展服务礼仪和行为规范的培训，将班中巡检内容细化到环境、人员、行为等86项细节，同时不定期聘请社会人员对我行规范化服务进行“神秘人暗访”。三是“严处细纠”，在营业部坚持开展“星级柜员”和“每月服务明星”评比活动，在全市窗口服务单位首家引进了完全由客户进行评定的服务质量评定系统；结合全省正在进行的行风评议活动，加大对柜台服务的全方位监督、加大对违规现象的处罚力度。

用心服务　争创一流

——中国农业银行大同前进支行

前进支行成立于2005年8月1日，是大同农行全力打造的第一个精品网点，成立以来，他们坚持以客户为中心，尊重和关爱客户，为客户提供了最新最好的金融服务。成立五年来，该行通过实施抓服务战略，打造了一流的形象品牌；通过实施抓激励战略，打造了一流的机制品牌；通过实施抓管理战略，打造了一流的内控品牌；通过实施抓源头战略，打造了一流的文化品牌，取得了单位形象好、员工服务好、考核机制好、柜员技能好、经营效益好的“五好”效果。树立了农行良好的社会形象，取得了骄人的经营业绩。

2006年，该行在大同市财贸系统窗口行业创建服务品牌活动中，荣获“先进单位”称号；2007年，被农行山西省分行授予“优质服务先进单位”称号；2008年，被大同市总工会授予“工人先锋号”，被中国银行业协会和山西省银行业协会分别命名为文明规范服务示范单位。截至2010年6月30日，支行各项存款达104120万元，其中储蓄存款56754万元，对公存款47366万元。

随着经济快速发展，社会对银行的服务需求日趋多样化，临柜业务量大幅度增加。单一的重点抓柜面改善服务已经远远不能满足客户的日益增长的需求。五年来，前进支行采取有针对性的措施，加速功能分区，业务分流，客户分层，提升网点形象，提高网点规模效益。特别是在创建文明规范服务示范单位的巩固提升和长效机制建立上做了许多卓有成效的工作。

（一）扎实推进网点转型，促进网点由交易型向营销型转变

1. 整合网点服务渠道。按照新网点主义理念，积极探索业务综合营销的柜面设置和业务流程。五年来，前进支行进一步把网点转型、分流分层和深化客户综合经营有机结合起来。专门制定了《关于加快实施个人柜面业务分流分层服务的实施方案》，针对不同网点的不同客户群体，整合营业网点与电子银行分销渠道，促进源头分流。一是提高电子产品覆盖率。不断加大电子产品的营销考核力度，并将电子渠道分流比率等指标纳入绩效考核和专项考核之中，引导通过对重点客户实施有针对性的业务综合营销，强化对网银、电话转账、电话银行、手机银行等渠道产品和银证转账、贷记卡等工具性金融产品的营销力度。同时，继续推进以卡代折转换进程，大力发展各类卡业务，减少现金交易比例，有效提高了电子银行产品的市场覆盖率和各类产品的使用率，减轻了临柜服务压力。二是加大自助设备投入，加强自助设备的维护管理，确保设备的正常运行，提高设备使用频率。同时，积极推进低柜服务，出台

"低柜业务管理办法"，将一些需要沟通、解释的服务放在低柜办理，为特殊客户提供理财型、专业型、和个性化的服务，加快了柜面服务的速度。

2. 整合柜面服务资源配置。通过优化劳动组合、人员调配，充实加强临柜一线力量，加快网点转型。一方面，加大人员配置，新招收的员工重点充实加强到临柜一线。另一方面，进一步优化柜面资源配置，腾出人员加快理财经理、客户经理、大堂经理配备速度，并积极探索优质客户识别、维护和拓展机制。大堂经理是网点第一个接触客户的员工，支行要求其通过主动询问，经验判断，不断提高甄别客户能力，引导客户进入不同服务渠道接受服务，对于高端客户则及时推荐给理财经理、客户经理。同时，提高识别优质客户能力，增强维护的针对性，推动客户维护由粗放型向规范化、精细化转变，个人优质客户群体不断扩大。

3. 整合网点服务环境。坚持按照"统一形象设计、统一施工管理、统一决算审计"的总体要求，规范网点的建设。近期，按照省分行 VI 视觉形象建设的要求，对网点内、外形象重新规范、网点器具物品摆放规范、网点绿化养护规范，营造优良的服务环境。

（二）培育服务团队，努力提高专业化服务能力

一流的金融企业，必须要有一流的物理网点和一流的金融产品，但更重要的还要有一流的服务团队。五年来，支行始终坚持把培育一支业务全、素质高、思想领先的服务团队作为提升网点专业化服务能力的关键加以落实。

1. 抓客户经理队伍素质。把业务全，善经营、会管理、肯吃苦的员工及时充实到客户经理队伍。同时进一步加强对客户经理特别是对新上岗人员的培训，不断提高客户经理营销和维护高端优质客户的综合能力。目前支行拥有一支专职的客户经理队伍，并按照"统一领导、分层管理、动态监测、精细服务、严格考评"的原则，区别客户，落实分层维护机制。从五星级到二星级，分别落实相应的维护责任人，实施一对一维护，大力发展以客户经理为主导的客户服务模式。

2. 抓大堂经理队伍建设。抓紧充实培养专兼职大堂经理，逐步确立起大堂经理在网点的分流分层引导及内部营销的主导地位。在人员相当紧张的情况下，抽调一部分责任心强、素质高的员工，充实担任大堂经理。并结合工作要求，制定了《大堂经理工作规范》，明确了大堂经理的基本职责的工作要求。大堂经理不仅为客户提供各类金融业务咨询，还承担了识别客户、分流客户、维护网点服务秩序，为客户提供自助设备使用的辅导，成为为客户提供多元化服务的一支重要力量。

3. 抓员工服务素质提升。通过开展创建"学习型组织、争当知识型员工"活动，鼓励员工自学成才；通过职业技能带头人、岗位练兵、技术比武等活动，提高员工的操作技能；通过合规文化和制度执行力教育，提高员工的风险防范意识；通过服务礼仪、服务案例等培训，提高员工的服务技巧和处事能力；通过建立分层次的业务培训机制，提高员工的服务素质和服务能力。目前，前进支行员工中持有高级营销师资格证书的有 2 人，持有理财规划师资格证书的有 5 人。

（三）、强化窗口服务工作，做细做实网点日常规范化服务管理

1. 强化考核。为了加大推进文明优质服务的力度，坚持将规范化服务工作纳入全行的经营目标责任制考核当中，把服务环境、服务质量、服务效率和新闻媒体投诉等情况与员工的绩效工资挂钩，用考核机制来推进文明优质服务工作。按照省分行规范化服务要求，进一步明确了员工管理职责和工作职责，真正形成合力推进的工作局面。

2. 强化宣传。一是开展了"创服务品牌形象、迎奥运盛会"活动，专门印发了产品广告和宣传资料，还组织业务骨干到社区、进会场，向市民宣传农行产品，为客户提供便利服务，赢得了市民的好评。二是坚持开展客户满意度调查工作，及时获取客户需求信息，不断改进窗口服务工作。三是针对窗口服务引发的个案，开展了"面对情绪客户，我该怎么办"等三个主题的窗口服务形象大讨论活动，使员工真正认识到服务创造价值的深刻含义。

3. 强化检查。按照《山西省银行业服务公约》以及省分行《基层营业网点规范化服务实施细则》等要求，加大对窗口服务的督查力度，继续推行窗口服务明星榜制度，五年来，支行共组织 50 多次网点服务大检查，网点的服务形象得到了进一步提升。

4. 强化品牌培育。支行一直十分注重品牌网点的塑造和培育，先后三次开展了"示范柜员"的评审工作。在此基础上，按照省市文明办以及山西银行业《关于开展文明示范服务单位活动》的要求，进一步培育和打造"精品网点"，以自己的实际行动，让"真心献给农行、爱心献给客户、热心献给集体、细心献给岗位、信心留给自己"的五心服务深入人心，诠释着"一切以客户为中心"的服务宗旨，赢得了客户的一致好评。

前进支行作为大同财贸系统的窗口单位，他们以自己的实际行动，让"真心献给农行、爱心献给客户、热心献给集体、细心献给岗位、信心留给自己"的五心服务深入人心，诠释着"一切以客户为中心"的服务宗旨，赢得了客户的一致好评。正如他们文化墙上写得"金奖银奖不如顾客的夸奖，金杯银杯不如顾客的口碑"。"用'心'服务，争创一流"是中国农业银行大同前进支行的服务思念。"一切以客户为中心"，是前进支行孜孜不倦的追求，也是他们服务历程的最生动注脚！

鄂尔多斯绒城支行营业室用服务促业务发展

鄂尔多斯市绒城支行营业室现有员工17人，其中青年员工15人，占比88%，是一支非常年轻的队伍，几年来在上级行的正确领导下，团结奋进，开拓创新，狠抓内控，不断提高服务水平，各项业务发展取得了骄人的成绩。2009年储蓄存款继续保持强力增长，到2009年12月31日，营业室储蓄存款达到8亿元，较年初增加2.74亿元，完成市分行下达任务的184%，对公存款12亿元，较年初纯增4.7亿元，完成市分行下达任务的215%，居全市各营业网点首位，截至2009年12月末，营业室代理保费共计567万元，完成了全年计划的115%，新增个人网银客户1216户，实现中间业务收入582万元，创造利润7050万元，各项指标均居全市农行的前列。

绒城支行营业室2009年被中国农业银行授予全国"青年文明号"、"本外币储蓄双十佳单位"、"女职工文明示范岗"和中国农业银行内蒙古自治区分行2007～2009年度先进单位等一系列荣誉称号。

一、优质服务留客户、联动营销保增长

1.2009年，绒城支行营业室抓创建，强素质，讲文明，优服务，积极开展全行的优质文明服务导入工作的开展，给绒城支行营业室全体员工注入了新的活力。从员工的服务意识到形象气质，从柜面服务到产品推介，从现代化的办公设备、服务设施到内控管理等方面又上了一个新台阶，全面增强了网点综合竞争能力，提升了农业银行窗口服务形象和品牌价值。特别是在优质服务上赢得了客户，扩大了市场占有份额，推动了支行各项建设的协调发展。

2. 在员工中提倡依靠"三心"赢得客户，即：用诚心服务客户、用细心的服务感动客户、用耐心的服务吸引客户。就是靠着这种诚心、耐心和细心的服务，吸引着客户，营业室的储蓄存款像插了翅膀一样飞速递增，在东胜城区金融机构林立、同业竞争日益激烈的情况下，创造了喜人的业绩。紧紧抓住客户对服务效率的高要求，凭借良好的服务与客户建立起了长期合作关系。柜员不仅坚持做到客户来有迎声、去有送声等五声而且着眼于业务技能的提高，他们用快速、准确的服务，实实在在地满足了客户的需求，得到客户的一致好评。

3. 大力发展非柜台交易渠道。针对客户群体资金往来交易日益频繁，交易量不断加大的特点，营业室大力宣传农行非柜台交易渠道，将个人网银与准贷记卡、贷记卡绑定营销，并上门安装网银证书，这些农行的产品和服务与客户的需求密切贴近，受到了客户的青睐。

4. 绒城支行营业室还利用自身的特点和优势，在客户理财、服务方式等方面进行了大胆的创新，开辟了VIP接待室，实行大堂经理制和首问负责制，拉进了银行与客户之间的距离。积极开展"双十佳"和"青年岗位能手"等活动，涌现出了一大批先进的员工。创造了"比、赶、超"的工作氛围，使员工在工作中牢固树立了全心全意为顾客服务的思想意识。

5. 开展优质文明服务，关键是还要拥有过硬的业务技能和水平，为此，支行营业室始终把业务技能训练和业务知识学习放在重要的位置抓紧抓实，坚持考核，并引入奖惩机制，使每位员工增强了危机感，自觉地把压力变为动力，如今，努力学习、不断钻研已经成为营业室员工的自觉行动，尊重知识、热爱学习在营业室蔚然成风。今年，支行营业室严格执行晨会制度，通过晨会加强员工学习意识，激发员工工作热情，认真学习新的理财产品和业务技能。

二、强化内控，稳步提高经营管理水平

2009年，在创建"青年文明号"活动中，绒城支行营业室认真贯彻执行了上级行的指示精神，着重于自身素质的提高，加强了思想作风的建设，营造了优美的营业环境，使两个文明建设取得双丰收，在工作中始终按照"精"、"细"、"严"、"实"、"高"五字目标，逐步深入，步步提高。同时，把创建"青年文明号"活动与各项业务经营相结合，将优质文明服务活动渗透到业务经营的全过程，使创建"青年文明号"的成效体现业务经营的长足发展上。

在日常工作中，组织员工认真学习操作规程和财会制度，严格执行结算纪律，不断完善储蓄、银行卡等各项业务的处理手续，狠抓基本功练习，做到业务操作有依据、岗位有职责、内部有制约、工作有记载、实绩有考核、优劣有奖惩，使员工行为得到规范，专业技能不断提高，员工法律意识得到增强，杜绝了违规、违纪、违法行为的发生。坚持政治学习制度化，业务学习经常化，努力提高员工两个素质，充分调动全员的工作积极性。通过开展各项活动，员工精神风貌发生了根本变化，工作目标明确，工作热情高涨，工作态度端正，讲奉献、比贡献，形成了一个良好的工作氛围。

齐心协力树标杆　成功转型显成效

——辽宁省分行营业部北京街支行

作为农行辽宁省分行的标杆网点，营业部北京街支行紧紧围绕"以客户为中心"的经营理念，在狠抓文明服务的基础上，不断深入挖掘优质客户，积极主动营销，争创行内标兵，经过一年的春播夏耕，北京街支行取得了较显

著的成果。

截至2009年末，储蓄存款余额为41243万元，较年初增长20986万元，较网点转型以来增长12000万元。其中，人民币储蓄存款余额41089万元，较年初增长20972万元；外币储蓄存款余额22万美元，较年初增长2万美元。累计销售理财产品、基金超过1.5亿元。客户结构及质量得到明显优化和提高，维护的客户总户数2769户，较年初增长45%，其中一星级客户1842户，二星级客户544户，三星级以上客户383户。

一、打造精品网点，提高核心竞争力

2009年7月的网点转型为北京街支行提供了一个良好的发展契机。经过“网点硬转型——绿色行动”的打造，北京街支行实现了功能分区、业务分流、客户分层和产品分销，为业务发展提供了有力保障。客户不仅能通过整体的视觉营销系统认识农行的产品，同时也能通过便民设施的小细节感受到农行的贴心服务。

二、增强团队协作力，保证营销上台阶

北京街支行现有员工18人，平均年龄37岁，大学本科学历以上占50%，1名理财经理，1名营销经理，2名专职大堂经理，金融理财师（AFP）1名，是一支既有丰富的从业经验，又有深厚的专底、充满朝气与活力的团队。

北京街支行的营销是全员营销。营造一种营销氛围，感染客户，提高营销的成功率。根据客户的需求和特点，适时向客户推荐网上银行、消息服务等电子银行和其他一些理财业务。作为一个营销团队，北京街支行网点主任、大堂经理、理财经理、前台柜员，相互配合，充分协作，形成一个全方位、分层次、多角度的服务营销网络。从大堂经理识别客户，做初步的业务推荐，到前台柜员办理业务的二次营销，再到将有需求的潜力客户推荐给理财经理，环环相扣。

三、增强服务水平，提倡营销创新

一是标准服务，赢在大堂。“硬转型”让北京街支行外观视觉形象焕然一新，“软转型”更是让北京街支行提升了服务内涵。大堂经理的“1+n”模式，专职大堂经理在岗率100%；“网点负责人与大堂经理AB角”等制度的不懈坚持，真正实践了“赢在大堂”的营销理念。从“开门迎宾”到“‘五声’服务”，从“站立式服务”到“双手接递”，每天晨会提醒员工不同岗位的日常服务注意事项，日复一日，持续深化和巩固标准化文明服务导入成果。一年来，员工的服务意识得到提高，客户满意度显著提升。

二是个性服务，以客为尊。北京街支行坚持“以客户为中心”的服务理念，彰显客户尊贵，坚持面向客户、贴近客户、心系客户，想客户之所想，急客户之所急，满足客户多元化的金融需求，提升客户的服务体验，为客户提供高性价比优质金融服务。在标准服务的基础上，针对不同层次客户的需求，为客户提供更加个性化和人性化的设计。以大堂经理为中心，充分合理的安排网点和柜台资源；以客户分流的方式，充分利用自助服务区、开放式柜台、理财绿色通道等功能区；理财经理、前台柜员高度协作，高效率高质量的服务于客户。

三是激情创新，追求卓越。北京街支行特别强调创新精神，提倡营销方式和服务方式的不断创新。为了时刻保持员工的工作积极性，北京街支行通过多种形式的活动来激发员工的活力与激情。例如每天晨会的主题训练环节，员工自创的小游戏总是能让大家积极投入，从而以良好的精神状态开启一天的工作；通过服务明星、营销明星的评选，促进大家服务和营销的热情。

四、转变传统观念，树立品牌营销理念

一是转变观念，主动营销。网点转型不仅转变了员工的行动，更重要的是转变了员工的观念。北京街支行员工深刻认识到主动营销的重要性。同时也充分认识到了为客户提供合适便利的金融产品既是优质服务的重要组成部分，也是提高客户忠诚度的有效手段；营销不仅是营销产品，更是营销农行形象；转变营销观念，不仅是为了完成任务，而是站在客户立场，推荐适合他们的产品。客户如果感受到农行的真诚，营销自然水到渠成。

三是专业服务，品牌营销。北京街支行还注重打造专业理财的品牌形象，逐渐成为个人高端客户的首选品牌和同业领跑者。每个客户都有理财需求，只是由于种种原因没有显化出来。针对客户理财观念不成熟、理财知识不全面的现象，北京街支行与保险、基金、证券、期货等公司合作，开设理财讲座，与客户交流分享理财经验，在与客户拉近关系的同时，引导客户的理财需求，优质客户群体得以稳固。

加紧转型谋发展　赢在大堂谱华章

——营口开发区支行营业部

开发区支行营业部位于营口市鲅鱼圈区繁华地段，地理位置优越，是一个集本外币、存款、理财、代理等业务为一体的多功能大型综合网点。该网点现有员工31人，平均年龄37岁，其中，个人客户经理、大堂经理4人，取得CFP资格1人，AFP资格4人。近年来，在市、支行党委的领导下，营业部全面树立“以客户为中心”的经营理念，实施分层管理，以加快零售业务转型为出发点，推进零售产品计价考核机制，落实核心竞争力项目，更新服务理念，铸造服务精品，实现了经济效益、社会效益和人才效益的同步提升。

截至2009年末，营业部人民币各项存款合计208 288万元，其中储蓄存款余额80 556万元，较年初增长7 816

万元，对公存款余额127 680万元，比年初净增118 217万元。网点人均存款余额达2 598万元。个人储蓄存款业绩尤为突出，存款余额实现辽宁省农行系统内网点排名第一位。实现保费收入757万元，保险手续费收入达20.3万元；个人电子银行注册客户11167户；AIM单台日均交易为165笔，占柜台业务总量的31%。网点共有目标客户2 069户，其中钻石卡客户11户，白金卡客户103户，金卡客户1 615户。该行主要做法是：

一、强化服务意识，不断优化网点服务功能

当前，银行的服务质量和服务环境日益成为客户的首选因素。作为总行标杆网点的营业部自完成网点硬转型工作后，一跃成为全地区硬件设施最为完善的金融网点“旗舰店”。升级改造后的营业厅共上下两层，底层为普通客户服务区，上层为贵宾专属服务区，环境宽敞、舒适、美观、各类便民设施齐全，进一步优化为一个综合程度高、功能设施齐全的星级服务网点。进一步完善了功能分区、客户分层的营销理念。优雅的环境、优质贴心的服务得到了客户广泛好评。

二、注重服务细节，创建服务品牌

服务是窗口行业永恒的主题。营业部能够根据优质文明服务的要求，为客户提供着各种贴心的服务。在细节服务上下工夫，日臻完备。一是组织全体员工开展了文明优质服务大讨论活动，查不足、谈体会、定措施、提建议，逐步就如何提高文明优质服务达成共识。二是通过组织员工观看文明礼仪录像，学习、借鉴他行网点的文明优质服务的先进经验，从中得以启迪。每名员工在接待客户时都能够做到“有礼、有节、有度”，进一步延伸了服务内涵。三是营业部领导班子能够率先垂范，亲临前台岗位做文明服务示范，随时纠正柜员的不规范行为，利用晨会和班后时间组织大家反复学习省行《关于加强基层营业网点规范化服务建设的实施意见》，制定了《网点文明服务公约及规范化服务实施细则》。

三、创新营销机制，加强客户关系维护

营业部紧抓“客户结构优化”这条主线，把客户关系维护作为一项重要工作来抓。一是注重提升优质客户系统的运用质量，加大了对优质客户的梳理工作，实现对潜在优质客户的深度挖掘，有力地推动了潜在优质客户向理财客户的转换，加强了客户的后续跟进维护，真正让优质客户感受到我行对贵宾客户的专有服务。二是制定中高端客户精细化维护措施，有效巩固和拓展了优质客户群体，逐步提高客户对农行的忠诚度和贡献度。在营销技能导入期间，营业部通过组织高端客户联谊会活动，在维护老客户的同时，有力拓展新客户。三是全员参战，密切配合。营业部的每名员工都能够以现有的业务品种为依托，以大堂为营销阵地，大堂经理、高低柜柜员密切配合，充分利用现有的客户资源，做好客户的挖潜工作，根据客户的潜在需求将产品进行推介，有机组合、营销。

四、打造一流服务团队，营造和谐工作氛围

为了打造素质过硬得优秀团队，营业部从岗位技能培训入手，提升服务水平，坚持每日晨会和每周学习制度，定期组织员工学习新业务知识，新产品的营销和有关业务操作流程。员工间相互交流、学习专业知识和营销案例，共同提高专业水平，形成了学业务、比技术的良好氛围，业务能手不断涌现。强化思想教育，提高员工素质。另外，营业部通过人文关怀，增强主人翁责任感，增强员工的归属感，提升员工的主人翁意识，激活了员工的服务热情，全力营造了以人为本，让员工安心、快乐、心情舒畅的良好氛围和环境，进一步增强了团队凝聚力。

营业部在引导员工增强团队凝聚力，提升文明素质，提高服务水平，树立行业文明形象上迈出了成功的一步。今后工作中，该行将继续以标准化服务导入为契机，鼓足干劲、乘势而上，积极推动网点转型，不断提高服务水平及营销能力，用服务赢客户，用服务争市场，用服务创效益，为业务经营再上新台阶而努力奋斗。

吉林分行营业部双德分理处

双德分理处成立于1989年，原处于长春市城乡结合部，是省行营业部所辖较老的城郊营业网点之一，现该网点位于长春市朝阳区西南部南湖广场以南前进大街481号，地处于朝阳区南部商业中心地段，毗邻长春高新产业开发区。双德分理处隶属于省行营业部开发区支行，员工人数19人，营业面积近300平方米。2006年，该网点重新装修改造，在全省范围内率先实现了功能分区化。

成立20年来，该分理处始终坚持贯彻执行上级行的路线、方针、政策，随着网点转型改革的不断深入，贯彻三大银行的发展战略，特别是2009年以来，按照总行网点转型要求，由交易行网点向交易营销型网点转变。2009年双德分理处员工上下一条心，加大营销力度、拓宽营销渠道、拓宽市场，取得了良好的营销业绩。

截至2009年末，双德分理处各项存款实现70935万元，较年初增加29129万元，完成全年增量存款计划的888%，人均存款实现4433.44万元。对公存款实现39183万元，较年初增长20600万元。储蓄存款实现31725万元，较年初增长7439万元，人均增量533万元，储蓄年增长率36.73%，代理保险实现1267万元，利润实现539万元，本利丰理财产品销售3622万元，其他各项指标包括电子银行产品、基金销售等在全辖也名列前茅。2009年末，该分理处拥有三星级个人优质客户480户、四星级个人优质客户120户。

在商业化银行竞争日益激烈的今天，伴随着农行股改

的不断深入，双德分理处能够正确分析市场，把握先机在工作中能够做到抢先抓早，结合分理处地处原城乡接合部这一网点优势，立足三农，拓宽创新渠道，在营销城市市场的同时，不断发展农村市场。分理处郭玉华主任积极营销天茂房地产、信诚房地产等地产类企业，仅一季度就吸收房地产存款1.5亿元。在郭玉华主任的带领下，双德分理处不断分析市场，抓住高新产业开发区北移这一机遇，积极营销远在兴隆山以北的太平村、兴华村。两村占地补偿和房屋补偿要求很急，且需要将存折准确无误的交到老百姓手中，分理处全体员工加班加点，不分节假日，准确及时地将存折发放到村民手中。考虑到两村的农民距分理处较远，办理业务不方便，分理处指派专门客户经理，以热情周到的服务及娴熟的业务水平，终于赢得了客户的信赖与认可，使我行在面对信用合作社和吉林银行的激烈的竞争中赢得了客户，协助太平村和兴华村发放补偿款近四亿元，稳定两村对公存款2.3亿元，增加储蓄存款7980万元，办理代理保险900万元，对各项业务发展起到了良好的推动作用。

2009年末，农行成功股改以来，双德分理处按照省行网点转型战略要求，积极实施软、硬转型。在加强网点功能分区改造的同时，强化网点文明服务导入和营销技能培养，网点服务和营销能力不断提升，经营业绩实现了飞跃式的发展。

梅花香自苦寒来，通过双德分理处热情的服务，积极的营销，终于赢得了市场，赢得了客户，为农行的发展奠定了坚实的基础。

上海周浦镇支行

一、细化区域，合理配置，提高业务办理效率

周浦镇支行地处上海南汇区周浦镇中心最为繁华的地段，周边商铺密集，人流量极高。网点自1999年10月正式对外营业以来未进行过重新装修。原有物理高柜24个，低柜2个，柜面压力大，客户排队时间长成为长期以来一大难题。

2009年9月周浦镇支行进行全面装修，并于2009年12月竣工。2010年，周浦镇支行以崭新的形象面对新老客户。功能分区的实现为客户解决了排队难题，转型后的周铺镇支行设现金高柜10个、非现金低柜12个，开设24小时自助银行，并增加穿墙式自助设备，通过大堂员工对低柜和自助服务区的分流引导，业务办理效率显著提高，并被评为2009年度中国农业银行网点建设和转型双优项目。

同时，设贵宾客户服务区域（VIP区），设现金高柜2个，另配备理财师3名，开展公私高端客户的理财业务。一方面便于在营业厅增设客户等候座椅，降低客户烦躁情绪，另一方面也可为贵宾客户和有理财需求的客户提供更私密的服务。

由于对营业厅进行了功能区域细分，营业厅秩序明显改善，客户满意度显著提高。合理的高低柜配置，有效区分客户群，为客户提供个性化服务。全行上下形成了以客户为中心，以资产负债业务为重点，狠抓中间业务收入不放松的经营格局；形成了一线为客户服务、二线为一线服务、领导为员工服务的全方位服务格局。

二、加强营销，抢拼市场，力促各项业务发展上新台阶

乘着农行股改上市的东风，周浦镇支行在网点转型的改革大势中扬帆追浪，抢占先机，迅速发展壮大。在竞争白热化的当地金融市场，周浦镇支行实行“全员营销”的作战模式，通过加强对员工的业务技能及营销能力的培训，不断提升网点的整体营销水平，各项业务发展取得了较好的成绩。截至7月31日，周浦镇支行人民币储蓄存款达279485万元，比年初增长26770万元，中间业务收入585万元，个人贷款增量901万元。通过内部有效的客户资源台账管理及积极营销，抓住市场投资低位时机，正确引导客户树立正确理财观念，实现基金销售1872万元，代理保险5230万元，本利丰产品4647万元（6月数据），第三方存管641户。网点充分利用PCRM系统资源，发挥理财中心的个性化服务功能，实现了中高端客户新增657户的较好成绩。同时，针对客户数量多、流量大的特点，对银行卡业务进行全面营销，新增有效贷记卡1070张，网银注册客户2786户，手机短信通4054户，在南汇支行34家网点中名列前茅。

三、强化服务意识，从细节入手，打造优质服务

周浦镇支行不仅在硬件环境上进行了改善，为客户提供了宽敞舒适的业务办理环境，更重要的是在软性服务上也深入研究，不断完善，为切实提升客户满意度实现了又一次质的飞跃。从服务理念到服务的实施，再到不断的服务创新与提升，一切都是围绕农业银行的服务理念——“客户至上 始终如一”。

周浦镇支行始终秉持客户至上的服务理念，坚持“服务无小事”的原则，抓好“三声”服务、“微笑”服务，不断增强员工服务意识，转变服务观念，强化服务措施，从服务质量、服务手段、服务内容、服务态度、服务环境等方面入手，狠抓文明规范服务，不断提高网点的金融服务水平。特别是自世博会开幕以来，周浦镇支行在起初的一次检查中成绩并不理想，但通过召开反思会，全行上下进行深刻的讨论和反省，网点领导班子针对问题症结，根据支行世博金融服务专项考核办法从工作规范、责任落实、检查考评、奖惩措施、监督实施等多个方面做出了具体要求，在之后的多次检查中都取得了不错的成绩。在狠抓整改的基础上，乘势而上，加强执行力，从细节着手，抓反

复、反复抓，不断固化好的操作、服务习惯，实现网点服务水平和整体竞争力的有效提升。

从1999年到2010年，周浦镇支行一路走来，始终以理念为支撑、以管理为后盾、以服务为平台、以人才为根本、以文化为导向，面对困难，没有被打败，面对胜利，没有止步不前。如今，网点转型后的周浦镇支行站在了新的起点，昂首阔步踏上了新征程。他们将继续坚持“以市场为导向，以客户为中心，以效益为目标”的经营理念，向现代化精品网点迈进。

强势推进网点转型　加快业务全面发展

——农行江苏泰州泰兴支行营业部

农行江苏泰州泰兴支行营业部现有员工21名，他们是一支年富力强，朝气蓬勃的先进团体。下设8个对外营业窗口，实行综合柜员制管理。营业部热忱的服务，先进的设施，高素质的人员，科学的管理，充满青春气息的氛围，深受各类顾客的好评。在竞争日趋激烈的金融环境中，该部紧紧围绕“发展、转型、提质、增效”的八字方针，以转型促服务促发展。2007年以来各项业务取得了长足的进步，多次获省市行表彰奖励。

一、更新观念，准确定位，在确立营销思路上“先人一步”

泰兴支行营业部具有其他网点无以比拟的门面设施优势和客户资源优势，新建精品网点一流的环境、一流的设施必须要产生一流的经营业绩，1000多户对公账户和6万个个人账户的正常结算为该部的有效发展增添了后劲，该部一班人通过对经营形势的认真分析，反复讨论，在全体员工中形成了只有自我加压，突出优势，深挖潜能，全员营销，才能争得市场，争得客户，争得业绩，争得收入的共识，确立了“以现有客户资源为依托，以网点转型发展为契机狠抓业务经营，以全员营销为根本，以负债业务、中间业务为重点，确保各项经营指标处于领先位置”的工作思路，为该营业部各项业务的迅猛增长奠定了坚实的思想基础。至2009年底，该部人民币各项存款余额到达13.2亿元，比2007年增加6.9亿元，其中储蓄存款余额到达6.3亿元，比2007年增加2.9亿元。累计营销寿险2643万元，代理基金13850万元，销售理财产品8065万元，短信通4246户，贷记卡1285张，企业网银80户，个人网银2190户。各项业务指标在泰州分行辖内名列前茅。

二、整合资源，加快转型，在标杆网点建设上“快人一拍”

网点转型工作是一个系统工程，该营业部为网点转型的标杆示范单位，按照上级行的具体要求进行规划和建设，从网点功能的定位、分区、现场管理、现场营销等方面制订了一整套标杆网点转型方案，使该营业部在布局上更为科学合理，充分体现“七区分设，整体合一”的服务理念，改变了柜台功能雷同、客户随机办理业务的无序状态，解决了客户排队的“老大难”问题。其次，该部从服务导入入手，在参观、学习、培训的基础上，连续利用两个星期的业余时间对全体人员进行了服务礼仪的培训和演练，从每天的晨会、开门迎客到平时工作的仪容仪表、三姿、普通话和文明用语等逐一规范，发现问题，立即纠改。营业部还举行每周二次的业务练兵活动，在全体员工中形成“比、学、赶、超”的学习氛围，在泰州分行举办的业务比赛中，该部个人及团体均获得了良好成绩。柜员的正常办事效率也得到了很大程度的提高。

三、精心组织，规范行为，在狠抓优质服务上“强人一档”

作为泰兴支行的“窗口”，他们将美化环境、优化服务、提高素质、提升形象作为日常工作常抓不懈。过强化大堂经理“一对一”的礼仪接待，确保进门客户“问有所答”、合理分流；通过定期不定期地开展规范化服务督查活动，促使每个柜员将规范化服务融入业务办理的每个环节，形成自觉主动的工作习惯，由于引进了服务导入，注重了抓在平时，该部整体的服务质量有了明显的提高，先后几次在上级行和美兰德公司的明察暗访活动中都达到了优良的水平，从而吸引了客户，稳住了客户，2009年，该部新拓展各类客户达723户，共吸收个人存款达5460万元。

四、细分客户，突出重点，在强化营销措施上“胜人一筹”

一是突出个人高端客户营销，在大户存款增长上下工夫。在正常抓好普通客户存款吸收的同时，该部把个人高端客户营销作为重中之重的工作，把目光聚焦到公务员，优质个私业主、企业高管人员等高收入群体，将拓展责任分解落实到主任、副主任和个人客户经理，采取包干负责，多方打听，上门拜访等方式，着力抢抓高端客户营销。二是突出星级客户维护，在稳定储蓄存款上下工夫。他们充分利用IT系统认真抓好星级客户的维护拓展工作，实行星级客户维护拓展责任落实制度，一般客户由柜面负责，重点客户由主任和客户经理负责，加大对个体经济大户和私营业主等贵宾客户的维护拓展力度，努力扩大存款份额，累计新增星级客户3025户，拓展维护存款达5200万元。三是突出提升客户投资理财意识。该部坚持针对不同客户，区别对待，对部分存款暂时不动的客户，动员办理个人通知存款和“本利丰”业务。并且将代理业务作为储蓄存款的“蓄水池”，在股市低迷，客户纷纷赎回基金的情况下，动员客户及时将赎回基金转存个人存款，收到了很好的效果。五是突出银行卡和转账电话，积极推介新业务、新产品。主动深入到企业和个体户，广泛营销借记卡，团体贷记卡以及转账电话等产品，实行“宣传上门、办卡上门、送卡上门，培训上门”的“四上门”服务，大力拓展代发工资电话银行等新业务，为优化业务结构，促进各项业务提速发展发挥了应有的作用。

转型显成效　服务上台阶

——江苏镇江扬中支行营业部

中国农业银行镇江扬中市支行营业部地处扬中市繁华街道，2008年初，该部完成网点硬件改造工作，业务转型全面展开。两年多来，业务转型工作取得了明显成效，服务效率、服务质量得到明显提升，多家兄弟单位莅临现场参观指导，省市分行简报也及时转载了该部的网点转型经验和成果。该部的经营发展突出表现在以下几个方面：

一是组织资金在高位运行中再上新台阶。截止到2009年12月末，该部的本外币存款总额达16.9亿元，比年初增加3.2亿元，其中新增储蓄存款1.3亿元。一直以来该部始终把组织资金工作作为各项工作的重中之重，一是狠抓机构类客户的存款，不断扩大机构类客户的市场份额。二是狠抓企业的货款回笼和货款归行率，及时组织相关人员深入企业调查研究，了解企业资金动态，努力提高优良客户、重点企业对我行的回报。三是狠抓储蓄存款，一方面通过大量的发卡锁定卡存款，2009年该部共发放借记卡（包括惠农卡）5536张，新增卡存款2100万元，另一方面对星级客户提供增值服务，提高星级客户回报率，星级客户的存款增量达1.01亿元，星级客户存款占比由08年底的78%上升到85%。

二是调整信贷结构、增加有效投入。2009年全年新增有效投入2亿元；其中发放个人生产经营贷款6户，共计800万元，农户小额贷款5户，共计20万元。进一步优化了信贷结构，资产质量明显提升。

三是个人零售业务、中间业务取得了长足的发展。2009年该部累计发放贷记卡820张、新增个人网银650户、新增企业网银27户、新增转账电话56部、新增短信通签约569户、新增POS机25台、新增个人住房贷款900万元、实现卡消费11141万元。代理寿险400万元、代理基金销售3600万元。

四是网点转型工作取得明显成效。该部将网点转型工作作为一条主线始终贯穿于业务经营发展的全过程。2009年5月在镇江市分行组织的标杆网点PK赛中，该部挑战市分行营业部成功，获得优胜奖。2009年9月省分行在该部召开网点转型现场会，进一步推进了该部的网点转型工作。随着网上银行、转账电话、电话银行和ATM等电子渠道的不断增加，电子银行交易占比和柜面转移率逐月提高，2009年12月该部的转账电话使用率达100%，企业网银使用率达86%。

五是多措并举，优质服务更上一层楼。一是深化规范化服务意识，关注服务的每一个细节。从晨会到一日三巡检、从开门迎宾到三声服务、从物品的摆放到绿色植物的维护、从大厅的干净整洁到为客户提供茶水点心，规范化服务成为该部员工的自然习惯，已经成为员工的一言一行。二是不断完善服务功能。该部作为农行镇江分行网点转型的标杆网点，在内部做到整齐划一，规范有序；同时在人员不足的情况下，采取主任和客户经理轮流担任大堂经理，注重引导客户使用自助叫号机和自助存取款机，规范服务秩序，减少了客户等候时间，赢得了广大客户的好评。三是加强考核，提高服务水平。该部通过测评表广泛征求客户意见，定期开展优质服务竞赛活动，对内部柜员的考核质量进行测评并实施奖惩，客户的好评率达99.98%。同时根据支行创三优活动的各项检查和通报，美兰德公司的测评结果，加大奖惩力度，不断提高员工的服务质量。在去年的美兰德公司的定期测评中，该部一直在全省农行系统中名列前茅。四是提高服务技能。每天开晨会都由员工轮流担任晨会主持人，介绍一种我行的金融产品，演示一到两个规范化服务动作，或者与大家一起分享服务中的一些小技巧，并由当家主任亲自负责开展每周必学和每月必考活动。在2009年镇江分行组织的多次学习中该部有16人以优异的成绩获得“优秀学员的”称号。五是针对不同客户开展差别化、个性化服务。在为众多小、散客户提供好规范化服务的基础上，着力做好贵宾客户的维护和服务工作，努力为他们提供差别化、个性化的服务。该部成立了贵宾理财室，配备了国际金融理财师，为高价值客户提供个性化的理财方案；设立了由五星级柜员临柜的贵宾窗口；对三星级以上的客户定期开展拜访和联谊活动；通过短信平台向贵宾客户定期发送产品信息和节日祝福等等；提高了贵宾客户对该部的忠诚度。

成绩属于过去，服务永无止境。在新的一年里，该部继续加强网点管理、深化网点转型，做大做强个人零售业务，将服务提高到一个新的层次，业绩提高到一个新的平台。

江苏张家港杨舍支行通过网点转型赢得客户

农行江苏张家港杨舍支行地处张家港市区城北路西首，该行于1985年7月成立，2003年12月正式升格为二级支行，现有干部员工21人，其中10人具有大专以上学历，辖有云盘分理处、杨舍西街分理处和支行本部三个营业网点。近年来，该行依托超前的服务理念、差别化的特色服务、专业化的金融理财产品，积极向零售银行转型。截至2009年末，该行人民币存、贷款余额分别达到16.03亿元和27.93亿元，其中储蓄存款余额达到9.36亿元，比年初增加1.48亿元，累计销售各类人民币理财产品1.27亿元，去年实现利润4862万元，人均创利达231万元。在上级行多次现场和非现场检查，以及第三方测评和各类明察暗访中，杨舍支行的规范化服务水平始终名列农行系统各二级支行前茅。连续多年保持信贷工作“三化三铁”单位、会计工作“一优两化三铁”单位，先后荣获张家港市文明单位、创建消费放心银行示范单位、苏州分行青年文明号、学习型工会小组以及市支行先进基层党组织等荣誉称号。他们的做法主要体现在以下“三个度”：

一、用个性化服务获得客户信任度

杨舍支行在改善整体服务氛围的同时，通过实施“客户分层、功能分区、业务分流”管理模式，大堂经理在分流中注意把简单业务分流到自助区办理，引导更多客户应用电子及自助设备。在兼顾小散业务的同时，努力做好贵宾客户服务，采用“一对一”的交流方式，提供具有张家港农行特色的贵宾专属尊贵服务。不少客户在得知该服务内容后，主动要求在农行签约为会员客户，办理农行金穗通宝贵宾卡。该行还通过建立贵宾客户维护台账和客户信息档案，了解到贵宾客户的不同需求和爱好，把兴趣爱好相同的贵宾客户组织起来开展各种文体活动，在活动中促进了贵宾客户与客户经理之间的感情交流，用贴心的服务取得客户的信任。

二、用专业化理财产品提升客户忠诚度

为加快经营战略转型步伐，做大、做强、做精零售业务，该行不断加大新品推广应用力度，个人金融产品服务范围已扩展至个人客户社会经济活动的各方面，打造了金钥匙个人贷款、金钥匙理财、本利丰、汇利丰、传世之宝等个人业务核心品牌。个人客户经理在向贵宾客户有针对性的营销农行专业化理财产品时主要做到以下三点：一是在建好客户台账的同时及时了解客户的理财需求，通过不定期联络拜访来增进相互了解，不断细化台账，对客户的资产状况、投资偏好、风险承受能力做出综合评价。二是客户投资前做好全面沟通。让客户知道自己在干什么，而不利用客户对自己的信赖将个人想法强加在客户身上。三是合理运用各用手段，做好高端客户的售后服务。通过电话问候和手机短信等方法来开展售后服务，不仅加深了彼此了解，而且增强了客户对个人客户经理的依赖性与忠诚度。

三、用规范化服务提升客户的满意度

“网点转型，服务先行。”该行成功导入规范化服务的过程中，着力实行“三个强化、三个打造”。一是强化内部整合，打造规范化服务的硬环境。通过视觉营销规划系统，对现有营业大厅环境进行全面整合，逐步形成由业务办理区、客户等待区、贵宾接待区、自助服务区、业务咨询区以及客户体验区构成的网点功能分区布局。同时，加强了柜面环境的全面清理，全行员工按照营业厅内6S规范（整理、整顿、清扫、清洁、素养、安全）标准，人人动手，积极参与，共同营造并保持既明亮整洁又人性化、规范化的网点服务环境。二是强化集中培训，打造规范化服务的硬标准。该行在接受顾问公司基础服务标准知识和主动服务技能训练后，员工不仅做到着装统一、工号牌佩带整齐、行为举止合乎规范，而且采用标准化服务手势来“三导”（引导、辅导、疏导）客户，使用礼貌的亲切用语耐心回答和解释客户疑问，并能经常性给予客户发自内心的微笑和“五声”服务。营业厅内也充满了温馨的“您好!”、“请问您要办什么业务”、“请这边走”等话语，网点服务的亲和力和满意度明显增大。三是强化现场导入，打造规范化服务的硬规程。通过晨会，调动员工情绪，尽快进入最佳工作状态；通过晨会记录表和巡检记录表，概括现场管理的关键控制点；通过开门营业巡检、营业高峰期巡检以及一天营业结束前巡检的管理方式和执行工具，实施对营业现场环境和人员状况的管理和监督，促进服务标准由导入转为固化。在日常服务中，大堂经理、金融卫士、综合柜员以及客户经理等各岗位坚持“多翻一页、多说一句、多伸一次”，拉近客户距离并创造客户感知的服务文化，不断推进网点转型取得新突破。

深化转型　做优服务　推进零售业务快速发展

——农行杭州萧山支行

萧山支行是隶属于农行浙江省分行营业部的一家带有城郊特征的城市行，现有营业网点35家，员工511人。近年来，在上级行党委的正确领导下，我行全力推进经营转型，全面提升网点竞争力，实现了零售业务的持续、稳健

增长。

（一）核心业务引领同业

2009年末，全行储蓄存款余额达128.91亿元，“四行”占比为44.32%，总量和增量均列全省系统和区域“四行”第一。总量比工、中、建行分别多69.28亿元、81.94亿元、73.57亿元；增量分别比工、中、建行多7.79亿元、9.42亿元、6.89亿元。个人贷款比年初增加5.4亿元，同比多增3.1亿元，个贷增量占贷款总增量的13.2%。

（二）中间业务快速发展

全年实现零售中间业务收入4713万元，占整个中间业务收入的比重为32.4%。其中累计申（认）购基金2.57亿元，手续费收入555万元；代销国债2204万元；销售“本利丰”15916万元，比上年增加12913万元；代销黄金89.79公斤，比上年增加42.09公斤；全年新增有效贷记卡12109张，累计卡量达62243张；全年新增借记卡18.8万张，累计发卡量87.6万张；全年实现卡消费39.3亿元，卡收益3309万元。

（三）渠道建设成效明显

以提高提升渠道销售能力为核心，着力转变服务方式和业务增长方式。全年新增网上银行法人客户1022户，个人客户37690户，新增短信通52609户、电话银行22925户，同比分别增长37.2% 47.6% 、162.4%、39.6%。2009年末电子渠道金融性业务交易占比为64.37%，比年初提高8.7个百分点，网银业务分流率6.47%。现有自助设备155台，其中ATM机59台，存取款一体58台，自助通38台，自助设备分流率达44.8%。

（四）客户结构持续优化

年末个人星级客户达8.1万户，比年初增加4940户；个人存款10万元以上客户达2.4万户，比年初增加3948户，三星级以上客户5730户，比年初增加925户。第三方存管客户达到4.6万户，占全区第三方存管客户的三分之一强。我行在第三方存管市场的绝对优势，不仅锁定了渠道资金，也为未来融资融券、股指期货业务的拓展打下了坚实基础。

萧山是杭州乃至浙江省竞争最激烈的区域之一，全区共设立及正在筹建的金融机构26家。在同业竞争日趋激烈的情况下，我们实施了以下经营举措：

（一）抓好资金组织，确保存款稳定增长

一是狠抓旺季存款回流。在做好企业年末分红、奖金代发等业务营销的同时，抓好市场经营户资金回笼和城镇社区、经济强镇以及乡村经济户的存款组织工作。二是拓宽揽储渠道。对接资本市场的创新发展，加强与区域内的券商合作，通过开展交叉培训，进行专业师资互补，实现客户资源共享，把第三方存管、限售股解禁作为我行储蓄存款的新增长点。三是抓好资金监管。高度关注客户资金流向，要求职能部室做好业务督导、网点做好客户维护，确保负债业务的稳定。

（二）深化服务内涵，推进零售业务转型

一是持续推动“赢在大堂”策略的实施，在加快网点硬转的同时，同步推进软转工作的实施，促进网点向营销服务型转变。二是深入开展网点文明标准服务，让“以客为尊，激情创新，团队合作，合规经营，追求卓越”的网点精神融会于每个员工的日常工作中。三是实行差异化优质服务。把用心办事、用情做事、精细行事的理念融入到客户服务之中，以“用心”赢得客户信任、“用情”深化客户关系、“精细”提升客户服务水平，以优质的服务来提高客户忠诚度，进一步维护和提升合作关系。

（三）创新考核机制，激发全员营销活力

全面启动覆盖全员、以业绩为导向的收入分配和绩效评价机制，将员工薪酬收入与岗位履职、绩效管理两个要素紧密挂钩，充分体现以业绩为核心，以价值论贡献，以贡献得收入。同时，实行网点竞争力评价和营销业绩排名机制。对各经营单位按贡献度进行排名，对全行员工按岗位序列进行业绩排队，逐月通报、每季评价、年终总评，考评情况与经营单位的资源配置挂钩，与员工的评优、晋级和转岗挂钩。通过考核激励机制的完善，进一步增强了全行上下的目标责任意识、系统进位意识和价值创造意识。

（四）强化素质提升，抓好零售队伍建设

一是强化全员营销。利用晨会、夕会对重点产品进行演练，加强开口营销的主动性和针对性，充分发挥场内存款组织主渠道、产品主卖场的功能。二是重抓核心团队。通过开展培训、竞岗、组织专业资格考试等方式，全行配有内训师14人，取得CFP资格理财师1人、AFP资格理财师16人，配备个人客户经理8人、大堂经理15名，进一步提升了优质客户服务能力。三是定期开展业务交流。每月组织由二级支行个人业务分管行长及大堂经理参加的个人金融业务营销例会，学习交流营销心得、营销服务方案、绩效管理办法等，不断提升营销能力和业务管理水平。

浙江乐清市支行个人金融业务的发展

2009年，乐清市支行认真践行上级行“二次创业”战略总要求，深刻领悟“主流银行”、“精品银行”内涵，审时度势，因势利导，坚持以价值创造为核心，以强化客户服务营销为基础，努力铸就个人金融业务市场的领导者地位，真正打造全面领先的区域强行。

一、个人金融发展的总体业绩

个人存款：个人存款余额122.35亿元，比年初增20亿元，存量市场占有率35.83%，四行占比53.43%，四行一社占比41.02%；增量市场占有率24.69%，四行占比39.54%，四行一社占比27.97%。

个人贷款：个人贷款余额达35亿元，比年初增15.27亿元，四行占比34.99%，比2008年末上升5.4%，占比排名四行第一，个人贷款增量占全年贷款增量的70%。其中，签订住房楼盘按揭合作协议6家，涉及按揭金额15亿元；个人综合授信贷款余额15.74亿元，比年初增加8.93亿元；农户小额贷款授信户数达到2303户，实际发放农户小额贷款0.89亿元，超额完成上级行任务，树立起农行个人信贷的良好品牌。

中间业务：中间业务收入13603万元，比上年增5074万元，增幅为59.49%，中间业务收入占经营收入18.18%，比上年上升6.29个百分点；贷记卡总量达60851张，比上年增17884张，其中有效卡14714张；新增个人网银39495个、企业网银1092个；个人网银有效客户渗透率13.09%，企业网银有效客户渗透率为12.35%；新增电话银行8466个、金穗通38682个、总行版手机银行1184户；电子渠道金融性交易占比67.32%，比年初提高3.6个百分比；实现个人理财顾问费收入1905万元、代理保险手续费收入476万元、代理基金手续费收入129万元；代理销售基金4.1亿元；实现电子银行业务收入2063万元、银行卡消费及收单收入798万元。

经营效益：实现账面利润51998万元，人均账面利润达99.61万元，点均账面利润2080万元。实现经济利润（省行口径）47721万元。

二、采取的主要措施和成功经验

抓旺季：一是发挥网点主阵地作用。把营业网点作为旺季零售产品营销的主战场，各基层网点全员动员，进一步优化窗口资源配置，全力优化业务操作流程，提高柜面业务的办理效率，以直观、便捷的窗口功能、分区功能、演示区功能和自助区功能指引客户，以方便快捷、安全可靠、优质高效的柜面服务留住客户，确保门市客户的金融需求得到及时、有效满足。二是提升渠道分销服务能力。针对旺季期间客户量猛增的特殊情况，着力构建以电子化建设为支撑的多层次的渠道服务体系，增强窗口服务、网络服务和自助设备服务三位一体的综合服务能力，强势推进电子银行超速发展和质量提升，最大限度提高电子银行渠道的分销能力。三是深度挖掘“在外乐清人”客户资源。紧紧抓住岁末年初“在外乐清人”返乡高峰的有利时机，充分利用高柜人员直接接触交易类客户机会，识别目标客户及客户需求，与现场营销人员进行联动维护营销，把加大对“在外乐清人”存款营销力度作为挖掘潜力客户的突破口，积极为其提供服务解决方案和人性化服务措施，全力做好“在外乐清人存款”的宣传营销工作。

抓服务：一是规范服务行为。强化“以客为尊”理念，整治网点环境的脏乱差现象，确保营业环境的规范整洁亮丽；每季进行规范服务质量检查及排名，确保服务管理工作的精细化、规范化；推行现场服务管理责任制，完善相关人员配置，重点网点以大堂经理为主，一般网点以网点主管为主、会计主管为辅，强化大堂游走，真正发挥现场服务管理责任人检视服务规范、分流识别客户和化解服务纠纷的作用。二是优化劳动组合。推行内设机构首问负责制，分别以沟通为平台，以绩效管理为手段，发挥内设机构的职能作用，加强内设机构员工的岗位意识、责任意识和服务意识。三是夯实服务基础。大力扩充客户经理队伍，积极抓好贵宾客户“三优”服务措施的落实，对我行存款日均200万以上的客户或综合贡献度靠前的PCRM五星级客户发放健康卡，同时，举办贵宾客户理财沙龙活动，落实贵宾客户管理增值服务。

抓转型：一是大力发展个人贷款。大力推广个人优质客户存贷积数挂钩贷款、优质行业从业人员综合授信保证贷款和生产经营性贷款，确保我行能在信贷风险可控的前提下取得最高的综合效益；大力拓展个人住房贷款，加大对项目贷款支持的楼盘开发进度、销售进度的跟踪，确保我行按揭贷款投放量与我行项目贷款金额相匹配，积极开办二手房贷款业务和个人汽车贷款。二是狠抓个人存款。积极开展“金钥匙春天行动”个人金融旺季综合营销活动和“赢在旺季胜在服务”活动，以提升窗口服务品质、落实员工客户维护责任制和营销激励措施为切入点，深入开展全员营销存款竞赛活动；优化贵宾客户的维护营销工作，深度挖掘中高端客户和目标客户的存款资源，加强个人客户经理对指派客户、贷款客户的存款维护工作，落实公司客户经理企业体外资金归行和高管层个人存款维护工作，量化细化考核，重点对网点月末存款增量、日均增量进行考核奖励。三是拓宽中间业务增收空间。以个人融资顾问服务为切入点，开展个人委托贷款、理财规划服务、理财产品组合推荐等个人综合金融服务，通过为客户提供房产投资融资规划安排，实现个人理财顾问业务全面增收；与中信金通证券乐清营业部、上海证券乐清营业部推出联合营销活动，持续营销第三方存管业务，新增第三方存管新客户5500多户；加强基金的代销工作，全年认购基金8411万元，申购基金32892万元；销售“传世之宝”实物黄金买20余千克，销售金额达500余万；做好惠农卡和小额农户贷款推广工作，全年办理惠农卡14288张，卡激活率为93.77%；开展“2009年金穗信用卡‘牛’金穗月礼享计划”消费活动，抢占以企业中层以上管理人员、机关事业单位后勤接待人员和其他高消费群体的纯消费市场，开展“刷卡无障碍示范街区”建设活动，扩大银行卡受理面，鼓励消费者使用银行卡支付；强势推进网银产品营销，超额完成网银综合营销预期目标，市场份额得到提高，综合效益得到提升。

夯实转型基础 提升竞争能力

——安徽省分行营业部新站支行

新站支行自2008年9月开始网点转型试点工作，按照网点转型的总体目标、整体思路和具体步骤及要求，在岗位设置、制度完善、现场管理、规范操作等方面作了一些大胆的探索和尝试，初步达到了“功能分区、业务分流、服务分层、产品分销”的转型目标。2009年省分行营业部开展的“春天行动”综合营销活动竞赛中，新站支行在营业部所辖23家支行中排名位居第二。总结转型实践，主要做了以下几点工作：

一、树立正确的网点转型观念

网点转型“因何而转”、“为何而转”、“如何来转”，在转型之初，支行的每位员工或多或少都存在着这些疑问和顾虑。在营业部领导和相关部门的支持和引导下，支行一方面积极参与第三方专业公司的规范培训，一方面在支行员工中开展讨论，主要从网点转型的战略意义、竞争意义、实践意义入手，通过学习、座谈、交流等方式，向一线员工宣传“赢在大堂”、“规范导人”、“流程优化”等新理念、新思路，并就网点转型的主题和意义进行详细的阐述，对员工所面临的困惑、疑问逐一答疑解惑，使全行上下对转型工作的思想观念发生了根本变化，从“要我转”变成“我要转”，员工们深刻认识到：网点转型不仅能够全面提升营业网点的服务水平和运营效率，不断发现和创造销售机会，提供市场和客户需要的产品和服务，而且是实现业务经营转型的重要突破口，更是基层网点由简单被动交易型向立体主动营销型转变的成功保障。

俗话说：上下同心，其利断金。正是有了观念的改变和认识的统一，才有效化解了面临的困难，使压力释放成为动力，让动力活化成为竞争力，这是新站支行在较短时间内网点转型工作取得成效的重要保证。

二、明确关键的网点转型岗位

在网点转型工作中，“赢在大堂”、“大厅制胜”是全新的服务模式。支行在实际工作中，紧紧抓住“大堂经理”这一核心岗位，从相关人员配备、业务处理流程、每日工作总结、每月工作汇报等方面制定了详细的工作方案。根据支行的业务及场地要求，通过公开竞聘的方式选出了两名大堂经理，分别负责营业大厅和自助设备的环境管理、业务咨询、客户分流、投诉处理、销售推荐等方面工作。通过对客户的梳理分析，将业务种类归纳为业务咨询、业务办理、客户分流、客户教育、产品销售和投诉处理六种类型。针对不同客户的业务需求，实行差别服务：将服务窗口设置为普通窗口和VIP窗口；将服务方式区分为人工服务和自助服务；将产品营销区分为现场普通教育和产品经理一对一销售。客户进人营业大厅，通过大堂经理第一道过滤，快速有效地分流至不同的岗位。大堂经理高效有序的工作，将整个网点的人力资源、设备资源、窗口资源的优化组合发挥到极致。

在每天营业结束的晚班会上，两位大堂经理就全天的工作进行小结，对业务办理过程中出现的问题进行梳理，再与会计主管、客户经理沟通的过程中，不断调整业务流程，使得业务办理更高效、更快捷。对大堂经理角色的重新定位，使他们不仅成为做好服务的“第一人”，同时也是成功实施网点转型的“第一岗”。他们的岗位示范作用，更好地激发了其他岗位员工的积极性和潜能。

三、运用有效的网点转型“工具”

网点转型工作是一个系统性的工作，无论是员工的仪容仪表、服务规范，还是大厅的营业环境，都有着统一的标准和严格的要求。为了将规章制度落实到日常的工作当中，同时确保标准的统一性和制度的连贯性，支行在日常工作中注重严格掌握和使用网点转型工作中两个有效的现场管理工具：一是“晨会”制度；二是“一日三巡检”制度。

1. “一天之计在于晨”，精心打造每一天。每天的“晨会”不仅仅是一个简单的例会，它更是一个将员工由生活状态迅速转到工作状态的有力工具。通过晨会中的固定环节：仪容仪表的自检和互检、新业务新文件的学习、规范用语的练习掌握等，让员工始终保持一个“温故知新常常新”的学习状态，将员工的注意力迅速转移到一天的工作当中，将员工精神状态调整到位，以最温馨的面容去迎接第一批客户。在晨会的创新环节中，我们增加了3分钟的互动环节，每位员工都可以上来展示自我，内容健康，形式丰富，既活跃了气氛又调节了情绪。不论是进行多年的老员工还是刚工作不久的大学生都在这小小舞台中找到了新定位、新感觉。

2. 加大巡检力度，加强立体监督。“一日三巡检”是在一天的业务过程中对营业前、高峰期、营业结束三个重点环节的检查。它不仅是规范服务的需要，同时也是基层网点中安全防范的重要手段。支行指定营业间和客户部的责任人担任一周的巡检人，同时做好柏拉图表的统计分析，为支行的每月网点转型工作安排做好参谋。在认真做好“日巡检”的工作同时，支行在此基础上增加了周检和月检两个环节：周检由普通员工担任，在每周的学习例会上随机产生，周检人不仅要对五天的巡检进行随机抽查，更要将这一周的不足和长处用相机拍摄下来，在每周的例会上逐条曝光和分析，对责任人加强监督。月检由支行负责人担任，采取不定期地邀请上级相关部门来支行检查、贵宾客户的不定期暗访、同业之间的相互参观学习等方式，促进支行的网点转型工作做实做细。古语曰：“工欲善其事，必先利其器”。几个月的实践，员工们从对网点转型现场管理工具的应知应会和熟练掌握，增强了动手能力，提高了动脑能力。员工们意识到自己不仅仅是操作者，同时也是管理者，工作的积极性和主动性更加高涨。

四、创新“1+1>2”的网点营销模式

随着网点转型工作的不断深入，支行在充分利用网点资源的基础上，创新立体营销和综合营销的模式。一方面，将简单业务分流到自助设备、电子银行的办理中。自转型以来，支行的ABIS业务量笔数增加了20%，是营业部平均业务量的1.1倍；自助设备的业务量笔数每天保持在台均600笔左右，月度的现金收付量在7000万；另一方面，将宝贵的人手充实到产品经理的条线上，加大各类中间业务的营销力度。营销环节由大堂经理的发现、引导、推荐，延伸到产品经理的销售、跟踪、维护。2009年一季度，支行营销借记卡2612张，完成季度任务的174%；营销企业网银29户，完成季度任务的725%；营销转账电话147台，完成季度任务的588%；营销银行特约商户6户，完成季度任务的150%；营销电话银行836户，完成季度任务的186%。

营销过程中，进一步强化员工的“交叉营销”、“重点营销”意识。在人员方面，大堂经理和产品经理相辅相成，壮大产品营销战场；在服务方面，窗口服务和自助服务相得益彰，构成不同层级的差别服务平台。在为小、散客户提供方便、快捷的“自助式”电子产品服务的同时，为中、高端客户提供稳定、优质的“产品链”式服务，建立“VIP客户台账”，定期分析高端客户的资金变化、产品需求、市场需求、企业发展等特点，由产品经理实行“一对一”的专户管理，不断提高高端优质客户对支行的熟知度、依赖度和贡献度。

五、建立完善的网点奖惩制度

只要有满意的员工，就会有满意的客户。在转型工作中，支行始终坚持公开公正公平的竞争机制和奖惩制度。

1. 针对不同的业务岗位和操作特点，设置不同的奖惩考核办法：高、低柜人员的业务考核以ABIS业务量的计件工资考核为基础，根据《营业部会计业务量工资分配办法》、《营业部会计主管绩效考核管理暂行办法》，制定支行的二次分配方案；产品经理的考核以《营业部产品计价考核办法》为基础，调动客户经理产品营销的积极性；大堂经理的考核以《营业部大堂经理考核暂行办法》、《大堂经理日志》、《VIP客户管理台账》等考核标准，强化大堂经理的主动服务意识，提高网点的业务分流和产品营销能力。

2. 开展服务明星评比活动。每季度末，支行按照三个层面：一线柜员、产品经理、管理后台，以无记名投票的方式对模范遵守岗位行为规范、取得杰出业绩、严格业务操作风险控制的个人和团队，评出“季度之星”，表扬先进，教育全员。

3. 营造浓厚的学习文化氛围。新的岗位设置和角色要求，极大地激发了员工的学习热情。支行对于在职学习的员工，不仅从时间上予以保障，而且对取得专业资格的员工给予鼓励。转型以来，支行1名大堂经理取得“AFP”资格，1名员工取得总行的内训师资格，6名员工获得中级专业职称，9名员工获得中级柜员称号。

书“石头记” 促零售化

——南安水头支行

南安水头支行位于全国千强镇、中国建材之乡——福建省南安市水头镇内。该行紧抓水头被确定为省级小城镇建设示范镇的大好契机，立足“中国石材城”，细分市场，抓服务、塑团队，做到拓管并重，个人业务发展成效明显。至2009年底，水头支行个人贷款余额达2.37亿元，比年初增长1.1亿元，增幅达86.35%。电子银行、理财等零售类业务任务完成情况大多位居系统内前列。

个人业务的有效发展，进一步确立了该网点在南安支行辖内业务发展排头兵的地位。至2009年底，水头支行各项存款余额达86580万元，比年初净增28573万元。各项贷款余额101506万元，比年初增加22351万元。实现中间业务收入835万元，拨备前利润5234万元。

一、和精美的石头一起唱歌

水头镇是世界级石材加工、贸易中心，全镇石材企业近两千多家。因产业集聚效应的不断放大，石材产业壮大为南安市头号支柱产业。作为根植于“中国石材城”的水头支行，其深刻地认识到：自身发展与水头石材行业的做大做强紧密联系、良性互促。

为此，水头支行对水头石材行业客户群做了细分，依据资金流特点的不同将客户划分为：工贸一体化企业、贸易型企业、加工型企业、供销大军及本地个体工商户四种类型，并将中小企业主、优质个人客户列为个人业务的主攻对象。为满足客户“短、频、快”的资金需求，该行主推自助可循环贷款，在实际营销中，更是“伺机而动”、因需而变。

针对水头的主要个人客户群体——供销大军、个体工商户，多在厦门、泉州以及水头镇区置有房产的情况，该行在上级行的大力支持下，以两地房产为抵押办贷，提升抵押价值。根据不同客户的个性化需求，“以个贷为主、电子银行等产品为辅”为客户“配餐”，开展“1+N”综合营销。如，供销大军常年在外“奔波”，水头支行就为其提供以“个贷+网银（有K宝）+短信通”为基础的产品套餐，保证“K宝在手，走到哪儿都能自己当行长”；个体工商户现金结算多，该行则向其提供“个贷+短信通+转账电话”为基础的产品套餐，让其轻松掌握动账情况并结算无忧。

二、将优质的服务一路传承

对每一位初到水头支行的员工，该行负责人都要进行一番“传统美德”教育。优质服务这条“传统美德”成为几代水头农行人不懈的追求与坚守。

近年来，农行自上而下大力推进网点转型，水头支行将做好网点转型视为提升本网点服务水平的关键，提出“三到位”（精神到位、分流到位、待客到位）转型思路，通过丰富晨会内容、坚持召开晨会培育网点锐意创新、精诚协作的精神气质；充分发挥大堂经理的分流、协调作用，提高自助设备使用效率，解放人力；采取分层次、个性化的服务模式，讲究“待客”之道。

在与同业的个人业务竞争中，水头支行通过落实市支行的“电子化攻略”提高服务品质。一方面，大力发展电子银行业务，将短信通、电话银行、网上银行等轻巧型自助终端送到客户手中，延伸本行服务触角。另一方面，该行在上级行的支持下，在人流量、现金流量集中的水头五洲大酒店等区地布放离行式自助设备、建设离行式自助银行，进一步扩大服务范围，方便客户。

三、育精良的团队一举千里

水头支行负责人谈及本行个人业务发展位居同业领先地位的原因时，斩钉截铁地表示：没有什么秘诀，就是抓好团队。

为能立体式、综合性地营销服务好客户，该行积极建设各条线专业队伍。将柜员打造成“窗口客户经理”，让合适的柜员走出柜台，担当大堂经理、产品经理，高低柜、内外厅联动营销服务客户；对客户经理队伍进行细致分工，法人客户经理、个人客户经理各司其职；在本网点设立国际业务部、公司业务部“分部”，将原属县级支行的部门前置直接面向客户，缩短流程、提高效率。

同时，该行“恩威并重”培育团队。一是实行长效的目标管理，按日制定工作计划、按周进行得失总结、按月推进工作任务、按季调整方向策略、按年开展表彰惩戒；二是灵活运用考核，任务下到每一位员工，制定细致的营销台账，按贡献及时发放奖金。

四、用精细的管理“一夫当关”

在抓个人信贷业务高速发展的同时，水头支行也非常注重个人业务的风险管控工作。该行严格落实各项风险管理措施，切实做好个人贷款业务的风险防控，严防“假按揭”、操作风险，严禁个人贷款流入股市或用于股权性投资等明令禁止的领域；加强对客户的管理，关注各贷款户的工作情况、个人收入情况和还款情况，关注抵押物保管情况和价值变动情况以及保证人的保证担保能力，防范信贷风险。

“导”出一片新天地

——南昌市昌北支行营业部

南昌昌北支行营业部位于江西省南昌市红谷滩新区，是江西省分行营业部重点发展的精品网点之一。一年来，该网点一直践行“服务城乡、成就员工”的使命，秉承“建设一流队伍、创造一流业绩”的理念，各项业务得到了长足的发展。截至 2009 年末，该网点各项存款余额 74936 万元，较年初净增 39651 万元，增幅 112%。其中，储蓄存款余额 17354 万元，较年初净增 9128 万元，增幅 110%，各项存款和储蓄存款绝对净增额在省分行营业部网点存款排名中分别列第三位和第一位。中间业务收入实现 695 万元，同比多增 316 万元，增幅 83%。发放借记卡 9326 张、贷记卡 465 张、个人网银 816 户、企业网银 56 户、支付通 51 台、第三方存管 126 户，销售基金 1365 万元、“本利丰”23615 万元、“汇利丰”1099 万元，其中“汇利丰”销售绝对额占省行营业部 60% 以上。该网点的主要经营特点为：

一、工作思路上体现一个“清”字

该网点把零售业务作为工作重心，认真筹划，提出以下工作思路：第一，对支行周边五公里范围进行了扫街、扫楼、扫商铺活动，向居民发宣传单、发纪念品。第二，对星级以上客户进行上门拜访，派送礼品，加深感情。第三，利用网点 PK 赛在自身内部建立长效竞争机制，引导员工转变营销观念。第四，利用网点文明标准服务导入、营销技能提升导入进一步强化客户服务意识，提升对外形象，力争赢得最广大客户的认可。

二、营业环境上体现一个“雅”字

良好的营业环境是一个网点吸引和留住客户的前提。该网点首先树立了打造区域内环境最佳银行的目标，重点围绕一个“雅”字做好文章。一是按照网点转型的要求对整个营业大堂划出八个区域，分别是大堂经理区、现金区、非现金区（低柜）、自助区、VIP 室、客户等候区、第三方存管受理区、电子银行体验区，为网点转型的核心目标“业务分流、客户分层、产品分销”提供“硬件”支撑。二是要求大堂经理、大堂副理每日对营业大厅以及大厅外五米之内的门前区域进行不定时打扫，确保地面不留脏物，不留纸屑。三是彻底解决客户停车难的问题。向当地交管部门一次申请了 16 个泊车位，赢得了广大客户尤其是我部中高端客户的交口称赞。

三、客户定位上体现一个“准”字

该网点在选择目标客户时，将主要精力集中在所谓的高端客户身上。如何有效识别这些客户，是工作中的一个难点，该网点总结的规律是：第一，从表面上看，“开好车、穿名牌、养宠物”的客户比较富裕，应当属于高端客户。我们的大堂经理、产品经理、包括我在内对这些客户都要进行特别的关怀。第二，有一些客户存在“不敢露富”的心理，光从外表很难推断出他的真实身份，对这部分客户，我们重在听其言，观其行，即通过大堂经理和前台柜员探听出客户真正关心的产品。比如当客户提出一次性存入10万元定期存款或购买10万元保险时是否有优惠时，一般可推断其为潜在高端客户。

四、客户维护上体现一个“诚”字

客户至上，待人以诚，面对客户做到细心、专心、耐心，提供专业化、灵活性的服务。对存款余额5000万以上的大客户，网点主任每日送单，借此进行理财产品的营销，使大客户足不出户就能详细了解我行的理财产品。目前该网点5000万元以上客户的存款份额占比达80%，累计销售理财产品2亿元。对贵宾客户，由专职个人客户经理进行“一对一”维护；对非贵宾客户，则由一线柜员进行维护。务求做到客户心中之最——“最贴心的服务理念”、“最专业的理财知识”、“最热诚的农行员工”。

五、考核激励上体现一个“活”字

为充分调动该网点全员营销积极性，该网点先后制定了诸如网点员工百分考核办法、文明标准服务评定等一系列考核办法，初步形成了以支行产品计价考核办法为主导、网点内部员工考核为补充的新型考核模式。该网点还设立了“两榜”：销售龙虎榜和每月明星榜。销售龙虎榜每日标示每位员工的营销业绩并利用晨会进行通报，形成竞争压力，在内部营造你追我赶的营销氛围；每月明星榜公布最佳营销明星、最佳服务明星、最佳标准礼仪、最佳晨会主持、开门迎客明星。与此同时，该网点还对员工实行等级考核模式，将业务量、营销业绩、季度测试成绩等指标纳入员工星级柜员管理，分一、二、三类柜员等级每月给予不同的奖励津贴。

舒适的环境、真诚的问候、温暖的笑容、高效的业务办理、热情的引导、专业的理财推荐…我们期待并相信南昌昌北支行营业部一定会在今后的征程中取得更好的成绩！

专业创造财富　服务赢得效益

——九江市九龙支行营业部

九龙支行营业部位于江西省九江市浔阳路105号，地处繁华的商业区，是一个集本外币、存款、贷款、理财、代理业务为一体的多功能网点，也是九江市农行唯一的财富型网点，目前共有员工27人。针对日趋激烈的市场竞争环境，该部紧紧围绕“以客户为中心”的经营理念，以金钥匙理财为依托，不断加快网点转型步伐，实现了各项业务的协调、快速发展。至2009年底，该部储蓄存款余额为16862万元，比年初净增3014万元；全年实现基金销售2834万元，理财产品销售4167万元，代理保险销售110万元；全年共开办借记卡6854张、贷记卡410张，新增个人网银575户、个人电话银行523户，新增手机银行184户、手机信使1872户，其拥有的中高端客户人员数、基金销售额、理财产品销售额等都位居全市网点之首。

一、转变理念，强化管理

“一枝独秀不是春，百花齐放春满园”。只有做好队伍建设，才能更进一步发挥团体作用。该部以“春天行动”活动开展为契机，及时召开员工动员大会，要求各柜员、各岗位之间密切配合，明确责任，协调合作，并建立了前、后台相互配合机制，树立了全员营销理念，推动了业务的快速发展。

二、增强服务意识，创建服务品牌

银行是向社会敞开的一扇窗户，三尺柜台便是连接银行与社会的桥梁。自开展网点文明标准服务以来，该部员工们始终牢记“细节决定成败”，在服务细节上精益求精。2009年该网点装修，办公地点由大厅一楼搬到了三楼，给客户带来一定程度的不便。但营业部的员工依靠娴熟的技能、规范化的服务，做到用语礼貌、举止得体，一扫客户心中阴霾，受到客户的普遍赞誉。通过开展文明标准化服务建设，营业部已造就出一支服务意识强、营销技巧灵活、业务能力过硬的队伍。

三、发挥专家理财优势，促进业务全面发展

自2007年底市分行理财中心设立在九龙支行营业部以来，理财中心便以专家的优势、专业的素养服务于该部的个人理财业务，做好了个人贵宾客户的关系维护及深度销售。该部紧靠专家理财的优势，理财中心则利用其广泛的客户资源，二者共同构建了一个良好的营销模式，开辟了一个良性的营销渠道。双方通过开展各种形式的理财讲座、举办贵宾客户联谊会等方式积极向客户宣传我行金融产品，如：“传世之宝”实物黄金、本利丰及安心得利、基金、集合资产等，大大促进了该网点理财业务的发展。

四、严格考核机制，狠抓指标落实

在广泛征求员工意见、结合实际的基础上，该部按计划内、计划外、个人、集体制定了详细的计价考核办法，对各项任务指标完成好的给予一定奖励，对指标完成不好的给予相应的处罚。通过制订考核方案及奖惩标准，做到有章可询，充分调动了营业部员工的营销热情与工作积极性。

五、加强内控管理，保持业务健康发展

该部在发展业务的同时，高度重视风险控制工作。该

部严格按照“内控先行”的原则，建立完善的内控制度体系，建立健全防范措施，堵塞管理漏洞，维护资产安全。为有效控制和防范风险，提高内控管理水平，该部要求每名员工在工作中严格遵守业务操作规程，熟悉每项业务和每个操作环节，确保各项业务规章制度落到实处。

“爱我农行，追求卓越”，九龙支行营业部正是凭借“好风凭借力，扶我上青天”的豪情，在市场竞争日益激烈的形势下，充分发挥个人零售业务的主阵地作用，用专业、高效、优质的服务赢得了客户、赢得了市场。在新的征程上，九龙支行营业部将百尺竿头，更进一步，努力实现新的跨越。

济大路支行

作为总行网点建设的样板网点和网点转型咨询项目的示范网点，2009 年，济大路支行按照“联合营销，加大考核，分层管户，深抓维护”的思路，立足实际，狠抓细节，各项业务实现快速发展，在网点转型工作中探索出一条特色之路。

一、网点的基本情况

济大路支行作为总行确定的网点建设样板网点，严格根据《中国农业银行营业网点形象建设标准》规范建成，于2009 年9 月2 日开业。网点地处城市中心区域，周边有省财政厅、省地税局等多家省级单位，毗邻省财政厅宿舍、舜玉花园等高档居民住宅区，金融资源富集，同业竞争激烈。目前，网点在物理空间上划分为现金区、非现金区、自助银行区、客户引导区和贵宾服务区等服务区域，通过分区设置和客户引导，实现了客户的分层，能为不同客户提供个性化优质服务。

二、主要做法

（一）交叉联动营销

一是封闭式柜员与大堂人员之间的联动配合。封闭式柜员是网点营销的最后一道防线，也是最能掌握客户资金情况的重要岗位。在日常工作中，柜员与大堂人员通过暗号、手势的变化来进行转介绍及营销。

二是大堂人员之间的联动营销。对于柜员转介绍的客户，或大堂经理识别出贵宾客户，大堂经理需将其引导至贵宾室，在了解客户的需求后进行营销。

（二）关注服务细节

一是设计专门服务卡，有效满足客户需要。服务卡体积小、信息量丰富，内容主要涵盖网点地址、服务电话、理财电话、大额支付号、同城交换号以及特色金融产品介绍等。我行在现场管理中大量发放服务卡，得到客户的普遍欢迎。

二是从点滴小事做起，细节制胜。考虑到贵宾客户的实际需要，我行通过多种渠道购置了200 套正规的身份证保护膜，并免费为其更换。我行周到、温馨的服务受到贵宾客户由衷地赞许与认可。

三是走进一线，不断提升服务营销质量。济大路沿线高端法人单位众多，我行紧紧依靠自身的地理优势和专业优势，成立专业营销团队，专门针对济大路高端客户制作了贵宾体验卡，并对其高管人员和家属进行了及时的宣传、发放。不仅为我行争取到了新的贵宾客户，更使他们能够主动走进网点，实现个人业务与法人业务的有机结合。

（三）实施个性服务

理财经理、客户经理每日与柜员配合，了解管理贵宾客户的信息，在为客户保密的前提下，用适当的方式及时通知客户，并提供专业的理财建议和理财资讯，帮助客户实现利益最大化。

（四）完善考核体系

完善考核奖励制度，逐步构建网点转型的长效机制。坚持执行“三量合一”考核模式，将工作量、服务量、营销量有机结合，坚持日清日毕，每日登记员工工作量、服务量和营销台账，按贡献度实行收入分配，做到全体员工心中有数，公平透明，及时兑现，极大提高了员工的营销热情。

金明支行营业部

金明支行营业部于2001 年挂牌营业，现有职工23 人，平均年龄36 岁。多年来，营业部始终坚持以邓小平理论、“三个代表”重要思想和科学发展观为指导，以服务客户为中心，全力提升规范化服务水平，坚持物质文明、精神文明一起抓，实现了业务发展和社会效益的双丰收。

2007 年、2008 年和2009 年连续三年被开封市政府授予“巾帼文明示范岗”，2006 年、2007 年、2008 年连续三年被农总行授予“青年文明号”称号，2007 年被开封市政府授予“规范管理优质服务示范窗口”，2007 年度获农总行“会计基础工作规范化管理单位”称号，2009 年获得省行“女职工文明示范岗”“先进基层党组织”、“内控管理先进单位”、“案件防控先进单位”等荣誉称号。

2009 年底各项存款余额128230 万元，净增4645 万元，全行中间业务收入522. 4 万元，其中代理保费收入46. 4 万元，银行卡手续费收入218. 4 万元，电子银行业务收入40. 2 万元，发行借记卡13830 张，贷记卡634 张，个人网银注册客户3379 户，完成计划的322%，企业网银19 户，完成计划的127%，累计开办电话银行1465 个，营销自有商户 15 个，计代销基金 3271 万元，国际结算量 3711 万元，完成计划的 208%，实现利润 4521 万元。

2009 年底，在各级领导的支持下，对营业部按照财富中心标准进行了装修，实现了功能分区，将营业区域划分为咨询引导区、客户等候区、网银体验区、现金区、非现金区、自助服务区、贵宾服务区。为了突出网点的营销服务功能，配备了排队叫号机，门楣安装了 LED 液晶显示屏，客户等候区、贵宾理财区安装了液晶电视。装修改造后，金明支行营业部亮丽内外观形象，合理的功能分区设置立即得到了客户的高度认可，为营业室全方位提升服务水平奠定了硬件基础。

在网点硬件装修改造完毕后，又一次进行了标准化文明服务导入，固化标准化服务的成果，营业部全体员工下班放弃休息时间，一起参加了“白加黑，五加二”的二次培训导入。对文明标准的一次次学习、讨论、领悟，员工的服务意识和营销意识有了深刻的转变，用自己的实际行动诠释服务的内涵：服务的真谛是真心、真情；服务的核心是尽自己最大的努力，千方百计地满足客户的需求以提高其满意度；服务的途径是把服务当成生活习惯、当作一种修养，把服务当成报答客户的手段。经过“软转”，全体员工更加懂得“用奉献体现价值、用学习提升素质、用责任完成使命、用服务打造品牌、用细节决定完美、用点滴铸造卓越”将是金明支行永远的服务精神。

经过网点初步转型，营业部的经营业绩直线上升，2010 年一季度末，人民币各项存款余额达 18.9 亿元，较年初净增 6.1 亿元，完成市行下达一季度计划 2.1 亿元的 291.47%，增量居全市农行系统第 1 位。其中，对公存款较年初净增 4.8 亿元，完成市行下达一季度计划的 561.31%，完成率排名第 1，全省县级支行第三。实现贷款投放 1.6789 亿元，完成计划的 266.50%，系统排名第一位，其中法人客户 1.5443 亿元，完成计划的 594%，自然人贷款实现 1346 万元。有效的带动了我行有关业务的发展。实现中间业务收入 308.5 万元，完成一季度计划的 145.63%，计划完成率居全市农行第一位，其中，实现银行卡手续费收入 54.4 万元，实现代理保险手续费收入 43.3 万元。全行发行贷记卡 632 张，完成计划的 110.88%，是全市行唯一完成此项指标的单位；办理 POS 商户 13 户，完成计划的 162.50%，位居全市行第 1 位；营销转账电话 161 户，完成计划的 108.78%；办理个人网银 1214 户，完成计划的 137.95%；办理电话银行 1014 户，完成计划的 181.07%；办理企业网银 12 户，完成计划的 171.43%；办理第三方存管 439 户，完成计划的 214.15%。

优质服务无止境，金明支行营业部永远坚持倡导“严格、规范、谨慎、诚信、创新”的十字行风，以转型为起点，以高昂的斗志、扎实的作风、优质的服务、一流的业绩，再谱金明支行营业部的华彩篇章！

濮阳人民路支行

农行濮阳人民路支行位于濮阳市人民路中段，现有营业机构 8 个，其中财富网点 1 个，精品网点 2 个，基础网点 5 个。全行干部员工 132 人，其中机关人员 35 人，一线临柜人员 97 人。截至 2009 年末，全行各项存款余额 20 亿元，各项贷款余额 7.12 亿元。

一、竭尽全力促业务发展

2009 年，农行濮阳人民路支行把强化市场营销、努力提高市场份额放在重要位置。一是开展全员营销。把存款当作士气工程、生存工程来抓，开展全员奉献揽存，班子成员分包网点，强化督导和问责，确保存款业务稳步推进。二是实施“三个拓展”，力促中间业务、利润和贷款营销三项重要业务指标。首先是拓展保险、基金等中间业务，先后举办了保险期缴训练营、产品推介会、基金专项营销竞赛等，取得了一天营销农银汇理基金 500 万元的优异成绩，实现保险手续费收入 129 万元，基金销售额 10533 万元，个人网银、企业网银全面完成年度计划，开通短消息服务 3442 户。其次是拓展创利项目。精细算账，对能创利的业务品种列出表格，让每个员工心里有一本账，做到有的放矢。再次是拓展有效资产，集中精力营销贷款。抽出专人组成工作队深入企业、建筑工地，开展个贷市场调查，选择目标客户，强力推进贷款投放，全年共发放个人贷款 1169 万元，中小企业贷款 450 万元。

二、多策并举促制度建设

农行濮阳人民路支行不断探索新的经营方法和管理模式，建立健全激励机制，充分调动各方面的积极性和主动性，促进业务快速发展。一是完善《综合绩效考核办法》，积极推行分配机制改革。把业务目标和费用挂钩，实行费用向基层、向重点业务倾斜，全行员工实行以绩定酬、工效挂钩的工资分配政策，优化资源配置，实施了业绩排队办法、费用管理办法等，在支行营造了比、学、赶、超的工作氛围；二是推行中层干部竞争上岗制，全面科学地制定每个岗位的管理目标和业务上台阶目标，让中层干部竞争上岗，真正体现能者上、平者让、庸者下的用人机制。三是真心诚意关怀员工，通过发展业务，挣得资源，合理利用，全部下推，尽最大努力提高员工福利待遇，使员工人人有激情，工作有动力。

三、不遗余力抓内控管理

农行濮阳人民路支行始终坚持“内控优先”的理念，以高度的职业敏锐性和超强的制度执行力，不断加强风险防控和案件治理工作，建立了严密的内控建设和案件防控责任制。一是抓好各业务、各岗位风险点的排查，严格重要空白凭证、印鉴、对账等的管理，加大检查频率，消除风险隐患。二是定期分析、查缺堵漏。实行由主管行长和会计主管参加的内控管理例会制，总结经验，交流体会，探索新的方法和途径，有效规避操作风险和案件。三是开展全员行为排查。对“经商办企业、赌博、吸毒、炒股、炒彩票、社会交往异常和家庭长期不和”等行为严格排查，有效防范了各类案件和风险，形成了多层次监管、全方位覆盖的风险防控屏障。

四、上下同心抓规范服务

2009年是农业银行总行倡导的“文明标准服务导入年”，人民路支行借此进一步规范服务细节和服务流程，引进大堂经理工作制，实现服务规范化、标准化、程序化。另外，针对网点现有装修老化、设施落后的情况，以新的标准来衡量、完善，按照“功能分区、业务分流、服务分层、产品分销”的原则，进行合理划分，区分不同的交易性质分流客户；同时，全行员工坚持人人动手，积极参与，共同营造并保持明亮整洁、人性化、规范化的服务环境，创立了规范化服务的“激情晨会”模式，被评为“濮阳市实用社会科学优秀成果一等奖”，系统内外60多家单位专程到人民路支行交流、参观优质规范化服务。

创最佳服务　树品牌形象

——澧县支行营业部

澧县古称“澧州”，人杰地灵，6000年历史的城头山文化遗址闻名天下，秀丽的澧水哺育了一代又一代澧州人。近几年来，澧县农行积极践行“同样的业务、不一样的服务、我们能做得更好”的理念，文明、规范、优质服务“三农”和广大客户，支行营业部是突出代表，县“芙蓉杯”竞赛标兵岗、省分行2007年春天行动储蓄存款净增优胜网点、基金销售优胜网点、2008年“大行德广伴你成长、金钥匙春天行动”个人业务综合营销活动储蓄存款净增优胜网点、樊启文2009年“三农”对公业务优秀客户经理、市分行2008年综合营销十强网点、主任钱泓霖个人业务综合营销优秀客户经理、杨碧凤个人业务综合营销优秀柜员、柏远林、夏绍元2009年市分行ATM“十佳”专管员、皮体健市分行2009年个人理财营销能手、个人代理基金销售能手、樊启文2010年1季度市分行贷款营销农村产业金融部条线第一名、周习斌农户金融部条线第一名、傅祖国个人网银营销与代理保险营销第一名等众多集体荣耀和个人业绩便是最好的诠释。

一、网点基本情况

农行澧县支行营业部处于澧县经济商业圈核心地带，现有营业面积800多平方米，由前台引导区、高柜服务区、低柜服务区、VIP服务区、客户休息区、金融产品展示区、信贷业务营销中心、ATM自助服务区等功能区域组成，是澧县金融机构最具影响力的营业网点之一。现有员工36名，其中正副主任及会计正副主管5人、专职客户经理4人、VIP室3人、高低柜柜员9人、三级主管2人、大堂副理2人，管库及其他后台人员12人。36名员工中共产党员10人，具有本科学历1人，大专学历15人，会计师1人、助理会计师、经济师18人，12人具有保险代理人资格证书、16人具有基金销售资格证书、21人具有中国银行业协会从业资格证书。全体员工都能够很好执行银行业协会各项服务规章制度，并且能够积极学习通过各项业务技能考试。

二、主要措施及成效

多年来，澧县支行营业部始终把客户的需求作为工作的出发点，一切围绕客户，一切为了客户，努力以高效、快捷、先进、准确的方式为客户提供全方位、多角度的金融服务，竭力打造文明规范服务的示范窗口。

（一）注重强化组织推动。营业部根据农行网点文明标准服务和6S管理理念，紧密结合工作实际，加大营业部文明规范服务工作力度，组织制定了营业部大堂副理制度、晨会制度、迅检制度、服务分析报告制度、客户推荐制度、规范服务制度、日志制度、客户信息保密制度、风险披露制度、客户需求收集制度、客户意见簿等优质服务操作流程和实施细则。比如以每日晨会的形式，不断推进服务的精细化。在晨会上，组织学习金融新产品、新业务，更新服务理念，树立主动服务意识，不断适应业务创新，满足客户服务要求。通过晨会，统一当天员工思想，激励员工情绪、明确当天工作、提振精神、练习基本服务动作、锻炼员工队伍。

（二）提升服务执行意识。营业部从加强员工服务意识入手，注重员工业务素质和服务技能的提高，注重岗位规范、统一着装、仪表举止、文明用语、电话用语等服务细节，邀请上级行服务礼仪讲师强化礼仪培训，使员工的团队协作意识、个人气质和行为规范都发生了极大的转变，实现了团队整体服务能力的提升。同时，经常性地组织全体员工对新业务、新知识以及综合柜员、客户经理的业务学习，开展点钞、ABIS业务操作和柜台业务知识等岗位技术练兵活动，员工刘祖凤在今年4月常德分行举办的第三届柜台业务技术比赛中获得了机器点钞第一名。另外还积极开创亲情服务、温情服务、提醒服务、预约服务等特色服务，切实做到了服务标准化、操作规范化，增强了员工的自律意识，保证了服务的执行力。

（三）努力提供贴心服务。针对客户在网点办理业务难免出现等候时间长等突出问题，营业部在优化网点服务流程、合理调配劳动组合等方面狠下工夫。针对营业前凭证、机具准备不足的问题，要求全体员工每天必须提前三十分钟到达营业部，进行晨会和上班前的准备，每天班后要认真做好工作清理，对当班发生的问题不论时间再晚坚持在当天解决，保证下一班按时营业。在春节和农副产品收购季节等业务高峰时段，实行弹性工作时间，合理排班开足窗口，属轮班休息的员工放弃休息，主动到营业部大厅、到后台提供服务，有效地提升了客户服务效率。为有效促进工作作风的改变和服务水平的全面提升，实行正副主任轮流坐班制，每天至少要有三分之二的时间工作在网点一线，了解客户需求、处理棘手问题、做好工作日志。为加强营业场所服务环境和办公环境建设，制订了严格的服务场所卫生管理规定，严格实行营业场所环境“五净”、“三无”标准，做到地面净、桌面净、玻璃净、门前净、墙壁净，无卫生死角、无乱堆乱放物品、无过时张贴。在营业外大厅按照舒适、温馨的要求摆置了鲜花，添置了饮水机、雨伞、报纸、老花镜、便民箱等设备，以保持营业环境的清新、优雅，给客户以宾至如归的感觉。为确保客户“敢用、会用、想用”各类金融理财产品，使客户真正体会到“物有所值”，该部高度重视产品的售后服务，除由大堂副理和营销人员指导客户用好网上银行、电话银行等产品外，每逢春节等重大节日，还由客户经理采取上门慰问、走访、电话短信问候等方式，进一步密切关系，加深感情。每遇冰雪天气，在第一时间安排好防滑设施和防滑的温馨提示。为解决客户车辆停靠问题，积极向上级行争取资金，在营业部门前修建了近200平方米的停车场，极大地方便了客户。诸多贴心服务措施的实施，服务环境的净化美化，让客户得到更为人性化的温馨服务体验，赢得了客户的满意与忠诚。

（四）扎实开展窗口营销。发挥网点资源优势，积极开展窗口营销，最大限度地满足客户需求。一是充分发挥大堂副理在客户引导分流和识别中高端客户中的关键作用，用足用活各类金融产品特点与优势，第一时间把握客户需求，及时捕捉客户信息，为客户提供针对性的产品；二是充分发挥大堂副理、大堂保安、客户经理和柜台人员在网点营销与服务工作中的整体联动效应，坚决杜绝“重营销、轻服务”或“只营销、不服务”的片面效益观以及“只注重产品营销、不考虑客户实际需求和实际应用”的短视做法；三是充分发挥电子银行和自助设备在分流柜面压力，节省客户等候时间、创新业务品种等方面的积极作用。四是扎实开展“与邻居共发展”活动，作为网点窗口营销的有效延伸。五是开展农行金融产品进社区、进机关、进企业活动，向社会大众普及金融知识，让客户更加了解农行、信赖农行。

（五）坚持依法合规经营。在加强优质服务的同时，坚持依法合规经营。加强员工思想动态教育，严防道德风险；加强内控管理，严防操作风险；加强个人优质客户信息保密性，严防客户信息泄密风险。实现了多年内控管理无案件，业务经营无事故、客户服务无投诉的目标。

通过以上措施，近几年来支行营业部取得了一流的业绩，极大地满足了社会公众的金融服务需求，得到了广大客户的一致赞誉。到2010年5月31日，该部各项存款余额85101万元，比年初净增13532万元，占该行净增额的45.6%，其中储蓄存款61183万元，比年初净增5788万元；公存款23918万元，比年初净增7744万元；各项贷款余额13207万元，累放8357万元，比年初净增4500万元，占该行净增额的57.3%；其中个人贷款6974万元；销售基金3600万元，贷记卡完成530张，储蓄卡发卡800张，代售保险1500万元，新增电子银行客户10000户，ATM机4台，人、机业务量日均超过150笔。多项业务指标完成率在常德分行名列前茅，在2010年1季度综合考核中列支行第一名。6月10日的“夏日激情”银鹰竞赛又传来喜讯，该营业部列全省农行区域理财中心条线赛马第五名、市行第一名。

强化服务意识　提升服务质量　坚持合规经营 以优质文明高效的服务促推业务发展

——农行株洲市高新技术开发区支行营业部

一、基本情况

农行株洲市高新技术开发区支行营业部地处株洲市天元区长江北路122号，始建于1993年，经过多年快速发展，我部截止到2009年底，拥有本部和1个消费信贷组，有员工26人，其中：负责人2人，柜员7人，理财师1人，大堂经理1人，自助银行设备4台，高低柜台6个，VIP贵宾室一个，个人专职客户经理7人。

2009年在市分行党委、银行业协会的正确领导下，在分行各职能部门的大力支持和帮助下，我部认真贯彻省、市分行年初工作会议精神，坚持有效发展与合规经营和谐统一，坚持业务经营与优质服务相得益彰的经营思路，强化服务意识，规范服务用语，以优质、文明、高效的服务，有效地促进了业务的快速发展。截至12月31日止，我部各项存款余额29871万元，比年初净增3138万元，完成年度任务102%。各项贷款余额36428万元，比年初净增2511万元；实现中间业务收入405万元，完成年度任务的112%；完成拨备后利润1530万元，完成年度任务的115.12%；全年无案件和责任事故。

二、主要工作措施和成效

成绩的取得是我部全体员工辛勤劳动和奋力拼搏的结果，是与我部积极开展“文明规范服务，全面提升服务水平”的活动密不可分的。在实践工作中，为把我部文明规范服务活动贯穿于工作的始终，为客户提供优质、文明、高效的服务，创造良好的服务环境，切实解决客户特别关心的柜台服务质量问题，我部着重做好了以下几个方面的工作：

（一）领导重视，强化文明规范服务考评机制。在硬件设施相当的前提下，金融服务行业的竞争在于服务，谁的服务好，谁就能在竞争中占得主动，谁就能获得较快的发展。为此，年初伊始，我部把提升全行文明规范服务工作摆上重要议事日程，一是加强领导，完善机制。为加强对文明规范服务工作的组织和领导，我部主要负责人亲自狠抓落实，会计正副主管经常督促检查；并于年初将优质文明服务作为一项主要工作目标写进本部2009年工作规划中，把员工的文明规范服务工作与综合考核挂钩，从而形成了文明规范服务工作的组织体系和考核机制。二是开展6S优质服务标准导入。为提升员工的服务质量和服务意识，在市分行的统一安排部署下，于8月份组织员工参加了6S服务标准导入活动，从仪容仪表到柜台业务受理操作均严格规范，要求按标准一次到位，6S标准的有效导入，使我部员工的服务意识得到较好的提高，服务热情、服务质量得到明显改善，同时将文明规范服务好坏纳入各岗位员工的季度、年度综合目标考核，直接与每位员工的绩效考核挂钩，与柜员星级评定挂钩，奖罚分明，形成自下而上的文明规范服务综合考核体系。提高了广大柜员坚持文明规范服务的自觉性，涌现出一批如胡晓莲、袁维其综合服务水平达五星级的优质柜员。

（二）加大投入，着力改善服务环境。在着力提高全员优质服务的同时，在市分行的统一安排部署下，一是按照总行理财中心的装修标准，投入100多万元，对支行营业部进行了彻底改造，改造面积达800余平方米，全部按照网点转型的布局设计，科学规划，改造后的支行营业部面貌焕然一新，设立了贵宾室、理财室、自助银行区，开设高低柜台7个，整个营业大厅基本上实现了功能分区、服务分层、业务分流。成为株洲农行系统第一家综合理财中心，并配备大堂经理和大堂保安，引导、协调、服务客户快捷高效的办理业务，接受客户的咨询。同时安排专人每天对大厅定时进行卫生保洁工作，长年摆放鲜花、盆景，及时维修灯光。保证营业大厅美丽、干净、光亮、舒服。二是我部根据其实际情况，设置了客户业务区和休息区，在客户业务区内配备了叫号机，温馨提示，利率牌，柜台备齐钢笔、印台、对讲机、老花镜、验钞机等便民设备，方便客户办理业务。三是加快自助机具投放进度，提高机具的运用效率。我部在强化柜台服务的同时，根据我部经营特点，安装了4台ATM机，并安排专人负责加钞、维护、引导客户使用和管理，做到不空钞，少发生故障，机具的使用率较高，做到了全天候服务客户。为确保安全，安装了防弹玻璃、防尾随门和闭路全天候电视监控系统。

（三）加强培训，不断提高服务技能。要想为客户提供优质、文明、高效的服务，服务技能是基础。为此，我部重视抓好员工的服务技能，特别是柜员的服务技能的提高。一是坚持每月至少一次的业务学习制度。二是积极参加上级组织的业务培训，凡是省、市分行组织的培训，我部积极派员参加，没有要求参加的，只要有时间，也主动参加培训。三是鼓励员工参加各种资格证班和学历班的学习和考试，去年，先后有3人参加银行业资格证班的学习和考试，并全部通过。有2人通过理财师资格考试。四是利用岗位练兵、岗位轮换、综合营销和自学等多种途径来提高服务技能。从而，为文明规范服务打下了坚实的基础。

（四）转变观念，增强文明规范服务的意识。为把文明规范服务工作做到规范化、制度化、经常化。不断增强员工的文明规范服务的意识，我部注重从员工的着装、仪容、用语这些细节入手，循序渐进。一是员工统一着行服上班，悬挂工号牌服务，女员工化淡妆，对员工的办公桌实行"四条线"管理，即办公桌是电脑、打印机、办公桌椅、文印工具一条线管理，着装要干净，仪容要端庄；二是统一文明用语，规范服务行为。我部把上级规定的文明用语印成小册子，每人一份，要求背熟练。在实际工作中，与客户交流用语规范，来有迎声，去有送声。进门有茶喝，问话有回答。三是网点利用每天召开晨会之机，对前天的文明规范服务进行讲评，对存在的问题进行分析，查找原因，提出解决的办法。四是设立客户意见箱，及时收集客户对我部文明规范服务工作的建议和意见，及时加以改进。

（五）严格管理，落实制度，确保经营管理安全运行

一年来，我部认真加强管理，依法合规经营。一是充分利用案件专项治理活动的契机，全面系统的对全行业务制度进行学习，对业务经营管理方面存在的问题进行了一次彻底的清查，建立了发现问题台账，并明确了具体的整改时间，整改责任人进行整改，尤其是在贷款、信用卡和柜台业务方面，坚决杜绝调查不实和自办业务的发生。二是加强各项制度规章的学习执行力度，通过以会代训和员工参加上级行组织的培训形式，认真学制度，并要求在业务操作中严格按制度落实到每一个环节。如个人消费贷款业务，量大手续繁杂，政策操作性强，支行要求消费组每个客户经理必须熟悉房贷政策，严格依规合法办理每一笔房贷按揭业务，取得了业务拓展与合规经营同步推进，比翼齐飞的良好结局。2009年以来全年共计累放贷款530笔，累放贷款9643万元，无一笔逾期不良。

以标准服务　创行业佳绩

——桂林七星支行营业室

桂林七星支行营业室成立于1993年10月，位于漓江之畔，毗邻桂林国家高新开发区，现有员工14名。是一个银行业务种类齐全的精品网点，是桂林城区标杆网点之一。

多年来，七星支行营业室一直以"创造一流、追求卓越"为宗旨，以市场为导向，以客户为中心，以效益为目标，创造了良好的经济效益和社会效益，成为七星支行各项业务的支撑，有力地支持了地方的经济建设与发展。到2009年末，各项贷款余额57920万元，各项存款余额34010万元，全年实现经营利润5608万元，人均创利373.866万元，中间业务收入389万，中间业务开展取得显

著成效。

在服务地方的过程中，七星支行营业室也获得了社会的好评和肯定，连续多年被自治区和全国妇联评为“巾帼文明示范岗”和“三八红旗集体”；2009 年被评为自治区“文明单位”；获得农总行授予的“青年文明号”光荣称号；获得区分行十佳文明标准服务网点称号。获得桂林七星高新区“综治平安建设先进单位”、“思想政治工作和精神文明建设先进单位”、“双拥工作先进集体”等荣誉称号。

一、以人为本，挖掘内在潜能

员工是各项具体业务的执行和操作者，推动着各项业务的发展；顾客是我们服务的对象，是业务拓展的依托。基于此，一方面七星支行营业室注重员工素质的提高，建立了学习型小组，坚持和完善晨会制度，写好晨会记录和员工学习心得。通过持续性的学习，潜移默化地增强了员工服务意识、奉献精神，逐步转变服务理念，进而激发员工的工作热情，提高业务技能水平，培育创新能力，更好地为客户服务。另一方面要以客户为中心，想客户之所想，急客户之所急，为客户提供便捷、周到的服务。通过实践使得员工的精神面貌焕发出新的风采，增进客户对我们的理解和认可度。

二、创新服务内容和方式，实现银行与客户双赢

利用我行客户等级管理系统对客户进行分层管理，了解不同层次目标客户的金融需求。根据客户不同需求采用多种服务的方式，提供差异化的服务，以满足不同层次客户的需求。再结合桂林当地经济发展的实际情况营业室在努力满足不同层次客户的需求上下工夫，做到：对零散客户设点服务；对远距离客户预约服务；对营业无规律客户定时服务；对收款量大客户现场服务；对有特殊需求客户上门服务；对一些企业用户推荐企业网银，方便客户的同时，也节约了营业室柜台资源和业务办理成本；加大电子银行产品的营销和推广力度，以便更好的风流客户，减轻柜台业务办理压力，从而减少客户的等待时间和抱怨。针对一些中高端客户主办一些理财沙龙，为客户提供适合的理财产品，如基金、保险等。如此不仅很好的维护了客户资源，极大的推动网点中间业务的发展。营业室继 2008 年获得“保险代理百万元网点奖”之后；2009 年获得“保险金牌网点奖”和“开门红金钥匙贡献奖”。通过服务内容到服务方式创新，实现客户与银行的双赢。

三、环境整洁优美，塑造文明窗口新形象

2009 年七星支行营业室完成了文明标准服务导入，零售业务转型过程中实现了“软环境”建设新的跨越。七星支行营业室严格按照导入要求，对网点原有布局做了优化调整，并坚持执行导入关于网点环境维护制度，做到“净化、绿化、美化”，无卫生死角，杂物摆放整齐，在营业窗口前配有供顾客使用的凭证、笔墨、老花镜、验钞机等。员工统一着装、佩戴领带和领巾、面带微笑、语言规范，为客户提供优质、高效的服务，充分展现出农行良好的企业形象和员工积极向上的精神面貌。给客户以耳目一新的感觉。通过这些外在形象的转变，让客户对网点建立起新的视觉形象，进而重塑我行网点在客户心目中的形象。

四、深入社区，服务居民

七星支行营业室处于施家园社区，为了创造良好的企业外部运营环境，与周边的居民和睦相处，奠定拓展客户发展业务的基础。七星支行营业室经常配合社区开展各项活动，如学雷锋、为残疾人捐款、清洁社区死角、社区文艺演出、拔河等活动，加强了与社区的沟通和联系。营业室还经常到施家园社区开展金融产品宣传和金融服务，主要为社区居民提供假币识别、网上银行、转账电话、贷记卡、家庭理财等金融业务咨询，将农行的新推出的金融产品及时推向社区，让社区市民体验和感受农行的金融产品。增进居民对农行金融产品的了解，提升居民对农行产品的认可度。

在上级行和支行党总支的正确领导下，七星支行营业室的全体员工通过强化服务，打造品牌，努力营销，取得了辉煌业绩。特别是在进行了“网点文明标准服务”导入之后，积极践行“赢在大堂”策略，通过标准化网点服务，促进网点转型，改善客户体验，提升我行品牌形象。并且我们有一个热情而富有活力的团队，有着昂扬斗志和奋发向上努力拼搏的精神。随着农行成功上市，激励机制逐步完善，我们将踏上新的征程，迎接新的挑战，续写新的辉煌篇章！

求新　求变　求发展

——广西南宁友爱支行营业室

南宁友爱支行营业室是农行广西分行精品营业网点之一，它是一个奋进而又富有战斗力的集体，拥有青春、梦想和朝气。“求新、求变、求发展”是这个集体坚定的信念，特别是 2009 年，友爱支行营业室坚持“以市场为导向、以客户为中心、以效益为目标”的经营思路，通过创新服务模式，细分客户层级，形成了适应不同客户群体、多元化的服务体系，全面提升了个人金融业务的竞争力，创利能力不断提高、市场竞争力稳步提升，各项业务也取得了骄人的业绩。

一、科学管理，走多样化经营之路

友爱支行营业室一直将科学的管理作为增强全体员工

凝聚力、提高服务技能水平和杜绝事故、差错的首要条件。他们在原有各项管理的基础上不断求新，探索出了一个全新的管理模式，即：两种规范、三项考评。两种规范：严格遵照文明服务标准、ISO 业务流程统一和规范员工的行为，使管理走上制度化，正规化道路，创造了全年业务量100.8 万笔却未发生一起重大差错事故的奇迹。三项考评：在明确责任、执行规范的基础上，制定了严格的考评制度，将每一位员工的服务技能、核算质量和营销业绩等三个方面进行量化。以台账形式记载员工的工作表现和营销业绩，并在晨会上经常性地进行通报，以达到相互激励的目的，通过考核使员工之间取长补短、共同提高。

二、抓住重点，加大力度组织存款

友爱支行营业室始终高度重视存款的基础作用，紧紧贯彻支行“抓住有利时机、营销重点客户，抓大不放小，向同业要存款”的经营思路，实实在在的抓存款，不搞数字游戏。

在对公存款方面，采取“多联系勤走访”的策略，每月至少走访一次丰浩集团、昌龙公司等大客户，了解客户金融服务需求，为客户提供全方位贴心的金融服务。同时，还充分调动员工利用各种关系进行营销。在得知某公司欲要在银行存入一笔保证金以便在南宁市北湖路买地的信息后，友爱支行营业厅立即组成营销小组，抢在建行之前赶到该公司与公司负责人商谈存款事宜，当天就成功为该公司开好了账户并为其办理了通知存款业务。友爱支行营业厅以他们的真诚和专业获得了1500 万元存款的同时也赢取了客户的信赖。八月份，福建商会由于会长到期换届，许多会员的会费要在八九月份收取。友爱支行营业厅得知消息后，迅速为商会开设业务绿色通道，收取会费 600 多万元，并在九月联系会长做好了会费留存工作。在储蓄存款方面，友爱支行营业厅加强了对 VIP 客户的细化管理，建立健全了的 VIP 客户资料信息库，并制定联络计划，通过电话、短信和上门拜访方式联系客户。在抓大客户资金的同时，友爱支行营业厅紧紧贯彻支行“抓大不放小”的经营思路，经常地对周边的个体工商户进行走访，换零钞、收残币，为客户提供各种力所能及的服务。真诚的服务态度感动了客户，在友爱支行营业厅覆盖范围内的 50% 个体工商户在该营业网点开户，成为长期的客户群体。

正是他们这种超越常人的努力和付出，使他们取得了突出的业绩。2009 年友爱支行营业厅存款余额达 84961 万元，其中储蓄存款余额达 53392 万元，全年新增 12728 万元，为友爱支行经营和发展做出了巨大的贡献。

三、特色营销，增加网点创利能力

2009 年，友爱支行营业厅紧紧围绕支行制定“三个效益增长点”的经营战略，通过创新工作思路、细化宣传对象、丰富宣传内容，以全方位、立体式的宣传策略和特色营销促进了代理业务的飞跃式发展。截至 12 月末，友爱支行营业厅累计代理销售基金 3785 万元、代理销售保险 308 万元，实现中间业务收入 1138 万元。

友爱支行营业室结合地区投资热点，把营销基金等理财产品作为带动各项产品发展和创利的重点。他们不断推陈出新，探索宣传营销工作新思路，做到人无我有、人有我新。为了扩大代理基金业务的声势，实施了“全方位、立体式”宣传活动。一是制定并实施《全员营销拓展新增基金客户实施方案》，倡导全体员工充分发挥营销积极性，人人主动营销，积极拓展新客户；二是开展一系列面向社会公众的普及型宣传。抽调业务骨干，在辖区内繁华地段、居民小区、休闲广场等地，以现场讲解，发放宣传单、折页，悬挂宣传横幅等形式，对普通老百姓进行基金理财产品等知识的普及宣传；三是举办以优质客户为主的理财沙龙。将原有优质客户、重点客户、基金客户等组织在一起，根据客户需求及投资要点等，有针对性地进行宣传介绍，并就客户感兴趣的问题与客户进行互动，将投资理财新理念传递给客户。

四、细分客户，实施优质客户战略

友爱支行营业室的员工时刻牢记着：竞争优质客户是创造效益的主要手段，是银行核心竞争力的重要组成部分。因此，友爱支行营业厅在做到“全心全意地为客户服务”的同时，也随着新的金融服务理念不断升华，努力探索一条差异化、分层次的客户服务方式，树立以人为本的服务效率观，形成以效能服务为目标的优质服务形象。

在工作中，通过将现有客户进行细分，充分发挥营销骨干的作用，最大限度地调动员工的工作积极性，形成团队的合力。充分利用所处的地理优势、业务优势、服务优势等，大力营销新的优质客户，还积极对原有的客户群体进一步挖掘，力求将每一个客户做精、做细。根据“网点转型”，加强了对客户、员工、业务流程三个关键要素的整合，通过流程的实施将现有客户进行识别、划分，做到对一般客户提供标准服务，对优质客户进行重点服务。依托大堂经理，在为优质客户办理业务中充分体现个性化服务手段，从识别引导、接触营销、业务处理、关系维护等几个环节对优质客户实施全过程的贴身服务，突出“以优质客户创造效益”的发展战略，取得了明显的成效。

2009 年，友爱支行营业室共发展 20 万元以上个人优质客户 375 户；在客户营销管理系统中建立客户档案 308 户，对中高端客户开展产品推荐、慰问拜访、理财服务等各类服务 806 次，突显出了我行网点对优质客户资源的竞争能力。

“商如行船，客如流水”，友爱支行营业厅在不断发展壮大中，圆满地完成了上级下达的各项业务指标，也使自己乘风破浪，驶入了更新更广的领域，相信在新的征程中，这枝茂盛的奇葩，更会结出累累的硕果。

三亚分行营业部

中国农业银行三亚分行营业部是三亚分行的第一服务窗口，代表着三亚农行的形象。该部共有员工28人，是一个团结和谐、拼搏向上的团队。2009年是农业银行实施股份制运作的第一年，该部及时转变经营理念，以提高服务质量为核心，以加强内部管理为基础，以加大营销力度为手段，出色地完成了储蓄存款指标，储蓄存款余额达56569万元，比年初增16861万元，增量位居全省农行第一，增长42.46%，完成年度存款任务的173.82%。

一、狠抓柜台基础服务提升工程，导入规范化服务

网点转型，服务先行。2009年10月份，营业部进行文明标准服务导入工作，组织全体人员系统地学习了标准文明服务用语、服务技巧、营销技巧、与客户沟通的方法及如何安抚客户等等，积极推进柜台规范化服务。一是对仪容仪表进行统一规范。统一着装，统一佩带工号牌，统一发型、配饰，规范言行举止。二是要求柜员熟练使用标准服务用语，微笑服务。该部实施规范化服务后客户投诉大大减少，满意率提高，吸引了更多的客户，促进了存款的大幅增长，个人存款户全年新增12500户，增长率达20%，仅11.12月份，储蓄存款净增9647万元，占全年新增总额的57.2%。

二、实施“赢在大堂”战略，提高大堂服务水平

营业部每天有一千多储蓄客户办理业务，但储蓄柜台含VIP窗口在内只有五个窗口，供求矛盾突出。因此做好大堂管理，对于提高柜面工作速度和提高客户流转率至关重要。该部不管工作多忙、人手多紧都没有安排大堂经理其他工作任务，而是让大堂经理专职做好本职工作。大堂经理韩干才同志兢兢业业、尽职尽责，承担起加强大厅现场管理和业务引导咨询，指导客户填单，引导教育客户使用ATM存取款的任务，有效地缓解了柜面的工作压力，让柜员专心办理业务，进一步提高了柜员办理业务的速度。

三、调整营业大厅布局，狠抓环境卫生的治理，为客户创造一个温馨的环境

营业大厅物品的摆放根据科学、合理、方便客户使用的原则，调整了客户座椅的摆放布局，使其更具人性化和温馨感，增设饮水机，报刊架，雨伞架，便民设施，绿植与花草，及时更换业务宣传资料。狠抓环境卫生的整治，做到窗明几净。温馨的环境，合理的布局增加了客户的亲切感，一定程度上缓解了客户焦急等待的心理，避免了客户的流失。

四、加强VIP柜台服务，向贵宾客户要存款

银行业80%的效益是由20%的大客户提供的，这是著名的“二八”定律。VIP窗口是重要的存款营销阵地，做好VIP窗口的服务至关重要，该部选派业务能力强的同志到VIP窗口工作，同时要求后台人员随时配合VIP柜台的工作，积极协助VIP柜台清点大额现金、进行身份证核查等工作，营业部经理黎丽芳同志也经常坐镇VIP窗口前，及时解决VIP窗口遇到的各种问题。迅速提高VIP窗口的服务质量和客户流转量，从而提高VIP窗口的服务效率。该部VIP窗口的服务质量的提高得到了广大贵宾客户认可，大批贵宾客户落户该部，2009年新增贵宾客户254个，带来新增存款9000万元。

五、加大营销力度，主动出击揽储

储蓄存款业务，该部做到一手抓柜台服务，一手抓对外营销，牢固树立“竞争高端，稳定中端，分流低端”的指导思想，主动出击，利用各种人脉关系，积极拓展以旅游业、房地产业为主的高端个人客户。该部客户经理赖先锋共拓展个人高端客户18户，揽储6580万元。为储蓄存款的强劲增长做出了突出贡献。

六、爱岗敬业，共创辉煌

营业部是三亚农行主要的形象代表，其成败对三亚分行来说及其重要，在成功的诸多因素中，人的因素是第一位的，因此该部把对职工的爱岗敬业教育作为一项大事来抓。一是把分行的经营方针、指导思想、营业部的存款任务等及时传达给员工，增强员工的进取心、责任感。二是加强爱岗敬业教育、企业文化教育，培养员工以行为家的思想品德。三是主任带头，发挥榜样作用，带动全员积极进取。一年来，大家心往一处想，劲往一处使。该部平时对外营业时间截至下午5点钟，但由于客户太多，柜员每天都要服务到近6时，加上清点现金、整理传票等，大家几乎每天都是天黑了才回家。对此，大家无怨无悔。同时，为了加快前台办理业务的速度，增加更多的存款，后台的同志也不计较个人得失，主动为柜员清点大额现金、办理身份证核查、复印身份证、复印资料、传送汇票甚至送茶倒水等等。正凭着大家的共同努力，营业部2009年的储蓄存款取得了骄人的辉煌业绩。

灾后重建创“汉旺速度”网点转型树行业新风

绵竹汉旺支行认真贯彻落实上级行加快网点转型的指导思想，紧紧围绕绵竹支行的发展规划，立足县域经济，抢抓灾后重建契机，不断优化县域金融服务，在抗灾自救和同时，以完善的金融服务为灾区建设提供强有力的支持，并实现了自身业务的快速发展。

一、直面灾难不退缩，金融服务当先锋

千年不遇的“5.12”特大地震给绵竹造成了重大损失，而距震中仅29公里的汉旺也不可避免的成了极重灾区。为将地震对业务经营的影响降低到最低程度，震后第一时间，支行就制定了周密的对外营业方案及应急预案，提出了在支行办公楼前搭建简易营业用房，全行八个网点集中办公，同时恢复正常营业的思路。由于组织有力、方案缜密，汉旺支行成为绵竹第一时间恢复营业的金融机构之一。恢复营业后，支行抓住独家代理发放全市赈灾资金的有利时机，及时做好“赈灾资金”的组织工作。为了保证救灾资金发放的及时到位，支行组织专门人员深入到灾民集中安置点，现场发放救灾款。他们还特地印制了赈灾专用信封随同一起发放。每一封赈灾专用信封里，有一份赈灾款，还有一份农行灾后个人金融服务指引，带着农行人支持灾区人民重建家园的深情，让受灾民众真切感受到党和政府的温暖，同时也为农业银行做了最好的业务宣传。在板房银行临时办公时，汉旺支行始终倾力提供优质金融服务，受到当地政府和群众的一致好评，在稳定老客户，拓展新客户上收到了良好的效果。

二、灾后网点建精品，努力打造新标杆

省分行高度重视灾区网点的抗灾自救和金融服务工作，厉国民行长曾多次亲临汉旺支行，指挥抗灾，指导重建。他勉励该行“既当抗震英雄，又要当重建模范”。为尽早抢占汉旺新城市场，更好的支持县域经济发展，汉旺支行通过与装修公司的通力合作，再次创造了惊人的“汉旺速度”：汉旺支行从网点选址、方案的设计到网点土建完成仅用了短短四个月时间，从施工队到全部装修完工仅仅用了28天时间。重建后的汉旺支行完全按照农总行新的VI标准设计，形成了业务分流、客户分层、产品分销的基本格局。今年5月12日前，新汉旺支行盛装开业，作为汉旺新城唯一一家大型商业银行，汉旺支行以自己的实际行动践行着“深化服务三农”的誓言。

三、加大培训促转型，强力营销快发展

为有效提升营业网点服务效能及对外形象，加快网点经营转型，促进业务快速发展，2010年6月21日—24日，省分行网点文明标准服务内训师团队到汉旺支行，对汉旺支行进行了文明标准服务集中培训现场导入。在大家的共同努力下，导入活动取得了圆满成功。网点硬件设施有所改善，物品摆放有章可循，员工精神面貌焕然一新，迎客服务热情规范，大大促进了网点文明标准服务水平的提高及经营转型工作，网点服务软硬环境的改善也博得了众多客户的一致好评，促进了业务发展上新台阶：

一是通过做好贵宾客户的维护工作，做大存款总量，夯实业务发展基础。截至2009年末，各项存款余额12957万元，其中：储蓄存款余额11208万元、对公存款余额1749万元；至2010年6月末，汉旺支行各项存款余额达62310万元，比年初增长49353万元，其中对公存款增长49145万元。

二是结合当地的实际，积极抢抓新市场，加强与汉旺无锡工业园区的跟进与联系，做好工业园区的新企业客户的开户工作。同时，主动了解企业最新动态，分析客户金融需求，积极寻找企业金融需求突破口，量身定做金融服务方案，与企业建立了良好的金融合作关系。

三是强化支行内部人员的联动机制和对客户的分层维护机制，推动员工主动营销个人金融产品。2010年上半年，该行个人理财累计销售量达400多万元，代理销售保险200余万元，取得了保险代理业务的震后新突破，基金销售突破100万元大关 。

注重服务细节　彰显转型成效

——成都商鼎国际支行

中国农业银行成都商鼎国际支行抓住网点转型契机，外塑形象，内强素质，狠抓标准文明服务建设，加强网点营销力度，取得了显著的成效。截至2009年12月末，该网点人民币存款余额为91093万元，比年初增长12664万元，完成年度任务的180%，其中对公存款53143万元，比年初增长6976万元，储蓄存款余额达到了37950万元，比年初增长5688万元。在省分行组织对辖内网点的暗访中，该行取得了全省第一名的好成绩；并荣获“四川银行业百家文明规范服务示范单位”称号。

一、硬件转型，奠定基础。该行原名华丰支行，1999年成立，位于成都市二环路南一段华丰食品城内，是典型的市场型网点。该网点营业面积狭小，仅有一百余平米，无法有效地进行功能分区，增设自助设备也受到限制，客户排队等候现象严重，柜台压力较大，服务质量和业务的进一步拓展也因此受到影响，原有的硬件设施条件已成为推进该项工作的一大瓶颈，网点改造已迫在眉睫。该行经

过充分考察、研究和论证，决定进行迁址。经过紧锣密鼓的装修改造，2009 年 3 月，一个营业面积八百多平方米，功能分区完善、设施配备一流的理财中心正式开业，这便是商鼎国际支行。

二、以人为本，内强素质。为增强员工服务意识，提高员工服务质量，该网点多次组织有关培训，形成了互比、互学、互帮、互赶的学习热潮。该网点员工通过参加专业培训、自学，多人取得了 AFPTM 全国注册金融理财规划师、中级会计师、银行从业、保险代理、基金从业、证券经纪等资格认证。

三、严格制度，合规经营。为进一步推动软转型，该行制定了《总府支行营业网点经营转型实施意见》、《网点文明标准服务实施细则》等，将网点员工的绩效工资与服务水平挂钩，严格奖惩。结合工作实际，该网点亦制订了《商鼎支行软转型方案》，并付诸实施，使软转型进一步规范化、科学化；组织员工认真学习《中国农业银行网点文明标准服务手册》，严格执行导入标准，不断完善服务措施，美化服务环境，加强现场管理，规范员工服务，不断提升营业网点整体形象。

四、团队协作，个性服务。商鼎支行将 6S 管理理念引入网点现场管理，从网点主任到大堂经理层层定期巡视，严格把关，相关人员积极配合，反应迅速，努力为客户营造一个宽敞明亮、整洁舒适的营业环境。与此同时，支行积极开拓创新，为该网点增配大堂副理，协助大堂经理识别、分流贵宾客户，实现人员分流、服务分层，一切以客户为中心，急客户之所急，想客户之所想，让客户在轻松、愉悦的氛围中办理业务，享受家庭式的关怀。

雄关漫道真如铁，而今迈步从头越！如今的商鼎国际支行正以崭新的面貌迎接金融业的挑战，向着更新、更高、更远的目标前进。

网点转型促发展　标准服务展风采

——贵州贵阳中北支行营业室

中北支行营业室位于贵阳市盐务街 19 号，现有职工 16 人。多年来，中北支行营业室紧紧围绕业务经营这个主旋律，狠抓业务发展，强化内控管理，全面推进网点转型建设，实现了业务经营快速、健康、持续发展，连年完成支行下达的各项工作任务。截至 2009 年末，中北支行营业室本外币各项存款余额 53215 万元，其中，个人存款余额 19593 万元；本外币各项贷款余额 69960 万元，实现中间业务收入 339 万元，三星级以上客户数 169 户。

一、着力功能分区改造，有效实现网点硬转

为满足不同类型客户的服务需求，解决环境拥挤、功能分区不合理等现象，中北支行营业室对营业大厅进行了功能分区改造，设立了咨询引导区、客户休息等候区、非现金业务区、现金业务区、VIP 贵宾室、贵宾理财室和自助服务区 7 大区域，还添置了 3 台自助设备，2 台网上银行，做到了客户分层、功能分区、服务分流。通过功能分区改造，中北支行营业室可以根据客户对业务功能的需求，准确判定业务服务区域，实现了小散业务向自助分流，优质客户向电子银行分流，高端客户向精品服务分流，转账业务网上走，批量业务后台走，使整个营业大厅井然有序。

同时，支行营业室还为 VIP 贵宾室、贵宾理财室添置沙发、茶几、休闲椅等设施，统一规格，统一色调。在咨询引导区，各种宣传资料按理财服务、贷款业务分类，有序摆放和张贴。点钞器、饮水机、报刊架、雨伞架、签字笔、老花镜和便民服务箱，填单台一应俱全。明确的功能分区、整洁的服务环境，有效的业务分流，中北支行营业室逐步实现了网点硬转。

二、大力提升服务品质，逐步实现网点软转

凭借“舞台可以简陋，但是演出一定要精彩”的坚定信念，中北支行营业室注重从软件上下工夫，使文明规范服务做到精益求精。一是专门聘请上海欧顾德顾问公司的顾问师进行了文明标准服务的导入。从服务环境、服务流程、服务礼仪等方面进行了梳理、改进。从班前晨会、开门迎客、“三声”服务、客户分流、站立式服务等进行了规范及细化，并制定了相关的考核规定，落实责任人，使每一名员工真正的将规范化服务融入到其工作中、行动中。二是通过竞聘的方式，将业务素质全面、组织协调能力强、善于沟通、具有亲和力的员工选配到大堂经理的岗位。并根据客户流量在大厅设置 2 名大堂经理，做到大堂经理服务全时段覆盖营业大厅，加强现场客户的分流引导与服务。三是凭借“最规范、最贴心、最个性”的服务，走出了一条特色鲜明的服务发展之路，也赢得客户的声声赞誉。2009 年，支行特邀贵州省残联手语部部长、省聋哑学校手语导师为全行 40 余名员工进行两场手语培训，并专门设立“残障人员专用通道”，实现残障人员专人服务，细微之处体现人文关怀。此外，每天下午上门为盐业、烟草、高校客户代收款项及票据，一年 365 天，无论刮风下雨，还是时逢节假日休息，从不间断，累计 1600 余次。同时，支行营业室更积极地投入到服务三农的历史使命中，通过与各村召开座谈会、举办讲座、送金融知识进乡入户等方式把方便送到了农户身边。

赠人玫瑰，手留余香。网点转型的成果不仅仅让中北支行营业室的客户感受到明显的变化和体贴入微的服务，在为客户付出辛劳与汗水的同时，更明显提升了员工的团队精神与协作意识，造就出了一支有吃苦耐劳的优秀品格、团队精神强、营销技巧灵活、业务能力过硬的员工队伍。网点转型以来，通过建立晨会制度、完善的绩效激励考核机制，肯定员工的工作努力，激发员工工作热情，培养员工相互尊重、相互鼓励的意识等措施，中北支行营业室员

工团队意识和团队精神较转型前明显提高。

中北支行营业室的网点转型用统一的标准，规范网点的服务营销模式，实现服务标准化和客户体验的一致性，提高产品了销售能力，也提升了客户满意度。我们“以客户为中心”而做出的努力，更为我们获得了“2008 年度中国银行业文明规范服务千佳示范单位”与“2009 年度中国银行业文明规范服务百佳示范单位”的荣誉称号！

服务无止境，农行中北人将继续探索、辛勤付出，在“以客户为中心”的路上永不止步！

创新大有可为　创新就在身边

——云南农行昆明国际商贸城支行

昆明国际商贸城支行是昆明市滇池国家旅游度假区支行所辖的二级支行，自 2010 年 2 月 26 日搬迁开业以来便以惊人的速度迅速成长，5 月 7 日实现对公及储蓄存款增长双双过亿；6 月 13 日，各项存款余额突破 10 亿元大关；截至 2010 年 7 月末存款余额为 10 亿元，较年初增长 82901 万元；其中储蓄存款较年初增长 56710 万元，特别是存储定期存款较年初增长 41000 万元。实现日均存款增长 7087 万元，在营业部城区六类网点 2 ~7 月份月度争先中连续排名第一。我行自开业以来共计办理贵宾卡 405 张，其中钻石卡 1 张，白金卡 240 张，金卡 164 张。办理 POS 机 190 台，收付易 20 台；销售保险 2180 万元；网银开户数增长 3981 户；手机银行客户增长 4664 个。共计办理业务 164693 笔（7 名柜员），现金收付 9.3 亿元，ATM 机共计办理业务 226203 笔（8 台 ATM 机），交易金额 4.3 亿元，机具分流率达到 64%。

省分行营业部的网点战略调整为商贸城支行赢得了广阔的发展空间，而我行在团队管理模式、服务理念、营销策略上的创新则将这种发展的可能性变为现实。

一、团队管理模式的创新

国际商贸城支行在开业初期便对营销工作进行了统一规划和布置，结合省分行营业部制定的绩效考核办法、支行制定的争先创优奖励办法，认真组织集体学习讨论、统一思想。根据国际商贸城支行的具体情况，总结了必须完成和争取达到的目标并分解落实到岗位（普通客户区按业务量进行考核；贵宾客户区按照达标贵宾客户开卡量进行考核；考核量低于平均业务量 80% 的员工将失去考核资格），使员工营销实绩与其考核性绩效工资等挂钩；充分调动职工参与整合营销的积极性、主动性、创造性，以此促进从前以银行自身为中心的单纯粗放型向以客户理财顾问型转变，在为客户提供服务过程中实现自身的目标和价值。

同时，透明化、制度化的管理模式也更增强了员工凝聚力。特别表现在：开业 1 个月以来，没有 1 名员工请假；负责授权的同志，每天需要在两层楼上下至少往返 70 余次；由于人员紧张，网点负责人客户经理轮流在周末职守大堂经理。其次，国际商贸城支行拥有 8 台 ATM 机，每次维护需加钞 500 万元，为了使客户随时能正常使用 ATM 机，每天营业终了所有员工都会一起配合 ATM 机加钞复点工作。

二、服务理念的创新

国际商贸城支行在“以客户为中心的服务理念”基础上进一步明确了以客户需求为中心，在新螺蛳湾市场打造农行品牌的服务理念。在营业部及支行的协助下历时半个月对市场 12000 个商户进行了走访，收集了第一手的客户需求信息。对于新螺蛳湾市场客户的需求有针对性地做出了调整：

（一）细分顾客，设置不同的服务柜面及楼层。国际商贸城支行位于新螺蛳湾市场附 D 区 2 至 4 楼，其中 2 楼为普通客户及未达标贵宾客户区，3 楼为达标金卡及 10 万元以上业务客户区，4 楼为达标白金卡客户区。为使我们的大户区能为我们真正的大户服务，我们严格执行达标客户才能在 3、4 楼大户区办理业务，使客户养成只有贵宾卡达标才能享受贵宾服务的习惯，提高贵宾客户的舒适满意度和忠诚度。其次，在业务需求较为复杂的 2 楼将柜台细分为未达标贵宾客户柜台、开户专柜、储蓄业务柜台。尽管这样可能会增加一部分客户的等待时间，但总体服务时间会得到改善，也可以减少等待服务的客户人数，降低网点的拥挤程度。

（二）实行柜台弹性数量制度。在对螺蛳湾市场贵宾客户交易时间跟踪一个星期后，我们发现贵宾客户主要集中在上午 9 至 10 点，下午 4 至 5 点间办理业务。为更好的服务客户，解决普通客户区的排队现象，该行采取柜员弹性作业，在贵宾客户无集中办理业务的时间段内调动柜员在普通客户区对外服务。

（三）实施“赢在大堂”策略。在客户等待服务期间，大堂经理为客户完成一些辅助性的工作（如指导客户填写存单、复印身份证），同时指导并分流部分客户使用自助设备；向顾客收集信息（进一步的了解客户在经营中的金融服务需求，如贷款、POS 机等）；介绍农行的产品和服务，以缩短核心服务时间。

（四）向客户全面开放网银交易区。在产品与服务越来越丰富的环境中，客户对营业环境、服务设施等高度雷同的条件已经不再敏感，而体验服务所带来的心理上的效益却占据着越来越重要的位置。我行在了解到市场部分商户并无电脑的情况后，将网银体验区改为网银交易区并把终端数增加到 9 台，免费提供给商户使用网银交易并由大堂经理进行指导。该项业务的开展不仅使我们的存款日均稳定增长，同时实现了普通业务区排队现象得到了有效改善。

（五）创新金融服务，人无我有，快人一“招”。目前同业竞争形势严峻，工商银行、信用社等多家银行千方百计抢挖客户资源，是什么造就了国际商贸城支行4亿元的定期存款的增长呢？那就是服务理念的改变与创新。但同时我们也发现，服务上去了，并不代表服务品质的提高。目前商业银行的服务同质化严重，要想实现农行的蓝海策略，就必须打出农行的品牌产品。首先，结合螺蛳湾2期针对东南亚市场的特点，我行正着力安排人员学习国际业务以及国际业务项下贷款业务等新型产品，并联系了中豪物流公司在我行开立账户以便为将来大量的出入境物流业务可以成为该行的金牌业务。其次，在个人贷款营销思路上我行联合营业部各相关部门初步确定了依托市场担保公司，两级行与担保公司联合调查，分区域客户准入、授信、用信一步到位的营销模式。使个人贷款业务能够成为将来新螺蛳湾支行的拳头产品。该行清楚地认识到：只有创新业务的引入并使之成为金牌业务，拳头产品，才是国际商贸城支行实现可持续性发展的有力保障。

三、营销策略的创新

由于目前新螺蛳湾市场内各家银行的市场定位相似，经营管理水平相似，所采用的营销策略也是大同小异，因此正确的长期营销策略显得尤为重要。我行在对市场客户细分后根据不同的客户实施不同的营销策略：对大众客户推广各种低成本的电子服务；对高收入阶层客户依需求提供广泛的银行业务；对富有的中上阶层客户则针对他们的优越感心理，提供安全、优雅的服务环境，同时使客户进入国际商贸城支行贵宾区办理业务成为一种身份的象征。

“创新”为国际商贸城支行翻开了新一页。我们将在上级行的正确领导下，不断探索、不断创新，力争在这片金融业激烈竞争的热土上，为农行争取更大份额，赢得更大发展。

西安高新开发区支行营业室

西安高新技术开发区支行营业室成立于1994年7月，16年来始终坚持“以市场为导向，以客户为中心，以效益为目标”的经营理念，以“客户至上，始终如一”的服务理念，积极为客户提供综合性的金融服务，并取得了丰硕的成果。

该行营业室现有员工24人，平均年龄29岁，中共党员8人，共青团员12人，全部为大专以上学历。近年来，该行营业室认真学习和践行科学发展观，以网点转型为主线，以优质文明服务为突破口，以提高员工整体素质为根本，以弘扬职业文明、创建一流业绩为宗旨，着眼于体现行业特点和职业道德，不断深化文明创建活动。他们通过制定《服务规范准则》、开展“优质文明服务竞赛”活动提高员工的服务质量；通过制订《内部管理制度》、开展“规章制度宣传教育活动”和“制度在我心中，安全在我手中”竞赛活动促进员工执行制度的自觉性；通过开展“岗位学雷锋，行业树新风”活动激发员工的工作积极性；通过开展“员工业务技能竞赛”提高员工的综合素质。先后被团中央授予“青年文明号”；被中国银行业协会评为“文明规范服务示范单位”；总行级“双十佳储蓄专柜”；西安市委、市政府命名为“文明单位”，“优秀党支部”、“职工道德建设先进班组”等光荣称号。

一、以人为本，打造精英团队

该行营业室作为农行在西安高新区的窗口及形象代表，支行党委在人员配备上给予高度的倾斜。从人员的年龄、学历、政治面貌等各方面均显示出营业室人员的实力，现有的24名员工均为大专以上学历，其中研究生学历2人，本科学历占比60%，为能充分发挥这一宝贵资源，首先要求员工树立正确的人生观，价值观，世界观。立足本职、爱岗敬业、强化员工的职业道德教育树立良好的职业形象，从职业纪律、职业业务、职业保密、职业规范入手、培养符合农行需求的职业道德行为，每年制定培训计划，签订责任书，时刻严格约束自己，自觉抵制各种不良行为，打牢思想道德防线。

夯实管理基础、严格规范操作、形成制度文化是营业室的一大亮点。2009年以来，营业室始终坚持半军事化管理，严格中不乏关怀、要求中不失人性。重新完善了营业室岗位职责，每天坚持晨会制度，安排布置全天工作，讲评昨天得失；每周坚持例会制度，学习上级文件、总结一周收获，学习业务操作指南及员工违规处理办法，开展典型案例剖析，查找工作中存在漏洞、问题，每位员工认真撰写心得体会，在农行组织的历次日常检查和突击检查中一致获得好评。

营业室积极响应支行建立学习型支行的号召，抓员工的业务提高，从柜台的应知应会，到金融法律法规、充分利用晨会时间，安排好员工的业务学习，技能培训、上岗测试，为更好的培养员工主动学习、长期学习的行为，支行先后奖励营业室优秀员工外出学习交流数余次。目前营业室拥有金融理财师1名，省行级内训师2名，60%以上的员工持有银行从业资格证、基金从业资格证、保险从业资格证等。近两年，营业室向省行、省行营业部输送了很多优秀的人才，也有10余人被提拔到网点负责人、会计主管等重要的管理者岗位。

二、鼓舞员工士气，美化营业环境

为了更好的服务客户，在社会中树立农行良好的形象，营业室全体员工更是注意到了细节的完善，利用休息时间购买了大量花卉，糖果，饮料，精心布置了大户室和营业大厅，做到营业大厅窗明几净，客户视线范围内干净整洁。由于营业室地处高科大厦，节假日无中央空调，营业室全体员工主动集资，购买了冷气扇和电暖器，全心全意打造令客户满意的金融服务环境。2009 年初，与员工签订服务承诺书，从主任做起，从每个员工做起，统一着装，仪容仪表端庄自然，行为举止文明规范，语言礼貌亲切，方便、快捷、优质、周到、热情的服务，让每一个来办理业务的客户印象深刻。为更好筛选优质客户，营业室储蓄专柜按存取款金额设立柜台，挑选最优秀的员工，负责 VIP 客户窗口的结算服务，借助 VIP 绿色通道的零等候特色服务，巩固并提升 VIP 客户对农行的满意度和忠诚度。制订了各类专项预案；选择同业先进的股份制银行，对大堂经理实地培训，充分发挥大堂经理的岗位职能，及时提升了农行接待外宾的能力，在国际友人中树立了农行良好的社会形象。几年来，基本做到了“零投诉”，从未因服务问题而引发新闻媒体曝光事件。在满足客户服务需求的同时也促成了自己的飞速发展，截至 2009 年年末，储蓄存款累计 5.4 亿多。

三、充分发挥农行网络优势，全面提高综合经营效益

两年以来，按照农总行以“金钥匙”品牌营销为主题，以个人优质客户为中心，以个人理财为手段，紧紧抓住个人优质客户等资源，在网点主任的带领下，经过全体员工的共同努力，营业室取得了优良的业绩：至 2009 年末，储蓄存量 54725 万元，较年初净增 1.2 亿，全年代销保险 2391 万元，代销基金 3179 万元，三星级以上客户存量 519 户，当年储蓄存款余额、增量均跃居省行营业部网点首位，荣获省行系统先进单位、省行储蓄存款十佳单位等称号。在全辖树立了服务争优、业绩争先、持续发展的成功典范。

四、积极推广理财产品，树农行金钥匙品牌

为了在强手竞争中立于不败之地，确保自己在业务拓展中具有特色，营业室把代客理财、基金等业务营销作为业务发展的重中之重，为客户提供全面、便捷的多元化服务。近年来，营业室大量收集、摆放各类基金的易拉宝、折页、海报、营销手册和投资建议书、服务承诺书等宣传材料，定期对员工进行培训和考核，紧盯目标客户，挖掘潜在客户，主动出击营销，取得了不扉战果。

五、积极参与各类社会活动，展示农行形象

四川汶川发生强烈地震后，营业室全体员工情系灾区，积极响应党中央和总行党委的号召，踊跃参加抗震救灾献爱心捐款活动。营业室全体员工累计捐款 5740 元，随着抗震救灾工作的不断深入，营业室广大党员仍时刻关注着灾区人民的安危和冷暖。中组部《关于做好部分党员缴纳“特殊党费”用于支援抗震救灾工作通知》发出后，广大党员纷纷以缴纳“特殊党费”的方式再次为灾区群众奉献自己的一片爱心，营业室全体党员交纳“特殊党费”4100 元。

营业室在过去的几年里虽然做了一些工作，但与发达地区相比，与上级行的高标准要求相比，还有一定的差距。下一步，我们将严格遵循省行提出的二十四字经营理念，在加快业务发展的同时，虚心学习兄弟行的先进经验，不断加强文明规范服务的硬件建设，进一步创新服务方式手段，完善科学、规范、合理的服务机制，力争使营业室的经营业绩突飞猛进，再上新的台阶。

西安经济技术开发区支行营业室

近两年来，随着西安市行政中心的北移，西安经济技术开发区“二次创业”战略的推进，地区经济开始升温，发展已经驶入了快车道，对金融服务品种、质量、水平的要求也都迅速提高。经济技术开发区支行营业室地处西安经济技术开发区中心地带，有员工 23 名，其中硕士研究生 1 人，大学本科 5 人，大学专科 15 人，中专及高中 1 人，大学专科以上学历约占员工总数的 90% 以上；有党员 12 人，占总人数的 55%。在未央路上，除该网点外，还有工行、建行、招行、交行、商行、民主、华夏、光大、东亚、中信等 10 家银行，地域经济的发展、客户需求的提高和多家银行的介入，使本地区的行业竞争十分的激烈，客户需求与银行服务之间的矛盾也十分突出。

面对新形势、新机遇、新矛盾，经开支行营业室能够正确分析地域经济发展态势，准确把握区域发展和客户需求的特点，深刻认识服务对银行的极端重要性，将文明规范服务作为银行发展的永恒主题，牢固树立了“以服务创造价值，以服务实现效益，以服务提升竞争力”的理念，即将文明规范服务作为企业文化的重要内容，同时也将文明规范服务纳入业务工作范畴之中，作为推动业务发展的重要手段，把文明规范服务和依法合规经营结合起来，同地方政府开展的文明和谐行业活动结合起来，统筹安排，合理分工，严密组织，常抓不懈。

首先该机构通过逐步建立健全文明规范服务的制度措施，并注重各项制度措施的关联和对接，构建起了文明规范服务的制度体系和长效机制。在外部环境和形象上，严格按照总行要求和《陕西省分行营业网点建设规范》，对营业场所按照 CI 形象规范，做到“八个统一”，设立了理财中心，达到了“理财型”标准，并努力向“精品型”标准迈进。在内部环境和设施配备上，通过加大科技支撑、大力发展自助银行、网上银行、电话银行等自助设备和电子银行，改善并扩大了服务渠道，为客户提供清楚的标识牌、服务卡、温馨提示牌。通过抓硬件建设，不断改善服务设施，统一并美化了视觉形象，大大提升了农业银行在客户中的形象。实施客户分层服务和差异化服务，通过合理划分客户层次，针对不同客户设计不同的服务方案，充分满足不同客户的服务需求，营销不同的产品；建立 VIP

窗口，设立理财室，为贵宾客户提供个人服务“绿色通道”。

其次是优化行为和形象。从群体形象上，经济技术开发区支行营业室把员工衣着打扮、言谈举止、工作作风和工作纪律置于严格的管理之中。设立“共产党员示范岗”，推行精细化服务，努力创造人性化、艺术化的服务环境，营造温馨宜人的服务氛围，激发客户享受服务的欲望。

除此之外充分发挥文化品牌综合效应。该机构还注重业务知识宣传和服务文化宣传的有机结合，发挥宣传的经济效益和综合效能。2003 年以来，坚持利用元旦、春节等节日和地方政府重大活动的有利时机，在网点悬挂印有业务知识、服务文化内容的对联、灯笼、彩旗，张贴宣传画，营造良好的宣传气氛，使业务知识随服务文化而推广，服务文化随业务知识而渗透。

由于对文明规范服务工作思想重视、定位准确、措施完善、落实得力，使文明规范服务工作取得了良好的效果。几年来，该网点各项工作始终走在同行的前列，管理水平和综合竞争力迅速提高。2009 年末，各项存款余额 81084 万元，比上年末增加 29348 万元；2009 年中间业务收入 415 万元；网银 1002 户，其中企业网银 44 户，个人网银 958 户，分别完成年任务 293% 和 160%；代理保险 873 万元，实现手续费收入 39 万，完成年任务 195%；借记卡发行 7768 张，完成年任务 141%。

从 2003 年成立至今，经开区支行营业室以倡导行业文明为核心，以规范行业服务标准为导向，以建立科学服务管理流程为重点，以不断满足客户日益增长的服务需求为目的，着力建设一流的服务队伍，培育一流的服务文化，打造一流的服务品牌，展示一流的企业形象。不断教育员工牢固树立服务创造价值理念，积极践行职业操守和合规文化，着力提升了综合服务素质和全面服务水平，促进了盈利能力和竞争力的提升，经济效益和社会效益也得到了全面地提高。站在农行成功上市的新起点的今天，西安经济技术开发区支行营业室将以提升自己的价值创造能力为出发点，从小事落实，力争在新的竞争中再占先机。

再接再厉　再创佳绩

——甘肃省分行兰州西固支行营业室

农行兰州西固支行营业室位于兰州市西固区石化城，成立于 1994 年 7 月，现有员工 17 名，平均年龄 32 岁，其中，党员占 44%，团员占 40%，大专以上学历占 75% 以上，是一个综合素质高、充满青春活力，团结上进的年轻集体。

一、规范业务操作、促进业务快速发展

2009 年是西固支行营业室各项业务快速、健康、协调发展的一年。该网点以农总行“3510”战略和全国农行年初工作会议精神为指导，在上级行的正确领导和支持下，坚持“总量就是实力、份额就是地位、增量就是竞争力”的营销理念，秉承“赢在大堂”的转型服务理念，紧紧把握本地区经济发展脉搏，正确处理维护存量和开拓发展关系，有效促进了个人金融业务的有效发展。2009 年末，该网点储蓄存款余额达 15285 万元，较年初净增 5711 万元，完成上级行下达任务的 110%；个人贷款余额 6606 万元，较年初净增 3078 万元，完成上级行下达任务的 150%；全年共办理电子渠道类产品 3100 个，其中个人网上银行办理 1200 个，成功分流柜台日均业务量 45 笔。理财类产品营销 2600 万元，实现中间业务收入 95 万元，完成上级行下达任务的 105%；全年创造净利润 2988 万元。

2010 年，该网点将全面推进网点转型为契机，紧紧围绕“大行德广、伴您成长零售业务综合营销活动”、“激情仲夏、金彩生活”等个人业务综合营销活动，上下联动，全员营销，推动个人金融业务有效发展。一方面进一步挖掘网点资源潜力，提高个人金融业务的贡献度，充分发挥我行网络优势和网点优势，使之成为集传统业务、理财业务和中间业务于一体的金融超市。另一方面为提升资源的利用率，对已开办的个人金融业务按类别逐项进行投入产出对比分析，对有发展潜力能够带来稳定收益的产品作为重点产品来抓，重点拓展大系统、城镇村级经济、项目存款和私人存款大户市场；并且及时梳理营销要点，利用班前班后定期对员工开展个人业务产品和营销技巧的学习培训，交流营销经验，提高员工营销意识和营销技巧。

“梅花香自苦寒来”，网点全体员工的辛勤汗水换来了累累硕果。在近两年的各种内外部合规业务检查中，各类业务无一笔违规操作；截至 2010 年上半年末，储蓄存款余额达 16977 万元，较年初净增 1692 万元，完成上级行下达任务的 100%；个人贷款余额 7896 万元，较年初净增 1290 万元，半年共办理电子渠道类产品 1700 个，其中个人网上银行办理 833 个，理财类产品营销 1800 万元，实现中间业务收入 72 万元，完成上级行下达任务的 80%；半年创造净利润 1644 万元。为全行的各项业务发展做出了突出贡献。

二、打造精品网点、树一流社会形象

众所周知，服务是银行服务业的灵魂和主题，“服务无止境”，只有持续、周到地提供优质服务，更新服务理念，创新服务手段，提升服务价值，才是一个银行长盛不衰的秘诀所在。

该网点积极响应总、分行号召，按照总、分行网点转型和文明标准服务的工作要求，坚持标本兼治、纠建并举的方针，转型伊始首选是加快网点软硬件转型，积极探索将网点由交易结算型向营销服务型转变。在硬环境建设上，该网点严格按照《中国农业银行营业网点形象建设标准（2009 版）》的要求，遵循网点分类、功能分区、服务分层、客户分流、产品分销的“5 分原则”设计原则，成功

打造了一个交易平台、服务平台、宣传推介平台和营销平台。功能分区方面，根据网点业务状况和未来发展趋势，该网点设立了咨询引导区、客户等候区、现金服务区、非现金服务区、自助服务区和贵宾服务区六大基本功能区和特色拓展功能区，一改往日客户进门只看到高高柜台无人引导的被动服务局面，实现人性化的多功能、分层次服务。服务环境方面，严格按照网点文明标准服务中硬件监测考核指标的内容，做到服务设施齐全、便民设施明显、业务流程及票样填写清楚，工作人员着装统一、仪容仪表端庄，网点内、外部环境整洁，无脏、乱、差等现象。提升形象方面，按照总行“绿色行动”网点改造理念，在省、市、县三级行的指导推动下，在全省率先完成了新形象的改造。现代化营业网点的视觉冲击，齐备的高低柜及自助设施，以及素质高、精神面貌良好的员工队伍，开业伊始，即得到广大客户的一致好评。在软转型上，依照“信息公开、服务质量、检查监督、合规经营”四项内容，强化管理，全面提升文明标准服务。信息公开方面，该网点按照全面真实、及时便民的要求，做到信息公开，及时准确地公布业务种类、监督电话等信息。服务质量方面，省分行营业部聘请“深圳欧顾得顾问机构”通过“2+5”的模式，对网点进行文明标准服务的流程导入。在工作中，每一位员工严格按照文明标准服务软件监测考核指标，在文明礼貌、热情耐心地接待每一位客户、办理每一笔业务的同时，强化服务功能，提高业务办理效率，有效提升了的网点服务水平。检查监督方面，严格贯彻执行《中国农业银行网点文明标准服务手册》要求，加强检查监督辅导，力求做到统一服务标准，统一规范要求，把规范化服务标准贯彻落实到每一个人。合规经营方面，在管辖行条线考核中，认真执行各项行为规范和操作规定，“零差错、零投诉”铸就了该网点的最终目标。功夫不负有心人，2009 年度“文明规范服务达标网点”“省分行百佳网点”等多项殊荣均被尽收囊中！通过“软”、“硬”件两方面的转型，该网点已经打破银行网点传统的格局和经营方式，在全行零售业务战略转型的进程中走在了前列。

在今后的工作中，该网点将继续深入推进总、分行零售业务战略转型工作，再接再厉，迎难而上，继续坚持以服务客户为中心，以考核激发动力，以管理促进发展，大胆探索，不断深化服务内涵，争取再创佳绩。

追求卓越　创造一流

昌吉市支行（营业部）位于新疆昌吉回族自治州州府所在地昌吉市的核心区域，是农行昌吉分行对外服务的标志性窗口。支行成立于 1996 年 5 月，目前拥有员工 18 人，其中女员工 13 名，占员工总数 72%。这支由维吾尔、回、汉等多民族组成的“巾帼女子团队”，内强素质，外树形象，近年来，连续获得自治区级“青年文明号”、“女员工文明示范单位”、“中国银行业文明规范服务示范单位”和“新疆银行业文明规范服务金牌网点”等先进单位称号，她们不断学习同行业的先进服务经验，2010 后 2 月，又获得“全国银行业文明规范服务百佳示范单位”称号，实现了经济效益和社会效益的共同提高。

追求卓越源于甘于奉献

多年来，支行始终把“以客为尊”作为服务指南，全心全意为客户提供贴心服务。2008 年 8 月，正是昌吉市政府开始施行城镇社会医疗保险新政的时期，按照要求，参加社保人员必须办理一张农行借记卡并存入第一笔保费，这项工作惠及人群特殊，参加人员多为老人和无固定职业者，涉及人数达 3 万人。时间又要求紧，必须在 9 月底之前办好银行卡并在社保局登记。为此，昌吉市支行（营业部）未雨绸缪，先行制定应急预案，开通社保办卡的绿色通道、每天提前开门半小时、对不能亲自来柜台办卡的老人、残障人士，由服务小组提供上门服务等。近两个月来，共为参保人员办理银行卡 7200 张，提供上门服务达 80 人次。

7.5 打砸抢烧严重暴力事件发生后的几天，受其影响，部分银行网点关门不对外营业，距乌鲁木齐仅 40 公里的昌吉市也深受影响，出于安全考虑，多数银行网点实行半天营业，街道上人车稀少，人人自危。昌吉市支行（营业部）在州分行党委的安排部署下，为维护金融和社会稳定，启动了应急预案，提供紧急金融服务。非常时期为客户提供非常服务，农行员工彰显了高度的社会责任感和大局意识，为社会和金融稳定提供支撑。

追求卓越源于科学有效激励机制

支行制定了“以计价为主线”的综合绩效考核办法，将营销和服务考核到人，考核到项，按绩取酬。员工工作有目标，服务有方向，薪酬看得见，集服务明星、营销能手为一体的“双星”员工层出不穷。VIP 窗口柜员韩春霞是昌吉市支行（营业部）响当当的营销能手，2009 年，她成功营销代理保险保费收入 320 万元，人民币理财“本利丰”产品 460 万元，同时，她还获得昌吉分行网点文明标准化服务明星。大堂经理赵德存，一位文质彬彬的小伙子，他总是将第一声问候送给进门的每一位客户，在给客户营销产品时，有进有退，将最合适的产品营销给客户，面对客户的申诉，以理解、包容去化解，用自己谦和的一言一行诠释着“谢谢、再见、请慢走”的送别语。

追求卓越源于持之以恒的精细化管理

昌吉市支行（营业部）近 8 年中，未进行过再装修，硬件环境与目前农总行提出的实施“客户分流、业务分层、功能分区”的网点转型理念大不相符，与同业相比，更是存在较大差距。为此，昌吉支行不断改进，将主任办公室改造成贵宾室，分设理财专柜、非现金柜，增加咨询引导区、电子银行体验区等功能区，营业现场实现七大功能分区，鲜花、绿色植物，客户座椅等便民设施一应俱全，将支行的人文关怀展现在细微之中。成为昌吉州分行未经重新装修也能实现网点转型的典范支行。

作为新疆农行首批标准化服务导入单位，昌吉市支行

（营业部）取得了令人惊喜的成效：营业厅环境更加整洁与规范；通过服务礼仪、服务流程、主动营销及客户投诉受理的标准化培训及情景演练，员工的精神风貌焕然一新，行为举止、服务手势、语言更加规范标准，敬业精神、工作热情以及工作效率明显提高。支行从员工的每一个手势、每一句语言、每一个微笑来规范员工言行，让客户真正体会到宾至如归的感受。他们坚持每日晨会进行服务情景演练，每周例会学习新制度、新业务、新产品，定期组织员工观看监控录像，查找不足，自我完善、共同提高。

路漫漫其修远兮，吾将上下而求索。昌吉市支行（营业部）即将开始的全面改造，营业面积将达到1800平方米，不仅是集营业大厅、理财中心、三农服务中心、个贷中心、多功能VIP会所为一体的综合性网点，也是全疆银行系统网点营业面积最大，业务功能齐全，立体式、综合性、示范性、标志性的一流网点。

新的起点，新的挑战。中国农业银行股份有限公司昌吉市支行（营业部）将秉承农总行“以客为尊，激情创新，团队合作，合规经营，追求卓越”的网点服务文化理念，着力打造农行主流银行品牌，在新的征途上书写蜚声遐迩的华章。

农行重庆分行九龙坡奥体路支行

奥体路支行现有在岗员工10人，党员3人，2006年至2008年连续获评“九龙坡支行先进党支部”；2007年获评“九龙坡支行内控工作先进集体”、“反洗钱工作优胜单位”；2008年获评“九龙坡支行先进集体”，2009年度总行网点建设与转型“双优项目”；行长被评为2009年市分行个人综合先进。2009年农行股份有限公司成功挂牌，在这个新的里程碑上，奥体路支行在分支行党委的正确领导下，充分发挥基层营业网点在业务经营中的战斗堡垒作用，充分发挥干部、党员的先锋模范作用，面对新形势、应对新挑战，以科学发展观为指导，以“改革、创新、治理、创建”为主题，扎实做好股份制改革各项工作，积极推进业务经营转型和精细化管理，努力实现业务经营和内控管理上台阶、服务水平上档次、市场份额升位次、文明创建结硕果的新跨越，坚决落实好了业务发展、案件防控、内控管理、和网点转型齐头并进的统一发展规划，以更加积极和负责任的姿态，坚定信心，团结协作，在业务经营健康快速发展、强化案防提升内控实力、树立良好网点形象等方面均取得了较好的成绩，全面完成了2009年网点核心经营指标，各项业务逐年递增快速发展。

九龙坡奥体路支行

注重队伍建设，促进团结，弘扬正气。坚持以人为本，把人文关怀和心理疏导贯穿、渗透、体现于思想政治工作的全过程，长期不懈地强化员工思想政治教育管理，发扬基层领导干部的带头表率作用，培养员工高尚的道德情操和职业操守，积极引导广大员工树立正确科学的世界观、人生观、价值观、荣辱观，增强大局意识、竞争意识、创新意识、风险意识、团队意识；坚持开展“创建学习型组织，争做知识型职工”的活动，积极倡导全员终身学习，刻苦读书，营造书香农行和学习型组织的浓厚氛围；积极开展岗位技术练兵活动，通过业务技能的提高来促进全行服务质量和效率的提升，造就“四有”员工，提高员工队伍的业务操作技能。最大限度营造出让员工轻松学习、快乐工作、健康生活、和谐向上的工作环境，全体员工爱岗敬业精神蔚然成风，打造了一支“团结、敬业、进取、务实”的员工队伍。

加强内部管理，努力拓展业务，确保经营目标全面完成。认真贯彻落实支行党委的工作部署，全面提升内部管理水平，积极拓展各项业务，以与客户共创价值为理念，深化考核力度，强化营销意识，优化服务内涵，主动出击，上门营销，上下联动，充分发挥全员营销的主动性，圆满完成上级行下达的经营指标。截至2009年末，奥体路支行各项存款总额55823万元，较年初增长25742万元，其中储蓄存款24612万元，较年初增长3924万元；公营存款31211万元，较年初增长21818万元；各项贷款总额76218万元，较年初增加57851万元，其中公司类贷款增加44509万元，个人类贷款增加13342万元。案件防范、内控管理扎实有效，顺利通过了2009年分行内控检查。

优化网点管理，积极促进网点转型。紧紧围绕上级行确定的“功能分区、服务分层、客户分流、流程再造”的总体思路，坚持贯彻落实网点导入的规范流程，在现有的条件下，积极探索，实现了网点管理、服务向高层次、高质量、高效益的推进，利用股改契机，依托先进经营管理理念，在成功转型后，顺应了金融品牌竞争战略的发展潮流，也更加有效地增强社会公众对农业银行的认同感和信任感，树立起现代商业银行的良好形象。

农行重庆分行渝中支行营业部

中国农业银行股份有限公司重庆渝中支行营业部成立于1993年4月，位于重庆市渝中区五一路110号，现有员工14人。近年来，渝中支行营业部紧密围绕“勇当区域内主流银行”的战略目标，坚持“以客户为中心，以市场为导向，以效益为目标”，加快发展步伐，推进改革创新，大力拓展业务，优化内外服务，加强产品营销，提升市场份额，创造了诸多佳绩，先后荣获中国银行业协会“2008年度中国银行业文明规范服务示范单位”、中国农业银行“总行级青年文明号”、中国农业银行重庆市分行“2007年度最佳星级网点”、“中国农业银行重庆渝中支行先进集体”等荣誉称号。

认真贯彻落实国家各项金融方针政策，紧紧围绕上级行的经营工作思路，加大对外营销工作力度，积极为广大的客户提供多元化、方便、快捷、优质的金融服务，努力打造一流精品银行。在营销工作上做到思想早动员，任务早明确，措施早落实，把存款增长与优化客户结构、提升市场竞争力结合起来。以个人高端客户和中小企业为重点，以现有客户群为基础，深度挖潜，积极扩大客户范围和服务半径。发挥理财中心优势，提升星级客户数量和质量，提高贵宾客户贡献度。各项业务指标连创新高，取得较大发展：截至2009年末，该部存款余额达250419万元，其中储蓄存款余额28647万元，比年初净增5291万元；对公存款余额221772万元，比年初净增21832万元；完成中间业务收入202万元。2009年实现经营利润9406万元，人均创利627万元。

为提高服务水平，增强竞争能力，按照“高柜业务简单化、复杂业务后台化、零售业务大堂化、客户经理专职化”原则，加快后台建设和推进柜面业务流程改造，努力开创“人无我有、人有我新、人新我优”的新型服务之路。按月开展服务明星评选活动，深入推进网点规范化服务导入，加大规范优质服务工作检查力度，全面推行“站相迎、笑相问、双手接、双手递、快速办、喜相送”的十八字服务方针，用全新的服务方式和一流的服务理念吸引客户资源，收到良好效果。

为提升客户满意度，按照“功能分区、服务分层、业务分流”原则，以“大厅制胜，渠道为王”为经营理念，将网点转型作为发展零售业务、争夺个人中高端客户的重要手段。通过完善硬件设施、增加自助设备、实施客户分层、落实差异化服务等措施增强网点营销能力。对柜员劳动组合、岗位职责、业务流程进行梳理和再造，实现网点“减负提速”。

为提高员工的整体业务素质，将强化职工的业务技能培训列入工作重点，制订计划，每天早晚利用休息时间多次组织员工业务操作规范培训、电子银行业务培训、结算业务培训、新员工上岗培训等，通过各项培训，增强员工的服务意识、提高员工的服务水平。开展“比、学、赶、帮”活动，使每位员工均能熟悉各个岗位的业务操作，造就全能的业务人才。积极开展各项竞赛活动，坚持以正确的舆论引导人、以先进的事迹鼓舞人，激励职工岗位建功，争先创优，极大地调动职工工作的积极性和主动性，在上级行及支行组织的各项业务技能比赛中，多次荣获佳绩。

在认真落实内控制度的同时，将内控意识贯穿到每位员工的思想中，使之形成理念和自觉行动，严格执行操作流程，防范操作风险。同时加强监督检查，完善现有的检查制度，定期或不定期对各项业务实施检查，发现问题及时解决，对检查中发现的问题进行分析和责任认定，对违规操作和业务差错进行逗硬处罚。完善安全防范措施和突发事件应急机制，增强员工安全防范意识，促进内控管理水平的提高。全年未发生任何案件和重大差错事故，确保了安全营运。

积极参与文明城区创建活动，关心、支持公益事业，积极参与抗震救灾活动，为灾区及贫困地区捐款、捐物；参加义务献血活动、“健康重庆”登山比赛和渝中区运动会，组织参与红歌比赛，增强集体凝聚力和号召力，形成团结协作、蓬勃向上、创先争优的良好氛围。

渝中支行营业部

大连经济技术开发区分行营业部

农行大连经济技术开发区分行营业部成立于1984年，历经20多年的发展，从最开始的不到10名员工和仅有人民币结算业务的储蓄网点逐渐成长为一个业务种类齐全、组织机构健全的精品网点。随着自身的发展壮大，营业部的业务范围不断沿“理财性、服务型、科技化”方向扩延，其中人民币业务包括存、贷款，国内外结算，票据贴现，金融债券，代理发行、兑付，承销、买卖政府债券，代理收付款项及代理保险业务等。外汇业务包括外汇存、贷款，外汇汇款，外币兑换，国际结算，外汇票据的承兑和贴现，外汇借款，外汇担保，结汇、售汇，资信调查、咨询、见证业务等。另外还开办个人住房按揭贷款、信用卡、代理保险、网上银行、三方存管、投资银行等多种业务，全方位满足各类客户的金融需求。目前，营业部现有员工52人，大专以上学历人员占比为53%，中级以上职称人员占比12%，35岁以下人员占比67%。

历经二十年，开发区分行与大连开发区经济建设互融共进，本年累计投放信贷资金40亿元，助推区位经济特色开发建设，业务合作涉及外资企业、港口建设、房地产开发、水产加工企业、生物制药、物流商业等各色经济领域。

2007年，开发区分行营业部以网点转型为契机，加快由交易结算型向营销服务型的转变步伐，不断提升服务质量，扩大与高端客户的合作领域，积极开展功能分区、服务分层、产品分销、客户分流等转型试点工作。采取一系列强有力措施，全力推动经营战略转型，致力于打造市民理想的理财会所，为驻区企业提供更加完善的金融服务，为区内居民开启更加精彩的财富人生。

在当今金融产品同质化日趋激烈的环境下，为在市场竞争中抢占先机、赢得份额，开发区分行营业部在“倡导动车文化，提速加速发展”的理念引领下，各项经营指标获得突破性进展，并以网银为载体，对客户进行深度绑定，深入挖掘客户潜力，进行组合营销。从年初截止到2010年6月30日，营业部个人电子银行指标总计完成12201个，企业电子银行达512户，超额完成分行下达的年度指标。

一、见缝插针，实行产品全面渗透

在为客户办理电子银行业务时，并不局限于产品本身，单纯绑定，而是向客户营销一种产品理念，即电子银行产品本身具有的智能、时尚、低碳的特点，相当于随身携带的银行，可以享受到最为安全、便捷、节能的服务。

二、团结协作，联动营销加快发展

大堂作为营销的前沿阵地，充分发挥“赢在大堂”的关键作用。在客户识别、引导、分流、接待的过程中，大堂经理与前台柜员，前台柜员与后台主管，实行无缝隙对接，互为补充，共同完成对客户的营销及二次营销。

三、延伸服务，提高电子产品有效性

充分利用大堂“电子银行体验区”这一有利平台，让大厅工作人员为客户做网银证书下载，电话银行激活业务及网银业务的操作指导和示范。大厅人员在为客户做网银证书下载时，顺便拨打95599电话做余额查询，不厌其烦为客户做操作演示，确保网银的有效性。

开发区分行营业部作为金融服务前沿，充分解读“网点转型，服务先行”的含义，将“服务无止境”的经营理念贯彻始终，不断加强自身软硬件建设，注重员工标准化服务的培训，每一位员工积极热情、脚踏实地做好文明标准服务工作，改善客户体验，提升网点的服务水平，增强了农行核心竞争力，打造了精品网点形象。

优质的服务给开发区农行营业部带来了美誉也获得了收效，不仅获得2009～2010年度“大连市银行业文明规范服务示范单位”称号，截止到2009年末营业部存款余额达到四十五亿，区域市场份额9%，并与多家世界500强企业以及国有大型企业建立了良好的合作关系，为打造农业银行的服务品牌和形象，推动农行网点转型，提升网点的服务品质与销售能力做出了贡献，真正树立了标杆网点形象。

崂山支行营业部

2009来，崂山支行营业部在分支行党委的正确领导下，认真贯彻落实科学发展观，将企业文化建设、业务发展、优质服务、团队建设、网点转型等工作融入到日常经营中，各项业务持续、稳步、健康发展，内控管理、网点标准服务、安全保卫及员工队伍建设等工作不断提高。截止到年末，营业部对公存款余额24.5亿，比年初增加11.3亿；储蓄存款12.3亿，比年初增加2.1亿；全年共发售本利丰1055万元，基金10450万元，国债2150万元，代办保险623万元；2009年新办理借记卡10502张，贷记卡1600张，实现中间业务收入413万元，各项业务经营指标均超额完成支行下达的任务目标。营业部连续5年被总行授予“青年文明号”称号和“女职工文明示范岗”称号。

崂山支行营业部地处黄海之滨、崂山脚下，下设2个储蓄所，现有员工39名。崂山区是青岛市著名的高新技术产业核心区、国际旅游度假区和现代服务业聚集区，总部经济、楼宇经济发展迅速。面对20多家银行的同业竞争，该营业部迅速建立了责任维护制度和名单制客户团队营销管理办法，以大客户为营销重点，形成以东亿、颐杰鸿泰代表的城市基础设施建设客户群，以青岛机场、青钢集团、欧特美股股、特锐德股份、海克斯康、地恩地集团、汉缆集团为代表的先进制造业客户群，以东雍经济、永道国际贸易为代表的现代物流业客户群，以青岛海景国际大酒店为代表的现代服务业客户群，以青岛海诺水务科技股份、海化院为代表的环保节能产业客户群，以青岛大学、青岛科技大学、市立医院为代表的事业单位客户群，实现了客户结构的优化升级。

现代商业银行服务的项目和架构可以被模仿，但服务的品质和责任感很难被模仿，只有服务才是最终决定胜败的根本。在服务方面并不局限于微笑服务，而是往深层次发展，想客户之所想，急客户之所急，深入做好客户的挖潜工作。崂山区周边旅游资源丰富，崂山风景区、石老人国际旅游度假区、青岛国际啤酒城、青岛会展中心、青岛颐中体育场、青岛极地海洋世界等环绕周边，每年的国际啤酒节和海洋节也都在这里举办。在这样的环境中进行金融服务，容不得半点瑕疵。为了完善服务质量，该营业部将硬环境转型放在首位。

2009 年完成了营业室一楼和二楼的整体改造，安装了农行最新的 LOGO 标识，实现了“功能分区、业务分流、营销分层”的合理布局，引入了客户体验区，扩大了自助服务区的规模，打造了温馨庄重的贵宾室，一系列的改变给客户带来了耳目一新的感觉。在打造了优质营业环境的基础上，8 月份，开始实施网点标准服务导入活动，通过服务礼仪、业务流程、视觉营销、主动营销的全程导入，为客户提供了全方位优质服务，充分演绎了“赢在大堂”的服务理念和“活在当下、活出精彩”的员工风采，在崂山区引起了客户的衷心赞美和各界的充分关注。为了做好标准服务的“固化”，该营业部实行了查看录像、视频录像、神秘人检查等举措，确保了服务的常抓常新。

服务是营销的基础，营销是服务的深化。崂山支行营业部在服务和营销的双重推动下，取得了可喜的经营业绩。近年来业务经营在青岛市所有分理处级网点中名列前茅，各项工作得到支行领导、上级行和社会各界的广泛好评。连续多年被总行授予“青年文明号”，被市同业银行授予“最佳文明窗口”等多项荣誉称号。截至 2010 年 9 月初，营业部对公存款达到 26.9 亿元，较年初增长了 7.04 亿元，储蓄存款达到 11.3 亿元，较年初增长了 1.1 亿元，占全行两项存款的一半以上，有力地推动了全行经营指标的发展。

如果说客户是一种资源，人才是一种资源，那么团结和谐更是一种资源。该营业部倡导以员工为本，做到管理人性化。比如员工结婚、生子、搬家等喜事，领导都要亲自登门祝贺；员工家中直系亲属生病住院的，领导都到医院看望并给员工合理安排工作时间；每年樱桃节、葡萄节等民俗节日，组织团队联欢活动；为受到委屈的员工设立“委屈奖”，不让员工流汗再流泪。通过多种措施来关爱员工，使得员工心气相通，人心思进，营造了一种团结和谐的工作氛围，在无形中打造了一支富有战斗力、凝聚力、向心力的员工队伍。

网点转型　服务先行

——农行城阳支行营业部

城阳支行营业部成立于 1997 年 7 月，位于城阳区正阳路“金融一条街”的西端。目前城阳金融街上共有 23 家支行级金融机构、30 多个网点。面对日益激烈的竞争形势，为增强核心竞争力，发掘新的业务增长点，该营业部认真总结经验，于 2009 年提出了“网点转型，服务先行”的核心经营理念，并在实践中大胆创新，主要业务指标实现了超常规、跨越式的发展，有效地提高了农行在当地的知名度和美誉度。

一、坚持“服务先行”，不断提升网点核心竞争力

一是功能分区。2009 年，城阳支行营业部作为第一批开展营业网点文明标准服务导入活动的标兵部门，在支行党委的大力支持下，按照《中国农业银行营业网点形象建设标准》要求，对网点布局进行重新规划设计。设置了自助服务区，该区为青岛农行最大的自助服务区，由 4 台存取款一体机、4 台取款机和 2 台自助终端组成；柜台服务区，根据区域客户特点，分别设置了高低柜区；VIP 服务区和理财服务等四个基本区域。

二是客户分流。为解决客户众多、排长队等现象，该部推出三互动客户分流法：首先是大堂经理与客户互动，通过客户教育达到分流的目的；其次是客户与自助设备互动，主要采取形式多样的宣传方式，取得客户对自助设备的认可，由被动接受，变愉悦接受；第三是内外互动，抓好柜员与大堂经理的互动，并利用每日晨会时间由大堂经理和前台柜员轮流对内外互动情况进行点评，进行记录。

三是服务分层。该部专门制定了《营业部客人客户精细化服务管理细则（实行）》，明确了对普通客户，通过自助设备和推银电子银行等渠道、提高服务效率、提升服务质量；对贵宾客户重点提供好“三优一增”服务，即优先服务、优质服务、优惠服务和增值服务。

二、强化监督管理机制，奖惩分明，全面提升文明标准服务水平

一是强化星级员工管理。对通过考试确定的星级柜员，实行动态管理，与岗位管理、绩效工资挂钩。对考评达到星级员工标准的柜员进行奖励，对连续两次经测试不达标的星级员工进行降级或免除。

二是强化双线监督，主要是指系统监督和外部监督。系统监督包括 95599 客户服务中心监督、柜面客户评价系

统监督等。外部监督则是由营业部聘请由离退休人员，客户代表等组成的社会监督员，经常性的开展暗查暗访，并进行跟踪评价。

三是坚持以人为本，打造和谐团队。该营业部紧紧围绕总分行的正确指导路线，坚持以人为本，提倡团队营销，充分发挥团队的智慧。为充分调动员工参入的积极性，还分设个人业务发展特别奖，对各项指标完成综合排名在前5名的员工，通过简报，参阅件，醒目位置张贴照片等方式进行通报表扬，并给予一定的物质奖励。

三、各项业务全面发展，社会认同不断提高

良好的经营环境，切实可行的管理办法，推动了营业部各项业务的全面发展。截至2009年12月31日，城阳支行营业部对公存款余额达到16.99亿元，同比增加1.63亿元，完成计划的109%；储蓄存款余额达到10.82亿元，同比增加1.40亿元，完成计划的167%，两项存款增量占城阳支行全辖11个网点存款增量的41.5%。该营业部2002年度被农总行评为“十佳储蓄所（柜）”；2003年度被青岛分行评为“十佳服务集体”，并获市级“青年文明号”荣誉称号，营业部党支部2003年被市分行党委评为“先进党支部”；2004年被总行评为“储蓄十佳集体”，被分行评为先进集体，并获得青岛市总工会授予的“妇女示范岗”称号及市级“青年文明号”荣誉称号；2005年被农总行评为“储蓄十佳服务集体”，被市分行评为先进集体，被青岛市总工会授予“女员工双文明示范岗”称号及市级“青年文明号”荣誉称号；2006年被青岛市分行评为先进党支部，并获得共青团中国农业银行委员会“青年文明号”荣誉称号；2008、2009连续两年被总行授予“女职工文明示范岗”和“职工职业道德建设十佳单位”；2010年荣获“第三届中国农业银行职工职业建设先进班组”称号，得到了总分行及社会各界的高度认可。

宁波分行营业部

中国农业银行宁波市分行营业部坐落于宁波江东彩虹北路88号，是宁波农行一扇对外服务的窗口，也是宁波农行营业网点优秀服务的一个缩影。自2001年创立至2009年12月底，共有员工115名，员工队伍呈现年纪轻、学历高、朝气蓬勃的特点，平均年龄31岁，大专以上学历103名，中共党员47名。多年来，农行宁波市分行营业部紧紧围绕“经营与服务”相结合的职能定位，经营效益显著提升。至2009年末，实现本外币各项存款余额24.73亿元；各项贷款余额45.92亿元，其中，按五级分类不良贷款余额2976万元，当期占比0.29%，低于分行平均1.22%。实现拨备前经营利润10518万元，人均创利91.46万元。几年来，连续保持综合绩效考核处于全行领先水平；内控管理水平连续3年评为一类行，从未发生重大业务差错和责任事故。

在业务发展的同时，农行宁波市分行营业部的品牌形象也有了进一步提升，先后获得农总行“迎新春优质服务先进单位”、宁波市分行“百日优质服务竞赛活动”第一名、宁波市分行“优秀支行”；2004年获得了宁波市同业协会授予的首届“宁波市最佳服务窗口”称号；2007年被评为中国农业银行总行级“青年文明号”荣誉称号；2008年被宁波市财贸工会授予“工人先锋号”荣誉称号；2008年获宁波市横向联网清算银行综合考评第一名；2009年分别获中国金融工会授予的“学习型组织标兵班组”称号、宁波市总工会授予的“工人先锋号”荣誉称号、“2009宁波市民最满意银行网点”等荣誉；2010年获得浙江省总工会“工人先锋号”荣誉称号和“中国农业银行总行第三届职业道德建设先进单位”称号，在农行2010年春天行动中荣获“人民币储蓄营销奖”、“综合营销奖”、“信用卡业务营销奖”、“个人中间业务营销奖”和“明星营销网点”多项荣誉。

一、加强组织领导，深化内部管理

健全领导体系，明确工作目标。为了更好地履行对外服务窗口的作用，培育一支高素质、有责任感、有创新能力、又能取得良好经济效益和社会效益的员工队伍，农行宁波市分行营业部一直把成为全行“经营的龙头、管理的模范、形象的代表”的要求和员工文明规范服务素质的提高确立为行动的目标。总经理室十分重视文明规范的服务工作，深知要有一个坚强有力的领导班子和组织完善的管理网络才能取得工作的实效，成立了以总经理为组长、副总经理为副组长、各部室负责人为成员的规范化服务检查考评小组，做到合理部署、落实措施、定期检查。

聘请行风监督员，适时举办座谈会，认真听取各种建议和要求，完善服务。同时大力表彰先进典型，弘扬正气，通过实行值班经理“一日负责制”、办公室“星期检查制”、检查组“月度督查制”，加强对规范化服务开展情况的检查监督。

二、创新服务内容，打造个性品牌

（一）强化温馨服务，抓好细节服务。几年来，农行市分行营业部的全体员工牢记“一言一行树农行形象，一心一意为客户服务”的宗旨，不断深化服务内容。炎炎夏日主动上门为重病客户办理密码更改业务；“锁定”轻生女，让离家出走的轻生女孩重回父母身边；主动陪同遗忘密码的年老客户前往曾取过款的银行，唤起他对密码的记忆等等，一封道谢信、一面锦旗、一盆君子兰表达了客户对温馨服务的谢意。在强化温馨服务的同时，营业部在柜员办理业务过程中特别强调“细节服务”，当年长客户签字看不清单据时，递上一副眼镜；当客户用的笔写不出来时，迅速递上一支；当客户的汇款被退回时，主动打电话通知一声等，诸如服务细节在员工业务办理中屡见不鲜。

（二）创新服务内容，推行特色服务。农行宁波市分行营业部一贯坚持以服务为目标，以市场为导向，为创新为手段，将农行的“伴您成长”品牌概念融入到经营服务中。通过组织大客户服务组，为客户提供“量身定做”的金融产品等方式，与客户建立了良好的业务关系，达到了银企双赢，经过几年积极努力，已拥有了一批发展快速、业绩优秀、关系较为紧密的优良客户群体，其中一部分是总、分行级重点类客户，是营业部近年取得较快发展的重要客户资源。2008 年搬迁至新大楼后，营业部硬件环境得以改善，增设低柜、个人理财柜、贵宾室，实行分区经营，并在大厅内增加网上银行自助设备和转账查询终端机，配备大堂经理和引导员，实现专人专职专位服务。2009 年在农总行“网点文明标准服务”导入之后，为了赋予服务更深的内涵和切实提升每位客户的满意度，农行宁波市分行营业部推行了五项服务内容：一是推出“三声服务”，二是提高“差别服务”含金量，三是推出“站立接送”服务，四是改善“便民服务”，五是从小事做起，尽心竭力为客户排忧解难。今年上半年获得全国农业银行所有网点“神秘人”检查宁波分行第一名，全国第四名。

三、注重员工管理，提高服务水平

（一）组织学习培训，提高员工素质。为了进一步培养员工主动服务和文明规范化服务的理念，农行宁波市分行营业部坚持实行提高员工素质的“五个一”工程，即每天一次晨会，点评前一天业务情况和员工表现，以鼓励先进，鞭策后进，提醒注意事项，并贯彻会议、文件精神等；每周一次学习，采用“培训与测试相结合”模式，提高员工的业务水平，坚持每周四学习制度；每月一次检查和选星，每月组织柜员开展一次“看自己、找不足，看他人、找差距”活动，通过不定期组织柜员观看自己的服务监控录像，使员工寻找自身差距，不断向先进靠拢、学习先进，并以多种服务规范为基础，按月开展一次服务明星评选活动；每季一次业务技能测评，并将测试成绩与员工的绩效工资挂钩；每半年一次合规舆论宣传，开展合规警句有奖征集、评比活动，并将评选出的优秀合规警句做成精巧的提示牌摆放在员工办公桌上，以示提醒。

（二）开展志愿者活动，提升社会形象。农行宁波市营业部积极以青年志愿者活动为载体，每年至少两次开展金融产品和知识的推广活动，为社区居民宣传我部金融产品、提供理财咨询、讲解反假货币知识、发送等，受到市民的好评。每年该部还开展捐物、捐款的献爱心等活动，树立了良好的社会形象。多姿多彩的企业文化生活既丰富了全体员工的文化内涵，又提升了该部的社会形象，也为农行宁波分行营业部创下骄人业绩打下了扎实的基础。

厦门农行科技园支行

厦门农行科技园支行成立于 1993 年，是厦门农行成立时间较早的网点之一。17 年来，在各级领导的关怀下，科技园支行上下齐心，奋勇开拓，从马垅社田边的一间 2、3 人的小办事处成长为一家现代化的大型国有银行。

如今的科技园农行有员工 23 人，其中配备有大堂经理 1 名、理财经理 2 名、客户经理 3 名，所有员工全部持证上岗，可谓兵精将强。网点个人业务、对公业务、国际结算业务等种类齐全，可受理资产、负债、中间业务等各项业务，为客户提供全方位、多渠道的金融服务。

在人员结构上体现了团队年纪轻、素质高、专业化的特点，员工平均年龄 29.8 岁，90% 为大专以上学历，2 名理财经理均取得个人理财规划师资格证书。

经过装修改造后，科技园支行各项软硬件设施更加彰显了“以人为本、以客为尊”的现代银行形象。一进营业厅大门，站在咨询服务台前的大堂经理就会向客户致以温馨的问候。同时各类标识、铭牌、分区引导牌清晰明了，让客户一进门就如回家般亲切、熟悉。营业厅共分为现金区、非现金区、自助银行服务区、客户休息等候区以及 VIP 理财中心和客户经理办公区等功能模块。大堂内设置了填单台、咨询台、饮水机、便民设施，为客户能更快捷的办理业务提供方便。同时支行还拥有集群式自助银行服务区，配备了 10 台存取款一体机，2 台网上银行自助服务机、免拨直通的客服电话机，提供 24 小时不间断金融服务；此外支行还设有金钥匙理财中心，该服务区设有 2 台 VIP 专享电脑网络、闭路电视、自助饮水机、理财报刊杂志、VIP 专享服务窗口等现代化服务设施，尽显尊贵、私密、高雅。

不仅如此，当客户来到普通柜台办理业务时，窗口各类物品摆放有序、业务办理方便私密。临柜人员统一整洁的服装、热情标准的服务用语、端庄文雅的服务手势，能让客户时刻感受到专业化的服务。当客户在排队等候时，大堂经理会主动向询问业务办理情况；当客户需要复印身份证时，大堂保安会迅速的送上复印好的证件；当客户还在犹豫该买哪只基金时，理财经理会送上专业的分析推荐。可以说，只要进了科技园支行，就基本上能找到您需要的金融服务。

一流的服务环境更是打造出了一支能征善战的员工团队，多年来科技园支行的营销业绩在所处支行和厦门分行系统中始终名列前茅。曾荣获“总行青年文明号三连冠”、“厦门分行先进集体”、“青年营销训练营优秀团队”等先进集体称号，员工中也不断涌现出厦门分行十佳服务明星、十佳理财员、十佳客户经理、十佳网点主任等先进人物。

2009 年，支行利用总行网点转型的契机，结合文明标准化服务导入，改善客户体验，提升品牌形象，始终坚持以客户为中心，进一步加大了市场攻坚力度，经过一年的不懈努力，各项经营指标完成情况良好。全年共实现经营利润 1300 万元，人民币各项存款比年初新增 9000 万元，人民币各项贷款比年初增加 25000 万元，新业务和电子银行业务有较大的发展，资产质量保持优良。

储蓄存款市场得到开拓。我行坚持多元化，分层次的管理客户，集中大堂经理、理财员等理财人才重点维护和挖掘存量VIP客户，实行精细化管理，提升贵宾客户产品使用率。同时积极的培育目标客户，在二星级客户中不断寻找新的贵宾客户增长点，每个理财人员年平均培育10个以上二星级客户成为三星级以上客户，增强客户了对我行的依存度。在公司客户中挖掘一批个人中高端客户，以政府公务员、企业经理人员、私营企业主为目标客户群体，扩大和巩固高端客户市场，全年新拓展3星级以上贵宾客户60个，平均每月5个，成为储蓄存款新的增长点。

我行还继续加快个人信贷业务发展，坚持做到数量、效益、风险的三统一。利用我行拳头产品“自助循环贷款”抢挖同业贷款客户，通过大力开办双优客户信用贷款、综合消费贷款以及生产经营贷款等业务，全年累计发放个人贷款200笔，累计发放额达15000万元，贷款余额比年初新增6000万元。在大力发展个人信贷业务的同时，严把新增贷款质量关，加强贷前调查，强化贷后管理工作，加强了贷款到期前提醒、贷款间隔期检查、优质客户贷后回访等工作。

在大力发展资产、负债业务的同时，我行中间业务发展也成效显著。依靠网点客户群体多的优势，我行大力发展代理业务，全年共代理销售基金1400万元，代理发行国债200万元，代理保险300万元。充分利用中间业务平台，积极拓展代收代付业务，发动全行员工开展委托代扣营销活动，利用中小企业在我行代发工资的良机，主动上门营销我行金穗信用卡产品，实现新开户200多户。全年实现中间业务收入600万元，比上年新增100多万元。

通过努力，我行新业务发展迅猛。加速电子银行业务的发展，充分利用个人“春天行动”和“激情仲夏”等营销活动契机，积极宣传营销网上银行、电话银行、手机短信、手机银行、基金定投、外卡收单、B2B、B2C等业务，扩大交易额，把网上银行发展成为吸引重点公司客户和优质个人客户的品牌产品。至年末，全行企业网上银行、个人网上银行、电话银行的新开户及交易额均提前超额完成市分行下达的任务计划。加强银保通、银证、银期等第三方存管、个人结售汇等业务品牌的推广。全年实现国际业务结算量16000万美元，结售汇9000万美元。

踏着在海西建设的浪潮，沿着农行股改上市的行动路线，科技园农行上下一心，乘风破浪，勇做改革开放前沿的弄潮儿，争创伟业，为把我行打造成海西金融界中的一颗璀璨明珠而奋斗。

锐意进取　精细管理　主动迎接市场挑战

——深圳龙华锦绣江南支行

深圳龙华片区经过近年来经济的快速发展，市场环境、客户结构、银行同业竞争格局发生很大变化，农行的传统品牌优势和市场份额受到了极大挑战。

深圳龙华锦绣江南支行就位于深圳龙华大型居民社区——锦绣江南社区，客户大多数是社区居民，文化层次高，收入稳定。根据其自身特点，该网点上下团结一心，始终秉承“服务社区，定位高端”的经营理念，不断地在社区银行发展的道路上创新营销模式和营销手段，各项业务指标完成情况与上一年相比，均有所超越，在片区的市场份额也在不断提升，特别是储蓄存款增长保持同业和系统内领先，内部精细化管理逐步到位，网点转型也取得了初步成功，在该片区与工行、中行、浦发行、信用社等银行激烈竞争中开辟出一条阳光大道。

一、2009年业务发展概况

截至于2009年12月31日本外币存款余额比上年末增加4亿元。其中最为突出的是人民币储蓄存款，比上年末余额增长2亿多，人民币贷款余额比上年末增长7亿多。锦绣江南支行内外联动、全员营销等有效地方法全面完成基金定投、超级手机银行、手机k码、个人网银等业务任务指标；理财产品销量突破两亿。

2009年第3季度荣获支行“个人业务争先奖”，2009年支行“先进集体奖”、支行2009年“现场管理优秀团队奖”、分行“先进二级支行奖”、2009年分行女员工文明示范岗、2009年总行青年文明号。行长刘敬芬荣获总行2009第1季度“春天行动”“网点管理明星”荣誉称号，2009年7月荣获深圳分行“亿元理财师”称号，10月荣获总行“中国农业银行2009年度十佳金融理财师”荣誉称号。

二、主要工作措施和成功经验

1. 定位高端服务，打造金牌理财中心

由于地处龙华高档社区中心位置，片区比较成熟，该网点把周边社区高端客户的营销和维护作为核心工作主抓，在本网点储蓄存款增长来源的贡献上，高端客户贡献占比接近68%。锦绣江南支行理财经理都是支行工作能力和专业水平比较高的员工，在日常的客户维护中对我行金钥匙理财品牌起到了较好的宣传效果。网点营销人员非常重视日常客户的维护工作，定期给客户打电话沟通已经成为一种工作习惯。正是由于这种明确的定位、清晰的工作思路与措施，才成就了今天的锦绣江南支行。

2. 大力开展社区活动，“服务社区”深入人心

（1）锦绣江南支行周围聚集着锦绣江南花园、银泉花园、日出印象、丰润花园、七里香榭、水榭春天等高端住宅区。该网点定期开展理财进社区活动，通过全面介绍农行的金融服务，让社区居民充分了解我行的特色服务和贴心服务，通过馈赠小礼品拉近了社区居民和农行的关系，很多客户纷纷到该网点开立账户和办理业务。

（2）定期举办社区理财讲座，把高端客户集中在一

起，由专业理财师对我行产品进行介绍，不但丰富了客户的理财知识，而且满足了客户的金融理财需求，在社区客户中赢得了较好的口碑。

（3）为本片区的居民提供贵宾服务，提高办理业务效率，得到了客户的一致好评，也加强了高端客户和农行的互动，提高了高端客户对农行的忠诚度和贡献度。目前锦绣江南支行白金卡识别率达62.5%、金卡识别率达59.94%，高端客户识别率在整个分行都居于前列。

3. 做好文明优质服务工作，增强网点核心竞争力

（1）创建深圳农行营业厅星级服务品牌。减少客户等候办理业务日时间，合理分配业务窗口，制定灵活协调窗口机制。提升客户服务意识和质量，树立标杆，成为全行服务规范示范网点。

（2）制定服务标准、质检标准、激励考核体系。在分行服务标准的基础上再优化服务流程、创新服务方式、制定适合锦绣江南支行的服务质量检查标准。由网点负责人和营业经理在营业厅进行现场服务管理督导实施，在晨会和班后会上点评示范，形成良好的长效机制。

（3）遵循“以客户为中心”的服务理念。与周边的同业相比，优质服务是锦绣江南农行在竞争中占优的利器。首先，网点员工的对外服务形成整体，发挥合力。通过不断强化业务知识的熟练度、积极推行内外联动的营销方式，让客户感受到专业、高效的服务。其次，锦绣江南支行每逢节假日，必会为每一位高端客户送上节日的问候，哪怕是一句问候、一束鲜花，也会让客户感觉关怀备至。最后，网点会及时了解客户反馈意见，并有针对性的进行改善和跟踪，让客户感觉到重视和尊重。

4. 不断提高员工队伍凝聚力和战斗力。

一是在日常中学习工作中，网点积极组织员工参加分行的业务培训。业务培训后，回到网点利用班后会或者早会的时间对网点员工进行业务再培训，让员工及时地了解到分行的业务和政策更新，提高了员工的专业水平，努力为客户提供更加专业的服务；二是加强绩效沟通，听取员工心声，使员工保持积极向上的工作心态；三是开展丰富多彩的文体活动，“端午节”、“六一”、“中秋节”等节假日还开展形式多样的主题活动。增加员工交流机会，提高团队凝聚力。通过一系列工作，大大提高了员工工作积极性和主动性，全行员工主动营销的意识得到提升，凝聚力得到了进一步加强。

回顾一年来的工作，在分支行领导的正确领导以及全体员工的团结一致，锲而不舍的努力下，锦绣江南支行业务节节攀升，全行上下焕发出一片生机勃勃和活力。展望2010年，锦绣江南支行将在分支行党委的正确领导下，努力克服存在的问题和不足，深化经营转型，塑造服务文化，带领全体员工克服困境，全面完成各项工作任务。

在今后的工作中，锦绣江南支行将继续打造金钥匙理财中心这一明星品牌，促进各项业务均衡、稳定发展。一定会再接再厉，以分行政策为导向，为把各项业务推向新的高度而努力奋斗。

铸造经典　赢在品质

——乌鲁木齐犁铧街（兵团）支行

乌鲁木齐犁铧街（兵团）支行位于犁铧街76号，在乌鲁木齐比较著名名的南湖广场附近。营业厅面积近700平方米，装修高档、格调高雅、分区合理、功能齐全、服务优质的营业网点一经面世，便成为银行业网点中的典范之作，以引领网点转型最新沿、高品质、新内涵的姿态，成为“精品”网点中的翘楚，并随着化外为内的现代科学管理，带来经营效益的高速增长——在这两年的时间里，各项指标均较搬迁前实现大幅增长，经营效益一年一大步，充分彰显网点转型后的回报和魅力。

一、高度重视，精心设计

犁铧街（兵团）支行成立于2008年，内部环境装修尊贵典雅，设施功能齐全，布局超前时尚，舒适便捷、安全隐秘，整个环境糅合现代时尚元素风格。在保障高端客户业务办理过程中的私密需要，同时考虑客户了的服务感受，构建贵宾客户服务的“绿色通道”，努力让高端客户感受到驾驭财富的快乐。该网点从选址时的市场效益论证到设计时的缜密布局构思，从装修时的方案细节把关到设岗时的选员优化组合，无不融入了各级领导的大量心血，尤其是装修设计方面，兵团分行行长、分行个人金融部和营业部领导始终以“分区设计、布局合理、管理有序、运作高效”的定位来打造犁铧街支行、从而实现“功能分区、业务分流、客户分层”的转型要求，真正由交易操作型向营销服务型转变，由业务受理、交易中心向产品营销中心和

利润中心转变。在此理念的引导下，使该网点拥有环境优美、服务不同层次客户的VIP客户专区、理财顾问室、贵宾私密窗口、客户休息区、非现金区和现金区；最现代自助设备、计算机设备、大尺寸的液晶宣传电视和全彩显示

屏、新款高档沙发、座椅、茶几以及蕴含温馨气息的书龛、盆景、鱼缸和糖果等，每一处都蕴含了精细的追求，每一样都体现着品质的完善，让客户享受到无处不在的尊贵和舒适。

二、以人为本，追求卓越

犁铧街（兵团）支行从网点主任、大堂经理、理财经理、会计主管及普通员工均是在全行范围内优选的精兵强将，平均年龄27岁。其中有4人具有中国农业银行个人理财师资格，2人获劳动部和中国注册理财规划师协会颁发的注册理财规划师证书，1人获农总行和中央财经大学联合颁发的注册保险理财规划师证书，1人具有上海黄金交易所交易员资格，他们以成熟的管理、精湛的业务、年轻的朝气和美好的形象组成一个强大服务的阵容。依靠农业银行企业文化建设、案件专项治理活动、合规文化教育等活动的开展，以作为样板的网点文明服务标准化导入和网点营销技能导入为契机，不断提升服务层次，在打造和谐网点环境、积极向上的企业文化氛围中，犁铧街支行人才辈出，先后有5名员工进入二级分行以上单位工作和成为其他网点的管理人员。2008年犁铧街分理处荣获中国农业银行"总行"级青年文明号，2009年成为银行业协会"金牌网点"示范单位。

三、强力营销，提速发展

一流网点和一流的团队势必要创造一流的效益。自搬迁以来，分理处制定了一系列有针对性的网点营销、管理、发展，特别是市场开发、客户营销、业务拓展等方案，将服务意识和营销理念等有机地渗透到业务中，促进员工快速实现角色转变，在紧贴客户需求的基础上，建立"大堂制胜、柜内推介、户外营销、电子渠道"四位一体的营销链，做到精诚团结，全力以赴，从客户需求出发，结合我行业务品种，为客户量身打造合适的金融产品，实行差异

化的服务，在为我行创造赢利机会的同时，也培养了客户的忠诚度，确保各项业务得到可持续发展，在不断创造"人无我有、人有我强"的优势下，犁铧街（兵团）支行创造了显著的经营业绩：截至2010年7月末，我处各项存款余额153593万元，其中个人存款22138万元，对公存款131455万元，分别较搬迁前的7490万元和2138万元，增长2.96倍和61.49倍。累计完成中间业务收入268万元，实现账面利润6698万元，仅2010年上半年新增三星级以上客户652户。委托贷款业务收入、商户收单业务收入、代理保险业务收入、代销投资类产品业务收入持续增长，代客理财类收入、贵金属业务收入等成为新的增长亮点而且新增开办国际业务和西联汇款业务，创造了蓬勃的发展势头。

用拼搏书写精彩

——农行兵团分行营业部营业室

位于边城乌鲁木齐少数民族聚集地二道桥地带，毗邻美丽的国际大巴扎，有一个"精品窗口"——农行兵团分行营业部营业室。近年来营业室积极发挥区域优势，加快网点转型，创新营销理念，以做大经营范围为渠道，以做优零售业务为目标，以做优窗口服务以手段，不断掀起个人业务产品营销的高潮，个人业务一枝独秀，并呈现全面开花之势，取得了显著的经营效益：各项业务处于营业部各网点前列；银行卡业务依托"新大校园卡"这一品牌卡种，卡量达1.9万张，居营业部卡业务之首；基金业务自开办以来就以先发之势多次荣登排名榜，中间业务收入达413万元，在全营业部名列第一；2010年半年新增三星级以上中高端客户132户，进一步壮大了营业室的优良客户基础。此外，国际业务蒸蒸日上，成为新疆兵团分行的国际业务特色网点。

创优服务，创造"口碑"效益

首先在"转型"上下工夫，提升服务效能。既然营业室是营业部的"形象代表"，在转型方面自然是"带头"网点，实现了三个"率先"。即：在有限的网点空间和布局下，率先进行服务分区，把非现金业务搬进了低柜区，由形象好、业务精的两位员工坐柜，建立了与客户面对面的沟通平台；率先实施了"赢在大堂"战略，配置了业务全面、亲和力强的专职大堂经理，引导和分流客户，推介业务，减少排除现象；率先开辟了"VIP窗口"，专门为结算大户及理财贵宾服务，实施差异化服务等。同时，创造条件先后设置了叫号机、自助查询终端、ATM、液晶显示屏、休息区沙发等设施，一应俱全；优美的环境、优良的设施和优质的服务使营业室赢得了越来越多的客户，被少数民族客户亲切地称作"牙克西网点"！

其次，在"软件"上下力气。率先进行营销业务技能提升导入。员工们在休息日及下班后，认真学习了营销技能，接受专门辅导，听取讲座，开展情景模拟，并在每天早晨开门前结合晨会内容员工们相互鞭策。此举不仅从员

工面貌焕然一新，而且从内涵上进一步延伸和扩大农行文明优质规范化服务，必将引领农行股份公司服务形象新潮流。

做实工作，创造团队“营销”效益

“抢占先机和制高点”一贯是营业室营销市场和产品的赢点，营业室根据不同类型客户，安排营销侧重点，以充分发挥团队合力。发挥员工主观意识，根据营业室处于少数民族聚居区这一特殊地理环境，充分发挥少数民族员工语言优势，为少数民族客户提供服务，主动讲解个人业务产品的功能；营业室创新营销思维，对区域市场进行细分，进行合理的市场定位，确定目标客户，实施“走出去上门”战略，差别化营销，不断开拓新的市场领域，对锁定的高价值客户开展了专项攻关。一是“肥水不留外人田”，积极为兵团分行、营业部领导干部及家属亲戚发放贵宾卡，通过为其办理代缴电话费、保险费、代销基金理财、办理个人消费贷款等业务，渗透负债业务，确保“兵行办公大楼人员”的收入全部落户营业室；二是“顺藤摸瓜抓大户”。柜员们各个都以客户经理的角色关注着前来办理业务的客户情况，对有大笔资金进出的与俄罗斯国有贸易往来的客户，通过日常接触挖掘信息——预测和监控资金——跟踪维护走访——提供附加服务等，最终将其培养成营业室的VIP大户。目前，通过强力营销，营业室51户VIP客户已成为该点个人业务综合创效的主流。

一系列措施使营业室在一季度成为全行人均效益最高的网点之一、业务量最大的网点之一和个人业务品种最全的网点之一。没有最后，只有更好。这是营业室全体员工的座右铭，也是促使他们不断努力、不断超越的坚定信念。相信，在这一信念的鼓舞下，营业室会在以后的工作中，创出更加骄人的经营业绩！

（三）中国银行典型个人金融机构形象展示

辽宁省分行营业部

中国银行辽宁省分行营业部现有干部员工218人，其中党员57人，团员118人，本科以上学历占比76%，员工平均年龄29.6岁。下设11个团队，业务种类涵盖公司结算业务及个人业务。设有对私开放式及封闭式窗口共计59个，对公开放式业务窗口共计24个。

2009年，营业部紧紧围绕省行党委的工作要求，以科学发展观为指导，解放思想，抢抓机遇，加快发展，积极拓展公司金融业务、个人金融业务，加速推进“数一数二”战略。全体员工在总经理室的带领下，建立和完善营业部操作风险控制体系，加强内部管理，打造合规文化，提高风险控制能力。坚持深化改革，改进考核激励机制，全力抢占市场，提高各项业务指标市场占有率。积极推动业务流程整合，提升服务质量，打造一流的服务品牌。加强企业文化建设，提升各级班子及员工的执行力，将辽宁省分行营业部打造成为一支有战斗力的队伍。

截至2009年底，营业部人民币储蓄存款余额400 215万元，外币储蓄存款余额22 092万美元，完成省行计划指标的217.69%；新增个人消费贷款16 863万元，完成全年计划的337%；实现国内结算中间业务收入504.54万元；个人金融产品线中间业务收入3589.26万元；信用卡发卡3456张，完成全年计划指标的172.80%；第三方存管开户1478户，完成省行计划指标的261%；对公账户开户355户，完成全年计划的209%；个人网银新开户809户，完成省行计划指标的261%。各项指标均超额完成省行下达的年度经营指标，市场竞争力大幅提升。

辽宁省分行营业部近年来先后荣获大连市银行同业协会颁发的“中国银行业文明规范服务示范单位”称号、总行级“中国银行精神文明建设工作先进单位”、总行级“中国银行职工职业道德建设先进单位”、总行级“中国银行系统青年文明号”等荣誉称号，并被大连市政府评为“大连市文明单位”、“大连市软环境建设先进单位”，营业部团总支还被共青团中央评为“全国五四红旗团支部”。

本钢营业部

本溪分行本钢营业部坐落于平山区东明路19号，始建于1992年10月份，营业面积1000余平，现有员工30人，其中党员6人，大专以上学历占比为100%，员工平均年龄33岁。

2009年，本钢支行营业部紧密围绕省市行的部署与要求，结合发展实际，努力开创新局面。本钢营业部的发展战略：争先进，抢蓝海，拼业绩，绘蓝图，争创“六个一流”团队。以“实现持续良性快速发展，建设一流精品银行”为发展战略目标。“六个一流”具体包括：一流的理念、一流的管理、一流的环境、一流的服务、一流的业绩、一流的队伍。

2009年，在行党委的正确领导下，本钢营业部实现了跨越式、超水平的发展。在2009年“开门红”竞赛活动中，本钢营业部仅用41天完成了人民币存款12000万的全年任务指标，取得本溪分行“开门红”综合排名第一的骄人业绩；截至2009年6月末，人民币存款达17060万，仅用半年时间就完成全年任务指标的142%，再次位居全辖榜首。2009年底，本钢营业部各项指标均取得较大发展，与同业相比，本钢营业部30人创下的人民币存款比本地区工商银行2家网点多增长17200万元，比信用社3家网点多增长28415万元，比建设银行3家网点多增长6456万元，创下历史上的辉煌。本溪地区共有488个网点，2009年上半年共完成存款63亿，仅2009年上半年，本钢营业部完成的存款就相当于当地13个网点完成的总和；外币存款完成40万美元，完成全年任务指标的185%，基金代销1115万，均位居辖内榜首。2009年全年实现中间业务收入192万，完成量是上年同期的193%。

在全体员工的共同努力下，本钢营业部在2009年获得了“省行巾帼文明示范岗”、市行先进集体等荣誉称号，得到了各级领导的认可和肯定。

抚顺北站支行

中国银行抚顺北站支行位于抚顺市顺城区新华大街，是抚顺市的金融中心，多家金融机构均密布于此，银行同业的竞争异常激烈，北站支行从2009年成立之初就树立了“服务立行”的经营理念，结合中行的“新网点主义”的新理念，不断探索和创新着服务。通过差异化服务，满足不同层次的客户需求。在2009年北站支行增设了开放式柜台，建立了理财区，实现了与客户面对面地服务，让客户感到我们的服务更亲切自然，刘冰行长积极培养员工的文明优质服务意识，营造像家一样的氛围，通过细致周到的亲情服务，让客户满意让客户惊喜让客户感动。

通过扎实推进个性化的亲情服务，严格执行首问负责制，以高效、热情、负责的现代银行标准化服务形象，北站地区之外的客户慕名赶来体验北站支行的优质服务，银行同业也纷纷前来学习北站支行的服务标准，抚顺电视、抚顺报社等新闻单位也来到北站支行采访，中国银行北站支行在金融一条街树立起良好的行业品牌，赢得了社会各界的广泛赞誉，创造了巨大的社会和经济效益。

在2009年中国银行抚顺北站支行人民币储蓄存款增长9086万元，外币增长144万美元，储蓄存款增长额排列为抚顺中行第一，网银开户589户，三方存管810户，销售中银理财1571万元，代销基金800万元，代销保险273万元。对公存款增长1000万元。各项业务的绩效考核成绩名列前茅，在取得良好的经营业绩的同时，北站支行坚持为客户提供优质、文明、规范的专业化银行服务，在抚顺地区树立起了良好的品牌形象。在2009年度中国银行业“文明优质服务竞赛”中，北站支行被推荐为抚顺中行唯一一家“中国银行业文明优质服务示范单位”。2009年度在抚顺中行微笑服务评选活动中以总分第一名的成绩获得优胜单位荣誉；在辽宁省中行系统获得省级“巾帼文明示范岗”单位；2009年被市行推荐为省行级精神文明建设工作先进单位。

南京南昌路支行“网点销售管理模式”

近年来，我行在南京南昌路支行开展销售服务流程整合工作，取得了良好的效果，主要体现在：一是开放式区域的业务量稳步增加。该网点2009年1月～9月开放式区域业务量为10506笔，2008年同期为1203笔，新增率达到了773.32%。二是耗时长、贡献率高的产品销售量显著提升。该网点2009年1月～9月结售汇收入为21.78万元，2008年同期为10.66万元，新增率达到104.34%；在2009年4月底前共获得销售重点基金（含特别激励基金及券商型理财）的特别激励费用10.76万元，在2009年7月嘉实回报基金销售竞赛中，共销售418.36万元，均位列整个下关支行的第1名。三是网点对中高端客户的联系率、维护能力明显提高。在2009年1月～9月20万以上客户共新增129户，2008年同期为60户，新增率达到115%；客户维护率为45%，2008年同期为20%，新增率达到125%，对网点实施销售服务流程整合工作的成效日益显现。

1. 网点定位准确

该网点2004年1月开业，由于其所处区位周边高档社区较多，开业初期，该网点的业务得到迅速发展，存款规模稳步上升，但是近年来，随着周边招商、交通、建设、江苏等7家商业银行的不断新设，该网点在该地区的业务优势已消失殆尽，2008年9月该网点根据总行标准化手册进行改造开业后，其网点负责人审时度势，及时把网点的定位调整为以个金业务发展为主，公司业务发展为辅的侧重个金业务的销售服务型网点，并以此为主线进行人力、物力资源的调配，使该网点的对私客户维护能力得到显著的增强。

2. 客户分层、分区服务到位

为了加强对各类客户的服务水平，该网点结合省行销售服务流程整合工作的客户分层标准和周边客户的群体特征，自行制定了两个纬度的客户分层标准，同时明确了各类客户的业务办理区域：

（1）以客户的金融资产划分：将客户划分为5万以下

客户、5万－30万客户、30万以上客户等三类客户，其中5万以下客户的业务办理区域为封闭式柜台；5万－30万客户的业务办理区域为开放式区域；30万以上客户的业务办理区域为理财室。

（2）以客户的贡献情况划分：将5万以下客户划分为效益类客户和非效益类客户，其中效益类客户的业务受理区域为开放式区域；非效益类客户的业务受理区域为封闭式区域。

3. 岗位职责清晰

该网点现有人员14人，其网点负责人根据各个员工的性格和所擅长的方面，对员工的岗位进行了合理安排，让员工在适合自己的岗位上工作，发挥各自的长处。具体分工及各岗位职责为：

（1）管理类岗位：主要为网点主任，负责网点全面的销售组织管理。

（2）内控类岗位：主要为业务经理，负责网点日常运营、服务、技能等方面的管理。

（3）销售类岗位：包括1名大堂经理、1名综合客户经理、2名助理理财经理、1名开放式柜员和1名大堂引导员，负责维护目标客户及销售符合客户利益的产品。

（4）操作类岗位：包括1名会计复核、1名会计经办、1名大出纳、3名封闭式柜员，负责给客户提供便捷、高效的服务。

4. 目标分解明确

为了有效开展网点的日常销售管理工作，该网点负责人年初就根据下关支行下达给该网点的全年绩效目标，按照岗位分工，积极践行“全员参与营销”的管理理念，将各项任务目标分解到每位员工，使员工能够做好“每天工作有目标，日常行为有方向”。其中各类岗位承担的绩效指标如下：

（1）管理类岗位：承担网点全年绩效指标的100%考核，其考核表为《网点主任绩效目标承诺与考核评价表》。

（2）内控类岗位：承担网点全年过程类指标的100%考核，其考核表为《业务经理绩效目标承诺与考核评价表》。

（3）销售类岗位：

①助理理财经理：承担网点全年个金产品销售指标和VIP客户类指标的90%考核，各人按照岗位等级进行拆分，其考核表为《理财经理绩效目标承诺与考核评价表》。

②开放式柜员：承担网点全年个金产品销售指标和VIP客户类指标的10%考核，其考核表为《开放式柜员绩效目标承诺与考核评价表》。

③大堂经理：和网点的全年个金绩效指标进行100%捆绑考核，其考核表为《大堂经理绩效目标承诺与考核评价表》。

（4）操作类岗位

承担过程类指标，主要包括业务量、差错率、投诉、技能等，并且在考核表中设立加分项与其销售业绩挂钩。其考核表为《操作类柜员绩效目标承诺与考核评价表》。

5. 工作流程顺畅

该网点严格按照省行销售服务流程整合工作的要求对业务流程进行梳理及运用，对目标客户服务的流程如下：

（1）服务和销售流程

①识别、分流客户

A、对于原先已识别的客户：直接由大堂经理/大堂引导员引导至开放式区域接待。

B、对于尚未识别的客户：大堂经理通过客户衣着、谈吐及询问技巧识别的，由大堂经理/大堂引导员引导至开放式区域接待，客户业务受理完成后，由助理理财经理/开放式柜员进行贴标便于日后的客户识别。封闭式柜员通过“一句话”营销识别的，由封闭式柜员通过叫号机叫号“888”召唤大堂经理/大堂引导员引导至开放式区域接待，封闭式柜员自行记录客户情况，记录内容包括客户姓名、业务需求等，大堂经理同时登记《大堂客户推荐明细表》，客户业务受理完成后，由助理理财经理/开放式柜员进行贴标便于日后的客户识别。

②产品的销售

助理理财经理/开放式柜员灵活运用销售技巧和销售话术对客户展开产品推荐、达成销售。

③客户的沟通

A、在为新发现的目标客户办理业务过程中，由助理理财经理/开放式柜员引导客户填写《中银理财客户登记表－1》，对于交流融洽的客户，引导客户继续填写《中银理财客户登记表－2》。

B、每日营业终了，由理财经理助理/开放式柜员整理《中银理财客户登记表》，并汇总《客户明细登记表》（附件11）。

C、每日营业终了，由理财经理助理/开放式柜员处理银掌柜系统中的“亮灯”事件。

（2）售后服务流程

根据《客户明细登记表》掌握的客户信息，对于各阶段的重点产品和新产品做好电话营销；关注客户的产品到期信息，及时跟踪，替换产品，做好贴心服务。

6. 激励机制到位

员工的收入主要来源于工资、绩效奖金和中间业务提成，为了有效提高网点员工主动销售的积极性，该网点根据各岗位的贡献对员工的绩效奖金和中间业务提成的分配进行了有益的尝试，具体如下：

1. 封闭式柜员：绩效奖金按照等级柜员办法执行；中间业务提成＝基金开户、网银开户、发放贷记卡的100%销售提成＋向助理理财经理/开放式柜员推荐的客户现场达成销售（由封闭式柜员、大堂经理、开放式柜员每天班后通过《大堂客户推荐表》予以确认，下同）的100%销售提成。

2. 助理理财经理/开放式柜员：绩效奖金根据其产品销售指标的完成情况、投诉、差错率、客户维护率等进行考核执行；中间收入提成＝发放贷记卡的100%销售提成＋助理理财经理/开放式柜员主动销售的除封闭式柜员推荐的客户现场达成销售的其他销售的70%销售提成。

3. 大堂经理：绩效奖金和网点考核结果进行100%捆绑；中间收入提成＝发放贷记卡的100%销售提成＋助理理财经理/开放式柜员主动销售的除封闭式柜员推荐的客户

现场达成销售的其他销售的30%销售提成。

南京市河西支行

南京市河西支行成立于2003年，位于南京市草场门大街江苏省农业检测中心大楼。自成立以来，河西支行始终坚持开拓进取的精神，按照贡献优先和分层服务的原则，通过内部挖潜、外部营销等多种渠道重点拓展中高端客户，取得了良好的收益。

一是拓展知识面，提高专业性，增加与客户交流的资本。在识别高端客户上，如何提高开拓高端客户的成功率，河西支行觉得，身为金融从业人员，学无止境，与时俱进的做学习型员工是行业操守的要求，更是同业竞争的使然，作为一名优秀的银行工作人员不仅要有金融行业的专业深度，还要有杂家一样宽广的知识面；初次与客户见面通过宽广的知识面迅速与客户缩短社交距离，在谈到具体银行业务时要用专业、深度的金融涵养让客户折服。有一位千万资产的客户，因对我行的电话银行开户程序的解释不满，95566与网点解释不同，在为客户解决投诉时，得知客户欲投资商品期货市场，却对银期转账、期货交易的基本特点不慎了解，河西支行专业的理财经理为其详细的进行解答、说明，客户非常满意，短暂的接触，客户对我行的金融专业素养大为折服，当我行月底需要存款时，一笔转入900万元。

二是着眼未来，注重客户关系长久发展。在开拓高端客户时，要坚持放眼未来，不能有短视行为，不能因短期没有实现银行收益就轻言放弃，坚持一定会有收获。河西支行有一个近亿资产的大客户，一直维护跟踪了近5年，5年里几乎没有给河西支行带来任何收益，但河西支行始终不放弃，一如既往的提供热情服务，终于机会成熟了，资本市场收益下降，我行又适时推出智能账户，择时营销，水到渠成，客户终于将几千万的第三方存管转来我行，给我行带来了大额储蓄存款。

三是积极维系客户关系，全方位拓展高端客户的维护渠道。对于高端客户的维护，要为其提供全方位的服务，不能仅局限银行产品范畴，常言道功夫在诗外，当客户暂时不需要我行产品时，河西支行也可以通过其他渠道为客户提供增值服务；河西支行经常利用现有的客户资源介绍客户与客户实现合作，比如促成做工程的客户与做房地产合作，客户买房买车时河西支行介绍其去河西支行合作的4S店，为其争取折扣等等。

浙江省分行本级财富中心

中心成立于2008年10月23日，面积1200平米，拥有6间风格迥异的洽谈室、1片独特的高尔夫推杆练习场和1个坐拥西湖的花园，配备多名优秀的专业财富经理和投资顾问，为中银财富客户提供全球化、综合性、个性化的金融服务，以及私密性、多样化、贵宾级的会所服务。

2009年，中心举办外汇、黄金、房产、基金、证券、保险等业务讲座17场，举办西服定制、艺术品鉴、美颜养生、出国留学、高尔夫入门、网球培训等丰富多彩的特色主题沙龙活动，满足各类客户的理财服务和增值服务需求，获得客户的广泛赞誉。

凭借优秀的财富管理能力和贴心的贵宾服务，2009年，中心硕果累累。2009年，中心获得浙江省理财博览会“浙江省新锐理财团队组织奖”，多名财富经理获得诸如“浙江省十佳专业理财师”、“2009年度中国银行‘百佳理财经理’”、“2009年度中国银行浙江省分行‘金牌’理财师”等荣誉。截至2009年底，中心管理客户达900多人，管理客户资产达22.86亿元。

嘉兴市分行平湖乍浦支行

中国银行嘉兴平湖乍浦支行位于浙江杭州湾跨海大桥之畔的嘉兴港区，其依托天然优质的港口条件和省级乍浦经济开发区、国家级中国出口贸易加工区、中国化工新材料园区，已成为嘉兴地区最活跃的经济活动区。

2009年，支行作为集镇网点的典型，被列入中国银行浙江省分行重点改造网点。改造后，支行营业办公面积达到730平米，成为嘉兴市辖内营业面积最大的经营性支行；功能区块分明，建有嵌入式理财中心，满足客户分层服务要求；业务上全面启动了以对公带动对私、以授信带动负债，实现全面发展。截至2009年底，支行存款余额达6亿元，全年新增4亿元，贷款余额达7.2亿，几乎全部为当年新增。突出的业务使得支行荣膺中国银行2009年度总行级优秀网点。

吴江芦墟支行

芦墟支行坐落于吴江市汾湖镇芦墟浦北路79号，1993年6月开业，并于2007年9月开始进行网点标准化改造，当年12月完工。

近年来，吴江芦墟支行深入贯彻我行发展战略，紧密围绕建设国际一流零售银行的目标，锐意进取、不断超越，对外狠抓市场拓展、奉献优质服务，对内强化内控管理、建设企业文化，各项业务持续健康快速发展，成为当地同业中第一家存款超10亿元的网点，存贷款市场份额稳居当地第一。2009年荣获“总行级优秀网点”，这也是苏州分行辖内唯一一家获此荣誉的网点。

转型促发展

2009年，吴江芦墟支行充分利用作为中心乡镇建设全功能型网点试点的机会，主动转型，对物理渠道、人员队伍进行优化配置。芦墟支行的转型，突出了网点作为销售渠道的定位，促进了网点从业务操作型向销售服务型的根本性转变，为网点的发展壮大提供了一个有效途径。转型成果初见成效，对业务发展的促进作用明显，合计存款从08年底的43017万元增长到2009年底的100077万元，一举超过当地领头羊农商行，成为当地同业中第一家存款超10亿元的网点。

合规促发展

在业务飞速发展的同时，网点也将合规放在了首位。通过每日晨会、每周学习、每月总结等，进一步强化员工依法合规经营理念，提高风险管控能力，保证各项业务健康、持续发展，真正做到了全年无差错。2009年，芦墟支行成为吴江支行“全年无差错网点”和苏州分行“合规示范网点”。

人才促发展

在硬件提升的同时，芦墟支行特别重视网点人才队伍的培养。建立了包括理财经理、消贷经理、大堂经理和开放式柜员、客户经理在内的一系列营销队伍的准入、考核和退出机制，并主动进行培训与教育。团队的良好建设，使芦墟行的业务蒸蒸日上，在技能、文优、销售、服务、内控方面涌现了一批优秀的员工，员工的职业生涯得到了很好的规划，职业道德水平在优秀的团队氛围中日益成熟。2009年行长费斌荣获苏州分行十佳基层管理者，网点有四人获得四星级柜员称号，2人入选苏州分行仅10人组成的技能精英沙龙，在苏州全辖遥遥领先。

回馈社会

在业务发展的同时，芦墟支行不忘对社会的回馈。2004年，芦墟支行领导员工将自己收藏的三件古董拍卖，获得资金15.8万元，作为“中银助学”的启动资金。6年来，在汾湖经济开发区团委的牵线下，芦墟支行已先后与30位贫困学生结成助学对子，发放金额近6万元。这也是吴江地区首个以银行冠名的助学基金，在当地引起了极好的社会反响。

太仓新区支行

有这样一群年轻人，他们在太仓这片热土上，在中国银行这个舞台上，不断追求卓越、勇于开拓进取，用自己的青春谱写着文明华章，用自己的热情擦亮“中国银行”的金字招牌，用自己的真诚服务大众、回报社会，用自己多年如一日的激情铸就了骄人的业绩。这个优秀的团队，就是中国银行太仓支行的精品网点——太仓新区支行。该行成立于1994年，位于太仓市东仓南路80号，现有员工16人，其中金融理财师（AFP）1人。截至2010年6月末，该行本外币存款达22亿，金融资产在50万元以上的VIP客户121位，VIP客户人均资产规模112万元，2010年上半年销售人民币理财产品累计达2.9亿元。

新区支行是总行首批转型试点网点，在转型的征程上，员工们不断奋力攀登，接受困难的挑战、尝试失败的磨炼、感悟服务的真谛、收获成功的喜悦，走出了一条闪光的争创先锋之路。新区支行凝聚了广大青年员工的聪明才智，以“敢为天下先”的精神，积极探索，大胆尝试，进行了一系列的改革创新，努力实现“人无我有、人有我优、人优我新”，时时事事争在前。该行立意打造自己的服务特色，结合市场变化、客户需求快速转变观念，提出了“服务时刻因您而变”的承诺，推出一系列创新举措，提高了市场竞争力，得到了社会的肯定。近年来，先后荣获江苏省巾帼示范岗、江苏省行青年文明号、精品网点、太仓市文明示范窗口、太仓市级工人先锋号、苏州市级工人先锋号等荣誉称号。

合力扬帆争一流，追求卓越铸辉煌。面对未来，中国银行太仓新区支行将坚持科学发展观，自加压力，积极进取，勇于创新，努力开创各项业务的新局面。

昆山鹿城支行

中国银行昆山鹿城支行成立于1988年，地处昆山商业中心人民路黄金地段，现有员工11人。随着业务的不断发展壮大，我行先后由储蓄所升格为分理处、二级支行、单列二级支行。截至2010年7月末，本外币存款余额70154余万元，存量VIP客户239户，VIP客户资产19524万元。在收获经济效益的同时，我们也创造出了良好的社会效益，鹿城支行是苏州辖内最早获得全国级“青年文明号”的集体，该荣誉现已保持10年，成为鹿城支行乃至昆山支行奋斗的原动力之一。另外，我行还先后荣获国家（总行）级荣誉：精品储蓄专柜、全国达标储蓄网点；省（行）级荣誉：省级“青年文明号”、江苏省创建文明行业示范点、江苏省分行“先进集体”、江苏省分行亿元精品所；县市（行）级荣誉：苏州市级“青年文明号”、苏州分行创建“青年文明号”先进集体、苏州市银行业文明规范服务示范单位、昆山市十佳文明窗口等荣誉。在实际工作中结合我行企业文化建设，不断改善营业环境，进一步转变员工的思想理念，打造“一流管理、一流服务、一流人才、一流业绩”的精准服务团队和“厅堂、星级、营销、理财”四大服务品牌。通过四大品牌的打造，我行还积极进行人才建设，专职的大堂经理、业务娴熟的柜员、专业的营销队伍，职业的理财人员。我行先后有3人次通过AFP执业资格考试、3人次通过银行业从业资格考试、2人次通过基金从业人员资格考试、2人次通过保险从业人员资格考试等等。另外，在注重专业化建设的同时，我们也重视回馈社会，定期资助连云港贫困儿童和四川地震灾区儿童共计5人，这些工作都取得了良好的社会影响，在一定程度上促进了我行的进一步发展。

山东省分行高科园支行

中国银行山东省分行青岛高科技工业园支行成立于1993年5月，位于青岛市香港东路362号，面积5134.44平方米。高科园支行秉承“诚信、简单、尊重、宽容、整洁、平等、用心、变革”的企业文化理念，始终坚持“科学化发展、精细化管理、文明化建设”的经营思路，全力提升标杆超越和服务水平，扎实推进各项工作，在2009年全省个人金融板块综合性支行考核中名列第一位，并涌现出大批省级优秀营销人员、“百佳客户经理”、业务技术能手、揽存状元等先进员工。

高科园支行始终坚持“定位中端，竞争高端，培育潜力”的发展策略，以客户为中心、以市场为导向、以理财为手段、以产品为依托，积极促进个人金融业务发展方式转型，大力加强客户群建设，发展代发薪业务，抢抓储蓄存款源头，发挥个人贷款龙头作用，突出重点产品、优势

产品，加大理财、保险、基金产品推广力度，统筹广义负债发展，加强产品交叉销售，打造精品服务，创造客户价值，2009年中高端客户新增843户，人民币储蓄存款新增

过5亿元，个人贷款新增近6亿元。

高科园支行以“争创辖内一流银行”为目标，以“追求卓越”核心价值观为指引，不断加强企业文化建设，打造“敢打胜仗、会打胜仗、能打胜仗”的员工队伍，提高全行员工凝聚力、中层干部执行力和企业核心竞争力。进一步树立“有为才有位”、“有绩才有酬”的理念，使科学发展理念深入人心，为进一步推进全行业务可持续发展，开创全行工作新局面奠定坚实基础。

山东省分行潍坊开发区支行

中国银行潍坊开发区支行成立于2004年10月15日，隶属潍坊分行首批成立的经营性支行。2008年3月迁入新址，2010年6月网点进一步扩建完毕，营业面积736.05平方米，现有员工21人。该支行员工服务意识和团结协作意识较强，建行以来，历年被授予“省行级青年文明号”，并顺利通过同业“文明服务规范网点”的验收。2008年8月新支部领导班子成立后，把个人金融业务发展放在首位，积极倡导“个人金融业务是一个行竞争能力、员工凝聚力和向心力的综合体现，是人气工程”的理念。2009年，该行本外币存款、信用卡发卡、三方存管、保险销售、理财销售、中间业务收入各项指标均超额完成全年任务，绩效考核位列潍坊分行经营性支行绩效考核第一名，全省430家经营性机构第二名，并荣膺“中国银行总行级优秀网点”的光荣称号。

中国银行潍坊开发区支行凭借锲而不舍的精神，注重做好“两个结合、两个作用发挥”的工作。两个结合是公司、个金的紧密结合，个金交叉营销的紧密结合；两个作用发挥是指发挥高端客户对存款的带动作用，各类竞赛活动对业务的促进作用。面临人员少、人均业务量大、业务指标多而重、繁杂事务多等问题，克服重重困难，使各项

业务突飞猛进。面对愈加激烈的同业竞争和发展过程中的诸多困难，中国银行潍坊开发区支行将倍加珍惜荣誉，增强忧患意识，克服客观和主观上的各种困难，实现各项业务更好、更快的发展。

山东省分行东营广饶大王镇支行

中国银行股份有限公司东营广饶大王镇支行成立于2003年10月8日，位于10人。开办业务有人民币存款、贷款、结算业务；办理票据贴现；代理发行金融债券；代理发行、代理兑付、销售政府债券；代理收付款项；外币储蓄、个人消费信贷、国际结算、贵宾客户综合理财等全方位、多功能的业务种类。目前大王镇支行已经直接开办国际汇款业务，能处理来自世界各地的外汇汇款，同时也能直接汇往全球任意一个国家，有力的助推了当地外向型经济的发展。

该行牢固树立科学发展观，以服务地方经济发展为己任，努力提升核心竞争力，各项工作均取得了斐然的佳绩。截至2009年末，各项存款余额3亿元，贷款余额近20亿元（全部在县支行核算），国际结算完成结算量9000万美元，个人网银存量1378户，人民币对公理财84000万元，对公外币理财2817万美元，人民币对私理

财11197万元。2009年在山东省中行430家经营性机构考核中排名第一，荣膺2009年度中国银行总行级优秀网点荣誉称号。

成都高新技术产业开发区支行营业部

中国银行四川省分行成都高新技术产业开发区支行营业部成立于2006年2月份，位于成都市新希望路7号，营业面积1520.38平方米。现有柜面员工11人，另配备有4名大堂经理（助理）。其中3名员工达到三星级柜员标准，2名员工达到四星级柜员标准，1名员工达到五星级柜员标准，4名员工取得AFP资格。

自成立以来，该行营业部始终坚持开拓进取的精神，通过内部挖潜、外部营销等多种渠道实现业务发展，保持了各项业务的核心竞争力。人民币储蓄存款较年初增长9100万元，名列城区各网点的前十名；外币储蓄存款较年初增长90万美元，名列城区各网点的前五位；中银贷记卡发卡4000余张，名列城区各网点的前三位；实现中间业务收益300余万元，名列城区各网点的前十位。曾获得2008年度支行先进集体、2009年度省分行先进集体、2009年度四川省银行业百佳文明规范服务示范网点的称号。

该行营业部毗邻高档社区群，交通十分便利。由于周边的高档社区和别墅区客户中，市区富裕家庭、海归人士、港台同胞、私营业主等占主导类型，因此对产品和服务的多样性、个人财富管理的复杂性、个人服务的私密性和尊贵性等要求均较高。所以，该行营业部以服务中高端客户业务为特色，能够提供方便、安全、快捷、私密的优质金融服务。

成都高新技术产业开发区支行营业部将以精湛的技能、忠诚的服务、饱满的精神和昂扬的斗志迎接未来的挑战！

成都开发西区支行

中国银行成都开发西区支行于2001年成立，2009年完成网点改造。该址地处成都西部瞩目的高档社区生活圈，周边高端客源储备丰富，发展潜力大。迁址后客户服务环境有了很大改善，客户群质量有了大幅提升，全行员工面貌焕然一新，各项业务指标较去年上半年同期有了大幅提高。近两年，该行先后获得总行“先进单位”，四川省“银行业百家文明规范服务示范网点”，四川省“青年文明号”等荣誉称号。连续两年利润总额均位列四川省分行前列。成都开发西区支行将从这里起飞，为成都西部的经济建设提供更优质的金融服务。

（四）交通银行典型个人金融机构形象展示

北京市分行西区支行网点

2009年度西区支行积极拓展客户资源、狠抓营销队伍建设，优化服务环境，使个人客户数量与质量显著提升。

一、紧抓市场热点，通过优质产品和交叉销售，提升客户总资产

2009年该行牢固树立"以客户为中心"营销理念，以市场为导向，以产品为抓手，通过个人资产总量增长带动个金业务全面发展。该行有效把握阶段性个金工作重点，根据市场变化及业务特点，有计划有步骤组织基金、保险、本外币理财销售，促进客户储蓄和相关资产增长，通过促进借记卡消费和贷记卡发卡带动有效客户增长，截至2009年末该行本外币储蓄存款年度增量在全行均排名第3，个金中间业务收入排名第4。

二、加强市场研究和精细化管理，做好网点营销指导

2009年支行加强同业信息调研工作，分析资本市场变化，为各网点解读分行政策及产品信息，定期组织客户经理例会，及时传导我行及同业产品（业务）信息，支行定期发布《信息播报》，汇编同业和市场信息，为客户提供专业详实的理财咨询建议，给予客户经理工作指导。该行加强对客户经理进行时间管理、客户管理及信息管理，通过交叉销售对客户信息进一步梳理和更新，促使客户经理养成良好工作习惯及提高工作效率。

三、打造学习型团队，提高客户经理资质和综合素质

为塑造一支专业化的销售团队，2009年该行派3名客户经理参加CFP培训、5名个金销售人员参加AFP培训，使持证比例进一步提高；该行邀请泰康保险公司资深讲师给客户经理进行营销技巧培训，取得较好效果；向客户经理推荐阅读《胡雪岩启示录》，使大家思考胡雪岩的成败与得失，从中得到很多启示。

大连分行人民路沃德财富中心

大连分行人民路沃德财富中心于2008年7月28日成立，作为分行规模最大，客户质量最高，内部岗位设置最全，营销队伍最完备的沃德财富中心，不仅在产品销售方面充当"领军者"，同时在分行沃德客户服务、营销拓展、潜力提升、营销活动完善方面发挥出标杆带头作用。

人民路沃德中心自开业至今，经历分行直营化管理改革、人民路支行成立等系列变迁，服务和销售业绩也伴随改革而逐步提升，在个金产品销售、沃德客户维护与提升、私人银行客户发掘等方面的优势日益显现。2009年，人民沃德财富中心新增沃德客户201户，提升沃德客户AUM46 388万，完成基金销售16 349万，人民币理财产品销售32 671万，保险951万，销售业绩骄人，并提前完成分行下达的基金快赎签约计划，为全行计划的完成打好基础。2010年1～4月，人民路沃德中心在理财产品销售方面再创佳绩，完成29 966万元的销售业绩；销售基金1 660万；保险454万。

以上成绩的取得，与客户的满意度、忠诚度提升密不可分。自人民路沃德财富中心成立以来，中心密切关注沃德客户的需求和兴趣集中点，通过"增值服务带动销售业务"的客户提升理念促进营销活动效果，改善以往活动投入大产出小的尴尬。2009年至2010年人民路沃德财富中心在深入分析和了解客户兴趣爱好、年龄特点以及市场等的前提下，克服费用紧张、资源有限等困难，充分利用基金公司、保险公司和第三方合作机构的资源，有针对性地组织各种客户活动共20余次，内容包括理财投资沙龙、黄金投资讲座及品鉴、健康养生讲座、海外留学与理财沙龙、高尔夫球体验等活动，参加客户数量达到600多人次，极大地带动客户对我行服务的满意度，同时也拉近了客户与客户经理的距离，为今后的客户提升创造条件。

在人民路沃德中心组织的活动中，很多精彩的瞬间记录下客户的赞誉、欢笑，也饱含工作人员的汗水。2009年6月，沃德中心在分行的帮助下，经过近1个月的精心策划和准备，组织100名沃德客户开展"邂逅樱桃红采摘活动"，不仅创下沃德客户活动参与人数最多的记录，同时活动中设置的互动游戏、有奖竞猜、幸运抽奖等活动都给客户留下深刻的印象，得到参加活动客户的好评。

随着社会的进步，沃德客户的生活水平和娱乐方式发生巨大变化，中心在深入了解情况的前提下，与大连山海高尔夫俱乐部联合，在寒冷的冬日，为客户提供一次充分温馨、欢笑、轻松的室内高尔夫体验活动。此次活动是沃德中心独立准备的首次户外客户活动，因此，中心在活动日程安排、活动内容、工作人员职责安排、安全因素等方方面面统筹兼顾，精心策划，将每个环节都考虑清楚，现场考察，并与合作方反复确认，确保客户百分之百满意。

人民路沃德中心充分利用行外资源，通过联盟合作的形式，为客户提升形式多样的增值服务。2010 年 1 月，中心根据季节与中医养生会馆联合，从北京聘请资深中医养生专家，为沃德客户提供一场内容丰富、注重实用的沙龙讲座活动，同时，也为沃德中心跨行业合作举办营销活动积累经验。

人民路沃德中心在组织营销活动的同时，抓住重要节日举办各种活动，答谢客户的支持，比如：情人节的玫瑰、中秋的水果、端午的粽子等等，让客户深深感受到我们的“诚心”。沃德中心始终坚持以客户需求为指引，一路摸索前行，在实践中积累经验，在客户的好评和意见、建议中成长，深刻体会到客户营销活动和增值服务对销售的促进作用，并在客户拓展和提升中发挥重要的作用。服务带动销售，销售蕴含服务，人民路沃德财富中心将继续以客户的要求为工作方向，从客户角度对服务和营销方法、方式进行创新和改革，使服务和销售能更有效地结合，并成为业务整体发展的动力。

黑龙江省分行融通支行网点

2009 年，融通支行分行私金会议为指导，以全力推进和深化零售业务战略转型为主线，采取多项措施，加强管理，强化营销，改进服务，有力地推动了个金业务快速健康发展，较好地完成了全年工作任务。

一、主要业指标保持良好的增长态势

多数指标发展速度远远超过 2008 年同期，超额完成任务，只有个别指标发展速度不理想。一是管理的人民币个人资产稳定增长。截至 12 月 31 日，人民币个人资产较年初增加 14358 万元，完成年度计划的 142%。二是人民币储蓄存款快速增长，超计划完成任务。较年初增加 9000 万元，完成年度计划的 100%；三是在理财产品销售乏力，结构发生变化的情况下，全年实现理财产品销售近 2 亿元；四是沃德客户队伍不断壮大。全年沃德财富客户较年初新增 53 户；五是交银理财客户快速增长。交银理财有效客户较年初新增 364 户。

二、采取有效措施，促进个金业务发展

一是明确目标，提前部署，细化指标，层层分解，积极促进个金业务的健康发展；二是黄金时段，采取有效措施，积极参与分行精心组织个金营销活动。三是加大中、高端客户拓展力度，优化客户结构，深度挖掘个金业务增长点；四是做好服务基础工作，大力提升服务质量，形成“全员重视，齐抓共管”的局面；五是确定工作重点，全力推进对私代理保险、代发工资及理财产品销售业务的发展和突破工作；六是深入推进电子渠道建设，不断延伸个金业务发展平台，夯实业务发展基础；七是加强业务培训，提高专业素质，优化个金队伍。八是建立个金业务营销档案，强化奖励机制，调动员工积极性。

宁波分行沃德财富中心

交通银行宁波分行沃德财富中心自 2006 年成立以来，紧密围绕全行零售业务转型的目标，以“开拓创新、爱岗敬业、团结紧密、无私奉献”的工作理念，始终走在全行个金业务发展的前沿，积极、主动的开展各项工作，不断推进全行个人理财业务服务水平的提升，取得了优异的成绩：

一是以开拓创新为己任，不断探索新时期银行个人理财业务的发展路径。沃德财富中心不断创新个人理财服务模式，以一对一、面对面、团队协作为服务方式，以全球视野和国际化智囊团队为支撑，以服务引领理财，通过尊贵、私密的专业理财服务和多样化的增值服务渠道，在宁波地区树立了交行高端服务的品牌；

二是以优质服务为宗旨，为客户提供更加贴心、便捷的服务。中心的理财精英团队秉承“以客户为中心”的经营理念，运用全球化的投资视野，依托金融产品门类齐全的优势，为客户提供个性化的理财咨询，并提供多元化的理财产品满足客户多方面的投资理财需求；

三是以提高团队素质为根本，不断增强理财中心可持续发展的能力。沃德财富中心配备的精英团队成员全部为拥有 AFP 或 CFP 资格的沃德客户经理，并在宁波地区历届理财大赛以优异的成绩、杰出的人才成为著名理财专业团队，2010 年更在宁波知名媒体举行的“财富金管家”评选中获得“最佳理财中心”奖。

沃德财富中心一直坚持不懈地发挥着个金业务先行者和探路人的作用。通过该团队，我们领略到了一支与时俱进、不断创新发展队伍的新风采。

无锡分行营业部网点

交通银行无锡分行营业部成立于1987年10月，目前共有员工37人，其中党员及预备党员15人，平均年龄32岁。部门下设四个科室，储蓄出纳科从事对私柜面服务营销和对公出纳业务，会计科从事对公会计结算服务，综合科从事保管箱业务、理财业务与零售信贷业务，市场推广科从事双币卡、收单商户、家易通等个金产品的营销和拓展。

2006年底，营业部在分行党委行长室的正确领导下，率先提出向“经营型、零售型、效益型”银行转型的工作目标，成为分行首家零售型网点。两年来，部门始终坚持以分行的经营思想为指导，不断探索新理念、寻找新方法、开拓新思路来寻求部门的转型之路，在个金产品销售、中高端客户拓展、服务质量、专业化水平等方面都取得了较好的业绩，在客户及同业中产生较好的影响。

截至2009年末，营业部储蓄存款余额达95869万元，本年增加11325万元；实现个金中间业务收入723万元；借记卡发卡13342张；贷记卡发卡13685张；新增沃德客户138户，新增交银理财客户597户；新增第三方存管签约客户958户；销售基金1.55亿元。

两年来，营业部在分行党委及相关部门的大力支持下，在客户服务上始终坚持“以客户为中心”开展工作，于2006年四季度从柜面抽调优秀人员专职从事对中高端客户的拓展，成为分行首个建立专业理财经理队伍的网点；于2007年5月设置“自动排队叫号”系统，设立客户等候区，安排大堂经理引导分流客户并进行厅堂营销；于2008年6月25日成立沃德财富服务中心，配备四名专职理财经理（其中2名CFP，2名AFP,），对沃德客户进行一对一的理财服务，不定期地开展小型讲座，介绍各类理财资讯，提高客户的归属感，从而提高对分行的回报率，通过电话回访、短信发送、生日祝福、邮寄专刊等方式不断巩固和深化客户关系，不断扩大、提高沃德品牌在无锡地区的影响力。

经过部门全体员工多年的努力工作，付出的辛勤劳动得到了上级部门的肯定和鼓励，并取得以下荣誉：

1. 1999年至今，下属储蓄出纳科被中央金融工委、共青团中央授予“全国青年文明号”称号。

2. 2007年度“五一示范岗”（无锡市总工会授予）。

3. 2008年代发工资客户销售明星网点（总行授予）

4. 2008年度江苏省银行业文明规范服务示范单位（江苏省银行业协会授予）

5. 2008年度无锡市银行业文明规范服务示范单位（无锡市银行业协会授予）

6. 部门员工胡婷芳：2007年度总行优质服务先进个人（总行授予）

7. 部门员工龚健伟：2008年度无锡市银行业服务明星（无锡市银行业协会授予）

宁波分行沃德财富中心

交通银行宁波分行沃德财富中心自2006年成立以来，紧密围绕全行零售业务转型的目标，以“开拓创新、爱岗敬业、团结紧密、无私奉献”的工作理念，始终走在全行个金业务发展的前沿，积极、主动的开展各项工作，不断推进全行个人理财业务服务水平的提升，取得了优异的成绩：

一是以开拓创新为己任，不断探索新时期银行个人理财业务的发展路径。沃德财富中心不断创新个人理财服务模式，以一对一、面对面、团队协作为服务方式，以全球视野和国际化智囊团队为支撑，以服务引领理财，通过尊贵、私密的专业理财服务和多样化的增值服务渠道，在宁波地区树立了交行高端服务的品牌；

二是以优质服务为宗旨，为客户提供更加贴心、便捷的服务。中心的理财精英团队秉承“以客户为中心”的经营理念，运用全球化的投资视野，依托金融产品门类齐全的优势，为客户提供个性化的理财咨询，并提供多元化的理财产品满足客户多方面的投资理财需求；

三是以提高团队素质为根本，不断增强理财中心可持续发展的能力。沃德财富中心配备的精英团队成员全部为拥有AFP或CFP资格的沃德客户经理，并在宁波地区历届理财大赛以优异的成绩、杰出的人才成为著名理财专业团队，2010年更在宁波知名媒体举行的“财富金管家”评选中获得“最佳理财中心”奖。

沃德财富中心一直坚持不懈地发挥着个金业务先行者和探路人的作用。通过该团队，我们领略到了一支与时俱进、不断创新发展队伍的新风采。

安徽省分行营业部网点

交通银行安徽省分行营业部是交通银行安徽省分行直属部门，成立于1988年4月，地处合肥市花园街38号，现任总经理周晓明，现有员工51人，大专以上学历占员工总人数100%。营业部作为交通银行安徽省分行对外服务的一个重要窗口，在分行始终担当着各项业务发展的龙头和引领者、各类综合管理人才培养基地等重要作用。近年来营业部通过综合经营不断加快市场拓展和客户群建设，提升业务发展的层次，向精细化管理要效益，深化优质服务，从而实现了各项业务全面均衡发展。至2008年末已连续10年完成上级下达的年度各项业务经营指标，人均综合经营利润达到96万元，年利润率较上年增长26%，不良贷款率始终为0，日均业务量5000余笔，人均业务量近300笔。营业部长期以来始终坚持“依法合规经营，坚决践行交通银行三个一流的办行宗旨，开拓进取，服务兴行”，多年来在上级行的各项业务检查中，均受到了较好的肯定。2009年以来营业部各项业务均平稳、健康发展，获得了广大客户的认同和好评，取得了经济效益和社会效益的双丰收。

一、明确目标，全员参与，为创建工作奠定思想基础和群众基础

省分行营业部在20年的发展中，始终把创建省、市级文明单位作为中长期发展规划，先后制定了文明单位创建目标规划、推动方案，并认真组织逐步实施。首先，明确创建工作的目标，从业务发展、思想政治建设、职业道德建设、金融科技教育文化建设等方面提出了分三步走的创建目标和任务，为开创创建工作的新局面奠定了坚实的基础。在落实各项业务经营目标的同时，对精神文明创建工作也进行同部署、同检查、同考核，真正体现“两手抓、两手硬”。其次，广泛开展以“文明规范服务标准、爱岗敬业、职业道德建设和交行责任文化”为中心学习、教育、宣传活动，使每一个员工的创建意识都得到提高和升华。最终成为创建工作的实施者和推动者。任何一个文明单位的创建工作都需要领导的高度重视和群众的广泛参与，要实现创建目标，必须广泛发动员工积极投身到创建活动中来。为提高员工的创建意识、参与意识，我们建立了文明单位建设创建网络，先后在员工中开展了文明素质教育、树文明标兵和主题演讲活动，通过丰富多彩的活动积极向员工宣传文明单位创建工作的意义、标准、措施、目的。使全体员工形成文明就是素质，文明就是形象，文明就是效益的观念。通过这些方法措施大大提高了员工参与创建的积极性和行动的一致性，为创建文明示范单位奠定了坚实的思想基础和群众基础。

二、坚持依法合规经营，以金融创新推动业务发展，为创建工作打好物质基础

1. 加强内控制度建设，依法合规经营。省分行营业部始终坚持内控优先的原则，把依法合规经营作为中心工作来抓。领导干部首先以身作则，在业务拓展中和日常经营行为中起到了良好的表率和示范作用。全体员工按照岗位职责和分工授权要求，通过强化教育和培训，在日常工作中形成了遵章守纪的良好氛围。良好的经营管理水平，对各项业务的稳健、持续、健康发展也起到了积极的促进作用。

2. 创新理念，强化经营意识。我们始终把加快业务发展和提高经营效益作为创建工作的重要内容，在全员中倡导现代商业银行经营理念，把满足广大客户不断增长的金融需求作为加快业务发展的动力，加快创新步伐，加大改革力度，加速业务发展，加强经营管理，每年均能按时、按量的完成分行下达的各项经营指标。

3. 创新机制，开拓业务市场。近年来，为了在合肥银行业有限的市场空间做大、做强，我们十分注重机制创新，一是争取和稳定优质客户，为效益增长打下基础。我们在对优质客户进行调查摸底的基础上，确定争取对象，下达争揽新客户任务。并加强对现有优质贷款客户的服务和对潜在优质客户的工作力度，为他们提供全方位的一揽子服务。二是办理贸易融资贷款和中小民营企业贷款，拓展资产新业务。在认真调研的基础上，积极拓展具有合法有效抵押手续的中小民营企业贷款。三是继续将个人信贷业务作为工作重点。四是签发足额保证金银票，增加资产业务品种。

4. 创新产品，增加业务收入。近年来，我们不断扩充新的中间业务品种，如电话银行、网上银行、汇款直通车、资金汇划等，以取得中间业务收入占比的不断增加和业务经营向一个更全、更广的空间发展。

三、围绕主题，注重特色，积极开展以创建文明单位为主线的系列活动

争创文明单位是我们创建工作的一根主线，围绕这一主线，为使创建活动有声有色有势，我们相继开展了一系列的争先创优活动。

1. 突出重点，全力创建“文明单位”。文明单位是党委政府颁发的最高荣誉，是综合性的先进单位，反映一个单位的全貌，在创建活动中，我们始终突出重点，抓特色创建。

2. 围绕重点，努力创建“文明行业”。创建文明行业活动，在全市金融系统全面开展以后，我们抓住这一切有利契机，把创建文明行业与创建文明银行、创建文明单位有机结合起来，加强组织领导，提高思想认识，大造舆论声势，形成浓烈的创建氛围，强化创建力度，树立行业新风，同时加强检查监督，奖罚并举，使创建文明行业活动取得较好成绩。

3. 夯实重点，倾力创建“精品网点”。营业部面积宽敞，服务功能分区合理分布。普通业务区，为客户提供全方位的金融服务；低柜咨询区，配备了资深的大堂经理，为客户解决各种疑问和疏导工作。着重建立自助银行，设立自动存款机、ATM取款机、多媒体查询机，自助终端实现了客户存、取款、账户查询卡缴费自动化功能齐全的自助服务区，在这里客户可以不用等候，自助享受理财服务。在宽敞明亮的客户休息区，客户不必站立等候，我部在合肥市金融界率先配置了智能排队机，还有着尊贵享受的OTO理财室，为客户进行一对一的专业理财。

4. 确立重点，协力创建“青年文明号”。营业部是一个年轻的集体，平均年龄30多岁，为使创建活动生气勃勃，组织开展了一系列的娱乐活动，把经常性的思想政治工作和商业银行的经营理论融合到各项活动中去。举办了

保龄球赛、摄影比赛、扑克牌比赛、环新区慢走比赛、围棋比赛等活动，大大丰富了员工的业余生活，举办了读书演讲、职业道德演讲、文明服务演讲等活动。在这些活动中，倡导新风尚，寓教于乐，鼓舞员工积极向上的热情。坚持以人为本，加强队伍建设。以“员工是发展的依靠力量”理念，吸引优秀人才加入组织；注重人才培养和知识再造，以岗位轮换、综合培养方式，造就全能人才。

5. 重视党性教育，定期不定期地开展党课教育，提高党在发展的领导作用、核心作用，吸引一大批优秀员工加入到组织中来，为发展创建了持久的组织保证。党员示范岗和服务明星岗起到以点带面的优质服务效应，全体员工出现了争先恐后当先进，默默奉献在岗位的良好氛围。个人荣誉获得更是枚不胜数，一大批同志获得总、分行级和地方政府荣誉。

四、文明服务，优质高效，努力塑造交通银行的窗口品牌形象

在近两年的文明单位创建工作中，我们营业部的干部员工认识到，银行作为窗口行业，与广大人民群众的工作、生活息息相关，只有把优质文明规范服务抓实了，抓上去了，创建工作才能名副其实。我们严格执行“三声”服务，使用文明用语，严格执行《中国交通银行服务工作规划》、《中国交通银行营业网点规范化服务标准》和安徽省交通银行的服务工作实施细则，对员工的作为规范提出了具体标准要求，做到统一着装、统一佩带工号牌上岗，员工坚持站立服务、微笑服务。使窗口服务质量显著提高。作为安徽省分行的大本营窗口形象至关重要，窗口员工普遍做到接待客户“有礼、有节、有度”，办理业务“快捷、规范、准确”，服务环境“清新、整洁、舒适”。充分展示了“优质文明服务示范窗口”形象。

五、以人为本，科学管理，抓好创建工作中的政治文明

1. 以德治行，抓好班子建设。我们把加强领导班子建设作为精神文明创建工作的重点，重视理论学习，每月坚持一次中心学习，突出解决一、二个问题。通过对“三个代表”重要思想的学习，自觉做到身体力行，身先士卒，要求员工做到的，班子成员带头做到。在现任行长高级经理周晓明同志的领导下，营业部领导班子朝气蓬勃，充满活力，成为团结、务实、廉洁、高效的战斗堡垒，为创建工作夯实了基础。

2. 加强教育，提高队伍素质。近年来，我们深深体会到，建设一支高素质，有战斗力的员工队伍是我行事业兴旺与发展的关键所在。为此，我们把“深化基础工程，提高员工素质，深化策略调整，提升经营业绩，深化机制创新，提升竞争能力”作为工作的总结思路，牢固树立以“效益为中心，以市场为导向”的经营理念，以强烈的责任感做好员工的思想品德教育和职业道德教育、法律制度教育。组织全营业部员工认真学习各种内控制度、金融法规，增强了全体员工遵章守纪、依法办事的自觉性；通过创立“一人在交行，全家在交行”精神，增强了员工以行为家，爱行爱岗，敬业奉献的主人翁意识；通过经常性地开展理论授课、业务培训和岗位技术练兵活动，提高了全体员工的综合素质。并且把鼓励员工业余自学和岗位培训，等级考试等有机结合起来，造就全能人才。

3. 群策群力，实行民主管理。实行民主管理、民主决策，最大限度地调动全体员工的积极性、主动性，为企业的经营和发展服务。近年来，我们在这方面做了大量的工作。通过营业部领导班子碰头会——科室会——柜组会，及时地把营销理念、工作安排传达到每一位员工，又准确地把员工对本部工作的设想、意见、建议反馈到部领导班子，多载体、多方面、多层次的民主管理，有效地提高了员工的参与意识，激发了员工的创新意识，受到了员工的欢迎和好评。

海南省分行营业部

随着近年来海南经济的快速发展，交通银行海南省分行在支持当地经济发展、服务社会民生的过程中，认真践行中国银行业文明服务公约，经营绩效不断提升，品牌影响力持续提升。交通银行海南省分行营业部（以下简称：分行营业部）更是分行的一颗明珠，2009年12月底各项人民币存款余额为50.08亿元，占全行（共16个营业网点）的31.89%，服务质量月度、季度、年度综合考评一直位居分行各网点前列。汇丰银行派往交通银行总行的叶迪奇副行长在视察分行营业部后评价道：海南分行营业部是交通银行系统内服务环境最好、服务分区最合理的营业网点，也是服务质量最好的营业网点之一。

分行营业部之所以能够在海南刚走出上世纪90年代经济泡沫不久，经济、金融总量不大的环境中破茧成蝶，是交通银行海南省分行党委和分行营业部经营班子坚持服务创造价值的理念，认真践行《中国银行业文明服务公约》及其实施细则、《中国银行业文明规范服务工作指引》、《中国银行业文明规范服务示范单位管理办法》和《中国银行业文明规范服务示范单位考核标准》的丰收成果。

一、加强组织领导，实现齐抓共管

《中国银行业文明服务公约》签署以来，在海南银行业协会的宣传、推广下，交通银行海南分行党委思想上高度重视，把践行公约及其实施细则作为全面贯彻“以客户为中心”的服务理念，进一步规范全行服务行为，全面提升服务质量和水平，树立良好社会形象，打造核心竞争力，推动构建和谐社会的重要举措，切实把公约的要求纳入全行总体发展战略。分行营业部作为分行最大的经营

部门，成为了分行提升服务质量的排头兵。

（一）领导高度重视，组织保障有力

分行成立了提升服务质量领导小组，分行一把手任组长，分管个金业务的副行长任副组长，各相关管理部门和营业部负责人为成员，实行领导小组周例会制度；领导小组下设6个工作推进小组，分别从服务规范、环境美化、效率提升等6个方面，严格按照文明服务公约的要求和文明规范服务示范单位的标准，抓好服务质量的提升。

分行营业部相应成立了本部门的提升服务质量工作小组（以下简称：工作小组），营业部总经理任组长，分管会计和零售业务的副总经理任副组长，各部室负责人为工作小组成员，负责组织实施和检查落实文明规范服务的各项工作。

（二）通过多种方式学习，提高对文明规范服务重要性的认识

分行营业部积极响应中国银行业协会的号召，通过集体学习、分组讨论、知识测试、开辟内部网专栏、演讲征文等一系列学习教育活动，提高了员工对贯彻落实《中国银行业文明服务公约》及其实施细则、《中国银行业文明规范服务工作指引》、《中国银行业文明规范服务示范单位管理办法》和《中国银行业文明规范服务示范单位考核标准》重要性的认识，并结合营业部自身的实际情况制定了贯彻落实的具体措施。

（三）细化各种服务措施，将文明服务公约的要求纳入到岗位职责、业务操作规程以及考核管理等各项制度中去

营业部在《交通银行大堂经理服务规范》、《交通银行个金客户经理服务规范》、《交通银行网点柜面人员服务规范》、《交通银行自助银行服务规范》和《交通银行海南分行员工服务手册》等服务规范的基础上，结合本部门实际，进一步细化了落实措施，制定了《营业部开展文明规范服务工作方案》、《关于建立提升服务质量长效机制的决定》、《营业部一线员工服务明星评选办法》、《营业部会计工作奖励办法》、《营业部一线员工服务礼仪和标准化应答规范指引》和《营业部文明规范服务奖惩规定》等制度，并组织员工不断学习，提高其对文明服务规范工作重要性的认识，为持续开展该项工作奠定了扎实基础。

（四）严格服务质量考核监督和奖惩体系，确保各类服务规范执行到位

分行营业部服务质量工作小组与分行各服务推进工作小组紧密配合，采取现场检查、监控录像实时检查和抽查、神秘人评估等多种考核手段，对服务质量实行每周、每月、每季度的考核和通报，检查覆盖到每个员工，并在此基础上评选出月度、季度、年度服务明星。同时将服务质量与部门和个人绩效等级评定、履职津贴发放、职位升降挂钩，充分体现服务质量的重要性。

对季度、年度服务明星，通过分行送到岛外或国外进行培训，学习先进的服务经验，并在代办员转正、正式员工晋升职级等方面优先考虑。对于服务较差的员工，则采取集中“小班培训”、诫免谈话、加强班后演练、单独教练等强化手段，强调“一个也不能拉下”。

二、明确创建目标，分阶段实施“微笑交行”、“美化交行”、“效率交行”、“财富交行”的服务规划

分行营业部以创建“中国银行业文明规范服务示范单位”为目标，将创建活动细化为“微笑交行”、“美化交行”、“效率交行”、“财富交行”四方面主要内容，循序渐进，并及时固化于制。

微笑交行：倡导“严格、规范、谨慎、诚信、创新”的十字行风，在各项服务中做到文明热情、微笑服务。制定了涵盖管理人员、网点高柜柜员、大堂经理、客户经理在内的各工种岗位的服务规范，以及服务明星评选办法、文明规范服务检查评比标准和奖惩办法等细则措施，从服务环境、服务礼仪、服务行为、服务技能、服务监督等方面，对营业部的服务进行了全面规范，对每一个服务细节都进行了细化和量化，确保每一个岗位、每一个服务环节都有章可循，调动了员工践行规范服务、微笑服务的主动性、积极性和创造性。同时聘请海南航空的服务培训专家进行微笑服务培训，逐个员工考核过关，有力促进了文明规范服务工作的开展。

美化交行：贯彻中国银行业协会倡导的功能分区、业务分层、客户分流服务，2007 年下半年开始，分行对营业部 2000 平方米的营业区域投入近 700 万元进行彻底改造，达到了文明服务公约实施细则对营业网点各项硬件标准的要求，成为海南当地最亮丽的银行网点，大大提高了营业部的服务能力和对外形象。

效率交行：优质服务的核心就是效率。贯彻协会建立科学、规范、合理的服务机制，构建高效、便民的多功能服务体系，打造更高品质的文明服务平台的要求，实行柜员考核上岗，狠抓业务知识培训、技能训练，全面强化“常用交易代码、手工点钞、机器点钞和凭条录入”四项技能，建立柜员效率档案，按月总结提高。分行营业部在 2007 年、2008 年分行举行的会计业务比赛中，均荣获团体第一名，并有多位员工达到能手级别。同时，通过设立弹性窗口、增加大堂经理、增加多种类型的自助设备，为客户提供了一个井然有序、温馨快捷的服务环境。

财富交行：促进营业部由“交易型向销售型”的转变。首先加强员工的产品培训，使全行员工对交行产品达到“能操作、会营销”。同时，要求柜员充分利用打印回单、客户签字的时间，向客户推荐、介绍关联业务和新的理财产品。

三、积极响应中国银行业协会号召，形式多样地开展文明服务月和迎奥运文明服务活动

按照中国银行业协会和总分行的统一部署，分行营业部积极参加 2007 年文明服务月和 2008 年迎奥运文明服务活动，很好地宣传、践行了文明规范服务要求，树立了良好的社会形象。

在文明服务月活动中，分行营业部以积极争创“中

国银行业文明规范服务示范单位”为目标，积极开展文明服务月活动启动宣传日、银行创新产品和金融知识推广普及活动日、银行服务满意度问卷调查等主题日活动，通过路演、现场调查、金融服务进社区等方式，对市民开展文明服务宣传，引导市民更好地了解银行服务；采取弹性窗口、完善自助设备配备、加强客户分流引导、实行分区服务等措施，重点解决社会反映强烈的客户排队问题；规范营业网点各类设备、物品的摆放，保持营业环境整洁舒适，严格执行文明服务规范，营造了良好的服务氛围，树立了良好的服务品牌。

在迎奥运文明服务活动中，分行营业部多管齐下，重点解决境外人士语言交流问题，同时认真落实各项安全保障措施，确保奥运期间无重大投诉、无案件发生：一是按规范摆放货币兑换、双语标识、双语版“外币兑换指南”、多语种服务手册和双语版“个人外汇业务产品及费率表”，引导境外客户办理业务；二是选拔两名英语交流能力好、服务意识强的柜员负责接待境外客户，并要求全体员工牢记总、分行外语紧急援助电话，确保境外客户的需求能在第一时间得到解决；三是积极组织员工参与英语培训和各类外汇业务培训，加强技能培训，提高柜面人员服务水平；四是严格落实总、分行关于自助设备管理、操作风险防范、安全保卫工作的各项要求，组织应急预案和防暴事件以及防火演练，保证了奥运期间的安全运行。

分行营业部服务质量的提升不仅树立了交行在海南的窗口形象，也进一步促进了分行营业部各项业务的发展。开展提升服务质量工作三年来，分行营业部各项存款在全行的增量和余额占比逐年提高，个人和公司业务高端客户数量均占全行的三分之一以上。

在创建中国“百佳”文明规范服务示范单位活动中，分行营业部以满分的优异成绩作为海南金融系统候选单位，参加全国“百佳”文明规范服务示范单位的评选。并荣获中国银行业文明规范服务“百佳”示范单位。

服务无止境。海南正在建设国际旅游岛，银行服务将成为海南对外展示形象的重要窗口。分行营业部决心进一步加强服务创新，提高服务水平，向国内外游客展示海南银行业文明服务的良好形象。

重庆分行南坪支行营业厅网点

重庆市分行南坪支行营业厅是2008年底经改造后成立的OTO网点，2009年营业厅围绕建设一流财富管理银行的企业愿景目标，积极整合业务品牌和产品品牌，锁定财富管理目标客户群体，加快业务结构、客户结构的调整，建立适应市场和自身发展特色的业务转型机制，塑造财富管理专业银行的品牌形象。2009年，南坪支行营业厅人民币储蓄存款同比增长116%，理财产品销量同比增长59%，达标沃德新增客户同比增长157%，对私保险销量同比增长175%。

一、突出品牌和产品，不断提升转化客户群和资产规模

突出“沃德财富”和“交银理财”两大客户服务品牌，以“得利宝”系列、基金、保险等产品为抓手，深化客户服务内涵，促使客户群之间相互转化、互为提升，实现客户群规模与资产规模、资产结构、销售收入的同步提升。一是深化“一对一”服务，落实针对沃德、交银客户的专属客户经理，制订关键客户服务方案，向中高端客户推荐专项理财产品；二是开展丰富多彩的促销活动，凸显交银理财快捷、综合、一站式服务的“理财伙伴”品牌内涵。通过定期交流、特色沙龙、年末答谢等形式多样的活动加深客户感情、丰富客户信息，建立长期稳定深入的客户关系，提升客户忠诚度。三是完善客户细分，锁定目标客户，通过加大交叉销售力度，提升交银客户转化沃德客户数和沃德客户资产规模，扩大沃德客户群，全年达标沃德新增客户同比增长157%，沃德客户资产同比增长62%。

二、积极组织产品销售，加大揽存吸储工作力度

通过积极组织销售基金、国债、得利宝、第三方存管、双币卡等个金产品，大力发展交叉营销，吸引客户办理沃德卡、交银理财卡、双利账户，深挖中高端客户潜力，提升中高端客户贡献度等，成功将他行资金转入交行，促进了储蓄存款的增长和理财产品的销售。2009年南坪支行营业厅人民币储蓄存款同比增长116%，理财产品销量同比增长59%。新增储蓄存款额在分行70个网点中排名第8位。对私保险销量同比增长175%，代理保险业务期缴销售量进入全国50强，排名第40位。

三、加强与第三方机构的合作，扩大优质客户资源

充分利用与网点合作的保险公司、证券公司、POS安装公司等第三方机构的资源，大力发展交叉营销。一方面，对驻点公司人员进行我行产品的全方位培训，让其在做好本职工作的同时，也成为网点发现客户的中坚力量；另一方面，加强与POS安装公司的紧密合作，双方客户经理互结对子，一同拜访客户，在拓展POS商户的同时，针对客户个人理财需要，提供专业性理财规划，从中发展中高端客户。

四、建立高素质的个金业销售队伍，不断提升为客户服务的能力

南坪支行营业厅以创建学习型组织为契机，不断提升客户经理队伍专业素质，为客户提供更为专业化的服务。目前，该网点有4人获得AFP资格，1人获得CFP资格。

同时，网点的客户经理根据各自擅长的领域分为几个学习小组，收集、分析国内外宏观经济形式及财经资讯，定期进行讨论、沟通，互相学习，不断提高全员的专业化素质。

在南坪支行营业厅全体员工的努力下，2009 年个金各项业务发展均衡、成绩突出，多个个金指标在总分行排名靠前。南坪支行营业厅将继续以为客户“提供更优金融方案、持续创造共同价值”为己任，积极响应“跑赢大市，争先进位”的号召，努力耕耘，争取 2010 年的业务发展再上一个台阶。

新疆区分行天山支行网点

“宝剑锋从磨砺出，梅花香自苦寒来”。天山支行自 2007 年 11 月新任行长石丽光上任以后，支行的各项业务都出现了较大的转变。个金业务呈现出蒸蒸日上的良好局面，在支行行长的带领下，全行员工共同努力，取得了各项业务的快速发展，取得了较好的业绩。主要有以下几点：

一、与全行人员一起超前预想，紧密筹划

天山支行对待个金业务超前预想，早做准备，按照每个阶段的完成情况迅速调整和制订下一阶段的工作计划，并确定了“既要抓指标更要重市场，既要顾眼前更要求长远”经营思路，我们及时组织全行人员对分行下发的考核方案进行认真学习，对于销售的产品，支行多次邀请专业人员前来为全行员工进行培训，使全行员工对个金业务发展观念得到进一步统一，战略转型意识得到进一步提升，员工整体销售意识和责任意识不断增强，而且我们还坚持逢会必讲、逢会必提出要求的良好习惯。

二、组织实施

支行改变以往“分行先下指标、支行后定任务”的传统工作思路，采取“年末定方案，年初讲业绩”的个金业务新规划，具体措施为：

1. 年初，支行将员工分成 2 个小组，展开小组 PK 赛，并周周进行通报，月月评比，每个小组每天早晨组织组内人员进行总结与分析，大家互相帮助，对于小组内指标落后的人员，由小组组长进行“一帮一”的帮助活动，全行 100% 的员工均已实现个金产品销售。

2. 年初，天山支行把“代理保险销售业务”作为支行第一季度的工作重点。及早制定了“代理保险开门红”的激励方案，支行内部自然形成了你追我赶的销售热潮，大大的提高了全体员工的营销积极性。

3. 对待客户我们采取现身说法（举例说明）、得力说法（所得到的好处）、长效说法（长远利益）、激励说法（小额奖品）等措施也取得了较好效果。

4. 针对不同的客户，我们采取“抓住一个重点、销售一个产品、增强一份信任、增加一个客户、争取一缕阳光”等措施。

5. 奖励及时兑现，对于成功实现销售的员工支行进行当日奖励，鼓励先进、鞭策落后者。

三、行动迅速

1. 我们改变以往等待客户来行办理业务时介绍产品的方式，转变为电话约访、登门拜访、短信营销等多样化的营销方式上。

2. 对不同的客户展开有针对性的产品销售。对中、高端客户，按照资产总量、客户对资金的使用周期及承受风险的能力，量身制定相应的理财计划；对低端客户、代发工资、风险承受能力偏低的高龄客户，极力推荐基金定投、国债及银保产品等。

3. 在销售过程中，如遇高柜柜员未能说服目标客户，便引导至低柜进行再次营销，如再次遇见阻力，立即通知大堂经理与对私客户经理，为客户进行产品展示或收益测算，让客户实实在在的了解产品，最终实现销售。全行各个岗位员工互相配合，形成一个销售链，大大的提高了销售率。

“一年之计在于春、一日之计在于晨”支行在做好个金业务工作的同时，以“决不轻易放走前来办理任何业务的客户”为销售思路，以“坚持坚持再坚持，团结团结再团结”为个金业务的销售口号，使全行员工紧紧的凝聚在一起共同进步。2010 年的个金业务任重而道远，天山支行将以更加严格、扎实和高效的工作作风，乘势而上，乘胜前进，再创佳绩。

（五）华夏银行典型个人金融机构形象展示

大力发展电话刷卡结算业务

——华夏银行沈阳分行

沈阳分行自2010年年初开展电话刷卡结算业务以来，在总行电子银行部的业务督导下，在分行的宣传营销下，市场拓展取得了较好的成效，也引起了较强的市场反响。截至6月30日，分行发展TPOS商户1212户，布放机具1277台，完成总行全年计划的127%，完成分行全年计划的100%。商户交易笔数达17056笔，其中，消费交易笔数5864笔，常汇户转账笔数2588笔；商户交易金额达11.6亿元，其中消费交易金额95228万元，常汇户转账交易21185万元元；所有TPOS商户绑定卡时点余额7918万元，户均沉淀资金约6.5万元，实现手续费收入20.6万元。

一、总分支行联动，全方位的营销服务效果显著

TPOS业务在推广过程中得到了总行的大力支持和支行的积极响应。在营销过程中，我们认真把握营销是服务的延伸，TPOS业务是网点的延伸。支行为客户签约、安装，分行对业务进行指导，总行通过95577受理客户常汇户添加申请。使客户在家里就可以办理大部分银行业务，实现收款付款足不出户。从而确立了我行一线通品牌的优势，得到了客户的认可。

二、开展营销竞赛，提高各支行积极性

为有效发展TPOS业务，提高各支行的营销热情，我分行分别在一季度和二季度开展了两次营销竞赛。竞赛制订了超额奖、台阶奖，对超额完成任务的支行进行奖励。并对达不到竞赛要求最低限的支行进行处罚。极大的提高了支行的积极性。

三、加强服务，扩大营销成果

为使TPOS客户能够愿意使用我行产品，我们做了大量的服务工作，每次安装我们都要求客户经理在安装后指导客户至少做一次收款和付款。让客户掌握如何操作后才算安装结束，因此，每次安装都要至少半个小时以上。另外，总行客服中心也做了大量的跟踪服务工作，包括常汇户添加业务的受理，还有主动的售后回访，为我们有效掌握客户情况提供了有力的依据。

四、及时解决问题，督促业务进展

分行TPOS业务之所以能够得到迅速发展，离不开各方的支持与努力，在业务运行过程中，分行遇到了诸多问题，但在总行的大力支持与协助下，在分行与厂家的积极沟通协调下，大多数问题都得到了及时解决。例如，在营销过程中，我们的客户最关注的常汇户付款的优惠期问题，总行及时将优惠期延长至年底，使客户减少了顾虑。还有，春节过后，我们迎来了一个TPOS的营销高峰，而极具厂家则遇到了工人放假，不能马上提供极具，在总行的协调下，厂家加班赶工，终于使我们在两周内就拿到了机器。

沈阳分行将继续扎实深入的开展营销宣传工作，逐步将TPOS后续服务的产品营销转向客户营销，努力将电话刷卡结算业务做出品牌效应，通过TPOS产品的营销，充分挖掘客户需求，适时向客户营销我行个贷产品、理财产品和黄金产品，提高客户对我的依存度和忠诚度。使TPOS产品成为分行拓展市场的有力武器。

华夏银行太原分行大力开展信用卡营销

截至2009年末，太原分行累计有效发卡26 157张，2009年当年新增信用卡发卡6 346张，发卡任务完成率115%，当年履责综合评分全行排名第一名，并获得2009年华夏信用卡最佳营销分行、最佳效益分行两项殊荣。太原分行信用卡营销工作经验主要有以下几个方面：

一、分行领导高度重视，健全营销组织体系，不断创新营销思路

（一）充分发挥信用卡营销领导组职能，及时分解、落实计划任务

2009年年初，太原分行即成立了由信用卡业务分管行长任组长，个人业务部、公司业务部总经理任组员的工作领导小组，在认真总结2008年信用卡营销工作经验和不足的基础上，召开专题办公会，布置2009年信用卡营销计划。同时，领导组根据总行“加强对现有客户进行交叉营销”的工作要求，结合2009年宏观经济形式展开调研工作，对辖内10家支行的客户情况进行分类、汇总，有针对性的开展工作，在主力营销信用卡VIP客户（钛

金卡、钛金丽人卡客户）基础上，自加压力，加大金卡、公务卡的营销力度，做到“人人有指标、事事责任清”，使信用卡营销工作实现良性开局。

（二）进一步加大绩效考核力度，力求奖罚分明

为激发员工发卡积极性，2009年太原分行列出专项费用用于支持信用卡营销工作。年初太原分行即下发了《关于下达2009年信用卡营销计划的通知》，将信用卡发卡工作与支行行长、分管营销副行长、个人业务负责人、信用卡专职人员以及各级营销人员的绩效考核挂钩，在总行划拨的信用卡营销费用基础上，针对信用卡激活给予员工二次奖励，其中每张钛金卡奖励70元、钛金丽人卡奖励255元、金卡奖励50元，按月直接兑现至营销人员手中，充分激发了员工的发卡热情。同时，对于未完成计划的机构和个人，太原分行也加大了处罚力度，其中：营销机构每比计划少发一张有效信用卡，处罚100元；营销人员每比计划少发一张有效信用卡，处罚100元，并进行全行通报，同时取消相关人员年度评先资格。

二、通过数据分析，调整营销策略，强化业务培训

通过分析进件审核情况、总结拒批原因，在与总行、支行营销人员的沟通过程中，不断修正营销目标、细分目标客户群体，实现分行个人业务部在专业上管理、在业务上指导的职能转化。

同时分行个人业务部定期开展信用卡业务培训，有针对性地讲解进件要求，提高信用卡进件质量。信用卡业务联系人、风险联系人加大对信用卡业务的现场指导力度，定期深入基层，向一线营销人员讲解华夏信用卡营销政策、费用政策及营销进件情况反馈。

三、及时通报信用卡营销情况，分享营销先进经验

为使各机构、全行员工及时了解进件、核卡情况以及总行相关政策，分行个人业务部在OA办公系统内建立信用卡业务专栏，开辟个人营销心得通道，共同分享优秀营销人员的先进工作经验。同时分行信用卡预审人员认真审核进件，对不合格进件逐件批注原因，直接与营销人员进行电话沟通和辅导，改善进件质量，控制前端风险。分行信用卡专职人员定期与营销人员座谈，了解营销进程，掌握营销一手信息，不断总结、汇总营销偏差，及时向全行发布信息。实现信用卡营销信息全行共享，共同促进信用卡业务持续、稳定发展。

四、加大分行信用卡专项促销活动力度，提升客户用卡频率，提高中间业务收入

分行在年初即制定年度营销计划，以提升本行信用卡客户动户率为指引，以拉动中间业务收入快速增长为目标，每月不间断开展主题营销活动。

夯实业务基础　明确工作重点　实现基金业务的稳步发展

——华夏银行北京分行

作为银行非资本性业务的重要来源，近年来越来越多的商业银行把中间业务提升到战略的高度，将其作为调整资产结构、收益结构，开拓新的利润增长点的重要举措。我行在营销中将提高中间业务收入作为主要工作来抓。基金类产品是我行中间业务收入较高的理财类产品，是我行中间业务收入的重要来源之一。2009年我行基金业务收入743.35万元，超额完成总行计划，计划完成率105%。

分行各级领导一直以来对基金业务发展给予高度重视，由个人业务部牵头，认真落实全行基金业务的组织推动工作，形成了分支行两级营销模式，充分开展公私联动营销，进一步夯实业务发展基础。

（一）把握市场机遇，顺势营销

2009年股市震荡回升，我行在基金类产品的营销中，按照总行营销部署，顺势而为，把握市场股市、债市波动节奏，形成了依靠券商类集合计划带动产品销售的特色模式。2009年通过国信金理财4号、国海债券1号、国都1号等托管类券商产品开发中高端客户和公司客户，全年仅国信金理财4号单只产品销售就达1.37亿元，并成功开发了申购金额在3000万元以上的高端个人客户2人。

2010年我行深入学习总行下发的《2010年基金工作指导意见》，领会总行对市场行情的把握，掌握总行产品发行节奏，明确了全年基金工作思路，即以托管类重点产品的募集发行与持续营销为业务开展的中心，扩大中间业务收入；以总行开展的“华夏财富之旅”之精品基金营销和新发基金为辅助，做好基金的日常申购和定投，帮助客户把握市场节奏进行申购、赎回。

（二）加强营销培训和业务推动，形成分支行联动营销

一是加强产品培训，做好营销预热。我行充分利用北京地缘优势，长期以来与基金公司渠道保持良好的合作关系，在总行营销活动前提前开展营销预热。分行重视开展各级营销人员的培训，每一只重点营销的产品，我行均会对支行主管行长、理财经理、客户经理、助销员、柜员开展2－3场集中培训。为全力做好2010年的首只券商计划中金安心回报产品的销售，我行提前2周开始营销预热，安排中金公司配合走访重点支行，营销重点社区、重点企业客户。其中我行魏公村支行由于营销预热充分，在中金安心回报产品的销售中，2天即实现销售480万元，成为我行率先完成销售计划的支行，并最终实现销售534万元。

二是加强业务组织推动，建立支行基金业务联系人

2010年我行对支行主管行长的每季度考核打分中，增加了对基金条线的专业管理评分，要求支行做好重点产品销售的同时，要明确基金业务联系人，掌握基金报表使用等基础工作。分行通过飞信加强对营销的过程督导管理，突出产品卖点，及时传达总行要求，收集支行客户需求。

三是加强分支行营销联动，举办“高客体验系列活动”

为便于客户经理更深入地了解我行推出的重点产品，2010年我行推出了“高客体验系列活动”，面向各支行的高级客户经理，与同业公司加强合作，重点进行产品推荐。4月为配合博时一对多产品的销售，我行与博时北京公司举办了“走进博时公司”体验活动，活动中安排了产品推荐、同类产品运行现状与客户存续期服务，基金经理演示另类投资小组交易系统、高频交易行为分析模型以及参观公司等多个环节，使得客户经理更直观地了解基金公司产品运作方式，增强营销信心。通过举办这项活动，我行预计可以完成700万的销售任务。

四是努力扩大基金客户群，开展客户转介绍活动

随着我行基金类客户群体的逐步稳定，为进一步夯实业务基础，拓展外部客户，四月份券商类计划集中营销阶段，我行推出了基金类产品推荐有礼活动，对于成功推荐客户购买券商产品的老客户，赠送我行贵宾增值服务体验券，得到客户经理和客户的好评。下阶段，我行将针对基金类客户开展持续性的推荐有礼活动，对于成功邀请客户参加分行投资类产品推荐会、成功推荐客户购买基金类产品的客户给予有礼回馈。

五是加强产品宣传，鼓励支行举办小型投资沙龙

一方面，做好面向大众客户的营销宣传。为配合产品的销售，每期重点产品，例如中金安心回报、国海内需等，我行均会配合投放宣传软文1－2篇。同时，在支行LED显示屏上增加产品宣传语，统一发送营销短信等；另一方面，鼓励支行面向高端客户举办小型投资沙龙，中金安心回报计划销售期间，东四支行、万柳支行分别举办了多次客户沙龙活动，得到客户的好评。中金安心回报计划营销活动中万柳支行个人客户销售612万元、东四支行个人客户销售502万元。

（三）加强公私联动，形成营销合力

2009年四季度我行在国海1号、中金基金优选的营销中积累了不少公司客户，2010年我行再接再厉，加大基金业务中的公私联动，树立了以东四支行为典型的公司客户基金业务销售先进支行。截至4月份东四支行公司客户共销售8600万元，累计销售10251万元。每次重点产品销售前，东四支行理财经理会组织全体客户经理认真学习产品特点、分行政策，在销售安排中做好分支行联动，由分行参与，按照客户需求制定客户营销服务方案，对于客户有意向的产品，我行均会安排券商配合，到支行、到企业为客户进行产品推荐，产品销售形成了良性的循环。

提升战略地位　推动发展转型　全力打造个人业务特色行

——华夏银行青岛分行

近年来，青岛分行始终坚持以总行五年发展规划纲要为行动指南，全面落实总行发展个人业务的措施和要求，坚持个人业务优先发展战略，着力推动发展方式转型，业务保持均衡快速发展态势，迈出了探索特色化发展的第一步。截至一季末，青岛分行个人金融资产总量76.1亿元，储蓄余额50.9亿元，储蓄在一般性存款中占比27.7%。网点平均单产3.9亿元，高出全行平均水平1.3亿元。在青岛十家同类股份制银行中，个人业务综合实力排名第三。

一、特色分行发展思路

1. 发展战略向个人业务优先发展转型。在深入分析青岛个人业务的发展空间、发展趋势和发展基础的前提下，青岛分行提出了个人业务优先发展战略，力争在客户定位、产品打造和服务品质方面形成与五大行的错位优势，在环境建设、网点布局和队伍建设方面形成与同类银行的比较优势，通过形成错位和比较两个优势，力争取得个人业务局部领先地位。

2. 增长模式向个人业务有机增长转型。针对渠道建设相对落后，网点覆盖能力较弱；服务品质有待提高，差异化服务特色不鲜明；营销队伍建设亟待加强等问题，分行提出了实现个人业务向有机增长转型的目标，即从“拼关系、拼费用、拼授信”向依靠产品、服务、渠道、环境转变，努力成为青岛市第二家依靠综合服务能力实现个人业务持续增长的股份制银行。实现个人业务有机增长的核心就是通过内外部狠抓营销、服务平台建设，以综合服务能力的提高带动客户数量和客户贡献度的双提升。

3. 必须做到“笨功夫＋巧心思”。做好个人业务，必须做到“笨功夫＋巧心思”。所谓“笨功夫”就是要不折不扣地落实总行的工作部署，无论抓客户开发、抓产品推广、抓平台建设、抓重点业务，还是抓专业管理，都必须扎扎实实地抓细化，抓落地，来不得半点投机取巧。所谓“巧心思”就是要毫不动摇地坚持“客户第一、服务客户”的核心理念，从了解客户需求入手，在打造服务平台、丰富服务手段、提升服务层次上用心思、下工夫、求实效，千方百计满足客户需求，通过“巧心思”争取在竞争中领先半步，成为赢家。青岛分行认为，要实现打造个人业务特色分行的长期目标，就必须以五年规划纲要为指导，坚持个人业务优先发展战略，坚持以客户为核心，以深化营销机制建设、提供全方位系统性支持为保障，以

加快环境与渠道建设、加强队伍建设为基础，以提高产品打市场能力、提升综合服务能力为手段，实现个人业务有机增长、可持续发展的战略转型。

二、主要工作措施

（一）落实三项机制，加快业务转型

1. 全面落实个人业务营销机制。做好个人业务，机制建设必须先行。分行始终把不折不扣的落实总行个人业务营销机制建设的各项要求作为打造特色分行的核心保障，抓了管理团队建设、营销人员配备和营销规范等方面的机制建设。一是建立了分行"六个团队、一个中心"的组织架构。组建了产品经理和理财经理团队，强化了市场营销职能，落实了个贷审批官制。二是按照支行理财经理、大堂经理、客户经理和助销经理 1+2+4+10、特色支行 2+3+5+15 的个人业务营销人员标准配备工作进展顺利。目前分行个人客户经理达到 50 人，助销经理 116 人；大堂经理 35 人。三是推行了个人业务营销规范。支行层面推广了市场分析规划模板，营销条线将营销规范和销售能力培训相结合，建立了营销规范化流程。

2. 实行个人业务发展资源倾斜机制。一是考核权重倾斜。今年个人业务指标综合经营计划考核占比达到了 50%。对特色支行加大了储蓄存款、个贷指标，适度降低对公存款指标，统筹考虑利润、付息率和存贷比指标。二是费用配置倾斜。从去年以来个人业务营销专项费用占比超过了分行总盘子的 50%。重点加大了对储蓄、个贷、贵宾增值平台和个人业务宣传的专项费用支持。三是贷款、风险资产配置倾斜。一季度在分行贷款额度受限的情况下，通过压缩调整出 1.7 亿元额度扶持个贷发展。四是人力资源配置倾斜。要求今年分行新增编制除新设机构必配的人员外，优先支持个人业务特色支行。

3. 导入系统性管理与支持机制。一是成立了特色分行建设领导小组，分行一把手担任组长，分管副行长、首席风险官任副组长，负责制定规划、统筹资源、系统推进，明确支行个人业务由一把手专管。二是建立中后台管理保障部门对个人业务支持机制。凡是涉及特色分行建设的重点工作，相关部门都要提出具体措施和完成时效承诺，纳入该部门重点工作考核。三是完善分行对支行个人业务发展的系统性支持机制。要求分行相关部门形成合力，在人员配备、网点、渠道建设、产品业务培训辅导、科技支撑等方面搭建系统性支持平台，并引入支行对机关的评价体系，由支行对机关、经营管理部门对支持保障部门根据其服务意识、办事效率和解决问题的能力每季作出评价，严格奖惩。

（二）细分三类客户，搭建营销平台

1. 确定目标客户群。青岛分行确定了三类客户作为目标客户群体。一是年收入在 50 万元以上的高端客户群。目标客户群体为私营企业主、大中型企业高管、文体名流。二是年收入 6 万元以上的价值客户群。主要包括公务员、电力、电信行业从业人员、外企白领。三是卡内留存 1 千元以上的基础客户群。高端客户重点发展，价值客户批量发展，基础客户兼顾发展，并针对不同客户群体，制定差异化营销方案。

2. 拓宽营销渠道、搭建营销平台。一是县域支行建立了批发市场营销平台。重点建立与周边建材批发、外贸服装、钢材市场等专业市场的合作。二是市区支行建立了特色街营销平台。三是分行层面搭建了商会、协会合作平台。四是分行层面搭建证券、保险合作平台，共享客户资源。

3. 区分客户群，差异化营销。一是推进高端客户节点式营销模式。以存量高端客户为节点，按照生意圈、亲属圈、交际圈等维度延展式开发。要求营销人员与客户贴近距离，交成朋友，配合产品经理和理财经理提供一对一的专业化服务方案。二是推进价值客户链式营销模式。要求组合营销私营企业主贷款、网银、银行卡、特约商户业务，实现个人业务链式开发。开发客户做到四个同步：华夏卡同步开办、个人网银同步签约、个贷、理财同步推销、手机短信同步开通。三是针对价值客户和基础客户推进"零售业务批发做"营销模式。重点针对批发市场、商会、协会等搭建营销平台，批量式开发 TPOS、私营业主贷款、动产质押业务。

（三）拓宽三个渠道，提升综合服务能力

1. 拓宽机构网点渠道。以前分行设立机构网点基本上是按行政区划设立支行，部分网点虽然业务量大，但储蓄自然增长乏力。分行决心调整机构布局，先后将三家支行迁移到市南繁华的商务区，并以向零售银行发展转型的战略眼光，调整现有网点格局，统一规划网点服务格局。选点重点考察网点周边居民财富集中度；民营、私营和中小企业成熟度以及市场、商场、写字楼的密集度。同时按照特色支行建设标准，逐步完成营业厅内引导服务区、自助服务区、电子银行体验区、柜面业务区、理财中心区、贵宾服务区等六个功能分区的统一规划。

2. 拓宽自助服务网络渠道。一是加快 ATM 和自助银行的布设速度。近两年，分行 ATM 新增 110 台，自助机具总数达到 163 台，从当地股份制银行倒数第二跃升到第二。ATM 选点遵循"预期交易量大、弥补网点辐射不足"两个原则，自助银行布点遵循"即以本行存量和目标客户分布为指导、以物理网点为支点"两个原则。同时制定了自助银行建设流程，成立工作组，实现了选点、谈判、建设的标准化、流程化推进。实行加清钞外包。今年以来，机具投放效果开始显现，跨行交易强度列股份制银行第一位，高于全市平均 12 笔，自助取款设备跨行交易本代他笔数较去年同期翻了一番。二是加大了特约商户和特惠商户开发力度。分行引入了外包式商户开发合作模式，迅速扩充了一批高质量商户资源。截至目前已新增特惠商户 104 家；卡消费同比增长了 55%；特约商户收单同比增长 31%。银联商户数量和 POS 收单量均列岛城同类股份制银行第一名。三是不断完善代收代付业务功能。不仅着眼于增加中间业务收入，更重视提高社会影响力和市民关注度。分行自主开发了缴费平台，成为当地收费种类最全的两家银行之一和唯一实现跨行缴费的银行。成为公用事业局的唯一合作银行，开发了联网代收费系统，在市内五处收费大厅布设了自助缴费终端，进一步扩大了服

务覆盖面。

3. 拓宽增值服务渠道。围绕平台建设，分行提出了四个问题去有针对性满足客户需求：一是贵宾客户想要什么。只有想到客户前面，做到客户心里，才能拉近与客户的距离。在总行 7 + N 服务平台基础上，分行又丰富了健身、美容、送杂志、赠保险、洗衣登门收等 19 项服务项目，打响了特色服务的牌子。二是贵宾客户的切身感受是什么。强调要让客户感受到银行的关注。同样是赠送一本财经杂志，封面印上客户姓名，就会让他有一种受尊重、被重视的感觉。分行与青岛最好的医院合作，重点客户看病，走绿色通道，找最好的专家，充分体验到贵宾客户的尊贵。三是如何让更多客户了解增值服务。分行在《半岛都市报》、《青岛早报》每月宣传特色服务项目，分批次邀请贵宾客户与客户经理共同参加高尔夫练习畅打，强化对贵宾户的宣导。四是如何因客户而变，持续保持对客户吸引力。分行对增值服务项目使用率进行定期分析和评估，每个季度进行优化调整。目前分行贵宾增值服务平台已初步形成特色，客户使用率不断提高，在青岛树立了口碑。

（四）狠抓三个环节，增强服务竞争力

1. 重新塑造服务面貌。一是前台员工服务规范培训。自去年以来分行已经安排前台员工分六批到山东蓝海职业技术培训学校进行半军事化脱产培训 20 天，目前覆盖面已达到 100%，带动了全行服务层次提升。二是客户服务能力的专业化培训。分行聘请专业机构对营销条线分批进行了客户服务能力培训，覆盖面今年将达到 100%。三是业务知识培训。今年由分管前台副行长牵头组织对前台柜员、大堂经理的业务知识培训，及格率要达到 100%。

2. 提高网点服务效率。分行坚持做好了“四抓”：一是抓业务疏导。安排大堂经理，提前了解客户需求，引导客户自助服务，减轻柜台压力。二是抓流程优化。将现金和综合业务窗口分离、填单业务和柜台经办分离，由大堂经理提前协助客户正确填好单据，再到窗口办理业务，减少了客户等待时间。三是抓技能培训。每周开展技术练兵，每季开展技能考评，考评结果纳入柜员等级评定与收入挂钩。四是抓前台资源优化组合。在部分支行设置信用卡还款专柜，前台人员根据业务量动态调配。

3. 建立服务监督长效机制。从行内、行外两方面完善了服务监督机制。一是每月开展服务巡检。成立了由会计、个人、信息、办公室等部门组成的工作组，每月进行服务巡检。二是每周开展神秘顾客匿名检查。分行聘请了两家专业机构每周暗访，检查结果挂网公布，纳入季度考评。三是落实考核管理和尽职履责评价。将服务质量和网点储蓄自然增长纳入柜员和分管前台副行长履职考核并占到了 50% 权重。

（五）打造三个团队，提升队伍战斗力

1. 打造专业化、高素质的分行管理团队。重点提升管理团队市场分析策划能力、产品创新能力、组织推动能力和客户服务能力。分行个人部员工达 24 人，形成了一支和谐上进、有凝聚力和战斗力的优秀团队。

2. 充实个人客户经理队伍。几年来，通过外部引进、内部培养和转岗等方式使队伍数量达 50 人。通过公开竞聘为各支行配备了个人客户部经理，修订完善了《个人业务客户经理管理办法》，实行动态考核。在薪酬待遇、职业生涯规划方面，充分调动客户经理的积极性。同时，每名老客户经理都要与助销经理签订“师带徒”协议，发挥带头作用。

3. 发挥助销经理生力军作用。分行始终把助销经理当作个人客户经理的蓄水池，这支队伍越来越发挥出举足轻重的作用。主要抓了四个方面：一是把好队伍准入关。在招聘助销经理时，坚持“推荐与招聘相结合，重视素质，兼顾资源”的原则。二是切实提高队伍素质。分行每两周组织一次银行业务知识培训；定期外聘保险公司、信用卡直销培训师培训营销技巧；由客户经理以师带徒的方式带领助销经理进行营销实践。三是畅通队伍升降渠道。以储蓄、银行卡、贵宾户等指标为考核重点，动态升降。实行了客户经理和助销经理动态管理。达到条件的助销经理及时转正，达不到最低标准的坚决淘汰，对达不到业绩要求的个人客户经理纳入助销经理队伍管理。四是增强助销经理归属感。目前，助销经理已达到 116 人，存款达到 12.1 亿。

（六）制定三年规划，推动支行全面转型

在五年规划基础上，分行制定了《个人业务特色分行三年发展规划》，力争用三年时间实现全部支行特色化转型。

1. 确定试点、典型引路。分行针对当地民营经济发达、居民财富比较集中的特点，将 2008 年 10 月份刚成立的即墨支行确定为个人业务特色支行试点单位，导出支行“六个最”的发展目标，即努力成为当地营销渠道最多、特约商户最多、自助机具布点最多、感动服务最佳、私营业主贷款最便捷和最具社会影响力的银行。各专业部门定期到支行现场辅导，在环境建设上给予系统性支持，自助银行已建成开业五家，ATM 布设 18 台。各项措施有力地推动了即墨支行特色化发展，2009 年，支行新增储蓄存款 3 亿元，个贷放款 2.5 亿。即墨支行的试点成功，为分行全面个人业务特色化转型建立了信心，充分发挥了典型引路的作用。

2. 制定规划、明确标准。为有效推动特色分行建设，青岛分行制定了《个人业务特色分行三年发展规划》，提出了青岛分行特色化发展的战略目标、工作重点及具体措施。从分支行两个层面，在渠道、服务、客户等多维度明确特色行建设标准。

3. 整体推进，渐进实施。分行认真总结了即墨支行的几点试点经验：一是当地民营经济发达、居民财富比较集中的特点适合个人业务发展；二是在县域地区金融和人才竞争环境相对宽松；三是取得当地政府支持，融入当地主流经济是关键；四是要从服务网络、服务水平上与同业形成比较优势。基于上述分析，2010 年，分行又确定了城阳、开发区、胶州共 4 家周边支行为个人业务特色支行，市中心的南京路支行为准特色支行。特色支行重点突破，准特色支行重点发展，循序渐进带动全行向个人业务特色化发展转型。

第十编

统计资料

一、综合统计

（一）国有商业银行人民币信贷收支表

单位：亿元

项目	2009.01	2009.02	2009.03	2009.04	2009.05	2009.06	2009.07	2009.08	2009.09	2009.10	2009.11	2009.12
来源方项目												
一、各项存款	248785.87	258112.36	273449.69	275920.14	279846.86	287676.46	287503.55	289184.08	294244.89	293957.07	295376.23	300579.05
1. 企业定活期存款	78412.37	83229.14	91921.20	93055.00	94735.75	99373.13	99462.56	101634.23	102655.39	104173.30	104929.79	105293.20
（1）活期存款	48769.48	52650.82	58862.78	57772.88	59503.87	63103.38	63593.08	65354.14	63089.86	67004.74	68210.66	67841.66
（2）定期存款	29642.89	30578.32	33058.41	35282.13	35231.88	36269.76	35869.48	36280.09	39565.52	37168.56	36719.13	37451.54
2. 储蓄存款	135395.85	137603.53	141282.47	141715.24	142739.62	144398.76	144035.58	143821.84	148184.06	146238.74	146684.41	150049.07
（1）活期储蓄	51524.94	51033.02	52314.04	52135.30	52385.72	53667.99	54492.08	54884.56	57302.97	56695.11	57284.74	60145.46
（2）定期储蓄	83870.91	86570.51	88968.43	89579.94	90353.90	90730.77	89543.51	88937.28	90881.09	89543.63	89399.67	89903.61
3. 农业存款	68.71	78.58	122.85	121.60	135.32	139.29	136.07	144.78	145.81	160.80	155.84	160.98
4. 其他类存款	34908.95	37201.10	40123.17	41028.30	42236.17	43765.28	43869.34	43583.24	43259.63	43384.23	43606.19	45075.81
二、发行金融债券	1154.20	1490.77	1490.25	1490.04	1414.75	1866.60	2239.69	2217.23	2142.58	2144.39	2052.84	2170.30
三、向中央银行借款	5.19	5.19	4.10	3.50	3.50	3.50	3.50	3.50	3.02	3.02	3.02	3.02
四、同业往来	14749.44	19162.02	20933.48	20656.51	20807.88	21715.59	22952.91	24525.81	21472.49	23934.58	25218.64	21337.71
五、其他	-16449.58	-19371.44	-25106.96	-23572.65	-22021.96	-25483.96	-23276.50	-23577.03	-19029.36	-20087.36	-18123.15	-15390.28
资金来源总计	248245.13	259398.90	270770.56	274497.54	280051.04	285778.20	289423.16	292353.59	298833.61	299951.70	304527.58	308699.81
运用方项目												
一、各项贷款	139871.53	145381.40	155324.11	157543.06	159797.79	164765.01	166415.35	168073.76	169178.65	170552.52	171949.23	173225.24
1. 短期贷款	41050.57	41738.80	44188.34	42996.05	42969.57	44159.32	43835.87	44158.02	44743.04	44882.73	44926.34	45006.15
（1）工业贷款	23005.87	23278.34	24201.05	23414.37	23007.17	23242.76	22830.85	22827.20	22753.11	22628.95	22522.50	22280.41
（2）商业贷款	3583.19	3639.65	3783.27	3644.38	3723.15	3831.84	3804.79	3832.73	3958.48	3986.05	3931.71	4007.94
（3）建筑业贷款	1515.64	1555.94	1621.52	1585.86	1548.00	1555.88	1531.55	1513.76	1500.32	1516.43	1481.63	1434.60
（4）农业贷款	436.81	438.51	468.55	444.40	420.26	443.14	433.46	435.43	444.16	447.68	454.86	454.17
（5）三资企业贷款	955.35	966.77	976.68	934.89	909.51	898.40	880.76	886.93	904.74	890.46	873.44	832.24
（6）私营企业及个体贷款	895.56	937.55	1175.71	1198.31	1353.57	1533.28	1652.38	1775.47	1899.93	1956.93	2034.28	2077.45
（7）其他短期贷款	10658.14	10922.05	11961.56	11773.84	12007.91	12654.03	12702.08	12886.51	13282.29	13456.22	13627.93	13919.34
2. 中长期贷款	87178.24	89477.61	94909.29	97467.26	99704.91	104176.01	106719.78	109120.14	111457.47	113327.79	114876.05	116868.67
3. 其他类贷款	11642.72	14164.99	16226.48	17079.76	17123.31	16429.67	15859.70	14795.59	12978.14	12342.00	12146.84	11350.41
二、有价证券及投资	74779.84	75291.69	76764.91	79473.17	81746.61	82822.93	84435.69	86438.44	88119.87	89328.38	91425.33	92185.06
三、缴存准备金存款	32119.36	37216.78	36713.40	35144.66	35550.46	35298.05	35566.87	34989.41	38017.11	36384.15	36540.01	39062.09
四、同业往来	1474.40	1509.03	1968.13	2336.65	2956.19	2892.21	3005.25	2851.98	3517.98	3686.64	4613.01	4227.43
资金运用总计	248245.13	259398.90	270770.56	274497.54	280051.04	285778.20	289423.16	292353.59	298833.61	299951.70	304527.58	308699.81

注：1. 本表机构包括工商银行、农业银行、中国银行、建设银行； 2. 本表数据为正式数据。

（二）其他商业银行人民币信贷收支表

单位：亿元

项目	2009.01	2009.02	2009.03	2009.04	2009.05	2009.06	2009.07	2009.08	2009.09	2009.10	2009.11	2009.12
来源方项目												
一、各项存款	84715.40	88222.34	94479.88	96597.34	98847.86	104554.61	103233.15	102474.02	106847.66	104300.05	105524.34	109552.96
1. 企业定活期存款	42750.84	43572.39	47193.28	48112.92	49745.60	54128.95	53914.95	54973.26	58166.89	57351.70	58484.47	61234.03
（1）活期存款	22596.99	23695.89	25956.06	26061.92	27260.50	30674.12	30818.67	31493.69	31928.12	32666.98	33586.54	35476.41
（2）定期存款	20153.84	19876.50	21237.22	22051.00	22485.10	23454.83	23096.28	23479.56	26238.77	24684.72	24897.93	25757.62
2. 储蓄存款	19968.55	20569.42	21375.34	21598.00	21902.01	22436.61	21919.13	21788.33	23664.32	22609.05	22429.87	24134.46
（1）活期储蓄	7286.59	7300.51	7569.74	7521.20	7594.17	7939.79	7736.97	7760.43	8619.70	8231.44	8280.29	9372.38
（2）定期储蓄	12681.95	13268.92	13805.60	14076.81	14307.85	14496.82	14182.16	14027.90	15044.61	14377.61	14149.58	14762.08
3. 农业存款	30.54	29.45	34.52	64.16	33.62	34.05	45.74	37.40	39.02	43.47	60.71	60.27
4. 其他类存款	21965.47	24051.07	25876.74	26822.25	27166.63	27955.01	27353.33	25675.03	24977.43	20272.45	24549.29	24124.19
二、发行金融债券	2445.03	2430.70	2427.36	2458.45	2369.24	2374.91	2417.61	2386.66	2499.30	2499.85	2446.53	2382.65
三、向中央银行借款	0.59	0.23	0.90	1.01	0.60	0.68	0.08	0.08	0.11	0.11	0.63	1.00
四、同业往来	8608.83	9113.25	8962.25	9963.12	10022.07	10683.75	12306.62	12226.41	10711.83	12068.57	12996.06	12611.64
五、其他	-533.79	-1219.65	-2333.02	-3771.59	-3399.45	-2914.19	-2505.42	-2274.67	-2040.03	-1923.21	-2836.97	-3478.02
资金来源总计	95236.05	98546.87	103537.37	105248.34	107840.32	114699.76	115452.03	114812.50	118018.86	116945.37	118130.59	121070.22
运用方项目												
一、各项贷款	64579.55	67311.28	71372.66	72313.91	74453.45	79806.94	79990.61	80690.19	80844.44	81326.73	81462.11	81878.04
1. 短期贷款	29926.28	30172.72	31728.49	31299.51	31629.29	33212.55	33059.82	33340.39	33666.17	33590.98	33504.79	33250.75
（1）工业贷款	10298.39	10442.11	10892.84	10690.15	10768.20	11207.75	11118.70	11252.68	11293.49	11329.75	11232.45	11178.77
（2）商业贷款	3006.16	3038.98	3144.43	3082.33	3147.03	3337.67	3408.82	3432.08	3485.59	3513.76	3527.36	3515.51
（3）建筑业贷款	1495.76	1526.49	1571.92	1547.50	1499.55	1526.36	1493.64	1454.41	1408.46	1366.92	1330.80	1243.60
（4）农业贷款	55.32	54.61	59.43	53.12	56.59	58.75	59.72	61.26	65.52	63.94	67.94	74.72
（5）乡镇企业贷款	10.86	10.24	9.56	9.65	9.40	9.00	10.07	9.17	10.17	9.83	9.78	8.59
（6）三资企业贷款	1210.10	1174.47	1188.27	1180.64	1176.29	1246.85	1232.59	1224.04	1265.27	1225.83	1203.34	1191.96
（7）私营企业及个体贷款	1408.32	1410.56	1514.73	1552.32	1595.34	1739.33	1790.19	1895.19	2085.30	2154.70	2259.11	2346.87
（8）其他短期贷款	12441.39	12515.28	13347.32	13183.80	13376.89	14086.84	13946.09	14011.57	14052.37	13926.26	13874.01	13690.73
2. 中长期贷款	26477.64	27010.60	28778.57	29685.19	30923.64	34352.41	36182.13	38055.15	40006.73	41256.18	42135.90	43272.74
3. 其他类贷款	8175.63	10127.96	10865.60	11329.21	11900.52	12241.98	10748.66	9294.65	7171.54	6479.57	5821.42	5354.55
二、有价证券及投资	18539.70	18319.72	18398.09	18749.70	19719.06	20092.28	20501.92	20264.30	21066.86	21098.72	21299.83	21648.40
三、缴存准备金存款	9545.73	9837.81	10154.89	10891.19	10486.30	12076.20	12865.48	11609.86	13448.34	12128.63	12836.77	15129.31
四、同业往来	2571.07	3078.06	3611.73	3293.54	3181.51	2724.34	2094.03	2248.15	2659.22	2391.29	2531.88	2414.48
资金运用总计	95236.05	98546.87	103537.37	105248.34	107840.32	114699.76	115452.03	114812.50	118018.86	116945.37	118130.59	121070.22

注：1. 本表机构包括交通银行、中信银行、中国光大银行、华夏银行、中国民生银行、广东发展银行、深圳发展银行、招商银行、上海浦东发展银行、兴业银行、恒丰银行、浙商银行、渤海银行。
2. 本表数据为正式数据。

（三）城镇储户收入与物价扩散指数表

	2009.01	2009.02	2009.03	2009.04
当期收入感受指数	11.3	-8.6	49.0	51.7
未来收入信心指数	17.7	3.4	54.7	57.8
当期物价满意指数	-18.5	-39.8	29.5	28.2
未来物价预期指数	7.8	11.4	66.7	73.4

注：自2009年3季度起，采用新的方法计算储户收入与物价指数，将原差额加上100%后除以2，转化为在0和100%之间围绕50%波动的指数数值。本表中的2009年1季度和2季度储户收入与物价指数可根据上述方法进行调整，以得到与3、4季度可比的数据。

二、个人金融统计

（一）中国工商银行个人金融业务统计

2009 年个人贷款统计

单位：亿元

地区	个人贷款余额	其中：个人住房贷款	个人消费贷款	个人经营贷款	个人贷款比年初	其中：个人住房贷款	个人消费贷款	个人经营贷款
全行合计	11699.70	9520.8	1576.4	602.6	3577.29	2821.90	564.91	190.48
北京	493.58	477.2	15.8	0.6	72.03	69.17	2.48	0.38
天津	132.51	127.1	5.4	0.0	35.11	35.83	-0.66	-0.06
河北	526.05	495.7	24.7	5.7	190.07	175.27	12.67	2.13
山西	43.29	38.5	4.6	0.2	8.76	8.95	-0.02	-0.17
内蒙古	120.34	92.4	27.6	0.4	49.74	36.27	13.82	-0.35
辽宁	52.85	46.7	6.1	0.0	8.53	6.31	2.22	0.00
吉林	149.39	123.9	25.4	0.1	45.94	41.91	4.13	-0.10
黑龙江	128.53	86.8	41.7	0.0	38.32	22.31	16.01	0.00
上海	584.36	568.0	14.3	2.0	133.53	143.77	-8.27	-1.97
江苏	1158.84	965.4	110.3	83.1	339.78	281.54	33.84	24.40
浙江	1319.02	820.3	333.9	164.8	366.56	222.53	104.80	39.23
安徽	458.20	405.5	35.1	17.6	167.52	147.48	14.50	5.54
福建	395.29	197.2	116.8	81.3	179.19	68.85	63.67	46.67
江西	258.28	214.2	42.0	2.0	90.89	68.88	22.82	-0.81
山东	720.61	580.7	98.0	41.9	188.15	137.11	43.22	7.82
河南	289.86	260.7	27.8	1.4	104.69	92.07	12.17	0.45
湖北	256.42	223.6	29.9	3.0	95.01	77.93	16.98	0.10
湖南	185.35	153.3	24.1	8.0	70.71	54.14	14.49	2.08
广东	1323.09	1039.6	143.4	140.1	437.84	289.60	73.82	74.42
其中：营业部	449.56	392.4	38.7	18.5	113.77	89.14	17.32	7.31
广西	399.98	318.6	72.7	8.8	139.46	106.26	35.98	-2.78
海南	50.40	47.5	2.7	0.2	14.58	12.70	1.81	0.07
四川	395.85	374.7	20.3	0.9	150.52	150.55	1.21	-1.24
贵州	178.11	152.0	23.6	2.5	52.56	45.84	8.54	-1.82
云南	227.55	179.3	46.2	2.1	73.85	59.35	16.71	-2.21
陕西	171.10	118.6	48.6	3.9	42.32	26.49	16.00	-0.17
甘肃	36.14	29.9	5.9	0.3	9.17	7.44	1.75	-0.02
青海	3.12	2.6	0.6	0.0	0.60	0.17	0.43	0.00
宁夏	35.07	30.6	4.5	0.0	12.85	11.74	1.15	-0.04
新疆	105.51	75.9	29.0	0.7	20.52	15.28	5.33	-0.09
西藏	0.00	0.0	0.0	0.0	0.00	0.00	0.00	0.00
重庆	252.18	219.4	32.3	0.5	78.77	77.48	3.18	-1.89
大连	135.38	129.6	4.5	1.3	42.58	41.93	1.73	-1.08
青岛	136.89	128.0	8.9	0.1	32.51	31.70	0.86	-0.05
宁波	220.78	129.7	72.5	18.6	70.76	43.05	24.25	3.46
深圳	637.76	573.9	61.1	2.8	186.23	187.53	-1.84	0.54
厦门	118.07	94.1	16.1	7.8	27.67	24.47	5.14	-1.94

中国工商银行个人中间业务收入

2009 年 12 月　　　　单位：万元、%

项目		收入额	同比增长	
名称	账户代码	收入额	增量	增幅
1. 人民币个人结算业务收入	511002	287 449	45 013	18.57%
2、灵通卡业务收入	511068	366 734	87 840	31.50%
3、代理个人基金业务收入	511007	418 163	49 613	13.46%
4. 代理个人保险业务收入		279 038	4 658	1.70%
代理收付个人保险业务收入	511033	10 122	(369)	-3.52%
代销寿险业务收入	511036	259 840	31 699	13.89%
代销个人财险业务收入	511085	9 076	(26 670)	-74.61%
5. 代理国债及证券业务收入		88 923	15 545	21.18%
代理个人国债业务收入	511038	49 536	7 763	18.58%
代理个人证券业务收入	511053	708	(2 140)	-75.15%
代理对公证券业务收入	511052	38 679	9 922	34.50%
6. 个人理财业务收入	511056	322 502	85 997	36.36%
7. 代收代付业务收入		54 924	(7 435)	-11.92%
代理发放工资收入	511040	18 338	(1 246)	-6.36%
代收公用事业费收入	511041	5 878	(406)	-6.46%
代收电讯费业务收入	511042	4 041	102	2.60%
个人其他中间业务收入	511043	26 667	(5 886)	-18.08%
8. 个人外汇及其他业务收入		63 404	21 310	50.62%
其他个人外汇业务收入	511029	3 777	1 952	106.96%
代保管个人业务收入	511031	3 707	511	15.98%
个人信息服务业务收入	511055	25 282	6 116	31.91%
电子银行个人客户其他收费业务收入	511059	20 218	8 276	69.30%
电子银行个人客户服务费收入	511062	10 420	4 456	74.71%
9. 个人委托贷款业务收入		37 749	17 606	87.40%
个人住房公积金委托贷款业务收入	511061	21 040	958	4.77%
个人委托贷款业务收入	511089	1 080	1 020	1689.05%
个人贷款服务业务收入	511086	15 628	15 628	-
10. 个人账户管理费收入	511075	66 895	(3 685)	-5.22%
11. 信用卡中间业务收入		525 026	167 071	46.67%
银行卡结算业务收入	511008	27 638	1 545	6.41%
银行卡年费收入	511009	21 001	2 117	20.63%
银行卡特约单位手续费收入	511010	194 938	17 344	12.88%
外卡收单业务收入	511011	2 541	358	12.36%
银行卡代理业务收入	511012	3 734	794	26.14%
银行卡跨行结算业务收入	511013	177 780	13 417	10.81%
其他银行卡业务收入	511014	97 393	11 869	20.15%
12. 私人银行业务收入		5 047	4 724	1461.70%
私人银行顾问咨询服务收入	511080	52	52	#DIV/0!
私人银行投资理财及资产管理业务收入	511081	4 994	4 671	1445.46%
合　　计		2 515 851	488 255	24.08%

中国工商银行人民币储蓄存款

单位：亿元

分行	储蓄存款合计	其中		比年初增减	其中	
		活期储蓄	定期储蓄		活期储蓄	定期储蓄
全行合计	45240.04	17317.50	27922.54	6369.77	4382.03	1987.75
北　京	4887.76	1590.56	3297.20	712.86	411.74	301.12
天　津	913.75	268.89	644.85	145.78	72.54	73.24
河　北	2161.72	762.43	1399.28	292.93	197.00	95.94
山　西	1526.99	594.67	932.31	180.67	154.60	26.07
内蒙古	744.61	418.27	326.34	114.60	115.60	-1.00
辽　宁	1456.08	414.96	1041.12	110.71	85.52	25.20
吉　林	962.21	363.38	598.83	149.00	114.14	34.86
黑龙江	1376.04	476.60	899.45	167.53	150.94	16.59
上　海	3494.32	1123.08	2371.24	407.49	258.89	148.60
江　苏	2830.76	832.43	1998.33	462.74	230.07	232.67
浙　江	2312.30	864.48	1447.81	438.48	225.18	213.30
安　徽	1165.86	427.34	738.52	153.98	127.58	26.41
福　建	841.80	361.71	480.08	107.72	71.99	35.72
江　西	745.63	367.66	377.96	112.39	85.43	26.96
山　东	1947.53	689.55	1257.97	323.83	221.71	102.12
河　南	1548.47	621.12	927.35	246.32	167.37	78.94
湖　北	1332.92	529.03	803.89	222.72	142.20	80.53
湖　南	1075.73	482.45	593.29	156.41	117.39	39.02
广　东	4614.24	2049.95	2564.30	471.68	362.88	108.80
广　西	773.02	393.44	379.57	94.24	77.60	16.64
海　南	262.91	141.69	121.23	45.90	41.30	4.60
重　庆	667.57	280.95	386.62	133.08	97.87	35.21
四　川	1559.27	618.00	941.27	231.17	185.88	45.29
贵　州	525.05	260.05	265.00	72.67	70.50	2.17
云　南	683.60	300.74	382.86	90.50	72.53	17.97
陕　西	1157.41	496.71	660.70	197.29	145.66	51.63
甘　肃	523.90	211.68	312.22	67.57	57.86	9.71
青　海	149.36	69.02	80.34	20.83	17.75	3.08
宁　夏	136.97	72.83	64.14	22.45	19.80	2.65
新　疆	600.55	257.68	342.87	83.45	70.64	12.81
大　连	470.81	135.84	334.98	71.72	34.91	36.81
宁　波	385.53	131.27	254.26	63.12	25.22	37.90
厦　门	214.34	101.07	113.28	37.41	22.79	14.62
青　岛	386.06	116.28	269.78	48.26	25.08	23.18
深　圳	804.12	491.01	313.12	111.60	103.34	8.26
西　藏	0.86	0.69	0.17	0.68	0.54	0.14

注：报表中不包含信用卡部分

中国工商银行外币储蓄存款

单位：万美元

分行	储蓄存款合计	其中		比年初增减	其中	
		活期储蓄	定期储蓄		活期储蓄	定期储蓄
全行合计	750178	271402	479252	34500	16408	18567
北　京	163551	52173	111782	9141	459	9085
天　津	11794	3353	8441	13	-308	321
河　北	6795	3404	3391	403	740	-337
山　西	5954	2582	3373	342	388	-47
内蒙古	3675	1783	1892	101	371	-270
辽　宁	9230	2303	6927	35	264	-229
吉　林	10104	4780	5325	961	1557	-595
黑龙江	7515	3754	3761	-440	-141	-299
上　海	157139	53617	103592	9632	100	9601
江　苏	29269	9806	19463	1986	799	1187
浙　江	43817	20478	23339	7178	6295	883
安　徽	4279	1623	2657	31	37	-6
福　建	15507	5758	9749	-150	437	-586
江　西	4683	1938	2746	-380	-168	-212
山　东	12487	5117	7370	1053	1234	-181
河　南	7993	3328	4665	450	789	-339
湖　北	6944	2034	4910	-191	-33	-158
湖　南	6361	2467	3894	350	1013	-663
广　东	147648	47777	99871	159	-534	693
广　西	3669	1877	1792	79	77	1
海　南	2154	1170	984	-44	35	-79
重　庆	3113	974	2139	127	109	18
四　川	7512	2425	5087	97	9	88
贵　州	1473	960	513	109	188	-78
云　南	2379	1350	1028	-81	-18	-64
陕　西	6260	3898	2362	2760	2836	-76
甘　肃	1180	810	370	3	112	-109
青　海	726	536	190	-183	-174	-8
宁　夏	548	376	173	17	6	11
新　疆	3224	1867	1358	263	343	-80
大　连	10762	2864	7898	569	263	306
宁　波	4251	1502	2748	316	271	45
厦　门	4669	1403	3265	34	-328	362
青　岛	8410	1978	6432	159	-63	223
深　圳	35103	19337	15765	-399	-557	159

（二）中国农业银行个人金融业务统计

中国农业银行资产负债表

	2010 年	2009 年	2008 年
资产	合并	合并	合并
现金及存放中央银行款项		1 517 806	1 145 884
存放同业款项		61 693	62 668
拆出资金		49 435	44 479
交易性金融资产		112 176	40 017
衍生金融资产		4 678	7 151
买入返售金融资产		421 093	246 370
应收利息		32 127	29 950
客户贷款和垫款		4 011 495	3 014 984
其中：贷款及垫款总额		4 138 187	3 100 159
其中：减值准备		-126 692	-85 175
可供出售金融资产		730 180	800 013
持有至到期投资		883 915	576 323
应收款项类投资		890 199	892 532
长期股权投资		343	347
固定资产		111 973	103 883
无形资产		26 642	27 000
递延所得税资产		19 659	17 107
其他资产		9 174	5 643
资产总计		8 882 588	7 014 351
负债			
向中央银行借款		58	314
同业及其他金融机构存放款项		573 949	289 772
拆入资金		26 312	34 131
交易性金融负债		113 899	22 677
衍生金融负债		7 690	11 534
卖出回购金融资产款		100 812	35 090
客户存款		7 497 618	6 09 428
应交税费		9 445	26 173
应付利息		66 762	66 512
预计负债		5 047	5 784
应付职工薪酬		29 938	68 144
应付债券及发行存款证		55 179	5 150
递延所得税负债		0	0
其他负债		52 954	61 101
负债合计		8 539 663	6 723 810
股东权益			
股本		260 000	260 000
资本公积		4 624	17 292
盈余公积		7 676	1 187
一般风险准备		10 772	64
未分配利润		59 817	12 022
外币报表折算差额		-70	-120
归属母公司股东权益合计		342 819	290 445
少数股东权益		106	96
股东权益合计		342 925	290 541
负债及股东权益总计		8 882 588	7 014 351

（三）中国银行个人金融业务统计

中国银行个人金融业务

截至2009年12月末　　单位：万元人民币

		2009年末	同比增减额	同比增幅
个人储蓄存款	本币	240 793 100	38 703 100	19.15%
	外币	19 813 900	2 273 600	12.96%
	本外币合计	260 607 000	40 976 700	18.66%
个人贷款	信用卡	2 475 873	1 406 414	131.50%
	汽车贷款	5 327 608	1 400 990	35.68%
	住房按揭贷款	80 450 100	25 880 500	47.43%
	其他	9 692 919	3 835 296	65.48%
	合计	97 946 500	32 523 200	49.71%
个人信贷业务利息收入	信用卡	96 280	34 849	56.88%
	零售贷款	4 041 620	-230 449	-5.39%
	其他	--	--	--
	合计	4 137 900	-195 600	-4.5%
手续费和佣金收入	个人理财服务	481 500	107 400	28.71%
	汇款和结算服务	279 600	-36 100	-11.43%
	代收代付	23 100	2 200	10.53%
	与银行卡相关的服务	405 900	108 800	36.62%
	其他	152 200	77 700	104.29%
	合计	1 342 300	260 000	24.02%

注：

1. 个人理财服务收入包括国债销售收入、贵金属销售收入、理财顾问收入、对私理财产品销售收入、对私基金和托管收入、对私保险代销收入
2. 汇款和结算服务收入包括结售汇收入、国内结算收入、国际汇款收入

（四）中国建设银行个人金融业务统计

中国建设银行个人金融业务

截至2009年12月末　　单位：百万元，%

		2009年末	同比增减额	同比增幅
个人储蓄存款	本币	3 559 885	616 926	20.96%
	外币	24 842	54	0.22%
	本外币合计	3 584 727	616 980	20.79%
个人贷款	信用卡	36 332	13 408	58.49%
	汽车贷款	8 632	-700	-7.50%
	住房按揭贷款	934 203	247 110	35.96%
	其他	107 823	6 266	6.17%
	合计	1 086 990	266 084	32.41%
个人信贷业务利息收入	信用卡	1 663	725	77.29%
	零售贷款	45 301	-7 143	-13.62%
	其他	-	-	-
	合计	46 964	-6 418	-12.02%
手续费和佣金收入	个人理财服务	1 160	-15	-1.24%
	汇款和结算服务	2 586	462	21.76%
	代收代付	113	-6	-4.90%
	与银行卡相关的服务	9 186	2 033	28.42%
	其他	4 837	121	2.57%
	合计	17 882	2 596	16.98%

备注：1. 个人储蓄存款余额合计数为我行2009年年报数据，已经审计；本币和外币数为行内统计数据，未经审计。2. “住房按揭贷款”参照往年统计口径，包括个人新建房贷款，个人再交易住房贷款，个人商业用房贷款和个人住房抵押额度贷款。

（五）交通银行个人金融业务统计

交通银行个人金融业务

截至2009年12月末 单位：亿元

		2009年末（单位：亿元）	同比增减额	同比增幅
个人储蓄存款	本币	7210.4	1351.28	23.06%
	外币（亿美元）	25.25	1.54	6.49%
	本外币合计	7381.6	1361.7	22.62%
个人贷款	信用卡	305.4	102.3	50.37%
	汽车贷款	48.9	6.2	14.55%
	住房按揭贷款	1861.2	726.6	64.04%
	其他	732.5	204.6	38.75%
	合计	2948	1039.7	54.48%
个人信贷业务利息收入	信用卡	20.4	9.5	87.16%
	零售贷款	106.3	-7.7	--
	其他	--	--	--
	合计	126.7	1.8	1.44%
手续费和佣金收入	个人理财服务	19.61	5.70	40.97%
	汇款和结算服务	4.94	-1.27	--
	代收代付	--	--	--
	与银行卡相关的服务	35.09	11.92	51.45%
	其他	--	--	--
	合计	59.64	16.35	37.77%

三、2009年全国商业银行个人金融机构排行榜

（一）中国工商银行储蓄机构排行榜

2009年中国工商银行储蓄机构排行榜　　单位：亿元 % 人

名次	储蓄机构名称	储蓄存款					
		本币		外币		本外币	
		本期值	同比增幅	本期值	同比增幅	本期值	同比增幅
1	中国工商银行上海市华山路支行	40.66	13.55%	2.02	11.23%	42.68	13.44%
2	中国工商银行北京东升路支行	38.94	14.33%	1.84	14.86%	40.78	14.35%
3	中国工商银行北京新华支行	38.61	91.34%	1.50	12392.11%	40.11	98.66%
4	中国工商银行北京公主坟支行	37.09	11.92%	2.47	3.60%	39.56	11.36%
5	中国工商银行北京朝阳支行	34.99	13.39%	1.26	3.68%	36.25	13.02%
6	中国工商银行上海市营业部综合柜	34.12	0.55%	1.69	9.54%	35.81	0.94%
7	中国工商银行上海市南京西路支行	32.60	8.76%	1.70	10.93%	34.29	8.86%
8	中国工商银行上海市南市支行	32.27	33.02%	0.21	25.19%	32.48	32.97%
9	中国工商银行上海市斜桥支行	30.78	4.65%	1.00	17.29%	31.78	5.00%
10	中国工商银行上海市古北新区支行	29.16	10.35%	2.20	17.06%	31.36	10.80%
11	中国工商银行北京永定路北支行	29.53	19.41%	0.68	13.11%	30.21	19.26%
12	中国工商银行北京东高地支行	29.65	5.13%	0.44	5.35%	30.10	5.13%
13	中国工商银行上海市第一支行	29.45	18.80%	0.55	5274.79%	30.00	20.96%
14	中国工商银行上海市莘庄支行	28.59	8.86%	0.86	-3.04%	29.45	8.47%
15	中国工商银行上海市鞍山路支行	27.88	8.26%	1.12	12.83%	29.00	8.43%
16	中国工商银行北京北太平庄支行	27.76	13.12%	0.82	5.17%	28.58	12.88%
17	中国工商银行北京南礼士路支行三里河分理处	27.06	14.95%	1.48	22.26%	28.54	15.30%
18	中国工商银行深圳市分行营业部	25.95	5.97%	1.93	-1.85%	27.89	5.39%
19	中国工商银行汕头分行营业部	26.93	54870.80%	0.64		27.56	56168.40%
20	中国工商银行北京方庄支行	26.03	11.65%	1.35	5.51%	27.38	11.33%
21	中国工商银行北京翠微路支行玉东分理处	25.96	9.77%	1.26	8.27%	27.22	9.70%
22	中国工商银行广州署前路支行	24.56	4.20%	2.38	0.78%	26.94	3.89%
23	中国工商银行上海市静安寺支行	25.61	14.43%	1.32	12.97%	26.93	14.36%
24	中国工商银行上海市延安西路支行	24.81	11.94%	1.80	13.88%	26.61	12.07%
25	中国工商银行杭州解放路支行	26.11	19.06%	0.34	22.16%	26.46	19.10%
26	中国工商银行上海市曹杨新村第二支行	24.62	13.40%	1.24	1.75%	25.87	12.78%
27	中国工商银行北京百万庄西口支行	24.53	8.80%	1.33	3.01%	25.86	8.49%
28	中国工商银行上海市南京东路第三支行	23.88	3.76%	1.62	-1.97%	25.50	3.38%
29	中国工商银行上海市长寿路支行	23.97	11.55%	1.23	19.82%	25.20	11.93%
30	中国工商银行北京东城支行	24.26	15.84%	0.77	11.98%	25.03	15.71%

（二）中国农业银行储蓄机构排行榜

2009年中国农业银行储蓄机构排行榜

储蓄机构名称	储蓄存款						员工人数
	本币		外币		本外币		
	本期值	同比增幅	本期值	同比增幅	本期值	同比增幅	
中国农业银行股份有限公司江苏分行苏州招商城支行	283831	7.0%	51	-26.64%	284179	6.9%	43
中国农业银行股份有限公司上海分行惠南支行	232313	5.99%	266	-1.70%	234129	5.92%	64
中国农业银行股份有限公司上海分行友谊支行	211605	8.94%	329	12.59%	213853	8.98%	92
中国农业银行股份有限公司上海分行周浦镇支行	209074	6.69%	152	-0.80%	210112	6.64%	52
中国农业银行股份有限公司上海分行川沙支行营业部	195242	10.40%	356	23.85%	197672	10.54%	45
中国农业银行股份有限公司浙江分行金华义乌福田支行	193400	28.60%	105	37.88%	194117	28.64%	25
中国农业银行股份有限公司河北分行迁安马兰庄支行	192391	61.77%	0		192391	61.77%	9
中国农业银行股份有限公司深圳分行龙华支行营业部	186887	14.54%	180	-10.56%	188116	1.99%	32
中国农业银行股份有限公司广东分行南海分行营业部	180126	14.58%	280	-4.4%	182039	14.34%	37
中国农业银行股份有限公司上海分行翔殷支行	172535	14.41%	1033	28.10%	179590	14.89%	76
中国农业银行股份有限公司深圳分行宝安支行营业部	175489	14.44%	362	-9.67%	177961	2.38%	45
中国农业银行股份有限公司宁波分行慈溪支行营业部	169176	14.30%	116	-5.14%	169292	14.28%	40
中国农业银行股份有限公司上海分行三林支行	160827	15.99%	146	-4.59%	161823	15.84%	22
中国农业银行股份有限公司浙江分行金华义乌农商支行	159721	55.33%	130	54.03%	160612	55.32%	25
中国农业银行股份有限公司上海分行嘉定支行营业部	152724	8.55%	312	5.30%	154853	8.50%	78
中国农业银行股份有限公司宁波分行余姚支行营业部	152191	10.10%	66	-4.23%	152256	10.09%	51
中国农业银行股份有限公司广东分行广州西郊支行	151409	17.14%	42	14.67%	151697	29.33%	20
中国农业银行股份有限公司浙江分行温州分行营业中心	145487	5.33%	815	4.56%	151055	5.30%	40
中国农业银行股份有限公司浙江分行乐清支行柳市支行	146793	15.03%	32	5.64%	147010	15.01%	63
中国农业银行股份有限公司广东分行东莞虎门支行营业部	143043	2.82%	680	-2.06%	143723	2.80%	43
中国农业银行股份有限公司上海分行松江支行营业部	142049	24.32%	240	68.03%	143688	24.69%	84
中国农业银行股份有限公司上海分行南翔支行	140458	11.60%	46	-4.08%	140772	11.56%	40
中国农业银行股份有限公司浙江分行瑞安支行营业部	135282	59.35%	624	-42.59%	139542	51.14%	63
中国农业银行股份有限公司上海分行水清南路支行	137891	9.78%	137	4.30%	138829	9.74%	30
中国农业银行股份有限公司江苏分行苏州吴江支行营业部	137053	6.6%	50	-11.98%	137397	6.5%	44
中国农业银行股份有限公司上海分行金桥张桥支行	135790	13.91%	28	12.29%	135983	13.91%	21
中国农业银行股份有限公司河北分行唐山丰南小集支行	134976	183.34%	0		134976	183.34%	7
中国农业银行股份有限公司江苏分行苏州昆山城北支行	134701	13.9%	22	-1.15%	134849	13.9%	34
中国农业银行股份有限公司深圳分行龙兴支行	131029	1.91%	386	59.07%	133665	30.49%	28
中国农业银行股份有限公司广东分行广州人民北支行	132720	28.64%	106	2.66%	133442	49.01%	14

一、2009年中国农业银行个人金融业务简介

2009年，本行以提升个人金融业务综合营销能力和服务水平为重点，完善多层次营销服务体系，实现了个人金融业务持续稳步发展。

2009年，本行的个人银行业务经营收入为人民币736亿元，占本行经营收入的32.9%。截至2009年12月31日，本行国内个人存款余额为43 654亿元，占本行存款总额的58.2%，居同业第二；国内个人贷款余额为7 893亿元，占本行贷款总额的19.1%；银行卡发卡总量已达3.65亿张，长期位居同业首位。

（一）客户基础

截至2009年12月31日，本行拥有个人客户3.2亿户；个人贷款客户达到824万名，其中个人住房按揭贷款客户269万名，个人经营贷款客户30万名。截至2009年12月31日，本行个人存款在20万元以上的客户为300万户，存款余额占比38.2%。

（二）产品和服务

1. 个人存款

2009年，在宏观经济面临很大困难、资本市场持续震荡、居民储蓄意愿不断下降的情况下，本行抢抓市场机遇，以维护和发展优质客户为重点，实施储蓄与理财业务联动发展，引导客户合理配置个人金融资产，增强储蓄业务竞争力，优化个人存款结构，保持同业领先增长态势。

截至2009年12月31日，本行的个人存款余额为43 654亿元，占本行存款余额的58.2%。根据中国人民银行数据显示，本行个人存款余额占所有金融机构的16.5%，增量占比21.0%，均居同业第二。

2. 个人贷款

截至2009年12月31日，本行的境内个人贷款余额为人民币7 893亿元，较2008年12月31日增长69.9%，占本行境内贷款余额的19.1%。

（1）个人住房贷款

本行向个人客户提供个人住房贷款服务，为个人客户购买住宅提供资金支持。本行的个人住房贷款主要包括针对购买首次交易住房的客户提供的个人一手房贷款、针对购买再交易住房的客户提供的个人二手房贷款、以个人客户贷款所购住房设定最高额抵押后可在约定期限内循环使用的个人住房循环贷款、固定利率个人住房贷款以及混合利率个人住房贷款。截至2009年12月31日，个人住房按揭贷款余额为4 980亿元，占本行境内个人贷款余额的比重为63.1%。

（2）个人消费贷款

本行提供的个人消费贷款包括个人综合授信贷款、个人汽车贷款、教育贷款及一般消费贷款等。截至2009年12月31日，个人消费贷款余额为856亿元，占本行境内个人贷款余额的比例为10.8%。

个人综合授信贷款是本行根据个人客户取得抵制押、保证、信用的情况，对个人客户确定最高授信额度，客户可在约定期限和最高授信额度内便捷取得贷款的业务。个人综合授信贷款主要向信用评级符合标准并且对本行资产、负债、中间业务等有较高综合贡献度的个人优质客户提供，是本行目前服务高端客户的重要产品。截至2009年12月31日，本行个人综合授信贷款余额为人民币600亿元，较2008年底增长156.8%。

个人汽车贷款是本行向个人客户发放的用于购买汽车的贷款，最高额度为汽车购买价格的80%，通常要求有抵押。截至2009年12月31日，本行的个人汽车贷款余额为人民币104亿元，较上一年增加19.0%。

本行将个人综合消费贷款的范围扩大至房屋装修、购买车位、大件耐用品及出国留学等个人生活消费支出的贷款。截至2009年12月31日，本行个人综合消费贷款余额为人民币102亿元，较2008年底增长100.7%。

（3）个人经营贷款

个人经营贷款指本行向个人客户发放的用于满足个人生产经营资金需求的贷款，主要包括个人生产经营贷款、个人商业用房贷款。与本行的其他个人贷款产品相比，本行的个人生产经营贷款具有额度高、担保方式灵活多样，且抵押额度可多次循环使用、随借随还的特点。截至2009年12月31日，本行个人经营贷款余额为人民币1 060亿元，占本行境内个人贷款余额的13.4%。

（4）个人卡透支

本行贷记卡和准贷记卡持卡客户可利用信用消费功能进行透支消费或取现。截至2009年12月31日，个人卡透支余额为人民币141亿元，占本行境内个人贷款余额的比重为1.8%。

（5）其他个人贷款

本行向客户提供个人助学贷款、个人质押贷款及个人信用贷款等其他类型个人贷款。截至2009年12月31日，其他个人贷款余额为人民币857亿元，占本行境内个人贷款总额的10.9%。

3. 银行卡业务

本行向个人客户提供“金穗”品牌的一体化产品及服务，包括人民币借记卡、人民币贷记卡、人民币美元双币贷记卡及人民币准贷记卡。

截至2009年12月31日，本行银行卡发卡总量达到3.65亿张，居同业第一。银行卡特约商户达274 444家，较2008年底增长80.2%。2009年，本行银行卡交易总额为14 108亿元，居同业第二。银行卡业务2009年手续费及佣金净收入为48亿元，较2008年增长26.1%。

（1）金穗借记卡

本行寻求改善及提高本行向金穗借记卡持有人提供的服务，从而进一步保持本行发卡量和银行卡交易总额的领先地位。截至2009年12月31日，本行借记卡发行总量3.475亿张，居同业第一，借记卡消费额达到12 920亿元，同业排名第一。

（2）金穗贷记卡

本行发行以人民币计值的贷记卡及准贷记卡以及双币

种贷记卡。本行不断完善金穗贷记卡产品体系，目前已推出多类产品，包括VIP卡、公务卡、商旅卡、百货卡、餐饮卡及公益卡。同时，本行不断提升贷记卡的服务品质，配备多种偿还途径、丢卡保护、海外救助、离线支付、交易实时监控及24小时服务专线等多项服务功能。截至2009年12月31日，本行已发行贷记卡1 543万张，增长66.3%；全年消费额为1 074亿元。

（3）金穗准贷记卡

2009年，本行全面启动准贷记卡系统改造和产品功能优化升级。截至2009年12月31日，准贷记卡发卡总量达到252万张，全年消费额113亿元。

4. 个人中间业务

本行为个人客户提供代销基金、个人理财、个人结算以及实物黄金代理销售等产品和服务。2009年，本行来自个人银行业务的手续费及佣金净收入为人民币157亿元。

（1）代销基金业务

我行与50多家基金管理公司及证券公司建立了良好的合作关系，满足不同客户多元化的投资需求。此外，本行还与基金公司合作推出“一对多”专户理财业务，为中高端投资者提供了更为专属、专业的个性化理财服务。2009年，本行共代销基金435只，代理销售基金规模1 630亿元，实现代理销售基金收入11亿元。

（2）个人理财服务

本行一直加强个人理财产品的研发力度并已建立一套完善的产品体系。2009年，本行累计发售个人本外币理财产品90期，募集资金人民币1 334亿元。2009年，“本利丰 安心得利”理财产品获“金理财—全国最佳理财产品”中的最佳人民币理财产品奖。

（3）代理国债业务

2009年，本行代理发行的储蓄国债（凭证式）金额240亿元，代理兑付储蓄债券（凭证式）金额257亿元，代销电子储蓄国债175亿元。2009年，本行荣获财政部及中国人民银行授予的“2009年度记账式国债承销优秀奖”。

（4）个人结算业务

本行向个人银行客户提供结算服务，包括本外币转账或汇款业务、收费服务及结算交易账单、承兑票据及支票。2009年，本行个人人民币结算业务量达90.2万亿元。本行亦向商家提供有关以借记卡、贷记卡及准贷记卡付款的结算服务。截至2009年12月31日，本行向约27.4万名商家提供有关结算服务。

（5）实物黄金代理销售业务

本行作为黄金公司代理人在指定分行买卖实物黄金。本行为中国第一批向个人银行客户开放实物黄金柜台的银行，根据交易量计算本行处于领先地位。2009年，本行的实物黄金交易量为1 560千克，累计交易额3.4亿元。本行加大自己的品牌产品“传世之宝”的营销力度。2009年，“传世之宝”的交易量达4 060千克，累计销售额9.7亿元。

（三）市场营销

本行由总行负责制订全行个人银行产品的营销策略、营销指引及宣传材料规范。各一级分行根据总行下发的营销策略和指引，结合区域、客户和市场状况，制订具体的营销实施方案。

本行将个人业务产品整合为基础账户服务、投资理财服务、个人信贷服务、信用卡四大产品线，在每个产品线内，遴选核心产品，建立核心品牌，实施核心产品与辅助产品的分类管理，突出抓好核心产品的开发及功能完善。在“金钥匙”个人产品体系下，本行拥有“基金宝”等基金业务品牌，“本利丰”、“汇利丰”、“境外宝”、“财富宝”等个人理财业务品牌，“好时贷”等个人贷款品牌以及“传世之宝”实物黄金品牌。

本行按照细分市场的原则，将客户分为普通客户、中端客户与高端客户。针对普通客户，本行以网点为主，通过大堂经理推介、网点宣传材料展示等方式，配合媒体广告宣传，积极主动地营销适合客户情况的产品和服务。针对中高端客户，本行完善分层服务体系并依据客户风险承受能力、财务目标和服务偏好等差异，为客户量身定做个性化金融产品，提供多样化的优先、专属、增值服务；对现有客户信息分析系统进行优化，大力推广个人优质客户管理系统（PCRM）和金钥匙理财专家支持系统（CFE），提高客户服务的质量。

本行通过加强理财师队伍培训提高销售服务的能力。截至2009年12月31日，本行拥有超过2万名经验丰富的个人客户经理及理财顾问，超过7 000名国内金融理财师（AFP），超过800名国际金融理财师（CFP），以及超过400名理财管理师（EFP），数量居同业前列。此外，本行建立了高端理财中心852家，其中金钥匙理财中心838家，金钥匙财富中心14家。

二、2009 年中国农业银行前 30 名储蓄机构简介

（一）中国农业银行股份有限公司江苏分行苏州招商城支行

中国农业银行苏州招商城支行坐落于常熟市招商城之内，员工 43 人。常熟招商城是中国最大的服装经营专业市场之一，占地 3.71 平方公里，城内设有 35 个专业市场，拥有商铺 2.8 万个，8 万多名来自国内外的经营者在此落户，日均客流量 20 多万人次。常熟招商城支行是农行系统内的“排头兵”，各项业务指标在系统内名列前列。多年来，该行获得了省级金融先进单位、省级百佳储蓄所、市级十强办事处、市级信用卡先进单位等众多的荣誉称号。截至 2009 年末，该行各项存款达 32.71 亿元，其中储蓄存款 28.42 亿元；当年电子业务结算额达 450 亿元；当年营销基金、信托等理财产品超 5 亿元；当年实现利润 6222 万元，人均创利 145 万元。

（二）中国农业银行股份有限公司上海分行惠南支行

惠南支行地处惠南镇中心最繁华的十字街口，现有员工 64 人，其中，大专以上学历员工 43 人，理财经理 3 名，大堂经理 2 名。自助银行和营业大厅内设有 6 台存取款机，3 台多媒体查询机。截至 2009 年末，该行本、外币个人储蓄存款余额 23.41 亿元，年增量 1.31 亿元，三星级及以上个人贵宾客户 1480 户。

该行根据区域特色，积极锁定目标客户，通过采取一系列行之有效的措施推进个人业务的持续发展，一是延长对外营业时间；二是提供差异化服务，在营业大厅二楼设立贵宾客户理财室，为优质客户提供一对一的服务；三是全员营销，人人有任务，人人做营销；四是增设服务窗口，特别在春节期间服务窗口增加到 14 个；五是设立专职大堂经理岗及导储岗，积极分流客户，并辅导其填写凭条等。

（三）中国农业银行股份有限公司上海分行友谊支行

友谊支行地处上海市宝山区友谊路 134 号，占地面积 1380 平米。截至 2009 年末，该行存款总规模达 72.49 亿元，其中，储蓄存款余额 21.39 亿元；贷款规模达 47.48 亿元；附行式自助银行 1 个，离行式自助银行 21 个，自助设备达 89 台；目前员工人数 92 人。

该行集本、外币各类业务一体化经营，以客户为中心，以市场为导向，坚持以优良的信誉、快捷的办事效率，竭诚为广大客户提供多功能、全方位金融服务。在全体干部员工的共同努力下，2009 年荣获农行上海分行先进工会等荣誉称号。

（四）中国农业银行股份有限公司上海分行周浦镇支行

周浦镇支行地处浦东新区周浦镇中心最繁华的康沈路段十字街口，该支行现有员工 52 人，其中，大专以上学历员工 33 人，理财经理 2 名，大堂经理 2 名，自助银行和本部大厅内设有 14 台存取款机，2 台多媒体查询机。截至 2009 年 12 月 31 日，该行本外币存款总额 31.05 亿元，其中，储蓄存款余额 21.01 亿元，年增量 1.31 亿元，三星级及以上个人贵宾客户 881 户。

该行以科学发展观为统领，在文明标准服务导入工作的推进下，时时以高标准、严要求做好服务工作。该行莅临同业竞争激烈的区域，但全行员工以提供优质服务为主导，依托个人中高端优质客户资源，积极采取有效措施，着力推进个人业务的发展。同时，进一步完善风险管理机制，通过加强内部管理、强化考核力度，提高制度执行力，为各项业务的健康持续发展打下扎实的基础。

（五）中国农业银行股份有限公司上海分行川沙支行营业部

川沙支行营业部地处浦东新区川沙镇中心区域，现有职工 45 名，附行式自助银行 1 个，离行式自助银行 1 个，自助设备 18 台，集本外币存款、理财产品、黄金及代理基金、保险等业务为一体的多功能营业网点。

该行通过“抓营销、抓服务、抓管理”等有效措施，结合资本市场变化及储蓄存款的规律性变化，有的放矢开展吸出揽储工作。截至 2009 年末，该行本、外币储蓄存款余额 19.77 亿元，年增量 1.89 亿元，是区域内具有较大市场影响力的网点之一。

（六）中国农业银行股份有限公司浙江分行金华义乌福田支行

义乌农行福田市场支行成立至今仅七年多时间，从无到有，到 2009 年年末本币存款突破 20 亿元大关，达到了 20.83 亿元，比年初净增 3.13 亿元，其中储蓄存款达 194117 万元，当年新增 43212 万元，单点的总量、增量名列全省各储蓄网点前列，2009 年储蓄存款增长率为 28.63%，人均新增 1728 万元，银行卡保有量达 54000 余张，卡收费收入 402 万元，网上银客户 9360 余户、手机短信服务客户 33500 余户。八年来累计发放贷款 25 亿余元，现贷款余额 6.9 亿元，连续七年保持资产质量优良；该行员工工作热情高涨，福田支行正努力向“资产质量优、存款规模大、员工精神风貌好”的强行目标迈进；在国际商贸城十余家金融机构中，各项指标均位居前列。这些成绩的取得，与福田支行全体员工的共同努力息息相关，更离不开上级行领导的关心、指导、帮助。良好的服务深受国内外客商及上级领导的充分肯定，从成立至今先后取的荣誉有：浙江省分行十佳基层业机构、浙江省分行先进基层党组织、浙江省分行“十佳人民币储蓄奖”、浙江省“百强储蓄人围奖”，金华市分行“先进单位”，中华全国总工会“工人先锋号”，全国金融系统五一劳动奖状，全国金融系统“工人先锋号”等荣誉。

（七）中国农业银行股份有限公司河北分行迁安马兰

庄支行

迁安马兰庄支行位于迁安市西北20公里的马兰庄镇，1968年成立，2003年4月经总行批准升格为二级支行，现有员工9人，其中行长1人、大堂经理1人、会计主管1人、个人客户经理1人、综合柜员5人。现有存取款一体机2台，取款机1台。截止到2009年年底，该行各项存款存余额241640万元，其中储蓄存款余额192391万元，是河北省储蓄存款余额最高的基层营业网点；该行共有个人客户30855户，个人优质客户中三星级客户205户，四星级客户79户，五星级客户86户，其中五星级客户存款占个人存款总额的81%。拥有个人网银客户2219户，电子渠道分流率达到58.35%。该行始终坚持“人讲称职，事争一流，全力打造一流客户经营服务中心”的经营观念，在方圆不足两公里范围内有信用社、邮政储蓄等7家金融机构的竞争条件下，近两年来个人储蓄存款发展较快，2008年储蓄存款增长61785万元，2009年储蓄存款增长73465万元，较好发挥业务发展领头羊作用，各项存款占各家金融机构总额的71.06%。该行多次被市分行评为先进单位，06年荣获中农总行第一届职工职业道德建设先进班组、08年被总行授予模范职工小家、08年度为总行人民币储蓄十佳单位。

（八）中国农业银行股份有限公司深圳分行龙华支行营业部

深圳龙华支行营业部地处龙华的政治、经济、贸易、文化中心地段，是一家具有较大规模、较强竞争力、业务品种齐全、管理良好、信誉卓著、服务手段先进的大型国有商业银行。现有员工32人，平均年龄不到28岁。其中网点行长1名，副行长2名，个人客户经理（含资产经理、营销经理）5名。其中金融理财师4人，国际金融理财师1人，是一个相对年轻化，专业性强的业务团队。

截至2009年12月31日，人民币储蓄存款余额达到186887万元，同比增幅14.54%。理财产品销售31847万元，保险代理标准保费收入3844.3万元，实现中间业务收入986万元，形成负债、资产、理财同步发展、同步提升的良好经营格局。在深圳分行113家网点中，综合营销能力排名第三，在新装修改造的网点中营销能力排名第一，其中储蓄存款比全分行平均增量高10221万、理财产品销售比全分行平均增量高10149万。

（九）中国农业银行股份有限公司广东分行南海分行营业部

中国农业银行南海分行位于广东佛山市南海区桂城镇中心地段，网点营业面积约800平方米，是南海农行辖下规模最大的财富旗舰型网点，现配备五台在行式ATM，一台离行式ATM，二台自助终端，二台转账易，从业人员37人（其中综合柜员28人），日均业务量为4600笔。至2009年12月末，各项存款达307533万元，其中2009年本外币对公存款余额123848万元，比年初净增49192万元，完成任务的390.41%；本外币储蓄存款余额183685万元，比年初净增24473万元，完成任务的106.4%；2009年中间业务收入1775.76万元，完成任务151.64%；代理保险业务收入87.37万元，完成任务的121.35%；2009年三星级以上客户数量新增731户，完成任务的131.95%。各项主要业务指标均达到或超额完成上级行下达的任务。

南海分行全体成员牢固树立“客户至上，用心服务”的服务理念，齐心协力，认真工作，以饱满的热情投入到工作中去，2007年被农总行评为基金及理财产品销售“百优”单位，2008年获广东省巾帼文明岗和广东省银行业文明规范服务网点；2009年度获农总行存款净增最牛网点称号；获佛山市南海区文明服务示范网点称号。

（十）中国农业银行股份有限公司上海分行翔殷支行

翔殷支行位于繁华的杨浦区商业中心五角场，占地面积600平米。该行拥有员工76人，其中，个人客户经理4人，大堂经理2人，公司客户经理5人。配备理财中心1个，自助存取款设备3台，自助取款设备5台、多媒体查询机3台，为客户提供方便、快捷、全方位、多功能的金融服务。

截至2009年末，该行储蓄存款余额为17.96亿元，年增量2.33亿元，拥有三星及以上客户1086户。该行秉承文明、优质、诚信、创新的服务宗旨，以创一流金钥匙理财中心为目标，不断地以新思路求新突破，向客户展示良好的农行形象。曾多次荣获“上海市文明单位”和总行“学习型先进小组”等称号；2009年荣获分行级金融先进单位。

（十一）中国农业银行股份有限公司深圳分行宝安支行营业部

宝安支行营业部地处深圳市宝安区建安一路50号，客流量较大。营业厅内功能区域分布明显，现有员工45人，其中大专以上学历员工37人，有理财经理4名，营业经理1名，资产经理2名，自助银行和本部大厅设有7台存取款机，1台多媒体查询机。

截至2009年度末，该行储蓄存款余额17.5亿元，年净增2.5亿元，三星以上客户有1752户。该行突出建设理财中心，强化团队作用，树立分层服务理念，把更多资源配置到为个人优质客户提供服务，建立一个稳定、持续发展的中高端客户群体，最终实现各种产品销售和业务收入。2009年实现理财产品销售7.4亿元，个贷和小企业简式贷共投放9.2亿元。

（十二）中国农业银行股份有限公司宁波分行慈溪支行营业部

慈溪支行营业部现有员工40名，该行是慈溪市支行系统内的“排头兵”。历年来，先后获得宁波市分行先进集体、青年文明号、巾帼文明示范岗等众多荣誉称号。截至2009年12月末，该行本外币各项储蓄存款余额16.93亿元，其中人民币储蓄存款余额16.92亿元，三星级以上个人客户2457户，销售保险、基金、理财产品合计16870万元，当年实现经营利润9936万元，人均创利248万元，中间业务收入3393万元。

（十三）中国农业银行股份有限公司上海分行三林支行

三林支行位于上海浦东新区三林路487号，南临交通繁忙的三林路，东近三林商业最繁华的灵岩路，地理位置优越。该行是第一家落户于三林地区的国有银行，在当地百姓的心目中一直被称为老银行。该行全年365天对外营业，积极营造亲和安全的营业氛围。目前，网点设有对公、对私业务区和VIP客户服务区，共有员工22人，其中，代理制员工9人，大堂经理2人，配备存取款机等自助设备8台，多媒体查询机1台。

截至2009年末，该行各项存款余额20.53万元，其中，本外币储蓄存款余额16.18亿元，年增量2.21亿元；全年销售“本利丰”理财产品1.7亿元；代理销售开放式基金9132万元；代理销售保险1755.6万元；拥有个人贵宾客户6800多名，在2009年浦东分行旺季综合营销竞赛中取得了佳绩。

（十四）中国农业银行股份有限公司浙江分行金华义乌农商支行

2004年10月农商支行和众多金融机构同时搬入国际商贸城二期一阶段，在激烈的同业竞争中农商支行脱颖而出，一枝独秀，各项业务多年来持续快速发展，各项存款余额2009年底达到18.26亿元，超过工、中、建三家行网点存款总和，超出第二位的中行12亿元以上。其中储蓄存款余额160612万元，比年初增加57206万元，增量位居市分行第一。多年来农商支行坚持经营客户的理念，以产品和服务组建有效客户群，以与客户共创价值为根本之工作方法，全体员工众志成城，实干加巧干，组建了一个足以支撑各项业务持续快速发展的优质客户群。

（十五）中国农业银行股份有限公司上海分行嘉定支行营业部

嘉定支行营业部成立于1979年2月，位于嘉定区嘉定镇中心，网点营业面积达1222平方米。该行共有员工78名，正、副经理2名，个人客户经理6名，其中，1名持有AFP证书。配备附行式自助银行，设置自动存取款机5台，自动取款机4台，多媒体自助终端3台，是一家业务功能齐全、设施完善的大型综合经营网点。

截至2009年末，该行本、外币存款余额为61.45亿元，其中，储蓄存款余额15.49亿元；贷款余额24.61亿元；全年营销贷记卡3176张；代理寿险3136万元，产险1990万元；网上银行注册客户2518户；实现经营利润13945万元；在开放式基金、本利丰和汇利丰的销售上也取得了较好业绩。

（十六）中国农业银行股份有限公司宁波分行余姚支行营业部

中国农业银行余姚市支行营业部地处余姚市区最繁华地段，周边金融机构林立，同业竞争非常激烈。该网点现有员工51人，为全面贯彻“以客户为中心”的经营理念，以客户为中心，以主动营销和差异化服务为着力点，整合优化业务流程，最大限度释放前台营销潜能，提高前台服务效率，为客户提供最佳服务，从而进一步提升网点综合竞争力。至2009年年底，该网点本外币储蓄存款达到152256万元，比上年增长10.09%，创历史新高。

（十七）中国农业银行股份有限公司广东分行广州西郊支行

农行广东省广州西郊支行位于广州市荔湾区环市西路101号首层，营业面积322.07平方米。目前网点员工人数20人，设备配置状况如下：4台取款机、3台存取款一体机、2台自助终端、1台汇款易。该网点近三年来储蓄存款不断增长：2007年储蓄存款余额为10.15亿元，2008年为12.57亿元，2009年储蓄存款余额为15.17亿，2008年余额和增量分居营业部第三和第四名；西郊支行不仅在储蓄存款业务先拔头筹，中间业务发展业绩更是独树一帜：代理保费业务收入2007年为2 731万，2008年为1 528.61万，2009年2 986.4万；代销基金业务近三年均保持超亿元的良好营销业绩：2007年销售量3.18亿、交易量4.65亿；2008年销售量1.93亿、交易量3.32亿：09年销售量1.73亿、交易量3.79亿。西郊支行各项业务均堪称市分行系统网点的领头羊，以奋勇争先，开拓进取的拼搏精神获得了一串串的硕果：分别荣获08年三季度省行营业部银鹰展翅竞赛活动“优质客户增量银鹰奖”二等奖、“网点保险销售银鹰奖”一等奖、“网点基金销售银鹰奖”一等奖、“网上银行银鹰奖”二等奖；2010年省行营业部“开门红”网点个人贷款投放量银鹰奖一等奖、网点人均中间业务收入银鹰奖一等奖。

（十八）中国农业银行股份有限公司浙江分行温州分行营业中心

农行市分行营业中心作为温州农行的窗口，一直以争创一流业绩作为自己的目标。在被称为金融一条街的温州小南路上，随处可见中国银行、交通银行、工商银行、建设银行、招商银行等标志，可谓是强手林立，如此的竞争环境，市分行金融超市依靠自身的优势，走出了一条成功之路。截至2009年末，市分行金融超市全年各项存款余额达到55.18亿元，其中，个人存款16.5亿元。

以优质服务赢得客户。面对不同的客户，要提供不同的服务，让每一位客户都觉得自己受到的是VIP的待遇。为了提高服务质量，金融超市实施每月技能考核制，形成了一股苦练业务技能的风气。中午休息时间、晚上下班之后，都能看见柜员们的苦练，在掌握好业务技能的同时，还要学更多的知识。

注重营销，是继续取得成功的手段。在办理业务的同时，金融超市的柜员们还仔细地发展新的优质客户，在每张新面孔中寻找优质的客源。

（十九）中国农业银行股份有限公司浙江分行乐清支行柳市支行

2009年是农行股改的关键年。面对外部宏观经济、金融环境的剧烈变化，乐清柳市支行领导班子的正确领导下，在全体员工的共同努力下，各项业务持续快速健康发展，综合发展能力得到全面有效的提升，实现全年账面利润29187万元，比上年增加6252万元，人均创利290万元；国际业务结算量达2.2亿美元；中间业务收入达到3845万元；全年营销网银14000多个，总存量超过35000个，贷记卡5132张，总存量超过20000张；年末人民币存款余额达到52.97亿元，比年初增加10.82亿元；超额完成上级行核定的各项经营指标。先后被总行评为“本外币储蓄存款双十佳单位”，被省行评为2009年“大行德广 伴您成长 金钥匙春天行动”先进营业网点，被市分行评为“先进团组织”和“优秀团队”等各种荣誉称号，为2009年工作画上了圆满的句号，交出了一份令人满意的答卷。

（二十）中国农业银行股份有限公司广东分行东莞虎门支行营业部

农行广东省东莞虎门支行营业部地处穗港经济走廊东莞市虎门镇商业中心区，营业部面积达2000平方米，现有员工43人，日常对外开设14－16个营业服务窗口。网点致力于将农行的“理念、服务、形象、理财”洒向虎门大地，以投资理财为营销导向，促进中高端客户数量的不断增长，从而促使网点的功能转型。近年来，通过全体职工的共同努力先后获得“女职工文明示范岗”、“先进集体”、“先进职工之家”、“广东银行业文明规范服务示范单位”、“省行县域综合营销十强网点”、“总行全国城乡金融百强网点”、全国“青年文明号”等殊荣。

（二十一）中国农业银行股份有限公司上海分行松江支行营业部

松江支行营业部坐落于上海市松江区人民北路8号，地处松江老城区的繁华地段。该行现有员工84人，自助银行内设有6台存取款机，2台取款机，1台多媒体查询机。

截至2009年末，本、外币储蓄存款余额14.37亿元，年增量2.85亿元，增幅24.69%，其中，人民币储蓄存款14.2亿元，年增幅24.32%，外币储蓄存款239.99万元，年增幅68.03%。该行始终秉承文明、优质、诚信、创新的服务宗旨，团结进取，不断地以新思路求新突破、以新举措创新局面，塑造着农行的良好形象。

（二十二）中国农业银行股份有限公司上海分行南翔支行

南翔支行地处南翔镇中心最繁华的十字街口，拥有员工40人，其中，网点行长1名，个人客户经理2名，大堂经理与大堂引导员各1名。自助银行设有3台取款机，4台存取款一体机和3台多媒体查询机。截至2009年度末，该行本外币储蓄存款余额14.08亿元，年增量1.46亿元，四星级以上客户121户，储蓄存款100万以上客户53户。

该行突出建设理财中心，强化团队精神。虽周边银行众多，但无论从业务量还是业务品种来看，该网点都是南翔地区规模最大，实力最为雄厚的文明标准服务示范网点。该行坚持“以优质服务赢得客户”这一宗旨为导向，树立分层服务理念，把更多资源配置到为个人优质客户提供服务，建立一个稳定、持续发展的中高端客户群体，最终实现各类产品的营销。该行先后获得了中央金融团工委和总行“青年文明号”、总行“世纪之春优质服务”现金单位、分行“优质服务窗口”和“金融先进单位”等荣誉称号。

（二十三）中国农业银行股份有限公司浙江分行瑞安支行营业部

瑞安农行营业中心位于瑞安市万松东路587号农行大厦，现有职工人数39名。2009年，营业中心面对市场激烈的竞争形成的巨大冲击，立足创新，敢于超越，依靠自身的优势走出一条成功之路。截至2009年末，各项本外币存款余额35.64亿元，其中储蓄存款11.48亿元，实现经营利润6927万元，人均创利高达117万元。在39名员工的共同努力下，营业中心以推进网点软转为契机，立足服务优化和品牌提升，内强管理，外树形象，积极创新，加快发展，实现了物质文明和精神文明的双丰收。先后获得总行十佳人民币外币储蓄网点、省分行十佳外币储蓄网点，省分行青年文明号、省分行“五星级储蓄网点”、省分行外币储蓄十佳单位、温州市“女职工双文明示范岗、温州市文明服务示范点、市分行和谐团队奖”等荣誉称号，还涌现出一大批先进人物，全国优秀理财师胡颖媛、总行个贷春天之星韩春晖、省分行三农金融个人十佳吴海等就是其中的杰出代表。

（二十四）中国农业银行股份有限公司上海分行水清南路支行

水清南路支行成立于1989年10月25日，占地面积1517平方米，营业大厅面积500平方米，是农行在上海市闵行区最大的网点机构，业务经营范围主要包括：人民币存款、贷款、人民币结算；外汇存款、外汇汇款、外币兑换及其他经银监会批准的或总（分）行授权的业务。

该行先后多次获得上级行“金融先进单位”，连续6年获得区文明单位等荣誉称号。截至2009年末，该行人民币储蓄存款余额达13.79亿元，外币储蓄存款137.31万美元；当年代理基金销售3255万元；代理保险销售473万元；新开贷记卡549张；代理黄金销售9375克；新增个人网银3060户、新增短信通5234户，新增电话银行2293户。

（二十五）中国农业银行股份有限公司江苏分行苏州吴江支行营业部

中国农业银行苏州吴江支行营业部坐落于吴江市松陵镇最繁华的商业街。松陵镇是吴江市市政府、吴江市经济开发区所在地，东临上海、北靠苏州、南接杭州，经济发展广泛接受上海的辐射，又是吴江市民营企业和外向型企业相对集中的区域，开发区拥有丰富的经济金融资源。吴江市支行营业部是吴江支行系统内“排头兵”，多次获得文明单位等荣誉称号，现有员工44人，平均年龄不到40岁，是一个相对年轻化的业务团队。截至2009年末，该行人民币各项存款余额36.22亿元，其中人民币储蓄存款余额13.71亿元；人民币贷款余额28.85亿元；个人星级客户24900户，星级客户金融资源10.58亿元；当年实现利润0.99亿元，人均创利225万元。

（二十六）中国农业银行股份有限公司上海分行金桥张桥支行

金桥张桥支行成立于1991年9月，地处浦东新区金桥镇所在地和金桥开发区。截至2009年末，本、外币储蓄存款余额为13.6亿元，年增量1.66亿元，其中，人民币储蓄存款余额13.58亿元，外币储蓄存款余额28.37万元。荣获支行2009年度先进集体称号。

该行经营范围包括：人民币存款，贷款，结算业务，人民币储蓄业务，经中国人民银行批准的代理业务（外币储蓄、外币兑换、外币汇款、因私购汇、西联汇款、汇利丰、个人汇款、国债基金等），经中国银行业监督管理委员会批准并由其总（分）行授权的业务。

（二十七）中国农业银行股份有限公司河北分行唐山丰南小集支行

丰南小集支行地处丰南区小集镇，现有员工7人，其中：行长1名、大堂经理1名、会计主管1名、综合柜员4名，自动存取款机1台、自动取款机2台。作为工业重镇，有实力的企业成为各家银行竞相争夺的焦点，面对激烈的竞争，小集支行强化危机意识，广泛收集信息，细分市场，实行以点带面的综合营销，在为开户企业提供优质高效服务的同时，再通过密切与开户企业的业务关系，对其上下游的客户开展全面营销，最大限度的将客户全部营销到我行。

到2009年末小集支行各项存款144484万元，其中个人存款134976万元，较年初增长87338万元。代理保险615万元。2006至2009年度被丰南支行、唐山分行评为先进单位，连续多年被丰南区政府评为文明建设单位。

（二十八）中国农业银行股份有限公司江苏分行苏州昆山城北支行

中国农业银行苏州昆山城北支行设城北、红峰、高科园三个营业网点，现有员工34名，大专以上文化程度18人，其中本科6人。设行长一名，副行长二名，内部主管一名。

中国农业银行苏州昆山城北支行地处昆山市城北地区繁华地段北门路上，是城北地区最大的一家银行，周边生活及商业发达，房地产交易活跃，工业企业林立，如知名企业富士康、通力电梯等公司，昆山高新区位于城北地区，该高新技术开发区位列江苏省内开发区第五名。

截至2009年底，该行各项存款余额达到了23.9亿元，其中储蓄存款为13.4亿元。2000－2008年连续八年被昆山市支行评为“金融先进单位”；2000－2005年被苏州分行表彰为“金融先进单位”；2004－2005年被江苏省分行评为“金融先进单位”；2002年被昆山精神文明委员会评为“文明示范窗口”；2003年被评为昆山市文明单位；2004－2005年被评为苏州市文明单位；2004－2005年被苏州市委、市政府命名为“苏州市文明行业”；2005年被苏州市工会授予“五一”文明岗称号；2003年成功通过昆山市级“青年文明号”、2004年通过苏州市级“青年文明号”2005年通过江苏省分行级“青年文明号”验收。2006年被推荐为农总行级“青年文明号”。2007年通过农总行级“青年文明号”。2007年度被中共中央共青团命名为全国“青年文明号”。2008年被苏州市分行授予“学习型工会小组”。

（二十九）中国农业银行股份有限公司深圳分行龙兴支行

龙岗龙兴支行地处于深圳市龙岗区龙岗镇的旧城区，因周边除了该网点，已以没有其他银行存在了，所以客流量相当大。该支行现有员工28人，其中行长、营业经理、会计主管和对公客户经理各1人，理财经理2人，个贷经理2人，柜员21人。自助存取款机有8台，1台多媒体查询机。

到2009年12月31日，该行存款总余额13.3亿元，其中人民币储蓄存款13.1亿元，比08年同期增加4.8亿元。主要是因为2009年9月合并了原龙东支行，2008年龙东支行的储蓄存款为4.58亿元。

（三十）中国农业银行股份有限公司广东分行广州人民北支行

农行广东省广州人民北支行位于广州市越秀区人民北路691号首层，营业面积317平方米。目前网点员工人数14人，设备配置状况如下：1台取款机、2台存取款一体机、1台自助终端、1台汇款易。该支行以个人零售业务转型为依托，以功能分区、服务分层、业务分流、产品分销等“四个分”为切入点，积极做好广州市社保资金归集工作，重点维护和发掘新生中高端客户群体，密切监控优质客户资金流向。在多策并举之下，该行2007～2009年的储蓄存款组织工作上取得了明显的成效：07年储蓄存款增量0.91亿、2008年储蓄存款增量2.24亿、2009年储蓄存款比年初净增达3.8亿元，存款余额13.27亿元，储蓄存款增量居广东省分行营业部首位。

该行在迈向个人业务转型的道路上，主要瞄准周边中高档住宅居民客户作为业务发展的奠基石，一方面将小区业主作为重点目标客户，加强与物管处等机构的合作，积极开展社区营销，通过海报宣传，社区专场理财业务咨询会等方式加大我行品牌宣传，将我们优质服务送进千家万户；另一方面，加强优质客户的维护和拓展，为客户提供个性化的理财服务，成为客户“身边的银行”，不仅为客户的家庭理好财，实现家庭财务的合理配置，更为客户的生产经营提供便捷的银行服务以及金融服务建议，进一步提高我行的知名度，从而形成“以客带客”的良性客户拓展链条，吸引更多的优质客户存款移到我行留存。

今年，该网点全体员继续发挥上下一心、奋力拼搏的精神，支行储蓄存款增量保持凌厉势头，荣获2010年省行营业部“开门红”网点个人储蓄存款增量银鹰奖一等奖。

（三）中国银行储蓄机构排行榜

2009年中国银行储蓄机构排行榜

名次	储蓄机构名称	储蓄存款						员工人数
		本币		外币		本外币		
		本期值（万人民币）	同比增幅	本期值（折算为万人民币）	同比增幅	本期值（折算万人民币）	同比增幅	
1	深圳市分行营业部	411220	-5.13%	56739	11.49%	467959	-3.39%	140
2	辽宁省分行营业部	400327	14.93%	331450	5.40%	731777	1.93%	203
3	上海市分行营业部	352002	15.96%	221008	12.03%	573010	12.60%	320
4	黑龙江省分行营业部	287837	7.01%	106345	1.80%	394182	5.55%	163
5	上海市徐汇支行天钥桥路支行	266031	16.57%	90291	13.94%	356323	15.90%	43
6	广东省汕头分行营业部	264067	5.06%	28070	5.06%	292137	5.06%	72
7	深圳市人民南路支行	245573	13.65%	21186	29.62%	266759	14.76%	27
8	四川省成都锦江支行营业部	242557	23.54%	13961	12.90%	256518	22.91%	36
9	上海市浦东分行营业部	240171	18.06%	57443	14.97%	297614	17.46%	90
10	福建省分行营业部	238487	11.00%	53604	11.00%	292091	11.00%	116
11	辽宁省沈阳分行营业部	237554	12.63%	83229	12.84%	320783	12.69%	150
12	北京市雅宝路支行营业部	235829	-2.43%	113498	3.07%	349328	-0.74%	72
13	广东省东山支行营业部	228414	92.74%	19788	6.98%	248202	81.13%	58
14	辽宁省大连开发区分行营业部	221723	16.24%	30454	6.27%	252177	14.94%	111
15	宁波市分行营业部	221299	15.66%	33132	14.65%	254431	15.50%	108
16	深圳市南头管辖支行营业部	218590	-2.15%	11638	-1.05%	230228	-2.10%	138
17	广东省中山分行营业部	216023	13.02%	26951	15.41%	242974	13.27%	75
18	广东省珠海分行营业部	212549	5.72%	20539	5.84%	233088	5.72%	104
19	北京市中银大厦支行营业部	200398	22.51%	55712	14.87%	256110	20.74%	75
20	深圳市龙华管辖支行营业部	196143	0.95%	6614	12.15%	202757	1.27%	125
21	上海市南汇支行营业部	189095	23.39%	9728	11.43%	198822	22.80%	33
22	深圳市罗湖管辖支行营业部	187374	16.78%	21186	20.46%	208560	17.13%	129
23	上海市卢湾支行营业部	186291	10.49%	73762	8.49%	260053	9.92%	52
24	深圳市宝安管辖支行营业部	186067	4.63%	13709	2.92%	199776	4.51%	122
25	山东省分行营业部	185900	16.13%	35800	13.17%	221700	15.66%	128
26	苏州分行营业部	184197	17.00%	32721	18.23%	216918	17.18%	34
27	深圳市布吉管辖支行营业部	180841	14.34%	14249	4.56%	195090	13.55%	110
28	深圳市东门管辖支行营业部	173989	32.44%	14662	30.91%	188651	32.31%	128
29	浙江省温州市丽岙支行	173546	29%	124651	22%	298197	26%	29
30	广东省广州长堤支行营业部	166524	1.07%	58689	1.03%	225212.4	1.06%	68

一、中国银行个人金融业务简介

2009年，我行深入贯彻科学发展观，认真落实发展战略规划，开拓进取，扎实工作，着力提升服务品质，以中高端客户为重点大力拓展客户基础，加快服务模式转变和产品创新，实现了个人金融业务又好又快发展。

（一）个人储蓄存款

我行依托科技建设与产品创新，加强业务联动，持续提升储蓄存款竞争力，人民币储蓄存款实现稳步增长。同时，积极应对人民币汇率波动，以汇入汇款产品、外汇交易类产品为重点，巩固外币储蓄存款优势。

2009年末，我行内地机构本外币个人储蓄存款余额26060亿元，同比增长4098亿元，增幅18.66%。其中，人民币储蓄存款余额24079亿元，同比增长3870亿元，增幅19.15%；外币储蓄存款余额1981亿元人民币，同比增长227亿元人民币，增幅12.96%。

（二）个人贷款业务

2009年，我行积极响应国家“扩内需、促消费”政策，加大对居民购房、购车等消费需求的信贷支持。不断推进“理想之家”品牌建设，深入推广“直客式”业务模式，试点同城专业一体化经营模式。不断完善信用卡功能和服务，推动信用卡业务跨越式发展。追踪市场和客户需求，开发贷款管家、外汇留学贷款、创业宝、理财产品融资便利等新产品，整合“一站式”出国留学金融服务。个人贷款业务快速增长，创历史新高。

2009年末，我行内地机构人民币个人贷款余额9795亿元，同比增加3252亿元，增幅49.71%。其中，住房按揭贷款增长较快，年末余额达8045亿元，同比增长2588亿元，增幅47.43%；汽车贷款市场份额位居同业首位，年末余额533亿元，同比增长140亿元，增幅35.68%；信用卡应收账款248亿元，同比增长141亿元，增幅131.50%；其他个人贷款余额合计969亿元，同比增长384亿元，增幅65.48%。

（三）个人信贷业务利息收入

2009年，我行个人信贷业务利息收入4 137 900万元，同比减少195 600万元，增幅为－4.5%。其中信用卡利息收入96 280万元，同比增长34 849万元，增幅56.88%；零售贷款利息收入4 041 620万元，同比减少230 449万元，增幅－5.39%。

（四）手续费和佣金收入

2009年，我行大力发展个人中间业务，努力增加收入来源。进一步巩固国际结算传统优势，积极推进个人客户国内结算、代发工资、第三方存管业务；全面拓宽国际汇款渠道，加强与“侨汇通”、“速汇金”等汇款机构合作；推进网银渠道个人结售汇功能开发，在试点基础上加快推广；积极开展财富管理业务，全年个人理财产品销售量同比大幅增长。

2009年，我行手续费和佣金收入1 342 300万元，同比增长260 000万元，增幅24.02%。其中，个人理财服务（包括国债销售、贵金属销售、理财顾问、对私理财产品销售、对私基金和托管、对私保险代销等业务）收入481 500万元，同比增长107 400万元，增幅28.71%；汇款和结算服务（包括结售汇、国内结算及国际汇款等业务）收入279 600万元，同比减少36 100万元，增幅－11.43%；代收代付收入23 100万元，同比增长2 200万元，增幅10.53%；与银行卡相关服务收入405 900万元，同比增长108 800万元，增幅36.62%；其他中间业务收入152 200万元，同比增长77 700万元，增幅达104.29%。

二、2009 年中国银行储蓄机构简介

按照 2009 年末人民币储蓄存款余额进行排名，我行前 30 家储蓄机构相关情况如下：

1. 深圳市分行营业部：位于深圳市繁华商业区，属我行一级分行营业部，营业面积 4520 平方米，员工人数 140 人，2009 年末本外币储蓄存款余额 46.80 亿元人民币。

2. 辽宁省分行营业部：位于辽宁省大连市繁华商业区，属我行一级分行营业部，营业面积 8600 平方米，员工人数 203 人，2009 年末本外币储蓄存款余额 73.18 亿元人民币。

3. 上海市分行营业部：位于上海市，属我行一级分行营业部，营业面积 4634 平方米，员工人数 320 人，2009 年末本外币储蓄存款余额 57.30 亿元人民币。

4. 黑龙江省分行营业部：位于黑龙江省哈尔滨市繁华商业区，属我行一级分行营业部，营业面积 2600 平方米，员工人数 163 人，2009 年末本外币储蓄存款余额 39.42 亿元人民币。

5. 上海市徐汇支行天钥桥路支行：位于上海市，辖属上海市分行徐汇支行，营业面积 250 平方米，员工人数 63 人，2009 年末本外币储蓄存款余额 35.63 亿元人民币。

6. 广东省汕头分行营业部：位于广东省汕头市繁华商业区，辖属汕头分行，属我行二级分行营业部，营业面积 1613 平方米，员工人数 72 人，2009 年末本外币储蓄存款余额 29.21 亿元人民币。

7. 深圳市人民南路支行：位于深圳市繁华商业区，辖属深圳市分行罗湖支行，属我行城区经营性支行，营业面积 1225 平方米，员工人数 27 人，2009 年末本外币储蓄存款余额 26.68 亿元人民币。

8. 四川省成都锦江支行营业部：位于四川省成都市繁华商业区，辖属四川省分行锦江支行，属我行一级分行营业部，营业面积 1800 平方米，员工人数 36 人，2009 年末本外币储蓄存款余额 25.65 亿元人民币。

9. 上海市浦东分行营业部：位于上海市，辖属上海市分行浦东分行，营业面积 750 平方米，员工人数 90 人，2009 年末本外币储蓄存款余额 29.76 亿元人民币。

10. 福建省分行营业部：位于福建省福州市繁华商业区，属我行一级分行营业部，营业面积 2300 平方米，员工人数 116 人，2009 年末本外币储蓄存款余额 29.21 亿元人民币。

11. 辽宁省沈阳分行营业部：位于辽宁省沈阳市，辖属沈阳分行，属我行二级分行营业部，营业面积 3950 平方米，员工人数 150 人，2009 年末本外币储蓄存款余额 32.08 亿元人民币。

12. 北京市雅宝路支行营业部：位于北京市繁华商业区，辖属北京市分行雅宝路支行，是一家全功能型网点，营业面积 230 平方米，员工人数 72 人，2009 年末本外币储蓄存款余额 34.93 亿元人民币。

13. 广东省东山支行营业部：位于广东省广州市普通生活社区，辖属广州东山支行，属我行管辖支行营业部，营业面积 754 平方米，员工人数 58 人，2009 年末本外币储蓄存款余额 24.82 亿元人民币。

14. 辽宁省大连开发区分行营业部：位于辽宁省大连市，辖属大连开发区分行，属我行二级分行营业部，营业面积 3944 平方米，员工人数 111 人，2009 年末本外币储蓄存款余额 25.22 亿元人民币。

15. 宁波市分行营业部：位于浙江省宁波市繁华商业区，属我行一级分行营业部，营业面积 4500 平方米，员工人数 108 人，2009 年末本外币储蓄存款余额 25.44 亿元人民币。

16. 深圳市南头管辖支行营业部：位于深圳市繁华商业区，属我行管辖支行营业部，营业面积 2690 平方米，员工人数 138 人，2009 年末本外币储蓄存款余额 23.02 亿元人民币。

17. 广东省中山分行营业部：位于广东省中山市繁华商业区，辖属中山分行，属我行二级分行营业部，营业面积 2424 平方米，员工人数 75 人，2009 年末本外币储蓄存款余额 24.30 亿元人民币。

18. 广东省珠海分行营业部：位于广东省珠海市繁华商业区，辖属珠海分行，属我行二级分行营业部，营业面积 1340 平方米，员工人数 104 人，2009 年末本外币储蓄存款余额 23.31 亿元人民币。

19. 北京市中银大厦支行营业部：位于北京市繁华商业区，辖属北京市分行中银大厦支行，是一家全功能型网点，营业面积 400 平方米，员工人数 75 人，2009 年末本外币储蓄存款余额 25.61 亿元人民币。

20. 深圳市龙华管辖支行营业部：位于深圳市繁华商业区，属我行管辖支行营业部，营业面积 2669 平方米，员工人数 125 人，2009 年末本外币储蓄存款余额 20.28 亿元人民币。

21. 上海市南汇支行营业部：位于上海市，辖属上海市分行南汇支行，员工人数 33 人，2009 年末本外币储蓄存款余额 19.88 亿元人民币。

22. 深圳市罗湖管辖支行营业部：位于深圳市繁华商业区，属我行管辖支行营业部，营业面积 611 平方米，员工人数 129 人，2009 年末本外币储蓄存款余额 20.86 亿元人民币。

23. 上海市卢湾支行营业部：位于上海市，辖属上海市分行卢湾支行，营业面积 500 平方米，员工人数 52 人，2009 年末本外币储蓄存款余额 26.01 亿元人民币。

24. 深圳市宝安管辖支行营业部：位于深圳市繁华商业区，属我行管辖支行营业部，营业面积 1667 平方米，员工人数 122 人，2009 年末本外币储蓄存款余额 19.98 亿元人民币。

25. 山东省分行营业部：位于山东省青岛市繁华商业区，属我行一级分行营业部，营业面积 2000 平方米，员工人数 128 人，2009 年末本外币储蓄存款余额 22.17 亿元人民币。

26. 苏州市分行营业部：位于浙江省苏州市繁华商业区，属我行一级分行营业部，营业面积17854平方米，员工人数80人，2009年末本外币储蓄存款余额21.69亿元人民币。

27. 深圳市布吉管辖支行营业部：位于深圳市繁华商业区，属我行管辖支行营业部，营业面积3177平方米，员工人数110人，2009年末本外币储蓄存款余额19.51亿元人民币。

28. 深圳市东门管辖支行营业部：位于深圳市繁华商业区，属我行管辖支行营业部，营业面积11208平方米，员工人数128人，2009年末本外币储蓄存款余额18.87亿元人民币。

29. 浙江省温州市丽岙支行：位于浙江省温州市，辖属浙江省分行温州分行，属我行城区经营性支行，营业面积930平方米，员工人数29人，2009年末本外币储蓄存款余额29.82亿元人民币。

30. 广东省广州长堤支行营业部：位于广东省广州市，属我行城区经营性支行，营业面积10395平方米，员工人数68人，2009年末本外币储蓄存款余额22.52亿元人民币。

（四）中国建设银行储蓄机构排行榜

2009 年中国建设银行个人金融业务简介

2009 年，我行个人金融业务实现利润 233.11 亿元，较上年增长 15.12%。收入稳步增长的原因一是个人银行卡、个人电子银行等业务迅速发展，个人手续费及佣金净收入增长 16.98%；二是个人贷款业务快速发展，利息净收入较上年增长 7.53%；三是个人贷款减值损失减少 9.12%，也促进了个人金融业务利润的增长。

一、个人存款快速增长

我行在开展旺季营销活动的基础上，从源头上抓资金、抓客户，截至 2009 年末，个人存款余额 35847 亿元，比年初新增 6170 亿元，增速为 20.79%。个人高端客户较上年末增长 50%，管理的金融资产较上年末增长 49%。

二、银行卡业务迅速发展

借记卡业务：截至 2009 年末，我行借记卡发卡总量达 2.52 亿张，由于对睡眠卡进行了清理，发卡总量略有下降，但发卡质量不断上升、运行效率大幅提高。其中，理财卡发卡总量达 490 万张，较上年末新增 123 万张。2009 年，我行借记卡消费交易额 7907 亿元，较去年增长 77.24%。

信用卡业务：2009 年，我行信用卡新增 553 万张，发卡总量 2424 万张；消费交易额 2928 亿元，较上年增长 85.41%，贷款余额 363 亿元，较上年增长 58.49%，资产质量保持良好。

三、个人贷款稳健发展，住房贷款保持市场领先

我行以个人贷款中心专业化经营机制为平台，实现个贷业务处理的流程化和操作环节的标准化，在客户细分基础上提供差别化的个人贷款产品和服务。截至 2009 末，个人贷款余额 10870 亿元，比年初增长 32.41%，其中，个人住房按揭贷款余额 9342 亿元，比年初增长 35.96%，贷款余额、新增额均保持同业前列。我行还面向专业市场个体私营业主客户拓展个人助业贷款，响应国家扶持“三农”的政策，试点推出个人农户贷款。

四、委托性住房金融业务稳步发展

截至 2009 年末，我行住房公积金存款余额 2652 亿元，公积金个人住房贷款余额 4145 亿元，委托性住房公积金存贷款份额均保持同业第一。我行不断加大住房资金归集和公积金贷款受托发放力度，积极推出和完善公积金小额跨行支付、公积金电子渠道、公积金联名卡、公积金委托提取还贷等新产品和新服务，有效提升了我行住房金融品牌形象。

（五）交通银行储蓄机构排行榜

交通银行储蓄机构排行榜

名次	储蓄机构名称	储蓄存款						员工人数
		本币（万元）		外币（万美元）		本外币（万元）		
		本期值	同比增幅	本期值	同比增幅	本期值	同比增幅	
1	上海市分行营业部	173945.89	78.86%	11365.38	15.94%	251091.5	52.81%	98
2	北京市分行营业部	213510.54	119.11%	3176.33	13.89%	234912.54	101.56%	73
3	深圳分行营业部	183028.31	155.38%	278.35	6.12%	184906.36	151.68%	36
4	鞍山分行营业部	172668.42	53.85%	642.2	22.22%	177024.94	52.84%	30
5	上海市南支行	166393.36	279.57%	1026.47	25.04%	173317.94	250.40%	37
6	上海虹口支行	153230.95	65.82%	2606.41	35.02%	170865.24	61.76%	42
7	河南省分行营业部	160655.45	59.72%	1364.47	23.55%	169804.55	56.99%	38
8	上海莘庄支行	166019.88	120.00%	370.6	37.37%	168518.79	117.96%	29
9	北京亚运村支行	151555.83	73.24%	1796.82	-13.19%	163702.47	61.05%	40
10	上海长宁支行	143441.7	103.37%	1799.09	19.21%	155626.67	92.45%	48
11	北京西单支行	125942.67	114.86%	4321.35	12.52%	155115.96	82.62%	26
12	湖北省分行营业部	143670.25	96.77%	1302.28	15.57%	152441.95	88.80%	36
13	江苏省分行营业部	132754.28	62.44%	2087.77	19.89%	146857.19	56.81%	38
14	深圳前进支行	140998.99	173.02%	129.86	13.84%	141881.4	170.64%	19
15	深圳华强支行	132507.89	314.06%	36.22	6.98%	132754.89	311.85%	19
16	上海鞍山路支行	116671.88	87.72%	1491.21	15.94%	126763.98	78.64%	19
17	北京世纪城支行	122220.45	84.85%	525.57	75.27%	125757.23	84.47%	22
18	北京三元支行	121313.95	107.55%	594.9	4.79%	125320.39	101.04%	47
19	北京木樨园支行	121454.99	220.15%	78.09	-8.55%	121982.65	216.65%	27
20	深圳车公庙支行	118639.08	200.93%	102.84	109.94%	119329.08	200.14%	16
21	徐州分行营业部	116928.24	45.15%	257.2	5.16%	118670.65	44.31%	33
22	上海陆家嘴支行	108005.85	85.49%	1528.14	8.19%	118373.47	74.36%	30
23	郑州紫荆山支行	117436.66	234.77%	75.91	12.35%	117950.88	231.86%	25
24	无锡分行营业部	110458.39	66.74%	993.55	40.54%	117161.34	64.81%	26
25	郑州铁道支行	114479.15	41.69%	349.23	27.77%	116836.78	41.33%	26
26	大连分行营业部	89747.01	42.74%	3805.14	15.24%	115600.64	35.25%	38
27	广东省分行营业部	111394.58	97.82%	405.47	18.67%	114118.73	94.56%	33
28	上海六里支行	107622.67	42.86%	934.26	14.69%	113952.19	40.84%	20
29	上海徐汇支行	101665.39	75.49%	1699.3	43.37%	113125.76	71.25%	36
30	广州白云支行	112667.85	150.78%	59.95	10.29%	113074.65	149.62%	21

注：在统计外币储蓄时，所有外币都折算成美元，在统计本外币储蓄时，所有外币最终都折算成人民币

一、全国个人金融学术活动与技术比赛活动

发扬陀螺精神，争做财富精英
——中国工商银行TOP100财富精英赛总结与财富精英大会侧记

中高端客户是我行个人金融业务的核心客户群体。不断扩大中高端客户规模，提高中高端客户综合贡献度和服务满意度对全行贯彻落实“强个金”战略至关重要。为调动广大一线员工积极性，切实提高我行在中高端客户市场的竞争能力与服务水平，2009年6－9月总行成功举办了中国工商银行TOP100财富精英赛。11月，总行隆重召开了中国工商银行TOP100财富精英大会，表彰了此次竞赛的获奖团队与个人，同时对竞赛进行了总结。

一、精心组织，财富精英赛成功开展

中国工商银行TOP100财富精英赛由总行个人金融业务部和系统团委联合举办，通过总、分行相关部门的通力合作、精心组织，顺利完成了以财富中心、贵宾理财中心为主的团队竞赛，以财富中心、贵宾理财中心客户经理为主的个人竞赛以及面向广大行内员工的推荐竞赛，在全行中高端客户发展工作中营造了“关注客户，全力以赴”的良好竞争氛围。

此次竞赛以管户财富客户和达标理财金账户客户两类中高端客户的新增数量和金融资产余额为计分指标，与网点及客户经理的实际营销业绩直接挂钩，以赛代训，提升了中高端客户服务水平。各分行充分认识到此次竞赛的重要意义，加强组织推动，确保竞赛活动的顺利开展，同时多措并举，不断增强竞赛活动效果：一是充分利用动态、网讯平台加强竞赛活动宣传，营造了争先创优的竞争氛围；二是通过动员会、经验交流会等形式大力推广中高端客户服务先进经验，发挥了优秀选手“排头兵”的作用；三是建立了有效的客户推荐与奖励机制，使各层级、各岗位员工识别的中高端客户都能及时推荐到财富中心、贵宾理财中心，由客户经理跟进服务；四是实现了竞赛与青年岗位明星评选、青年文明号评选的联动，提高了竞赛的激励效果。

竞赛的顺利开展在全行范围内形成了“人人参与营销、人人积极营销”的良好局面，中高端客户发展业绩突出的团队和个人不断涌现。根据竞赛规则，最终评选出106个财富中心与贵宾理财中心、104名客户经理和103名青年员工，并被分别授予“中国工商银行TOP100财富精英团队”、“中国工商银行TOP100财富精英”和“中国工商银行TOP100财富伯乐”荣誉称号。

二、表彰先进，财富精英大会隆重举办

为及时总结成绩、表彰先进，进一步激发客户经理等广大员工立足岗位、奉献成才的积极性与主动性，总行个人金融业务部与系统团委于2009年11月19日在四川成都隆重举办了中国工商银行TOP100财富精英大会，总行党委委员、纪委书记刘立宪及总行个人金融业务部、系统团委和四川分行有关领导，部分获奖团队与个人代表，各分行团委书记以及部分基层青年文明号负责人共140多人参加了此次活动。

总行党委委员、纪委书记刘立宪书记代表总行党委对获奖团队与个人表示热烈的祝贺。刘书记在讲话中指出，此次TOP100财富精英赛得到了各级分行的高度重视和广大青年的积极参与，取得了良好成效，发现和储备了一批优秀的个人金融专业人才，具有重要而深远的意义。

大会上，总行系统团委张立军书记宣读了活动表彰决定，寄语各级团组织要进一步发挥共青团的特点和优势，以创新的形式引导青年员工立足岗位，建功立业，为全行经营发展作出积极贡献。

随后，总行个人金融业务部李卫平总经理作了“全面实施强个金发展战略，推动我行个人金融业务的新跨越”的主题报告。李总介绍了全行个金专业“做大平台、做宽渠道、做强基础”，创新经营（新市场、新客户、新产品、新渠道、新团队），积极谋求从“大个金”向“强个金”战略转型的基本思路。在报告中，李总勉励此次获奖的TOP100财富精英的团队与个人发扬“TOP陀螺精神”，立足本职工作、不断突破进取，重视并不断提升自己在中高端客户识别、维护工作中的技能和水平，在成就客户的同时实现自身价值，为全行中高端客户的发展贡献自己的智慧与力量。

总行个人金融业务部郭超副总经理以“对全面加快工商银行财富管理业务发展的若干思考”为题作了主题报告。郭总在阐述财富管理基本含义和分析财富管理业务经营特点的基础上，结合财富管理业务发展的市场环境和我行高端客户发展现状，提出了下一步全行财富管理业务发展的总体思路与具体对策。

二、全国个人金融先进集体和个人

一、中国工商银行个人金融先进集体和个人

中国工商银行2009年度个人金融业务先进集体和先进个人名单

一、获奖单位

（一）突出贡献奖（10个）
广东分行
北京分行
上海分行
浙江分行
江苏分行
安徽分行
山东分行
河南分行
河北分行
山西分行
（二）市场优胜奖（10个）
黑龙江分行
贵州分行
吉林分行
江西分行
四川分行
广东分行营业部
深圳分行
浙江分行营业部
河南分行营业部
苏州分行
（三）最具潜力奖（10个）
福建分行
陕西分行
湖北分行
广西分行
海南分行
四川分行营业部
宁波分行
安徽分行营业部
江苏分行营业部
大连分行
（四）发展进步奖（10个）
新疆分行
天津分行
重庆分行
云南分行
湖南分行
湖北分行营业部
福建分行营业部
吉林分行营业部
江西分行营业部
湖南分行营业部
（五）服务价值奖（10个）
宁夏分行
内蒙古分行
辽宁分行
青海分行
甘肃分行
黑龙江分行营业部
青岛分行
广西分行营业部
贵州分行营业部
厦门分行

二、获奖网点

北京分行（25家）
广安门网点支行
范家胡同网点支行
百万庄西口网点支行
真武庙网点支行
新世界网点支行
东城支行营业室网点支行
东四支行网点支行
芳群园网点支行
幸福街网点支行
鼓楼网点支行
公主坟网点支行
西四环网点支行
永定路北网点支行

朝阳支行营业部网点支行
世纪城网点支行
世纪金源网点支行
南湖东园网点支行
清华园网点支行
青塔网点支行
六里桥网点支行
牡丹园网点支行
德胜科技园网点支行
亚运村支行营业部网点支行
学院南路网点支行
新华分理处网点支行
天津分行（6家）
白堤路支行贵宾理财中心
十一经路支行财富管理中心
武清支行营业部贵宾理财中心
先锋路支行贵宾理财中心
新开路支行贵宾理财中心
寨上支行贵宾理财中心
河北分行（15家）
省行营业部桥西财富管理中心
省行营业部长安财富管理中心
省行营业部开发区支行贵宾理财中心
邯郸丛西支行贵宾理财中心
邢台分行桥西支行贵宾理财中心
衡水分行新华支行贵宾理财中心
保定三丰支行贵宾理财中心
保定红星支行贵宾理财中心
沧州华油支行贵宾理财中心
廊坊三河支行贵宾理财中心
唐山凤凰支行贵宾理财中心
唐山玉田支行贵宾理财中心
张家口宣化南关支行贵宾理财中心
承德太平桥支行贵宾理财中心
秦皇岛分行开发区贵宾理财中心
山西分行（10家）
大同魏都财富中心
长治汇通支行贵宾理财中心
营业部万柏林支行贵宾理财中心
晋城凤翔支行贵宾理财中心
营业部五一路支行贵宾理财中心
大同大北街支行贵宾理财中心
朔州振华支行贵宾理财中心
营业部大营盘支行贵宾理财中心
大同矿务局支行贵宾理财中心
吕梁石州支行贵宾理财中心
内蒙古分行（6家）
鄂尔多斯金珠贵宾理财中心
鄂尔多斯东胜支行贵宾理财中心
包头华丽家族贵宾理财中心
包头银河广场支行贵宾理财中心
营业部金桥贵宾理财中心
赤峰红山支行贵宾理财中心
辽宁分行（8）
锦州凌河支行营业部
鞍山雷锋支行
营业部五爱街分理处
营业部皇姑支行营业室
营业部吉祥支行
营业部大东支行营业室
阜新阜矿支行营业部
盘锦市府街储蓄所
吉林分行（6家）
营业部桂林路储蓄所
营业部驻一汽支行营业部
营业部开发区支行营业部
吉林湘潭支行
通化新华支行
延边明珠支行
黑龙江分行（7家）
营业部顾乡支行营业厅
营业部田地支行营业厅
牡丹江太平路支行营业厅
佳木斯中心储蓄所
鹤岗向秀丽储蓄所
鹤岗工农储蓄所
七台河桃南支行营业厅
上海分行（24家）
南京东路支行
建国西路支行
吴淞支行
金汇路支行
宝钢支行
长阳支行
曹杨新村第二支行
南京西路支行
中华路支行
张虹支行
小南门支行
华虹支行
东安路支行
鲁班路支行
金桥支行营业厅
田林路支行
虹口支行营业厅
老西门支行
科苑支行
新闸路支行
山阴路支行
南京东路第一支行
延长中路支行
南方商城支行

江苏分行（24 家）
营业部汉府支行营业部
营业部江宁支行营业部
营业部宁海路支行
营业部玄武支行营业部
营业部雨花支行营业部
无锡城中支行
无锡宜兴支行
徐州分行营业部
徐州鼓楼支行营业部
常州溧阳支行营业部
常州新区支行营业部
苏州留园支行营业部
苏州园区支行营业部
苏州常熟支行营业部
苏州昆山开发区支行
南通启东支行营业部
连云港连云支行营业部
淮安分行营业部
盐城分行营业部
扬州江都支行营业部
镇江分行营业部
胥浦支行营业部
泰州靖江城中支行
宿迁幸福路支行
浙江分行（24 家）
营业部高新财富管理中心
营业部解放路财富管理中心
营业部本级财富管理中心
营业部白马财富管理中心
营业部羊坝头财富管理中心
温州分行营业部财富管理中心
湖州红旗路财富管理中心
绍兴分行绍兴支行财富管理中心
金华义乌梅园财富管理中心
丽水青田营业部财富管理中心
营业部茅廊巷支行贵宾理财中心
营业部朝晖支行贵宾理财中心
营业部涌金支行贵宾理财中心
温州开发区支行贵宾理财中心
温州乐清支行贵宾理财中心
嘉兴桐乡支行贵宾理财中心
湖州长兴支行贵宾理财中心
舟山分行营业部贵宾理财中心
台州温岭支行贵宾理财中心
金华永康支行贵宾理财中心
衢州分行营业部贵宾理财中心
衢州南区支行贵宾理财中心
丽水处州支行贵宾理财中心
绍兴城东支行贵宾理财中心
安徽分行（5 家）
营业部长江中路支行
马鞍山团结广场支行
淮北相西支行营业部
六安皖西路支行营业部
宣城宁国支行营业部
福建分行（6 家）
营业部闽都支行营业厅
龙岩上杭支行营业厅
营业部吉祥支行营业厅
营业部鼓楼支行营业室
宁德福鼎支行营业厅
营业部福清渔市街支行
江西分行（5 家）
营业部北京西路支行
营业部南昌支行
赣州章江支行
萍乡城北支行
上饶信州支行
山东分行（18 家）
营业部市中支行营业室
营业部大观园支行营业室
泰安分行营业部
泰安肥城支行营业室
枣庄滕州支行营业室
烟台开发区支行营业室
烟台莱阳支行营业部
烟台分行营业部
潍坊潍城支行营业室
潍坊诸城支行营业室
济宁城区支行营业室
临沂兰山支行营业室
临沂市中支行营业室
临沂罗庄支行营业室
东营东城支行营业室
东营分行营业部
东营西城支行营业室
日照东港支行营业室
河南分行（10 家）
营业部登封支行营业厅
营业部巩义支行贵宾理财中心
营业部花园路军区支行
营业部新密支行贵宾理财中心
焦作焦东路支行贵宾理财中心
开封金地支行贵宾理财中心
洛阳分行营业部贵宾理财中心
漯河黄河路支行贵宾理财中心
平顶山开源中路支行
平顶山分行营业部
湖北分行（6 家）
荆州分行营业部
三峡分行营业部

营业部江岸支行营业室
营业部武昌三八支行
营业部水果湖支行营业室
襄樊襄城支行
湖南分行（6家）
常德武陵支行贵宾理财中心
岳阳巴陵支行贵宾理财中心
湘潭岳塘支行贵宾理财中心
衡阳银雁支行贵宾理财中心
营业部岳麓山支行本部贵宾理财中心
株洲高新技术开发支行贵宾理财中心
广东分行（25家）
营业部城区支行贵宾理财中心
营业部东华东路支行贵宾理财中心
营业部汇侨新城支行贵宾理财中心
营业部署前路支行贵宾理财中心
营业部中山大学支行贵宾理财中心
营业部五山支行贵宾理财中心
营业部江南西支行贵宾理财中心
营业部西华支行营业室贵宾理财中心
营业部环城支行营业室贵宾理财中心
营业部德政中支行营业室贵宾理财中心
营业部天河支行营业室贵宾理财中心
营业部十三行路支行营业室贵宾理财中心
中山张家边支行贵宾理财中心
中山小榄支行财富中心
东莞长安支行贵宾理财中心
东莞大朗支行贵宾理财中心
佛山分行营业部会计结算中心
佛山向秀丽支行贵宾理财中心
珠海拱北支行贵宾理财中心
揭阳分行营业部贵宾理财中心
汕头龙湖支行贵宾理财中心
江门新会支行贵宾理财中心
肇庆第一支行贵宾理财中心
潮州分行营业部贵宾理财中心
湛江分行营业部贵宾理财中心
广西分行（5家）
桂林阳桥支行营业部
北海分行营业部
百色分行营业部
柳州龙城支行营业厅
营业部航洋支行
海南分行（2家）
三亚分行营业部
海口世贸支行
四川分行（8家）
达州南城支行
德阳凯江支行
乐山春华路支行
遂宁遂州支行
营业部金牛支行营业室
营业部草市支行营业室
营业部猛追湾支行
营业部芷泉支行营业室
贵州分行（4家）
都匀桥城支行
凯里北京路支行
营业部贵溪支行营业厅
营业部云岩支行
云南分行（5家）
营业部北京路支行
营业部南市区支行
营业部三八储蓄所
玉溪红塔山支行
丽江分行丽江支行
陕西分行（7家）
营业部高新支行营业室
营业部长缨路支行营业室
营业部铁路局支行
宝鸡红旗路支行
咸阳分行营业部
渭南韩城支行营业室
榆林神木支行营业室
甘肃分行（3家）
营业部中央广场第二支行
白银分行白银区支行
平凉城关支行
青海分行（1家）
中心广场支行营业室贵宾理财中心
宁夏分行（1家）
石嘴山支行营业室
新疆分行（4家）
营业部新民路支行营业室
营业部明德路支行
营业部铁道支行
喀什分行营业部
重庆分行（5家）
解放碑财富管理中心
沙坪坝三峡广场支行贵宾理财中心
建北支行营业室贵宾理财中心
两路口大坪支行贵宾理财中心
南坪支行营业部贵宾理财中心
大连分行（3家）
五四广场支行贵宾理财中心
西岗支行营业部贵宾理财中心
青泥洼桥支行营业部贵宾理财中心
青岛分行（3家）
市南二支行贵宾理财中心
市南四支行贵宾理财中心
台东支行贵宾理财中心
宁波分行（3家）

凤凰支行贵宾理财中心
西河支行贵宾理财中心
余姚支行营业部贵宾理财中心
深圳分行（8 家）
宝安支行
龙岗支行营业部
福田支行营业部
南山支行营业部
龙华支行
福永支行
新沙支行
文锦支行
厦门分行（2 家）
鹭江支行
东区支行

三、获奖个人

（一）卓越贡献奖（100 人）

北京分行：闫　彬　杨文华　程　芳　程　梅　周保卫　郑　毅　张建立　朱珊珊　石国玲
天津分行：吴　昀　沈慧丽
河北分行：王现利　杜玉奇　冯德玲　谢　莉
山西分行：孟鲁生　侯　喜
内蒙古分行：杨振平　李希中
辽宁分行：王　欣　王　威
吉林分行：许　晶　孙佩岩
黑龙江分行：张丽娜　郭　红　李荣凤
上海分行：王洪海　刘　芸　陈　磊　潘永良　曹　峥　张财兴　陈　军　虞佩敏　李　喆
江苏分行：何　旻　许　阳　王荣成　姚　冰　史为群　于继忠　黄明月　苏敬工　徐　尕
浙江分行：王冬松　孙亦楠　张今新　杨志友　沈初阳　王立敏　陈进荣　卢福祥
安徽分行：张保纯　潘成志
福建分行：陈　晖　李　晃
江西分行：张翠萍　饶云波
山东分行：杨革非　贾学军　于少民　宫　杰　叶清涛
河南分行：夏宗福　贺伍有　王　勇
湖北分行：殷学军　吴文青
湖南分行：向安国　周昌立
广东分行：郭华辉　吴志华　叶宝红　陈红梅　章　蕾　黄春阳　莫小梅　吴志力　林木彬
广西分行：陈生雄　戴文伟
海南分行：刘　亮
四川分行：覃才广　邱艾松
贵州分行：林明俊
云南分行：蔡如华　李向东
陕西分行：张梦荣　张润田
甘肃分行：张定元
青海分行：范文煊
宁夏分行：霍志亚
新疆分行：文德明
重庆分行：刁劲松
大连分行：阎民章
青岛分行：马汝文
宁波分行：郑　晔
深圳分行：杨兴定　许　震
厦门分行：林东文

（二）突出表现奖（200 人）

北京分行：王建国　苏一平　刘景淑　何德娟　高　辉　罗　毅　李　岩　康　颖　张立春　穆　丰　经崇元　李　飞　王金堂　姚　雪　徐　捷　马雪梅　王东海　任小龙
天津分行：高　洁　李　强　黄　燕　何应实
河北分行：刘丙申　赵聪敏　董　颖　何振华　周吉祥　靳占合　张铁军　崔江峰
山西分行：崔　涛　赵少鹏　卫创荣　曲晓彤
内蒙古分行：涂晓光　辛亚军　王　春　王　力
辽宁分行：邹火星　张洪瑞　郑良利　张金才
吉林分行：刘红军　邢怀莹　魏世才　刘冬林
黑龙江分行：王　静　李成师　马桂琴　赵荣军　刘　义　唐为明
上海分行：虞　璟　周晨瑶　张　耀　鲍　勇　赵　懿　宋永平　钱培红　唐晨艳　任雪娟　张　路　贺云康　李亚芳　邹　萍　吴　燕　鲍文伟　范臻萍　章　薏　陆海英
江苏分行：金　利　叶　华　张世强　吴锡梅　徐思沛　陆　玉　朱丽萍　于　伟　金　华　陈　燕　邵　波　曹　明　卢澄宇　周仕俊　陈　亮　高香兰　于晓云　乔忠武
浙江分行：吴庆青　张伟强　杭　嘉　金　冶　俞红霞　林宝文　林海明　倪　巍　陈　群　周继明　孙海燕　李　伟　戴海庆　潘中文　邓新川　刘永胜
安徽分行：林　红　苗建武　王晓东　李文超
福建分行：孙　穗　余　兴　陈宗彬　刘永璟
江西分行：胡雯娟　曾　清　吴自富　吴小毛
山东分行：王晓东　姜亦寿　訾建和　刘　冰　沈夕国　李　琴　丁风海　汤　漫　方玉林　黑春华
河南分行：买艳芳　任晓静　王建伟　徐春珂　臧玉霞　陈光伟
湖北分行：陈　勇　胡　军　邱淑萍　陈家禄
湖南分行：李　勇　彭　波　韩万杰　石铁山
广东分行：陈　峰　邱永桂　蒋穗文　王文海　陈珊珊　叶竞红　陈健生　骆俊贤　叶见强　蔡冰峰　何树海　谢虹光　张英标　杨惠兰　董　戈　陈　玖　向志云　吴楚斌

广西分行：潘江涛　施　发　汤　恒　张志芳
海南分行：何昌标　陈　娟
四川分行：林　波　雷　涛　胡云刚　杨　筠
贵州分行：舒兆敏　郭　颖
云南分行：张　兴　赖若愚　张玉林　陈　瑶
陕西分行：李　静　郭安庆　李　毅　李群曦
甘肃分行：王志伟　李雪岗
青海分行：杨秀娟　谢生秀
宁夏分行：陈　江　赵　刚
新疆分行：邱海燕　蔡学德
重庆分行：张利娅　李卫东
大连分行：那美洲　张丽萍
青岛分行：盖　慧　刘作娈
宁波分行：周　刚　唐邹英
深圳分行：汤钦智　余凤军　张　勇　叶志坚
厦门分行：王春昕　叶青根

（三）优秀个人（300 人）

北京分行：董　静　廖　凡　林淑贞　王培新　华彦涵　郑北星　王小丽　杨作芳　郭晓明　费昭彦　贾利军　李　伟　蒋丽霞　黄晨晨　李小勃　石　云　李景瑞　季　辉　宋海波　王　菁　刘　畅　崔冬郁　高震军　于国芹　齐　新　武国杰　王丽霞
天津分行：韩克刚　孙长林　陈云柱　郑淑芹　傅瑞芬　岳小莉
河北分行：李占斌　田　瑛　武　强　王新兰　姜永杰　魏永春　会敏智　张爱武　李子重　李　咏　竹晓力　柴莉莉
山西分行：张宪琴　杨昊雯　高八生　竺昌峰　张　齐　肖　鹏
内蒙古分行：王颖瑜　兰智慧　李　琴　杨福俊　周建军　冯　磊
辽宁分行：王琼瑞　潘兆奇　张云东　钟铁伟　唐学军　侯慧龙
吉林分行：闫雪松　齐海生　任　平　杨庆葆　梁新艳　谢　宁
黑龙江分行：关　萍　马曰明　韦廷彬　徐兆一　杨振东　刘英秋　李太山　曲荣春　沙　震
上海分行：沈小刚　陆　真　虞琴芳　张　黎　胡伟明　沈宇东　张凌云　范佳菁　邹　析　姚志芳　金　伟　龚　欢　翁怡臣　周　幸　王黎霞　张　蕾　郁伟萍　吕卫华　徐爱明　扈晨利　徐　莺　李　红　张金妹　黄　毓　巢亚萍　刘　秦　俞颖芳
江苏分行：汪立军　黄冬梅　钱蕴婷　吴乔乔　方　莉　桂惠萍　李　媛　袁建平　刘小青　杜红桥　盛　杰　彭开颜　沈鸣枫　唐　晴　丁建斌　王　彤　王　政　曹淑芳　朱　芳　嵇　兵　李学雷　文建良　陈龙保　徐晓飞　周　伟　左　萍　杜　蕾
浙江分行：陈甘军　周建芬　项文浩　陈力群　王嫦霞　张惠平　张　哲　翁文祎　江晓玮　吴芳芳　李　丰　周昕刚　袁顺香　章　懿　方吉飞　任　春　王　黎　顾　园　项宏英　李　君　陈　萍　陈青云　黄　斌　唐　亮
安徽分行：杨亚伟　赵安平　张　建　王源平　何晓俊　曹文华
福建分行：肖红梅　潘　敏　傅建文　朱洪浩　吴荔玉　张林彬
江西分行：林　晗　吕建萍　王　荣　李保权　徐　玫　王力勤
山东分行：胡亚非　丛德有　谭建军　王国华　牛景江　张晓东　蒋福光　田英波　赵建祥　任晓红　董灵珍　牟怀年　于海涛　周文艳　鲁　宁
河南分行：李　黎　呼义鹏　李文胜　刘玉红　华家伟　张　珂　骆　栋　刘红霞　魏学军
湖北分行：童鹏程　汤用明　张登元　许冰心　高教权　袁雄伟
湖南分行：王跃波　方福强　吴丽华　朱红志　胡　斌　廖重民
广东分行：林　迪　何丽霜　黄剑琳　林妙如　王文征　郭　颖　许丽敏　郑京州　黄来南　严朝凤　陈　涛　林锡宏　黄意梅　郭葵当　闫　洁　郑小雁　蔡玉明　周双春　苏春伟　邓国平　黄永良　孟丽娟　梁晓重　梁任新　吴英乾　陈建勇　陈　红
广西分行：陈仲升　洪清菊　李雁军　梁　琼　刘　林　张安娜
海南分行：李佳怡　林实宏　罗林艳
四川分行：方书弈　周伯林　吴　轩　邓　勇　黎芳芳　徐怀可
贵州分行：赵仕田　赵爱军　曹邝宁
云南分行：杨　雯　王茹平　杨莉芳　杜迅雷　单玉才　刘凌玲
陕西分行：姚胜琦　周　青　王育新　李宏媛　肖　军　皇甫翀
甘肃分行：蒋胜辉　魏　欣　邱玉萍
青海分行：赵红梅　王军林　丁爱萍
宁夏分行：张志君　李慧勇　李　伟
新疆分行：赵　斌　牛宏伟　李　华
重庆分行：孙　婷　黄　键　陈　萍
大连分行：王刚剑　赵　迎　张鸿芳
青岛分行：张新平　张小妹　李建强
宁波分行：陈　昕　沈伊萍　朱琼琼
深圳分行：辛　峰　杨振忠　黄惠山　钟小强　陈　婧　陈雄辉
厦门分行：陆振武　夏　俊　李艺东

二、中国农业银行个人金融先进集体和个人

中国农业银行2009年度优秀零售业务内训师名单

序号	推荐单位	姓名	工作单位	备注
1	总行	武　冰	厦门分行人力资源部	
2	总行	陆益美	总行个人金融部系统管理处	
3	总行	李莺歌	总行个人金融部中间业务处	
4	总行	侯轶贤	山东分行营业部个人金融部	破格
5	北京分行	鄂　莹	北京分行个人金融部	
6	天津分行	曲祖会	天津分行个人金融部	
7	河北分行	李育新	唐山分行个人金融部	
8	山西分行	周世平	山西分行个人金融部营销部	
9	内蒙古分行	高　娃	内蒙锡林郭勒分行锡林浩特支行	
10	辽宁分行	江　巍	辽宁分行个人金融部	
11	吉林分行	宫海燕	吉林省农行营业部人民广场支行	
12	黑龙江分行	陈　鑫	黑龙江省分行个人金融部	
13	上海分行	杜嘉萍	上海市分行个人金融部	
14	江苏分行	林　彬	江苏省分行个人金融部	
15	浙江分行	孙潇泓	台州市分行个人金融部	
16	安徽分行	高　静	芜湖分行个人金融部	
17	福建分行	李　峰	福建分行营业部台江支行	
18	江西分行	张伟君	江西省分行个人金融部	
19	山东分行	路鹏程	山东分行个人金融部	
20	河南分行	罗　浩	河南省分行个人金融部	
21	湖北分行	张　伟	湖北省襄樊市分行个人金融部	
22	湖南分行	钟灿辉	湖南省分行个人金融部	
23	广东分行	林　巧	广东顺德容桂支行	
24	广西分行	汤文丽	广西区分行个人金融部	
25	海南分行	符之琳	海南省分行个人金融部	
26	四川分行	黄玉川	泸州市分行营业部	
27	贵州分行	汪雪花	贵州分行营业部个人金融部	
28	云南分行	莫岑伟	云南分行个人金融部	
29	陕西分行	杨　轶	陕西分行个人金融部	
30	甘肃分行	赵亚萍	甘肃省分行营业部	
31	青海分行	戴群红	青海省分行西宁市城北支行	
32	宁夏分行	欧阳维民	宁夏分行营业部	
33	新疆分行	李　荣	克拉玛依分行个人金融部	
34	重庆分行	王　蕾	重庆分行个人金融部	
35	大连分行	殷　俐	大连经济技术开发区分行	
36	青岛分行	毛妮妮	青岛市分行个人金融部	
37	宁波分行	周灵君	宁波市分行个人金融部	破格
38	厦门分行	姚越虹	厦门分行个人金融部	
39	深圳分行	王宇彪	深圳分行个人金融部	
40	新兵团分行	黄素芳	新疆兵团分行个人金融部	

2009年度中国农业银行十佳金融理财师

山东分行肖鲁滨、重庆分行陈珂、深圳分行刘敬芬、天津分行郑珞、广东分行叶惠勤、河北分行周文明、四川分行张海燕、湖北分行余娟娟、山东分行周汉梅、江苏分行吴晓惠。

中国农业银行2009年度优秀零售业务内训师名单

序号	分行	姓名	性别	所在网点
1	北京	马艳红	女	宣武支行金融街储蓄所
2		王铮	男	宣武支行兴融支行
3		张亚宁	男	橙色年代支行
4		赵芳	女	宣武支行营业部专柜
5		徐玉梅	女	中关村支行
6		沈薇	女	保利支行
7		梁亦栋	男	前门支行象来街储蓄所
8		李琳娜	女	宣武支行菜市口南街储蓄所
9		曹佳婕	女	光华支行
10	天津	侯麟	男	和平支行罗马花园支行
11		吴爱君	女	和平支行气象台路储蓄所
12		王立信	男	河西支行广东路储蓄所
13		靳家媛	女	南开支行华苑天华里分理处
14	河北	陈荣贵	男	邯郸分行广安北分理处
15		杨蕾	女	营业部西大街支行
16		董靖	女	唐山分行营业部
17		张艳艳	女	保定分行天威西路支行
18		左永为	男	沧州分行河间市支行营业部
19		梁占青	女	邢台分行新兴东大街支行
20		柴春香	女	秦皇岛分行文化路支行
21		王素平	女	直属支行
22	山西	赵小飞	男	并州水西支行
23		姜延鹤	女	省分行财富中心
24		史吉宏	女	晋城高平支行
25		张巧英	女	晋中业务经营部
26		李风波	女	南城王村分理处
27		王爱云	女	临汾业务经营部
28	内蒙古	刘志远	男	营业部电力支行
29		刘宏伟	男	包头分行青山支行
30		尹红雷	男	赤峰分行元宝山支行
31	辽宁	游海涌	男	鞍山分行营业部理财中心
32		徐菲	女	沈阳和平支行理财中心
33		潘枫	女	沈阳中山支行理财中心
34		王晶岩	女	锦州分行理财中心中心
35	大连	房赫楠	女	青泥洼桥支行理财中心
36		杜微	女	青泥洼桥支行理财中心
37		张新	女	高新技术产业园区支行理财中心
38		周芳	女	西岗支行理财中心
39	吉林	国辉	女	吉林市分行青岛街理财中心
40		程书丽	女	四平分行中央路理财中心
41		周莹	女	延边分行营业部理财中心
42		芦铁	男	银海支行科贸理财中心
43	黑龙江	邵喆	女	开发区支行
44		肖立春	女	七台河分行营业部储蓄中心
45		胡婧玲	女	绥化分行营业部专柜
46		苗冬顺	男	牡丹江分行营业部
47	上海	龚磊	男	普陀支行桃浦支行
48		范黎菁	女	分行营业部个人理财三部
49		王丽	女	嘉定支行营业室理财中心
50		李思明	男	闸北支行延长路支行
51		孟煜	女	杨浦支行平凉路支行
52		奚海蓉	女	虹口四平路支行
53		许璐婷	女	浦东分行洋泾支行
54		赵军芳	女	卢湾支行重庆南路支行
55		陈长	女	静安支行延平路支行
56	江苏	陈萍	女	无锡开发区支行
57		宗科琴	女	常州分行延陵路支行
58		袁元	女	徐州分行淮西支行个人理财中心
59		陈东艳	女	南通财富管理中心
60		袁慧	女	扬州江都市支行贵宾理财中心
61		吕斌	男	泰州分行
62		高秀丽	女	镇江城东支行
63		金学法	男	南京白下支行
64	苏州	黄秋萍	女	张家港支行营业部专柜
65		李倞	女	吴中支行营业部贵宾理财中心
66		崔永明	男	吴中支行开发区支行
67		夏兰	女	苏城支行星都分理处
68	浙江	沈琳琳	女	杭州文晖支行
69		蒋红肖	女	温州分行鸿翔储蓄所
70		吴燕萍	女	嘉兴分行秀城支行
71		杜德胜	男	湖州安吉支行营业部
72		金英	女	绍兴分行营业部
73		饶亚春	女	金华分行武义支行
74		毛建云	男	衢州开发区支行
75		叶晓虹	女	舟山普陀支行营业部
76	宁波	韩苗雅	女	慈溪支行营业部
77		孙海英	女	柳西储蓄所
78		林云	男	鄞州支行姜山支行
79	安徽	刘明	男	淮北市分行惠黎支行
80		马新民	男	阜阳市分行营业部
81		杜萍	女	庐阳支行蒙城路支行
82		夏平	女	马鞍山市佳山支行
83	福建	黄强	男	福州城北鼓屏支行
84		洪净	女	福州城东支行理财中心
85		董翠霞	女	福州城东支行福新分理处
86		黄晓琴	女	福州广达支行储蓄专柜
87		李安娜	女	泉州浮桥支行
88		何晴芬	女	泉州丰泽支行营业部
89		庄志伟	男	泉州南安支行
90		陈林	女	宁德分行营业部专柜
91	厦门	高跃龙	男	东区支行
92		刘碧珑	女	税保支行
93		林玲玲	女	松柏支行

序号	地区	姓名	性别	单位
94		郑宝羡	女	莲坂支行
95	江 西	岳 舞	女	洪都支行状元桥分理处
96		邹 祺	女	吉安市营业部
97		肖 玲	女	赣州市营业部
98		江 玮	女	景德镇市分行营业部
99	山 东	马 平	女	山东省分行营业部
100		于 红	女	济南山大南校分理处
101		贺永青	女	烟台财富管理中心
102		金 涛	男	烟台莱山支行营业室
103		时红梅	女	潍坊财富管理中心
104		薛 涛	男	淄博分行财富管理中心
105		耿凤娟	女	聊城市中支行金凤凰理财中心
106		兰新军	女	日照分行个人高端客户中心
107	青 岛	李 波	男	海尔路支行
108		郭 鑫	男	辽宁路支行
109		周慧颖	女	城阳支行
110	河 南	王增银	女	洛阳分行王城支行
111		胜慧超	男	省分行个人金融部（派驻郑州经三路支行）
112		王会霞	女	郑州金水支行郑汴路支行
113		刘 辉	女	南阳分行营业部
114		窦晓明	女	商丘分行永夏矿区支行
115		王丽平	女	平顶山分行平东支行理财中心
116		宋月红	女	焦作分行个人事业部（派驻焦东支行）
117		王瑞静	女	安阳分行营业部
118	湖 北	张临池	男	武汉江岸永清小企业支行
119		余念东	女	湖北省分行营业部营业室
120		代 敏	男	钢城支行沿港路支行
121		肖 萍	女	襄樊市直属支行
122		倪 红	女	荆州分行沙市支行
123		王 俊	女	十堰市分行五堰支行
124		舒红英	女	黄冈分金龙支行
125	三 峡	李 丹	女	葛洲坝支行营业室
126		史彩丽	女	当阳支行营业部
127		廖秦娥	女	枝江市支行马家店分理处
128	湖 南	谢 冰	女	株洲城东支行
129		颜艳梅	女	衡阳石鼓支行
130		张 嶒	女	天心支行营业管理部
131		王群芳	女	芙蓉支行
132		屈爱民	男	铁银支行
133		邓惠尹	女	郴州市五岭支行
134		王 栋	男	省行营业部曙光中路支行
135	广 东	黄影雯	女	小榄支行基头庙支行
136		朱汉平	女	东莞金月湾分理处
137		孙权兴	男	惠州广场支行
138		钟卫国	男	珠海分行紫荆支行
139		林 俊	女	广州沙河支行
140		黄淑珺	女	海珠支行海琴湾分理处
141		梁漱真	女	佛山市东支行
142		黄维贤	男	茂名市分行高州支行光明分理处
143		何 伟	男	芳村支行桥东支行
144	深 圳	王智华	女	蛇口支行
145		陈小捷	女	上步支行
146		李吉颖	女	莲花北支行
147		周 怡	女	罗湖商业城支行
148	广 西	招 霞	女	南宁财富管理中心
149		朱元花	女	南宁市民主营业部
150		廖珏玲	女	营业部南宁财富管理中心
151		陈 凌	女	桂林市高新技术产业开发区支行
152	海 南	李 娃	女	海口金盘支行
153		赵丽云	女	海口南航支行
154		邹 涯	男	海口中山路支行
155	重 庆	程盈盈	女	北部新区支行
156		刘沙沙	女	渝中支行上清寺分理处
157		张 静	女	杨家坪支行陈家坪分理处
158		莫明芳	女	永川支行人民广场分理处
159		李锦竹	女	万州分行营业部
160		桑 灿	女	渝北支行城南分理处
161	四 川	邓 毅	男	内江分行邱家嘴支行专柜
162		黄天娴	女	成都第二支行专柜
163		陈 涛	男	攀枝花分行电力储蓄所
164		冉 嘉	女	成都第三支行双楠小区燃灯寺所
165		谢婷婷	女	青白江支行专柜
166		王红锗	男	乐山分行人民南路分理处
167		王黎莉	女	绵阳分行兴达支行
168		肖莹璐	女	成都市第六支行盐市口分理处专柜
169	贵 州	向 茂	男	省分行财富管理中心
170		杜 亮	男	朝阳支行理财中心
171		王双健	男	遵义理财中心
172		裴 曦	女	河滨支行小河支行
173		王 燕	女	京瑞支行
174		骆 竣	女	贵阳市城北支行
175	云 南	霍迎红	女	城北支行北门街支行
176		刘 佳	女	官渡支行东聚支行
177		刘云萍	女	城南支行人民东路支行
178		徐云青	女	省分行财富管理中心
179		张春华	女	玉溪玉兴路支行
180		席娟娟	女	昆明城西支行营业部
181	西 藏	潘爱霞	女	拉萨冲吉支行
182		丁 霞	女	昌都三江分理处
183		赵丽莎	女	拉萨市林廓北路支行
184	陕 西	李志海	男	汉中分行中心广场支行
185		邓永刚	男	兴庆路支行营业部
186		张东华	男	南大街支行营业部
187		贺 琪	女	渭南分行营业部
188	甘 肃	杨 静	女	皋兰路支行
189		丁一茜	女	甘肃分行营业部
190		谢 霞	女	嘉峪关分行贵宾理财中心
191		金世全	男	天水分行甘谷支行
192	青 海	王 灿	女	西宁支行营业部
193		段小红	女	铁路支行
194		于志胜	男	省分行营业部个金部
195	宁 夏	郝建君	女	燕鸽湖支行
196		马小娟	女	北门支行
197		张永利	女	新华东街支行
198	新 疆	马晓红	女	分行营业部中山路支行
199		章 琳	女	分行营业部中山路支行
200		刘新桃	女	巴州分行营业部

三、中国建设银行个人金融先进集体和个人

2009年度中国银行业文明规范服务百佳示范单位

（入选单位名单）

中国建设银行滨州西城支行
中国建设银行长沙左家塘支行
中国建设银行大连市分行营业部
中国建设银行东莞新世纪支行
中国建设银行福州城东支行理财中心
中国建设银行哈尔滨新阳支行营业部
中国建设银行湖北省分行营业部营业室
中国建设银行洛阳南昌路支行
中国建设银行马鞍山湖东路支行
中国建设银行南京鼓楼支行营业室
中国建设银行青海省分行营业部
中国建设银行青铜峡铝厂支行
中国建设银行沈阳融汇支行

四、华夏银行个人金融先进集体和个人

2009年度华夏银行个人业务产品荣誉品牌奖项

序号	评奖项目	获奖时间	评奖主办机构	参评产品或活动	负责处室
1	第五届中国金融理财产品最满意品牌	2009.1	中国联合商报社、《人民日报》等	“创盈”系列理财产品	代理室
2	2008-2009年度最佳理财银行	2009.3	《钱经》杂志与全国14家中国理财媒体联盟单位	华夏理财	代理室
3	金融理财金贝奖——“2008年度银行理财服务”奖	2009.4	《21世纪经济报道》	华夏理财	代理室
4	2009年中国理财高峰论坛暨第三届中国“金理财”奖颁奖典礼——“金理财”全国十佳理财中心大奖	2009.5	中国理财高峰论坛	北京分行财富管理中心	代理室
5	中国中小企业最佳融资方案奖	2009.9	《金融时报》、中国中小企业协会	私营企业主贷款	个贷室
6	2009搜狐金融理财网络盛典“2009年最具成长性银行”奖	2009.12	搜狐财经、搜狐理财	个人业务	产品室
7	2009搜狐金融理财网络盛典“2009年最佳财富管理银行”奖	2009.12	搜狐财经、搜狐理财	财富管理	产品室
8	2009年第二届最受尊敬银行评选暨2009年第三届中国最佳银行理财产品评选“2009年最佳借记卡”	2009.12	《理财周报》	华夏商旅卡	代理室、产品室
9	2009年第二届最受尊敬银行评选暨2009年第三届中国最佳银行理财产品评选“2009年最佳结构性理财系列产品”	2009.12	《理财周报》	慧盈19号A股挂钩自动赎回型理财产品	代理室、产品室
10	2009年第二届最受尊敬银行评选暨2009年第三届中国最佳银行理财产品评选“2009年最佳银行理财产品”	2009.12	《理财周报》	创盈10号信贷资产信托理财产品	代理室、产品室
11	2009年第二届最受尊敬银行评选暨2009年第三届中国最佳银行理财产品评选“2009年最受尊敬银行”	2009.12	《理财周报》	华夏银行	代理室、产品室
12	最受欢迎的银行理财产品	2009.12	《新财经》	天天利丨七天利	产品室
13	银行家2009中国金融营销奖——“最佳金融品牌营销活动”奖	2010.1	《银行家》	“安居乐业易生活，‘贷’来精彩人生”个人贷款全国大型营销推广活动	个贷室、产品室
14	中国纪录时代影响力品牌	2010.1	中华全国妇女联合会、《中国妇女》杂志社	华夏丽人卡	产品室
15	2009年第三届中国机构投资者年会金蝉奖——最佳服务创新奖	2010.1	《华夏时报》	华夏丽人卡	银行卡
16	“卓越2009年度金融理财排行榜”十佳银行理财产品	2010.1	《卓越理财》	天天利丨七天利	产品室
17	“卓越2009年度金融理财排行榜”十佳银行个贷产品	2010.1	《卓越理财》	个人住房按揭贷款	产品室
18	2009年度银行卡同业建设成果奖——最佳商旅卡奖	2010.1	中国银联	华夏商旅卡	银行卡室

华夏银行2009年度个人业务先进集体和优秀个人

一、先进分行

（一）个人业务营销工作先进分行（10家）

北京分行、太原分行、石家庄分行、青岛分行、大连分行、绍兴分行、常州分行、天津分行、南京分行、济南分行

（二）个人业务特色分行（3家）

青岛分行、大连分行、温州分行

（三）贵宾客户营销先进分行（10家）

北京分行、太原分行、南京分行、温州分行、绍兴分行、广州分行、天津分行、青岛分行、大连分行、济南分行

（四）个人客户营销先进分行（5家）

大连分行、杭州分行、重庆分行、济南分行、武汉分行

（五）助销员队伍建设先进分行（3家）

青岛分行、济南分行、温州分行

二、先进支行

（一）VIP150计划竞赛活动优胜奖（30家）

北京分行：国贸支行、石景山支行、和平门支行、万柳支行、通州支行、奥运村支行、青年路支行（7家）

太原分行：长风街支行、滨西支行、南城支行、双塔西街支行（4家）

青岛分行：即墨支行、香港中路支行、南京路支行（3家）

济南分行：章丘支行、潍坊支行、聊城支行营业部（3家）

南京分行：白下支行、城南支行、镇江分行营业部（3家）

石家庄分行：建华大街支行、槐安路支行（2家）

天津分行：塘沽支行、武清支行（2家）

福州分行：福州分行营业部、福清支行（2家）

宁波分行：宁波分行营业部（1家）

上海分行：闸北支行（1家）

绍兴分行：诸暨支行（1家）

温州分行：乐清支行（1家）

（二）个人客户营销先进支行（20家）

南京分行：城东支行、白下支行、江宁支行、扬州支行、玄武支行、城北支行（6家）

青岛分行：开发区支行、城阳支行、南京路支行、威海路支行、青岛分行营业部（5家）

太原分行：桃南支行、滨西支行、水西门支行（3家）

天津分行：和平支行、滨海支行（2家）

武汉分行：武汉分行营业部、东西湖支行（2家）

北京分行：紫竹桥支行（1家）

杭州分行：之江支行（1家）

三、优秀人员

（一）十佳个人业务分管行长

北京分行：程庆强

太原分行：宋晋生

石家庄分行：赵巍

青岛分行：于丰星

大连分行：王兴慧

绍兴分行：李华

常州分行：陈清

天津分行：王红

南京分行：毕顺荣

济南分行：刘国辉

（二）十佳个人业务总经理

北京分行：邵霞

太原分行：赵杰

石家庄分行：宋熙源

绍兴分行：缪国英

青岛分行：韩波

大连分行：郭红梅

常州分行：袁友才

天津分行：杨国援

昆明分行：庞皓峰

南京分行：杜剑

（三）优秀个人客户经理（50名）

北京分行（10名）：

石景山支行：张春艳 安定门支行：齐珂

和平门支行：黄思苑 知春支行：李虹霞

德外支行：王东虹 东直门支行：王强

长安支行：崔新荣 平安支行：章宏昆

望京支行：孙位民、常晓慧

青岛分行（5名）：

开发区支行：孔江 分行营业部：李强

福州南路支行：陈晨 即墨支行：王蕾、王鹏

南京分行（4名）：

城北支行：孙洁 扬州支行：孙强

湖南路支行：孙娟、黄海燕
杭州分行（3名）：
凤起支行：陈琼 之江支行：吴晨阳
武林支行：张顺
温州分行（3名）：
鹿城支行：王晓洁 瑞安支行：何柔静
分行营业部：陈盈盈
济南分行（2名）：
城东支行：汪恩湖 解放路支行：黄婷
太原分行（2名）：
双西支行：王菊仙 分行营业部：降亚萍
昆明分行（2名）：
大观支行：姜瑞 高新支行：王蓉
沈阳分行（2名）：
北站支行：王明学 南湖支行：施红
武汉分行（2名）：
东西湖支行：丁俊 东湖支行：赵平
广州分行（2名）：
天河支行：林森明 越秀支行：谢亮
天津分行（2名）：
和平支行：程夷 武清支行：杨之栋
上海分行杨浦支行：徐军
深圳分行布吉支行：米辉辉
石家庄分行建华支行：程永囤
重庆分行中山支行：汤天萍
大连分行开发区支行：刁成久
成都分行红星支行：陈实
西安分行小寨支行：李国翠
乌鲁木齐分行营业部：刘雪松
呼和浩特分行长乐宫支行：岳鸿雁
苏州分行南门支行：华佳
无锡分行五爱支行：周红芬

（四）优秀个人业务产品助销员（50名）

青岛分行（5名）：
城阳支行：鲁苗苗 南京路支行：周阳
高新区支行：腾健皓 开发区支行：徐先玉
香港中路支行：戴进
济南分行（4名）：
纬二路支行：赵银磊 和平路支行：孙文文
章丘支行：曲媛媛 分行营业部：丁钊
深圳分行（4名）：
南山支行：刘云 南园支行：连武烽
天安支行：马思霞 布吉支行：孙雅楠
温州分行（3名）：
瑞安支行：蔡丽芝 龙湾支行：李静
鹿城支行：吕淑羡
北京分行（3名）：
国贸支行：刘旭峰 建国门支行：洪丽超
望京支行：冯伯伦
南京分行（3名）：
湖南路支行：汪辉 分行营业部：丁晋
分行个人业务部：李宏伟
杭州分行（2名）：
凤起支行：李俊 之江支行：王军
石家庄分行（2名）：
槐安支行：贾正万 裕东支行：罗洁
太原分行（2名）：
长风支行：王宝东 滨西支行：常清莎
昆明分行（2名）：
东风支行：黄太俊 大观支行：唐秀敏
沈阳分行（2名）：
金都支行：吴玉鑫 中山支行：邹慧琳
武汉分行（2名）：
桥口支行：鲍晓薇 徐东支行：王伟
大连分行（2名）：
五一支行：陈萌 分行营业部：王左锋
上海分行南汇支行：陆培卿
广州分行中环支行：张娟
重庆分行万州支行：熊令
成都分行青羊支行：张桂英
西安分行土门支行：张定芳
乌鲁木齐分行营业部：李霞
福州分行鼓楼支行：黄涵
天津分行滨海支行：蒋娟娟
呼和浩特分行个人业务部：李超
宁波分行个人业务部：高维维
苏州分行石路支行：杨朔
无锡分行锡沪支行：许钰
绍兴分行诸暨支行：斯文
常州分行营业部：庄敏霞